KARL MARX

Das Kapital

Kritik der politischen Ökonomie
Erster Band

Mit einer Einleitung und einem Kommentar
herausgegeben von
MICHAEL QUANTE

FELIX MEINER VERLAG
HAMBURG

PHILOSOPHISCHE BIBLIOTHEK BAND 612

Bibliographische Information der Deutschen Nationalbibliothek

Die Deutsche Nationalbibliothek verzeichnet diese Publikation in der Deutschen Nationalbibliographie; detaillierte bibliographische Daten sind im Internet über ‹http://portal.dnb.de› abrufbar.

ISBN 978-3-7873-1959-6
ISBN eBook 978-3-7873-2174-2

 Satz: Tanovski Publ. Serv., Leipzig. Druck: C. H. Beck, Nördlingen. Bindung: Josef Spinner, Ottersweier. Werkdruckpapier: alterungsbeständig nach ANSI-Norm resp. DIN-ISO 9706, hergestellt aus 100% chlorfrei gebleichtem Zellstoff. Printed in Germany. *www.meiner.de*

INHALT

KARL MARX

Das Kapital

Kritik der politischen Ökonomie

Erster Band

Der Produktionsprozeß des Kapitals

ANHANG

Der Productionsprozeß des Kapitals

EINLEITUNG

Die Arbeit kann nicht Spiel werden.
Karl Marx

Im Frühjahr des Jahres 1867 ist Karl Marx erwartungsvoll und ungeduldig. Am 17. April 1867 schreibt er während seines Aufenthalts in Hamburg an Johann Philipp Becker:

> Lieber Freund,
>
> Vorigen Mittwoch reiste ich von London ab, per steamer, und erreichte unter Sturm und Ungewitter Hamburg Freitag nachmittags, um dort das Manuskript des ersten Bandes Herrn Meißner zu überliefern. Der Druck hat bereits Anfang dieser Woche begonnen, sodaß der erste Band Ende Mai erscheinen wird. Das ganze Werk erscheint in 3 Bänden. Der Titel ist: »*Das Kapital. Kritik der Politischen Oekonomie*«. Der erste Band umfaßt das *Erste Buch*: »Der *Produktionsprozeß des Kapitals*«. Es ist sicher das furchtbarste Missile, das den Bürgern (Grundeigentümer eingeschlossen) noch an den Kopf geschleudert worden ist. Es ist nun wichtig, daß Ihr in der Presse, d. h. den Blättern, die Euch zu Gebot stehn, aufmerksam macht auf das baldige Erscheinen.

Überzeugt davon, die Grundstruktur der kapitalistischen Gesellschaftsformation entschlüsselt und ihre destruktive Dynamik identifiziert zu haben, erwartet Marx von der Publikation seines Buches wieder einmal ungeheuer viel: Es soll dem Kapitalismus den Todesstoß und die Proletarier in die Lage versetzen, dieses Stadium der Entwicklung der Menschheit endgültig zugunsten einer besseren Zukunft zu überwinden. Dazu sei es unbedingt notwendig, dass sein Buch möglichst breit besprochen und somit bekannt gemacht wird.

Dabei hatte Marx dieses Buch eigentlich nicht in dieser Form publizieren wollen, stellte es doch nur einen von drei geplanten Bänden dar. Knapp zwei Jahre zuvor, in einem auf den 31.7.1865 datierten Brief, hatte er noch an seinen Freund Friedrich Engels, der wieder einmal auf den Abschluss und die Veröffentlichung des marxschen Werkes gedrängt hatte, geschrieben:

> Was nun meine Arbeit betrifft, so will ich Dir darüber reinen Wein einschenken. Es sind noch 3 Kapitel zu schreiben, um den theoretischen Teil (die 3 ersten Bücher) fertigzumachen. Dann ist noch das 4. Buch, das historisch-literarische, zu schreiben, was mir relativ der leichteste Teil ist, da alle Fragen in den 3 ersten Büchern gelöst sind, dies letzte also mehr Repetition in historischer Form ist.

Hier sind es also noch vier Bände, in denen Karl Marx seine Kritik der politischen Ökonomie vorlegen wollte. Marx erklärt seinem Freund, weshalb er nicht bereit ist, einen Teil seines Werkes zum Druck freizugeben, mit Verweis auf die spezifische Struktur seiner Theorie:

> Ich kann mich aber nicht entschließen, irgendetwas wegzuschicken, bevor das Ganze vor mir liegt. Whatever shortcomings they may have, das ist der Vorzug meiner Schriften, dass sie ein artistisches Ganzes sind, und das ist nur erreichbar mit meiner Weise, sie nie drucken zu lassen, bevor sie ganz vor mir liegen. Mit der Jacob Grimmschen Methode ist dies unmöglich und geht überhaupt besser für Schriften, die kein dialektisch Gegliedertes sind.

Fast zwei Jahrzehnte lang hatte er da bereits an seinem Forschungsprogramm einer Kritik der politischen Ökonomie gearbeitet. In deren dialektischer Durchführung liegt in seinen Augen die Besonderheit, die im Grunde ausschließt, einzelne Teile aus diesem artistischen Ganzen auszugliedern und separat zu veröffentlichen. Auf das nicht nachlassende Drängen hin ringt Marx sich dann, vermutlich Anfang 1866, doch dazu durch, den ersten Band zum Druck fertigzustellen. Zu diesem Zeitpunkt sind viele Teile, die für die anderen beiden Bände vorgesehen sind, bereits mehr oder weniger weit ausgearbeitet. Den ganzen ersten Band durchziehen deshalb auch Verweise auf Bausteine der Theorie und weitergehende Analysen, die in den Folgebänden enthalten sein würden.

Als er diesen Band dann an seine Testleser Engels und Kugelmann schickt, erntet Marx für seine dialektische Methode und dieses Gebilde eines artistischen Ganzen jedoch grundlegende Kritik. Diese ist sicher zu großen Teilen dem Unverständnis der beiden geschuldet. Mit dem Hinweis, er werde mit seinem Buch in dieser Form auf keinen Fall die vorgesehene Leserschaft erreichen können, bewirken sie dennoch, dass Marx seinem Buch einen Anhang hinzufügt. Darin versucht er, die kategorialen Grundlagen seiner Theorie in leichter nachvollziehbarer Form darzustellen. Engels hatte Marx in einem Brief vom 6. Juni 1867 vorgeworfen, »den großen Fehler begangen« zu haben, »den Gedankengang dieser abstrakteren Entwicklungen nicht durch mehr kleine Unterabteilungen und Separatüberschriften anschaulich zu machen«. Marx hat sich bemüht, diesen Fehler im Anhang zum ersten Band durch eine didaktisierte Darstellung zu beheben, allerdings mit dem Anspruch, die dialektische Organisation seiner Theorie dadurch nicht zu beschädigen. Das Ergebnis musste in mehreren Hinsichten unbefriedigend ausfallen: Zum einen liegen für die grundlegenden Teile der Kritik der politischen Ökonomie nun in der ersten Auflage des *Kapital* zwei nicht vollständig äquivalente Versionen vor. Zum anderen hat sich eine fundamentale Unklarheit bezüglich des Status der Dialektik eingeschlichen, welche die Interpreten bis heute beschäftigt: Wie ist das Verhältnis der dialektischen Organisation des Gegenstands zur dialektischen Methode der Darstellung in dieser Theorie zu verstehen?

Fünf Jahre später ist Marx in mehrfacher Hinsicht enttäuscht. Nicht nur ist es ihm in der Zwischenzeit nicht gelungen, die fehlenden Bände seines Forschungsprogramms einer Kritik der politischen Ökonomie fertigzustellen und zu veröffentlichen. Auch die angestrebte breite Rezeption seines Hauptwerkes war ziemlich dürftig ausgefallen (von den erhofften gesellschaftspolitischen Effekten ganz zu schweigen). Zwar hatte Eugen Dühring in seiner 1868 publizierten Rezension das Buch durchaus positiv besprochen und dabei auch auf die spezifisch dialektische Organisation des Theorieentwurfs von Karl Marx hingewiesen. Zugleich aber hatte er eine Frage in den Raum gestellt, welche die Marxforschung bis heute noch bewegt: Wie verhält sich die Dialektik von Marx zu der seines philosophischen Lehrers Hegel?

Im Nachwort zur 1872 erscheinenden zweiten Auflage des *Kapital* klagt Marx darüber, die von ihm angewandte Methode sei »wenig verstanden worden« (MEGA^2 II.6, S. 704). In der Folge bemüht er sich in eben diesem Nachwort, die Sache klarzustellen (vgl. dazu meine Erläuterungen zum Nachwort im Stellenkommentar der vorliegenden Ausgabe). Wirklich gelungen ist es ihm jedoch nicht. Die unbefriedigende Situation der doppelten Darstellung der kategorialen Grundlagen in der ersten Auflage will Marx nun beseitigen, indem er die Struktur des ersten Kapitels in der zweiten Auflage umarbeitet. Das Resultat, in welches sowohl Elemente des Anhangs als auch der ursprünglichen Version des ersten Kapitels der ersten Auflage eingeflossen sind, stellt eine dritte, mit keiner der beiden Vorgänger identische Version seiner Wertformanalyse dar. Erschwerend kommt hinzu, dass Marx gerade damit beschäftigt war, die französische Übersetzung seines Buches endgültig fertigzustellen und für die französische Leserschaft zu überarbeiten, als ihn die Nachricht erreichte, eine zweite Auflage des *Kapital* müsse möglichst schnell erscheinen. In die französische Ausgabe hatte Marx zahlreiche Änderungen eingearbeitet, die er für die verbesserte deutsche Auflage auch nutzen wollte. Doch als er sich an die zweite deutsche Auflage setzte, lagen ihm seine Anmerkungen und Korrekturen, angefertigt für die französische Übersetzung, nicht vor. Die waren schon auf dem Postweg zum Verlag nach Frankreich. Aus diesem Grunde weicht die französische Version des ersten Kapitels an vielen Stellen von der dritten Version, die in der zweiten Auflage zu finden ist, ab (diese Abweichungen sind in meinen Erläuterungen zu dieser dritten Version im Stellenkommentar verzeichnet). Aufgrund der zeitlichen Parallelarbeit von Marx liegen damit insgesamt nicht nur zwei Erstversionen, sondern auch zwei Versionen letzter Hand vor. Weil dies die entscheidenden kategorialen Grundlagen seines Theorieprogramms und die Methode seines Vorgehens gleichermaßen betrifft, ist dies kein unerheblicher Befund. Es kann daher nicht verwundern, dass die mit dieser Lage verbundenen Interpretationsprobleme die Marxforschung bis heute um- und antreiben. Alle späteren Auflagen des ersten Bands hat Marx selbst nicht mehr vollenden können. Friedrich Engels, der aus dem Nachlass dann auch den zweiten und dritten Band des *Kapital* herausgegeben hat, konnte für die dritte Auflage zwar noch auf einige Hinweise von Marx selbst zurückgreifen, doch vollständig von ihrem Verfasser autorisiert sind die Ausgaben des *Kapital*, die nach dem Tod von Marx im Jahr 1883 erschienen sind, nicht mehr. Als verlässlich können daher neben der ersten und zweiten Auflage seines Hauptwerkes, die insgesamt jedoch drei Versionen des ersten Kapitels – und damit der grundlegenden Teile der marxschen Kritik der politischen Ökonomie – enthalten, nur noch die Texte gelten, die heute in der kritischen Edition der MEGA² vorliegen.

I. *Anspruch und Ziel dieser Studienausgabe*

Angesichts der Tatsache, dass das kategoriale Grundgerüst der Kritik der politischen Ökonomie von Karl Marx in drei direkt auf ihren Autor selbst zurückgehenden Versionen vorliegt, liegt die in dieser Studienausgabe enthaltene Textauswahl sachlich nahe. Den Haupttext bildet der vollständige Text der ersten Auflage des *Kapital* aus dem Jahr 1867, welcher sowohl das erste Kapitel »Waare und Geld« (MEGA² II.5, S. 17) als auch den »Anhang zu Kapitel I, 1. Die Werthform« (MEGA² II.5, S. 626) enthält. Zusätzlich enthält die hier vorgelegte Studienausgabe die dritte Version der Wertformanalyse, die sich im ersten Kapitel der zweiten Auflage des *Kapital* aus dem Jahre 1872 findet (vgl. MEGA² II.6, S. 69–113). Außerdem ist hier aus sachlichen Gründen das »Nachwort« (MEGA² II.6, S. 700) zu dieser zweiten Auflage aufgenommen worden, weil Karl Marx darin versucht hat, sein Verhältnis zur hegelschen Dialektik und damit die von ihm selbst in seiner Kritik der politischen Ökonomie verwendete Methode zu erläutern (vgl. dazu MEGA² II.6, S. 704, Zeile 17 bis S. 709, Zeile 29).

Dieser Studienausgabe liegt durchgehend die kritische Edition der MEGA² zugrunde; die Seitenzählung von MEGA² II.5 und II.6 findet sich in der hier vorgelegten Ausgabe ebenfalls, sodass Zitatnachweise nach der kritischen Edition auf der Grundlage dieser Studienausgabe möglich sind. Auch das Namenregister folgt den Angaben aus den Bänden II.5 und II.6 der MEGA², damit die Einbindung der kritischen Ausgabe auf der Grundlage der Arbeit mit dieser Studienausgabe reibungslos funktionieren kann.

Schließlich findet sich am Ende dieser Ausgabe eine Synopse der verschiedenen Gliederungsstrukturen, welche Marx dem ersten Kapitel in den drei Versionen gegeben hat. Diese Synopse enthält darüber hinaus auch die Überschriften dieses Kapitels, die sich in der französischen Ausgabe von der ersten Auflage des *Kapital* finden und hier aus MEGA² II.7) übernommen worden sind. Damit lässt sich die Variation des Aufbaus ›auf einen Blick‹ zur Kenntnis nehmen, eine für die Interpretation der Systematik aufschlussreiche Zusatzinformation.

Obwohl diese Studienausgabe damit den Textbestand der kritischen Ausgabe übernimmt und in dieser Hinsicht den aktuellen Forschungsstandards genügt, handelt es sich nichtsdestotrotz um eine Studienausgabe. Der Stellenkommentar, welcher der hier vorgelegten Ausgabe beigefügt ist, stellt eine Ergänzung zur Kommentierung der Bände II.5 und II.6 der MEGA² dar (kleinere Korrekturen eingeschlossen). Aber er ist nicht als vollständiger Kommentar gedacht und sollte daher für weitergehende Forschungsinteressen in Verbindung mit den entsprechenden Apparaten der kritischen Ausgabe verwendet werden; auch die Informationen, die sich im Anhang und Register zum Band 23 der *Werke* von Karl Marx und Friedrich Engels (= MEW 23) finden, sind als zusätzliche Ergänzung nützlich, auch wenn sie sich auf die von Friedrich Engels 1890 durchgesehene und herausgegebene vierte Auflage des *Kapital* beziehen (in diese, wie auch bereits in die dritte Auflage aus dem Jahr 1885, hatte Engels die von Marx für die französische Übersetzung vorgesehenen Textänderungen integriert). Zusätzliche aufschlussreiche Informationen zu den verschiedenen Fassungen der Wertformanalyse finden sich in einem von Karl Marx erstellten Manuskript (MEGA² II.6, S.1–54), in dem er »Ergänzungen und Veränderungen zum ersten Band des ›Kapitals‹ (Dezember 1871 – Januar 1872)« aufgelistet, dann aber nur zum Teil umgesetzt hat; diese Informationen sind im Stellenkommentar der hier vorgelegten Ausgabe ebenfalls berücksichtigt worden. Schließlich sei noch darauf hingewiesen, dass die Einleitungen und editorischen Hinweise, die von den Herausgebern den Bänden II.5 und II.6 der MEGA² vorangestellt worden sind, unbedingt zu berücksichtigende Auskünfte zum ersten Band des *Kapital* in erster und zweiter Auflage enthalten.

Eine Studienausgabe stellt die hier vorgelegte Ausgabe aber nicht nur deshalb dar, weil sie nicht den Anspruch auf eine vollständige Kommentierung erhebt. Sie ist auch in zwei weiteren Hinsichten ›unvollständig‹: Zum einen verzichten der Stellenkommentar und die Einleitung weitestgehend auf Verweise auf die Forschungsliteratur. Für einen ersten Überblick zu dieser längst schon nicht mehr überschaubaren Menge an Beiträgen sei deshalb auf das von David Schweikard und mir herausgegebene *Marx-Handbuch* verwiesen. Zum anderen, auch hier kann das *Marx-Handbuch* als Einstieg genutzt werden, enthalten diese Einleitung und der Stellenkommentar zur vorliegenden Ausgabe keine Diskussion alternativer Interpretationsvorschläge. Auch in dieser Beziehung bietet die Forschungsliteratur zum marxschen Forschungsprogramm einer Kritik der politischen Ökonomie im Speziellen und seinem Werk insgesamt ein überaus heterogenes Bild. Eine Studienausgabe ist nicht der richtige Ort, diese Diskussionslagen und Interpretationslager auch nur im Grundriss angemessen darzustellen.

Aus diesem Grund verfolgt die hier vorgelegte Ausgabe mit dem Stellenkommentar und dieser Einleitung eine andere Strategie. Das allgemeine Beweisziel dieser Studienausgabe besteht darin, nachzuweisen, dass sich das Forschungsprogramm von Karl Marx als eine kritische Sozialphilosophie rekonstruieren lässt. Das bedeutet zum einen, dass es sich vom Theorietyp her weiterhin um ein philosophisches Unterfangen handelt und nicht um eine einzelwissenschaftliche Untersuchung (z. B. der Ökonomie oder der Soziologie). Zum anderen ist damit gesagt, dass das *Kapital* eine irreduzibel evaluative Dimension aufweist, mittels derer es Marx möglich ist, die kapitalistische Gesellschaftsformation zu kritisieren.

Darüber hinaus verfolgt diese Studienausgabe ein spezielles Beweisziel; dieses besteht in dem Nachweis, dass Karl Marx bei der Fundierung und Durchführung seiner kategorialen Explikation in systematisch konstitutiver Weise auf begriffliche und methodologische Bestandteile von Hegels Logik zurückgreift. Diese Bezüge werden im Stellenkommentar ausgewiesen und auf diese Weise sichtbar gemacht, in welchem Ausmaß und bis in welchen Detailgrad die Dialektik von Karl Marx als eine spezifische Variante (oder auch Weiterentwicklung) der idealistischen Systemphilosophie vor allem Hegels verstanden werden muss. Provokant formuliert: Das *Kapital* von Karl Marx kann produktiv als Abschluss des Deutschen Idealismus gelesen werden.

Die hier vorgelegte Studienausgabe verfolgt damit also ein eigenes Interpretationsziel; sie ist in dieser Hinsicht nicht neutral gegenüber den verschiedenen Interpretationsrichtungen und Forschungsbeiträgen. Die Auswahl der in der Einleitung genannte Forschungsliteratur beschränkt sich daher auf solche Texte, die sich mit der Frage auseinandersetzen, wie man das Verhältnis von Marx zu Hegel bzw. von der marxschen Dialektik zur Methode Hegels rekonstruieren muss. Es handelt sich also um eine Auswahl, die von der thematischen Akzentsetzung motiviert wird, die in dieser Studienausgabe vorgenommen wird.

Die im zweiten Teil dieser Einführung erfolgende kurze inhaltliche Einführung dient ebenfalls diesem Interpretationsziel: Anhand von sechs thematischen Spuren, die sich durch den Stellenkommentar zur hier vorgelegten Ausgabe ziehen, soll in den Grundzügen erläutert werden, weshalb und in welchem Sinne man das *Kapital* als eine in der Tradition von Hegels Systemphilosophie stehende kritische Sozialphilosophie entschlüsseln kann.

II. *Die Kommentierung: Sechs Spuren*

Die Erläuterungen im Stellenkommentar dieser Studienausgabe wollen die soeben benannten Beweisziele erreichen, indem sie sechs Spuren verfolgen. In ihrer Zusammenschau zeigen sie die Grundzüge der systematischen Architektur des *Kapital* im Grundriss auf. Sie verankern dabei die Interpretationshypothesen, die der hier erfolgten Kommentierung zugrunde liegen, in den Details der Argumentation des marxschen Textes. Selbstverständlich kann ein solcher Stellenkommentar eine eigenständige monografische Abhandlung, in welcher die systematisch orientierte Interpretation entfaltet und in ihrem inneren Zusammenhang ausführlich expliziert wird, nicht ersetzen. Die sechs Spuren, die jetzt einleitend kurz präsentiert werden, dienen vielmehr dazu, eine solche systematische Rekonstruktion des Theorieprogramms einer Kritik der politischen Ökonomie und der kategorialen Struktur des *Kapital* mit dem marxschen Text selbst engzuführen. Sie sollen den Lesern der vorliegenden Ausgabe die Möglichkeit eröffnen, dieses Werk unter dem hier vorgeschlagenen Blickwinkel zu studieren. Dabei muss und wird sich ihre problemaufschließende Kraft erweisen. Um folgende sechs Spuren handelt es sich:

- die konstitutive Funktion von Hegels Dialektik
- strukturelle (synchrone) versus geschichtsphilosophische (diachrone) Dialektik
- der Theorietyp der marxschen Kritik der politischen Ökonomie
- drei Aspekte der Darstellungsform
- die Orte des Evaluativen
- die Kontinuität der philosophischen Konzeption von Karl Marx

Mit »problemaufschließend« ist dabei ein Doppeltes gemeint: Zum einen wird auf diese Weise ein Zugang zu den fundamentalen Weichenstellungen und Voraussetzungen der marxschen Theoriebildung eröffnet, der zugleich den Blick auf interne Probleme, Spannungen und offene Anschlussfragen freigibt. Zum anderen kommt in dieser Perspektive eine Lektüre des *Kapital* zustande, die keine ausgearbeiteten Rezepte zur Lösung unserer eigenen Gegenwartsprobleme oder fertige Antworten auf heutige Fragestellungen bereitstellt. Sie soll vielmehr eine systematisch interessierte und eigenständige Reflexion ermöglichen mit dem Ziel, eigene Antworten zu finden, die zum 21. Jahrhundert passen. Um Karl Marx zustimmend zu zitieren:

Ich unterstelle natürlich Leser, die etwas *Neues* lernen, also auch selbst denken wollen. (MEGA² II.5, Seite 12)

1 Die konstitutive Funktion von Hegels Dialektik

Für Marx und seine Zeitgenossen, gleiches gilt für spätere Interpreten oder sich auf sein Denken berufende Theoretiker, hat die Bestimmung seines Verhältnisses zu Hegel eine wesentliche Rolle gespielt. Dabei hat insbesondere die marxsche Dialektik und, damit verbunden, seine Methode im *Kapital* schon die zeitgenössischen ersten Rezensenten der von ihm 1859 veröffentlichten Schrift *Zur Kritik der Politischen Oekonomie* (MEGA² II.2, S. 95–245) beschäftigt; diese frühen Rezensionen sind dokumentiert in Schliebe/Kalinina 1977. Gleiches gilt für Eugen Dühring, der den meisten heute nur noch durch die von Engels wirkmächtig ausgeführte Kritik seiner Theorie bekannt ist. Er hatte die Frage nach dem Verhältnis der marxschen Methode zur hegelschen Dialektik in seiner Rezension der ersten Auflage des *Kapital* zu einer Art Gretchenfrage erklärt (vgl. Dühring 1868). Auf die Rezension Dührings hat Marx in einem Manuskript zum zweiten Buch des *Kapital*, entstanden im Zeitraum von 1868 bis 1870, mit folgender Bemerkung reagiert:

»In einer Recension des ersten Bandes dieses Werks bemerkt *Dr. Dühring*, daß meine treue Anhänglichkeit an das Skelett der hegelschen Logik so weit geht, daß ich sogar in den Circulationsformen Hegelsche Schlußfiguren entdecke. Mein Verhältniß zu Hegel's Dialektik ist sehr einfach. Hegel ist mein Lehrer u. das klugthuende Epigonen-Geschwätz, das diesen eminenten Denker beseitigt zu haben meint, ist mir einfach lächerlich. Ich habe mir jedoch die Freiheit genommen, mich zu meinem Lehrer kritisch zu verhalten, seine Dialektik ihres Mysticismus zu entkleiden u. sie dadurch wesentlich zu verändern. etc etc« (MEGA² II.1.1, S. 32 Anm. 10)

Diese Aussage ist unschwer als Grundlage der berühmten Passage aus dem Nachwort zur zweiten Auflage des ersten Bandes des *Kapital* identifizierbar. Dort schreibt Marx, ca. fünf Jahre später, zur Klärung der Lage:

»Meine dialektische Methode ist der Grundlage nach von der hegelschen nicht nur verschieden, sondern ihr direktes Gegenteil. Für Hegel ist der Denkprozess, den er sogar unter dem Namen Idee in ein selbständiges Subjekt verwandelt, der Demiurg des Wirklichen, das nur seine äußere Erscheinung bildet. Bei mir ist umgekehrt das Ideelle nichts andres als das im Menschenkopf umgesetzte und übersetzte Materielle. Die Mystifikation, welche die Dialektik in Hegels Händen erleidet, verhindert in keiner Weise, daß er ihre allgemeinen Bewegungsformen zuerst in umfassender und bewußter Weise dargestellt hat. Sie steht bei ihm auf dem Kopf. Man muss sie umstülpen, um den rationellen Kern in der mystischen Hülle zu entdecken.« (MEGA² II.6, Seite 709)

Dass Marx sich bei der Entwicklung seines Forschungsprogramms einer Kritik der politischen Ökonomie insgesamt und auch bei der Ausarbeitung des *Kapital* mit Hegels Logik beschäftigt hat, ist unstrittig. Er selbst schreibt in einem Brief an Friedrich Engels, der um den 16. Januar 1858 entstanden ist, über den Gang seiner Forschung:

»Z. B. die ganze Lehre vom Profit, wie sie bisher war, habe ich über den Haufen geworfen. In der *Methode* des Bearbeitens hat es mir großen Dienst geleistet, daß ich by mere accident – Freiligrath fand einige, ursprünglich dem Bakunin gehörige Bände Hegels und schickte sie mir als Präsent – Hegels ›Logik‹ wieder durchgeblättert hatte.«

Die Fragen waren und sind bis heute jedoch:

- Wie sieht die marxsche Methode genau aus?
- Worin besteht ihr Unterschied zur idealistischen Dialektik Hegels?
- Was bedeutet »Dialektik als Methode der Darstellung«?

Das Nachwort zur zweiten Auflage des *Kapital* will Karl Marx nutzen, um die Sachlage eindeutig klarzustellen. Im Kern geht es um die Frage nach dem Theoriestatus seiner Kritik der politischen Ökonomie, um sein Verständnis von Wissenschaft und dabei immer auch um die Wissenschaftlichkeit und Rationalität der im *Kapital* vorgelegten Analyse des Kapitalismus. Man könnte auch sagen: Es geht ums Ganze.

Zu diesem Zwecke zitiert Karl Marx sehr ausführlich eine vom russischen Autor Kaufmann im Petersburger *Europäischen Boten* 1872 veröffentlichte Rezension der ersten Auflage des *Kapital*. Der Grund, weshalb Marx auf diese Besprechung eingeht, dürfte in systematischer Hinsicht darin liegen, dass Kaufmann in Marx' Augen die im *Kapital* angewandte Methode zu Recht streng realistisch begriffen, zugleich aber die von Marx gewählte Darstellungsweise als »unglücklicherweise deutsch-dialektisch« charakterisiert habe (MEGA² II.6, S. 707). Diese Einschätzung Kaufmanns kommentiert Marx folgendermaßen:

»Indem der Herr Verfasser das, was er meine wirkliche Methode nennt, so treffend und, soweit meine persönliche Anwendung derselben in Betracht kommt, so wohlwollend schildert, was andres hat er geschildert als die dialektische Methode?« (MEGA² II.6, S. 708 f.)

Marx selbst hatte in den – zu seinen Lebzeiten unveröffentlicht gebliebenen – *Grundrissen der Kritik der politischen Ökonomie*, verfasst in den Jahren 1857/58, eine Einleitung geschrieben, in der er seine Methode darlegt (MEGA² II.1.1, S. 21–45; vgl. zu dieser Einleitung Jánoska et al. 1994). In diesem umfangreichen Manuskript, das von späteren Herausgebern mit seinem heutigen Titel und einer strukturierenden Gliederung versehen worden ist, hatte Marx bereits darauf hingewiesen, dass die von Hegel transformiert übernommene Methode der Darstellung des Kapitalismus den Anschein einer idealistischen Begriffsdeduktion erwecke, den es bei der Präsentation der Forschungsergebnisse zu korrigieren gelte. In einer in Klammern stehenden Arbeitsnotiz heißt es:

> Es wird später nöthig sein, eh von dieser Frage abgebrochen wird [es geht im Manuskript an dieser Stelle um die Analyse des Geldes; MQ], die idealistische Manier der Darstellung zu corrigieren, die den Schein hervorbringt als handle es sich nur um Begriffsbestimmungen und die Dialektik dieser Begriffe. (MEGA² II.1.1, S. 85)

Gegen diesen ›idealistischen Schein‹ gerichtet, betont Marx in der Einleitung zu diesen *Grundrissen* immer wieder, dass die dialektischen Strukturen die der analysierten Sache (also der sozialen Realität der kapitalistischen Gesellschaftsform) selbst sind und nicht nur die der zu deren Beschreibung verwendeten Kategorien. Dabei darf allerdings nicht der Fehler unterlaufen, der Marx zufolge in Hegels Idealismus passiert: »Für einen Hegelianer« sei, so schreibt Marx in der Einleitung der *Grundrisse*, »nichts einfacher«, als Begriff und Dargestelltes, an dieser Stelle geht es ihm konkret um »Production und Consumption«, »identisch zu setzen« (MEGA² II.1.1, S. 30). Vermeidet man diesen Fehler, dann muss man die Ebene der Darstellung von der Ebene des Dargestellten unterscheiden. Man muss die dialektische Struktur der Darstellung, d. h. die Zusammenhänge der Kategorien, und die dialektische Verfasstheit der Realität, d. h. im *Kapital* die dialektische Struktur der sozialen Realität, auseinanderhalten. Darauf hatte Marx in seinem »Urtext« genannten Manuskript, welches der 1859 erschienenen Publikation

Zur Kritik der Politischen Oekonomie zugrunde liegt und im Zeitraum November 1858 bis Januar 1859 entstanden ist, explizit hingewiesen:

> Es zeigt sich an diesem Punkt [Marx spricht hier über den historischen Prozess der Entstehung des Kapitals; MQ] bestimmt, wie die dialektische Form der Darstellung nur richtig ist, wenn sie ihre Grenzen kennt. (MEGA² II.2, S. 91)

Der Fehler des hegelschen Idealismus, und damit auch der aller Hegelianer, besteht Marx zufolge darin, hier eine Identität zwischen Struktur der Darstellung und Struktur des Dargestellten zu unterstellen. Dagegen müsse, dies ist der materialistische, besser: realistische Kern der marxschen Dialektik, auf der Differenz beider bestanden und damit die Grenze der Reichweite der Darstellung anerkannt werden.

Vor diesem Hintergrund seines eigenen Selbstverständnisses greift Marx den vom Rezensenten Kaufmann gemachten Unterschied zwischen der wirklichen, realistischen Methode und der idealistischen Darstellungsweise auf, prägt ihn im Nachwort zur zweiten Auflage des *Kapital* jedoch in eine andere Unterscheidung um:

> »Allerdings muß sich die Darstellungsweise formell von der Forschungsweise unterscheiden. Die Forschung hat den Stoff sich im Detail anzueignen, seine verschiednen Entwicklungsformen zu analysieren und deren innres Band aufzuspüren. Erst nachdem diese Arbeit vollbracht, kann die wirkliche Bewegung entsprechend dargestellt werden. Gelingt dies und spiegelt sich nun das Leben des Stoffs ideell wider, so mag es aussehn, als habe man es mit einer Konstruktion a priori zu tun.« (MEGA² II.6, S. 708 f.)

Dabei hält Marx weiterhin unbeirrt daran fest, seine eigene Methode sei dialektisch verfasst. Daher fühlt er sich an dieser Stelle, von Kaufmann wie vom nicht erwähnten Dühring gleichermaßen, aufgefordert, die Differenz seiner Methode gegenüber der hegelschen Dialektik, die von Kaufmann ja als unglücklich gewählte deutsch-idealistische Präsentationsweise abgewertet worden war, zu bestimmen:

> »Die mystifizierende Seite der Hegelschen Dialektik habe ich vor beinah 30 Jahren, zu einer Zeit kritisiert, wo sie noch Tagesmode war. Aber grade als ich den ersten Band des ›Kapital‹ ausarbeitete, gefiel sich das verdrießliche, anmaßliche und mittelmäßige Epigonentum, welches jetzt im

> gebildeten Deutschland das große Wort führt, darin, Hegel zu behandeln, wie der brave Moses Mendelssohn zu Lessings Zeit den Spinoza behandelt hat, nämlich als »toten Hund«. Ich bekannte mich daher offen als Schüler jenes großen Denkers und kokettierte sogar hier und da im Kapitel über die Werttheorie mit der ihm eigentümlichen Ausdrucksweise. (MEGA[2] II.6, S. 709)

Mit dieser Bemerkung spielt Marx auf seine erste umfassende Auseinandersetzung mit Hegel an, die er 1844 in den von den späteren Herausgebern *Ökonomisch-philosophische Manuskripte* genannten Texten entwickelt hatte (vgl. dazu Quante 2009). Da diese Texte damals unveröffentlicht waren, ließ sich diese Information für seine Zeitgenossen jedoch nicht entschlüsseln. Darüber hinaus hat Marx mit seiner Redeweise vom Kokettieren eine nachhaltig falsche Fährte gelegt, scheint damit doch zweierlei gesagt zu sein: Zum einen, dass die hegelschen Einflüsse nur die Darstellung der Sache, und zum anderen, dass diese Einflüsse nur die Oberfläche der marxschen Methode betreffen. Beides aber ist, wie der Stellenkommentar dieser Ausgabe nachweist, so nicht korrekt (vgl. hierzu auch meine Ausführungen in Quante 2014).

2 Strukturelle (synchrone) versus geschichtsphilosophische (diachrone) Dialektik

Die Sachlage ist kompliziert; und die Erläuterungen von Karl Marx sind nur zum Teil geeignet, die Missverständnisse oder gar ein gänzliches Unverständnis der Methode, welche er im *Kapital* zugrunde gelegt hat, zu beseitigen. Wir haben auf der einen Seite die Unterscheidung zwischen dem Gang der Forschung und dem Gang der Darstellung der Forschungsresultate: Erstere analysiert die Phänomene und Daten, geht ins Detail und zeichnet die empirischen Abläufe nach. Sie verfolgt dabei das Ziel, das »innere Band« derselben aufzuspüren. Dieses innere Band zielt auf das Wesen der Phänomene und geht über kausale und funktionale Zusammenhänge hinaus. Marx ruft damit Hegels Dialektik von Wesen und Erscheinung ab, die er im *Kapital* durchgehend verwendet (wie der Stellenkommentar zu dieser Studienausgabe zeigt). Die Darstellung der Forschungsresultate nimmt dann dieses entdeckte »innere Band« der realen Prozesse, um die dialektische Entwicklung der kategorialen Strukturen dieser Phänomene nachzuzeichnen. Diese dialektisch-logische Entwicklung entspricht nicht zwingend den konkreten empirischen Abläufen, wird aber insgesamt durch Letztere empirisch gestützt: Die empirischen Daten belegen die Plausibilität der dialektischen Darstellung und die dialektische Darstellung macht uns die Realität in ihrer dialektischen Wirklichkeit verständlich.

Der von Marx hier ins Spiel gebrachte Begriff der Wirklichkeit (die »wirkliche Bewegung«) stellt einen Rückgriff auf Hegels Konzeption dar. Im Unterschied zur Existenz oder Realität ist die Wirklichkeit die Entsprechung von begrifflicher Struktur und Realisation, also die dialektisch entschlüsselte und wissenschaftlich adäquat dargestellte Sache selbst. Diese wird durch den Gang der Forschung ermittelt und dann von ihrer dialektischen Struktur aus als mit begrifflicher Notwendigkeit ablaufende Selbstentfaltung dieser Sache selbst dargestellt.

Mit dieser Methode, das ist die andere Seite der Auskünfte, die Marx zur Aufklärung seiner Methode beisteuert, wird nicht nur seine von Hegel übernommene, idealistisch-dialektische Konzeption von Wissenschaftlichkeit sichtbar. Sondern es ist auch klar, dass Marx nun die als dialektische Entwicklung der Kategorien dargestellte Selbstentfaltung von dem idealistischen Schein, eine »Konstruktion a priori« zu sein, befreien muss. Einerseits muss die dialektische Bewegung die der Sache selbst und darf nicht bloß eine Nebenwirkung der Darstellungsform sein: Marx muss, mit anderen Worten, die dialektischen Strukturen als Aspekte der sozialen Realität ausweisen. Zugleich muss er klarstellen, dass dieser dialektische Zusammenhang keine von der Erfahrung der Realität unabhängig erkennbare Struktur ist. Nur dann ist ausgeschlossen, dass es sich um eine bloße Konstruktion handelt, die man philosophisch im Lehnstuhl, also a priori, entwickeln kann. Damit haben wir zwei Oppositionspaare ermittelt: den Unterschied zwischen Gang der Forschung und Gang der Darstellung einerseits sowie den Unterschied zwischen Logik der Darstellung und Logik der Sache selbst andererseits.

Doch damit nicht genug. Wenn Marx die dialektische Verfasstheit der Realität, in unserem Fall die der kapitalistischen Gesellschaftsformation, als Wirklichkeit im Sinne eines sich selbst ausdifferenzierenden Systems darstellt, dann wird eine bestehende soziale Realität als dialektisch verstehbare Totalität aufgefasst. Dies stellt eine *synchrone* Betrachtungsweise dar, die eine gegebene Gesellschaftsformation in ihrer internen

Organisation entschlüsselt. Zugleich untersucht Marx im *Kapital* auch die historischen Prozesse, die als empirisch reale Vorgänge erforderlich waren, damit dieses System entstehen konnte. Vor allem aber will er zeigen, dass dieses System destabilisierende Tendenzen enthält und von einer es ablösenden Gesellschaftsformation ersetzt werden wird. Damit ist eine *diachrone* Perspektive hinzugefügt, die Marx aber nicht nur im Sinne einer kausalen Vorgeschichte und einer kausalen Prognose organisiert, sondern geschichtsphilosophisch konzipiert hat: Durch die reale Abfolge der Gesellschaftsformationen hindurch verwirklicht sich die Menschheit als Gattung. Der Kapitalismus stellt in den Augen von Marx in diesem Prozess den Moment der vollständigen Entfremdung der Menschen dar. Sie haben ihre Gattungseigenschaften an das Kapital als ein »automatisches Subjekt« entäußert und erfahren die soziale Natur des Menschen als verdinglichte Eigenschaften von Sachen.

Der Kapitalismus ist eine falsche Totalität: Die Totalität lässt sich in der synchronen Perspektive entschlüsseln, die Falschheit nur unter Voraussetzung einer philosophischen Anthropologie, der zugleich eine geschichtsphilosophische Entwicklungsstruktur eingeschrieben ist. Genau eine solche Konzeption hatte Marx in den 1844 geschriebenen, von späteren Editoren dann unter dem Titel *Ökonomisch-philosophische Manuskripte* veröffentlichten Texten ausgearbeitet. Im *Kapital* organisiert sie die geschichtsphilosophische Dimension der marxschen Kritik und kommt überall dort zum Vorschein, wo Marx die Perspektive der Aufhebung des Kapitalismus anspricht. Es ist also, ein drittes Oppositionspaar, die Differenz von synchroner Strukturdialektik und diachroner Geschichtsdialektik zu beachten (auch diese Spur wird in den Stellenkommentaren der vorliegenden Ausgabe aufgenommen). Damit sind drei Ebenen identifiziert, die es bei der Interpretation des *Kapital* sowohl auseinanderzuhalten als auch aufeinander zu beziehen gilt:

- Gang der Forschung vs. Gang der Darstellung
- Dialektik der Darstellung vs. Dialektik der Sache selbst
- Strukturelle (synchrone) vs. geschichtsphilosophische (diachrone) Dialektik

Während idealistische Philosophen die dialektische Organisation der Realität als philosophische Legitimation derselben aufgefasst haben (Marx sieht darin eine Verklärung nennt diesen Effekt Mystifikation), unterlegt er seiner Darstellung die geschichtsphilosophische Prämisse, dass diese soziale Realität die entfremdet-entfremdende Realisierung des menschlichen Wesens ist. Das Ziel der Selbstverwirklichung des Menschen ist es, diese Entfremdung aufzuheben. Das aber bedeutet, die interne Widersprüchlichkeit der kapitalistischen Gesellschaftsformation auszuweisen und den Nachweis zu erbringen, dass es sich bei dieser sozialen Formation um eine entfremdete und damit scheiternde Verwirklichung der menschlichen Lebensform handelt.

Aus diesem Grund können die Apologeten des Kapitalismus die mystifizierende Dialektik akzeptieren, müssen diese Dialektik aber, wenn sie in der von Marx transformierten, »rationellen Gestalt« zum Einsatz kommt, aufgrund ihrer radikal kritischen Dimension ablehnen. Mit seinen eigenen Worten gesagt:

> In ihrer mystifizierten Form ward die Dialektik deutsche Mode, weil sie das Bestehende zu verklären schien. In ihrer rationellen Gestalt ist sie dem Bürgertum und seinen doktrinären Wortführern ein Ärgernis und ein Greuel, weil sie in dem positiven Verständnis des Bestehenden zugleich auch das Verständnis seiner Negation, seines notwendigen Untergangs einschließt, jede gewordne Form im Flusse der Bewegung, also auch nach ihrer vergänglichen Seite auffaßt, sich durch nichts imponieren läßt, ihrem Wesen nach kritisch und revolutionär ist.
> Die widerspruchsvolle Bewegung der kapitalistischen Gesellschaft macht sich dem praktischen Bourgeois am schlagendsten fühlbar in den Wechselfällen des periodischen Zyklus, den die moderne Industrie durchläuft, und deren Gipfelpunkt – die allgemeine Krise. Sie ist wieder im Anmarsch, obgleich noch begriffen in den Vorstadien, und wird durch die Allseitigkeit ihres Schauplatzes, wie die Intensität ihrer Wirkung, selbst den Glückspilzen des neuen heiligen, preußisch-deutschen Reichs Dialektik einpauken.« (MEGA² II.6, S. 709 f.)

Marx bezeichnet an dieser Stelle im Nachwort zur zweiten Auflage des *Kapital*, die als Bestätigung des oben Gesagten angesehen werden muss, an der er das Verhältnis seiner Methode zur Dialektik Hegels aufklären will, die Bewegung der kapitalistischen Gesellschaft selbst als »widerspruchsvoll«. Damit beschränkt er die Dialektik nicht auf die Darstellungsebene, sondern verortet sie im Objektbereich, d. h. der kapitalistisch organisierten sozialen Welt selbst. Doch nicht nur der synchrone Gesellschaftszustand wird somit als eine in sich widersprüchliche Totalität begriffen; Marx fügt auch eine diachrone Dimension hinzu, wenn er von der kritischen und revolutionären Qualität seiner entmystifizierten und rationellen Dialektik spricht. Diese weist das Bestehende als Gewordenes und Vergängliches aus; das »Verständnis des Bestehenden« schließt zugleich das Verständnis seiner »Negation, seines notwendigen Untergangs« mit ein. Damit wird dem realen Geschichtsverlauf selbst die Qualität der Negation zugesprochen und ein »notwendiger Untergang« der bestehenden Verhältnisse daraus abgeleitet.

Nach Marx ist seine Dialektik weder dem untersuchten Gegenstand äußerlich noch auf die Analyse der widersprüchlichen Verfasstheit des Kapitalismus als einer synchronen gesellschaftlichen Totalität beschränkt. Deshalb darf seine Aussage, er habe mit Hegels eigentümlicher Ausdrucksweise »kokettiert«, nicht auf die Funktion übertragen werden, welche die transformierte hegelsche Dialektik für die dialektische Methode von Marx selbst hat. In Letzterer wird gerade nicht mehr mit Hegels Ausdrucksweise kokettiert, weil Marx sich dessen basale Kategorien und Denkfiguren in transformierter Form als eigene dialektische Methode aneignet und auf diese Weise mit ihnen in ihrer rationellen Gestalt ernst macht.

3 Der Theorietyp der marxschen Kritik der politischen Ökonomie

Unterstellt, die bis hierhin entwickelten Überlegungen sind auf der richtigen Fährte: Welche Konsequenzen hat dies für die Interpretation des *Kapital*? Anders gefragt: Was bedeutet es, das Programm einer Kritik der politischen Ökonomie als dialektisch organisierte kritische Sozialphilosophie zu verstehen?

Lassen wir die Auffassung, es handele sich hierbei um eine allumfassende wissenschaftliche Weltanschauung, die man dialektischen oder historischen Materialismus genannt und in Form des Marxismus-Leninismus zur Legitimationsideologie totalitärer Systeme eingesetzt hat, beiseite. Diese orthodoxe Lesart wird entweder von solchen Interpreten bevorzugt, die auf dem schnellen Wege die Unhaltbarkeit des marxschen Denkens klarstellen wollen, oder umgekehrt von solchen Lesern verfolgt, die mittels des Werkes von Marx ihre eigene Kapitalismuskritik intellektuell garnieren möchten. Nicht selten ist eine solche

Interpretation auch Ausdruck der Hoffnung und des Bedürfnisses, bei Marx sichere Prognosen für die Zukunft, Anweisungen zum politischen Handeln oder auch tragfähige Rezepte zur Lösung eigener Probleme zu erhalten. Es dürfte nach dem bisher Ausgeführten deutlich sein, dass sich das *Kapital* auf diese Weise nicht angemessen interpretieren lässt. Zugleich ist bekannt, dass Karl Marx sich von dieser Lesart seiner eigenen Theorie und von diesen Erwartungen einiger seiner Rezipienten distanziert und von sich gesagt hat, er sei (in diesem Sinne) kein Marxist.

Wie steht es mit den Versuchen, das *Kapital* und das Theorieprogramm einer Kritik der politischen Ökonomie insgesamt als Einzelwissenschaft, sei es der Ökonomie oder auch der Sozialwissenschaften, zu verstehen? Unbestreitbar ist der große Einfluss, den das marxsche Denken und sein Werk auf diese Disziplinen ausgeübt hat (siehe zu dieser interdisziplinären Ausstrahlung auch die entsprechenden Beiträge im *Marx-Handbuch*). Nicht zu leugnen ist auch, dass das *Kapital* zu großen Teilen aus der Darstellung empirischer Daten und Sachverhalte besteht. In diesem Sinne hat Karl Marx, wie kaum ein Philosoph vor ihm, die Forschungsergebnisse anderer Disziplinen für seine eigene Theoriearbeit rezipiert und sie in seine Theorie integriert.

Doch daraus lässt sich nicht ableiten, dass diese Theorie selbst von ihrem Typ her eine solche Einzelwissenschaft darstellt. Dagegen spricht zweierlei:

Zum einen (i) erhebt Marx mit seinem Theorieprogramm einen Anspruch an Wissenschaftlichkeit und methodischem Aufbau, der genuin philosophischer, speziell hegelscher Provenienz ist. Marx leitet die Vorstellung, aus den Grundkategorien intern in dialektischer Weise alle Bestimmungen und Strukturen einer sozialen Realität zu entwickeln. Dabei wird diese soziale Realität als Totalität, als begrifflich organisierte Einheit vorausgesetzt. Diese Explikation muss, darin ist ein weiteres hegelsches Erbe im Denken von Marx zu erkennen, von innen heraus – entlang dem inneren Band des zu explizierenden Gegenstands – erfolgen. Schließlich darf die Analyse keine Voraussetzungen in Anspruch nehmen, die im Gang der Analyse nicht wiederum als Momente dieser Totalität ausgewiesen werden. Das »artistische Ganze«, so der marxsche Ausdruck für dieses holistische Modell, muss aus sich heraus vollständig erläuterbar und damit in jedem seiner Aspekte aus sich heraus begründbar sein. Keine Einzelwissenschaft muss sich diesen immensen Adäquatheitsbedingungen, die Marx mit Wissenschaftlichkeit verbunden hat, unterwerfen. Und ohne eine von Hegel übernommene Dialektik lässt sich ein solcher aufs Ganze gehender Anspruch wohl auch nicht einlösen. Die Theorie von Marx ist empirisch und einzelwissenschaftlich informiert, aber sie ist selbst von ihrem Typ her keine Einzelwissenschaft.

Zum anderen (ii) beansprucht Marx mit dem *Kapital*, eine Kritik der politischen Ökonomie zu leisten. Das aber impliziert, dass seiner Darstellung des Kapitalismus eine evaluative Dimension eingeschrieben sein muss, da ohne eine solche wertende Dimension Kritik aus begrifflichen Gründen gar nicht möglich wäre. Diesem zweiten Aspekt gehen die nächsten beiden Spuren nach, doch bevor ich dazu übergehe, möchte ich noch zwei Konsequenzen benennen, die sich aus dem dialektischen Arrangement der marxschen Kritik der politischen Ökonomie für die Interpretation des *Kapital* als Fragestellungen ableiten lassen:

- Als dialektische Darstellung stellt das *Kapital* eine logisch-begriffliche Entfaltung und keine historische Genealogie dar. Die Frage, die sich aus dieser Interpretationsentscheidung ergibt, lautet dann: Wie hat Marx sich das Verhältnis der historischen Genese (der Realität) und der dialektisch explizierten Struktur derselben (also der Wirklichkeit) gedacht? Dies ist in anderer Form die Frage nach seinem Verhältnis zur hegelschen Dialektik, dessen idealistische Annahmen Marx überwinden und in seine rationelle Version einer materialistischen Dialektik überführen wollte. Mit Marx selbst gefragt: Wo liegt die Grenze, die eine Dialektik kennen muss, um rational und nicht mystifizierend zu sein?
- Als empirisch informierte und materialistisch gewendete dialektische Darstellung zielt das *Kapital* darauf ab, den Anschein, eine »Konstruktion a priori« zu sein, zu korrigieren. Zugleich muss diese materialistisch fundierte Kritik der politischen Ökonomie den Nachweis erbringen, dass sich die dialektische Entwicklung nicht dem Gehalt der zur Beschreibung verwendeten Kategorien, sondern dem inneren Band der mittels dieser Kategorien explizierten Sache, in unserem Fall: der kapitalistischen Gesellschaftsformation, verdankt. Zu klären ist dabei, welchen Status die im *Kapital* von Marx ausgewerteten empirischen Daten in seiner Kritik der politischen Ökonomie haben. Sind sie empirische Belege für seine dialektische Explikation,

die als Begründung einer philosophischen Theorie dienen? Oder sind sie darüber hinaus das a posteriori gegebene Datenmaterial, von dem aus die Theorie – in empiristischer Manier – induktiv aufzubauen ist? Gegen Letzteres spricht die Kritik an der Plattheit des Empirismus, an der Marx zeit seines Lebens festgehalten hat. Für Letzteres spricht dagegen, dass es eine Option darstellt, seine materialistische Transformation der hegelschen Dialektik zu rekonstruieren.

4 Drei Aspekte der Darstellungsform

Eine weitere Spur, die in den Stellenkommentaren der hier vorliegenden Studienausgabe aufgenommen wird, besteht in dem Nachverfolgen von drei speziellen Strukturen, welche die von Marx im *Kapital* entwickelte Darstellungsform über deren allgemeines dialektisches Arrangement hinaus prägen. Sie dienen, wie im nächsten Absatz aufgezeigt wird, Marx dazu, die evaluative Dimension seiner Kritik der politischen Ökonomie so zu organisieren, dass sie seinen eigenen Adäquatheitsbedingungen genügt. Bei diesen drei Aspekten, die in diesem Absatz kurz erläutert werden, handelt es sich um

(i) das askriptivistische Darstellungsverfahren der »Waarensprache«
(ii) die expressivistisch-evaluative Bedeutung der Metaphorik im *Kapital*
(iii) die anerkennungstheoretische Organisation der Interaktion der Waren

ad (i) Marx beginnt seine Explikation im *Kapital* mit der Analyse der Ware, deren komplexe Einheit mit ihren gegensätzlichen Bestimmungen er entfaltet. Dies geschieht, indem Marx die Waren als Akteure auf- und in Interaktion treten lässt. In dieser Interaktion, die Marx in seiner Analyse der Wertform immer weiter entfaltet, treten die Momente dieser Einheit explizit als eigenständige und unabhängige Gestalt annehmende Kategorien auf. Sie sind das Grundvokabular der Sprache, welche die Waren nutzen, um im Tauschgeschehen miteinander interagieren zu können. In dieser Interaktion entfaltet sich dabei zum einen die zu Beginn der Analyse noch in einer einzelnen Ware zusammengedrängte Einheit zu einem ausdifferenzierten System von aufeinander bezogenen Bestimmungen (also Relationen). Zum anderen entwickelt sich dabei das diese Einheit organisierende »innere Band« der Sache von der einfachen Ware weiter zu immer komplexeren Daseinsformen, die über das Geld schließlich die Gestalt des Kapitals erreichen.

Auch dieser Aspekt der von Marx gewählten Darstellungsmethode ist »wenig verstanden« worden. Zumeist wird er entweder schlicht übersehen oder als bloß äußerliche Zutat für systematisch irrelevant erklärt. Gelegentlich wird er dagegen als Strukturmerkmal angesehen, dann aber als »Warenmärchen« (vgl. Schampel 1984) dazu genutzt, die Irrationalität der dialektischen Darstellungsmethode von Marx zu erweisen. Nimmt man den von Marx durch seine Darstellung angebotenen Vorschlag systematisch und konstruktiv ernst, dann ergibt sich als erstes Resultat, dass Marx seine Analyse in Form des Berichts über einen Dialog der Waren organisiert. Das erlaubt Marx zum einen, die soziale Realität als Sequenz von Redehandlungen zu explizieren, die einer dialektischen Anordnung folgen. Zum anderen kann er, indem er als Berichterstatter den Waren als Akteuren diese Handlungen zuschreibt, die in diesen Zuschreibungen vorausgesetzten Evaluationen erwähnen, ohne sie damit selbst als Geltungsansprüche abrufen zu müssen. Diese Theorieoption, die bereits in Hegels Rechtsphilosophie zu finden ist, wurde im 20. Jahrhundert unter dem Namen des Askriptivismus systematisch weiter entwickelt; und es ist eine attraktive systematische Interpretationshypothese, die Methode der marxschen Kritik der politischen Ökonomie auf diese Weise zu entschlüsseln.

ad (ii) Als zweiter, in seiner theoriekonstitutiven Funktion ebenfalls zumeist übersehener Aspekt ist die Verwendung von Metaphern zu nennen, mittels derer Marx seine askriptivistische Darstellungsform weiter ausgestaltet (vgl. dazu Quante 2018). Die Rede vom »automatischen Subjekt«, die Metaphorik von Maschine oder Automat, die im Gegensatz zum Organismus steht, die Opposition von lebendiger und toter Arbeit, die dem Antagonismus von totem Automaten und lebendigem Organismus korrespondiert, sie alle sind, wie die bereits auf den ersten Blick identifizierbaren Bilder von »Vampyren« und »Werwölfen«, also von die Lebenden bedrohenden und aussaugenden Untoten – auch der »Zombie« bevölkert die Welt des *Kapital* –, gezielt eingesetzt. Diese Metaphorik dient Marx zu zweierlei: Zum einen kann er mit diesem Metaphernfeld evaluative Aspekte zum Ausdruck bringen und in seinen Lesern aktivieren, ohne die damit in den diskursiven Raum eingebrachten Geltungsansprüche selbst explizit erheben zu müssen. Zum anderen kann er die in seinem Darstellungsverfahren der Warensprache noch verborgene kritische Funktion sichtbar machen: Im Kapitalismus werden die lebendigen Menschen zu Anhängseln ihrer Produkte, wird das Lebendige zum Mittel des Toten und werden die Interessen der konkreten Menschen zu bloßen Erfüllungsgehilfen der systembedingten Verhältnisse der Sachen. Die in diesen Metaphern enthaltene Verkehrung bringt die Dimension der Entfremdung zum Ausdruck, die der marxschen Kritik der politischen Ökonomie ihre evaluative Geltungsdimension verleiht.

ad (iii) Der dritte Aspekt, den Marx zur Organisation seiner Analyse der kapitalistischen Gesellschaftsformation einsetzt, besteht darin, die mit Handeln und Sprache konstitutiv vorausgesetzte Dimension des Geltens nicht nur immer wieder explizit zu nennen, sondern sie auch anerkennungstheoretisch zu organisieren (vgl. dazu Quante 2013). Auf diese in die Grundgrammatik seines dialektischen Arrangements eingelassene Anerkennungsstruktur macht Marx den Leser in Form von Anmerkungen zwar immer wieder aufmerksam; so verweist er mehrfach explizit auf die Anerkennungstheorien von Fichte oder Hegel und ruft zudem implizit anerkennungstheoretische Denkfiguren von Hegel ab. Häufig wird dies von den Interpreten jedoch als bloß illustrierende Zutat abgetan und nicht in seiner Funktion für die marxsche Gesamtkonzeption gesehen. Fragt man nach Letzterer, so liegt eine Interpretationshypothese nahe: Indem Marx die Interaktion der Waren, die mittels des Metaphernfeldes als Entfremdungszusammenhang der eigentlichen Akteure erkennbar ist, mit einer impliziten Anerkennungsstruktur ausstattet, ruft er einerseits die jeder Redehandlung inhärente Dimension von Geltung ab. Andererseits bringt er zum Ausdruck, dass die Anerkennung der Menschen sich in der kapitalistischen Gesellschaftsformation nicht in ihrer direkten Interaktion realisiert, sondern über die Waren und die durch diese erzeugten sachlichen Verhältnisse vermittelt ist. Das aber ist, dies steht für Marx seit seiner Rezeption der Schriften Ludwig Feuerbachs fest, eine entfremdete und das soziale Wesen des Menschen verdinglichende Interaktionsform. Weil die kapitalistische Gesellschaftsformation die Sozialität des Menschen, dafür steht bei Marx der Begriff des Gattungswesens, über die Verhältnisse von Sachen realisiert, stellt sie eine prinzipiell misslingende Weise dar, in der die Menschen sich selbst zu verwirklichen versuchen. Zugleich, dies ist ein weiterer für die Gesamtkonzeption zentraler Effekt der marxschen Darstellung, werden indirekt auch die der Anerkennungsstruktur inhärierenden evaluativen Aspekte als in der Sache selbst bereits angelegte Ansprüche an eine gelingende menschliche Lebensform eingeführt. Sie liegen in diesem Arrangement zwar nur in verdinglichter Weise und in entfremdeter Form vor, aber sie sind dennoch Teil derjenigen sozialen Totalität, die Marx im *Kapital* einer Kritik durch Darstellung unterzieht.

5 Die Orte des Evaluativen

Sein Theorieprogramm hat Karl Marx als Kritik der politischen Ökonomie bezeichnet und dies auch im Untertitel des *Kapital* kenntlich gemacht. Der Begriff der Kritik impliziert als Voraussetzung, dass es Standards gibt, anhand derer etwas gemessen und damit kritisiert werden kann. Die Art des Messens kann dabei ganz unterschiedliche Formen annehmen, die sich zum einen der Art des zu messenden Gegenstands und zum anderen weiteren methodologischen Voraussetzungen der für die Kritik zuständigen Theorie verdanken. Wenn es sich um eine rationale und damit intersubjektiv nachvollziehbare Kritik handeln soll, müssen sich die Standards der Kritik erstens explizit benennen und zweitens in ihrer Anwendung auf den Gegenstand auch intersubjektiv überprüfen lassen.

Durch die Relation zwischen Kritikstandard und zu kritisierender Gegenstand wird, dies ist begrifflich notwendig, ein evaluativer Rahmen aufgespannt: Der zu kritisierende Gegenstand (als ein IST) wird am Standard der Kritik (als dem SOLL) gemessen. Diese Evaluation kann dabei deontologisch im Sinne des Richtigen und Falschen oder auch axiologisch im Sinne des Guten und Schlechten erfolgen. Wenn man beispielsweise die konkrete Entscheidung eines Schiedsrichters kritisch prüft, wird man fragen, ob sie regelkonform (also richtig) vollzogen worden ist. Wenn man die Qualität eines Produkts kritisch prüft, wird man fragen, ob es seine Funktion erfüllt (also gut für diese Zweckrealisierung ist).

Wenn Marx seine Theorie als Kritik der politischen Ökonomie bezeichnet, dann muss es in seiner Konzeption eine solche evaluative Dimension, entweder deontologischer oder axiologischer Art, geben. Marx hätte dies vermutlich selbst auch nicht bestritten; aber er hätte erstens darauf hingewiesen, dass es sich dabei um eine Kritik durch Darstellung handelt (siehe unten ad b). Zweitens hätte er darauf bestanden, dass diese Kritik keinen externen moralischen Standard von außen an ihren Gegenstand heranträgt (siehe unten ad c). Obwohl beide Hinweise in der Sache zusammenhängen, müssen wir sie im ersten Schritt systematisch voneinander unterscheiden. Erst dann lässt sich im zweiten Schritt klären, auf welche Weise sie sachlich zusammenhängen bzw. in welchem Begründungsverhältnis beide im *Kapital* zueinander stehen.

In Bezug auf das *Kapital* lassen sich insgesamt drei Ebenen des Evaluativen unterscheiden, wobei die dritte sich auf die exoterische Funktion des Werkes beschränkt und daher zuerst abgehandelt werden soll (siehe dazu ad a):

a) evaluative Kommentare in Bezug auf das empirische Datenmaterial
b) evaluative Aspekte der Darstellungsform
c) evaluative Aspekte der zugrunde liegenden philosophischen Anthropologie

ad a) Karl Marx unterlegt seine ausführliche Schilderung der empirischen Verhältnisse oder der ideologischen Äußerungen von Ökonomen und Politikern an vielen Stellen mit beißenden, zum Teil auch sarkastischen Kommentaren. Diese Kommentare bringen nicht nur die Empörung ihres Autors zum Ausdruck, sondern dienen zugleich auch dem Zweck, die intendierte Leserschaft politisch zu mobilisieren. Marx war von der Inhumanität des Kapitalismus seiner Zeit nicht nur persönlich unmittelbar betroffen und kannte sie aus unmittelbarer Anschauung seiner Londoner Lebensverhältnisse. Sondern er hat sein Buch auch in der Absicht geschrieben, die Arbeiter damit über ihre Lage theoretisch aufzuklären und zur politischen Aktion zu bewegen. Diese politisch-agitatorische Funktion war Marx, gleiches gilt für Engels und ihre Verbündeten, sehr wichtig; sie stellt mit Blick auf das Theorieprogramm einer Kritik der politischen Ökonomie jedoch eine exoterische Größe dar.

Diese Ebene der wertenden Kommentare ist die offensichtliche evaluative Dimension des *Kapital*, zugleich aber ist sie für die theorieimmanente Kritikdimension der marxschen Analyse der kapitalistischen Gesellschaftsformation nicht konstitutiv. Es wäre daher ein Interpretationsfehler, aus diesen unbestreitbar im *Kapital* zu findenden Äußerungen von Marx Rückschlüsse auf den evaluativen Gehalt seines Theorieprogramms zu ziehen, die über die Frage, ob Erstere mit

Letzterem kohärent zusammenpassen, hinausgehen. Dies ist bei der zweiten Ebene anders.

ad b) Die zweite evaluative Ebene der marxschen Kritik der politischen Ökonomie ist in der komplexen Darstellungsform des *Kapital* angelegt; ihr wird als fünfte Spur der Interpretation im Stellenkommentar dieser Ausgabe nachgegangen, weil sie für die marxsche Konzeption einer kritischen Sozialphilosophie konstitutiv ist. Wie bereits ausgeführt (siehe oben die Erläuterungen zur vierten Spur), lassen sich drei Aspekte der Darstellungsmethode im *Kapital* unterscheiden:

(i) Zuerst einmal, dies ist ein Aspekt seiner Darstellungsmethode, verwendet Marx in seiner Kritik ein Geflecht von Metaphern, die einen evaluativen Gehalt zum Ausdruck bringen. Mit dieser Aktivierung zum Teil tief verankerter kultureller Bilder kann Marx in expressivistischer Manier beim Leser Evaluationen erzeugen und abrufen, in denen sich die kritische Wertung des Dargestellten vollzieht. Die von der Kritik intendierte Wirkung, im Leser wertende Urteile über den dargestellten Gegenstand hervorzurufen, wird damit auf eine indirekte Weise erzielt. Zugleich erfolgt sie, achtet man auf die Organisation des Metaphernfeldes im *Kapital*, nicht beliebig. Da auf diese Weise der evaluative Standard jedoch nur abgerufen bzw. im Leser aktiviert wird, bleiben die Maßstäbe dieser Kritik implizit. Marx muss sich darauf verlassen, dass die Leser den von ihm aktivierten kritischen Maßstab identifizieren können und evaluativ auch teilen. Für eine rationale Fundierung seiner Kritik, dies ist dann der Schritt der systematischen Interpretation (oder auch Rekonstruktion) seines Theorieprogramms, muss dieser Maßstab selbst expliziert werden (vgl. Punkt (iii) dieses Abschnitts).

(ii) Zur Strategie von Marx, die evaluative Kritik nicht durch einen von außen an den dargestellten Gegenstand herangetragenen Maßstab zu organisieren, passt auch ein zweiter Aspekt seiner Darstellungsmethode. Er lässt die Waren selbst als Akteure auftreten, die miteinander interagieren und dabei eine spezifische Warensprache sprechen. Die Kritik der politischen Ökonomie besteht dann darin, die Grammatik dieser Warensprache zu entschlüsseln und die darin enthaltenen Kategorien in ihrer internen Systematik zu entfalten. Dieses Verfahren macht zum einen das dialektische Arrangement der marxschen Konzeption plausibel, weil es sachlich zu einem als Sprachhandlungsgeschehen organisierten Zugriff passt, der für die kritische Sozialphilosophie von Karl Marx charakteristisch ist. Zum anderen kann Marx auf diese Weise die in der Interaktion der Waren enthaltenen evaluativen Präsuppositionen beschreiben, ohne die Geltungsansprüche damit selbst abzurufen. Er kann die im Tausch unterstellte Gleichheit als internen Maßstab der Warensprache und der Wareninteraktion darstellen, ohne sich selbst auf den moralischen Standard der Gleichheit oder der Tauschgerechtigkeit stellen zu müssen. Marx kann, anders gesagt, mit seinem Darstellungsverfahren evaluative Standards erwähnen, ohne sie selbst gebrauchen zu müssen. Auf diese Weise wird das evaluative Binnenverständnis der kapitalistischen Gesellschaftsformation in den Strukturen der funktionalen Rollen expliziert und als ein intern von den involvierten Akteuren evaluativ interpretiertes Geschehen kenntlich gemacht. Mit dieser Darstellung ist es Marx außerdem möglich, eine zweistufige interne Kritik zu organisieren: Auf der einen Ebene kann er danach fragen, ob die kapitalistische Lebensform die von ihr intern präsupponierten evaluativen Normen (z. B. der deontologischen oder utilitaristischen Moral, der kommutativen Gerechtigkeit oder auch der Freiheitsnormen des Vertragsrechts) respektiert oder aber verletzt. Auf der anderen Ebene seines Kritikprogramms bleibt Marx die Möglichkeit offen, diese systeminternen evaluativen Normen selbst einer evaluativen Kritik zu unterziehen. Da er diese Präsuppositionen in der von ihm gewählten Darstellungsweise nur erwähnt, nicht aber selbst in Anspruch genommen hat, bleibt die Option, die kapitalistische Gesellschaftsformation an einem nicht systeminternen evaluativen Standard zu messen. Zu beachten ist dabei allerdings, dass auch dieser zweite Maßstab sich als eine Form der internen Kritik organisieren lassen muss.

Dieser komplexe Zusammenhang wird gut durch folgende, prominente Stelle im *Kapital* illustriert. Marx schreibt:

> Die *Sphäre der Cirkulation oder Waarenaustauschs*, innerhalb deren Schranken Kauf und Verkauf der Arbeitskraft sich bewegt, war in der That ein wahres *Eden der angebornen Menschenrechte*. Was allein hier herrscht, ist *Freiheit*, *Gleichheit*, *Eigenthum*, und *Bentham*. (MEGA² II.5, S. 128)

Er ruft hier zentrale Werte der französischen Revolution, der praktischen Philosophie seiner Zeit und der utilitaristischen Ethik ab und behauptet, dass die kapitalistische Gesellschaftsformation diesen evaluativen Ansprüchen, die sie systemimmanent voraussetzt, vollständig genügt.

Da Marx diese Ansprüche im Rahmen seiner Darstellungsweise nur erwähnt, kann er seine Kritik zugleich so organisieren, dass diese kapitalistische Gesellschaftsformation als evaluativ inadäquat ausgewiesen wird. Dass Karl Marx dies zu erweisen versucht, steht genauso außer Frage wie der Sachverhalt, dass auch dies nach dem Modell der internen Kritik erfolgen muss. Offen bleibt allerdings, welchen internen Maßstab er abrufen kann und will, um sein eigentliches Kritikziel zu erreichen. Einer Antwort auf diese für die Begründungsform des *Kapital* zentrale Frage kommen wir näher, wenn wir uns einen dritten Aspekt seiner Darstellungsmethode daraufhin anschauen.

(iii) Dieser dritte Aspekt besteht darin, dass Marx die Interaktion der Waren nach dem hegelschen Modell der Anerkennung und damit als Geltungsphänomen organisiert hat (vgl. hierzu ausführlich Quante 2013). Damit ist gesagt, dass es sich bei dem darzustellenden Gegenstand um einen genuin sozialen Bereich handelt. Dies bedeutet zum einen, dass es um soziale und nicht um Naturtatsachen geht; zum anderen ist damit zum Ausdruck gebracht, dass das Soziale sich als organisiertes System von Relationen, insbesondere von sozialen Rollen, explizieren lässt. Weder die Ontologie von Naturtatsachen noch das Modell von Dingen und ihnen intrinsisch zukommenden Eigenschaften ist philosophisch geeignet, das Wesen des Sozialen zu explizieren.

Marx hat sich dabei entschieden, diese Anerkennungsrelationen auf die Waren als Agenten zu beziehen, nicht aber auf die Menschen, die als Warenbesitzer und Tauschende die realen Akteure der sozialen Interaktionen sind. Mit dieser Darstellungsweise schafft Marx es zum einen, die Analyse des Sozialen auf die Ebene der Institutionen und die durch die soziale Funktion bestimmten Handlungsintentionen zu heben. Zum anderen kann er dadurch verhindern, seine Kritik an der in diesen Anerkennungsstrukturen sich realisierenden kapitalistischen Gesellschaftsformation als moralische Kritik an den Absichten oder Handlungen der konkreten Individuen vortragen zu müssen.

Auf diesen Effekt seiner Darstellungsmethode hat Karl Marx im Vorwort zur ersten Auflage des *Kapital* selbst hingewiesen, um Fehldeutungen vorzubeugen:

> Zur Vermeidung möglicher Mißverständnisse ein Wort. Die Gestalten von Kapitalist und Grundeigenthümer zeichne ich keineswegs in rosigem Licht. Aber es handelt sich hier um *die Personen* nur, soweit sie *die*

Personifikation ökonomischer Kategorien sind, Träger von bestimmten Klassenverhältnissen und Interessen. (MEGA² II.5, S. 14)

Sein Verzicht auf eine solche moralische Kritik ist durchaus wahrgenommen worden, hat aber dem Missverständnis Vorschub geleistet, das *Kapital* enthalte überhaupt keine evaluative Dimension, sondern beschränke sich auf die rein positivistische Beschreibung der internen Bewegungsgesetze der kapitalistischen Gesellschaftsformation. Diese Fehldeutung liegt nahe, weil Marx selbst ja auf eine externe evaluative Kritik verzichten und sich auf eine rein interne Kritik durch Darstellung verlassen will.

Nimmt man jedoch die evaluative Dimension des Metaphernfeldes und die für die Wareninteraktion zugrunde gelegte Anerkennungskonzeption ernst, dann ergibt sich ein doppelter Hinweis auf den Maßstab, den Marx seiner Kritik der politischen Ökonomie zugrunde legt. Die Reduktion der eigentlichen Akteure, der realen Menschen, auf Anhängsel und Marionetten der Waren und der Systemstrukturen bringt die Erfahrung der Menschen zum Ausdruck, nicht die Autoren ihres eigenen Lebens zu sein. Die Verdinglichung sozialer Interaktionsprozesse zwischen konkreten Individuen, welche im Kapitalismus durch die Interaktionsform von Waren und Systemfunktionen determiniert und deformiert werden, expliziert ebenfalls die Verkehrung von Zweck und Mittel, von Lebendem und Totem, von eigentlichen Akteuren und entfremdet-entfremdenden Produkten menschlichen Handelns.

Die Fundamentalkritik des *Kapital* ist im Gesamtarrangement der Darstellungsmethode organisiert; ihren Maßstab gewinnt sie, indem die marxsche Darstellung der kapitalistischen Gesellschaftsformation zum Ausdruck bringt, dass diese eine entfremdete Realisierung der menschlichen Lebensform darstellt. Die von Marx im *Kapital* dargestellte Inhumanität des Kapitalismus besteht darin, eine prinzipiell scheiternde Weise zu sein, ein dem Menschen angemessenes Leben zu realisieren. Die Kritik von Karl Marx beruht, damit ist die dritte evaluative Ebene erreicht, auf seiner philosophischen Anthropologie. Dieses evaluative Fundament ist dem Selbstverständnis von Marx zufolge als interner Maßstab seiner Kritik der politischen Ökonomie geeignet, weil die Menschen, und damit auch ihr philosophisch explizierbares Wesen, ein interner Bestandteil der kapitalistischen Lebensform sind.

ad c) Diese dritte evaluative Ebene, die philosophische Anthropologie, hatte Marx in seinen 1844 verfassten Manuskripten entwickelt und dann gemeinsam mit Friedrich Engels in Texten, die im 20. Jahrhundert editionsphilologisch irreführend zu einem Buch mit dem Titel *Die Deutsche Ideologie* zusammengestellt worden sind, weiter ausgearbeitet (vgl. die jetzt vorliegende kritische Edition dieser Manuskripte in MEGA² I.5). Diese Texte waren zum Zeitpunkt der Veröffentlichung des *Kapital* nicht publiziert, sind aber mit Sicherheit die Arbeiten, auf die Marx im Nachwort zur zweiten Auflage des *Kapital* mit seiner Bemerkung anspielt, Hegels Philosophie bereits vor »beinah 30 Jahren« (MEGA² II.6, S. 709) kritisiert zu haben.

Die gewählte Darstellungsmethode ruft die Kernelemente der in diesen Jahren von Marx entwickelten philosophischen Anthropologie ab, indem die kapitalistische Gesellschaftsformation als Realisierung der Entfremdung kenntlich gemacht sowie die Verkehrung und Verdinglichung des menschlichen Gattungswesens in der Verdinglichung und Verkehrung von Gebrauchs- und Tauschwert ausgewiesen wird. Zugleich bringen das Metaphernfeld des *Kapital* sowie die Reduktion der Interaktion der Menschen auf Charaktermasken und Anhängsel systemischer Funktionen die Instrumentalisierung des Menschen zum Ausdruck. Insgesamt zeichnet sich die kapitalistische Gesellschaftsformation damit, so ist die marxsche Kritik derselben zu verstehen, als Stadium der vollständigen Selbstentfremdung des Menschen aus, der seine wesentlichen Eigenschaften an das automatische Subjekt des Kapitals verloren hat, welches ihn als den eigentlich Lebendigen wie ein Vampir zum Zwecke seines Selbsterhalts und seiner unersättlichen Selbstvermehrung aussaugt (vgl. hierzu meine Darstellung in Quante 2009 und Quante 2018).

Die von Marx selbst formulierten Adäquatheitskriterien, die Kritik der politischen Ökonomie als eine Kritik durch Darstellung zu organisieren, die einem internen Maßstab verpflichtet ist, werden damit auf folgende Weise eingelöst: Die kapitalistische Gesellschaftsformation wird zum einen als ein ausgezeichnetes Stadium in der historischen Selbstrealisierung des Gattungswesens Mensch, als Stadium des vollständigen Selbstverlusts, beschrieben (geschichtsphilosophische Dimension der marxschen Dialektik). Zum anderen wird die interne Verfasstheit dieser kapitalistischen Gesellschaftsformation als krisenanfälliges und die Menschen strukturell entfremdendes

System sichtbar gemacht (systemische Dimension der marxschen Dialektik).

Diese Interpretation des *Kapital* setzt allerdings voraus, dass sich auf der Ebene der philosophischen Theoriebildung eine Kontinuität zwischen dieser philosophischen Anthropologie und der Kritik der politischen Ökonomie ausweisen lässt (dies ist das Ziel der sechsten und letzten Spur, die in den Stellenkommentaren der vorliegenden Studienausgabe verfolgt wird).

6 Die Kontinuität der philosophischen Konzeption von Karl Marx

Gegen die Voraussetzung der Kontinuität der philosophischen Konzeption von Marx, ohne die meine bis hierhin entwickelte Interpretation des *Kapital* nicht stimmig wäre, sind zwei unterscheidbare, wenngleich systematisch nicht gänzlich voneinander unabhängige Einwände formulierbar. Beide können sich dabei, zumindest in Teilen, auch auf Aussagen von Karl Marx oder Friedrich Engels stützen.

Der *erste* Einwand besagt, dass es sich bei dem Theorieprogramm der Kritik der politischen Ökonomie gar nicht mehr um Philosophie handelt, sondern – hier gabelt sich der Einwand in zwei Lager – um eine gänzlich neue wissenschaftliche Weltanschauung oder aber um eine Einzelwissenschaft (z. B. eine marxistische Ökonomie oder eine marxistische Sozialtheorie). In der Tat hat Marx, nachdem er 1845 bis 1847 gemeinsam mit Engels an Manuskripten gearbeitet hatte, die im 20. Jahrhundert als *Die Deutsche Ideologie* von den jeweiligen Editoren als eigenständige Monografie veröffentlicht worden sind, immer wieder betont, keine Philosophie mehr zu betreiben. Gelegentlich meint er damit, dass es ihm nun darauf ankomme, politisch zu arbeiten und praktisch die revolutionäre Umwälzung der Gesellschaft zu betreiben. Da er selbst sich jedoch auch in den späteren Phasen seines Lebens primär als Theoretiker verstanden und mit zunehmendem Alter mit immer größerem Unwillen politische Aufgaben übernommen hat, ist dies nicht die zentrale Stoßrichtung seiner Äußerungen. Daher spricht prima facie vieles dafür, dass Marx selbst sein eigenes Theorieprogramm einer Kritik der politischen Ökonomie nicht als Philosophie aufgefasst hat.

Nun kann sich selbstverständlich auch ein Autor über den Status seiner eigenen Arbeiten irren. Aber jede Interpretation, die ein solches Selbstmissverständnis als Prämisse in Anspruch nehmen muss, trägt eine schwere Hypothek. Es gibt jedoch eine weniger begründungslastige Antwort auf den ersten Einwand gegen die von mir in Anspruch genommene Kontinuitätsthese. Beachtet man den diskursiven Kontext, in dem Marx seine philosophiekritischen Aussagen trifft, dann wird deutlich, dass er dabei von einem spezifischen Philosophieverständnis ausgeht. Wie alle anderen Linkshegelianer hat er den hegelschen Idealismus für die höchste und letzte Form der Philosophie gehalten, der man innerhalb der Philosophie keine Alternative mehr entgegensetzen kann. Außerdem setzt er, dies mit kritischem Blick auf seine ehemaligen Weggefährten aus dem Linkshegelianismus, Philosophie mit apriorischer, empirisch nicht verankerter Theoriebildung gleich. Schließlich, dies ist das dritte Merkmal seines kritischen Philosophieverständnisses, zeichnet sich dieses Philosophieren in seiner evaluativ-kritischen Ausprägung dadurch aus, dass es auf einer apriorischen, deontologisch konzipierten Moralvorstellung beruht. Diese steht der Realität nicht nur als ein ohnmächtiges normatives Sollen gegenüber, welches kein Fundament in der sozialen Welt und damit auch keinen Adressaten für die Umsetzung der normativen Forderungen hat. Diese Moralvorstellung nimmt mit Normen wie Freiheit, Gleichheit, Selbstbestimmung oder auch Menschenrechten und -würde Kategorien in Anspruch, die in den Augen von Marx Ausdruck der bestehenden gesellschaftlichen Ordnung sind. Sie können nicht für eine fundamentale Kritik an dieser sozialen Realität eingesetzt werden, weil sie vielmehr die dieser Realität eingeschriebenen Normen selbst sind.

Marx (und auch Engels) haben ab 1845 diese Art von kritischer Theorie und diese Form einer moralisch fundierten Kapitalismuskritik in der Tat abgelehnt. Führt man sich dabei jedoch auch vor Augen, dass Marx sein Philosophieverständnis auf diese kontextbedingte und spezifische Version einengt, dann wird deutlich, dass seine Ablehnung dieser spezifischen Philosophiekonzeption nicht zwingend erfordert, auch auf Begriffe, Konzeptionen oder Denk- und Argumentationsformen verzichten zu müssen, die – gemessen an einem weiteren Philosophieverständnis – weiterhin als philosophisch gelten können. Genau dies, so jedenfalls die hier vorgeschlagene Interpretation, ist im marxschen Theorieprogramm und damit auch im *Kapital* der Fall.

Der *zweite* Einwand, der sich ebenfalls auf Aussagen von Marx, vor allem aber auf Aussagen des späten Engels stützen kann, greift dagegen die Annahme einer Kontinuität des marxschen Denkens an. In der Tat hat vor allem Friedrich Engels, als er in den 1880er Jahren den Denkweg von Karl Marx und die Theorieentwicklung der letzten vier Jahrzehnte rückblickend dargestellt hat, immer wieder die Weiterentwicklung des marxschen (und seines eigenen) Ansatzes als durch Selbstkritik hergestellten Bruch mit der eigenen idealistisch-philosophischen Vergangenheit (der frühen 1840er Jahre) erzählt.

Im 20. Jahrhundert hat diese Narration dann zwei voneinander unterscheidbare Versionen erhalten: Im Kontext des orthodoxen Marxismus, der in der marxschen (und engelsschen) Konzeption eine neue wissenschaftliche Weltanschauung ausgebildet sah, stellte dieser Bruch den Lern- und Entwicklungsprozess von einer philosophischen in eine andersgeartete Theorie dar, der man den Namen dialektischer Materialismus gab. Genauer bestimmen, worin deren überlegene Wissenschaftlichkeit exakt besteht, konnte man jedoch nicht. Eine anders gelagerte Version der Bruch-Lesart hat dann Louis Althusser vorgelegt, der die Weiterentwicklung im Übergang von einem evaluativ-idealistischen Humanismus (die erste Phase) zu einer rein deskriptiven Strukturanalyse (die zweite Phase) verortete. Erst im *Kapital* hat sich Karl Marx von der philosophischen Anthropologie befreit und eine strukturelle Analyse des Kapitalismus vorgelegt, die nicht mehr auf die evaluativen Implikationen seiner frühen Konzeption angewiesen war. Mit dieser frühen Konzeption waren dabei vor allem die marxschen Manuskripte von 1844 gemeint, die seit ihrem erstmaligen Erscheinen im Jahre 1932 (unter dem von den Editoren gewählten Titel *Ökonomisch-philosophische Manuskripte*) große Aufmerksamkeit gefunden hatten. Begründet war diese nicht zuletzt durch den Umstand, dass sich diese frühen Texte aufgrund ihres explizit philosophischen Charakters zur Kritik am orthodoxen Marxismus einsetzen ließen.

Gegen diesen zweiten Einwand, in seinen beiden Versionen, lässt sich nur vorgehen, indem im Detail nachgewiesen wird, dass, auf welche Weise und in welchem Ausmaß das Theorieprogramm der Kritik der politischen Ökonomie die philosophische Anthropologie und deren zentrale philosophische Bestandteile in Anspruch nimmt (aus diesem Grund wird die entsprechende Spur in den Stellenkommentaren der hier vorliegenden Studienausgabe auch verfolgt).

Niemand wird ernsthaft bestreiten wollen, dass der Begriff der Arbeit im *Kapital* eine zentrale Rolle spielt; deshalb ist es für die Kontinuitätsthese wichtig aufzuzeigen, dass Marx Arbeit auch im *Kapital* nach dem handlungstheoretischen Modell der Vergegenständlichung organisiert, welches er 1844 entwickelt hatte. Niemand wird bestreiten, dass das *Kapital* eine Kritik der kapitalistischen Gesellschaftsformation beinhaltet. Deshalb ist es für die Kontinuitätsthese wichtig zu erläutern, dass es auf ihrer Grundlage möglich ist zu zeigen, wie Marx diese Kritik innerhalb der von ihm selbst formulierten Adäquatheitsbedingungen als Kritik durch Darstellung organisieren kann.

Außerdem ist es für die Plausibilisierung der Kontinuitätsthese relevant, am Text des *Kapital* aufzuzeigen, wo Marx seine Analyse entlang der vier Dimensionen seiner Entfremdungstheorie aufbaut oder wie seine Verdinglichungskonzeption zentrale evaluative Aspekte (Instrumentalisierung und Verkehrung von Zweck und Mittel) abruft. Darüber hinaus kann und muss die Kontinuitätsthese verständlich machen, dass und weshalb die religionskritischen Denkfiguren für Marx im *Kapital* ein unverzichtbarer Bestandteil seiner kritischen Analyse sind und weshalb er seine Kritik der politischen Ökonomie auf generelle Annahmen zum Wesen des Menschen stützt (dies gilt insbesondere für seine Herleitung und Interpretation der Arbeitsteilung, mit der Marx im *Kapital* Theoriebausteine weiterentwickelt, die er gemeinsam mit Friedrich Engels 1845 im Kontext seiner Kritik der Linkshegelianer und Ludwig Feuerbachs formuliert hatte).

Schließlich beruht die marxsche Kritik an den zentralen bürgerlichen Normen und Werten (wie der Freiheit oder der Gleichheit) auf der philosophisch begründeten Konzeption der Ideologie. Diese Elemente des normativen Selbstverständnisses sind für den Fortbestand des kapitalistischen Gesellschaftssystems konstitutiv und werden, wie Marx immer wieder betont, im Warentausch auch allesamt respektiert. Sie sind, mit anderen Worten, Ausdruck dieses Systems, nicht aber die normative Ressource, die man aktivieren kann, um diese Gesellschaftsformation zu kritisieren. Will man Letzteres tun, muss man andere evaluative Quellen anzapfen und für die eigene Theorie verfügbar machen. Das Reservoir, aus dem Marx seit 1844 kontinuierlich schöpft, ist die philosophische Anthropologie, die er zu genau der Zeit im Kern entwickelt hat, als er die hegelsche Philosophie erstmals einer Kritik unterzog.

Von der Kontinuität dieser fundamentalen und die Kritik der politischen Ökonomie fundierenden philosophischen Anthropologie auszugehen, bedeutet nicht, Veränderungen oder Weiterentwicklungen sowie Kurskorrekturen oder Strategiewechsel zu leugnen. Es kommt bei solchen Debatten um konkurrierende Interpretationshypothesen stets darauf an, die Ebene von Kontinuitäten und Diskontinuitäten, von Konstanten und Veränderungen möglichst präzise zu erfassen. Vor allem kommt es darauf an, am Text selbst aufzuzeigen, wo diese Kontinuitäten bestehen (dies soll der Stellenkommentar in dieser Studienausgabe leisten). Letztlich entscheidet diesen Interpretationsstreit dann, ob man mit einer bestimmten Interpretationshypothese in der Lage ist, das fragliche Werk systematisch zu erfassen. Hierzu soll die vorgelegte Einleitung ein erster Schritt sein; einzulösen ist die mit der vorgeschlagenen Interpretation übernommene Beweislast letztlich nur in Form einer eigenständigen systematischen Abhandlung.

LITERATURVERZEICHNIS

Dieses Literaturverzeichnis enthält zum einen die Nachweise der in der Einleitung erwähnten Literatur sowie der im Stellenkommentar zitierten bzw. erwähnten Ausgaben der Werke Hegels; die dort zu findenden Verweise auf Texte von Marx beziehen sich allesamt auf die kritische Ausgabe MEGA² (einige dieser Bände sind online zu finden unter (http://telota.bbaw.de/mega/#):

Karl Marx, Friedrich Engels: *Gesamtausgabe* (MEGA). Herausgegeben von der Internationalen Marx-Engels-Stiftung Amsterdam. Berlin 1992 ff. (zitiert als MEGA² mit Abteilung.Band und Seite).

Zum anderen sind hier Forschungsbeiträge (allerdings nur in deutscher oder englischer Sprache) aufgelistet, welche zum Verständnis der in dieser Studienausgabe herausgearbeiteten *sechs Spuren* hilfreich sind.

Für einen allgemeinen Überblick zu Marx und zur Marxforschung vgl. die Beiträge und Hinweise in

Michael Quante & David Schweikard (Hrsg.): *Marx-Handbuch. Leben – Werk – Wirkung.* Stuttgart 2016.

Zitierte und weiterführende Literatur

Albritton, R.: *Dialectics and Deconstruction in Political Economy.* London 1999.

– & Simoulidis, J. (Eds.): *New Dialectics and Political Economy.* New York 2003.

Althusser, L. et al.: *Das Kapital lesen* (herausgegeben von F. O. Wolf unter Mitwirkung von A. Petrioli). Münster 2015.

Altvater, E. et al.: *Kapital.Doc.* Münster 1999.

Arndt, A.: *Karl Marx. Versuch über den Zusammenhang seiner Theorie.* Berlin ²2012.

Arthur, C. J.: *The New Dialectic and Marx's ›Capital‹.* Leiden 2002.

Backhaus, H.-G.: *Dialektik der Wertform.* Freiburg 1997.

Bader, V.-M. et al.: *Krise und Kapitalismus bei Marx* (zwei Bände). Eschwege 1975.

Becker, W.: *Kritik der Marxschen Wertlehre*. Hamburg 1972.

Bekker, K.: *Marx' philosophische Entwicklung, sein Verhältnis zu Hegel*. Zürich 1940.

Bellofiore, R. & Taylor, N. (Eds.): *The Constitution of Capital. Essays on Volume I of ›Capital‹*. New York 2004.

Bellofiore, R. et al. (Eds.): *In Marx's Laboratory. Critical Interpretations of the ‹Grundrisse‹*. Leiden 2013.

Bischoff, J.: *Gesellschaftliche Arbeit als Systembegriff*. Berlin 1973.

Brentel, H.: *Widerspruch und Entwicklung bei Marx und Hegel* (Studientexte zur Sozialwissenschaft 1). Frankfurt a. M. 1986.

– *Soziale Form und ökonomisches Objekt. Studien zum Gegenstands- und Methodenverständnis der Kritik der politischen Ökonomie*. Opladen 1989.

Brinkmann, H.: *Die Ware. Zu Fragen der Logik und Methode im ›Kapital‹*. Gießen 1975.

Bubner, R. et al. (Hrsg.): *Marx' Methodologie* (neue hefte für philosophie 13). Göttingen 1978.

Burns, T. & Fraser, I. (Eds.): *The Hegel-Marx-Connection*. London 2000.

Coletti, L.: *Hegel und der Marxismus*. Frankfurt a. M. 1976.

– *Marxismus und Dialektik*. Frankfurt a. M. 1977.

Dühring, E.: »Marx, Das Kapital, Kritik der politischen Ökonomie, 1. Band, Hamburg 1867«. In: *Ergänzungsblätter zur Kenntnis der Gegenwart* 3 (1868), S. 182–186.

Elbe, I. et al. (Hrsg.): *Gesellschaftliche Praxis und ihre wissenschaftliche Darstellung. Beiträge zur ›Kapital‹-Diskussion*. Berlin 2008.

Fulda, H. F.: »Dialektik als Darstellungsmethode im ›Kapital‹ von Marx«. In: *Ajatus* 38 (1977); S. 180–216.

Godelier, M.: *System, Struktur und Widerspruch im ›Kapital‹*. Berlin 1970.

– *Rationalität und Irrationalität in der Ökonomie*. Frankfurt a. M. 1972.

Göhler, G.: *Die Reduktion der Dialektik durch Marx*. Stuttgart 1980.

Hartmann, K.: *Die Marxsche Theorie*. Berlin 1970.

Hegel, G. W. F.: *Encyclopädie der philosophischen Wissenschaften im Grundrisse. Erster Theil. Die Logik* (Werke, Band 6). Berlin 1840.

– *Grundlinien der Philosophie des Rechts, oder Naturrecht und Staatswissenschaften im Grundrisse* (Werke, Band 8). Berlin ^{2}1840.

– *Gesammelte Werke*. Hamburg 1978 ff. (zitiert als GW Band, Seite).

Heinrich, M.: *Kritik der politischen Ökonomie*. Stuttgart ^{3}2005.

– *Wie das Marxsche Kapital lesen?* Stuttgart 2008.

Hoff, J. et al. (Hrsg.): *Das Kapital neu lesen – Beiträge zur radikalen Philosophie.* Münster 2006.

Holzkamp, K.: »Die historische Methode des wissenschaftlichen Sozialismus und ihre Verkennung durch J. Bischoff«. In: *Das Argument* 84 (1974), S. 1–75.

Ilyenkov, E. V.: *The Dialectics of the Abstract and the Concrete in Marx's ›Capital‹.* Dehli 2017.

Jameson, F.: *Representing ›Capital‹.* London 2011.

Jánoska, J. et al.: *Das ›Methodenkapitel‹ von Karl Marx. Ein Historischer und Systematischer Kommentar.* Basel 1994.

Kensmann, B.: *Zur Dialektik der Macht bei Marx.* Münster 1989.

Kittsteiner, H.-D.: »Bewußtseinsbildung, Parteilichkeit, dialektischer und historischer Materialismus«. In: *Internationale wissenschaftliche Korrespondenz zur Geschichte der deutschen Arbeiterbewegung* 10 (1974), S. 408–430.

– »›Logisch‹ und ›historisch‹. Über Differenzen des Marxschen und Engelsschen Systems der Wissenschaft«. In: *Internationale wissenschaftliche Korrespondenz zur Geschichte der deutschen Arbeiterbewegung* 13 (1977), S. 1–47.

Kocyba, H.: *Widerspruch und Theoriestruktur. Zur Darstellungsmethode im Marxschen ›Kapital‹.* Frankfurt a. M. 1979.

Lange, E. M.: *Das Prinzip Arbeit.* Frankfurt a. M. / Berlin 1980.

Marx, K. & Engels, F.: *Werke.* Berlin 1956–1990 (vom Institut für Marxismus-Leninismus beim Zentralkomitee der Sozialistischen Einheitspartei Deutschlands herausgegebene Ausgabe in 45 Bänden; zitiert als MEW Band).

Meaney, M. E.: *Capital as Organic Unity. The Role of Hegel's ›Science of Logic‹ in Marx's ›Grundrisse‹.* Dordrecht 2002.

Mepham, J. & Ruben, D.-H. (Eds.): *Issues in Marxist Philosophy. Volume 1: Dialectics and Method.* Brighton 1979.

Moseley, F. (Ed.): *Marx's Method in ›Capital‹. A Reexamination.* New Jersey 1993.

– *Money and Totality.* Leiden 2015.

– & Smith, T. (Eds.): *Marx's ›Capital‹ and Hegel's ›Logic‹. A Reexamination.* Leiden 2014.

Musto, M. (Ed.): *Karl Marx's ›Grundrisse‹. Foundations of the critique of political economy 150 years later.* London 2008.

Nanninga, J.: *Tauschwert und Wert. Eine sprachkritische Rekonstruktion des Fundaments der Kritik der politischen Ökonomie.* Hamburg 1975.

Narski, I. S.: *Dialektischer Widerspruch und Erkenntnislogik.* Berlin 1973.

Neumann, W.: *Der unbewußte Hegel. Zum Verhältnis der Wissenschaft der Logik zu Marx' Kritik der politischen Ökonomie.* Frankfurt a. M. 1982.

Norman, R. & Sayers, S.: *Hegel, Marx and Dialectic. A Debate.* Hampshire 1994.

Petry, F.: *Der soziale Gehalt der Marxschen Werttheorie.* Jena 1916.

Projektgruppe Entwicklung des Marxschen Systems: *Das Kapitel vom Geld.* Berlin 1973.

Projektgruppe zur Kritik der Politischen Ökonomie: *Zur Logik des Kapitals.* Hannover 1973.

Quante, M.: »Kommentar«. In: Marx, K.: *Ökonomisch-philosophische Manuskripte.* Herausgegeben und kommentiert von Michael Quante. Frankfurt am Main 2009.

– »Recognition in ›Capital‹. In: Ethical Theory & Moral Practice 16 (2013), S. 713–727.

– »›Die Logik ist das Geld des Geistes‹. Zur Rezeption der Hegelschen Logik im Linkshegelianismus und der Kritik der politischen Ökonomie«. In: A. F. Koch et al. (Hrsg.): *Hegel – 200 Jahre Wissenschaft der Logik.* Hamburg 2014, S. 413–431.

– *Der unversöhnte Marx. Die Welt in Aufruhr.* Münster 2018.

Reichelt, H.: *Zur logischen Struktur des Kapitalbegriffs bei Karl Marx.* Frankfurt a. M. 1970.

Ritsert, J.: *Probleme politisch-ökonomischer Theoriebildung.* Frankfurt a. M. 1973.

Rosental, M. M.: *Die Dialektik in Marx ›Kapital‹.* Berlin 1957.

Rubin, I. I.: *Studien zur Marxschen Werttheorie.* Frankfurt a. M. 1973.

– et al.: *Dialektik der Kategorien.* Berlin 1975.

Schampel, J.: *Das Warenmärchen. Über den Symbolcharakter der Ware im ›Kapital‹ von Karl Marx.* Aachen ^{2}1984.

Schlebe, I. & Kalinina, L.: »Rezensionen des Marxschen Werkes ›Zur Kritik der politischen Ökonomie‹ aus dem Jahre 1859«. In: *Beiträge zur Marx-Engels-Forschung* I (1977), S. 103–123.

Sekine, T. T.: *An Outline of the Dialectic of Capital* (two volumes). New York 1997.

Smith, T.: *The Logic of Marx's ›Capital‹.* Albany 1990.

– *Dialectical Social Theory and its Critics. From Hegel to Analytical Marxism and Postmodernism.* Albany 1993.

Stapelfeldt, G.: *Das Problem des Anfangs in der Kritik der politischen Ökonomie von Karl Marx.* Hamburg ^{2}2009.

Steinvorth, U.: *Eine analytische Interpretation der Marxschen Dialektik.* Meisenheim am Glan 1977.

Stiehler, G.: *Der dialektische Widerspruch. Formen und Funktionen.* Berlin 1966.

Uchida, H.: *Logik der Produktion. Marx' Grundrisse und Hegels Logik.* Hannover 1994.

Wolf, D.: *Der dialektische Widerspruch im ›Kapital‹.* Hamburg 2002.

Zeleny, J.: *Die Wissenschaftslogik bei Marx und ›Das Kapital‹.* Berlin 1968.

KARL MARX

Das Kapital

Kritik der politischen Ökonomie

Erster Band

Hamburg 1867

Gewidmet
meinem unvergeßlichen Freunde,

dem kühnen, treuen, edlen Vorkämpfer des Proletariats,

Wilhelm Wolff.

Geb. zu Tarnau, 21. Juni 1809.
Gest. im Exil zu Manchester 9. Mai 1864.

Vorwort.

Das Werk, dessen ersten Band ich dem Publikum übergebe, bildet die
Fortsetzung meiner *1859* veröffentlichten Schrift: „*Zur Kritik der politi-
schen Oekonomie*“. Die lange Pause zwischen Anfang und Fortsetzung 1
ist einer langjährigen Krankheit geschuldet, die meine Arbeit wieder
und wieder unterbrach.

Der Inhalt jener früheren Schrift ist resümirt im *ersten Kapitel* die-
ses Bandes. Es geschah dieß nicht nur des Zusammenhangs und der
Vollständigkeit wegen. Die Darstellung ist verbessert. Soweit es der Sach- 2
verhalt irgendwie erlaubte, sind viele früher nur angedeutete Punkte
hier weiter entwickelt, während umgekehrt dort ausführlich Entwickel-
tes hier nur angedeutet wird. Die Abschnitte über die *Geschichte der* 3
Werth- und Geldtheorie fallen jetzt natürlich ganz weg. Jedoch findet
der Leser der früheren Schrift in den Noten zum ersten Kapitel neue
Quellen zur Geschichte jener Theorie eröffnet.

Aller Anfang ist schwer, gilt in jeder Wissenschaft. Das Verständniß
des *ersten Kapitels*, namentlich des Abschnitts, der die *Analyse der Waare*
enthält, wird daher die meiste Schwierigkeit machen. Was nun näher
die *Analyse der Werthsubstanz* und der *Werthgröße* betrifft, so habe
ich | sie möglichst popularisirt[1]. Anders mit der Analyse der *Werthform*. 5
Sie ist schwerverständlich, weil die Dialektik viel schärfer ist ¦ als in der

[1] Es schien dieß um so nöthiger, als selbst der Abschnitt von *F. Lassalle's* Schrift 4
gegen *Schultze-Delitzsch*, worin er „die geistige Quintessenz“ *meiner* Entwicklung
über jene Themata zu geben erklärt, bedeutende Mißverständnisse enthält. En
passant. Wenn *F. Lassalle* die *sämmtlichen allgemeinen theoretischen Sätze* seiner
ökonomischen Arbeiten, z. B. über den *historischen* Charakter des Kapitals, über
den *Zusammenhang zwischen Produktionsverhältnissen und Produktionsweise*
u. s. w. u. s. w. fast wörtlich, bis auf die von mir geschaffene *Terminologie* hinab,
aus *meinen* Schriften entlehnt hat, und zwar *ohne Quellenangabe*, so war dieß
Verfahren wohl durch Propagandarücksichten bestimmt. Ich spreche natürlich

ersten Darstellung. Ich rathe daher dem nicht durchaus in dialektisches Denken eingewohnten Leser, den *Abschnitt von p. 15* (Zeile 19 von oben) *bis Ende p. 34 ganz zu überschlagen*, und statt dessen den dem Buch
6 zugefügten *Anhang: „Die Werthform“* zu lesen. Dort wird versucht, die Sache so einfach und selbst so schulmeisterlich darzustellen, als ihre wissenschaftliche Fassung erlaubt. Nach Beendigung des Anhangs kann der Leser dann im Text wieder fortfahren mit p. *35*.

Die Werthform, deren fertige Gestalt die *Geldform*, ist sehr inhaltslos und einfach. Dennoch hat der Menschengeist sie seit mehr als 2000 Jahren vergeblich zu ergründen gesucht, während andrerseits die Analyse viel inhaltsvollerer und komplicirterer Formen wenigstens annähernd gelang. Warum? Weil der ausgebildete Körper leichter zu studiren ist als die *Körperzelle*. Bei der Analyse der ökonomischen Formen kann außerdem weder das Mikroskop dienen, noch chemische Reagentien. Die Abstraktionskraft muß beide ersetzen. Für die bürgerliche Gesellschaft ist aber *die Waarenform* des Arbeitsprodukts oder *die Werthform* der Waare die *ökonomische Zellenform*. Dem Ungebildeten scheint sich ihre Analyse in bloßen *Spitzfindigkeiten* herumzutreiben. Es handelt sich dabei | in der That um *Spitzfindigkeiten*, aber nur so wie es sich in der *mikrologischen Anatomie* darum handelt.

Mit Ausnahme des Abschnitts über die *Werthform* wird man daher dieß Buch nicht wegen Schwerverständlichkeit anklagen können. Ich unterstelle natürlich Leser, die etwas *Neues* lernen, also auch selbst denken wollen.

Der Physiker beobachtet Naturprozesse entweder dort, wo sie in der prägnantesten Form und von störenden Einflüssen mindest getrübt erscheinen, oder, wo möglich, macht er Experimente unter Bedingungen, welche den reinen Vorgang des Prozesses sichern. Was ich in diesem Werk zu erforschen habe, ist die *kapitalistische Produktionsweise* und die ihr entsprechenden *Produktions- und Verkehrsverhältnisse*. Ihre klassische Stätte ist bis jetzt *England*. Dieß der Grund, warum es zur Hauptillustration meiner theoretischen Entwicklung dient. Sollte jedoch der deutsche Leser pharisäisch die Achseln zucken über die Zustände der englischen Industrie- und Ackerbauarbeiter, oder sich optimistisch dabei beruhigen, daß in Deutschland die Sachen noch

nicht von seinen Detailausführungen und Nutzanwendungen, mit denen ich nichts zu thun habe.

lange nicht so schlimm stehn, so muß ich ihm zurufen: *De te fabula narratur!*

An und für sich handelt es sich nicht um den höheren oder niedri-
geren Entwicklungsgrad der gesellschaftlichen Antagonismen, welche
aus den Naturgesetzen der kapitalistischen Produktion entspringen. Es 7
handelt sich um *diese Gesetze selbst*, um diese mit eherner Nothwendig-
keit wirkenden und sich durchsetzenden *Tendenzen*. Das industriell
entwickeltere Land zeigt dem minder entwickelten nur das Bild der
eignen Zukunft! ¦

Aber abgesehn hiervon. Wo die kapitalistische Produktion völlig bei uns eingebürgert ist, z. B. in den eigentlichen Fabriken, sind die Zustände *viel schlechter* als in England, weil das Gegengewicht der Fabrikgesetze fehlt. In allen andren Sphären quält uns, gleich dem ganzen übrigen kontinentalen Westeuropa, nicht nur die Entwicklung der kapitalistischen Produktion, sondern auch der Mangel ihrer Entwicklung. Neben den modernen Nothständen drückt uns eine ganze Reihe vererbter Nothstände, entspringend aus der Fortvegetation alterthümlicher, | überlebter Produktionsweisen mit ihrem Gefolg von *zeitwidrigen* gesellschaftlichen und politischen Verhältnissen. Wir leiden nicht nur von den Lebenden, sondern auch von den Todten. *Le mort saisit le vif!*

Im Vergleich zur englischen ist die sociale Statistik Deutschlands und des übrigen kontinentalen Westeuropa's elend. Dennoch lüftet sie den Schleier grade genug, um hinter demselben ein Medusenhaupt ahnen zu lassen. Wir würden *vor unsren eignen Zuständen erschrecken*, wenn unsre Regierungen und Parlamente, wie in England, periodische Untersuchungskommissionen über die ökonomischen Verhältnisse bestallten, wenn diese Kommissionen mit derselben Machtvollkommenheit, wie in England, zur Erforschung der Wahrheit ausgerüstet würden, wenn es gelänge, zu diesem Behuf ebenso sachverständige, unparteiische und rücksichtslose Männer zu finden, wie die Fabrikinspektoren Englands sind, seine ärztlichen Berichterstatter über „Public Health" (Oeffentliche Gesundheit), seine Untersuchungskommissäre über die Exploitation der Weiber und Kinder, über Wohnungs- und Nahrungszustände u. s. w. Perseus brauchte eine Nebelkappe zur Verfolgung von Ungeheuern. Wir ziehen die Nebelkappe tief über Aug' und Ohr, um die Existenz der Ungeheuer wegläugnen zu können.

Man muß sich nicht darüber täuschen. Wie der amerikanische Unabhängigkeitskrieg des 18. Jahrhunderts die Sturmglocke für die europäische Mittelklasse läutete, so der amerikanische Bürgerkrieg des 19. Jahrhunderts für die europäische Arbeiterklasse. In England ist der Umwälzungsprozeß mit Händen greifbar. Auf einem gewissen Höhepunkt muß er auf den Kontinent rückschlagen. Dort wird er sich in brutaleren oder humaneren Formen bewegen, je nach dem Entwicklungsgrad der Arbeiterklasse selbst. Von höheren Motiven abgesehn, gebietet also den jetzt herrschenden Klassen ihr eigenstes Interesse die Wegräumung aller gesetzlich kontrolirbaren Hindernisse, welche die Entwicklung der Arbeiterklasse hemmen. Ich habe deßwegen u. a. der Geschichte, dem Inhalt und den Resultaten der englischen Fabrikgesetzgebung einen so ausführlichen Platz in die|sem Bande eingeräumt. Eine Nation soll und kann von der anderen lernen. Auch wenn eine Gesellschaft *dem Naturgesetz ihrer Bewegung* auf die Spur gekommen ist, – und es ist *der letzte Endzweck dieses Werks das ökonomische Be¦wegungsgesetz der modernen Gesellschaft zu enthüllen* – kann sie naturgemäße Entwicklungsphasen weder überspringen, noch wegdekretiren. Aber sie kann die Geburtswehen abkürzen und mildern.

Zur Vermeidung möglicher Mißverständnisse ein Wort. Die Gestalten von Kapitalist und Grundeigenthümer zeichne ich keineswegs in rosi-
8 gem Licht. Aber es handelt sich hier um *die Personen* nur, soweit sie *die Personifikation ökonomischer Kategorien sind, Träger von bestimmten Klassenverhältnissen und Interessen.* Weniger als jeder andre kann mein Standpunkt, der die *Entwicklung der ökonomischen Gesellschaftsfor-*
9 *mation* als einen *naturgeschichtlichen Prozeß* auffaßt, den Einzelnen verantwortlich machen für Verhältnisse, deren Geschöpf er social bleibt, so sehr er sich auch subjektiv über sie erheben mag.

Auf dem Gebiet der politischen Oekonomie begegnet die *freie wissenschaftliche Forschung* nicht nur demselben Feinde, wie auf allen anderen Gebieten. Die eigenthümliche Natur des Stoffes, den sie behandelt, ruft wider sie die heftigsten, kleinlichsten und gehässigsten Leidenschaften der menschlichen Brust, die Furien des Privatinteresses, auf den Kampfplatz. Die englische Hochkirche z. B. verzeiht eher den Angriff auf 38 von ihren 39 Glaubensartikeln als auf 1/39 ihres Geldeinkommens. Heutzutage ist der Atheismus selbst eine culpa levis, verglichen mit der Kritik überlieferter Eigenthumsverhältnisse. Jedoch ist hier ein Fortschritt unverkennbar. Ich verweise z. B. auf das in den letzten Wochen veröffentliche Blaubuch: „*Correspondence with Her Majesty's Missions Abroad, regarding Industrial Questions and Trade's*

Unions.“ Die auswärtigen Vertreter der englischen Krone sprechen es hier mit dürren Worten aus, daß in Deutschland, Frankreich, kurz allen Kulturstaaten des europäischen Kontinents, eine Umwandlung der be|stehenden Verhältnisse von Kapital und Arbeit ebenso fühlbar und ebenso unvermeidlich ist als in England. Gleichzeitig erklärte jenseits des atlantischen Oceans Herr *Wade*, Vicepräsident der Vereinigten Staaten von Nordamerika, in öffentlichen Meetings: Nach Beseitigung der Sklaverei trete die Umwandlung der Kapital- und Grundeigenthumsverhältnisse auf die Tagesordnung! Es sind dieß Zeichen der Zeit, die sich nicht verstecken lassen durch Purpurmäntel oder schwarze Kutten. Sie bedeuten nicht, daß morgen Wunder geschehn werden. Sie zeigen, wie selbst in den herrschenden Klassen die Ahnung aufdämmert, daß die jetzige Gesellschaft kein fester Krystall, sondern ein umwandlungsfähiger und beständig im Prozeß der Umwandlung begriffener Organismus ist.

Der *zweite Band* dieser Schrift wird *den Cirkulationsprozeß des Kapitals (Buch II)* und *die Gestaltungen des Gesammtprozesses (Buch III)*, der abschließende *dritte Band (Buch IV)* die *Geschichte der Theorie* behandeln. ¦

Jedes Urtheil wissenschaftlicher Kritik ist mir willkommen. Gegenüber den Vorurtheilen der s. g. *öffentlichen Meinung*, der ich nie Koncessionen gemacht habe, gilt mir nach wie vor der Wahlspruch des großen Florentiners:

Segui il tuo corso, e lascia dir le genti!

London, 25. Juli 1867. Karl Marx. ¦¦|

ERSTES BUCH.

Der Produktionsprozeß des Kapitals.

ERSTES KAPITEL.

Waare und Geld.

1) *Die Waare.*

Der Reichthum der Gesellschaften, in welchen kapitalistische Produktionsweise herrscht, erscheint als eine „ungeheure Waarensammlung“[1], die einzelne Waare als seine *Elementarform*. Unsere Untersuchung beginnt daher mit der Analyse der Waare. 11

Die Waare ist zunächst ein äußerer Gegenstand, ein Ding, das durch seine Eigenschaften menschliche Bedürfnisse irgend einer Art befriedigt. Die Natur dieser Bedürfnisse, ob sie z. B. dem Magen oder der Phantasie entspringen, ändert nichts an der Sache[2]. Es handelt sich hier auch nicht darum, *wie* die Sache das menschliche Bedürfniß befriedigt, ob unmittelbar als Lebensmittel, d. h. als Gegenstand des Genusses, oder auf einem Umweg, als Produktionsmittel. ¦

Jedes nützliche Ding, wie Eisen, Papier u. s. w., ist unter doppeltem |
Gesichtspunkt zu betrachten, nach *Qualität* und *Quantität*. Jedes sol- 12
che Ding ist ein Ganzes vieler Eigenschaften und kann daher nach verschiedenen Seiten nützlich sein. Diese verschiedenen Seiten und daher die mannigfachen Gebrauchsweisen der Dinge zu entdecken,

1 *Karl Marx: „Zur Kritik der Politischen Oekonomie. Berlin 1859“*, p. 3.

2 “Desire implies want; it is the appetite of the mind, and as natural as hunger to the body … the greatest number (of things) have their value from supplying the wants of the mind …” *Nicholas Barbon: „A Discourse on coining the new money lighter, in answer to Mr. Locke's Considerations* etc. *London* 1696“, p. 2, 3.

ist geschichtliche That[3]. So ist die Findung gesellschaftlicher *Maße* für die *Quantität* der nützlichen Dinge. Die Verschiedenheit der Waarenmaße entspringt theils aus der verschiedenen Natur der zu messenden Gegenstände, theils aus Convention.

Die Nützlichkeit eines Dings für das menschliche Leben macht es zum *Gebrauchswerth*[4]. Abkürzend nennen wir das nützliche Ding selbst oder den *Waarenkörper*, wie Eisen, Weizen, Diamant u. s. w., *Gebrauchswerth*, Gut, Artikel. Bei Betrachtung der Gebrauchswerthe wird stets quantitative Bestimmtheit vorausgesetzt, wie *Dutzend* Uhren, *Elle* Leinwand, *Tonne* Eisen u. s. w. Die Gebrauchswerthe der Waaren liefern das Material einer eignen Disciplin, der *Waarenkunde* [5]. Der Ge-
13 brauchswerth verwirklicht sich nur im Gebrauch oder der Consumtion. Gebrauchswerthe bilden *den stofflichen Inhalt des Reichthums*, welches immer seine *gesellschaftliche Form* sei. In der von uns zu betrachtenden Gesellschaftsform bilden sie zugleich die stofflichen Träger des –
14 *Tauschwerths*.

15 Der Tauschwerth erscheint zunächst als das *quantitative Verhältniß*, die Proportion, worin sich Gebrauchswerthe einer Art gegen | Gebrauchswerthe anderer Art austauschen[6], ein Verhältniß, das beständig mit Zeit und Ort wechselt. Der Tauschwerth scheint daher etwas Zufälliges und rein *Relatives*, ein der Waare innerlicher, immanenter

[3] "Things have an intrinsick *vertue* (dieß bei Barbon die specifische Bezeichnung für *Gebrauchswerth*), which in all places have the same vertue; as the loadstone to attract iron" (l. c. p. 6). Die Eigenschaft des Magnets, Eisen anzuziehn, wurde erst nützlich, sobald man vermittelst derselben die magnetische Polarität entdeckt hatte.

[4] "*The natural worth* of anything consists in its fitness to supply the necessities, or serve the conveniences of human life." (*John Locke: „Some Considerations of the Consequences of the Lowering of Interest. 1691*" in „*Works* edit. *Lond.* 1777". V. II. p. 28). Im 17. Jahrhundert finden wir noch häufig bei englischen Schriftstellern „*Worth*" für Gebrauchswerth und „*Value*" für *Tauschwerth*, ganz im Geist einer Sprache, die es liebt, die *unmittelbare* Sache germanisch und die *reflectirte* Sache romanisch auszudrücken.

[5] In der bürgerlichen Gesellschaft herrscht die fictio juris, daß jeder Mensch als Waarenkäufer eine encyklopädische Waarenkenntniß besitzt.

[6] «La *valeur* consiste dans *le rapport d'échange* qui se trouve entre telle chose et telle autre, entre telle mesure d'une production et telle mesure d'une autre.» (*Le Trosne: „De L'Intérêt Social". Physiocrates. éd. Daire.* Paris 1846. p. 889.)

2|3 18¦

Tauschwerth (valeur intrinsèque) also eine contradictio in adjecto[7]. Betrachten wir die Sache näher.

Eine einzelne Waare, ein Quarter Weizen z. B. tauscht sich in den *ver¦schiedensten Proportionen* mit andern Artikeln aus. Dennoch bleibt sein Tauschwerth *unverändert*, ob in x Stiefelwichse, y Seide, z Gold u. s. w. ausgedrückt. Er muß also von diesen seinen verschiedenen *Ausdrucksweisen* unterscheidbar sein.

Nehmen wir ferner zwei Waaren, z. B. Weizen und Eisen. Welches im-
mer ihr Austauschverhältniß, es ist stets darstellbar in einer Gleichung,
worin ein gegebenes Quantum Weizen irgend einem Quantum Eisen
gleichgesetzt wird, z. B. 1 Quarter Weizen = a Ctr. Eisen. Was besagt
diese Gleichung? Daß *derselbe Werth* in *zwei verschiednen Dingen*, in 16
1 Qrtr. Weizen und ebenfalls in a Ctr. Eisen existirt. Beide sind also gleich
einem *Dritten*, das an und für sich weder das eine, noch das andere ist.
Jedes der beiden, soweit es Tauschwerth, muß also, unabhängig von
dem andern, auf dieß Dritte reducirbar sein.

Ein einfaches geometrisches Beispiel veranschauliche dieß. Um den Flächeninhalt aller gradlinigen Figuren zu bestimmen und zu vergleichen, löst man sie in Dreiecke auf. Das Dreieck selbst reducirt man auf einen von seiner sichtbaren Figur ganz verschiednen Ausdruck – das halbe Produkt seiner Grundlinie mit seiner Höhe. Ebenso sind die Tauschwerthe der Waaren zu reduciren auf ein *Gemeinsames*, wovon sie ein Mehr oder Minder darstellen.

Daß die Substanz des Tauschwerths ein von der physisch-hand-
greiflichen Existenz der Waare oder ihrem Dasein als *Gebrauchswerth* |
durchaus Verschiednes und Unabhängiges, zeigt ihr Austauschverhält-
niß auf den ersten Blick. Es ist charakterisirt eben durch die *Abstraktion* 17
vom Gebrauchswerth. Dem Tauschwerth nach betrachtet ist nämlich
eine Waare grade so gut als jede andre, wenn sie nur in richtiger Propor-
tion vorhanden ist[8].

7 "Nothing can have an intrinsick value" (*N. Barbon* l. c. p. 6), oder wie *Butler* sagt:

"The value of a thing
Is just as much as it will bring."

8 "One sort of wares are as good as another, if the value be equal." "There is *no difference or distinction* in things of equal value … One hundred pounds worth of lead or iron, is of as great a value as one hundred pounds worth of silver and gold." (*N. Barbon* l. c. p. 53 u. 7.)

18 Unabhängig von ihrem Austauschverhältniß oder von der *Form*, worin sie als *Tausch*-Werthe *erscheinen*, sind die Waaren daher zunächst als *Werthe* schlechthin zu betrachten[9].

Als Gebrauchsgegenstände oder Güter sind die Waaren *körperlich verschiedne* Dinge. Ihr *Werth*sein bildet dagegen ihre *Einheit.* Diese
20 Einheit entspringt nicht aus der Natur, sondern aus der Gesellschaft. Die *gemeinsame gesellschaftliche Substanz*, die sich in verschiednen Gebrauchswerthen nur verschieden darstellt, ist – *die Arbeit.*

21 Als *Werthe* sind die Waaren nichts als *krystallisirte Arbeit.* Die Maßeinheit ¦ der Arbeit selbst ist die *einfache Durchschnittsarbeit*, deren Charakter zwar in verschiednen Ländern und Kulturepochen wechselt, aber in einer vorhandnen Gesellschaft gegeben ist. Komplicirtere Arbeit gilt nur als *potenzirte* oder vielmehr *multiplicirte* einfache Arbeit, so daß z. B. ein kleineres Quantum komplicirter Arbeit gleich einem größeren Quantum einfacher Arbeit. *Wie* diese Reduktion geregelt wird, ist hier gleichgültig. *Daß* sie beständig vorgeht, zeigt die Erfahrung. Eine Waare mag das Produkt der komplicirtesten Arbeit sein. Ihr *Werth* setzt sie dem Produkt einfacher Arbeit gleich und stellt daher selbst nur ein bestimmtes Quantum einfacher Arbeit dar.

22 Ein Gebrauchswerth oder Gut hat also nur einen *Werth*, weil *Arbeit* in ihm *vergegenständlicht* oder *materialisirt* ist. Wie nun die *Größe* seines Werthes messen? Durch das *Quantum* der | in ihm enthaltenen „werthbildenden Substanz", der Arbeit. Die Quantität der Arbeit selbst mißt sich an ihrer *Zeitdauer* und die *Arbeitszeit* besitzt wieder ihren Maßstab an *bestimmten Zeittheilen*, wie Stunde, Tag u. s. w.

Es könnte scheinen, daß wenn der Werth einer Waare durch das während ihrer Produktion verausgabte Arbeitsquantum bestimmt ist, je fauler oder ungeschickter ein Mann, desto werthvoller seine Waare, weil er desto mehr Arbeitszeit zu ihrer Verfertigung braucht. Aber nur die *gesellschaftlich nothwendige Arbeitszeit* zählt als werthbildend. Gesellschaftlich nothwendige Arbeitszeit ist Arbeitszeit, erheischt um irgend einen Gebrauchswerth mit den vorhandnen gesellschaftlichnormalen Produktionsbedingungen und dem gesellschaftlichen Durchschnittsgrad von Geschick und Intensivität der Arbeit herzustellen. Nach der Einführung des Dampfwebstuhls in England z. B. genügte

19 9 Wenn wir künftig das Wort „*Werth*" ohne weitere Bestimmung brauchen, so handelt es sich immer vom *Tauschwerth.*

vielleicht halb so viel Arbeit als vorher, um ein gegebenes Quantum Garn in Gewebe zu verwandeln. Der englische Handweber brauchte zu dieser Verwandlung in der That nach wie vor dieselbe Arbeitszeit, aber das Produkt seiner individuellen Arbeitsstunde stellte jetzt nur noch eine *halbe* gesellschaftliche Arbeitsstunde dar und fiel daher auf die Hälfte seines früheren Werths.

Es ist also nur das *Quantum gesellschaftlich nothwendiger Arbeit* oder 23
die zur *Herstellung eines Gebrauchswerths gesellschaftlich nothwendige Arbeitszeit*, welche seine Werth*größe* bestimmt. Die einzelne Waare gilt hier überhaupt als Durchschnittsexemplar ihrer Art[10]. Waaren, worin gleich große Arbeitsquanta enthalten sind, oder die in *derselben Arbeitszeit* hergestellt werden können, haben daher *dieselbe Werthgröße.* Der Werth einer Waare verhält sich zum Werth jeder andern Waare, wie die zur Produktion der einen nothwendige Arbeitszeit zu der für die Produktion der andern ¦ nothwendigen Arbeitszeit. „Als Werthe sind alle Waaren nur bestimmte Maße *festgeronnener Arbeitszeit*“[11]. |

Die *Werthgröße* einer Waare bliebe daher constant, wäre die zu ihrer Produktion erheischte Arbeitszeit constant. Letztere wechselt aber mit jedem Wechsel in der *Produktivkraft der Arbeit.* Die Produktivkraft der Arbeit ist durch mannigfache Umstände bestimmt, unter andern durch den Durchschnittsgrad des Geschickes der Arbeiter, die Entwicklungsstufe der Wissenschaft und ihrer technologischen Anwendbarkeit, die gesellschaftliche Combination des Produktionsprozesses, den Umfang und die Wirkungsfähigkeit der Produktionsmittel, und durch *Naturverhältnisse.* Dasselbe Quantum Arbeit stellt sich z. B. mit günstiger Jahreszeit in 8 Bushel Weizen dar, mit ungünstiger in nur 4. Dasselbe Quantum Arbeit liefert mehr Metalle in reichhaltigen, als in armen Minen u. s. w. Diamanten kommen selten in der Erdrinde vor und ihre Findung kostet daher *im Durchschnitt* viel Arbeitszeit. Folglich stellen sie in wenig Volumen viel Arbeit dar. *Jacob* bezweifelt, daß Gold jemals seinen vollen Werth bezahlt hat. Noch mehr gilt dieß vom Diamant. Nach *Eschwege* hatte 1823 die achtzigjährige Gesammtausbeute der brasilischen Diamantgruben noch nicht den Werth des 1½ jährigen Durchschnitts-

10 «Toutes les productions d'un même genre ne forment proprement qu'une masse, dont le prix se détermine en général et sans égard aux circonstances particulières.» (*Le Trosne* l. c. p. 893.)

11 *K. Marx* l. c. p. 6.

produkts der brasilischen Zucker- oder Kaffeepflanzungen erreicht. Mit reichhaltigeren Gruben würde dasselbe Arbeitsquantum sich in mehr Diamanten darstellen und ihr Werth sinken. Gelingt es mit wenig Arbeit Kohle in Diamant zu verwandeln, so kann sein Werth unter den von Ziegelsteinen fallen. Allgemein: Je größer die Produktivkraft der Arbeit, desto kleiner die zur Herstellung eines Artikels erheischte Arbeitszeit, desto kleiner die in ihm krystallisirte Arbeitsmasse, desto kleiner sein Werth. Umgekehrt, je kleiner die Produktivkraft der Arbeit, desto größer die zur Herstellung eines Artikels nothwendige Arbeitszeit, desto größer sein Werth. Die *Werthgröße* einer Waare wechselt also *direkt* wie das *Quantum* und *umgekehrt* wie die *Produktivkraft* der sich in ihr verwirklichenden Arbeit.

Wir kennen jetzt die *Substanz* des Werths. Es ist die *Arbeit.* Wir ken-
24 nen sein *Größenmaß.* Es ist die *Arbeitszeit.* Seine *Form,* die den *Werth*
eben zum *Tausch*-Werth stempelt, bleibt zu analysiren. Vorher jedoch
sind die bereits gefundenen Bestimmungen etwas näher zu entwik-
keln.

Ein Ding kann *Gebrauchswerth* sein, ohne *Tauschwerth* | zu sein.
Es ist dieß der Fall, wenn sein Dasein für den Menschen nicht durch
Arbeit vermittelt ist. So Luft, jungfräulicher Boden, natürliche Wie-
sen, wildwachsendes Holz u. s. w. Ein Ding kann nützlich und Produkt
menschlicher Arbeit sein, ohne *Waare* zu sein. Wer durch sein Produkt
sein eignes Bedürfniß befriedigt, schafft zwar *Gebrauchswerth,* aber
nicht *Waare.* Um Waare zu ¦ produciren, muß er nicht nur Gebrauchs-
werth produciren, sondern *Gebrauchswerth für andre, gesellschaftlichen*
25 *Gebrauchswerth.* Endlich kann kein Ding *Werth* sein, ohne Gebrauchs-
gegenstand zu sein. Ist es nutzlos, so ist auch die in ihm enthaltene
Arbeit nutzlos, zählt nicht als Arbeit und bildet daher keinen Werth.

26 Ursprünglich erschien uns die *Waare* als ein *Zwieschlächtiges,* Ge-
brauchswerth *und* Tauschwerth. Näher betrachtet wird sich zeigen, daß
27 auch die in der Waare *enthaltene Arbeit zwieschlächtig* ist. Dieser Punkt,
der von mir zuerst kritisch entwickelt wurde[12], ist der Springpunkt, um
den sich das Verständniß der politischen Oekonomie dreht.

Nehmen wir zwei Waaren, etwa einen Rock und 10 Ellen Leinwand. Der erstere habe den zweifachen Werth der letzteren, so daß wenn 10 Ellen Leinwand = W, der Rock = 2 W.

12 l. c. p. 12, 13 und passim.

Der Rock ist ein Gebrauchswerth, der ein besondres Bedürfniß befriedigt. Um ihn hervorzubringen, bedarf es einer *bestimmten Art zweckmäßig produktiver Thätigkeit.* Sie ist bestimmt nach Zweck, Operationsweise, Gegenstand, Mitteln und Resultat. Die Arbeit, deren Nützlichkeit sich so im Gebrauchswerth ihres Produkts oder darin darstellt, daß ihr Produkt ein Gebrauchswerth ist, heiße hier der Vereinfachung halber kurzweg *nützliche Arbeit.* Unter diesem Gesichtspunkt ist sie stets betrachtet in Bezug auf den *Nutzeffekt,* dessen Hervorbringung sie bezweckt.

Wie Rock und Leinwand *qualitativ verschiedne Gebrauchswerthe,* so sind die ihr Dasein vermittelnden Arbeiten *qualitativ verschieden – Schneiderarbeit* und *Weberei.* Wären jene Dinge nicht qualitativ verschiedne Gebrauchswerthe und daher Produkte qualitativ verschiedner nützlicher Arbeiten, so könnten sie sich über|haupt nicht als *Waaren* gegenübertreten. Rock tauscht sich nicht aus gegen Rock, derselbe Gebrauchswerth nicht gegen denselben Gebrauchswerth.

In der Gesammtheit der verschiedenartigen Gebrauchswerthe oder Waarenkörper erscheint eine Gesammtheit eben so mannigfaltiger, nach Gattung, Art, Familie, Unterart, Varietät verschiedner nützlicher
Arbeiten – eine *gesellschaftliche Theilung der Arbeit.* Sie ist Existenz- 28
bedingung der Waarenproduktion, obgleich Waarenproduktion nicht umgekehrt Existenzbedingung gesellschaftlicher Arbeitstheilung. In der altindischen Gemeinde ist die Arbeit gesellschaftlich getheilt, ohne daß die *Produkte* zu *Waaren* werden. Oder, ein näher liegendes Beispiel, in jeder Fabrik ist die Arbeit systematisch getheilt, aber diese Theilung nicht dadurch vermittelt, daß die Arbeiter *ihre individuellen Produkte* austauschen. Nur Produkte selbstständiger und *von einander*
unabhängiger Privatarbeiten treten einander *als Waaren* gegenüber. ¦ 29

Man hat also gesehn: In dem Gebrauchswerth jeder Waare steckt eine bestimmte zweckmäßig produktive Thätigkeit oder nützliche Arbeit. Gebrauchswerthe können sich nicht als *Waaren* gegenübertreten, wenn nicht qualitativ verschiedne nützliche Arbeiten in ihnen stecken. In einer Gesellschaft, deren Produkte *allgemein* die Form der *Waare* annehmen, d. h. in einer Gesellschaft von Waarenproducenten, entwickelt sich dieser qualitative Unterschied der nützlichen Arbeiten, welche unabhängig von einander als Privatgeschäfte selbstständiger Producenten betrieben werden, zu einem vielgliedrigen System, zu einer gesellschaftlichen Theilung der Arbeit.

Dem Rock ist es übrigens gleichgültig, ob er vom Schneider oder vom Kunden des Schneiders getragen wird. In beiden Fällen wirkt er als Gebrauchswerth. Ebensowenig ist das Verhältniß zwischen dem Rock und der ihn producirenden Arbeit an und für sich dadurch verändert, daß die Schneiderarbeit eigne Profession wird, selbstständiges Glied der gesellschaftlichen Theilung der Arbeit. Wo ihn das Kleidungsbedürfniß zwang, hat der Mensch Jahrtausende lang geschneidert, bevor aus einem Menschen ein Schneider ward. Aber das Dasein von Rock, Leinwand, jedem nicht von Natur vorhandnen Element des *stofflichen Reichthums,* mußte immer vermittelt sein durch eine spezielle, zweckmäßig produktive Thätigkeit, die besondere Naturstoffe besondern menschlichen Bedürfnissen | assimilirt. Als Bildnerin von Gebrauchswerthen, als *nützliche Arbeit,* ist die Arbeit daher von allen Gesellschaftsformen unabhängige
30 Existenzbedingung des Menschen, ewige Naturnothwendigkeit, um den Stoffwechsel zwischen Mensch und Natur, also das menschliche Leben zu vermitteln.

Die Gebrauchswerthe Rock, Leinwand u. s. w., kurz die Waarenkörper, sind *Verbindungen von zwei Elementen,* Naturstoff und Arbeit. Zieht man die Gesammtsumme aller verschiedenen nützlichen Arbeiten ab, die in Rock, Leinwand u. s. w. stecken, so bleibt stets ein materielles Substrat zurück, das ohne Zuthun des Menschen von Natur vorhanden
31 ist. Der Mensch kann in seiner Produktion nur verfahren, wie die Natur selbst, d. h. nur die *Formen* der *Stoffe ändern* [13]. Noch mehr. In dieser Arbeit der Formung selbst wird er beständig unterstützt von Naturkräften. *Arbeit* ist also *nicht die einzige* ¦ *Quelle der von ihr producirten Gebrauchswerthe,* des *stofflichen Reichthums.* Die Arbeit ist sein Vater, wie *William Petty* sagt, und die Erde seine Mutter.

13 «Tutti i fenomeni dell' universo, sieno essi prodotti dalla mano dell' uomo, ovvero dalle universali leggi della fisica, non ci danno idea di attuale *creazione,* ma unicamente di una *modificazione* della materia. *Accostare e separare* sono gli unici elementi che l'ingegno umano ritrova analizzando l'idea della riproduzione; e tanto è riproduzione di valore (*Gebrauchswerth,* obgleich *Verri* hier in seiner Polemik gegen die Physiokraten selbst nicht recht weiß, von welcher Sorte Werth er spricht) e di ricchezza se la terra, l'aria e l'acqua ne'campi si trasmutino in grano, come se colla mano dell' uomo il glutine di un insetto si trasmuti in velluto, ovvero alcuni pezzetti di metallo si organizzino a formare una ripetizione.» (*Pietro Verri: „Meditazioni sulla Economia Politica“* (zuerst gedruckt 1771) in der Ausgabe der italienischen Oekonomen von *Custodi, Parte Moderna,* t. XV p. 21, 22.)

Gehn wir nun von der Waare, so weit sie Gebrauchsgegenstand, über zum Waaren-*Werth.*

Nach unsrer Unterstellung hat der Rock den doppelten Werth der
Leinwand. Dieß ist aber nur ein *quantitativer* Unterschied, der uns zu-
nächst noch nicht interessirt. Wir erinnern daher, daß wenn der Werth
eines Rockes doppelt so groß als der von 10 Ellen Leinwand, 20 Ellen
Leinwand *dieselbe Werthgröße* haben wie ein Rock. | Als Werthe sind 32
Rock und Leinwand Dinge von *gleicher Substanz,* objektive Ausdrücke
gleichartiger Arbeit. Aber *Schneiderarbeit* und *Weberei* sind qualitativ
verschiedne Arbeiten. Es giebt jedoch Gesellschaftszustände, worin
derselbe Mensch abwechselnd schneidert und webt, diese beiden ver-
schiednen Arbeitsweisen daher nur *Modificationen der Arbeit desselben*
Individuums und noch nicht besondre feste Functionen verschiedner
Individuen sind, ganz wie der Rock, den unser Schneider heute, und
die Hosen, die er morgen macht, nur Variationen derselben individuel-
len Arbeit voraussetzen. Der Augenschein lehrt ferner, daß in unsrer
kapitalistischen Gesellschaft, je nach der wechselnden Richtung der Ar-
beitsnachfrage, *eine gegebene Portion menschlicher Arbeit* abwechselnd
in der Form von Schneiderei oder in der Form von Weberei zugeführt
wird. Dieser Formwechsel der Arbeit mag nicht ohne Friction abgehn,
aber er muß gehn. Sieht man ab von der Bestimmtheit der produktiven
Thätigkeit und daher vom nützlichen Charakter der Arbeit, so bleibt das
an ihr, daß sie eine *Verausgabung menschlicher Arbeitskraft* ist. Schnei- 33
derarbeit und Weberei, obgleich qualitativ verschiedne produktive
Thätigkeiten, sind beide produktive Verausgabung von *menschlichem*
Hirn, Muskel, Nerv, Hand u. s. w., und in diesem Sinn beide *menschliche*
Arbeit. Es sind nur zwei verschiedne Formen, menschliche Arbeitskraft
zu verausgaben. Allerdings muß die menschliche Arbeitskraft selbst
mehr oder minder entwickelt sein, um in dieser oder jener Form veraus-
gabt zu werden. Der Werth der Waaren aber stellt menschliche Arbeit
schlechthin dar, Verausgabung *menschlicher Arbeitskraft* überhaupt.
Wie nun in der bürgerlichen Gesellschaft ein General oder Banquier
eine große, der *Mensch* schlechthin dagegen eine sehr schäbige Rol-
le spielt[14], so steht es hier auch mit der *menschlichen Arbeit.* Sie ist 34
Verausgabung *einfacher* Arbeitskraft, die jeder gewöhnliche Mensch,
ohne besondere Entwicklung, in seinem leiblichen Organismus besitzt. 35

14 Vgl *Hegel,* „*Philosophie des Rechts.* Berlin 1840", p. 250, §. 190.

Die Arbeitskraft eines Bauernknechts gelte z. B. für einfache Arbeitskraft, ihre Verausgabung daher für *einfache Arbeit* ¦ oder *menschliche Arbeit* ohne weitern Schnörkel, Schneiderarbeit dagegen für | Verausgabung höher entwickelter Arbeitskraft. Während sich der Arbeitstag des Bauernknechts daher etwa im Werthausdruck von ½ W, stellt sich der Arbeitstag des Schneiders im Werthausdrucke von W dar[15]. Dieser Unterschied ist jedoch nur *quantitativ.* Wenn der Rock das Produkt eines Arbeitstags des Schneiders, hat er denselben Werth wie das Produkt von 2 Arbeitstagen des Bauernknechts. So zählt aber die Schneiderarbeit immer nur als *multiplicirte* Bauernarbeit. Die verschiednen Proportionen, worin verschiedne Arbeitsarten auf einfache Arbeit als ihre *Maßeinheit* reducirt sind, werden durch einen gesellschaftlichen Prozeß hinter
36 dem Rücken der Produzenten festgesetzt und scheinen ihnen daher durch das Herkommen gegeben. Der Vereinfachung halber gilt uns im Folgenden jede Art Arbeitskraft unmittelbar für *einfache* Arbeitskraft, wodurch nur die Mühe der Reduktion erspart wird.

Wie also in den *Werthen* Rock und Leinwand von dem Unterschied ihrer *Gebrauchswerthe* abstrahirt ist, so in der *Arbeit,* die diese *Werthe* darstellen, von dem Unterschied der *nützlichen Formen,* worin sie das einemal *Schneiderarbeit* ist, das andremal *Weberei.* Wie die *Gebrauchswerthe* Rock und Leinwand *Verbindungen* zweckbestimmter, produktiver Thätigkeiten mit Tuch und Garn sind, die *Werthe* Rock und
37 Leinwand dagegen bloße *gleichartige Arbeitsgallerten,* so gilt auch die in diesen *Werthen* enthaltene Arbeit nicht durch ihr produktives Verhalten zu Tuch und Garn, sondern nur als *Verausgabung menschlicher Arbeitskraft.* Bildungselemente der *Gebrauchswerthe* Rock und Leinwand sind Schneiderarbeit und Weberei eben durch ihre *verschiednen* Qualitäten, *Substanz* des Rock*werths* und Leinwand*werths* sind sie nur, soweit von
38 ihrer besondern Qualität *abstrahirt* wird und beide *gleiche Qualität* besitzen, die *Qualität menschlicher Arbeit.*

Rock und Leinwand sind aber nicht nur *Werthe überhaupt,* sondern Werthe von *bestimmter Größe* und nach unsrer Unterstellung ist der Rock doppelt so viel werth, als 10 Ellen Leinwand. Woher diese | Ver-

[15] Der Leser muß aufmerken, daß hier nicht vom *Lohn* oder Werth die Rede ist, den der Arbeiter etwa für einen Arbeitstag erhält, sondern vom Waaren*werth,* worin sich sein Arbeitstag vergegenständlicht. Die Kategorie des Arbeitslohns existirt überhaupt noch nicht auf dieser Stufe unsrer Darstellung.

schiedenheit ihrer *Werthgrößen*? Daher daß die Leinwand nur halb so viel Arbeit enthält, als der Rock, so daß zur Produktion des letztern die Arbeitskraft während doppelt soviel *Zeit* verausgabt werden muß, als zur Produktion der erstern.

Wenn also mit Bezug auf den *Gebrauchswerth* die in der Waare enthaltne Arbeit nur *qualitativ* gilt, gilt sie mit Bezug auf die *Werthgröße* nur *quantitativ*, nachdem sie bereits auf menschliche Arbeit ohne weitere Qualität ¦ reducirt ist. Dort handelt es sich um das *Wie* und *Was* der Arbeit, hier um ihr *Wie Viel*, ihre Zeitdauer. Da die Werthgröße einer Waare nur das Quantum der in ihr enthaltnen Arbeit mißt, müssen Waaren in gewisser Proportion stets gleich große Werthe sein.

Bleibt die Produktivkraft sage aller zur Produktion eines Rocks erheischten nützlichen Arbeiten unverändert, so steigt die Werthgröße der Röcke mit ihrer eignen Quantität. Wenn 1 Rock x, stellen 2 Röcke 2x Arbeitstage dar u. s. w. Nimm aber an, die zur Produktion eines Rocks nothwendige Arbeitszeit steige auf das Doppelte oder falle um die Hälfte. Im ersten Fall hat ein Rock soviel Werth als vorher zwei Röcke, im letztern Fall haben zwei Röcke nur so viel Werth, als vorher einer, obgleich in beiden Fällen ein Rock nach wie vor dieselben Dienste leistet und die in ihm enthaltne nützliche Arbeit nach wie vor von derselben Güte bleibt. Aber das in seiner Produktion verausgabte Arbeits*quantum* hat sich verändert.

Ein größres Quantum Gebrauchswerth bildet an und für sich größern *stofflichen Reichthum*, zwei Röcke mehr als einer. Mit zwei Röcken kann man zwei Menschen kleiden, mit einem Rock nur einen Menschen u. s. w. Dennoch kann der steigenden Masse des stofflichen Reichthums ein gleichzeitiger Fall seiner *Werthgröße* entsprechen. Diese gegensätzliche Bewegung entspringt aus der *zwieschlächtigen Bestimmung*
der Arbeit. Produktivkraft ist natürlich stets Produktivkraft nützlicher, 39
konkreter Arbeit. Sie drückt in der That nur den Wirkungsgrad zweckbestimmter produktiver Thätigkeit in gegebnem Zeitraum aus. Die nützliche Arbeit wird daher reichere oder dürftigere Produktenquelle im *direkten Verhältniß* zum Steigen oder Fallen ihrer Produktivkraft. Dagegen trifft ein Wechsel der Produktivkraft die im *Werth* dargestellte Arbeit an und für sich gar nicht. Da die Produktivkraft der | konkreten nützlichen Form der Arbeit angehört, kann sie natürlich die Arbeit nicht mehr berühren, sobald von ihrer konkreten nützlichen Form abstrahirt wird. Dieselbe Arbeit stellt sich daher in *denselben Zeiträumen* stets in

derselben Werthgröße dar, wie immer die Produktivkraft wechsle. Aber sie liefert in *demselben Zeitraum verschiedne Quanta Gebrauchswerthe*, mehr wenn die Produktivkraft steigt, weniger, wenn sie sinkt. Im erstern Fall kann es geschehn, daß 2 Röcke weniger Arbeit enthalten als früher einer. Derselbe Wechsel der Produktivkraft, der die Fruchtbarkeit der Arbeit und daher die Masse der von ihr gelieferten Gebrauchswerthe vermehrt, kann also die *Werthgröße* selbst der *vermehrten* Gesammtmasse *vermindern*, wenn er nämlich die zu ihrer Produktion nothwendige *Arbeitszeit* abkürzt. Ebenso umgekehrt.

Aus dem Bisherigen folgt, daß in der Waare zwar nicht zwei verschie-
40 dene Sorten Arbeit stecken, wohl aber *dieselbe* Arbeit verschieden und selbst entgegengesetzt bestimmt ist, je nachdem sie auf den *Gebrauchswerth* der ¦ Waare als ihr *Produkt* oder auf den *Waaren-Werth* als ihren bloß *gegenständlichen* Ausdruck bezogen wird. Wie die Waare vor allem Gebrauchsgegenstand sein muß, um Werth zu sein, so muß die Arbeit vor allem nützliche Arbeit, zweckbestimmte produktive Thätigkeit sein, um als *Verausgabung menschlicher Arbeitskraft* und daher als *menschliche Arbeit* schlechthin zu zählen.

41 Da bisher nur noch Werthsubstanz und Werthgröße bestimmt, wenden wir uns jetzt zur Analyse der *Werthform.*

Kehren wir zunächst wieder zurück zur ersten *Erscheinungsform* des Waaren*werths.*

Wir nehmen zwei Quanta Waaren, die *gleichviel Arbeitszeit* zu ihrer Produktion kosten, also *gleiche Werthgrößen* sind, und wir haben *40 Ellen Leinwand = 2 Röcke,* oder 40 Ellen Leinwand sind zwei Röcke *werth.* Wir sehn, daß der *Werth* der Leinwand in einem bestimmten Quantum von *Röcken* ausgedrückt ist. Der *Werth* einer Waare, so dargestellt im *Gebrauchswerth* einer andern Waare, heißt ihr *relativer Werth.*

42 Der relative Werth einer Waare kann wechseln, obgleich ihr Werth constant bleibt. Umgekehrt kann ihr relativer Werth constant bleiben, | obgleich ihr Werth wechselt. Die Gleichung: *40 Ellen Leinwand = 2 Röcke* setzt nämlich voraus, daß beide Waaren gleich viel Arbeit kosten. Mit jedem Wechsel in der Produktivkraft der sie hervorbringenden Arbeiten wechselt aber die zu ihrer Produktion nothwendige Arbeitszeit. Betrachten wir den Einfluß solcher Wechsel auf den relativen Werth.

I. Der Werth der Leinwand wechsle, während der Rock*werth* constant bleibt. Verdoppelt sich die zur Produktion der Leinwand verausgabte Arbeitszeit, etwa in Folge zunehmender Unfruchtbarkeit des flachstragenden Bodens, so verdoppelt sich ihr Werth. Statt *40* Ellen Leinwand = 2 Röcke, hätten wir: *40 Ellen Leinwand = 4 Röcke,* da 2 Röcke jetzt nur halb so viel Arbeitszeit enthalten als 40 Ellen Leinwand. Nimmt dagegen die zur Produktion der Leinwand nothwendige Arbeitszeit um die Hälfte ab, etwa in Folge verbesserter Webstühle, so sinkt der Leinwand*werth* um die Hälfte. Demgemäß jetzt: *40 Ellen Leinwand = 1 Rock.* Der *relative Werth* der Waare A, d. h. ihr Werth ausgedrückt in der Waare B, *steigt und fällt* also *direkt wie der Werth der Waare A,* bei gleichbleibendem Werth der Waare B.

II. Der Werth der Leinwand bleibe constant, während der Rock*werth* wechsle. Verdoppelt sich unter diesen Umständen die zur Produktion des Rockes nothwendige Arbeitszeit, etwa in Folge ungünstiger Wollschur, so haben wir statt 40 Ellen Leinwand = 2 Röcke jetzt: *40 Ellen Leinwand = 1 Rock.* Fällt dagegen der Werth des Rocks um die Hälfte, so *40 Ellen Leinwand = 4 Röcke.* Bei gleichbleibendem Werth der Waare A, fällt oder ¦ steigt daher ihr relativer, in der Waare B ausgedrückter Werth *im umgekehrten Verhältniß zum Werthwechsel von B.*

Vergleicht man die verschiedenen Fälle sub I und II, so ergiebt sich, daß *derselbe Wechsel des relativen Werths aus ganz entgegengesetzten Ursachen entspringen kann.* So wird aus *40 Ellen Leinwand = 2 Röcke* 1) die Gleichung *40 Ellen Leinwand = 4 Röcke,* entweder weil der Werth der Leinwand sich verdoppelt oder der Werth der Röcke um die Hälfte fällt, und 2) die Gleichung *40 Ellen Leinwand = 1 Rock,* entweder weil der Werth | der Leinwand um die Hälfte sinkt oder der Werth des Rockes auf das Doppelte steigt.

III. Die zur Produktion von Leinwand und Rock nothwendigen Arbeitsquanta wechseln gleichzeitig, in derselben Richtung und derselben Proportion. In diesem Falle nach wie vor *40 Ellen Leinwand = 2 Röcke,* wie immer ihre Werthe verändert seien. Man entdeckt ihren Werthwechsel, sobald man sie mit einer dritten Waare vergleicht, deren Werth constant blieb. Stiegen oder fielen die Werthe *aller* Waaren gleichzeitig und in derselben Proportion, so blieben ihre *relativen Werthe* unverändert. Ihren wirklichen Werthwechsel ersähe man daraus, daß in derselben Arbeitszeit nun allgemein ein größeres oder kleineres Waarenquantum als vorher geliefert würde.

IV. Die zur Produktion von Leinwand und Rock resp. nothwendigen Arbeitszeiten, und daher ihre Werthe, mögen gleichzeitig in derselben Richtung wechseln, aber in ungleichem Grad, oder in entgegengesetzter

Richtung u. s. w. Der Einfluß aller möglichen derartigen Combinationen auf den relativen Werth einer Waare ergiebt sich einfach durch Anwendung der Fälle I., II. und III.

Wir haben eben untersucht, wie weit Wechsel in der *relativen Werthgröße* einer Waare, der Leinwand, einen Wechsel ihrer *eignen Werthgröße* widerspiegelt, und überhaupt den *relativen Werth* nur nach seiner
43 *quantitativen* Seite betrachtet. Wir wenden uns jetzt zu seiner *Form.* Wenn der relative Werth *Darstellungsform des Werths,* ist der Ausdruck der Aequivalenz *zweier* Waaren, wie x Waare A = y Waare B oder 20 Ellen Leinwand = 1 Rock, die *einfache Form des relativen Werths.*

I. *Erste oder einfache Form des relativen Werths: 20 Ellen Leinwand =*
44 *1 Rock.* (x *Waare A* = y *Waare B.)*

Diese Form ist etwas schwierig zu analysiren, weil sie *einfach* ist[16]. Die in ihr enthaltenen unterschiedenen Bestimmungen sind verhüllt, unentwickelt, abstrakt und daher nur durch einige Anstrengung der Abstraktionskraft auseinander- und festzuhalten. So viel ergiebt sich | aber auf den ersten ¦ Blick, daß die *Form* dieselbe bleibt, ob 20 Ellen Leinwand = 1 Rock oder 20 Ellen Leinwand = x Röcke[17].

Leinwand kömmt auf die Welt in Gestalt eines *Gebrauchswerths* oder nützlichen Dings. Ihre steifleinene Körperlichkeit oder *Naturalform*
46 ist daher nicht ihre *Werthform,* sondern deren grades Gegentheil. Ihr eignes *Werthsein* zeigt sie zunächst dadurch, daß sie sich auf eine *andre*
47 Waare, den Rock, als *ihr Gleiches bezieht.* Wäre sie nicht selbst Werth, so könnte sie sich nicht auf den Rock als Werth, als *Ihresgleichen,* beziehn. *Qualitativ* setzt sie sich den Rock gleich, indem sie sich auf ihn bezieht als *Vergegenständlichung gleichartiger menschlicher Arbeit, d. h. ihrer eignen Werthsubstanz,* und sie setzt sich nur einen Rock gleich statt x Röcke, weil sie nicht nur Werth überhaupt, sondern Werth von *bestimmter Größe* ist, ein Rock aber grade *soviel* Arbeit enthält als 20 Ellen Leinwand. Durch diese Beziehung auf den Rock schlägt die Leinwand

45 [16] Sie ist gewissermaßen die Zellenform oder, wie Hegel sagen würde, das *An sich des Geldes.*

[17] Die wenigen Oekonomen, die sich, wie *S. Bailey,* mit der Analyse der Werth*form* beschäftigt haben, konnten zu keinem Resultat kommen, einmal, weil sie Werthform und Werth verwechseln, zweitens, weil sie, unter dem rohen Einfluß des praktischen Bürgers, von vorn herein ausschließlich die quantitative Bestimmtheit ins Auge fassen. "The command of *quantity* … constitutes *value.*" („*Money and its Vicissitudes*". *Lond. 1837,* p. 11.) Verfasser: *S. Bailey.*

verschiedne Fliegen mit einer Klappe. Indem sie die *andre* Waare sich 48
als Werth gleichsetzt, bezieht sie sich auf sich selbst als Werth. Indem sie
sich auf sich selbst *als Werth* bezieht, *unterscheidet* sie sich zugleich
von sich selbst als Gebrauchswerth. Indem sie ihre *Werthgröße* – und
Werthgröße ist beides, Werth überhaupt und quantitativ gemeßner
Werth – *im Rocke ausdrückt,* giebt sie ihrem *Werthsein* eine von ihrem
unmittelbaren Dasein unterschiedne *Werthform.* Indem sie sich so 49
als ein in sich selbst Differenzirtes darstellt, stellt sie sich erst wirklich
als Waare dar – nützliches Ding, das zugleich Werth ist. Soweit die
Leinwand Gebrauchswerth, ist sie *ein selbstständiges Ding.* Ihr *Werth
erscheint* dagegen nur *im Verhältniß* zu *andrer Waare,* dem Rocke z. B.,
ein Verhältniß, worin die Waarenart Rock ihr qualitativ *gleichgesetzt*
wird und daher in *bestimmter Quantität* | gleichgilt, sie ersetzt, mit
ihr austauschbar ist. Eigne, vom Gebrauchswerth *unterschiedne Form*
erhält der *Werth* daher nur durch seine Darstellung als *Tauschwerth.*

Der Ausdruck des Leinwand*werths* im Rocke prägt dem Rocke selbst
eine neue Form auf. In der That, was besagt die *Werthform* der Leinwand?
Daß der Rock mit ihr austauschbar ist. Wie er geht oder liegt,
mit Haut und Haaren, in *seiner Naturalform* Rock besitzt er jetzt die
Form *unmittelbarer Austauschbarkeit mit andrer Waare,* die Form eines
austauschbaren Gebrauchswerths oder *Aequivalents.* Die Bestimmung 50
des Aequivalents enthält nicht nur, daß eine Waare *Werth* überhaupt
ist, sondern daß sie in ihrer *dinglichen* Gestalt, in ihrer Gebrauchsform,
andrer Waare als Werth gilt und daher unmittelbar *als Tauschwerth* für
die andre Waare da ist. ¦

Als *Werth* besteht die Leinwand *nur* aus Arbeit, bildet eine durch- 51
sichtig krystallisirte Arbeitsgallerte. In der Wirklichkeit ist dieser Krystall
jedoch sehr trüb. Soweit Arbeit in ihm zu entdecken, und nicht jeder
Waarenkörper zeigt die Spur der Arbeit, ist es nicht unterschiedslose
menschliche Arbeit, sondern Weberei, Spinnerei u. s. w., die auch keineswegs
seine einzige Substanz bilden, vielmehr mit Naturstoffen verquickt
sind. Um Leinwand als bloß dinglichen Ausdruck menschlicher Arbeit
festzuhalten, muß man von allem absehn, was sie wirklich zum
Ding macht. Gegenständlichkeit der menschlichen Arbeit, die selbst 52
abstrakt ist, ohne weitere Qualität und Inhalt, ist nothwendig abstrakte
Gegenständlichkeit, ein *Gedankending.* So wird das Flachsgewebe zum
Hirngespinnst. Aber *Waaren* sind *Sachen.* Was sie sind, müssen sie sach- 53
lich sein oder in ihren eignen sachlichen Beziehungen zeigen. In der

Produktion der Leinwand *ist* ein bestimmtes Quantum menschlicher Arbeitskraft verausgabt worden. Ihr Werth ist der bloß *gegenständliche Reflex* der so verausgabten Arbeit, aber er reflektirt sich nicht in ihrem Körper. Er *offenbart* sich, erhält sinnlichen Ausdruck durch ihr
54 *Werthverhältniß* zum Rock. Indem sie ihn *als Werth* sich *gleichsetzt*, während sie sich zugleich als *Gebrauchsgegenstand* von ihm *unterscheidet*, wird der Rock die *Erscheinungsform* des Leinwand-*Werths* im Gegensatz zum | Leinwand-*Körper*, ihre *Werthform* im Unterschied von ihrer *Naturalform*[18].

In dem relativen Werthausdruck: 20 Ellen Leinwand = 1 Rock oder x Leinwand ist y Rock*werth*, gilt der Rock zwar nur *als Werth* oder Arbeitsgallerte, aber eben dadurch gilt die Arbeitsgallerte *als Rock*, der Rock als die Form, worin menschliche Arbeit gerinnt[18a]. Der Gebrauchswerth Rock wird nur zur Erscheinungsform des Leinwand-Werths, weil sich die Leinwand auf das *Rockmaterial* als *unmittelbare Materiatur abstrakter menschlicher Arbeit* bezieht, also Arbeit gleicher Art wie die in ihr selbst vergegenständlichte. Der Gegenstand Rock gilt ihr als sinnlich handgreifliche Gegenständlichkeit gleichartiger menschlicher Arbeit, daher als Werth in Naturalform. Da sie als Werth gleichen Wesens mit dem Rock ist, wird die Naturalform Rock so zur Erscheinungsform ihres eignen Werths. Aber die im *Gebrauchswerth* Rock dargestellte Arbeit ist nicht menschliche Arbeit ¦ schlechthin, sondern eine bestimmte, nützliche Arbeit, *Schneiderarbeit.* Menschliche Arbeit schlechthin, Verausgabung menschlicher Arbeitskraft, ist zwar jeder Bestimmung fähig, aber an und für sich unbestimmt. Verwirklichen, vergegenständlichen kann sie sich nur, sobald die menschliche Arbeitskraft *in bestimmter Form* verausgabt wird, als *bestimmte* Arbeit, denn nur der *bestimmten*

[18] Man spricht deßhalb vom *Rockwerth* der Leinwand, wenn man ihren Werth in Röcken, von ihrem *Kornwerth*, wenn man ihn in Korn darstellt u. s. w. Jeder solcher Ausdruck besagt, daß es *ihr Werth* ist, der in den Gebrauchswerthen Rock, Korn u. s. w. erscheint.

55 [18a] In gewisser Art gehts dem Menschen wie der Waare. Da er weder mit einem Spiegel auf die Welt kommt, noch als Fichtescher Philosoph: Ich bin Ich, bespiegelt sich der Mensch zuerst nur in einem andern Menschen. Erst durch die Beziehung auf den Menschen Paul als seinesgleichen, bezieht sich der Mensch Peter auf sich selbst als Mensch. Damit gilt ihm aber auch der Paul mit Haut und Haaren, in seiner paulinischen Leiblichkeit, als Erscheinungsform des genus Mensch.

Arbeit steht ein Naturstoff gegenüber, ein äußeres Material, worin sie
sich vergegenständlicht. Bloß der Hegel'sche *„Begriff"* bringt es fertig, 56
sich ohne äußern Stoff zu objektiviren[19]. |

Die Leinwand kann sich nicht auf den Rock als Werth oder *incar-
nirte menschliche Arbeit* beziehn, ohne sich auf *Schneiderarbeit* als
die unmittelbare *Verwirklichungsform menschlicher Arbeit* zu bezie-
hen. Was jedoch die Leinwand am Gebrauchswerth Rock interessirt,
ist weder seine wollne Behäbigkeit, noch sein zugeknöpftes Wesen, 58
noch irgend eine andre nützliche Qualität, die ihn zum Gebrauchs-
werth stempelt. Er dient ihr nur dazu, ihre Werthgegenständlichkeit
im Unterschied von ihrer steifleinenen Gebrauchsgegenständlichkeit
darzustellen. Sie hätte denselben Zweck erreicht, wenn sie ihren Werth
in Assa Fötida oder Poudrette oder Stiefelwichse ausgedrückt. Die
Schneiderarbeit gilt ihr daher ebenfalls nicht, sofern sie zweckmäßig
produktive Thätigkeit, nützliche Arbeit, sondern nur sofern sie als
bestimmte Arbeit *Verwirklichungsform, Vergegenständlichungsweise
menschlicher Arbeit überhaupt* ist. Drückte die Leinwand ihren Werth
statt im Rock in Stiefelwichse aus, so gälte ihr auch statt Schneidern
Wichsen als *die* unmittelbare Verwirklichungsform abstrakter menschli-
cher Arbeit[19a]. Erscheinungsform des Werths oder Aequivalent wird ein
Gebrauchswerth oder Waarenkörper also nur dadurch, daß sich eine
andere Waare auf die in ihm enthaltne konkrete, nützliche Arbeitsart als
die unmittelbare Verwirklichungsform abstrakter menschlicher Arbeit 59
bezieht.

Wir stehn hier bei dem Springpunkt aller Schwierigkeiten, welche das Verständniß der *Werthform* hindern. Es ist relativ leicht, den Werth der Waare von ihrem Gebrauchswerth zu unterscheiden, oder die den Gebrauchswerth formende Arbeit von derselben Arbeit, so weit sie bloß als Verausgabung menschlicher Arbeitskraft im Waarenwerth berechnet wird. Betrachtet man Waare oder Arbeit in der einen Form, so nicht in der andern und vice versa. Diese abstrakten Gegensätze

19 „Der Begriff, welcher zunächst nur subjektiv ist, schreitet, ohne daß er
dazu eines äußeren Materials oder Stoffs bedarf, seiner eignen Thätigkeit gemäß,
dazu fort, sich zu objektiviren." *Hegel, „Logik"* p. 367 in der *„Encyklopädie: Erster* 57
Theil. Berlin 1840."

19a Sofern man nämlich populär die Bereitung der Wichse selbst Wichsen heißt.

fallen von selbst auseinander und sind daher leicht auseinander zu
halten. An|ders mit der *Werthform*, die nur im Verhältniß von Waare
zu Waare existirt. Der Gebrauchswerth oder Waarenkörper spielt hier
eine neue Rolle. Er wird zur Erscheinungsform ¦ des Waaren*werths*,
60 also seines eignen Gegentheils. Ebenso wird die im Gebrauchswerth
enthaltene *konkrete* nützliche Arbeit zu ihrem eignen Gegentheil, zur
bloßen Verwirklichungsform *abstrakter* menschlicher Arbeit. Statt aus-
61 einanderzufallen, reflektiren sich die gegensätzlichen Bestimmungen
der Waare hier in einander. So befremdlich dieß auf ersten Blick, er-
62 weist es sich bei weiterem Nachdenken als nothwendig. Die Waare ist
63 von Haus aus ein *zwieschlächtig* Ding, Gebrauchswerth *und* Werth,
Produkt nützlicher Arbeit *und* abstrakte Arbeitsgallerte. Um sich dar-
zustellen als das was sie ist, muß sie daher ihre Form *verdoppeln.* Die
Form eines Gebrauchswerths besitzt sie von Natur. Es ist ihre Natu-
ralform. Werthform erwirbt sie erst im Umgang mit andren Waaren.
Aber ihre Werthform muß selbst wieder *gegenständliche* Form sein. Die
einzigen gegenständlichen Formen der Waaren sind ihre Gebrauchs-
gestalten, ihre Naturalformen. Da nun die Naturalform einer Waare,
der Leinwand z. B., das grade Gegentheil ihrer Werthform ist, muß sie
eine *andre* Naturalform, *die Naturalform einer andern Waare* zu ihrer
64 *Werthform* machen. Was sie nicht unmittelbar für sich selbst, kann
sie unmittelbar für andre Waare und daher auf einem Umweg für sich
selbst thun. Sie kann ihren Werth nicht in ihrem eignen Körper oder
in ihrem eignen Gebrauchswerth ausdrücken, aber sie kann sich auf
einen andern Gebrauchswerth oder Waarenkörper als unmittelbares
Werthdasein beziehn. Sie kann sich nicht zu der in ihr selbst, wohl aber
zu der in andrer Waarenart enthaltenen konkreten Arbeit als bloßer
Verwirklichungsform abstrakter menschlicher Arbeit verhalten. Sie
braucht dazu nur die andre Waare sich als *Aequivalent* gleichzuset-
zen. Der Gebrauchswerth einer Waare existirt überhaupt nur für eine
andre Waare, soweit er in dieser Weise zur Erscheinungsform ihres
Werths dient. Betrachtet man in dem einfachen relativen Werthaus-
drucke: x Waare A = y Waare B nur das *quantitative* Verhältniß, so
findet man auch nur die oben entwickelten Gesetze über die Bewegung
des relativen Werths, die alle darauf beruhn, daß die Werthgröße der
Waaren durch die zu ihrer Produktion nothwendige Arbeitszeit be-
stimmt ist. Betrachtet man aber das Werthverhältniß der beiden Waaren
nach seiner *qualitativen* Seite, | so entdeckt man in jenem einfachen

Werthausdruck das Geheimniß der Werthform und daher, in nuce, des Geldes[20].

Unsre Analyse hat gezeigt, daß *der relative Werthausdruck einer Waare zwei verschiedne Werthformen einschließt.* Die Leinwand drückt ihren Werth und ihre *bestimmte Werthgröße* im Rock aus. Sie stellt ihren Werth dar im *Werthverhältniß* zu einer andern Waare, daher als *Tauschwerth.* ¦ Andrerseits die andre Waare, der Rock, *worin* sie ihren Werth relativ ausdrückt, erhält eben dadurch die Form eines mit ihr unmittelbar austauschbaren Gebrauchswerths oder *Aequivalents.* Beide Formen, *relative Werthform* der einen Waare, *Aequivalentform* der andern, sind Formen des *Tauschwerths.* Beide sind in der That
nur *Momente,* wechselseitig durcheinander bedingte Bestimmungen, 66
desselben relativen Werthausdrucks, aber polarisch vertheilt auf die 67
zwei gleichgesetzten *Waarenextreme.*

Quantitative Bestimmtheit ist nicht in der *Aequivalentform* einer Waare eingeschlossen. Das bestimmte Verhältniß z. B., worin Rock Aequivalent von Leinwand ist, entspringt nicht aus seiner Aequivalentform, *der Form seiner unmittelbaren Austauschbarkeit* mit der Leinwand, sondern aus der Bestimmung der Werthgröße durch Arbeitszeit. Die Leinwand kann ihren eignen Werth nur in Röcken darstellen, indem sie sich auf ein bestimmtes Rockquantum als *gegebenes Quantum* krystallisirter menschlicher Arbeit bezieht. Aendert sich der Rock*werth,* so ändert sich auch diese Beziehung. Damit sich aber der relative Werth der Leinwand ändere, muß er vorhanden sein, und er kann nur gebildet werden bei *gegebenem* Rockwerth. Ob die Leinwand ihren eignen Werth nun in 1, 2 oder x Röcken darstellt, hängt unter dieser Voraussetzung ganz von der Werthgröße einer Elle Leinwand und der Ellenanzahl ab, deren Werth in Rockform dargestellt werden soll. Die *Werthgröße einer Waare* kann sich nur im Gebrauchswerth einer andern Waare *ausdrücken,* als *relativer Werth.* Die Form eines | unmittelbar austauschbaren Gebrauchswerths oder *Aequivalents* erhält eine Waare dagegen umgekehrt nur als das *Material, worin* der Werth einer andern Waare ausgedrückt wird.

20 Es ist kaum verwunderlich, daß die Oekonomen, ganz unter dem Einfluß 65
stofflicher Interessen, den Formgehalt des relativen Werthausdrucks übersehn haben, wenn vor *Hegel* die Logiker von Profession sogar den Forminhalt der Urtheils- und Schlußparadigmen übersahen.

Diese Unterscheidung ist getrübt durch eine charakteristische Eigenthümlichkeit des relativen Werthausdrucks in seiner einfachen oder ersten Form. Die Gleichung: *20 Ellen Leinwand = 1 Rock*, oder 20 Ellen Leinwand sind einen Rock werth, schließt nämlich offenbar die identische Gleichung ein: *1 Rock = 20 Ellen Leinwand*, oder 1 Rock ist 20 Ellen Leinwand werth. Der relative Werthausdruck der Leinwand, worin der Rock als Aequivalent figurirt, enthält also *rückbezüglich* den relativen Werthausdruck des Rocks, worin die Leinwand als Aequivalent figurirt.

Obgleich beide Bestimmungen der *Werthform* oder beide Darstel-
68 lungsweisen des Waaren*werths* als *Tauschwerth* nur *relativ* sind, *scheinen* beide nicht in demselben Grad relativ. Im *relativen Werth* der Leinwand: 20 Ellen Leinwand = 1 Rock, ist der *Tauschwerth* der Leinwand ausdrücklich als *ihre Beziehung auf eine andre Waare* dargestellt. Der Rock seinerseits ist zwar auch nur *Aequivalent*, so weit sich die Leinwand auf ihn als Erscheinungsform ihres eignen Werths und daher mit ihr unmittelbar Austauschbares *bezieht*. Nur *innerhalb* dieser Beziehung ist er Aequivalent. Aber er verhält ¦ sich passiv. Er ergreift keine
69 Initiative. Er findet sich in Beziehung, weil sich auf ihn bezogen wird. Der Charakter, der ihm aus dem Verhältniß mit der Leinwand erwächst, erscheint daher nicht als Resultat *seiner Beziehung*, sondern ohne sein Zuthun vorhanden. Noch mehr. Die *bestimmte Art und Weise*, wie sich die Leinwand auf ihn bezieht, ist ganz dazu gemacht, es ihm „anzuthun", wäre er auch noch so bescheiden und keineswegs das Produkt eines „tailor run mad with pride". Die Leinwand bezieht sich nämlich auf den Rock als sinnlich existirende Materiatur der menschlichen Arbeit in abstracto und daher als *vorhandnen Werthkörper*. Er *ist* dieß nur, weil und sofern sich die Leinwand in dieser bestimmten Weise auf ihn *bezieht*.
70 Sein *Aequivalentsein* ist so zu sagen nur eine *Reflexionsbestimmung* der Leinwand. Aber es *scheint* grade umgekehrt. Einerseits giebt er sich selbst nicht die Mühe sich zu beziehn. Andrerseits bezieht sich die Leinwand auf ihn, nicht um ihn zu etwas zu machen, sondern weil er ohne sie etwas ist. | Das fertige Produkt der Beziehung der Leinwand auf den Rock, seine Aequivalentform, seine Bestimmtheit als unmittelbar austauschbarer Gebrauchswerth, scheint ihm daher auch *außerhalb*
71 der Beziehung zur Leinwand *dinglich* anzugehören, ganz wie etwa seine Eigenschaft warm zu halten. In der ersten oder einfachen Form des relativen Werths: 20 Ellen Leinwand = 1 Rock, ist dieser falsche Schein *noch nicht befestigt*, weil sie unmittelbar auch das Gegentheil

aussagt, daß der Rock Aequivalent der Leinwand und daß jede der beiden Waaren diese Bestimmtheit nur besitzt, weil und sofern die andre sie zu ihrem relativen Werthausdruck macht[21].

In der einfachen Form des relativen Werths oder dem Ausdrucke der Aequivalenz *zweier* Waaren, ist die *Form*entwicklung des Werths für beide Waaren *gleichmäßig*, obgleich jedesmal in *entgegengesetzter* 73
Richtung. Der *relative Werthausdruck* ist ferner mit Bezug auf jede der beiden Waaren *einheitlich*, denn die Leinwand stellt ihren Werth nur in *einer* Waare dar, dem Rocke und vice versa, aber für *beide* Waaren ist dieser Werthausdruck *doppelt*, verschieden für jede derselben. Endlich ist jede der beiden Waaren nur *Aequivalent* für die andre einzelne Waarenart, also nur *einzelnes Aequivalent*.

Solche Gleichung, wie *20 Ellen Leinwand = 1 Rock*, oder zwanzig Ellen Leinwand *sind* einen Rock *werth*, drückt offenbar den Werth der Waare nur ganz beschränkt und einseitig aus. Vergleiche ich die Leinwand z. B., statt mit Röcken, mit andern Waaren, so erhalte ich auch *andre relative Werthausdrücke*, andre *Gleichungen*, wie 20 Ellen Leinwand = u Kaffee, 20 Ellen Leinwand = v Thee u. s. w. Die Leinwand hat *eben so viele verschiedne* ¦ *relative Werthausdrücke*, als es von ihr verschiedne Waaren giebt und die Zahl ihrer relativen Werthausdrücke wächst beständig mit der Zahl neu auftretender Waarenarten[22]. |

Die erste Form *20 Ellen Leinwand = 1 Rock* gab *zwei relative Ausdrücke* für den Werth *zweier* Waaren. Diese zweite Form giebt für *den* 74

21 Es ist mit solchen Reflexionsbestimmungen überhaupt ein eignes Ding. 72
Dieser Mensch ist z. B. nur König, weil sich andre Menschen als Unterthanen zu ihm verhalten. Sie glauben umgekehrt Unterthanen zu sein, weil er König ist.

22 "The value of any commodity denoting its relation in exchange, we may speak of it as … cornvalue, clothvalue, according to the commodity with which it is compared; and then there are a *thousand different kinds of value*, as many kinds of value as there are commodities in existence, and all are equally real and equally nominal." („*A Critical Dissertation on the Nature, Measures and Causes of Value: chiefly in reference to the writings of Mr. Ricardo and his followers. By the Author of Essays on the Formation etc. of Opinions. London 1825*", p. 39). *S. Bailey*, der Verfasser dieser anonymen Schrift, die ihrer Zeit viel Lärm in England machte, bildet sich ein durch diesen Hinweis auf die kunterbunten relativen *Ausdrücke* desselben Waaren-*Werths* alle Begriffsbestimmung des Werths vernichtet zu haben. Daß er übrigens, trotz eigner Bornirtheit, wunde Flecken der Ricardo'schen Theorie sondirt hat, bewies die Gereiztheit, womit die Ricardo'sche Schule ihn angriff, z. B. in der Westminster Review.

Werth derselben Waare die bunteste Mosaik relativer Ausdrücke. Auch scheint weder für den Ausdruck der Werth*größe* irgend etwas gewonnen, denn in 20 Ellen Leinwand = 1 Rock ist die *Werthgröße* der Leinwand, die ja in jedem Ausdrucke dieselbe bleibt, eben so erschöpfend dargestellt als in 20 Ellen Leinwand = u Thee u. s. w., noch für die Formbestimmung des *Aequivalents*, denn in 20 Ellen Leinwand = u Kaffee u. s. w., sind Kaffee u. s. w. nur *einzelne Aequivalente*, ganz wie es der Rock war.

Dennoch birgt diese zweite Form eine wesentliche Fortentwicklung.
75 Es liegt darin nämlich nicht nur, daß die Leinwand ihren Werth zufällig bald in Röcken ausdrückt, bald in Kaffee u. s. w., sondern daß sie ihn *sowohl* in Röcken *als* in Kaffee u. s. w. ausdrückt, *entweder* in *dieser* Waare
76 *oder* jener *oder* der dritten u. s. w. Die Weiterbestimmung zeigt sich, sobald diese zweite oder *entfaltete Form des relativen Werthausdrucks* in ihrem *Zusammenhang* dargestellt wird. Wir erhalten dann:

II. *Zweite oder entfaltete Form des relativen Werths:*

20 Ellen Leinwand = 1 Rock *oder* = u Kaffee *oder* = v Thee *oder* = x Eisen *oder* = y Weizen *oder* = u. s. w. u. s. w.

z Waare A = u Waare B *oder* = v Waare C *oder* = w Waare D *oder* = x Waare E *oder* = y Waare F *oder* = u. s. w.

Zunächst bildet offenbar die erste Form das *Grundelement* der | zweiten, denn letztere besteht aus vielen einfachen relativen Werthausdrücken, wie 20 Ellen Leinwand = 1 Rock, 20 Ellen Leinwand = u Kaffee u. s. w.

In der ersten Form: *20 Ellen Leinwand = 1 Rock* kann es zufällige Thatsache scheinen, daß diese zwei Waaren in diesem *bestimmten quantitativen Verhältnisse* austauschbar sind. In der zweiten Form leuchtet dagegen sofort ein von der zufälligen Erscheinung wesentlich unterschiedner und sie bestimmender Hintergrund durch. Der Werth der Leinwand bleibt ¦ gleich groß, ob in Rock oder Kaffee oder Eisen u. s. w. dargestellt, in zahllos verschiednen Waaren, den verschieden-
77 sten Besitzern angehörig. Das zufällige Verhältniß zweier individueller Waarenbesitzer fällt fort. Es wird offenbar, daß nicht der Austausch die Werthgröße der Waare, sondern umgekehrt die Werthgröße der Waare ihre Austauschverhältnisse regulirt.

In dem Ausdruck: *20 Ellen Leinwand = 1 Rock* galt der Rock als Erscheinungsform der *in der Leinwand* vergegenständlichten Arbeit. So wurde die in der Leinwand enthaltene Arbeit der im Rock enthaltnen gleichgesetzt und daher als gleichartige *menschliche* Arbeit bestimmt.

Indeß trat diese Bestimmung nicht *ausdrücklich* hervor. Unmittelbar 78
setzt die erste Form die in der Leinwand enthaltne Arbeit nur der Schneiderarbeit gleich. Anders die zweite Form. In der endlosen, stets verlängerbaren Reihe ihrer relativen Werthausdrücke bezieht sich die Leinwand auf alle möglichen Waarenkörper als bloße Erscheinungsformen der in ihr selbst enthaltenen Arbeit. Hier ist der Leinwand-*Werth* daher erst wahrhaft dargestellt als *Werth, d. h. Krystall menschlicher Arbeit überhaupt.*

Die zweite Form besteht aus einer *Summe* von lauter Gleichungen der ersten Form. Jede dieser Gleichungen, wie *20 Ellen Leinwand = 1 Rock* schließt aber auch die Rückbeziehung ein: *1 Rock = 20 Ellen Leinwand,* wo der Rock seinen Werth in der Leinwand und eben dadurch die Leinwand als Aequivalent darstellt. Da dieß nun von jedem der zahllosen relativen Werthausdrücke der Leinwand gilt, erhalten wir:

III. *Dritte, umgekehrte oder rückbezogene zweite Form des relativen Werths.*

| 1 Rock	=	20 Ellen Leinwand.
u Kaffee	=	20 Ellen Leinwand.
v Thee	=	20 Ellen Leinwand.
x Eisen	=	20 Ellen Leinwand.
y Weizen	=	20 Ellen Leinwand.
u. s. w.	=	20 Ellen Leinwand.

Der *relative Werthausdruck* der Waaren kehrt hier zurück in seiner ursprünglichen Gestalt: 1 Rock = 20 Ellen Leinwand. Jedoch ist diese einfache Gleichung jetzt weiter entwickelt. Ursprünglich enthielt sie nur, daß der Rock*werth* durch seinen Ausdruck in einer *andern* Waare eine vom *Gebrauchswerth* Rock oder dem *Rockkörper selbst unterschiedne* und *unabhängige Form* erhält. Jetzt stellt dieselbe Form den Rock auch *allen andern Waaren* gegenüber *als Werth* dar und ist daher seine allgemein gültige Werthform. Nicht nur der Rock, sondern Kaffee, Eisen, Weizen, kurz alle andern Waaren drücken ihren Werth jetzt im *Material Leinwand* aus. Alle stellen sich so einander als *dieselbe Materiatur menschlicher Arbeit* dar. Sie ¦ sind nur noch *quantitativ* verschieden, weßwegen 1 Rock, u Kaffee, x Eisen u. s. w., d. h. *verschiedne Quanta* dieser verschiednen Dinge = 20 Ellen Leinwand, gleich *demselben Quantum* vergegenständlichter menschlicher Arbeit.

Durch ihren *gemeinschaftlichen* Werthausdruck im Material Leinwand *unterscheiden* sich also alle Waaren als *Tauschwerthe* von ihren eignen *Gebrauchswerthen* und beziehn sich zugleich auf einander als *Werthgrößen,* setzen sich *qualitativ gleich* und *vergleichen* sich *quantitativ.*
79 Erst in diesem *einheitlichen* relativen Werthausdruck *erscheinen* sie alle für einander als Werthe und erhält ihr Werth daher erst seine entsprechende *Erscheinungsform als Tauschwerth.* Im Unterschied zur *entfalteten* Form des relativen Werths (Form II), die den Werth einer Waare im Umkreis *aller andern* Waaren darstellt, nennen wir diesen *einheitlichen* Wertausdruck die *allgemeine relative Werthform.*

In der *Form II:* 20 Ellen Leinwand = 1 Rock *oder* = u Kaffee *oder* = v Thee *oder* = x Eisen u. s. w., worin die Leinwand *ihren relativen Werthausdruck* entfaltet, bezieht sie sich auf jede einzelne Waare, Rock, Kaffee u. s. w. als ein *besondres Aequivalent* und | auf alle zusammen als den *Umkreis ihrer besondern Aequivalentformen.* Ihr gegenüber gilt keine einzelne Waarenart noch als Aequivalent schlechthin, wie im *einzelnen* Aequivalent, sondern nur als *besondres* Aequivalent, wovon das eine das andre ausschließt. In der Form III, welche die rückbezogene zweite Form und also in ihr eingeschlossen ist, erscheint die Leinwand
80 dagegen als die *Gattungsform* des Aequivalents für alle andern Waaren. Es ist als ob neben und außer Löwen, Tigern, Hasen und allen andern wirklichen Thieren, die gruppirt die verschiednen Geschlechter, Arten, Unterarten, Familien u. s. w. des Thierreichs bilden, auch noch *das Thier* existirte, die individuelle Incarnation des ganzen Thierreichs. Ein solches Einzelne, das in sich selbst alle wirklich vorhandenen Arten
81 derselben Sache einbegreift, ist ein *Allgemeines,* wie *Thier, Gott* u. s. w. Wie die Leinwand daher *einzelnes Aequivalent* wurde, dadurch daß sich *eine* andre Waare auf sie als Erscheinungsform des Werths bezog, so wird sie als allen Waaren gemeinschaftliche Erscheinungsform des Werths das *allgemeine Aequivalent, allgemeiner Werthleib, allgemeine*
82 *Materiatur der abstrakten menschlichen Arbeit.* Die in ihr materialisirte *besondre* Arbeit gilt daher jetzt als *allgemeine Verwirklichungsform* der menschlichen Arbeit, als *allgemeine Arbeit.*

Bei der Darstellung des Werths der Waare A in der Waare B, wodurch die Waare B *einzelnes Aequivalent* wird, war es gleichgültig, von welcher *besondern* Sorte die Waare B. Nur mußte die Körperlichkeit der Waare B *andrer* Art sein als die der Waare A, daher auch Produkt *andrer nützlicher Arbeit.* Indem der Rock seinen Werth in Leinwand darstellte, bezog er sich auf Leinwand als *die verwirklichte menschliche Arbeit,* und eben dadurch ¦ auf *Leineweberei* als die *Verwirklichungsform der menschlichen Arbeit,* aber die *besondre* Bestimmtheit, welche Leineweberei von andern Arbeitsarten *unterscheidet,* war durchaus gleichgültig. Sie mußte nur andrer Art sein als die Schneiderarbeit und im übrigen eine *bestimmte* Arbeitsart. Anders sobald die Leinwand *allgemeines Aequivalent* wird. Dieser Gebrauchswerth in seiner *besondern* Bestimmtheit, wodurch er *Leinwand* im Unterschied von allen andern Waarenarten, Kaffee, Eisen u. s. w., wird jetzt die allgemeine Werthform aller andern Waaren und daher *allgemeines Aequivalent.* Die | in ihm dargestellte *besondre* nützliche Arbeitsart gilt daher jetzt als *allgemeine Verwirklichungsform der menschlichen Arbeit,* als *allgemeine* Arbeit, grade soweit sie Arbeit von *besondrer* Bestimmtheit ist, *Leineweberei* im Unterschied nicht nur von Schneiderarbeit, sondern von Kaffeebau, Minenarbeit und *allen* andern Arbeits*arten.* Umgekehrt gelten alle andren Arbeitsarten, im *relativen Werthausdruck* der Leinwand, des allgemeinen Aequivalents (*Form* II), nur noch als *besondre Verwirklichungsformen* der menschlichen Arbeit.

Als *Werthe sind* die Waaren Ausdrücke *derselben Einheit,* der ab-
strakten menschlichen Arbeit. In der Form des *Tauschwerths erscheinen* 83
sie einander *als Werthe* und *beziehn* sich auf einander *als Werthe.* Sie be-
ziehn sich damit zugleich auf die abstrakte menschliche Arbeit als ihre
gemeinsame gesellschaftliche Substanz. Ihr *gesellschaftliches* Verhältniß
besteht ausschließlich darin einander als nur quantitativ verschiedne,
aber qualitativ gleiche und daher durch einander ersetzbare und mit
einander vertauschbare Ausdrücke dieser ihrer gesellschaftlichen Sub-
stanz zu gelten. Als nützliches Ding besitzt eine Waare gesellschaftliche 84
Bestimmtheit, soweit sie Gebrauchswerth für andre außer ihrem Besit-
zer ist, also gesellschaftliche Bedürfnisse befriedigt. Aber gleichgültig,
auf wessen Bedürfnisse ihre nützlichen Eigenschaften sie beziehn, sie
wird durch dieselben immer nur auf *menschliche Bedürfnisse bezogener
Gegenstand,* nicht Waare für *andre Waaren.* Nur was bloße Gebrauchs-
gegenstände in *Waaren* verwandelt, kann sie *als Waaren* auf einander
beziehn und daher in *gesellschaftlichen* Rapport setzen. Es ist dieß
aber ihr *Werth.* Die *Form,* worin sie sich als Werthe, als menschliche
Arbeitsgallerte *gelten,* ist daher ihre *gesellschaftliche Form. Gesellschaft-* 85
liche Form der Waare und *Werthform* oder *Form der Austauschbarkeit*
sind also eins und dasselbe. Ist die Naturalform einer Waare zugleich

Werthform, so besitzt sie die Form *unmittelbarer Austauschbarkeit* mit andern Waaren und daher *unmittelbar gesellschaftliche Form.*

Die *einfache relative Werthform (Form I)* 1 Rock = 20 Ellen Leinwand unterscheidet sich von der *allgemeinen relati* | *ven Werthform* 1 Rock = 20 Ellen Leinwand nur dadurch, daß diese Gleichung jetzt ein Glied der Reihe bildet ¦

1 Rock = 20 Ellen Leinwand
u Kaffee = 20 Ellen Leinwand
v Thee = 20 Ellen Leinwand
u. s. w.

Sie unterscheidet sich also in der That nur dadurch, daß die Leinwand aus einem *einzelnen* zum *allgemeinen Aequivalent* fortentwickelt ist. Wenn also im *einfachen* relativen Werthausdrucke nicht die Waare, die ihre *Werthgröße* ausdrückt, sondern die Waare, *worin* Werthgröße ausgedrückt wird, die *Form unmittelbarer Austauschbarkeit,* Aequivalentform, also *unmittelbar gesellschaftliche Form* erhält, so gilt dasselbe für den allgemeinen relativen Werthausdruck. Aber in der einfachen relativen Werthform ist dieser Unterschied nur noch formell und verschwindend. Wenn in 1 Rock = 20 Ellen Leinwand der Rock seinen Werth relativ, nämlich in Leinwand ausdrückt und die Leinwand dadurch Aequivalentform erhält, so schließt dieselbe Gleichung unmittelbar die Rückbeziehung ein: 20 Ellen Leinwand = 1 Rock, worin der Rock die Aequivalentform erhält und der Werth der Leinwand relativ ausgedrückt wird. Diese gleichmäßige und gegenseitige Entwicklung der Werthform beider Waaren als relativer Werth und als Aequivalent findet jetzt nicht länger statt. Wird die allgemeine relative Werthform 1 Rock = 20 Ellen Leinwand, wo die Leinwand *allgemeines Aequivalent,* umgekehrt in 20 Ellen Leinwand = 1 Rock, so wird der Rock dadurch nicht allgemeines Aequivalent für alle andern Waaren, sondern nur ein besondres Aequivalent der Leinwand. *Allgemein* ist die relative Werthform des Rocks nur, weil sie zugleich die relative Werthform aller andern Waaren. Was vom Rock, gilt vom Kaffee u. s. w. Es folgt daher, daß die allgemeine relative Werthform der Waaren sie selbst von der allgemeinen Aequivalentform *ausschließt.* Umgekehrt ist eine Waare, wie Leinwand, sobald sie die allgemeine Aequivalentform besitzt, von der allgemeinen relativen Werthform ausgeschlossen. Die allgemeine, mit den andern Waaren einheitliche relative Werthform der Leinwand wäre: 20 Ellen Leinwand = 20 Ellen Leinwand. Dieß ist aber eine Tau-

tologie, welche die *Werthgröße* dieser in allgemeiner Aequivalentform
und daher in stets austauschbarer Form | befindlichen Waare nicht
ausdrückt. Vielmehr wird die *entfaltete relative* Werthform: 20 Ellen
Leinwand = 1 Rock *oder* = u Kaffee *oder* = v Thee *oder* = u. s. w. jetzt
zum *specifischen* relativen Werthausdrucke des allgemeinen Aequi-
valents.

In dem allgemeinen relativen Werthausdruck der Waaren besitzt
jede Waare, Rock, Kaffee, Thee u. s. w. eine von ihrer Naturalform ver-
schiedne *Werthform,* nämlich die Form Leinwand. Und eben in dieser
Form beziehn sie sich auf einander als Austauschbare und in quantitativ
bestimmten Verhältnissen Austauschbare, denn wenn 1 Rock = 20 Ellen
Leinwand, ¦ u Kaffee = 20 Ellen Leinwand u. s. w., so ist auch 1 Rock =
u Kaffee u. s. w. Indem alle Waaren sich in einer und derselben Waare
als Werthgrößen bespiegeln, wiederspiegeln sie sich wechselseitig als
Werthgrößen. Aber die Naturalformen, die sie als Gebrauchsgegen- 86
stände besitzen, gelten ihnen wechselseitig nur auf diesem Umweg,
also nicht unmittelbar als Erscheinungsformen des Werths. Sowie sie
unmittelbar sind, sind sie daher nicht unmittelbar austauschbar. Sie be-
sitzen also nicht die *Form unmittelbarer Austauschbarkeit* für einander
oder ihre *gesellschaftlich gültige Form* ist eine *vermittelte.* Umgekehrt. 87
Indem alle andern Waaren auf Leinwand als Erscheinungsform des
Werths sich beziehen, wird die Naturalform der Leinwand die *Form ihrer
unmittelbaren Austauschbarkeit* mit allen Waaren, daher *unmittelbar*
ihre *allgemein gesellschaftliche Form.*

Eine Waare erhält nur die *allgemeine Aequivalentform,* weil und
sofern sie allen andern Waaren zur Darstellung ihrer *allgemeinen re-
lativen,* daher *nicht unmittelbaren* Werthform dient. Waaren müssen
sich aber relative Werthform überhaupt geben, weil ihre Naturalformen 88
nur ihre Gebrauchswerthformen, und sie müssen sich einheitliche,
daher allgemeine relative Werthform geben, um sich alle als Werthe,
als gleichartige Gallerten menschlicher Arbeit auf einander zu bezie-
hen. *Eine* Waare befindet sich daher nur in der Form unmittelbarer
Austauschbarkeit mit allen andern Waaren und daher in unmittelbar
gesellschaftlicher Form, weil und sofern *alle andern Waaren* sich *nicht*
darin befinden, oder weil die Waare überhaupt sich von Haus aus *nicht*
in unmittelbar austauschbarer oder gesellschaftlicher Form befindet, |
indem ihre unmittelbare Form die Form ihres Gebrauchswerths, nicht
ihres Werthes.

Man sieht es der Form *allgemeiner unmittelbarer Austauschbarkeit* in der That keineswegs an, daß sie eine *gegensätzliche* Waarenform ist, von der Form *nicht unmittelbarer* Austauschbarkeit ebenso unzertrennlich, wie die Positivität eines Magnetpols von der Negativität des andern. Man kann sich daher einbilden, man könne allen Waaren zugleich den Stempel unmittelbarer Austauschbarkeit aufdrücken, wie man sich auch einbilden kann, man könne alle Arbeiter zu *Kapitalisten* machen. In der That aber sind *allgemeine relative Werthform* und *allgemeine Ae-*
89 *quivalentform* die gegensätzlichen, sich wechselweis voraussetzenden und wechselweis abstoßenden Pole *derselben* gesellschaftlichen Form der Waaren[23]. ¦

Als *unmittelbar gesellschaftliche Materiatur der Arbeit* ist die Leinwand, das allgemeine Aequivalent, *Materiatur unmittelbar gesellschaftlicher Arbeit*, während die andern Waarenkörper, welche ihren Werth in Leinwand, darstellen, Materiaturen *nicht unmittelbar gesellschaftlicher* Arbeiten sind.

In der That sind alle Gebrauchswerthe nur Waaren, weil *Produkte von einander unabhängiger Privatarbeiten*, Privatarbeiten, die jedoch als besondere, wenn auch verselbständigte, Glieder des naturwüchsigen Systems der *Theilung der Arbeit* stofflich von einander abhängen. Sie hängen so gesellschaftlich zusammen grade durch ihre *Verschiedenheit*, ihre *besondre Nützlichkeit*. Eben deßwegen produciren sie qualitativ verschiedne Gebrauchswerthe. Wenn | nicht, so würden diese Gebrauchswerthe nicht zu Waaren für einander. Andrerseits macht diese verschiedne nützliche Qualität Produkte noch nicht zu Waaren.

23 Für den Kleinbürger, der in der Form der Waarenproduktion das nec plus ultra menschlicher Freiheit und individueller Unabhängigkeit erblickt, wäre es natürlich sehr wünschenswerth, zugleich der mit dieser Form verbundnen *Mißstände* überhoben zu sein, namentlich auch der *nicht unmittelbaren* Austauschbarkeit der Waaren. Die Ausmalung dieser Philisterutopie bildet
90 Proudhon's Socialismus, der, wie ich anderswo gezeigt, nicht einmal das Verdienst der Originalität besitzt, vielmehr lange vor ihm von Bray, Gray und Andern weit besser entwickelt wurde. Dieß verhindert solche Weisheit nicht, heutzutage unter dem Namen der „science" in Frankreich zu grassiren. Nie hat eine Schule mehr als die Proudhon'sche mit dem Wort „science" um sich geworfen, denn

„wo Begriffe fehlen,
Da stellt zur rechten Zeit ein Wort sich ein."

Producirt eine bäuerliche Familie für ihren eignen Consum Rock und
Leinwand und Weizen, so treten diese Dinge der Familie als verschiedne
Produkte ihrer Familienarbeit gegenüber, aber nicht sich selbst wech-
selseitig als Waaren. Wäre die Arbeit *unmittelbar gesellschaftliche*, d. h.
gemeinsame Arbeit, so erhielten die Produkte den unmittelbar gesell- 91
schaftlichen Charakter eines Gemeinprodukts für ihre Producenten,
aber nicht den Charakter von Waaren für einander. Indeß haben wir hier
nicht weit zu suchen, worin die *gesellschaftliche Form* der in den Waaren
enthaltenen und von einander unabhängigen *Privatarbeiten* besteht.
Sie ergab sich bereits aus der Analyse der Waare. Ihre gesellschaftliche
Form ist ihre Beziehung auf einander als *gleiche Arbeit*, also, da die
Gleichheit toto coelo *verschiedner* Arbeiten nur in einer *Abstraktion
von ihrer Ungleichheit* bestehen kann, ihre Beziehung auf einander
als *menschliche Arbeit* überhaupt, *Verausgabungen menschlicher Ar-
beitskraft*, was alle menschlichen Arbeiten, welches immer ihr Inhalt
und ihre Operationsweise, in der That *sind*. In jeder gesellschaftlichen
Arbeitsform sind die Arbeiten der verschiednen Individuen auch als
menschliche auf einander bezogen, aber hier gilt diese *Beziehung selbst*
als die *specifisch gesellschaftliche Form* der Arbeiten. Nun besitzt aber
keine dieser Privatarbeiten in ihrer Naturalform diese specifisch ge-
sellschaftliche Form abstrakter menschlicher Arbeit, so wenig wie die
Waare in ihrer Naturalform die gesellschaftliche Form bloßer Arbeits-
gallerte, oder des Werthes, besitzt. Dadurch aber daß die Naturalform
einer Waare, hier der Leinwand, allgemeine Aequivalentform wird,
weil sich alle andern Waaren auf dieselbe als Erscheinungsform ihres
eignen Werths ¦ beziehn, wird auch die Leinweberei zur allgemeinen
Verwirklichungsform abstrakter menschlicher Arbeit oder zu Arbeit in
unmittelbar gesellschaftlicher Form. Der Maßstab der „Gesellschaftlich-
keit" muß aus der Natur der jeder Produktionsweise eigenthümlichen
Verhältnisse, nicht aus ihr fremden Vorstellungen entlehnt werden. Wie
vorhin gezeigt ward, daß die Waare von Natur die unmittelbare Form
allgemeiner Austauschbarkeit ausschließt und die allgemeine Aequiva-
lentform daher nur *gegensätzlich* entwickeln kann, so gilt dasselbe für
die in den Waaren | steckenden Privatarbeiten. Da sie *nicht unmittelbar
gesellschaftliche* Arbeit sind, so ist erstens die *gesellschaftliche Form*
eine von den Naturalformen der wirklichen nützlichen Arbeiten unter-
schiedne, ihnen fremde, und abstrakte Form, und zweitens erhalten alle
Arten Privatarbeit ihren *gesellschaftlichen* Charakter nur *gegensätzlich*,

indem sie alle einer ausschließlichen Art Privatarbeit, hier der Leineweberei, *gleichgesetzt* werden. Dadurch wird letztere die unmittelbare und allgemeine Erscheinungsform abstrakter menschlicher Arbeit und *so* Arbeit in unmittelbar gesellschaftlicher Form. Sie stellt sich daher auch unmittelbar in einem gesellschaftlich geltenden und allgemein austauschbaren Produkt dar.

92 Der Schein, als ob die Aequivalentform einer Waare aus ihrer eignen dinglichen Natur entspringe, statt bloßer Reflex der Beziehungen der andern Waaren zu sein, befestigt sich mit der Fortbildung des *einzelnen* Aequivalents zum *allgemeinen*, weil die gegensätzlichen Momente der Werthform sich nicht mehr *gleichmäßig* für die auf einander bezognen Waaren entwickeln, weil die allgemeine Aequivalentform eine Waare als etwas ganz apartes von allen andern Waaren scheidet und endlich weil diese ihre Form in der That nicht mehr das Produkt der Beziehung irgend einer *einzelnen* andern Waare ist.

Indeß ist auf unserm jetzigen Standpunkt das allgemeine Aequivalent noch keineswegs verknöchert. Wie wurde in der That die Leinwand in das allgemeine Aequivalent verwandelt? Dadurch, daß sie ihren Werth erst in einer einzelnen Waare (Form I), dann in allen andern Waaren der Reihe nach *relativ* darstellte (Form II), und so *rückbezüglich* alle andern Waaren in ihr ihre Werthe relativ darstellten (Form III). Der einfache relative Werthausdruck war der Keim, woraus sich die allgemeine Aequivalentform der Leinwand entwickelte. Innerhalb dieser Entwicklung ändert sie die Rolle. Sie beginnt damit, ihre Werthgröße in *einer* andern Waare darzustellen und endet damit zum Material für den Werthausdruck *aller* andern Waaren zu dienen. Was von der Leinwand, gilt von jeder Waare. In ihrem entfalteten relativen Werthausdrucke (Form II), der nur aus ihren *vielen, einfachen* Werthausdrücken besteht, figurirt die Leinwand noch nicht als allgemeines Aequivalent. Vielmehr bildet hier jeder andre Waarenkörper *ihr Aequiva¦lent*, ist daher unmittelbar austauschbar mit ihr und kann also die Stelle mit ihr wechseln. |

Wir erhalten daher schließlich:

Form IV:

20 Ellen Leinwand = 1 Rock *oder* = u Kaffee *oder* = v Thee *oder*
= x Eisen *oder* = y Weizen *oder* = u. s. w.

1 Rock = 20 Ellen Leinwand *oder* = u Kaffee *oder* = v Thee *oder*
= x Eisen *oder* = y Weizen *oder* = u. s. w.

u Kaffee = 20 Ellen Leinwand *oder* = 1 Rock *oder* = v Thee *oder*
= x Eisen *oder* = y Weizen *oder* = u. s. w.
v Thee = u. s. w.

Aber jede dieser Gleichungen *rückbezogen* ergiebt Rock, Kaffee, Thee u. s. w. als allgemeines Aequivalent, daher den Werthausdruck in Rock, Kaffee, Thee u. s. w. als allgemeine relative Werthform aller andern Waaren. Die allgemeine Aequivalentform kommt immer nur einer Waare zu im Gegensatz zu allen andern Waaren; aber sie kommt jeder Waare im Gegensatz zu allen andern zu. Stellt aber jede Waare ihre eigne Naturalform allen andern Waaren gegenüber als allgemeine Aequivalentform, so schließen alle Waaren alle von der allgemeinen Aequivalentform aus und daher sich selbst von der gesellschaftlich gültigen Darstellung ihrer Werthgrößen.

Man sieht: die Analyse der Waare ergiebt alle *wesentlichen* Bestimmungen der *Werthform* und die Werthform selbst in ihren gegensätzlichen Momenten, die *allgemeine relative Werthform*, die *allgemeine Aequivalentform*, endlich die nie abschließende *Reihe einfacher relativer Werthausdrücke*, welche erst eine Durchgangsphase in der Entwicklung der Werthform bildet, um schließlich in die *specifisch relative Werthform des allgemeinen Aequivalents* umzuschlagen. Aber die Analyse der Waare ergab diese Formen als *Waarenformen* überhaupt, die also auch
jeder Waare zukommen, nur *gegensätzlich*, so daß wenn die Waare A 93
sich in der *einen* Formbestimmung befindet, die Waaren B, C u. s. w.
ihr gegenüber die *andere* annehmen. Das entscheidend Wichtige aber 94
war den inneren nothwendigen Zusammenhang zwischen Werth*form*, Werth*substanz* und Werth*größe* zu entdecken, d. h. *ideell* ausgedrückt, zu beweisen, daß die Werth*form* aus dem Werth*begriff* entspringt[24]. ¦|

24 Es ist einer der Grundmängel der klassischen politischen Oekonomie, daß es ihr nie gelang, aus der Analyse der Waare und specieller des Waaren*werths* die *Form* des Werths, die ihn eben zum *Tausch*werth macht, herauszufinden. Grade in ihren besten Repräsentanten, wie A. Smith und Ricardo, behandelt sie die Werth*form* als etwas ganz Gleichgültiges oder der Natur der Waare selbst Aeußerliches. Der Grund ist nicht allein, daß die Analyse der *Werthgrösse* ihre Aufmerksamkeit ganz absorbirt. Er liegt tiefer. Die *Werthform des Arbeitsprodukts* ist die abstrakteste, aber auch allgemeinste *Form* der *bürgerlichen* Produktionsweise, die hierdurch als eine *besondre* Art *gesellschaftlicher* Produktionsweise und damit zugleich *historisch* charakterisirt wird. Versieht man sie daher für die ewige Naturform gesellschaftlicher Produktion, so übersieht man nothwendig

Eine *Waare* scheint auf den ersten Blick ein selbstverständliches, triviales Ding. Ihre Analyse ergiebt, daß sie ein sehr vertracktes Ding ist, voller metaphysischer Spitzfindigkeit und theologischer Mucken. Als bloßer *Gebrauchswerth* ist sie ein sinnliches Ding, woran nichts Mysteriöses, ob ich sie nun unter dem Gesichtspunkt betrachte, daß ihre Eigenschaften menschliche Bedürfnisse befriedigen oder daß sie erst als *Produkt* menschlicher Arbeit diese Eigenschaften erhält. Es liegt absolut nichts räthselhaftes darin, daß der Mensch durch seine Thätigkeit die Formen der Naturstoffe in einer ihm nützlichen Weise verändert. Die Form des Holzes z. B. wird verändert, wenn man aus ihm einen Tisch macht. Nichtsdestoweniger bleibt der Tisch Holz, ein ordinäres sinn-|liches Ding. Aber sobald er *als Waare* auftritt, verwandelt er sich in ein sinnlich übersinnliches Ding. Er steht nicht nur mit seinen Füßen auf dem Boden, sondern er stellt sich allen andern Waaren gegenüber auf den Kopf und entwickelt aus seinem Holzkopf Grillen, viel wunderlicher, als wenn er aus freien Stücken zu tanzen begänne[25].

Der mystische Charakter der Waare entspringt also nicht aus ihrem Gebrauchswerth. Er entspringt ebensowenig aus den *Werth*bestimmun-

auch das Specifische der Werth*form,* also der *Waaren*form, weiter entwickelt der *Geld*form, *Kapital*form u. s. w. Man findet daher bei Oekonomen, welche über das Maß der Werthgrösse durch Arbeitszeit durchaus übereinstimmen, die kunterbuntesten und widersprechendsten Vorstellungen von *Geld,* d. h. der fertigen Gestalt des allgemeinen Aequivalents. Dieß tritt schlagend hervor z. B. bei der Behandlung das Bankwesens, wo mit den gemeinplätzlichen Definitionen des Geldes nicht mehr ausgereicht wird. Im Gegensatz entsprang daher ein *restaurirtes Merkantilsystem* (Ganilh u. s. w.), welches im Werth nur die *gesellschaftliche Form* sieht oder vielmehr nur ihren substanzlosen Schein. – Um es ein für allemal zu bemerken, verstehe ich unter *klassischer politischer Oekonomie* alle Oekonomie seit *W. Petty,* die den *innern Zusammenhang* der bürgerlichen Produktionsverhältnisse erforscht, im Gegensatz zur *Vulgärökonomie,* die sich nur innerhalb des *scheinbaren* Zusammenhangs herumtreibt, für eine plausible Verständlichmachung der so zu sagen gröbsten Phänomene und den bürgerlichen Hausbedarf das von der wissenschaftlichen Oekonomie längst gelieferte Material stets von neuem wiederkaut, im Uebrigen aber sich darauf beschränkt, die banalen und selbstgefälligen Vorstellungen der bürgerlichen Produktionsagenten von ihrer eignen besten Welt zu systematisiren, pedantisiren und als ewige Wahrheiten zu proklamiren.

25 Man erinnert sich, daß China und die Tische zu tanzen anfingen, als alle übrige Welt still zu stehn schien – pour encourager les autres.

gen, für sich selbst betrachtet. Denn erstens, wie verschieden die nützlichen Arbeiten oder produktiven Thätigkeiten sein mögen, es ist eine *physiologische* Wahrheit, daß sie Funktionen eines specifisch *menschlichen* Organismus im Unterschied von *andern* Organismen sind, und daß jede solche Funktion, welches immer ihr Inhalt und ihre Form, wesentlich *Verausgabung* von *menschlichem* Hirn, Nerv, Muskel, Sinnesorgan u. s. w. ist. Was zweitens der Bestimmung der Werthgröße zu Grunde liegt, die *Zeitdauer* jener Verausgabung oder die *Quantität* der Arbeit, so ist die *Quantität* sogar sinnfällig von der *Qualität* der Arbeit unterscheidbar. In allen Zuständen mußte ¦ die Arbeits*zeit*, welche die Produktion der Lebensmittel kostet, den Menschen interessiren, obgleich nicht gleichmäßig auf verschiednen Entwicklungsstufen. Endlich, sobald die Menschen in irgend einer Weise für einander arbeiten, erhält ihre Arbeit auch eine *gesellschaftliche* Form.

Nehmen wir den Robinson auf seiner Insel. Bescheiden, wie er von 96
Haus aus ist, hat er doch verschiedenartige Bedürfnisse zu befriedigen und muß daher *nützliche Arbeiten verschiedner Art* verrichten, Werkzeuge machen, Möbel fabriciren, Lama zähmen, fischen, jagen u. s. w. Vom Beten u. dgl. sprechen wir hier nicht, da unser Robinson daran sein Vergnügen findet und derartige Thätigkeit als Erholung betrachtet. Trotz der Verschiedenheit seiner produktiven Funktionen weiß er, daß sie nur verschiedne Bethätigungsformen desselben Robinson, also nur verschiedne Weisen *menschlicher* Arbeit sind. Die Noth selbst zwingt ihn, seine *Zeit* genau zwischen seinen verschiednen Funktionen zu vertheilen. Ob die eine mehr, die andre weniger Raum in seiner Gesammtthätigkeit ein|nimmt, hängt ab von der größern oder geringern Schwierigkeit, die zur Erzielung des bezweckten Nutzeffekts zu überwinden ist. Die Erfahrung lehrt ihm das und unser Robinson, der Uhr, Hauptbuch, Tinte und Feder aus dem Schiffbruch gerettet, beginnt als guter Engländer bald Buch über sich selbst zu führen. Sein Inventarium enthält ein Verzeichniß der Gebrauchsgegenstände, die er besitzt, der *verschiednen* Verrichtungen, die zu ihrer Produktion erheischt sind, endlich der *Arbeitszeit*, die ihm bestimmte Quanta dieser verschiednen Produkte im Durchschnitt kosten. Alle Beziehungen zwischen Robinson und den Dingen, die seinen selbstgeschaffnen Reichthum bilden, sind
hier so einfach und durchsichtig, daß selbst Herr M. Wirth sie ohne 97
besondre Geistesanstrengung verstehn dürfte. Und dennoch sind darin alle wesentlichen Bestimmungen des *Werths* enthalten.

Setzen wir nun an die Stelle Robinson's einen Verein freier Menschen,
die mit gemeinschaftlichen Produktionsmitteln arbeiten und ihre vie-
98 len individuellen Arbeitskräfte selbstbewußt als *eine* gesellschaftliche
Arbeitskraft verausgaben. Alle Bestimmungen von Robinson's Arbeit
wiederholen sich, nur *gesellschaftlich,* statt *individuell.* Ein wesent-
licher Unterschied tritt jedoch ein. Alle Produkte Robinson's waren
sein ausschließlich persönliches Produkt und daher unmittelbar Ge-
brauchsgegenstände *für* ihn. Das Gesammtprodukt des Vereins ist ein
gesellschaftliches Produkt. Ein Theil dieses Produkts dient wieder als
Produktionsmittel. Er bleibt gesellschaftlich. Aber ein anderer Theil
wird als Lebensmittel von den Vereinsgliedern verzehrt. Er muß daher
unter sie *vertheilt* werden. Die *Art* dieser Vertheilung wird wechseln mit
der besondern Art des gesellschaftlichen Produktionsorganismus selbst
und der entsprechenden geschichtlichen Entwicklungshöhe der Produ-
99 zenten. Nur zur Parallele mit der Waarenproduktion setzen ¦ wir voraus,
der Antheil jedes Produzenten an den Lebensmitteln sei bestimmt
durch seine *Arbeitszeit.* Die Arbeitszeit würde also eine doppelte Rolle
spielen. Ihre gesellschaftlich planmäßige Vertheilung regelt die richtige
Proportion der verschiednen Arbeitsfunktionen zu den verschiednen
Bedürfnissen. Andrerseits dient die Arbeitszeit zugleich als Maß des
individuellen Antheils des Produzenten an der Gemeinarbeit und da-
her auch an dem individuell verzehrbaren Theil des Gemeinprodukts.
Die gesellschaftlichen Beziehungen der Menschen zu ihren Arbeiten
100 und ihren Ar|beitsprodukten blieben hier durchsichtig einfach, in der
Produktion sowohl als in der Distribution.

Woher also der räthselhafte Charakter des Arbeitsprodukts, sobald
es die *Form der Waare* annimmt?

Wenn die Menschen ihre Produkte auf einander *als Werthe* beziehn,
sofern diese Sachen für *bloß sachliche Hüllen* gleichartig menschlicher
Arbeit gelten, so liegt darin zugleich umgekehrt, daß ihre verschiednen
Arbeiten nur als gleichartige menschliche Arbeit gelten in *sachlicher*
Hülle. Sie beziehn ihre verschiednen Arbeiten auf einander als mensch-
101 liche Arbeit, indem sie ihre *Produkte auf einander als Werthe* beziehn.
Die persönliche Beziehung ist versteckt durch die *sachliche* Form. Es
steht daher dem Werth nicht auf der Stirn geschrieben, *was* er ist. Um
ihre Produkte auf einander als Waaren zu beziehn, sind die Menschen
gezwungen, ihre verschiednen Arbeiten abstrakt menschlicher Arbeit
gleichzusetzen. Sie wissen das nicht, aber sie *thun* es, indem sie das

materielle Ding auf die Abstraktion *Werth* reduciren. Es ist dieß eine
naturwüchsige und daher bewußtlos instinktive Operation ihres Hirns,
die aus der besondern Weise ihrer materiellen Produktion und den
Verhältnissen, worin diese Produktion sie versetzt, nothwendig her- 102
auswächst. Erst ist ihr Verhältniß praktisch da. Zweitens aber, weil 103
sie Menschen sind, ist *ihr Verhältniß als Verhältniß für sie da.* Die
Art, wie es für sie da ist, oder sich in ihrem Hirn reflektirt, entspringt 104
aus der Natur des Verhältnisses selbst. Später suchen sie durch die
Wissenschaft hinter das Geheimniß ihres eignen gesellschaftlichen
Produkts zu kommen, denn die Bestimmung eines Dings *als Werth*
ist *ihr* Produkt, so gut wie die Sprache. Was nun ferner die *Werth-*
größe betrifft, so werden die unabhängig von einander betriebenen,
aber, weil Glieder der *naturwüchsigen Theilung der Arbeit*, allseitig
von einander abhängigen Privatarbeiten dadurch fortwährend auf ihr
gesellschaftlich proportionelles Maß reducirt, daß sich in den zufälli-
gen und stets schwankenden *Austauschverhältnissen ihrer Produkte*
die zu deren Produktion gesellschaftlich nothwendige *Arbeitszeit* als
regelndes *Naturgesetz* gewaltsam durchsetzt, wie etwa das Gesetz der
Schwere, wenn einem das Haus über dem Kopf zusammenpurzelt[26]. |
Die ¦ Bestimmung der Werthgröße durch die Arbeitszeit ist daher ein
unter den erscheinenden Bewegungen der relativen Waarenwerthe
verstecktes Geheimniß. Die eigne gesellschaftliche Bewegung der Pro-
duzenten besitzt für sie die Form einer Bewegung von Sachen, unter
deren Controle sie stehn, statt sie zu controliren. Was nun endlich
die *Werthform* betrifft, so ist es ja grade diese Form, welche die ge-
sellschaftlichen Beziehungen der Privatarbeiter und daher die gesell-
schaftlichen Bestimmtheiten der Privatarbeiten *sachlich verschleiert*,
statt sie zu offenbaren. Wenn ich sage, Rock, Stiefel u. s. w. beziehn 105
sich auf Leinwand als allgemeine Materiatur abstrakter menschlicher
Arbeit, so springt die Verrücktheit dieses Ausdrucks ins Auge. Aber
wenn die Produzenten von Rock, Stiefel u. s. w. diese Waaren auf die
Leinwand als *allgemeines Aequivalent* beziehn, erscheint ihnen die

26 „Was soll man von einem Gesetze denken, das sich nur durch periodische Revolutionen durchsetzen kann? Es ist eben ein *Naturgesetz, das auf der Bewußtlosigkeit der Betheiligten beruht.* " (*Friedrich Engels: „Umrisse zu einer Kritik der Nationalökonomie"*, p. 103 in *„Deutsch-Französische Jahrbücher*, herausgegeben *von Arnold Ruge und Karl Marx. Paris* 1844.")

gesellschaftliche Beziehung ihrer Privatarbeiten genau in dieser verrückten *Form.*

Derartige Formen bilden eben die *Kategorien* der bürgerlichen Oekonomie. Es sind gesellschaftlich gültige, also objektive Gedankenformen für Produktionsverhältnisse *dieser historisch bestimmten* gesellschaftlichen Produktionsweise.

Die Privatproduzenten treten erst in gesellschaftlichen Contakt ver-
106 mittelst ihrer Privatprodukte, der Sachen. Die gesellschaftlichen Bezie-
hungen ihrer Arbeiten *sind* und *erscheinen* daher nicht als unmittelbar gesellschaftliche Verhältnisse der Personen in ihren Arbeiten, sondern als *sachliche Verhältnisse* der Personen oder *gesellschaftliche Verhältnisse der Sachen.* Die erste und allgemeinste Darstellung der Sache als eines *gesellschaftlichen Dings* ist aber die Verwandlung des *Arbeitsprodukts* in *Waare.*

Der Mysticismus der Waare entspringt also daraus, daß den Privatproduzenten die *gesellschaftlichen* Bestimmungen ihrer *Privat*arbeiten *als gesellschaftliche Naturbestimmtheiten der Arbeitsprodukte,* daß die *gesellschaftlichen Produktionsverhältnisse der Personen* als *gesellschaftliche Verhält | nisse der Sachen* zu einander und zu den Personen er-
107 scheinen. Die Verhältnisse der Privatarbeiter zur gesellschaftlichen
Gesammtarbeit *vergegenständlichen* sich ihnen gegenüber und existiren daher für sie in den *Formen von Gegenständen.* Für eine Gesellschaft von Waarenproducenten, deren allgemein gesellschaftliches Produktionsverhältniß darin besteht, sich zu ihren Produkten als *Waaren,* also als *Werthen* zu verhalten, und in dieser *sachlichen* Form ihre Privatarbeiten auf einander zu beziehn als *gleiche menschliche Arbeit,*
108 ist das *Christenthum,* mit seinem Kultus des abstrakten ¦ Menschen,
namentlich in seiner bürgerlichen Entwicklung, dem Protestantismus, Deismus u. s. w., die entsprechendste *Religionsform.* In den altasiatischen, antiken u. s. w. Produktionsweisen spielt die Verwandlung des Produkts in Waare, und daher das Dasein der Menschen als Waarenproduzenten, eine untergeordnete Rolle, die jedoch um so bedeutender wird, je mehr die Gemeinwesen in das Stadium ihres Untergangs treten. Eigentliche Handelsvölker existiren nur in den Intermundien der alten Welt, wie Epikurs Götter, oder wie Juden in den Poren der polnischen Gesellschaft. Jene alten gesellschaftlichen Produktionsorganismen sind außerordentlich viel einfacher und durchsichtiger als der bürgerliche, aber sie beruhen entweder auf der Unreife des individuellen Menschen,

der sich von der Nabelschnur des natürlichen Gattungszusammenhangs mit Andern noch nicht losgerissen hat, oder auf unmittelbaren Herrschafts- und Knechtschaftsverhältnissen. Sie sind bedingt durch eine niedrige Entwicklungsstufe der Produktivkräfte der Arbeit und entsprechend befangene Verhältnisse der Menschen innerhalb ihres materiellen Lebenserzeugungsprozesses, daher zu einander und zur Natur. Diese wirkliche Befangenheit spiegelt sich ideell wieder in den alten Natur- und Volksreligionen. Der *religiöse Wiederschein* der wirklichen Welt kann nur verschwinden, sobald die Verhältnisse des praktischen
Werkeltagslebens den Menschen tagtäglich durchsichtig vernünftige 109
Beziehungen zu einander und zur Natur darstellen. Die Verhältnisse können sich aber nur als das darstellen, was sie sind. Die Gestalt des gesellschaftlichen Lebensprozesses, d. h. des materiellen Produktionsprozesses, streift nur ihren mystischen Nebelschleier ab, sobald sie als Produkt frei vergesellschafteter Menschen unter deren bewußter
planmäßiger Controle steht. Dazu ist jedoch eine materielle Grundlage 110
der Gesellschaft erheischt oder eine Reihe materieller Existenzbedingungen, | welche selbst wieder das naturwüchsige Produkt einer langen und qualvollen Entwicklungsgeschichte sind.

Die politische Oekonomie hat nun zwar, wenn auch unvollkommen[27], ¦ Werth und Werthgröße analysirt. Sie hat niemals auch nur die

[27] Das Unzulängliche in Ricardo's Analyse der *Werthgröße* – und es ist die beste – wird man aus dem dritten und vierten Buch dieser Schrift ersehn. Was aber den *Werth* überhaupt betrifft, so unterscheidet die klassische politische Oekonomie nirgendwo ausdrücklich und mit klarem Bewußtsein Arbeit, die sich in *Werth*, von derselben Arbeit, soweit sie sich im *Gebrauchswerth* ihres Produkts darstellt. Sie macht natürlich den Unterschied thatsächlich, da sie die Arbeit das einemal quantitativ, das andremal qualitativ betrachtet. Aber es fällt ihr nicht ein, daß bloß *quantitativer Unterschied* der Arbeiten ihre *qualitative Einheit* oder *Gleichheit* voraussetzt, also ihre Reduktion auf *abstrakt menschliche Arbeit*. Ricardo z. B. erklärt sich einverstanden mit *Destutt de Tracy*, wenn dieser sagt: "As it is certain that our physical and moral faculties are alone our original riches, the employment of those faculties, labour of some kind, is our original treasure, and that it is always from this employment – that all those things are created which we call riches … It is certain too, that *all those things only represent the labour which has created them, and if they have a value, or even two distinct values,* they can only *derive them from that* (the value) *of the labour* from which they emanate." (*Ricardo: „The Principles of Pol. Econ. 3 ed. Lond. 1821"*, p. 334). Wir deuten nur an, daß Ricardo dem Destutt seinen eignen tieferen

Frage gestellt, warum sich die Arbeit *im Werth* und das Maß der Arbeit durch ihre Zeitdauer in der *Werthgröße* darstellt? Formen, denen es auf der Stirn geschrieben steht, daß sie einer Gesellschaftsformation angehören, worin der Produktionsprozeß die Menschen, der Mensch noch | nicht den Produktionsprozeß bemeistert, gelten ihrem bürgerlichen Bewußtsein für eben so selbstverständliche Naturnothwendigkeit als die produktive Arbeit selbst. Vorbürgerliche Formen des gesellschaftlichen Produktionsorganismus werden daher von ihr behandelt, wie etwa von den Kirchenvätern vorchristliche Religionen[28]. ¦

Sinn unterschiebt. Destutt sagt in der That zwar einerseits, daß alle Dinge, die den Reichthum bilden, *„die Arbeit repräsentiren,* die sie geschaffen hat", aber andrerseits, daß sie ihre *„zwei verschiedenen Werthe"* (Gebrauchswerth und Tauschwerth) vom „*Werth* der Arbeit" erhalten. Er fällt damit in die Flachheit der Vulgärökonomie, die den *Werth* einer Waare (hier der Arbeit) *voraussetzt,* um dadurch hinterher den Werth der anderen Waaren zu bestimmen. Ricardo liest ihn so, daß sowohl im Gebrauchswerth als Tauschwerth sich *Arbeit* (nicht *Werth* der Arbeit) darstellt. Er selbst aber scheidet sowenig den *zwieschlächtigen* Charakter der *Arbeit,* die *doppelt* dargestellt ist, daß er in dem ganzen Kapitel: *„Value and Riches, Their Distinctive Properties"* sich mühselig mit den Trivialitäten eines *J. B. Say* herumschlagen muß. Am Ende ist er daher auch ganz erstaunt, daß Destutt zwar mit ihm selbst über *Arbeit* als *Werthquelle* und dennoch andererseits mit Say über den Werthbegriff harmonire.

28 «Les économistes ont une singulière manière de procéder. Il n'y a pour eux que deux sortes d'institution, celles de l'art et celles de la nature. Les institutions de la féodalité sont des institutions artificielles, celles de la bourgeoisie sont des institutions naturelles. Ils ressemblent en ceci aux théologiens, qui eux aussi établissent deux sortes de religion. Toute religion qui n'est pas la leur est une invention des hommes, tandis que leur propre religion est une émanation de dieu … Ainsi il y a eu de l'histoire, mais il n'y en a plus.» (*Karl Marx: „Misère de la Philosophie. Réponse à la Philosophie de la Misère de M. Proudhon.* 1847", p. 113.) Wahrhaft drollig ist Herr *Bastiat,* der sich einbildet, die alten Griechen und Römer hätten nur von *Raub* gelebt. Wenn man aber viele Jahrhunderte durch von Raub lebt, muß doch beständig etwas zu rauben da sein oder der *Gegenstand* des Raubes sich fortwährend reproduciren. Es scheint daher, daß auch Griechen und Römer einen Produktionsprozeß hatten, also eine Oekonomie, welche ganz so die materielle Grundlage ihrer Welt bildete, wie die bürgerliche Oekonomie die der heutigen Welt. Oder meint Bastiat etwa, daß eine Produktionsweise, die auf der *Sklavenarbeit* beruht, auf einem *Raubsystem* ruht? Er stellt sich dann auf gefährlichen Boden. Wenn ein Denkriese wie *Aristoteles* in seiner Würdigung der *Sklavenarbeit* irrte, warum sollte ein Zwergökonom, wie *Bastiat,* in seiner Würdigung der *Lohnarbeit* richtig gehn? – Ich ergreife diese Gelegenheit, um

Wie sehr ein Theil der Oekonomen von dem der Waarenwelt anklebenden Fetischismus oder dem *gegenständlichen* Schein der *gesellschaftlichen* Arbeitsbestimmungen getäuscht wird, beweist u. a. der langweilig abgeschmackte Zank über die *Rolle der Natur* in der Bildung des Tauschwerths. Da Tauschwerth eine bestimmte gesellschaft|liche Manier ist, die auf ein Ding verwandte Arbeit auszudrücken, kann er nicht mehr Naturstoff enthalten als etwa der *Wechselkurs.*

Als allgemeinste und unentwickeltste Form der bürgerlichen Produktion, welche deßwegen auch schon in früheren Produktionsperioden erscheint, obgleich nicht in derselben herrschenden, also charakteristischen Weise, war die *Waarenform* noch relativ leicht zu durchschauen. Aber konkretere Formen, wie das *Kapital* z. B.? Der Fetischismus der klassischen Oekonomie wird hier handgreiflich.

Um jedoch nicht vorzugreifen, genüge hier noch ein Beispiel bezüglich der Waarenform selbst. Man hat gesehn, daß in der Beziehung von Waare auf Waare, z. B. von Stiefel auf Stiefelknecht, der Gebrauchswerth des Stiefelknechts, also die Nützlichkeit seiner wirklichen *dinglichen* Eigenschaften dem Stiefel durchaus gleichgültig ist. Nur als Erschei-

einen Einwand, der mir beim Erscheinen meiner Schrift „*Zur Kritik der Pol. Oekonomie.* 1859“ von einem deutsch-amerikanischen Blatte gemacht wurde, kurz abzuweisen. Es sagte, meine Ansicht, daß die bestimmte Produktionsweise und die ihr jedesmal entsprechenden Produktionsverhältnisse, kurz „die ökonomische Struktur der Gesellschaft die reale Basis sei, worauf sich ein juristischer und politischer Ueberbau erhebe, und welcher bestimmte gesellschaftliche Bewußtseinsformen entsprächen“, daß „die Produktionsweise des materiellen Lebens den socialen, politischen und geistigen Lebensprozeß überhaupt bedinge“,– alles dieß sei zwar richtig für die heutige Welt, wo die materiellen Interessen, aber nicht für das Mittelalter, wo der Katholicismus, und für Athen und Rom, wo die Politik herrschten. Zunächst ist es befremdlich, daß Jemand vorauszusetzen beliebt, diese weltbekannten Redensarten über Mittelalter und antike Welt seien irgend Jemand unbekannt geblieben. So viel ist klar, daß das Mittelalter nicht vom Katholicismus und die antike Welt nicht von der Politik *leben* konnten. Die Art und Weise, wie sie ihr Leben gewannen, erklärt umgekehrt, warum dort die Politik, hier der Katholicismus ihre Rollen spielten. Es gehört übrigens wenig Bekanntschaft z. B. mit der Geschichte der römischen Republik dazu, um zu wissen, daß die Geschichte des Grundeigenthums ihre Geheimgeschichte bildet. Andererseits hat schon Don Quixote den Irrthum gebüßt, daß er die fahrende Ritterschaft mit allen ökonomischen Formen der Gesellschaft gleich verträglich wähnte.

nungsform ihres eignen Werths interessirt die Stiefel*waare* der Stiefelknecht. Könnten die Waaren also sprechen, so würden sie sagen, unser Gebrauchswerth mag den Menschen interessiren. Er kömmt uns nicht als Dingen zu. Was uns aber *dringlich* zukömmt, ist unser Werth. Unser eigner Verkehr als Waarendinge beweist das. Wir beziehn uns nur als Tauschwerthe auf einander. Man höre nun, wie der Oekonom aus der Waarenseele heraus spricht: „*Werth* (Tauschwerth) ist *Eigenschaft der Dinge,* Reichthum (Gebrauchswerth) des Menschen. Werth in diesem Sinn schließt nothwendig Austausch ein, Reichthum nicht[29]." | „Reichthum (Gebrauchswerth) ist ein Attribut des *Menschen, Werth ein Attribut der Waaren.* Ein Mensch oder ein Gemeinwesen ist *reich;* eine Perle oder Diamant ist *werthvoll* … Eine Perle oder Diamant *hat Werth als Perle oder Diamant* [30]." Bisher hat noch kein Che¦miker Tauschwerth in Perle oder Diamant entdeckt. Unsere Verfasser, die besondern Anspruch auf kritische Tiefe machen, finden aber, daß der Gebrauchswerth der Sachen unabhängig von ihren sachlichen Eigenschaften, dagegen ihr Tauschwerth ihnen als Sachen zukömmt. Was sie hierin bestätigt, ist der sonderbare Umstand, daß der Gebrauchswerth der Dinge sich für den Menschen *ohne Austausch* realisirt, also im unmittelbaren Verhältniß zwischen Ding und Mensch, ihr Werth umgekehrt nur *im Austausch,* d. h. in einem *gesellschaftlichen* Prozeß. Wer erinnert sich hier nicht des guten Dogberry, der den Nachtwächter Seacoal belehrt: „Ein gut aussehender Mann zu sein, ist eine Gabe der *Umstände,* aber Lesen und Schreiben zu können, kömmt *von Natur*[31]."

29 "*Value is a property of things,* riches of man. Value, in this sense, necessarily implies exchanges, riches do not." „*Observations on some verbal Disputes in Pol. Econ., particularly relating to value and to offer and demand. Lond.* 1821", p. 16.

30 "Riches are the attribute of man, value is the attribute of commodities. A man or a community is rich; a pearl or a diamond is valuable …" A pearl or a diamond is *valuable as a pearl or diamond. S. Bailey* l. c. p. 165.

31 Der Verfasser der „*Observations*" und *S. Bailey* beschuldigen Ricardo, er habe den Tauschwerth aus einem *nur Relativen* in etwas *Absolutes* verwandelt. Umgekehrt. Er hat die *Scheinrelativität,* die diese Dinge, Diamant und Perlen z. B., als Tauschwerthe besitzen, auf das hinter dem Schein verborgene wahre *Verhältniß* reducirt, auf ihre Relativität als bloße Ausdrücke menschlicher Arbeit. Wenn die Ricardianer dem Bailey grob, aber nicht schlagend antworteten, so nur
111 weil sie bei Ricardo selbst keinen Aufschluß über den inneren Zusammenhang zwischen *Werth* und *Tauschwerth* fanden.

Die Waare ist *unmittelbare Einheit von Gebrauchswerth und Tauschwerth,* also zweier Entgegengesetzten. Sie ist daher ein unmittelbarer 112
Widerspruch. Dieser Widerspruch muß sich entwickeln, sobald sie nicht wie bisher analytisch bald unter dem Gesichtspunkt des Gebrauchswerths, bald unter dem Gesichtspunkt des Tauschwerths betrachtet, sondern als ein Ganzes wirklich auf andere Waaren bezogen wird. Die *wirkliche* Beziehung der Waaren aufeinander ist aber ihr *Austauschprozeß.* |

2) Der Austauschprozeß der Waaren.

Die Waaren können nicht selbst zu Markte gehn und sich nicht selbst austauschen. Wir müssen uns also nach ihren Hütern umsehn, den *Waarenbesitzern.* Die Waaren sind Dinge und daher widerstandslos gegen den Menschen. Wenn sie nicht willig, kann er Gewalt brauchen, in andern Worten sie nehmen[32]. Um diese Dinge als Waaren auf einander zu beziehn, müssen die Waarenhüter sich aufeinander als *Personen* 113
beziehn, deren *Willen* ein Dasein in jenen Dingen hat, sodaß Jeder nur mit seinem Willen und dem Willen des andern, beide also nur mit ihrem gemeinschaftlichen Willen sich die fremde Waare aneignen, indem sie die eigne veräußern und die eigne veräußern, um sich die fremde anzueignen. Sie müssen sich daher wechsel¦seitig als *Privateigenthümer* anerkennen. Dieß *Rechtsverhältniß,* dessen Form der *Vertrag* ist, ob nun legal entwickelt oder nicht, ist nur das *Willensverhältniß,* worin sich das ökonomische Verhältniß wiederspiegelt. Der *Inhalt* dieses *Rechts-* oder *Willensverhältnisses* ist durch das ökonomische Verhältniß selbst 114
gegeben [33]. Die Personen beziehn sich hier nur auf einander, indem sie

32 Im 12. durch seine Frömmigkeit so berufenen Jahrhundert kommen unter diesen Waaren oft sehr zarte Dinge vor. So zählt ein französischer Dichter jener Zeit unter den Waaren, die sich auf dem Markt von Landit einfanden, neben Kleidungsstoffen, Schuhen, Leder, Ackergeräthen, Häuten u. s. w. auch „femmes folles de leur corps" auf.

33 Proudhon schöpft erst sein *Ideal der Gerechtigkeit,* der *justice éternelle,* aus den der Waarenproduktion entsprechenden Rechtsverhältnissen, wodurch, nebenbei bemerkt, auch der für alle Spießbürger so tröstliche Beweis geliefert wird, daß die Form der Waarenproduktion ebenso ewig ist als die Gerechtigkeit. Dann umgekehrt will er die wirkliche Waarenproduktion und das ihr entsprechende wirkliche Recht diesem Ideal gemäß ummodeln. Was würde man von einem

gewisse Sachen als *Waaren* auf einander beziehn. Alle Bestimmungen dieser Beziehung sind also in der | Bestimmung der Sache als *Waare* enthalten. Der eine Mensch existirt hier nur für den andern als Repräsentant von Waare und daher als *Waarenbesitzer.* Wir werden überhaupt im Fortgang der Entwicklung finden, daß die ökonomischen Charak-
115 termasken der Personen nur die Personifikationen der ökonomischen Verhältnisse sind, als deren Träger sie sich gegenübertreten.

Was den Waarenbesitzer namentlich von der Waare unterscheidet, ist der Umstand, daß ihr der Gebrauchswerth jeder andern Waare nur als Erscheinungsform ihres eignen Werths gilt. Geborner Leveller und Cyniker steht sie daher stets auf dem Sprung mit jeder andern Waare, sei selbe auch ausgestattet mit mehr Unannehmlichkeiten als Maritorne, nicht nur die Seele, sondern den Leib zu wechseln. Diesen der Waare mangelnden Sinn für das Konkrete des Waaren*körpers* ergänzt der Waarenbesitzer durch seine eignen fünf und mehr Sinne. *Seine* Waare hat für ihn keinen unmittelbaren Gebrauchswerth. Sonst führte er sie nicht zu Markt. Sie hat Gebrauchswerth *für andre.* Für ihn hat sie unmittelbar nur den Gebrauchswerth *Träger von Tauschwerth* und so *Tauschmittel* zu sein[34]. Darum will er sie veräußern für Waare, deren Gebrauchswerth ihm Genüge thut. Alle Waaren sind *Nicht-Gebrauchswerthe für ihre Besitzer, Gebrauchswerthe für ihre Nicht-Besitzer.* Sie müssen also allseitig die Hände wechseln. Aber dieser Händewechsel
116 bildet ihren Austausch und ihr Austausch bezieht sie als ¦ Werthe auf einander und realisirt sie als Werthe. Die Waaren müssen sich daher *als Werthe realisiren,* bevor *sie sich als Gebrauchswerthe realisiren können.*

Chemiker denken, der, statt die wirklichen Gesetze des Stoffwechsels zu studiren, und auf Basis derselben bestimmte Aufgaben zu lösen, den Stoffwechsel durch die „ewigen Ideen" der „naturalité" und der „affinité" ummodeln wollte? Weiß man etwa mehr über den „Wucher", wenn man sagt, er widerspreche der „justice éternelle" und der „équité éternelle" und der „mutualité éternelle" und andern „vérités éternelles", als die Kirchenväter wußten, wenn sie sagten, er widerspreche der „grâce éternelle", der „foi éternelle", der „volonté éternelle de dieu"?

34 „Denn zweifach ist der Gebrauch jeden Guts. – Der eine ist dem Ding als solchem eigen, der andere nicht, wie einer Sandale zur Beschuhung zu dienen und austauschbar zu sein. Beides sind Gebrauchswerthe der Sandale, denn auch wer die Sandale mit dem ihm Mangelnden, z. B. der Nahrung austauscht, benutzt die Sandale als Sandale. Aber nicht in ihrer natürlichen Gebrauchsweise. Denn sie ist nicht da des Austausches wegen." (*Aristoteles, de Rep.* l. l. c. 9.)

Andrerseits müssen sie sich als *Gebrauchswerthe bewähren, bevor sie sich als Werthe realisiren können.* Denn die auf | sie verausgabte menschliche Arbeit zählt nur, soweit sie in nützlicher Form verausgabt und zwar nützliche Arbeit für andre ist. Ob sie andern nützlich, ihr Produkt daher fremde Bedürfnisse befriedigt, kann aber nur ihr Austausch beweisen.

Jeder Waarenbesitzer will seine Waare nur veräußern gegen *andre* Waare, deren Gebrauchswerth *sein* Bedürfniß befriedigt. Sofern ist der Austausch für ihn nur *individueller Prozeß.* Andrerseits will er seine Waare als *Werth* realisiren, also in jeder ihm beliebigen andern Waare von *demselben Werth, ob seine eigne Waare* nun für den Besitzer der andern Waare *Gebrauchswerth* habe oder nicht. Sofern ist der Austausch für ihn *allgemein gesellschaftlicher Prozeß.* Aber derselbe Prozeß kann nicht gleichzeitig für alle Waarenbesitzer nur individuell und zugleich nur allgemein gesellschaftlich sein.

Sehn wir näher zu, so gilt jedem Waarenbesitzer jede fremde Waare als *besondres Aequivalent* seiner Waare, seine Waare daher als *allgemeines Aequivalent* aller andern Waaren. Da aber alle Waarenbesitzer *dasselbe* thun, ist keine Waare allgemeines Aequivalent und besitzen die Waaren daher auch keine allgemeine relative Werthform, worin sie sich als Werthe gleichsetzen und als Werthgrößen vergleichen. Sie stehn sich daher überhaupt nicht gegenüber als Waaren, sondern nur als Produkte oder Gebrauchswerthe.

In ihrer Verlegenheit denken unsre Waarenbesitzer wie Faust. Im An- 117
fang war die *That.* Sie haben daher schon gehandelt, bevor sie gedacht haben. Die Gesetze der Waarennatur bethätigen sich im Naturinstinkt der Waarenbesitzer. Sie können ihre Waaren nur als Werthe und darum nur als Waaren auf einander beziehn, indem sie dieselben *gegensätzlich* auf *irgend eine andre* Waare als *allgemeines Aequivalent* beziehn. Das ergab die Analyse der Waare. Aber nur die *gesellschaftliche That* kann eine *bestimmte* Waare zum allgemeinen Aequivalent machen. Die *gesellschaftliche Action* aller andern Waaren schließt daher eine *bestimmte* Waare aus, worin sie allseitig ihre Werthe darstellen. Dadurch wird die Naturalform dieser Waare gesellschaftlich gültige Aequivalentform. *Allgemeines Aequivalent* zu sein wird durch den gesellschaftlichen Prozeß zur *specifisch gesellschaftlichen Funktion* der *ausgeschlossenen* Waare. So wird sie – *Geld.* „Illi unum consilium habent et virtutem | et potestatem suam bestiae tradunt. Et ne quis possit emere aut vendere,

nisi qui habet characterem aut nomen bestiae, aut numerum nominis ejus." (Apocalypse.) ¦

118 Der Geldkrystall ist *nothwendiges* Produkt des Austauschprozesses der Waaren. Der immanente Widerspruch der Waare als unmittelbarer Einheit von Gebrauchswerth und Tauschwerth, als *Produkt* nützlicher *Privat*arbeit, die ein nur vereinzeltes Glied eines naturwüchsigen Gesammtsystems der nützlichen Arbeiten oder der *Theilung der Arbeit* bildet, und als *unmittelbar gesellschaftliche Materiatur abstrakter*
119 *menschlicher Arbeit* – dieser Widerspruch ruht und rastet nicht, bis er sich zur *Verdopplung der Waare in Waare und Geld* gestaltet hat. In demselben Maße daher, worin sich die Verwandlung der *Arbeitsprodukte in Waaren*, vollzieht sich die Verwandlung von *Waare in Geld*[35].

Der *unmittelbare Produktenaustausch* hat einerseits die Form des einfachen relativen Werthausdrucks und hat sie andrerseits noch nicht. Jene Form war: x Waare A = y Waare B. Die Form des unmittelbaren Produktenaustauschs ist: x Gebrauchsgegenstand A = y Gebrauchsgegenstand B[36]. Die Dinge A und B sind hier nicht *Waaren* vor dem
120 Austausch, sondern werden es erst durch denselben. Die erste Weise, worin ein Gebrauchsgegenstand der Möglichkeit nach Tauschwerth ist, ist sein Dasein als *Nicht-Gebrauchswerth*, als die unmittelbaren Bedürfnisse seines Besitzers überschießendes Quantum von Gebrauchswerth. Dinge sind an und für sich dem Menschen äußerlich und daher *veräußerlich*. Damit diese Veräußerung wechselseitig, brauchen Menschen
121 nur stillschweigend als Privateigenthümer jener ver|äußerlichen Dinge und eben dadurch als von einander unabhängige Personen einander
122 gegenüberzutreten. Solch ein Verhältniß wechselseitiger Fremdheit existirt jedoch nicht für die Glieder eines naturwüchsigen Gemeinwesens, habe es nun die Form einer patriarchalischen Familie, einer

35 Danach beurtheile man die Pfiffigkeit des kleinbürgerlichen Socialismus, der die Waarenproduktion verewigen und zugleich den „Gegensatz von Geld und Waare", also das Geld selbst, denn es ist nur in diesem Gegensatze, *abschaffen* will. Ebensowohl könnte man den Papst abschaffen, und den Katholicismus bestehn lassen. Das Nähere hierüber sieh in meiner Schrift: *„Zur Kritik der Pol. Oekonomie"* p. 61 sq.

36 So lange noch nicht *zwei verschiedene* Gebrauchsgegenstände ausgetauscht, sondern, wie wir das bei Wilden oft finden, eine chaotische Masse von Dingen als Aequivalent für ein Drittes angeboten wird, steht der unmittelbare Produktenaustausch selbst erst in seiner Vorhalle.

altindischen Gemeinde, eines Inkastaates u. s. w. Der Waarenaustausch
beginnt, wo die Gemeinwesen enden, an den Punkten ihres Contakts
mit fremden Gemeinwesen oder Gliedern fremder Gemeinwesen. So-
bald Dinge aber einmal im auswärtigen, werden sie auch rückschlagend
im innern Gemeinleben zu Waaren. Ihr *quantitatives Austauschver-
hältniß* ist zunächst ganz *zufällig.* Austauschbar sind sie durch den
Willensakt ihrer Besitzer sie wechselseitig zu *veräußern.* Sie erhalten 123
daher die *Form* Austauschbarer, bevor sie als *Werthe* entwickelt sind.
Indeß setzt sich das Bedürfniß für fremde Gebrauchsgegenstände all-
mälig fest. Die beständige ¦ Wiederholung des Austauschs macht ihn zu
einem regelmäßigen gesellschaftlichen Prozeß. Im Laufe der Zeit muß
daher wenigstens ein Theil der Arbeitsprodukte absichtlich zum Behuf
des Austauschs producirt werden. Von diesem Augenblick befestigt
sich einerseits die Scheidung zwischen der Nützlichkeit der Dinge für
den unmittelbaren Bedarf und ihrer Nützlichkeit zum Austausch. Ihr
Gebrauchswerth scheidet sich von ihrem Tauschwerthe. Andrerseits
wird das quantitative Verhältniß, worin sie sich austauschen, von ihrer
Produktion selbst abhängig. Die Gewohnheit fixirt sie als Werth*größen.*

Im unmittelbaren Produktenaustausch ist jede Waare unmittelbar Tauschmittel für ihren Besitzer, Aequivalent für ihren Nichtbesitzer, jedoch nur so weit sie Gebrauchswerth für ihn. Der Tauschartikel erhält also noch keine von seinem eignen Gebrauchswerth oder dem individuellen Bedürfniß der Austauscher unabhängige Werthform. Die Nothwendigkeit dieser Form entwickelt sich mit der wachsenden Anzahl und Mannigfaltigkeit der in den Austauschprozeß eintretenden Waaren. Die Aufgabe entspringt gleichzeitig mit den Mitteln ihrer Lösung. Ein Verkehr, welcher die Waarenbesitzer treibt, ihre eigenen Artikel mit verschiedenen andern Artikeln auszutauschen und daher zu vergleichen, findet niemals statt, ohne daß verschiedene Waaren von verschiedenen Waarenbesitzern innerhalb ihres Verkehrs mit *einer und derselben dritten Waarenart* ausgetauscht und als Werthe verglichen werden. Solche dritte Waare, indem sie Aequivalent für *verschiedene* andere Waaren wird, erhält | unmittelbar, wenn auch in engen Grenzen, allgemeine oder gesellschaftliche Aequivalentform. Diese allgemeine Aequivalentform entsteht und vergeht mit dem augenblicklichen gesellschaftlichen Contakt, der sie ins Leben rief. Abwechselnd und flüchtig kommt sie dieser und jener Waare zu. Mit der Entwicklung des Waarenaustauschs heftet sie sich aber ausschließlich fest an *besondere*

Waarenarten, oder krystallisirt zur *Geldform*. An welcher Waarenart sie kleben bleibt, ist zunächst zufällig. Jedoch entscheiden im Großen und Ganzen zwei Umstände. Die *Geldform* heftet sich entweder an die wichtigsten *Eintauschartikel aus der Fremde*, welche in der That naturwüchsige Erscheinungsformen des Tauschwerths der einheimischen Produkte sind. *Oder* an den Gebrauchsgegenstand, welcher das Hauptelement des einheimischen *veräußerlichen* Besitzthums bildet, wie Vieh z. B. Nomadenvölker entwickeln zuerst die Geldform, weil all ihr Hab und Gut sich in *beweglicher*, daher unmittelbar veräußerlicher Form befindet, und weil ihre Lebensweise sie beständig mit fremden Gemeinwesen in Contakt bringt, daher zum Produktenaustausch sollicitirt. Die Menschen haben oft den Menschen selbst in der Gestalt des Sklaven zum ursprünglichen Geldmaterial gemacht, aber niemals den *Grund und Boden*. Solche Idee konnte nur in bereits ausgebildeter bürgerlicher ¦ Gesellschaft aufkommen. Sie datirt vom letzten Drittheil des 17. Jahrhunderts und ihre Ausführung, auf nationalem Maßstab, wurde erst ein Jahrhundert später in der bürgerlichen Revolution der Franzosen versucht.

In demselben Verhältniß, worin der Waarenaustausch seine nur
124 lokalen Bande sprengt, der Waaren*werth* sich daher zur Materiatur *menschlicher Arbeit überhaupt* ausweitet, geht die Geldform auf Waaren über, die von Natur zur gesellschaftlichen Funktion eines allgemeinen Aequivalents taugen, auf die *edlen Metalle*.

Daß nun, „obgleich Gold und Silber nicht von Natur Geld, Geld von Natur Gold und Silber ist“[37], zeigt die Congruenz ihrer Natureigenschaften mit seinen Funktionen[38]. Bisher kennen wir aber nur | die *eine* Funktion des Geldes, als Erscheinungsform des Waaren*werths* zu dienen oder als das *Material*, worin die Werthgrößen der Waaren sich gesellschaftlich ausdrücken. Adäquate Erscheinungsform von Werth oder Materiatur abstrakter und daher *gleicher* menschlicher Arbeit kann nur eine Materie sein, deren sämmtliche Exemplare dieselbe gleichförmige Qualität besitzen. Andrerseits, da der Unterschied der Werthgrößen rein *quantitativ* ist, verschiedne Quanta geronnener Arbeitszeit ausdrückt,

37 *Karl Marx* l. c. p. 135. «I metalli … *naturalmente* moneta.» (*Galiani: „Della Moneta“* in *Custodi's* Sammlung *Parte Moderna*, t. III, p. 137.)

38 Das Nähere darüber in meiner eben citirten Schrift, Abschnitt: „Die edlen Metalle“.

muß die Geldwaare rein quantitativer Unterschiede fähig, also nach Willkühr theilbar und aus ihren Theilen wieder zusammensetzbar sein. Gold und Silber besitzen aber diese Eigenschaften von Natur.

Der *Gebrauchswerth* der Geldwaare *verdoppelt* sich. Neben ihrem besondern Gebrauchswerth als Waare, wie Gold z. B. zum Ausstopfen hohler Zähne, Rohmaterial von Luxusartikeln u. s. w. dient, erhält sie einen formalen Gebrauchswerth, der aus ihren specifischen gesell- 125
schaftlichen Funktionen entspringt.

Da alle andern Waaren nur besondere Aequivalente des Geldes, das Geld ihr allgemeines Aequivalent, verhalten sie sich als *besondre Waaren* zum *Geld* als *der allgemeinen Waare*[39].

Man hat gesehn, daß die *Geldform* nur der an einer Waare festhaftende *Reflex* der Beziehungen aller andern Waaren. Daß Geld *Waare* 126
ist[40], ist also ¦ nur eine Entdeckung für den, der von seiner fertigen Gestalt ausgeht, um sie hinterher zu analysiren. Der Austauschprozeß giebt der Waare, die er in Geld verwandelt, nicht ihren *Werth*, | sondern ihre spezifische Werth*form*. Die Verwechslung beider Bestimmungen verleitete dazu, den Werth von Gold und Silber für *imaginär* zu halten[41].

39 «Il danaro è la *merce universale.*» (*Verri* l. c. p. 16.)

40 “Silver and gold themselves, which we may call by the general name of Bullion, are ... *commodities* ... rising and falling ... value ... Bullion then may be reckoned to be of higher value, where the smaller weight will purchase the greater quantity of the product or manufacture of the country etc.” („*A Discourse of the General Notions of Money, Trade, and Exchange, as they stand in relations to each other. By a Merchant.* Lond. 1695“, p. 7.) “Silver and gold, coined or uncoined, tho' they are used for a measure of all other things, are no less a *commodity* than wine, oyl, tobacco, cloth or stuffs.” („*A Discourse concerning Trade, and that in particular of the East-Indies* etc., London 1689“, p. 2.) “The stock and riches of the kingdom cannot properly be confined to money, nor ought gold and silver to be excluded from being *merchandise.*“ („*The East India Trade a most Profitable Trade*, London 1677“, p. 4.)

41 «L'oro e l'argento hanno valore come metalli anteriori all' essere moneta.» (*Galiani* l. c.) *Locke* sagt: „Die allgemeine Uebereinstimmung der Menschen legte dem Silber, wegen seiner Qualitäten, die es zum Geld geeignet machten, einen *imaginären Werth* bei.“ Dagegen *Law*: „Wie könnten verschiedene Nationen irgend einer Sache einen imaginären Werth geben ... oder wie hätte sich dieser imaginäre Werth erhalten können?“ Wie wenig er selbst aber von der Sache verstand: „Das Silber tauschte sich aus nach dem *Gebrauchswerth*, den es hatte, also nach seinem *wirklichen Werth;* durch seine Bestimmung als Geld erhielt es einen *zuschüssigen* Werth (une valeur additionnelle).“ (*Jean Law: „Considérations*

Weil Geld in bestimmten Funktionen durch bloße Zeichen seiner selbst ersetzt werden kann, entsprang der andere Irrthum, es sei ein bloßes *Zeichen.* Andrerseits lag darin die Ahnung, daß die Geldform des Dings ihm selbst äußerlich und bloße *Erscheinungsform* dahinter versteckter menschlicher Verhältnisse. In diesem Sinn wäre jede Waare ein Zeichen, weil als Werth nur *sachliche Hülle* der auf sie verausgabten menschlichen Arbeit[42]. Indem man aber die gesellschaft|lichen Charaktere, welche Sachen oder die *sachlichen* Charaktere, welche *gesellschaftliche Bestimmungen der Arbeit* auf Grundlage einer bestimmten Produktionsweise erhalten, für bloße Zeichen, erklärt man sie zugleich für
128 willkührliches Reflexionsprodukt der Menschen. Es war dieß beliebte Aufklärungsmanier des 18. Jahrhunderts, um den räthselhaften Gestalten menschlicher Verhältnisse, deren Entstehungsprozeß es noch ¦ nicht entziffern konnte, vorläufig wenigstens den Schein der Fremdheit abzustreifen.

sur le numéraire et le commerce" in *E. Daire's* Edit. der *„Économistes Financiers du XVIII. siècle"* p. 469/470.)

42 «L'argent en (des denrées) est *le signe.*» (*V. de Forbonnais: „Elémens du Commerce. Nouv. Édit. Leyde* 1766", t. II, p. 143.) «Comme signe il est attiré par les denrées.» (l. c. p. 155.) «L'argent est un signe d'une chose et la représente.» (*Montesquieu: „Esprit des Lois". Oeuvres* Lond. 1769, t. III, p. 3.) «L'argent n'est pas simple signe, car il est lui-même richesse; il ne *représente* pas les valeurs, il
127 les *équivaut.*» (*Le Trosne* l. c. p. 910.) „Betrachtet man den Begriff des *Werths,* so wird *die Sache selbst nur als ein Zeichen* angesehn und sie gilt nicht *als sie selber,* sondern als was sie werth ist." (Hegel l. c. p. 103.) Lange vor den Oekonomen brachten die *Juristen* die Vorstellung von Geld als bloßem Zeichen und dem nur imaginären Werth der edlen Metalle in Schwung, im Sykophantendienst der königlichen Gewalt, deren Münzverfälschungsrecht sie das ganze Mittelalter hindurch auf die Traditionen des römischen Kaiserreichs und die Geldbegriffe der Pandekten stützten. «Qu'aucun puisse ni doive faire doute», sagt ihr gelehriger Schüler, Philipp von Valois, in einem Dekret von 1346, «que à nous et à notre majesté royale n'appartienne seulement … le mestier, le fait, l'état, la provision et toute l'ordonnance des monnaies, de donner tel cours, et *pour tel prix comme il nous plaît et bon nous semble.*» Es war römisches Rechtsdogma, daß der Kaiser den Geld*werth* dekretirt. Es war ausdrücklich verboten, das Geld als *Waare* zu behandeln. «Pecunias vero nulli emere fas erit, nam in usu publico constitutas oportet non esse *mercem.*» Gute Auseinandersetzung hierüber von *G. F. Pagnini: „Saggio sopra il giusto pregio delle cose.* 1751", bei *Custodi Parte Moderna,* t. II. Namentlich im zweiten Theil der Schrift polemisirt Pagnini gegen die Herren Juristen.

Es ward vorhin bemerkt, daß die Aequivalentform einer Waare die *quantitative* Bestimmung ihrer Werth*größe* nicht einschließt. Weiß man, daß Gold Geld, daher mit allen andern Waaren unmittelbar austauschbar ist, so weiß man deßwegen nicht, *wie viel* z. B. 10 Pfund Gold *werth* sind. Wie jede Waare kann das Geld seine eigne Werthgröße nur relativ in *andern* Waaren *ausdrücken*. Sein eigner Werth ist bestimmt durch die zu seiner Produktion erheischte Arbeitszeit und drückt sich in dem Quantum jeder andern Waare aus, worin gleichviel Arbeitszeit geronnen ist[43]. Diese Festsetzung seiner relativen Werthgröße findet statt an seiner Produktionsquelle in unmittelbarem Tauschhandel. Sobald es als *Geld* in den Austauschprozeß eintritt, ist sein Werth bereits *gegeben*. Wenn es schon in den letzten Decennien des 17. Jahrhunderts weit überschrittener Anfang der Geldanalyse, zu wissen, daß Geld *Waare* ist, so aber auch nur der Anfang. Die Schwierigkeit | liegt nicht darin zu begreifen, daß Geld Waare, sondern wie, warum, wodurch Waare Geld ist[44].

Wir sahen, wie schon in dem einfachsten Ausdruck des Tauschwerths: x Waare A = y Waare B, das Ding, *worin* die Werthgröße

43 "If a man can bring to London an ounce of silver out of the earth in Peru, *in the same time* that he can produce a bushel of corn, then one is the natural price of the other; now if by reason of new and more easier mines a man can procure two ounces of silver as easily as he formerly did one, the corn will be as cheap at 10 shillings the bushel, as it was before at 5 shillings, caeteris paribus." *William Petty: „A Treatise of Taxes and Contributions.* Lond. 1667", p. 31.

44 Nachdem Herr Professor *Roscher* uns belehrt: „Die *falschen Definitionen* von Geld lassen sich in zwei Hauptgruppen theilen: solche, die es für *mehr*, und solche, die es für *weniger* halten als *eine Waare*," folgt ein kunterbunter Katalog von Schriften über das Geldwesen, wodurch auch nicht die entfernteste Einsicht in die wirkliche Geschichte der Theorie durchschimmert, und dann die Moral: „Zu leugnen ist übrigens nicht, daß die meisten neueren Nationalökonomen die Eigenthümlichkeiten, welche das *Geld von andern Waaren unterscheiden* (also doch *mehr* oder *weniger* als Waare?) *nicht genug* im Auge behalten haben ... *Insofern* ist die halbmercantilistische Reaktion von Ganilh etc. *nicht ganz* unbegründet." (*Wilhelm Roscher: „Die Grundlagen der Nationalökonomie. 3. Aufl. 1858"*, p. 207–10.) Mehr – weniger – nicht genug – insofern – nicht ganz! Welche Begriffsbestimmungen! Und dergleichen eklektische Professoralfaselei tauft Herr Roscher bescheiden „die anatomisch-physiologische Methode" der politischen Oekonomie! Eine Entdeckung ist ihm jedoch geschuldet, nämlich, daß Geld „eine *angenehme Waare*" ist.

eines andern Dings dargestellt wird, seine Aequivalentform unabhängig von dieser Beziehung als gesellschaftliche *Natureigenschaft* zu besitzen scheint. Wir verfolgten die Befestigung dieses falschen Scheins. Er ist vollendet, sobald die allgemeine Aequivalentform mit der Naturalform einer besondern Waarenart verwachsen oder zur Geldform krystallisirt ist. Eine Waare scheint nicht erst Geld zu werden, weil die andern Waaren allseitig ihre Werthe in ihr darstellen, sondern sie scheinen umgekehrt allgemein ihre Werthe in ihr darzustellen, weil sie *Geld* ist. Die vermittelnde Bewegung verschwindet in ¦ ihrem eignen Resultat und läßt keine Spur zurück. Ohne ihr Zuthun finden die Waaren ihre eigne Werthgestalt fertig vor als einen außer und neben ihnen existirenden Waarenkörper. Diese Dinge, Gold und Silber, wie sie aus den Eingeweiden der Erde herauskommen, sind zugleich die unmittelbare Incarnation aller menschlichen Arbeit. Daher die Magie des Geldes. Das bloß atomistische Verhalten der Menschen in ihrem *gesellschaftlichen* Produktionsprozeß und daher die von ihrer Controle und ihrem bewußten individuellen Thun unabhängige, *sachliche* Gestalt ihrer eignen Produk|tionsverhältnisse erscheinen zunächst darin, daß ihre Arbeitsprodukte *allgemein* die *Waarenform* annehmen. Das *Räthsel des Geldfetischs* ist daher nur das sichtbar gewordne, die Augen blendende *Räthsel des Waarenfetischs selbst.*

3) Das Geld oder die Waarencirculation.

A. Maß der Werthe.

Ich setze überall in dieser Schrift, der Vereinfachung halber, *Gold* als die Geldwaare voraus.

Dadurch daß sich die Waaren in Gold ihren allgemeinen relativen Werthausdruck geben, funktionirt das Gold ihnen gegenüber als *Maß der Werthe.* Die Waaren werden nicht durch das Geld commensurabel. Umgekehrt. Weil *alle* Waaren als *Werthe vergegenständlichte menschliche Arbeit,* daher an und für sich commensurabel sind, können sie sich alle in irgend einer dritten Waare messen und diese dadurch in ihr gemeinschaftliches Werthmaß oder Geld verwandeln. Geld als Werthmaß ist aber *nothwendige Erschei-*

nungsform des *immanenten* Werthmaßes der Waaren, *der Arbeitszeit*[45].

Der *einfache relative Werthausdruck* der Waaren in *Geld* – x Waare A = ¦ y Geldwaare – ist ihr *Preis*. In ihren Preisen *erscheinen* die Waaren erstens als Werthe, *qualitativ* Gleiche, | *Materiatur derselben Arbeit* oder *dieselbe Materiatur der Arbeit, Gold,* zweitens als *quantitativ* bestimmte *Werthgrößen*, denn in der Proportion, worin sie gleich bestimmten Goldquanta, sind sie einander gleich oder stellen gleiche Arbeitsquanta vor. Andrerseits wird der *entfaltete relative Werthausdruck* oder die *endlose Reihe* relativer Werthausdrücke zur *spezifisch relativen Werthform der Geldwaare*. Diese Reihe ist aber jetzt schon gegeben in den Waarenpreisen. Man lese die Quotationen eines Preiscourants rückwärts und man findet die Werthgröße des Geldes in allen möglichen Waaren dargestellt. Die Reihe hat auch neuen Sinn erhalten. Das Gold, weil Geld, besitzt bereits in seiner Naturalform die allgemeine Aequivalentform oder die Form allgemeiner unmittelbarer Austauschbarkeit unabhängig von seinen relativen Werthausdrücken. Ihre Reihe stellt jetzt daher zugleich, außer seiner Werthgröße, die entfaltete Welt des *stofflichen* Reichthums oder der Gebrauchswerthe vor, worin es unmittelbar umsetzbar ist. Geld hat dagegen *keinen Preis*. Um an dieser *einheitlichen* relativen Werthform der andern Waaren theilzunehmen, müßte es auf sich selbst als sein eignes Aequivalent bezogen werden.

45 Die Frage, warum das Geld *nicht unmittelbar* die *Arbeitszeit* selbst repräsentirt, so daß z. B. eine Papiernote x Arbeitsstunden vorstellte, kömmt ganz einfach auf die Frage heraus, warum auf Grundlage der Waarenproduktion die
Arbeitsprodukte sich als Waaren darstellen müssen, denn die Darstellung der 129
Waare schließt ihre Verdopplung in Waare und Geldwaare ein. Oder warum Privatarbeit nicht als unmittelbar gesellschaftliche Arbeit, als ihr Gegentheil, behandelt werden kann. Ich habe den seichten Utopismus eines „Arbeitsgelds“ auf Grundlage der Waarenproduktion anderswo ausführlicher erörtert. (l. c. p. 61 sqq.) Hier sei noch bemerkt, daß z. B. das *Owensche* „Arbeitsgeld“ ebensowenig „Geld“ ist, wie etwa eine Theatermarke. Owen setzt *unmittelbar vergesellschaftete Arbeit* voraus, eine der Waarenproduktion diametral entgegengesetzte Produktionsform. Das Arbeitscertifikat konstatirt nur den individuellen Antheil des Producenten an der *Gemeinarbeit* und seinen individuellen Anspruch auf den zur Konsumtion bestimmten Theil des *Gemeinprodukts*. Aber es fällt Owen nicht ein, die Waarenproduktion einerseits vorauszusetzen und dennoch andrerseits ihre nothwendigen Bedingungen durch Geldpfuschereien umgehn zu wollen.

Für die Bewegung der *Waarenpreise* gelten die früher gegebnen Gesetze des einfachen relativen Werthausdrucks. Die Waaren*preise* können nur allgemein steigen, bei gleichbleibendem Geld*werth*, wenn die Waaren*werthe* steigen, bei gleichbleibenden Waaren*werthen*, wenn der Geld*werth* fällt. Umgekehrt. Die Waaren*preise* können nur allgemein fallen, bei gleichbleibendem Geldwerth, wenn die Waaren*werthe* fallen, bei gleichbleibenden Waarenwerthen, wenn der Geld*werth* steigt. Es folgt daher keineswegs, daß steigender Geldwerth proportionelles Sinken der Waarenpreise und fallender Geldwerth proportionelles Steigen der Waarenpreise bedingt. Dieß gilt nur für Waaren von *unverändertem* Werth. Solche Waaren z. B., deren Werth gleichmäßig und gleichzeitig steigt mit dem Geldwerth, behalten *dieselben* Preise. Steigt ihr Werth langsamer oder rascher als der Geldwerth, so wird der Fall oder das Steigen ihrer Preise beschränkt durch die *Differenz* zwischen ihrer Werthbewegung und der des Geldes u. s. w.

Die *preisbestimmte Waare* hat doppelte Form, *reelle* und *vorgestellte* oder *ideelle*. Ihre wirkliche Gestalt ist die eines Ge|brauchsgegenstandes, eines *Produkts konkreter nützlicher Arbeit*, z. B. Eisen. Ihre Werthgestalt, ihre Erscheinungsform als *Materiatur* eines bestimmten Quantums *gleichartiger menschlicher Arbeit*, ist ihr *Preis*, ein Quantum *Gold*. Aber Gold ist vom Eisen *verschiednes Ding* und in seinem Preise *bezieht* das Eisen sich selbst auf Gold als ein *andres Ding*, das jedoch ihm Werth-*Gleiches* ist. Der Preis oder die Geldform der Waare existirt nur in dieser gleichsetzenden *Beziehung*, also so zu sagen nur in ihrem Kopfe, und ihr Besitzer muß seine Zunge ¦ in ihren Kopf stecken oder ihr Papierzettel anhängen, um ihren Preis für die Außenwelt *vorzustellen*[46]. Die Form

46 Der Wilde oder Halbwilde braucht die *Zunge* anders. Kapitain *Parry* bemerkt z. B. von den Bewohnern an der Westküste der Baffinsbay: "In this case (beim Produktenaustausch) … they … licked it (the thing represented to them) twice with their tongues after which they seemed to consider the bargain satisfactorily concluded." Ebenso beleckte bei den östlichen Eskimos der Eintauscher jedesmal den Artikel beim Empfang desselben. Wenn die *Zunge* so im Norden als Organ der Aneignung, ist es kein Wunder, daß der *Bauch* im Süden als Organ des accumulirten Eigenthums gilt und der Kaffer den Reichthum eines Mannes nach seinem Fettwanst schätzt. Die Kaffern sind grundgescheute Kerle, denn während der britische „*Board of Health*" in seinem Bericht von 1864 den Mangel eines großen Theils der Arbeiterklasse an fettbildenden Substanzen beklagt, machte ein Dr. *Harvey*, der jedoch nicht die Blutcirculation erfunden hat, in demsel-

ihres Werths ist daher vorgestellte, ideelle Geldform im Unterschied zur handgreiflich reellen Körperform ihres Gebrauchswerths. Da die Waaren so ihre Werthe nur ideell im Geld ausdrücken, drücken sie dieselben auch in nur vorgestelltem oder ideellem Geld aus. *Maß der Werthe* ist das Geld daher nur als *vorgestelltes ideelles Geld.* Jeder Waarenbesitzer weiß, daß er kein wirkliches Gold verbraucht, wenn er Waaren in Gold schätzt oder dem Waaren*werth* die Form des Waaren- *preises* giebt. Obgleich nun das Geld als Werthmaß nur *ideell* funktionirt, hängt der Preis dennoch ganz vom *reellen Geldmaterial* ab. Denn eine Waare, eine Tonne Eisen z. B., wird in ihrem Preise als Materiatur eines bestimmten Quantums Arbeit auf bestimmtes Quantum Geldmaterial als Materiatur *desselben* Quantums Arbeit bezogen, aber *dasselbe* Quantum Arbeit materialisirt sich in ganz verschiednen Quanta Gold, Sil|ber oder Kupfer. Der Werth einer Tonne Eisen erhält also ganz verschiedne Preisausdrücke, je nachdem Gold, Silber oder Kupfer als Werthmaß funktionirt.

Die preisbestimmten Waaren stellen sich alle dar in der Form: a Waare A = x Gold; b Waare B = z Gold, c Waare C = y Gold u. s. w., wo a, b, c bestimmte Masse der Waarenarten A, B, C, x, z, y bestimmte Masse des Goldes. Die Waaren*werthe* sind daher verwandelt in *vorgestellte Goldquanta* von verschiedner Größe, also, trotz der wirren Buntheit der Waarenkörper, in *gleichnamige Größen, Gold*größen. Verschiedne Goldquanta, weil gleichnamige Größen, vergleichen und messen sich unter einander, indem sie auf ein *fixirtes* Quantum Gold als ihre *Maßeinheit* bezogen werden. Diese Maßeinheit selbst wird durch weitere Eintheilung in aliquote Theile zum *Maßstab* fortentwickelt. Solche Maßstäbe besaßen Gold, Silber, Kupfer bereits in ihren *Metallgewichten,* bevor sie Geld wurden. Ihr vorgefundener metallischer Gewichtmaßstab dient daher ursprünglich auch stets in ihrer Geldfunktion.

Die *Geldnamen* der Metallgewichte trennen sich jedoch nach und nach von ihren ursprünglichen *Gewichtnamen* aus verschiedenen Gründen, darunter ¦ historisch entscheidend: 1) *Einführung fremden Geldes* bei minder entwickelten Völkern, wie z. B. im alten Rom Silber- und Goldmünzen zuerst als ausländische Waaren circulirten. Die Namen dieses fremden Gelds sind von den einheimischen Gewichtnamen verschieden. 2) Mit der Entwicklung des Reichthums wird das minder

ben Jahre sein Glück durch Puff-Recepte, die der Bourgeoisie und Aristokratie Fettüberflusseslast abzutreiben versprachen.

edle Metall durch das edlere aus der Funktion des Werthmaßes verdrängt, Kupfer durch Silber, Silber durch Gold, so sehr diese Reihenfolge aller poetischen Chronologie widersprechen mag[46a]. *Pfund* war nun z. B. Geldname für ein wirkliches Pfund Silber. Sobald Gold das Silber als Werthmaß verdrängt, hängt sich derselbe Name vielleicht an $1/15$ u. s. w. Pfund Gold, je nach dem Werthverhältniß von Gold und Silber. Pfund als Geldname und als gewöhnlicher Gewichtname des Goldes sind jetzt getrennt. 3) Die Jahrhunderte lang fortgesetzte *Geldfälschung der Fürsten*, welche vom ursprünglichen Gewicht der Geldmünzen in der That nur den Namen zurückließ. |

Diese historischen Prozesse machen die Trennung des Geldnamens der Metallgewichte von ihrem gewöhnlichen Gewichtnamen zur Volksgewohnheit. Bei definitiver Reglung des Geldmaßstabs, die einerseits rein conventionell ist, andrerseits gesetzlicher Allgemeinheit und Zwangsgültigkeit bedarf, versteht es sich zuletzt von selbst, daß die Staatsautorität einen bestimmten Gewichttheil des edlen Metalls, z. B. eine Unze Gold, als Gewichteinheit fixirt und diese abtheilt in aliquote Theile, denen sie beliebige legale Taufnamen beilegt, wie Pfund, Thaler u. s. w. Solcher aliquote Theil, der dann als die eigentliche Maßeinheit des Geldes gilt, wird weiter getheilt und untergetheilt in andre aliquote Theile, die ihrerseits gesetzliche Taufnamen erhalten, wie Shilling, Penny u. s. w. Nach wie vor bleiben bestimmte Metallgewichte Maßstab des Metallgelds. Was sich geändert, ist Eintheilung und Namengebung.

Die Waaren verwandeln Gold in das *Maß der Werthe*, indem sie allseitig ihre Werthe in ihm ausdrücken. So erhalten ihre Werthgrößen die Form der *Preise* oder *vorgestellter Goldquanta*. Diese Verwandlung von Werth in Preis einmal vollbracht, wird es technisch nothwendig, das *Maß der Werthe* weiter zu bestimmen zum *Maßstab der Preise*. Beide Funktionen sind durchaus verschieden. Als Maßstab der Preise kann und muß ein bestimmtes Quantum Gold *fixirt* werden, grade wie der Maßstab andrer gleichnamiger Größen. Der *Werthwechsel* des Goldes ändert nichts am Werthverhältniß seiner verschiednen Gewichttheile unter einander und die gesetzlich fixirten Taufnamen dieser Theile ändern nichts an ihrem Gewicht. Der Maßstab der Preise mißt aber nur verschiedne Quanta Gold an einem fixirten Goldquantum, nicht *den Werth* eines Goldquantums durch das *Gewicht* des andern. ¦

46a Sie ist übrigens auch nicht von allgemein historischer Gültigkeit.

Der *Werthwechsel* des Goldes verhindert auch nicht seine Funktion als *Werthmaß*. Er trifft alle Waaren gleichzeitig, läßt also, caeteris paribus, ihre wechselseitigen relativen Werthe *unverändert*, obgleich sie sich nun *alle* in höheren oder niedrigeren Goldpreisen als zuvor ausdrücken.

Die Waaren stellen ihre Werthe jetzt nicht nur *gleichnamig* als Gold, sondern in denselben gesellschaftlich gültigen *Rechennamen* des Goldmaßstabs, wie Pfd. St., s., d. u. s. w., dar. Das Geld dient als *Rechengeld*, so oft es gilt eine Sache als Werth und daher in Geldform zu fixiren. |

Der *Name* einer Sache ist ihrer Natur ganz äußerlich und daher erlischt auch ihre Begriffsbestimmung in ihm. Ich weiß nichts vom Menschen, wenn ich weiß, daß ein Mensch Jakobus heißt. Ebenso verschwindet in den *Geldnamen* Pfund, Thaler, Frank, Dukat u. s. w. jede Spur des Werthverhältnisses. Die Wirre über den Geheimsinn dieser kabbalistischen Zeichen ist um so größer als die Geldnamen zugleich den *Werth* der Waaren und aliquote Theile eines *Goldgewichts*, des Geldmaßstabs, und das eine nur darstellen, weil das andre[47]. Andrerseits ist es nothwendig, daß der *Werth* im Unterschied von den bunten Körpern der Waaren sich zu dieser begriffslos sachlichen, aber auch einfach gesellschaftlichen Form fortentwickle.

Der Preis ist der *Geldname* der in der Waare vergegenständlichten Arbeitszeit. Die *Aequivalenz* der Waare und des Geldquantums, dem ihr Preis sie gleichsetzt, ist daher eine *Tautologie*[48], wie ja überhaupt der

47 Vgl. „Theorieen von der Maßeinheit des Geldes“ in *„Zur Kritik der pol. Oekon.* etc.“, p. 53 sqq. Die Phantasien über Erhöhung oder Erniedrigung des *„Münzpreises“*, die darin besteht, die gesetzlichen Geldnamen für gesetzlich fixirte Gewichttheile Gold oder Silber auf größere oder kleinere Gewichttheile von Staatswegen zu übertragen und demgemäß auch etwa ¼ Unze Gold statt in 20 künftig in 40 sh. zu prägen – diese Phantasien, soweit sie nicht ungeschickte Finanzoperationen gegen Staats- und Privatgläubiger, sondern ökonomische „Wunderkuren“ bezwecken, hat *Petty* so erschöpfend behandelt in *„Quantulumcumque concerning Money. To the Lord Marquis of Halifax.* 1682“, daß schon seine unmittelbaren Nachfolger, *Sir Dudley North* und *John Locke*, von Späteren gar nicht zu reden, ihn nur verflachen konnten. “If the wealth of a nation”, sagt er u. A., “could be decupled by a Proclamation, it were strange that such proclamations have not long since been made by our Governors.” (l. c. p. 36)

48 «Ou bien, il faut consentir à dire *qu'une valeur* d'un million en argent *vaut plus* qu'une *valeur égale* en marchandises.» (*Le Trosne* l. c. p. 919), also «qu'une valeur … vaut plus qu'une valeur égale».

relative *Werthausdruck einer Waare* stets der Ausdruck der *Aequivalenz zweier Waaren* ist. Wenn aber der Preis als Exponent der Werthgröße der Waare Exponent ihres Austauschverhältnisses mit Geld ist, so folgt nicht umgekehrt, daß der Exponent ihres *Austauschverhältnisses mit Geld* nothwendig der Exponent ihrer *Werthgröße* ist. Gesellschaftlich nothwendige Arbeitszeit | von gleicher Größe stelle sich in 1 Quarter Weizen und in 2 Pfd. St. (ungefähr ½ Unze Gold) dar. Die 2 Pfd. St. sind Geldausdrücke der Werthgröße des Quarter Weizen, oder sein *Preis.* Erlauben nun die Umstände, ihn zu 3 Pfd. St., oder zwingen sie ihn zu 1 Pfd. St. zu notiren, so sind 1 Pfd. St. und ¦ 3 Pfd. St. als Ausdrücke der Werth*größe* des Weizens zu klein oder zu groß, aber sie sind dennoch *Preise* desselben, denn erstens sind sie seine *Werthform,* Geld, und zweitens Exponente seines Austauschverhältnisses mit Geld. Bei gleichbleibenden Produktionsbedingungen oder gleichbleibender Produktivkraft der Arbeit muß nach wie vor zur Reproduktion des Quarter Weizen *gleich viel gesellschaftliche Arbeitszeit* verausgabt werden. Dieser Umstand hängt weder vom Willen des Weizenproduzenten noch der andern Waarenbesitzer ab. Die Werthgröße der Waare drückt also ein *nothwendiges,* ihrem Bildungsprozeß *immanentes* Verhältniß zur gesellschaftlichen Arbeitszeit aus. Mit der Verwandlung der Werthgröße in Preis erscheint dieß nothwendige Verhältniß als Austauschverhältniß der Waare mit einer andern außer ihr existirenden Waare. Diese Form kann aber ebensowohl die Werthgröße der Waare als das zufällige Verhältniß ausdrücken, worin sie unter gegebnen Umständen veräußerlich ist. Die *Möglichkeit quantitativer Incongruenz* zwischen Preis und Werthgröße, oder der Abweichung des Preises von der Werthgröße, ist also in der *Preisform selbst* gegeben. Es ist dieß kein Mangel dieser Form, sondern macht sie umgekehrt zur adäquaten Form einer Produktionsweise, worin sich die Regel nur als blindwirkendes Durchschnittsgesetz der Regellosigkeit durchsetzen kann.

Die *Preisform* läßt jedoch nicht nur die Möglichkeit *quantitativer* Incongruenz zwischen Werthgröße und Preis, d. h. zwischen der Werthgröße und ihrem eignen Geldausdruck zu, sondern kann einen *qualitativen* Widerspruch beherbergen, so daß der Preis überhaupt aufhört, *Werth*ausdruck zu sein, obgleich Geld nur die *Werthform* der Waaren ist. Dinge, die an und für sich keine Waaren sind, z. B. Gewissen, Ehre u. s. w., können ihren Besitzern gegen Geld veräußerlich sein und so durch ihren Preis die *Waarenform* erhalten. Ein Ding kann daher

formell einen *Preis* haben, ohne einen *Werth* zu haben. Der Preisausdruck wird hier *imaginär*, wie gewisse Größen der Mathematik oder das „unendliche Urtheil" der Logik. Wo wir jedoch für | wesentliche 131
Produktionsverhältnisse derartige *imaginäre Preisform* finden, wie z. B. *Preis des Grund und Bodens*, obgleich der Boden, weil keine menschliche Arbeit in ihm vergegenständlicht ist, auch *keinen Werth* hat, wird die tiefere Analyse unter der imaginären Form stets ein wirkliches Werthverhältniß oder von ihm abgeleitete Beziehung verborgen finden.

Doch kehren wir zurück zum normalen Waarenpreis, der uns hier allein noch bekannt ist. Der Preis ist die *nur ideelle Werthgestalt* der Waare. Er drückt also zugleich aus, daß sie noch nicht *reelle* Werthgestalt besitzt oder daß ihre Naturalform *nicht* ihre allgemeine Aequivalentform ist. Die ideelle Werthgestalt der Waare ist ferner *Preis*, d. h. nur *vorgestellte* oder *ideelle Goldgestalt*. Er drückt also aus, daß, um die Wirkung eines Tauschwerths ¦ oder allgemeinen Aequivalents auf andre Waaren auszuüben, sie ihren natürlichen Leib abstreifen, sich aus nur vorgestelltem Gold in wirkliches Gold verwandeln muß, obgleich diese Transsubstantiation ihr „saurer" ankommen mag als dem hegel'schen „Begriff" der Uebergang aus der Nothwendigkeit in die Freiheit oder einem Hummer das Sprengen seiner Schale, oder dem Kirchenvater Hieronymus das Abstreifen des alten Adam[49]. Neben ihrer *reellen* Gestalt, Eisen z. B., kann die Waare im Preis *ideelle* Werthgestalt oder *vorgestellte* Goldgestalt besitzen, aber sie kann nicht zugleich wirklich Eisen und wirklich Gold sein. Für ihre Preisgebung genügt es, vorgestelltes Gold ihr *gleichzusetzen*. Durch Gold ist sie zu *ersetzen*, damit sie ihrem Besitzer den Dienst eines allgemeinen Aequivalents leiste. Träte der Besitzer des Eisens z. B. dem Besitzer einer weltlustigen Waare gegenüber, und verwiese ihn auf den Eisen*preis*, der Geld*form* sei, so würde der Weltlustige antworten, wie im Himmel der heilige Petrus dem Dante, der ihm die Glaubens*formeln* hergesagt: |

49 Wenn Hieronymus in seiner Jugend viel mit dem materiellen Fleisch zu ringen hatte, wie sein Wüstenkampf mit schönen Frauenbildern zeigt, so im Alter mit dem geistigen Fleisch. „Ich glaubte mich", sagt er z. B., „im Geist vor dem Weltrichter." „Wer bist du?" fragte eine Stimme. „Ich bin ein Christ." „Du lügst", donnerte der Weltrichter. *„Du bist nur ein Ciceronianer!"*

«Assai bene è trascorsa
D'esta moneta già la lega e'l peso,
Ma dimmi se tu l'hai nella tua borsa.»

Die Preisform schließt die Veräußerlichkeit der Waaren gegen Geld und die Nothwendigkeit dieser Veräußerung ein. Die Preisbestimmung der Waaren hat andrerseits eine im Austauschprozeß befindliche Waare, das Gold, bereits zu Geld gemacht. Im ideellen *Maß der Werthe* lauert daher das harte Geld.

B. *Circulationsmittel.*

a) Die Metamorphose der Waaren.

Man sah, daß der Austauschprozeß der Waaren widersprechende und einander ausschließende Beziehungen einschloß. Die Entwicklung der Waare, die wir eben betrachtet, hebt diese Widersprüche nicht auf, aber sie schafft die *Form,* worin sie sich bewegen können. Dieß ist
132 überhaupt die Methode, wodurch sich wirkliche Widersprüche lösen. Es ist z. B. ein Widerspruch, daß ein Körper beständig in einen andern fällt und eben so beständig von ihm weg flieht. Die Ellipse ist eine der Bewegungsformen, worin dieser Widerspruch sich eben so sehr verwirklicht als löst. ¦

Soweit der Austauschprozeß der Waaren sie aus der Hand, worin sie *Nicht-Gebrauchswerthe,* in die Hand überträgt, worin sie *Gebrauchswerthe,* ist er *gesellschaftlicher Stoffwechsel.* Das Produkt einer nützlichen Arbeitsweise ersetzt das der andern. Einmal angelangt zur Stelle, wo sie als Gebrauchswerth gilt, dient die Waare als Gebrauchsgegenstand oder fällt in die Sphäre der Consumtion aus der Sphäre des Waarenaustauschs. Letztre allein interessirt uns hier. Wir haben also den ganzen Prozeß nach der Formseite zu betrachten, also nur den *Formwechsel* oder die *Metamorphose der Waaren,* welche den gesellschaftlichen Stoffwechsel vermittelt.

Die durchaus mangelhafte Auffassung dieses Formwechsels, der Funktionen des Geldes, der verschiednen Formbestimmtheiten, die das Geld aus seinen verschiednen Funktionen schöpft, ist, abgesehn von Unklarheit über den Werthbegriff selbst, dem Umstand geschuldet, daß jeder Formwechsel *einer* Waare sich im Austausch *zweier* Waaren, der Waare und der Geldwaare, darstellt. Hält man an diesem *stofflichen* Moment, dem Austausch von Waare und Gold, allein fest, | so übersieht man grade, was man sehn soll, nämlich was sich mit der *Form* zuträgt. Man übersieht, daß die Bestimmung des Goldes als Geld bereits eine Formbestimmung ist, die ihm nicht als bloßer Waare gehört, daß die andern Waaren sich in ihren Preisen selbst auf das Gold als ihre *eigne Geldgestalt* beziehn, und daß es seinerseits nur die allgemeine unmittelbare Aequivalentform erhält, weil die Waaren überhaupt sich eine allgemeine relative Werthform geben müssen.

Die Waaren gehn zunächst unvergoldet, unverzuckert, wie der Kamm ihnen gewachsen ist, den Austauschprozeß ein. Er produzirt *die Ver-* 133
dopplung der Waare in Waare und Geld, ein äußerer Gegensatz, worin sie ihren immanenten Gegensatz von Gebrauchswerth und Tauschwerth darstellen. In diesem Gegensatz treten die *Waaren als Gebrauchswerthe* dem *Geld als Tauschwerth* gegenüber. Andrerseits sind beide Seiten des Gegensatzes *Waaren*, also *Einheiten von Gebrauchswerth und Werth*. Aber diese Einheit von Unterschieden stellt sich auf jedem der beiden Pole *umgekehrt* dar und stellt dadurch zugleich deren Wechselbeziehung dar. Die Waare ist *reell* Gebrauchswerth, ihr Werthdasein erscheint *nur ideell im Preis*, der sie auf das gegenüberstehende *Gold* als *ihre reelle Werthgestalt* bezieht. Umgekehrt gilt das Goldmaterial nur als *Werthmateriatur, Geld*. Es ist *reell* daher *allgemeines Aequivalent, Tauschwerth*. Sein *Gebrauchswerth* erscheint nur noch *ideell* in der Reihe der relativen Werthausdrücke, worin es sich auf die gegenüberstehenden Waaren als den *Umkreis seiner reellen Gebrauchsgestalten* bezieht. Diese gegensätzlichen Formen der Waaren sind die *wirklichen Bewegungsformen* 134
ihres *Austauschprozesses*.

Begleiten wir nun irgend einen Waarenbesitzer, unsern altbekannten Leinweber z. B., zur Scene des Austauschprozesses, dem Waaren*markt*. ¦ Seine Waare, 20 Ellen Leinwand, ist *preisbestimmt*. Ihr Preis ist 2 Pfd. St. Er tauscht sie aus gegen 2 Pfd. St., und, Mann von altem Schrot und Korn, tauscht die 2 Pfd. St. wieder aus gegen eine Familienbibel vom selben Preis. Die Leinwand, für ihn nur Waare, Werth*träger*, wird entäußert gegen Gold, ihre Werthgestalt, und aus dieser Gestalt rückveräußert gegen eine andere Waare, die Bibel, die aber als Gebrauchsgegenstand in's Weberhaus wandern und dort Erbauungsbedürfnisse befrie|digen soll. Der Austauschprozeß der Waare vollzieht sich also *in zwei entgegengesetzten und einander ergänzenden Metamorphosen – Verwandlung der Waare* *in Geld und ihre Rückverwandlung aus Geld in Waare*[50]. Die Momente der Waarenmetamorphose sind zugleich *Händel* des Waarenbesitzers – *Verkauf*, Austausch der Waare mit Geld, *Kauf*, Austausch des Gelds mit Waare, und Einheit beider Akte: *Verkaufen um zu kaufen.*

Besieht sich der Leinweber nun das Endresultat des Handels, so besitzt er Bibel statt Leinwand, statt seiner ursprünglichen Waare eine andre vom selben Werth, aber verschiedner Nützlichkeit. In gleicher Weise eignet er sich seine verschiednen Lebens- und Produktionsmittel an. *Von seinem Standpunkt* vermittelt der ganze Prozeß, die Geldwerdung der Leinwand und die Waarenwerdung des Geldes, Verkauf und Kauf, nur den Austausch seines Arbeitsprodukts mit fremdem Arbeitsprodukt, den Produktenaustausch.

Der Austauschprozeß der Waare vollzieht sich also in folgendem Formwechsel:

Waare-Geld-Waare.
W-G-W.

Nach ihrem stofflichen Inhalt ist die Bewegung W-W, Austausch von Waare gegen Waare, Stoffwechsel der gesellschaftlichen Arbeit, in dessen Resultat der Prozeß selbst erlischt.

W-G. *Erste Metamorphose der Waare* oder *Verkauf*: Das Ueberspringen des Waaren*werths* aus dem Waarenleib in den Goldleib ist, wie ich es anderswo bezeichnet, der salto mortale der Waare. Mißlingt er, so ist zwar nicht die Waare geprellt, wohl aber der Waarenbesitzer. Die gesellschaftliche Theilung der Arbeit macht seine Arbeit ebenso einseitig als seine Bedürfnisse vielseitig. Eben deßwegen dient ihm sein Produkt nur als *Tauschwerth, allgemeines Aequivalent.* Allgemeine, gesellschaftlich gültige Aequivalentform erhält es | aber nur im Geld und das Geld befindet sich in fremder Tasche. Um es herauszuziehn, muß die Waare vor allem *Gebrauchswerth* für den Geldbesitzer sein, die auf sie verausgabte Arbeit also in gesellschaft¦lich nützlicher Form verausgabt sein oder sich als Glied der *gesellschaftlichen Theilung der Arbeit* bewähren. Aber die Theilung der Arbeit ist ein *naturwüchsiger Produktionsorga-*

50 „Ἐκ δὲ τοῦ … πυρός τ' ἀνταμείβεσθαι πάντα, φησὶν ὁ Ἡράκλειτος, καὶ πῦρ ἁπάντων, ὥςπερ χρυσοῦ χρήματα καὶ χρημάτων χρυσός.“ (*F. Lassalle: „Die Philosophie Herakleitos des Dunkeln. Berlin* 1858“, Bd. I, p. 222.) Lassalle's Note zu dieser Stelle, p. 224, n. 3, erklärt das Geld unrichtig für bloßes Werthzeichen.

nismus, dessen Fäden hinter dem Rücken der Waarenproducenten 135
gewebt wurden und sich fortweben. Vielleicht ist die Waare Produkt einer neuen Arbeitsweise, die ein neu aufgekommenes Bedürfniß zu befriedigen vorgiebt oder auf eigne Faust ein Bedürfniß erst hervorrufen will. Gestern noch eine Funktion unter den vielen Funktionen eines und desselben Waarenproducenten, reißt sich eine besondre Arbeitsverrichtung heute vielleicht los von diesem Zusammenhang, verselbstständigt sich und schickt eben deßwegen ihr *Theilprodukt als selbstständige Waare* zu Markt. Die Umstände mögen reif oder unreif sein für diesen Scheidungsprozeß. Das Produkt befriedigt heute ein gesellschaftliches Bedürfniß. Morgen wird es vielleicht ganz oder theilweise von einer ähnlichen Produktenart aus seinem Platze verdrängt. Ist auch die Arbeit, wie die unsres Leinwebers, patentirtes Glied der gesellschaftlichen Arbeitstheilung, so ist damit noch keineswegs der Gebrauchswerth grade *seiner* 20 Ellen Leinwand garantirt. Wenn das gesellschaftliche Bedürfniß für Leinwand, und es hat sein Maß, wie alles andre, bereits durch nebenbuhlerische Leinweber gesättigt ist, wird das Produkt unsres Freundes überschüssig, überflüssig und damit nutzlos. Einem geschenkten Gaul sieht man nicht ins Maul, aber er beschreitet nicht den Markt, um Präsente zu machen. Gesetzt aber der Gebrauchswerth seines Produkts bewähre sich und Geld werde daher angezogen von der Waare. Aber nun fragt sich's, wie viel Geld? Die Antwort ist allerdings schon anticipirt im Preis der Waare, dem Exponenten ihrer Werthgröße. Wir sehn ab von etwaigen rein subjektiven Rechenfehlern des Waarenbesitzers, die auf dem Markt sofort objectiv corrigirt werden. Er soll auf sein Produkt nur den gesellschaftlich nothwendigen Durchschnitt von Arbeitszeit verausgabt haben. Der Preis der Waare ist also nur Geldname des in ihr vergegenständlichten Quantums gesellschaftlicher Arbeit. Aber ohne Erlaubniß und hinter dem Rücken unsres Leinwebers geriethen die altverbürgten Produktionsbedingungen der Leinweberei in Gährung. Was gestern zweifelsohne gesellschaftlich nothwendige Ar|beitszeit zur Produktion einer Elle Leinwand war, hört heute auf es zu sein, wie der Geldbesitzer eifrigst demonstrirt aus den Preisquotationen verschiedner Nebenbuhler unsres Freundes. Zu seinem Unglück giebt's viele Weber auf der Welt. Gesetzt endlich jedes auf dem Markt vorhandne Stück Leinwand enthalte nur gesellschaftlich nothwendige Arbeitszeit. Trotzdem kann die Gesammtsumme dieser Stücke überflüssig verausgabte Arbeitszeit enthalten. Vermag der Markt-

magen das Gesammtquantum Leinwand, zum Normalpreis von 2 Sh. per Elle, nicht zu absorbiren, so beweist das, daß ein zu großer Theil der gesellschaftlichen Gesammtarbeitszeit in der Form der ¦ Leinweberei verausgabt wurde. Die Wirkung ist dieselbe als hätte jeder einzelne Leinweber mehr als die gesellschaftlich nothwendige Arbeitszeit auf sein individuelles Produkt verwandt. Hier heißt's: Mitgefangen, mitgehangen. Alle Leinwand auf dem Markt gilt nur als *ein* Handelsartikel, jedes Stück nur als aliquoter Theil. Und in der That ist der Werth jeder individuellen Elle ja auch nur die Materiatur desselben gesellschaftlich bestimmten Quantums gleichartiger menschlicher Arbeit.

Man sieht, die Waare liebt das Geld, aber „the course of true love runs never smooth". Ebenso naturwüchsig zufällig, wie die *qualitative*, ist die *quantitative* Gliederung des gesellschaftlichen Produktionsorganismus, der seine membra disjecta im System der Theilung der Arbeit darstellt. Unsere Waarenbesitzer entdecken daher, daß dieselbe Theilung der Arbeit, die sie zu *unabhängigen Privatproducenten*, den gesellschaftlichen Produktionsprozeß und ihre Verhältnisse in diesem Prozeß *von ihnen selbst unabhängig macht*, daß die Unabhängigkeit der Personen von einander sich in einem System allseitiger sachlicher Abhängigkeit ergänzt.

136

Die Theilung der Arbeit verwandelt das Arbeitsprodukt in Waare und macht dadurch seine Verwandlung in Geld nothwendig. Sie macht es zugleich zufällig, ob diese Transsubstantiation gelingt. Hier ist jedoch das Phänomen *rein* zu betrachten, sein normaler Vorgang also vorauszusetzen. Wenn es übrigens überhaupt vorgeht, die Waare also nicht unverkäuflich ist, findet stets ihr *Formwechsel* statt, obgleich abnormal in diesem Formwechsel Substanz – Werthgröße – eingebüßt oder zugesetzt werden mag.

Dem einen Waarenbesitzer ersetzt Gold seine Waare und dem an-|dern Waare sein Gold. Das *sinnfällige* Phänomen ist der *Hände- oder Stellenwechsel* von Waare und Gold, von 20 Ellen Leinwand und 2 Pfd. St., d. h. ihr *Austausch*. Aber *womit* tauscht sich die Waare aus? Mit ihrer eignen allgemeinen Werthgestalt. Und womit das Gold? Mit einer *besondern* Gestalt seines Gebrauchswerths. Warum tritt *Gold* der Leinwand als *Geld* gegenüber? Weil ihr *Preis* von 2 Pfd. St. oder ihr Geldname sie bereits auf *Gold als Geld* bezieht. Die *Entäußerung* der ursprünglichen Waarenform vollzieht sich durch die *Veräußerung* der Waare, d. h. in dem Augenblicke, wo ihr Gebrauchswerth das in ihrem Preis nur vorge-

137

stellte Gold wirklich anzieht. Die *Realisierung des Preises* oder der nur ideellen Werthform der Waare ist daher zugleich umgekehrt Realisirung des nur ideellen Gebrauchswerths des Geldes, die Verwandlung von Waare in Geld zugleich Verwandlung von Geld in Waare. Der *eine* Prozeß ist *zweiseitiger Prozeß*, vom Pol des Waarenbesitzers *Verkauf*, vom Gegenpol des Geldbesitzers Kauf. Oder *Verkauf ist Kauf*, W-G zugleich G-W[51].¦

Wir kennen bisher kein andres ökonomisches Verhältniß der Menschen zu einander außer dem von Waarenbesitzern, ein Verhältniß, worin sie fremdes Arbeitsprodukt nur aneignen, indem sie eignes entfremden. Einem Waarenbesitzer kann der andre daher nur als Geldbesitzer gegenübertreten, entweder weil sein Arbeitsprodukt *von Natur* die Geldform besitzt, also Geldmaterial ist, Gold u. s. w., oder weil seine eigne Waare sich bereits gehäutet und ihre ursprüngliche Gebrauchsform abgestreift hat. Um als Geld zu funktioniren, muß das Gold natürlich an irgend einem Punkt in den Waarenmarkt eintreten. Dieser Punkt liegt an seiner Produktionsquelle, wo es sich als unmittelbares Arbeitsprodukt mit anderm Arbeitsprodukt von demselben Werth austauscht. Aber von diesem Augenblick funktionirt es nur als wirkliches Geld, weil es beständig *realisirter Waarenpreis ist*[52]. | Abgesehn vom Austausch des Golds mit Waare an seiner Produktionsquelle, ist das Gold in der Hand jedes Waarenbesitzers die entäußerte Gestalt seiner veräußerten Waare, Produkt des *Verkaufs* oder der *ersten Waarenmetamorphose* W-G[53]. Ideelles Geld oder *Werthmaß* wurde das Gold, weil alle Waaren ihre Werthe in ihm maßen und es so *vorstellungsweise* zu ihrer entäußerten Gebrauchsgestalt oder Werthgestalt machten. *Reelles Geld* wird es, weil die Waaren durch ihre allseitige Veräußerung es zu ihrer wirklich entäußerten oder verwandelten Gebrauchsgestalt und daher zu ihrer wirklichen Werthgestalt machen. In ihrer Werthgestalt streift die Waare jede Spur ihres naturwüchsigen Gebrauchswerths und der besondern

51 «Toute vente est achat» (Dr. *Quesnay: „Dialogues sur le Commerce et les Travaux des Artisans". Physiocrates, éd. Daire, I. Partie, Paris* 1846, p. 170), oder, wie Quesnay in seinen *„Maximes Générales"* sagt: «Vendre est acheter.»

52 « Le prix d'une marchandise ne pouvant pas être payé que par le prix d'une autre marchandise.» (*Mercier de la Rivière: „L'Ordre naturel et essentiel des sociétés politiques." Physiocrates, éd. Daire, II. Partie,* p. 554.)

53 «Pour avoir cet argent, il faut avoir vendu.» (l. c. p. 543.)

nützlichen Arbeit ab, welcher sie den Ursprung verdankt, um sich in die gleichförmige gesellschaftliche Materiatur unterschiedsloser menschlicher Arbeit zu verpuppen. Man sieht dem Geld daher nicht an, welchen Schlags die in es verwandelte Waare. Eine sieht in ihrer Geldform grade aus wie die andre. Geld mag daher Dreck sein, obgleich Dreck nicht Geld ist. Wir wollen annehmen, daß die zwei Goldfüchse, wogegen unser Leineweber seine Waare veräußert, die verwandelte Gestalt eines Quarters Weizen sind. Der Verkauf der Leinwand, W-G, ist zugleich ihr Kauf, G-W. Aber als *Verkauf der Leinwand* beginnt dieser Prozeß eine Bewegung, die mit seinem Gegentheil endet, mit dem *Kauf der Bibel;* als *Kauf der Leinwand* endet er eine Bewegung, die mit seinem Gegentheil begann, mit dem *Verkauf des Weizens.* W-G (Leinwand-Geld), die erste Phase von W-G-W (Leinwand-Geld-Bibel), ist zugleich G-W (Geld-Leinwand), die letzte Phase einer andern Bewegung W-G-W (Weizen-Geld-Leinwand). Die *erste Metamorphose einer Waare,* ihre Verwandlung aus der Waarenform in Geld, ist stets zugleich zweite ¦ *entgegengesetzte Metamorphose einer andern Waare,* ihre Rückverwandlung aus der Geldform in Waare[54]. |

G-W. *Zweite oder Schlußmetamorphose der Waare. Kauf.* – Weil die entäußerte Gestalt aller andern Waaren oder das Produkt ihrer allgemeinen Veräußerung, ist Geld *die absolut veräußerliche Waare.* Es liest alle Preise rückwärts und spiegelt sich so in allen Waarenleibern als dem hingebenden Material seiner eignen Waarenwerdung. Zugleich zeigen die Preise, die Liebesaugen, womit ihm die Waaren
138 winken, die *Schranke* seiner Verwandlungsfähigkeit, nämlich seine eigne *Quantität.* Da die Waare in ihrer Geldwerdung verschwindet, sieht man dem Geld nicht an, wie es in die Hände seines Besitzers gelangt oder *was* in es verwandelt ist. Non olet, wessen Ursprungs auch immer. Als *entäußerte Gestalt* steht es den Waaren, ihm als der *absolut veräußerlichen Waarengestalt* steht die Waarenwelt gegenüber[55].

54 Ausnahme, wie vorher bemerkt, bildet der Gold- resp. Silberproducent, der sein Produkt austauscht, ohne es vorher verkauft zu haben.

55 «Si l'argent représente, dans nos mains, les choses que nous pouvons désirer *d'acheter,* il y représente aussi les choses que nous avons *vendues* pour cet argent.» (*Mercier de la Rivière* l. c. p. 586.)

G-W, der Kauf ist zugleich Verkauf, W-G, die letzte Metamorphose einer Waare daher zugleich die erste Metamorphose einer andern Waare. Für unsern Leinweber schließt der Lebenslauf seiner Waare mit der Bibel, worin er die 2 Pfd. St. rückverwandelt hat. Aber der ursprüngliche Bibelbesitzer setzt die vom Leineweber gelösten 2 Pfd. St. in Kornbranntwein um. G-W, die Schlußphase von W-G-W (Leinwand-Geld-Bibel) ist zugleich W-G, die erste Phase von W-G-W (Bibel-Geld-Kornbranntwein). Da der Waarenproduzent nur ein einseitiges Produkt liefert, *verkauft* er es oft in größeren Massen, während seine vielseitigen Bedürfnisse ihn zwingen, den realisirten Preis oder die gelöste Geldsumme beständig in zahlreiche *Käufe* zu zersplittern. Ein *Verkauf* mündet daher in *viele Käufe* verschiedner Waaren. Die Schlußmetamorphose *einer* Waare bildet so eine *Summe von ersten Metamorphosen andrer Waaren.*

Betrachten wir nun die *Gesammtmetamorphose* einer Waare, z. B. der Leinwand, so sehn wir zunächst, daß sie aus zwei entgegengesetzten und einander ergänzenden Bewegungen besteht, W-G und G-W. Die zwei entgegengesetzten Wandlungen vollziehn sich in zwei entgegengesetzten gesellschaftlichen Prozessen des Waarenbesitzers und reflektiren sich in zwei entgegengesetzten ökonomischen *Charakteren* dessel|ben. Als Agent des Verkaufs wird er *Verkäufer*, als Agent
des Kaufs *Käufer*. Wie aber in jeder Wandlung der Waare ihre beiden 139
Formen, Waarenform und Geldform, gleichzeitig existiren, nur auf entgegengesetzten Polen, so steht demselben ¦ Waarenbesitzer als Verkäufer ein andrer Käufer und als Käufer ein andrer Verkäufer gegenüber. Wie dieselbe Waare die zwei umgekehrten Wandlungen successiv durchläuft, aus Waare Geld und aus Geld Waare wird, so wechselt derselbe Waarenbesitzer die Rollen von Verkäufer und Käufer. Es sind dieß also keine festen, sondern im Tauschprozeß der Waaren beständig die Person wechselnden Charaktere.

Die Gesammtmetamorphose einer Waare unterstellt, in ihrer ein- 140
fachsten Form, *vier Extreme* und *drei Personae dramatis.* Erst tritt der Waare das Geld als ihre *entäußerte* Gestalt gegenüber, die jenseits, in fremder Tasche, sachlich harte Realität besitzt. So tritt dem Waarenbesitzer ein Geldbesitzer gegenüber. Sobald die Waare nun in Geld verwandelt, wird letztres zu ihrer *verschwindenden Aequivalentform*, deren Gebrauchswerth oder Inhalt diesseits in andern Waarenkörpern existirt. Als Endpunkt der ersten Waarenwandlung ist das Geld zugleich

Ausgangspunkt der zweiten. So der Verkäufer im ersten Act Käufer im zweiten, wo ihm ein dritter Waarenbesitzer als Verkäufer gegenübertritt[56].

Die beiden umgekehrten Bewegungsphasen der Waarenmetamorphose bilden einen *Kreislauf*: Waarenform, Abstreifung der Waarenform, Rückkehr zur Waarenform. Allerdings ist *die Waare selbst* hier gegensätzlich bestimmt, am Ausgangspunkt Nicht-Gebrauchswerth, am Endpunkt Gebrauchswerth für ihren Besitzer, wie das Geld die Waare erst als festen Werthkrystall darstellt, um hinterher als ihre bloße Aequivalentform zu zerrinnen.

Die zwei Metamorphosen, die den Kreislauf *einer* Waare, bilden zugleich die umgekehrten Theilmetamorphosen *zweier andren Waaren.* Dieselbe Waare (Leinwand) eröffnet die Reihe ihrer eignen Metamorphosen und schließt die Gesammtmetamorphose einer andern Waare (des Weizens). Während ihrer ersten Wandlung, dem Verkauf, spielt | sie diese zwei Rollen in eigner Person. Als Goldchrysalide dagegen, worin sie selbst den Weg alles Fleisches wandert, endet sie zugleich die erste Metamorphose einer dritten Waare. Der Kreislauf, den die Metamorphosenreihe jeder Waare bildet, verschlingt sich also unentwirrbar mit den Kreisläufen andrer Waaren. Der Gesammtprozeß stellt sich dar als *Waarencirculation.*

Die Waarencirculation ist nicht nur formell, sondern wesentlich vom unmittelbaren Produktenaustausch unterschieden. Man werfe nur einen Rückblick auf den Vorgang. Der Leineweber hat unbedingt Leinwand mit Bibel vertauscht, eigne Waare mit fremder. Aber dieß Phänomen ist nur wahr für ihn. Der Bibelagent, der dem Kühlen Heißes vorzieht, dachte nicht daran, Leinwand für Bibel einzutauschen, wie der Leineweber nicht davon weiß, ¦ daß Weizen gegen seine Leinwand eingetauscht worden ist u. s. w. Die Waare des B ersetzt die Waare des A, aber A und B tauschen *nicht wechselseitig* ihre Waaren aus. Es kann in der That vorkommen, daß A und B wechselweis von einander kaufen, aber solche besondre Beziehung ist keineswegs durch die allgemeinen Verhältnisse der Waarencirculation bedingt. Einerseits sieht man hier, wie der Waarenaustausch die *individuellen und lokalen Schranken* des
141 unmittelbaren Produktenaustauschs durchbricht und den Stoffwechsel

[56] «Il y a donc … quatre termes et trois contractants, dont l'un intervient deux fois.» (*Le Trosne* l. c. p. 909.)

der menschlichen Arbeit entwickelt. Andrerseits entwickelt sich ein ganzer Kreis von den handelnden Personen uncontrolirbarer, gesellschaftlicher Naturzusammenhänge. Der Weber kann nur Leinwand verkaufen, weil der Bauer Weizen, Heißsporn nur die Bibel, weil der Weber Leinwand, der Destillateur nur gebranntes Wasser, weil der andre das Wasser des ewigen Lebens bereits *verkauft hat* u. s. w.

Der Circulationsprozeß erlischt deßwegen auch nicht, wie der unmittelbare Produktenaustausch, in dem Stellen- oder Händewechsel der Gebrauchswerthe. Das Geld verschwindet nicht, weil es schließlich aus der Metamorphosenreihe *einer* Waare herausfällt. Es schlägt immer nieder auf eine durch die Waaren geräumte Circulationsstelle. Z. B. in der Gesammtmetamorphose der Leinwand: *Leinwand-Geld-Bibel* fällt erst die Leinwand aus der Circulation, Geld tritt an ihre Stelle, fällt dann die Bibel aus der Circulation, Geld tritt an ihre Stelle. Der Ersatz von Waare durch Waare läßt zugleich an dritter Hand die Geldwaare hängen. Die Circulation schwitzt beständig Geld aus. |

Nichts kann alberner sein als das Dogma, die Waarencirculation bedinge ein nothwendiges Gleichgewicht der Verkäufe und Käufe, weil jeder Verkauf Kauf und vice versa. Meint dieß, daß die Zahl der wirklich vollzognen Verkäufe gleich derselben Zahl von Käufen, so ist es platte Tautologie. Aber es soll beweisen, daß der Verkäufer seinen eignen Käufer zu Markt führt. Verkauf und Kauf sind ein *identischer Act* als Wechselbeziehung *zweier polarisch entgegengesetzter Personen*, des 142
Waarenbesitzers und des Geldbesitzers. Sie bilden *zwei polarisch entgegengesetzte Akte* als Handlungen *derselben* Person. Die Identität von Verkauf und Kauf schließt daher ein, daß die Waare *nutzlos* wird, wenn sie, in die alchymistische Retorte der Circulation geworfen, nicht *als Geld* herauskommt, nicht vom Waarenbesitzer verkauft, also vom Geldbesitzer gekauft wird. Jene Identität enthält ferner, daß der Prozeß, wenn er gelingt, einen Ruhepunkt, einen Lebensabschnitt der Waare bildet, der länger oder kürzer währen kann. Da die *erste Metamorphose* der Waare zugleich Verkauf und Kauf, ist dieser Theilprozeß zugleich selbstständiger Prozeß. Der Käufer hat die Waare, der Verkäufer hat das Geld, d. h. eine Waare, die circulationsfähige Form bewahrt, ob sie früher oder später wieder auf dem Markt erscheine. Keiner ¦ kann verkaufen, ohne daß ein Andrer kauft. Aber keiner braucht unmittelbar zu kaufen, weil er selbst verkauft hat. Die Circulation sprengt die zeitlichen, örtlichen und individuellen Schranken des Produktenaustauschs eben dadurch, daß

sie die hier vorhandne *unmittelbare Identität* zwischen dem Austausch des eignen und dem Eintausch des fremden Arbeitsprodukts in den *Gegensatz* von Verkauf und Kauf *spaltet.* Daß die selbstständig einander
143 gegenübertretenden Prozesse eine *innere Einheit* bilden, heißt eben so sehr, daß ihre innere Einheit sich *in äußeren Gegensätzen* bewegt. Geht die äußerliche Verselbstständigung der innerlich Unselbstständigen, weil einander ergänzenden, bis zu einem gewissen Punkt fort, so macht sich die Einheit gewaltsam geltend durch eine – *Krise.* Der der Waare immanente Gegensatz von Gebrauchswerth und Tauschwerth, von Privatarbeit, die sich zugleich als unmittelbar gesellschaftliche Arbeit darstellen muß, von besondrer konkreter Arbeit, die zugleich nur als abstrakt allgemeine Arbeit gilt, von Personificirung der Sache und Ver-
144 sachlichung der Personen – dieser immanente Widerspruch erhält in den Gegensätzen der | Waarenmetamorphose seine entwickelten *Bewegungsformen.* Diese Formen schließen daher die *Möglichkeit,* aber auch nur die Möglichkeit der Krisen ein. Die Entwicklung dieser Möglichkeit zur Wirklichkeit erfordert einen ganzen Umkreis von Verhältnissen,
145 die vom Standpunkt der einfachen Waarencirculation noch gar nicht existiren[57].

Als Vermittler der Waarencirculation erhält das Geld die Funktion des *Circulationsmittels.*

57 Vergleiche meine Bemerkungen über *James Mill: „Zur Kritik* etc." p. 74–76. Zwei Punkte sind hier charakteristisch für die Methode der ökonomistischen Apologetik. *Erstens* die Identificirung von Waarencirculation und unmittelbarem Produktenaustausch durch einfache *Abstraktion* von ihren Unterschieden. *Zweitens* der Versuch, die Widersprüche des *kapitalistischen Produktionsprozesses* wegzuleugnen, indem man die Verhältnisse seiner Produktionsagenten in die einfachen Beziehungen auflöst, die aus der Waarencirculation entspringen. Waarenproduktion und Waarencirculation sind aber Phänomene, die den verschiedensten Produktionsweisen angehören, wenn auch in verschiednem Umfang und Tragweite. Man weiß also noch nichts von der differentia specifica dieser Produktionsweisen und kann sie daher nicht beurtheilen, wenn man nur die ihnen gemeinschaftlichen, abstrakten Kategorien der Waarencirculation kennt. In keiner andern Wissenschaft außer der politischen Oekonomie herrscht ähnliche Wichtigthuerei mit elementarischer Gemeinplätzlichkeit. *Z. B. J. B. Say* nimmt sich heraus, über die *Krisen* abzuurtheilen, weil er weiß, daß die Waare *Produkt* ist.

b) Der Umlauf des Geldes.

Der Formwechsel, worin sich der Stoffwechsel der Arbeitsprodukte vollzieht, W-G-W, bedingt, daß derselbe Werth *als Waare* den Ausgangspunkt des Prozesses bildet und zu demselben Punkt zurückkehrt *als Waare.* Diese ¦ Bewegung der Waaren ist daher *Kreislauf.* Andrerseits schließt dieselbe Form den Kreislauf des Geldes aus. Ihr Resultat ist *beständige Entfernung des Geldes* von seinem Ausgangspunkt, nicht Rückkehr zu demselben. So lange der Verkäufer die verwandelte Gestalt seiner Waare festhält, das Geld, befindet sich die Waare im Stadium der ersten Metamorphose oder hat nur ihre erste Circulationshälfte zurückgelegt. Ist der Prozeß, *Verkaufen um zu kaufen,* vervollständigt, so ist auch das Geld wieder aus der Hand ihres ursprünglichen Besitzers entfernt. Allerdings, wenn der Leinweber, nachdem er die Bibel gekauft, von neuem Leinwand verkauft, kehrt auch das | Geld in seine Hand zurück. Aber es kehrt nicht zurück durch den Circulationsprozeß der ersten 20 Ellen Leinwand. Er hat es vielmehr aus den Händen des Leinwebers in die des Bibelverkäufers entfernt. Es kehrt nur zurück durch die *Erneuerung* oder Wiederholung desselben Circulationsprozesses für neue Waare, und endet hier wie dort mit demselben Resultat. Die dem Geld durch die Waarencirculation unmittelbar ertheilte Bewegungsform ist daher seine beständige Entfernung vom Ausgangspunkt, sein Lauf aus der Hand eines Waarenbesitzers in die eines andern, oder *sein Umlauf* (currency, cours de la monnaie).

Der Umlauf des Geldes zeigt beständige, eintönige Wiederholung *desselben* Prozesses. Die Waare steht stets auf Seite des Verkäufers, das Geld stets auf Seite des Käufers, als *Kaufmittel.* Es funktionirt als Kaufmittel, indem es den *Preis* der Waare *realisirt.* Indem es ihn realisirt, überträgt es die Waare aus der Hand des Verkäufers in die des Käufers, während es sich gleichzeitig aus der Hand des Käufers in die des Verkäufers entfernt, um denselben Prozeß mit einer andern Waare zu wiederholen. Daß diese einseitige Form der Geldbewegung aus der doppelseitigen Formbewegung der Waare entspringt, ist verhüllt. Die Natur der Waarencirculation selbst erzeugt den entgegengesetzten Schein. Die erste Metamorphose der Waare ist nicht nur als Bewegung des Geldes, sondern als ihre eigne Bewegung sichtbar, aber ihre zweite Metamorphose ist nur als Bewegung des Geldes sichtbar. In ihrer ersten Circulationshälfte wechselt die Waare den Platz mit dem Geld. Damit

fällt zugleich ihre Gebrauchsgestalt aus der Circulation heraus, in die Consumtion[58]. Ihre Werthgestalt oder Geldlarve tritt an ihre Stelle. Die zweite Circulationshälfte durchläuft sie nicht mehr in ihrer eignen Naturalhaut, sondern in ihrer Goldhaut. Die *Continuität* der Bewegung fällt damit ganz auf die Seite des Geldes und dieselbe Bewegung, die für
146 die Waare zwei entgegengesetzte Prozesse einschließt, schließt als *eigne Bewegung des Geldes* stets denselben Prozeß ein, seinen Stellenwechsel mit stets andrer ¦ Waare. Das Resultat der Waarencirculation, Ersatz von Waare | durch andre Waare, erscheint daher nicht durch ihren eignen Formwechsel vermittelt, sondern durch die *Funktion* des Geldes als *Circulationsmittel,* welches die an und für sich bewegungslosen Waaren circulirt, sie aus der Hand, worin sie Nicht-Gebrauchswerthe, in die Hand überträgt, worin sie Gebrauchswerthe, stets in entgegengesetzter Richtung zu seinem eignen Lauf. Es entfernt die Waaren beständig aus der Circulationssphäre, indem es beständig an ihre Circulationsstelle tritt und sich damit von seinem eignen Ausgangspunkt entfernt. Obgleich daher die Geldbewegung nur Ausdruck der Waarencirculation, erscheint umgekehrt die Waarencirculation nur als Resultat der Geldbewegung[59].

Andrerseits kommt dem Geld nur die Funktion des Circulationsmittels zu, weil es die verselbstständigte Werthgestalt der Waaren ist. Seine Bewegung als Circulationsmittel ist daher in der That nur ihre eigne Formbewegung. Diese muß sich daher auch sinnlich im Umlauf des Geldes wiederspiegeln. Der doppelte Formwechsel der Waare spiegelt sich wieder im *zweimaligen Stellenwechsel desselben Geldstücks,* wenn wir die Gesammtmetamorphose einer Waare, in der *mehrmaligen Wiederholung seines Stellenwechsels,* wenn wir die Verschlingung der zahllosen Metamorphosen in einander betrachten. Dieselben Geldstücke kommen *als entäußerte Gestalt der Waare* in die Hand des Verkäufers und verlassen sie als *absolut veräußerliche Gestalt der Waare.* Das Geld wirkt in derselben Weise als Kaufmittel, jedesmal gegenüber andrer

58 Selbst wenn die Waare wieder und wieder verkauft wird, ein Phänomen, das hier noch nicht für uns existirt, fällt sie mit dem letzten definitiven Verkauf aus der Sphäre der Circulation in die der Consumtion, um hier als Lebensmittel oder als Produktionsmittel zu dienen.

59 «Il (l'argent) n'a d'autre mouvement que celui qui est imprimé par les productions.» (*Le Trosne* l. c. p. 885.)

Waare, in beiden Prozessen. Aber ihr innerer Zusammenhang, oder die doppelte Formbestimmtheit, die es in beiden Prozessen für dieselbe Waare hat, erscheint in der doppelten und gegensätzlichen Bewegung, die denselben Geldstücken aufgedrückt wird. *Dieselben* 2 Pfd. St., die beim Verkauf der Leinwand aus der Tasche des Weizenbauers in die Tasche des Leinwebers einwandern, wandern von ihr aus beim Kauf der Bibel. Es ist doppelter Stellenwechsel, und die Leinwand oder ihren Repräsentanten als Centrum betrachtet, in entgegengesetzter Richtung, positiver bei Einnahme des Geldes, negativer bei seiner Ausgabe. Finden dagegen nur einseitige Waarenmetamorphosen statt, bloße Verkäufe oder bloße Käufe, wie man will, so wechselt das|selbe Geld auch nur einmal den Platz. Sein zweiter Stellenwechsel drückt stets die zweite Metamorphose der Waare aus, ihre Rückverwandlung aus Geld. Es versteht sich übrigens ganz von selbst, daß alles dieß nur für die hier betrachtete Form der einfachen Waarencirculation gilt.

Jede Waare, bei ihrem ersten Schritt in die Circulation, ihrem ersten Formwechsel, fällt aus der Circulation heraus, während stets neue Waare ¦ in sie eintritt. Das Geld dagegen als Circulationsmittel haust beständig in der Circulationssphäre und treibt sich beständig in ihr um. Es entsteht also die Frage, *wie viel Geld* diese Sphäre beständig absorbirt.

In einem Lande geht jeden Tag gleichzeitig, daher räumlich neben einander, eine ungeheure Anzahl einseitiger Waarenmetamorphosen vor, oder eine zahllose Masse zersplitterter Verkäufe, welche die von einander unabhängigen Waarenbesitzer vollziehen. In ihren Preisen sind die Waaren bereits bestimmten vorgestellten Geldquantis gleichgesetzt. Da nun die hier betrachtete, unmittelbare Circulationsform Waare und Geld einander stets leiblich gegenüberstellt, die eine auf den Pol des Verkaufs, das andre auf den Gegenpol des Kaufs, ist die für den Circulationsprozeß der Waarenwelt erheischte Masse von Circulationsmitteln bereits durch die *Preissumme* der Waaren bestimmt. In der That stellt das Geld nur reell die in der Preissumme der Waaren bereits ideell ausgedrückte Goldsumme dar. Die Gleichheit dieser Summen versteht sich daher von selbst. Wir wissen jedoch, daß bei gleichbleibenden Werthen der Waaren ihre Preise mit dem Werthe des Goldes (des Geldmaterials) selbst wechseln, verhältnißmäßig steigen, wenn er fällt, und fallen, wenn er steigt. Ob die Preissumme der Waaren so steige oder falle, die Masse des circulirenden Geldes muß gleichmäßig steigen oder fallen. Der Wechsel in der Masse der Circulationsmittel entspringt hier allerdings aus dem Geld selbst, aber *nicht aus seiner Funktion als Circulationsmittel, sondern aus seiner Funktion als Werthmaß.* Der Preis der Waaren wechselt erst *umgekehrt* wie der Werth des Geldes und dann wechselt die Masse der Circulationsmittel *direkt* wie der Preis der Waaren. Ganz dasselbe Phänomen würde sich ereignen, wenn z. B. nicht der Werth des Goldes sänke, sondern Silber es als Werthmaß ersetzte, oder nicht der Werth des Silbers stiege, sondern Gold es aus der Funktion des Werthmaßes verdrängte. In dem einen Fall müßte mehr Silber circuliren als vorher Gold, in dem andern weniger Gold als vorher | Silber. In beiden Fällen hätte sich der *Werth des Geldmaterials* verändert, d. h. der Waare, die als *Maß der Werthe* funktionirt, daher der Preisausdruck der Waarenwerthe, daher die Masse des circulirenden Geldes, das zur Realisirung dieser Preise dient. Man hat gesehn, daß die Circulationssphäre der Waaren ein Loch hat, wodurch Gold (Silber, kurz das Geldmaterial) in sie eintritt als *Waare von gegebnem Werth.* Dieser Werth ist vorausgesetzt bei der Funktion des Geldes als Werthmaß, also bei der Preisbestimmung. Sinkt nun z. B. der Werth des Werthmaßes selbst, so erscheint dieß zunächst im Preiswechsel der Waaren, die unmittelbar an den Produktionsquellen der edlen Metalle mit ihnen als Waaren ausgetauscht werden. Namentlich in minder entwickelten Zuständen der bürgerlichen Gesellschaft wird ein großer Theil der andern Waaren noch längere Zeit in dem nun illusorisch gewordnen, ver¦alteten Werth des Werthmaßes geschätzt werden. Indeß inficirt eine Waare die andre durch ihr relatives Werthverhältniß zu derselben, die Gold- oder Silberpreise der Waaren gleichen sich allmählig aus in den durch ihre Werthe selbst bestimmten Proportionen, bis schließlich alle Waarenwerthe dem neuen Werth des Geldmetalls entsprechend geschätzt werden. Dieser Ausgleichungsprozeß ist begleitet von dem fortwährenden Wachsthum der edlen Metalle, welche im Ersatz für die direkt mit ihnen ausgetauschten Waaren einströmen. In demselben Maß daher, worin die berichtigte Preisgebung der Waaren sich verallgemeinert, oder ihre Werthe dem neuen, gesunkenen und bis zu einem gewissen Punkt fortsinkenden Werth des Metalls gemäß geschätzt werden, ist auch bereits seine zu ihrer Realisirung nothwendige Mehrmasse vorhanden. Einseitige Beobachtung der Thatsachen, welche der Entdeckung der neuen Gold- und Silberquellen folgten, verleitete im 17. und namentlich im 18. Jahrhundert zum Trugschluß, die Waarenpreise seien gestiegen, weil mehr Gold und Silber als Circulationsmittel funktionirten. Im Folgenden wird der Werth des Goldes als *gegeben* vorausgesetzt, wie er in der That im Augenblick der Preisschätzung gegeben ist.

Unter dieser Voraussetzung also ist die Masse der Circulationsmittel durch die zu realisirende *Preissumme der Waaren* bestimmt. Setzen wir nun ferner den Preis jeder Waarenart als gegeben voraus, so hängt die *Preissumme* der Waaren offenbar von der in Circulation befindlichen *Waarenmasse* ab. Es gehört wenig Kopfbrechens dazu, um | zu begreifen, daß wenn 1 Quarter Weizen 2 Pfd. St., 100 Quarter 200 Pfd. St., 200 Quarter 400 Pfd. St. u. s. w. kosten, mit der Masse des Weizens daher die Geldmasse wachsen muß, die beim Verkauf den Platz mit ihm wechselt.

Die *Waarenmasse* als gegeben vorausgesetzt, fluthet die Masse des circulirenden Geldes auf und ab mit den *Preisschwankungen* der Waaren. Sie steigt und fällt, weil die *Preissumme* der Waaren in Folge ihres Preiswechsels zu- oder abnimmt. Dazu ist keineswegs nöthig, daß die Preise aller Waaren gleichzeitig steigen oder fallen. Die Preissteigerung einer gewissen Anzahl leitender Artikel in dem einen, oder ihre Preissenkung in dem andern Fall, reicht hin, um die zu realisirende *Preissumme* aller circulirenden Waaren zu erhöhn oder zu senken, also auch mehr oder weniger Geld in Circulation zu setzen. Ob der Preiswechsel der Waaren wirkliche Werthwechsel wiederspiegelt oder bloße Schwankungen der Marktpreise, die Wirkung auf die Masse der Circulationsmittel bleibt dieselbe.

Es sei gegeben eine Anzahl zusammenhangsloser, gleichzeitiger und daher räumlich neben einander fallender Verkäufe oder Theilmetamorphosen, z. B. von 1 Quarter Weizen, 20 Ellen Leinwand, 1 Bibel, 4 Gallons Kornbranntwein. Wenn der Preis jedes Artikels 2 Pfd. St., die zu realisirende Preissumme daher 8 Pfd. St., so muß eine Geldmasse von 8 Pfd. St. in die Circulation ¦ eingehn. Bilden dieselben Waaren dagegen Glieder der uns bekannten Metamorphosenreihe: 1 Quarter Weizen – 2 Pfd. St. – 20 Ellen Leinwand – 2 Pfd. St. – 1 Bibel – 2 Pfd. St. – 4 Gallons Kornbranntwein – 2 Pfd. St., so circuliren *dieselben 2 Pfd. St.* die verschiedenen Waaren der Reihe nach, indem sie deren Preise der Reihe nach, also auch die Preissumme von 8 Pfd. St. realisiren, um schließlich in der Hand des Destillateurs auszuruhn. Sie vollbringen *vier Umläufe.* Dieser wiederholte Stellenwechsel derselben Geldstücke stellt den doppelten Formwechsel der Waare dar, ihre Bewegung durch zwei entgegengesetzte Circulationsstadien und die Verschlingung der

Metamorphosen verschiedner Waaren[60]. Die gegensätzlichen und einander | ergänzenden Phasen, wodurch dieser Prozeß verläuft, können nicht räumlich neben einander fallen, sondern nur *zeitlich auf einander* folgen. Zeitabschnitte bilden daher das Maß seiner Dauer, oder die Anzahl der Umläufe derselben Geldstücke in gegebner Zeit mißt die *Geschwindigkeit des Geldumlaufs*. Der Circulationsprozeß jener vier Waaren dauere z. B. einen Tag. So ist die zu realisirende Preissumme: 8 Pfd. St., die Anzahl der Umläufe desselben Geldstücks während des Tags: 4 und die Masse des circulirenden Geldes: 2 Pfd. St., oder für einen gegebnen Zeitabschnitt des Circulationsprozesses:

$$\frac{\text{Preissumme der Waaren}}{\text{Umlaufsanzahl eines Geldstücks}} = \textit{Masse des als Circulationsmittel funktionirenden Geldes.}$$

Dies Gesetz gilt allgemein. Der Circulationsprozeß eines Landes in einem gegebnen Zeitabschnitt umfaßt zwar einerseits viele zersplitterte, gleichzeitige und räumlich neben einander fallende Verkäufe (resp. Käufe) oder Theilmetamorphosen, worin dieselben Geldstücke nur einmal die Stelle wechseln oder nur einen Umlauf vollziehn, andrerseits viele theils neben einander herlaufende, theils sich in einander verschlingende mehr oder minder gliederreiche Metamorphosenreihen, worin dieselben Geldstücke mehr oder minder zahlreiche Umläufe zurücklegen. Die Gesammtzahl der Umläufe aller *in Circulation befindlichen* gleichnamigen Geldstücke ergiebt jedoch die *Durchschnittsanzahl* der Umläufe des einzelnen Geldstücks oder die Durchschnittsgeschwindigkeit des Geldumlaufs. Die Geldmasse, die bei Beginn z. B. des täglichen Circulationsprozesses in ihn hineingeworfen wird, ist natürlich bestimmt durch die Preissumme der *gleichzeitig* und *räumlich neben einander* circulirenden Waaren. Aber innerhalb des Prozesses wird ein Geldstück so zu sagen für das andre verantwortlich gemacht. Beschleunigt das eine seine Umlaufsgeschwindigkeit, so erlahmt die des andern, oder ¦ es fliegt ganz aus der Circulationssphäre heraus, da diese nur eine Goldmasse absorbiren kann, welche multiplicirt mit der mittlern Umlaufsanzahl ihres einzelnen Elements gleich der zu realisirenden Preissumme ist. Wächst daher die Anzahl der Umläufe der Geldstücke,

60 «Ce sont les productions qui le (l'argent) mettent en mouvement et le font circuler … La célérité de son mouvement (sc. de l'argent) supplée à sa quantité. Lorqu'il en est besoin, il ne fait que glisser d'une main dans l'autre sans s'arrêter un instant.» (*Le Trosne* l. c. p. 915, 916.)

so nimmt ihre circulirende Masse ab. Nimmt die Anzahl ihrer Umläufe ab, so wächst ihre Masse. Weil die Masse des Geldes, die als Circulationsmittel funktioniren kann, bei gegebner Durchschnittsgeschwindigkeit gegeben ist, hat man daher z. B. nur eine bestimmte | Quantität von Ein-Pfund-Noten in die Cirkulation hinein zu werfen, um eben so viele Sovereigns hinaus zu werfen, ein allen Banken wohlbekanntes Kunststück.

Wie im Geldumlauf überhaupt nur der Circulationsprozeß der Waaren *erscheint*, so in der Geschwindigkeit des Geldumlaufs die Geschwindigkeit ihres Formwechsels, das continuirliche Ineinandergreifen der Metamorphosenreihen, die Hast des Stoffwechsels, das rasche Verschwinden der Waaren aus der Circulationssphäre und ihr ebenso rascher Ersatz durch neue Waaren. In der Geschwindigkeit des Geldumlaufs erscheint also die *flüssige Einheit* der entgegengesetzten und sich ergänzenden Phasen, Verwandlung der Gebrauchsgestalt in Werthgestalt und Rückverwandlung der Werthgestalt in Gebrauchsgestalt, oder der beiden Prozesse des Verkaufs und Kaufs. Umgekehrt erscheint in der Verlangsamung des Geldumlaufs die *Trennung* und *gegensätzliche Verselbstständigung* dieser Prozesse, die Stockung des Formwechsels und daher des Stoffwechsels. Woher diese Stockung entspringt, ist natürlich der Circulation selbst nicht anzusehn. Sie zeigt nur das Phänomen selbst. Der populären Anschauung, welche mit verlangsamtem Geldumlauf das Geld minder häufig auf allen Punkten der Circulationsperipherie erscheinen und verschwinden sieht, liegt es nah das Phänomen aus mangelnder Quantität der Circulationsmittel zu deuten[61]. ¦ |

[61] "Money being … the common measure of buying and selling, every body who has anything to sell, and cannot procure chapmen for it, is presently apt to think, that *want of money in the kingdom*, or country, is the cause why his goods do not go off; and so, want of money is the common cry; which is a great mistake … What do these people want, who cry out for money? … The Farmer complains … he thinks that were more money in the country, he should have a price for his goods. Then it seems money is not his want, but a Price for his corn and cattle, which he would sell, but cannot … why cannot he get a price? … 1) Either there is too much corn and cattle in the country, so that most who come to market have need of selling, as he has, and few of buying: or, 2) There wants the usual vent abroad by Transportation. … Or, 3) The consumption fails, as when men, by reason of poverty, do not spend so much in their houses as formerly

Das Gesammtquantum des in jedem Zeitabschnitt als Circulationsmittel functionirenden Geldes ist also bestimmt einerseits durch die *Preissumme* der circulirenden Waarenwelt, andrerseits durch den langsamern oder raschern Fluß ihrer gegensätzlichen Circulationsprozesse, von dem es abhängt, der wievielte Theil jener Preissumme durch *dieselben* Geldstücke realisirt werden kann. Die *Preissumme* der Waaren hängt aber ab sowohl von der *Masse* als den *Preisen* jeder Waarenart. Die drei Faktoren der *Preisbewegung*, der *circulirenden Waarenmasse* und endlich der *Umlaufsgeschwindigkeit* des Geldes können aber in verschiedner Richtung und verschiednen Verhältnissen wechseln, die zu *realisirende Preissumme*, daher die durch sie bedingte *Masse der Circulationsmittel*, also sehr zahlreiche Combinationen untergehn. Wir zählen hier nur die in der Geschichte der Waarenpreise wichtigsten auf.

Bei *gleichbleibenden Waarenpreisen* kann die Masse der Circulationsmittel wachsen, weil die Masse der circulirenden Waaren zunimmt oder die Umlaufsgeschwindigkeit des Geldes abnimmt, oder beides zusammenwirkt. Die Masse der Circulationsmittel kann umgekehrt abnehmen mit abnehmender Waarenmasse oder zunehmender Circulationsgeschwindigkeit.

Bei *allgemein steigenden Waarenpreisen* kann die Masse der Circulationsmittel gleichbleiben, wenn die Masse der circulirenden Waaren in demselben Verhältniß abnimmt, worin ihr Preis zunimmt, oder die Umlaufsgeschwindigkeit des Geldes eben so rasch zunimmt als

they did; wherefore it is not the increase of specifick money, which would at all advance the farmer's goods, but the removal of any of these three causes, which do truly keep down the market. The merchant and shopkeeper want money in the same manner, that is, they want a vent for the goods they deal in, by reason that the markets fail … a nation never thrives better, than when riches are tost from hand to hand." (*Sir Dudley North: „Discourses upon Trade.* Lond. 1691", p. 11–15 passim.) *Herrenschwand's* Schwindeleien kommen alle darauf hinaus, daß die aus der Natur der Waare entspringenden und daher in der Waarencirculation erscheinenden Widersprüche durch Vermehrung der Circulationsmittel beseitigt werden können. Aus der Volksillusion, welche Stockungen des Produktions- und Circulationsprozesses einem Mangel an Circulationsmitteln zuschreibt, folgt übrigens keineswegs umgekehrt, daß wirklicher Mangel an Circulationsmitteln, z. B. in Folge officieller Pfuschereien mit der „regulation of currency", nicht seinerseits Stockungen hervorrufen kann.

die Preiserhöhung, während die cirkulirende Waarenmasse constant bleibt. | Die Masse der Circulationsmittel kann fallen, weil die Waarenmasse rascher ab- oder die Umlaufsgeschwindigkeit rascher zunimmt als die Preise.

Bei *allgemein fallenden Waarenpreisen* kann die Masse der Circulationsmittel gleichbleiben, wenn die Waarenmasse in demselben Verhältniß wächst, worin ihr Preis fällt, oder die Umlaufsgeschwindigkeit des Geldes in demselben Verhältniß abnimmt wie die Preise. Sie kann wachsen, wenn die Waarenmasse rascher wächst oder die Circulationsgeschwindigkeit rascher abnimmt als die Waarenpreise fallen.

Die Variationen der verschiedenen Faktoren können sich wechselseitig compensiren, so daß ihrer beständigen Unstätigkeit zum Trotz die zu realisirende Gesammtsumme der Waarenpreise constant bleibt, also auch die circulirende Geldmasse. Man findet daher, namentlich bei Betrachtung etwas längerer Perioden, ein viel constanteres *Durchschnittsniveau der in jedem ¦ Lande circulirenden Geldmasse* und, mit Ausnahme starker Perturbationen, die periodisch aus den Produktions- und Handelskrisen, seltner aus einem Wechsel im Geldwerth selbst entspringen, viel geringere Abweichungen von diesem Durchschnittsniveau als man nach dem Augenschein erwarten sollte.

Das Gesetz, daß die Quantität der Circulationsmittel bestimmt ist durch die Preissumme der circulirenden Waaren und die Durchschnittsgeschwindigkeit des Geldumlaufs[62], kann auch so ausgedrückt wer-

[62] "There is a certain measure, and proportion of money requisite to drive the trade of a nation, more or less than which would prejudice the same. Just as there is a certain proportion of farthings necessary in a small retail Trade, to change silver money, and to even such reckonings as cannot be adjusted with the smallest silver pieces … Now as the proportion of the number of farthings requisite in commerce is to be taken from the number of people, the frequency of their exchanges; as also, and principally, from *the value* of the smallest silver pieces of money; so in like manner, the proportion of money (gold and silver species) requisite to our trade, is to be likewise taken from *the frequency of commutations*, and from *the bigness of payments*." *(William Petty: „A Treatise of Taxes and Contributions.* Lond. 1667", p. 17.) Die Hume'sche Theorie ward gegen *J. Steuart* u. A. vertheidigt von *A. Young* in seiner *„Political Arithmetic.* Lond. 1774", wo ein eignes Kapitel *„Prices depend on quantity of money"*, p. 112 sqq. Ich bemerke *„Zur Kritik* etc. p. 149": „Die Frage über die *Quantität* der circulirenden Münze beseitigt er (A. Smith) stillschweigend, indem er das Geld ganz falsch als bloße Waare behandelt." Dieß gilt nur, soweit A. Smith ex officio das Geld

den, | daß bei gegebner Werthsumme der Waaren und gegebner Durchschnittsgeschwindigkeit ihrer Metamorphosen, die Quantität des umlaufenden Geldes oder des Geldmaterials *von seinem eignen Werth* abhängt. Die Illusion, daß umgekehrt die Waarenpreise durch die Masse der Circulationsmittel und letztre ihrerseits durch die Masse des in einem Lande befindlichen Geldmaterials bestimmt werden[63], wurzelt bei ihren ursprünglichen Ver¦tretern in der abgeschmackten Hypothese, daß *Waren ohne Preis* und *Geld ohne Werth* in den Circulationsprozeß eingehn, | wo sich dann ein aliquoter Theil des Waarenbreis mit einem aliquoten Theil des Metallbergs austausche[64].

behandelt. Gelegentlich jedoch, z. B. in der Kritik der früheren Systeme der Pol. Oekon., spricht er das Richtige aus: “The quantity of coin in every country is regulated by the value of the commodities which are to be circulated by it.… The value of goods annually bought and sold in any country requires a certain quantity of money to circulate and distribute them to their proper consumers, and can give employment to no more. The channel of circulation necessarily draws to itself a sum sufficient to fill it, and never admits any more.” (*Wealth of Nations*, l. IV. ch. I.) Aehnlich eröffnet A. Smith sein Werk ex officio mit einer Apotheose der Theilung der Arbeit. *Hinterher*, im letzten Buch über die Quellen des Staatseinkommens, reproducirt er gelegentlich A. Ferguson's, seines Lehrers, Denunciation der Theilung der Arbeit.

63 “The prices of things will certainly rise in every nation, as the gold and silver increase amongst the people; and, consequently, where the gold and silver decrease in any nation, the prices of all things must fall proportionably to such decrease of money.” (*Jacob Vanderlint: „Money answers all Things“*. Lond. 1734, p. 5.) Nähere Vergleichung zwischen Vanderlint und Hume's *„Essays“* läßt mir nicht den geringsten Zweifel, daß Hume V.'s übrigens sehr bedeutende Schrift kannte und benutzte. Die Ansicht, daß die Masse der Circulationsmittel die Preise bestimmt, auch bei Barbon und noch viel älteren Schriftstellern. “No inconvenience”, sagt Vanderlint, “can arise by an *unrestrained trade*, but very great advantage; since if the cash of the nation be decreased by it, which prohibitions are designed to prevent, those nations that get the cash will certainly find every thing advance in price, as the cash increases amongst them. And … our manufactures and every thing else, will soon become so moderate as to turn the balance of trade in our favour, and thereby fetch the money back again.” (l. c. p. 43, 44.)

64 Daß jede einzelne Waarenart *durch ihren Preis* ein Element der *Preissumme aller circulirenden Waaren* bildet, ist selbstverständlich. Wie aber unter einander incommensurable *Gebrauchswerthe* sich en masse mit der in einem Land befindlichen Gold- oder Silbermasse austauschen sollen, ist völlig unbegreiflich. Verschwindelt man die Waarenwelt in *eine einzige Gesammtwaare*, wovon jede Waare nur einen aliquoten Theil bildet, so kommt das schöne Rechenexempel

c) Die Münze. Das Werthzeichen.

Aus der Funktion des Geldes als Circulationsmittel entspringt seine | Münzgestalt. Der in dem Preise oder Geldnamen der Waaren vorgestellte Gewichtstheil Gold muß ihnen in der Circulation als gleichnamiges Goldstück oder *Münze* gegenübertreten. Wie die Feststellung des Maßstabs der Preise, fällt das Geschäft der Münzung dem Staat anheim. In den verschiedenen Nationaluniformen, die Gold und Silber als Münzen tragen, auf dem Weltmarkt aber wieder ausziehn, erscheint die Scheidung zwischen den innern oder nationalen Sphären der Waarencirculation und ihrer allgemeinen Weltmarktssphäre.

Goldmünze und Barrengold unterscheiden sich also von Haus aus nur ¦ durch die Figur, und das Gold ist beständig aus einer Form in

heraus: Gesammtwaare = x Ctr. Gold, Waare A = aliquoter Theil der Gesammtwaare = demselben aliquoten Theil von x Ctr. Gold. Dieß ehrlich heraus bei *Montesquieu*: «Si l'on compare la masse de l'or et de l'argent qui est dans le monde, avec la somme des marchandises qui y sont, il est certain que chaque denrée ou marchandise, en particulier, pourra être comparée à une certaine portion … de l'autre. *Supposons qu'il n'y ait qu'une seule denrée ou marchandise dans le monde*, ou qu'il n'y ait qu'une seule qui s'achète, *et qu'elle se divise comme l'argent;* cette partie de cette marchandise répondra à une partie de la masse de l'argent; la moitié du total de l'une à la moitié du total de l'autre etc. … l'établissement du prix des choses dépend toujours fondamentalement de la raison du total des choses au total des signes.» (*Montesquieu*, l. c. t. III, p. 12, 13.) Ueber die Weiterentwicklung dieser Theorie durch Ricardo, seinen Schüler James Mill, Lord Overstone u. s. w. vgl. *„Zur Kritik u. s. w."* p. 140–146 u. p. 150 seqq. Herr *J. St. Mill* versteht es, mit der ihm geläufigen eklektischen Logik, der Ansicht seines Vaters J. Mill und zugleich der entgegengesetzten zu sein. Vergleicht man den Text seines Compendiums: *„Princ. of Pol. Econ."* mit der Vorrede (erste Ausgabe), worin er sich selbst als Adam Smith der Gegenwart ankündet, so weiß man nicht, was mehr bewundern, die Naivetät des Mannes oder die des Publikums, das ihn auf Treu und Glauben in den Kauf nahm als Adam Smith, zu dem er sich etwa verhält wie General Williams Kars von Kars zum Herzog von Wellington. Die weder umfangreichen noch gehaltreichen Originalforschungen des Herrn J. St. Mill im Gebiet der Pol. Oek. findet man alle in Reih' und Glied aufmarschirt in seinem 1844 erschienenen Schriftchen: *„Some Unsettled Questions of Political Economy"*. *Locke* spricht direkt den Zusammenhang zwischen der *Werthlosigkeit* von Gold und Silber und der *Bestimmung ihres Werths* durch *Quantität* aus. "Mankind having consented to put an *imaginary value* upon gold and silver … the intrinsick value, regarded in these metals, … is nothing but the *quantity*." *„Some Considerations* etc. 1691". Works ed 1777, vol. II, p. 15.

die andre verwandelbar[65]. Der Weg aus der Münze ist aber zugleich der Gang zum Schmelztiegel. Im Umlauf verschleißen nämlich die Goldmünzen, die eine mehr, die andre weniger. Goldtitel und Goldsubstanz, Nominalgehalt und Realgehalt beginnen ihren Scheidungsprozeß. Gleichnamige Goldmünzen werden von ungleichem Werth, weil verschiednem Gewicht. Das Gold als Circulationsmittel weicht ab vom Gold als Maßstab der Preise, und hört damit auch auf wirkliches Aequivalent der Waaren zu sein, deren Preise es realisirt. Die Geschichte dieser Wirren bildet die Münzgeschichte des Mittelalters und der Neuzeit bis ins 18. Jahrhundert. Die naturwüchsige Tendenz des Circulationsprozesses, das Goldsein der Münze in Goldschein oder die Münze in ein Symbol ihres officiellen Metallgehalts zu verwandeln, ist selbst anerkannt durch die modernsten Gesetze | über den Grad des Metallverlustes, der ein Goldstück kursunfähig macht oder demonetisirt.

Wenn der Geldumlauf selbst den Realgehalt vom Nominalgehalt der Münze scheidet, ihr Metalldasein von ihrem funktionellen Dasein, so enthält er die Möglichkeit latent, das Metallgeld in seiner Münzfunktion durch Marken aus andrem Material oder Symbole zu ersetzen. Die technischen Hindernisse der Münzung ganz diminutiver Gewichtstheile des Goldes, resp. Silbers, und der Umstand, daß niedrigere Metalle ursprünglich statt der edleren, Silber statt des Goldes, Kupfer statt des Silbers, zum Werthmaß dienen und daher als Geld circuliren im Augenblick, wo das edlere Metall sie entthront, erklären historisch die Rolle

65 Es liegt natürlich ganz jenseits meines Zwecks, Details wie Schlagschatz u. dgl. zu behandeln. Gegenüber dem romantischen Sykophanten *Adam Müller* jedoch, der „die *großartige Liberalität*" bewundert, womit die *„englische Regierung unentgeldlich münzt"*, folgendes Urtheil Sir Dudley North's: "Silver and gold, like other commodities, have their ebbings and flowings. Upon the arrival of quantities from Spain … it is carried into the Tower, and coined. Not long after there will come a demand for bullion, to be exported again: If there is none, but all happens to be in coin, what then? Melt it down again; there's no loss in it, for the coining costs the owner nothing. Thus the nation has been abused, and made to pay for the twisting of straw, for asses to eat. If the merchant (North war selbst einer der größten Kaufleute zu Charles II. Zeit) had to pay the price of the coinage, he would not have sent his silver to the Tower without consideration; and coined money would always keep a value above uncoined silver." (*North* l. c. p. 18.)

von Silber- und Kupfermarken als Substitute der Goldmünze. Sie ersetzen das Gold in den Kreisen der Waarencirculation, worin die Münze am schnellsten circulirt und sich daher am schnellsten abnutzt, d. h. wo Käufe und Verkäufe unaufhörlich im kleinsten Maßstab erneuert werden. Um die Festsetzung dieser Trabanten an der Stelle des Goldes selbst zu verhindern, werden gesetzlich die sehr niedrigen Proportionen bestimmt, worin sie allein an Zahlungsstatt für Gold angenommen werden müssen. Die besondern Kreise, worin die verschiednen Münzsorten umlaufen, laufen natürlich in einander. Die Scheidemünze ¦ erscheint neben dem Gold zur Zahlung von Bruchtheilen der kleinsten Goldmünze; das Gold tritt beständig in die Detailcirculation ein, wird aber durch Auswechslung mit Scheidemünze ebenso beständig herausgeworfen[66].

Der Metallgehalt der Silber- oder Kupfermarken ist willkührlich durch das Gesetz bestimmt. Im Umlauf verschleißen sie noch rascher als die | Goldmünze. Ihre Münzfunktion wird daher faktisch durchaus unabhängig von ihrem Gewicht, d. h. von allem Werth. Das Münzdasein des Goldes scheidet sich völlig von seiner Werthsubstanz. Relativ werthlose Dinge, *Papierzettel*, können also an seiner Statt als Münze funktionieren. In den metallischen Geld*marken* ist der rein symbolische Charakter noch einigermaßen versteckt. Im *Papiergeld* tritt er augenscheinlich hervor. Man sieht: ce n'est que le premier pas qui coûte.

Es handelt sich hier nur von *Staatspapiergeld mit Zwangskurs*. Es wächst unmittelbar aus der metallischen Circulation heraus. *Creditgeld* unterstellt dagegen Verhältnisse, die uns vom Standpunkt der einfachen Waarencirculation noch durchaus unbekannt sind. Im Vorbeigehn sei jedoch bemerkt, daß, wie eigentliches Papiergeld aus der Funktion des

66 "If silver never exceed what is wanted for the smaller payments, it cannot be collected in sufficient quantities for the larger payments … the use of gold in the main payments necessarily implies also its use in the retail trade: those who have gold coins offering them for small purchases, and receiving with the commodity purchased a balance of silver in return; by which means the surplus of silver that would otherwise encumber the retail dealer, is drawn off and dispersed into general circulation. But if there is as much silver as will transact the small payments independent of gold, the retail dealer must then receive silver for small purchases; and it must of necessity accumulate in his hands." (*David Buchanan: „Inquiry into the Taxation and Commercial Policy of Great Britain.* Edinburgh 1844", p. 248, 249.)

Geldes als *Circulationsmittel* entspringt, das *Creditgeld* in der Funktion des Geldes als *Zahlungsmittel* seine naturwüchsige Wurzel besitzt[67].

Papierzettel, denen Geldnamen, wie 1 Pfd. St., 5 Pfd. St. u. s. w. aufgedruckt sind, werden vom Staat äußerlich in den Circulationsprozeß hineingeworfen. Soweit sie wirklich an der Stelle der gleichnamigen Goldsumme ¦ circuliren, spiegeln sich in ihrer Bewegung nur die Gesetze des | Geldumlaufs selbst wieder. Ein spezifisches Gesetz der Papiercirculation kann nur aus ihrem Repräsentationsverhältniß zum Gold entspringen. Und dieß Gesetz ist einfach dieß, daß die Ausgabe des Papiergelds auf *die Quantität* zu beschränken ist, worin das von ihm symbolisch dargestellte Gold (resp. Silber) wirklich circuliren müßte. Nun schwankt zwar das Goldquantum, welches die Circulationssphäre absorbiren kann, beständig über oder unter ein gewisses Durchschnittsniveau. Jedoch sinkt die Masse des circulirenden Mediums in einem gegebnen Land nie unter ein gewisses *Minimum*, das sich erfahrungsmäßig feststellt. Daß diese Minimalmasse fortwährend ihre Bestandtheile wechselt, d. h. aus stets andern Goldstücken besteht, ändert natürlich nichts an ihrem Umfang und ihrem constanten Umtrieb in der Circulationssphäre. Sie kann daher durch Papiersymbole ersetzt werden. Werden dagegen heute alle Circulationskanäle zum vollen Grad ihrer Geldabsorptionsfähigkeit mit Papiergeld gefüllt, so können sie in Folge der Schwankungen der Waarencirculation morgen übervoll sein. Alles Maß geht verloren. Ueberschreitet aber das Papier

67 Der Finanzmandarine *Wan-mao-in* ließ sich beigehn, dem Sohn des Himmels ein Projekt zu unterbreiten, welches versteckt auf Verwandlung der chinesischen Reichsassignaten in convertible Banknoten hinzielte. Im Bericht des Assignaten-Comités von April 1854 erhält er gehörig den Kopf gewaschen. Ob er auch die obligate Tracht Bambushiebe erhielt, wird nicht gemeldet. „Das Comite", lautet es am Schluß des Berichts, „hat sein Projekt aufmerksam erwogen und findet, daß alles in ihm auf den Vortheil der Kaufleute ausgeht und nichts für die Krone vortheilhaft ist." (*„Arbeiten der Kaiserlich Russischen Gesandtschaft zu Peking über China. Aus dem Russischen von Dr. C. Abel und F. A. Mecklenburg. Erster Band. Berlin* 1858", p. 54.) Ueber die *beständige Entmetallung* der Goldmünzen durch ihren Umlauf sagt ein „Governor" der Bank of England als Zeuge vor dem „House of Lords' Committee" (über „Bankacts"): „Jedes Jahr wird eine frische Klasse von Souverainen (dieß nicht politisch, sondern der Sovereign ist Name des Pfd. St.) zu leicht. Die Klasse, welche das eine Jahr als vollwichtig passirt, verliert durch den Verschleiß hinreichend, um das nächste Jahr die Wagschale gegen sich zu drehn." (*H. o. Lords' Committee* 1848, n. 429.)

sein Maß, d. h. die Quantität von Goldmünze gleicher Denomination, welche circuliren könnte, so stellt es, von der Gefahr allgemeiner Discreditirung abgesehn, innerhalb der Waarenwelt dennoch nur die durch ihre immanenten Gesetze bestimmte, also auch allein repräsentirbare Goldquantität vor. Stellt die Papierzettelmasse z. B. je 2 Unzen Gold, statt je 1 Unze dar, so werden ihre Geldnamen faktisch, sage etwa von 1 Pfd. St. per ¼ Unze, zu Namen von ⅛ Unzen herabgesetzt. Die Wirkung ist dieselbe, als wäre das Gold in seiner Funktion als *Maß der Preise* verändert worden. Dieselben Werthe, die sich daher vorher im Preise von 1 Pfd. St., drücken sich jetzt im Preise von 2 Pfd. St. aus.

Das Papiergeld ist *Goldzeichen* oder Geldzeichen. Sein Verhältniß zu den Waaren*werthen* besteht nur darin, daß sie ideell in denselben Goldquanta ausgedrückt sind, welche vom Papier symbolisch sinnlich dargestellt werden. Nur sofern das Papiergeld Goldquanta repräsentirt, die, wie alle andern Waarenquanta, auch Werthquanta, ist es *Werthzeichen.*

Es fragt sich schließlich, warum das Gold durch bloße werthlose Zeichen seiner selbst ersetzt werden kann? Es ist aber, wie man gesehn, nur so ersetzbar, soweit es in seiner Funktion als Münze oder Circulationsmittel isolirt oder verselbstständigt wird. Nun findet die Verselbststän-|digung dieser Funktion zwar nicht für die einzelnen Goldmünzen statt, obgleich sie in dem Fortcirculiren verschlissener Goldstücke erscheint. Bloße Münze oder Circulationsmittel sind die Goldstücke grade nur so lang sie sich wirklich im Umlauf befinden. Was aber nicht für die einzelne Goldmünze, gilt für die vom Papiergeld ersetzbare Minimalmasse Gold. Sie haust beständig in der Circulationssphäre, funktionirt fortwährend als Circulations¦mittel und existirt daher ausschließlich als Träger dieser Funktion. Ihre Bewegung stellt also nur das fortwährende Ineinanderumschlagen der entgegengesetzten Prozesse der Waarenmetamorphose W-G-W dar, worin der Waare ihre Werthgestalt nur gegenübertritt, um sofort wieder zu verschwinden. Die *selbstständige Darstellung des Tauschwerths der Waare* ist hier nur flüchtiges Moment. Sofort wird sie wieder durch andere Waare ersetzt. Daher genügt auch die bloß symbolische Existenz des Geldes in einem Prozeß, der es beständig aus einer Hand in die andre entfernt. Sein funktionelles Dasein 147
absorbirt so zu sagen sein materielles. Verschwindend objektivirter Reflex der Waarenpreise funktionirt es nur noch als Zeichen seiner selbst

und kann daher auch durch Zeichen ersetzt werden[68]. Nur bedarf das Zeichen des Geldes seiner eignen *objektiv gesellschaftlichen Gültigkeit* und diese erhält das Papiersymbol durch den Zwangskurs. Nur innerhalb der von den Grenzen eines Gemeinwesens umschriebnen oder innern Circulationssphäre gilt dieser Staatszwang, aber auch nur hier geht das Geld völlig auf in seine Funktion als Circulationsmittel oder Münze, und kann daher im Papiergeld eine von seiner Metallsubstanz äußerlich getrennte und bloß funktionelle Existenzweise erhalten. |

C. Geld.

Die Waare, welche als *Werthmaß* und daher auch, persönlich oder durch Stellvertreter, als *Circulationsmittel* funktionirt, ist *Geld.* Gold (resp. Silber) ist daher Geld. *Als Geld* funktionirt es, einerseits wo es in seiner goldnen (resp. silbernen) Leiblichkeit erscheinen muß, daher als *Geldwaare,* also weder bloß ideell, wie im Werthmaß, noch repräsentationsfähig, wie im Circulationsmittel; andrerseits, wo seine Funktion, ob es selbe nun in eigner Person oder durch Stellvertreter vollziehe, es als *alleinige Werthgestalt* oder *allein adäquates Dasein des Tauschwerths* allen andern Waaren als bloßen *Gebrauchswerthen* gegenüber *fixirt.* ¦

a) Schatzbildung.

Der continuirliche Kreislauf der zwei entgegengesetzten Waarenmetamorphosen oder der flüssige Umschlag von Verkauf und Kauf *erscheint* im rastlosen Umlauf des Geldes oder seiner Funktion als perpetuum mobile der Circulation. Es wird immobilisirt, oder verwandelt sich, wie *Boisguillebert* sagt, aus *meuble* in *immeuble,* aus *Münze* in *Geld,*

68 Daraus, daß Gold und Silber als Münze oder in der ausschließlichen Funktion als Circulationsmittel zu *Zeichen ihrer selbst* werden, leitet *Nicholas Barbon* das Recht der Regierungen her „to raise money", d. h., z. B. einem Quantum Silber, das Groschen hieß, den Namen eines größern Silberquantums wie Thaler zu geben, und so den Gläubigern Groschen statt Thaler zurückzuzahlen. "Money does wear and grow lighter by often telling over … It is the *denomination* and *currency* of the money that men regard in bargaining, and not the quantity of silver … 'Tis the publick authority upon the metal that makes it money." (*N. Barbon* l. c. p. 29, 30, 25.)

sobald die Metamorphosenreihe *unterbrochen*, der Verkauf nicht durch nachfolgenden Kauf ergänzt wird.

Mit der ersten Entwicklung der Waarencirculation selbst entwikkelt sich die Nothwendigkeit und die Leidenschaft, das Produkt der ersten Metamorphose, die verwandelte Gestalt der Waare oder ihre Goldpuppe festzuhalten[69]. Waare wird verkauft, nicht um Waare zu kaufen, sondern um Waarenform durch Geldform zu ersetzen. Aus bloßer Vermittlung des Stoffwechsels wird dieser Formwechsel zum Selbstzweck. Die *entäußerte* Gestalt der Waare wird verhindert als ihre 148
absolut *veräußerliche* Gestalt oder nur verschwindende Geldform zu funktioniren. Das Geld versteinert damit zum *Schatz*, und der Waarenverkäufer wird *Schatzbildner*.

Grade in den Anfängen der Waarencirculation verwandelt sich nur der Ueberschuß an Gebrauchswerthen in Geld. Gold und Silber werden so von selbst zu gesellschaftlichen Ausdrücken des Ueberflusses oder des | Reichthums. Diese naive Form der Schatzbildung verewigt sich bei Völkern, wo der traditionellen und auf Selbstbedarf gerichteten Produktionsweise ein fest abgeschloßner Kreis von Bedürfnissen entspricht. So bei den Asiaten, namentlich den Indern. *Vanderlint*, der die Waarenpreise durch die Masse des in einem Land befindlichen Goldes und Silbers bestimmt wähnt, fragt sich, warum die indischen Waaren so wohlfeil? Antwort: Weil die Inder das Geld vergraben. Von 1602–1734, bemerkt er, vergruben sie 150 Millionen Pfd. St. Silber, die ursprünglich von Amerika nach Europa kamen[70]. Von 1856–1866, also in 10 Jahren, exportirte England nach Indien und China (das nach China exportirte Metall fließt großentheils wieder nach Indien) 120 Millionen Pfd. St. in Silber, welches vorher gegen australisches Gold eingewechselt wurde.

Mit mehr entwickelter Waarenproduktion *muß* jeder Waarenproducent ¦ sich den nervus rerum, das „gesellschaftliche Faustpfand" sichern[71]. Seine Bedürfnisse erneuern sich unaufhörlich und ge-

69 «Une richesse en argent n'est que … richesse en productions, *converties en argent*.» (*Mercier de la Rivière* l. c. p. 573.) «Une valeur en productions n'a *fait que changer de forme*.» (id. p. 486.)

70 "'Tis by this practice they keep all their goods and manufactures at such low rates." (*Vanderlint* l. c. p. 96.)

71 "Money is a pledge." (*John Bellers: „Essays about the Poor, Manufactures, Trade, Plantations, and Immorality. Lond.* 1699", p. 13.)

bieten unaufhörlichen Kauf fremder Waare, während Produktion und Verkauf seiner eignen Waare Zeit kosten und von Zufällen abhängen. Um zu kaufen, ohne zu verkaufen, muß er vorher verkauft haben, ohne zu kaufen. Diese Operation, auf allgemeiner Stufenleiter ausgeführt, scheint sich selbst zu widersprechen. An ihren Produktionsquellen jedoch tauschen sich die edlen Metalle direkt mit andern Waaren aus. Es findet hier Verkauf (auf Seite der Waarenbesitzer) ohne Kauf (auf Seite der Gold- und Silberbesitzer) statt[72]. Und spätere Verkäufe ohne nachfolgende Käufe vermitteln bloß die weitere Vertheilung der edlen Metalle unter alle Waarenbesitzer. So entstehn auf allen Punkten des Verkehrs Gold- und Silberschätze vom verschiedensten Umfang. Mit der Möglichkeit, die Waare als Tauschwerth oder den Tauschwerth als Waare festzuhalten, erwacht die Goldgier. Mit der Ausdehnung der Waarencirculation wächst die Macht des Geldes, der stets schlagfertigen, absolut gesellschaftlichen Form des Reichthums. „Gold ist ein wunderbares Ding! Wer dasselbe besitzt, ist Herr von | allem, was er wünscht. Durch Gold kann man sogar Seelen in das Paradies gelangen lassen.“ (*Columbus*, im Brief aus Jamaica, 1503). Da dem Geld nicht anzusehn, was in es verwandelt ist, verwandelt sich alles, Waare oder nicht, in Geld. Alles wird verkäuflich und kaufbar. Die Circulation wird die große gesellschaftliche Retorte, worin alles hineinfliegt, um als Geldkrystall wieder herauszukommen. Dieser Alchymie widerstehen nicht einmal Heiligenknochen und noch viel weniger minder grobe res sacrosanctae, extra commercium hominum[73]. Wie im Geld aller qualitative Unterschied der Waaren ausgelöscht ist, löscht es sei-

72 Kauf im kategorischen Sinn unterstellt nämlich Gold oder Silber schon als verwandelte Gestalt der Waare, oder als Produkt des Verkaufs.

73 Heinrich III., allerchristlichster König von Frankreich, raubt Klöstern u. s. w. ihre Reliquien, um sie zu versilbern. Man weiß, welche Rolle der Raub der delphischen Tempelschätze durch die Phokier in der griechischen Geschichte spielt. Dem Gott der Waaren dienten bei den Alten bekanntlich die Tempel zum Wohnsitz. Sie waren „heilige Banken“. Den Phöniziern, einem Handelsvolke par excellence, galt Geld als die entäußerte Gestalt aller Dinge. Es war daher in der Ordnung, daß die Jungfrauen, die sich an den Festen der Liebesgöttin den Fremden hingaben, das zum Lohn empfangene Geldstück der Göttin opferten.

nerseits als radikaler Leveller alle Unterschiede aus[74]. Das Geld ist aber selbst Waare, ¦ ein äußerlich Ding, das Privateigenthum eines Jeden werden kann. Die gesellschaftliche Macht wird so zur Privatmacht der Privatperson. Die antike Gesellschaft denuncirt es daher als die *Scheidemünze* ihrer ökonomischen und sittlichen Ordnung[75]. Die moderne Gesellschaft, die | schon in ihren Kinderjahren den Plutus an den Haaren aus den Eingeweiden der Erde herauszieht[76], begrüßt im Goldgral die glänzende Incarnation ihres eigensten Lebensprinzips.

Die Waare als Gebrauchswerth befriedigt ein besondres Bedürfniß und bildet ein besondres Element des stofflichen Reichthums. Aber der *Werth* der Waare mißt den Grad ihrer Attraktionskraft auf alle Elemente des stofflichen Reichthums, daher den *gesellschaftlichen Reichthum*

74 "Gold! yellow, glittering precious gold!
Thus much of this, will make black white; foul, fair;
Wrong, right; base, noble; old, young; coward, valiant
.... What this, you gods! Why this
Will lug your priests and servants from your sides;
Pluck stout men's pillows from below their heads.
This yellow slave
Will knit and break religions; bless the accurs'd;
Make the hoar leprosy ador'd; place thieves
And give them title, knee and approbation,
With senators of the bench; this is it,
That makes the wappen'd widow wed again
.... Come damned earth,
Thou common whore of mankind."
(Shakespeare, Timon of Athens.)

75 „Οὐδὲν γὰρ ἀνθρώποισιν οἷον ἄργυρος
Κακὸν νόμισμ' ἔβλαστε. τοῦτο καὶ πόλεις
Πορθεῖ, τόδ' ἄνδρας ἐξανίστησιν δόμων.
Τόδ' ἐκδιδάσκει καὶ παραλλάσσει φρένας
Χρηστὰς πρὸς αἰσχρὰ πράγμαθ' ἵστασθαι βροτῶν.
Πανουργίας δ' ἔδειξεν ἀνθρώποις ἔχειν,
Καὶ παντὸς ἔργου δυσσέβειαν εἰδέναι."
(Sophocles, Antigone.)

76 „Ἐλπιζούσης τῆς πλεονεξίας ἀνάξειν ἐκ τῶν μυχῶν τῆς γῆς αὐτὸν τὸν Πλούτωνα." *(Athen. Deipnos.)*

ihres Besitzers. Dem barbarisch einfachen Waarenbesitzer, selbst einem westeuropäischen Bauer, ist der Werth unzertrennlich von der Werthform, Vermehrung des Gold- und Silberschatzes daher Werthvermehrung. Allerdings wechselt der Werth des Geldes, sei es in Folge seines eignen Werthwechsels, sei es des Werthwechsels der Waaren. Dieß verhindert aber einerseits nicht, daß 200 Unzen Gold nach wie vor mehr Werth enthalten als 100, 300 mehr als 200 u. s. w., noch andrerseits daß die metallne Naturalform dieses Dings die allgemeine Aequivalentform aller Waaren bleibt, die unmittelbar gesellschaftliche Incarnation aller menschlichen Arbeit. Der Trieb der Schatzbildung ist von Natur maßlos. *Qualitativ* oder seiner Form nach ist das Geld schrankenlos, d. h. allgemeiner Repräsentant des stofflichen Reichthums, weil in jede Waare ummittelbar umsetzbar. Aber zugleich ist jede wirkliche Geldsumme *quantitativ* beschränkt, daher auch nur Kaufmittel von beschränkter Wirkung. Dieser Widerspruch zwischen der quantitativen
149 Schranke und der qualitativen Schrankenlosigkeit des Geldes treibt den Schatzbildner stets zurück zur Sisyphusarbeit der *Accumulation.* Es geht ¦ ihm wie dem Welteroberer, der mit jedem neuen Land nur eine neue Grenze erobert.

Um das Gold als Geld festzuhalten und daher als Element der Schatzbildung, muß es verhindert werden zu circuliren oder als *Kaufmittel* sich in Genußmittel aufzulösen. Der Schatzbildner opfert daher dem Goldfetisch seine Fleischeslust. Er macht Ernst mit dem Evangelium der Entsagung. Andrerseits kann er der Circulation nur in Geld entziehn, was er ihr in Waare giebt. Je mehr er producirt, desto mehr kann er verkaufen. Arbeitsamkeit, Sparsamkeit und Geiz bilden daher seine Kar|dinaltugenden, viel verkaufen, wenig kaufen, die Summe seiner politischen Oekonomie[77].

Neben der unmittelbaren Form des Schatzes läuft seine ästhetische Form, der Besitz von Gold- und Silberwaaren. Er wächst mit dem Reichthum der bürgerlichen Gesellschaft. «Soyons riches ou paraissons riches.» (Diderot.) Es bildet sich so theils ein stets ausgedehnterer Markt für Gold und Silber, unabhängig von ihren Geldfunktionen, theils eine

77 «Accrescere quanto più si può il numero de' venditori d'ogni merce, diminuire quanto più si può il numero dei compratori, questi sono i cardini sui quali si raggirano tutte le operazioni di economia politica.» (*Verri* l. c. p. 52, 53.)

latente Zufuhrquelle des Geldes, die namentlich in gesellschaftlichen Sturmperioden fließt.

Die Schatzbildung erfüllt verschiedne Funktionen in der Oekonomie der metallischen Circulation. Die nächste Funktion entspringt aus den Umlaufsbedingungen der Gold- oder Silbermünze. Man hat gesehn, wie mit den beständigen Schwankungen der Waarencirculation in Umfang, Preisen und Geschwindigkeit die Umlaufsmasse des Geldes rastlos ebbt und fluthet. Sie muß also der Contraktion und Expansion fähig sein. Bald muß Geld als Münze attrahirt, bald Münze als Geld repellirt werden. Damit die wirklich umlaufende Geldmasse dem Sättigungsgrad der Circulationssphäre stets entspreche, muß das in einem Lande befindliche Gold- oder Silberquantum größer sein als das in Münzfunktion begriffene. Diese Bedingung wird erfüllt durch die Schatzform des Geldes. Die Schatzreservoirs dienen zugleich als Abfuhr- und Zufuhrkanäle des cirkulirenden Geldes, welches seine Umlaufskanäle daher nie überfüllt[78]. ¦|

b) Zahlungsmittel.

In der bisher betrachteten unmittelbaren Form der Waarencirkulation
war dieselbe Werthgröße stets doppelt vorhanden, Waare auf dem einen
Pol, Geld auf dem Gegenpol. Die Waarenbesitzer traten daher nur in
Contakt als Repräsentanten wechselseitig vorhandner Aequivalente. 150
Mit der Entwicklung der Waarencirkulation entwickeln sich jedoch

78 "There is required for carrying on the trade of the nation, a determinate sum of specifick Money, which varies, and is sometimes more, sometimes less, as the circumstances we are in require.... This ebbing and flowing of money, supplies and accommodates itself, without any aid of Politicians ... The buckets work alternately; when money is scarce, bullion is coined; when bullion is scarce, money is melted." (*Sir D. North* l. c. [P. S.] p. III.) *John Stuart Mill*, lange Zeit Beamter der ostindischen Compagnie, bestätigt, daß in Indien immer noch der Silberschmuck unmittelbar als Schatz functionirt. Die "silver ornaments are brought out and coined when there is a high rate of interest, and go back again when the rate of interest falls." (*J. St. Mill's Evidence. Repts. on Bankacts 1857*, n. 2101.) Nach einem parlamentarischen Document von 1864 über Gold- und Silber-Import und Export in Indien, überstieg 1863 der Import von Gold und Silber den Export um 19 367 764 Pfd. St.. In den letzten 8 Jahren vor 1864 betrug der Excess des Imports über den Export der edlen Metalle 109 652 917 Pfd. St. Während dieses Jahrhunderts wurden weit über 200 000 000 Pfd. St. in Indien gemünzt.

Verhältnisse, wodurch die Veräußerung der Waare von der Realisirung ihres Preises zeitlich getrennt wird. Es genügt die einfachsten dieser Verhältnisse hier anzudeuten. Die eine Waarenart erheischt längere, die andere kürzere Zeitdauer zu ihrer Produktion. Die Produktion verschiedner Waaren ist an verschiedne Jahreszeiten geknüpft. Die eine Waare wird auf ihrem Marktplatz geboren, die andre muß zu entferntem Markt reisen. Der eine Waarenbesitzer kann daher als Verkäufer auftreten, bevor der andre als Käufer. Bei steter Wiederkehr derselben Transactionen unter denselben Personen regeln sich die Verkaufsbedingungen der Waaren nach ihren Produktionsbedingungen. Der eine Waarenbesitzer verkauft vorhandne Waare, der andre kauft als bloßer Repräsentant von Geld oder als Repräsentant von künftigem Gelde. Der Verkäufer wird *Gläubiger*, der Käufer *Schuldner*. Da die Metamorphose der Waare oder die Entwicklung ihrer Werthform sich hier verändert, erhält auch das Geld eine andre Funktion. Es wird *Zahlungsmittel*[79].

Der Charakter von Gläubiger oder Schuldner entspringt hier aus der einfachen Waarencirkulation. Ihre Formveränderung drückt dem Verkäufer und Käufer diese neuen Stempel auf. Zunächst also sind es ebenso verschwindende und wechselweis von denselben Cirkulationsagenten gespielte Rollen wie die von Verkäufer und Käufer. Jedoch sieht der Gegensatz jetzt von Haus aus minder gemüthlich aus und ist größerer | Krystallisation fähig[80]. Dieselben Charaktere können aber auch von der Waarencirculation unabhängig auftreten. Der Klassenkampf der antiken Welt z. B. bewegt sich hauptsächlich in der Form eines Kampfes zwischen Gläubiger und Schuldner, und endet in Rom mit dem Untergang des plebejischen Schuldners, der durch den Sklaven ersetzt wird. Im Mittelalter endet der Kampf mit dem Untergang des feudalen Schuldners, der seine politische Macht mit ihrer ökonomischen Basis einbüßt. Indeß spiegelt die Geldform – und das Ver¦hältniß von Gläubi-

79 *Luther* unterscheidet zwischen Geld als *Kaufmittel* und *Zahlungsmittel*. „Machest mir einen Zwilling aus dem Schadewacht, das ich hie nicht *bezalen* und dort nicht *kauffen* kann." (*Martin Luther: „An die Pfarrherrn, wider den Wucher zu predigen. Wittemberg 1540.*")

80 Ueber die Schuldner- und Gläubigerverhältnisse unter den englischen Handelsleuten Anfang des 18. Jahrhunderts: "Such a spirit of cruelty reigns here in England among the men of trade, that is not to be met with in any other society of men, nor in any other kingdom of the world." (*„An Essay on Credit and the Bankrupt Act. Lond.* 1707", p. 2.)

ger und Schuldner besitzt die Form eines Geldverhältnisses – hier nur den Antagonismus tiefer liegender ökonomischer Lebensbedingungen wieder.

Kehren wir zur Sphäre der Waarencirculation zurück. Die gleichzeitige Erscheinung der Aequivalente Waare und Geld auf den beiden Polen des Verkaufsprozesses hat aufgehört. Das Geld funktionirt jetzt erstens als *Werthmaß* in der Preisbestimmung der verkauften Waare. Ihr kontraktlich festgesetzter Preis mißt die Obligation des Käufers, d. h. die Geldsumme, die er an bestimmtem *Zeittermin* schuldet. Es funktionirt zweitens als *ideelles Kaufmittel.* Obgleich es nur im Geldversprechen des Käufers existirt, bewirkt es den Händewechsel der Waare. Erst am fälligen Zahlungstermin tritt das Zahlungsmittel wirklich in Circulation, d. h. geht aus der Hand des Käufers in die des Verkäufers über. Das Circulationsmittel verwandelte sich in *Schatz,* weil der Circulationsprozeß mit der ersten Phase abbrach oder die verwandelte Gestalt der Waare der Circulation entzogen wurde. Das *Zahlungsmittel* tritt in die Circulation hinein, aber nachdem die Waare bereits aus ihr ausgetreten ist. Das Geld vermittelt nicht mehr den Prozeß. Es schließt ihn selbstständig ab, als absolutes Dasein des Tauschwerths oder allgemeine Waare. Der Verkäufer verwandelte Waare in Geld, um ein Bedürfniß durch das Geld zu befriedigen, der Schatzbildner, um die Waare in Geldform zu präserviren, der schuldige Käufer, um zahlen zu können. Zahlt er nicht, so finden Zwangsverkäufe seiner Habe statt. Die Werthgestalt | der Waare, Geld, wird also jetzt zum *Selbstzweck des Verkaufs* durch eine den Verhältnissen des Circulationsprozesses selbst entspringende, gesellschaftliche Nothwendigkeit. 151

Der Käufer verwandelt Geld zurück in Waare, bevor er Waare in Geld verwandelt hat, oder vollzieht die zweite Waarenmetamorphose vor der ersten. Die Waare des Verkäufers circulirt, realisirt ihren Preis aber nur in einem privatrechtlichen Titel auf Geld. Sie verwandelt sich in Gebrauchswerth, bevor sie sich in Geld verwandelt hat. Die Vollziehung ihrer ersten Metamorphose folgt erst nachträglich.

In jedem bestimmten Zeitabschnitt des Circulationsprozesses repräsentiren die fälligen Obligationen die *Preissumme* der Waaren, deren Verkauf sie hervorrief. Die zur *Realisirung* dieser Preissumme nöthige Geldmasse hängt zunächst ab von der *Umlaufsgeschwindigkeit der Zahlungsmittel.* Sie ist bedingt durch zwei Umstände: die *Verkettung* der Verhältnisse von Gläubiger und Schuldner, so daß A, der Geld von

seinem Schulner B erhält, es an seinen Gläubiger C fortzahlt u. s. w. – und die *Zeitlänge* zwischen den verschiednen Zahlungsterminen. Die prozessirende Kette von Zahlungen oder nachträglichen ersten Metamorphosen unterscheidet sich wesentlich von der früher betrachteten Verschlingung der ¦ Metamorphosenreihen. Im Umlauf des Circulationsmittels wird der Zusammenhang zwischen Verkäufern und Käufern
152 nicht nur *ausgedrückt.* Der Zusammenhang selbst entsteht erst in und mit dem Geldumlauf. Dagegen drückt die Bewegung des Zahlungsmittels einen schon vor ihr fertig vorhandnen gesellschaftlichen Zusammenhang aus.

Gleichzeitigkeit und Nebeneinander der Verkäufe beschränken den Ersatz der Münzmasse durch Umlaufsgeschwindigkeit. Sie bilden umgekehrt einen neuen Hebel in der Oekonomie der Zahlungsmittel. Mit der Concentration der Zahlungen an demselben Platz entwickeln sich naturwüchsig eigne Anstalten und Methoden ihrer Ausgleichung. So z. B. die virements im mittelaltrigen Lyon. Die Schuldforderungen von A an B, B an C, C an A u. s. w. brauchen bloß confrontirt zu werden, um sich wechselseitig bis zu einem gewissen Belauf als positive und negative Größen aufzuheben. So bleibt nur eine Schuldbilanz zu saldiren. Je massenhafter die Concentration der Zahlungen, desto kleiner relativ die Bilanz, also die Masse der circulirenden Zahlungsmittel. |

153 Die Funktion des Geldes als Zahlungsmittel schließt einen unvermittelten Widerspruch ein. So weit sich die Zahlungen ausgleichen, funktionirt es *nur ideell* als *Rechengeld* oder Maß der Werthe. Soweit wirkliche Zahlung zu verrichten, tritt es nicht als Circulationsmittel auf, als nur verschwindende und vermittelnde Form des Stoffwech-
154 sels, sondern als die individuelle Incarnation der gesellschaftlichen Arbeit, selbstständiges Dasein des Tauschwerths, absolute Waare. Dieser Widerspruch eklatirt in dem Moment der Produktions- und Handelskrisen, der *Geldkrise* heißt[81]. Sie ereignet sich nur, wo die prozes-

81 Die Geldkrise, wie sie im Text bestimmt ist, als *Phase jeder Krise*, ist wohl zu unterscheiden von der *besondern Krisenart*, die man auch Geldkrise nennt, die aber ein ganz selbstständiges Phänomen bilden kann, so daß sie auf Industrie und Handel nur rückschlagend wirkt. Es sind dieß Krisen, deren Bewegungscentrum das Geldkapital ist, und deren unmittelbare Sphäre daher auch die Sphäre der Haupt- und Staatsaktionen des Geldkapitals, Bank, Börse, Finanz.

sirende Kette der Zahlungen und ein künstliches System ihrer Ausgleichung völlig entwickelt sind. Mit allgemeineren Störungen dieses Mechanismus, woher sie immer entspringen mögen, schlägt das Geld plötzlich und unvermittelt aus der nur ideellen Gestalt des Rechengeldes in hartes Geld um. Es wird unersetzlich durch profane Waaren. Der Gebrauchswerth der Waare wird werthlos und ihr Werth verschwindet vor seiner eignen Werthform. Eben noch erklärte der Bürger in prosperitätstrunknem Aufklärungsdünkel das Geld für leeren Wahn. Nur die Waare ist Geld. Nur das Geld ist Waare! gellt's jetzt über den Weltmarkt. Wie der Hirsch schreit nach frischem Wasser, so schreit seine Seele nach Geld, dem einzigen Reichthum[82]. In der Krise wird der Gegensatz zwischen der Waare ¦ und ihrer Werthgestalt, dem Geld, bis zum absoluten Widerspruch gesteigert. Die Erscheinungsform des Geldes ist hier daher auch gleichgültig. Die Geldhungersnoth | bleibt dieselbe, ob in Gold oder Creditgeld, Banknoten etwa, zu zahlen ist[83].

Betrachten wir nun die Gesammtsumme des in einem gegebenen Zeitabschnitt umlaufenden Geldes, so ist sie, bei gegebener Umlaufsgeschwindigkeit der Cirkulations- und Zahlungsmittel, gleich der Sum-

82 „Dieses plötzliche Umschlagen aus dem Kreditsystem in das Monetarsystem fügt den theoretischen Schrecken zum praktischen Panik: und die Circulationsagenten schaudern vor dem undurchdringlichen Geheimniß ihrer eignen Verhältnisse." (*Karl Marx* l. c. p. 126.) "The Poor stand still, because the Rich have no Money to employ them, though they have the same land and hands to provide victuals and cloaths, as ever they had; which is the true Riches of a Nation, and not the Money." (*John Bellers: „Proposals for raising a Colledge of Industry. Lond.* 1696", p. 3, 4.)

83 Wie solche Momente von den „amis du commerce" ausgebeutet werden: "On one occasion (1839) an old grasping banker (der City) in his private room, raised the lid of the desk he sat over, and displayed to a friend rolls of banknotes, saying with intense glee there were 600 000 £ of them, *they were held to make money tight*, and would all be let out after three o'clock on the same day." („*The Theory of the Exchanges. The Bank Charter Act of 1844. Lond.* 1864", p. 81.) Das halbofficielle Organ, „*The Observer*", bemerkt am 24. April 1864: "Some very curious rumours are current of the means which have been resorted to *in order to create a scarcity of Banknotes* … Questionable at it would seem, to suppose that *any trick of the kind* would be adopted, the report has been so universal that it really deserves mention."

me der zu realisirenden Waarenpreise plus der Summe der *fälligen* Zahlungen minus der sich ausgleichenden Zahlungen. Selbst Preise, Geschwindigkeit des Geldumlaufs, und Oekonomie der Zahlungen gegeben, decken sich daher nicht länger die während einer Periode, eines Tags z. B., umlaufende Geldmasse und cirkulirende Waarenmasse. Es läuft Geld um, das der Cirkulation längst entzogne Waaren repräsentirt. Es laufen Waaren um, deren Geldäquivalent erst in der Zukunft erscheint. Andrerseits sind die jeden Tag contrahirten und die *denselben* Tag fälligen Zahlungen durchaus incommensurable Größen[84]. |

Das *Creditgeld* entspringt unmittelbar aus der Funktion des Geldes als Zahlungsmittel, indem Schuldcertificate für die verkauften Waaren selbst wieder zur Uebertragung der Schuldforderungen cirkuliren. Andrerseits, wie sich das Creditwesen ausdehnt, so die Funktion des Geldes als Zahlungsmittel. Als solches erhält es eigne Existenzformen, worin es die Sphäre der ¦ großen Handelstransaktionen behaust, während die Gold- oder Silbermünze hauptsächlich in die Sphäre des Kleinhandels zurückgedrängt wird[85].

Bei gewissem Höhegrad und Umfang der Waarenproduktion greift die Funktion des Geldes als Zahlungsmittel über die Sphäre der Waa-

84 "The amount of sales or contracts entered upon during the course of any given day, will not affect the quantity of money afloat on that particular day, but, in the vast majority of cases, will resolve themselves into multifarious drafts upon the quantity of money which may be afloat at subsequent dates more or less distant … The bills granted or credits opened, to day, need have no resemblance whatever, either in quantity, amount or duration, to those granted or entered upon to-morrow or next day; nay, many of to-day's bills and credits, when due, fall in with a mass of liabilities whose origins traverse a range of antecedent dates altogether indefinite, bills at 12, 6, 3 months, or 1 often aggregating together to swell the common liabilities of one particular day." („*The currency Theory Reviewed; a letter to the Scotch people. By a Banker in England. Edinburgh* 1845", p. 29, 30 passim.)

85 Als Beispiel, wie wenig reelles Geld in die eigentlichen Handelsoperationen eingeht, folgt hier das Schema eines der größten Londoner Handelshäuser über seine jährlichen Geldeinnahmen und Zahlungen. Seine Transaktionen im Jahr 1856, die viele Millionen Pf. St. umfassen, sind auf den Maßstab einer Million verkürzt.

rencirculation hinaus. Es wird die *allgemeine Waare der Contrakte*[86]. Renten, Steuern u. s. w. verwandeln sich aus Naturallieferungen in Geldzahlungen. Wie sehr diese Umwandlung durch die Gesammtgestalt des Produktionsprozesses bedingt wird, beweist z. B. der zweimal gescheiterte | Versuch des römischen Kaiserreichs alle Abgaben in Geld zu erheben. Das ungeheure Elend des französischen Landvolks unter Ludwig XIV., das Boisguillebert, Marschall Vauban u. s. w. so beredt denunciren, war nicht nur der Steuerhöhe geschuldet, sondern auch der Verwandlung von Naturalsteuer in Geldsteuer[87]. Wenn andrerseits die Naturalform der Grundrente, in Asien zugleich das Hauptelement der Staatssteuer, dort auf Produktionsverhältnissen beruht, welche sich mit der Unwandelbarkeit von Naturverhältnissen reproduciren, erhält jene Zahlungsform rückwirkend die alte Produktionsform. Sie bildet eines der Selbsterhaltungsgeheimnisse des türkischen Reichs.

Einnahmen.			*Ausgaben.*		
Wechsel von Banquiers und Kaufleuten nach Datum zahlbar:	Pf. St.	533 596	Wechsel von Datum zahlbar:	Pf. St.	302 674
Cheques von Banquiers etc. bei Sicht zahlbar:	"	357 715	Cheques auf Londoner Banquiers.	"	663 672
Landbank-Noten:	"	9 627	Noten der Bank von England	"	22 743
Noten der Bank von England:	"	68 554	Gold:	"	9 427
Gold:	"	28 089	Silber und Kupfer:	"	1 484
Silber und Kupfer:	"	1 486			
Post Office Orders:	"	1 486			
Totalsumme:	Pf. St.	1 000 000	Totalsumme:	Pf. St.	1 000 000

(*Report from the Select Committee on the Bankacts. July* 1858, p. LXXI.)

86 “The Course of Trade being thus turned, from exchanging of goods for goods, or delivering and taking, to *selling* and *paying*, all the *bargains* … are now stated upon the foot of a Price in Money.” („*An Essay upon Publick Credit. 3 ed. Lond.* 1710“, p. 8.)

87 «L’argent est devenu le bourreau de toutes les choses.» Die Finanzkunst ist das „alambic qui a fait évaporer une quantité effrayable de biens et de denrées pour faire ce fatal précis.“ «L’argent déclare la guerre à tout le genre humain.» (*Boisguillebert: „Dissertation sur la nature des richesses, de l’argent et des tributs“*, édit. *Daire, „Économistes financiers. Paris* 1843“, t. I, p. 413, 419, 417, 418.)

Zieht der durch Europa aufoctroyirte auswärtige Handel in Japan die Verwandlung von Naturalrente in Geldrente nach sich, so ist es um seine ¦ musterhafte Agrikultur geschehn. Ihre engen ökonomischen Existenzbedingungen werden sich auflösen.

In jedem Land setzen sich gewisse *allgemeine Zahlungstermine* fest. Sie beruhn theilweis, von andern Cirkelläufen der Reproduktion abgesehn, auf den an Wechsel der Jahreszeit gebundnen Naturbedingungen der Produktion. Sie regeln ebenso Zahlungen, die nicht direkt der Waarencirculation entspringen, wie Steuern, Renten u. s. w. Die Geldmasse, die zu diesen über die ganze Oberfläche der Gesellschaft zersplitterten Zahlungen an gewissen Tagen des Jahres erheischt ist, verursacht periodische, aber ganz oberflächliche Perturbationen in der Oekonomie der Zahlungsmittel[88]. Aus dem Gesetz über die Umlaufgeschwin|digkeit der Zahlungsmittel folgt, daß für *alle periodischen Zahlungen*, welches immer ihre Quelle, die *nothwendige Masse der Zahlungsmittel in geradem Verhältniß zur Länge der Zahlungsperioden* steht[89].

88 „Pfingstmontag 1824", erzählt Herr Craig dem parlamentarischen Untersuchungscomité von 1826, „war eine solche ungeheure Nachfrage für Banknoten in Edinburg, daß wir um 11 Uhr keine einzige Note mehr in unserm Verwahrsam hatten. Wir sandten der Reihe nach zu den verschiednen Banken um welche zu borgen, konnten aber keine erhalten, und viele Transaktionen konnten nur durch slips of paper berichtigt werden. Um 3 Uhr Nachmittags jedoch waren bereits sämmtliche Noten returnirt zu den Banken, von denen sie ausliefen. Sie hatten nur die Hände gewechselt." Obgleich die effektive Durchschnittscirculation der Banknoten in Schottland weniger als 3 Mill. Pf. St. beträgt, wird dennoch, an verschiednen Zahlungsterminen im Jahr, jede im Besitz der Banquiers befindliche Note, alles in allem ungefähr 7 Mill. Pf. St., in Aktivität gerufen. Bei diesen Gelegenheiten haben die Noten eine einzige und specifische Funktion zu vollziehen und sobald sie vollzogen, fließen sie zu den respektiven Banken zurück, von denen sie ausliefen. (*John Fullarton: „Regulation of Currencies.* 2nd ed. *Lond.* 1845" p. 86 Nte.) Zum Verständniß ist hinzuzufügen, daß in Schottland nicht cheques, sondern nur Noten für die Deposits ausgegeben werden.

89 Auf die Frage "if there were occasion to raise 40 millions p. a., whether the same 6 millions (Gold) would suffice for such *revolutions and circulations* thereof as trade requires?", antwortet *Petty* mit seiner gewöhnlichen Meisterschaft: "I answer yes; for the expense being 40 millions, if the revolutions were *in such short circles, viz. weekly*, as happens among poor artizans and labourers, who receive and pay every Saturday, then 40/52 parts of 1 million of money would answer these ends; but if the *circles* be quarterly, according to our custom of paying rent, and gathering taxes, then 10 millions were requisite. Wherefore supposing payments

Die Entwicklung des Geldes als Zahlungsmittel ernöthigt Geldaccumulationen für die Verfallstermine der geschuldeten Summen. Während die Schatzbildung als selbstständige Bereicherungsform verschwindet mit dem Fortschritt der bürgerlichen Gesellschaft, wächst sie umgekehrt mit demselben in der Form von *Reservefonds der Zahlungsmittel.* ¦

c) Weltgeld.

Mit dem Austritt aus der innern Circulationssphäre streift das Geld die dort aufschießenden Lokalformen von Maßstab der Preise, Münze, Scheidemünze und Werthzeichen wieder ab und fällt in die ursprüngliche Barrenform der edlen Metalle zurück. Im Welthandel entfalten die Waaren ihren Werth universell. Ihre selbstständige Werthgestalt tritt ihnen daher hier auch gegenüber als *Weltgeld.* Erst auf dem Weltmarkt funktio|nirt das Geld in vollem Umfang als die Waare, deren Naturalform zugleich unmittelbar gesellschaftliche Verwirklichungsform *der menschlichen Arbeit in abstracto* ist. Seine Daseinsweise wird seinem 155
Begriff adäquat.

In der innern Cirkulationssphäre kann nur eine Waare zum *Werthmaß* und daher als Geld dienen. Auf dem Weltmarkt herrscht *doppeltes Werthmaß,* Gold und Silber[90].

Das Weltgeld funktionirt als *allgemeines Zahlungsmittel, allgemeines Kaufmittel* und *absolut gesellschaftliche Materiatur des Reichthums* überhaupt *(universal wealth).* Die Funktion als *Zahlungsmittel,* zur Ausgleichung internationaler Bilanzen, herrscht vor. Daher das Losungswort des Merkantilsystems – *Handelsbilanz*[91]! Zum internationalen

in general to be of a *mixed circle* between one week and 13, then add 10 millions to 40/52, the half of the which will be 5½ so as if we have 5½ mill., we have enough." (*William Petty: „Political Anatomy of Ireland.* 1672", edit. *Lond.* 1691, p. 13, 14.)

90 Daher die Abgeschmacktheit jeder Gesetzgebung, die den Nationalbanken vorschreibt, nur das edle Metall aufzuschatzen, das im Innern des Landes als Geld funktionirt. Die so selbstgeschaffenen „holden Hindernisse" der Bank von England z. B. sind bekannt. Ueber die großen historischen Epochen des relativen Werthwechsels von Gold und Silber sieh *Karl Marx* l. c. p. 136 sq.

91 Die Gegner des Merkantilsystems, welches die Saldirung überschüssiger Handelsbilanz durch Gold und Silber als *Zweck* des Welthandels behandelte, verkannten ihrerseits durchaus die Funktion des Weltgeldes. Wie die falsche Auffassung der Gesetze, welche die Masse der Circulationsmittel regeln, sich in

Kaufmittel dienen Gold und Silber wesentlich, so oft das herkömmliche Gleichgewicht des Stoff|wechsels zwischen verschiednen Nationen plötzlich gestört wird. Endlich als absolut gesellschaftliche Materiatur des Reichtums, wo es sich weder um Kauf noch Zahlung handelt, sondern um *Uebertragung* des ¦¦¦ Reichthums von einem Land zum andern, und wo diese Uebertragung *in Waarenform* entweder durch die Conjunkturen des Waarenmarkts oder den zu erfüllenden Zweck selbst ausgeschlossen wird[92].

Wie für seine innere Circulation, braucht jedes Land für die Weltmarktscirculation einen Reservefonds. Die Funktionen der Schätze entspringen also theils aus der Funktion des Geldes als inneres Circulations- und Zahlungsmittel, theils seiner Funktion als Weltgeld. In der letzteren Rolle ist stets die wirkliche *Geldwaare*, leibhaftes Gold und Silber erheischt, weßwegen *James Steuart* Gold und Silber, im Unterschied von ihren nur lokalen Stellvertretern, ausdrücklich als *money of the world* charakterisirt.

Die Bewegung des Gold- und Silberstroms ist eine doppelte. Einerseits wälzt er sich von seinen Quellen über den ganzen Weltmarkt, wo er von den verschiednen nationalen Circulationssphären in verschiednem Umfang abgefangen wird, um in die inneren Umlaufskanäle einzugehn, verschlissene Gold- und Silbermünzen zu ersetzen, das Material von

der falschen Auffassung der internationalen Bewegung der edlen Metalle nur widerspiegelt, habe ich ausführlich an *Ricardo* nachgewiesen. (l. c. p. 150 sqq.) Sein falsches Dogma: "An unfavourable balance of trade never arises but from a redundant currency … The exportation of the coin is caused by its cheapness, and is not the effect, but the cause of an unfavourable balance" findet man daher schon bei *Barbon: "The Balance of Trade*, if there be one, is *not the cause of sending away the money out of a nation*: but *that proceeds from the difference of the value of Bullion in every country." (N. Barbon* l. c. p. 59.) *Mac Culloch* in „*The Literature of Political Economy, a classified catalogue. Lond.* 1845" belobt Barbon für diese Anticipation, vermeidet aber wohlweislich die naiven Formen, worin bei B. die absurden Voraussetzungen des „currency principle" noch erscheinen, auch nur zu erwähnen. Die Kritiklosigkeit und selbst Unehrlichkeit jenes Katalogs gipfeln in den Abschnitten über die Geschichte der Geldtheorie, weil Mac Culloch hier als Sykophant des Lord Overstone (ex-banker Loyd), den er „facile princeps argentariorum" nennt, schwanzwedelt.

92 Z. B. bei Subsidien, Geldanleihn zur Kriegsführung oder zur Wiederaufnahme der Baarzahlungen von Banken u. s. w. kann Werth grade in der Geldform erheischt sein.

Luxuswaaren zu liefern und zu Schätzen zu erstarren[93]. Diese erste Bewegung ist vermittelt durch direkten Austausch der in Waare realisirten Nationalarbeiten mit der in edlen Metallen realisirten Arbeit der Gold und Silber producirenden Länder. Andrerseits laufen Gold und Silber fortwährend hin und her zwischen den verschiednen nationalen Circulationssphären, eine Bewegung, die den unaufhörlichen Oscillationen des *Wechselkurses* folgt[94]. |

Länder entwickelter bürgerlicher Produktion beschränken die in Bankreservoirs massenhaft concentrirten Schätze auf das zu ihren spezifischen Funktionen erheischte Minimum[95]. Mit gewisser Ausnahme zeigt auffallendes Ueberfüllen der Schatzreservoirs über ihr Durchschnittsniveau Stockung der Waarencirculation an oder unterbrochenen Fluß der Waarenmetamorphose[96].

¦

93 «L'argent se partage entre les nations relativement au besoin qu'elles en ont … étant toujours attiré par les productions.» (*Le Trosne* l. c. p. 916.) "The mines which are continually giving gold and silver, do give sufficient to supply such a needful balance to every nation." (*J. Vanderlint* l. c. p. 40.)

94 "Exchanges rise and fall every week, and at some particular times in the year run high against a nation, and at other times run as high on the contrary." (*N. Barbon* l. c. p. 39.)

95 Diese verschiedenen Funktionen können in gefährlichen Konflikt gerathen, sobald die Funktion eines Conversionsfonds für Banknoten hinzutritt.

96 "What money is more than of absolute necessity for a Home Trade, is *dead stock* … and brings no profit to that country it's kept in, but as it is transported in Trade, as well as imported." (*John Bellers* l. c. p. 13.) "What if we have too much coin? We may melt down the heaviest and turn it into the splendour of plate, vessels or ustensils of gold and silver; or send it out as a commodity, where the same is wanted or desired; or let it out at interest, where interest his high." (*W. Petty: „Quantulumcunque"*, p. 39.) "Money is but the fat of the Body Politick, whereof too much does as often hinder its agility, as too little makes it sick. … as fat lubricates the motion of the muscles, feeds in want of victuals, fills up uneven cavities, and beautifies the body; so doth money in the state quicken its action, feeds from abroad in time of dearth at home; evens accounts … and beautifies the whole, although", ironisch abschließend, "*more especially the particular persons* that have it in plenty." (*W. Petty: „Political anatomy of Ireland"* p. 14, 15.)

ZWEITES KAPITEL.

Die Verwandlung von Geld in Kapital.

1) Die allgemeine Formel des Kapitals.

Die Waarencirculation ist der Ausgangspunkt des Kapitals. Waarenproduktion, Waarencirculation und entwickelte Waarencirculation, *Handel*, bilden daher stets die *historischen Voraussetzungen*, unter denen das Kapital entsteht. Von der Schöpfung des modernen Welthandels und | Weltmarkts im 16. Jahrhundert datirt die moderne Lebensgeschichte des Kapitals.

Sehn wir ab vom stofflichen Inhalt der Waarencirculation, vom Austausch der verschiednen Gebrauchswerthe, und betrachten wir nur die ökonomischen Formen, die dieser Prozeß erzeugt, so finden wir als sein letztes Produkt *das Geld*. Dieß letzte Produkt der Waarencirculation ist *die erste Erscheinungsform des Kapitals.* 156

Historisch tritt das Kapital dem Grundeigenthum überall zunächst in der Form von Geld gegenüber, von *Geldvermögen*, Kaufmannskapital und Wucherkapital[1]. Jedoch bedarf es nicht des Rückblicks auf die Entstehungsgeschichte des Kapitals, um das Geld als seine erste Erscheinungsform zu erkennen. Dieselbe Geschichte spielt täglich vor unsern Augen. Jedes neue Kapital betritt in erster Instanz die Bühne, d. h. den Markt, Waarenmarkt, Arbeitsmarkt, oder Geldmarkt, immer noch als Geld, Geld, das sich durch bestimmte Prozesse in Kapital verwandeln soll.

1 Der Gegensatz zwischen der auf persönlichen Knechtschafts- und Herrschaftsverhältnissen beruhenden Macht des Grundeigenthums und der unpersönlichen Macht des Geldes ist klar gefaßt in den zwei französischen Sprichworten: «Nulle terre sans seigneur.» «L'argent n'a pas de maître.»

Geld als Geld und *Geld als Kapital* unterscheiden sich zunächst nur durch ihre *verschiedene Circulationsform.*

Die unmittelbare Form der Waarencirculation ist W-G-W, Verwandlung von Waare in Geld und Rückverwandlung von Geld in Waare, *verkaufen um zu kaufen.* Neben dieser Form finden wir aber eine zweite, spezifisch unter¦schiedene vor, die Form G-W-G, Verwandlung von Geld in Waare und Rückverwandlung von Waare in Geld, *kaufen um zu verkaufen.* Geld, das in seiner Bewegung diese letztre Circulationsform beschreibt, verwandelt sich in Kapital, *wird* Kapital und *ist* schon an sich, d. h. seiner Bestimmung nach, Kapital.

Sehn wir uns die Circulation G-W-G näher an. Es ist ein Prozeß, der gleich dem der einfachen Waarencirculation, zwei entgegengesetzte Phasen durchläuft und ihre Einheit bildet. In der ersten Phase, G-W, *Kauf,* wird das Geld in Waare verwandelt. In der zweiten Phase, W-G, *Verkauf,* wird die Waare in Geld rückverwandelt. Die Einheit beider Phasen aber, die *Gesammtbewegung,* stellt sich | dar als Austausch von Geld gegen Waare und Wiederaustausch *derselben* Waare gegen Geld, Waare kaufen um sie zu verkaufen, oder, wenn man die formellen Unterschiede von Kauf und Verkauf übersieht, mit dem Geld Waare und mit der Waare Geld kaufen[2]. Was aber das Resultat des Prozesses angeht, so erlischt er im *Austausch von Geld gegen Geld, G-G.* Wenn ich für 100 Pfd. St. 2000 Pfund Baumwolle kaufe und die 2000 Pfund Baumwolle wieder für 110 Pfd. St. verkaufe, so habe ich schließlich 100 Pfd. St. gegen 110 Pfd. St. ausgetauscht, Geld gegen Geld.

Es ist nun zwar augenscheinlich, daß der Circulationsprozeß G-W-G abgeschmackt und inhaltlos wäre, wollte man vermittelst seines Umwegs denselben Geldwerth gegen denselben Geldwerth, also z. B. 100 Pfd. St. gegen 100 Pfd. St. austauschen. Ungleich einfacher und sichrer wäre die Methode des Schatzbildners, der die 100 Pfd. St. festhält, statt sie der Circulationsgefahr preiszugeben. Andrerseits, ob der Kaufmann die mit 100 Pfd. St. gekaufte Baumwolle wieder verkauft zu 110 Pfd. St., oder ob er sie zu 100 Pfd. St. und selbst zu 50 Pfd. St. losschlagen muß, unter allen Umständen hat sein *Geld* eine eigenthümliche und originelle Bewegung beschrieben, durchaus verschieden von der,

2 «Avec de l'argent on achète des marchandises, et avec des marchandises on achète de l'argent.» (*Mercier de la Rivière: „L'ordre naturel et essentiel des sociétés politiques“*, p. 543.)

die es in der einfachen Waarencirculation beschreibt, z. B. in der Hand des Bauern, der Korn verkauft und mit dem so gelösten Geld Kleider kauft. Es gilt also zunächst die Charakteristik der *Formunterschiede* zwischen den Kreisläufen G-W-G und W-G-W. Damit wird sich zugleich der inhaltliche Unterschied ergeben, der hinter diesen Formunterschieden lauert.

Sehn wir zunächst, was beiden Formen gemeinsam.

Beide Kreisläufe zerfallen in dieselben zwei entgegengesetzten Phasen, W-G, Verkauf, und G-W, Kauf. Jede dieser Phasen für sich betrachtet, ist kein Unterschied zu erkennen. Die den Prozeß eingehenden Elemente sind in beiden Formen dieselben, Waare und Geld. In jedem Abschnitt der beiden ¦ Kreisläufe stehn sich dieselben ökonomischen Charaktermasken gegenüber, Käufer und Verkäufer. In beiden Prozessen treten | drei Contrahenten auf, so daß aber stets nur ein Contrahent abwechselnd als Käufer und Verkäufer figurirt, während von den beiden andern Contrahenten der eine nur verkauft und der andre nur kauft. Beide Kreisläufe endlich sind *Einheiten* derselben entgegengesetzten Phasen.

Der Formunterschied zwischen den Prozessen W-G-W und G-W-G springt erst in's Auge, sobald man, statt der zwei Phasen, worin beide zerfallen, ihre Gesammtverläufe vergleicht. Was sie von vorn herein scheidet, ist *die umgekehrte Reihenfolge* derselben entgegengesetzten Circulationsphasen. Die einfache Waarencirculation beginnt mit dem Verkauf und endet mit dem Kauf, die Circulation des Geldes als Kapital beginnt mit dem Kauf und endet mit dem Verkauf. Dort bildet die *Waare*, hier das *Geld* den Ausgangspunkt und Schlußpunkt der Bewegung. In der ersten Form funktionirt das *Geld*, in der andern umgekehrt die *Waare* als *Mittler* des Gesammtverlaufs.

In der Circulation W-G-W wird das Geld schließlich in Waare verwandelt, die als Gebrauchswerth dient. Das Geld ist also definitiv *ausgegeben.* In der umgekehrten Form G-W-G giebt der Käufer dagegen Geld aus, um als Verkäufer Geld einzunehmen. Er wirft Geld beim Kauf der Waare in die Circulation, um es ihr durch den Verkauf derselben Waare wieder zu entziehn. Er entläßt das Geld nur mit der hinterlistigen Absicht seiner wieder habhaft zu werden. Es wird daher nur *vorgeschossen*[3].

3 "When a thing is bought, in order to be sold again, the sum employed is called *money advanced*; when it is bought not to be sold, it may be said to be

In der Form W-G-W wechselt *dasselbe Geldstück* zweimal die Stelle. Der Verkäufer erhält es vom Käufer und zahlt es weg an einen andern Verkäufer. Mit der Weggabe von Geld für Waare schließt der Gesammtprozeß ab, wie er mit der Einnahme von Geld für Waare begann. Umgekehrt in der Form G-W-G. *Nicht dasselbe Geldstück*, sondern *dieselbe Waare* wechselt hier zweimal die Stelle. Der Käufer erhält sie aus der Hand des Verkäufers und giebt sie weg in die Hand eines andern Käufers. Wie in der einfachen Waarencirculation *durch den zweimaligen Stellenwechsel dessel | ben Geldstücks* sein *definitives Uebergehn aus einer Hand in die andre* bedingt ist, so hier *durch den zweimaligen Stellenwechsel derselben Waare der Rückfluß des Geldes zu seinem ersten Ausgangspunkt.*

Der *Rückfluß des Geldes zu seinem Ausgangspunkt* hängt nicht davon ab, ob oder ob nicht die Waare theurer verkauft wird als sie gekauft war. Dieser Umstand beeinflußt nur die *Größe* der rückfließenden Geldsumme. Das Phänomen des Rückflusses selbst findet statt, sobald die gekaufte Waare wieder verkauft, also der Kreislauf G-W-G vollständig beschrieben wird. Es ¦ ist dieß also ein sinnlich wahrnehmbarer Unterschied zwischen der Circulation des *Geldes als Kapital* und seiner Circulation als bloßem Geld.

Allerdings kann auch in W-G-W Rückfluß des Geldes zu seinem Ausgangspunkt stattfinden, aber nur durch die Erneuerung oder *Wiederholung* des Gesammtprozesses, nicht durch den Verlauf seiner eignen Momente. Wenn ich ein Quarter Korn verkaufe für 3 Pfd. St. und mit diesen 3 Pfd. St. Kleider kaufe, sind die 3 Pfd. St. für mich definitiv verausgabt. Ich habe nichts mehr mit ihnen zu schaffen. Sie sind des Kleiderhändlers. Verkaufe ich nun ein zweites Quarter Korn, so fließt Geld zu mir zurück, aber nicht in Folge der ersten Transaktion, sondern nur in Folge ihrer Wiederholung. Es entfernt sich wieder von mir, sobald ich die zweite Transaktion zu Ende führe und von neuem kaufe. In der Circulation W-G-W hat also die Verausgabung des Geldes nichts mit seinem Rückfluß zu schaffen. In G-W-G dagegen ist der Rückfluß des Geldes durch die Art seiner Verausgabung selbst bedingt. Ohne diesen Rückfluß ist die Operation mißglückt oder der Prozeß unterbrochen

expended." (*James Steuart: Works* etc. *edited by General Sir James Steuart, his son. Lond. 1805*, v. I, p. 274.)

und noch nicht fertig, weil seine zweite Phase, der den Kauf ergänzende und abschließende Verkauf fehlt.

Der Kreislauf W-G-W geht aus von dem Extrem einer Waare und schließt ab mit dem Extrem einer andern Waare, die aus der Circulation heraus und der Consumtion anheim fällt. Consumtion, Befriedigung von Bedürfnissen, mit einem Wort, *Gebrauchswerth* ist daher sein Endzweck. Der Kreislauf G-W-G geht dagegen aus von dem Extrem des Geldes und bewegt sich fort zu demselben Extrem als seinem Schluß. 157
Sein treibendes Motiv und bestimmender Zweck ist daher *der Tauschwerth selbst.*

In der einfachen Waarencirculation haben beide Extreme dieselbe | ökonomische Formbestimmtheit. Sie sind beide *Waaren.* Sie sind auch Waaren von *derselben Werthgröße.* Aber sie sind zugleich qualitativ *verschiedne Gebrauchswerthe,* z. B. Korn und Kleider. Der Produktenaustausch, der Wechsel der verschiednen Stoffe, worin sich die gesellschaftliche Arbeit darstellt, bildet hier den Inhalt der Bewegung. Anders in der Circulation G-W-G. Sie scheint auf den ersten Blick inhaltlos, weil tautologisch. Beide Extreme haben dieselbe ökonomische Formbestimmtheit. Sie sind beide *Geld.* Sie unterscheiden sich auch nicht *qualitativ* als Gebrauchswerthe, denn Geld ist eben die verwandelte Gestalt der Waaren, worin ihre besondern Gebrauchswerthe ausgelöscht sind. Erst 100 Pfd. St. gegen Baumwolle und dann wieder dieselbe Baumwolle gegen 100 Pfd. St. austauschen, also auf einem Umweg Geld gegen Geld, dasselbe gegen dasselbe, scheint eine ebenso zwecklose als abgeschmackte Operation[4]. Eine ¦ Geldsumme kann sich von der |

4 „On n'échange pas de l'argent contre de l'argent," ruft *Mercier de la Rivière* den Merkantilisten zu. (l. c. p. 486.) In einem Werke, welches *ex professo* vom „*Handel*" und der „*Spekulation*" handelt, liest man: „Aller Handel besteht im Austausch von Dingen verschiedner Art; und der Vortheil (für den Kaufmann?) entspringt eben aus dieser Verschiedenheit. Ein Pfund Brod gegen ein Pfund Brod austauschen, wäre ohne allen Vortheil … daher der vortheilhafte Kontrast zwischen *Handel* und *Spiel,* welches nur *Austausch von Geld gegen Geld* ist." (*Th. Corbet: „An Inquiry into the Causes and Modes of the Wealth of Individuals; or the Principles of Trade and Speculation explained. London. 1841",* p. 5.) Obgleich Corbet nicht sieht, daß G – G, Geld gegen Geld austauschen, die charakteristische Circulationsform, nicht nur des *Handelskapitals,* sondern *allen* Kapitals ist, giebt er wenigstens zu, daß diese Form einer Art des Handels, der *Spekulation,* mit dem *Spiel* gemein sei, aber dann kommt *Mac Culloch* und findet, daß *Kaufen um zu*

andern Geldsumme überhaupt nur durch ihre *Größe* unterscheiden. Der Prozeß G-W-G schuldet seinen Inhalt daher keinem *qualitativen Unterschied* seiner Extreme, denn sie sind beide *Geld*, sondern nur ihrer *quantitativen Verschiedenheit.* Schließlich wird der Circulation mehr Geld entzogen als Anfangs hineingeworfen ward. Die zu 100 Pfd. St. gekaufte Baumwolle wird z. B. wieder verkauft zu 100 + 10 Pfd. St. oder 110 Pfd. St. Die vollständige Form dieses Prozesses ist daher $G\text{-}W\text{-}G'$, wo $G' = G + \Delta G$, d. h. gleich der ursprünglich vorgeschossenen Geldsumme plus einem Increment. Dieß Increment oder den Ueberschuß über den ursprünglichen Werth nenne ich *Mehrwerth (surplus value).* Der ursprünglich vorgeschossene Werth erhält sich daher nicht nur in der Circulation, sondern in ihr *verändert* er seine *Werthgröße*, setzt einen *Mehrwerth* zu, oder *verwerthet* sich. Und diese Bewegung *verwandelt* ihn in *Kapital.*

Es ist zwar auch möglich, daß in W-G-W die beiden Extreme W, W, z. B. Korn und Kleider, *quantitativ verschiedne Werthgrößen* sind. Der Bauer kann sein Korn *über* dem Werth verkauft oder die Kleider unter ihrem Werth gekauft haben. Er kann seinerseits vom Kleiderhändler geprellt werden. Solche Werthverschiedenheit bleibt jedoch *für diese Circulationsform selbst* rein zufällig. Sinn und Verstand verliert sie nicht schier, wie der Prozeß G-W-G, wenn die beiden Extreme, Korn und Kleider z. B., Aequivalente sind. Ihr Gleichwerth ist hier vielmehr Bedingung des normalen Verlaufs.

Die Wiederholung oder Erneurung des *Verkaufs um zu kaufen* findet, wie dieser Prozeß selbst, Maß und Ziel an einem *außer ihm* liegenden Endzwecke, der Consumtion, der Befriedigung bestimmter Bedürfnisse. Im *Kauf für den Verkauf* dagegen sind Anfang und Ende dasselbe, *Geld*, Tauschwerth, und schon dadurch ist die Bewegung endlos. Allerdings ist aus G, $G + \Delta G$ geworden, aus den 100 Pfd. St., 100 + 10. Aber blos die

verkaufen Speculiren ist, und der Unterschied zwischen Speculation und Handel also wegfällt. "*Every transaction* in which an individual *buys produce in order to sell it again*, is, in fact, a *speculation.*" (*Mac Culloch: A Dictionary practical* etc. *of Commerce. London* 1847, p. 1009.) Ungleich naiver *Pinto*, der Pindar der Amsterdamer Börse: «*Le commerce est un jeu* (dieser Satz entlehnt aus *Locke*); et ce n'est pas avec des gueux qu'on peut gagner. Si l'on gagnait long temps en tout avec tous, il faudrait rendre de bon accord les plus grandes parties du profit, pour recommencer le jeu.» (*Pinto: Traité de la Circulation et du Crédit. Amsterdam 1771*, p. 231.)

Form ¦ betrachtet, sind 110 Pfd. St. dasselbe wie 100 Pfd. St., nämlich Geld. Und die Werthgröße betrachtet, sind 110 Pfd. eine *beschränkte* Werthsumme wie 100 Pfd. St. Würden die 110 Pfd. St. als Geld *verausgabt*, so fielen sie aus ihrer Rolle. Sie hörten auf *Kapital* zu sein. Der Circulation entzogen, versteinern sie zum Schatz und kein Farthing wächst ihnen an, ob sie bis | zum jüngsten Tag fortlagern. Handelt es sich also einmal um die Werthgröße als solche, um *Verwerthung des Werths*, so besteht dasselbe Bedürfniß für die Verwerthung von 110 Pfd. St. wie für die von 100 Pfd. St., da beide beschränkte Ausdrücke des Tauschwerths sind, beide also denselben Beruf haben sich dem Reichthum schlechthin durch Größenausdehnung anzunähern. Allerdings unterscheidet sich für einen Augenblick der ursprünglich vorgeschossene Werth 100 Pfd. St. von dem in der Circulation ihm zuwachsenden Mehrwerth von 10 Pfd. St., aber dieser Unterschied zerfließt sofort wieder. Es kommt am Ende des Prozesses nicht auf der einen Seite der Originalwerth von 100 Pfd. St. und auf der andern Seite der Mehrwerth von 10 Pfd. St. heraus. Was herauskommt ist *Ein* Werth von 110 Pfd. St., der sich ganz in derselben entsprechenden Form befindet, um den Verwerthungsprozeß zu beginnen, wie die ursprünglichen 100 Pfd. St. Geld kommt am Ende der Bewegung wieder als ihr Anfang heraus[5]. Wenn die einfache Waarencirculation daher im *Gebrauchswerth* eine ihr von außen gesetzte Schranke hat, ist die Bewegung des Kapitals
dagegen *maßlos*, indem sie in ihrem Abschluß das Prinzip und den 158
Trieb ihrer Wiedererneuerung findet, und ihr Ziel, die *Verwerthung des Werths*, am Ende des Prozesses eben so wenig erreicht ist als am Anfang[6]. ¦

[5] „Das Kapital theilt sich … in das ursprüngliche Kapital und den Gewinn, den Zuwachs des Kapitals … obwohl die Praxis selbst diesen Gewinn sogleich wieder zum Kapital schlägt und mit diesem in Fluß setzt." (*F. Engels: „Umrisse zu einer Kritik der Nationalökonomie"* in *„Deutsch-Französische Jahrbücher, herausgegeben von Arnold Ruge und Karl Marx." Paris 1844*, p. 99.)

[6] *Aristoteles* stellt der *Chrematistik* die *Oekonomik* entgegen. Er geht von der Oekonomik aus. So weit sie Erwerbskunst, beschränkt sie sich auf die Verschaffung der zum Leben nothwendigen und für das Haus oder den Staat nützlichen Güter. „Der wahre Reichthum (ὁ ἀληθινὸς πλοῦτος) besteht aus solchen Gebrauchswerthen; denn das zum guten Leben genügende Maß dieser Art von Besitz ist *nicht unbegrenzt.* Es giebt aber eine zweite Art der Erwerbskunst, die vorzugsweise und mit Recht *Chrematistik* heißt, in Folge deren *keine Grenze* des

Als bewußter Träger dieses Prozesses wird der Geldbesitzer Kapita-
159 list. Seine Person, oder vielmehr seine Tasche, ist der Ausgangspunkt |
und der Rückkehrpunkt des Geldes. Der *objektive Inhalt* jenes Prozes-
ses – Verwerthung des Werths – ist sein *subjektiver Zweck*, und nur
soweit wachsende Aneignung des abstrakten Reichthums das allein
treibende Motiv seiner Operationen, funktionirt er als *Kapitalist* oder
personificirtes, mit Willen und Bewußtsein begabtes Kapital. Der *Ge-
brauchswerth* ist also nie als unmittelbarer Zweck des Kapitalisten zu
behandeln[7]. Auch nicht der einzelne Gewinn, sondern nur die rastlose
Bewegung des Gewinnens[8]. Dieser absolute Bereicherungstrieb, diese |

Reichthums und Besitzes zu existiren scheint. Der *Waarenhandel* (ἡ καπηλικὴ heißt wörtlich Kramhandel und Aristoteles nimmt diese Form, weil in ihr der Gebrauchswerth vorherrscht) gehört von Natur nicht zur Chrematistik, denn hier bezieht sich der Austausch nur auf das für sie selbst (Käufer und Verkäufer) Nöthige." Daher, entwickelt er weiter, war auch die ursprüngliche Form des Waarenhandels der *Tauschhandel*, aber mit seiner Ausdehnung entstand nothwendig das *Geld*. Mit der Erfindung des Geldes mußte sich der Tauschhandel nothwendig zur καπηλικὴ, zum Waarenhandel entwickeln, und dieser, im Widerspruch zu seiner ursprünglichen Tendenz, bildete sich zur Chrematistik aus, zur Kunst Geld zu machen. Die Chrematistik nun unterscheidet sich von der Oekonomik dadurch, daß „für sie *die Circulation* die Quelle des Reichthums ist (ποιητικὴ χρημάτων ... *διὰ χρημάτων μεταβολῆς*). Und um das Geld scheint sie sich zu drehen, denn *das Geld ist der Anfang und das Ende dieser Art von Austausch* (τὸ γάρ νόμισμα στοιχεῖον καὶ πέρας τῆς ἀλλαγῆς ἐστίν). Daher ist auch der Reichthum, wie ihn die Chrematistik anstrebt, *unbegrenzt*. Wie nämlich jede Kunst, der ihr Ziel nicht als Mittel, sondern als letzter Endzweck gilt, unbegrenzt in ihrem Streben ist, denn sie sucht sich ihm stets mehr zu nähern, während die Künste, die nur Mittel zum Zwecke verfolgen, nicht unbegrenzt sind, da der Zweck selbst ihnen die Grenze setzt, so giebt es auch für diese Chrematistik keine Schranke ihres Ziels, sondern ihr Ziel ist absolute Bereicherung. Die Oekonomik, nicht die Chrematistik hat eine Grenze ... die erstere bezweckt ein vom Gelde selbst Verschiednes, die andere seine Vermehrung.... Die Verwechslung beider Formen, die in einander überspielen, verursacht einige die Erhaltung und Vermehrung des Geldes ins Unendliche als Endziel der Oekonomik zu betrachten." (*Aristoteles: De Rep. edit. Bekker, lib. I, c. 8 und 9 passim.*)

7 "Commodities (hier im Sinn von Gebrauchswerthen) are not the terminating object of the trading capitalist ... money is his terminating object." (*Th. Chalmers: On Politic. Econ.* etc. 2nd edit. *Glasgow* 1832, p. 165, 166.)

8 «Il mercante non conta quasi per niente il lucro fatto, ma mira sempre al futuro.» (*A. Genovesi: Lezioni di Economia Civile* (1765). Ausgabe der italienischen Oekonomen von *Custodi, Parte Moderna*, t. VIII, p. 139.)

leidenschaftliche Jagd auf den Tauschwerth[9] ist dem Kapitalisten mit dem Schatzbildner gemein, aber während der Schatzbildner nur der verrückte Kapitalist, ist der Kapitalist der rationelle Schatzbildner. Die Unvergänglichkeit des Tauschwerths, die der Schatzbildner anstrebt, indem er das Geld vor der Circulation zu *retten* sucht[10], erreicht der klügere Kapitalist, indem er es stets von neuem der Circulation preisgiebt[10a].

In der einfachen Circulation entwickeln die Waaren ihren Werth zu verschiednen ihrem Gebrauchswerth gegenübertretenden selbstständigen Formen, d. h. zu Geldformen, die den Austausch vermitteln und in seinem Endresultat verschwinden. In der Circulation G-W-G
funktioniren beide, *Waare* und *Geld*, nur als *verschiedne Existenzweisen* 160
des Werths selbst, das ¦ Geld seine allgemeine, die Waare seine besondre, so zu sagen nur verkleidete Existenzweise[11]. Er geht beständig aus der einen Form in die andre über, ohne sich in dieser Bewegung zu verlieren und verwandelt sich so in ein automatisches, in sich selbst
prozessirendes Subjekt. Fixirt man eine der besondern Erscheinungs- 161
formen, worin er sich abwechselnd darstellt, so erhält man die Erklärungen: *Kapital ist Geld, Kapital ist Waare*[12]. In der That aber wird | *der Werth* hier das *Subjekt eines Prozesses*, worin er unter dem beständigen Wechsel der Formen von Geld und Waare, seine Größe selbst verändert, sich als Mehrwerth von sich selbst als ursprünglichem Werth

9 „Die unauslöschliche Leidenschaft für den Gewinn, die auri sacra fames bestimmt stets den Kapitalisten.“ (*Mac Culloch: The Principles of Polit. Econ. London 1830*, p. 163.) Diese Einsicht verhindert denselben Mac Culloch und Cons. natürlich nicht, in theoretischen Verlegenheiten, z. B. bei Behandlung der Ueberproduktion, denselben Kapitalisten in einen guten Bürger zu verwandeln, dem es sich nur um den *Gebrauchswerth* handelt und der sogar einen wahren Wehrwolfsheißhunger für Stiefel, Hüte, Eier, Kattune und andre höchst familiäre Sorten von Gebrauchswerth entwickelt.

10 „Σώζειν“ ist einer der charakteristischen Ausdrücke der Griechen für das Schatzbilden.

10a «Questo infinito che le cose non hanno in progresso, hanno in giro.» *(Galiani.)*

11 «Ce n'est pas la *matière* qui fait le capital, mais la valeur de ces matières.» *(J. B. Say: Traité de L'Écon. Polit.* 3ème éd. *Paris 1817*, t. II, p. 429.)

12 "*Currency* (!) employed to productive purposes is capital." (*Mac Leod: „The Theory and Practice of Banking. London 1855“*, v. I, c. I.) "Capital is commodities." (*James Mill: „Elements of Pol. Econ. Lond. 1821“*, p. 74.)

abstößt, *sich selbst verwerthet.* Denn die Bewegung, worin er Mehrwerth zusetzt, ist seine eigne Bewegung, seine Verwerthung ist also *Selbstverwerthung.* Er hat die occulte Qualität erhalten, Werth zu setzen, weil er Werth ist. Er wirft lebendige Junge oder legt wenigstens goldne Eier.

Als das übergreifende *Subjekt* eines solchen Prozesses, worin er Geldform und Waarenform bald annimmt, bald abstößt, sich aber in diesem Wechsel erhält und ausreckt, bedarf der Werth natürlich vor allem einer selbstständigen Form, wodurch seine Identität mit sich selbst konstatirt werden kann. Und diese Form besitzt er nur im *Gelde.* Dieß bildet daher Ausgangspunkt und Schlußpunkt jeden Verwerthungsprozesses. Er war 100 Pfd. St., er ist jetzt 110 Pfd. St. u. s. w. Aber das Geld selbst gilt hier nur als *eine Form* des Werths, denn er hat deren *zwei.* Und die Annahme der *Waarenform* bildet grade das vermittelnde Moment seiner Bewegung. Das Geld tritt hier also nicht *polemisch* gegen die Waare auf, wie in der Schatzbildung. Der Kapitalist weiß, daß alle Waaren, wie lumpig sie immer aussehn oder wie schlecht sie immer riechen mögen, im Glauben und in der Wahrheit *Geld,* innerlich verschnittene Juden sind. G-G′, *geldheckendes Geld* – (*money which begets money* lautet die Beschreibung des Kapitals im Munde seiner ersten Dolmetscher, der *Mercantilisten*), – ist in der That nur die unmit-
162 telbare Erscheinungsform des *Werth setzenden Werths,* des *sich selbst verwerthenden Werths.*

Wenn der Tauschwerth in der Waarencirculation höchstens zur selbstständigen Form gegenüber dem Gebrauchswerth der Waare heranreift, so stellt er sich hier plötzlich dar als eine prozessirende, sich selbst bewegende Substanz, für welche Waare und Geld beide bloße Formen. Aber noch mehr. Statt Waarenverhältnisse darzustellen, tritt er jetzt so zu sagen in ein *Privatverhältniß zu sich selbst.* Er unterscheidet sich als ursprünglicher Werth von ¦ sich selbst als Mehrwerth, als Gott Vater von sich selbst als Gottsohn, und beide sind vom selben Alter, und bilden in der That nur eine Person, denn nur durch den Mehrwerth von 10 Pfd. St. werden die vorgeschossenen 100 Pfd. St. Kapital, und sobald sie dieß geworden, sobald der | Sohn, und durch den Sohn der Vater erzeugt, verschwindet ihr Unterschied wieder und sind beide Eins, 110 Pfd. St.

Der Werth wird also *prozessirender Werth, prozessirendes Geld* und als solches *Kapital.* Er kommt aus der Circulation her, geht wieder in sie ein, erhält und vervielfältigt sich in ihr, kehrt vergrößert aus ihr zurück und beginnt denselben Kreislauf stets wieder von neuem[13].

Kaufen um zu verkaufen, oder vollständiger, *kaufen um theurer zu verkaufen*, G-W-G′, scheint zwar nur einer Art des Kapitals, dem *Kaufmannskapital*, eigenthümliche Form. Aber auch *das industrielle Kapital* ist Geld, das sich in Waare verwandelt und durch den Verkauf der Waare in mehr Geld rückverwandelt. Akte, die etwa zwischen dem Kauf und dem Verkaufe, außerhalb der Circulationssphäre, vorgehn, ändern nichts an dieser Form der Bewegung. In dem *zinstragenden Kapital* endlich stellt sich die Form G-W-G′ abgekürzt dar, im Resultat ohne die Vermittlung, so zu sagen im Lapidarstyl, als G-G′, Geld, das gleich mehr Geld, Werth, der größer als er selbst ist.

In der That also ist G-W-G′ *die allgemeine Formel des Kapitals*, wie es unmittelbar in der Circulationssphäre *erscheint*.

2) Widersprüche der allgemeinen Formel.

Die Circulationsform, worin sich das Geld zum Kapital entpuppt, widerspricht allen früher entwickelten Gesetzen über die Natur der Waare, des Werths, des Geldes und der Circulation selbst. Was sie von der einfachen Waarencirculation unterscheidet, ist die *umgekehrte Reihenfolge* derselben zwei entgegengesetzten Prozesse, Verkauf und Kauf. Und wie sollte dieser rein formelle Unterschied die Natur dieser Prozesse umzaubern?

Noch mehr. Diese *Umkehrung* existirt nur für einen der drei Geschäftsfreunde, die mit einander handeln. Als Kapitalist kaufe ich Waare von A und verkaufe sie wieder an B, während ich als einfacher Waarenbesitzer Waare an B verkaufe und dann Waare von A kaufe. Für die Geschäftsfreunde A und B existirt dieser Unterschied nicht. Sie treten | nur als Käufer oder Verkäufer von Waaren auf. Ich selbst stehe ihnen jedesmal als einfacher ¦ Geldbesitzer oder Waarenbesitzer, Käufer oder Verkäufer, gegenüber, und zwar trete ich in beiden Reihenfolgen der einen Person nur als Käufer und der andern nur als Verkäufer gegenüber, der einen als nur Geld, der andern als nur Waare, keiner von beiden

[13] „*Kapital* … permanenter sich vervielfältigender Werth". (*Sismondi: Nouveaux Principes d'Écon. Polit.*, t. I, p. 88, 89.)

als Kapital oder Kapitalist oder Repräsentant von irgend etwas, das mehr als Geld oder Waare wäre oder eine andere Wirkung außer der des Geldes oder der Waare ausüben könnte. Für mich bilden Kauf von A und Verkauf an B eine Reihenfolge. Aber der Zusammenhang zwischen diesen beiden Akten existirt nur für mich. A scheert sich nicht um meine Transaktion mit B, und B nicht um meine Transaktion mit A. Wollte ich ihnen etwa das besondere Verdienst klar machen, das ich mir durch die *Umkehrung* der Reihenfolge erworben, so würden sie mir beweisen, daß ich mich in der *Reihenfolge selbst* irre und daß die Gesammttransaktion nicht mit einem Kauf begann und einem Verkauf endete, sondern umgekehrt mit einem Verkauf begann und mit einem Kauf abschloß. In der That, mein erster Akt, der Kauf, war von A's Standpunkt ein Verkauf, und mein zweiter Akt, der Verkauf, war von B's Standpunkt ein Kauf. Nicht zufrieden damit, werden A und B erklären, daß die ganze Reihenfolge überflüssig und Hokus Pokus war. A wird die Waare direkt an B verkaufen und B sie direkt von A kaufen. Damit verschrumpft die ganze Transaktion in einen *einseitigen Akt* der gewöhnlichen Waarencirculation, vom Standpunkt A's bloßer Verkauf und vom Standpunkt B's bloßer Kauf. Wir sind also durch die Umkehrung der Reihenfolge nicht über die Sphäre der *einfachen Waarencirculation* hinausgekommen und müssen vielmehr zusehn, ob sie ihre Natur nach Verwerthung der in sie hineingehenden Werthe und daher *Bildung von Mehrwerth* gestattet.

Nehmen wir den Circulationsprozeß in einer Form, worin er sich als bloßer Waarenaustausch darstellt. Dieß ist stets der Fall, wenn beide Waarenbesitzer Waaren von einander kaufen und die Bilanz ihrer wechselseitigen Geldforderungen sich am Zahlungstag ausgleicht. Das Geld dient hier als Rechengeld, um die Werthe der Waaren in ihren *Preisen* auszudrücken, tritt aber nicht den Waaren selbst dinglich gegenüber. Soweit es sich um den *Gebrauchswerth* handelt, ist es klar, daß beide Austauscher hier *gewinnen* können. Beide veräußern Waaren, die ihnen als Gebrauchswerth nutzlos, und erhalten Waaren, deren sie zum Ge|brauch bedürfen. Und dieser Nutzen mag nicht der einzige sein. A, der Wein verkauft und Getreide kauft, producirt vielleicht mehr Wein als Getreidebauer B *in derselben* Arbeitszeit produciren könnte und Getreidebauer B *in derselben Arbeitszeit* mehr Getreide als Weinbauer A produciren könnte. A erhält also für denselben Tauschwerth mehr Getreide und B mehr Wein als wenn jeder von den beiden, ohne

Austausch, Wein und Getreide für sich selbst produciren müßte. Mit Bezug auf den *Gebrauchswerth* also kann gesagt werden, daß „der Aus-¦tausch eine Transaktion ist, worin beide Seiten *gewinnen*[14]". Anders mit dem *Tauschwerth.* „Ein Mann, der viel Wein und kein Getreide besitzt, handelt mit einem Mann, der viel Getreide und keinen Wein besitzt und zwischen ihnen wird ausgetauscht Weizen zum Werth von 50 gegen einen Werth von 50 in Wein. Dieser Austausch ist *keine Vermehrung des Tauschwerths* weder für den einen, noch für den andern; denn bereits *vor* dem Austausch besaß jeder von ihnen einen Werth gleich dem, den er sich vermittelst dieser Operation verschafft hat[15]." Es ändert nichts an der Sache, wenn das Geld als Circulationsmittel zwischen die Waaren tritt und die Akte des Kaufs und Verkaufs sinnlich auseinanderfallen[16]. Der Werth der Waaren ist in ihren *Preisen dargestellt*, bevor sie in die Circulation treten, also Voraussetzung und nicht Resultat derselben[17].

Abstrakt betrachtet, d. h. abgesehn von Umständen, die nicht aus den immanenten Gesetzen der einfachen Waarencirculation hervorfließen, geht außer dem Ersatz eines Gebrauchswerths durch einen andern nichts in ihr vor als eine *Metamorphose*, ein bloßer Formwechsel der Waare. *Derselbe Tauschwerth*, d. h. dasselbe Quantum vergegen-|ständlichter gesellschaftlicher Arbeit, bleibt in der Hand desselben Waarenbesitzers abwechselnd in Gestalt seiner Waare, des Geldes, worin sie sich verwandelt, der Waare, worin sich dieß Geld rückverwandelt. Dieser Formwechsel schließt keine Aenderung der *Werthgröße* ein. Der Wechsel aber, den der Tauschwerth der Waare selbst in diesem Prozeß erfährt, beschränkt sich auf einen Wechsel seiner *Geldform.* Er existirt erst als *Preis* der zum Verkauf angebotenen Waare, dann als *dieselbe* Geldsumme, die in diesem Preise ausgedrückt ist, endlich als der *Preis* einer äquivalenten Waare. Dieser Formwechsel schließt *an und für sich* eben so wenig eine Aenderung der *Werthgröße* ein, wie das Auswechseln

14 «L'échange est une transaction admirable dans laquelle les deux contractants gagnent – toujours (!).» (*Destutt de Tracy: Traité de la Volonté et de ses Effets. Paris* 1826, p. 68.) Dasselbe Buch erschien 1823 als *„Traité de l'Éc. Pol."*

15 *Mercier de la Rivière* l. c. p. 544.

16 «Que l'une de ces deux valeurs soit argent, ou qu'elles soient toutes deux marchandises usuelles, rien de plus indifférent en soi.» (*Mercier de la Rivière* l. c. p. 543.)

17 «Ce ne sont pas les contractants qui prononcent sur la *valeur*; elle est décidée *avant* la convention.» (*Le Trosne* p. 906.)

einer Fünfpfundnote gegen Sovereigns, halbe Sovereigns und Schillinge. Sofern also die Cirkulation der Waare nur einen *Formwechsel* ihres Tauschwerths bedingt, bedingt sie, wenn das Phänomen rein vorgeht, *Austausch von Aequivalenten.* Die Vulgärökonomie selbst, so wenig sie ahnt, was der *Werth* ist, unterstellt daher, so oft sie in ihrer Art das Phänomen rein betrachten will, daß Nachfrage und Zufuhr sich *decken*, d. h. daß ihre Wirkung überhaupt fortfällt. Wenn also mit Bezug auf den *Gebrauchswerth* beide Austauscher gewinnen können, ¦ können sie nicht beide gewinnen an *Tauschwerth.* Hier heißt es vielmehr: „Wo Gleichheit ist, ist kein Gewinn[18]." Waaren können zwar zu Preisen verkauft werden, die von ihren Werthen abweichen, aber diese Abweichung erscheint als Verletzung des Gesetzes des Waarenaustausches[19]. In seiner reinen Gestalt ist er ein Austausch von Aequivalenten, also *kein Mittel* sich an Werth zu bereichern[20].

Hinter den Versuchen, die Waarencirkulation als *Quelle von Mehrwerth* darzustellen, lauert daher meist ein quid pro quo, eine Verwechslung von Gebrauchswerth und Tauschwerth. So z. B. bei *Con | dillac*: „Es ist falsch, daß man im Waarenaustausch gleichen Werth gegen gleichen Werth austauscht. Umgekehrt. Jeder der beiden Contrahenten giebt immer einen kleineren für einen größeren Werth ... Tauschte man in der That immer gleiche Werthe aus, *so wäre kein Gewinn zu machen* für irgend einen Contrahenten. Aber alle beide gewinnen oder sollten doch gewinnen. Warum? Der Werth der Dinge besteht bloß in ihrer Beziehung auf unsere *Bedürfnisse.* Was für den einen mehr, ist für den andern weniger, und umgekehrt. ... Man setzt nicht voraus, daß wir unsrer Consumtion unentbehrliche Dinge zum Verkauf ausbieten. ... Wir wollen eine uns nutzlose Sache weggeben, um eine uns nothwendige zu erhalten; wir wollen weniger für mehr geben ... Es war natürlich zu urtheilen, daß man im Austausch gleichen Werth für gleichen Werth gebe, so oft jedes der ausgetauschten Dinge an Werth demselben Quan-

18 «Dove è eguaglità, non è lucro.» (*Galiani: Della Moneta* in *Custodi: Parte Moderna*, t. IV, p. 244.)

19 «L'échange devient désavantageux pour l'une des parties, lorsque quelque chose étrangère vient diminuer ou exagérer le prix: alors l'égalité est blessée, mais la lésion procède de cette cause et non de l'échange.» (*Le Trosne* l. c. p. 904.)

20 «L'échange est de sa nature un contrat d'égalité qui se fait de valeur pour valeur égale. *Il n'est donc pas un moyen de s'enrichir*, puisque l'on donne autant que l'on reçoit.» (*Le Trosne* l. c. p. 903, 904.)

tum Geld gleich war … Aber eine andre Betrachtung muß noch in die Rechnung eingehn; es fragt sich, ob wir beide einen *Ueberfluß* gegen etwas Nothwendiges austauschen[21]." Man sieht, wie *Condillac* nicht nur Gebrauchswerth und Tauschwerth durcheinander wirft, sondern wahrhaft kindlich einer Gesellschaft mit entwickelter Waarenproduktion einen Zustand unterschiebt, worin der Producent seine Subsistenzmittel selbst producirt und nur den Ueberschuß über den eignen Bedarf, den *Ueberfluß*, in die Cirkulation wirft[22]. Dennoch wird *Condillac's* Argument häufig bei ¦ modernen Oekonomen wiederholt, namentlich wenn es gilt, die entwickelte Gestalt des Waarenaustausches, den *Handel*, als produktiv von *Mehrwerth* darzustellen. „Der Handel", heißt es z. B., *„fügt den Produkten Werth zu,* denn dieselben | Produkte haben mehr Werth in den Händen des Consumenten als in den Händen des Producenten und er muß daher wörtlich (strictly) als Produktionsakt betrachtet werden[23]." Aber man zahlt die Waaren nicht doppelt, das einemal ihren Gebrauchswerth und das andremal ihren Tauschwerth. Und wenn der Gebrauchswerth der Waare dem Käufer nützlicher als dem Verkäufer, ist ihre Geldform dem Verkäufer nützlicher als dem Käufer. Würde er sie sonst verkaufen? Und so könnte ebensowohl gesagt werden, daß der Käufer wörtlich (strictly) einen „Produktionsakt" vollbringt, indem er z. B. die Strümpfe des Kaufmanns in Geld verwandelt.

Werden Waaren oder Waaren und Geld von gleichem Tauschwerth, also *Aequivalente* ausgetauscht, so zieht offenbar keiner mehr Werth aus der Cirkulation heraus als er in sie hineinwirft. Es findet dann keine Bildung von Mehrwerth Statt. In seiner reinen Form aber bedingt der Cirkulationsprozeß der Waaren Austausch von Aequivalenten. Jedoch gehn die Dinge in der Wirklichkeit nicht rein zu. Unterstellen wir daher *Austausch von Nicht-Aequivalenten.*

21 *Condillac: „Le Commerce et le Gouvernement"* (1776). *Édit. Daire* et *Molinari* in den *„Mélanges d'Économie Politique. Paris 1847"*, p. 267, 291.

22 *Le Trosne* antwortet daher seinem Freunde *Condillac* sehr richtig: «Dans la société formée il n'y a pas de surabondant en aucun genre.» Zugleich neckt er ihn mit der Glosse, daß „wenn beide Austauscher gleich viel mehr für gleich viel weniger erhalten, sie beide gleich viel erhalten." Weil *Condillac* noch nicht die geringste Ahnung von der Natur des *Tauschwerths* besitzt, ist er der passende Gewährsmann des Herrn Prof. *Wilhelm Roscher* für seine eignen Kinderbegriffe. Sieh dessen: *„Die Grundlagen der Nationalökonomie. Dritte Auflage.* 1858".

23 *S. P. Newman: Elements of Polit. Econ. Andover and New-York* 1835, p. 175.

Jedenfalls steht auf dem Waarenmarkt nur Waarenbesitzer dem Waarenbesitzer gegenüber, und die Macht, die diese Personen über einander ausüben, ist nur die Macht ihrer Waaren. Die stoffliche Verschiedenheit der Waaren ist das stoffliche Motiv des Austauschs und macht die Waarenbesitzer wechselseitig von einander abhängig, indem keiner von ihnen den Gegenstand seines eignen Bedürfnisses und jeder von ihnen den Gegenstand des Bedürfnisses der Andern in seiner Hand hält. Außer dieser stofflichen Verschiedenheit ihrer Gebrauchswerthe besteht nur noch ein Unterschied unter den Waaren, der Unterschied zwischen ihrer Naturalform und ihrer verwandelten Form, zwischen Waare und Geld. Und so unterscheiden sich die Waarenbesitzer nur als Verkäufer, Besitzer von Waare, und als Käufer, Besitzer von Geld.

Gesetzt nun, es sei durch irgend ein unerklärliches Privilegium dem *Verkäufer* gegeben, die Waare *über* ihrem Werthe zu verkaufen, zu 110, wenn sie 100 werth ist, also mit einem nominellen Preisaufschlage von 10 %. Der Verkäufer kassirt also einen Mehrwerth von 10 ein. Aber | nachdem er Verkäufer war, wird er Käufer. Ein dritter Waarenbesitzer begegnet ihm jetzt als Verkäufer und genießt seinerseits das Privilegium, die Waare 10 % zu theuer zu verkaufen. Unser Mann hat als Verkäufer 10 gewonnen, um ¦ als Käufer 10 zu verlieren[24]. Das ganze kömmt in der That darauf hinaus, daß *alle* Waarenbesitzer ihre Waaren einander 10 % *über* dem Werth verkaufen, was ganz dasselbe ist, als ob sie die Waaren *zu* ihren Werthen verkauften. Ein solcher allgemeiner nomineller *Preisaufschlag* der Waaren bringt dieselbe Wirkung hervor, als ob die Waarenwerthe z. B. in Silber statt in Gold geschätzt würden. Die Geldnamen, d. h. die Preise der Waaren würden anschwellen, aber ihre Werthverhältnisse unverändert bleiben.

Unterstellen wir umgekehrt, es sei das Privilegium des *Käufers*, die Waaren *unter* ihrem Werth zu kaufen. Hier ist es nicht einmal nöthig zu erinnern, daß der Käufer wieder Verkäufer wird. Er *war* Verkäufer, bevor er Käufer ward. Er hat bereits 10 % als Verkäufer ver-

24 "By the augmentation of the nominal value of the produce … sellers not enriched … since what they gain as sellers, they precisely expend in the quality of buyers." („*The Essential Principles of the Wealth of Nation* etc. *London 1797*", p. 66.)

loren, bevor er 10 % als Käufer gewinnt[25]. Alles bleibt wieder beim Alten.

Die Bildung von Mehrwerth, und daher die Verwandlung von Geld in Kapital, kann also weder dadurch erklärt werden, daß die *Verkäufer* die Waaren *über* ihrem Werthe verkaufen, noch dadurch, daß die Käufer sie *unter* ihrem Werthe kaufen[26].

Das Problem wird in keiner Weise dadurch vereinfacht, daß man fremde Beziehungen einschmuggelt, also etwa mit Oberst *Torrens* sagt: | „Die effektive Nachfrage besteht in dem Vermögen und der Neigung (!) der *Konsumenten*, sei es durch unmittelbaren oder vermittelten Austausch, für Waaren eine gewisse größere Portion von allen Ingredienzien des Kapitals zu geben, als ihre Produktion kostet[27]." In der Cirkulation stehn sich Produzenten und Konsumenten nur als Verkäufer und Käufer gegenüber. Behaupten, der Mehrwerth für den Produzenten entspringe daraus, daß die Konsumenten die Waare *über* dem Werth zahlen, heißt nur den einfachen Satz maskiren: Der Waarenbesitzer besitzt als *Verkäufer* das Privilegium zu theuer zu verkaufen. Der Verkäufer hat die Waare selbst producirt oder vertritt ihren Produzenten, aber der Käufer hat nicht minder die in seinem Gelde dargestellte Waare selbst produzirt oder vertritt ihren Produzenten. Es steht also Produzent dem Produzenten gegenüber. Was sie unterscheidet, ist daß der eine kauft und der andre verkauft. Es bringt uns keinen Schritt ¦ weiter, daß der Waarenbesitzer unter dem Namen *Produzent* die Waare über ihrem Werthe verkauft und unter dem Namen *Consument* sie zu theuer zahlt[28].

25 «Si l'on est forcé de donner pour 18 livres une quantité de telle production qui en valait 24, lorsqu'on employera ce même argent à acheter, on aura également pour 18 l. ce que l'on payait 24». (*Le Trosne* l. c. p. 897.)

26 «Chaque vendeur ne peut donc parvenir à renchérir habituellement ses marchandises, qu'en se soumettant aussi à payer habituellement plus cher les marchandises des autres vendeurs; et par la même raison, chaque consommateur ne peut payer habituellement moins cher ce qu'il achète, qu'en se soumettant aussi a une diminution semblable sur le prix des choses qu'il vend.» (*Mercier de la Rivière* l. c. p. 555.)

27 *R. Torrens: „An Essay on the Production of Wealth." London 1821*, p. 349.

28 "The idea of profits being paid by the *consumers*, is, assuredly, very absurd. Who are the consumers?" (*G. Ramsay: An Essay on the Distribution of Wealth. Edinburgh 1836*, p. 183.)

Die consequenten Vertreter der Illusion, daß der *Mehrwerth* aus einem nominellen Preiszuschlag entspringt, oder aus dem Privilegium des *Verkäufers* die Waare zu theuer zu verkaufen, unterstellen daher eine *Klasse*, die *nur kauft ohne zu verkaufen*, also auch *nur consumirt ohne zu produziren*. Die Existenz einer solchen Klasse ist von unsrem bisher erreichten Standpunkt, dem der einfachen Cirkulation noch unerklärlich. Aber greifen wir vor. Das Geld, womit eine solche Klasse beständig kauft, muß ihr beständig, *ohne Austausch, umsonst*, auf beliebige Rechts- und Gewaltstitel hin, von den Waarenbesitzern selbst zufließen. Dieser Klasse die Waaren über dem Werth verkaufen, heißt nur, umsonst weggegebenes Geld sich zum Theil wieder zurückschwindeln[29]. So zahlten die kleinasiatischen Städte jährlichen | Geldtribut an das alte Rom. Mit diesem Geld kaufte Rom Waaren von ihnen und kaufte sie zu theuer. Die Kleinasiaten prellten die Römer, indem sie den Eroberern einen Theil des Tributs wieder abluchsten auf dem Wege des Handels. Aber dennoch blieben die Kleinasiaten die Geprellten. Ihre Waaren wurden ihnen nach wie vor mit ihrem eignen Gelde gezahlt. Es ist dieß keine Methode der Bereicherung oder der Bildung von Mehrwerth.

Halten wir uns also innerhalb der Schranken des Waarenaustauschs, wo Verkäufer Käufer und Käufer Verkäufer sind. Unsere Verlegenheit stammt vielleicht daher, daß wir die Personen nur als *personificirte Categorien*, nicht *individuell*, gefaßt haben.

Waarenbesitzer A mag so pfiffig sein seine Collegen B oder C über's Ohr zu hauen, während sie trotz des besten Willens die Revanche schuldig bleiben. A verkauft Wein zum Werth von 40 Pfd. St. an B und erwirbt im Austausch Getreide zum Werth von 50 Pfd. St. A hat seine 40 Pfd. St. in 50 Pfd. St. verwandelt, mehr Geld aus weniger Geld gemacht und seine Waare in Kapital verwandelt. Sehn wir näher zu. Vor dem Austausch hatten wir für 40 Pfd. St. Wein in der Hand von A und für 50 Pfd. St. Getreide in der Hand von B, *Gesammtwerth* von 90 Pfd. St. Nach dem

29 "When a man is in want of demand, does Mr. Malthus recommend him to pay some other person to take off his goods?", fragt ein entrüsteter Ricardianer den *Malthus*, der wie sein Schüler, der Pfaffe *Chalmers*, die Klasse von bloßen Käufern oder Consumenten ökonomisch verherrlicht. Sieh: „*An Inquiry into those principles respecting the Nature of Demand and the Necessity of Consumption, lately advocated by Mr. Malthus*" etc. *London 1821*, p. 55.

Austausch haben wir *denselben* Gesammtwerth von 90 Pfd. St. Der circulirende Werth hat sich um kein Atom vergrößert, seine *Vertheilung* zwischen A und B hat sich verändert. Auf der einen Seite erscheint als *Mehrwerth,* was auf der anderen ¦ *Minderwerth* ist, auf der einen Seite als Plus, was auf der andern als Minus. Derselbe Wechsel hätte sich ereignet, wenn A, ohne die verhüllende Form des Austauschs, dem B 10 Pfd. St. direkt gestohlen hätte. Die Summe der circulirenden Werthe kann offenbar durch keinen Wechsel in ihrer Vertheilung vermehrt werden, so wenig wie ein Jude die Masse der edlen Metalle in einem Lande dadurch vermehrt, daß er einen Farthing aus der Zeit der Königin Anna | für eine Guinea verkauft. Die Gesammtheit der Kapitalistenklasse eines Landes kann sich nicht selbst übervortheilen[30].

Man mag sich also drehen und wenden wie man will, das Facit bleibt dasselbe. Werden Aequivalente ausgetauscht, so entsteht kein Mehrwerth, und werden Nicht-Aequivalente ausgetauscht, so entsteht auch kein Mehrwerth[31]. Die Circulation oder der Waarenaustausch schafft keinen Werth[32].

Man versteht daher, warum in unserer Analyse der *Grundform des Kapitals,* der Form, worin es die ökonomische Organisation der modernen Gesellschaft bestimmt, seine populärsten und so zu sagen antediluvianischen Gestalten, *Handelskapital und Wucherkapital,* zunächst gänzlich unberücksichtigt bleiben.

30 *Destutt de Tracy,* obgleich, vielleicht weil Membre de l'Institut, war umgekehrter Ansicht. Die industriellen Kapitalisten, sagt er, machen dadurch ihre Profite, daß „sie alles theurer verkaufen als es gekostet hat zu produciren. Und an wen verkaufen sie? Erstens *an einander.*" (l. c. p. 239.)

31 «L'échange qui se fait de deux valeurs égales n'augmente ni ne diminue la masse des valeurs subsistantes dans la société. L'échange de deux valeurs inégales … ne change rien non plus à la somme des valeurs sociales, bien qu'il ajoute à la fortune de l'un ce qu'il ôte de la fortune de l'autre.» (*J. B. Say* l. c. t. II, p. 443, 444.) *Say,* natürlich unbekümmert um die Consequenzen dieses Satzes, entlehnt ihn ziemlich wörtlich den Physiokraten. Die Art, wie er ihre zu seiner Zeit verschollenen Schriften zur Vermehrung seines eigenen „Werthes" ausgebeutet hat, zeige folgendes Beispiel. Der „berühmteste" Satz des *Monsieur Say: „On n'achète des produits qu'avec des produits"* (l. c. t. II, p. 438) lautet im physiokratischen Original: «*Les productions ne se paient qu'avec des productions.*» (*Le Trosne* l. c. p. 899.)

32 «Exchange confers no value at all upon products.» (*F. Wayland: The Elements of Pol. Econ. Boston* 1843, p. 169.)

Im eigentlichen *Handelskapital* erscheint die Form G-W-G′, kaufen um theuer zu verkaufen, am reinsten. Andrerseits geht seine ganze Bewegung *innerhalb der Circulationssphäre* vor. Da es aber unmöglich ist aus der Circulation selbst die Verwandlung von Geld in Kapital, die Bildung von Mehrwerth zu erklären, erscheint das Handelskapital unmöglich, sobald *Aequivalente* ausgetauscht werden[33], daher nur | ableitbar aus der doppelseitigen *Uebervortheilung* der kaufenden und verkaufenden Waaren¦producenten durch den sich parasitisch zwischen sie schiebenden Kaufmann. In diesem Sinn sagt *Franklin*: „*Krieg ist Raub, Handel ist Prellerei*[34]." Soll die *Verwerthung des Handelskapitals* nicht aus bloßer Prellerei der Waarenproducenten erklärt werden, so gehört dazu eine lange Reihe von Mittelgliedern, die hier, wo die Waarencirculation und ihre einfachen Momente unsere einzige Voraussetzung bilden, noch gänzlich fehlt.

Was vom *Handelskapital*, gilt noch mehr vom *Wucherkapital*. Im Handelskapital sind die Extreme, das Geld, das auf den Markt geworfen und das vermehrte Geld, das dem Markt entzogen wird, wenigstens vermittelt durch Kauf und Verkauf, durch die *Bewegung* der Circulation. Im *Wucherkapital* ist die Form G-W-G′ abgekürzt auf die unvermittelten Extreme G-G′, Geld, das sich gegen mehr Geld austauscht, eine der Natur des Geldes widersprechende und daher *vom Standpunkt des Waarenaustauschs* unerklärliche Form. Daher *Aristoteles*: „da die Chrematistik eine doppelte ist, die eine zum Handel, die andre zur Oekonomik gehörig, die letztere nothwendig und lobenswerth, die erstere auf die Circulation gegründet und mit Recht getadelt, (denn sie beruht nicht auf der Natur, sondern auf wechselseitiger Prellerei), so ist *der Wucher* mit vollstem Rechte verhaßt, weil das Geld selbst hier die Quelle des Erwerbs und nicht dazu gebraucht wird, wozu es erfunden ward. Denn für den *Waarenaustausch* entstand es, der Zins aber macht aus Geld mehr Geld. Daher auch sein Name (τόκος Zins

33 "Under the rule of invariable *equivalents* commerce would be impossible." (*G. Opdyke: A Treatise on Polit. Economy. New-York 1851*, p. 67.) „Dem Unterschiede zwischen Realwerth und Tauschwerth liegt eine Thatsache zum Grunde – nämlich daß der Werth einer Sache verschieden ist von dem im *Handel* für sie gegebenen sogenannten Aequivalent, d. h. daß dieß Aequivalent kein Aequivalent ist." (*F. Engels* l. c. p. 95, 96.)

34 *Benjamin Franklin: Works*, vol. II, *edit. Sparks* in: „*Positions to be examined concerning National Wealth.*"

und *Geborenes*). Denn die Geborenen sind den Erzeugern ähnlich. Der Zins aber ist Geld von Geld, so daß von allen Erwerbszweigen dieser der naturwidrigste[35]."

Wie das *Handelskapital* werden wir das *zinstragende Kapital* im Verlauf unserer Untersuchung als *abgeleitete* Formen | vorfinden und
zugleich sehn, warum sie *historisch vor* dem Kapital in seiner modernen 163
Grundform erscheinen.

Es hat sich gezeigt, daß der Mehrwerth nicht aus der Circulation entspringen kann, bei seiner Bildung also etwas *hinter ihrem Rücken* vorgehn muß, das in ihr selbst *unsichtbar* ist[36]. Kann aber der Mehrwerth *anders woher* entspringen als aus der Circulation? Die Circulation ist die Summe aller Wechselbeziehungen der Waarenbesitzer. Außerhalb derselben steht der Waarenbesitzer nur noch in Beziehung zu seiner eignen Waare. Was ihren *Werth*[37] angeht, beschränkt sich das Verhältniß darauf, daß sie ein nach bestimmten gesellschaftlichen Gesetzen gemessenes Quantum seiner ¦ eignen Arbeit enthält. Dieß Quantum Arbeit drückt sich aus in der *Werthgröße* seiner Waare und da sich Werthgröße in Rechengeld darstellt, in einem *Preise* von z. B. 10 Pfd. St. Aber seine Arbeit stellt sich nicht dar im Werthe der Waare *und* einem Ueberschuß über ihren eignen Werth, nicht in einem Preise von 10, der zugleich ein Preis von 11 ist, nicht in einem Werth, der *größer als er selbst* ist. Der Waarenbesitzer kann durch seine Arbeit *Werthe bilden*, aber keine *sich verwerthenden Werthe.* Er kann den Werth einer Waare erhöhen, indem er vorhandnem Werth neuen Werth durch neue Arbeit zusetzt, z. B. aus Leder Stiefel macht. *Derselbe Stoff* hat jetzt mehr Werth, weil er ein größeres Arbeitsquantum enthält. Der Stiefel hat daher mehr Werth als das Leder, aber der Werth des Leders ist geblieben, was er war. Er hat sich nicht *verwerthet*, nicht während der Stiefelfabrikation seinen ursprünglichen Werth um einen Mehrwerth bereichert. Es ist also unmöglich, daß der Waarenproducent *außerhalb* der Circulationssphäre, ohne mit *andern* Waarenbesitzern in Berüh-

35 *Arist.* l. c. c. 10.

36 "*Profit*, in the usual condition of the market, is not made by exchanging. *Had it not existed before*, neither could it *after* that transaction." (*Ramsay* l. c. p. 184.)

37 Ich bemerke hier, daß wenn ich das Wort *Werth* in dieser Schrift ohne 164
nähere Bezeichnung brauche, stets *Tauschwerth* zu verstehn ist.

rung zu treten, *Werth verwerthe* und daher Geld oder Waare in Kapital verwandle.

Kapital kann also nicht aus der Circulation entspringen und es kann eben so wenig aus der Circulation nicht entspringen. Es muß zugleich in ihr und nicht in ihr entspringen. |

Ein doppeltes Resultat hat sich also ergeben.

Die Verwandlung des Geldes in Kapital ist auf Grundlage dem Waarenaustausch immanenter Gesetze zu entwickeln, so daß der *Austausch von Aequivalenten* als Ausgangspunkt gilt[38]. Unser nur noch als Kapitalistenraupe vorhandner Geldbesitzer muß die Waaren zu ihrem Werth kaufen, zu ihrem Werth verkaufen, und dennoch am Ende des Prozesses mehr Werth herausziehn als er hineinwarf. Seine Schmetterlingsentfaltung muß in der Cirkulationssphäre und muß *nicht* in der Cirkulationssphäre vorgehn. Dieß sind die Bedingungen des Problems. Hic Rhodus, hic salta! ¦

[38] Nach der gegebnen Auseinandersetzung versteht der Leser, daß dieß nur
165 heißt: Die Kapitalbildung muß möglich sein, auch *wenn* der Waarenpreis *gleich* dem Waarenwerth. Sie kann nicht aus der *Abweichung* der Waarenpreise von den Waarenwerthen erklärt werden. Weichen die Preise von den Werthen wirklich ab, so muß man sie erst auf die letztern reduciren, d. h. von diesem Umstand als einem zufälligen absehn, um das Phänomen der Kapitalbildung auf Grundlage des Waarenaustausches *rein* vor sich zu haben und in seiner Beobachtung nicht durch störende und dem eigentlichen Verlauf fremde Nebenumstände verwirrt zu werden. Man weiß übrigens, daß diese Reduktion keineswegs eine blos wissenschaftliche Procedur ist. Die beständigen Oscillationen der Marktpreise, ihr Steigen und Sinken, compensiren sich, heben sich wechselseitig auf und reduciren sich selbst zum *Durchschnittspreis* als ihrer inneren Regel. Diese bildet den Leitstern z. B. des Kaufmanns oder des Industriellen in jeder Unternehmung, die längeren Zeitraum umfaßt. Er weiß also, daß eine längere Periode im Ganzen betrachtet, die Waaren wirklich weder *unter*, noch *über*, sondern *zu* ihrem Durchschnittspreis verkauft werden. Wäre interesseloses Denken also überhaupt sein Interesse, so müßte er sich das Problem der Kapitalbildung so stellen: Wie kann Kapital entstehn bei der Reglung der *Preise* durch den Durchschnittspreis, d. h. in *letzter* Instanz durch den *Werth* der Waare? Ich sage „in letzter Instanz," weil die Durchschnittspreise nicht direkt mit den Werthgrößen der Waaren, wie A. Smith, Ricardo u. s. w. glauben, zusammenfallen.

3) Kauf und Verkauf der Arbeitskraft.

Die *Werthveränderung* des Geldes, das sich in *Kapital* verwandeln soll,
kann nicht an diesem Geld selbst vorgehn, denn als Kaufmittel und
als Zahlungsmittel *realisirt* es nur den Preis der Waare, die es kauft
oder zahlt, während es, in seiner eignen Form verharrend, zum Pe-
trefakt von gleichbleibender Werthgröße erstarrt[39]. Eben so wenig |
kann die Veränderung aus dem zweiten Akt, dem Wiederverkauf der
Waare, entspringen, denn dieser Akt verwandelt die Waare blos aus
der Naturalform zurück in die Geldform. Die Veränderung muß sich
also zutragen mit *der Waare*, die im ersten Akt G-W gekauft wird, aber
nicht mit ihrem *Tauschwerth*, denn es werden Aequivalente ausge- 166
tauscht, die Waare wird zu ihrem Werthe bezahlt. Die Veränderung
kann also erst entspringen aus ihrem *Gebrauchswerth als solchem*, d. h.
aus ihrem *Verbrauch*. Um aus dem Verbrauch einer Waare Tauschwerth
herauszuziehn, müßte unser Geldbesitzer so glücklich sein *innerhalb*
der *Cirkulationssphäre*, auf dem Markt, eine Waare zu entdecken, de-
ren *Gebrauchswerth* selbst die eigenthümliche Beschaffenheit besäße,
Quelle von Tauschwerth zu sein, deren wirklicher Verbrauch also selbst
Vergegenständlichung von Arbeit wäre, daher *Werthschöpfung*. Und der
Geldbesitzer findet auf dem Markt eine solche *spezifische* Waare vor –
das *Arbeitsvermögen* oder *die Arbeitskraft*.

Unter *Arbeitskraft* oder *Arbeitsvermögen* verstehn wir den Inbegriff
der physischen und geistigen Fähigkeiten, die in der Leiblichkeit, der
lebendigen Persönlichkeit eines Menschen existiren und die er in Be- 167
wegung setzt, so oft er Gebrauchswerthe irgend einer Art producirt.

Damit jedoch der Geldbesitzer die Arbeitskraft als *Waare* auf dem
Markt vorfinde, müssen verschiedne Bedingungen erfüllt sein. Der 168
Waarenaustausch schließt an und für sich keine andern *Abhängigkeits-
verhältnisse* ein als die aus seiner eignen Natur entspringenden. Unter
dieser Voraussetzung kann die *Arbeitskraft* als *Waare* nur auf dem Markt
erscheinen, sofern und weil sie *von ihrem eignen Besitzer*, der Person,
deren Arbeitskraft sie ist, *als Waare* feilgeboten oder verkauft wird. Da-
mit ihr Besitzer sie als Waare verkaufe, muß er über sie verfügen können,

[39] "In the *form of money* ... capital is productive of no profit." (*Ricardo: Princ. of Pol. Econ.* p. 267.)

also *freier Eigenthümer* seines Arbeitsvermögens, seiner Person sein[40]. Er und der Geldbesitzer begegnen sich auf dem Markt und treten in Verhältniß zu einander als ebenbürtige ¦ *Waaren|besitzer*, nur dadurch unterschieden, daß der eine Käufer, der andere Verkäufer, beide also *juristisch gleiche Personen* sind. Die Fortdauer dieses Verhältnisses erheischt, daß der Eigenthümer der Arbeitskraft sie stets nur für *bestimmte Zeit* verkaufe, denn verkauft er sie in Bausch und Bogen, ein für allemal, so verkauft er sich selbst, verwandelt sich aus einem Freien in einen Sklaven, aus einem Waarenbesitzer in eine Waare. Er *als Person* muß sich beständig zu seiner Arbeitskraft als seinem Eigenthum und daher seiner eignen Waare verhalten und das kann er nur, so weit er sie dem Käufer stets nur vorübergehend, für einen bestimmten Zeittermin, zur Verfügung stellt, zum Verbrauch überläßt, also durch ihre Veräußerung nicht auf *sein Eigenthum* an ihr verzichtet[41].

Die zweite wesentliche Bedingung, damit der Geldbesitzer die *Arbeitskraft* auf dem Markt *als Waare* vorfinde, ist die, daß ihr Besitzer,

40 In Realencyklopädien des klassischen Alterthums kann man den Unsinn lesen, daß in der antiken Welt *das Kapital* völlig entwickelt war „außer daß der freie Arbeiter und das Creditwesen fehlten." Auch Herr *Mommsen* in seiner „*Römischen Geschichte*" begeht ein quid pro quo über das andere.

41 Verschiedne Gesetzgebungen setzen daher ein Maximum für den Arbeitskontrakt fest. Alle Gesetzbücher bei Völkern freier Arbeit regeln Kündigungsbedingungen des Kontrakts. Bei verschiednen Völkern, namentlich in *Mexiko* (vor dem amerikanischen Bürgerkrieg auch in den von Mexiko losgerissenen Territorien, und der Sache nach bis zu Kusa's Umwälzung in den Donauprovinzen) ist die Sklaverei unter der Form von *Peonage* versteckt. Durch Vorschüsse, die in Arbeit abzutragen, und sich von Generation zu Generation fortwälzen, wird nicht nur der einzelne Arbeiter, sondern seine Familie, thatsächlich das Eigenthum andrer Personen und ihrer Familien. *Juarez* hatte die Peonage abgeschafft. Der sogenannte Kaiser *Maximilian* führte sie wieder ein durch ein Dekret, das im Repräsentantenhaus zu Washington treffend als *Dekret zur Wiedereinführung der Sklaverei in Mexiko* denuncirt ward. „Von meinen besonderen körperlichen und geistigen Geschicklichkeiten und Möglichkeiten der Thätigkeit kann ich … einen *in der Zeit beschränkten* Gebrauch an einen Andern *veräußern*, weil sie nach dieser Beschränkung ein äußerliches Verhältniß zu meiner *Totalität* und *Allgemeinheit* erhalten. Durch die Veräußerung meiner *ganzen durch die Arbeit konkreten Zeit* und der Totalität meiner Produktion würde ich das Substantielle derselben, meine *allgemeine* Thätigkeit und Wirklichkeit, *meine Persönlichkeit*
169 *zum Eigenthum eines Andern machen.*" *Hegel:* „*Philosophie des Rechts. Berlin* 1840", p. 107, § 67.

statt *Waaren* verkaufen zu können, worin sich seine Arbeit vergegenständlicht hat, vielmehr *seine Arbeitskraft* selbst, die nur in seiner lebendigen Leiblichkeit existirt, *als Waare* feilbieten *muß.* |

Damit Jemand von seiner Arbeitskraft *unterschiedne Waaren* verkaufe, muß er natürlich *Produktionsmittel* besitzen, z. B. Rohstoffe, Arbeitsinstrumente u. s. w. Er kann keine Stiefel machen ohne Leder. Er bedarf außerdem *Lebensmittel.* Niemand kann von Produkten der Zukunft zehren, also auch nicht von Gebrauchswerthen, mit deren Produktion er noch nicht fertig, und wie am ersten Tag seiner Erscheinung auf der Weltbühne muß der Mensch noch jeden Tag konsumiren, bevor und während er produzirt. Werden die Produkte als *Waaren* produzirt, so müssen sie *verkauft* werden, *nachdem* sie produzirt sind und können die Bedürfnisse des Produzenten erst nach dem Verkauf befriedigen. Zur Produktionszeit kömmt die für den Verkauf nöthige Zeit hinzu. ¦

Zur Verwandlung von *Geld* in *Kapital* muß der Geldbesitzer also *den freien Arbeiter* auf dem *Waarenmarkt* vorfinden, *frei* in dem Doppelsinn, daß er als freie Person über seine Arbeitskraft als *seine* Waare verfügt, daß er andrerseits andre Waaren nicht zu verkaufen hat, los und ledig, frei ist von allen zur Verwirklichung seiner Arbeitskraft nöthigen *Sachen.*

Die Frage, *warum* dieser freie Arbeiter ihm in der Cirkulationssphäre gegenübertritt, interessirt den Geldbesitzer nicht, der den Arbeitsmarkt als eine besondre Abtheilung des Waarenmarkts vorfindet. Und einstweilen interessirt sie uns eben so wenig. Wir halten uns theoretisch an die Thatsache, wie der Geldbesitzer praktisch. Eins jedoch ist klar. Die Natur produzirt nicht auf der einen Seite Geld- oder Waarenbesitzer und auf der andern bloße Besitzer der eignen Arbeitskräfte. Dieß Verhältniß ist kein *naturgeschichtliches* und eben so wenig ein *gesellschaftliches,* das allen Geschichtsperioden gemein wäre. Es ist offenbar selbst das Resultat einer vorhergegangnen historischen Entwicklung, das Produkt 170
vieler ökonomischer Umwälzungen, des Untergangs einer ganzen Reihe älterer Formationen der gesellschaftlichen Produktion.

Auch die ökonomischen Kategorieen, die wir früher betrachtet, tragen ihre geschichtliche Spur. Im Dasein des Produkts *als Waare* sind bestimmte historische Bedingungen eingehüllt. Um Waare zu werden, darf das Produkt *nicht als unmittelbares Subsistenzmittel* für den Produzenten selbst produzirt werden. Hätten wir weiter geforscht: | Unter welchen Umständen nehmen *alle* oder nimmt auch nur die Mehrzahl der Produkte die Form der *Waare* an, so hätte sich gefunden, daß dieß nur auf Grundlage einer ganz spezifischen, der *kapitalistischen Produktionsweise*, geschieht. Eine solche Untersuchung lag jedoch der Analyse der Waare fern. Waarenproduktion und Waarencirkulation können stattfinden, obgleich die weit überwiegende Produktenmasse, unmittelbar auf den Selbstbedarf gerichtet, sich nicht in *Waare* verwandelt, der gesellschaftliche Produktionsprozeß also noch lange nicht in seiner ganzen Breite und Tiefe vom Tauschwerth beherrscht ist. Die Darstellung des *Produkts als Waare* bedingt eine so weit entwickelte *Theilung der Arbeit innerhalb der Gesellschaft*, daß die Scheidung zwischen Gebrauchswerth und Tauschwerth, die im *unmittelbaren Tauschhandel* erst beginnt, bereits vollzogen ist. Eine solche Entwicklungsstufe ist aber den geschichtlich verschiedensten ökonomischen Gesellschaftsformationen gemein.

Oder betrachten wir *das Geld*, so setzt es eine gewisse Höhe der Waarencirkulation voraus. Die *besondern Geldformen*, bloßes Waarenäquivalent, oder Cirkulationsmittel, oder Zahlungsmittel, Schatz und Weltgeld, deuten, je nach dem verschiednen Umfang und dem relativen Vorwiegen einer oder der andern Funktion, auf sehr verschiedne Stufen des gesellschaftli¦chen Produktionsprozesses. Dennoch genügt erfahrungsmäßig eine relativ schwach entwickelte Waarencirkulation zur Bildung aller dieser Formen. Anders mit dem *Kapital*. Seine *historischen* Existenzbedingungen sind durchaus nicht da mit der Waaren- und Geldcirkulation. Es entsteht nur, wo der Besitzer von Produktions- und Lebensmitteln den *freien Arbeiter* als Verkäufer seiner Arbeitskraft auf dem Markt vorfindet, und *diese eine historische Bedingung* umschließt eine Weltgeschichte. Das *Kapital* kündigt sich daher von vorn herein als eine *Epoche* des gesellschaftlichen Produktionsprozesses an.

Diese eigenthümliche Waare, *die Arbeitskraft*, ist nun näher zu betrachten. Gleich allen andern Waaren besitzt sie einen *Tauschwerth*[42]. *Wie* wird er bestimmt? |

Der Werth der Arbeitskraft, gleich dem jeder andern Waare, ist bestimmt durch die zur Produktion, also auch Reproduktion, dieses spezifischen Artikels *nothwendige Arbeitszeit*. Soweit sie Tauschwerth, re-

42 "*The Value or Worth of a man*, is as of all other things, his price: that is to say, so much as would be given for *the use of his power*." *Th. Hobbes: „Leviathan"* in *Works edit. Molesworth. London* 1839–44, v. III, p. 76.

präsentirt die Arbeitskraft selbst nur ein bestimmtes Quantum in ihr *vergegenständlichter* gesellschaftlicher Durchschnittsarbeit. Die Arbeitskraft existirt nur als Anlage des lebendigen Individuums. Ihre Produktion setzt also seine Existenz voraus. Diese gegeben, besteht ihre Produktion in seiner Reproduktion oder Erhaltung. Zu seiner Erhaltung bedarf das lebendige Individuum einer gewissen Summe von Lebensmitteln. Die zur Produktion der Arbeitskraft nothwendige Arbeitszeit löst sich also auf in die zur Produktion dieser Lebensmittel nothwendige Arbeitszeit, oder der *Werth der Arbeitskraft* ist der *Werth* der zur Erhaltung ihres Besitzers *nothwendigen Lebensmittel.* Die Arbeitskraft verwirklicht sich jedoch nur durch ihre Aeußerung, bethätigt sich nur in *der Arbeit.* Durch ihre Bethätigung, die Arbeit, wird aber ein bestimmtes Quantum von menschlichem Muskel, Nerv, Hirn u. s. w. verausgabt, das wieder ersetzt werden muß. Diese vermehrte Ausgabe bedingt eine vermehrte Einnahme[43]. Wenn der Eigenthümer der Arbeitskraft heute gearbeitet hat, muß er denselben Prozeß morgen unter denselben Bedingungen von Kraft und Gesundheit wiederholen können. Die Summe der Lebensmittel muß also hinreichen, das arbeitende Individuum als arbeitendes Individuum in seinem normalen Lebenszustand zu erhalten. Die natürlichen Bedürfnisse selbst, wie Nahrung, Kleidung, Heizung, Wohnung u. s. w. sind verschieden je nach den klimatischen und andern natürlichen Eigenthümlichkeiten eines Landes. Andrerseits ist der *Umfang* ¦ *s. g. nothwendiger Lebensmittel,*
wie die Art ihrer Befriedigung, selbst ein *historisches Produkt* und hängt 171
daher großentheils von der Kulturstufe eines Landes, unter anderm auch wesentlich davon ab, unter welchen Bedingungen, und daher mit welchen Gewohnheiten und Lebensansprüchen die Klasse der freien Arbeiter sich gebildet hat[44]. Im Gegensatz zu den andern Waaren enthält also die Werth|bestimmung der Arbeitskraft ein historisches
und moralisches Element. Für ein bestimmtes Land, zu einer bestimm- 172
ten Periode jedoch, ist der Durchschnitts-Umkreis der *nothwendigen Lebensmittel* gegeben.

[43] Der altrömische *villicus,* als Wirthschafter an der Spitze der Ackerbausklaven, empfing daher, „weil er leichtere Arbeit hat als die Knechte, knapperes Maß als diese." (*Th. Mommsen: Röm. Geschichte* 1856, p. 810.)

[44] In seiner Schrift: „*Over-population and its Remedy. London* 1846" giebt *W. Th. Thornton* hierzu interessante Belege.

Der Eigenthümer der Arbeitskraft ist sterblich. Soll also seine Erscheinung auf dem Markt eine kontinuirliche sein, wie die kontinuirliche Verwandlung von Geld in Kapital voraussetzt, so muß der Verkäufer der Arbeitskraft sich verewigen, „wie jedes lebendige Individuum sich verewigt, durch *Fortpflanzung*[45]". Die durch Abnutzung und Tod dem Markt entzogenen Arbeitskräfte müssen zum allermindesten durch eine gleiche Zahl neuer Arbeitskräfte beständig ersetzt werden. Die Summe der zur Produktion der Arbeitskraft nothwendigen Lebensmittel schließt also die Lebensmittel der Ersatzmänner ein, d. h. der Kinder der Arbeiter, so daß sich diese Race eigenthümlicher Waarenbesitzer auf dem Waarenmarkt verewigt[46].

Um die allgemein menschliche Natur so zu modificiren, daß sie Geschick und Fertigkeit in einem bestimmten Arbeitszweig erlangt, entwickelte und spezifische Arbeitskraft wird, bedarf es einer bestimmten Bildung oder Erziehung, welche ihrerseits eine größere oder geringere Summe von Waarenäquivalenten kostet. Je nach dem mehr oder minder vermittelten Charakter der Arbeitskraft, sind ihre Bildungsko-
173 sten verschieden. Diese Erlernungskosten, verschwindend klein für die gewöhnliche Arbeitskraft, gehn also ein in den Umkreis der zu ihrer Produktion nothwendigen Waaren.

Der *Werth der Arbeitskraft* löst sich auf in den *Werth einer bestimmten Summe von Lebensmitteln.* Er *wechselt* daher auch mit dem Werth dieser Lebensmittel, d. h. der Größe der zu ihrer Produktion erheischten Arbeitszeit.

Ein Theil der Lebensmittel, z. B. Nahrungsmittel, Heizungsmittel u. s. w., werden täglich neu verzehrt, und müssen täglich neu ersetzt | werden. ¦ Andere Lebensmittel, wie Kleider, Möbel u. s. w., verbrauchen sich in längeren Zeiträumen, und sind daher nur in längeren Zeiträumen zu ersetzen. Waaren einer Art müssen täglich, andere wöchentlich, vierteljährlich u. s. f. gekauft oder gezahlt werden. Wie sich die Sum-

45 *Petty.*

46 "Its (labour's) natural price … consists in such a quantity of necessaries, and comforts of life, as, from the nature of the climate, and the habits of the country, are necessary to support the labourer, and to enable him to rear such a family *as may preserve, in the market, an undiminished supply of labour.*" *R. Torrens: „An Essay on the External Corn Trade. London 1815"*, p. 62. Das Wort Arbeit steht hier fälschlich für Arbeitskraft.

me dieser Ausgaben aber immer während eines Jahres z. B. vertheilen möge, sie muß gedeckt sein durch die Durchschnittseinnahme, Tag ein, Tag aus. Wäre die Masse der täglich zur Produktion der Arbeitskraft erheischten Waaren = A, die der wöchentlich erheischten = B, die der vierteljährlich erheischten = C u. s. w., so wäre der tägliche Durchschnitt dieser Waaren = $\frac{365A+52B+4C+}{365}$ u. s. w. Gesetzt in dieser für den Durchschnitts-Tag nöthigen Waarenmasse steckten *6 Stunden gesellschaftlicher Arbeit*, so *vergegenständlicht* sich in der *Arbeitskraft* täglich ein *halber Tag gesellschaftlicher Durchschnittsarbeit*, oder ein halber Arbeitstag ist zur täglichen Produktion der Arbeitskraft erheischt. Dieß zu ihrer täglichen Produktion erheischte Arbeitsquantum bildet den *Tageswerth der Arbeitskraft*, oder den Werth der täglich reproduzirten Arbeitskraft. Wenn sich ein halber Tag gesellschaftlicher Durchschnittsarbeit ebenfalls in einer Goldmasse von 3 sh. oder einem Thaler darstellt, so ist *Ein Thaler* der dem Tageswerth der Arbeitskraft entsprechende *Preis*. Bietet der Besitzer der Arbeitskraft sie feil für Einen Thaler täglich, so ist ihr *Verkaufspreis* gleich ihrem *Werth*, und, nach unsrer Voraussetzung, *zahlt* der auf Verwandlung seiner Thaler in Kapital erpichte Geldbesitzer *diesen Werth*.

Die letzte Grenze oder *Minimalgrenze* des Werths der Arbeitskraft wird gebildet durch den Werth einer Waarenmasse, ohne deren tägliche Zufuhr der Träger der Arbeitskraft, der Mensch, seinen Lebensprozeß nicht erneuern kann, also durch den *Werth der physisch unentbehrlichen Lebensmittel*. Sinkt der Preis der Arbeitskraft *auf dieß Minimum*, so sinkt er *unter ihren Werth*, denn sie kann so nur in *verkümmerter* Form erhalten werden und sich entwickeln. Der Tauschwerth jeder Waare ist aber bestimmt durch die Arbeitszeit, erfordert um sie in normaler Güte zu liefern.

Es ist eine außerordentlich wohlfeile Sentimentalität, diese aus der Natur der Sache fließende *Werthbestimmung der Arbeitskraft* grob | zu finden und etwa mit *Rossi* zu jammern: „Das Arbeitsvermögen (puissance de travail) begreifen, während man von den Subsistenzmitteln der Arbeit während des Produktionsprozesses abstrahirt, heißt ein Hirngespinnst (être de raison) begreifen. Wer Arbeit sagt, wer Arbeitsvermögen sagt, sagt zugleich Arbeiter und Subsistenzmittel, Arbeiter und Arbeitslohn[47]." Wer Arbeitsvermögen sagt, sagt nicht Arbeit, so

47 *Rossi: „Cours d'Écon. Polit. Bruxelles* 1843", p. 370, 371.

wenig als wer Verdauungsvermögen sagt, Verdauen sagt. Zum letztern Prozeß ist bekanntlich mehr ¦ als ein guter Magen erfordert. Wer Arbeitsvermögen sagt, abstrahirt nicht von den zu seiner Subsistenz nothwendigen Lebensmitteln. Ihr Werth ist vielmehr ausgedrückt in seinem Werth. Wird es nicht verkauft, so nützt es dem Arbeiter nichts, so empfindet er es vielmehr als eine grausame Naturnothwendigkeit, daß sein Arbeitsvermögen ein bestimmtes Quantum Subsistenzmittel zu seiner Produktion erheischt hat und stets wieder von neuem zu seiner Reproduktion erheischt. Er entdeckt dann mit *Sismondi*: „das *Arbeitsvermögen* ... ist *Nichts*, wenn es nicht verkauft wird[48]".

Die eigenthümliche Natur dieser spezifischen Waare, der Arbeitskraft, bringt es mit sich, daß mit der Abschließung des Kontrakts zwischen Käufer und Verkäufer ihr *Gebrauchswerth* noch nicht wirklich in die Hand des Käufers *übergegangen* ist. Ihr Tauschwerth, gleich dem jeder andern Waare, war bestimmt, *bevor* sie in die Cirkulation trat, denn ein bestimmtes Quantum gesellschaftlicher Arbeit ward zur Produktion der Arbeitskraft verausgabt, aber *ihr Gebrauchswerth* besteht erst in der nachträglichen Kraftäußerung. Die Veräußerung der Kraft und ihre wirkliche Aeußerung, d. h. ihr Dasein als Gebrauchswerth, fallen daher der Zeit nach aus einander. Bei solchen Waaren aber, wo die formelle Veräußerung des Gebrauchswerths durch den Verkauf und seine wirkliche Ueberlassung an den Käufer der Zeit nach auseinander fallen, funktionirt das Geld des Käufers meist als *Zahlungsmittel.* In allen Ländern kapitalistischer Produktionsweise wird die Arbeitskraft erst *gezahlt*, nachdem sie bereits während des im Kaufkontrakt festgesetzten Termins funktionirt hat, z. B. am Ende jeder Woche[49]. Ueberall *schießt* daher der | Arbeiter dem Kapitalisten den Gebrauchswerth der Arbeitskraft *vor*; er läßt sie vom Käufer konsumiren, bevor er ihren Preis *bezahlt* erhält, überall *kreditirt* daher der Arbeiter dem Kapitalisten. Daß dieß Kreditiren kein leerer Wahn ist, zeigt nicht nur der gelegentliche *Verlust*

48 *Sismondi: „Nouv. Princ.* etc.", t. I, p. 114.

49 "All labour is paid, after it has ceased." („*An Inquiry into those Principles respecting the Nature of demand* etc.", p. 104. «Le *crédit* commercial a dû commencer au moment où l'ouvrier, premier artisan de la production, a pu, au moyen de ses économies, attendre le salaire de son travail jusqu'à la fin de la semaine, de la quinzaine, du mois, du trimestre etc.» (*Ch. Ganilh: Des Systèmes de l'Écon. Polit. 2ème édit. Paris 1821*, t. II, p. 150.)

des kreditirten Salairs beim Bankerott des Kapitalisten[50], sondern auch eine Reihe mehr nachhaltiger Wirkungen[51]. Indeß ändert es an der Natur ¦ des | Waarenaustauschs selbst nichts, ob das Geld als Kaufmittel oder als Zahlungsmittel funktionirt. Der Preis der Arbeitskraft ist

[50] «L'ouvrier prête son industrie», aber setzt *Storch* schlau hinzu: er *„riskirt nichts"* *außer «de perdre son salaire* … l'ouvrier ne transmet rien de matériel.» (*Storch: Cours d'Écon. Polit. Petersbourg 1815*, t. II, p. 36, 37.)

[51] Ein Beispiel. In London existiren zweierlei Sorten von Bäckern, die „full priced", die das Brod zu seinem vollen Werthe verkaufen, und die *undersellers*, die es *unter* diesem Werth verkaufen. Letztere Klasse bildet über ¾ der Gesammtzahl der Bäcker. (p. XXXII–XXXIV im „Report" des Regierungskommissairs *H. S. Tremenheere* über die *„Grievances complained of by the journeymen bakers* etc. *London* 1862.") Diese *undersellers* verkaufen, fast ausnahmslos, Brod, das verfälscht ist durch Beimischung von Alaun, Seife, Perlasche, Kalk, Derbyshire Steinmehl und ähnlicher angenehmer, nahrhafter und gesunder Ingredienzien. (Sieh das oben citirte Blaubuch, ebenso den Bericht des *„Committee of 1855 on the Adulteration of Bread"* und *Dr. Hassall's: „Adulterations Detected." 2nd edit. London* 1861.) *Sir John Gordon* erklärte vor dem Committee von 1855, daß „in Folge dieser Fälschungen der Arme, der von zwei Pfund Brod täglich lebt, jetzt nicht den vierten Theil des Nahrungsstoffes wirklich erhält, abgesehn von den schädlichen Wirkungen auf seine Gesundheit." Als Grund, „warum ein sehr großer Theil der Arbeiterklasse", obgleich wohlunterrichtet über die Fälschungen, dennoch Alaun, Steinmehl u. s. w. mit in den Kauf nimmt, führt *Tremenheere* (l. c. p. XLVIII) an, daß es für sie „ein Ding der Nothwendigkeit ist, von ihrem Bäcker oder dem chandler's shop das Brod zu nehmen, wie man es ihnen zu geben beliebt." Da sie erst Ende der Arbeitswoche bezahlt werden, können sie auch „das während der Woche von ihren Familien verzehrte Brod erst Ende der Woche zahlen" und fügt *Tremenheere* mit Anführung der Zeugenaussagen hinzu: „es ist notorisch, daß mit solchen Mixturen bereitetes Brod *expreß für diese Art Kunden gemacht wird."* ("It is notorious that bread composed of those mixtures, is made expressly for sale in this manner.") „In vielen englischen Agrikulturdistrikten (aber noch mehr in schottischen) wird der Arbeitslohn vierzehntägig und selbst monatlich gezahlt. Mit diesen langen Zahlungsfristen muß der Agrikulturarbeiter seine Waaren auf Kredit kaufen … Er hat höhere Preise zu zahlen und ist thatsächlich an die Boutique gebunden, die ihm pumpt. So kostet ihm z. B. zu Horningsham in Wilts, wo die Löhnung monatlich, dasselbe Mehl 2 sh. 4 d. per stone, das er sonstwo mit 1 sh. 10 d. zahlt." (*„Sixth Report"* on *„Public Health"* by *„The Medical Officer of the Privy Council* etc. 1864", p. 264.) „Die block printers von Paisley und Kilmarnock (Westschottland) erzwangen 1853 durch einen Strike die Herabsetzung des Zahlungstermins von einem Monat auf 14 Tage." (*„Reports of the Inspectors of Factories for 31st Oct.* 1853", p. 34.) Als eine weitere artige Entwicklung des Kredits, den der Arbeiter dem Kapitalisten giebt, kann man

kontraktlich festgesetzt, obgleich er erst hinterher realisirt wird, wie der Miethpreis eines Hauses. Die Arbeitskraft ist verkauft, obgleich sie erst hinterher bezahlt wird. Für die reine Auffassung des Verhältnisses wird es daher nützlich sein, einstweilen stets vorauszusetzen, daß der Besitzer der Arbeitskraft mit ihrem Verkauf jedesmal auch sogleich den kontraktlich stipulirten Preis erhält.

Wir kennen nun die Art und Weise der Bestimmung des *Tauschwerths*, der dem Besitzer dieser eigenthümlichen Waare, der *Arbeitskraft*, vom Geldbesitzer gezahlt wird. Der *Gebrauchswerth*, den letzterer seinerseits im Austausch erhält, zeigt sich erst im wirklichen *Verbrauch*, im *Konsumtionsprozeß der Arbeitskraft*. Alle zu diesem Prozeß nöthigen Dinge, wie Rohmaterial u. s. w., kauft der Geldbesitzer auf dem Waarenmarkt und zahlt sie zum vollen Preis. Der *Konsumtionsprozeß der Arbeitskraft* ist zugleich der *Produktionsprozeß von Waare und von Mehrwerth*. Die Kon|sumtion der Arbeitskraft, gleich der Konsumtion jeder andern Waare, vollzieht sich *außerhalb des Markts* oder der *Cirkulationssphäre*. Diese geräuschvolle, auf ¦ der Oberfläche hausende und Aller Augen zugängliche Sphäre verlassen wir daher, zusammen mit Geldbesitzer und Besitzer der Arbeitskraft, um beiden nachzufolgen in die verborgne *Stätte der Produktion*, an deren Schwelle zu lesen steht: *No admittance except on business.* Hier wird sich zeigen, nicht nur *wie das Kapital producirt*, sondern auch *wie das Kapital selbst producirt wird*. Das *Geheimniß der Plusmacherei* muß sich endlich enthüllen.

Die *Sphäre der Cirkulation oder des Waarenaustauschs*, innerhalb deren Schranken Kauf und Verkauf der Arbeitskraft sich bewegt, war in
174 der That ein wahres *Eden der angebornen Menschenrechte*. Was allein hier herrscht, ist *Freiheit, Gleichheit, Eigenthum*, und *Bentham. Freiheit!* denn Käufer und Verkäufer einer Waare, z. B. der *Arbeitskraft*, sind nur durch ihren *freien Willen* bestimmt. Sie kontrahiren als freie, rechtlich ebenbürtige *Personen*. Der *Kontrakt* ist das freie Produkt, worin sich ihre

die Methode vieler englischer Kohlenbergwerksbesitzer betrachten, wonach der Arbeiter erst Ende des Monats bezahlt wird, und in der Zwischenzeit *Vorschüsse* vom Kapitalisten erhält, oft in Waaren, die er *über* ihrem Marktpreis zahlen muß (Trucksystem). "It is a common practice with the coal masters to pay once a month, and advance cash to their workmen at the end of each intermediate week. The cash is given in the shop (nämlich dem tommy shop oder dem Meister selbst gehörigen Kramladen); the men take it on one side and lay it out on the other." („*Childrens' Employment Commission, III. Report. Lond.* 1864", p. 38, n. 192.)

Willen einen *gemeinsamen* Rechtsausdruck geben. *Gleichheit!* Denn sie beziehen sich nur *als Waarenbesitzer* auf einander und tauschen Aequivalent für Aequivalent. *Eigenthum!* Denn jeder verfügt nur über das Seine. *Bentham!* Denn jedem von den beiden ist es nur um sich zu thun. Die einzige Macht, die sie zusammen und in ein Verhältniß bringt, ist die ihres *Eigennutzes*, ihres Sondervortheils, ihrer *Privatinteressen*. Und eben *weil* so jeder nur für sich und keiner für den andern kehrt, vollbringen alle, in Folge einer *prästabilirten Harmonie der Dinge*, oder unter den Auspicien einer allpfiffigen Vorsehung, nur das Werk ihres wechselseitigen Vortheils, des Gemeinnutzens, des Gesammtinteresses.

Beim Scheiden von dieser Sphäre der einfachen Cirkulation oder des Waarenaustauschs, woraus der Freihändler vulgaris Anschauungen, Begriffe und Maßstab für sein Urtheil über die Gesellschaft des Kapitals und der Lohnarbeit entlehnt, verwandelt sich, so scheint es, schon in etwas die Physiognomie unserer *dramatis personae*. Der ehemalige Geldbesitzer schreitet voran als *Kapitalist*, der Arbeitskraft-Besitzer folgt ihm nach als *sein Arbeiter*; der Eine bedeutungsvoll schmunzelnd und ge|schäftseifrig, der Andre scheu, widerstrebsam, wie Jemand, der seine eigne Haut zu Markt getragen und nun nichts andres zu erwarten hat als die – *Gerberei*.

¦

DRITTES KAPITEL.

Die Produktion des absoluten Mehrwerths.

1) Arbeitsprozeß und Verwerthungsprozeß.

Der Gebrauch der Arbeitskraft ist *die Arbeit selbst.* Der Käufer der Arbeitskraft konsumirt sie, indem er ihren Verkäufer *arbeiten* läßt. Letztrer wird hierdurch *actu* sich bethätigende Arbeitskraft, *Arbeiter,* was er früher nur *potentia* war. Um seine Arbeit in *Waaren* darzustellen, muß er sie vor allem in *Gebrauchswerthen* darstellen, *Sachen,* die zur Befriedigung von Bedürfnissen irgend einer Art dienen. Es ist also ein besondrer Gebrauchswerth, ein bestimmter *Artikel,* den der Kapitalist vom Arbeiter anfertigen läßt. Die *Produktion von Gebrauchswerthen,* oder *Gütern,* ändert ihre *allgemeine* Natur nicht dadurch, daß sie *für* den Kapitalisten und unter seiner Kontrole vorgeht. Der *Arbeitsprozeß* ist daher zunächst in seinen *abstrakten* Momenten, unabhängig von jeder *bestimmten gesellschaftlichen Form* zu betrachten.

Der Arbeitsprozeß ist zunächst ein Prozeß zwischen dem Menschen und der Natur, ein Prozeß, worin er seinen Stoffwechsel mit der Natur durch seine eigne That vermittelt, regelt und kontrolirt. Der Mensch tritt dem Naturstoff selbst als eine Naturmacht gegenüber. Die seiner Leiblichkeit angehörigen Naturkräfte, Arme und Beine, Kopf und Hand, setzt er in Bewegung, um sich den Naturstoff in einer für sein eignes Leben brauchbaren Form zu assimiliren. Indem er durch diese Bewegung auf die Natur außer ihm wirkt und sie verändert, verändert er zugleich seine eigne Natur. Er entwickelt die in ihr schlummernden Potenzen und unterwirft das Spiel ihrer Kräfte seiner eignen Botmäßigkeit. Wir haben es hier nicht mit den ersten thierartig instinktmäßigen Formen des Arbeitsprozesses zu | thun. Dem Zustand, worin der Arbeiter als Verkäufer seiner eignen Arbeitskraft auf dem Waarenmarkt auftritt, ist in

urzeitlichen Hintergrund der Zustand entrückt, worin der menschliche Arbeitsprozeß seine erste instinktartige Form noch nicht abgestreift
175 hatte. Wir unterstellen den Arbeitsprozeß in einer Form, worin er *dem Menschen* ausschließlich angehört. Eine Spinne verrichtet Operationen, die denen des Webers ähneln, und eine Biene beschämt durch den Bau ihrer Wachszellen manchen menschlichen Baumeister. Was aber von vorn herein den schlechtesten Baumeister vor der besten Biene auszeichnet, ist, daß er die Zelle in seinem Kopf gebaut hat, bevor er sie in Wachs baut. Am Ende des Arbeitsprozesses kommt ein Resultat ¦ heraus, das beim Beginn desselben schon in der *Vorstellung des Arbeiters*, also schon *ideell* vorhanden war. Nicht daß er nur eine Formveränderung des Natürlichen *bewirkt*, *verwirklicht* er im Natürlichen zugleich *seinen Zweck*, den er *weiß*, der die Art und Weise seines Thuns als Gesetz bestimmt und dem er seinen Willen unterordnen muß. Und diese Unterordnung ist kein vereinzelter Akt. Außer der Anstrengung der Organe, die arbeiten, ist der *zweckgemäße Wille*, der sich als *Aufmerksamkeit* äußert, für die ganze Dauer des Arbeitsprozesses erheischt, und um so mehr, je weniger die Arbeit durch ihren eignen Inhalt und ihre Art und Weise der Ausführung den Arbeiter mit sich fortreißt, je weniger er sie daher als Spiel seiner eignen körperlichen und geistigen Kräfte genießt.

Die einfachen Momente des Arbeitsprozesses sind die *zweckmäßige Thätigkeit* oder *die Arbeit selbst*, ihr *Gegenstand* und ihr *Mittel*.

Die Erde (worunter ökonomisch auch *das Wasser* einbegriffen), wie sie den Menschen ursprünglich mit Proviant, fertigen Lebensmitteln ausrüstet[1], findet sich ohne sein Zuthun als der *allgemeine Gegenstand* der menschlichen Arbeit vor. Alle Dinge, welche die Arbeit nur von ihrem unmittelbaren Zusammenhang mit dem Erdganzen loslöst, sind | von Natur vorgefundne Arbeitsgegenstände. So der Fisch, der von seinem Lebenselement, dem Wasser, getrennt, gefangen wird, das Holz, das im Urwald gefällt, das Erz, das aus seiner Ader losgebrochen wird. Ist der Arbeitsgegenstand dagegen selbst schon sozusagen *durch frühere Arbeit* filtrirt, so nennen wir ihn *Rohmaterial*. Z. B. das bereits

1 "The earth's spontaneous productions being in small quantity, and quite independent of man, appear, as it were, to be furnished by nature, in the same way as a small sum is given to a young man, in order to put him in a way of industry, and of making his fortune." (*James Steuart: Principles of Polit. Econ.* edit. *Dublin 1770*, v. I, p. 116.)

losgebrochene Erz, das nun ausgewaschen wird. Alles Rohmaterial ist Arbeitsgegenstand, aber nicht jeder Arbeitsgegenstand ist Rohmaterial. Rohmaterial ist der Arbeitsgegenstand nur, sobald er bereits eine durch Arbeit vermittelte Veränderung erfahren hat.

Das *Arbeitsmittel* ist ein Ding oder ein Komplex von Dingen, die der Arbeiter zwischen sich und den Arbeitsgegenstand schiebt und die ihm
als *Leiter* seiner Thätigkeit auf diesen Gegenstand dienen. Er benutzt 176
die mechanischen, physischen, chemischen Eigenschaften der Dinge, um sie als Machtmittel auf andre Dinge, *seinem Zweck gemäß*, wirken zu lassen[2]. Der Gegenstand, dessen sich der Arbeiter *unmittelbar* bemächtigt – abgesehn ¦ von der Ergreifung fertiger Lebensmittel, der Früchte z. B., wobei seine eigenen Leibesorgane allein als Arbeitsmittel dienen – ist nicht der Arbeitsgegenstand, sondern das Arbeitsmittel. So wird das Natürliche selbst zum *Organ* seiner Thätigkeit, ein Organ, das er seinen eigenen Leibesorganen hinzufügt, seine natürliche Gestalt verlängernd, trotz der Bibel. Wie die Erde seine ursprüngliche Proviantkammer, ist sie sein ursprüngliches Arsenal von Arbeitsmitteln. Sie liefert ihm z. B. den *Stein*, womit er wirft, reibt, drückt, schneidet u. s. w. *Die Erde selbst* ist ein Arbeitsmittel, setzt jedoch zu ihrem Dienst als Arbeitsmittel in der Agrikultur wieder eine ganze Reihe andrer Arbeitsmittel und eine schon relativ hohe Entwicklung der Arbeitskraft voraus[3]. Sobald überhaupt der Arbeitsprozeß nur | einigermaßen entwickelt ist, bedarf er bereits bearbeiteter Arbeitsmittel. In den ältesten Menschenhöhlen finden wir Steinwerkzeuge und Steinwaffen. Neben bearbeitetem *Stein, Knochen* und *Holz* spielt im Anfang der Menschengeschichte das *gezähmte*, also selbst schon durch Arbeit veränderte, gezüchtete *Thier* die Hauptrolle als Arbeitsmittel[4]. Der Gebrauch und die Schöpfung von Arbeitsmitteln,

2 „Die Vernunft ist eben so *listig* als *mächtig*. Die List besteht überhaupt in der vermittelnden Thätigkeit, welche, indem sie die Objekte ihrer eigenen Natur gemäß auf einander einwirken und sich an einander abarbeiten läßt, ohne sich unmittelbar in diesen Prozeß einzumischen, gleichwohl nur ihren *Zweck* zur
Ausführung bringt.“ (*Hegel: Encyklopädie. Erster Theil: Die Logik. Berlin 1840,* 177
p. 382.)

3 In der sonst elenden Schrift: „*Théorie de l'Écon. Polit. Paris* 1815“, zählt *Ganilh* den Physiokraten gegenüber treffend die große Reihe von Arbeitsprozessen auf, welche *Voraussetzungen* der eigentlichen *Agrikultur* bilden.

4 In den oben citirten „*Réflexions*“ entwickelt *Turgot* gut die Wichtigkeit des gezähmten Thiers für die Anfänge der Kultur.

obgleich im Keim schon gewissen Thierarten eigen, charakterisiren den *spezifisch menschlichen Arbeitsprozeß* und *Franklin* definirt daher den
178 Menschen als „*a tool-making animal*“, ein Werkzeuge fabrizirendes Thier. Dieselbe Wichtigkeit, die der Bau von Knochenreliquien für die Erkenntniß der Organisation untergegangner Thiergeschlechter, haben Reliquien von *Arbeitsmitteln* für die Beurtheilung untergegangner ökonomischer Gesellschaftsformationen. Nicht *was* gemacht wird, sondern *wie*, mit welchen Arbeitsmitteln gemacht wird, unterscheidet die ökonomischen Epochen[5]. Die Arbeitsmittel sind nicht nur der Gradmesser der Entwicklung der menschlichen Arbeitskraft, sondern auch der Index der gesellschaftlichen Verhältnisse, unter denen gearbeitet wird. Unter den Arbeitsmitteln selbst bieten die *mechanischen Arbeitsmittel*, deren Gesammtheit man das *Knochen- und Muskelsystem der Produktion* nennen kann, viel entscheidendere Charaktermerkmale einer gesellschaftlichen Produktionsepoche, als solche Arbeitsmittel, die nur zu Behältern des Arbeitsgegenstands dienen, und deren Gesammtheit ganz allgemein als das *Gefäßsystem der Produktion* bezeichnet werden kann, wie z. B. Röhren, Fässer, Körbe, Krüge u. s. w. Erst in der chemischen Fabrikation spielen sie eine bedeutungsvolle Rolle. ¦

Im weiteren Sinn zählt der Arbeitsprozeß unter seine *Mittel* außer den Dingen, welche die Wirkung der Arbeit auf ihren Gegenstand vermitteln, und daher in einer oder der andern Weise als Leiter der Thätigkeit dienen, alle *gegenständlichen Bedingungen*, die überhaupt erheischt sind, damit der ganze Prozeß vorgehe. Sie gehn nicht direkt in den Arbeitsprozeß ein, aber der Arbeitsprozeß kann ohne sie gar nicht | oder nur unvollkommen vorgehn. Das allgemeine Arbeitsmittel dieser Art ist wieder die *Erde selbst*, denn sie giebt dem Arbeiter den *locus standi* und seinem Prozeß *den Wirkungsraum (field of employment)*. Durch die Arbeit schon vermittelte Arbeitsmittel dieser Art sind z. B. Arbeitsgebäude, Kanäle, Straßen u. s. w.

Der *Arbeitsprozeß* ist also ein Prozeß, worin die Thätigkeit des Menschen durch das Arbeitsmittel eine von vorn herein bezweckte Veränderung im Arbeitsgegenstand bewirkt. Dieser Prozeß erlischt im
179 *Produkt*. Sein Produkt ist ein *Gebrauchswerth*, ein durch Formveränderung menschlichen Bedürfnissen assimilirter Naturstoff. Durch den

5 Von allen Waaren sind eigentliche *Luxuswaaren* die unbedeutendsten für die technologische Vergleichung verschiedner Produktionsepochen.

Prozeß hat sich die Arbeit mit ihrem Gegenstand verbunden. Die Arbeit ist vergegenständlicht und der Gegenstand ist verarbeitet. Was auf Seiten des Arbeiters in der Form der Unruhe erschien, erscheint nun als ruhende Eigenschaft, in der Form des Seins, auf Seiten des Produkts. Er hat gesponnen und das Produkt ist ein Gespinnst.

Betrachtet man den ganzen Prozeß vom Standpunkt seines Resultats, *des Produkts*, so erscheinen beide, *Arbeitsmittel* und *Arbeitsgegenstand*, als *Produktionsmittel*[6] und die Arbeit selbst als *produktive Arbeit*[7].

Wenn ein Gebrauchswerth als *Produkt* aus dem Arbeitsprozeß herauskommt, gehn andre Gebrauchswerthe, selbst Produkte früherer Arbeitsprozesse, *als Produktionsmittel* in den Prozeß ein. Derselbe Gebrauchswerth, der das Produkt eines Arbeitsprozesses, bildet das Produktionsmittel eines andern. Produkte sind daher nicht nur Resultat, sondern zugleich *Bedingung* des Arbeitsprozesses.

Mit Ausnahme der *extraktiven Industrie*, die ihren Arbeitsgegenstand von Natur vorfindet, wie der Bergbau, die Jagd, der Fischfang u. s. w., (der Ackerbau nur, soweit er in erster Instanz die jungfräuliche Erde selbst aufbricht), behandeln alle Industriezweige einen *Gegenstand*, der *Rohmaterial*, d. h. bereits durch die Arbeit filtrirter | Arbeitsgegenstand, selbst schon Produkt eines früheren Arbeitsprozesses ist. So z. B. der *Samen* in der ¦ Agrikultur. Thiere und Pflanzen, die man als Naturprodukte zu betrachten pflegt, sind nicht nur Produkte vielleicht der Arbeit vom vorigen Jahr, sondern, in ihren jetzigen Formen, Produkte einer durch viele Generationen, unter menschlicher Kontrole, vermittelst menschlicher Arbeit, fortgesetzten Umwandlung. Was aber die *Arbeitsmittel* insbesondere betrifft, so zeigt ihre ungeheure Mehrzahl dem oberflächlichsten Blick die Spur vergangner Arbeit.

Das Rohmaterial kann die Hauptsubstanz eines Produkts bilden, oder *nur* als *Hilfsstoff* in seine Bildung eingehn. Der Hilfsstoff wird *vom Arbeitsmittel konsumirt*, wie Kohle von einer Dampfmaschine, Oel vom Rade, Heu von einem Zugpferd, oder dem *Rohmaterial zu-*

6 Es scheint paradox z. B. den Fisch, der noch nicht gefangen ist, ein *Produktionsmittel* für den Fischfang zu nennen. Bisher ist aber noch nicht die Kunst erfunden, Fische in Gewässern zu fangen, in denen sie sich nicht vorfinden.

7 Diese Bestimmung *produktiver Arbeit*, wie sie sich vom Standpunkt des einfachen Arbeitsprozesses ergiebt, reicht keineswegs hin für den kapitalistischen Produktionsprozeß.

gesetzt, um eine stoffliche Veränderung darin zu bewirken, wie Chlor zur ungebleichten Leinwand, Kohle zum Eisen, Farbe zur Wolle, oder er unterstützt die *Verrichtung der Arbeit* selbst, wie z. B. zur Beleuchtung und Heizung des Arbeitslokals verwandte Stoffe. Der Unterschied zwischen Hauptstoff und Hilfsstoff verschwimmt in der eigentlich chemischen Fabrikation, weil keines der angewandten Rohmaterialien als die Substanz des Produkts wieder *erscheint*[8].

Da jedes Ding vielerlei Eigenschaften besitzt und daher verschiedner Nutzanwendung fähig ist, kann dasselbe Produkt das Rohmaterial sehr verschiedner Arbeitsprozesse bilden. Korn z. B. ist Rohmaterial für Müller, Stärkefabrikant, Destillateur, Viehzüchter u. s. w. Es wird Rohmaterial seiner eignen Produktion als Samen. So geht die Kohle als Produkt aus der Minenindustrie hervor und als Produktionsmittel in sie ein.

Dasselbe Produkt mag in demselben Arbeitsprozeß als Arbeitsmittel und Rohmaterial dienen. Bei der Viehmast z. B., wo das Vieh, das bearbeitete Rohmaterial, zugleich Mittel der Düngerbereitung ist.

Ein Produkt kann in einer für die Konsumtion fertigen Form existiren und dennoch von neuem zum Rohmaterial eines andern Produkts werden, wie die Traube zum Rohmaterial des Weins. Oder der Arbeitsprozeß entläßt sein Produkt in Formen, worin es *nur* als Rohmaterial | eines nachfolgenden Arbeitsprozesses benutzt werden kann. Rohmaterial in diesem Zustand heißt *Halbfabrikat* und hieße besser *Stufenfabrikat*, wie z. B. Baumwolle, Faden, Garn u. s. w. Obgleich selbst schon Produkt, mag das ursprüngliche Rohmaterial eine ganze Staffel verschiedner Arbeitsprozesse zu durchlaufen haben, worin es in stets veränderter Gestalt stets von neuem als Rohmaterial funktionirt bis zum letzten Arbeitsprozeß, der es als fertiges *Lebensmittel* oder fertiges *Arbeitsmittel* von sich abstößt.

Man sieht: ob *ein Gebrauchswerth* als *Rohmaterial*, *Arbeitsmittel* oder *Produkt* erscheint, hängt ganz und gar ab von seiner *bestimmten Funktion* ¦ *im Arbeitsprozesse*, von der Stelle, die er *in ihm* einnimmt, und mit dem Wechsel dieser Stelle wechseln jene Bestimmungen.

8 *Storch* unterscheidet das eigentliche Rohmaterial als „*matière*" von den Hilfsstoffen als „*matériaux*": *Cherbuliez* bezeichnet die Hilfsstoffe als „*matières instrumentales*".

Durch ihren Eintritt als *Produktionsmittel* in neue Arbeitsprozesse
verlieren Produkte daher den Charakter des Produkts. Sie funktioni-
ren nur noch als gegenständliche Faktoren der lebendigen Arbeit. Der
Spinner bezieht sich auf die Spindel nur als Mittel, womit, und auf
den Flachs nur als Gegenstand, den er spinnt. Allerdings kann man
nicht spinnen ohne Spinnmaterial und Spindel. Das Vorhandensein
dieser Produkte ist daher vorausgesetzt beim Beginn des wirklichen
Spinnprozesses. *In diesem Prozeß selbst* aber ist es eben so gleichgültig,
daß Flachs und Spindel *Produkte vergangner Arbeit* sind, wie es im
wirklichen Ernährungsprozeß gleichgültig ist, daß Brod das *Produkt*
der vergangnen Arbeiten von Bauer, Müller, Bäcker u. s. w. Umgekehrt.
Machen Produktionsmittel im Arbeitsprozeß ihren Charakter als Pro-
dukte vergangner Arbeit geltend, so durch ihre Mängel. Ein Messer, das 180
nicht schneidet, Garn, das beständig zerreißt u. s. w., erinnern lebhaft
an Messerschmied A und Garnwichser E. Im gelungenen Produkt ist die
Vermittlung seiner Gebrauchseigenschaften durch vergangne Arbeit
ausgelöscht.

Eine Maschine, die nicht im Arbeitsprozeß dient, ist nutzlos. Außer-
dem verfällt sie der zerstörenden Gewalt des natürlichen Stoffwechsels.
Das Eisen verrostet, das Holz verfault. Garn, das nicht verwebt oder
verstrickt wird, ist verdorbene Baumwolle. Die lebendige Arbeit muß
diese Dinge ergreifen, sie von den Todten erwecken, sie aus nur mögli-
chen in wirkliche und wirkende Gebrauchswerthe verwandeln. Vom 181
Feuer der | Arbeit beleckt, als Leiber derselben angeeignet, zu ihren
begriffs- und berufsmäßigen Funktionen im Prozeß begeistet, werden
sie zwar auch verzehrt, aber zweckvoll, als Bildungselemente neuer
Gebrauchswerthe.

Wenn vorhandne Produkte nicht nur die *Resultate*, sondern auch die *Existenzbedingungen* des Arbeitsprozesses sind, ist andrerseits ihr Hineinwerfen in den Arbeitsprozeß, also ihr Kontakt mit lebendiger Arbeit, *das einzige Mittel um diese Produkte vergangner Arbeit als Gebrauchswerthe* zu erhalten und zu verwirklichen. Der Arbeitsprozeß resultirt überhaupt nur in *Gebrauchswerth*, so weit sein Produkt fähig, als *Lebensmittel* in die individuelle Konsumtion oder als *Produktionsmittel* in neuen Arbeitsprozeß einzugehn.

Im Arbeitsprozeß werden seine stofflichen Elemente, sein Gegenstand und sein Mittel, *als Gebrauchswerthe* verbraucht. Die Arbeit verspeist sie. Der Arbeitsprozeß ist also *Konsumtionsprozeß*. Es unterscheidet diese *produktive Konsumtion* von der *individuellen Konsumtion*, daß letztere die Produkte als *Lebensmittel des lebendigen Individuums*, jene sie als *Lebensmittel der Arbeit*, der sich bethätigenden Arbeitskraft, verzehrt. Das Produkt ¦ der individuellen Konsumtion ist daher *der Konsument selbst*, das Resultat der produktiven Konsumtion ein von dem Konsumenten unterschiednes *Produkt*.

Sofern Arbeitsmittel und Arbeitsgegenstand selbst schon *Produkte* sind, Resultate vergangner Arbeitsprozesse, ist der Arbeitsprozeß ein *Prozeß*, worin *Produkte verzehrt werden um Produkte zu schaffen* oder worin *Produkte als Produktionsmittel von Produkten* dienen. Wie der Arbeitsprozeß aber ursprünglich nur zwischen dem Menschen und der ohne sein Zuthun vorhandenen Erde vorgeht, dienen in ihm immer noch solche Produktionsmittel, die von Natur vorhanden, keine Verbindung von Naturstoff und menschlicher Arbeit darstellen.

Der *Arbeitsprozeß*, wie wir ihn in seinen einfachen und *abstrakten* Momenten dargestellt haben, ist zweckmäßige Thätigkeit zur Herstellung von Gebrauchswerthen, Aneignung des Natürlichen für menschliche Bedürfnisse, allgemeine Bedingung des Stoffwechsels zwischen Mensch und Natur, ewige Naturbedingung des menschlichen Lebens und daher | unabhängig von jeder Form dieses Lebens, vielmehr allen seinen Gesellschaftsformen gleich gemeinsam. Wir hatten daher bei unsrer Darstellung nicht nöthig, den Arbeiter im Verhältniß zu andern Arbeitern darzustellen. Der Mensch und seine Arbeit auf der einen, die Natur und ihre Stoffe auf der andern Seite, genügten. So wenig man dem Weizen anschmeckt, wer ihn gebaut hat, so wenig sieht man diesem Prozeß an, unter welchen Bedingungen er vorgeht, ob unter der brutalen Peitsche des Sklavenaufsehers oder unter dem ängstlichen Auge des Kapitalisten, ob Cincinnatus ihn verrichtet in der Bestellung seiner paar jugera, oder der Wilde, der mit einem Stein eine Bestie erlegt[9].

9 Aus diesem höchst logischen Grund entdeckt wohl Oberst *Torrens* in dem Stein des Wilden – *den Ursprung des Kapitals*. „In dem ersten *Stein*, den der Wilde auf die Bestie wirft, die er verfolgt, in dem ersten *Stock*, den er ergreift, um die Frucht niederzuziehn, die er nicht mit den Händen fassen kann, sehn wir die Aneignung eines Artikels zum Zweck der Erwerbung eines andern und *entdecken so – den Ursprung des Kapitals.*" (*R. Torrens: An Essay on the Production of Wealth* etc. p. 70, 71.) Aus jenem ersten *Stock* ist wahrscheinlich auch zu erklären, warum *stock* im Englischen synonym mit *Kapital* ist.

Kehren wir zu unserem *Kapitalisten in spe* zurück. Wir verließen
ihn, nachdem er auf dem Waarenmarkt alle zu einem Arbeitsprozeß
nothwendigen Faktoren gekauft hatte, die *gegenständlichen Faktoren* in
den *Produktionsmitteln, den subjektiven Faktor in der Arbeitskraft.* Die 182
bestimmte Art dieser Produktionsmittel und dieser Arbeitskraft richtet
sich nach der Art des Arbeitsprozesses, wofür sie bestimmt sind, ob
Stiefel, Garn u. s. w. gemacht werden sollen. Unser Kapitalist setzt sich
also daran, die von ihm gekaufte Waare, *die Arbeitskraft*, zu konsumiren,
d. h. den Träger der Arbeitskraft, *den Arbeiter* die Produktionsmittel
durch seine Arbeit *konsumiren zu lassen.* Die *allgemeine* Natur des
Arbeitsprozesses ändert sich ¦ natürlich nicht dadurch, daß der Arbeiter
ihn für den Kapitalisten, statt für sich selbst verrichtet. Aber auch die
bestimmte Art und Weise wie Stiefel gemacht oder Garn gesponnen
wird, kann sich zunächst nicht ändern durch die Dazwischenkunft
des Kapitalisten. Er muß die Arbeitskraft zunächst nehmen, wie er
sie auf dem Markt vorfindet, also auch ihre Arbeit, wie sie in einer
Periode entsprang, wo es noch keine | Kapitalisten gab. Die *Verwandlung*
der Produktionsweise selbst durch die Unterordnung der Arbeit unter 183
das Kapital kann sich erst später ereignen und ist daher erst später zu
betrachten.

Der Arbeitsprozeß, wie er als *Konsumtionsprozeß der Arbeitskraft durch den Kapitalisten* vorgeht, zeigt nur zwei eigenthümliche Phänomene.

Der Arbeiter arbeitet *unter der Kontrole des Kapitalisten,* dem sei- 184
ne Arbeit gehört. Der Kapitalist paßt auf, daß die Arbeit ordentlich
verrichtet wird und daß die Produktionsmittel zweckgemäß verwandt
werden, also kein Rohmaterial vergeudet und das Arbeitsinstrument
geschont, d. h. nur so weit zerstört wird, als unzertrennlich ist von
seinem Gebrauch in der Arbeit.

Zweitens aber: *das Produkt ist Eigenthum des Kapitalisten,* nicht des unmittelbaren Produzenten, des Arbeiters. Der Kapitalist zahlt z. B. den *Tageswerth der Arbeitskraft.* Ihr Gebrauch, wie der jeder andern Waare, z. B. eines Pferdes, das er für einen Tag gemiethet, gehört ihm also für den Tag. Dem Käufer der Waare gehört der Gebrauch der Waare, und der Besitzer der Arbeitskraft giebt in der That nur den von ihm *verkauften* Gebrauchswerth, indem er *seine Arbeit* giebt. Von dem Augenblicke, wo er in die Werkstätte des Kapitalisten trat, gehörte der *Gebrauchswerth* seiner Arbeitskraft, also ihr Gebrauch, *die Arbeit,* dem Kapitalisten.

Der Kapitalist hat durch den *Kauf der Arbeitskraft* die Arbeit selbst als lebendigen Gährungsstoff den todten von ihm gleichfalls besessenen Bildungselementen des Produkts *einverleibt*. Von seinem Standpunkt ist der *Arbeitsprozeß* nur die *Konsumtion* der von ihm gekauften Waare Arbeitskraft, die er jedoch nur konsumiren kann, indem er ihr *Produktionsmittel zusetzt*. Der Arbeitsprozeß ist ein Prozeß zwischen Dingen, die der Kapitalist *gekauft* hat, *zwischen ihm gehörigen Dingen*. Das *Produkt dieses Prozesses* gehört ihm daher ganz eben so sehr als das Produkt des Gährungsprozesses in seinem Weinkeller[10]. ¦|

Das Produkt – das Eigenthum des Kapitalisten – ist ein *Gebrauchswerth*, Garn, Stiefel u. s. w. Aber obgleich Stiefel z. B. gewissermaßen die Basis des gesellschaftlichen Fortschritts bilden und unser Kapitalist ein entschiedener Fortschrittsmann ist, fabrizirt er die Stiefel nicht ihrer selbst wegen. Der *Gebrauchswerth* ist überhaupt nicht das Ding *„qu'on aime pour lui-même"* in der *Waarenproduktion*. Gebrauchswerthe werden hier überhaupt nur produzirt, weil und sofern sie *materielles Substrat, Träger des Tauschwerths* sind. Und unserem Kapitalisten handelt es sich um zweierlei. *Erstens* will er einen Gebrauchswerth produziren, der einen Tauschwerth hat, einen zum Verkauf bestimmten Artikel, eine *Waare*. Und zweitens will er eine *Waare* produziren, deren Werth *höher* als die *Werthsumme der zu ihrer Produktion erheischten Waaren*, der Produktionsmittel und der Arbeitskraft, für die er sein gutes Geld auf dem Waarenmarkt *vorschoß*. Er will nicht nur einen *Gebrauchs-*

10 „Die Produkte sind appropriirt, bevor sie in Kapital verwandelt werden; diese Verwandlung entzieht sie nicht jener Appropriation." (*Cherbuliez: Richesse ou Pauvreté, édit. Paris* 1841, p. 54.) „Indem der Proletarier seine Arbeit gegen ein bestimmtes Quantum Lebensmittel (approvisionnement) verkauft, verzichtet er vollständig auf jeden Antheil am Produkt. Die Appropriation der Produkte bleibt dieselbe wie vorher; sie ist in keiner Weise durch die erwähnte Konvention verändert. Das Produkt gehört ausschließlich dem Kapitalisten, der die Rohstoffe und das Approvisionnement geliefert hat. Es ist dieß eine strenge Konsequenz des Gesetzes der Appropriation, dessen *Fundamentalprinzip umgekehrt* das ausschließliche Eigenthumsrecht jedes Arbeiters an seinem Produkte war." (l. c. p. 58.) *James Mill: Elements of Pol. Econ.* etc. p. 70, 71: „Wenn die Arbeiter für Arbeitslohn arbeiten, ist der Kapitalist *Eigenthümer* nicht nur des *Kapitals* (meint hier die Produktionsmittel), sondern auch der Arbeit (of labour also). Wenn man das, was für Arbeitslohn gezahlt wird, wie dieß gebräuchlich, in den Begriff Kapital einschließt, ist es *abgeschmackt von der Arbeit getrennt vom Kapital zu sprechen*. Das Wort Kapital in diesem Sinn schließt beides ein, Kapital *und* Arbeit."

werth produziren, sondern eine *Waare*, nicht nur Gebrauchswerth, sondern Tauschwerth, und nicht nur *Werth*, sondern auch *Mehrwerth*.

In der That, da es sich hier um *Waarenproduktion* handelt, haben wir bisher offenbar nur *eine Seite des Prozesses* betrachtet. Wie die *Waare* selbst Einheit von *Gebrauchswerth und Tauschwerth*, muß ihr *Produktionsprozeß Einheit von Arbeitsprozeß und Werthbildungsprozeß* sein. |

Betrachten wir den *Produktionsprozeß* also jetzt auch als *Werthbildungsprozeß*.

Wir wissen, daß der Werth jeder Waare bestimmt ist durch das Quantum der in ihrem Gebrauchswerth *materialisirten Arbeit*, durch die zu ihrer Produktion *gesellschaftlich nothwendige Arbeitszeit*. Dieß gilt auch für das Produkt, das sich unsrem Kapitalisten als Resultat des Arbeitsprozesses ergab. Es ist also zunächst *die in diesem Produkt vergegenständlichte Arbeit* zu berechnen.

Es sei z. B. *Garn*.

Zur Herstellung des Garns war zuerst sein *Rohmaterial* nöthig, z. B. 10 Pfund Baumwolle. Was der Werth der Baumwolle, ist nicht erst zu untersuchen, denn der Kapitalist hat sie auf dem Markt zu ihrem Werth, z. B. zu 10 sh. gekauft. In dem *Preise* der Baumwolle ist die zu ihrer Produktion erheischte Arbeit schon als allgemeine gesellschaftliche Arbeit dargestellt. Wir wollen ferner annehmen, daß die in der Verarbeitung der Baumwolle *verzehrte Spindelmasse*, die uns alle anderen aufgewandten Arbeitsmittel repräsentirt, einen Werth von 2 sh. besitzt. Ist eine Goldmasse von 12 sh. das ¦ Produkt von 24 Arbeitsstunden oder zwei Arbeitstagen, so folgt zunächst, daß im Garn zwei Arbeitstage vergegenständlicht sind.

Der Umstand, daß die Baumwolle ihre Form verändert hat und die aufgezehrte Spindelmasse ganz verschwunden ist, darf nicht beirren. Nach dem allgemeinen Werthgesetz sind z. B. 10 lbs. Garn ein Aequivalent für 10 lbs. Baumwolle und ¼ Spindel, wenn der Werth von 40 lbs. Garn = dem Werth von 40 lbs. Baumwolle + dem Werth einer ganzen Spindel, d. h. wenn *dieselbe Arbeitszeit* erfordert ist um beide Seiten dieser Gleichung zu produziren. In diesem Fall stellt sich *dieselbe Arbeitszeit* das einemal in dem Gebrauchswerth Garn, das andremal in den Gebrauchswerthen Baumwolle und Spindel dar. Der Tauschwerth ist also gleichgültig dagegen, ob er in Garn, Spindel oder Baumwolle erscheint. Daß Spindel und Baumwolle, statt ruhig neben einander zu liegen, im Spinnprozesse eine Verbindung eingehn, welche die Form ihres Gebrauchswerths verändert, sie *in Garn verwandelt,* berührt ihren Tauschwerth eben so wenig, als wenn sie durch *einfachen Austausch* gegen ein Aequivalent von Garn umgesetzt worden wären. |

Die zur Produktion der Baumwolle erheischte Arbeitszeit ist Theil der zur Produktion des Garns, dessen Rohmaterial sie bildet, erheischten Arbeitszeit und deshalb im Garn enthalten. Ebenso verhält es sich mit der Arbeitszeit, die zur Produktion der Spindelmasse erheischt ist, ohne deren Verschleiß oder Konsum die Baumwolle nicht versponnen werden kann[11].

So weit also der *Werth des Garns,* die zu seiner Herstellung erheischte *Arbeitszeit,* in Betracht kommt, können *die verschiednen besondern,* der Zeit und dem Raum nach *getrennten Arbeitsprozesse,* die durchlaufen werden müssen, um die Baumwolle zu produziren, die vernutzte Spindelmasse zu produziren, endlich aus Baumwolle und Spindel Garn zu machen, als verschiedne successive Phasen *eines und desselben Arbeitsprozesses* betrachtet werden. Alle im Garn enthaltne Arbeit ist *vergangne Arbeit.* Daß die zur Produktion seiner Bildungselemente erheischte Arbeitszeit *früher vergangen* war, im Plusquamperfectum steht, dagegen die zum Schlußprozeß, dem Spinnen, unmittelbar verwandte Arbeit dem Präsens näher, im Perfectum steht, ist ein durchaus gleichgültiger Umstand. Ist eine bestimmte Masse Arbeit, z. B. von 30 Arbeitstagen, zum Bau eines Hauses nöthig, so ändert es nichts am *Gesammtquantum* der dem Hause einverleibten Arbeitszeit, daß der 30. Arbeitstag 29 Tage später in die Produktion einging als der erste Arbeitstag. Und so kann die im Arbeitsmaterial und Arbeitsmittel enthaltene Arbeitszeit ganz so betrachtet werden, als wäre sie nur in einem früheren ¦ Stadium des Spinnprozesses verausgabt worden als das zuletzt in der *Form des Spinnens* verausgabte Arbeitsquantum.

Die Werthe der Produktionsmittel, der Baumwolle und der Spindel, ausgedrückt in dem Preise von 12 sh., bilden also Bestandtheile des *Garnwerths,* oder des Werths des *Produkts.*

Nur müssen zwei Bedingungen erfüllt sein. Einmal müssen Baumwolle und Spindel wirklich zur Produktion eines *Gebrauchswerths* gedient

11 "Not only the labour applied immediately to commodities affect their value, but the labour also which is bestowed on the implements, tools, and buildings with which such labour is assisted." *Ricardo* l. c. p. 16.

haben. Es muß in unserm Fall *Garn* aus ihnen geworden sein. | *Welcher* Gebrauchswerth ihn trägt, ist dem Tauschwerth gleichgültig, aber ein *Gebrauchswerth* muß ihn tragen. Zweitens ist vorausgesetzt, daß nur die unter den gegebenen *gesellschaftlichen Produktionsbedingungen* nothwendige Arbeitszeit verwandt worden ist. Wäre also nur 1 Pfund Baumwolle nöthig, um 1 Pfund Garn zu spinnen, so darf nur 1 Pfund Baumwolle verzehrt sein in der Bildung von 1 Pfund Garn. Ebenso verhält es sich mit der Spindel. Hätte der Kapitalist die Phantasie mit goldenen, statt mit eisernen Spindeln spinnen zu lassen, so zählte im *Garnwerth* dennoch nur die *gesellschaftlich nothwendige Arbeitszeit*, d. h. die zur Produktion der eisernen Spindelmasse nothwendige Arbeitszeit.

Wir kennen jetzt den *Werththeil*, den die Produktionsmittel, Baumwolle und Spindel, im *Garnwerth* bilden. Er ist gleich 12 sh., oder die Materiatur von zwei Arbeitstagen. Es handelt sich also nun um den Werththeil, welchen *die Arbeit des Spinners* selbst der Baumwolle zusetzt.

Wir haben diese Arbeit jetzt von einem ganz anderen Gesichtspunkte 185
zu betrachten, als während des *Arbeitsprozesses*. Dort handelte es sich um die zweckmäßige Thätigkeit, Baumwolle in Garn zu verwandeln. Je zweckmäßiger die Arbeit, desto besser das Garn, alle andern Umstände als gleichbleibend vorausgesetzt. Die Arbeit des Spinners war spezifisch verschieden von andern produktiven Arbeiten, und diese Verschiedenheit offenbarte sich subjektiv und objektiv, im besondern Zweck des Spinnens, seiner besondern Operationsweise, der besondern Natur seiner Produktionsmittel, dem spezifischen Gebrauchswerth seines Produkts. Baumwolle und Spindel dienen als *Lebensmittel der Spinnarbeit*, aber man kann mit ihnen keine gezogenen Kanonen machen. Sofern die Arbeit des Spinners dagegen *werthbildend* ist, d. h. *Quelle von Tauschwerth*, ist sie durchaus nicht verschieden von der Arbeit des Kanonenbohrers, oder, was uns hier näher liegt, von den Arbeiten, die in den Produktionsmitteln des Garns verwirklicht sind, den Arbeiten des Baumwollpflanzers und des Spindelmachers. Nur wegen dieser *Identität* können Baumwollpflanzen, Spindelmachen und Spinnen blos *quantitativ* verschiedene Theile *desselben* Gesammtwerths, des *Garnwerths*, bilden. Es handelt sich hier nicht mehr um die *Qualität*, die Beschaffenheit und den Inhalt der Arbeit, sondern nur noch um ihre *Quantität*. Diese | ist einfach ¦ zu *zählen*. Wir nehmen an, daß die

Spinnarbeit *einfache* Arbeit, gesellschaftliche Durchschnittsarbeit ist. Man wird später sehn, daß die gegentheilige Annahme nichts an der Sache ändern würde.

Während des Arbeitsprozesses setzt sich die Arbeit beständig aus der Form der Unruhe in die des Seins, aus der Form der Bewegung in die der Gegenständlichkeit um. Am Ende einer Stunde ist die Spinnbewegung in einem gewissen Quantum Garn dargestellt, also ein bestimmtes Quantum Arbeit, *eine Arbeitsstunde* in der Baumwolle *vergegenständlicht.* Wir sagen Arbeitsstunde, denn die Spinnarbeit gilt hier nur, so weit sie Verausgabung von Arbeitskraft, nicht so weit sie die spezifische Arbeit des *Spinnens* ist.

Es ist nun entscheidend wichtig, daß während der Dauer des Prozesses, d. h. der Verwandlung von Baumwolle in Garn, nur die *gesellschaftlich nothwendige Arbeitszeit* verzehrt wird. Müssen unter *normalen*, d. h. durchschnittlichen gesellschaftlichen Produktionsbedingungen, a Pfund Baumwolle während *einer* Arbeitsstunde in b Pfund Garn verwandelt sein, so gilt nur der Arbeitstag als Arbeitstag von 12 Stunden, der 12 × a Pfund Baumwolle in 12 × b Pfund Garn verwandelt. Denn nur die gesellschaftlich nothwendige Arbeitszeit zählt als *werthbildend.*

Rohmaterial und *Produkt* erscheinen hier in einem ganz anderen Licht als vom Standpunkt des eigentlichen Arbeitsprozesses. Das Rohmaterial gilt hier nur als *Aufsauger eines bestimmten Quantums Arbeit.* Durch diese Aufsaugung verwandelt es sich in der That in Garn, weil ihm *Spinnarbeit* zugesetzt wurde. Aber das Produkt, das Garn, ist jetzt nur Gradmesser der von der Baumwolle eingesaugten Arbeit. Wird in einer Stunde 1⅔ lbs. Baumwolle versponnen oder in 1⅔ lbs. Garn verwandelt, so zeigen 10 lbs. Garn 6 eingesaugte Arbeitsstunden an. Bestimmte und *erfahrungsmäßig festgestellte Quanta Produkt* stellen jetzt nichts dar als bestimmte Quanta Arbeit, bestimmte Masse festgeronnener Arbeitszeit. Sie sind nur noch *Materiatur* von einer Stunde, zwei Stunden, einem Tag *gesellschaftlicher Arbeit.*

Daß die Arbeit grade Spinnarbeit, ihr Material Baumwolle und ihr Produkt Garn, wird hier eben so gleichgültig, als daß der *Arbeitsgegenstand* selbst schon Produkt, also *Rohmaterial* ist. Wäre der Arbei|ter, statt in der Spinnerei, in der Kohlengrube beschäftigt, so wäre der Arbeitsgegenstand, die Kohle, von Natur vorhanden. Dennoch stellte ein bestimmtes Quantum aus dem Bett losgebrochener Kohle, z. B. ein Centner, ein bestimmtes Quantum aufgesaugter Arbeit dar.

Beim *Verkauf der Arbeitskraft* ward unterstellt, daß ihr Tageswerth = 3 sh., und in den letztern 6 Arbeitsstunden verkörpert sind, dieß Arbeitsquantum also erheischt ist, um die Durchschnittssumme der täglichen Lebensmittel des Arbeiters zu produziren. Verwandelt unser Spinner nun ¦ während einer Arbeitsstunde 1⅔ lbs. Baumwolle in 1⅔ lbs. Garn[12], so in 6 Stunden 10 lbs. Baumwolle in 10 lbs. Garn. Während der Dauer des Spinnprozesses saugt die Baumwolle also 6 Arbeitsstunden ein. Dieselbe Arbeitszeit stellt sich in einem Goldquantum von 3 sh. dar. Der Baumwolle wurde also durch das Spinnen selbst ein Werth von 3 sh. zugesetzt.

Sehn wir uns nun den *Gesammtwerth des Produkts*, der 10 lbs. Garn, an. In ihnen sind 2½ Arbeitstage vergegenständlicht, 2 Tage enthalten in Baumwolle und Spindelmasse, ½ Tag Arbeit eingesaugt während des Spinnprozesses. Dieselbe Arbeitszeit stellt sich in einer Goldmasse von 15 sh. dar. Der dem Werth der 10 lbs. Garn adäquate Preis beträgt also 15 sh., der Preis eines lb. Garn 1 sh. 6 d.

Unser Kapitalist stutzt. Der *Werth des Produkts ist gleich dem Werth des vorgeschossenen Kapitals.* Der vorgeschossene *Werth* hat sich nicht *verwerthet*, keinen *Mehrwerth* erzeugt, *Geld* sich also *nicht* in *Kapital* verwandelt. Der Preis der 10 lbs. Garn ist 15 sh. und 15 sh. wurden verausgabt auf dem Waarenmarkt für die *Bildungselemente des Produkts* oder, was dasselbe, die *Faktoren des Arbeitsprozesses*, 10 sh. für Baumwolle, 2 sh. für die verzehrte Spindelmasse, und 3 sh. für Arbeitskraft. Der *aufgeschwollene Werth des Garns* hilft nichts, denn *sein* Werth ist nur die Summe der früher auf Baumwolle, Spindel und Arbeitskraft *vertheilten* Werthe, und aus einer *solchen bloßen Addition vorhandner Werthe* kann nun und nimmermehr ein *Mehrwerth* entspringen[13]. Diese Werthe sind jetzt alle auf *ein* Ding konzentrirt, aber | so waren sie in

12 Die Zahlen hier sind ganz willkührlich.

13 Dieß ist der Fundamentalsatz, worauf die Lehre der *Physiokraten* von der Unproduktivität aller nicht agrikolen Arbeit beruht und er ist unumstößlich für den Oekonomen – von Fach. «Cette façon d'imputer à une seule chose la valeur de plusieurs autres (par exemple au lin la consommation du tisserand), d'appliquer, pour ainsi dire, *couche sur couche*, plusieurs valeurs sur une seule, fait que celle-ci grossit d'autant.... Le terme *d'addition* peint très-bien la manière dont se forme le *prix des ouvrages de main d'oeuvre*; ce prix n'est qu'un *total* de plusieurs valeurs consommées et additionnées ensemble; or, *additionner n'est pas multiplier.*» (*Mercier de la Rivière* l. c. p. 599.)

der Geldsumme von 15 sh., bevor diese sich durch drei Waarenkäufe zersplitterte.

An und für sich ist dieß Resultat nicht befremdlich. Der Werth eines lb. Garn ist 1 sh. 6 d. und für 10 lbs. Garn müßte unser Kapitalist daher auf dem Waarenmarkt 15 sh. zahlen. Ob er sich sein Privathaus fertig auf dem Markt kauft, oder es selbst bauen läßt, keine dieser Operationen wird das im Erwerb des Hauses ausgelegte Geld vermehren.

Der Kapitalist, der in der Vulgärökonomie Bescheid weiß, sagt vielleicht, er habe sein Geld mit der *Absicht* vorgeschossen, *mehr Geld daraus zu machen.* Der Weg zur Hölle ist jedoch mit guten Absichten gepflastert und er konnte eben so gut der Absicht sein, Geld zu machen, ohne zu pro¦duziren[14]. Er droht. Man werde ihn nicht wieder ertappen. Künftig werde er die Waare fertig auf dem Markt kaufen, statt sie selbst zu fabriziren. Wenn aber alle seine Brüder Kapitalisten deßgleichen thun, wo soll er Waare auf dem Markt finden? Und Geld kann er nicht essen. Er katechisirt. Man soll seine *Abstinenz* bedenken. Er konnte seine 15 sh. verprassen. Statt dessen hat er sie *produktiv konsumirt* und Garn daraus gemacht. Aber dafür ist er ja im Besitz von Garn statt von Gewissensbissen. Er muß bei Leibe nicht in die Rolle des *Schatzbildners* zurückfallen, der uns zeigte, was bei der Ascetik herauskommt. Außerdem, wo nichts ist, hat der Kaiser sein Recht verloren. Welches immer das Verdienst seiner *Entsagung*, es ist nichts da, um sie extra zu zahlen, da der Werth des Produkts, der aus dem Prozeß herauskommt, nur gleich der Summe der | hineingeworfenen Waarenwerthe. Er beruhige sich also dabei, daß Tugend der Tugend Lohn. Statt dessen wird er zudringlich. Das Garn ist ihm unnütz. Er hat es für den Verkauf produzirt. So verkaufe er es, oder, noch einfacher, produzire in Zukunft nur Dinge für seinen eignen Bedarf, ein Rezept, das ihm bereits sein Hausarzt *Mac Culloch* als probates Mittel gegen die Epidemie der Ueberproduktion verschrieben hat. Er stellt sich trutzig auf die Hinterbeine. Sollte der Arbeiter mit seinen eignen Gliedmaßen in der blauen Luft Arbeitsgebilde schaffen, Waaren produziren? Gab er ihm nicht den Stoff, *womit* und *worin* er allein seine Arbeit verleiblichen kann? Da nun der

14 So z. B. entzog er 1844–47 Theil seines Kapitals dem produktiven Geschäft, um es in Eisenbahnaktien zu verspekuliren. So, zur Zeit des amerikanischen Bürgerkriegs, schloß er die Fabrik und warf den Fabrikarbeiter auf's Pflaster, um auf der Liverpooler Baumwollbörse zu spielen.

größte Theil der Gesellschaft aus solchen Habenichtsen besteht, hat er nicht der Gesellschaft durch seine Produktionsmittel, seine Baumwolle und seine Spindel, einen unermeßlichen *Dienst* erwiesen, nicht dem Arbeiter selbst, den er obendrein noch mit Lebensmitteln versah? Und soll er den *Dienst* nicht berechnen? Hat der Arbeiter ihm aber nicht den Gegendienst erwiesen, Baumwolle und Spindel in Garn zu verwandeln? Außerdem handelt es sich hier nicht um *Dienste*[15]. Ein Dienst ist nichts als die nützliche Wirkung eines *Gebrauchswerths*, sei es der Waare, sei es der Arbeit[16]. Hier aber gilt's den *Tausch¦werth*. Er zahlte dem Arbeiter den Werth von 3 sh. Der Arbeiter gab ihm ein exaktes *Aequivalent* | zurück in dem der Baumwolle zugesetzten Werth von 3 sh., Werth für Werth. Unser Freund, eben noch so kapitalübermüthig, nimmt plötzlich die anspruchslose Haltung seines eignen Arbeiters an. Hat er nicht selbst gearbeitet? nicht die Arbeit der Ueberwachung, der Oberaufsicht über den Spinner verrichtet? Bildet diese seine Arbeit nicht auch Werth? Sein eigner overlooker und sein manager zucken die Achseln. Unterdeß hat er aber bereits mit heitrem Lächeln seine alte Physiognomie wieder angenommen. Er foppte uns mit der ganzen Litanei. Er giebt keinen Deut darum. Er überläßt diese und ähnliche faule Ausflüchte und hohle Flausen den dafür eigens bezahlten Professoren der politischen Oekonomie. Er selbst ist ein praktischer Mann, der zwar nicht immer bedenkt, was er außerhalb des Geschäfts sagt, aber stets weiß, was er im Geschäft thut.

15 „Las du rhümen, schmücken und putzen.... Wer aber mehr oder besseres nimpt (als er giebt), das ist *Wucher*, und heißt, nicht *Dienst*, sondern *Schaden* gethan seinem Nehesten, als mit stelen und rauben geschicht. Es ist nicht alles Dienst und wolgethan dem Nehesten, was man heißt, Dienst und wolgethan. Denn eine Ehebrecherin und Ehebrecher thun einander großen Dienst und wolgefallen. Ein Reuter thut einem Mordbrenner großen reuterdienst, das er im hilfft, auff der straßen rauben, Land und Leute bevehden. Die Papisten thun den unsern großen Dienst, das sie nicht alle ertrenken, verbrennen, ermorden, im Gefengniß verfaulen lassen, sondern lassen doch etliche leben, und verjagen sie, oder nemen jenen was sie haben. Der Teuffel thut selber seinen Dienern großen, unermeßlichen Dienst.... Summa, die Welt ist voll großer, trefflicher, teglicher Dienst und wolthaten." (*Martin Luther: An die Pfarrherrn, wider den Wucher zu predigen* etc. *Wittemberg 1540.*)

16 Ich bemerke darüber in *„Zur Kritik der Pol. Oek."* p. 14 u. a.: „Man begreift, welchen *‚Dienst'* die Kategorie *‚Dienst'* (service) einer Sorte Oekonomen wie J. B. Say und *F. Bastiat* leisten muß."

Sehn wir näher zu. Der *Tageswerth der Arbeitskraft* betrug 3 sh., weil in ihr selbst ein *halber Arbeitstag* vergegenständlicht ist, d. h. weil die täglich zur Produktion der Arbeitskraft nöthigen Lebensmittel einen halben Arbeitstag kosten. Aber die vergangene Arbeit, die in der Arbeitskraft steckt, und die lebendige Arbeit, die sie leisten kann, ihre täglichen Erhaltungskosten und ihre tägliche Verausgabung, sind zwei ganz verschiedne Größen. Die erstere bestimmt ihren Tauschwerth, die andere bildet ihren Gebrauchswerth. Daß ein *halber Arbeitstag* nöthig, um ihn während 24 Stunden am Leben zu erhalten, hindert den Arbeiter keineswegs *einen ganzen Tag zu arbeiten*. Der *Werth* der Arbeitskraft und ihre *Verwerthung* im Arbeitsprozeß sind also zwei verschiedne Größen. Diese *Werthdifferenz* hatte der Kapitalist im Auge, als er die Arbeitskraft kaufte. Ihre nützliche Eigenschaft, Garn oder Stiefel zu machen, war nur eine conditio sine qua non, weil Arbeit in nützlicher Form verausgabt werden muß, um Werth zu bilden. Was aber entschied, war der *spezifische Gebrauchswerth dieser Waare*, Quelle von Tauschwerth zu sein und von mehr Tauschwerth als sie selbst hat. Dieß ist der spezifische *Dienst*, den der Kapitalist von ihr erwartet. Und er verfährt dabei den ewigen Gesetzen des Waarenaustausches gemäß. In der That, der Verkäufer der Arbeitskraft, wie der Verkäufer jeder andern Waare, *realisirt ihren Tauschwerth* und *veräußert ihren Gebrauchswerth*. Er kann den einen nicht erhalten, ohne den andern wegzugeben. Der Gebrauchswerth der Arbeitskraft, *die Arbeit* selbst, gehört eben so wenig ihrem Verkäufer, wie der | Gebrauchswerth des verkauften Oels dem Oelhändler. Der Geldbesitzer hat den *Tageswerth* der Arbeitskraft gezahlt; ihm gehört daher *ihr Gebrauch während des Tages*, die *tagelange Arbeit*. Der Umstand, daß die tägliche Erhaltung der Arbeitskraft nur einen halben Arbeitstag kostet, ¦ obgleich die Arbeitskraft einen ganzen Tag wirken, arbeiten kann, daß daher der Werth, den ihr Gebrauch während eines Tags schafft, doppelt so groß ist als ihr eigner Tageswerth, ist ein besondres Glück für den
186 Käufer, aber durchaus kein Unrecht gegen den Verkäufer.

Unser Kapitalist hat den Casus vorgesehn. Der Arbeiter findet daher in der Werkstätte die nöthigen Produktionsmittel nicht nur für einen sechsstündigen, sondern für einen zwölfstündigen Arbeitsprozeß. Saugten 10 lbs. Baumwolle 6 Arbeitsstunden ein und verwandelten sich in 10 lbs. Garn, so werden 20 lbs. Baumwolle 12 Arbeitsstunden einsaugen und in 20 lbs. Garn verwandelt. Betrachten wir das *Produkt des verlängerten Arbeitsprozesses*. In den 20 lbs. Garn sind jetzt 5 Arbeitstage vergegenständlicht, 4 in der verzehrten Baumwoll- und Spindelmasse, 1 von der Baumwolle eingesaugt während des Spinnprozesses. Der Goldausdruck von 5 Arbeitstagen ist aber 30 sh. oder 1 Pfd. St. 10 sh. Dieß also der Preis der 20 lbs. Garn. Das Pfund Garn kostet nach wie vor 1 sh. 6 d. Aber die Werthsumme der in den Prozeß geworfenen Waaren betrug 27 sh. Der Werth des Garns beträgt 30 sh. Der *Werth des Produkts* ist um ⅑ gewachsen über den zu seiner Produktion vorgeschossenen Werth. So haben sich 27 sh. in 30 sh. verwandelt. Sie haben einen *Mehrwerth* von 3 sh. gesetzt. Das Kunststück ist endlich gelungen. *Geld* ist in *Kapital verwandelt.*

Alle Bedingungen des Problems sind gelöst und die Gesetze des Waarenaustausches in keiner Weise verletzt. Aequivalent wurde gegen Aequivalent ausgetauscht. Der Kapitalist zahlte als Käufer jede Waare zu ihrem Werth, Baumwolle, Spindelmasse, Arbeitskraft. Er that dann, was jeder andre Käufer von Waaren thut. Er konsumirte ihren Gebrauchswerth. Der *Konsumtionsprozeß der Arbeitskraft,* der zugleich *Produktionsprozeß der Waare,* ergab ein Produkt von 20 lbs. Garn mit einem Werth von 30 sh. Der Kapitalist kehrt nun zum Markt zurück und verkauft Waare, nachdem er Waare gekauft hat. Er verkauft das Pfund Garn zu 1 sh. 6 d., keinen Deut *über* oder *unter* seinem Werth. Und doch zieht er 3 sh. mehr aus der Cirkulation her|aus als er ursprünglich in sie hineinwarf. Dieser ganze Verlauf, die Verwandlung seines Geldes in Kapital, geht *in* der Cirkulationssphäre vor und geht *nicht* in ihr vor. *Durch* die Vermittlung der Cirkulation, weil bedingt durch den *Kauf der Arbeitskraft* auf dem Waarenmarkt. *Nicht* in der Cirkulation, denn diese leitet nur den *Verwerthungsprozeß* ein, der sich in der *Produktionssphäre* zuträgt. Und so ist „tout pour le mieux dans le meilleur des mondes possibles".

Indem der Kapitalist Geld in Waaren verwandelt, die als Stoffbildner eines neuen Produkts oder als Faktoren des Arbeitsprozesses dienen, indem er ihrer todten Gegenständlichkeit lebendige Arbeitskraft einverleibt, verwandelt er *Werth,* vergangne, vergegenständlichte, *todte* Arbeit in *Kapital,* ¦ *sich selbst verwerthenden Werth,* ein beseeltes Ungeheuer, das zu „arbeiten" beginnt, als hätt' es Lieb' im Leibe.

Vergleichen wir nun *Werthbildungsprozeß* und *Verwerthungsprozeß,* so ist der Verwerthungsprozeß nichts als ein über einen gewissen Punkt hinaus *verlängerter* Werthbildungsprozeß. Dauert der letztre nur *bis zu dem Punkt,* wo der vom Kapital gezahlte Werth der Arbeitskraft durch ein neues *Aequivalent* ersetzt ist, so ist er einfacher Werthbildungsprozeß. Dauert der Werthbildungsprozeß *über diesen Punkt* hinaus, so wird er Verwerthungsprozeß.

Vergleichen wir ferner den *Werthbildungsprozeß* mit dem *Arbeitsprozeß*, so besteht der letztere in der *wirklichen* Arbeit, die *Gebrauchswerthe* produzirt. Die Bewegung wird hier *qualitativ* betrachtet, in ihrer besondern Art und Weise, nach Zweck und Inhalt. *Derselbe Arbeitsprozeß* stellt sich im *Werthbildungsprozeß* nur von seiner *quantitativen* Seite dar. Es handelt sich nur noch um die *Zeit*, welche die Arbeit zu ihrer Operation braucht, oder um die Dauer, während deren die Arbeitskraft verausgabt wird. Hier gelten auch die Waaren, die in den Arbeitsprozeß eingehn, nicht mehr als funktionell bestimmte, stoffliche Faktoren der zweckmäßig wirkenden Arbeitskraft. Sie *zählen* nur noch als bestimmte Quanta vergegenständlichter Arbeit. Ob in den Produktionsmitteln enthalten oder durch die Arbeitskraft zugesetzt, die Arbeit *zählt* nur noch nach ihrem Zeitmaß. Sie beträgt so viel Stunden, Tage u. s. w.

Sie zählt jedoch nur, soweit die zur Produktion des Gebrauchswerths verbrauchte Zeit *gesellschaftlich nothwendig* ist. Es umfaßt | dieß Verschiednes. Die Arbeitskraft muß unter normalen Bedingungen funktioniren. Ist die Spinnmaschine das gesellschaftlich herrschende Arbeitsmittel für die Spinnerei, so darf dem Arbeiter nicht ein Spinnrad in die Hand gegeben werden. Statt Baumwolle von normaler Güte muß er nicht Schund erhalten, der jeden Augenblick reißt. In beiden Fällen würde er mehr als die gesellschaftlich nothwendige Arbeitszeit zur Produktion eines Pfundes Garn verbrauchen, diese überschüssige Zeit aber nicht Werth oder Geld bilden. Der *normale* Charakter der gegenständlichen Arbeitsfaktoren hängt jedoch nicht vom Arbeiter, sondern vom Kapitalisten ab. Fernere Bedingung ist der *normale Charakter* der *Arbeitskraft* selbst. In dem Fach, worin sie verwandt wird, muß sie das herrschende Durchschnittsmaß von Geschick, Fertigkeit und Raschheit besitzen. Aber unser Kapitalist kaufte auf dem Arbeitsmarkt Arbeitskraft von normaler Güte. Diese Kraft muß in dem gewöhnlichen Durchschnittsmaß der Anstrengung, mit dem gesellschaftlich üblichen *Grad von Intensivität* verausgabt werden. Darüber wacht der Kapitalist eben so ängstlich, als daß keine Zeit ohne Arbeit vergeudet wird. Er hat die Arbeitskraft für bestimmte Zeitfrist gekauft. Er hält darauf das Seine zu haben. Er ¦ will nicht *bestohlen* sein. Endlich – und hierfür hat derselbe Herr einen eignen code pénal – darf kein zweckwidriger Consum von

Rohmaterial und Arbeitsmitteln stattfinden, weil vergeudetes Material oder Arbeitsmittel überflüssig verausgabte Quanta vergegenständlichter Arbeit darstellen, also nicht zählen und nicht in das Produkt der Werthbildung eingehn[17]. |

Man sieht: der früher aus der Analyse der *Waare* gewonnene Unterschied zwischen der Arbeit, soweit sie Gebrauchswerth, und *derselben* Arbeit, soweit sie Tauschwerth schafft, hat sich jetzt als Unterscheidung der verschiednen Seiten des *Produktionsprozesses* dargestellt.

Als *Einheit von Arbeitsprozeß* und *Werthbildungsprozeß* ist der *Produktionsprozeß* Produktionsprozeß von Waaren; *als Einheit von Arbeits-*

[17] Dieß ist einer der Umstände, die auf Sklaverei gegründete Produktion vertheuern. Der Arbeiter soll sich hier, nach dem treffenden Ausdruck der Alten, nur als *instrumentum vocale* von dem Thier als *instrumentum semivocale* und dem todten Arbeitszeug als *instrumentum mutum* unterscheiden. Er selbst aber läßt Thier und Arbeitszeug fühlen, daß er nicht Ihresgleichen, sondern ein Mensch ist. Er verschafft sich das Selbstgefühl seines Unterschieds von ihnen, indem er sie mißhandelt und con amore verwüstet. Es gilt daher als ökonomisches Princip in dieser Produktionsweise nur die rohesten, schwerfälligsten, aber grade wegen ihrer unbehülflichen Plumpheit schwer zu ruinirenden Arbeitsinstrumente anzuwenden. Bis zum Ausbruch des Bürgerkriegs fand man daher in den am Meerbusen von Mexiko liegenden Sklavenstaaten Pflüge altchinesischer Konstruktion, die den Boden aufwühlen wie ein Schwein oder Maulwurf, aber ihn nicht spalten und wenden. Vgl. *J. E. Cairnes: „The Slave Power. London* 1862", p. 46 sqq. In seinem *„Sea Board Slave States"* erzählt *Olmsted* u. A.: "I am here shewn tools that no man in his senses, with us, would allow a labourer, for whom he was paying wages, to be encumbered with; and the excessive weight and clumsiness of which, I would judge, would make work at least ten per cent greater than with those ordinarily used with us. And I am assured that, in the careless and clumsy way they must be used by the slaves, anything lighter or less rude could not be furnished them with good economy, and that such tools as we constantly give our labourers, and find our profit in giving them, would not last out a day in a Virginia cornfield – much lighter and more free from stones though it be than ours. So, too, when I ask why mules are so universally substituted for horses on the farm, the first reason given, and confessedly the most conclusive one, is that horses cannot bear the treatment that they always *must* get from the negroes; horses are always soon foundered or crippled by them, while mules will bear cudgelling, or lose a meal or two now and then, and not be materially injured, and they do not take cold or get sick, if neglected or overworked. But I do not need to go further than to the window of the room in which I am writing, to see at almost any time, treatment of cattle that would insure the immediate discharge of the driver by almost any farmer owning them in the North."

prozeß und Verwerthungsprozeß ist er *kapitalistischer Produktionsprozeß*, kapitalistische Form der Waarenproduktion.

Es wurde früher bemerkt, daß es für den Verwerthungsprozeß durchaus gleichgültig, ob die vom Kapitalisten angeeignete Arbeit *einfache, gesellschaftliche Durchschnittsarbeit*, oder *komplizirtere Arbeit, Arbeit von höherem spezifischem Gewicht* ist. Die Arbeit, die als höhere, komplizirtere Arbeit gegenüber der gesellschaftlichen Durchschnittsarbeit gilt, ist die *Aeußerung einer Arbeitskraft*, worin höhere Bildungskosten eingehn, deren Produktion mehr Arbeitszeit kostet und die daher einen höheren Tausch¦werth hat als die einfache Arbeitskraft. Ist der Werth dieser Kraft höher, so äußert sie sich aber auch in höherer Arbeit und vergegenständlicht sich | daher, *in denselben Zeiträumen*, in verhältnißmäßig *höheren Werthen*. Welches jedoch immer der Gradunterschied zwischen Spinnarbeit und Juwelierarbeit, die Portion Arbeit, wodurch der Juwelenarbeiter nur den Werth seiner eignen Arbeitskraft ersetzt, unterscheidet sich *qualitativ* in keiner Weise von der zusätzlichen Portion Arbeit, wodurch er Mehrwerth schafft. Nach wie vor kommt der Mehrwerth nur heraus durch einen *quantitativen* Ueberschuß von Arbeit, durch *die verlängerte Dauer desselben Arbeitsprozesses*, in dem einen Fall Prozeß der Garnproduktion, in dem andern Fall Prozeß der Juwelenproduktion[18]. |

18 Der Unterschied zwischen höherer und einfacher, „skilled" und „unskilled labour", beruht *zum Theil* auf bloßen Illusionen, oder wenigstens Unterschieden, die längst aufgehört haben reell zu sein und nur noch in traditioneller Convention fortleben; zum Theil auf der hilfsloseren Lage gewisser Schichten der Arbeiterklasse, die ihnen minder als andren erlaubt, den *Werth ihrer Arbeitskraft* zu ertrotzen. Zufällige Umstände spielen dabei so große Rolle, daß dieselben Arbeitsarten den Platz wechseln. Wo z. B. die physische Substanz der Arbeiterklasse abgeschwächt und relativ erschöpft ist, wie in allen Ländern entwickelter kapitalistischer Produktion, verkehren sich im Allgemeinen brutale Arbeiten, die viel Muskelkraft erfordern, in höhere gegenüber viel feineren Arbeiten, die auf die Stufe einfacher Arbeit herabsinken, wie z. B. die Arbeit eines bricklayer (Maurer) in England eine viel höhere Stufe einnimmt, als die eines Damastwirkers. Auf der andern Seite figurirt die Arbeit eines fustian cutters (Baumwollsammtscheerers), obgleich sie viel körperliche Anstrengung kostet und obendrein sehr ungesund ist, als „einfache" Arbeit. Uebrigens muß man sich nicht einbilden, daß die sogenannte „skilled labour" einen quantitativ bedeutenden Umfang in der Nationalarbeit einnimmt. *Laing*, vor kurzem noch Schatzkanzler von Indien, rechnet, daß in England (und Wales) die Existenz von 11 Millionen auf einfacher Arbeit beruht.

Andrerseits muß in jedem Werthbildungsprozeß die höhere Arbeit stets auf gesellschaftliche Durchschnittsarbeit reducirt werden, z. B. ein Tag höherer Arbeit auf x Tage einfacher Arbeit[19]. Man erspart also eine überflüssige Operation und vereinfacht die Analyse durch die Annahme, daß der vom Kapital verwandte Arbeiter einfache gesellschaftliche Durchschnittsarbeit verrichtet. ¦

2) Constantes Kapital und variables Kapital.

Die verschiedenen Faktoren des Arbeitsprozesses nehmen verschiednen Antheil an der Bildung des *Produkten-Werths.*

Der Arbeiter setzt dem Arbeitsgegenstand *neuen Tauschwerth* zu durch *Zusatz* eines bestimmten *Quantums von Arbeit,* abgesehn vom bestimmten Inhalt, Zweck und technologischen Charakter seiner Arbeit. Andrerseits finden wir die Werthe der verzehrten Produktionsmittel wieder als *Bestandtheile* des *Produkten-Werths,* z. B. die Werthe von Baumwolle und Spindel im Garnwerth. Der Werth der Produktionsmittel wird also *erhalten* durch seine *Uebertragung* auf das Produkt. Dieß *Uebertragen* geschieht während der Verwandlung der Produktionsmittel in Produkt, im Arbeitsprozeß. Es ist *vermittelt* durch *die Arbeit.* Aber *wie*?

Der Arbeiter arbeitet *nicht doppelt in derselben Zeit,* nicht einmal um der Baumwolle durch seine Arbeit einen Werth zuzusetzen, und

Nach Abzug einer Million von Aristokraten und einer andern Million Paupers, Vagabunden, Verbrecher, Prostituirte u. s. w. von den 18 Millionen der Bevölkerungszahl, zur Zeit seiner Schrift, bleiben 4 Millionen Mittelklasse mit Einschluß kleinerer Rentner, Beamten, Schriftsteller, Künstler, Schulmeister u. s. w. Um diese 4 Millionen herauszubekommen, zählt er zum *arbeitenden* Theil der *Mittelklasse,* außer Banquiers u. s. w., alle besser bezahlten *„Fabrikarbeiter"*! Auch die bricklayers fehlen nicht unter den „potenzirten Arbeitern." Bleiben ihm dann die besagten 11 Millionen. (*S. Laing: National Distress* etc. *London* 1844.) "The great class, who have nothing to give for food but *ordinary labour, are the great bulk of the people.*" (*James Mill* in Art. *„Colony." Supplement of the Encyclop. Brit.* 1824.)

19 "Where reference is made to labour as a measure of value, it necessarily implies *labour of one particular kind* … the *proportion* which the other kinds bear to it being easily ascertained." (*„Outlines of Polit. Economy. London* 1832", p. 22, 23.)

das andremal um ihren alten Werth zu *erhalten*, oder, was dasselbe, um den Werth der Baumwolle, die er verarbeitet, und der Spindel, womit er arbeitet, auf das Produkt, das Garn, zu *übertragen*. Sondern durch bloßes *Zusetzen* von neuem Werth *erhält* er den alten Werth. Da aber der Zusatz von neuem Werth zum Arbeitsgegenstand und die Erhaltung der alten Werthe im Produkt zwei ganz verschiedne Resultate sind, die der Arbeiter *in derselben Zeit* hervorbringt, obgleich er *nur einmal* in derselben Zeit arbeitet, kann diese *Doppelseitigkeit des Resultats* offenbar nur aus der *Doppelseitigkeit seiner Arbeit selbst* erklärt werden. In demselben Zeitpunkt muß sie in | einer Eigenschaft Werth schaffen und in einer andern Eigenschaft Werth erhalten oder übertragen.

Wie setzt jeder Arbeiter Arbeitszeit und daher Werth zu? Immer nur in der Form seiner eigenthümlich produktiven Arbeitsweise. Der Spinner setzt nur Arbeitszeit zu, indem er spinnt, der Weber, indem er webt, der Schmidt, indem er schmiedet. Durch die *zweckbestimmte Form* aber, worin sie *Arbeit überhaupt* zusetzen und daher Neuwerth, durch das Spinnen, Weben, Schmieden werden die Produktionsmittel, Baumwolle und Spindel, Garn und Webstuhl, Eisen und Amboß, zu Bildungselementen eines Produkts, eines *neuen Gebrauchswerths*[20]. Die alte Form ihres Gebrauchswerths *vergeht*, aber nur um in einer neuen Form von Gebrauchswerth *aufzugehn*. Bei Betrachtung des Werthbildungsprozesses ergab sich aber, daß so weit ein Gebrauchswerth zweckgemäß vernutzt wird zur Produktion eines neuen Gebrauchswerths, die zur Herstellung des vernutzten Gebrauchswerths ¦ nothwendige Arbeitszeit einen Theil der zur Herstellung des neuen Gebrauchswerths nothwendigen Arbeitszeit bildet, also Arbeitszeit ist, die vom vernutzten Produktionsmittel auf das neue Produkt übertragen wird. Der Arbeiter erhält also die Werthe der vernutzten Produktionsmittel oder überträgt sie als Werthbestandtheile auf das Produkt, nicht durch sein *Zusetzen von Arbeit überhaupt*, sondern durch *den besondren nützlichen Charakter*, durch die *spezifisch produktive Form* dieser zusätzlichen Arbeit. Als solche zweckgemäße produktive Thätigkeit, Spinnen, Weben, Schmieden, erweckt die Arbeit durch ihren bloßen *Kontakt* die Produktionsmittel von den Todten, begeistet sie zu Faktoren des Arbeitsprozesses und verbindet sich mit ihnen zu Produkten.

20 "Labour gives a new creation for one extinguished." (*An Essay on the Polit. Econ. of Nations. London* 1821, p. 13.)

Wäre die spezifische produktive Arbeit des Arbeiters nicht *Spinnen,* so würde er die Baumwolle nicht in Garn verwandeln, also auch die Werthe von Baumwolle und Spindel nicht auf das Garn übertragen. Wechselt dagegen derselbe Arbeiter das Metier und wird Tischler, so wird er nach wie vor durch *einen Arbeitstag* seinem Material Werth zusetzen. Er setzt ihn also zu nicht durch seine Arbeit, soweit sie *Spinnarbeit* oder *Tischlerarbeit,* sondern so weit sie *abstrakte, gesell | schaftliche Arbeit überhaupt,* und er setzt eine bestimmte Werthgröße zu, nicht weil seine Arbeit einen besondern nützlichen Inhalt hat, sondern weil sie eine bestimmte Zeit dauert. In ihrer *abstrakten allgemeinen* Eigenschaft also, als Verausgabung menschlicher Arbeitskraft, setzt die Arbeit des Spinners den Werthen von Baumwolle und Spindel *Neuwerth* zu, und in ihrer *konkreten, besondern,* nützlichen Eigenschaft als Spinnprozeß, *überträgt* sie den Werth dieser Produktionsmittel auf das Produkt und *erhält* so ihren Werth im Produkt. Daher *die Doppelseitigkeit* ihres Resultats *in demselben Zeitpunkt.*

Durch das bloß *quantitative Zusetzen* von Arbeit wird neuer Werth *zugesetzt,* durch *die Qualität der zugesetzten Arbeit* werden die alten Werthe der Produktionsmittel im Produkt *erhalten.* Diese doppelseitige Wirkung *derselben* Arbeit in Folge ihres doppelseitigen Charakters zeigt sich handgreiflich an verschiednen Erscheinungen.

Nimm an, irgend eine Erfindung befähige den Spinner in 6 Stunden so viel Baumwolle zu verspinnen wie früher in 36 Stunden. Als zweckmäßig-nützliche, produktive Thätigkeit hat seine Arbeit ihre Kraft versechsfacht. Ihr Produkt ist ein sechsfaches, 36 statt 6 lbs. Garn. Aber die 36 Pfund Baumwolle saugen jetzt nur so viel Arbeitszeit ein als früher 6 Pfund. Ein Sechstel weniger neuer Arbeit wird ihnen zugesetzt als mit der alten Methode, daher nur noch ein Sechstel des früheren Werths. Andrerseits existirt jetzt der *sechsfache Werth* von Baumwolle im Produkt, den 36 Pfund Garn. In den 6 Spinnstunden wird ein sechsmal größerer Werth von Rohmaterial *erhalten* und auf das Produkt *übertragen,* obgleich demselben Rohmaterial ein sechs¦mal kleinerer Neuwerth *zugesetzt* wird. Dieß zeigt, wie die Eigenschaft, worin die Arbeit während desselben untheilbaren Prozesses Werthe *erhält,* wesentlich unterschieden ist von der Eigenschaft, worin sie Werth *schafft.* Je mehr nothwendige Arbeitszeit während der Spinnoperation auf *dasselbe Quantum Baumwolle* geht, desto größer der *Neuwerth,* der der Baumwolle *zugesetzt* wird, aber je mehr Pfunde Baumwolle *in derselben*

Arbeitszeit versponnen werden, desto größer der *alte Werth*, der im Produkt *erhalten* wird.

Nimm umgekehrt an, die Produktivität der Spinnarbeit bleibe unverändert, der Spinner brauche also nach wie vor gleich viel Zeit, um ein | Pfund Baumwolle in Garn zu verwandeln. Aber der *Tauschwerth* der Baumwolle selbst wechsle, ein Pfund Baumwolle steige oder falle um das Sechsfache seines Preises. In beiden Fällen fährt der Spinner fort *demselben Quantum* Baumwolle *dieselbe Arbeitszeit* zuzusetzen, also *denselben Werth* und in beiden Fällen produzirt er in gleicher Zeit gleich viel Garn. Dennoch ist der Werth, den er von der Baumwolle auf das Garn, das Produkt, überträgt, das einemal sechsmal kleiner, das andremal sechsmal größer als zuvor. Ebenso wenn die Arbeitsmittel sich vertheuern oder verwohlfeilen, aber stets denselben Dienst im Arbeitsprozeß leisten.

Bleiben die technologischen Bedingungen des Spinnprozesses unverändert und geht gleichfalls kein *Werthwechsel* mit seinen Produktionsmitteln vor, so verbraucht der Spinner nach wie vor in gleichen Arbeitszeiten gleiche Quanta Rohmaterial und Maschinerie von gleichbleibenden Werthen. Der Werth, den er im Produkt *erhält*, steht dann in direktem Verhältniß zu dem Neuwerth, den er *zusetzt*. In zwei Wochen setzt er zweimal mehr Arbeit zu als in einer Woche, also zweimal mehr Werth, und zugleich vernutzt er zweimal mehr Material von zweimal mehr Werth, und verschleißt zweimal mehr Maschinerie von zweimal mehr Werth, *erhält* also im Produkt von zwei Wochen zweimal mehr Werth als im Produkt einer Woche. Unter gegebnen gleichbleibenden Produktionsbedingungen *erhält* der Arbeiter um so mehr Werth, je mehr Werth er *zusetzt*, aber er erhält nicht mehr Werth, weil er mehr Werth zusetzt, sondern weil er ihn unter *gleichbleibenden* und von seiner eignen Arbeit *unabhängigen* Bedingungen zusetzt.

Allerdings kann in einem *relativen*, wenn auch nicht *absoluten* Sinn gesagt werden, daß der Arbeiter stets *in derselben Proportion* alte Werthe erhält, worin er Neuwerth zusetzt. Ob die Baumwolle von 1 sh. auf 2 sh. steige oder auf 6 d. falle, er *erhält* in dem Produkt einer Stunde stets nur halb so viel Baumwollwerth, wie der auch wechsle, als in dem Produkt von zwei Stunden. Wechselt ferner die *Produktivität* seiner eignen Arbeit, sie steige oder falle, so wird er z. B. in einer Arbeitsstunde mehr oder weniger Baumwolle verspinnen als früher, und dem entsprechend mehr oder weniger Baumwoll¦werth im Produkt einer Arbeitsstunde *erhalten.* Mit alle dem wird er in | zwei Arbeitsstunden zweimal mehr Werth *erhalten* als in einer Arbeitsstunde.

Werth, von seiner nur symbolischen Darstellung im *Werthzeichen* abgesehn, *existirt* nur in einem *Gebrauchswerth,* einem Ding. (Der Mensch selbst, als bloßes Dasein von Arbeitskraft betrachtet, ist ein Naturgegenstand, ein Ding, wenn auch lebendiges, selbstbewußtes Ding, und die Arbeit selbst ist *dingliche* Aeußerung dieser Kraft.) Geht daher der Gebrauchswerth verloren, so geht auch der Tauschwerth verloren. Die Produktionsmittel verlieren mit ihrem Gebrauchswerth nicht zugleich ihren Tauschwerth, weil sie durch den Arbeitsprozeß die ursprüngliche Gestalt ihres Gebrauchswerths in der That nur verlieren, um im Produkt die Gestalt eines andern Gebrauchswerths zu gewinnen. So wichtig es aber für den Tauschwerth ist in irgend einem Gebrauchswerth zu existiren, so gleichgültig ist es für ihn, in welchem er existirt, wie die Metamorphose der Waare zeigt. Es folgt hieraus, daß im Arbeitsprozeß Werth vom Produktionsmittel auf das Produkt nur übergeht, so weit das Produktionsmittel mit seinem selbstständigen Gebrauchswerth auch seinen Tauschwerth *verliert.* Es giebt nur den Werth an das Produkt ab, den es als Produktionsmittel verliert. Die *gegenständlichen Faktoren des Arbeitsprozesses* verhalten sich aber in dieser Hinsicht verschieden.

Die Kohle, womit die Maschine geheizt wird, verschwindet spurlos, ebenso der Talg, womit man die Axe des Rades schmiert u. s. w. Farben und andre Hilfsstoffe verschwinden, zeigen sich aber in den Eigenschaften des Produkts. Das Rohmaterial bildet die Substanz des Produkts, hat aber seine Form verändert. Rohmaterial und Hilfsstoffe verlieren also die selbstständige Gestalt, womit sie in den Arbeitsprozeß als Gebrauchswerthe eintraten. Anders mit den eigentlichen *Arbeitsmitteln.* Ein Instrument, eine Maschine, ein Fabrikgebäude, ein Gefäß u. s. w. dienen im Arbeitsprozeß nur, so lange sie ihre ursprüngliche Gestalt bewahren und morgen wieder in eben derselben Form in den Arbeitsprozeß eingehn, wie gestern. Wie sie während ihres Lebens, des Arbeitsprozesses, ihre selbstständige Gestalt dem Produkt gegenüber bewahren, so auch nach ihrem Tode. Die Leichen von Maschinen, Werkzeugen, Arbeitsgebäuden u. s. w. existiren immer noch selbstständig getrennt von den Produkten, die sie bilden halfen. Betrachten wir nun die ganze Periode, während | deren ein solches Arbeitsmittel dient, von dem Tag seines Eintritts in die Werkstätte bis zum Tage seiner

Verbannung in die Rumpelkammer, so ist während dieser Periode sein Gebrauchswerth von der Arbeit vollständig verzehrt worden, und sein Tauschwerth daher vollständig auf das Produkt übergegangen. Hat eine Spinnmaschine z. B. in 10 Jahren ausgelebt, so ist während des zehnjährigen ¦ Arbeitsprozesses ihr Gesammtwerth auf das zehnjährige Produkt übergegangen. Die Lebensperiode eines Arbeitsmittels umfängt also eine größere oder kleinere Anzahl stets von neuem mit ihm wiederholter Arbeitsprozesse. Und es geht dem Arbeitsmittel wie dem Menschen. Jeder Mensch stirbt täglich um 24 Stunden ab. Man sieht aber keinem Menschen genau an, wie viel Tage er bereits verstorben ist. Dieß verhindert Lebensversicherungsgesellschaften jedoch nicht, aus dem Durchschnittsleben der Menschen sehr sichre, und was noch viel mehr ist, sehr profitliche Schlüsse zu ziehn. So mit dem Arbeitsmittel. Man weiß aus der Erfahrung, wie lang ein Arbeitsmittel, z. B. eine Maschine von gewisser Art, durchschnittlich vorhält. Gesetzt sein Gebrauchswerth im Arbeitsprozeß daure nur 6 Tage. So verliert es im Durchschnitt jeden Arbeitstag ⅙ seines Gebrauchswerths und giebt daher ⅙ seines Tauschwerths an das tägliche Produkt ab. In dieser Art wird der *Verschleiß aller Arbeitsmittel* berechnet, also z. B. ihr täglicher Verlust an Gebrauchswerth, und die ihm entsprechende tägliche Abgabe von Tauschwerth an das Produkt.

Es zeigt sich hier schlagend, daß ein Produktionsmittel nie mehr Werth an das Produkt abgiebt, als es selbst im Arbeitsprozeß durch Vernichtung seines eignen Gebrauchswerths verliert. Hätte es keinen Tauschwerth zu verlieren, d. h. wäre es nicht selbst Produkt menschlicher Arbeit, so würde es keinen Tauschwerth an das Produkt abgeben. Es diente als Bildner von Gebrauchswerth, ohne als Bildner von Tauschwerth zu dienen. Dieß ist daher der Fall mit allen Produktionsmitteln, die von Natur, ohne menschliches Zuthun, vorhanden sind, mit Erde, Wind, Wasser, dem Eisen in der Erzader, dem Holze des Urwaldes u. s. w.

Ein andres interessantes Phänomen tritt uns hier entgegen. Eine Maschine sei z. B. 1000 Pfd. St. werth und schleiße sich in 1000 Tagen ab. In diesem Falle geht täglich 1/1000 des Werths der Maschine von ihr selbst auf ihr tägliches Produkt über, aber, obgleich mit abnehmender Lebenskraft, wirkt die Maschine stets *ganz* im Arbeitsprozeß. Es zeigt | sich hier also, daß ein *Faktor des Arbeitsprozesses*, ein Produktionsmittel, *ganz in den Arbeitsprozeß*, aber *nur stückweis in den Verwerthungsprozeß eingeht.* Der Unterschied von Arbeitsprozeß und Verwerthungsprozeß reflektirt sich hier an den *gegenständlichen Faktoren,* indem dasselbe Produktionsmittel als Element des *Arbeitsprozesses ganz* und als Element der *Werthbildung* nur *stückweis* in demselben Produktionsprozeß zählt[21]. ¦

Andrerseits kann umgekehrt ein Produktionsmittel ganz in den Verwerthungsprozeß eingehn, obgleich nur stückweis in den Arbeitsprozeß. Nimm an, beim Verspinnen der Baumwolle fielen täglich auf 115 Pfund 15 Pfunde ab, die kein Garn, sondern nur devil's dust bilden. Dennoch, wenn dieser Abfall von 15 % normal, von der Durchschnitts-Verarbeitung | der Baumwolle unzertrennlich ist, geht der Werth der 15 lbs. Baumwolle, die kein Element des Garns, ganz eben so sehr in seinen Werth ein, wie der Werth der 100 lbs., die seine Substanz bilden. Der Gebrauchswerth von 15 lbs. Baumwolle muß verstauben, um 100 lbs. Garn zu machen. Der Untergang dieser Baumwolle ist also eine Produktionsbedingung des Garns. Eben deßwegen giebt sie ihren Tauschwerth

21 Es handelt sich hier nicht um *Reparaturarbeiten* der Arbeitsmittel, Maschinen, Baulichkeiten u. s. w. Eine Maschine, die reparirt wird, funktionirt nicht als *Arbeitsmittel,* sondern als *Arbeitsmaterial.* Es wird nicht mit ihr gearbeitet, sondern sie selbst wird bearbeitet, um ihren Gebrauchswerth zu flicken. Solche Reparaturarbeiten kann man für unsern Zweck immer eingeschlossen denken in die zur Produktion des Arbeitsmittels erheischte Arbeit. Im Text handelt es sich um den *Verschleiß,* den kein Doktor kuriren kann und der allmählig den Tod herbeiführt, um "that kind of wear which cannot be repaired from time to time, and which, in the case of a knife, would ultimately reduce it to a state in which the cutler would say of it, it is not worth a new blade." Man hat im Text gesehn, daß eine Maschine z. B. *ganz* in jeden einzelnen Arbeitsprozeß, aber nur stückweise in den *gleichzeitigen* Verwerthungsprozeß eingeht. Danach zu beurtheilen die folgende Begriffsverwechslung: „Mr. Ricardo speaks of the portion of the labour of the engineer in making stocking machines" als z. B. enthalten in dem Werth von ein paar Strümpfen. "Yet *the total labour* that produced each single pair of stockings … includes *the whole labour of the engineer,* not a portion; for *one* machine makes *many pairs,* and none of those pairs could have been done without any part of the machine." (*Observations on certain verbal disputes in Pol. Econ., particularly relating to Value, and to demand and supply. London* 1821, p. 54.) Der Verfasser, ein ungemein selbstgefälliger „wiseacre", hat mit seiner Konfusion und daher seiner Polemik nur so weit Recht, als weder Ricardo noch irgend ein andrer Oekonom, vor oder nach ihm, die *beiden Seiten der Arbeit* genau geschieden, daher noch weniger ihre verschiedne Wirkung auf die Werthbildung analysirt hat.

an das Garn ab. Dieß gilt von allen *Exkrementen des Arbeitsprozesses*, in dem Grad wenigstens, worin diese Exkremente nicht wieder neue Produktionsmittel und daher neue selbstständige Gebrauchswerthe bilden. So sieht man in den großen Maschinenfabriken zu Manchester Berge von Eisenabfällen, durch cyklopische Maschinen gleich Hobelspähnen abgeschält, am Abend auf großen Wagen aus der Fabrik in die Eisengießerei wandern, um den andern Tag wieder als massives Eisen aus der Eisengießerei in die Fabrik zurückzuwandern.

Nur soweit Produktionsmittel während des Arbeitsprozesses Tauschwerth in der Gestalt ihrer alten Gebrauchswerthe *verlieren, übertragen* sie Tauschwerth auf die neue Gestalt des Produkts. Das *Maximum des Werthverlustes*, den sie im Arbeitsprozeß erleiden können, ist aber *beschränkt durch ihre ursprüngliche Werthgröße*, womit sie in den Arbeitsprozeß eintreten, oder durch die zu ihrer eignen Produktion erheischte Arbeitszeit. *Produktionsmittel können dem Produkt daher nie mehr Werth zusetzen, als sie unabhängig vom Arbeitsprozeß, dem sie dienen, besitzen.* Wie nützlich ein Arbeitsmaterial, eine Maschine, ein Produktionsmittel, wenn es 150 Pfd. St., sage 500 Arbeitstage, kostet, setzt es dem Gesammtprodukt, zu dessen Bildung es dient, nie mehr als 150 Pfd. St. zu. Sein Werth ¦ ist bestimmt nicht durch den Arbeitsprozeß, worin es als *Produktionsmittel* eingeht, sondern durch den Arbeitsprozeß, woraus es *als Produkt* herauskommt. *In* dem Arbeitsprozeß dient es nur als *Gebrauchswerth*, als *Ding mit nützlichen Eigenschaften*, und gäbe daher keinen Tauschwerth an das Produkt ab, hätte es nicht Tauschwerth besessen *vor* seinem Eintritt in den Prozeß[22]. |

22 Man begreift daher die Abgeschmacktheit des faden *J. B. Say*, der den *Mehrwerth* (Zins, Profit, Rente) aus den „*services productifs*“ ableiten will, welche die Produktionsmittel, Erde, Instrumente, Leder u. s. w. durch ihre *Gebrauchswerthe* im Arbeitsprozesse leisten. Herr *Wilhelm Roscher*, der es nicht leicht läßt, artige apologetische Einfälle schwarz auf weiß zu registriren, ruft aus: „*Sehr richtig* bemerkt *J. B. Say, Traité*, t. I. ch. 4, der durch eine *Oelmühle* nach Abzug aller Kosten hervorgebrachte *Werth* sei doch etwas Neues, von der *Arbeit*, wodurch die Oelmühle selbst geschaffen worden, wesentlich verschiedenes.“ (l. c. p. 82 Note.) *Sehr richtig!* Das von der Oelmühle hervorgebrachte „*Oel*“ ist etwas sehr Verschiednes von der *Arbeit*, welche der Bau der Mühle kostet. Und unter „*Werth*“ versteht Herr *Roscher* solches Zeug wie „*Oel*“, da „Oel“ Werth hat, „in der Natur“ aber sich Steinöl vorfindet, wenn auch relativ nicht „sehr viel“, worauf wohl seine andre Bemerkung abzielt: „*Tauschwerthe* bringt sie (die Natur!) *fast* gar

Indem die produktive Arbeit Produktionsmittel in Bildungselemente eines neuen Produkts verwandelt, geht mit deren Tauschwerth eine Seelenwanderung vor. Er geht aus dem verzehrten Leib in den neu gestalteten Leib über. Aber diese Seelenwanderung ereignet sich gleichsam hinter dem Rücken der wirklichen Arbeit. Der Arbeiter *kann neue Arbeit nicht zusetzen*, also nicht neuen Werth schaffen, *ohne alte Werthe zu erhalten*, denn er muß die Arbeit immer in bestimmter nützlicher Form zusetzen, und er kann sie nicht in nützlicher Form zusetzen, ohne Produkte zu Produktionsmitteln eines neuen Produkts zu machen, und dadurch ihren Werth auf das neue Produkt zu übertragen. Es ist also eine *Naturgabe* der sich bethätigenden Arbeitskraft, der lebendigen Arbeit, *Werth zu erhalten, indem sie Werth zusetzt*, eine Naturgabe, die dem Arbeiter nichts kostet, aber dem *Kapitalisten* viel einbringt, die *Erhaltung des vorhandnen Kapitalwerths*[22a]. | So lange das Geschäft flott geht, ist der Kapitalist zu sehr in die Plusmacherei vertieft, um diese Gratisgabe der Arbeit zu sehn. Gewaltsame ¦ Unterbrechungen des Arbeitsprozesses, *Krisen*, machen sie ihm empfindlich bemerksam[23].

nicht hervor." Es geht der Roscher'schen Natur mit dem Tauschwerth, wie der thörichten Jungfrau mit dem Kind, das nur „ganz klein war." Derselbe „Gelehrte" („savant sérieux") bemerkt noch bei oben erwähnter Gelegenheit: „Die Schule *Ricardo's* pflegt auch das Kapital unter den Begriff Arbeit zu subsumiren als ‚aufgesparte Arbeit'. Dieß ist *ungeschickt* (!), weil (!) ja (!) der Kapital*besitzer* (!) doch (!) *mehr* (!) gethan hat als die *bloße* (?!) *Hervorbringung* (??) und (??) Erhaltung *desselben* (wesselbigen?): *eben* (?!?) die *Ent*haltung vom eignen Genusse, wofür er z. B. (!!!) Zinsen verlangt." (l. c.) Wie „*geschickt*"! diese „*anatomisch-physiologische Methode*" der politischen Oekonomie, die aus bloßem „*Verlangen*" ja doch eben „*Werth*" entwickelt.

22a "Of all the instruments of the farmer's trade, the *labour of man* … is that on which he is most to rely for the *re-payment of his capital.* The other two … the working stock of the cattle, and the … carts, ploughs, spades, and so forth … without a given portion of the first, *are nothing at all.*" (*Edmund Burke: Thoughts and Details on Scarcity, originally presented to the R. Hon. W. Pitt in the Month of November* 1795, *edit. London* 1800", p. 10.)

23 In der *Times* vom 26. Nov. 1862 jammert ein Fabrikant, dessen Spinnerei 800 Arbeiter beschäftigt, und wöchentlich im Durchschnitt 150 Ballen ostindischer oder ungefähr 130 Ballen amerikanischer Baumwolle verzehrt, dem Publikum die jährlichen *Stillstandskosten* seiner Fabrik vor. Er schlägt sie auf 6000 Pfd. St. an. Unter diesen Unkosten befinden sich viele Posten, die uns hier nichts angehn, wie Grundrente, Steuern, Versicherungsprämien, Salaire für jährlich engagirte Arbeiter, manager, Buchhalter, Ingenieur u. s. w. Dann aber

Was überhaupt im Arbeitsprozeß an den Produktionsmitteln verzehrt wird, ist ihr Gebrauchswerth, dessen Konsumtion durch die Arbeit Produkte bildet. Ihr Tauschwerth wird in der That nicht *konsumirt*[24], kann also auch *nicht reproduzirt* werden. Er wird *erhalten*, aber nicht weil eine Operation mit ihm selbst im Arbeitsprozeß vorgeht, sondern weil der Gebrauchswerth, worin er ursprünglich existirt, zwar verschwindet, aber nur in einem *anderen* Gebrauchswerth verschwindet. Der Tauschwerth der Produktionsmittel *erscheint daher wieder* im Werth des Produkts, aber er wird, genau gesprochen, *nicht reproduzirt*. Was produzirt wird, ist der neue Gebrauchswerth, worin der alte Tauschwerth *wieder erscheint*[25]. |

berechnet er für 150 Pfd. St. Kohlen, um die Fabrik von Zeit zu Zeit zu wärmen und die Dampfmaschine gelegentlich in Gang zu setzen, außerdem Salaire für Arbeiter, die durch gelegentliche Arbeit die Maschinerie „flüssig" erhalten. Endlich 1200 Pfd. St. für Verschlechterung der Maschinerie, da "the weather and the natural principle of decay do not *suspend* their operations because the steam-engine ceases to revolve." Er bemerkt ausdrücklich, diese Summe von 1200 Pfd. St. sei so gering angeschlagen, weil sich die Maschinerie bereits in sehr abgenutztem Zustand befinde.

24 "*Productive Consumption:* where the consumption of a commodity is a *part of the process of production.*… In these instances *there is no consumption of value.*" *S. P. Newman* l. c. p. 296.

25 In einem nordamerikanischen Kompendium, das vielleicht 20 Auflagen erlebt hat, liest man: "It matters not in what form capital reappears." Nach einer redseligen Aufzählung aller möglichen Produktionsingredienzien, deren Werth im Produkt wieder erscheint, heißt's schließlich: "The various kinds of food, clothing, and shelter, necessary for the existence and comfort of the human being, are also changed. They are consumed from time to time, and *their value reappears*, in that new *vigour* imparted to his body and mind, forming fresh capital, to be employed again in the work of production." (*F. Wayland* l. c. p. 32.) Von allen andern Wunderlichkeiten abgesehn, ist es z. B. nicht *der Preis* des Brodes, der in der erneuten Kraft wieder erscheint, sondern seine blutbildenden Substanzen. Was dagegen als *Werth* der Kraft wiedererscheint, sind nicht die Lebensmittel, sondern *ihr Werth*. Dieselben Lebensmittel, wenn sie nur die Hälfte kosten, produziren ganz eben so viel Muskel, Knochen u. s. w., kurz dieselbe Kraft, aber nicht Kraft vom selben Werth. Dieß Umsetzen von „Werth" in „Kraft" und die ganze pharisäische Unbestimmtheit verstecken den allerdings vergeblichen Versuch aus *bloßem Wiedererscheinen* vorgeschossener *Werthe* einen *Mehrwerth* herauszudrechseln.

Anders mit dem *subjektiven Faktor* des Arbeitsprozesses, der sich bethätigenden Arbeitskraft. Während die Arbeit durch ihre zweckmäßige Form den Werth der Produktionsmittel auf das Produkt überträgt und erhält, bildet jedes Moment ihrer Bewegung *zusätzlichen Werth, Neuwerth.* Gesetzt der Produktionsprozeß breche *ab* beim Punkt, wo der Arbeiter ein *Aequivalent für den Werth seiner eignen Arbeitskraft* produzirt, durch sechs¦stündige Arbeit z. B. einen Werth von 3 sh. zugesetzt hat. Dieser Werth bildet den *Ueberschuß des Produktenwerthes* über seine dem Werth der Produktionsmittel geschuldeten Bestandteile. Es ist der *einzige Originalwerth,* der *innerhalb* dieses Prozesses *entstand,* der *einzige Werththeil des Produkts,* der *durch* den Prozeß selbst *produzirt* ist. Allerdings *ersetzt* er nur das vom Kapitalisten beim Kauf der Arbeitskraft vorgeschossene, vom Arbeiter selbst in Lebensmitteln verausgabte Geld. Mit Bezug auf die verausgabten 3 sh. erscheint der Neuwerth von 3 sh. nur als *Reproduktion.* Aber er ist *wirklich reproduzirt,* nicht nur *scheinbar,* wie der Werth der Produktionsmittel. Der *Ersatz eines Werths durch den andern* ist hier vermittelt durch *neue Werthschöpfung.*

Wir wissen jedoch bereits, daß der Arbeitsprozeß *über* den Punkt hinaus *fortdauert,* wo ein bloßes *Aequivalent* für den Werth der | Arbeitskraft reproduzirt und dem Arbeitsgegenstand zugesetzt wäre. Statt der 6 Stunden, die hierzu genügten, währt der Prozeß z. B. 12 Stunden. Durch die Bethätigung der Arbeitskraft wird also nicht nur ihr eigner Werth reproduzirt, sondern ein überschüssiger Werth produzirt. Dieser *Mehrwerth* bildet *den Ueberschuß des Produktenwerthes über den Werth der verzehrten Produktbildner,* d. h. der Produktionsmittel und der Arbeitskraft.

Indem wir die verschiedenen Rollen dargestellt, welche die verschiedenen Faktoren des Arbeitsprozesses in der *Bildung des Produktenwerths* spielen, haben wir in der That die *Funktionen der verschiedenen Bestandtheile des Kapitals in seinem eignen Verwerthungsprozeß* charakterisirt. Der Ueberschuß des Gesammtwerths des Produkts über die Werthsumme seiner Bildungselemente ist der Ueberschuß des *verwertheten Kapitals über den ursprünglich vorgeschossenen Kapitalwerth.* Produktionsmittel auf der einen Seite, Arbeitskraft auf der andern, sind nur die verschiednen Existenzformen, die der ursprüngliche Kapitalwerth bei Abstreifung seiner Geldform und seiner Verwandlung in die Faktoren des Arbeitsprozesses annahm.

Der Theil des Kapitals also, der sich in *Produktionsmittel, d. h.* in Rohmaterial, Hilfsstoffe und Arbeitsmittel umsetzt, *verändert seine Werthgröße nicht* im Produktionsprozesse. Ich nenne ihn daher *konstanten Kapitaltheil,* oder kürzer: *konstantes Kapital.*

Der in *Arbeitskraft* umgesetzte Theil des Kapitals *verändert* dagegen *seinen Werth* im Produktionsprozesse. Er reproduzirt sein eignes Aequivalent und einen Ueberschuß darüber, *Mehrwerth,* der selbst wechseln, größer oder kleiner sein kann. Aus einer konstanten Größe verwandelt sich dieser Theil des Kapitals fortwährend in eine variable. Ich nenne ihn daher *variablen Kapitaltheil,* oder kürzer: *variables Kapital. Dieselben Kapitalbestandtheile,* die sich vom *Standpunkt des Arbeitsprozesses* als objektive und subjektive Faktoren, als Produktionsmittel und Arbeitskraft unter¦scheiden, unterscheiden sich vom *Standpunkt des Verwerthungsprozesses* als *konstantes* Kapital und *variables* Kapital.

Der Begriff des *konstanten* Kapitals schließt eine *Werthrevo|lution* seiner Bestandtheile in keiner Weise aus. Nimm an, das Pfund Baumwolle koste heute 6 d. und steige morgen, in Folge eines Ausfalls der Baumwollerndte, auf 1 sh. Die alte Baumwolle, die fortfährt verarbeitet zu werden, ist zum Werth von 6 d. gekauft, aber sie fügt dem Produkt jetzt einen Werththeil von 1 sh. zu. Und die bereits versponnene, vielleicht schon als Garn auf dem Markt cirkulirende Baumwolle, fügt dem Produkt ebenfalls das Doppelte ihres ursprünglichen Werthes zu. Man sieht jedoch, daß diese *Werthwechsel* unabhängig sind von der Verwerthung der Baumwolle im *Spinnprozeß selbst.* Wäre die alte Baumwolle noch gar nicht in den Arbeitsprozeß eingegangen, so könnte sie jetzt zu 1 sh. statt zu 6 d. *wieder verkauft* werden. Umgekehrt: *Je weniger Arbeitsprozesse* sie noch durchlaufen hat, desto sicherer ist dieß Resultat. Es ist daher Gesetz der Spekulation bei solchen Werthrevolutionen auf das Rohmaterial in seiner mindest verarbeiteten Form zu spekuliren, also eher auf Garn als auf Gewebe und eher auf die Baumwolle selbst als auf das Garn. Die *Werthänderung* entspringt hier in dem Prozesse, der Baumwolle produzirt, nicht in dem Prozesse, worin sie als Produktionsmittel und daher als *konstantes* Kapital funktionirt. Der Werth einer Waare ist zwar bestimmt durch das Quantum der in ihr enthaltenen Arbeit, aber dieß Quantum ist *gesellschaftlich* bestimmt. Hat sich die gesellschaftlich zu ihrer Produktion erheischte Arbeitszeit verändert – und *dasselbe Quantum Baumwolle z. B.* stellt in ungünstigen Erndten *größeres Quantum Arbeit* dar, als in günstigen – so findet eine *Rückwirkung* auf die alte Waare statt, die immer nur als einzelnes Exemplar ihrer Gattung gilt[26], deren Werth stets durch *gesellschaftlich nothwendige*, also auch stets unter *gegenwärtigen gesellschaftlichen* Bedingungen nothwendige Arbeit gemessen wird.

Wie der Werth des Rohmaterials, mag der Werth bereits im Produktionsprozeß dienender *Arbeitsmittel*, der Maschinerie u. s. w., wechseln, also auch der Werththeil, den sie dem Produkt abgeben. Wird z. B. in Folge einer neuen Erfindung Maschinerie derselben Art mit verminderter Ausgabe von Arbeit reproduzirt, so *entwerthet* die alte Maschi|nerie mehr oder minder und überträgt daher auch verhältnißmäßig weniger Werth auf das Produkt. Aber auch hier entspringt der Werthwechsel *außerhalb* des Produktionsprozesses, worin die Maschine als Produktionsmittel funktionirt. In diesem Prozeß giebt sie nie mehr Werth ab als sie *unabhängig* von diesem Prozeß besitzt.

Wie ein Wechsel im Werthe der Produktionsmittel, ob auch rückwirkend ¦ *nach* ihrem bereits erfolgten Eintritt in den Prozeß, ihren Charakter als *konstantes* Kapital nicht verändert, ebenso wenig berührt ein *Wechsel im Verhältnisse von konstantem und variablem Kapital* ihren begrifflichen Unterschied. Die technologischen Bedingungen des Arbeitsprozesses mögen z. B. so umgestaltet werden, daß wo früher 10 Arbeiter mit 10 Werkzeugen von geringem Werth eine verhältnißmäßig kleine Masse von Rohmaterial verarbeiteten, jetzt 1 Arbeiter mit einer theuren Maschine das hundertfache Rohmaterial verarbeitet. In diesem Falle wäre *das konstante Kapital*, d. h. die Werthmasse der angewandten Produktionsmittel, sehr gewachsen, und der *variable* Theil des Kapitals, der in *Arbeitskraft* vorgeschossene, sehr gefallen. Dieser Wechsel ändert jedoch nur das *Größenverhältniß* zwischen konstantem und variablem Kapital, oder die *Proportion*, worin das Gesammtkapital in *konstante* und *variable* Bestandtheile zerfällt, berührt dagegen nicht den Unterschied von konstant und variabel.

26 «Toutes les productions d'un même genre ne forment proprement qu'une masse, dont le prix se détermine *en général* et sans égard aux circonstances particulières.» (*Le Trosne* l. c. p. 893.)

3) Die Rate des Mehrwerths.

Der *Mehrwerth*, den das vorgeschossene Kapital C im Produktionsprozeß erzeugt hat, oder die *Verwerthung* des vorgeschossenen *Kapitalwerths C* stellt sich zunächst dar als *Ueberschuß des Werths des Produkts über die Werthsumme seiner Produktionselemente.*

Das Kapital C zerfällt in zwei Theile, eine Geldsumme c, die für Produktionsmittel, und eine andere Geldsumme v, die für Arbeitskraft verausgabt wird; c stellt den in *konstantes*, v den in *variables* Kapital verwandelten Werththeil vor. Ursprünglich ist also $C = c + v$, z. B. das vorgeschossene Kapital von 500 Pfd. St. = $\overset{c}{410}$ Pfd. St. + $\overset{v}{90}$ Pfd. St. Am Ende des Prozesses kommt ein Produkt | heraus, dessen Werth = $\overbrace{c + v} + m$, wo m der Mehrwerth, z. B. $\overbrace{\overset{c}{410}\,l. + \overset{v}{90}\,l.} + \overset{m}{90}\,l.$ Das ursprüngliche Kapital C hat sich in C′ verwandelt, aus 500 Pfd. St. in 590 Pfd. St. Die Differenz zwischen beiden ist = m, einem Mehrwerth von 90. Da der *Werth der Produktionselemente* gleich dem *Werth des vorgeschossenen Kapitals*, so ist es in der That eine Tautologie, daß der Ueberschuß des Produktenwerths über den Werth seiner Produktionselemente gleich der Verwerthung des vorgeschossenen Kapitals oder gleich dem producirten Mehrwerth.

Indeß erfordert diese Tautologie eine nähere Bestimmung. Der mit dem Produktenwerth verglichene Werth seiner Produktionselemente ist der ¦ Werth der in seiner Bildung *aufgezehrten* Produktionselemente. Nun haben wir aber gesehn, daß ein Theil des *angewandten konstanten* Kapitals, der aus Arbeitsmitteln bestehende, seinen Werth nur bruchweis an das Produkt abgiebt, während eine andere Portion desselben in seiner alten Existenzform fortdauert. Da der letztere Theil keine Rolle im *Werthbildungsprozeß* spielt, *abstrahiren* wir hier ganz und gar von ihm. Sein Hineinziehn in die Rechnung würde nichts ändern. Nimm an, c = 410 *l.* bestehe aus Rohmaterial zu 312 *l.*, Hilfsstoffen zu 44 *l.* und im Prozeß *verschleißender* Maschinerie von 54 *l.*, der Werth der wirklich *angewandten* Maschinerie betrage aber 1054 *l.* Als *vorgeschossen* zur Erzeugung des Produktenwerths berechnen wir nur den Werth von 54 *l.*, den die Maschinerie durch ihre Funktion *verliert* und daher an das Produkt abgiebt. Rechneten wir die 1000 Pfd. St. mit, die in ihrer alten Form fortexistiren als Dampfmaschine u. s. w., so müßten wir sie auf *beiden* Seiten mitrechnen, auf Seite des vorgeschossenen Werths und auf Seite des Produktenwerths[26a], und erhielten so resp. 1500 Pfd. St. und 1590 Pfd. St. Die Differenz oder der Mehrwerth wäre nach wie vor 90 Pfd. St. Unter dem zur *Werth*produktion vorgeschossenen *konstanten* Kapital verstehn wir | daher, wo das Gegentheil nicht aus dem Zusammenhang erhellt, stets nur den *Werth der in der Produktion verzehrten Produktionsmittel.*

Dieß vorausgesetzt, kehren wir zurück zur Formel $C = c + v$, die sich in $C' = \overbrace{c + v} + m$ und eben dadurch C in C' verwandelt. Man weiß, daß der *Werth* des konstanten Kapitals im Produkt nur *wieder erscheint.* Das im Prozeß wirklich neu erzeugte *Werthprodukt* ist also verschieden von dem aus dem Prozeß erhaltenen *Produktenwerth,* daher nicht, wie es auf den ersten Blick *scheint,* $\overbrace{c + v} + m$ oder $\overbrace{\overset{c}{410}\,l. + \overset{v}{90}\,l.} + \overset{m}{90}\,l.$, sondern $\overbrace{v + m}$ oder $\overset{v}{90}\,l. + \overset{m}{90}\,l.$, nicht 590 *l.*, sondern 180 *l.* Wäre c, das konstante Kapital, = 0, in anderen Worten, gäbe es Industriezweige, worin der Kapitalist keine produzirten Produktionsmittel, weder Rohmaterial, noch Hilfsstoffe, noch Arbeitsinstrumente, sondern nur von Natur vorhandne Stoffe und *Arbeitskraft* anzuwenden hätte, so wäre kein konstanter Werththeil auf das Produkt zu übertragen. Dieses Element des Produktenwerths, in unsrem Beispiel 410 Pfd. St., fiele fort, aber das Werthprodukt von 180 Pfd. St., welches 90 Pfd. St. Mehrwerth enthält, bliebe ganz ebenso groß als ob c die größte Werthsumme darstellte. Wir hätten $C = \overbrace{0 + v} = v$, und C', das verwerthete ¦ Kapital, $= v + m$, $C' - C$ nach wie vor $= m$. Wäre umgekehrt $m = 0$, in anderen Worten, hätte die Arbeitskraft, deren Werth im variablen Kapital vorgeschossen wird, nur ein Aequivalent produzirt, so $C = c + v$ und C' (der Produktenwerth) $= \overbrace{c + v} + 0$, daher $C = C'$. Das vorgeschossene Kapital hätte sich *nicht* verwerthet.

Wir wissen in der That bereits, daß der *Mehrwerth* blos Folge der *Werthveränderung* ist, die mit v, dem in Arbeitskraft umgesetzten Kapitaltheil vorgeht, daß also $v + m = v + \Delta v$ (v plus *Increment* von v) ist. Aber die *wirkliche Werthveränderung* und das *Verhältniß,* worin sich der Werth ändert, werden dadurch verdunkelt, daß in Folge des *Wachsens*

26a "If we reckon the value of the fixed capital employed as a part of the advances, we must reckon the remaining value of such capital at the end of the year as a part of the annual returns." (*Malthus: „Princ. of Pol. Econ. 2nd. ed London* 1836", p. 269.)

seines variirenden Bestandtheils auch das *vorgeschossene Gesammtkapital wächst.* Es war 500 und es ist am Ende des Prozesses 590. Die reine Analyse des Prozesses erheischt also von dem Theil des Produkten-| werths, worin nur konstanter Kapitalwerth wieder erscheint, ganz zu abstrahiren, also das konstante Kapital c = 0 zu setzen, und damit ein Gesetz der Mathematik anzuwenden, wo sie mit variablen und konstanten Größen operirt, und die konstante Größe nur durch Addition oder Subtraktion mit der variablen verbunden ist[27].

Eine andre Schwierigkeit entspringt aus der *ursprünglichen* Form des variablen Kapitals. So im obigen Beispiel ist C′ = 410 *l.* konstantes Kapital + 90 *l.* variables Kapital + 90 *l.* Mehrwerth. Neunzig Pfd. St. sind aber eine gegebne, also konstante Größe und es scheint daher ungereimt sie als variable Größe zu behandeln. Aber $\overbrace{90}^{v}$ *l.* oder 90 *l.* variables Kapital ist hier in der That nur ein *Symbol für den Prozeß, den dieser Werth durchläuft.* Der im Ankauf der *Arbeitskraft* vorgeschossene Kapitaltheil ist *bestimmtes Quantum vergegenständlichter Arbeit,* also konstante *Werthgröße,* wie der Werth der gekauften Arbeitskraft. Im Produktionsprozeß selbst aber tritt an die Stelle der vorgeschossenen 90 Pfd. St. die sich bethätigende Arbeitskraft, an die Stelle todter lebendige Arbeit, an die Stelle einer ruhenden eine fließende Größe, an die Stelle einer konstanten eine variable. Das Resultat ist die Reproduktion von v plus Increment von v. Vom Standpunkt der kapitalistischen Produktion ist dieser ganze Verlauf *Selbstbewegung* des in Arbeitskraft umgesetzten, ursprünglich konstanten Werths. Ihm wird der Prozeß und sein Resultat zu gut geschrieben. Erscheint die Formel 90 *l. variables* Kapital oder sich verwerthender Werth daher widerspruchsvoll, so drückt sie nur einen der kapitalistischen Produktion immanenten Widerspruch aus. ¦

Die Gleichsetzung des konstanten Kapitals mit 0 befremdet auf den ersten Blick. Indeß vollzieht man sie beständig im Alltagsleben. Will Jemand z. B. Englands Gewinn an der Baumwollindustrie berechnen,

27 "Constant quantities connected to variable by the operations of Addition or Substraction disappear by the process of differentiation." (*J. Hind: „Differential Calculus. Cambridge* 1831" p. 26.) In der That, die Größen*veränderung* einer *konstanten* Größe ist Nichts. Daher das Gesetz des Differentialkalkuls: Differential einer konstanten Größe = 0.

so zieht er vor allem den an die Vereinigten Staaten, Indien, Aegypten u. s. w. | gezahlten Baumwoll*preis* ab; d. h. er setzt im Produktenwerth nur wiedererscheinenden Kapitalwerth = 0.

Allerdings hat das Verhältniß des Mehrwerths, nicht nur zum Kapitaltheil, woraus er unmittelbar entspringt und dessen *Werthveränderung* er darstellt, sondern auch zum vorgeschossenen *Gesammtkapital* seine große ökonomische Bedeutung. Wir behandeln dieß Verhältniß daher ausführlich im dritten Buch. Um einen Theil des Kapitals durch seinen Umsatz in Arbeitskraft zu verwerthen, muß ein andrer Theil des Kapitals in Produktionsmittel verwandelt werden. Damit das variable Kapital funktionire, muß konstantes Kapital in entsprechenden Proportionen, je nach dem bestimmten technologischen Charakter des *Arbeitsprozesses, vorgeschossen* werden. Der Umstand jedoch, daß man zu einem chemischen Prozeß Retorten und andre Gefäße braucht, verhindert nicht bei der Analyse von der Retorte selbst zu abstrahiren. Sofern Werthschöpfung und Werthveränderung für sich selbst, d. h. *rein* betrachtet werden, liefern die Produktionsmittel, diese stofflichen Gestalten des konstanten Kapitals, nur den Stoff, worin sich die flüssige, werthbildende Kraft fixiren kann. Die *Natur* dieses Stoffes ist daher auch gleichgültig, ob Baumwolle oder Eisen. Auch der *Werth* dieses Stoffes ist gleichgültig. Er muß nur in hinreichender Masse vorhanden sein, um das während des Produktionsprozesses zu verausgabende Arbeitsquantum einsaugen zu können. Diese Masse gegeben, mag ihr Werth steigen, oder fallen, oder sie mag werthlos sein, wie Erde und Meer, der Prozeß der Werthschöpfung und Werthveränderung wird nicht davon berührt.

Wir setzen also zunächst den konstanten Kapitaltheil gleich Null. Das vorgeschossene Kapital reduzirt sich daher von c + v auf v, und der Produktenwerth $\widehat{c+v}+m$ auf das Werthprodukt $\widehat{v+m}$. Gegeben das Werthprodukt = 180 Pfd. St., worin sich die während der ganzen Dauer des Produktionsprozesses fließende Arbeit darstellt, so haben wir den Werth des variablen Kapitals = 90 Pfd. St. abzuziehn, um den Mehrwerth = 90 Pfd. St. zu erhalten. Die Zahl 90 Pfd. St. = m drückt hier *die absolute Größe* des produzirten Mehrwerths aus. Seine *proportionelle Größe* aber, also das Verhältniß, worin das variable Kapital sich verwerthet hat, ist offenbar bestimmt durch das *Verhältniß des Mehrwerths zum variablen Kapital,* oder ist | ausgedrückt in $\frac{m}{v}$. Im obigen Beispiel also in $^{90}/_{90}$ = 100%. Diese ¦ verhältnißmäßige Verwerthung des variablen

Kapitals, oder die verhältnißmäßige Größe des Mehrwerths, nenne ich *Rate des Mehrwerths*[28].

Wir haben gesehn, daß der Arbeiter *während eines Abschnitts des Arbeitsprozesses* nur den Werth seiner Arbeitskraft *produzirt*, d. h. den Werth seiner nothwendigen Lebensmittel. Da er in einem auf gesellschaftlicher Theilung der Arbeit beruhenden Zustand produzirt, produzirt er seine Lebensmittel nicht direkt, sondern, in Form einer besondern Waare, des Garns z. B., einen *Werth gleich dem Werth seiner Lebensmittel*, oder dem Geld, womit er sie kauft. Der *Theil seines Arbeitstags*, den er hierzu verbraucht, ist größer oder kleiner, je nach dem Werth seiner durchschnittlichen täglichen Lebensmittel, also der zu ihrer Produktion erheischten durchschnittlichen täglichen Arbeitszeit. Stellt die Werthgröße dieser täglichen Lebensmittel im Durchschnitt 6 vergegenständlichte Arbeitsstunden dar, so muß der Arbeiter im Durchschnitt täglich 6 Stunden arbeiten, um sie zu produziren. Arbeitete er nicht für den Kapitalisten, sondern als unabhängiger Produzent, so müßte er, unter sonst gleichbleibenden Umständen, nach wie vor im Durchschnitt *denselben aliquoten Theil des Tags* arbeiten, um den *Werth seiner Arbeitskraft* zu produziren, und dadurch die zu seiner eignen Erhaltung oder beständigen Reproduktion nöthigen Lebensmittel zu gewinnen. Da er aber in dem Theil des Arbeitstags, worin er den Tageswerth der Arbeitskraft, sage 3 sh., produzirt, nur ein *Aequivalent* für ihren vom Kapitalisten bereits gezahlten Werth produziert, also durch den neu geschaffnen Werth nur den vorgeschossenen *variablen Kapitalwerth ersetzt*, erscheint diese Produktion von Werth als bloße *Reproduktion*. Den Theil des Arbeitstags also, worin diese Reproduktion vorgeht, nenne ich *nothwendige Arbeitszeit*, die während derselben verausgabte Arbeit *nothwen|dige Arbeit*[29]. Nothwendig für den Arbeiter, weil unabhängig von der gesellschaftlichen Form seiner Arbeit. Noth-

28 In derselben Weise, wie der Engländer „rate of profit", „rate of interest" u. s. w. braucht. Man wird aus Buch III sehen, daß die *Profitrate* leicht zu begreifen, sobald man die Gesetze des *Mehrwerths* kennt. Auf dem umgekehrten Weg begreift man ni l'un, ni l'autre.

29 Wir haben bisher in dieser Schrift das Wort *„nothwendige Arbeitszeit"* angewandt für die zur Produktion einer Waare überhaupt gesellschaftlich nothwendige Arbeitszeit. Wir brauchen es von jetzt ab auch für die zur Produktion der *spezifischen* Waare *Arbeitskraft* nothwendige Arbeitszeit. Der Gebrauch derselben termini technici in verschiednem Sinn ist mißlich, aber in keiner Wissenschaft

wendig für das Kapital und seine Welt, weil das beständige Dasein des Arbeiters ihre Basis.

Die zweite Periode des Arbeitsprozesses, die der Arbeiter über die Grenzen der nothwendigen Arbeit hinausschanzt, kostet ihm zwar Arbeit, Verausgabung von Arbeitskraft, bildet aber *keinen Werth* für ihn. Sie bildet *Mehrwerth*, der den Kapitalisten mit allem Reiz einer Schöpfung aus Nichts ¦ anlacht. Diesen Theil des Arbeitstags nenne ich *Surplusarbeitszeit*, und die in ihr verausgabte Arbeit: *Mehrarbeit* (surplus labour). So entscheidend es für die Erkenntniß des *Werths überhaupt*, ihn als bloße *Gerinnung von Arbeitszeit*, als bloß vergegenständlichte Arbeit, so entscheidend für die Erkenntniß des *Mehrwerths*, ihn als bloße *Gerinnung von Surplusarbeitszeit*, als bloß *vergegenständlichte Mehrarbeit* zu begreifen. Nur die *Form*, worin diese Mehrarbeit dem unmittelbaren Produzenten, dem Arbeiter, abgepreßt wird, unterscheidet die ökonomischen Gesellschaftsformationen, z. B. die Gesellschaft der Sklaverei von der der Lohnarbeit[30].

Da der Werth des variablen Kapitals = Werth der von ihm gekauf-| ten Arbeitskraft, da der Werth dieser Arbeitskraft den nothwendigen Theil des Arbeitstags bestimmt, der Mehrwerth seinerseits aber bestimmt ist durch den überschüssigen Theil des Arbeitstags, so folgt: *Der Mehrwerth verhält sich zum variablen Kapital, wie die Mehrarbeit zur nothwendigen*, oder die Rate des Mehrwerths $\frac{m}{v} = \frac{\text{Mehrarbeit}}{\text{Nothwendige Arbeit}}$. Beide Proportionen stellen dasselbe Verhältniß in verschiedner Form dar, das einemal in der Form vergegenständlichter, das andremal in der Form flüssiger Arbeit.

ganz zu vermeiden. Man vergleiche z. B. die höheren und niederen Theile der Mathematik.

30 Mit wahrhaft *Gottsched'scher* Genialität entdeckt Herr *Wilhelm Thucydides Roscher*, daß wenn die Bildung von *Mehrwerth* oder *Mehrprodukt*, und die damit verbundene Accumulation, heurigen Tags der „*Sparsamkeit*" des Kapitalisten geschuldet, der dafür „z. B. Zins verlangt", dagegen „auf den niedrigsten Kulturstufen … die Schwächeren von den Stärkeren zur *Sparsamkeit* gezwungen werden." (l. c. p. 82, 78.) Zur Ersparung *von Arbeit?* oder *nicht vorhandner überschüssiger Produkte?* Neben wirklicher Ignoranz ist es apologetische Scheu vor gewissenhafter Analyse des Werths und Mehrwerths, und etwa verfänglich-polizeiwidrigem Resultat, die einen Roscher und Cons. zwingt, die mehr oder minder plausiblen *Rechtfertigungsgründe* des Kapitalisten für seine *Aneignung* vorhandner Mehrwerthe zum *Entstehungsgrund* des Mehrwerths selbst zu stempeln.

Die *Rate des Mehrwerths* ist daher der exakte Ausdruck für den *Exploitationsgrad der Arbeitskraft durch das Kapital* oder des Arbeiters durch den Kapitalisten.

Nach unsrer Annahme war der Werth des Produkts $= \overbrace{\overset{c}{410}\,l. + \overset{v}{90}\,l.} + \overset{m}{90}$ das vorgeschossene Kapital = 500 *l.* Da der Mehrwerth 90 und das vorgeschossene Kapital 500, würde man nach der gewöhnlichen Art der Berechnung herausbekommen, daß die Rate des Mehrwerths (die man mit der *Profitrate* verwechselt) = 18 %, eine Verhältnißzahl, deren Niedrigkeit Herrn *Carey* und andre Harmoniker rühren möchte. In der That aber ist die Rate des Mehrwerths nicht $= \frac{m}{C}$ oder $\frac{m}{c+v}$, sondern $= \frac{m}{v}$, also nicht $\frac{90}{500}$, sondern $\frac{90}{90} = 100\,\%$, mehr als das Fünffache des *scheinbaren* Exploitationsgrads. Obgleich wir nun im gegebnen Fall die *absolute Größe* ¦ *des Arbeitstags* nicht kennen, auch nicht die Periode des Arbeitsprozesses (Tag, Woche u. s. w.), endlich nicht die Anzahl der Arbeiter, die das variable Kapital von 90 *l.* gleichzeitig in Bewegung setzt, zeigt uns die Rate des Mehrwerths $\frac{m}{v}$ durch ihre Konvertibilität in $\frac{\text{Mehrarbeit}}{\text{Nothwendige Arbeit}}$ genau das Verhältniß der zwei Bestandtheile des Arbeitstags zu einander. Es ist 100 %. Also arbeitete der Arbeiter die eine Hälfte des Tags für sich und die andre für den Kapitalisten. |

Die Methode zur Berechnung der Rate des Mehrwerths ist also kurzgefaßt diese: Wir nehmen den *ganzen Produktenwerth* und setzen den darin nur wiedererscheinenden *constanten Kapitalwerth* gleich Null. Die übrigbleibende Werthsumme ist das einzige im Bildungsprozeß der Waare wirklich erzeugte Werthprodukt. Ist der Mehrwerth gegeben, so ziehn wir ihn von diesem Werthprodukt ab, um das variable Kapital zu finden. Umgekehrt, wenn letzteres gegeben und wir den Mehrwerth suchen. Sind beide gegeben, so ist nur noch die Schlußoperation zu verrichten, das Verhältniß des Mehrwerths zum variablen Kapital, $\frac{m}{v}$, zu berechnen.

So einfach die Methode, scheint es doch passend, den Leser in die ihr zu Grunde liegende und ihm ungewohnte Anschauungsweise durch einige Beispiele einzuexerciren.

Zunächst ein Beispiel aus der Spinnindustrie. Die Data gehören dem Jahre 1860. Für unsren Zweck gleichgültige Umstände sind unterdrückt. Eine Fabrik konsumirte wöchentlich 11 500 lbs. Baumwolle, wovon 1500 Abfall. Zu 7 d. das Pfund Baumwolle, beträgt das Rohmaterial daher 336 Pfd. St. Sie setzte 10 000 Spindeln in Bewegung, zu 1 Pfd. St. per Spindel = 10 000 Pfd. St., wovon der jährliche Verschleiß, zu 12½ %, 1250 Pfd. St., für die Woche also 24 Pfd. St.; der wöchentliche Verschleiß der Dampfmaschine 20 Pfd. St.; die wöchentliche Ausgabe für Hilfsstoffe, Kohle, Oel u. s. w. 40 Pfd. St. Der wöchentliche Arbeitslohn betrug 70 Pfd. St. und der Verkaufspreis des lb. Garn 1⅒ sh., also der 10 000 lbs. Garn wöchentlich 550 Pfd. St. Der *constante* Werththeil des Kapitals beträgt also 420 Pfd. St. Wir setzen ihn = 0, da er in der wöchentlichen Werthbildung nicht mitspielt. Das wirkliche *wöchentliche Werthprodukt*, das übrig bleibt, also = 130 Pfd. St. Wir ziehn davon das an die Arbeiter gezahlte variable Kapital von 70 Pfd. St. ab, bleibt *Mehrwerth* von 60 Pfd. St. Die *Rate des Mehrwerths*, $\frac{m}{v}$, $\frac{60}{70}$, also ungefähr 86 %. Diese Prozentzahl drückt den Exploitationsgrad der Arbeitskraft oder den Verwerthungsgrad des variablen Kapitals aus. Nehmen wir an, daß 10 Stunden in jener Fabrik im täglichen Durchschnitt ¦ gearbeitet ward, so betrug die nothwendige Arbeit ungefähr 5⁵⁄₁₃, und die Mehrarbeit 4⁸⁄₁₃ Stunden. |

Jacob giebt für das Jahr 1815, bei Annahme eines Weizenpreises von 80 sh. per Quarter, und eines Durchschnittsertrags von 22 Bushels per acre, so daß der acre 11 Pfd. St. einbringt, folgende durch vorherige Kompensation verschiedner Posten sehr mangelhafte, aber für unsern Zweck genügende Rechnung.

Werthproduktion per acre.

Samen (Weizen)	1 Pfd. St. 9 sh.	Zehnten, Rates, Taxes	1 Pfd. St. 1 sh.
Dünger	2 Pfd. St. 10 sh.	Rente	1 Pfd. St. 8 sh.
Arbeitslohn	3 Pfd. St. 10 sh.	Pächter's Profit u. Zins	1 Pfd. St. 2 sh.
Summa:	7 Pfd. St. 10 sh.	Summa:	3 Pfd. St. 11 sh.

Der *Mehrwerth*, stets unter der Voraussetzung, daß *Preis* des Produkts = seinem Werth, wird hier unter die verschiedenen Rubriken Profit, Zins, Zehnten u. s. w. vertheilt. Diese Rubriken sind hier gleichgültig. Wir addiren sie zusammen und erhalten *einen* Mehrwerth von 3 *l.* 11 sh. Die 3 *l.* 19 sh. für Samen und Dünger setzen wir als *constanten* Kapitaltheil gleich Null. Bleibt vorgeschossenes variables Kapital von 3 *l.* 10 sh., an dessen Stelle ein Aequivalent von 3 *l.* 10 sh. + 3 *l.* 11 sh. *producirt* worden ist. Also beträgt $\frac{m}{v} = \frac{3\,l.\ 11\,\text{sh.}}{3\,l.\ 10\,\text{sh.}}$ mehr als 100 %. Der Arbeiter verwendet mehr als die Hälfte seines Arbeitstags zur Produktion eines Mehrwerths, den verschiedne Personen auf verschiedne Vorwände hin unter sich vertheilen[31].

31 Die gegebnen Rechnungen gelten nur als Illustration. Es wird nämlich unterstellt, daß die Preise = den Werthen. Man wird in Buch III sehn, daß diese

Der *Mehrwerth* stellt sich dar in einem *Mehrprodukt* (surplusproduce).

Wir nahmen vorher an, daß der zwölfstündige Arbeitstag des Spinners aus 6 Stunden *nothwendiger Arbeit* und 6 Stunden *Mehrarbeit* besteht, 20 lbs. Baumwolle in 20 lbs. Garn verwandelt, und ihnen einen Werth von 6 sh. zusetzt, daß ferner 1 lb. Baumwolle 1 sh. und die während des ganzen Prozesses verzehrten Arbeitsmittel 4 sh. kosten, also Werth des Gesammtprodukts 30 sh. und der eines lb. Garn 1 sh. 6 d.

Jedes Pfund Garn stellt denselben Gebrauchswerth dar. Jedes ist | das Produkt der Verbindung desselben Rohmaterials Baumwolle mit derselben produktiven Arbeit, Spinnen, vermittelt durch dieselben Arbeitsmittel. Auch der *Werth* jedes einzelnen Pfundes Garn zeigt *dieselbe Zusammensetzung*, 1 sh. für Baumwolle, 2⅖ d. für verbrauchte Arbeitsmittel, 1⅘ d.,
187 worin nothwendige Arbeit, und 1⅘ d., worin Mehrarbeit verleiblicht ist.

Vereinzelt für sich oder als aliquote Theile des Gesammtprodukts be¦trachtet, bestimmte Quanta Garn bleiben stets *Gebilde derselben produktiven Arbeit*, des Spinnens. Unter einem andern Gesichtspunkt verändert sich dagegen die Stellung des *Theilprodukts* ganz und gar, je nachdem es selbstständig oder im Zusammenhang mit dem Gesammtprodukt, als *Theilprodukt* oder als *Produkttheil* betrachtet wird.

Ein Pfund Garn kostet 1 sh. 6 d., und, wir sehn vom Abfall ab, das in ihm versponnene lb. Baumwolle 1 sh., also ⅔ seines Werths. Also sind ⅔ lb. Garn = 1 lb. Baumwolle und 13⅓ lbs. Garn = 20 lbs. Baumwolle. In den 13⅓ lbs. Garn stecken zwar nur 13⅓ lbs. Baumwolle zum Werth von 13⅓ sh., aber ihr zusätzlicher Werth von 6⅔ sh. bildet ein Aequivalent für die in den überschüssigen 6⅔ lbs. Garn versponnene Baumwolle. Die 13⅓ lbs. Garn stellen also *alle* im *Gesammtprodukt* von 20 lbs. Garn versponnene *Baumwolle* vor, das Rohmaterial des Gesammtprodukts, aber auch weiter nichts. Es ist als ob den andern 6⅔ lbs. Garn die Wolle ausgerupft und alle Wolle des Gesammtprodukts in 13⅓ lbs. Garn zusammengepreßt wäre. Dagegen sind die in den 13⅓ lbs. Garn enthaltene Spinnarbeit, und der Werththeil, den die verbrauchten Arbeitsmittel zusetzen, aus ihnen selbst entfernt und auf den neben ihnen liegenden Produkttheil von 6⅔ lbs. Garn übertragen. In derselben Weise kann ein Theil dieser übrigbleibenden 6⅔ lbs. Garn – nämlich 2⅔ lbs. – wieder als

Gleichsetzung, selbst für die *Durchschnittspreise*, sich nicht in dieser einfachen Weise macht.

bloße Darstellung der im Gesammtprodukt *vernützten Arbeitsmittel* zum Werth von 4 sh. gefaßt werden. Acht Zehntel des Gesammtprodukts, oder 16 lbs. Garn, obgleich leiblich, als *Gebrauchswerth* betrachtet, als Garn, eben so sehr Gebilde der Spinnarbeit als die restirenden 2/10 des Produkts, 4 lbs. Garn, enthalten daher in diesem Zusammenhang keine Spinnarbeit, keine während des Spinnprozesses selbst eingesaugte Arbeit. Es ist als ob sie sich ohne Spinnen in Garn verwandelt und als wäre ihre Garngestalt | reiner Lug und Trug. In der That, wenn der Kapitalist sie verkauft zu 24 sh. und damit seine Produktionsmittel zurückkauft, zeigt sich, daß die 16 lbs. Garn nur verkleidete Baumwolle, Spindel, Kohle u. s. w. sind. Die übrigbleibenden 4 lbs. Garn enthalten jetzt ihrerseits kein Atom von Rohmaterial und Arbeitsmittel. Was davon in ihnen steckte, ward bereits ausgeweidet und den ersten 16 lbs. Garn einverleibt. Die 4 lbs. Garn enthalten daher kein Atom der in der Produktion von Baumwolle, Maschinerie, Kohle u. s. w. verausgabten Arbeit. Ihr Werth von 6 sh. ist reine Materiatur der vom Spinner selbst verausgabten 12 Arbeitsstunden. Die im Produkt von 20 lbs. Garn verkörperte Spinnarbeit ist jetzt konzentrirt auf 4 lbs. Garn, auf ⅕ des Produkts. Es ist als ob der Spinner dieß Gespinnst von 4 lbs. in der Luft gewirket oder in Baumwolle und mit Spindeln, die, ohne Zuthat menschlicher Arbeit, von Natur vorhanden, dem Produkt keinen Werth zusetzen. Von diesen 4 lbs. Garn endlich verkörpert eine Hälfte bloß *nothwendige* ¦ *Arbeit* von 6 Stunden, die andere – die letzten 2 lbs. Garn – bloß *Mehrarbeit.* Nur dieser letzte Theil des Gesammtprodukts bildet das Mehrprodukt.

Das Gesammtprodukt von 20 lbs. Garn kann also folgendermaßen zerfällt werden:

Gesammtprodukt von 20 lbs. Garn, werth 30 sh.

Constantes Kapital von 24 sh.

13⅓ lbs. Garn (= Rohmaterial)	+ 2⅔ lbs. Garn (= Arbeitsmitteln)
20 lbs. Baumwolle zu 20 sh.	+ Spindel, Kohle u. s. w. zu 4 sh.
Materiatur von 40 Arbeitsstunden	+ 8 Arbeitsstunden

Materiatur von 48 vor dem Spinnprozeß vergangnen Arbeitsstunden, = 24 sh.

Variables Kapital von 3 sh.	Mehrprodukt.
2 lbs. Garn.	2 lbs. Garn.
Werth der Arbeitskraft von 3 sh.	Mehrwerth von 3 sh.
6 Stunden nothwendiger Arbeit des Spinners.	6 Stunden Mehrarbeit des Spinners.

Materiatur von 12 im Spinnprozeß verausgabten Arbeitsstunden, = 6 sh.

Von dem Gesammtprodukt von 20 lbs. Garn vertreten 16 lbs. oder ⅘ nur constantes Kapital, dagegen bloß ⅕ oder 4 lbs. die im Spinnprozeß selbst verausgabte Arbeit. Und dennoch bilden die 20 lbs. Garn das Produkt der zwölfstündigen Spinnarbeit. Hier erscheint wieder der Unterschied von Arbeitsprozeß und Verwerthungsprozeß. Es wiederholt sich das bereits Bekannte, daß der *Werth des Produkts* des Arbeitstags, | d. h. der *Produktenwerth*, größer ist als das tägliche *Werthprodukt.* So ist der Werth der täglich produzirten 20 lbs. Garn = 30 sh., aber ihr während des Tags produzirter Werththeil nur = 6 sh. Die eben gegebne Darstellung unterscheidet sich von der früheren dadurch, daß die *funktionell* oder *begrifflich unterschiednen Bestandtheile des Produktenwerths in proportionellen Theilen des Produkts selbst ausgedrückt* werden.

Diese *Zerfällung des Produkts* – des *Resultats* des Produktionsprozesses – in ein Quantum Produkt, das nur die in den *Produktionsmitteln* enthaltene Arbeit, ein andres Quantum, das nur die im Produktionsprozeß *zugesetzte nothwendige Arbeit,* und ein letztes Quantum Produkt, das nur die im selben Prozeß *zugesetzte Mehrarbeit* darstellt, ist eben so einfach als wichtig, wie ihre spätere Anwendung auf verwickelte und noch ungelöste Probleme zeigen wird.

Wir betrachteten eben das Gesammtprodukt als fertiges Resultat des zwölfstündigen Arbeitstags. Wir können es aber auch in seinem Entstehungsprozeß begleiten, und dennoch die Theilprodukte als funktionell unterschiedne Produktentheile darstellen.

Der Spinner produzirt in 12 Stunden 20 lbs. Garn, daher in einer Stunde ¦ 1⅔ und in 8 Stunden 13⅓ lbs., also ein Theilprodukt vom *Gesammtwerth der Baumwolle,* die während des ganzen Arbeitstags versponnen wird. In derselben Art und Weise ist das Theilprodukt der folgenden Stunde und 36 Minuten = 2⅔ lbs. Garn und stellt daher den Werth der während der 12 Arbeitsstunden vernutzten *Produktionsmittel* dar. Ebenso produzirt der Spinner in der folgenden Stunde und 12 Minuten 2 lbs. Garn = 3 sh., ein Produktenwerth gleich dem ganzen Werthprodukt, das er in *6 Stunden nothwendiger Arbeit* schafft. Endlich produzirt er in den letzten ⁶⁄₅ Stunden ebenfalls 2 lbs. Garn, deren Werth gleich dem durch seine *halbtägige Mehrarbeit* erzeugten *Mehrwerth.* Diese Art Berechnung dient dem englischen Fabrikanten zum Hausgebrauch und er wird z. B. sagen, daß er in den ersten 8 Stunden oder ⅔ des Arbeitstags seine Baumwolle herausschlägt u. s. w. Man sieht, die Formel ist richtig, in der That die erste Formel, übersetzt aus dem

Raum, wo die Theile des Produkts fertig neben einander liegen, in die Zeit, wo sie auf einander folgen. Die Formel kann | aber auch von sehr barbarischen Vorstellungen begleitet sein, namentlich in Köpfen, die eben so praktisch im Verwerthungsprozeß interessirt sind, als sie ein Interesse haben, ihn theoretisch mißzuverstehen. So kann sich eingebildet werden, daß unser Spinner z. B. in den ersten 8 Stunden seines Arbeitstags den *Werth* der Baumwolle, in der folgenden Stunde und 36 Minuten den Werth der verzehrten Arbeitsmittel, in der folgenden Stunde und 12 Minuten den Werth des Arbeitslohns *produzirt* oder *ersetzt*, und nur die vielberühmte *„letzte Stunde"* dem Fabrikanten zur Produktion von Mehrwerth widmet. Dem Spinner wird so das doppelte Wunder aufgebürdet, Baumwolle, Spindel, Dampfmaschine, Kohle, Oel u. s. w. in demselben Augenblick zu produziren, wo er *mit ihnen* spinnt, und aus *Einem* Arbeitstag von gegebnem Intensivitätsgrad *fünf* solcher Tage zu machen. In unserm Fall nämlich erfordert die Produktion des Rohmaterials und der Arbeitsmittel 4 zwölfstündige Arbeitstage und ihre Verwandlung in Garn einen andern zwölfstündigen Arbeitstag. Daß die *Raubgier* solche Wunder *glaubt* und nie den doktrinären Sykophanten mißt, der sie *beweist*, zeige folgendes Beispiel.

An einem schönen Morgen des Jahres 1836 wurde der wegen seiner ökonomischen Wissenschaft und seines „schönen Styls" berufene *Nassau W. Senior*, gewissermaßen der *Clauren* unter den englischen Oekonomen, von Oxford nach Manchester citirt, um statt in Oxford politische Oekonomie zu lehren, sie in Manchester zu lernen. Die Fabrikanten erkiesten ihn zum Preisfechter gegen den neulich erlassenen *Factory Act* und die darüber noch hinausstrebende Zehnstundenagitation. Mit gewohntem praktischen Scharfsinn hatten sie erkannt, daß der Herr Professor „wanted a good deal of finishing". Sie verschrieben ihn daher nach Manchester. Der Herr Professor seinerseits hat die zu Manchester von den Fabrikanten erhaltene Lektion ¦¦¦¦¦ stylisirt in dem Pamphlet: *„Letters on the Factory Act, as it affects the cotton manufacture. London 1837."* Hier kann man u. a. folgendes Erbauliche lesen:

„Unter dem gegenwärtigen Gesetz kann keine Fabrik, die Personen *unter* 18 Jahren beschäftigt, *länger als 11½ Stunden täglich arbeiten*, d. h. 12 Stunden während der ersten 5 Tage und 9 Stunden am Sonnabend. Die folgende *Analyse* (!) zeigt nun, daß in einer solchen Fabrik *der ganze Reingewinn von der letzten Stunde* | abgeleitet ist. Ein Fabrikant legt 100 000 Pfd. St. aus – 80 000 Pfd. St. in Fabrikgebäude und Maschinen, 20 000 in Rohmaterial *und* Arbeitslohn. Das jährliche Einkommen der Fabrik, vorausgesetzt das Kapital schlage jährlich einmal um, und der *Bruttogewinn* betrage 15 %, muß sich auf Waaren zum Werth von 115 000 Pfd. St. belaufen … Von diesen 115 000 Pfd. St. *produzirt jede der 23 halben Arbeitsstunden täglich* 5/115 oder 1/23. Von diesen 23/23 Arbeitsstunden, die das Ganze der 115 000 Pfd. St. bilden (constituting the whole 115 000 Pfd. St.), *ersetzen* 20/23, d. h. 100 000 von den 115 000, nur das Kapital; 1/23 oder 5000 Pfd. St. von den 15 000 *Brutto-Gewinn* (!) ersetzen die *Abnutzung* der Fabrik und Maschinerie. Die übrigbleibenden 2/23, die beiden letzten halben Stunden jeden Tags *produziren den Reingewinn von 10 %.* Wenn daher bei gleichbleibenden Preisen die Fabrik 13 Stunden statt 11½ arbeiten dürfte, so würde, mit einer Zulage von ungefähr 2600 Pfd. St. zum cirkulirenden Kapital, der Reingewinn mehr als verdoppelt werden. Andrerseits wenn die Arbeitsstunden täglich um 1 Stunde reducirt würden, würde der *Reingewinn* verschwinden, wenn um 1½ Stunden, auch der *Bruttogewinn*[32]!“

Und das nennt der Herr Professor eine „*Analyse*“! Glaubte er den Fabrikantenjammer, daß die Arbeiter die *beste Zeit* des Tags in der Produktion, daher der Reproduktion oder dem *Ersatz des Werths* von Baulichkeiten, Maschinen, Baumwolle, Kohle u. s. w. vergeuden, so war jede Analyse überflüssig. Er hatte einfach zu antworten: Meine Herren! Wenn ihr 10 Stunden arbeiten laßt statt 11½, wird, unter | sonst gleichbleibenden Umständen, der tägliche Verzehr von Baumwolle, Maschinerie u. s. w. um 1½ Stunden abnehmen. Ihr gewinnt also grade so viel als ihr verliert. Eure Arbeiter werden in Zukunft 1½ Stunden weniger für Reproduktion oder ¦ Ersatz des vorgeschossenen Kapital-

32 *Senior* l. c. p. 12, 13. Wir gehn auf die für unsern Zweck gleichgültigen Curiosa nicht ein, z. B. die Behauptung, daß die Fabrikanten den Ersatz der verschlissenen Maschinerie u. s. w., also eines *Kapitalbestandtheils*, zum *Gewinn*, Brutto oder Netto, schmutzig oder rein, rechnen. Auch nicht auf die Richtigkeit oder Falschheit der Zahlenangaben. Daß sie nicht mehr werth sind als die sogenannte „*Analyse*“, bewies *Leonard Horner* in: „*A Letter to Mr. Senior* etc. *Lond.* 1837.“ Leonard Horner, einer der Factory Inquiry Commissioners von 1833, und Fabrikinspektor, in der That *Fabrikcensor*, bis 1859, hat unsterbliche
188 Verdienste um die englische Arbeiterklasse gewonnen. Außer mit den erbitterten Fabrikanten führte er einen lebenslangen Kampf mit den Ministern, für die es ungleich wichtiger war, „*die Stimmen*“ der Fabrikherrn im Unterhaus als die *Arbeitsstunden* der „Hände“ in der Fabrik zu zählen.

werths vergeuden. Glaubte er ihnen nicht aufs Wort, sondern hielt als Sachverständiger eine Analyse für nöthig, so mußte er vor allem, in einer Frage, die sich ausschließlich um das Verhältniß des Reingewinns zur Größe des Arbeitstags dreht, die Herren Fabrikanten ersuchen, Maschinerie und Fabrikgebäude, Rohmaterial *und* Arbeit nicht kunterbunt durcheinander zu wirren, sondern gefälligst das in Fabrikgebäude, Maschinerie, Rohmaterial u. s. w. enthaltene *constante Kapital* auf die eine, das *in Arbeitslohn vorgeschossene Kapital* auf die andere Seite zu stellen. Ergab sich dann etwa, daß nach der Fabrikantenrechnung der Arbeiter in 2/23 des Arbeitstags, oder in einer Stunde, den *Arbeitslohn* reproduzirt oder ersetzt, so hatte der Analytiker fortzufahren:

Nach Eurer Angabe produzirt der Arbeiter in der vorletzten Stunde seinen Arbeitslohn und in der letzten Euren Mehrwerth oder den Reingewinn. Da er in gleichen Zeiträumen gleiche Werthe produzirt, hat das Produkt der vorletzten Stunde denselben Werth wie das der letzten. Er produzirt ferner nur *Werth*, so weit er Arbeit verausgabt, und das Quantum seiner Arbeit ist gemessen durch *seine Arbeitszeit.* Diese beträgt nach Eurer Angabe 11½ Stunden per Tag. Einen Theil dieser 11½ Stunden verbraucht er zur Produktion oder zum *Ersatz* seines Arbeitslohns, den andern zur Produktion Eures Reingewinns. Weiter thut er nichts während des Arbeitstags. Da aber, nach Angabe, sein Lohn und der von ihm gelieferte Mehrwerth gleich große Werthe sind, produzirt er offenbar seinen Arbeitslohn in 5¾ Stunden und Euren Reingewinn in andern 5¾ Stunden. Da ferner *der Werth des zweistündigen Garnprodukts* gleich der Werthsumme seines Arbeitslohns plus Eures Reingewinns ist, muß dieser *Garnwerth* durch 11½ Arbeitsstunden gemessen sein, das Produkt der vorletzten Stunde durch 5¾ Arbeitsstunden, das der letzten ditto. Wir kommen jetzt zu einem häklichen Punkt. Also aufgepaßt! Die vorletzte Arbeitsstunde ist eine gewöhnliche Arbeitsstunde wie die erste. Ni plus, ni moins. Wie kann der Spinner daher in *Einer* Arbeitsstunde einen *Garnwerth* produziren, der *5¾ Arbeitsstunden* darstellt? Er verrichtet in der That | kein solches Wunder. Was er in *Einer* Arbeitsstunde an *Gebrauchswerth* produzirt, ist *ein bestimmtes Quantum Garn.* Der *Werth* dieses Garns ist gemessen durch 5¾ Arbeitsstunden, wovon 4¾ ohne sein Zuthun in den stündlich verzehrten *Produktionsmitteln,* Baumwolle, Maschinerie u. s. w. stecken, ¼ oder eine Stunde von ihm selbst zugesetzt ist. Da also sein Arbeitslohn in 5¾ Stunden produzirt wird und in dem *Garnprodukt Einer Spinnstunde* ebenfalls 5¾ Stunden stecken, ist es durchaus keine Hexerei, daß das *Werthprodukt seiner 5¾ Spinnstunden gleich dem Produktenwerth Einer Spinnstunde.* Ihr seid aber durchaus auf dem Holzweg, wenn Ihr meint, er verliere ein einziges Zeitatom seines Arbeitstags mit der Reproduktion oder dem „*Ersatz*" der Werthe von Baum¦wolle, Maschinerie u. s. w. Dadurch daß seine Arbeit aus Baumwolle und Spindel *Garn* macht, dadurch daß er *spinnt*, geht der *Werth* von Baumwolle und Spindel *von selbst* auf das Garn über. Es ist dieß der *Qualität* seiner Arbeit geschuldet, nicht ihrer *Quantität*. Allerdings wird er in einer Stunde mehr Baumwollwerth u. s. w. auf Garn übertragen als in ½ Stunde, aber nur weil er in 1 Stunde mehr Baumwolle verspinnt als in ½. Ihr begreift also: Euer Ausdruck, der Arbeiter produzirt in der *vorletzten* Stunde den Werth seines Arbeitslohns und in der *letzten* den Reingewinn, heißt weiter nichts, als daß *in dem Garnprodukt von zwei Stunden seines Arbeitstags*, ob sie vorn oder hinten stehen, 11½ Arbeitsstunden verkörpert sind, grade so viel Stunden als *sein ganzer Arbeitstag* zählt. Und der Ausdruck, daß er in den ersten 5¾ Stunden seinen Arbeitslohn und in den letzten 5¾ Stunden Euren Reingewinn produzirt, heißt wieder nichts, als daß Ihr die ersten 5¾ Stunden zahlt und die letzten 5¾ Stunden nicht zahlt. Ich spreche von Zahlung der Arbeit, statt der Arbeitskraft, um Euren slang zu reden. Vergleicht Ihr Herren nun das Verhältniß der Arbeitszeit, die Ihr zahlt, zur Arbeitszeit, die Ihr nicht zahlt, so werdet Ihr finden, daß es halber Tag zu halbem Tag ist, also 100 %, was allerdings ein artiger Prozentsatz. Es unterliegt auch nicht dem geringsten Zweifel, daß wenn Ihr Eure „Hände" statt 11½ Stunden 13 schanzen laßt, und, was Euch so ähnlich sieht, wie ein Ei dem andern, die überschüssigen 1½ Stunden zur bloßen Mehrarbeit schlagt, letztere von 5¾ Stunden auf 7¼ Stunden wachsen wird, die *Rate des Mehr|werths* daher von 100 % auf $126\frac{2}{23}$ %. Dagegen seid Ihr gar zu tolle Sanguiniker, wenn Ihr hofft, sie werde durch den Zusatz von 1½ Stunden von 100 auf 200 % und gar auf mehr als 200 % steigen, d. h. sich „mehr als verdoppeln". Andrerseits – des Menschen Herz ist ein wunderlich Ding, namentlich wenn der Mensch sein Herz im Beutel trägt, – seid Ihr gar zu verrückte Pessimisten, wenn Ihr fürchtet, mit der Reduktion des Arbeitstags von 11½ auf 10½ Stunden werde Euer ganzer Reingewinn in die Brüche gehn. Bei Leibe nicht. Alle andern Umstände als gleichbleibend vorausgesetzt, wird die Mehrarbeit von 5¾ auf 4¾ Stunden fallen, was immer noch eine ganz erkleckliche Rate des Mehrwerths giebt, nämlich $82\frac{14}{23}$ %.

Die verhängnißvolle *„letzte Stunde“* aber, von der ihr mehr gefabelt habt als die Chiliasten vom Weltuntergang, ist „all bosh“. Ihr Verlust wird weder Euch den *„Reingewinn“* noch den von Euch verarbeiteten Kindern beiderlei Geschlechts die *„Seelenreinheit“* kosten[32a]. Wenn

[32a] Wenn *Senior* bewies, daß an „der *letzten Arbeitsstunde*“ der *Reingewinn* der Fabrikanten, die Existenz der englischen Baumwollindustrie, Englands Weltmarktgröße hing, bewies dahin wiederum Dr. *Andrew Ure* in den Kauf, daß wenn man Fabrikkinder und junge Personen unter 18 Jahren, statt sie volle 12 Stunden in der warmen und reinen Moralluft der Fabrikstube abzuschanzen, „eine Stunde“ früher in die gemüthskalte und frivole Außenwelt verstoße, Müßiggang und Laster sie um ihr Seelenheil prellen müßten. Seit 1848 werden die Fabrikinspektoren nicht müde, in ihren halbjährigen *„Reports“* die Fabrikanten mit *„der letzten“*, *„der verhängnißvollen Stunde“* zu necken. So sagt Herr *Howell*, in seinem Fabrikbericht vom 31. Mai 1855: „Wäre die folgende scharfsinnige Berechnung (er citirt Senior) richtig, so hätte jede Baumwollfabrik im Vereinigten Königreich seit 1850 mit Verlust gearbeitet.“ (*Reports of the Insp. of Fact. for the half year ending 30th April* 1855 p. 19.) Als im Jahr 1848 die Zehnstundenbill durchs Parlament ging, octroyirten die Fabrikanten einigen Normalarbeitern in den ländlichen Flachsspinnereien, die zwischen den Grafschaften Dorset und Somerset zerstreut liegen, eine Gegenpetition, worin es u. A. heißt: „Eure Bittsteller, Eltern, glauben, daß eine zusätzliche Mußestunde weiter keinen Erfolg haben kann, als ihre Kinder zu demoralisiren, denn Müßiggang ist allen Lasters Anfang.“ Der Fabrikbericht vom 31. Oktober 1848 bemerkt hierzu: „Die Atmosphäre der Flachsspinnereien, worin die Kinder dieser tugendhaft-zärtlichen Eltern arbeiten, ist geschwängert mit so unzähligen Staub- und Faserpartikeln des Rohmaterials, daß es außerordentlich unangenehm ist, auch nur 10 Minuten in den Spinnstuben zuzubringen, denn ihr könnt das nicht ohne die peinlichste Empfindung, indem Auge, Ohr, Nasenlöcher und Mund sich sofort füllen mit Flachstaubwolken, vor denen kein Entrinnen ist. Die Arbeit selbst erheischt, wegen der Fieberhast der Maschinerie, rastlosen Aufwand von Geschick und Bewegung, unter der Kontrole nie ermüdender Aufmerksamkeit, und es scheint etwas hart, Eltern den Ausdruck ‚Faullenzerei‘ auf ihre eigenen Kinder anwenden zu lassen, die, nach Abzug der Essenszeit, 10 volle Stunden an solche Beschäftigung, in einer solchen Atmosphäre, geschmiedet sind … Diese Kinder arbeiten länger als die Ackerknechte in den Nachbardörfern … Solch liebloses Gekohl über ‚Müßiggang und Laster‘ muß als der reinste *cant* und die schamloseste Heuchelei gebrandmarkt werden … Der Theil des Publikums, der vor ungefähr zwölf Jahren auffuhr über die Zuversicht, womit man öffentlich und ganz ernsthaft proklamirte, unter der Sanction hoher Autorität, daß der ganze ‚*Reingewinn*‘ des Fabrikanten aus ‚*der letzten Stunde*‘ Arbeit fließe, und die Reduktion des Arbeitstags um eine Stunde den Reingewinn vernichten müsse; dieser Theil des Publikums, sagen wir, wird kaum seinen Augen trauen, wenn er nun findet,

einmal Euer „*letztes* ¦ *Stünd|lein*“ wirklich schlägt, denkt an den Professor von Oxford. Und nun: In einer bessern Welt wünsch' ich mir mehr von Eurem werthen Umgang. Addio[33]! ... Das Signal der von *Senior 1836* entdeckten „*letzten* ¦ *Stunde*“ ward am 15. April 1848, polemisch gegen das Zehnstundengesetz, von *James Wilson*, einem der ökonomischen Hauptmandarine, im „London Economist“ von neuem geblasen. |

Wie die *Rate des Mehrwerths* bestimmt ist durch das Verhältniß des Mehrwerths, nicht zur Gesammtsumme des vorgeschossenen Kapitals, sondern zu seinem in Arbeitskraft ausgelegten, variablen Bestandtheil, so ist die *Höhe des Mehrprodukts* bestimmt, nicht durch sein Verhältniß zum Rest des Gesammtprodukts, sondern ausschließlich zum Produkttheil, worin sich die nothwendige Arbeit darstellt.

daß die Original-Entdeckung über die Tugenden der ‚letzten Stunde‘ seitdem soweit verbessert worden ist ‚*Moral*‘ und ‚*Profit*‘ gleichmäßig einzuschließen; so daß wenn die Dauer der Kinderarbeit auf volle 10 Stunden reducirt würde, ihre *Moral* zugleich mit dem *Nettogewinn* ihrer Anwender flöten ginge, beide abhängig von dieser letzten, dieser fatalen Stunde.“ („*Repts of Insp. of Fact. for 31st Oct.* 1848“, p. 101.) Derselbe Fabrikbericht giebt dann Proben von der „Moral“ und „Tugend“ dieser Herrn Fabrikanten, von den Schlichen, Pfiffen, Lockungen, Drohmitteln, Fälschungen u. s. w., die sie anwandten, um dergleichen Petitionen von wenigen ganz verwahrlosten Arbeitern unterzeichnen zu machen, um sie dann als Petitionen eines ganzen Industriezweigs, ganzer Grafschaften, dem Parlament aufzubinden. – Höchst charakteristisch bleibt es für den heutigen Stand der ökonomischen sogenannten „*Wissenschaft*“, daß weder *Senior* selbst, der später zu seiner Ehre energisch *für* die Fabrikgesetzgebung auftrat, noch seine ursprünglichen und späteren Widersacher, die Trugschlüsse der „Originalentdeckung“ aufzulösen wußten. Sie appellirten an die thatsächliche Erfahrung. Das why und wherefore blieb Mysterium.

33 Indeß hatte der Herr Professor doch etwas bei seinem Manchester Ausflug profitirt! In den „*Letters on the Factory Act*“ hängt der ganze *Reingewinn*, „*Profit*“ und „*Zins*“ und sogar ‚something more‘ an *einer unbezahlten Arbeitsstunde des Arbeiters!* Ein Jahr zuvor, in seinen zum Gemeinbesten Oxforder Studenten und gebildeter Philister verfaßten „*Outlines of Political Economy*“ hatte er noch gegenüber *Ricardo's* Werthbestimmung durch die Arbeitszeit „entdeckt“, daß der *Profit* aus der *Arbeit des Kapitalisten* und der *Zins* aus seiner *Ascetik*, seiner „*Abstinenz*“, herstamme. Die Flause selbst war alt, aber das Wort „*Abstinenz*“ neu. Herr Roscher hat es richtig durch „*Ent*haltung“ verdeutscht. Seine minder mit Latein beschlagenen Compatrioten, Wirthe, Schulzen und andre Michels, haben es in „*Entsagung*“ vermöncht.

Wie die Produktion von Mehrwerth der bestimmende Zweck der kapitalistischen Produktion, so mißt nicht die absolute Masse des Produkts, sondern allein die des Mehrprodukts, den Höhegrad des Reichthums[34].

Die Summe der nothwendigen Arbeit und der Mehrarbeit, der Zeit, worin der Arbeiter nur den Werth seiner Arbeitskraft reproduzirt, und der Zeit, worin er Mehrwerth produzirt, bestimmt die *absolute Größe* seiner Arbeitszeit – *den Arbeitstag (working day).* |

4) Der Arbeitstag.

Wir gingen von der Voraussetzung aus, daß die Arbeitskraft zu ihrem *Werthe* gekauft und verkauft wird. Ihr Werth, wie der jeder andern Waare, wird bestimmt durch die zu ihrer Produktion nöthige Arbeitszeit. Erheischt also die Durchschnittssumme der täglichen Lebensmittel des Arbeiters zu ihrer Produktion 6 Stunden täglich, so muß er im Durchschnitt 6 Stunden per Tag arbeiten, um seine Arbeitskraft täglich zu produziren oder den in ihrem Verkauf erhaltenen *Werth* zu reproduziren. *Der nothwendige Theil seines Arbeitstages* beträgt dann 6 Stunden, und ist daher, unter sonst gleichbleibenden Umständen,

[34] „Für ein Individuum mit einem Kapital von 20 000 Pfd. St., dessen Profite 2000 Pfd. St. jährlich betragen, wäre es ein durchaus gleichgültig Ding, ob sein Kapital 100 oder 1000 Arbeiter beschäftigt, ob die produzirten Waaren sich zu 10 000 oder 20 000 Pfd. St. verkaufen, immer vorausgesetzt, daß seine Profite in allen Fällen nicht unter 2000 Pfd. St. fallen. Ist das *reale Interesse* einer Nation nicht dasselbe? Vorausgesetzt ihr reales Nettoeinkommen, ihre Renten und Profite bleiben dieselben, so ist es nicht von der geringsten Wichtigkeit, ob die Nation aus 10 oder 12 Millionen Einwohnern besteht." (*Ric.* l. c. p. 416.) Lange vor Ricardo sagte der Fanatiker des Mehrprodukts, *Arthur Young*, ein übrigens schwatzschweifiger, kritikloser Schriftsteller, dessen Ruf in umgekehrtem Verhältniß zu seinem Verdienst steht, u. A.: „Von welchem Nutzen würde in einem modernen Königreich eine ganze Provinz sein, deren Boden in altrömischer Manier, von kleinen, unabhängigen Bauern, meinetwegen noch so gut bebaut würde? Von welchem Zwecke, außer dem einzigen, Menschen zu erzeugen („the mere purpose of breeding men"), was an und für sich gar keinen Zweck hat" („is a most useless purpose"). *Arthur Young: „Political Arithmetic* etc. *London 1774*", p. 47.

eine *gegebene Größe*. Aber damit ist *die Größe des Arbeitstags selbst* noch nicht gegeben. ¦

Nehmen wir an, die Linie a————b stelle die Dauer oder Länge der *nothwendigen Arbeitszeit* vor, sage 6 Stunden. Je nachdem die Arbeit über ab um 1, 3 oder 6 Stunden u. s. w. verlängert wird, erhalten wir die 3 verschiedenen Linien:

Arbeitstag I — a————b—c,

Arbeitstag II — a————b——c,

Arbeitstag III — und a————b————c,

die drei verschiedne Arbeitstage von 7, 9 und 12 Stunden vorstellen. Die Verlängerungslinie bc stellt die Länge der Surplusarbeitszeit vor. Da der Arbeitstag = ab + bc oder ac ist, variirt er mit der variablen Größe bc. Da uns ab gegeben ist, kann das Verhältniß von bc zu ab stets gemessen werden. Es beträgt in Arbeitstag I ⅙, in Arbeitstag II 3/6, und in Arbeitstag III 6/6 von ab. Da ferner die Proportion $\frac{\text{Surplusarbeitszeit}}{\text{Nothwendige Arbeitszeit}}$ die Rate des Mehrwerths bestimmt, ist letztere gegeben durch jenes Verhältniß. Sie beträgt in den drei verschiedenen Arbeitstagen respektive 16⅔, 50 und 100 %. Umgekehrt würde die *Rate des Mehrwerths* allein uns nicht *die Größe des Arbeitstags* geben. Wäre sie z. B. gleich 100 %, so könnte der Arbeitstag 8-, 10-, 12stündig u. s. w. sein. Sie würde anzeigen, daß die zwei Bestandtheile des Arbeitstags, nothwendige Arbeit und Mehrarbeit, gleich groß sind, aber nicht *wie groß* jeder dieser Theile.

Der Arbeitstag ist also keine constante, sondern eine *variable* | *Größe*. Einer seiner Theile ist zwar bestimmt durch die zur beständigen Reproduktion des Arbeiters selbst erheischte Arbeitszeit, aber seine Gesammtgröße wechselt mit der Länge oder Dauer der Mehrarbeit. Der Arbeitstag ist daher bestimmbar, aber an und für sich unbestimmt[35].

Obgleich nun der Arbeitstag keine feste, sondern eine fließende Größe ist, kann er andrerseits nur *innerhalb gewisser Schranken* variiren. Seine *Minimalschranke* ist jedoch unbestimmbar. Allerdings, setzen wir die Verlängerungslinie bc, oder die Mehrarbeit, = 0, so erhalten wir eine Minimalschranke, den Theil des Tages nämlich, den der Arbeiter nothwendig zu seiner Selbsterhaltung arbeiten muß. Auf Grundlage

35 "A day's labour is vague, it may be long or short." „*An Essay on Trade and Commerce, containing Observations on Taxation* etc. *London 1770*", p. 73.

der kapitalistischen Produktionsweise kann die nothwendige Arbeit aber immer nur *einen* Theil seines Arbeitstages bilden, der Arbeitstag sich also nie auf dieß Minimum verkürzen. Dagegen besitzt der Arbeitstag eine *Maximalschranke.* Er kann über eine gewisse Grenze hinaus nicht verlängert werden. Diese Maximalschranke ist doppelt bestimmt. Einmal durch die *physische Schranke der Arbeitskraft.* Ein Mensch kann während des natürlichen Tags von 24 Stun¦den nur ein bestimmtes Quantum Lebenskraft verausgaben und das Maß dieser Kraftverausgabung bildet ein Maß für seine physisch mögliche Arbeitszeit. So kann ein Pferd Tag aus, Tag ein, nur 8 Stunden arbeiten. Während eines Theils des Tags muß die Kraft ruhen, schlafen, während eines andern Theils hat der Mensch andere physische Bedürfnisse zu befriedigen, sich zu nähren, reinigen, kleiden u. s. w. Außer dieser rein *physischen Schranke* stößt die Verlängerung des Arbeitstags auf *moralische Schranken.* Der Arbeiter braucht Zeit zur Befriedigung geistiger und sozialer Bedürfnisse, deren Umfang und Zahl durch den allgemeinen Kulturzustand bestimmt sind. Die Variation des Arbeitstags bewegt sich daher innerhalb absoluter physischer und mehr oder minder relativer sozialer Schranken. Beide Schranken sind aber sehr elastischer Natur und erlauben den größten Spielraum. So finden wir Arbeitstage von 8, 10, 12, 14, 16, 18 und mehr Stunden, also von der verschiedensten Länge. |

Der Kapitalist hat die Arbeitskraft zu ihrem *Tageswerth* gekauft. Ihm gehört ihr *Gebrauchswerth* während eines Arbeitstags. Er hat also das Recht erlangt, den Arbeiter während eines Tags für sich arbeiten zu lassen. Aber *was ist ein Arbeitstag*[36]? Jedenfalls weniger als ein natürlicher Lebenstag. Um wie viel? Der Kapitalist hat seine eigne Ansicht über dieß ultima Thule, die *nothwendige Schranke des Arbeitstags.* Als Kapitalist ist er nur personifizirtes Kapital. Seine Seele ist die Kapitalseele. Das Kapital hat aber einen einzigen Lebenstrieb, den Trieb, sich zu verwerthen, Mehrwerth zu schaffen, mit seinem *constanten* Theil, den Produktionsmitteln, die größtmögliche Masse Mehrarbeit

36 Diese Frage ist unendlich wichtiger als die berühmte Frage Sir Robert Peel's an die Birminghamer Handelskammer: "*What is a pound?*", eine Frage, die nur gestellt werden konnte, weil Peel über die Natur des Geldes eben so unklar war als die „little shilling men“ von Birmingham.

189 einzusaugen[37]. Das Kapital ist verstorbene Arbeit, die sich nur vampyrmäßig belebt durch Einsaugung lebendiger Arbeit und um so mehr lebt, je mehr sie davon einsaugt. Die Zeit, während deren der Arbeiter arbeitet, ist die Zeit, während deren der Kapitalist die von ihm gekaufte Arbeitskraft *consumirt*[38]. Consumirt der Arbeiter seine disponible Zeit für sich selbst, so bestiehlt er den Kapitalisten[39]. ¦

Der Kapitalist beruft sich also auf *das Gesetz des Waarenaustauschs.* Er, wie jeder andre Käufer, sucht den größtmöglichen Nutzen aus dem Gebrauchswerth seiner Waare herauszuschlagen. Plötz|lich aber erhebt sich die Stimme des Arbeiters, die im Sturm und Drang des Produktionsprozesses verstummt war:

Die Waare, die ich dir verkauft habe, unterscheidet sich von dem andern Waarenpöbel dadurch, daß ihr Gebrauch *Werth schafft* und größeren Werth als sie selbst kostet. Dieß war der Grund, warum du sie kauftest. Was auf deiner Seite als Verwerthung von Kapital erscheint, ist auf meiner Seite überschüssige Verausgabung von Arbeitskraft. Du und ich kennen auf dem Marktplatz nur ein Gesetz, das des Waarenaustauschs. Und der Consum der Waare gehört nicht dem Verkäufer, der sie veräußert, sondern dem Käufer, der sie erwirbt. Dir gehört daher der Gebrauch meiner täglichen Arbeitskraft. Aber vermittelst ihres täglichen Verkaufspreises muß ich sie täglich reproduziren und daher von neuem verkaufen können. Abgesehen von dem natürlichen Verschleiß durch Alter u. s. w., muß ich fähig sein, morgen mit demselben Normalzustand von Kraft, Gesundheit und Frische zu arbeiten, wie heute. Du predigst mir beständig das Evangelium der „Sparsamkeit“ und „Enthaltung“. Nun gut! Ich will wie ein vernünftiger, sparsamer

37 „Es ist die *Aufgabe des Kapitalisten* mit dem verausgabten Kapital die *größtmögliche Summe Arbeit* herauszuschlagen.“ («D'obtenir du capital dépensé *la plus forte somme de travail possible.*») *J. G. Courcelle-Seneuil: „Traité théorique et pratique des entreprises industrielles. 2ème édit. Paris* 1857“, p. 62.

38 “An Hour's Labour lost in a day is a prodigious injury to a commercial state.” “There is a very great *consumption of luxuries* among the labouring poor of this kingdom; particularly among the manufacturing populace: by which *they also consume their time, the most fatal of consumptions.*” *An Essay on Trade and Commerce* etc. p. 47 u. 153.

39 «Si le manouvrier libre prend un instant de repos, l'économie sordide qui le suit des yeux avec inquiétude, prétend qu'il la vole.» *N. Linguet: „Théorie des Lois Civiles etc. London 1767“*, t. II, p. 466.

Wirth mein einziges Vermögen, die Arbeitskraft, haushalten und mich jeder tollen Verschwendung derselben enthalten. Ich will täglich nur so viel von ihr flüssig machen, in Bewegung, in Arbeit umsetzen, als sich mit ihrer Normaldauer und gesunden Entwicklung verträgt. Durch maßloses Verlängern des Arbeitstages kannst du in Einem Tage ein größeres Quantum meiner Arbeitskraft flüssig machen, als ich in drei Tagen ersetzen kann. Was du so an Arbeit gewinnst, verliere ich an Arbeitssubstanz. Die *Benutzung* meiner Arbeitskraft und die *Beraubung* derselben sind ganz verschiedne Dinge. Wenn die Durchschnittsperiode, die ein Durchschnittsarbeiter bei vernünftigem Arbeitsmaß leben kann, 30 Jahre beträgt, ist der Werth meiner Arbeitskraft, den du mir einen Tag in den andern zahlst, $\frac{1}{365\times30}$ oder $1/10950$ ihres Gesammtwerths. Consumirst du sie aber in 10 Jahren, so zahlst du mir nur $1/3650$ oder nur $1/3$ ihres Werths täglich und *bestiehlst* mich daher täglich um $2/3$ des Werths meiner Waare. Du zahlst mir eintägige Arbeitskraft, wo du dreitägige verbrauchst. Das ist wider unsern Vertrag und das Gesetz des Waarenaustauschs. Ich verlange also einen Arbeitstag von *normaler* Länge und ich verlange ihn ohne Appell an dein Herz, denn in Geldsachen hört die Gemüthlichkeit | auf. Du magst ein Musterbürger sein, vielleicht Mitglied des Vereins zur Abschaffung der Thierquälerei und obendrein im Geruch der Heiligkeit stehen, aber dem *Ding*, das du mir gegenüber repräsentirst, schlägt kein Herz in seiner Brust. Was darin zu pochen scheint, ¦ ist *mein eigner Herzschlag*. Ich verlange den *Normalarbeitstag*, weil ich den *Werth* meiner Waare verlange, wie jeder andre Verkäufer[40].

Man sieht: von ganz elastischen Schranken abgesehn, ergiebt sich aus der Natur des Waarenaustauschs selbst keine Grenze des Arbeitstags, also keine Grenze der Mehrarbeit. Der Kapitalist behauptet daher nur sein Recht als Käufer, wenn er den Arbeitstag so lange als möglich und wo möglich aus Einem Arbeitstag zwei zu machen sucht. Andrerseits schließt die spezifische Natur der verkauften Waare eine Schranke ihres Consums durch den Käufer ein, und der Arbeiter behauptet daher

40 Während des großen Strike der London builders, 1860–61, zur Reduktion des Arbeitstags auf 9 Stunden, veröffentlichte ihr Comité eine Erklärung, die halb und halb auf das Plaidoyer unsres Arbeiters hinausläuft. Die Erklärung spielt nicht ohne Ironie darauf an, daß der Profitwüthigste der „building masters" – ein gewisser Sir M. Peto – im „Geruch der Heiligkeit" stehe.

nur sein Recht als Verkäufer, wenn er den Arbeitstag auf eine bestimmte Normalgröße beschränken will. Es findet hier also eine *Antinomie* statt, Recht wider Recht, beide gleichmäßig durch das Gesetz des Waarenaustauschs besiegelt. Zwischen gleichen Rechten entscheidet die *Gewalt.* Und so stellt sich in der Geschichte der kapitalistischen Produktion *die Normirung des Arbeitstags* als *Kampf um die Schranken des Arbeitstags dar* – ein Kampf zwischen dem Gesammtkapitalisten, d. h. der *Klasse der Kapitalisten,* und dem Gesammtarbeiter, oder der *Arbeiterklasse.*

Das Kapital, wie bereits bemerkt, hat die *Mehrarbeit* nicht erfunden. Ueberall, wo ein Theil der Gesellschaft das Monopol der Produktionsmittel besitzt, muß der Arbeiter, frei oder unfrei, der zu seiner Selbsterhaltung nothwendigen Arbeitszeit überschüssige Arbeitszeit zusetzen, um die Lebensmittel für die Eigner der Produktionsmittel zu produziren[41], ob dieser Eigenthümer nun ein atheniensischer καλὸς κἀγαθός, ein etruskischer Theokrat, civis romanus, normännischer Baron, amerikanischer Sklavenhalter, walachischer Bojar, moderner Landlord oder Kapitalist | ist[42]. Indeß ist klar, daß wenn in einer ökonomischen Gesellschaftsformation nicht *der Tauschwerth,* sondern der *Gebrauchswerth* des Produkts vorwiegt, die Mehrarbeit durch einen engeren oder weiteren Kreis von Bedürfnissen beschränkt, aber kein *schrankenloses Bedürfniß nach Mehrarbeit* durch den *Charakter der Produktion selbst* gegeben ist. Wo wir im Alterthume scheinbare Abweichungen von diesem Gesetz finden, bilden sie in der That seinen direktesten Beweis. Am entsetzlichsten z. B. zeigt sich hier die Ueberarbeit, ¦ wo der Tauschwerth in seiner selbstständigen Gestalt als Geld produzirt wird, in der Produktion von Gold und Silber. Gewaltsames zu Tod arbeiten ist hier die offizielle Form der Ueberarbeit. Man lese nur den Diodorus Siculus[43]. Wenn jedoch Völker, bei denen sich

41 "Those who labour … in reality feed both the *pensioners called the rich,* and *themselves.*" (*Edmund Burke* l. c. p. 2, 3.)

42 Sehr naiv bemerkt *Niebuhr* in seiner „*Römischen Geschichte*“: „Man kann sich nicht verhehlen, daß Werke wie die etruskischen, die in ihren Trümmern erstaunen, in kleinen (!) Staaten *Frohnherrn* und *Knechte* voraussetzen.“ [S. 74.] Viel tiefer sagte *Sismondi,* daß „Brüsseler Spitzen“ Lohnherrn und Lohndiener voraussetzen.

43 „Man kann diese Unglücklichen (in den *Goldbergwerken* zwischen Aegypten, Aethiopien und Arabien), die nicht einmal ihren Körper reinlich halten, noch ihre Blöße decken können, nicht ansehen, ohne ihr jammervolles Schicksal zu

die Produktion noch in den niedrigeren Formen der Sklavenarbeit, Frohnarbeit u. s. w. bewegt, mitten in einem durch die kapitalistische Produktionsweise beherrschten Weltmarkt stehn, der den Verkauf ihrer Produkte ins Ausland zum vorwiegenden Interesse entwickelt, wird den barbarischen Greueln der Sklaverei, Leibeigenschaft u. s. w. der civilisirte Greuel der Ueberarbeit aufgepfropft. Daher bewahrte die Negerarbeit in den südlichen Staaten der amerikanischen Union einen gemäßigt patriarchalischen Charakter, so lange die Produktion hauptsächlich auf den unmittelbaren Selbstbedarf gerichtet war. In dem Maße aber wie der Export der Baumwolle das Lebensinteresse jener Staaten wurde, wurde die Ueberarbeitung des Negers, hier und da die Consumtion seines Lebens in sieben Arbeitsjahren, Faktor eines berechneten und berechnenden Systems. Es galt nicht mehr eine | gewisse Masse nützlicher Produkte aus ihm zu gewinnen. Es galt nun *die Produktion des Mehrwerths selbst.* Aehnlich mit der *Frohnarbeit,* z. B. in den Donaufürstenthümern.

Die Vergleichung des Heißhungers nach Mehrarbeit in den Donaufürstenthümern mit demselben Heißhunger in englischen Fabriken bietet ein besondres Interesse, weil die *Mehrarbeit* in der *Frohnarbeit* eine *selbstständige,* sinnlich wahrnehmbare Form besitzt.

Gesetzt der Arbeitstag zähle 6 Stunden nothwendiger Arbeit und 6 Stunden Mehrarbeit. So liefert der freie Arbeiter dem Kapitalisten wöchentlich 6 × 6, oder 36 Stunden Mehrarbeit. Es ist dasselbe, als ob er 3 Tage in der Woche für sich und 3 Tage in der Woche umsonst für den Kapitalisten arbeite. Aber dieß ist nicht sichtbar. Mehrarbeit und nothwendige Arbeit verschwimmen in einander. Ich kann daher dasselbe Verhältniß z. B. auch so ausdrücken, daß der Arbeiter in jeder Minute 30 Sekunden für sich und 30 für den Kapitalisten arbeitet u. s. w. Anders mit der *Frohnarbeit.* Die nothwendige Arbeit, die der walachische Bauer z. B. zu seiner Selbsterhaltung verrichtet, ist *räumlich* getrennt von seiner Mehrarbeit für den Bojaren. Die eine verrichtet er auf seinem eignen Felde, die andre auf dem herrschaftlichen Gut. Beide Theile der Arbeitszeit existiren *daher selbstständig* neben einander. Die Mehrarbeit

beklagen. Denn da findet keine Nachsicht und keine Schonung statt für Kranke, für Gebrechliche, für Greise, für die weibliche Schwachheit. Alle müssen, durch Schläge gezwungen, fortarbeiten, bis der Tod ihren Qualen und ihrer Noth ein Ende macht.“ *Diod. Sic. Historische Bibliothek,* Buch 3, c. 13, S. [258, 260.]

ist als *Frohnarbeit* genau abgeschieden von der nothwen¦digen Arbeit. An dem *quantitativen* Verhältniß von Mehrarbeit und nothwendiger Arbeit ändert diese verschiedne Erscheinungsform offenbar nichts. Drei Tage Mehrarbeit in der Woche bleiben drei Tage Arbeit, die kein Aequivalent für den Arbeiter selbst bildet, ob sie Frohnarbeit heiße oder Lohnarbeit. Bei dem Kapitalisten jedoch erscheint der Heißhunger nach Mehrarbeit im Drang zu *maßloser Verlängerung des Arbeitstags*, bei dem Bojaren einfacher in unmittelbarer Jagd auf Frohntage[44].

Die Frohnarbeit war in den Donaufürstenthümern verknüpft mit Naturalrenten und sonstigem Zubehör von Leibeigenschaft, bildete aber den entscheidenden Tribut an die herrschende Klasse. Wo dieß der Fall, entsprang die Frohnarbeit selten aus der Leibeigenschaft, sondern die Leibeigenschaft meist umgekehrt aus der Frohnarbeit. So in den rumäni|schen Provinzen. Ihre ursprüngliche Produktionsweise war auf Gemeineigenthum gegründet, aber nicht auf Gemeineigenthum in slavischer oder gar indischer Form. Ein Theil der Ländereien wurde als freies Privateigenthum von den Mitgliedern der Gemeinde selbstständig bewirthschaftet, ein anderer Theil – der ager publicus – gemeinsam von ihnen bestellt. Die Produkte dieser gemeinsamen Arbeit dienten theils als Reservefonds gegen Mißernten und andere Zufälle, theils als Staatsschatz zur Deckung für die Kosten von Krieg, Religion und andere Gemeindeausgaben. Im Laufe der Zeit usurpirten kriegerische und kirchliche Würdenträger mit dem Gemeineigenthum die Leistungen für dasselbe. Die Arbeit der freien Bauern auf *ihrem* Gemeindeland verwandelte sich in *Frohnarbeit* für die Diebe des Gemeindelandes. Damit entwickelten sich zugleich Leibeigenschafts-Verhältnisse, jedoch nur thatsächlich, nicht gesetzlich, bis das weltbefreiende Rußland unter dem Vorwand, die Leibeigenschaft abzuschaffen, sie zum Gesetz erhob. Der *Kodex der Frohnarbeit*, den der russische General *Kisseleff* 1831 proklamirte, war natürlich von den Bojaren selbst diktirt. Rußland eroberte so mit einem Schlag diese Magnaten der Donaufürstenthümer und den Beifallsklatsch des liberalen Cretinismus von ganz Europa.

Nach dem „*Règlement organique*“, so heißt jener Kodex der Frohnarbeit, schuldet jeder walachische Bauer, außer einer Masse detaillirter Naturalabgaben, dem s. g. Grundeigenthümer 1) 12 Arbeitstage über-

44 Das Nachfolgende bezieht sich auf die Zustände der rumänischen Provinzen, wie sie sich *vor* der Umwälzung seit dem Krimkrieg gestaltet hatten.

haupt, 2) einen Tag Feldarbeit und 3) einen Tag Holzfuhre. Summa Summarum 14 Tage im Jahre. Mit tiefer Einsicht in die politische Oekonomie wird jedoch der Arbeitstag nicht in seinem ordinären Sinn genommen, sondern der zur Herstellung eines täglichen Durchschnittsprodukts *nothwendige* Arbeitstag, aber das *tägliche* Durchschnittsprodukt ist pfiffiger Weise so bestimmt, daß kein Cyklope in 24 Stunden damit fertig würde. In den dürren Worten echt russischer Ironie ¦ erklärt daher das „Règlement" selbst, unter 12 Arbeitstagen sei das Produkt einer Handarbeit von 36 Tagen zu verstehn, unter einem Tag Feldarbeit drei Tage, und unter einem Tag Holzfuhr ebenfalls das Dreifache. Summa: 42 Frohntage. Es kommt aber hinzu die s. g. *Jobagie*, Dienstleistungen, die dem Grundherrn für außerordentliche Produktionsbedürfnisse gebühren. Ein bestimmtes jährliches Quantum der Mannschaft, je nach der Anzahl der Dorfbevölkerung, ist zur Jobagie verfehmt. Diese zusätzliche Frohn|arbeit wird für jeden walachischen Bauer auf 14 Tage geschätzt. So beträgt die vorgeschriebene Frohnarbeit 56 Arbeitstage jährlich. Das Ackerbaujahr zählt aber in der Walachei wegen des schlechten Klima's nur 210 Tage, wovon 40 für Sonn- und Feiertage, 30 durchschnittlich für Unwetter, zusammen 70 Tage ausfallen. Bleiben 140 Arbeitstage. Das Verhältniß der Frohnarbeit zur nothwendigen Arbeit, $\frac{56}{84}$, oder $66\frac{2}{3}$ %, drückt eine viel kleinere Rate des Mehrwerths aus als die, welche die Arbeit des englischen Agrikultur- oder Fabrikarbeiters regulirt. Dieß ist jedoch nur die *gesetzlich* vorgeschriebene Frohnarbeit. Und in noch „liberalerem" Geist als die englische Fabrikgesetzgebung hat das „Règlement organique" seine eigne Umgehung zu erleichtern gewußt. Nachdem es aus 12 Tagen 54 gemacht, wird das nominelle Tagwerk jedes der 54 Frohntage wieder so bestimmt, daß eine Zubuße auf die folgenden Tage fallen muß. In einem Tag z. B. soll eine Landstrecke ausgejätet werden, die zu dieser Operation, namentlich auf den Maispflanzungen, doppelt so viel Zeit erheischt. Das gesetzliche Tagwerk für einzelne Agrikulturarbeiten ist so auslegbar, daß der Tag im Monat Mai anfängt und im Monat Oktober aufhört. Für die *Moldau* sind die Bestimmungen noch härter. „Die zwölf Frohntage des *Règlement organique*", rief ein siegtrunkener Bojar, „belaufen sich auf 365 Tage im Jahr!"[45]

[45] Weitere Details findet man in: „*É. Regnault: Histoire politique et sociale des Principautés Danubiennes. Paris 1855.*"

War das *Règlement organique* der Donaufürstenthümer ein *positiver* Ausdruck des Heißhungers nach Mehrarbeit, den jeder Paragraph legalisirt, so sind die englischen *Factory Acts negative* Ausdrücke desselben Heißhungers. Diese Gesetze treten dem Drang des Kapitals nach maßloser Aussaugung der Arbeitskraft durch *gewaltsame Beschränkung des Arbeitstags von Staatswegen* entgegen, und zwar von Seiten eines Staats, den Kapitalist und Landlord beherrschen. Von einer täglich bedrohlicher anschwellenden Arbeiterbewegung abgesehn, diktirte dieselbe Nothwendigkeit die Beschränkung der Fabrikarbeit, welche den Guano auf die englischen Felder ausgoß. Dieselbe blinde Raubgier, die in dem einen Fall die Erde erschöpft, hatte in dem andern die Lebenskraft der Nation an der Wurzel ¦ ergriffen. | Periodische Epidemieen sprachen hier eben so deutlich als das *abnehmende Soldatenmaß* in Deutschland und Frankreich[46].

Der jetzt regulirende *Factory Act* von 1850 erlaubt für den durchschnittlichen Wochentag 10 Stunden, nämlich für die ersten 5 Wochentage 12 Stunden, von 6 Uhr Morgens bis 6 Uhr Abends, wovon aber ½ Stunde für Frühstück und eine Stunde für Mittagessen gesetzlich abgehn, also 10½ Arbeitsstunden bleiben, und 8 Stunden für den Samstag, von 6 Uhr Morgens bis 2 Uhr Nachmittags, wovon ½ Stunde für Frühstück abgeht. Bleiben 60 Arbeitsstunden, 10½ für die ersten 5 Wo-

46 „Im Allgemeinen spricht innerhalb gewisser Grenzen für das Gedeihen organischer Wesen das Ueberschreiten des Mittelmaßes ihrer Art. Für den Menschen verkleinert sich sein Körpermaß, wenn sein Gedeihen beeinträchtigt ist, sei es durch physische oder sociale Verhältnisse. In allen europäischen Ländern, wo Konscription besteht, hat seit Einführung derselben das mittlere Körpermaß der erwachsenen Männer und im Ganzen ihre Tauglichkeit zum Kriegsdienst abgenommen. Vor der Revolution (1789) war das Minimum für den Infanterist in Frankreich 165 Centimeter; 1818 (Gesetz vom 10. März) 157, nach dem Gesetz vom 21. März 1832, 156 Centimeter; durchschnittlich in Frankreich wegen mangelnder Größe und Gebrechen über die Hälfte ausgemustert. Das Militairmaß war in Sachsen 1780: 178 Centimeter, jetzt 155. In Preußen ist es 157. Nach Angabe in der Bayrischen Zeitung vom 9. Mai 1862 von Dr. Meyer, stellt sich nach einem 9jährigen Durchschnitt heraus, daß in Preußen von 1000 Konscribirten 716 untauglich zum Militairdienst, 317 wegen Mindermaß und 399 wegen Gebrechen.… Berlin konnte 1858 sein Kontingent an Ersatz-Mannschaft nicht stellen, es fehlten 156 Mann." (*J. v. Liebig: „Die Chemie in ihrer Anwendung auf Agrikultur und Physiologie.* 1862. 7te Auflage." *Band I*, p. 117, 118.)

chentage, 7½ für den letzten Wochentag[47]. Es sind eigne Wächter des Gesetzes bestellt, die dem Ministerium des Innern direkt untergeordneten *Fabrikinspektoren*, deren Berichte halbjährig von Parlamentswegen veröffentlicht werden. Sie liefern also eine fortlaufende und offizielle Statistik über den Kapitalistenheißhunger nach Mehrarbeit.

Hören wir einen Augenblick die Fabrikinspektoren[48]. |

„Der betrügerische Fabrikant beginnt die Arbeit eine Viertelstunde, manchmal früher, manchmal später, vor 6 Uhr Morgens, und schließt sie eine ¦ Viertelstunde, manchmal früher, manchmal später, nach 6 Uhr Nachmittags. Er nimmt 5 Minuten weg vom Anfang und Ende der nominell für das Frühstück anberaumten halben Stunde, und knappt 10 Minuten ab zu Anfang und Ende der für Mittagsessen anberaumten Stunde. Samstag arbeitet er eine Viertelstunde, manchmal mehr, manchmal weniger, nach 2 Uhr Nachmittags. So beträgt sein Gewinn:

Vor 6 Uhr Morgens	15 Minuten.	
Nach 6 Uhr Nachmittags	15 Minuten.	
Für die Frühstückszeit	10 Minuten.	*Summa in 5 Tagen:* 300 Minuten.
Beim Mittagsessen	20 Minuten.	
	60 Minuten.	

[47] Die Geschichte des Fabrikakts von 1850 folgt im Verlauf dieses Kapitels.

[48] Auf die Periode vom Beginn der großen Industrie in England bis 1845 gehe ich nur hier und da ein, und verweise den Leser darüber auf: „*Die Lage der arbeitenden Klasse in England. Von Friedrich Engels. Leipzig 1845.*“ Wie tief *Engels* den *Geist* der kapitalistischen Produktionsweise begriff, zeigen die *Factory Reports, Reports on Mines* u. s. w., die *seit* 1845 erschienen sind, und wie bewunderungswürdig er die Zustände im Detail malte, zeigt der oberflächlichste Vergleich seiner Schrift mit den 18 bis 20 Jahre später veröffentlichten officiellen Reports der „*Children's Employment Commission.*“ (1863–67.) Diese handeln nämlich von *Industriezweigen*, worin die Fabrikgesetzgebung bis 1862 noch nicht eingeführt war, zum Theil noch nicht eingeführt ist. Hier wurde also den von *Engels* geschilderten Zuständen mehr oder minder große Aenderung nicht von außen aufgeherrscht. Meine Beispiele entlehne ich hauptsächlich der Freihandelsperiode *nach 1848*, jener paradisischen Zeit, wovon eben so großmäulige als wissenschaftlich verwahrloste Freihandelshausirburschen den Deutschen so fabelhaft viel vor*fauchen.* – Uebrigens figurirt *England* hier nur im Vordergrund, weil es die kapitalistische Produktion klassisch repräsentirt und allein eine officiell fortlaufende Statistik der behandelten Gegenstände besitzt.

An Samstagen.

Vor 6 Uhr Morgens	15 Minuten.	*Wöchentlicher Gesammt-*
Für Frühstück	10 Minuten.	*gewinn:* 340 Minuten.
Nach zwei Uhr Nachmittags	15 Minuten.	

Oder 5 Stunden 40 Minuten wöchentlich, was mit 50 Arbeitswochen multiplicirt, nach Abzug von 2 Wochen für Feiertage oder gelegentliche Unterbrechungen, *27 Arbeitstage* giebt[49]." |

„Wird der Arbeitstag täglich 5 Minuten über die Normaldauer verlängert, so giebt das 2½ Produktionstage im Jahr.[50]" „Eine zusätzliche Stunde täglich, dadurch gewonnen, daß bald hier ein Stückchen Zeit erhascht wird, bald dort ein anderes Stückchen, macht aus den 12 Monaten des Jahrs 13"[51].

Krisen, worin die Produktion unterbrochen und nur „kurze Zeit", nur während einiger Tage in der Woche, gearbeitet wird, ändern natürlich nichts an dem Trieb nach Verlängerung des Arbeitstags. Je weniger Geschäfte gemacht werden, desto größer soll der Gewinn auf das gemachte Geschäft sein. Je weniger Zeit gearbeitet werden kann, desto mehr Surplusarbeitszeit soll gearbeitet werden. So berichten die Fabrikinspektoren über die Periode der Krise von 1857–1858:

„Man mag es für eine Inkonsequenz halten, daß irgendwelche Ueberarbeit zu einer Zeit stattfinde, wo der Handel so schlecht geht, aber sein schlechter Zustand spornt rücksichtslose Leute zu Ueberschreitungen; sie sichern sich so einen *Extraprofit* ..." „Zur selben Zeit", sagt *Leonard Horner*, „wo 122 Fabriken in meinem Distrikt ganz aufgegeben sind, 143 still stehn und alle andern kurze Zeit arbeiten, wird die Ueberarbeit über die gesetzlich ¦ bestimmte Zeit fortgesetzt[52]." „Obgleich", sagt Herr *Howell*, „in den meisten Fabriken des schlechten Geschäftsstands wegen nur halbe Zeit gearbeitet wird, erhalte ich nach wie vor *dieselbe Anzahl* von Klagen, daß eine halbe Stunde oder ¾ Stunden täglich

49 „*Suggestions* etc. *by Mr. L. Horner*, Inspector of Factories", im: „*Factories Regulation Acts. Ordered by the House of Commons* to be printed 9. Aug. 1859", p. 4, 5.

50 „*Reports of the Insp. of Fact.* for the half year ended 31st Oct. 1856", p. 35.

51 „*Reports* etc. 30th *April* 1858", p. 9, 10.

52 „*Reports* etc." l. c. p. 10.

den Arbeitern weggeschnappt (snatched) werden durch Eingriffe in die ihnen gesetzlich gesicherten Fristen für Mahlzeit und Erholung[53]."

Dasselbe Phänomen wiederholt sich auf kleinerer Stufenleiter während der furchtbaren Baumwollkrise von 1861 bis 1865[54]. |

„Es wird zuweilen vorgeschützt, wenn wir Arbeiter während der Speisestunden oder sonst zu ungesetzlicher Zeit am Werk ertappen, daß *sie die Fabrik durchaus nicht verlassen wollen*, und daß es des Zwangs bedarf, um ihre Arbeit (Reinigen der Maschinen u. s. w.) zu unterbrechen, namentlich Samstag Nachmittags. Aber wenn die „Hände" nach Stillsetzung der Maschinerie in der Fabrik bleiben, geschieht es nur, weil ihnen zwischen 6 Uhr Morgens und 6 Uhr Abends, in den gesetzlich bestimmten Arbeitsstunden, keine Frist zur Verrichtung solcher Geschäfte gestattet worden ist[55]."

53 „*Reports* etc." l. c. p. 25.

54 „*Reports* etc. for *half year ending* 30th April 1861." Sieh *Appendix* N. 2; „*Reports* etc. 31st *Octob.* 1862", p. 7, 52, 53. Die Ueberschreitungen werden wieder zahlreicher mit dem letzten Halbjahr 1863. Vgl. „*Reports* etc. *ending* 31st *Oct.* 1863", p. 7.

55 „*Reports* etc. 31st Oct. 1860", p. 23. Mit welchem Fanatismus, nach gerichtlichen Aussagen der Fabrikanten, ihre Fabrikhände sich jeder Unterbrechung der Fabrikarbeit widersetzen, zeigt folgendes Kuriosum: Anfang Juni 1836 gingen den Magistrates von Dewsbury (Yorkshire) Denunciationen zu, wonach die Eigner von 8 großen Fabriken in der Nähe von Batley den Fabrikakt verletzt hätten. Ein Theil dieser Herren war angeklagt, 5 Knaben zwischen 12 und 15 Jahren von 6 Uhr Morgen des Freitags bis 4 Uhr Nachmittags des folgenden Samstags abgearbeitet zu haben, ohne irgend eine Erholung zu gestatten, außer für Mahlzeiten und *Eine Stunde Schlaf* um Mitternacht. Und diese Kinder hatten die rastlose, 30stündige Arbeit zu verrichten in dem „shoddy-hole", wie die Höhle heißt, worin Wollenlumpen aufgerissen werden und wo ein Luftmeer von Staub, Abfällen u. s. w. selbst den erwachsenen Arbeiter zwingt, den Mund beständig mit Schnupftüchern zu verbinden, zum Schutz seiner Lungen! Die Herren Angeklagten versicherten an Eidesstatt – als *Quäker* waren sie zu scrupulös religiöse Männer einen *Eid* zu leisten, – sie hatten in ihrer großen Barmherzigkeit den elenden Kindern 4 Stunden Schlaf erlaubt, aber die Starrköpfe von Kindern wollten durchaus nicht zu Bett gehn! Die Herrn Quäker wurden zu 20 Pfd. St. Geldbuße verurtheilt. *Dryden* ahnte diese Quäker:

"Fox full fraught in seeming sanctity,
That feared an oath, but like the devil would lie,
That look'd like Lent, and had the holy leer,
And durst not sin! before he said his prayer!"

„Der durch Ueberarbeit über die gesetzliche Zeit zu machende Extraprofit scheint für viele Fabrikanten eine zu große Versuchung, um ihr widerstehen zu können. Sie rechnen auf die Chance nicht ausgefunden zu werden und berechnen, daß selbst im Fall der Entdeckung die Geringfügigkeit der Geldstrafen und Gerichtskosten ihnen immer noch eine *Gewinnbilanz* sichert[56]." ¦ „Wo die zusätzliche Zeit durch *Multipli|kation kleiner Diebstähle („a multiplication of small thefts*") im Laufe des Tages gewonnen wird, stehn den Inspektoren fast unüberwindliche Schwierigkeiten der Beweisführung im Weg[57]." Diese *„kleinen Diebstähle*" des Kapitals an der Mahl*zeit* und Erholungszeit der Arbeiter bezeichnen die Fabrikinspektoren auch als „petty pilferings of minutes", Mausereien von Minuten[58], „snatching a few minutes", Wegschnappen von Minuten[59], oder wie die Arbeiter es technisch heißen, „nibbling and cribbling at meal times[60]".

Man sieht, in dieser Atmosphäre ist die *Bildung des Mehrwerths durch die Mehrarbeit* kein Geheimniß. „Wenn Sie mir erlauben", sagte mir ein sehr respektabler Fabrikherr, „täglich nur 10 Minuten Ueberzeit *arbeiten zu lassen,* stecken Sie jährlich 1000 Pfd. St. in meine Tasche[61]." *„Zeitatome sind die Elemente des Gewinns*[62]."

Nichts ist in dieser Hinsicht charakteristischer als die Bezeichnung der Arbeiter, die volle Zeit arbeiten, durch *„full times*" und die der Kinder unter 13 Jahren, die nur 6 Stunden arbeiten dürfen, als *„halftimes*[63]". Der Arbeiter ist hier nichts mehr als personificirte Arbeitszeit. Alle individuellen Unterschiede lösen sich auf in die von *„Vollzeitler*" und *„Halbzeitler*".

Den Trieb nach *Verlängerung des Arbeitstags,* den Wehrwolfsheißhunger für Mehrarbeit, beobachteten wir bisher auf einem Gebiet, wo

56 *„Rep.* etc. *31. Oct. 1856*" p. 34.

57 l. c. p. 35.

58 l. c. p. 48.

59 l. c.

60 l. c.

61 l. c. p. 48.

62 *"Moments are the elements of profit." „Rep. of the Insp.* etc. 30th *April* 1860", p. 56.

63 Der Ausdruck hat offizielles Bürgerrecht, wie in der Fabrik, so in den Fabrikberichten.

maßlose Ausschreitungen, nicht übergipfelt, so sagt ein bürgerlicher englischer Oekonom, von den Grausamkeiten der Spanier gegen die Rothhäute Amerika's[64], das Kapital endlich an die Kette *gesetzlicher* | *Regulation* gelegt haben. Werfen wir jetzt den Blick auf einige Produktionszweige, wo die Aussaugung der Arbeitskraft entweder noch heute fessel *frei* ist oder es gestern noch war.

„Herr Broughton, ein County Magistrate, erklärte als Präsident eines Meetings, abgehalten in der Stadthalle von Nottingham, am *14. Januar 1860,* daß in dem mit der *Spitzenfabrikation* beschäftigten Theile der städtischen Bevölkerung ein der übrigen civilisirten Welt unbekannter Grad von Leid ¦ und Entbehrung vorherrscht … Um 2, 3, 4 Uhr des Morgens werden Kinder von 9–10 Jahren ihren schmutzigen Betten entrissen und gezwungen, für die nackte Subsistenz bis 10, 11, 12 Uhr Nachts zu arbeiten, während ihre Glieder wegschwinden, ihre Gestalt zusammenschrumpft, ihre Gesichtszüge abstumpfen und ihr menschliches Wesen ganz und gar in einem steinähnlichen Torpor erstarrt, dessen bloßer Anblick schauderhaft ist. Wir sind nicht überrascht, daß Herr *Mallet* und andere Fabrikanten auftraten, *um Protest gegen jede Diskussion einzulegen* … Das System, wie der *Rev. Mr. Montagu Valpy* es beschrieb, ist *ein System unbeschränkter Sklaverei,* Sklaverei in socialer, physischer, moralischer und intellektueller Beziehung. … Was soll man denken von einer Stadt, die ein öffentliches Meeting abhält, um zu *petitioniren, daß die Arbeitszeit für Männer täglich auf 18 Stunden beschränkt werden solle!* … Wir deklamiren gegen die virginischen und karolinischen Pflanzer. Ist jedoch ihr Negermarkt, mit allen Schrecken der Peitsche und dem Schacher in Menschenfleisch, abscheulicher als diese langsame Menschenabschlachtung, die vor sich geht, damit Schleier und Kragen *zum Vortheil von Kapitalisten fabrizirt werden*[65]?"

Die *Töpferei* (Pottery) von *Staffordshire* hat während der letzten 22 Jahre den Gegenstand drei parlamentarischer Untersuchungen |

64 "The cupidity of mill owners, whose cruelties in pursuits of gain, have hardly been exceeded by those perpetrated by the Spaniards on the conquest of America, in the pursuit of gold." *John Wade: „History of the Middle and Working Classes.* 3d ed. *Lond.* 1835, " p. 114. Der theoretische Theil dieses Buchs, eine Art Grundriß der politischen Oekonomie, enthält für seine Zeit einiges Originelle, z. B. über Handelskrisen. Der historische Theil leidet an schamlosem Plagiarismus aus *Sir M. Eden's: „History of the Poor. London 1797."*

65 *London Daily Telegraph* vom 17. Januar 1860.

gebildet. Die Resultate sind niedergelegt im Bericht des Herrn *Scriven* von 1841 an die „Children's Employment Commissioners", im Bericht des Dr. Greenhow von 1860, veröffentlicht auf Befehl des ärztlichen Beamten des Privy Council *(Public Health, 3 d Report, I,* 102–113), endlich im Bericht des Herrn *Longe* von 1863, in *„First Report of the Children's Employment Commission"* vom 13. Juni 1863. Für meine Aufgabe genügt ein kurzer Auszug aus den Zeugenaussagen der verarbeiteten Kinder, in den Berichten von 1860 und 1863. Von den Kindern mag man auf die Erwachsenen schließen, namentlich Mädchen und Frauen, und zwar in einem Industriezweig, neben dem Baumwollspinnerei u. d. g. als ein sehr angenehmes und gesundes Geschäft erscheint[66].

Wilhelm Wood, neunjährig, „war 7 Jahre 10 Monate alt, als er zu arbeiten begann". Er *„ran moulds"* (trug die fertig geformte Waare in die Trockenstube, um nachher die leere Form zurückzubringen) von Anfang an. Er kommt jeden Tag in der Woche um 6 Uhr Morgens und hört auf ungefähr 9 Uhr Abends. „Ich arbeite bis 9 Uhr Abends jeden Tag in der Woche. So z. B. während der letzten 7–8 Wochen." Also fünfzehnstündige Arbeit für ein siebenjähriges Kind! *J. Murray,* ein zwölfjähriger Knabe, sagt aus: „I run moulds and turn jigger (drehe das Rad). Ich komme um 6 Uhr, manchmal um 4 Uhr Morgens. Ich habe während der ganzen letzten Nacht bis diesen ¦ Morgen 6 Uhr gearbeitet. Ich war nicht im Bett seit der letzten Nacht. Außer mir arbeiteten 8 oder 9 andre Knaben die letzte Nacht durch. Alle außer Einem sind diesen Morgen wieder gekommen. Ich bekomme wöchentlich 3 sh. 6 d. (1 Thaler 5 Groschen). *Ich bekomme nicht mehr, wenn ich die ganze Nacht durcharbeite.* Ich habe in der letzten Woche zwei Nächte durchgearbeitet." *Fernyhough,* ein zehnjähriger Knabe: „Ich habe nicht immer eine ganze Stunde für das Mittagessen; oft nur eine halbe Stunde; jeden Donnerstag, Freitag und Samstag[67]."

Dr. Greenhow erklärt die Lebenszeit in den Töpferdistrikten von *Stoke-upon-Trent* und *Wolstanton* für außerordentlich kurz. | Obgleich im Distrikt Stoke nur 30,6 %, und in Wolstanton nur 30,4 % der männlichen Bevölkerung über 20 Jahre in den Töpfereien beschäftigt sind, fällt im ersten Distrikt *mehr als die Hälfte der Todesfälle* an Brustkrankheiten unter Männern über 20 Jahren, und im letzteren Distrikt ungefähr ⅖,

66 Vgl. *Engels „Lage* etc." p. 249–51.

67 *„Children's Employment Commission. First Report* etc. 1863", *Appendix* p. 16, 19, 18.

auf Töpfer. *Dr. Boothroyd*, praktischer Arzt zu Hanley, sagt aus: „Jede successive Generation der Töpfer ist zwerghafter und schwächer als die vorhergehende." Ebenso ein anderer Arzt, Herr Mc Bean: „Seit ich vor 25 Jahren meine Praxis unter den Töpfern begann, hat sich die auffallende Entartung dieser Klasse fortschreitend in Abnahme von Gestalt und Gewicht gezeigt." Diese Aussagen sind dem Bericht des Dr. Greenhow von *1860* entnommen[68].

Aus dem Bericht der Kommissäre von *1863* Folgendes: Dr. J. T. Arledge, Oberarzt des North Staffordshire Krankenhauses, sagt: „Als eine Klasse repräsentiren die Töpfer, Männer und Frauen ... eine *entartete* Bevölkerung, physisch und moralisch. Sie sind in der Regel verzwergt, schlecht gebaut, und oft an der Brust verwachsen. Sie altern vorzeitig und sind kurzlebig; phlegmatisch und blutlos, verrathen sie die Schwäche ihrer Konsitution durch hartnäckige Anfälle von Dyspepsie, Leber- und Nierenstörungen und Rheumatismus. Vor allem aber sind sie Brustkrankheiten unterworfen, der Pneumonie, Phthisis, Bronchitis und dem Asthma. Eine Form des letztern ist ihnen eigenthümlich und bekannt unter dem Namen des Töpfer-Asthma oder der Töpfer-Schwindsucht. Skrophulose, die Mandeln, Knochen oder andre Körpertheile angreift, ist eine Krankheit von mehr als zwei Dritttheilen der Töpfer ... Daß die *Entartung* (Degenerescence) der Bevölkerung dieses Distrikts nicht noch viel größer ist, verdankt sie ausschließlich der Rekrutirung aus den umliegenden Landdistrikten und den Zwischenheirathen mit gesundern Racen." Herr *Charles Parsons*, vor kurzem noch House Surgeon derselben Krankenanstalt, schreibt in einem Briefe an den Kommissär Longe u. a.: „Ich kann nur aus persönlicher Beobachtung, nicht statistisch sprechen, ¦ aber ich stehe nicht an zu versichern, daß meine Empörung wieder und wieder aufkochte bei dem Anblick dieser armen Kinder, deren Gesundheit geopfert wurde, um der Habgier ihrer Eltern und Arbeitsgeber zu fröhnen." Er zählt die Ursachen der Töpferkrankheiten auf und schließt sie culminirend | ab mit „Long Hours" („langen Arbeitsstunden"). Der Kommissionsbericht hofft, daß „eine Manufaktur von so hervorragender Stellung in den Augen der Welt nicht lange mehr den Makel tragen wird, daß ihr großer Erfolg begleitet ist von physischer Entartung, vielverzweigten körperlichen Leiden, und frühem Tode der Arbeiterbevölkerung, durch deren Arbeit und Geschick so große Resul-

68 „*Public Health.* 3d *Report* etc.", p. 102, 103, 104, 105.

tate erzielt worden sind[69]". Was von den Töpfereien in England, gilt von denen in Schottland[70].

Die *Manufaktur von Schwefelhölzern* datirt von *1833*, von der Entdekkung, den Phosphor auf die Zündruthe selbst anzubringen. Seit 1845 hat sie sich rasch in England entwickelt und von den dichtbevölkertsten Theilen Londons namentlich auch nach Manchester, Birmingham, Liverpool, Bristol, Norwich, Newcastle, Glasgow verbreitet, mit ihr die Mundsperre, die ein Wiener Arzt schon 1845 als eigenthümliche Krankheit der Schwefelholzmacher entdeckte. Die Hälfte der Arbeiter sind Kinder unter 13 und junge Personen unter 18 Jahren. Die Manufaktur ist wegen ihrer Ungesundheit und Widerwärtigkeit so verrufen, daß nur der verkommenste Theil der Arbeiterklasse, halbverhungerte Wittwen u. s. w., Kinder für sie hergiebt, „zerlumpte, halb verhungerte, ganz verwahrloste und unerzogne Kinder[71]". Von den Zeugen, die Kommissär White (1863) verhörte, waren 270 unter 18 J., 40 unter 10 J., 10 nur 8 und 5 nur 6 Jahre alt. Wechsel des Arbeitstags von 12 auf 14 und 15 Stunden, Nachtarbeit, unregelmäßige Mahlzeiten, meist in den Arbeitsräumen selbst, die vom Phosphor verpestet sind[71]. *Dante* würde in dieser Manufaktur seine grausamsten Höllenphantasien übertroffen finden.

In der *Tapetenfabrik* werden die gröberen Sorten mit Maschinen, die feineren mit der Hand (block printing) gedruckt. Die lebhaftesten Geschäftsmonate fallen zwischen Anfang Oktober und Ende April. Während dieser Periode dauert diese Arbeit häufig und *fast ohne Unterbrechung* von 6 Uhr Vormittags bis 10 Uhr Abends und tiefer in die Nacht. |

J. Leach sagt aus: „Letzten Winter (1862) blieben von 19 Mädchen 6 weg in Folge durch Ueberarbeitung zugezogener Krankheiten. Um sie wach zu halten, muß ich sie *anschreien.*" *W. Duffy:* „Die Kinder konnten oft vor Müdigkeit die Augen nicht aufhalten, in der That, wir selbst können es oft kaum." *J. Lightbourne:* „Ich bin 13 Jahre alt ... Wir arbeiteten letzten ¦ Winter bis 9 Uhr Abends und den Winter vorher bis 10 Uhr. Ich pflegte letzten Winter fast jeden Abend vom Schmerz wunder Füße zu schreien." *G. Apsden:* „Diesen meinen Jungen pflegte ich, als er 7 Jahre alt war, auf meinem Rücken hin und her über den Schnee zu

69 „*Children's Employm. Commission.* 1863", p. 24, 22 u. XI.
70 I. c. p. XLVII.
71 l. c. p. LIV.

tragen, und er pflegte *16 Stunden* zu arbeiten! … Ich habe oft nieder gekniet, um ihn zu füttern, *während er an der Maschine stand, denn er durfte sie nicht verlassen, oder stillsetzen.*" *Smith*, der geschäftsführende Associé einer Manchester-Fabrik: „*Wir* (er meint seine „Hände", die für „uns" arbeiten) ohne Unterbrechung für Mahlzeiten, so daß die Tagesarbeit von 10½ Stunden um 4½ Uhr Nachmittags fertig ist, und alles Spätere ist *Ueberzeit*[72]. (Ob dieser Herr *Smith* wohl keine *Mahlzeit* während 10½ Stunden zu sich nimmt?) Wir (derselbe Smith) hören selten auf vor 6 Uhr Abends (er meint mit der Konsumtion „unserer" Arbeitskraftsmaschinen), so daß wir (iterum Crispinus) in der That das ganze Jahr durch Ueberzeit arbeiten … Die Kinder und Erwachsenen (152 Kinder und junge Personen unter 18 Jahren und 140 Erwachsene) haben *gleichmäßig* während der letzten 18 Monate im Durchschnitt *allermindestens 7 Tage und 5 Stunden in der Woche* gearbeitet, oder 78½ Stunden wöchentlich. Für die 6 Wochen endend am 2. Mai dieses Jahres (1863) war der Durchschnitt höher – *8 Tage oder 84 Stunden in der Woche!*" Doch fügt derselbe Herr *Smith*, der dem plu|ralis majestatis so sehr ergeben ist, schmunzelnd hinzu: „Maschinenarbeit ist leicht." Und so sagen die Anwender des Block Printing: „Handarbeit ist gesunder als Maschinenarbeit." Im Ganzen erklären sich die Herrn Fabrikanten mit Entrüstung gegen den Vorschlag, „*die Maschinen wenigstens während der Mahlzeiten still zu setzen*". „Ein Gesetz", sagt der Herr *Otley*, der manager einer Tapetenfabrik in Borough, das „Arbeitsstunden von 6 Uhr Morgens bis 9 Uhr Abends erlaubte, würde *uns* (!) sehr wohl zusagen, aber die Stunden des Factory Act von 6 Uhr Morgens bis 6 Uhr Abends passen *uns* (!) nicht … Unsere Maschine wird *während des Mittagessens* (welche Großmuth!) still gesetzt. Das Stillsetzen verursacht keinen nennenswerthen Verlust an Papier und Farbe." „Aber", fügt er sympathetisch hinzu, „*ich kann verstehn, daß der damit verbundene Verlust nicht geliebt wird.*" Der Kommissionsbericht meint naiv, die

72 Dieß ist nicht in unsrem Sinn der *Surplusarbeitszeit* zu nehmen. Diese Herrn betrachten die 10½stündige Arbeit als *Normalarbeitstag*, der also auch die normale Mehrarbeit einschließt. Dann beginnt „*die Ueberzeit*," die etwas besser bezahlt wird. Man wird bei einer spätern Gelegenheit sehn, daß die Verwendung der Arbeitskraft während des sogenannten *Normaltages unter dem Werthe* bezahlt wird, so daß die „Ueberzeit" ein bloßer Kapitalistenpfiff ist, um mehr „Mehrarbeit" auszupressen, was es übrigens selbst dann bleibt, wenn die während des „Normaltages" verwandte Arbeitskraft wirklich voll bezahlt wird.

Furcht einiger „leitender Firmen" Zeit, d. h. Aneignungszeit fremder Arbeitszeit, und dadurch „Profit zu verlieren", sei kein „hinreichender Grund", um Kinder unter 13 und junge Personen unter 18 Jahren ¦ während 12–16 Stunden ihr Mittagsmahl „verlieren zu lassen", oder es ihnen zuzusetzen, wie man der Dampfmaschine Kohle und Wasser, der Wolle Seife, dem Rad Oel u. s. w. zusetzt, – *während des Produktionsprozesses selbst*, als bloßen *Hilfsstoff des Arbeitsmittels*[73].

Kein Industriezweig in England – (wir sehn von dem erst neuerdings sich bahnbrechenden Maschinenbrod ab) – hat so alterthümliche, ja, wie man aus den Dichtern der römischen Kaiserzeit ersehn kann, vorchristliche Produktionsweise bis heute beibehalten, als die *Bäckerei*. Aber das *Kapital*, wie früher bemerkt, ist zunächst gleichgültig gegen den technologischen Charakter des Arbeitsprozesses, dessen es sich bemächtigt. Es nimmt ihn zunächst, wie es ihn vorfindet.

Die unglaubliche Brodverfälschung, namentlich in London, wurde zuerst enthüllt durch das Comité des Unterhauses *„über die Verfälschung von Nahrungsmitteln"* (1855–56) und *Dr. Hassall's* Schrift: *„Adulterations detected*[74]." Die Folge dieser Enthüllungen war das Gesetz vom 6. August 1860: „for preventing the adulte|ration of articles of food and drink", ein wirkungsloses Gesetz, da es natürlich die höchste Delikatesse gegen jeden free-trader beobachtet, der sich vornimmt durch Kauf und Verkauf gefälschter Waaren „to turn an honest penny[75]". Das Comité selbst formulirte mehr oder minder naiv seine Ueberzeugung, daß Freihandel wesentlich den Handel mit gefälschten, oder wie der Engländer es witzig nennt, „sophisticirten Stoffen" bedeute. In der That, diese Art *„Sophistik"* versteht es besser als *Protagoras* schwarz aus weiß und weiß aus schwarz zu machen, und besser als

73 l. c. Appendix p. 123, 124, 125, 140 u. LXIV.

74 Alaun, fein gerieben, oder mit Salz gemischt, ist ein normaler Handelsartikel, der den bezeichnenden Namen „baker's stuff" führt.

75 *Ruß* ist bekanntlich eine sehr energische Form des Kohlenstoffs und bildet ein Düngmittel, das kapitalistische Schornsteinfeger an englische Pächter verkaufen. Es ereignete sich nun 1862 ein Prozeß, worin der britische „Juryman" entscheiden sollte, ob Ruß, welchem ohne Wissen des Käufers 90 % Staub und Sand beigemischt sind, „wirklicher" Ruß im „commerciellen" Sinn oder „gefälschter" Ruß im „gesetzlichen" Sinn sei. Die „amis du commerce" entschieden, es sei „wirklicher" commercieller Ruß, und wiesen den klagenden Pächter ab, der noch obendrein die Prozeßkosten zu zahlen hatte.

die *Eleaten* den bloßen *Schein* alles Realen ad oculos zu demonstriren[76].

Jedenfalls hatte das Comité die Augen des Publikums auf sein „tägliches Brod" und damit auf die *Bäckerei* gelenkt. Gleichzeitig erscholl in öffentlichen Meetings und Petitionen an das Parlament der Schrei der Londoner ¦ Bäckergesellen über *Ueberarbeitung* u. s. w. Der Schrei wurde so dringend, daß Herr H. S. Tremenheere, auch Mitglied der mehrerwähnten Kommission von 1863, zum königlichen Untersuchungskommissär bestallt wurde. Sein Bericht[77], sammt Zeugenaussagen, regte das Publikum auf, nicht sein Herz, sondern seinen Magen. Der bibelfeste Engländer wußte zwar, daß der Mensch, wenn nicht durch | *Gnadenwahl* Kapitalist oder Landlord oder Sinekurist, dazu berufen ist, sein Brod im Schweiße seines Angesichts zu essen, aber er wußte nicht, daß er in seinem Brode täglich ein gewisses Quantum *Menschenschweiß* essen muß, getränkt mit Eiterbeulenausleerung, Spinnweb, schwarzen Käfer-Leichnamen und fauler deutscher Hefe, abgesehn von Alaun, Sandstein und sonstigen angenehmen mineralischen Ingredienzen. Ohne alle Rücksicht auf Seine Heiligkeit, den „Freetrade", wurde daher die anhero „freie" Bäckerei der Aufsicht von Staatsinspektoren unterworfen (Ende der Parlamentssitzung 1863) und durch denselben Parlamentsakt die Arbeitszeit von 9 Uhr Abends bis 5 Uhr Morgens für Bäckergesellen *unter* 18 Jahren verboten. Die letztere Klausel spricht Bände über die Ueberarbeitung in diesem uns so altväterisch anheimelnden Geschäftszweig.

„Die Arbeit eines Londoner Bäckergesellen beginnt in der Regel um 11 Uhr Nachts. Zu dieser Stunde macht er den Teig, ein sehr mühsamer Prozeß, der ½ bis ¾ Stunden währt, je nach der Größe des Gebäcks und seiner Feinheit. Er legt sich dann nieder auf das Knetbrett, das zugleich als Deckel des Trogs dient, worin der Teig gemacht wird, und

76 Der französische Chemiker *Chevallier*, in einer Abhandlung über die „sophistications" der Waaren, zählt unter 600 und einigen Artikeln, die er Revue passiren läßt, für viele derselben 10, 20, 30 verschiedne Methoden der Fälschung auf. Er fügt hinzu, er kenne nicht alle Methoden und erwähne nicht alle, die er kenne. Für den Zucker giebt er 6 Fälschungsarten, 9 für das Olivenöl, 10 für die Butter, 12 für das Salz, 19 für die Milch, 20 für das Brod, 23 für den Branntwein, 24 für Mehl, 28 für Chokolade, 30 für Wein, 32 für Kaffee etc.

77 „*Report* etc. *relating to the Grievances complained of by the Journeymen Bakers* etc. *London* 1862" und „*Second Report* etc. *London* 1863."

schläft ein paar Stunden mit einem Mehlsack unter dem Kopf und einem andern Mehlsack auf dem Leib. Dann beginnt eine rasche und ununterbrochene Arbeit von 5 Stunden, Werfen, Wägen, Formen, in den Ofen schieben, aus dem Ofen holen u. s. w. des Teiges. Die Temperatur eines Backhauses beträgt von 75 bis 90 Grad und in den kleinen Backhäusern eher mehr als weniger. Wenn das Geschäft Brod, Wecken u. s. w. zu machen vollbracht ist, beginnt die Vertheilung des Brods; und ein beträchtlicher Theil der Taglöhner, nachdem er die beschriebene harte Nachtarbeit vollbracht, trägt während des Tags das Brod in Körben, oder schiebt es in Karren, von Haus zu Haus und operirt dazwischen auch manchmal im Backhaus. Je nach der Jahreszeit und dem Umfang des Geschäfts endet die Arbeit zwischen 1 und 6 Uhr Nachmittags, während ein andrer Theil der Gesellen bis spät um Mitternacht im Backhaus beschäftigt ist[78]." „Während der Londoner *Saison* beginnen die Gesellen der Bäcker zu ‚vollen' Brodpreisen im Westend regelmäßig um 11 Uhr Nachts, und sind mit dem Brodbacken, unterbrochen durch einen oder zwei ¦ oft sehr | kurze Zwischenräume, bis 8 Uhr des nächsten Morgens beschäftigt. Sie werden dann bis 4, 5, 6, ja 7 Uhr zur Brodherumträgerei vernutzt oder manchmal mit Biscuitbacken im Backhaus. Nach vollbrachtem Werk genießen sie einen Schlaf von 6, oft nur von 5 und 4 Stunden. Freitags beginnt die Arbeit stets früher, sage Abends 10 Uhr und dauert ohne Unterlaß, sei es in der Zubereitung, sei es in der Colportirung des Brods, bis den folgenden Samstag Abend 8 Uhr, aber meist bis 4 oder 5 Uhr in Sonntag Nacht hinein. Auch in den vornehmen Bäckereien, die das Brod zum ‚vollen Preise' verkaufen, muß wieder 4–5 Stunden am Sonntag vorbereitende Arbeit für den nächsten Tag verrichtet werden … Die Bäckergesellen der ‚*underselling masters*' (die das Brod *unter* dem vollen Preise verkaufen), und diese betragen, wie früher bemerkt, über ¾ der Londoner Bäcker, haben noch längere Arbeitsstunden, aber ihre Arbeit ist fast ganz auf das Backhaus beschränkt, da ihre Meister, die Lieferung an kleine Kramläden ausgenommen, nur in der eignen Boutique verkaufen. Gegen ‚Ende' der Woche, d. h. am Donnerstag beginnt hier die Arbeit um 10 Uhr in der Nacht und dauert bis tief in Sonntag Nacht hinein[79]."

[78] l. c. *First Report* etc. p. VI, VII.
[79] l. c. p. LXXI.

Von den „underselling masters" begreift selbst der bürgerliche Standpunkt: „die *unbezahlte Arbeit der Gesellen* (the unpaid labour of the men) bildet die Grundlage ihrer Konkurrenz"[80]. Und der „full priced baker" denunzirt seine „underselling" Konkurrenten der Untersuchungskommission als Diebe fremder Arbeit und Fälscher. „Sie reussiren nur durch den Betrug des Publikums und dadurch daß sie 18 Stunden aus ihren Gesellen für einen Lohn von 12 Stunden herausschlagen[81]."

Die Brodfälschung und die Bildung einer Bäckerklasse, die das Brod *unter* dem vollen Preise verkauft, entwickelten sich in England seit Anfang des 18. Jahrhunderts, sobald der Zunftcharakter des Gewerbs verfiel und der *Kapitalist* in der Gestalt von Müller oder Mehlfaktor hinter | den *nominellen* Bäckermeister trat[82]. Damit war die Grundlage zur kapitalistischen Produktion, zur maßlosen Verlängerung des Arbeitstages und Nachtarbeit gelegt, obgleich letztere selbst in London erst 1824 ernsthaft Fuß faßte[83]. ¦

Man wird nach dem Vorhergehenden verstehn, daß der Kommissionsbericht die Bäckergesellen zu den kurzlebigen Arbeitern zählt, die, nachdem sie der unter allen Theilen der Arbeiterklasse normalen Kinderdecimation glücklich entwischt sind, selten das 42. Lebensjahr erreichen. Nichts desto weniger ist das Bäckergewerb stets mit Kandidaten *überfüllt*. Die Zufuhrquellen dieser „Arbeitskräfte" für London sind Schottland, die westlichen Agrikulturdistrikte Englands und – *Deutschland*.

In den Jahren 1858–1860 organisirten die Bäckergesellen in *Irland* auf ihre eigenen Kosten große Meetings zur Agitation gegen die Nacht-

80 *George Read: „The History of Baking. London* 1848", p. 16.

81 *Report (First)* etc. *Evidence.* Aussage des „full priced baker" Cheesman p. 108. Daß der Lohn für 12 Stunden den vielleicht nur 6stündigen Werth der Arbeitskraft ausdrückt, und 6 Stunden daher „unbezahlt" sind von den 12, ahnt der „full priced" Mr. Cheesman schwerlich.

82 *George Read* l. c. Ende des 17. und Anfangs des 18. Jahrhunderts wurden die in alle möglichen Gewerbe sich eindrängenden Factors (Agenten) noch officiell als „Public Nuisances" denuncirt. So erließ z. B. die Grand Jury, bei der vierteljährigen Friedensrichtersitzung in der Grafschaft Somerset, ein „presentment" an das Unterhaus, worin es u. a. heißt: "that these factors of Blackwell Hall are a Publick Nuisance and Prejudice to the Clothing Trade, and ought to be put down as a Nuisance." („*The Case of our English Wool* etc. *London* 1685", p. 7.)

83 *First Report* etc. p. VIII.

arbeit und das Arbeiten an Sonntagen. Das Publikum, z. B. auf dem Maimeeting zu Dublin, 1860, ergriff, der zündenden Natur des Irländers gemäß, überall lebhaft Partei für sie. Ausschließliche Tagesarbeit wurde durch diese Bewegung in der That erfolgreich durchgesetzt zu Wexford, Kilkenny, Clonmel, Waterford u. s. w. „Zu Limerick, wo die Qualen der Lohngesellen bekanntermaßen alles Maß überstiegen, scheiterte die Bewegung an der Opposition der Bäckermeister, namentlich der Bäcker-Müller. Das Beispiel Limerick's führte zum Rückschritt in Ennis und Tipperary. Zu Cork, wo der öffentliche Unwille sich in der lebhaftesten Form kundgab, vereitelten die Meister die Bewegung durch den Gebrauch ihrer Macht die Gesellen an die Luft zu setzen. Zu Dublin leisteten die Meister den entschiedensten Widerstand und zwangen durch Verfolgung der Gesellen, die an der Spitze der Agitation standen, den Rest | zum Nachgeben, zur Fügung in die *Nacht*- und *Sonntagsarbeit*[84]." Die Kommission der in Irland bis an die Zähne gewaffneten *englischen* Regierung remonstrirt leichenbitterlich gegen die unerbittlichen Bäkkermeister von Dublin, Limerick, Cork u. s. w.: „Das Comité glaubt, daß die Arbeitsstunden durch *Naturgesetze* beschränkt sind, die nicht ungestraft verletzt werden. Indem die Meister durch die Drohung sie fortzujagen, ihre Arbeiter zur Verletzung ihrer religiösen Ueberzeugung, zum Ungehorsam gegen das Landesgesetz und die Verachtung der öffentlichen Meinung zwingen", (dieß letztere bezieht sich alles auf die Sonntagsarbeit), „setzen sie böses Blut zwischen Kapital und Arbeit und geben ein Beispiel, gefährlich für Religion, Moralität und öffentliche Ordnung … Das Comité glaubt, daß die Verlängerung des Arbeitstags über 12 Stunden ein *usurpatorischer* Eingriff in das häusliche und Privatleben des Arbeiters ist und so zu unheilvollen moralischen Resultaten führt, durch *Einmischung in die Häuslichkeit eines Mannes und die Erfüllung seiner Familienpflichten* als Sohn, Bruder, Gatte und Vater. Arbeit über 12 Stunden hat die Tendenz die Gesundheit des Arbeiters zu untergraben, führt zu *vorzeitiger Alterung* und *frühem Tod* und daher zum Unglück der Arbeiterfamilien, die der Vorsorge ¦ und der Stütze des Familienhaupts grade im nothwendigsten Augenblick *beraubt* werden" („are deprived")[85].

84 *„Report of Committee on the Baking Trade in Ireland for 1861."*
85 l. c.

Wir waren eben in Irland. Auf der andern Seite des Kanals, in *Schottland*, denuncirt der *Ackerbauarbeiter*, der Mann des Pfluges, seine 13–14stündige Arbeit, im rauhsten Klima, mit vierstündiger Zusatzarbeit für den Sonntag, (in diesem Lande der Sabbat-Heiligen!)[86], während vor einer Londoner Grand Jury gleichzeitig drei Eisenbahnarbeiter stehn, ein Personencondukteur, ein Lokomotivenführer und ein Signalgeber. Ein großes Eisenbahnunglück hat Hunderte von Passa|gieren in die andere Welt expedirt. Die *Nachlässigkeit* der Eisenbahnarbeiter ist die Ursache des Unglücks. Sie erklären vor den Geschworenen einstimmig, vor 10 bis 12 Jahren habe ihre Arbeit nur 8 Stunden täglich gedauert. Während der letzten 5–6 Jahre habe man sie auf 14, 18 und 20 Stunden aufgeschraubt und bei besonders lebhaftem Zudrang der Reiselustigen, wie in den Perioden der Excursion-trains, währe sie oft ununterbrochen 40–50 Stunden. Sie seien gewöhnliche Menschen und keine Cyklopen. Auf einem gegebnen Punkt versage ihre Arbeitskraft. Torpor ergreife sie. Ihr Hirn höre auf zu denken und ihr Auge zu sehn. Der ganz und gar „respectable British Juryman“ antwortet durch ein Verdikt, das sie wegen „manslaughter“ (Todtschlag) vor die nächsten Assisen schickt, und in einem milden Anhang den frommen Wunsch äußert, die Herren Kapitalmagnaten der Eisenbahn möchten doch in Zukunft verschwenderischer im Ankauf der nöthigen Anzahl von „Arbeitskräften“ und „*enthaltsamer*“ oder „*entsagender*“ oder „*sparsamer*“ in der Aussaugung der bezahlten Arbeitskraft sein[87]! ¦

86 *Oeffentliches Meeting der Agrikulturarbeiter in Lasswade*, bei Glasgow, vom *5. Jan.* 1866. (Sieh „*Workman's Advocate*“ vom 13. Jan. 1866.) Die Bildung, seit Ende 1865, einer *Trade's Union* unter den Agrikulturarbeitern, zunächst in Schottland, ist ein historisches Ereigniß.

87 „*Reynolds's Newspaper*“ vom 21. Jan. 1866. Woche für Woche bringt dasselbe Wochenblatt gleich darauf, unter den „sensational headings“: „Fearful and fatal accidents“ „Appalling tragedies“ u. s. w., eine ganze Liste neuer Eisenbahnkatastrophen. Darauf antwortet ein Arbeiter von der North Staffordlinie: „Jedermann kennt die Folgen, wenn die Aufmerksamkeit von Lokomotivenführer und Heizer einen Augenblick erlahmt. Und wie ist es anders möglich bei maßloser Verlängerung der Arbeit, im rauhsten Wetter, ohne Pause und Erholung? Nehmt als ein Beispiel, wie es täglich vorkommt, folgenden Fall. Letzten Montag begann ein Heizer sehr früh Morgens sein Tageswerk. Er endete es nach 14 Stunden, 50 Minuten. Bevor er auch nur die Zeit hatte, seinen Thee zu nehmen, wurde er von neuem an die Arbeit gerufen. Er hatte also 29 Stunden, 15 Minuten ununterbrochen durchzuschanzen. Der Rest seines Wochenwerks wurde aufgemacht

Aus dem buntscheckigen Haufen der Arbeiter von allen Professionen, Altern, Geschlechtern, die eifriger auf uns andrängen als die Seelen der Erschlagenen auf den Odysseus, und denen man, ohne die Blaubücher unter ihren Armen, auf den ersten Blick die Ueberarbeit ansieht, greifen wir noch zwei Figuren heraus, deren frappanter Kontrast beweist, daß vor dem Kapital alle Menschen gleich sind, – eine *Putzmacherin* und ein *Grobschmidt.*

In den letzten Wochen von *Juni 1863* brachten alle Londoner Tagesblätter einen Paragraph mit dem „sensational" Aushängeschild: „*Death from simple Overwork*" (Tod von einfacher Ueberarbeit). Es handelte sich um den Tod der Putzmacherin *Mary Anne Walkley*, zwanzigjährig, beschäftigt in einer sehr respektablen Hofputzmanufaktur, exploitirt von einer Dame mit dem gemüthlichen Namen | *Elise.* Die alte oft erzählte Geschichte ward nun neu entdeckt[88], daß diese Mädchen durchschnittlich 16½ Stunden, während der *Saison* aber oft 30 Stunden ununterbrochen arbeiten, indem ihre versagende „Arbeitskraft" durch gelegentliche Zufuhr von Sherry, Portwein oder Kaffee flüssig erhalten wird. Und es war grade die Höhe der Saison. Es galt die Prachtkleider edler Ladies für den Huldigungsball bei der frisch importirten Prinzessin von Wales im Umsehn fertig zu zaubern. Mary Anne Walkley hatte 26½ Stunden ohne Unterlaß gearbeitet zusammen mit 60 andern Mädchen, je 30 in einem Zimmer, das kaum ⅓ der nöthigen Kubikzoll Luft gewährte, während sie Nachts zwei zu zwei *Ein* Bett theilten in einem der Sticklöcher, worin *Ein* Schlafzimmer durch verschiedne Bretterwände abgepfercht ist[89]. Und dieß war eine der besseren

wie folgt: Mittwoch, 15 Stunden; Donnerstag 15 Stunden, 35 Minuten; Freitag 14½ Stunden; Sonnabend 14 Stunden, 10 Minuten; zusammen für die Woche 88 Stunden, 40 Minuten. Und nun denkt euch sein Erstaunen, als er nur Zahlung für 6 Arbeitstage erhielt. Der Mann war ein Neuling und fragte, was man unter einem Tagewerk verstehe. Antwort: 13 Stunden, also 78 Stunden per Woche. Aber wie mit der Zahlung für die überschüssigen 10 Stunden, 40 Minuten? Nach langem Hader erhielt er eine Vergütung von 10 d. (noch nicht 10 Silbergroschen)." l. c. Nr. vom 4. Februar, 1866.

[88] Vgl. *F. Engels* l. c. p. 253, 254.

[89] Dr. *Letheby*, beim *Board of Health* funktionirender Arzt, erklärte damals: „Das Minimum für jeden Erwachsnen in einem Schlafzimmer sollte 300 Kubikfuß und in einem Wohnzimmer 500 Kubikfuß Luft sein." Dr. *Richardson*, Oberarzt eines Londoner Hospitals: „Nätherinnen aller Art, Putzmacherinnen,

Putz|machereien ¦ Londons. Mary Anne Walkley erkrankte am Freitag und starb am Sonntag, ohne, zum Erstaunen von Frau Elise, auch nur vorher das letzte Putzstück fertig zu machen. Der zu spät ans Sterbebett gerufene Arzt, Herr *Keys*, bezeugte vor der *Coroner's Jury* in dürren Worten: „Mary Anne Walkley sei *gestorben an langen Arbeitsstunden* in einem überfüllten Arbeitszimmer und überengem schlechtventilirten Schlafgemache." Um dem Arzt eine Lektion in guter Lebensart zu geben, erklärte dagegen die „Coroner's Jury": „Die Hingeschiedene sei *gestorben an der Apoplexie*, aber es sei *Grund* zu *fürchten*, daß ihr Tod durch Ueberarbeit in einer überfüllten Werkstatt u. s. w. *beschleunigt* worden sei." Unsere *„weißen Sklaven"*, rief der *„Morning Star"*, das Organ der Freihandelsherrn Cobden und Bright, *„unsere weißen Sklaven* werden in das Grab *hineingearbeitet* und verderben und sterben ohne Sang und Klang[90]". |

Kleidermacherinnen und gewöhnliche Näherinnen, leiden an dreifachem Elend – Ueberarbeit, Luftmangel und Mangel an Nahrung oder Mangel an Verdauung. Im Ganzen paßt diese Art Arbeit für Weiber, besser unter allen Umständen als für Männer. Aber das Unheil des Geschäfts ist, daß es, namentlich in der Hauptstadt, von einigen 26 Kapitalisten monopolisirt wird, die durch Machtmittel, welche dem Kapital entspringen (that spring from capital), *Oekonomie* aus der Arbeit herauszwingen (force economy out of labour; er meint, Auslagen *ökonomisiren* durch Verschwendung der Arbeitskraft). Diese Macht wird im Bereich der ganzen Klasse von Arbeiterinnen gefühlt. Kann eine Kleidermacherin einen kleinen Kreis von Kunden gewinnen, so zwingt die Konkurrenz sie, sich zu Hause todt zu arbeiten, um ihn zu erhalten, und mit derselben Ueberarbeit muß sie nothwendig ihre Gehülfinnen heimsuchen. Mißlingt ihr Geschäft oder kann sie sich nicht selbstständig etabliren, so wendet sie sich an ein Etablissement, wo die Arbeit nicht geringer, aber die Zahlung sicher ist. So gestellt wird sie eine *reine Sklavin*, hin und her geschleudert von jeder Fluthung der Gesellschaft; bald zu Hause in einem kleinen Zimmer verhungernd, oder nahe so; dann wieder von 24 Stunden 15, 16, ja 18 Stunden beschäftigt in kaum erträglicher Luft, und mit einer Nahrung, die, selbst wenn gut, wegen Abwesenheit reiner Luft nicht verdaut werden kann. Von diesen Opfern lebt die Schwindsucht, welche nichts als eine Luftkrankheit ist." (Dr. *Richardson: „Death from simple Overwork"* in *„Social Science Review"*, Juliheft, 1863.)

90 *Morning Star*, 23. Juni 1863. Die *Times* benutzte den Vorfall zur Vertheidigung der amerikanischen Sklavenhalter gegen Bright u. s. w. „Sehr viele von uns", sagt sie, „meinen, daß so lange wir unsre eignen jungen Frauenzimmer zu Tode arbeiten, mit der Geißel des Hungers statt dem Knall der Peitsche, wir kaum das Recht haben, Feuer und Schwert auf Familien zu hetzen, die als Sklavenhalter

„*Zu Tod arbeiten* ist die Tagesordnung, nicht nur in der Werkstätte der Putzmacherinnen, sondern in tausend Plätzen, ja an jedem Platz, wo das Geschäft im Zug ist … Laßt uns den *Grobschmidt* als Beispiel nehmen. Wenn man den Dichtern glauben darf, giebt es keinen so lebenskräftigen, lustigen Mann als den Grobschmidt. Er erhebt sich früh und schlägt Funken vor der Sonne; er ißt und trinkt und schläft wie kein andrer Mensch. Rein physisch betrachtet, befindet er sich, bei mäßiger Arbeit, in der That in einer der besten menschlichen Stellungen. Aber wir folgen ihm in die Stadt, und sehn die Arbeitslast, die auf den starken Mann gewälzt wird, und welchen Rang nimmt er ein in den Sterblichkeitslisten unsres Landes? Zu Marylebone (einem der größten Stadtviertel Londons) sterben Grobschmidte in dem Verhältniß von 31 per 1000 jährlich, oder 11 über der Durchschnittssterblichkeit erwachsener Männer in England. Die Beschäftigung, eine fast instinktive Kunst der Menschheit, an und für sich tadellos, wird durch bloße Uebertreibung der Arbeit, der Zerstörer des Mannes. Er kann so viel Hammerschläge täglich ¦ schlagen, so viel Schritte gehn, so viel Athemzüge holen, so viel Werk verrichten, und durchschnittlich sage 50 Jahre leben. Man zwingt ihn so viel mehr Schläge zu schlagen, so viel mehr Schritte zu gehn, so viel öfter des Tags zu athmen, und *alles zusammen seine Lebensausgabe täglich um ein Viertel zu vermehren.* Er macht den Versuch, und das Resultat ist, daß er für eine beschränkte Periode ein Viertel mehr Werk verrichtet und im 37. Jahr statt im 50. stirbt[91]."

geboren waren und ihre Sklaven mindestens gut nähren und mäßig arbeiten lassen." (*Times*, Juli 2, 1863.) In derselben Weise kanzelte der *Standard*, ein Toryblatt, den Rev. Newman Hall ab: „er excommunicire die Sklavenhalter, bete aber mit den braven Leuten, die Kutscher und Omnibusführer von London u. s. w. nur 16 Stunden täglich für einen Hundelohn arbeiten ließen". Endlich sprach das Orakel, Herr *Thomas Carlyle*, von dem ich schon 1850 drucken ließ: „Zum Teufel ist der Genius, der Kultus ist geblieben." In einer kurzen Parabel reducirt er das einzig großartige Ereigniß der Zeitgeschichte, den amerikanischen Bürgerkrieg, darauf, daß der Peter vom Norden dem Paul vom Süden mit aller Gewalt den Hirnschädel einschlagen will, weil der Peter vom Norden seinen Arbeiter „*täglich*" und der Paul vom Süden ihn für „*Lebzeit miethet.*" (*Macmillan's Magazine. Ilias Americana in nuce.* Augustheft 1863.) So ist endlich die Schaumblase der Torysympathie für den *städtischen*, bei Leibe nicht den *ländlichen*! – Lohnarbeiter geplatzt. Der Kern heißt – *Sklaverei*!

91 Dr. *Richardson.* l. c.

Das konstante Kapital, die Produktionsmittel, sind, vom Standpunkt des *Verwerthungsprozesses* betrachtet, nur da, um Arbeit, und | mit jedem Tropfen Arbeit ein *proportionelles Quantum Mehrarbeit einzusaugen.* So weit sie das nicht thun, bildet ihre bloße Existenz einen *negativen Verlust* für den Kapitalisten, denn sie repräsentiren, während der Zeit, wo sie brach liegen, nutzlosen Kapitalvorschuß, und dieser Verlust wird *positiv*, sobald sie während der Intervalle des Arbeitsprozesses zusätzliche Auslagen erheischen, um sie für den Wiederbeginn des Werks im Gang zu erhalten. *Die Verlängerung des Arbeitstags über die Grenzen des natürlichen Tags in die Nacht hinein* wirkt nur als Palliativ, stillt nur annähernd den Vampyrdurst nach lebendigem Arbeitsblut. Arbeit während *aller* 24 Stunden des Tags anzueignen, ist daher der immanente Trieb der kapitalistischen Produktion. Da dieß aber physisch unmöglich, würden *dieselben* Arbeitskräfte Tag und Nacht fortwährend ausgesaugt, so bedarf es, zur Ueberwindung des physischen Hindernisses, der *Abwechslung* zwischen den bei Tag und bei Nacht verspeisten Arbeitskräften, eine Abwechslung, die verschiedne Methoden zuläßt, z. B. so geordnet sein kann, daß ein Theil des Arbeiterpersonals eine Woche Tagdienst, Nachtdienst die andre Woche versieht u. s. w. Man weiß, daß dieses *Ablösungssystem*, diese *Wechselwirthschaft*, in der vollblütigen Jugendperiode der englischen Baumwollindustrie u. s. w. vorherrschte, und u. a. gegenwärtig in den Baumwollspinnereien von Moskau blüht. Als *System* existirt dieser 24stündige Produktionsprozeß heute noch in vielen bis jetzt *„freien“* Industriezweigen Großbritanniens, u. a. in den Hochöfen, Schmieden, Walzwerken und andern Metallmanufakturen von England, Wales und Schottland. Der Arbeitsprozeß umfaßt hier außer den 24 Stunden der 6 Werkeltage großentheils auch die 24 Stunden des Sonntags. Die Arbeiter bestehn aus Männern und Weibern, Erwachsenen und Kindern beiderlei Geschlechts. Das Alter der Kinder und jungen Personen durchläuft alle Zwischenstufen vom 8. (in einigen Fällen vom 6.) bis zum 18. Jahr[92]. In einigen Branchen arbeiten auch die Mädchen und Weiber des Nachts zusammen mit dem männlichen Personal[93]. ¦ |

92 *„Children's Employment Commission.“ Third Report. Lond.* 1864, p. IV, V, VI, VII.

93 "Both in Staffordshire and in South Wales young girls and women are employed on the pit banks and on the coke heaps, not only by day, but also by

Von den allgemeinen schädlichen Wirkungen der Nachtarbeit abgesehn[94], bietet die ununterbrochene, vierundzwanzigstündige Dauer des Produktionsprozesses höchst willkommene Gelegenheit die Grenze des *nominellen* Arbeitstags zu überschreiten. Z. B. in den vorhin erwähnten, sehr anstrengenden Industriezweigen beträgt der officielle Arbeitstag für jeden Arbeiter meist *12 Stunden*, Nachtstunden oder Tagesstunden. Aber die Ueberarbeit über diese Grenze hinaus ist in vielen Fällen, um die Worte des englischen officiellen Berichts zu brauchen, „*wirklich* | *schauderhaft*“ („truly fearful“)[95]. „Kein menschliches Gemüth“, heißt es, „kann die Arbeitmasse, die nach den Zeugenaussagen durch Knaben

night. This practice has been often noticed in Reports presented to Parliament, as being attended with great and notorious evils. These females, employed with the men, hardly distinguished from them in their dress, and begrimed with dirt and smoke, are exposed to the deterioration of character arising from the loss of self-respect which can hardly fail to follow from their unfeminine occupation.“ l. c. 194, p. XXVI. Vgl. *Fourth Report* (1865) 61, p. XIII. Ebenso in *Glasfabriken*.

94 „Es scheint natürlich,“ bemerkte ein Stahlfabrikant, der Kinder zur Nachtarbeit verwendet, „daß die Jungen, die Nachts arbeiten, bei Tag nicht schlafen und keine ordentliche Ruhe finden können, sondern rastlos am nächsten Tag herumlaufen.“ l. c. *Fourth* Rep. 63, p. XIII. Ueber die Wichtigkeit des *Sonnenlichts* zur Erhaltung und Entwicklung des Körpers bemerkt ein Arzt u. a.: „Licht wirkt auch direkt auf die Gewebe des Leibes, denen es Härte und Elasticität giebt. Die Muskeln von Thieren, denen man das normale Quantum Licht vorenthält, werden schwammig und unelastisch, die Nervenkraft verliert ihren Ton durch Mangel an Stimulirung, und die Ausarbeitung von allem was im Wachsthum begriffen ist, wird verkümmert … Im Fall von Kindern ist beständiger Zutritt von reichlichem Tageslicht und der direkten Sonnenstrahlen während eines Theils des Tags durchaus wesentlich für die Gesundheit. Licht hilft die Speisen zu gutem plastischem Blut verarbeiten und härtet die Fiber, nachdem sie gebildet ist. Es wirkt ebenso als Reizmittel auf die Sehorgane und ruft hierdurch größere Thätigkeit in verschiednen Hirnfunktionen hervor.“ Herr *W. Strange*, Oberarzt des Worcester „General Hospital“, aus dessen Schrift über „*Gesundheit*“ (1864) diese Stelle entlehnt ist, schreibt in einem Brief an einen der Untersuchungskommissaire, Herrn White: „Ich habe früher in Lancashire Gelegenheit gehabt, die Wirkungen der Nachtarbeit auf Fabrikkinder zu beobachten, und *im Widerspruch zu der beliebten Versicherung einiger Arbeitsgeber*, erkläre ich mit Entschiedenheit, daß die Gesundheit der Kinder schwer davon leidet.“ (l. c. 284, p. 55.) Daß solche Dinge überhaupt den Gegenstand ernsthafter Kontroversen bilden, zeigt am besten, wie die kapitalistische Produktion auf die „*Gehirnfunktionen*“ der Kapitalisten und ihrer retainers wirkt.

95 l. c. 57, p. XII.

von 9 bis 12 Jahren verrichtet wird, überdenken, ohne unwiderstehlich zum Schlusse zu kommen, daß dieser Machtmißbrauch der Eltern und *Arbeitgeber* nicht länger erlaubt werden darf[96]."

„Die Methode, Knaben überhaupt abwechselnd Tag und Nacht arbeiten zu lassen, führt, sowohl während des Geschäftsdrangs als während des gewöhnlichen Verlaufs der Dinge, zu schmählicher Verlängerung des Arbeitstags. Diese Verlängerung ist in vielen Fällen *nicht nur grausam, sondern gradezu unglaublich.* Es kann nicht fehlen, daß aus einer oder der andern Ursache ein Ablösungsknabe hier und da wegbleibt. Einer oder mehrere der ¦ anwesenden Knaben, die ihren Arbeitstag bereits vollbracht, müssen dann den Ausfall gut machen. Dieß System ist so allgemein bekannt, daß der manager eines Walzwerks, auf meine Frage, wie die Stelle der abwesenden Ersatzknaben ausgefüllt würde, antwortete: Ich weiß wohl, daß Sie das eben so gut wissen als ich, und er nahm keinen Anstand die Thatsache zu gestehn[97]."

„In einem Walzwerke, wo der nominelle Arbeitstag für den einzelnen Arbeiter 11½ Stunden war, arbeitete ein Junge 4 Nächte jede Woche bis mindestens 8½ Uhr Abends des nächsten Tags und dieß während der 6 Monate, wo er engagirt war." „Ein Andrer arbeitete im Alter von 9 Jahren manchmal *drei zwölfstündige Ablösungstermine nach einander,* und im Alter von 10 Jahren *zwei Tage und zwei Nächte nach einander.*" „Ein Dritter, *jetzt* 10 Jahre, arbeitete von Morgens 6 Uhr bis 12 Uhr in die Nacht während drei Nächten und bis 9 Uhr Abends während der andren Nächte." „Ein Vierter, jetzt 13 Jahre, arbeitete von 6 Uhr Nachmittags bis den andern Tag 12 Uhr Mittags, während einer ganzen Woche, und manchmal drei Ablösungstermine nach einander, von Montag Morgen bis Dienstag Nacht." „Ein Fünfter, jetzt 12 Jahre, arbeitete in einer Eisengießerei zu Stavely von 6 Uhr Morgens bis 12 Uhr Nachts während 14 Tagen, ist unfähig es länger zu thun." *George Allinsworth, neunjährig:* „Ich kam hierhin | letzten Freitag. Nächsten Tag hatten wir um 3 Uhr Morgens anzufangen. Ich blieb daher die ganze Nacht hier. Wohne 5 Meilen von hier. Schlief auf der Flur mit einem Schurzfell unter mir und einer kleinen Jacke über mir. Die zwei andern Tage war ich hier um 6 Uhr Morgens. Ja! dieß ist ein *heißer* Platz! *Bevor ich herkam,* arbeitete ich ebenfalls *während*

96 l. c. (4th Rep. 1865) 58, p. XII.

97 l. c.

eines ganzen Jahres in einem Hochofen. Es war ein sehr großes Werk, auf dem Lande. Begann auch Samstag Morgens um 3 Uhr, aber ich konnte wenigstens nach Hause schlafen gehn, weil es nah war. An andern Tagen fing ich 6 Uhr Morgens an und endete 6 oder 7 Uhr Abends u. s. w.[98]." ¦|

[98] l. c. p. XIII. Die Bildungsstufe dieser „Arbeitskräfte" muß natürlich so sein, wie sie in folgenden Dialogen mit einem der Untersuchungskommissäre erscheint! „*Jeremias Haynes*, 12 Jahre alt: … Viermal vier ist acht, aber vier Vierer (4 fours) sind 16 … Ein König ist *ihm* der alles Geld und Gold hat. (A king is *him* that has all the money and gold.) Wir haben einen König, man sagt, er ist eine Königin, sie nennen sie Prinzessin Alexandra. Man sagt, sie heirathete der Königin Sohn. Eine Prinzessin ist ein Mann." *Wm. Turner*, zwölfjährig: „Lebe nicht in England. Denke, es giebt solch ein Land, wußte nichts davon zuvor." *John Morris*, 14jährig: „Habe sagen hören, daß Gott die Welt gemacht und daß alles Volk ersoff, außer einem; habe gehört, daß einer ein kleiner Vogel war." *William Smith*, fünfzehnjährig: „Gott machte den Mann; der Mann machte das Weib." *Edward Taylor*, fünfzehnjährig: „Weiß nichts von London." *Henry Matthewman*, siebzehnjährig: „Geh' manchmal in die Kirche … Ein Name, worüber sie predigten, war ein gewisser Jesus Christ, aber ich kann keine andren Namen nennen, und ich kann auch nichts über ihn sagen. Er wurde nicht gemordet, sondern starb wie andre Leute. Er war nicht so wie andre Leute in gewisser Art, weil er religiös war in gewisser Art, und andere *ist* es nicht." ("He was not the same as other people in some ways, because he was religious in some ways, and others isn't.") (l. c. 74, p. XV.) „Der Teufel ist eine gute Person. Ich weiß nicht, wo er lebt. Christus war ein schlechter Kerl." ("The devil is a good person. I don't know where he lives." "Christ was a wicked man.") „Dieß Mädchen (10 Jahre) buchstabirt God Dog und kannte den Namen der Königin nicht." (*Ch. Empl. Comm. V. Rep.* 1866, p. 55, n. 278.) Dasselbe System, das in den erwähnten Metallmanufakturen, herrscht in den *Glas*- und *Papierfabriken*. In den Papierfabriken, wo das Papier mit Maschinen gemacht wird, ist *Nachtarbeit* die Regel für alle Prozesse außer dem der Lumpensortirung. In einigen Fällen wird die Nachtarbeit, vermittelst Ablösungen, unaufhörlich die ganze Woche durch fortgesetzt, gewöhnlich von Sonntag Nacht bis 12 Uhr Nacht des folgenden Samstags. Die Mannschaft, die sich an der Tagesreihe befindet, arbeitet 5 Tage von 12 und einen von 18 Stunden, und die der Nachtreihe 5 Nächte von 12 Stunden und eine von 6 Stunden, in jeder Woche. In andern Fällen arbeitet jede Reihe 24 Stunden, die eine nach der andern, an Wechseltagen. Eine Reihe arbeitet 6 Stunden am Montag, und 18 am Samstag, um 24 Stunden vollzumachen. In andern Fällen ist ein Zwischensystem eingeführt, worin alle an der Papiermacher-Maschinerie Angestellten jeden Tag in der Woche 15–16 Stunden arbeiten. Dieß System, sagt Untersuchungskommissär Lord, scheint alle Uebel der Zwölfstunden- und der Vierundzwanzigstunden-Ablösung zu vereinigen. Kinder unter 13 Jahren, junge Personen unter 18 und

Laßt uns nun hören, wie das *Kapital* selbst dieß Vierundzwanzig-Stundensystem auffaßt. Die Uebertreibungen des Systems, seinen Mißbrauch zur „grausamen und unglaublichen" Verlängerung des Arbeitstags, übergeht es natürlich mit Stillschweigen. Es spricht nur von dem System in seiner „*normalen*" Form.

„Die Herren *Naylor und Vickers,* Stahlfabrikanten, die zwischen 600 und 700 Personen anwenden, und darunter nur 10 % unter 18 Jahren, und hiervon wieder nur 20 Knaben zum Nachtpersonal, äußern sich wie folgt: ‚Die Knaben leiden durchaus nicht von der Hitze. Die Temperatur ist wahrscheinlich 86° bis 90°.... In den Hammer- und Walzwerken arbeiten die *Hände* Tag und Nacht ablösungsweise, *aber* dahingegen ist auch alles andre Werk Tagwerk, von 6 Uhr Morgens bis 6 Uhr Abends. In der Schmiede wird von 12 Uhr bis 12 Uhr gearbeitet. *Einige Hände arbeiten fortwährend des Nachts ohne Wechsel zwischen Tag- und Nachtzeit*... Wir finden nicht, daß Tagoder Nachtarbeit irgend einen Unterschied in der Gesundheit (der Herren Naylor und Vickers?) macht, und *wahrscheinlich* schla|fen Leute besser, wenn sie *dieselbe* Ruheperiode genießen, als wenn sie wechselt... Ungefähr zwanzig Knaben unter 18 Jahren arbeiten mit der Nachtmannschaft... Wir könnten's nicht recht thun (not well do) ohne die Nachtarbeit von Jungen ¦ unter 18 Jahren. Unser Einwurf ist – *die Vermehrung der Produktionskosten*... Geschickte Hände und Häupter von Departements sind schwer zu haben, aber Jungens kriegt man so viel man will ... Natürlich, Anbetrachts der geringen Proportion von Jungen, die wir verwenden, wären Beschränkungen der Nachtarbeit von *wenig Wichtigkeit* oder *Interesse für uns*[99]'."

Weiber arbeiten unter diesem Nachtsystem. Manchmal, in dem Zwölfstundensystem, mußten sie, wegen Ausbleiben der Ablöser, die doppelte Reihe von 24 Stunden arbeiten. Zeugenaussagen beweisen, daß Knaben und Mädchen *sehr oft Ueberzeit* arbeiten, die sich nicht selten zu 24, ja 36 Stunden ununterbrochner Arbeit ausdehnt. In dem „kontinuirlichen und unveränderlichen" Prozeß der Glasirräume findet man Mädchen von 12 Jahren, die den ganzen Monat durch täglich 14 Stunden arbeiten, „ohne irgend eine regelmäßige Erholung oder Unterbrechung außer zwei, höchstens drei halbstündigen Ausfällen für Mahlzeiten." In einigen Fabriken, wo man die reguläre Nachtarbeit ganz aufgegeben, wird entsetzlich viel Ueberzeit gearbeitet und „dieß häufig in den schmutzigsten, heißesten und monotonsten Prozessen." („*Children's Employment Commission. Report IV,* 1865," p. XXXVIII und XXXIX.)

99 *Fourth Report* etc. 1865, 79, p. XVI.

„Herr *J. Ellis*, von der Firma der Herren *John Brown et Co.*, Stahl- und Eisenwerke, die 3000 Männer und Jungen anwenden, und zwar für Theil der schweren Stahl- und Eisenarbeit ‚Tag und Nacht, in Ablösungen', erklärt, daß in den schweren Stahlwerken einer oder zwei Jungen auf zwei Männer kommen. Ihr Geschäft zählt 500 Jungen unter 18 Jahren und davon ungefähr ⅓, oder 170, *unter 13 Jahren.* Mit Bezug auf die vorgeschlagne Gesetzänderung meint Herr Ellis: ‚Ich glaube nicht, daß es *sehr tadelhaft* (very objectionable) wäre, keine Person *unter* 18 Jahren *über* 12 Stunden aus den 24 arbeiten zu lassen. Aber ich glaube nicht, daß man irgend eine Linie ziehen kann für die Entbehrlichkeit von Jungen *über* 12 Jahren für die Nachtarbeit. Wir würden *sogar* eher ein Gesetz annehmen, keine Jungen *unter* 13 Jahren oder *selbst so hoch wie 14 Jahre,* überhaupt zu verwenden, als ein Verbot die Jungen, die wir einmal *haben,* während der Nacht zu brauchen. Die Jungen, die in der Tagesreihe, müssen wechselweis auch in der Nachtreihe arbeiten, weil die Männer nicht unaufhörlich Nachtarbeit verrichten können; es würde ihre Gesundheit ruiniren. Wir glauben jedoch, daß Nachtarbeit, wenn die Woche dafür wechselt, keinen Schaden thut. (Die Herren Naylor und Vickers glaubten, übereinstimmend mit dem Besten ihres Geschäfts, umgekehrt, daß statt der fortwährenden, grade die periodisch wechselnde Nachtarbeit möglicher Weise Schaden anrichten kann.) Wir finden die Leute, die die alternirende Nachtarbeit verrichten, grade so gesund als die, die nur am Tage arbeiten … *Unsere Einwürfe* gegen die Nichtanwendung von Jungen *unter* 18 Jahren zur Nachtarbeit | würden gemacht werden von wegen Vermehrung der Auslage, aber dieß ist auch der einzige Grund. (Wie cynisch naiv!) Wir glauben, daß diese Vermehrung größer wäre, als *das Geschäft* (the trade) mit schuldiger Rücksicht auf seine erfolgreiche Ausführung billiger Weise tragen könnte. (As *the* trade with *due regard* to etc. could *fairly* bear! Welche breimäulige Phraseologie!) Arbeit ist hier rar, und könnte unzureichend werden unter einer solchen Regulation'" (d. h. Ellis, Brown et Co. könnten in die fatale Verlegenheit kommen den *Werth der Arbeitskraft* voll zahlen zu müssen)[100].

Die „Cyklops Stahl- und Eisenwerke" der Herren *Cammell* et Co. werden auf derselben großen Stufenleiter ausgeführt, wie die des besagten John Brown et Co. Der geschäftsführende Direktor hatte dem

100 l. c. 80.

Regierungskommis¦sär White seine Zeugenaussage schriftlich eingehändigt, fand es aber später passend, das zur Revision ihm wieder zurückgestellte Manuscript zu unterschlagen. Jedoch Herr White hat ein nachhaltiges Gedächtniß. Er erinnert sich ganz genau, daß für diese Herrn Cyklopen das Verbot der Nachtarbeit von Kindern und jungen Personen „ein Ding der Unmöglichkeit; es wäre dasselbe, als setzte man ihre Werke still", und dennoch zählt ihr Geschäft wenig mehr als 6 % Jungen unter 18 und nur 1 % unter 13 Jahren[101]!

Ueber denselben Gegenstand erklärt Herr *E. F. Sanderson*, von der Firma Sanderson, Bros. et Co., Stahl-Walz- und Schmiedewerke, in Atterclife: „Große Schwierigkeiten würden entspringen aus dem *Verbot* Jungen unter 18 Jahren des Nachts arbeiten zu lassen, die Hauptschwierigkeit aus der Vermehrung der Kosten, welche ein Ersatz der Knabenarbeit durch Männerarbeit nothwendig nach sich zöge. *Wie viel* das betragen würde, kann ich nicht sagen, aber wahrscheinlich wäre es *nicht so viel*, daß der Fabrikant den Stahlpreis erhöhen könnte, und folglich fiele *der Verlust* auf ihn, da die Männer (welch querköpfig Volk!) natürlich weigern würden, ihn zu tragen." Herr Sanderson weiß nicht, wie viel er den Kindern zahlt, aber „vielleicht beträgt es 4 bis 5 sh. per Kopf die Woche … Die Knabenarbeit ist von einer Art, wofür im *Allgemeinen* („generally", natürlich nicht immer, „im Besondern") *die | Kraft der Jungens grade ausreicht*, und folglich *würde kein Gewinn aus der größern Kraft der Männer fließen, um den Verlust zu kompensiren*, oder doch nur in den wenigen Fällen, wo das Metall sehr schwer ist. Die Männer würden es auch minder lieben keine Knaben unter sich zu haben, da Männer minder gehorsam sind. Außerdem müssen die Jungen jung anfangen, um das Geschäft zu lernen. Die Beschränkung der Jungen auf bloße Tagesarbeit würde *diesen* Zweck nicht erfüllen." Und warum nicht? Warum können Jungen ihr Handwerk nicht bei Tag lernen? Deinen Grund? „Weil dadurch die Männer, die in Wechselwochen bald den Tag, bald die Nacht arbeiten, von den Jungen ihrer Reihe während derselben Zeit getrennt, halb den Profit verlieren würden, den sie aus ihnen herausschlagen. Die Anleitung, die sie den Jungen geben, wird nämlich als Theil des Arbeitslohnes dieser Jungen berechnet und befähigt die Männer daher die Jungenarbeit wohlfeiler zu bekommen. Jeder Mann würde seinen halben Profit verlieren. (In andern Worten, die Herren

101 l. c. 82

Sanderson müßten einen Theil des Arbeitslohnes der erwachsenen Männer aus eigner Tasche, statt mit der Nachtarbeit der Jungen zahlen. Der *Profit der Herren Sanderson* würde bei dieser Gelegenheit etwas fallen und *dieß ist der Sanderson'sche gute Grund*, warum Jungen ihr Handwerk *nicht bei Tag lernen können*[102].) ¦ Außerdem würde dieß reguläre Nachtarbeit auf die Männer werfen, die nun von den Jungen abgelöst werden, und sie würden das nicht aushalten. Kurz und gut, *die Schwierigkeiten wären so groß*, daß sie wahrscheinlich zur *gänzlichen Unterdrückung der Nachtarbeit* führen würden." „Was die Produktion von Stahl selbst angeht", sagt E. F. Sanderson, „würde es nicht den geringsten Unterschied machen, *aber*!" Aber die Herren Sanderson haben mehr zu thun als Stahl zu machen. Die Stahlmacherei ist bloßer Vorwand der Plusmacherei. Die Schmelzöfen, Walzwerke u. s. w., die Baulichkeiten, die Maschinerie, das Eisen, die Kohle u. s. w. haben mehr zu thun als sich | in Stahl zu verwandeln. Sie sind da, um Mehrarbeit einzusaugen und saugen natürlich mehr davon in 24 Stunden als in 12 Stunden ein. Sie geben in der That von Gottes und Rechtswegen den Sandersons eine *Anweisung* auf die Arbeitszeit einer gewissen Anzahl von Händen für volle 24 Stunden des Tags, und *verlieren ihren* Kapitalcharakter, sind daher *reiner Verlust* für die Sandersons, sobald ihre Funktion der Arbeitseinsaugung unterbrochen wird. „*Aber dann* wäre da der *Verlust* so viel kostspieliger Maschinerie, welche die halbe Zeit brach läge, und für eine solche Produktenmasse, wie *wir* fähig sind, sie bei dem *gegenwärtigen System* zu leisten, müßten wir Räumlichkeiten und Maschinenwerke verdoppeln, was die Auslage verdoppeln würde." Aber warum sollen grade diese Sandersons ein Privilegium der Arbeitsausbeutung vor den andern Kapitalisten genießen, die nur bei Tag arbeiten lassen dürfen und deren Baulichkeiten, Maschinerie, Rohmaterial daher bei Nacht „brach" liegen? „Es ist wahr", antwortet *E. F. Sanderson* im Namen aller Sandersons, „es ist wahr, daß dieser *Verlust* von brachliegender Maschinerie alle Manufakturen trifft, worin nur bei Tag gearbeitet wird. *Aber* der Gebrauch der Schmelzöfen würde in unserem Fall einen Extraverlust verursachen. Hält man sie im Gang,

102 „In unserer reflexionsreichen und raisonnirenden Zeit muß es Einer noch nicht weit gebracht haben, der nicht für Alles, auch das Schlechteste und Verkehrteste, *einen guten Grund* anzugeben weiß. Alles, was in der Welt verdorben
190 worden ist, das ist aus guten Gründen verdorben worden." (*Hegel* l. c. p. 249.)

so wird Brennmaterial verwüstet, (statt daß jetzt das Lebensmaterial der Arbeiter *verwüstet* wird) und hält man sie nicht im Gang, so setzt das Zeitverlust im Wiederanlegen des Feuers und zur Gewinnung des nöthigen Hitzegrads (während der Verlust, selbst Achtjähriger, an Schlafzeit Gewinn von Arbeitszeit für die Sandersonsippe) und die Oefen selbst würden vom Temperaturwechsel leiden" (während doch dieselbigen Oefen nichts leiden vom Tag- und Nachtwechsel der Arbeit)[103]. ¦|

[103] l. c. 85. Auf ähnliches zartes Bedenken der Herrn *Glasfabrikanten*, daß „*regelmäßige Mahlzeiten*" der Kinder „*unmöglich*" sind, weil dadurch ein bestimmtes „*Quantum Hitze*", das die Oefen ausstrahlen, „*reiner Verlust*" für sie wäre oder „*verwüstet*" würde, antwortet Untersuchungskommissär *White*, durchaus nicht gerührt, gleich *Ure*, *Senior* etc., und ihren schmalen deutschen Nachkläffern, wie *Roscher* etc., von der „Enthaltsamkeit," „Entsagung" und „Sparsamkeit" der Kapitalisten in Verausgabung *ihres Geldes*, und ihrer Timur-Tamerlanschen „Verschwendung" von *Leben andrer Menschen*, wie folgt: „*Ein gewisses Quantum Hitze* mag über das jetzige Maß hinaus *verwüstet* werden, in Folge von Sicherung *regulärer Mahlzeiten*, aber selbst in *Geldwerth* ist es nichts verglichen mit der *Verwüstung von Lebenskraft* („the waste of animal power"), die jetzt dem Königreich daraus erwächst, daß in den Glashütten beschäftigte und im Wachsthum begriffene Kinder keine Ruhezeit finden, ihre Speisen bequem einzunehmen und zu verdauen." (l. c. p. XLV.) Und das im „Fortschrittsjahr" 1865! Abgesehn von der Kraftausgabe im Heben und Tragen, marschirt ein solches Kind in den Hütten, die Flaschen und Flintglas machen, während der kontinuirlichen Verrichtung seiner Arbeit, 15 bis 20 (englische) Meilen in 6 Stunden! Und die Arbeit dauert oft 14 bis 15 Stunden! In vielen dieser Glashütten herrscht, wie in den Spinnereien von Moskau, das System *sechsstündiger Ablösungen*. „Während der Arbeitszeit der Woche sind sechs Stunden die äußerste ununterbrochne Rastperiode, und davon geht ab die Zeit zur und von der Fabrik zu gehn, Waschen, Kleiden, Speisen, was alles Zeit kostet. So bleibt in der That nur die kürzeste Ruhezeit. Keine Zeit für Spiel und frische Luft, außer auf Kosten des Schlafes, so unentbehrlich für Kinder, die in solch heißer Atmosphäre solch anstrengendes Werk verrichten.... Selbst der kurze Schlaf ist dadurch unterbrochen, daß das Kind sich selbst wecken muß bei Nacht, oder bei Tag vom Außenlärm geweckt wird." Herr *White* giebt Fälle, wo ein Junge 36 Stunden nach einander arbeitete; andere, wo Knaben *von 12 Jahren* bis *zwei Uhr Nachts* schanzen und dann in der Hütte schlafen bis *5 Uhr Morgens* (3 Stunden!), um das Tagewerk von neuem zu beginnen! „Die Masse Arbeit," sagen die Redakteure des allgemeinen Berichts, Tremenheere und Tufnell, „die Knaben, Mädchen und Weiber im Lauf ihres täglichen oder nächtlichen *Arbeitsbanns („spell of labour")* verrichten, ist fabelhaft." (l. c. XLIII und XLIV.) Unterdeß wankt vielleicht, eines Abends späte,

„*Was ist ein Arbeitstag?*" Wie groß ist die Zeit, während deren das Kapital die Arbeitskraft, deren Tageswerth es zahlt, konsumiren darf? Wie weit kann der Arbeitstag *verlängert* werden über die zur Reproduktion der Arbeitskraft selbst nothwendige Arbeitszeit? Auf diese Fragen, man hat es gesehn, antwortet *das Kapital:* der Arbeitstag zählt täglich volle *24 Stunden* nach Abzug der wenigen Ruhestunden, ohne welche die Arbeitskraft ihren erneuerten Dienst absolut versagt. Es versteht sich zunächst von selbst, daß der Arbeiter seinen ganzen Lebenstag durch *nichts ist außer Arbeitskraft*, daß daher *alle* seine *disponible Zeit* von Natur und Rechtswegen *Arbeitszeit* ist, also der *Selbstverwerthung des Kapitals* angehört. Zeit zu menschlicher Bildung, zu geistiger Entwicklung, zur Erfüllung sozialer Funktionen, zu | geselligem Verkehr, zum freien Spiel der physischen und geistigen Leibeskräfte, selbst die Feierzeit des Sonntags – und wäre es im Lande der Sabbathheiligen[104] – reiner *Firlefanz*! Aber in seinem maßlos blinden Trieb, ¦ seinem Wehrwolfs-Heißhunger nach Mehrarbeit überrennt das Kapital *nicht nur die moralischen, sondern auch die rein-physischen Maximalschranken des Arbeitstags.* Es usurpirt die Zeit für Wachsthum, Entwicklung und gesunde Erhaltung des Körpers. Es raubt die Zeit, erheischt zum Verzehr von freier Luft und Sonnenlicht. Es knickert ab an der Mahlzeit und einverleibt sie, wo möglich, dem Produktionsprozeß selbst, so daß dem Arbeiter als bloßem Produktionsmittel Speisen zugesetzt

das „entsagungs*volle*" Glaskapital, portweinduslig, aus dem Klub nach Haus, idiotisch vor sich hersummend: "Britons never, never shall be slaves!"

104 In England z. B. wird immer noch hier und da auf dem Lande ein Arbeiter zu Gefängnißstrafe verurtheilt wegen Entheiligung des Sabbaths durch Arbeit auf dem Gärtchen vor seinem Hause. Derselbe Arbeiter wird wegen Kontraktbruches *bestraft*, bleibt er des Sonntags, sei es selbst aus religiösen Mucken, vom Metall-, Papier- oder Glaswerk weg. Das orthodoxe Parlament hat kein Ohr für Sabbathentheiligung, wenn sie im „Verwerthungsprozeß" des Kapitals vorgeht. In einer Denkschrift *(August 1863)* der Londoner *journeymen fishmongers and poulterers*, worin die *Abschaffung der Sonntagsarbeit* verlangt wird, heißt es, daß ihre Arbeit während der ersten 6 Wochentage durchschnittlich 15 Stunden täglich dauert und am Sonntag 8–10 Stunden. Man entnimmt zugleich aus dieser Denkschrift, daß es namentlich die kitzliche Gourmandise der *aristokratischen Mucker* von Exeter Hall ist, die diese „Sonntagsarbeit" ermuthigt. Diese „Heiligen", so eifrig „in cute curanda", bewähren ihr Christenthum durch die Ergebung, womit sie die Ueberarbeit, die Entbehrungen und den Hunger dritter Personen ertragen. „Obsequium ventris *istis* (den Arbeitern) perniciosius est."

werden, wie dem Dampfkessel Kohle und der Maschinerie Talg oder Oel. Den gesunden Schlaf zur Sammlung, Erneurung und Erfrischung der Lebenskraft reduzirt es auf so viel Stunden dumpfen Torpor als die Wiederbelebung eines absolut erschöpften Organismus unentbehrlich macht. Statt daß die normale Erhaltung der Arbeitskraft hier die Schranke des Arbeitstags, bestimmt umgekehrt die größte täglich mögliche Verausgabung der Arbeitskraft, wie krankhaft gewaltsam und peinlich auch immer, die Schranke für die Rastzeit des Arbeiters. Das Kapital fragt nicht nach der *Lebensdauer der Arbeitskraft.* Was es interessirt, ist einzig und allein das Maximum von Arbeitskraft, das in einem Arbeitstag flüssig gemacht werden kann. | Es erreicht dieß Ziel durch *Verkürzung der Dauer der Arbeitskraft,* wie ein habgieriger Landwirth gesteigerten Bodenertrag durch *Beraubung* der Bodenfruchtbarkeit erreicht.

Die kapitalistische Produktion, die wesentlich Produktion von Mehr- 191
werth, Einsaugung von Mehrarbeit ist, produzirt also mit der Verlängerung des Arbeitstags nicht nur die *Verkümmerung* der menschlichen Arbeitskraft, die sie ihrer normalen moralischen und physischen Entwicklungs- und Bethätigungsbedingungen beraubt. *Sie produzirt die vorzeitige Erschöpfung und Abtödtung der Arbeitskraft selbst*[105]. Sie verlängert die *Produktionszeit* des Arbeiters während eines gegebenen Termins durch Verkürzung seiner *Lebenszeit.*

Der Werth der Arbeitskraft schließt aber den Werth der Waaren ein, welche zur Reproduktion des Arbeiters oder zur Fortpflanzung der Arbeiterklasse erheischt sind. Wenn also die naturwidrige Verlängerung des Arbeitstags, die das Kapital in seinem maßlosen Trieb nach Selbstverwerthung nothwendig anstrebt, die Lebensperiode der einzelnen Arbeiter und damit die Dauer ihrer Arbeitskraft verkürzt, wird rascherer Ersatz der Verschlissenen nöthig, also das Eingehn größerer Verschleißkosten in die Reproduktion der Arbeitskraft, ganz wie der täglich zu reproduzirende Werththeil einer ¦ Maschine um so größer ist, in je kürzerer Zeit sie verschleißt. Das Kapital scheint daher durch sein eignes Interesse auf einen *Normal-Arbeitstag* hingewiesen.

105 "We have given in our previous reports the statements of several experienced manufacturers to the effect that over-hours … certainly tend *prematurely to exhaust the working power* of the men." l. c. 64, p. XIII.

Der Sklavenhalter kauft seinen Arbeiter, wie er sein Pferd kauft. Mit dem Sklaven verliert er ein Kapital, das durch neue Auslage auf dem Sklavenmarkt ersetzt werden muß. Aber „die Reisfelder von Georgien und die Sümpfe des Mississippi mögen fatalistisch zerstörend auf die menschliche Constitution wirken; dennoch ist diese Verwüstung von menschlichem Leben nicht so groß, daß sie nicht gut gemacht werden könnte aus den strotzenden Gehegen von Virginien und Kentucky. Oekonomische Rücksichten, die eine Art Sicherheit für die menschliche Behandlung des Sklaven bieten könnten, sofern sie das Interesse des Herrn mit der Erhaltung des Sklaven identifizieren, verwandeln sich, nach Einführung des | Sklavenhandels, umgekehrt in Gründe der extremsten Zugrunderichtung des Sklaven, denn sobald sein Platz einmal durch Zufuhr aus fremden Negergehegen ausgefüllt werden kann, *wird die Dauer seines Lebens minder wichtig als dessen Produktivität, so lange es dauert.* Es ist daher eine Maxime der Sklavenwirthschaft in Ländern der Sklaveneinfuhr, daß die wirksamste Oekonomie darin besteht, die größtmöglichste Masse Leistung in möglichst kurzer Zeit dem Menschenvieh (human chattle) auszupressen. Es ist in tropischer Kultur, wo die jährlichen Profite oft dem Gesammtkapital der Pflanzungen gleich sind, daß Negerleben am rücksichtslosesten geopfert wird. Es ist die Agrikultur Westindiens, seit Jahrhunderten die Wiege fabelhaften Reichthums, die Millionen der afrikanischen Race verschlungen hat. Es ist heut zu Tage in Cuba, dessen Revenüen nach Millionen zählen, und dessen Pflanzer Fürsten sind, wo wir bei der Sklavenklasse, außer der gröbsten Nahrung, der erschöpfendsten und unablässigsten Plackerei, einen großen Theil *durch die langsame Tortur von Ueberarbeit und Mangel an Schlaf und Erholung* jährlich direkt zerstört sehn“[106].

Mutato nomine de te fabula narratur! Lies statt Sklavenhandel Arbeitsmarkt, statt Kentucky und Virginien Irland und die Agrikulturdistrikte von England, Schottland und Wales, statt Afrika Deutschland! Wir hörten, wie die Ueberarbeit mit den Bäckern in London aufräumt, und dennoch ist der Londoner Arbeitsmarkt stets überfüllt mit deutschen und anderen Todeskandidaten für die Bäckerei. Die Töpferei, wie wir sahen, ist einer der kurzlebigsten Industriezweige. Fehlt es deßwegen an Töpfern? *Josiah Wedgwood*, der Erfinder der modernen Töpferei, von

106 *Cairnes* l. c. p. 110, 111.

Haus selbst ein gewöhnlicher Arbeiter, erklärte 1785 vor dem Hause der Gemeinen, daß die ganze Manufaktur 15 bis 20 000 Personen beschäftige[107]. Im Jahr 1861 betrug ¦ die Bevölkerung allein der städtischen Sitze dieser Industrie in Großbritanien 101 302. „Die Baumwollindustrie zählt 90 Jahre … In drei Generationen der englischen Race hat sie neun Generationen von Baumwollarbeitern verspeist“[108]. Aller|dings, in einzelnen Epochen fieberhaften Aufschwungs zeigte der Arbeitsmarkt bedenkliche Lücken. So z. B. 1834. Aber die Herrn Fabrikanten schlugen nun den Poor Law Commissioners vor die „Uebervölkerung“ der Ackerbaudistrikte nach dem Norden zu schicken, mit der Erklärung, daß *die Fabrikanten sie absorbiren und konsumiren würden*[109]. Dieß waren ihre eigensten Worte. „Agenten wurden zu Manchester bestallt mit Einwilligung der Poor Law Commissioners. Agrikulturarbeiterlisten wurden ausgefertigt und diesen Agenten übermacht. Die Fabrikanten liefen in die Büreaus, und nachdem sie, was ihnen paßte, ausgewählt, wurden die Familien vom Süden Englands verschickt. Diese Menschenpackete wurden geliefert mit Etiquetten gleich so viel Güterballen, auf Kanal und Lastwagen, – einige strolchten zu Fuße nach und viele irrten verloren und halbverhungert in den Manufakturdistrikten umher. Dieß entwickelte sich zu einem wahren Handelszweig. Das Haus der Gemeinen wird es kaum glauben. Dieser regelmäßige Handel, dieser Schacher in Menschenfleisch, dauerte fort, und diese Leute wurden gekauft und verkauft von den Manchester Agenten an die Manchester Fabrikanten, ganz so regelmäßig wie Neger an die Baumwollpflanzer der südlichen Staaten … *Das Jahr 1860* bezeichnet das Zenith der Baumwollindustrie. Es fehlte wieder an Händen. Die Fabrikanten wandten sich wieder an die Fleischagenten und diese durchstöberten die Dünen von Dorset, die Hügel von Devon und die Ebenen von Wilts, aber die Uebervölkerung war bereits verspeist. Der ‚*Bury Guardian*‘ jammerte, daß 10 000 zusätzliche Hände nach Abschluß des englisch-französischen Handelsvertrags *absorbirt* werden könnten und bald an 30 oder 40 000 mehr nöthig sein würden. Nachdem die Agenten und

107 *John Ward: „History of the Borough of Stoke-upon-Trent. London 1843*“, p. 42.

108 *Ferrand's* Rede im „House of Commons“ vom *27. April 1863.*

109 „That the manufacturers would absorb it and *use it up*. Those were the very words used by the cotton manufacturers.“ l. c.

Subagenten des Fleischhandels die Agrikulturdistrikte 1860 ziemlich resultatlos durchgefegt, wandte sich eine Fabrikantendeputation an Herrn *Villiers*, den Präsidenten des Poor Law Board, um wieder wie früher Zufuhr der Armen- und Waisenkinder aus den Workhouses erlaubt zu erhalten[110].“¦|

[110] l. c. Villiers, trotz bestem Willen, war „gesetzlich“ in der Lage das Fabrikantenanliegen abschlagen zu müssen. Die Herrn erreichten jedoch ihre Zwecke durch die Willfährigkeit der *lokalen* Armenverwaltungen. Herr *A. Redgrave*, Fabrikinspektor, versichert, daß dießmal das System, wonach die Waisen und Pauper's Kinder „gesetzlich“ als *apprentices* (Lehrlinge) gelten, „nicht begleitet war von den alten Mißständen“ – (über diese „Mißstände“ vgl. *Engels* l. c.) –, obgleich allerdings in einem Fall „Mißbrauch mit dem System getrieben worden ist, in Bezug auf eine Anzahl Mädchen und junge Weiber, die von den Agrikulturdistrikten Schottlands nach Lancashire und Cheshire gebracht wurden.“ In diesem „System“ schließt der Fabrikant einen Kontrakt mit den Behörden der Armenhäuser für bestimmte Perioden. Er nährt, kleidet und logirt die Kinder und giebt ihnen einen kleinen Zuschuß in Geld. Sonderbar klingt folgende Bemerkung des Herrn *Redgrave*, namentlich wenn man bedenkt, daß selbst unter den Prosperitätsjahren der englischen Baumwollindustrie das Jahr 1860 einzig dasteht und die Arbeitslöhne außerdem hoch standen, weil die außerordentliche Arbeitsnachfrage auf Entvölkerung in Irland stieß, auf beispiellose Auswanderung von englischen und schottischen Agrikulturdistrikten nach Australien und Amerika, auf *positive Abnahme der Bevölkerung* in einigen englischen Agrikulturdistrikten in Folge theils glücklich erzielten Bruchs der Lebenskraft, theils des früheren Abschöpfens der disponiblen Bevölkerung durch die Händler in Menschenfleisch. Und trotz alledem sagt Herr *Redgrave*: „Diese Art Arbeit (der Armenhauskinder) wird jedoch nur gesucht, wenn keine andere gefunden werden kann, denn es ist *theure Arbeit* (high-priced labour). Der gewöhnliche Arbeitslohn für einen Jungen von 13 Jahren ist ungefähr 4 sh. wöchentlich; aber 50 oder 100 solcher Jungen logiren, kleiden, nähren, mit ärztlicher Hilfsleistung und passender Oberaufsicht versehn, und ihnen obendrein eine kleine Zubuße in Geld geben, ist unthunlich für 4 sh. per Kopf wöchentlich.“ („*Rep. of the Insp. of Factories for* 30th *April* 1860“ p. 27.) Herr Redgrave vergißt zu sagen, wie der Arbeiter selbst dieß alles *seinen* Jungen für ihre 4 sh. Arbeitslohn leisten kann, wenn es der Fabrikant nicht kann für 50 oder 100 Jungen, die *gemeinsam* logirt, beköstigt und beaufsichtigt werden. Zur Abwehr falscher Schlußfolgerungen aus dem Text muß ich hier noch bemerken, daß *die englische Baumwollindustrie*, seit ihrer Unterwerfung unter den Factory Act von 1850 mit seiner Reglung der Arbeitszeit u. s. w., als die englische *Musterindustrie* betrachtet werden muß. Der englische Baumwollarbeiter steht in jeder Hinsicht höher als sein kontinentaler Schicksalsgenosse. „Der preußische Fabrikarbeiter arbeitet mindestens 10 Stunden mehr per Woche als sein englischer Rivale, und wenn er an seinem eignen Webstuhl zu Hause beschäftigt wird,

Was die *Erfahrung* dem Kapitalisten im Allgemeinen zeigt, ist eine beständige Uebervölkerung, d. h. Uebervölkerung im Verhältniß | zum augenblicklichen Verwerthungsbedürfniß des Kapitals, obgleich sie aus verkümmerten, schnell hinlebenden, sich rasch verdrängenden, so zu sagen unreif gepflückten Menschengenerationen ihren Strom bildet[111]. Allerdings zeigt die Erfahrung dem verständigen Beobachter auf der andern Seite, wie rasch und tief die kapitalistische Produktion, die, geschichtlich gesprochen, kaum von gestern datirt, die Volkskraft an der Lebenswurzel ergriffen hat, wie die Degeneration der industriellen Bevölkerung nur durch beständige Absorption naturwüchsiger Lebenselemente vom Lande verlangsamt wird, und wie selbst die ländlichen Arbeiter, trotz freier Luft und des unter ihnen so allmächtig waltenden principle of natural selection, das nur die ¦ kräftigsten Individuen aufkommen läßt, schon abzuleben beginnen[112]. Das Kapital, das so „gute Gründe" hat, die Leiden der es umgebenden Arbeitergeneration zu läugnen, wird in seiner praktischen Bewegung durch die Aussicht auf zukünftige Verfaulung der Menschheit und schließ-

fällt selbst diese Schranke seiner zusätzlichen Arbeitsstunden weg." („*Rep. of Insp. of Fact. 31st Oct. 1855*" p. 103.) Der obenerwähnte Fabrikinspektor Redgrave reiste nach der Industrieausstellung von 1851 auf dem Kontinent, speziell in Frankreich und Preußen, um die dortigen Fabrikzustände zu untersuchen. Er sagt von dem preußischen Fabrikarbeiter: „Er erhält einen Lohn ausreichend zur Verschaffung einfacher Kost und der wenigen Comforts, woran er gewöhnt und womit er zufrieden ist.... Er lebt schlechter und arbeitet härter als sein englischer Rivale." („*Rep. of Insp. of Fact. 31st Oct. 1853*" p. 85.)

111 „Die Ueberarbeiteten sterben mit befremdlicher Raschheit; aber die Plätze derer, die untergehn, sind sofort wieder ausgefüllt, und ein *häufiger Wechsel der Personen* bringt keine Aenderung auf der Bühne hervor". „*England and America. London* 1833", t. I, 55. (Verfasser *E. G. Wakefield*.)

112 Siehe: „*Public Health. Sixth Report of the Medical Officer of the Privy Council.* 1863." Veröffentlicht *London*, 1864. Dieser Report handelt namentlich von den Agrikulturarbeitern. „Man hat die Grafschaft Sutherland als eine sehr verbesserte Grafschaft dargestellt, aber eine neuerliche Untersuchung hat entdeckt, daß hier, in Distrikten einst so berühmt wegen schöner Männer und tapferer Soldaten, die Einwohner degenerirt sind zu einer mageren und verkümmerten Race. In den gesundesten Lagen, auf Hügelabhängen im Angesicht des Meers, sind die Gesichter ihrer Kinder so dünn und blaß, wie sie nur in der faulen Atmosphäre einer Londoner Winkelgasse sein können". (*Thornton* l. c. p. 74, 75.) Sie gleichen in der That den 30 000 „gallant Highlanders", die Glasgow in seinen wynds und closes mit Prostituirten und Dieben zusammenbettet.

lich doch unaufhaltsame Entvölkerung so wenig und so viel bestimmt als durch den möglichen Fall der Erde in die Sonne. In jeder Aktienschwindelei weiß jeder, daß das Unwetter einmal einschlagen muß, aber jeder hofft, daß es das Haupt seines Nächsten trifft, nachdem | er selbst den Goldregen aufgefangen und in Sicherheit gebracht hat. *Après moi le déluge!* ist der Wahlruf jedes Kapitalisten und jeder Kapi-
192 talistennation. Das Kapital ist daher rücksichtslos gegen Gesundheit und Lebensdauer des Arbeiters, *wo es nicht durch die Gesellschaft zur Rücksicht gezwungen wird*[113]. Der Klage über physische und geistige Verkümmerung, vorzeitigen Tod, Tortur der Ueberarbeit, antwortet es: Sollte diese Qual uns quälen, da sie unsre Lust (den Profit) vermehrt? Im Großen und Ganzen hängt dieß aber auch nicht vom guten oder bösen Willen des einzelnen Kapitalisten ab. Die *freie Konkurrenz macht die immanenten Gesetze der kapitalistischen Produktion*
193 dem einzelnen Kapitalisten gegenüber als *äußerliches Zwangsgesetz* geltend[114].

Die Festsetzung eines normalen Arbeitstags ist das *Resultat eines vielhundertjährigen Kampfes zwischen Kapitalist und Arbeiter.* Doch zeigt die Geschichte dieses Kampfes zwei *entgegengesetzte* Strömungen. Man ver¦gleiche z. B. die englische Fabrikgesetzgebung unserer Zeit mit den englischen Arbeitsstatuten vom 14. | bis tief in die Mitte des 18. Jahrhun-

113 „Obgleich die Gesundheit der Bevölkerung ein so wichtiges Element des nationalen Kapitals ist, fürchten wir gestehn zu müssen, daß die Kapitalisten durchaus nicht bei der Hand sind, diesen Schatz zu erhalten und werth zu achten. Die Rücksicht auf die Gesundheit der Arbeiter wurde den Fabrikanten aufgezwungen." („*Times*", *5. November* 1861.) „Die Männer des West Riding wurden die Tuchmacher der Menschheit, die *Gesundheit* des Arbeitervolks wurde geopfert, und in ein paar Generationen wäre die Race degenerirt, aber eine Reaktion trat ein. Die Stunden der Kinderarbeit wurden beschränkt u. s. w." („*Report of the Registrar General for October 1861*".)

114 Wir finden daher z. B., daß *Anfang* 1863 26 Firmen, welche ausgedehnte Töpfereien in Staffordshire besitzen, darunter auch J. Wedgwood und Söhne, in einer Denkschrift *„um gewaltsame Einmischung des Staats" petitioniren.* Die „Konkurrenz mit andern Kapitalisten" erlaube ihnen keine *„freiwillige"* Beschränkung der Arbeitszeit der Kinder u. s. w. „So sehr wir daher die oben erwähnten Uebel beklagen, würde es *unmöglich* sein, sie durch *irgend eine Art Uebereinkunft unter den Fabrikanten* zu verhindern .... In Anbetracht aller dieser Punkte, sind wir zur Ueberzeugung gelangt, daß ein *Zwangsgesetz* nöthig ist." *Children's Emp. Comm. Rep. I,* 1863, p. 322.

derts[115]. Während das moderne Fabrikgesetz den Arbeitstag gewaltsam *abkürzt*, suchen ihn jene Statute gewaltsam zu *verlängern*. Allerdings erscheinen die *Ansprüche* des Kapitals im Embryozustand, wo es erst *wird*, also noch nicht durch bloße Gewalt der ökonomischen Verhältnisse, sondern auch durch Hilfe der Staatsmacht sein Einsaugungsrecht eines genügenden Quantums Mehrarbeit sichert, ganz und gar bescheiden, vergleicht man sie mit den *Konzessionen*, die es in seinem Mannesalter knurrend und widerstrebig machen muß. Es kostet Jahrhunderte, bis der „freie" Arbeiter, in Folge entwickelter kapitalistischer Produktionsweise, sich *freiwillig* dazu versteht, d. h. *gesellschaftlich* gezwungen ist, für den Preis seiner gewohnheitsmäßigen Lebensmittel *seine ganze aktive Lebenszeit*, ja seine Arbeitsfähigkeit selbst, seine Erstgeburt für ein Gericht Linsen zu verkaufen. Es ist daher natürlich, daß *die Verlängerung des Arbeitstags*, die das Kapital von Mitte des 14. bis Ende des 17. Jahrhunderts staatsgewaltig den *volljährigen Arbeitern aufzudringen* sucht, ungefähr mit der *Schranke der Arbeitszeit* zusammenfällt, die in der zweiten Hälfte des 19. Jahrhunderts der Verwandlung von *Kinderblut* in Kapital hier und da von Staatswegen gezogen wird. Was heute, z. B. im Staate *Massachussetts*, bis jüngst dem freisten Staate der nordamerikanischen Republik, als Staatsschranke der Arbeit von Kindern *unter* 12 Jahren proklamirt ist, war in England noch *Mitte des 17. Jahrhunderts* der normale Arbeitstag vollblütiger Handwerker, robuster Ackerknechte und riesenhafter Grobschmidte[116]. |

115 Diese Arbeiterstatute, die man gleichzeitig auch in Frankreich, den Niederlanden u. s. w. findet, wurden in England erst 1813 formell aufgehoben, nachdem sie längst von den Produktionsverhältnissen beseitigt waren.

116 "No child *under the age of 12 years* shall be employed in any manufacturing establishment *more than 10 hours in one day*." *„General Statutes of Massachussetts"*. ch. 60, § 3. (Die Ordonnanzen sind erlassen von 1836–1858.) "Labour performed during a period of 10 hours on any day in all cotton, woollen, silk, paper, glass, and flax factories, or in manufactories of iron and brass, shall be considered a legal day's labour. And be it enacted, that hereafter *no minor* engaged in any factory shall be holden or required to work more than 10 hours in any day, or 60 hours in any week; and that hereafter no minor shall be admitted as a worker under the age of 10 years in any factory within this state." *„State of New Jersey. An act to limit the hours of labour* etc.", § 1 und 2. (Gesetz vom *18. März 1851*.) "No minor who has attained the age of 12 years, and is under the age of 15 years, shall be employed in any manufacturing establishment *more than 11 hours* in any one day, *nor before 5 o'clock in the morning, nor after 7½ in*

Das erste „*Statute of Labourers*" (23 Eduard III. 1349) fand seinen unmittelbaren Vorwand (nicht seine *Ursache*, denn die Gesetzgebung dieser Art dauert Jahrhunderte fort ohne den Vorwand) in der großen Pest, welche die Bevölkerung dezimirte, so daß, wie ein Tory Schriftsteller sagt, „die Schwierigkeit Arbeiter zu *raisonablen Preisen* (d. h. zu Preisen, die ihren ¦ Anwendern ein raisonables Quantum Mehrarbeit ließen) an die Arbeit zu setzen, in der That unerträglich wurde[117]". Raisonable Arbeitslöhne wurden daher zwangsgesetzlich diktirt, ebenso wie die Grenze des Arbeitstags. Der letztere Punkt, der uns hier allein interessirt, ist wiederholt in dem Statut von 1496 (unter Henry VII). Der Arbeitstag für *alle Handwerker* (artificers) und *Ackerbauarbeiter* vom März bis September sollte damals, was jedoch nie durchgesetzt wurde, dauern von 5 Uhr Morgens bis zwischen 7 und 8 Uhr Abends, aber die Stunden für Mahlzeiten betragen 1 Stunde für Frühstück, 1½ Stunden für Mittagsessen, und ½ Stunde für Vieruhrenbrod, also grade *doppelt so viel* als nach dem jetzt gültigen Fabrikakt[118]. Im Winter sollte ge-| arbeitet werden von 5 Uhr Morgens bis zum Dunkeln, mit denselben Unterbrechungen. *Ein Statut der Elisabeth* von *1562* für *alle* Arbeiter, „gedungen für Lohn per Tag oder Woche", läßt die Länge des Arbeitstags unberührt, sucht aber die Zwischenräume zu beschränken auf 2½ Stunden für den Sommer und 2 für den Winter. Das Mittagsessen soll nur eine Stunde dauern und „der Nachmittagsschlaf von ½ Stunde"

the evening." „*Revised Statutes of the State of Rhode Island* etc. ch. 139, §. 23, 1 st *July 1857.*"

117 „*Sophisms of Free Trade. 7th edit. Lond.* 1850", p. 205. Derselbe Tory giebt übrigens zu: „Parlamentsakte, die die Arbeitslöhne *gegen* die Arbeiter *zu Gunsten* der Arbeitsanwender regulirten, währten für die lange Periode von 464 Jahren. Die Bevölkerung wuchs. Diese Gesetze wurden *nun* überflüssig und lästig." (l. c. p. 206.)

118 *J. Wade* bemerkt mit Recht in Bezug auf dieß Statut: „Aus dem Statut von 1496 geht hervor, daß die Nahrung als Aequivalent für ⅓ des Einkommens eines Handwerkers und ½ des Einkommens eines Agrikulturarbeiters galt, und dieß zeigt eine größere Stufe von Unabhängigkeit unter den Arbeitern an als jetzt vorherrscht, wo die Nahrung der Arbeiter in Agrikultur und Manufaktur ein viel höheres Verhältniß zu ihren Löhnen bildet." (*J. Wade* l. c. p. 24, 25 u. 577.) Die Meinung als sei diese Differenz etwa der Differenz im Preisverhältniß zwischen Nahrungsmitteln und Kleidungsstücken, jetzt und damals, geschuldet, widerlegt der oberflächlichste Blick auf: „*Chronicon Pretiosum* etc. *By Bishop Fleetwood. 1st edit. London* 1707. *2nd edit. London* 1745."

nur zwischen Mitte Mai und Mitte August erlaubt sein. Für jede Stunde Abwesenheit soll 1 d. (etwa 10 Pfennige) vom Lohn abgehen. In der Praxis jedoch war das Verhältniß den Arbeitern viel günstiger als im Statutenbuch. Der Vater der politischen Oekonomie und gewissermaßen der Erfinder der Statistik, *William Petty*, sagt in einer Schrift, die er im letzten Drittel des 17. Jahrhunderts veröffentlichte: „Arbeiter (labouring men, eigentlich damals Ackerbauarbeiter) *arbeiten 10 Stunden täglich* und nehmen wöchentlich 20 Mahlzeiten ein, nämlich an Arbeitstagen täglich drei und an Sonntagen zwei; woraus man klärlich sieht, daß, wenn sie an Freitag Abenden fasten wollten und in *anderthalb Stunden zu Mittag speisen* wollten, während sie jetzt zu dieser Mahlzeit zwei Stunden brauchen, *von 11 bis 1 Uhr Morgens*, wenn sie also 1⁄20 mehr arbeiteten und 1⁄20 weniger verzehrten, das Zehntel der oben erwähnten Steuer aufbringbar wäre[119]." Hatte *Dr. Andrew Ure* nicht Recht, die Zwölfstundenbill von 1833 als Rückgang in die Zeiten der Finsterniß zu verschreien? ¦ Allerdings gelten die in den Statuten und von Petty erwähnten Bestimmungen auch für „*apprentices*" (Lehrlinge). Wie es aber noch Ende des *17. Jahrhunderts* mit der Kinderarbeit stand, ersieht man aus folgender Klage: „Unsere Jugend, hier in England, treibt gar nichts bis zu der Zeit wo sie Lehrlinge werden, und dann brauchen sie natürlich lange Zeit – sieben Jahre – um sich zu vollkommenen Handwerkern zu bilden." Deutschland wird dagegen gerühmt, weil dort die Kinder von der Wiege auf wenigstens zu „ein bischen Beschäftigung erzogen werden"[120]. |

119 „*W. Petty: Political Anatomy of Ireland.* 1672. *edit.* 1691", p. 10.

120 „*A Discourse of the Necessity of Encouraging Mechanick Industry. London* 1689", p. 13. *Macaulay*, der die englische Geschichte im Whig- und Bourgeoisinteresse zurechtgefälscht hat, deklamirt wie folgt: „Die Praxis, Kinder vorzeitig an die Arbeit zu setzen, herrschte im 17. Jahrhundert in einem für den damaligen Zustand der Industrie fast unglaublichen Grad vor. Zu Norwich, dem Hauptsitz der Wollenindustrie, wurde ein Kind von 6 Jahren für arbeitsfähig gehalten. Verschiedene Schriftsteller jener Zeit, und darunter manche, die als außerordentlich wohlgesinnt betrachtet wurden, erwähnen mit „Exultation" (Entzücken) die Thatsache, daß in dieser Stadt allein Knaben und Mädchen einen Reichthum schaffen, der über ihren eignen Unterhalt hinaus 12 000 Pfd. St. in einem Jahr betrug. Je genauer wir die Geschichte der Vergangenheit untersuchen, desto mehr Grund finden wir die Ansicht derer zu verwerfen, die unser Zeitalter für fruchtbar an neuen socialen Uebeln halten. Das was neu ist, ist die Intelligenz, die die Uebel entdeckt, und die Humanität, die sie heilt." („*History of England*", v. I, p. 417.)

Noch während des größten Theils *des 18. Jahrhunderts*, bis zur Epoche der großen Industrie, war es dem Kapital in England nicht gelungen, durch Zahlung des wöchentlichen Werths der Arbeitskraft sich der *ganzen Wochenarbeit* des Arbeiters, mit *Ausnahme jedoch des Agrikulturarbeiters*, zu bemächtigen. Der Umstand, daß sie eine ganze Woche mit dem Lohn von 4 Tagen leben konnten, schien den Arbeitern kein hinreichender Grund, auch die andren zwei Tage für den Kapitalisten zu arbeiten. Eine Seite der englischen Oekonomen denuncirte im Dienst des Kapitals diesen Eigensinn auf's Wüthendste, eine andre Seite vertheidigte die Arbeiter. Hören wir z. B. die Polemik zwischen *Postlethwayt*, dessen Handels-Diktionnair damals denselben Ruf genoß wie heut zu Tage ähnliche Schriften von Mac Culloch und Mac | Gregor, und dem früher citirten Verfasser des *„Essay on Trade and Commerce“*[121]. ¦

Postlethwayt sagt u. a.: „Ich kann diese wenigen Bemerkungen nicht abschließen, ohne Notiz zu nehmen von der trivialen Redensart in dem

Macaulay hätte weiter berichten können, daß „außerordentlich wohlgesinnte“ *amis du commerce* im 17. Jahrhundert mit „Exultation“ erzählen, wie in einem Armenhaus in Holland ein Kind von 4 Jahren beschäftigt wurde, und daß dieß Beispiel der „vertue mise en pratique“ in allen Schriften von Humanitairen à la Macaulay Muster passirt bis zur Zeit A. Smith's. Es ist richtig, daß mit dem *Aufkommen der Manufaktur* im Unterschied zum *Handwerk* sich Spuren der Kinderexploitation zeigen. Die *Tendenz des Kapitals* ist unverkennbar, aber die Thatsachen selbst stehn noch so vereinzelt, wie die Erscheinung zweiköpfiger Kinder. Sie wurden daher „mit Exultation“, als besonders merkwürdig und bewundernswerth, von ahnungsvollen *„amis du commerce“* für Mit- und Nachwelt aufgezeichnet und zur Nachahmung empfohlen. Derselbe schottische Sykophant und Schönredner Macaulay sagt: „man höre heute nur von Rückschritt und sehe nur Fortschritt“. Was für Augen und namentlich was für Ohren!

121 Unter den Anklägern der Arbeiter ist der grimmigste der im Text erwähnte anonyme Verfasser von: *„An Essay on Trade and Commerce, containing Observations on Taxation* etc. *London* 1770“. Schon früher in seiner Schrift: *„Considerations on Taxes. London* 1765.“ Auch *Polonius Arthur Young*, der unsägliche statistische Schwätzer, folgt in derselben Linie. Unter den Vertheidigern der Arbeiter stehn oben an: *Jacob Vanderlint* in: *„Money answers all things. London* 1734“, *Rev. Nathaniel Forster, D. D.* in: *„An Enquiry into the Causes of the Present High Price of Provisions. London* 1767“, *Dr. Price*, und namentlich auch *Postlethwayt*, sowohl in einem Supplement zu seinem *„Universal Dictionary of Trade and Commerce“* als in: *„Great Britain's Commercial Interest explained and improved. 2nd edit. London* 1759“. Die Thatsachen selbst findet man bei vielen andern gleichzeitigen Schriftstellern konstatirt, u. a. bei *Josiah Tucker*.

Munde zu vieler, daß wenn der Arbeiter (industrious poor) in 5 Tagen genug erhalten kann um zu leben, er nicht volle 6 Tage arbeiten will. Daher schließen sie auf die Nothwendigkeit, selbst die nothwendigen Lebensmittel durch Steuern oder irgend welche andre Mittel zu vertheuern, um den Handwerker und Manufakturarbeiter zu unausgesetzter *sechstägiger* Arbeit in der Woche zu zwingen. Ich muß um die Erlaubniß bitten, andrer Meinung zu sein als diese großen Politiker, welche für *die beständige Sklaverei der Arbeiterbevölkerung* dieses Königreichs („the perpetual slavery of the working people") die Lanze einlegen; sie vergessen das Sprichwort ‚*all work and no play*' (nur Arbeit, und kein Spiel, macht dumm). Brüsten sich die Engländer nicht mit der Genialität und Gewandtheit ihrer Handwerker und Manufakturarbeiter, die bisher den britischen Waaren allgemeinen Kredit und Ruf verschafft haben? Welchem Umstand war dieß geschuldet? Wahrscheinlich keinem andern als der Art und Weise, wie unser Arbeitsvolk, eigenlaunig, sich zu zerstreuen weiß. Wären sie gezwungen das ganze Jahr durchzuarbeiten, *alle sechs Tage in der Woche*, in steter Wiederholung desselben Werkes, würde das nicht ihre Genialität abstumpfen, und sie dumm-träg statt munter und gewandt machen; und | würden unsere Arbeiter in Folge *solcher ewigen Sklaverei* ihren Ruf nicht verlieren statt erhalten? Welche Art Kunstgeschick könnten wir erwarten von *solch hart geplackten Thieren?* (hard driven animals) … Viele von ihnen verrichten soviel Arbeit in 4 Tagen als ein Franzose in 5 oder 6. Aber wenn Engländer ewige Schanzarbeiter sein sollen, so steht zu fürchten, daß sie noch unter die Franzosen entarten (degenerate) werden. Wenn unser Volk wegen seiner Tapferkeit im Krieg berühmt ist, sagen wir nicht, daß dieß einerseits dem guten englischen Roastbeef und Pudding in seinem Leibe, andrerseits nicht minder unsrem konstitutionellen Geiste der Freiheit geschuldet ist? Und warum sollte die größere Genialität, Energie und Gewandtheit unserer Handwerker und Manufakturarbeiter nicht der Freiheit geschuldet sein, womit sie sich in ihrer eignen Art und Weise zerstreuen? Ich hoffe, *sie werden nie weder diese Privilegien verlieren, noch das gute* ¦ *Leben*, woraus ihre Arbeitstüchtigkeit und ihr Muth gleichmäßig herstammen!" [122]

Darauf antwortet der Verfasser des „*Essay on Trade and Commerce*":

„Wenn es für eine *göttliche* Einrichtung gilt, den siebenten Tag der Woche zu feiern, so schließt dieß ein, daß die andern Wochentage der

122 *Postlethwayt* l. c. „*First Preliminary Discourse*", p. 14.

Arbeit (er meint dem *Kapital*, wie man gleich sehn wird) angehören, und es kann nicht grausam gescholten werden, dieß Gebot Gottes *zu erzwingen* … Daß die Menschheit im Allgemeinen von Natur zur Bequemlichkeit und Trägheit neigt, davon machen wir die fatale Erfahrung im Betragen unsres Manufakturpöbels, der *durchschnittlich nicht über 4 Tage die Woche arbeitet*, außer im Fall einer Theurung der Lebensmittel … Gesetzt ein Bushel Weizen repräsentire alle Lebensmittel des Arbeiters, koste 5 sh., und der Arbeiter verdiene einen Shilling täglich durch seine Arbeit. Dann braucht er bloß 5 Tage in der Woche zu arbeiten; nur 4, wenn der Bushel 4 sh. beträgt … Da aber der Arbeitslohn in diesem Königreich viel höher steht, verglichen mit dem Preise der Lebensmittel, so besitzt der Manufakturarbeiter, der 4 Tage arbeitet, einen Geldüberschuß, womit er während des Rests der Woche müßig lebt … Ich hoffe, ich habe genug gesagt, um klar zu | machen, daß *mäßiges Arbeiten von 6 Tagen in der Woche keine Sklaverei ist.* Unsere *Agrikulturarbeiter* thun dieß und, allem Anschein nach, sind sie die Glücklichsten unter den Arbeitern (labouring poor)[123], aber die *Holländer* thun es in den Manufakturen und scheinen ein sehr glückliches Volk. Die *Franzosen* thun es, so weit nicht die vielen *Feiertage* dazwischen kommen[124] … Aber unser Manufakturpöbel hat sich die fixe Idee in den Kopf gesetzt, daß sie als Engländer durch das Recht der Geburt das Privilegium besitzen, *freier* und *unabhängiger* zu sein als die Arbeiter in irgend einem andern Lande von Europa. Nun, diese Idee, so weit sie auf die Tapferkeit unserer Soldaten einwirkt, mag von einigem Nutzen sein; aber je weniger die Manufakturarbeiter davon haben, desto besser für sie selbst und den Staat. Arbeiter sollten sich *nie für unabhängig von ihren Vorgesetzten* („independent of their superiors") halten … Es ist außerordentlich gefährlich, mobs in einem kommerziellen Staat wie dem unsrigen zu encouragiren, wo vielleicht 7 Theile von den 8 der Gesammtbevölkerung Leute mit wenig oder keinem Eigenthum sind[125] … Die Kur wird nicht

[123] „*An Essay* etc." Er selbst erzählt p. 96, worin schon 1770 „das Glück" der englischen *Agrikulturarbeiter* bestand. „Ihre Arbeitskräfte („their working powers") sind stets auf das Aeußerste angespannt („on the stretch"); sie können nicht schlechter leben als sie thun („they cannot live cheaper than they do"), noch härter arbeiten" („nor work harder").

[124] Der Protestantismus spielt schon durch seine Verwandlung fast aller traditionellen Feiertage in Werktage eine wichtige Rolle in der Genesis des Kapitals.

[125] „*An Essay* etc." p. 15–57 passim.

vollständig sein, bis ¦ *unsere industriellen Armen sich bescheiden, 6 Tage für dieselbe Summe zu arbeiten, die sie nun in 4 Tagen verdienen*"[126]. Zu diesem Zwecke, wie zur „Ausrottung der Faullenzerei, Ausschweifung und romantischen Freiheitsduselei", ditto „zur Minderung der Armentaxe, Förderung des Geistes der Industrie und *Herabdrückung des Arbeitspreises in den Manufakturen*", schlägt unser treuer Eckart des Kapitals das | probate Mittel vor, solche Arbeiter, die der öffentlichen Wohlthätigkeit anheimfallen, in einem Wort, paupers, einzusperren in ein *„ideales Arbeitshaus" (an ideal Workhouse).* „Ein solches Haus muß zu einem *Hause des Schreckens (House of Terror)* gemacht werden[127]. In diesem ‚*Hause des Schreckens*', diesem ‚*Ideal von einem Workhouse*', soll gearbeitet werden 14 Stunden täglich mit Einbegriff jedoch der passenden Mahlzeiten, so daß *volle 12 Arbeitsstunden* übrig bleiben"[128].

Zwölf Arbeitsstunden täglich im „*Workhaus-Ideal*", im *Hause des Schreckens von 1770!* Drei und sechzig Jahre später, *1833,* als das englische Parlament in vier Fabrikzweigen den Arbeitstag für Kinder von 13 bis 18 Jahren *auf zwölf volle Arbeitsstunden herabsetzte,* schien der jüngste Tag der englischen Industrie angebrochen! *1852,* als L. Bonaparte bürgerlich Fuß zu fassen suchte durch Rütteln am gesetzlichen Arbeitstag, schrie das französische Arbeitervolk aus einem Munde: „Das Gesetz, *das den Arbeitstag auf 12 Stunden verkürzt,* ist das einzige Gut, das uns von der Gesetzgebung der Republik blieb"[129]! In *Zürich* ist

126 l. c. p. 69. *Jacob Vanderlint* erklärte schon 1734, das Geheimniß der Kapitalistenklage über die Faullenzerei des Arbeitervolks sei einfach, daß sie für *denselben Lohn* 6 statt 4 Arbeitstage beanspruchten.

127 l. c. p. 242, 243: "Such *ideal workhouse* must be made an ‚*House of Terror*', and not an asylum for the poor, where they are to be plentifully fed, warmly and decently clothed, and where they do but little work."

128 "In this ideal workhouse the poor shall work 14 hours in a day, allowing proper time for meals, in such manner that there shall remain 12 hours of neat labour." (l. c.) „Die Franzosen", sagt er, „lachen über unsre enthusiastischen Ideen von Freiheit." (l. c. p. 78.)

129 "They especially objected to work beyond the 12 hours per day, because the law which fixed those hours is the only good which remains to them of the legislation of the Republic." (*Rep. of Insp. of Fact. 31. Octob. 1855,* p. 80.) Das französische Zwölfstundengesetz vom 5. September 1850, eine verbürgerlichte Ausgabe des Dekrets der provisorischen Regierung vom 2. März 1848, erstreckt sich *auf alle Ateliers ohne Unterschied.* Vor diesem Gesetz war der Arbeitstag in Frankreich unbeschränkt. Er währte in den Fabriken 14, 15 und mehr Stunden.

die Arbeit von Kindern über 10 Jahren *auf 12 Stunden beschränkt;* im *Aargau* wurde *1862* die Arbeit von Kindern zwischen 13 und 16 Jahren *von* | *12½ auf 12 Stunden reducirt, in Oestreich 1860* für Kinder zwischen 14 und 16 Jahren ditto *auf 12 Stunden*[130]. *Welch* ein *„Fortschritt seit 1770*" würde *Macaulay* „mit Exultation" aufjauchzen! ¦

Das *„Haus des Schreckens*" für Paupers, wovon die Kapitalseele 1770 noch träumte, erhob sich wenige Jahre später als riesiges *„Arbeitshaus*" für die Manufakturarbeiter selbst. Es hieß *Fabrik.* Und dießmal erblaßte das Ideal vor der Wirklichkeit.

Nachdem das Kapital Jahrhunderte gebraucht, um den *Arbeitstag* bis zu seinen *normalen Maximalgrenzen* und dann über diese hinaus, *bis zu den Grenzen des natürlichen Tags von 12 Stunden zu verlängern*[131], erfolgte nun, seit der Geburt der großen Industrie im letzten Drittel des

Siehe *„Des classes ouvrières en France, pendant l'année 1848. Par M. Blanqui.*" Herr Blanqui, der Oekonom, nicht der Revolutionär, war von Regierungswegen mit der Enquête über die Arbeiterzustände betraut.

130 Lobenswerth wären die Verordnungen der Herrn *v. d. Heydt* und *Manteuffel* vom 18. August 1853 und 12. August 1854, wenn sie – ausgeführt würden. *Belgien* bewährt sich auch mit Bezug auf die Regulation des Arbeitstags als *bürgerlicher Musterstaat.* Lord Howard de Walden, englischer Bevollmächtigter in Brüssel, berichtet dem Foreign Office d. d. 12. Mai 1862: „Der Minister Rogier erklärte mir, daß weder ein allgemeines Gesetz noch Lokalregulationen die Kinderarbeit irgendwie beschränken; daß die Regierung sich während der letzten 3 Jahre in jeder Sitzung mit dem Gedanken trug, den Kammern ein Gesetz über den Gegenstand vorzulegen, daß sie aber stets ein unüberwindliches Hinderniß fand an der eifersüchtigen Angst gegen irgend welche Gesetzgebung *im Widerspruch mit dem Prinzip vollkommener Freiheit der Arbeit*"!

131 „Es ist sicher sehr bedauerlich, daß irgend eine Klasse von Personen 12 Stunden täglich sich abplacken muß. Rechnet man die Mahlzeiten zu und die Zeit um zu und von der Werkstatt zu gehn, so beträgt dieß in der That 14 von den 24 Tagesstunden … Abgesehn von der Gesundheit, wird Niemand, ich hoffe, anstehn zuzugeben, daß vom moralischen Gesichtspunkt eine so gänzliche Absorption der Zeit der arbeitenden Klassen, ohne Unterlaß, vom frühen Alter von 13 Jahren, und in den ‚freien' Industriezweigen selbst von viel früherem Alter an, außerordentlich schädlich und ein furchtbares Uebel ist. Im Interesse der öffentlichen Moral, für die Aufziehung einer tüchtigen Bevölkerung, und um der großen Masse des Volks einen vernünftigen Lebensgenuß zu verschaffen, muß darauf gedrungen werden, daß in allen Geschäftszweigen ein Theil jedes Arbeitstags reservirt werde für Erholung und Muße." (*Leonard Horner* in: *„Insp. of Fact. Reports. 31 st Dec.* 1841.")

18. Jahrhunderts, eine lawinenartig gewaltsame und maßlose Ueberstürzung. Jede Schranke von Sitte und | Natur, Alter und Geschlecht, Tag und Nacht, wurde zertrümmert. Selbst die Begriffe von Tag und Nacht, bäuerlich einfach in den alten Statuten, verschwammen so sehr, daß ein englischer Richter noch 1860 wahrhaft talmudistischen Scharfsinn aufbieten mußte, um „urtheilskräftig" zu erklären, was Tag und Nacht sei[132]. Das Kapital feierte seine Orgien.

Sobald die vom Produktionslärm übertölpelte Arbeiterklasse wieder einigermaßen zur Besinnung kam, begann ihr Widerstand, zunächst im Geburtsland der großen Industrie, in England. Während drei Decennien jedoch blieben die von ihr ertrotzten Konzessionen rein nominell. Das Parlament erließ 5 Arbeits-Akte von 1802 bis 1833, war aber so schlau keinen Pfennig für ihre zwangsmäßige Ausführung, das nöthige Beamtenpersonal u. s. w. zu votiren[133]. Sie blieben ein todter Buchstabe. „Die Thatsache ist, ¦ daß *vor dem Akt von 1833* Kinder und junge Personen abgearbeitet wurden („were worked") die ganze Nacht, den ganzen Tag, oder beide *ad libitum*"[134].

Erst *seit dem Fabrikakt von 1833* – umfassend Baumwoll-, Wolle-, Flachs- und Seidenfabriken – datirt für die moderne Industrie ein *Normalarbeitstag.* Nichts charakterisirt *den Geist des Kapitals* besser als die Geschichte der englischen Fabrikgesetzgebung von 1833 bis 1864!

Das Gesetz von 1833 erklärt, *„der gewöhnliche Fabrik-|Arbeitstag* solle beginnen um halb 6 Uhr Morgens und enden halb 9 Uhr Abends, und *innerhalb dieser Schranken, einer Periode von 15 Stunden*, solle es

132 Siehe *„Judgment of Mr. J. H. Otway, Belfast, Hilary Sessions*, 1860."

133 Sehr charakteristisch ist es für das Régime Louis Philippe's, des roi bourgeois, daß das *einzige* unter ihm erlassene Fabrikgesetz vom 22. März 1841 *niemals* durchgeführt worden ist. Und dieß Gesetz betrifft nur *Kinderarbeit.* Es setzt 8 Stunden für Kinder zwischen 8 und 12, 12 Stunden für Kinder zwischen 12 und 16 Jahren u. s. w. fest, mit vielen Ausnahmen, welche die Nachtarbeit selbst für Achtjährige erlauben. Ueberwachung und Erzwingung des Gesetzes blieben in einem Lande, wo jede Maus polizeilich administrirt wird, dem guten Willen der „amis du commerce" überlassen. Erst *seit* 1853 ist das Gesetz in einem einzigen Département, dem Département du Nord, durch Anstellung eines bezahlten Regierungsinspektors, wirklich durchgeführt worden. Nicht minder charakteristisch für die Entwicklung der französischen Gesellschaft überhaupt ist es, daß Louis Philippe's Gesetz bis zur Revolution von 1848 *einzig* dastand in der alles umspinnenden französischen Gesetzfabrik!

134 *„Rep. of Insp. of Fact. 30th April 1860"*, p. 50.

gesetzlich sein junge Personen (d. h. Personen *zwischen 13 und 18 Jahren*) zu irgend einer Zeit des Tages anzuwenden, immer vorausgesetzt, *daß keine individuelle junge Person mehr als 12 Stunden innerhalb Eines Tags arbeite*, mit Ausnahme gewisser speziell vorgesehner Fälle". Die 6. Sektion des Akts bestimmt, „daß im Laufe jedes Tags jeder solchen Person von beschränkter Arbeitszeit mindestens 1½ Stunden für Mahlzeiten eingeräumt werden sollen". Die Anwendung von *Kindern unter 9 Jahren*, mit später zu erwähnender Ausnahme, ward verboten, die Arbeit der *Kinder von 9 bis 13 Jahren* auf *8 Stunden täglich* beschränkt. *Nachtarbeit*, d. h. nach diesem Gesetz, Arbeit zwischen halb 9 Uhr Abends und halb 6 Uhr Morgens, ward verboten für alle Personen zwischen 9 und 18 Jahren.

Die Gesetzgeber waren so weit entfernt, die *Freiheit des Kapitals* in Aussaugung der erwachsenen Arbeitskraft, oder, wie sie es nannten, *„die Freiheit der Arbeit"* antasten zu wollen, daß sie ein eignes System ausheckten, um solcher haarsträubenden Konsequenz des Fabrikakts vorzubeugen.

„Das große Uebel des Fabriksystems, wie es gegenwärtig eingerichtet ist", heißt es im ersten Bericht des Centralraths der Kommission vom 28. Juni 1833, „besteht darin, daß es die Nothwendigkeit schafft, die Kinderarbeit zur äußersten Länge des Arbeitstags der Erwachsenen auszudehnen. Das einzige Heilmittel für dieß Uebel, *ohne Beschränkung der Arbeit der Erwachsenen, woraus ein Uebel entspringen würde größer als das, dem vorgebeugt werden soll*, scheint der Plan doppelte Reihen von Kindern zu verwenden." Unter dem Namen *Relaissystem* (*„System of Relays"; Relay* ¦ heißt im Englischen wie im Französischen: das Wechseln der Postpferde auf verschiedenen Stationen) wurde daher dieser „Plan" ausgeführt, so daß z. B. von halb 6 Uhr Morgens bis halb zwei Uhr Nachmittags eine Reihe von Kindern zwischen 9 und 13 Jahren, von halb zwei Uhr Nachmittags bis halb 9 Uhr Abend eine andre Reihe vorgespannt wird u. s. w.

Zur Belohnung dafür, daß die Herrn Fabrikanten alle während der letzten 22 Jahre erlaßnen Gesetze über Kinderarbeit aufs frechste ignorirt | hatten, ward ihnen jetzt aber auch die Pille vergoldet. Das Parlament bestimmte, daß nach dem 1. März 1834 *kein Kind unter 11 Jahren*, nach dem 1. März 1835 *kein Kind unter 12 Jahren*, und nach dem 1. März 1836 *kein Kind unter 13 Jahren* über 8 Stunden in einer Fabrik arbeiten solle! Dieser für das „Kapital" so schonungsvolle „Liberalismus" war um so anerkennenswerther als Dr. Farre, Sir A. Carlisle, Sir B. Brodie, Sir C. Bell, Mr. Guthrie u. s. w., kurz die bedeutendsten physicians und surgeons London's in ihren Zeugenaussagen vor dem Unterhaus erklärt hatten, daß *periculum in mora!* Dr. Farre drückte sich noch etwas gröber dahin aus: „Gesetzgebung ist gleich nothwendig für die *Prävention des Tods in jeder Form*, worin er vorzeitig angethan werden kann, und sicher *dieser* (der Fabrikmodus) muß als *eine der grausamsten Methoden* ihn anzuthun betrachtet werden[135]." Dasselbe „reformirte" Parlament, das aus Zartsinn für die Herrn Fabrikanten Kinder unter 13 Jahren noch Jahre lang in die Hölle 72stündiger Fabrikarbeit per Woche festbannte, verbot dagegen in dem *Emancipationsakt*, der auch die Freiheit tropfenweise eingab, von vorn herein den Pflanzern *irgend einen Negersklaven länger als 45 Stunden per Woche* abzuarbeiten!

Aber keineswegs gesühnt, eröffnete das Kapital jetzt eine mehrjährige und geräuschvolle Agitation. Sie drehte sich hauptsächlich *um das Alter der Kategorien*, die unter dem *Namen Kinder* auf 8stündige Arbeit beschränkt und einem gewissen Schulzwang unterworfen worden waren. Nach der kapitalistischen Anthropologie hörte das Kindesalter im 10., oder, wenn es hoch ging, im 11. Jahre auf. Je näher der Termin der vollen Ausführung des Fabrikakts, das verhängnißvolle Jahr 1836 rückte, um so wilder raste der Fabrikantenmob. Es gelang ihm in der That, die Regierung so weit einzuschuchtern, daß diese 1835 den Termin des Kindesalters von 13 auf 12 Jahre herabzusetzen vorschlug. Indeß wuchs die *pressure from without* drohend an. Der Muth versagte dem Unterhause. Es verweigerte Dreizehnjährige länger als 8 Stunden täglich unter das Juggernautrad des Kapitals zu werfen und der | Akt von 1833 trat in volle Wirkung. Er blieb unverändert bis Juni 1844.

Während des Decenniums, worin er erst theilweise, dann ganz die Fabrik¦arbeit regulirte, strotzen die officiellen Berichte der Fabrikinspektoren von Klagen über die Unmöglichkeit seiner Ausführung. Da das Gesetz von 1833 es nämlich den Herrn vom Kapital freistellte in der fünfzehnstündigen Periode von halb 6 Uhr Morgens bis halb 9 Uhr Abends jede „junge Person" und „jedes Kind" zu irgend beliebiger Zeit die zwölf-, respektive 8stündige Arbeit beginnen, unterbrechen, enden zu

135 "Legislation is equally necessary for the prevention of death, in any form in which it can be prematurely inflicted, and certainly *this* must be viewed as a *most cruel mode* of inflicting it."

lassen, und ebenso den verschiednen Personen *verschiedne Stunden der Mahlzeiten* anzuweisen, fanden die Herrn bald ein neues „*Relaissystem*" aus, wonach die Arbeitspferde nicht nach bestimmter Zeit Stationen wechselten, sondern an wechselnden Stationen stets wieder von neuem vorgespannt wurden. Wir verweilen nicht weiter bei der Schönheit dieses Systems, da wir später darauf zurückkommen müssen. So viel ist aber auf den ersten Blick klar, daß es den ganzen Fabrikakt, nicht nur seinem Geist, sondern auch seinem Buchstaben nach aufhob. Wie sollten die Fabrikinspektoren, bei dieser komplizierten Buchführung über jedes einzelne Kind und jede junge Person, die gesetzlich bestimmte Arbeitszeit und die Gewährung der gesetzlichen Mahlzeiten erzwingen? In einem großen Theil der Fabriken blühte der alte brutale Unfug bald wieder ungestraft auf. In einer Zusammenkunft mit dem Minister des Innern (1844) wiesen die Fabrikinspektoren die Unmöglichkeit aller Kontrole unter dem neuausgeheckten Relaissystem nach[136]. Unterdeß hatten sich aber die Umstände sehr geändert. Die Fabrikarbeiter, namentlich seit 1838, hatten die *Zehnstundenbill* zu ihrem ökonomischen, wie die *Charter* zu ihrem politischen Wahlruf gemacht. Ein Theil der Fabrikanten selbst, der den Fabrikbetrieb dem Akt von 1833 gemäß geregelt hatte, überwarf das Parlament mit Denkschriften über die unsittliche „Konkurrenz" der „falschen Brüder", denen größere Frechheit oder glücklichere Lokalumstände den Gesetzesbruch erlaubten. Zudem, wie sehr immerhin der einzelne Fabrikant der alten Raubgier den Zügel frei schießen lassen mochte, die Wortführer und politischen Leiter der Fabrikantenklasse geboten eine veränderte Haltung und veränderte Sprache gegenüber den Arbeitern. Sie | hatten den Feldzug zur *Abschaffung der Korngesetze* eröffnet und bedurften der Hilfe der Arbeiter zum Siege! Sie versprachen daher nicht nur Verdopplung des Laibes Brod, sondern Annahme der Zehnstundenbill unter dem tausendjährigen Reich des Free Trade[137]. Sie durften also um so weniger eine Maßregel bekämpfen, die nur den Akt von 1833 zur Wahrheit machen sollte. In ihrem heiligsten Interesse, der *Grundrente*, bedroht, donnerten endlich die Tories entrüstet philanthropisch über die „*infamen Praktiken*"[138] ihrer Feinde. ¦

136 „*Rep. of Insp. of Fact. 31. October 1849*", p. 6.

137 „*Rep. of Insp. of Fact. 31st Oct. 1848*", p. 98.

138 Uebrigens braucht Leonard Horner den Ausdruck „*nefarious practices*" officiell. („*Reports of Insp. of Fact. 31st October 1859*", p. 7.)

So kam der zusätzliche *Fabrikakt vom 7. Juni 1844* zu Stande. Er trat am 10. September 1844 in Wirkung. Er gruppirt eine neue Kategorie von Arbeitern unter die Beschützten, nämlich die *Frauenzimmer* über 18 Jahre. Sie wurden in jeder Rücksicht den *jungen Personen* gleichgesetzt, ihre Arbeitszeit auf 12 Stunden beschränkt, Nachtarbeit ihnen untersagt u. s. w. Zum erstenmal sah sich die Gesetzgebung also gezwungen auch die Arbeit Volljähriger direkt und officiell zu kontroliren. In dem Fabrikbericht von 1844–45 heißt es ironisch: „Es ist kein einziger Fall zu unsrer Kenntniß gekommen, wo erwachsne Weiber sich über *diesen Eingriff in ihre Rechte* beschwert hätten“[139]. Die Arbeit von Kindern unter 13 Jahren wurde auf 6½ und, unter gewissen Bedingungen, 7 Stunden täglich reducirt[140].

Um die Mißbräuche des *„falschen Relaissystems“* zu beseitigen, traf das Gesetz u. a. folgende wichtige Detailbestimmungen: „Der Arbeitstag für Kinder und junge Personen ist von der Zeit an zu zählen, wo *irgend ein* Kind oder junge Person *des Morgens in der Fabrik* zu arbeiten anfängt.“ So daß wenn A z. B. um 8 Uhr Morgens die Arbeit beginnt, und B um 10 Uhr, der Arbeitstag dennoch für B zur selben Stunde enden muß wie für A. „Der Anfang des Arbeitstags soll angezeigt werden durch eine öffentliche Uhr, z. B. die nächste Eisenbahnuhr, wonach die Fabrikglocke zu richten. Der Fabrikant hat eine großgedruckte | Notiz in der Fabrik aufzuhängen, worin Anfang, Ende, Pausen des Arbeitstags angegeben sind. Kinder, die ihre Arbeit des Vormittags *vor* 12 Uhr beginnen, dürfen nicht wieder *nach* 1 Uhr Mittags verwandt werden. Die Nachmittagsreihe muß also aus *andern* Kindern bestehn als die Vormittagsreihe. Die 1½ Stunden für Mahlzeit müssen allen beschützten Arbeitern zu *denselben Tagesperioden* eingeräumt werden, *eine* Stunde wenigstens vor 3 Uhr Nachmittags. Kein Kind oder junge Person darf länger als 5 Stunden vor 1 Uhr Mittags verwandt werden ohne eine mindestens halbstündige Pause für Mahlzeit. Kein Kind, junge Person, oder Frauenzimmer darf während irgend einer Mahlzeit in einer Fabrikstube bleiben, worin irgend ein Arbeitsprozeß vorgeht u. s. w.“

139 *„Rep.* etc. *for 30th Sept. 1844“*, p. 15.

140 Der Akt erlaubt Kinder 10 Stunden anzuwenden, wenn sie nicht Tag nach Tag, sondern nur einen Tag über den andern arbeiten. Im Ganzen blieb diese Klausel wirkungslos.

Man hat gesehn: Diese minutiösen Bestimmungen, welche die Periode, Grenzen, Pausen der Arbeit so militärisch uniform nach dem Glockenschlag regeln, waren keineswegs Produkte parlamentarischer Hirnweberei. Sie entwickelten sich allmählig aus den Verhältnissen heraus, als *Naturgesetze* der modernen Produktionsweise. Ihre Formulirung, officielle Anerkennung und staatliche Proklamation waren Ergebniß langwieriger Klassenkämpfe. Eine ihrer nächsten Folgen war, daß die Praxis auch den Arbeitstag der *erwachsnen männlichen Fabrikarbeiter* denselben Schranken unterwarf, da ¦ in den meisten Produktionsprozessen die Cooperation der Kinder, jungen Personen und Frauenzimmer unentbehrlich. Im Großen und Ganzen galt daher während der Periode von 1844–47 der zwölfstündige Arbeitstag allgemein und uniform in allen der Fabrikgesetzgebung unterworfenen Industriezweigen.

Die Fabrikanten erlaubten diesen „Fortschritt" jedoch nicht ohne einen kompensirenden „Rückschritt". Auf ihren Antrieb reducirte das Unterhaus das *Minimalalter* der zu verarbeitenden Kinder von 9 Jahren auf 8, zur Sicherung der dem Kapital von Gott und Rechtswegen geschuldeten *„additionellen Fabrikkinderzufuhr"* [141].

Die Jahre 1846–47 machen Epoche in der ökonomischen Geschichte Englands. Widerruf der Korngesetze, die Einfuhrzölle auf | Baumwolle und andre Rohmaterialien abgeschafft, der Freihandel zum Leitstern der Gesetzgebung erklärt! Kurz das tausendjährige Reich brach an. Andrerseits erreichten in denselben Jahren Chartistenbewegung und Zehnstundenagitation ihren Höhepunkt. Sie fanden Bundesgenossen an den racheschnaubenden Tories. Trotz des fanatischen Widerstands des wortbrüchigen Freihandelsheers mit Bright und Cobden an der Spitze, ging die so lang erstrebte *Zehnstundenbill* durch das Parlament. –

Der neue Fabrikakt vom *8. Juni 1847* setzte fest, daß am *ersten Juli 1847* eine vorläufige Verkürzung des Arbeitstags der *„jungen Personen"* (von 13 bis zu 18 Jahren) und aller *Arbeiterinnen* auf 11 Stunden, am *1. Mai 1848* aber die definitive Beschränkung auf *10 Stunden* eintreten solle. Im übrigen war der Akt nur ein *amendirender Zusatz* der Gesetze von 1833 und 1844.

141 "As a reduction in their hours of work would cause a large number (of children) to be employed, it was thought that *the additional supply of children from eight to nine years of age*, would meet the increased demand." (l. c. p. 13.)

Das Kapital unternahm zunächst einen vorläufigen Feldzug, dessen Ziel, die volle Ausführung des Akts am 1. Mai 1848 zu verhindern. Und zwar sollten die Arbeiter selbst, angeblich durch die Erfahrung gewitzigt, ihr eignes Werk wieder zerstören helfen. Der Augenblick war geschickt gewählt. „Man muß sich erinnern, daß, in Folge der furchtbaren Krise von 1846–47, großes Leid unter den Fabrikarbeitern vorherrschte, da viele Fabriken nur für kurze Zeit gearbeitet, andre ganz still gestanden hatten. Eine beträchtliche Anzahl der Arbeiter befand sich daher in drückendster Lage, viele in Schulden. Man konnte daher mit ziemlicher Gewißheit annehmen, daß sie die längere Arbeitszeit vorziehn würden, um die vergangenen Verluste gut zu machen, vielleicht Schulden abzuzahlen, oder ihre Möbel aus dem Pfandhaus zu nehmen, oder verkaufte Habseligkeiten zu ersetzen, oder neue Kleidungsstücke sich selbst und ihren Familien zu verschaffen“[142]. Die ¦ Herrn Fabrikanten suchten die natürliche Wirkung dieser Umstände zu steigern durch eine *allgemeine Lohnherabsetzung* von 10 %. Dieß geschah so zu sagen zur Einweihungsfeier der neuen Freihandelsära. Dann folgte weitere Herabsetzung um 8⅓ %, sobald der Arbeitstag auf 11, und um das Doppelte, sobald er definitiv auf 10 Stunden verkürzt wurde. Wo es daher irgendwie die Verhältnisse zuließen, fand eine Lohnherabsetzung von wenig|stens 25 % statt[143]. Unter so günstig vorbereiteten Chancen begann man die Agitation unter den Arbeitern zum Repeal des Akts von 1847. Kein Mittel des Betrugs, der Verführung und der Drohung wurde dabei verschmäht, aber alles umsonst. Von dem halben Dutzend Petitionen, worin die Arbeiter klagen mußten über „ihre Unterdrückung durch den Akt“, erklärten die Bittsteller selbst, bei mündlichen Verhör, ihre Unterschriften seien abgenöthigt worden. „Sie seien unterdrückt, aber von Jemand anders als dem Fabrikakt“[144]. Wenn es aber den Fa-

142 *„Rep. of Insp. of Fact. 31st Oct. 1848“*, p. 16.

143 „Ich fand, daß Leute, die 10 sh. wöchentlich erhalten hatten, 1 sh. abgezogen erhielten auf Rechnung der allgemeinen Lohnherabsetzung von 10 %, und von den restirenden 9 sh. weiteren Abzug von 1 sh. 6 d. erlitten für die Zeitverkürzung, zusammen 2 sh. 6 d., und trotz alledem hielt die Mehrzahl fest an der Zehnstundenbill.“ (l. c.)

144 „Als ich die Petition unterzeichnete, erklärte ich zugleich, ich thue damit etwas Schlechtes. – Warum habt ihr sie denn unterzeichnet? – Weil man mich im Weigerungsfall auf das Pflaster geworfen hätte.“ Der Bittsteller fühlte sich in der That „unterdrückt“, aber nicht grade durch den Fabrikakt.“ (l. c. p. 102.)

brikanten nicht gelang, die Arbeiter in ihrem Sinn sprechen zu machen, schrieen sie selbst nur um so lauter in Presse und Parlament im Namen der Arbeiter. Sie denuncirten die Fabrikinspektoren als eine Art Konventskommissäre, die ihrer Weltverbesserungsgrille den unglücklichen Arbeiter unbarmherzig aufopferten. Auch dieß Manöver schlug fehl. Fabrikinspektor *Leonard Horner* stellte in eigner Person und durch seine Unterinspektoren zahlreiche Zeugenverhöre in den Fabriken Lancashire's an. Ungefähr 70 % der verhörten Arbeiter erklärten sich für 10 Stunden, eine viel geringere Prozentzahl für 11 und eine ganz unbedeutende Minorität für die alten 12 Stunden[145].

Ein andres „gütliches" Manöver war die *erwachsnen männlichen Arbeiter* 12 bis 15 Stunden arbeiten zu lassen und dann *diese Thatsache* für den besten Ausdruck der proletarischen Herzenswünsche zu erklären. Aber der „unbarmherzige" Fabrikinspektor Leonard Horner war wieder an Ort und Stelle. Die meisten „Ueberstündigen" | sagten aus, „sie würden es bei weitem vorziehn 10 Stunden für geringern Arbeitslohn zu arbeiten, aber sie hätten keine Wahl; so viele von ihnen seien arbeitslos, so viele Spinner gezwungen als bloße piecers zu arbeiten, daß wenn sie die längere Arbeits¦zeit verweigerten, andre sofort ihre Stellen einnehmen würden, so daß die Frage so für sie stehe: entweder die längere Zeit arbeiten oder auf dem Pflaster liegen"[146].

Der vorläufige Feldzug des Kapitals war mißglückt und das *Zehnstundengesetz* trat am *1. Mai 1848* in Kraft. Unterdeß hatte jedoch das Fiasko der Chartistenpartei, deren Führer eingekerkert und deren Organisation zersprengt, bereits das Selbstvertrauen der englischen Arbeiterklasse erschüttert. Bald darauf vereinigte die Pariser Juniinsurrektion und ihre blutige Erstickung, wie im kontinentalen Europa, so in England, alle Fraktionen der herrschenden Klassen, Grundeigenthümer und Kapitalisten, Börsenwölfe und Krämer, Protektionisten und Freihändler, Regierung und Opposition, Pfaffen und Freigeister,

145 p. 17 l. c. In Herrn Horner's Distrikt wurden so 10 270 erwachsene männliche Arbeiter in 181 Fabriken verhört. Man findet ihre Aussagen im *Appendix* des Fabrikreports für das Halbjahr endend October 1848. Diese Zeugenverhöre bieten auch in andrer Beziehung schätzbares Material.

146 l. c. Siehe die von Leonard Horner selbst gesammelten Aussagen No. 69, 70, 71, 72, 92, 93 und die von Subinspektor A. gesammelten No. 51, 52, 58, 59, 60, 62, 70 des „Appendix". Ein Fabrikant schenkte selbst klaren Wein ein. Siehe No. 14 nach No. 265 l. c.

junge Huren und alte Nonnen, unter dem gemeinschaftlichen Ruf zur Rettung des Eigenthums, der Religion, der Familie, der Gesellschaft! Die Arbeiterklasse wurde überall verfehmt, in den Bann gethan, unter das „*loi des suspects*" gestellt. Die Herrn Fabrikanten brauchten sich also nicht länger zu geniren. Sie brachen in *offne Revolte* aus, nicht nur wider das Zehnstundengesetz, sondern die ganze Gesetzgebung, welche seit 1833 die „*freie*" Aussaugung der Arbeitskraft einigermaßen zu zügeln suchte. Es war eine *Proslavery Rebellion* in Miniatur, während mehr als zwei Jahren durchgeführt mit cynischer Rücksichtslosigkeit, mit terroristischer Energie, beide um so wohlfeiler als der rebellische Kapitalist nichts riskirte außer der Haut seiner Arbeiter.

Zum Verständniß des Nachfolgenden muß man sich erinnern, daß die Fabrikakte von 1833, 1844 und 1847 alle drei in Rechtskraft, so weit der eine nicht den andern amendirt; daß keiner derselben den Arbeitstag des *männlichen Arbeiters über 18 Jahren* beschränkt, und daß *seit 1833* die fünfzehnstündige Periode von halb 6 Uhr Mor|gens bis halb 9 Uhr Abends der gesetzliche „*Tag*" blieb, innerhalb dessen erst die zwölf-, später die 10stündige Arbeit der jungen Personen und Frauenzimmer unter den vorgeschriebnen Bedingungen zu verrichten war.

Die Fabrikanten begannen hier und da mit Entlassung eines Theils, manchmal der Hälfte, der von ihnen beschäftigten jungen Personen und Arbeiterinnen, und stellten dagegen die fast verschollene *Nachtarbeit* unter den erwachsnen männlichen Arbeitern wieder her. Das Zehnstundengesetz, riefen sie, lasse ihnen keine andre Alternative[147]!

Der zweite Schritt bezog sich auf die gesetzlichen Pausen für *Mahlzeiten.* Hören wir die Fabrikinspektoren. „Seit der Beschränkung der Arbeits¦stunden auf 10, behaupten die Fabrikanten, obgleich sie praktisch ihre Ansicht noch nicht bis zur letzten Konsequenz durchführen, daß wenn sie z. B. von 9 Uhr Morgens bis 7 Uhr Abends arbeiten lassen, sie den gesetzlichen Vorschriften genug thun, indem sie *eine* Stunde für Mahlzeit *vor* 9 Uhr Morgens und eine halbe Stunde *nach* 7 Uhr Abends, also 1½ Stunden für Mahlzeiten geben. In einigen Fällen erlauben sie jetzt eine halbe Stunde für Mittagsessen, bestehn aber zugleich darauf, sie seien durchaus nicht verpflichtet, irgend einen Theil der 1½ Stunden

147 „*Reports* etc. *for 31st October 1848*", p. 133, 134.

im Lauf des zehnstündigen Arbeitstags einzuräumen"[148]. Die Herrn Fabrikanten behaupteten also, die peinlich genauen Bestimmungen des Akts von 1844 über Mahlzeiten gäben den Arbeitern nur die *Erlaubniß, vor* ihrem Eintritt in die Fabrik und *nach* ihrem Austritt aus der Fabrik, also bei sich zu Hause, zu essen und zu trinken! Und warum sollten die Arbeiter auch nicht vor 9 Uhr Morgens ihr Mittagsessen einnehmen? Die Kronjuristen entschieden jedoch, daß die vorgeschriebenen Mahlzeiten „in *Pausen während des wirklichen Arbeitstags* gegeben werden müssen und daß es ungesetzlich 10 Stunden nach einander von 9 Uhr Morgens bis 7 Uhr Abends ohne Unterbrechung arbeiten zu lassen"[149].

Nach diesen gemüthlichen Demonstrationen leitete das Kapital seine *Revolte* ein durch einen Schritt, der dem *Buchstaben* des Gesetzes von 1844 entsprach, also legal war. |

Das Gesetz von 1844 verbot allerdings, Kinder von 8 bis 13 Jahren, die *vor 12 Uhr Vormittags* beschäftigt würden, wieder *nach 1 Uhr Mittags* zu beschäftigen. Aber es regelte in keiner Weise die 6½stündige Arbeit der Kinder, deren Arbeitszeit um *12 Uhr Vormittags* oder später *begann!* Achtjährige Kinder konnten daher, wenn sie die Arbeit um 12 Uhr Vormittags begannen, von 12 bis 1 Uhr verwandt werden, 1 Stunde; von 2 Uhr bis 4 Uhr Nachmittags, 2 Stunden; und von 5 Uhr bis halb 9 Uhr Abends, 3½ Stunden; alles in allem die gesetzlichen 6½ Stunden! Oder noch besser. Um ihre Verwendung der Arbeit *erwachsner männlicher Arbeiter bis halb 9 Uhr Abends* anzupassen, brauchten ihnen die Fabrikanten kein Werk zu geben vor 2 Uhr Nachmittags, und konnten sie dann ununterbrochen in der Fabrik halten bis halb 9 Uhr Abends! „Und es wird jetzt ausdrücklich zugestanden, daß neuerdings, in Folge der Fabrikantengier, ihre Maschinerie länger als 10 Stunden laufen zu lassen, sich die Praxis in England eingeschlichen hat, acht- bis dreizehnjährige Kinder beiderlei Geschlechts, nach Entfernung aller jungen Personen und Weiber aus der Fabrik, *allein mit den erwachsnen Männern,* bis halb 9 Uhr Abends arbeiten zu lassen"[150]. Arbeiter und ¦ Fabrikinspektoren protestirten aus hygienischen und moralischen Gründen. Aber das Kapital antwortete:

148 „*Reports* etc. *for 30th April 1848*", p. 47.
149 „*Reports* etc. *for 31st Oct. 1848*", p. 130.
150 „*Reports* etc." l. c. p. 142.

„Meine Thaten auf mein Haupt! Mein Recht verlang' ich!
Die Buße und Verpfändung meines Scheins!"

In der That waren, nach statistischer Vorlage an das Unterhaus vom 26. Juli 1850, trotz aller Proteste, am 15. Juli 1850 3742 Kinder in 257 Fabriken dieser „Praxis" unterworfen[151]. Noch nicht genug! Das Luchsauge des Kapitals entdeckte, daß der Akt von 1844 fünfstündige Arbeit des *Vormittags* nicht ohne Pause von wenigstens 30 Minuten für Erfrischung erlaubt, aber nichts der Art für die Nachmittagsarbeit vorschreibt. Es verlangte und ertrotzte daher den Genuß, achtjährige Arbeiterkinder unausgesetzt von 2 bis halb 9 Uhr Abends nicht nur schanzen, sondern auch hungern zu lassen!

„Ja, die Brust.
So sagt der Schein"[152]. |

Dieß Shylocksche Festklammern am Buchstaben des Gesetzes von 1844, soweit es die *Kinderarbeit* regelt, sollte jedoch nur die *offne Revolte* gegen dasselbe Gesetz vermitteln, so weit es die Arbeit von *„jungen Personen und Frauenzimmern"* regelt. Man erinnert sich, daß die Abschaffung des *„falschen Relaissystems"* Hauptzweck und Hauptinhalt jenes Gesetzes bildet. Die Fabrikanten eröffneten ihre Revolte mit der einfachen Erklärung, die Sektionen des Akts von 1844, welche beliebigen Nießbrauch der jungen Personen und Frauenzimmer in beliebigen kürzeren Abschnitten des fünfzehnstündigen Fabriktags verbieten, seien *„vergleichungsweise harmlos* (comparatively harmless) gewesen,

151 *„Reports* etc. *for 31st Oct. 1850"*, p. 5, 6.

152 Die Natur des Kapitals bleibt dieselbe, in seinen unentwickelten, wie in seinen entwickelten Formen. In dem Gesetzbuch, das der Einfluß der Sklavenhalter, kurz vor Ausbruch des amerikanischen Bürgerkriegs, dem Territorium von New-Mexico aufoctroyirte, heißt es: der Arbeiter, so weit der Kapitalist seine Arbeitskraft gekauft hat, *„ist sein* (des Kapitalisten) *Geld"*. ("The labourer is *his* (the capitalist's) *money.*") Dieselbe Anschauung herrschte bei den römischen Patriziern. *Das Geld*, das sie dem plebejischen Schuldner vorgeschossen, hatte sich, vermittelst der Lebensmittel, in Fleisch und Blut des Schuldners verwandelt. Dieß „Fleisch und Blut" war daher „ihr Geld". Daher das Shylocksche Gesetz der 10 Tafeln! Linguet's Hypothese, daß die patrizischen Gläubiger von Zeit zu Zeit jenseits der Tiber Festschmäuse in gekochtem Schuldnerfleisch veranstalteten, bleibe ebenso dahingestellt, wie Daumer's Hypothese über das christliche Abendmahl.

so lange die Arbeitszeit auf 12 Stunden eingeschränkt war. Unter dem Zehnstundengesetz seien sie eine unerträgliche *Unbill*" (hard ship)[153]. Sie zeigten daher den Inspektoren in der kühlsten Weise an, daß sie sich *über den Buchstaben* des Gesetzes hinwegsetzen und das alte System auf eigne Faust wieder einführen würden[154]. Es ge¦schehe im Interesse der übelberathnen Arbeiter selbst, „um ihnen höhere Löhne zahlen zu können". „Es sei der einzig mögliche Plan, um unter dem Zehnstundengesetz die industrielle Suprematie Großbritanniens zu erhalten"[155]. „Es möge etwas schwer sein Unregelmäßigkeiten unter dem Relaissystem zu entdecken, aber was heiße das? (what of that?) Soll das große Fabrikinteresse dieses Landes als ein | sekundäres Ding behandelt werden, um den Fabrik-Inspektoren und Subinspektoren ein bischen mehr Mühe (some little trouble) zu sparen"[156]?

Alle diese Flausen halfen natürlich nichts. Die Fabrikinspektoren schritten gerichtlich ein. Bald aber überschüttete eine solche Staubwolke von Fabrikantenpetitionen den Minister des Innern, *Sir George Grey*, daß er in einem Cirkular vom *5. August 1848* die Inspektoren anwies, „im Allgemeinen nicht einzuschreiten wegen *Verletzung des Buchstabens des Akts*, so oft das Relaissystem nicht erwiesnermaßen mißbraucht werde, um junge Personen und Frauenzimmer über 10 Stunden arbeiten zu lassen". Hierauf erlaubte Fabrikinspektor *J. Stuart* das sogenannte Ablösungssystem während der fünfzehnstündigen Periode des Fabriktags in ganz *Schottland*, wo es bald wieder in alter Weise aufblühte. Die englischen Fabrikinspektoren dagegen erklärten, der Minister besitze keine diktatorische Gewalt zur Suspension der Gesetze, und fuhren mit gerichtlicher Procedur wider die Proslavery Rebellen fort.

Wozu jedoch alle Citation vor's Gericht, sobald die Gerichte, die *county magistrates*[157], freisprachen? In diesen Gerichten saßen die Herrn Fabrikanten über sich selbst zu Gericht. Ein Beispiel. Ein gewisser *Eskrigge*, Baumwollspinner von der Firma Kershaw, Leese et Co., hatte

153 „*Reports* etc. *for 31st Oct. 1848*", p. 133.

154 So unter andern Philanthrop *Ashworth* in einem quäkerhaft widrigen Brief an Leonard Horner.

155 l. c. p. 138.

156 l. c. p. 140.

157 Diese „county magistrates", die „great unpaid" wie *W. Cobbett* sie nennt, sind eine Art unbezahlter Friedensrichter, aus den Honoratioren der Grafschaften gebildet. Sie bilden in der That die *Patrimonialgerichte der herrschenden Klassen*.

dem Fabrikinspektor seines Distrikts das Schema eines für seine Fabrik bestimmten Relaissystems vorgelegt. Abschlägig beschieden, verhielt er sich zunächst passiv. Wenige Monate später stand ein Individuum Namens Robinson, ebenfalls Baumwollspinner, und wenn nicht der Freitag, so jedenfalls der Verwandte des Eskrigge, vor den Borough Justices zu Stockport, wegen Einführung des identischen, von Eskrigge ausgeheckten Relaisplans. Es saßen 4 Richter, darunter 3 Baumwollspinner, an ihrer Spitze derselbe unvermeidliche Eskrigge. Eskrigge sprach den Robinson frei, und erklärte nun, was dem Robinson recht, sei dem Eskrigge billig. Auf seine eigne rechtskräftige Entscheidung gestützt, | führte er sofort das System in seiner eignen Fabrik ein[158]. Allerdings war schon die Zusammensetzung ¦ dieser Gerichte offne Verletzung des Gesetzes[159]. „Diese Art gerichtlicher Farcen", ruft Inspektor Howell aus, „schreien nach einem Heilmittel ... entweder paßt das Gesetz diesen Urtheilssprüchen an oder laßt es verwalten durch ein minder fehlbares Tribunal, das seine Entscheidungen dem Gesetz anpaßt ... In allen solchen Fällen, wie sehnt man sich nach einem bezahlten Richter"[160]!

Die Kronjuristen erklärten die Fabrikanten-Interpretation des Akts von 1844 für abgeschmackt, aber die Gesellschaftsretter ließen sich nicht beirren. „Nachdem ich", berichtet Leonard Horner, „durch 10 Verfolgungen in 7 verschiednen Gerichtsbezirken versucht habe das Gesetz zu erzwingen und nur in einem Fall von den Magistraten unterstützt wurde, halte ich weitere Verfolgung wegen Umgehung des Gesetzes für nutzlos. Der Theil des Akts, der verfaßt wurde, um Uniformität in den Arbeitsstunden zu schaffen, existirt nicht mehr in Lancashire. Auch besitze ich mit meinen Unteragenten durchaus kein Mittel uns zu versichern, daß Fabriken, wo das sog. Relaissystem herrscht, junge Personen und Frauenzimmer nicht über 10 Stunden beschäftigen ... Ende April 1849 arbeiten schon 114 Fabriken in meinem Distrikt nach dieser Methode und ihre Anzahl nimmt in der letzten Zeit reißend zu.

158 „*Reports* etc. *for 30th April 1849*", p. 21, 22. Vgl. ähnliche Beispiele ibid. p. 4. 5.

159 Durch 1 und 2 Wm. IV. c. 39, s. 10, bekannt als Sir John Hobhouse's Factory Act, wird verboten, daß irgend ein Besitzer einer Baumwollspinnerei oder Weberei, oder Vater, Sohn und Bruder eines solchen Besitzers in Fragen, die den Factory Act betreffen, als Friedensrichter funktioniren.

160 l. c.

Im Allgemeinen arbeiten sie jetzt 13½ Stunden, von 6 Uhr Morgens bis halb 8 Uhr Abends; in einigen Fällen 15 Stunden, von halb 6 Uhr Morgens bis halb 9 Uhr Abends“[161]. Schon December 1848 besaß Leonard Horner eine Liste von 65 Fabrikanten und 29 Fabrikaufsehern, die einstimmig erklärten, kein System der Oberaufsicht könne unter diesem Relaissystem die extensivste Ueberarbeit verhindern[162]. Bald wurden dieselben Kinder und | jungen Personen aus der Spinnstube in die Webstube u. s. w., bald, während 15 Stunden, aus einer Fabrik in die andre geschoben (shifted)[163]. Wie ein System kontroliren, „welches das Wort *Ablösung* mißbraucht, um *die Hände* in endloser Mannichfaltigkeit wie Karten durcheinander zu mischen und die Stunden der Arbeit und der Rast für die verschiednen Individuen täglich so zu verschieben, daß ein und dasselbe vollständige Assortiment von Händen niemals an demselben Platz zur selben Zeit zusammenarbeitet“[164]!

Aber ganz abgesehn von wirklicher Ueberarbeitung, war dieß sog. *Relais¦system* eine Ausgeburt der Kapitalphantasie, wie sie *Fourier* in seinen genialsten Skizzen der „courtes séances“ nie übertroffen hat, nur daß die Attraktion der Arbeit verwandelt war in die Attraktion des Kapitals. Man sehe sich jene Fabrikantenschemas an, welche die gute Presse pries als Muster von dem, „was ein vernünftiger Grad von Sorgfalt und Methode ausrichten kann“ („what a reasonable degree of care and method can accomplish“). Das Arbeiterpersonal wurde manchmal in 12 bis 14 Kategorien vertheilt, die selbst wieder ihre Bestandtheile beständig wechselten. Während der fünfzehnstündigen Periode des Fabriktags zog das Kapital den Arbeiter jetzt für 30 Minuten, jetzt für eine Stunde an, und stieß ihn dann wieder ab, um ihn von neuem in die Fabrik zu ziehn und aus der Fabrik zu stoßen, ihn hin und her hetzend in zerstreuten Zeitfetzen, ohne je den Halt auf ihn zu verlieren, bis die zehnstündige Arbeit vollgemacht. Wie auf der Bühne hatten dieselben Personen abwechselnd in den verschiednen Scenen der verschiednen Akte aufzutreten. Aber wie ein Schauspieler während der ganzen Dauer des Dramas der Bühne gehört, so gehörten die Arbeiter jetzt während 15 Stunden der Fabrik, nicht eingerechnet die Zeit, um von und zu ihr

161 „*Reports* etc. *for 30th April 1849*“, p. 5.
162 „*Rep.* etc. *for 31st Oct. 1849*“, p. 6.
163 „*Rep.* etc. *for 30th April 1849*“, p. 21.
164 „*Rep.* etc. *31st Oct. 1848*“, p. 95.

zu gehn. Die Stunden der Rast verwandelten sich so in Stunden erzwungenen Müßiggangs, welche den jungen Arbeiter in die Kneipe und die junge Arbeiterin in das Bordell trieben. Bei jedem neuen Einfall, den der Kapitalist täglich ausheckte, um seine Maschinerie ohne Vermehrung des Arbeiterpersonals 12 oder 15 Stunden im Gang zu halten, hatte der Arbeiter bald in diesem Stück Zeitabfall, bald in jenem seine Mahlzeit ein|zuschlucken. Zur Zeit der Zehnstundenagitation schrien die Fabrikanten, das Arbeiterpack petitionire, in der Erwartung, zwölfstündigen Arbeitslohn für zehnstündige Arbeit zu erhalten. Sie hatten jetzt die Medaille umgekehrt. Sie zahlten 10stündigen Arbeitslohn für zwölf- und fünfzehnstündige Verfügung über die Arbeitskräfte[165]! Dieß war des Pudels Kern, dieß die Fabrikantenausgabe des Zehnstundengesetzes! Es waren dieselben salbungsvollen, Menschenliebe triefenden Freihändler, die den Arbeitern 10 volle Jahre, während der Anticornlaw-Agitation, auf Heller und Pfennig vorgerechnet, daß bei freier Korneinfuhr eine zehnstündige Arbeit, mit den Mitteln der englischen Industrie, vollständig genüge, um die Kapitalisten zu bereichern[166].

Die zweijährige Kapitalrevolte wurde endlich gekrönt durch den Urtheilsspruch eines der vier höchsten Gerichtshöfe von England, des *Court of*¦ *Exchequer,* der in einem vor ihn gebrachten Fall am 8. Februar 1850 entschied, daß die Fabrikanten zwar wider den Sinn des Akts von 1844 handelten, dieser Akt selbst aber gewisse Worte enthalte, die ihn sinnlos machten. „Mit dieser Entscheidung war das Zehnstundengesetz abgeschafft“[167]. Eine Masse Fabrikanten, die bisher noch das Relaissystem für junge Personen und Arbeiterinnen gescheut, griffen nun mit beiden Händen zu[168].

165 Siehe „*Reports* etc. *for 30th April 1849*“, p. 6 und die weitläufige Auseinandersetzung des „shifting system“ durch die Fabrikinspektoren Howell und Saunders in „*Reports* etc. *for 31st Oct. 1848.*“ Siehe auch die Petition der Geistlichkeit von Ashton und Nachbarschaft, Frühling 1849, an die Königin, gegen das „shift system.“

166 Vgl. z. B. „*The Factory Question and the Ten Hours Bill. By R. H. Greg.* 1837.“

167 *F. Engels: „Die englische Zehnstundenbill“* (in der von mir herausgegebenen: „*Neuen Rh. Zeitung. Politisch-ökonomische Revue. Aprilheft* 1850“, p. 13). Derselbe „hohe“ Gerichtshof entdeckte ebenfalls während des amerikanischen Bürgerkriegs eine Wortschraube, die das Gesetz gegen Ausrüstung von Piratenschiffen in's direkte Gegentheil verkehrt.

168 „*Rep.* etc. *for 30th April 1850.*“

Mit diesem scheinbar definitiven Sieg des Kapitals trat aber sofort ein Umschlag ein. Die Arbeiter hatten bisher passiven, obgleich unbeugsamen und täglich erneuten Widerstand geleistet. Sie protestierten jetzt | in laut drohenden Meetings in Lancashire und Yorkshire. Das angebliche Zehnstundengesetz sei also bloßer Humbug, parlamentarische Prellerei, und habe nie existirt! Die Fabrikinspektoren warnten dringend die Regierung, der Klassenantagonismus sei zu einer unglaublichen Höhe gespannt. Ein Theil der Fabrikanten selbst murrte: „durch die widersprechenden Entscheidungen der Magistrate herrsche ein ganz abnormaler und anarchischer Zustand. Ein andres Gesetz gelte in Yorkshire, ein andres in Lancashire, ein andres Gesetz in einer Pfarrei von Lancashire, ein andres in ihrer unmittelbaren Nachbarschaft. Der Fabrikant in großen Städten könne das Gesetz umgehn, der in Landflecken finde nicht das nöthige Personal für das Relaissystem und noch minder zur Verschiebung der Arbeiter aus einer Fabrik in die andre u. s. w." Und *gleiche Exploitation der Arbeitskraft* ist das erste Menschenrecht des Kapitals.

Unter diesen Umständen kam es zu einem *Kompromiß zwischen Fabrikanten und Arbeitern*, der in dem neuen *zusätzlichen* Fabrikakt vom *5. August 1850* parlamentarisch versiegelt ist. Für *„junge Personen und Frauenzimmer"* wurde der Arbeitstag in den ersten 5 Wochentagen von 10 auf 10½ Stunden erhöht, für den Samstag auf 7½ Stunden beschränkt. Die Arbeit muß in der Periode von 6 Uhr Morgens bis 6 Uhr Abends vorgehn[169], mit 1½ stündigen Pausen für Mahlzeiten, die *gleichzeitig* und gemäß den Bestimmungen von 1844 einzuräumen sind u. s. w. Damit war dem Relaissystem ein für allemal ein Ende gemacht[170]. Für die Kinderarbeit blieb das Gesetz von 1844 in Kraft. ¦

Eine Fabrikantenkategorie sicherte sich dießmal, wie früher, besondere Seigneurialrechte auf Proletarierkinder. Es waren dieß die *Seidenfabrikanten.* Im Jahr 1833 hatten sie drohend geheult, „wenn man *ihnen die Freiheit raube, Kinder jeden Alters* täglich | 10 Stunden abzurackern, setze man ihre Fabriken still" (if *the liberty of working*

169 Im Winter kann die Periode zwischen 7 Uhr Morgens und 7 Uhr Abends an die Stelle treten.

170 "The present law (of 1850) was a *compromise* whereby the employed surrendered the benefit of the *Ten Hours' Act* for the *advantage of one uniform period for the commencement and termination of the labour of those* whose labour is restricted." (*„Reports* etc. *for 30th April 1852"*, p. 14.)

children of any age for 10 hours a day were taken away, it would stop their works). Es sei ihnen unmöglich, eine hinreichende Anzahl von Kindern *über 11 Jahren* zu kaufen. Sie erpreßten das gewünschte Privilegium. Der Vorwand stellte sich bei späterer Untersuchung als baare Lüge heraus[171], was sie jedoch nicht verhinderte, während eines Decenniums aus dem Blut kleiner Kinder, die zur Verrichtung ihrer Arbeit auf Stühle gestellt werden mußten, täglich 10 Stunden Seide zu spinnen[172]. Der Akt von 1844 „beraubte" sie zwar der „Freiheit", *Kinder unter 11 Jahren* länger als 6½ Stunden, sicherte ihnen dagegen das Privilegium, *Kinder zwischen 11 und 13 Jahren* 10 Stunden täglich zu verarbeiten, und kassirte den für andere Fabrikkinder vorgeschriebenen *Schulzwang*. Dießmal der Vorwand: „Die *Delikatesse des Gewebes* erheische eine *Fingerzartheit*, die nur durch frühen Eintritt in die Fabrik zu sichern"[173]. Der delikaten Finger wegen wurden die Kinder ganz geschlachtet, wie Hornvieh in Südrußland wegen Haut und Talg. Endlich, 1850, wurde das 1844 eingeräumte Privilegium auf die Departements der Seidenzwirnerei und Seidenhaspelei beschränkt, hier aber, zum Schadenersatz des seiner „Freiheit" beraubten Kapitals, die Arbeitszeit für Kinder von 11 bis 13 Jahren von 10 auf 10½ Stunden erhöht. Vorwand: „Die Arbeit sei leichter in Seidenfabriken als in den andern Fabriken und in keiner Weise so nachtheilig für die Gesundheit"[174]. *Offizielle* ärztliche Untersuchung bewies hinterher, daß umgekehrt „die durchschnittliche Sterblichkeitsrate in den Seidendistrikten *ausnahmsweise hoch* und unter dem weiblichen Theil der Bevölkerung selbst höher ist als in den Baumwolldistrikten von Lancashire"[175]. Trotz des ¦ halbjährlich

171 „*Reports* etc. *for 30th Sept. 1844*", p. 13.

172 l. c.

173 "The delicate texture of the fabric in which they were employed requiring a lightness of touch, only to be acquired by their early introduction to these factories." („*Reports* etc. *for 31st Oct. 1846*", p. 20.)

174 „*Reports* etc. *for 31st Oct. 1861*", p. 26.

175 l. c. p. 27. Im Allgemeinen hat sich die dem Fabrikgesetz unterworfene Arbeiterbevölkerung physisch sehr verbessert. Alle ärztlichen Zeugnisse stimmen darin überein und eigne persönliche Anschauung zu verschiednen Perioden hat mich davon überzeugt. Dennoch, und abgesehn von der ungeheuren Sterblichkeitsrate der Kinder in den ersten Lebensjahren, zeigen die officiellen Berichte des Dr. Greenhow den ungünstigen Gesundheitsstand der Fabrikdistrikte, verglichen

wieder|holten Protests der Fabrikinspektoren, dauert der Unfug bis zur Stunde fort[176].

Das Gesetz von 1850 verwandelte nur für „junge Personen und Frauenzimmer" die fünfzehnstündige Periode von halb 6 Uhr Morgens bis halb 9 Uhr Abends in die zwölfstündige Periode von 6 Uhr Morgens bis 6 Uhr Abends. Also nicht für *Kinder*, die immer noch eine halbe Stunde *vor* Beginn und 2½ Stunden *nach* Schluß dieser Periode verwerthbar blieben, wenn auch die Gesammtdauer ihrer Arbeit 6½ Stunden nicht überschreiten durfte. Während der Diskussion des Gesetzes wurde dem Parlament von den Fabrikinspektoren eine Statistik über die infamen Mißbräuche jener Anomalie unterbreitet. Jedoch umsonst. Im Hintergrund lauerte die Absicht, den Arbeitstag der erwachsnen Arbeiter mit | Beihilfe der Kinder in Prosperitätsjahren wieder auf 15 Stunden zu schrauben. Die Erfahrung der folgenden 3 Jahre zeigte, daß solcher Versuch am Widerstand der erwachsnen männlichen Arbeiter scheitern müsse[177]. Der Akt von 1850 wurde daher *1853* endlich ergänzt durch das Verbot, „Kinder des Morgens *vor* und des Abends *nach* den jungen Personen und Frauenzimmern zu verwenden". Von nun an regelte, mit wenigen Ausnahmen, der Fabrikakt von 1850 in den ihm unterworfenen Industriezweigen den

mit „Agrikulturdistrikten von normaler Gesundheit". Zum Beweis u. a. folgende Tabelle aus seinem Bericht von 1861:

Prozentsatz der in der Manufaktur beschäftigten erwachsenen Männer.	Sterblichkeitsrate von Lungenaffektion für je 100 000 Männer.	Name des Distrikts.	Sterblichkeitsrate von Lungenaffektion für je 100 000 Frauenzimmer.	Prozentsatz der in der Manufaktur beschäftigten erwachsenen Frauenzimmer.	Art der weiblichen Beschäftigung.
14.9	598	Wigan	644	18.0	Baumwolle
42.6	708	Blackburn	734	34.5	ditto
37.3	547	Halifax	564	20.4	Worsted
41.9	611	Bradford	603	30.0	ditto
31.0	691	Macclesfield	804	26.0	Seide
14.9	588	Leek	705	17.2	ditto
36.6	721	Stoke-upon-Trent	665	19.3	Erdenwaare
30.4	726	Woolstanton	727	13.9	ditto
	305	Acht gesunde Agrikulturdistrikte	340		

176 Man weiß, wie widerstrebend die englischen „Freihändler" dem Schutzzoll für Seidenmanufaktur entsagten. Statt des Schutzes gegen französische Einfuhr dient nun die Schutzlosigkeit englischer Fabrikkinder.

177 „*Reports* etc. *for 30th April 1853*", p. 30.

Arbeitstag *aller* Arbeiter[178]. Seit ¦ dem Erlaß des ersten Fabrikakts war jetzt *ein halbes Jahrhundert* verflossen[179].

Ueber ihre *ursprüngliche Sphäre* griff die Fabrikgesetzgebung zuerst hinaus durch den ‚*Printworks' Act*' (Gesetz über Kattundruckereien u. s. w.) von 1845. Die Unlust, womit das Kapital diese neue „Extravaganz" zuließ, spricht aus jeder Zeile des Acts! Er *beschränkt* den Arbeitstag für Kinder von 8–13 Jahren und für Frauenzimmer auf *16 Stunden* zwischen 6 Uhr Morgens und 10 Uhr Abends, ohne irgend eine gesetzliche Pause für Mahlzeiten. Er erlaubt männliche Arbeiter | über 13 Jahre Tag und Nacht hindurch beliebig abzuarbeiten[180]. Er ist ein parlamentarischer Abort[181].

Dennoch hatte das Prinzip gesiegt mit seinem Sieg in den großen Industriezweigen, welche das eigenste Geschöpf der modernen Produktionsweise. Ihre wundervolle Entwicklung von 1853–1860, Hand in Hand mit der physischen und moralischen Wiedergeburt der Fabrikarbeiter, schlug das blödeste Auge. Die Fabrikanten selbst, denen die gesetzliche Schranke und Regel des Arbeitstags durch halbhundertjährigen Bürgerkrieg Schritt für Schritt abgetrotzt, wiesen prahlend auf den

178 Während der Zenithjahre der englischen Baumwollindustrie, 1859 und 1860, versuchten einige Fabrikanten durch die Lockangel hoher Arbeitslöhne für Extrazeit die *erwachsenen männlichen* Spinner u. s. w. zur Verlängerung des Arbeitstags zu bestimmen. Die Hand-Mule Spinners und Self-Actor Minders machten dem Experiment ein Ende durch eine Denkschrift an ihre Anwender, worin es u. a. heißt: „Grad herausgesprochen, unser Leben ist uns zur Last, und so lange wir fast 2 Tage die Woche (20 Stunden) länger an die Fabrik gekettet sind als die anderen Arbeiter, fühlen wir uns gleich *Heloten* im Lande und werfen uns selbst vor, ein System zu verewigen, das uns selbst und unsre Nachkommen physisch und moralisch beschädigt.… Daher geben wir hiermit respektvolle Notiz, daß wir von Neujahrstag an keine Minute mehr als 60 Stunden wöchentlich, von 6 Uhr zu 6 Uhr, mit Abzug der gesetzlichen Pausen von 1½ Stunden, arbeiten werden." („*Reports* etc. *for 30th April 1860*", p. 30.)

179 Ueber die Mittel, die die Fassung dieses Gesetzes für seinen Bruch gewährt, cf. den Parliamentary Return: „*Factory Regulations Acts*" (9. August 1859) und darin Leonard Horner's "*Suggestions for Amending the Factory Acts to enable the Inspectors to prevent illegal working, now become very prevalent.*"

180 „Kinder von 8 Jahren und drüber sind in der That von 6 Uhr Morgens bis 9 Uhr Abends während des letzten Halbjahrs (1857) in meinem Distrikt abgerackert worden." („*Reports* etc. *for 31. Oct. 1857*", p. 39.)

181 "The Printwork's Act is admitted to be a failure, both with reference to its educational and protective provisions." („*Reports* etc. *for 31. Oct. 1862*", p. 52.)

Kontrast mit den noch „freien“ Exploitationsgebieten hin[182]. Die Pharisäer der „politischen Oekonomie“ proklamirten nun die Einsicht in die Nothwendigkeit eines gesetzlich geregelten Arbeitstags als charakteristische Neuerrungenschaft ihrer „Wissenschaft“[183]. Man versteht leicht, daß nachdem sich die Fabrikmagnaten in das Unvermeidliche gefügt und mit ihm ausgesöhnt, die Widerstandskraft des Kapitals graduell abschwächte, während zugleich die Angriffskraft der Arbeiterklasse wuchs mit der Zahl ihrer Verbündeten in den nicht unmittelbar interessirten Gesellschaftsschichten. Daher vergleichungsweis rascher Fortschritt seit 1860. ¦

Die Färbereien und Bleichereien[184] wurden 1860, die Spitzenfabri-| ken und Strumpfwirkereien 1861 dem Fabrikakt von 1850 unterworfen. In Folge des *ersten* Berichts der *„Kommission über die Beschäftigung der Kinder“* (1863) theilten dasselbe Schicksal die Manufaktur *aller Erdenwaaren* (nicht nur Töpfereien), der Schwefelhölzer, Zündhütchen,

182 So z. B. *E. Potter* in Brief an *Times* vom 24. März 1863. Die *Times* erinnert ihn an die Fabrikantenrevolte gegen das Zehnstundengesetz.

183 So u. a. Herr *W. Newmarch*, Mitarbeiter an und Herausgeber von *Tooke's: „History of Prices“*. Ist es *wissenschaftlicher* Fortschritt, der öffentlichen Meinung feige Concessionen zu machen?

184 Der 1860 erlassene Akt über Bleichereien und Färbereien bestimmt, daß der Arbeitstag am 1. August 1861 vorläufig auf 12, am 1. August 1862 definitiv auf 10 Stunden, d. h. 10½ für Werkeltage und 7½ für Samstage herabgesetzt werde. Als nun das böse Jahr 1862 anbrach, wiederholte sich die alte Farce. Die Herrn Fabrikanten petitionirten das Parlament, nur noch für ein einziges Jahr länger die zwölfstündige Beschäftigung von jungen Personen und Frauenzimmern zu dulden.... „Beim gegenwärtigen Zustand des Geschäfts (zur Zeit der Baumwollnoth) sei es ein großer Vortheil für die Arbeiter, wenn man ihnen *erlaube* 12 Stunden täglich zu arbeiten und so viel Arbeitslohn als möglich herauszuschlagen ...“ Es war bereits gelungen, eine Bill in diesem Sinn ins Unterhaus zu bringen. „Sie fiel vor der Agitation der Arbeiter in den Bleichereien Schottlands.“ (*„Reports* etc. *for 31. Oct. 1862“*, p. 14, 15.) So geschlagen von den Arbeitern selbst, in deren Namen es zu sprechen vorgab, entdeckte das Kapital nun, mit Hilfe juristischer Brillen, daß der Akt von 1860, gleich allen Parlamentsakten zum „Schutz der Arbeit“, in sinnverwirrten Wortschraubungen abgefaßt, einen Vorwand gebe, die „calenderers“ und „finishers“ von seiner Wirkung *auszuschließen*. Die englische Jurisdiktion, stets getreuer Knecht des Kapitals, sanktionirte durch den Hof der „Common Pleas“ die Rabulisterei. „Es hat große Unzufriedenheit unter den Arbeitern erregt und ist sehr bedauerlich, daß die klare Absicht der Gesetzgebung auf Vorwand einer mangelhaften Wortdefinition vereitelt wird.“ (l. c. p. 18.)

Patronen, Tapetenfabrik, Baumwollsammt-Scheererei (fustian cutting) und zahlreiche Prozesse, die unter dem Ausdruck „finishing" (letzte Appretur) zusammengefaßt sind. Im Jahre 1863 wurden die *„Bleicherei in offener Luft"*[185] und ¦ die *Bäckerei* | unter eigne Akte gestellt,

185 Die „Bleicher in offner Luft" hatten sich dem Gesetz von 1860 über „Bleicherei" durch die Lüge entzogen, daß sie keine Weiber des Nachts verarbeiteten. Die Lüge wurde von den Fabrikinspektoren aufgedeckt, zugleich aber das Parlament durch Arbeiterpetitionen seiner wiesenduftigkühlen Vorstellungen von „Bleicherei in offner Luft" beraubt. In dieser Luftbleicherei werden Trockenzimmer von 90 bis 100 Grad Fahrenheit angewandt, worin hauptsächlich Mädchen arbeiten. „Cooling" (Abkühlung) ist der technische Ausdruck für ihr gelegentliches Entrinnen aus dem Trockenzimmer in die freie Luft. „Fünfzehn Mädchen in den Trockenzimmern. Hitze von 80 zu 90° für Leinwand, von 100° und mehr für Cambrics. Zwölf Mädchen bügeln und legen auf (die Cambrics etc.) in einem kleinen Zimmer von ungefähr 10 Fuß im Quadrat, in der Mitte ein enggeschlossener Ofen. Die Mädchen stehn rund um den Ofen herum, der eine schreckliche Gluth ausstrahlt und die Cambrics rasch für die Bügelerinnen trocknet. Die Stundenzahl für diese Hände ist unbeschränkt. Wenn geschäftig, arbeiten sie bis 9 oder 12 Uhr Nachts viele Tage hintereinander." (*Reports* etc. *for 31st Oct. 1862,* p. 56.) Ein Arzt erklärt: „Für die Abkühlung sind keine besondren Stunden erlaubt, aber wenn die Temperatur zu unerträglich wird, oder die Hände der Arbeiterinnen sich vom Schweiß beschmutzen, ist ihnen gestattet, ein paar Minuten fortzugehn … Meine Erfahrung in der Behandlung der Krankheiten dieser Arbeiterinnen zwingt mich zu konstatiren, daß *ihr Gesundheitszustand tief unter dem der Baumwollarbeiterinnen steht* (und das Kapital hatte sie in seinen Bittschriften an das Parlament als Rembrandisch *übergesund* gemalt!). Ihre auffallendsten Krankheiten sind Phthisis, Bronchitis, Uterinkrankheiten, Hysterie in der scheußlichsten Form und Rheumatismus. Alle diese entspringen, wie ich glaube, direkt oder indirekt, aus der überhitzten Luft ihrer Arbeitszimmer und dem Mangel genügender comfortabler Kleidung, um sie beim Nachhausegehn während der Wintermonate vor der kaltfeuchten Atmosphäre zu schützen." l. c. p. 56, 57. Die Fabrikinspektoren bemerken über das den jovialen „Bleichern in offner Luft" nachträglich abgetrotzte Gesetz von 1863: „Dieser Akt hat nicht nur verfehlt den Arbeitern den Schutz zu gewähren, den er zu gewähren scheint … er ist so formulirt, daß der Schutz erst eintritt, sobald man Kinder und Frauenzimmer *nach* 8 Uhr Abends an der Arbeit ertappt, und selbst dann ist die vorgeschriebene Beweismethode so verklausulirt, daß Bestrafung kaum erfolgen kann." (l. c. p. 52.) „Als ein Akt mit humanen und auf Erziehung gerichteten Zwecken ist er ganz und gar verfehlt. Man wird es doch kaum human nennen, Weibern und Kindern zu *erlauben, oder, was auf dasselbe hinauskommt, sie zu zwingen,* 14 Stunden täglich, mit oder ohne Mahlzeiten, wie es sich treffen mag, und vielleicht noch längere Stunden zu arbeiten, ohne Schranke mit Bezug auf das Alter, ohne Unterschied

wovon der erste u. a. die Arbeit von Kindern, jungen Personen und Weibern zur Nachtzeit (von 8 Uhr Abends bis 6 Uhr Morgens) und der zweite die Anwendung von Bäckergesellen unter 18 Jahren zwischen 9 Uhr Abends und 5 Uhr Morgens verbietet. Auf die späteren Vorschläge der erwähnten Kommission, welche, mit Ausnahme des Ackerbaus, der Minen und des Transportwesens, *alle* wichtigern englischen Industriezweige der „Freiheit" zu berauben drohen, kommen wir zurück.

Der Leser erinnert sich, daß die *Produktion von Mehrwerth* oder die *Extraktion von Mehrarbeit* den spezifischen Inhalt und Zweck der *kapitalistischen Produktion* bildet, abgesehn von einer jeden aus der Unterordnung der Arbeit unter das Kapital etwa entspringenden *Umgestaltung der Produktionsweise selbst.* Er erinnert sich, daß auf dem bisher entwickelten Standpunkt nur der *selbstständige* und daher gesetzlich mündige Arbeiter als Waaren|verkäufer mit dem Kapitalisten kontrahirt. Wenn in unsrer historischen Skizze also einerseits die *moderne Industrie* eine Hauptrolle spielt andrerseits *die Arbeit physisch und rechtlich Unmündiger,* so galt uns die eine nur als besondre Sphäre, die andre nur als besonders schlagendes Beispiel der Arbeitsaussaugung. Ohne jedoch der spätern Entwicklung vorzugreifen, folgt aus dem bloßen Zusammenhang der geschichtlichen Thatsachen:

Erstens: In den durch Wasser, Dampf und Maschinerie zunächst revolutionirten Industrien, in diesen ersten Schöpfungen der modernen Produktionsweise, den Baumwolle-, Wolle-, Flachs-, Seide-Spinnereien und Webereien wird der Trieb des Kapitals nach maß- und rücksichtsloser *Verlängerung des Arbeitstags* zuerst befriedigt. Die veränderte materielle Produktionsweise und die ihr entsprechend veränderten socialen Verhältnisse der Produzenten[186] schaffen erst die maßlose Ausschreitung und rufen dann im Gegensatz die gesellschaftliche Kontrole hervor, welche den Arbeitstag mit seinen Pausen gesetzlich beschränkt, regulirt und uniformirt. Diese Kontrole erscheint daher während der ersten

des Geschlechts, und ohne Rücksicht auf die gesellschaftlichen Gewohnheiten der Familien der Nachbarschaft, worin die Bleichwerke liegen." („*Reports* etc. *for 30th April 1863*", p. 40.)

186 "The conduct of each of these classes (capitalists and workmen) has been the result of the relative situation in which they have been placed." („*Reports* etc. *for 31st Oct. 1848*", p. 113.)

Hälfte des 19. Jahr¦hunderts bloß als *Ausnahmsgesetzgebung*[187]. Sobald sie das Urgebiet der neuen Produktionsweise erobert hatte, fand sich, daß unterdeß nicht nur viele andre Produktionszweige in das *eigentliche Fabrikregime* eingetreten, sondern daß *Manufakturen* mit mehr oder minder verjährter Betriebsweise, wie Töpfereien, Glasereien u. s. w., daß *altmodische Handwerke*, wie die Bäckerei, und endlich selbst die zerstreute s. g. *Hausarbeit*, wie Nägelmacherei u. s. w.[188], seit lange der kapitalistischen Exploitation eben so sehr verfallen waren als | die Fabrik. Die Gesetzgebung ward daher gezwungen, ihren Ausnahmscharakter allmählig abzustreifen, oder, wo sie römisch kasuistisch verfährt, wie in England, irgend ein Haus, worin man arbeitet, nach Belieben für eine Fabrik (factory) zu erklären[189].

Zweitens: Die Geschichte der Reglung des Arbeitstags in einigen Produktionsweisen, in andern der noch fortdauernde Kampf um diese Reglung, beweisen handgreiflich, daß der *vereinzelte* Arbeiter, der Arbeiter als „freier" Verkäufer seiner Arbeitskraft, auf gewisser Reifestufe der kapitalistischen Produktion, widerstandslos unterliegt. Die Schöpfung eines Normal-Arbeitstags ist daher das Produkt eines langwierigen, mehr oder minder versteckten Bürgerkriegs zwischen der Kapitalistenklasse und der Arbeiterklasse. Wie der Kampf eröffnet wird im Umkreis der modernen Industrie, so spielt er zuerst in ihrem Heimathsland, *England*[190]. Die englischen Fabrikarbeiter waren die Preisfechter nicht

187 "The employments placed under restriction were connected with the manufacture of textile fabrics by the aid of steam or water power. There were two conditions to which an employment must be subject to cause it to be inspected, viz., the use of steam or water power, and the manufacture of certain specified fibres." („*Reports* etc. *for 31. October 1864*", p. 8.)

188 Ueber den Zustand dieser sogenannten *häuslichen* Industrie äußerst reichhaltiges Material in den letzten Berichten der „*Children's Employment Commission*".

189 "The Acts of last Session (1864) … embrace a diversity of occupations the customs in which differ greatly, and the use of mechanical power to give motion to machinery is no longer one of the elements necessary, as formerly, to constitute in legal phrase a *Factory*." („*Reports* etc. *for 31. Oct. 1864*", p. 8.)

190 *Belgien*, das Paradies des kontinentalen Liberalismus, zeigt auch keine Spur dieser Bewegung. Selbst in seinen *Kohlengruben* und *Metallminen* werden Arbeiter beider Geschlechter und von jeder Altersstufe mit vollkommener „Freiheit" für *jede Zeitdauer* und Zeit*periode* konsumirt. Auf je 1000 darin beschäftigte Personen kommen 733 Männer, 88 Weiber, 135 Jungen und 44 Mädchen unter

nur der englischen, sondern der modernen Arbeiterklasse überhaupt, wie auch ihre Theoretiker der Theorie des Kapitals zuerst den Fehdehandschuh hinwarfen[191]. Der ¦ Fabrikphilosoph *Ure* denunzirt es | daher als unauslöschliche Schmach der englischen Arbeiterklasse, daß sie „die *Sklaverei der Fabrikakte*" auf ihre Fahne schrieb gegenüber dem Kapital, das männlich für „*vollkommene Freiheit der Arbeit*" stritt[192].

Frankreich hinkt langsam hinter England her. Es bedarf der *Februarrevolution* zur Geburt des *Zwölfstundengesetzes*[193], das viel mangelhafter ist als sein englisches Original. Trotzdem macht die französische revolutionäre Methode auch ihre eigenthümlichen Vorzüge geltend. Mit *einem* Schlag diktirt sie *allen* Ateliers und Fabriken ohne Unterschied

16 Jahren; in den Hochöfen u. s. w. auf je 1000 668 Männer, 149 Weiber, 98 Jungen und 85 Mädchen unter 16 Jahren. Kömmt nun noch hinzu niedriger Arbeitslohn für enorme Ausbeutung reifer und unreifer Arbeitskräfte, im Tagesdurchschnitt 2 sh. 8 d. für Männer, 1 sh. 8 d. für Weiber, 1 sh. 2½ d. für Jungen. Dafür hat Belgien aber auch 1863, verglichen mit 1850, Quantum und Werth seiner Ausfuhr von Kohlen, Eisen u. s. w. ziemlich verdoppelt.

191 Als *Robert Owen* kurz nach dem ersten Decennium dieses Jahrhunderts die Nothwendigkeit einer Beschränkung des Arbeitstags nicht nur theoretisch vertrat, sondern den Zehnstundentag wirklich in seine Fabrik zu New-Lanark einführte, ward das als kommunistische Utopie verlacht, ganz so wie seine „Verbindung von produktiver Arbeit mit Erziehung der Kinder", ganz wie die von ihm ins Leben gerufenen Cooperationsgeschäfte der Arbeiter. Heutzutage ist die erste Utopie Fabrikgesetz, die zweite figurirt als *officielle* Phrase in allen „*Factory Acts*" und die dritte dient sogar schon zum Deckmantel reaktionärer Schwindeleien.

192 *Ure* fzs. Uebers. „*Philosophie des Manufactures. Paris* 1836," t. II, p. 39, 40, 67, 77 etc.

193 In dem Compte Rendu des „*Internationalen Statistischen Kongresses zu Paris*, 1855", heißt es u. a.: „Das französische Gesetz, das die Dauer der täglichen Arbeit in Fabriken und Werkstätten auf 12 Stunden beschränkt, begrenzt diese Arbeit nicht *innerhalb bestimmter fixer Stunden* (Zeitperioden), indem nur für die Kinderarbeit die Periode zwischen 5 Uhr Vormittags und 9 Uhr Abends vorgeschrieben ist. Daher bedient sich ein Theil der Fabrikanten des Rechts, welches ihnen dieß verhängnißvolle Schweigen giebt, um Tag aus Tag ein, vielleicht mit Ausnahme der Sonntage, *ohne Unterbrechung* arbeiten zu lassen. Sie wenden dazu zwei verschiedne Arbeiterreihen an, von denen keine mehr als 12 Stunden in der Werkstätte zubringt, aber das Werk des Etablissements dauert Tag und Nacht. Das Gesetz ist befriedigt, aber ist es die Humanität ebenfalls?" Außer dem „zerstörenden Einfluß der Nachtarbeit auf den menschlichen Organismus", wird auch „der fatale Einfluß der nächtlichen Association beider Geschlechter in denselben trüb erleuchteten Werkstätten" betont.

dieselbe Schranke des Arbeitstags, während die englische Gesetzgebung bald an diesem Punkt, bald an jenem, dem Druck der Verhältnisse widerwillig weicht und auf dem besten Weg ist, einen neuen juristischen Rattenkönig auszubrüten[194]. Andrerseits proklamirt | das französische Gesetz *prinzipiell*, was in England nur im Namen von Kindern, Unmündigen und Frauenzimmern erkämpft und erst neuerdings als allgemeines Recht beansprucht wird[195].

In den *Vereinigten Staaten* von Nordamerika blieb jede selbstständige Arbeiterbewegung gelähmt, so lange die Sklaverei einen Theil der Republik verunstaltete. Die Arbeit in weißer Haut kann sich dort nicht emancipiren, ¦ wo sie in schwarzer Haut gebrandmarkt wird. Aber aus dem Tod der Sklaverei entsproß sofort ein neu verjüngtes Leben. Die erste Frucht des Bürgerkriegs war die *Achtstundenagitation*, mit den Siebenmeilenstiefeln der Lokomotive vom atlantischen bis zum stillen Ocean ausschreitend, von Neuengland bis nach Kalifornien. Der allgemeine *Arbeiterkongreß zu Baltimore* (August 1866) erklärt: „Das erste und große Erheischniß der Gegenwart, um die Arbeit dieses Landes von der kapitalistischen Sklaverei zu befreien, ist der Erlaß eines *Gesetzes*, wodurch *8 Stunden* den Normal-Arbeitstag in *allen* Staaten der amerikanischen Union bilden sollen. Wir sind entschlossen alle unsre Macht aufzubieten, bis dieß glorreiche Resultat erreicht ist“[196].

194 „Z. B. in meinem Distrikt, in denselben Fabrikbaulichkeiten, ist derselbe Fabrikant Bleicher und Färber unter dem „Bleicherei- und Färberei Akt“, Drucker unter dem „Print Works Act“ und finisher unter dem „Fabrikakt“.... (*Report of Mr. Baker* in „*Reports* etc. *for 31st Oct. 1861*“, p. 20.) Nach Aufzählung der verschiednen Bestimmungen dieser Akte und der daher folgenden Komplikation, sagt Herr Baker: „Man sieht, wie schwer es sein muß die Vollziehung dieser 3 Parlamentsakte zu sichern, wenn der Fabrikeigner das Gesetz zu umgehn beliebt.“ [l. c. p. 21.] Was aber den Herrn Juristen dadurch gesichert ist, sind Prozesse.

195 So getrauen sich endlich die Fabrikinspektoren zu sagen: “These objections (des Kapitals gegen legale Beschränkung der Arbeitszeit) must succumb before the broad principle of the rights of labour … there is a time when the master's right in his workman's labour ceases and his time becomes his own, even if there was no exhaustion in the question.” („*Reports* etc. *for 31. Oct. 1862*“, p. 54.)

196 „Wir, die Arbeiter von Dunkirk, erklären, daß die unter dem jetzigen System erheischte Länge der Arbeitszeit zu groß ist und dem Arbeiter keine Zeit für Erholung und Entwickelung läßt, ihn vielmehr auf einen *Zustand der*

Gleichzeitig (Anfang September | 1866) beschloß der „*Internationale Arbeiterkongreß*" zu Genf auf Vorschlag der Londoner Centralbehörde: „Wir erklären die *Beschränkung des Arbeitstags* für eine vorläufige Bedingung, ohne welche alle andern Bestrebungen nach Emancipation scheitern müssen ... Wir schlagen *8 Arbeitsstunden* als *legale Schranke des Arbeitstags* vor."

So besiegelt die auf beiden Seiten des atlantischen Meers instinktiv aus den Produktionsverhältnissen selbst erwachsne Arbeiterbewegung den Ausspruch des englischen Fabrikinspektors *R. J. Saunders:* „Weitere Schritte zur Reform der Gesellschaft sind niemals mit irgend einer Aussicht auf Erfolg durchzuführen, wenn nicht zuvor der Arbeitstag beschränkt und seine vorgeschriebene Schranke strikt erzwungen wird"[197].

Man muß gestehn, daß unser Arbeiter anders aus dem Produktionsprozeß herauskömmt als er in ihn eintrat. Auf dem Markt trat er als Besitzer der Waare „Arbeitskraft" andern Waarenbesitzern gegenüber,
194 Waarenbesitzer dem Waarenbesitzer. Der Kontrakt, wodurch er dem Kapitalisten seine Arbeitskraft verkaufte, schien durch den freien Willen von Verkäufer und Käufer vereinbartes Produkt. Nach geschloßnem Handel wird entdeckt, daß er „*kein freier Agent*" war, daß die Zeit, wofür es ihm *freisteht* seine Arbeitskraft zu verkaufen, die Zeit ist, wofür er *gezwungen* ist sie zu verkaufen[198], daß in der That sein Sauger nicht losläßt, „so lange noch ein ¦ Muskel, eine Sehne, ein Tropfen Bluts auszu-

Knechtschaft herabdrückt, der *wenig besser als die Sklaverei ist* („a condition of servitude but little better than slavery"). Deßhalb beschlossen, daß *8 Stunden* für einen Arbeitstag genügen und legal als genügend anerkannt werden müssen; daß wir zu unsrem Beistand die Presse anrufen, den gewaltigen Hebel ... und alle, die diesen Beistand versagen, als Feinde der Arbeitsreform und Arbeiterrechte betrachten." (*Beschlüsse der Arbeiter zu Dunkirk*, Staat New York, 1866.)

197 „*Reports* etc. *for 31. Oct. 1848*", p. 112.

198 "These proceedings (die Manöver des Kapitals z. B. 1848–50) have afforded, moreover, *incontrovertible proof of the fallacy of the assertion* so often advanced, that operatives *need no protection*, but may be *considered as free agents in the disposal of the only property they possess, the labour* of their hands, and the sweat of their brows." („*Reports* etc. *for 30. April 1850*", p. 45). "*Free Labour, if so it may be termed*, even in a free country, requires the strong arm of the law to protect it." („*Reports* etc. *for 31. Oct. 1864*", p. 34.) "*To permit, which is tantamount to compelling* ... to work 14 hours a day with or without meals etc." („*Reports* etc. *for 30. April 1863*", p. 40.)

beuten"[199]. Zum „Schutze" gegen die Schlange ihrer Qualen müssen die Arbeiter ihre Köpfe zusammenrotten und *als Klasse* ein | Staatsgesetz erzwingen, ein übermächtiges *gesellschaftliches Hinderniß*, das sie selbst verhindert, *durch freiwilligen Kontrakt mit dem Kapital* sich und ihre Generation in Tod und Sklaverei zu verkaufen[200]. An die Stelle des prunkvollen Katalogs der „unveräußerlichen Menschenrechte" tritt die bescheidne *Magna Charta* eines gesetzlich beschränkten Arbeitstags, die „endlich klar macht, *wann die Zeit, die der Arbeiter verkauft, endet*, und *wann die ihm selbst gehörige Zeit beginnt*"[201]. Quantum mutatus ab illo!

5) Rate und Masse des Mehrwerths.

Wie bisher, wird in diesem Paragraph der *Werth der Arbeitskraft*, also der zur Reproduktion oder Erhaltung der Arbeitskraft *nothwendige Theil des Arbeitstags*, als *gegebne, constante Größe* unterstellt.

Dieß also vorausgesetzt, ist mit der *Rate* zugleich die *Masse des Mehrwerths* gegeben, die der *einzelne* Arbeiter dem Kapitalisten in bestimmter Zeitperiode liefert. Beträgt z. B. die nothwendige Arbeit täglich 6 Stunden, ausgedrückt in einem Goldquantum von 3 sh. =

199 *Friedrich Engels* l. c. p. 5.

200 Die Zehnstundenbill hat in den ihr unterworfenen Industriezweigen „die Arbeiter vor *gänzlicher Degeneration* gerettet und *ihren physischen Zustand* beschützt." („*Reports* etc. *for 31. Oct. 1859*", p. 47.) „Das Kapital (in den Fabriken) kann niemals die Maschinerie in Bewegung halten über eine begrenzte Zeitperiode ohne die beschäftigten Arbeiter an ihrer Gesundheit und ihrer Moral zu beschädigen; *und sie sind nicht in einer Lage, sich selbst zu schützen.*" l. c. p. 8.

201 "A still greater boon is, the *distinction* at last made clear *between the worker's own time and his master's.* The worker knows now *when that which he sells is ended, and when his own begins,* and, by possessing a sure foreknowledge of this, is enabled to pre-arrange his own minutes for his own purposes." (l. c. p. 52.) "By making them masters of their own time, they (die Fabrikgesetze) have given them a moral energy which is directing them to the eventual possession of political power." (l. c. p. 47.) Mit verhaltner Ironie, und in sehr vorsichtigen Ausdrücken, deuten die Fabrikinspektoren an, daß das jetzige Zehnstundengesetz auch den Kapitalisten einigermaßen von seiner naturwüchsigen Brutalität als bloßer Verkörperung des Kapitals befreit und ihm Zeit zu einiger „Bildung" gegeben habe. Vorher "the master had no time for anything but *money*; the servant had no time for anything but *labour.*" l. c. p. 48.

241 ¦ 280 | 281

1 Thaler, so ist 1 Thaler der *Tageswerth einer* Arbeitskraft, oder der im Ankauf | *einer* Arbeitskraft vorgeschossene Kapitalwerth. Ist ferner die *Rate des Mehrwerths* 100 %, so producirt dieß variable Kapital von 1 Thaler eine Masse Mehrwerth von ¦ 1 Thaler, oder der Arbeiter liefert täglich eine *Masse Mehrarbeit* von 6 Stunden.

Das *variable Kapital* ist aber der Geldausdruck für den *Gesammtwerth aller Arbeitskräfte,* die der Kapitalist gleichzeitig in einem bestimmten Produktionsprozeß verwendet. Ist der Tageswerth *einer* Arbeitskraft 1 Thaler, so ist also ein Kapital von 100 Thalern vorzuschießen um 100, und von n Thalern, um n Arbeitskräfte täglich zu exploitiren. Der *Werth des vorgeschossenen variablen Kapitals* ist also gleich dem *Durchschnittswerth einer Arbeitskraft* multiplizirt mit der Anzahl der verwandten Arbeitskräfte. Bei gegebnem *Werth der Arbeitskraft* wechselt also *Werthumfang* oder *Größe des variablen Kapitals* mit der *Masse* der angeeigneten Arbeitskräfte oder der *Anzahl* der gleichzeitig beschäftigten Arbeiter.

Produzirt ein variables Kapital von 1 Thaler, der Tageswerth *einer* Arbeitskraft, einen täglichen Mehrwerth von 1 Thaler, so ein variables Kapital von 100 Thalern einen täglichen Mehrwerth von 100, und eins von n Thalern einen täglichen Mehrwerth von 1 Thaler ×n. Die *Masse des producirten Mehrwerths* ist also gleich dem Mehrwerth, den der Arbeitstag des einzelnen Arbeiters liefert, multiplicirt mit der Anzahl der angewandten Arbeiter. Da aber ferner die *Masse* Mehrwerth, die der einzelne Arbeiter producirt, bei gegebenem Werth der Arbeitskraft, durch die *Rate des Mehrwerths* bestimmt ist, so folgt, unter derselben Voraussetzung: *Die Masse des von einem gegebnen variablen Kapital producirten Mehrwerths ist gleich der Größe des vorgeschossenen variablen Kapitals multiplicirt mit der Rate des Mehrwerths* oder ist bestimmt durch das zusammengesetzte Verhältniß zwischen der *Anzahl der gleichzeitig exploitirten Arbeitskräfte* und dem *Exploitationsgrad der einzelnen Arbeitskraft.*

In der *Produktion einer bestimmten Masse Mehrwerth* kann daher die *Abnahme* des *einen Faktors durch Zunahme des andern* ersetzt werden. Wird das variable Kapital vermindert und gleichzeitig *in demselben Verhältniß* die Rate des Mehrwerths | erhöht, so bleibt *die Masse des producirten Mehrwerths unverändert.* Muß unter den früheren Annahmen der Kapitalist 100 Thaler vorschießen, um 100 Arbeiter täglich zu exploitiren, und beträgt die Rate des Mehrwerths 50 %, so wirft dieß variable Kapital von 100 einen Mehrwerth von 50 ab, oder von 100 × 3 Arbeitsstunden. Wird die Rate des Mehrwerths verdoppelt, oder der Arbeitstag statt von 6 zu 9, von 6 zu 12 Stunden verlängert, so wirft das um die Hälfte verminderte variable Kapital von 50 Thalern ebenfalls einen Mehrwerth von 50 Thalern ab oder von 50 × 6 Arbeitsstunden. Verminderung des variablen Kapitals ist also ausgleichbar durch proportionelle Erhöhung im Exploitationsgrad der Arbeitskraft oder Abnahme in der Anzahl der beschäftigten Arbeiter durch proportionelle Verlängerung des Arbeitstags. Innerhalb gewisser Grenzen ¦ wird die vom Kapital erpreßbare *Zufuhr der Arbeit* also unabhängig von der *Arbeiterzufuhr*[202]. Umgekehrt läßt *Abnahme in der Rate des Mehrwerths* die *Masse des producirten Mehrwerths* unverändert, wenn proportionell die Größe des variablen Kapitals oder die Anzahl der beschäftigten Arbeiter wächst.

Indeß hat der *Ersatz* von Arbeiteranzahl oder Größe des variablen Kapitals durch gesteigerte Rate des Mehrwerths oder Verlängerung des Arbeitstags unüberspringbare *absolute* Schranken. Welches immer der *Werth der Arbeitskraft* sei, ob daher die zur Erhaltung des Arbeiters *nothwendige Arbeitszeit* 2 oder 10 Stunden betrage, der *Gesammtwerth*, den ein Arbeiter, Tag aus Tag ein, produciren kann, ist immer *kleiner* als der Werth, worin sich 24 Arbeitsstunden vergegenständlichen, kleiner als 12 sh. oder 4 Thaler, wenn dieß der Geldausdruck der 24 vergegenständlichten Arbeitsstunden. Unter unsrer früheren Annahme, wonach täglich 6 Arbeitsstunden erheischt, um die Arbeitskraft selbst zu reproduciren oder den in ihrem Ankauf vorgeschossenen Kapitalwerth zu ersetzen, producirt ein variables Kapital von 500 Thalern, das täglich 500 Arbeiter zur Mehrwerthsrate von 100 % oder mit zwölfstündigem Arbeitstag verwendet, täglich einen *Mehrwerth* von 500 Thalern | oder 6 × 500 Arbeitsstunden. Ein Kapital von 100 Thalern, das 100 Arbeiter täglich verwendet zur Mehrwerthsrate von 200 % oder mit 18stündigem Arbeitstag, producirt nur eine *Mehrwerthsmasse* von 200 Thalern oder 12 × 100 Arbeitsstunden. Und sein gesammtes Werthprodukt, Aequivalent des vorgeschossenen Kapitals plus Mehrwerth, kann Tag aus Tag

202 Dieß Elementargesetz scheint den Herren von der Vulgärökonomie unbekannt, die, umgekehrte Archimedes, in der Bestimmung der Marktpreise der Arbeit durch Nachfrage und Zufuhr den Punkt gefunden zu haben glauben, nicht um die Welt aus den Angeln zu heben, sondern um sie stillzusetzen.

ein, *niemals* die Summe von 400 Thalern oder 24 × 100 Arbeitsstunden erreichen. Die *absolute Schranke des durchschnittlichen Arbeitstags*, der von Natur immer kleiner ist als 24 Stunden, bildet eine *absolute Schranke für den Ersatz von variablem Kapital durch gesteigerte Rate des Mehrwerths* oder *von exploitirter Arbeiteranzahl durch erhöhten Exploitationsgrad der Arbeitskraft.* Dieß handgreifliche Gesetz ist wichtig zur Erklärung vieler Erscheinungen, entspringend aus der später zu entwikkelnden Tendenz des Kapitals, die von ihm beschäftigte Arbeiteranzahl oder seinen variablen in Arbeitskraft umgesetzten Bestandtheil auf die *Minimalschranke* zu reduciren, im Widerspruch zu seiner andern Tendenz, die möglichst große *Masse von Mehrwerth* zu produciren. Umgekehrt. Nimmt die Masse der verwandten Arbeitskräfte zu, oder die Größe des variablen Kapitals, aber langsamer als die Rate des Mehrwerths abnimmt, so *sinkt die Masse* des producirten Mehrwerths.

Ein drittes Gesetz ergiebt sich aus der Bestimmung *der Masse des pro¦ducirten Mehrwerths durch die zwei Faktoren,* Rate des Mehrwerths und Größe des vorgeschossenen variablen Kapitals. Die Rate des Mehrwerths oder den Exploitationsgrad der Arbeitskraft, und den Werth der Arbeitskraft oder die Größe der *nothwendigen Arbeitszeit* gegeben, ist es selbstverständlich, daß *je größer das variable Kapital, desto größer die Masse des producirten Werths und Mehrwerths.* Ist die *Grenze des Arbeitstags* gegeben, ebenso die Grenze seines *nothwendigen Bestandtheils,* so hängt die *Masse* von Werth und Mehrwerth, die ein einzelner Kapitalist producirt, offenbar ausschließlich ab von der *Masse Arbeit,* die er in Bewegung setzt. Diese aber hängt, unter den gegebnen Annahmen, ab von der *Masse Arbeitskraft* oder der *Arbeiteranzahl,* die er exploitirt, und diese Anzahl ihrerseits ist bestimmt durch die *Größe* des von ihm vorgeschossenen *variablen* Kapitals. *Bei gegebner | Rate des Mehrwerths und gegebnem Werth der Arbeitskraft verhalten sich also die Massen des producirten Mehrwerths direkt wie die Größen der vorgeschossenen variablen Kapitale.* Nun weiß man aber, daß der Kapitalist sein Kapital in zwei Theile theilt. Einen Theil legt er aus in Produktionsmitteln. Dieß ist der *constante* Theil seines Kapitals. Den andern Theil setzt er um in lebendige Arbeitskraft. Dieser Theil bildet sein *variables Kapital.* Auf Basis *derselben* Produktionsweise findet *in verschiednen Produktionssphären* verschiedne Theilung des Kapitals in constanten und variablen Bestandtheil statt. Innerhalb *derselben Produktionssphäre* wechselt dieß Verhältniß mit wechselnder technologischer Grundlage und gesellschaftlicher Kombination des Produktionsprozesses. Wie aber ein gegebnes Kapital immer zerfalle in constanten und variablen Bestandtheil, ob der letztere sich zum ersteren verhalte wie 1 : 2, 1 : 10, oder 1 : x, das eben aufgestellte Gesetz wird nicht davon berührt, da, früherer Analyse gemäß, der Werth des constanten Kapitals im Produktenwerth zwar wiedererscheint, aber nicht in das neugebildete Werthprodukt eingeht. Um 1000 Spinner zu verwenden, sind natürlich mehr Rohmaterialien, Spindeln u. s. w. erheischt, als um 100 zu verwenden. Der *Werth* dieser zuzusetzenden Produktionsmittel aber mag steigen, fallen, unverändert bleiben, groß oder klein sein, er bleibt ohne irgend einen Einfluß auf den *Verwerthungsprozeß* der sie bewegenden Arbeitskräfte. Das oben konstatirte Gesetz nimmt also die allgemeinere Form an: *Die von verschiedenen Kapitalien producirten Massen von Werth und Mehrwerth verhalten sich, bei gegebnem Werth und gleich großem Exploitationsgrad der Arbeitskraft, direkt wie die Größen der variablen Bestandtheile dieser Kapitale, d. h. ihrer in lebendige Arbeitskraft umgesetzten Bestandtheile.*

Dieß Gesetz *widerspricht* offenbar aller auf den Augenschein gegründeten Erfahrung. Jedermann weiß, daß ein Baumwollspinner, der, die Prozenttheile des angewandten Gesammtkapitals berechnet, *relativ* viel constantes und ¦ wenig variables Kapital anwendet, deßwegen keinen kleineren Gewinn oder Mehrwerth erbeutet als ein Bäcker, der relativ viel variables und wenig constantes Kapital in Bewegung setzt. Zur Lösung dieses scheinbaren Widerspruchs bedarf es noch vieler Mittelglieder, | wie es vom Standpunkt der elementaren Algebra vieler Mittelglieder bedarf, um zu verstehn, daß $\frac{0}{0}$ eine wirkliche Größe darstellen kann. Obgleich sie das Gesetz nie formulirt hat, hängt die klassische Oekonomie instinktiv daran fest, weil es eine nothwendige Konsequenz des Werthgesetzes überhaupt ist. Sie sucht es durch gewaltsame *Abstraktion* vor den Widersprüchen der Erscheinung zu retten. Man wird später[203] sehn, wie die *Ricardo'sche Schule* an diesem Stein des Anstoßes gestolpert ist. Die Vulgärökonomie, die „wirklich auch nichts gelernt hat“, pocht hier, wie überall auf den Schein gegen das Gesetz der Erscheinung. Sie glaubt im Gegensatz zu *Spinoza*, daß „die Unwissenheit ein hinreichender Grund ist“.

Die Arbeit, die das Gesammtkapital einer Gesellschaft täglich in Bewegung setzt, kann als *ein einziger Arbeitstag* betrachtet werden. Ist

203 Näheres darüber im „Vierten Buch“. 195

z. B. die Zahl der Arbeiter eine Million und beträgt der Durchschnitts-Arbeitstag eines Arbeiters 10 Stunden, so besteht *der gesellschaftliche Arbeitstag* aus 10 Millionen Stunden. Bei gegebner Länge dieses Arbeitstags, seien seine Grenzen physisch oder social gezogen, kann die *Masse des Mehrwerths* nur vermehrt werden durch Vermehrung der Arbeiteranzahl, d. h. der *Arbeiterbevölkerung*. Das Wachsthum der Bevölkerung bildet hier die mathematische Grenze für Produktion des Mehrwerths durch das gesellschaftliche Gesammtkapital. Umgekehrt. Bei gegebner Größe der Bevölkerung wird diese Grenze gebildet *durch die mögliche Verlängerung des Arbeitstags*[204]. Man wird im folgenden Kapitel sehn, daß dieß Gesetz nur für die bisher behandelte Form des Mehrwerths gilt.

Aus der bisherigen Betrachtung der Produktion des Mehrwerths ergiebt sich, daß nicht jede beliebige Geld- oder Werthsumme in *Kapital* verwandelt werden kann, sondern zu dieser Verwandlung vielmehr ein be|stimmtes *Minimum* von Geld oder Tauschwerth in der Hand des *einzelnen* Geld- oder Waarenbesitzers vorausgesetzt ist. *Das Minimum von variablem Kapital* ist der Kostenpreis einer einzelnen Arbeitskraft, die das ganze Jahr durch, Tag aus Tag ein, zur Gewinnung von Mehrwerth vernutzt wird. Wäre dieser Arbeiter im Besitz seiner eignen Produktionsmittel, und begnügte er sich als Arbeiter zu leben, so genügte ihm die zur Reproduktion seiner Lebensmittel ¦ nothwendige Arbeitszeit, sage von 8 Stunden täglich. Er bedürfte also auch nur Produktionsmittel für 8 Arbeitsstunden. Der Kapitalist dagegen, der ihn außer diesen 8 Stunden sage 4 Stunden Mehrarbeit verrichten läßt, bedarf einer zusätzlichen Geldsumme zur Beschaffung der zusätzlichen Produktionsmittel. Unter unserer Annahme jedoch müßte er schon zwei Arbeiter anwenden, um von dem täglich angeeigneten Mehrwerth wie ein Arbeiter leben, d. h. die nothwendigen Bedürfnisse befriedigen zu können. In diesem Fall wäre bloßer Lebensunterhalt der Zweck seiner Produktion, nicht Vermehrung des Reichthums, und das letztre ist unterstellt bei der kapitalistischen Produktion. Damit er nur doppelt so gut lebe wie ein

204 "The labour, that is *the economic time of society*, is a given portion, say ten hours a day of a million of people or ten million hours … Capital has its boundary of increase. The boundary may, at any given period, be attained in the actual extent of economic time employed." („*An Essay on the Political Economy of Nations. London* 1821", p. 47, 49.)

gewöhnlicher Arbeiter, und die Hälfte des producirten Mehrwerths in Kapital zurückverwandle, müßte er zugleich mit der Arbeiterzahl das *Minimum* des vorgeschossenen Kapitals um das Achtfache steigern. Allerdings kann er selbst, gleich seinem Arbeiter, unmittelbar Hand im Produktionsprozesse anlegen, aber ist dann auch nur ein Mittelding zwischen Kapitalist und Arbeiter, ein „*kleiner Meister*". Ein gewisser Höhegrad der kapitalistischen Produktion bedingt, daß der Kapitalist die ganze Zeit, während deren er als Kapitalist, d. h. als personificirtes Kapital funktionirt, zur Aneignung und daher Kontrole fremder Arbeit, und zum Verkauf der Produkte dieser Arbeit verwenden könne[205]. Der Verwandlung des Hand|werksmeisters in den Kapitalisten suchte die zünftige Industrie des Mittelalters dadurch gewaltsam zu verhindern, daß sie die Arbeiteranzahl, die ein einzelner Meister beschäftigen durfte, auf ein sehr geringes *Maximum* beschränkte. Der Geldoder Waarenbesitzer verwandelt sich erst wirklich in einen Kapitalisten, wo die für die Produktion vorgeschossene Minimalsumme weit über dem mittelaltrigen Maximum steht. Hier, wie in der Naturwissenschaft, bewährt 196
sich die Richtigkeit des von *Hegel* in seiner Logik entdeckten Gesetzes, daß bloß *quantitative* Veränderungen auf einem gewissen Punkt in *qualitative* Unterschiede umschlagen[205a]. ¦

Das Minimum der Werthsumme, worüber der einzelne Geld- oder Waarenbesitzer verfügen muß, um sich in einen Kapitalisten zu entpup-

205 "The farmer cannot rely on his own labour; and if he does, I will maintain that he is a loser by it. His employment should be, a general attention to the whole: his thrasher must be watched, or he will soon lose his wages in corn not thrashed out; his mowers, reapers etc. must be looked after; he must constantly go round his fences; he must see there is no neglect; which would be the case if he was confined to any one spot." „*An Inquiry into the Connection between the Price of Provisions, and the Size of Farms* etc. *By a Farmer. London* 1773", p. 12. Diese Schrift ist sehr interessant. Man kann darin die Genesis des „*capitalist farmer*" oder „*merchant farmer*", wie er ausdrücklich genannt wird, studiren und seiner Selbstverherrlichung gegenüber dem „small farmer", dem es wesentlich um die Subsistenz zu thun ist, zuhören. „Die Kapitalistenklasse wird zuerst theilweise und schließlich ganz und gar entbunden von der Nothwendigkeit der Handarbeit." („*Text-book of Lectures on the Polit. Economy of Nations. By the Rev. Mr. Richard Jones. Hertford 1852.*" *Lecture III.*)

205a Die in der modernen Chemie angewandte, von *Laurent* und *Gerhardt* angebahnte, von Prof. *Wurtz* zu Paris zuerst wissenschaftlich entwickelte *Molekulartheorie* beruht auf keinem anderen Gesetze.

pen, wechselt auf verschiedenen Entwicklungsstufen der kapitalistischen Produktion und ist, bei gegebner Entwicklungsstufe, verschieden in verschiedenen Produktionssphären, je nach ihren besondern technologischen Bedingungen. Gewisse Produktionssphären erheischen schon in den Anfängen der kapitalistischen Produktion ein *Minimum von Kapital*, das sich noch nicht in der Hand einzelner Individuen vorfindet. Dieß veranlaßt theils Staatssubsidien an solche Private, wie in Frankreich zur Zeit Colberts und wie in manchen deutschen Staaten bis in unsre Epoche hinein, theils die Bildung von Gesellschaften mit gesetzlichem Monopol für den Betrieb gewisser Industrie- und Handelszweige[206], – die Vorläufer der modernen Aktiengesellschaften. |

Wir halten uns nicht beim Detail der Veränderungen auf, die das Verhältniß von Kapitalist und Lohnarbeiter im Verlaufe des Produktionsprozesses erfuhr, also auch nicht bei den weiteren Fortbestimmungen *des Kapitals* selbst. Nur wenige Hauptpunkte seien hier betont.

Innerhalb des Produktionsprozesses entwickelte sich *das Kapital* zum *Kommando über die Arbeit, d. h.* über die sich bethätigende Arbeitskraft oder den Arbeiter selbst. Das *personificirte Kapital*, der Kapitalist, paßt auf, daß der Arbeiter sein Werk ordentlich und mit dem gehörigen Grad von Intensivität verrichte.

Das Kapital entwickelte sich ferner zu einem *Zwangsverhältniß*, welches die Arbeiterklasse zwingt mehr Arbeit zu verrichten als der enge Umkreis ihrer eignen Lebensbedürfnisse vorschrieb. Und als Produzent fremder Arbeitsamkeit, als Auspumper von Mehrarbeit und Exploiteur von Arbeitskraft, übergipfelt es an Energie, Maßlosigkeit und Wirksamkeit alle früheren auf *direkter Zwangsarbeit* beruhenden Produktionssysteme.

Das Kapital ordnet sich zunächst die Arbeit unter mit den gegebenen technologischen Bedingungen, worin es sie historisch vorfindet. Es verändert daher nicht unmittelbar die Produktionsweise. Die Produktion von Mehrwerth in der bisher betrachteten Form, durch einfache Verlängerung des Arbeitstags, erschien daher von jedem Wechsel der Produktionsweise selbst unabhängig. Sie war in der altmodischen Bäkkerei nicht minder wirksam als in der modernen Baumwollspinnerei. Betrachteten wir den Produktionsprozeß daher bloß unter dem Gesichtspunkt des *Arbeitsprozesses*, so verhielt sich der Arbeiter zu den

206 „Die Gesellschaft Monopolia" nennt *Martin Luther* derartige Institute.

Produktionsmitteln nicht als Kapital, sondern als bloßem Mittel und Material seiner zweckmäßigen produktiven Thätigkeit. In einer Gerberei z. B. behandelt er die Felle als seinen ¦ bloßen Arbeitsgegenstand. Es ist nicht der Kapitalist, dem er das Fell gerbt. Anders, sobald wir den Produktionsprozeß unter dem Gesichtspunkt des *Verwerthungsprozesses* betrachteten. Die Produktionsmittel verwandelten sich sofort
in Mittel zur Einsaugung fremder Arbeit. *Es ist nicht mehr der Arbeiter,* 197
der die Produktionsmittel anwendet, sondern es sind die Produktionsmittel, die den Arbeiter anwenden. Statt von ihm als stoffliche Elemente seiner produktiven Thätigkeit verzehrt zu werden, verzehren sie ihn als Ferment ihres eignen Lebensprozesses, und der Lebensprozeß des
Kapitals besteht nur in seiner | Bewegung als *sich selbst verwerthender* 198
Werth. Schmelzöfen und Arbeitsgebäude, die des Nachts ruhn und keine lebendige Arbeit einsaugen, sind „reiner Verlust" („a mere loss") für den Kapitalisten. Darum konstituiren Schmelzöfen und Arbeitsgebäude einen „Anspruch auf die Nachtarbeit" der Arbeitskräfte. Die bloße Verwandlung des Geldes in gegenständliche Faktoren des Produktionsprozesses, in Produktionsmittel, verwandelt letztre in *Rechtstitel* und *Zwangstitel* auf fremde Arbeit und Mehrarbeit. Wie diese der kapitalistischen Produktion eigenthümliche und sie charakterisirende Verkehrung, ja Verrückung des Verhältnisses von todter und lebendiger Arbeit, von Werth und werthschöpferischer Kraft, sich im Bewußtsein der Kapitalistenköpfe abspiegelt, zeige schließlich noch ein Beispiel. Während der englischen Fabrikantenrevolte von 1848–50 schrieb „der Chef der Leinen- und Baumwollspinnerei zu Paisley, einer der ältesten und respektabelsten Firmen von Westschottland, der Herrn Carlile, Söhne und Co., deren Kompagnie seit 1752 besteht und Generation nach Generation von derselben Familie geführt wird", – dieser äußerst intelligente Gentleman also schrieb in die „Glasgow Daily Mail" vom 25. April 1849 einen Brief[207] unter dem Titel: „*das Relaissystem*", worin u. a. folgende grotesk naive Stelle unterläuft: „Laßt uns nun die Uebel betrachten, die aus einer Reduktion der Arbeitszeit von 12 auf 10 Stunden fließen ... Sie ‚belaufen' sich auf die allerernsthafteste Beschädigung der Aussichten und des *Eigenthums* des Fabrikanten. Arbeitete *er* (d. h. seine „Hände") 12 Stunden und wird er auf 10 beschränkt, dann schrumpfen je 12 Maschinen oder Spindeln seines

207 *„Reports of Insp. of Fact. for 30th April 1849"*, p. 59.

Etablissements auf 10 zusammen, („then every 12 machines or spindles, in his establishment, shrink to 10"), und wollte er seine Fabrik verkaufen, so würden sie nur als 10 gewerthschätzt werden, so daß so ein sechster Theil vom Werth einer jeden Fabrik im ganzen Lande abgezogen würde"[208]. ¦¦¦|

Diesem erbangestammten Kapitalhirn von Westschottland verschwimmt *der Werth* der Produktionsmittel, Spindeln u. s. w., so sehr mit ihrer *Kapitaleigenschaft*, sich selbst zu verwerthen, oder täglich ein bestimmtes Quantum fremder Gratisarbeit einzuschlucken, daß der Chef des Hauses Carlile und Co. in der That wähnt, beim Verkauf seiner Fabrik werde ihm nicht nur der Werth der Spindeln gezahlt, sondern obendrein ihre Verwerthung, nicht nur die Arbeit, die in ihnen steckt und zur Produktion von Spindeln derselben Art nöthig ist, sondern auch die Mehrarbeit, die sie täglich aus den braven Westschotten von Paisley auspumpen, und eben deßhalb, meint er, schrumpfe mit der Kontraktion des Arbeitstags um zwei Stunden der Verkaufspreis von je 12 Spinnmaschinen auf den von je 10 zusammen!

---

208 l. c. p. 60. Fabrikinspektor Stuart, selbst Schotte, und im Gegensatz zu den englischen Fabrikinspektoren, ganz in kapitalistischer Denkart befangen, bemerkt ausdrücklich, dieser Brief, den er seinem Bericht einverleibt, „sei die allernützlichste Mittheilung, die irgend einer der Fabrikanten, welche das Relaissystem anwenden, gemacht, und ganz besonders darauf berechnet, die Vorurtheile und Skrupel gegen jenes System zu beseitigen."

VIERTES KAPITEL.

Die Produktion des relativen Mehrwerths.

1) Begriff des relativen Mehrwerths.

Der *Theil des Arbeitstags*, der bloß ein Aequivalent für den vom Kapital gezahlten Werth der Arbeitskraft produzirt, galt uns bisher als *constante Größe*, was er in der That ist unter gegebnen Produktionsbedingungen, auf einer vorhandnen ökonomischen Entwicklungsstufe der Gesellschaft. Ueber diese seine *nothwendige Arbeitszeit* hinaus konnte der Arbeiter 2, 3, 4, 6 u. s. w. Stunden arbeiten. Von der *Größe dieser Verlängerung* hingen *Rate des Mehrwerths* und *Größe des Arbeitstags* ab. War die nothwendige Arbeitszeit constant, so dagegen der Gesammtarbeitstag variabel. Unterstelle jetzt einen *Arbeitstag*, dessen *Größe* und dessen *Theilung* in nothwendige Arbeit und Mehrarbeit gegeben sind. Die Linie ac, a————b—c, stelle z. B. einen zwölfstündigen Arbeitstag vor, das Stück ab 10 Stunden nothwendige Arbeit, das Stück bc 2 Stunden Mehrarbeit. Wie kann nun die Produktion von Mehrwerth vergrößert, d. h. die Mehrarbeit verlängert werden, *ohne* jede weitere Verlängerung oder *unabhängig* von jeder weiteren Verlängerung von ac? |

Trotz gegebner Grenzen des Arbeitstags ac scheint bc verlängerbar, wenn nicht durch Ausdehnung über seinen Endpunkt c, der zugleich der Endpunkt des Arbeitstags ac ist, so durch Verschiebung seines Anfangs¦punkts b in entgegengesetzter Richtung nach a hin. Nimm an, b′–b in a————b′–b—c sei gleich der Hälfte von bc oder gleich einer Arbeitsstunde. Wird nun in dem zwölfstündigen Arbeitstag ac der Punkt b nach b′ verrückt, so dehnt sich bc aus zu b′c, die Mehrarbeit wächst um die Hälfte, von 2 auf 3 Stunden, obgleich der Arbeitstag nach wie vor nur 12 Stunden zählt. Diese Ausdehnung der Mehrarbeit von bc auf b′c, von 2 auf 3 Stunden ist aber offenbar unmöglich ohne gleichzeitige Zusammenziehung der nothwendigen Arbeit von ab auf ab′, von 10 auf 9 Stunden. Der *Verlängerung der Mehrarbeit* entspräche die *Verkürzung der nothwendigen Arbeit,* oder ein Theil der Arbeitszeit, die der Arbeiter bisher in der That für sich selbst verbraucht, verwandelt sich in Arbeitszeit für den Kapitalisten. Was verändert, wäre nicht die *Länge des Arbeitstags,* sondern seine *Theilung* in nothwendige Arbeit und Mehrarbeit.

Andrerseits ist die *Größe der Mehrarbeit* offenbar selbst gegeben mit *gegebner Größe des Arbeitstags* und *gegebnem Werth* der Arbeitskraft. Der Werth der Arbeitskraft, d. h. die zu ihrer Produktion erheischte Arbeitszeit, bestimmt die zur Reproduktion ihres Werths nothwendige Arbeitszeit. Stellt sich eine Arbeitsstunde in einem Goldquantum von einem halben Shilling oder 6 d. dar, und beträgt der Tageswerth der Arbeitskraft 5 sh., so muß der Arbeiter täglich 10 Stunden arbeiten, um den ihm vom Kapital gezahlten Tageswerth seiner Arbeitskraft zu ersetzen oder ein Aequivalent für den Werth seiner nothwendigen täglichen Lebensmittel zu produziren. Mit dem Werth dieser Lebensmittel ist der Werth seiner Arbeitskraft[1], mit dem Werth seiner Arbeitskraft ist | die *Größe seiner nothwendigen Arbeitszeit* gegeben. Die *Größe der Mehrarbeit* aber wird erhalten durch *Subtraktion der nothwendigen Arbeitszeit vom Gesammtarbeitstag.* Zehn Stunden subtrahirt von zwölf lassen zwei, und es ist nicht abzusehn, wie die Mehrarbeit unter den gegebnen Bedingungen über zwei Stunden hinaus verlängert werden kann. Allerdings mag der Kapitalist statt 5 sh. dem Arbeiter nur 4 sh. 6 d. oder noch weniger zahlen. Zur Reproduktion dieses Werths von

1 Der Werth des täglichen Durchschnittslohns ist bestimmt durch das, was der Arbeiter braucht „so as to live, labour, and generate." (*William Petty: „Political Anatomy of Ireland"* 1672, p. 64.) "The Price of Labour is always constituted of the price of necessaries." Der Arbeiter erhält nicht den entsprechenden Lohn "whenever … the labouring man's wages will not, *suitably* to his low rank and station, as a labouring man, support such a family as is often the lot of many of them to have." (*J. Vanderlint* l. c. p. 15.) «Le simple ouvrier, qui n'a que ses bras et son industrie, n'a *rien* qu'autant qu'il parvient à vendre à d' autres sa peine … En tout genre de travail il doit arriver et il arrive en effet, que le salaire de l'ouvrier se borne à ce qui lui est nécessaire pour lui procurer la subsistance.» (*Turgot: „Réflexions sur la Formation et la Distribution des Richesses"* (1766). *Oeuvres éd. Daire,* t. I, p. 10.) "The price of the necessaries of life is, in fact, the cost of producing labour." (*Malthus: „Inquiry into etc. Rent." Lond.* 1815, p. 48 Note.)

4 sh. 6 d. würden 9 Arbeitsstunden genügen, von dem zwölfstündigen Arbeitstag daher 3 statt 2 Stunden der Mehrarbeit anheimfallen und der Mehrwerth selbst von ¦ 1 sh. auf 1 sh. 6 d. steigen. Dieß Resultat wäre jedoch nur erzielt *durch Herabdrückung des Lohns des Arbeiters unter den Werth seiner Arbeitskraft.* Mit den 4 sh. 6 d., die er in 9 Stunden producirt, verfügt er über 1/10 weniger Lebensmittel als vorher und so findet nur eine verkümmerte Reproduktion seiner Arbeitskraft statt. Die Mehrarbeit würde hier nur verlängert durch Ueberschreitung ihrer normalen Grenzen, ihre Domäne nur ausgedehnt durch usurpatorischen Abbruch von der Domäne der nothwendigen Arbeitszeit. Trotz der wichtigen Rolle, welche diese Methode in der wirklichen Bewegung des Arbeitslohnes spielt, ist sie hier ausgeschlossen durch die Voraussetzung, daß die *Waaren,* also auch die Arbeitskraft, zu ihrem vollen *Werth* gekauft und verkauft werden. Dieß einmal unterstellt, kann die zur Produktion der Arbeitskraft oder zur Reproduktion ihres Werths *nothwendige Arbeitszeit* nicht abnehmen, weil der Lohn des Arbeiters *unter* den Werth seiner Arbeitskraft, sondern nur weil *dieser Werth selbst sinkt.* Bei gegebner Länge des Arbeitstags muß die Verlängerung der Mehrarbeit aus der Verkürzung der nothwendigen Arbeitszeit entspringen, nicht umgekehrt die Verkürzung der nothwendigen Arbeitszeit aus der Verlängerung der Mehrarbeit. In unsrem Beispiel muß der Werth der Arbeitskraft wirklich um 1/10 sinken, damit die nothwendige | Arbeitszeit um 1/10 abnehme, von 10 auf 9 Stunden, und *daher* die Mehrarbeit sich von 2 auf 3 Stunden verlängere.

Eine solche Senkung des Werths der Arbeitskraft um 1/10 bedingt aber ihrerseits, daß *dieselbe Masse Lebensmittel,* die früher in 10, jetzt in 9 Stunden producirt wird. Dieß ist jedoch unmöglich ohne eine *Erhöhung der Produktivkraft der Arbeit.* Mit gegebnen Mitteln kann ein Schuster z. B. ein Paar Stiefel in einem Arbeitstag von 12 Stunden machen. Soll er in derselben Zeit zwei Paar Stiefel machen, so muß sich die Produktivkraft seiner Arbeit verdoppeln, und sie kann sich nicht verdoppeln ohne eine *Aenderung* in seinen Arbeitsmitteln oder seiner Arbeitsmethode oder beiden zugleich. Es muß daher eine *Revolution* in den *Produktionsbedingungen* seiner Arbeit, d. h. in seiner *Produktionsweise* und daher im Arbeitsprozeß selbst eintreten. Unter *Erhöhung der Produktivkraft der Arbeit* verstehn wir hier überhaupt eine *Veränderung im Arbeitsprozeß,* wodurch die zur Produktion einer Waare gesellschaftlich erheischte Arbeitszeit verkürzt wird, ein kleineres Quantum Arbeit also die *Kraft* erwirbt ein größeres Quantum Gebrauchswerth zu produciren[2]. Während also bei der Produktion des Mehrwerths in der bisher betrachteten Form die *Produktionsweise* als *ge¦geben* unterstellt war, genügt es für die Produktion von Mehrwerth durch *Verwandlung* nothwendiger Arbeit in Mehrarbeit keineswegs, daß das Kapital sich des Arbeitsprozesses in seiner *historisch überlieferten oder vorhandenen Gestalt* bemächtigt und nur seine Dauer *verlängert.* Es muß die technologischen und gesellschaftlichen Bedingungen des Arbeitsprozesses, also die *Produktionsweise* selbst umwälzen, um die *Produktivkraft der Arbeit* zu erhöhn, durch die Erhöhung der Produktivkraft der Arbeit den *Werth der Arbeitskraft* zu senken und so den zur Reproduktion dieses Werths nothwendigen Theil des Arbeitstages zu *verkürzen.* |

Durch *Verlängerung* des Arbeitstags producirten Mehrwerth nenne ich *absoluten Mehrwerth;* den Mehrwerth dagegen, der aus *Verkürzung* der nothwendigen Arbeitszeit und entsprechender Veränderung im *Größenverhältniß* der beiden Bestandtheile des Arbeitstags entspringt, – *relativen Mehrwerth.*

Um den *Werth der Arbeitskraft* zu senken, muß die *Steigerung der Produktivkraft* Industriezweige ergreifen, deren Produkte den Werth der Arbeitskraft bestimmen, also entweder dem Umkreis der gewohnheitsmäßigen Lebensmittel angehören oder sie ersetzen können. Der Werth einer Waare ist aber nicht nur bestimmt durch das Quantum der Arbeit, welche ihr die letzte Form giebt, sondern ebensowohl durch die in ihren *Produktionsmitteln* enthaltene Arbeitsmasse. Z. B. der Werth eines Stiefels nicht nur durch die Schusterarbeit, sondern auch durch den Werth von Leder, Pech, Draht u. s. w. Steigerung der Produktivkraft und entsprechende *Verwohlfeilerung der Waaren* in den Industrien, welche die stofflichen Elemente des *constanten* Kapitals, die Arbeitsmittel und das Arbeitsmaterial, zur Erzeugung der nothwendigen Lebensmittel liefern, senken also ebenfalls den Werth der Arbeitskraft. In Produktionszweigen dagegen, die weder nothwendige Lebensmittel liefern, noch

2 «Quando si perfezionano le arti, che no è altero che la scoperta di nuove vie, onde si possa compiere una manufattura *con meno gente o* (che è lo stesso) *in minor tempo di prima.*» *Galiani* l. c. p. 158, 159. «L'économie sur les frais de production ne peut être autre chose que l'économie sur la quantité de travail employé pour produire.» (*Sismondi: Études* etc. t. I. p. 22.)

Produktionsmittel zu ihrer Herstellung, läßt die erhöhte Produktivkraft den Werth der Arbeitskraft unberührt.

Die verwohlfeilerte Waare senkt natürlich den Werth der Arbeitskraft nur *pro tanto*, d. h. nur im Verhältniß, worin sie in die Reproduktion der Arbeitskraft eingeht. Hemden z. B. sind ein nothwendiges Lebensmittel, aber nur eins von vielen. Ihre Verwohlfeilerung vermindert nur die Ausgabe des Arbeiters für Hemden. Die Gesammtsumme der nothwendigen Lebensmittel besteht zwar nur aus einzelnen Waaren, lauter Produkten besondrer Industrien, und der Werth jeder besondern Waare bildet immer nur einen aliquoten Theil vom Werth der Arbeitskraft. Die Gesammtabnahme dieses Werths, und daher der zu seiner Reproduktion nothwendigen Arbeitszeit, ist jedoch gleich der *Summe* der Verkürzungen der nothwendigen Arbeitszeit in allen jenen besondren Produktionszweigen. Wir behandeln dieß allgemeine Resultat hier so, als wäre es *unmittelbares Resultat* und *unmittel¦barer Zweck* in jedem einzelnen Fall, obgleich die Sache anders *erscheint*. Wenn ein einzel|ner Kapitalist durch Steigerung der Produktivkraft der Arbeit z. B. Hemden verwohlfeilert, schwebt ihm keineswegs nothwendig der Zweck vor, den Werth der Arbeitskraft und daher die *nothwendige Arbeitszeit* pro tanto zu senken, aber nur soweit er schließlich zu diesem Resultat beiträgt, trägt er bei zur Erhöhung der *allgemeinen Rate des Mehrwerths*[3]. Die allgemeinen und nothwendigen Tendenzen des Kapitals sind zu
unterscheiden von ihren *Erscheinungsformen*. 199

Die Darstellung der Art und Weise, wie die *immanenten Gesetze der kapitalistischen Produktion* in der äußern Bewegung der Kapitale *erscheinen*, sich als *Zwangsgesetze der Konkurrenz* geltend machen, und daher als *treibende Motive* dem individuellen Kapitalisten zum *Bewußtsein* kommen, fällt außerhalb der Schranken dieser Schrift.
Wissenschaftliche Analyse der Konkurrenz ist überhaupt nur möglich, 200
sobald die innere Natur des Kapitals begriffen ist. Ganz wie die scheinbare Bewegung der Himmelskörper nur dem verständlich, der ihre wirkliche, aber sinnlich nicht wahrnehmbare Bewegung kennt. Dennoch ist zum Verständniß der Produktion des relativen Mehrwerths,

3 „Wenn der Fabrikant durch Verbesserung der Maschinerie seine Produkte verdoppelt … gewinnt er (schließlich) bloß, sofern er dadurch befähigt wird, den Arbeiter wohlfeiler zu kleiden u. s. w. und so ein kleinerer Theil des Gesammtertrags auf den Arbeiter fällt.“ (*Ramsay* l. c. p. 168.)

und bloß auf Grundlage der bereits gewonnenen Resultate, Folgendes zu bemerken.

Stellt sich eine Arbeitsstunde in einem Goldquantum von 6 d. oder ½ sh. dar, so wird in zwölfstündigem Arbeitstag ein Werth von 6 sh. producirt. Gesetzt mit der gegebnen Produktivkraft der Arbeit würden 12 Stück Waaren in diesen 12 Arbeitsstunden verfertigt. Der Werth der in jedem Stück vernutzten Produktionsmittel, Rohmaterial u. s. w., sei 6 d. Unter diesen Umständen kostet die einzelne Waare 1 sh., nämlich 6 d. für den Werth der Produktionsmittel, 6 d. für den in ihrer Verarbeitung neu zugesetzten Werth. Es gelinge nun einem Kapitalisten die Produktivkraft der Arbeit zu verdoppeln und daher 24 Stück dieser Waarenart statt 12 in dem zwölfstündigen Arbeitstag zu produciren. Bei unverändertem Werth der Produktionsmittel sinkt der Werth der einzelnen Waare jetzt auf 9 d., nämlich 6 d. | für den Werth der Produktionsmittel, 3 d. für den durch die letzte Arbeit neu zugesetzten Werth. Trotz der verdoppelten Produktivkraft schafft der Arbeitstag nach wie vor nur einen Neuwerth von 6 sh. Aber dieser Werth vertheilt sich auf doppelt so viel Produkte. Auf jedes einzelne Produkt fällt daher nur noch 1/24 dieses Gesammtwerths statt früher 1/12, 3 d. statt 6 d., oder, was dasselbe ist, den Produktionsmitteln wird bei ihrer Verwandlung in Produkt, jedes Stück berechnet, jetzt nur noch eine halbe statt wie früher eine ganze Arbeitsstunde zugesetzt. Der *individuelle Werth* dieser Waare ¦ steht nun *unter* ihrem *gesellschaftlichen Werth*, d. h. sie kostet weniger Arbeitszeit als der große Haufen derselben Artikel, producirt unter den gesellschaftlichen Durchschnittsbedingungen. Das Stück kostet im Durchschnitt 1 sh. oder stellt 2 Stunden gesellschaftlicher Arbeit dar; mit der veränderten Produktionsweise kostet es nur 9 d. oder enthält nur 1½ Arbeitsstunden. Der wirkliche Werth einer Waare ist aber nicht durch ihren *individuellen*, sondern durch ihren *gesellschaftlichen* Werth bestimmt, d. h. nicht durch die Arbeitszeit, die sie im einzelnen Fall dem Produzenten thatsächlich kostet, sondern durch die gesellschaftlich zu ihrer Produktion erheischte Arbeitszeit. Verkauft also der Kapitalist, der die neue Methode anwendet, seine Waare zu ihrem gesellschaftlichen Werth von 1 sh., so verkauft er sie 3 d. *über* ihrem individuellen Werth und realisirt so einen Extra-Mehrwerth von 3 d. Andrerseits stellt sich aber der zwölfstündige Arbeitstag jetzt für ihn in 24 Stück Waare dar statt früher in 12. Um also das Produkt *eines* Arbeitstags zu verkaufen, bedarf er *doppelten* Absatzes oder eines zweifach größeren Markts. Unter sonst gleichbleibenden Umständen erobern seine Waaren nur größeren Marktraum durch Kontraktion ihrer Preise. Er wird sie daher *über* ihrem individuellen, aber *unter ihrem gesellschaftlichen Werth* verkaufen, sage zu 10 d. das Stück. So schlägt er an jedem einzelnen Stück immer noch einen Extra-Mehrwerth von 1 d. heraus. Diese Steigerung des Mehrwerths findet für ihn statt, ob oder ob nicht seine Waare dem Umkreis der nothwendigen Lebensmittel angehört und daher bestimmend in den allgemeinen Werth der Arbeitskraft eingeht. Vom letztren Umstand abgesehn, existirt also für jeden einzelnen Kapitalisten das Motiv die Waare durch erhöhte Produktivkraft der Arbeit zu verwohlfeilern.

Indeß entspringt selbst in diesem Fall die gesteigerte Produktion von | Mehrwerth aus der Verkürzung der nothwendigen Arbeitszeit und entsprechender Verlängerung der Mehrarbeit[3a]. Die nothwendige Arbeitszeit betrug 10 Stunden oder der Tageswerth der Arbeitskraft 5 sh., die Mehrarbeit 2 Stunden, der täglich producirte Mehrwerth daher 1 sh. Unser Kapitalist producirt aber jetzt 24 Stück, die er zu 10 d. per Stück oder zusammen zu 20 sh. verkauft. Da der Werth der Produktionsmittel gleich 12 sh., ersetzen 14⅖ Stück Waare nur das vorgeschossene constante Kapital. Der zwölfstündige Arbeitstag stellt sich in den übrigbleibenden 9⅗ Stück dar. Da der Preis der Arbeitskraft = 5 sh., stellt sich im Produkt von 6 Stück die nothwendige Arbeitszeit dar und in 3⅗ Stück die Mehrarbeit. Die nothwen¦dige Arbeitszeit beträgt jetzt weniger als ⅔, die Mehrarbeit mehr als ⅓ des Arbeitstags, während unter den gesellschaftlichen Durchschnittsbedingungen die nothwendige Arbeit ⅚ und die Mehrarbeit nur ⅙ des Arbeitstags einnimmt. Dasselbe Resultat erhält man so: Der *Produktenwerth* des zwölfstündigen Arbeitstags ist 20 sh. Davon gehören 12 sh. dem nur wieder erscheinenden Werth der Produktionsmittel. Bleiben also 8 sh. als Geldausdruck des Werths, worin sich der Arbeitstag darstellt. Dieser Geldausdruck ist höher als der Geldausdruck der gesellschaftlichen Durchschnittsarbeit von derselben Sorte, wovon sich 12 Stunden nur in 6 sh. ausdrücken. Die Arbeit

[3a] "A man's profit does not depend upon his command of the *produce* of other men's labour, but upon *his command of labour itself.* If he can sell his goods at a higher price, while his workmen's wages remain unaltered, he is clearly benefited ... A smaller proportion of what he produces is sufficient to put that labour into motion, and a larger proportion consequently remains for himself." („*Outlines of Polit. Econ.*" *Lond.* 1832, p. 49, 50.)

von *ausnahmsweiser* Produktivkraft wirkt als *potenzirte* Arbeit oder schafft in gleichen Zeiträumen höhere Werthe als die gesellschaftliche Durchschnittsarbeit derselben Art. Aber unser Kapitalist zahlt nach wie vor nur 5 sh. für den Tageswerth der Arbeitskraft. Der Arbeiter bedarf daher statt früher 10, jetzt weniger als 8 Stunden zur Reproduktion dieses Werths. Seine Mehrarbeit wächst daher von 2 Stunden auf mehr als 4, der von ihm producirte Mehrwerth von 1 sh. auf 3 sh. Der Kapitalist, der die verbesserte Produktionsweise anwendet, eignet sich daher einen größeren Theil des Arbeitstags für Mehrarbeit an, als die übrigen Kapita|listen in demselben Geschäft. Er thut im Einzelnen, was das Kapital bei der Produktion des relativen Mehrwerths im Großen und Ganzen thut. Andrerseits aber verschwindet jener Extra-Mehrwerth, sobald die neue Produktionsweise sich verallgemeinert und damit die *Differenz* zwischen dem *individuellen Werth* der wohlfeiler producirten Waaren und ihrem *gesellschaftlichen Werth* verschwindet. Dasselbe Gesetz der Werthbestimmung durch die Arbeitszeit, das dem Kapitalisten mit der neuen Methode in der Form fühlbar wird, daß er seine Waare *unter* ihrem gesellschaftlichen Werth verkaufen muß, treibt seine Mitbewerber als *Zwangsgesetz* der Konkurrenz zur Einführung der neuen Produktionsweise[4]. Die *allgemeine Rate des Mehrwerths* wird also durch den ganzen Prozeß schließlich nur berührt, wenn die Erhöhung der Produktivkraft der Arbeit Produktionszweige ergriffen, also Waaren verwohlfeilert hat, die in den Kreis der nothwendigen Lebensmittel eingehn, daher Elemente des *Werths der Arbeitskraft* bilden.

Der *Werth der Waaren* steht in *umgekehrtem Verhältniß zur Produktivkraft der Arbeit*. Ebenso, weil durch Waarenwerthe bestimmt, der *Werth der Arbeitskraft*. Dagegen steht *der relative Mehrwerth in direktem Verhältniß* zur Produktivkraft der Arbeit. Er steigt mit steigender und fällt mit fallender ¦ Produktivkraft. Ein gesellschaftlicher Durchschnittsarbeitstag von 12 Stunden, Geldwerth als gleichbleibend vorausgesetzt,

4 “If my neighbour by doing much with little labour, can sell cheap, I must contrive to sell as cheap as he. So that every art, trade, or engine, doing work with labour of fewer hands, and consequently cheaper, begets in others a kind of necessity and emulation, either of using the same art, trade, or engine, or of inventing something like it, that every man may be upon the square, that no man may be able to undersell his neighbour.” („*The Advantages of the East-India Trade to England. Lond.* 1720“, p. 67.)

producirt stets dasselbe Werthprodukt von 6 sh., wie diese Werthsumme sich immer vertheile zwischen Aequivalent für den Werth der Arbeitskraft und Mehrwerth. Fällt aber in Folge gesteigerter Produktivkraft der Werth der täglichen Lebensmittel und daher der Tageswerth der Arbeitskraft von 5 sh. auf 3 sh., so wächst der Mehrwerth von 1 sh. auf 3 sh. Um den Werth der Arbeitskraft zu reproduciren, waren 10 und sind jetzt nur noch 6 Ar|beitsstunden nöthig. Vier Arbeitsstunden sind frei geworden und können der Domäne der Mehrarbeit annexirt werden. Es ist daher der immanente Trieb und die beständige Tendenz des Kapitals die Produktivkraft der Arbeit zu steigern, um die Waare und *durch die Verwohlfeilerung der Waare den Arbeiter selbst zu verwohlfeilern*[5].

Der *absolute Werth* der Waare ist dem Kapitalisten, der sie producirt, an und für sich gleichgültig. Ihn interessirt nur der in ihr steckende und im Verkauf realisirbare Mehrwerth. Realisirung von Mehrwerth schließt von selbst Ersatz des vorgeschossenen Werths ein. Da nun der relative Mehrwerth in direktem Verhältniß zur Entwicklung der Produktivkraft der Arbeit wächst, während der Werth der Waaren in umgekehrtem Verhältniß zur selben Entwicklung fällt, da also derselbe identische Prozeß die Waaren verwohlfeilert und den in ihnen enthaltenen Mehrwerth steigert, löst sich das Räthsel, daß der Kapitalist, dem es nur um die Produktion von Tauschwerth zu thun ist, den Tauschwerth der Waaren beständig zu senken strebt, ein Widerspruch, womit einer der Gründer der politischen Oekonomie, *Dr. Quesnay*, seine Gegner quälte und worauf sie ihm die Antwort schuldig blieben. „Ihr gebt zu", sagt *Quesnay*, „daß je mehr man, ohne Nachtheil für die Produktion, Kosten oder kostspielige Arbeiten in der Fabrikation industrieller Pro-

5 "In whatever proportion the expences of a labourer are diminished, in the same proportion will his wages be diminished, if the restraints upon industry are at the same time taken off." („*Considerations concerning taking off the Bounty on Corn exported* etc. *Lond.* 1753", p. 7.) "The interest of trade requires, that corn and all provisions should be as cheap as possible; for whatever makes them dear, must make labour dear also ... in all countries, where industry is not restrained, the price of provisions must affect the Price of Labour. This will always be diminished when the necessaries of life grow cheaper." (l. c. p. 3.) "Wages are *decreased* in the same proportion as the *powers of production increase.* Machinery, it is true, cheapens the necessaries of life, but it also *cheapens the labourer* too." („*A Prize Essay on the comparative merits of Competition and Cooperation. Lond.* 1834", p. 27.)

dukte ersparen kann, desto vortheilhafter diese Ersparung, weil sie den Preis des Machwerks vermindert. Und trotzdem glaubt ihr, daß die Produktion des Reich|thums, der aus den Arbeiten der Industriellen resultirt, in der Vermehrung des Tauschwerths ihres Machwerks besteht"[6]. ¦

Oekonomie der Arbeit durch Entwicklung der Produktivkraft der Arbeit[7] bezweckt in der kapitalistischen Produktion also durchaus nicht *Verkürzung des Arbeitstags.* Sie bezweckt nur Verkürzung der für Produktion *eines bestimmten Waarenquantums* nothwendigen Arbeitszeit. Daß der Arbeiter bei gesteigerter Produktivkraft seiner Arbeit in einer Stunde z. B. 10 mal mehr Waare als früher producirt, also für jedes Stück Waare 10 mal weniger Arbeitszeit braucht, verhindert durchaus nicht, ihn nach wie vor 12 Stunden arbeiten und in den 12 Stunden 1200 statt früher 120 Stück produciren zu lassen. Ja sein Arbeitstag mag gleichzeitig verlängert werden, so daß er jetzt in 14 Stunden 1400 Stück producirt u. s. w. Man kann daher bei Oekonomen vom Schlag eines Mac Culloch, Ure, Senior und tutti quanti auf einer Seite lesen, daß der Arbeiter dem Kapital für die Entwicklung der Produktivkräfte Dank schuldet, weil sie die nothwendige *Arbeitszeit* verkürzt, und auf der nächsten Seite, daß er diesen Dank beweisen muß, indem er statt 10 künftig 15 Stunden arbeitet. Die Entwicklung der Produktivkraft der Arbeit, innerhalb der kapitalistischen Produktion, bezweckt *den Theil des Arbeitstags,* den der Arbeiter *für sich selbst arbeiten muß, zu verkürzen,* um grade dadurch *den andern Theil des Arbeitstags,* den er | *für den Kapitalisten umsonst*

6 «Ils conviennent que plus on peut, sans préjudice, épargner de frais ou de travaux dispendieux dans la fabrication des ouvrages des artisans, plus cette épargne est profitable par la diminution des prix de ces ouvrages. Cependant ils croient que la production de richesse qui résulte des travaux des artisans consiste dans l'augmentation de la valeur vénale de leurs ouvrages.» (*Quesnay: „Dialogues sur le Commerce et sur les Travaux des Artisans"*, p. 188, 189.)

7 «Ces spéculateurs si économes du travail des ouvriers qu'il faudrait qu'ils payassent.» (*J. N. Bidaut: „Du Monopole qui s'établit dans les arts industrielles et le commerce. Paris* 1828", p. 13.) "The employer will be always on the stretch to economise time and labour." (*Dugald Stewart: Works* ed. *by Sir W. Hamilton. Edinburgh,* v. VIII, 1855, *„Lectures on Polit. Econ."*, p. 318.) "Their (the capitalists') interest is that the productive powers of the labourers they employ should be the greatest possible. On promoting that power their attention is fixed and almost exclusively fixed." (*R. Jones* l. c. *Lecture III.*)

arbeiten kann, zu verlängern. Wie weit dieß Resultat auch ohne Verwohlfeilerung der Waaren erreichbar, wird sich zeigen in den *besondern Produktionsmethoden des relativen Mehrwerths,* zu deren Betrachtung wir jetzt übergehn.

2) Cooperation.

Die kapitalistische Produktion, wie wir sahen, beginnt in der That erst, wo *dasselbe* individuelle Kapital eine größere Anzahl Arbeiter gleichzeitig beschäftigt, der Arbeitsprozeß also seinen Umfang erweitert und Produkt auf größerer *quantitativer* Stufenleiter liefert. Nur wo die Arbeiteranzahl hinreicht, damit die von ihr producirte Masse von Mehrwerth den Arbeitsanwender selbst von der Arbeit entbinde, wird der letztere vollbürtiger Kapitalist. Das Wirken einer größern Arbeiteranzahl zur selben Zeit, in ¦ demselben Raum (oder, wenn man will, auf demselben Arbeitsfeld), zur Produktion derselben Waarensorte, unter dem Kommando desselben Kapitalisten, bildet daher historisch und begrifflich den *Ausgangspunkt der kapitalistischen Produktion.* Mit Bezug auf die *Produktionsweise* selbst unterscheidet sich z. B. die *Manufaktur* in ihren Anfängen kaum anders von der zünftigen Handwerksindustrie als durch die größere Zahl der gleichzeitig von demselben Kapital beschäftigten Arbeiter. Die Werkstatt des Zunftmeisters ist nur erweitert.

Der Unterschied ist also zunächst bloß *quantitativ.* Man sah, daß die *Masse des Mehrwerths,* welche ein gegebnes Kapital producirt, gleich dem Mehrwerth, den der einzelne Arbeiter liefert, multiplicirt mit der Anzahl der gleichzeitig beschäftigten Arbeiter. Diese Anzahl ändert an und für sich nichts an der *Rate des Mehrwerths* oder dem Exploitationsgrad der Arbeitskraft. Was aber die Produktion von *Waarenwerth* überhaupt betrifft, so scheint für sie selbst jede *qualitative* Veränderung des Arbeitsprozesses gleichgültig. Es folgt dieß aus der Natur des Tauschwerths, der nichts ist als ein bestimmtes *Quantum* vergegenständlichter Arbeit. Vergegenständlicht sich ein zwölfstündiger Arbeitstag in 6 sh., so 1200 solcher Arbeitstage in 6 sh. × 1200. In dem einen Fall haben sich 12 × 1200, in dem andern 12 Arbeitsstunden den Produkten einverleibt. In der *Werth*produktion zählen Viele immer nur als *viele Einzelne.* Für die Werthproduktion macht es also keinen | *qualitativen* Unterschied, ob 1200 Arbeiter *vereinzelt* oder ob sie unter dem Kommando *desselben* Kapitals *vereint* produciren.

Indeß findet doch innerhalb gewisser Grenzen eine Modifikation statt. Die im *Werth* vergegenständlichte Arbeit ist Arbeit von gesellschaftlicher Durchschnittsqualität und so ist der Werth der Arbeitskraft der Werth durchschnittlicher Arbeitskraft. Eine Durchschnittsgrösse *existirt* aber immer nur als Durchschnitt vieler verschiedner Größenindividuen derselben Art. In jedem Industriezweig weicht der individuelle Arbeiter, Peter oder Paul, mehr oder minder vom Durchschnittsarbeiter ab. Diese individuellen Abweichungen oder was man mathematisch „Irrthümer" nennt, kompensiren sich und verschwinden, sobald man eine größere Anzahl Arbeiter zusammennimmt. Der berühmte Sophist und Sykophant *Edmund Burke* will aus seinen praktischen Erfahrungen als Pächter sogar wissen, daß schon „für ein so geringes Peloton" wie 5 Ackerknechte aller individuelle Unterschied der Arbeit verschwindet, also die ersten besten im Mannesalter befindlichen fünf englischen Ackerknechte zusammengenommen in derselben Zeit grad so viel Arbeit verrichten als beliebige andre fünf englische Ackerknechte[8]. Die von ihm angegebne Zahl ist hier gleichgültig, aber es ist klar, daß der *Gesammt¦arbeitstag* einer größern Anzahl gleichzeitig beschäftigter Arbeiter an und für sich ein *Tag gesellschaftlicher Durchschnittsarbeit* ist. Der Arbeitstag des Einzelnen sei z. B. zwölfstündig. So bildet der Arbeitstag von 12 gleichzeitig beschäftigten Arbeitern einen Gesammtarbeitstag von 144 Stunden, und obgleich die Arbeit eines Jeden des Dutzend mehr oder minder von der gesellschaftlichen Durchschnittsarbeit abweichen, der Einzelne daher etwas mehr oder weniger Zeit zu derselben Verrichtung brauchen mag, besitzt der Arbeitstag jedes Einzelnen als ein Zwölftel des Ge|sammtarbeitstags von 144 Stunden die gesellschaftliche Durchschnittsqualität. Für den Kapitalisten aber, der ein Dutzend beschäftigt, existirt der Arbeitstag als Gesammtarbeitstag des Dutzend. Der Arbeitstag jedes Einzelnen existirt als aliquoter

8 "Unquestionably, there is a great deal of difference between the value of one man's labour and that of another, from strength, dexterity and honest application. But I am quite sure, from my best observation, that *any given five men* will *in their total,* afford a proportion of labour equal to any other five within the periods of life I have stated; that is, that among such five men there will be one possessing all the qualifications of a good workman, one bad, and the other three middling, and approximating to the first and the last. So that in so small a platoon as that of even five, you will find the full complement of all that five men can earn." (*E. Burke* l. c. p. 15, 16.) cf. *Quételet* über das *Durchschnittsindividuum.*

Theil des Gesammtarbeitstags, ganz unabhängig davon, ob die Zwölf einander in die Hand arbeiten oder ob der ganze Zusammenhang ihrer Arbeiten nur darin besteht, daß sie *für* denselben Kapitalisten arbeiten. Werden dagegen von den 12 Arbeitern je zwei von einem kleinen Meister beschäftigt, so wird es zufällig, ob jeder einzelne Meister dieselbe Werthmasse producirt und daher die allgemeine Rate des Mehrwerths realisirt. Es fänden individuelle Abweichungen statt. Verbrauchte ein Arbeiter bedeutend mehr Zeit in der Produktion einer Waare als gesellschaftlich erheischt ist, wiche die für ihn individuell nothwendige Arbeitszeit bedeutend ab von der gesellschaftlich nothwendigen oder der Durchschnitts-Arbeitszeit, so gälte seine Arbeit nicht als Durchschnittsarbeit, seine Arbeitskraft nicht als durchschnittliche Arbeitskraft. Sie verkaufte sich gar nicht oder nur unter dem Durchschnittswerth der Arbeitskraft. Ein bestimmtes Minimum der Arbeitsfertigkeit ist also vorausgesetzt, und wir werden später sehn, daß die kapitalistische Produktion Mittel findet, dieß Minimum zu messen. Nichts desto weniger weicht das Minimum vom Durchschnitt ab, obgleich auf der andern Seite der Durchschnittswerth der Arbeitskraft gezahlt werden muß. Von den sechs Kleinmeistern würde der eine daher mehr, der andre weniger als die allgemeine Rate des Mehrwerths herausschlagen. Die Ungleichheiten würden sich für die Gesellschaft kompensiren, aber nicht für den einzelnen Meister. Das *Gesetz der Verwerthung* überhaupt realisirt sich also für den einzelnen Produzenten erst vollständig, sobald er als Kapitalist producirt, viele Arbeiter gleichzeitig anwendet, also von vorn herein *gesellschaftliche Durchschnittsarbeit* in Bewegung setzt[9]. ¦

Auch bei *gleichbleibender* Arbeitsweise bewirkt die gleich|zeitige Anwendung einer größeren Arbeiteranzahl eine Revolution in *den gegenständlichen Bedingungen des Arbeitsprozesses.* Die Baulichkeiten, worin die Vielen arbeiten, die Lager für Rohmaterial, halbfertige Waaren u. s. w., die Gefäße, Instrumente, Apparate u. s. w., die von vielen gleichzeitig oder abwechselnd gebraucht werden können, kurz *ein*

9 Herr Professor *Roscher* will entdeckt haben, daß eine Nähmamsell, die während zwei Tagen von der Frau Professorin beschäftigt wird, mehr Arbeit liefert, als zwei Nähmamsellen, welche die Frau Professorin am selben Tage beschäftigt. Der Herr Professor stelle seine Beobachtungen über den kapitalistischen Produktionsprozeß nicht in der Kinderstube an, und nicht unter Umständen, worin die Hauptperson fehlt, der Kapitalist.

Theil der Produktionsmittel wird jetzt *gemeinsam im Arbeitsprozeß* konsumirt. Einerseits wird der *Tauschwerth* von Waaren, also auch von Produktionsmitteln, durchaus nicht erhöht durch irgend welche erhöhte Ausbeutung ihres *Gebrauchswerths.* Andrerseits wächst zwar der Maßstab der gemeinsam gebrauchten Produktionsmittel. Ein Zimmer, worin 20 Weber mit ihren 20 Webstühlen arbeiten, muß weiter gestreckt sein als das Zimmer eines unabhängigen Webers mit zwei Gesellen. Aber die Produktion einer Werkstatt für 20 Personen kostet weniger Arbeit als die von 10 Werkstätten für je zwei Personen, und so wächst überhaupt der Werth massenweise koncentrirter und gemeinsamer Produktionsmittel nicht verhältnißmäßig mit ihrem Umfang und ihrem Nutzeffekt. Gemeinsam vernutzte Produktionsmittel geben geringeren Werthbestandtheil an das einzelne Produkt ab, theils weil der Gesammtwerth, den sie abgeben, sich gleichzeitig auf eine größere Produktenmasse vertheilt, theils weil sie in Folge ihres vergrößerten Umfangs zwar mit absolut größerem, aber, im Verhältniß zu ihrem Wirkungskreis, mit relativ kleinerem Werth als vereinzelte Produktionsmittel in den Produktionsprozeß *eintreten.* Damit sinkt ein Werthbestandtheil, welcher constantes Kapital ersetzt, also, proportionell zur Größe dieses Bestandtheils, auch der Gesammtwerth der Waare. Die Wirkung ist dieselbe, als hätte sich die Produktivkraft der Arbeit vermehrt in solchen Industriezweigen, die Produktionsmittel liefern. Diese *Oekonomie in der Anwendung der Produktionsmittel* entspringt nur aus ihrem *gemeinsamen Konsum im Arbeitsprozeß Vieler.* Und sie erhalten diesen Charakter als *Bedingungen gesellschaftlicher Arbeit* oder *gesellschaftliche Bedingungen der Arbeit* im Unterschied von den zersplitterten und relativ theureren Produktionsbedingungen vereinzelter selbstständiger Arbeiter oder Kleinmeister, selbst wenn die Vielen nur räumlich zusammen, nicht mit einander arbeiten. Ein Theil der *Arbeitsmittel* erwirbt diesen *gesellschaftlichen Charakter,* bevor ihn der *Arbeitsprozeß selbst* erwirbt. |

Die *Oekonomie der Produktionsmittel* ist überhaupt von doppeltem Gesichtspunkt zu betrachten. Das einemal, so weit sie *Waaren verwohlfeilert* ¦ und dadurch den Werth der Arbeitskraft senkt. Das andremal, so weit sie *das Verhältniß des Mehrwerths zum vorgeschoßnen Gesammtkapital,* d. h. zur *Werthsumme* seiner constanten und variablen Bestandtheile, verändert. Der letztere Punkt wird erst im dritten
201 Buch dieses Werks erörtert, wohin wir des Zusammenhangs wegen auch

manches schon hierher gehörige verweisen. Einerseits gebietet der Gang der Analyse diese Zerreißung des Gegenstands. Andrerseits entspricht sie dem Geist der kapitalistischen Produktion. Da nämlich die Arbeitsbedingungen hier dem Arbeiter selbstständig gegenübertreten, erscheint auch ihre Oekonomie als eine besondere Operation, die ihn nichts angeht und daher getrennt ist von den Methoden, wodurch die Produktivität der vom Kapital konsumirten Arbeitskraft erhöht wird.

Die *Form der Arbeit Vieler*, die in *demselben* Produktionsprozeß oder in verschiedenen, aber *zusammenhängenden* Produktionsprozessen, planmäßig neben und mit einander arbeiten, heißt *Cooperation*[10].

Wie die Angriffskraft einer Kavalerieschwadron oder die Widerstands- 202
kraft eines Infanterieregiments wesentlich verschieden ist von der Summe der vereinzelten Angriffs- und Widerstandskräfte, welche jeder Kavalerist und Infanterist für sich entwickeln könnte, so die *mechanische Kraftsumme* vereinzelter Arbeiter von der mechanischen Kraftpotenz, die sich entwickelt, wenn viele Hände *gleichzeitig in derselben ungetheilten Operation* zusammenwirken, z. B. wenn es gilt eine Last zu heben, eine Kurbel zu drehn oder einen Widerstand aus dem Weg zu räumen[11]. Die Wirkung der kombinirten Arbeit könnte hier von der vereinzelten gar nicht oder nur in viel längeren Zeiträumen oder nur auf einem Zwergmaßstab hervorgebracht werden. Es handelt sich hier nicht | nur um Erhöhung der individuellen Produktivkraft durch die Cooperation, sondern um die Schöpfung einer Produktivkraft, die an und für sich *Massenkraft* ist[11a].

Abgesehn von der neuen mechanischen Kraftpotenz, die aus der Verschmelzung vieler Kräfte in *eine* Gesammtkraft entspringt, erzeugt bei den meisten produktiven Arbeiten der bloße *gesellschaftliche Kontakt* einen Wetteifer und eine eigne Erregung der Lebensgeister (animal

[10] «Concours de forces.» (*Destutt de Tracy* l. c. p. 80.)

[11] "There are numerous operations of so simple a kind as not to admit a division into parts, which cannot be performed without the cooperation of many pairs of hands. For instance the lifting of a large tree on a wain … every thing in short, which cannot be done unless a great many pairs of hands help each other in the same undivided employment, and at the same time." (*E. G. Wakefield: „A View of the Art of Colonization. Lond.* 1849", p. 168.)

[11a] "As one man cannot, and 10 men must strain, to lift a tun of weight, yet one hundred men can do it only by the strength of a finger of each of them." (*John Bellers: „Proposals for raising a colledge of industry. Lond.* 1696", p. 21.)

spirits), welche die individuelle Leistungsfähigkeit der Einzelnen erhöhen, so daß ein ¦ Dutzend Personen zusammen in einem gleichzeitigen Arbeitstag von 144 Stunden ein viel größeres Gesammtprodukt liefern als zwölf vereinzelte Arbeiter, von denen jeder 12 Stunden, oder als ein Arbeiter, der 12 Tage nach einander arbeitet[12]. Dieß rührt daher, daß der Mensch von Natur, wenn nicht, wie Aristoteles meint, ein politisches[13],
203 jedenfalls ein gesellschaftliches Thier ist.

Obgleich Viele *Dasselbe* oder *Gleichartiges* gleichzeitig mit einander verrichten, kann die individuelle Arbeit eines Jeden dennoch als Theil der Gesammtarbeit *verschiedne Phasen des Arbeitsprozesses selbst* darstellen, die der Arbeitsgegenstand, in Folge der Coo|peration, rascher durchläuft. Z. B., wenn Maurer eine Reihe von Händen bilden, um Bausteine vom Fuß eines Gestells bis zu seiner Spitze zu befördern, thut jeder von ihnen dasselbe, aber dennoch bilden die einzelnen Verrichtungen continuirliche Theile einer Gesammtverrichtung, besondre Phasen, die jeder Baustein im Arbeitsprozeß durchlaufen muß, und wodurch ihn etwa die 24 Hände des Gesammtarbeiters rascher befördern, als die zwei Hände jedes einzelnen Arbeiters, der das Gerüst auf- und abstiege[14]. *Der Arbeitsgegenstand durchläuft denselben Raum in*

12 "There is also" (wenn dieselbe Arbeiterzahl von *einem* Pächter auf 300, statt von 10 Pächtern auf je 30 acres angewandt wird) "an advantage in the proportion of servants, which will not easily be understood but by practical men; for it is natural to say, as 1 is to 4, so are 3 : 12; but this will not hold good in practice; for in harvest-time and many other operations which require that kind of despatch, *by the throwing many hands together*, the work is better, and more expeditiously done: f. i., in harvest, 2 drivers, 2 loaders, 2 pitchers, 2 rakers, and the rest at the rick, or in the barn, will despatch double the work, that the same number of hands would do, if divided into different gangs, on different farms." („*An Inquiry into the Connection between the present price of provisions and the size of farms. By a Farmer. Lond.* 1773", p. 7, 8.)

13 Aristoteles' Definition ist eigentlich die, daß der Mensch von Natur Stadtbürger. Sie ist ebenso charakteristisch für das klassische Alterthum, als Franklin's Definition, daß der Mensch von Natur Instrumentenmacher, für das Yankeethum.

14 «On doit encore remarquer que cette division partielle du travail peut se faire quand même les ouvriers sont occupés d'une même besogne. Des maçons par exemple, occupés de faire passer de mains en mains des briques à un échafaudage supérieur, font tous la même besogne, et pourtant il existe parmi eux une espèce de division de travail, qui consiste en ce que chacun d'eux fait passer la brique par un espace donné, et que tous ensemble la font parvenir beaucoup

kürzerer Zeit. Andrerseits findet Kombination der Arbeit statt, wenn ein Bau z. B. von verschiednen Seiten *gleichzeitig* angegriffen wird, obgleich die Cooperirenden *Dasselbe* oder *Gleichartiges* thun. Der kombinirte Arbeitstag von 144 Stunden, der den Arbeitsgegenstand *vielseitig* im Raum angreift, weil der kombinirte Arbeiter oder *Gesammtarbeiter* vorn und hinten Augen und Hände hat und in gewissem Grad Allgegenwart besitzt, fördert das Gesammtprodukt rascher als 12 zwölfstündige Arbeitstage mehr oder minder vereinzelter Arbeiter, die ihr Werk einseitiger ¦ angreifen müssen. In *derselben Zeit reifen verschiedne Raumtheile des Produkts.*

Wir betonten hier, daß die Vielen, die einander ergänzen, *Dasselbe* oder *Gleichartiges* thun, weil *diese einfache Form der Cooperation*, wie man später sehn wird, auch in ihrer ausgebildetsten Gestalt eine große Rolle spielt. Ist der Arbeitsprozeß *komplicirt*, so erlaubt die bloße Masse der Zusammenarbeitenden die *verschiedenen Operationen* unter verschiedne Hände zu vertheilen, daher *gleichzeitig* zu verrichten, und dadurch die zur Herstellung des Gesammtprodukts nöthige Arbeitszeit zu verkürzen[15]. |

In vielen Produktionssphären giebt es *kritische Momente*, d. h. durch die Natur des Arbeitsprozesses selbst bestimmte Zeitepochen, während deren bestimmte Arbeitsresultate erzielt werden müssen. Soll z. B. eine Heerde Schafe geschoren oder eine Morgenanzahl Kornland gemäht und geherbstet werden, so hängt Quantität und Qualität des Produkts davon ab, daß die Operation zu einer gewissen Zeit begonnen und zu einer gewissen Zeit beendet wird. Der *Zeitraum*, den der Arbeitsprozeß einnehmen darf, ist hier vorgeschrieben, wie etwa beim Häringsfang. Der Einzelne kann aus *einem* Tag nur *einen Arbeitstag* herausschneiden, sage von 12 Stunden, aber die Cooperation von 100 z. B. erweitert *einen zwölfstündigen Tag zu einem Arbeitstag von 1200 Stunden.* Die Kürze der

plus promptement à l'endroit marqué qu'ils ne feraient si chacun d'eux portait sa brique séparément jusqu'à l'échafaudage supérieur.» (*F. Skarbek: „Théorie des richesses sociales. 2ème éd. Paris* 1839," t. I, p. 97, 98.)

15 «Est-il question d'exécuter un travail compliqué? plusieurs choses doivent être faites simultanément. L'un en fait une pendant que l'autre en fait une autre, et tous contribuent à l'effet qu'un seul homme n'aurait pu produire. L'un rame pendant que l'autre tient le gouvernail, et qu'un troisième jette le filet ou harponne le poisson, et la pêche a un succès impossible sans ce concours.» (*Destutt de Tracy* l. c. [p. 78.])

Arbeitsfrist wird kompensirt durch die Größe der Arbeitsmasse, die im entscheidenden Augenblick auf das Produktionsfeld geworfen wird. Die *rechtzeitige* Wirkung hängt hier ab von der *gleichzeitigen* Anwendung vieler kombinirten Arbeitstage, der Umfang des Nutzeffekts von der *Arbeiteranzahl*, die jedoch stets kleiner bleibt als die Anzahl der Arbeiter, die vereinzelt in demselben Zeitraum denselben Wirkungsraum ausfüllen würden[16]. Es ist der Mangel dieser Cooperation, wodurch im Westen der Vereinigten Staaten eine Masse Korn, und in den Theilen Ostindiens, wo englische Herrschaft das alte Gemeinwesen zerstört hat, eine Masse Baumwolle jährlich verwüstet wird[17]. ¦|

Auf der einen Seite erweitert die Cooperation *die Raumsphäre der Arbeit* und wird daher für gewisse Arbeitsprozesse schon durch die räumliche Continuität des Arbeitsgegenstandes erheischt, wie bei Trokkenlegung von Land, Eindämmung, Bewässerung, Kanal-, Straßen-, Eisenbahnbauten u. s. w. Andrerseits erlaubt sie, verhältnißmäßig zur Stufenleiter der Produktion, *räumliche Kontraktion des Produktionsgebiets.* Diese Beschränkung der Raumsphäre der Arbeit bei gleichzeitiger Ausdehnung ihrer Wirkungssphäre, wodurch eine Masse falscher Kosten (faux frais) erspart werden, entspringt aus der Konglomeration der Arbeiter, dem Zusammenrücken verschiedner Arbeitsprozesse, und der Koncentration der Produktionsmittel[18].

16 "The doing of it (der Arbeit in der Agrikultur) at the *critical juncture*, is of so much the greater consequence." (*An Inquiry into the Connection between the present price* etc., p. 7.) „In der Agrikultur giebt es keinen wichtigeren Faktor als den Faktor der Zeit." (*Liebig: „Ueber Theorie und Praxis in der Landwirthschaft.* 1856", p. 23.)

17 "The next evil is one which one would scarcely expect to find in a country which exports more labour than any other in the world, with the exception perhaps of China and England – the impossibility of procuring a sufficient number of hands to clean the cotton. The consequence of this is that large quantities of the crop are left unpicked, while another portion is gathered from the ground, when it has fallen, and is of course discoloured and partially rotted, so that *for want of labour at the proper season* the cultivator is actually forced to submit to the loss of a large part of that crop for which England is so anxiously looking." *(Bengal Hurkaru. Bi-Monthly Overland Summary of News. 22nd July 1861.)*

18 In the progress of culture "all, and perhaps more than all the capital and labour which once loosely occupied 500 acres, are now concentrated for the more complete tillage of 100." Obgleich "relatively to the amount of capital and labour employed, *space* is *concentrated*, it is *an enlarged* sphere of production,

Verglichen mit einer gleich großen Summe vereinzelter individueller Arbeitstage, producirt der kombinirte Arbeitstag größere Massen von Gebrauchswerth und vermindert daher die zur Produktion eines bestimmten Nutzeffekts nöthige Arbeitszeit. Ob er im gegebenen Fall diese *gesteigerte Produktivkraft* erhält, weil er die mechanische Kraftpotenz der Arbeit erhöht, oder ihre räumliche Wirkungssphäre ausdehnt, oder das räumliche Produktionsfeld im Verhältniß zur Stufenleiter der Produktion kontrahirt, oder im kritischen Moment viel Arbeit in wenig Zeit flüssig macht, oder den Wetteifer der Einzelnen erregt und ihre Lebensgeister spannt, oder den *gleichartigen* Verrichtungen Vieler den Stempel der Kontinuität und Vielseitigkeit aufdrückt, oder *verschiedene* Operationen *gleichzeitig* verrichtet, oder die Produktionsmittel durch ihren gemeinschaftlichen Gebrauch ökonomisirt, oder der individuellen Arbeit den Cha|rakter gesellschaftlicher Durchschnittsarbeit verleiht, unter allen Umständen ist die *spezifische Produktivkraft* des kombinirten Arbeitstags *gesellschaftliche Produktivkraft der Arbeit* oder *Produktivkraft gesellschaftlicher Arbeit.* Sie entspringt aus der Cooperation selbst. Im planmäßigen Zusammenwirken mit Andern streift der Arbeiter seine individuellen Schranken ab und entwickelt sein 204
Gattungsvermögen[19].

Wenn Arbeiter überhaupt nicht unmittelbar zusammenwirken können, ¦ ohne zusammen zu sein, ihre Konglomeration auf bestimmtem Raum daher Bedingung ihrer Cooperation ist, können *Lohnarbeiter* nicht *cooperiren,* ohne daß *dasselbe Kapital, derselbe Kapitalist* sie gleichzeitig anwendet, also ihre Arbeitskräfte gleichzeitig kauft. Der *Gesammtwerth dieser Arbeitskräfte,* oder die Lohnsumme der Arbeiter für den Tag, die Woche u. s. w., muß daher in der Tasche des Kapitalisten *vereint* sein, bevor die Arbeitskräfte selbst im Produktionsprozeß vereint werden. Zahlung von 300 Arbeitern auf einmal, auch nur für einen Tag, bedingt mehr Kapitalauslage als Zahlung weniger Arbeiter Woche

as compared to the sphere of production formerly occupied or worked upon by one single, independent agent of production." (*R. Jones: „On Rent. Lond.* 1831", p. 191, 199.)

19 «La forza di ciascuno uomo è minima, ma la riunione delle minime forze forma una forza totale maggiore anche della somma delle forze medesime fino a che le forze per essere riunite possono diminuire il tempo ed accrescere lo spazio della loro azione.» (*G. R. Carli,* Note zu P. Verri, l. c. t. XV, p. 196.)

für Woche während des ganzen Jahrs. Die Anzahl der cooperirenden Arbeiter, oder die Stufenleiter der Cooperation, hängt also zunächst ab von der Größe des Kapitals, das der einzelne Kapitalist im Ankauf von Arbeitskraft auslegen kann, d. h. von dem *Umfang, worin je ein Kapitalist über die Lebensmittel vieler Arbeiter verfügt.*

Und wie mit dem *variablen,* verhält es sich mit dem *constanten* Kapital. Die Auslage für Rohmaterial z. B. ist 30 mal größer für den einen Kapitalisten, der 300, als für jeden der 30 Kapitalisten, der je 10 Arbeiter beschäftigt. Werthumfang und Stoffmasse der gemeinsam benutzten Arbeitsmittel wachsen zwar nicht in demselben Maß wie die beschäftigte Arbeiteranzahl, aber sie wachsen beträchtlich. *Koncentration größerer Massen von Produktionsmitteln in der Hand einzelner Kapitalisten* ist also materielle Bedingung für die Cooperation von Lohnarbeitern, und der Umfang der Cooperation, oder | die Stufenleiter der Produktion, hängt ab vom Umfang dieser Koncentration.

Ursprünglich erschien eine gewisse *Minimalgröße des Kapitals* in der Hand des einzelnen Arbeitsanwenders nothwendig, damit die Anzahl der gleichzeitig ausgebeuteten Arbeiter, daher die Masse des producirten Mehrwerths hinreiche, ihn selbst von der Handarbeit zu entbinden, aus einem Kleinmeister in einen Kapitalisten zu verwandeln und so das Kapitalverhältniß *formell* herzustellen. Sie erscheint jetzt als *materielle Bedingung* für die Verwandlung vieler zersplitterter und von einander unabhängiger individueller Arbeitsprozesse in einen kombinirten gesellschaftlichen Arbeitsprozeß.

Ebenso erschien ursprünglich das Kommando des Kapitals über die Arbeit nur als *formelle* Folge davon, daß der Arbeiter, statt *für sich, für* den Kapitalisten und daher *unter* dem Kapitalisten arbeitet. Mit der Cooperation vieler *Lohnarbeiter* entwickelt sich das Kommando des Kapitals zum Erheischniß für die Ausführung des Arbeitsprozesses selbst, zu einer wirklichen Produktionsbedingung. Der Befehl des Kapitalisten auf dem Produktionsfeld wird jetzt so unentbehrlich wie der Befehl des Generals auf dem Schlachtfeld.

Alle unmittelbar gesellschaftliche oder gemeinschaftliche Arbeit auf ¦ größerem Maßstab braucht mehr oder minder eine Direktion, welche die Harmonie der individuellen Thätigkeiten vermittelt und die *allgemeinen Funktionen* vollzieht, die aus der Bewegung des produktiven Gesammtkörpers im Unterschied von der Bewegung seiner selbstständigen Organe entspringen. Ein einzelner Violinspieler dirigirt sich selbst, ein Orchester bedarf des Musikdirektors. Diese Funktion der Leitung, Ueberwachung und Vermittlung wird zur *Funktion des Kapitals,* sobald die ihm untergeordnete Arbeit cooperativ wird. Als spezifische Funktion des Kapitals erhält die Funktion der Leitung spezifische Charaktermale.

Zunächst ist das treibende Motiv und der bestimmende Zweck des kapitalistischen Produktionsprozesses möglichst große *Selbstverwerthung des Kapitals*[20], d. h. möglichst große Produktion von Mehrwerth, also möglichst große Ausbeutung der Arbeitskraft durch den Kapi|talisten. Mit der Masse der gleichzeitig beschäftigten Arbeiter wächst ihr Widerstand und damit nothwendig der Druck des Kapitals zur Bewältigung dieses Widerstands. Die Leitung des Kapitalisten ist nicht nur eine aus der Natur des gesellschaftlichen Arbeitsprozesses entspringende und ihm angehörige besondere Funktion, sie ist zugleich *Funktion der Ausbeutung eines gesellschaftlichen Arbeitsprozesses* und daher bedingt durch den unvermeidlichen Antagonismus zwischen dem Ausbeuter und dem Rohmaterial seiner Ausbeutung. Ebenso wächst mit dem Umfang der Produktionsmittel, die dem Lohnarbeiter als fremdes Eigenthum gegenüberstehn, die Nothwendigkeit der Kontrole über deren sachgemäße Verwendung[21]. Die Cooperation der Lohnarbeiter ist ferner bloße Wirkung des Kapitals, das sie gleichzeitig anwendet. Der 205
Zusammenhang ihrer Funktionen und ihre Einheit als produktiver Gesammtkörper liegen *außer* ihnen, im Kapital, das sie zusammenbringt und zusammenhält. Der Zusammenhang ihrer Arbeiten tritt

20 "*Profits* ... is the sole end of trade." (*J. Vanderlint* l. c. p. 11.)

21 Ein englisches Philisterblatt, der *Spectator vom 26. Mai 1866,* berichtet, daß nach Einführung einer Art von Kompagniegeschäft zwischen Kapitalist und Arbeitern in der „wirework company of Manchester": "The first result was a sudden decrease in waste, the men not seeing why they should waste their own property any more than any other masters, and waste is perhaps, next to bad debts, the greatest source of manufacturing loss." Dasselbe Blatt entdeckt als Grundmangel der Rochdale cooperative experiments: "They showed that associations of workmen could manage shops, mills, and almost all forms of industry with success, and they immensely improved the condition of the men, *but then they did not leave a clear place for masters.*" („Sie bewiesen, daß Arbeiterassociationen Boutiquen, Fabriken und beinahe alle Formen der Industrie mit Erfolg handhaben können, und sie verbesserten außerordentlich die Lage der Leute selbst, aber!, aber dann ließen sie keinen sichtbaren Platz für Kapitalisten offen." Quelle horreur!)

ihnen daher ideell als *Plan* des Kapitalisten, ihre eigne Einheit praktisch als *seine Autorität* gegenüber, die Macht des fremden Willens, der ihr Thun seinem Zweck unterwirft. Wenn daher die kapitalistische Leitung dem *Inhalt* nach ¦ zwieschlächtig, wegen der Zwieschlächtigkeit des zu leitenden Produktionsprozesses selbst, da er einerseits gesellschaftlicher Arbeitsprozeß zur Herstellung eines Produkts, andrerseits Verwerthungsprozeß des Kapitals ist, so ist sie der Form nach *despotisch.* Mit der Entwicklung der Cooperation auf größerem Maßstab entwickelt dieser | Despotismus seine eigenthümlichen Formen. Wie der Kapitalist zunächst entbunden wird von der Handarbeit, sobald sein Kapital jene Minimalgröße erreicht hat, womit die eigentlich kapitalistische Produktion erst beginnt, so tritt er jetzt die Funktion unmittelbarer und fortwährender Beaufsichtigung der einzelnen Arbeiter und Arbeitergruppen selbst wieder ab an eine besondre Sorte von Lohnarbeitern. Wie eine Armee militärischer, bedarf eine unter dem Kommando desselben Kapitals zusammenwirkende Arbeitermasse industrieller Oberofficiere (Dirigenten, managers) und Unterofficiere (Arbeitsaufseher, foremen, overlookers, contre-maîtres), die während des Arbeitsprozesses selbst im Namen des Kapitals kommandiren. Die Arbeit der Oberaufsicht befestigt sich zu ihrer ausschließlichen Funktion. Bei Vergleichung der Produktionsweise unabhängiger Bauern oder selbstständiger Handwerker mit der auf Sklaverei beruhenden Plantagenwirthschaft, zählt der politische Oekonom *diese Arbeit der Oberaufsicht* zu den faux frais de production[21a]. Bei Betrachtung der kapitalistischen Produktionsweise identificirt er dagegen die Funktion der Leitung, soweit sie aus der Natur des gemeinschaftlichen Arbeitsprozesses entspringt, mit derselben Funktion, soweit sie durch den kapitalistischen und daher antagonistischen Charakter dieses Prozesses bedingt wird[22]. Der Kapitalist ist nicht Kapitalist, weil er industrieller

21a Nachdem Prof. *Cairnes* die „superintendence of labour" als einen Hauptcharakter der Sklavenproduktion in den südlichen Staaten von Nordamerika dargestellt hat, fährt er fort: "The peasant proprietor (des Nordens) appropriating the whole produce of his toil, needs no other stimulus to exertion. *Superintendence* is here completely dispensed with." (*Cairnes* l. c. p. 48, 49.)

22 *Sir James Steuart,* überhaupt ausgezeichnet durch offnes Auge für die charakteristischgesellschaftlichen Unterschiede verschiedner Produktionsweisen, bemerkt: «Pourquoi l'industrie des particuliers est-elle ruinée par de grandes entreprises en manufactures, si ce n'est parce que celles-ci se rapprochent davan-

Leiter ist, sondern er wird industrieller Befehlshaber, weil er Kapitalist ist. Der Oberbefehl in der Industrie wird Attribut des Kapitals, wie zur Feudalzeit der Oberbefehl in Krieg und Gericht Attribut des Grundeigenthums war[22a]. ¦ |

Eigenthümer seiner Arbeitskraft ist der Arbeiter, so lange er als Verkäufer derselben mit dem Kapitalisten marktet, und er kann nur verkaufen, was er besitzt, seine individuelle, vereinzelte Arbeitskraft. Dieß Verhältniß wird in keiner Weise dadurch verändert, daß der Kapitalist 100 Arbeitskräfte statt einer kauft oder mit 100 von einander unabhängigen Arbeitern Kontrakte schließt statt mit einem einzelnen. Er kann die 100 Arbeiter anwenden *ohne* sie cooperiren zu lassen. Der Kapitalist zahlt daher den Werth der 100 selbstständigen Arbeitskräfte, aber er zahlt nicht die kombinirte Arbeitskraft der Hundert. Als unabhängige Personen sind die Arbeiter *Vereinzelte*, die in ein Verhältniß zu demselben Kapital, aber nicht zu einander treten. Ihre Cooperation beginnt erst im Arbeitsprozeß, aber im Arbeitsprozeß haben sie bereits aufgehört sich selbst zu gehören. Mit dem Eintritt in denselben sind sie dem 206
Kapital einverleibt. Als Cooperirende, als Glieder eines werkthätigen Organismus, sind sie selbst nur eine besondre Existenzweise des Kapitals. Die Produktivkraft, die der Arbeiter als *gesellschaftlicher Arbeiter* entwickelt, ist daher *Produktivkraft des Kapitals*. Die *gesellschaftliche Produktivkraft* der Arbeit entwickelt sich unentgeltlich, sobald die Arbeiter unter bestimmte Bedingungen gestellt sind, und das Kapital stellt sie unter diese Bedingungen. Weil die *gesellschaftliche Produktivkraft der Arbeit* dem Kapital nichts kostet, weil sie andrerseits nicht von dem Arbeiter entwickelt wird, *bevor* seine Arbeit selbst dem Kapital gehört, erscheint sie als Produktivkraft, die das Kapital *von Natur* besitzt, als seine *immanente* Produktivkraft.

tage à la simplicité du régime des esclaves?» („*Princ. of Pol. Econ.*" Fzs. Uebers. *Paris* 1789, t. I, p. 308, 309.)

22a *Auguste Comte* und seine Schule könnten daher in derselben Art die ewige Nothwendigkeit von Feudalherrn beweisen, worin sie dieß für die Kapitalisten thun. Bei näherer Analyse der „Philosophie Positive" entdeckt man überhaupt, daß sie trotz aller scheinbaren Freigeisterei mit ihren Wurzeln tief in katholischer Erde steckt. Die Methode encyklopädischer Zusammenfassung gab dem A. Comte den Umlauf in Frankreich. Verglichen mit *Hegel's* „Encyklopädie", die ungefähr 1½ Decennien früher erschien, ist die Comte'sche Kombination eine Schülerarbeit von bloß lokaler Bedeutung.

Kolossal zeigt sich die Wirkung der einfachen Cooperation in den Riesenwerken der alten Asiaten, Aegypter, Etrusker u. s. w. „Es geschah in vergangnen Zeiten, daß diese asiatischen Staaten nach Bestreitung ihrer Civil- und Militairausgaben, sich im Besitz eines Ueberschusses von Lebensmitteln befanden, die sie für Werke der Pracht und des Nutzens verausgaben konnten. Ihr Kommando über die Hände und Arme fast der | ganzen nicht ackerbauenden Bevölkerung und die ausschließliche Verfügung des Monarchen und der Priesterschaft über jenen Ueberschuß boten ihnen die Mittel zur Errichtung jener mächtigen Monumente, womit sie das Land erfüllten … In der Bewegung der kolossalen Statuen und der enormen Massen, deren Transport Staunen erregt, wurde fast nur menschliche Arbeit verschwenderisch angewandt. Die *Zahl der Arbeiter* und die *Koncentration ihrer Mühen* genügte. So sehn wir mächtige Korallenriffe aus den Tiefen des Oceans zu Inseln anschwellen und festes Land bilden, obgleich jeder individuelle Ablagerer (depositary) winzig, schwach und verächtlich ist. Die nicht ackerbauenden Arbeiter einer asiatischen Monarchie haben außer ihren individuellen körperlichen Bemühungen wenig zum Werk zu bringen, aber ihre Zahl ist ihre Kraft, und die Macht der Direktion über diese Massen gab ¦ jenen Riesenwerken den Ursprung. Es war die Koncentration der Revenüen, wovon die Arbeiter leben, in eine Hand oder wenige Hände, welche solche Unternehmungen möglich machte“[23]. Diese Macht asiatischer und ägyptischer Könige oder etruskischer Theokraten u. s. w. ist in der modernen Gesellschaft auf den Kapitalisten übergegangen, ob er nun als vereinzelter Kapitalist auftritt, oder, wie bei Aktiengesellschaften, als kombinirter Kapitalist.

207 Die Cooperation im Arbeitsprozeß, wie wir sie in den Kulturanfängen der Menschheit, bei Jägervölkern[23a] oder etwa in der Agrikultur indischer Gemeinwesen vorherrschend finden, beruht einerseits auf dem *Gemeineigenthum an den Produktionsbedingungen*, andrerseits darauf, daß das einzelne Individuum sich von der Nabelschnur des

23 *R. Jones: Textbook of Lectures* etc., p. 77, 78. Die altassyrischen, ägyptischen u. s. w. Sammlungen in London und andern europäischen Hauptstädten machen uns zu Augenzeugen jener cooperativen Arbeitsprozesse.

23a *Linguet* in seiner „*Théorie des Lois civiles*“ hat vielleicht nicht Unrecht, wenn er die *Jagd* für die erste Form der Cooperation, und *Menschenjagd* (Krieg) für eine der ersten Formen der Jagd erklärt.

Stammes oder des *Gemeinwesens* noch ebensowenig losgerissen hat, wie das Bienenindividuum vom Bienenstock. Beides unterscheidet sie von der kapitalistischen Cooperation. Die sporadische Anwendung der Cooperation auf großem Maßstab in der antiken Welt, dem Mittelalter und den modernen Kolonien, beruht auf *unmittelbaren* Herrschafts- und Knechtsschafts-Verhältnissen, zumeist auf der Sklaverei. Die kapita|listische Form setzt dagegen von vornherein den freien Lohnarbeiter voraus, der seine Arbeitskraft dem Kapital verkauft. Historisch jedoch entwickelt sie sich im *Gegensatz* zur Bauernwirthschaft und zum unabhängigen Handwerksbetrieb, ob dieser zünftige Form besitze oder nicht[24]. Ihnen gegenüber erscheint die kapitalistische Cooperation nicht *als eine besondre historische Form der Cooperation*, sondern die Cooperation selbst *als eine dem kapitalistischen Produktionsprozeß eigenthümliche und ihn spezifisch unterscheidende historische Form.*

Wie die durch die Cooperation entwickelte *gesellschaftliche Produktivkraft der Arbeit* als *Produktivkraft des Kapitals* erscheint; so *die Cooperation* selbst als eine *spezifische Form des kapitalistischen Produktionsprozesses* im Gegensatz zum Produktionsprozeß vereinzelter unabhängiger Arbeiter oder auch Kleinmeister. Es ist die *erste Aenderung*, welche der wirkliche Arbeitsprozeß durch seine *Subsumtion unter das Kapital* erfährt. Diese ¦ Aenderung geht naturwüchsig vor sich. Ihre 208
Voraussetzung, gleichzeitige Beschäftigung einer größeren Anzahl von Lohnarbeitern in demselben Arbeitsprozeß, bildet den Ausgangspunkt der kapitalistischen Produktion. Dieser fällt mit dem Dasein des Kapitals selbst zusammen. Wenn sich die kapitalistische Produktionsweise daher einerseits als *historische Nothwendigkeit* für die Verwandlung des Arbeitsprozesses in einen gesellschaftlichen Prozeß darstellt, so andrerseits diese gesellschaftliche Form des Arbeitsprozesses als eine vom Kapital angewandte Methode, um ihn durch Steigerung seiner Produktivkraft profitlicher auszubeuten.

24 Die kleine Bauernwirthschaft und der unabhängige Handwerksbetrieb, die beide theils die Basis der feudalen Produktionsweise bilden, theils nach deren Auflösung *neben* dem kapitalistischen Betrieb erscheinen, bilden zugleich die ökonomische Grundlage der klassischen Gemeinwesen zu ihrer besten Zeit, nachdem sich das ursprünglich orientalische Gemeineigenthum aufgelöst, und bevor sich die Sklaverei der Produktion ernsthaft bemächtigt hat.

In ihrer bisher betrachteten *einfachen Gestalt* fällt die Cooperation zusammen mit der *Produktion auf größerer Stufenleiter*, bildet aber keine *feste*, charakteristische Form einer *besondern* Entwicklungs*epoche* der kapitalistischen Produktionsweise. Höchstens er|scheint sie annähernd so in den noch handwerksmäßigen Anfängen der Manufaktur[25] und in jener Art großer Agrikultur, welche der Manufakturperiode entspricht, und sich wesentlich nur durch die Masse der gleichzeitig angewandten Arbeiter und den Umfang der koncentrirten Produktionsmittel von der Bauernwirthschaft unterscheidet. Die einfache Cooperation ist stets noch vorherrschende Form solcher Produktionszweige, worin das Kapital auf großer Stufenleiter operirt, ohne daß Theilung der Arbeit oder Maschinerie eine bedeutende Rolle spielte.

Die *Cooperation* bleibt die *Grundform* der kapitalistischen Produktionsweise, obgleich *ihre einfache Gestalt* selbst *als besondere Form* neben ihren weiter entwickelten Formen erscheint.

3) Theilung der Arbeit und Manufaktur.

Die auf Theilung der Arbeit beruhende Cooperation schafft sich ihre klassische Gestalt in der *Manufaktur*. Als charakteristische Form des kapitalistischen Produktionsprozesses herrscht sie vor während der eigentlichen *Manufakturperiode*, die, rauh angeschlagen, von Mitte des 16. Jahrhunderts bis zum letzten Dritttheil des achtzehnten währt.

Die *Manufaktur* entspringt auf doppelte Weise.

Entweder werden Arbeiter von *verschiedenartigen*, selbstständigen Handwerken, durch deren Hände ein Produkt bis zu seiner letzten Reife laufen ¦ muß, in *eine* Werkstatt unter dem Kommando desselben Kapitalisten *vereinigt*. Z. B. eine Kutsche war das Gesammtprodukt der Arbeiten einer großen Anzahl unabhängiger Handwerker, wie Stellmacher, Sattler, Schneider, Schlosser, Gürtler, Drechsler, Posamentirer, Glaser, Maler, Lackirer, Vergolder u. s. w. In der *Kutschenmanufaktur* wurden alle diese verschiednen Handwerker in einem Arbeitshaus ver-

[25] "Whether the united skill, industry and emulation of many together on the same work be not the way to advance it? And whether it had been otherwise possible for England, to have carried on her Woollen Manufacture to so great a perfection?" (*Berkeley: „The Querist." Lond.* 1750, p. 56, § 521.)

einigt, um einander gleichzeitig in die Hand zu arbeiten. Man kann eine Kutsche zwar nicht vergolden, bevor sie gemacht ist. Werden aber viele Kutschen gleichzeitig gemacht, so kann ein Theil beständig vergoldet werden, während ein andrer Theil eine frühere Phase des Produktionsprozesses durchläuft. Soweit stehn wir | noch auf dem Boden der einfachen Cooperation, die ihr Material an Menschen und Dingen *vorfindet.* Indeß tritt sehr bald eine wesentliche Veränderung ein. Der Schneider, Schlosser, Gürtler u. s. w., der nur im Kutschenmachen beschäftigt ist, verliert nach und nach mit der Gewohnheit auch die Fähigkeit, sein altes Handwerk in seiner ganzen Ausdehnung zu betreiben. Andrerseits erhält sein vereinseitigtes Thun jetzt die zweckmäßigste Form für die verengte Wirkungssphäre. Ursprünglich erschien die Kutschenmanufaktur als eine *Kombination selbstständiger Handwerke.* Sie wird allmälig *Theilung der Kutschenproduktion in ihre verschiednen Sonderoperationen,* wovon jede einzelne zur ausschließlichen Funktion eines Arbeiters krystallisirt und deren Gesammtheit vom *Verein dieser Theilarbeiter* verrichtet wird. Ebenso entstand die Tuchmanufaktur, und eine ganze Reihe andrer Manufakturen, aus der Kombination *verschiedner* Handwerke unter dem Kommando desselben Kapitals[26].

Die Manufaktur entspringt aber auch auf *entgegengesetztem* Wege. Es werden *viele* Handwerker, die *Dasselbe* oder *Gleichartiges* thun, z. B. Papier oder Typen oder Nadeln machen, von *demselben* Kapital *gleichzeitig in derselben Werkstatt* beschäftigt. Es ist dieß Cooperation in der einfachsten Form. Jeder dieser Handwerker (vielleicht mit einem oder zwei Gesellen) macht die ganze Waare und vollbringt also die

26 Um ein mehr modernes Beispiel dieser Bildungsart der Manufaktur anzuführen, folgendes Citat: Die Seidenspinnerei und Weberei von Lyon und Nimes «est toute patriarcale; elle emploie beaucoup de femmes et d'enfants, mais sans les épuiser ni les corrompre; elle les laisse dans leurs belles vallées de la Drôme, du Var, de l'Isère, de Vaucluse, pour y élever des vers et dévider leurs cocons; jamais elle n'entre dans une véritable fabrique. Pour être aussi bien observé … le principe de la division du travail, s'y revêt d'un caractère spécial. Il y a bien des devideuses, des moulineurs, des teinturieurs, des encolleurs, puis des tisserands; mais ils ne sont pas réunis dans un même établissement, ne dépendent pas d'un même maître; tous ils sont indépendants.» (*A. Blanqui: „Cours d'Écon. Industrielle. Recueilli par A. Blaise. Paris* (1838–39)", p. 79.) Seit Blanqui dieß schrieb, sind die verschiednen unabhängigen Arbeiter zum Theil in Fabriken vereinigt worden.

verschiednen zu ihrer Herstellung erheischten Operationen der Reihe nach. Er arbeitet in seiner alten handwerksmäßigen Weise fort. Indeß veranlassen bald äußere Umstände die ¦ Kon|centration der Arbeiter in demselben Raum und die Gleichzeitigkeit ihrer Arbeiten anders zu vernutzen. Es soll z. B. ein größeres Quantum fertiger Waare in einer bestimmten Zeitfrist geliefert werden. Die Arbeit wird daher *vertheilt.* Statt die verschiedenen Operationen von demselben Handwerker in einer zeitlichen Reihenfolge verrichten zu lassen, werden sie von einander losgelöst, isolirt, räumlich neben einander gestellt, jede derselben einem andern Handwerker zugewiesen und alle zusammen von den Cooperirenden gleichzeitig ausgeführt. Diese zufällige *Vertheilung* wiederholt sich, zeigt ihre eigenthümlichen Vortheile, und verknöchert nach und nach zur systematischen *Theilung der Arbeit.* Aus dem *individuellen* Produkt eines selbstständigen Handwerkers, der vielerlei thut, verwandelt sich die Waare in das *gesellschaftliche* Produkt eines Vereins von Handwerkern, von denen jeder fortwährend nur eine und dieselbe Theiloperation verrichtet. Dieselben Operationen, die in einander flossen als successive Verrichtungen des deutschen zünftigen Papiermachers, verselbstständigten sich in der holländischen Papiermanufaktur zu nebeneinander laufenden Theiloperationen vieler cooperirenden Arbeiter. Der zünftige Nadler von Nürnberg bildet das Grundelement der englischen Nadelmanufaktur. Während aber jener eine Nadler eine Reihe von vielleicht 20 Operationen nach einander durchlief, verrichteten hier bald 20 Nadler neben einander, jeder nur eine der 20 Operationen, die in Folge von Erfahrungen noch viel weiter gespaltet, isolirt, und zu ausschließlichen Funktionen einzelner Arbeiter verselbstständigt wurden.

Die Ursprungsweise der Manufaktur, ihre Herausbildung aus dem Handwerk, ist also zwieschlächtig. Einerseits geht sie von der *Kombination verschiedenartiger, selbstständiger* Handwerke aus, die bis zu dem Punkt *verunselbstständigt* und vereinseitigt werden, wo sie nur noch einander ergänzende Theiloperationen im Produktionsprozeß einer und derselben Waare bilden. Andrerseits geht sie von der *Cooperation gleichartiger Handwerker* aus, zersetzt dasselbe individuelle Handwerk in seine verschiednen besondern Operationen, und isolirt und *verselbstständigt* diese bis zu dem Punkt, wo jede derselben zur ausschließlichen Funktion eines besondern Arbeiters wird. Einerseits führt daher die Manufaktur Theilung der Arbeit in einen Produktions-

prozeß ein oder entwickelt sie weiter, andrerseits kombinirt sie früher
geschiedene Handwerke. Welches aber immer ihr besondrer Ausgangs-|
punkt, ihre Schlußgestalt ist dieselbe – *ein Produktionsmechanismus,* 209
dessen Organe Menschen sind.

Zum richtigen Verständniß der Theilung der Arbeit in der Manufaktur ist es wesentlich folgende Punkte festzuhalten: Zunächst fällt die *Analyse des Produktionsprozesses in seine besondern Phasen* hier ganz und gar zusammen mit der *Zersetzung einer handwerksmäßigen Thätigkeit in ihre ver¦schiedenen Theiloperationen.* Zusammengesetzt oder einfach, die Verrichtung bleibt *handwerksmäßig* und daher abhängig von Kraft, Geschick, Schnelle, Sicherheit des Einzelarbeiters in Handhabung seines Instruments. Das Handwerk bleibt die Basis. Diese *enge technologische Basis* schließt wirklich wissenschaftliche Analyse des Produktionsprozesses aus, da jeder Theilprozeß, den das Produkt untergeht, als handwerksmäßige Theilarbeit ausführbar sein muß. Eben weil das handwerksmäßige Geschick so die Grundlage des Produktionsprozesses bleibt, wird jeder Arbeiter ausschließlich einer Theilfunktion *angeeignet* und seine Arbeitskraft in das lebenslängliche Organ dieser Theilfunktion verwandelt. Endlich ist diese Theilung der Arbeit eine besondere *Art der Cooperation,* und manche ihrer Vortheile entspringen aus dem allgemeinen Wesen, nicht aus dieser besonderen Form der Cooperation.

Gehn wir nun näher auf das Einzelne ein, so ist zunächst klar, daß ein Arbeiter, der lebenslang eine und dieselbe einfache Operation verrichtet, seinen ganzen Körper in ihr automatisch einseitiges Organ verwandelt und daher *weniger Zeit* dazu verbraucht als der Handwerker, der eine ganze Reihe von Operationen abwechselnd ausführt. Der kombinirte *Gesammtarbeiter,* der den lebendigen Mechanismus der Manufaktur bildet, besteht aber aus lauter solchen einseitigen Theilarbeitern. Im Vergleich zum selbstständigen Handwerk wird daher *mehr in weniger Zeit* producirt oder die Produktivkraft der Arbeit gesteigert[27]. Auch vervollkommnet sich die Methode der Theilarbeit, nachdem sie zur ausschließlichen Funktion einer Person *verselbstständigt* ist. Die stete

27 "The more any manufacture of much variety shall be distributed and assigned to different artists, the same must needs be better done and with greater expedition, with less loss of time and labour." („*The Advantages of the East India Trade. Lond.* 1720", p. 71.)

Wieder|holung desselben beschränkten Thuns und die Koncentration der Aufmerksamkeit auf dieß Beschränkte lehren erfahrungsmäßig den bezweckten Nutzeffekt mit geringstem Kraftaufwand erreichen. Da aber immer verschiedne Arbeitergenerationen *gleichzeitig* zusammenleben und in denselben Manufakturen zusammenwirken, befestigen, häufen und *übertragen* sich bald die so gewonnenen technischen Kunstgriffe[28]. Die Manufaktur producirt in der That die Virtuosität des Detailarbeiters, indem sie die naturwüchsige Sonderung der Gewerbe, die sie in der Gesellschaft vorfand, im Innern der Werkstatt reproducirt und systematisch zum Extrem treibt. Andrerseits entspricht ihre Verwandlung der Theilarbeit in den Lebensberuf eines Menschen dem Trieb früherer Gesellschaften, die Gewerbe *erblich* zu machen, sie in *Kasten* zu versteinern, oder, wo bestimmte historische Bedingungen dem Kastenwesen widersprechende Variabilität des Individuums erzeugen, die Arbeitssonde¦rung wenigstens in *Zünfte* zu verknöchern. Die Ent-
210 stehung dieser Kasten und Zünfte folgt demselben Naturgesetz, das die Sonderung von Pflanzen und Thieren in Arten und Unterarten regelt, nur daß auf einem gewissen Entwicklungsgrad die Erblichkeit der Kasten oder die Ausschließlichkeit der Zünfte als *gesellschaftliches Gesetz* dekretirt wird[29]. „Die Musline von Dakka sind an Feinheit, die Kattune und andre Zeuge von Koromandel an Pracht und Dauerhaftigkeit der Farben, niemals übertroffen worden. Und dennoch werden sie producirt ohne Kapital, Maschinerie, Theilung der Arbeit, oder irgend eins der andern Mittel, die der Fabrikation in | Europa so viele Vortheile

[28] "Easy labour is transmitted skill." (*Th. Hodgskin* l. c. p. 48.)

[29] „Auch die Künste sind … in Aegypten zu dem gehörigen Grad von Vollkommenheit gediehn. Denn in diesem Lande allein dürfen die Handwerker durchaus nicht in die Geschäfte einer andern Bürgerklasse eingreifen, sondern bloß den nach dem Gesetz ihrem Stamme erblich zugehörigen Beruf treiben … Bei andern Völkern findet man, daß die Gewerbsleute ihre Aufmerksamkeit auf zu viele Gegenstände vertheilen … Bald versuchen sie es mit dem Landbau, bald lassen sie sich in Handelsgeschäfte ein, bald befassen sie sich mit zwei oder drei Künsten zugleich. In Freistaaten laufen sie meist in die Volksversammlungen … In Aegypten dagegen verfällt jeder Handwerker in schwere Strafen, wenn er sich in Staatsgeschäfte mischt, oder mehrere Künste zugleich treibt. So kann nichts ihren Berufsfleiß stören … Zudem, wie sie von ihren Vorfahren viele Regeln haben, sind sie eifrig darauf bedacht, noch neue Vortheile aufzufinden." (*Diodorus Siculus: Historische Bibliothek* l. I, c. 74.)

bieten. Der Weber ist ein vereinzeltes Individuum, der das Gewebe auf Bestellung eines Kunden verfertigt und mit einem Webstuhl von der einfachsten Konstruktion, manchmal nur bestehend aus hölzernen Stangen, die roh zusammengefügt sind. Er besitzt selbst keinen Apparat zum Aufziehn der Kette, der Webstuhl muß daher in seiner ganzen Länge ausgestreckt bleiben und wird so unförmlich und weit, daß er keinen Raum findet in der Hütte des Producenten, der seine Arbeit daher in freier Luft verrichten muß, wo sie durch jede Wetteränderung unterbrochen wird"[30]. Es ist nur das von Generation auf Generation gehäufte und von Vater auf Sohn *vererbte* Sondergeschick, das dem Hindu wie der Spinne diese Virtuosität verleiht. Und dennoch verrichtet ein solcher indischer Weber sehr komplicirte Arbeit, verglichen mit der Mehrzahl der Manufakturarbeiter.

Ein Handwerker, der die verschiedenen Theilprozesse in der Produktion eines Machwerks nach einander ausführt, muß bald den Platz, bald die Instrumente wechseln. Der Uebergang von einer Operation zur andern *unterbricht* den Fluß seiner Arbeit und bildet gewissermaßen *Poren* in seinem Arbeitstag. Diese Poren verdichten, sobald er den ganzen Tag ein und dieselbe Operation kontinuirlich verrichtet oder sie verschwinden in dem Maße, wie der Wechsel seiner Operationen abnimmt. Die gesteigerte Produktivität ist hier entweder der zunehmenden Ausgabe von Arbeitskraft in einem gegebnen Zeitraum geschuldet, also *wachsender Intensivität der ¦ Arbeit,* oder einer *Abnahme des unproduktiven Verzehrs von Arbeitskraft.* Der Ueberschuß von Kraftaufwand nämlich, den jeder Uebergang aus der Ruhe in die Bewegung erheischt, kompensirt sich bei längerer Fortdauer der einmal erreichten Normalgeschwindigkeit. Andrerseits zerstört die Kontinuität gleichförmiger Arbeit die Spann- und Schwungkraft der Lebensgeister, die im Wechsel der Thätigkeit selbst ihre Erholung und ihren Reiz finden.

Die Produktivität der Arbeit hängt nicht nur von der Virtuosität des Arbeiters ab, sondern auch von der Vollkommenheit seiner *Werk|zeuge.* Werkzeuge derselben Art, wie Schneide-, Bohr-, Stoß-, Schlaginstrumente u. s. w. werden in verschiedenen Arbeitsprozessen gebraucht, und in demselben Arbeitsprozeß dient dasselbe Instrument zu ver-

30 *„Historical and descriptive Account of Brit. India* etc. *by Hugh Murray, James Wilson* etc." *Edinburgh* 1832, v. II, p. 449, 450. Der indische Webstuhl ist hochschäftig, d. h. die Kette ist vertikal aufgespannt.

schiednen Verrichtungen. Sobald jedoch die verschiednen Operationen eines Arbeitsprozesses von einander losgelöst sind und jede Theiloperation in der Hand des Theilarbeiters eine möglichst entsprechende und daher ausschließliche Form erhält, werden Veränderungen der vorher zu verschiednen Zwecken dienenden Werkzeuge nothwendig. Die Richtung ihres Formwechsels ergiebt sich aus der Erfahrung der besondern Schwierigkeiten, welche die unveränderte Form in den Weg legt. Die *Differenzirung* der Arbeitsinstrumente, wodurch Instrumente derselben Art besondre feste Formen für jede besondre Nutzanwendung erhalten, und ihre *Spezialisirung*, wodurch jedes solches Sonderinstrument nur in der Hand spezifischer Theilarbeiter in seinem ganzen Umfang wirkt, charakterisiren die Manufaktur. Zu Birmingham allein producirt man etwa 500 Varietäten von Hämmern, wovon jeder nicht nur für einen besondern Produktionsprozeß, sondern eine Anzahl Varietäten oft nur für verschiedne Operationen in demselben Prozeß dient. Die Manufakturperiode vereinfacht, verbessert und vermannigfacht die Arbeitswerkzeuge durch deren Anpassung an die ausschließlichen Sonderfunktionen der Theilarbeiter[31]. Sie schafft damit zugleich eine der *materiellen Bedingungen* der Maschinerie, die aus einer Kombination einfacher Instrumente besteht.

Der Detailarbeiter und sein Instrument bilden die einfachen *Elemente* der Manufaktur. Wenden wir uns jetzt zu ihrem *Gesammtmechanismus.*

Die Gliederung der Manufaktur besitzt *zwei Grundformen*, die | trotz ¦ gelegentlicher Verschlingung zwei wesentlich verschiedne Arten bilden und namentlich auch bei der späteren Verwandlung der Manufaktur in die maschinenartig betriebene, große Industrie eine ganz verschiedne Rolle spielen. Dieser Doppelcharakter entspringt aus der Natur des

31 *Darwin* bemerkt in seinem Epoche machenden Werk über „*die Entstehung der Arten*" mit Bezug auf die natürlichen Organe der Pflanzen und Thiere: „So lange ein und dasselbe Organ verschiedene Arbeiten zu verrichten hat, läßt sich ein Grund für seine Veränderlichkeit vielleicht darin finden, daß natürliche Züchtung jede kleine Abweichung der Form weniger sorgfältig erhält oder unterdrückt, als wenn dasselbe Organ nur zu einem besondern Zwecke allein bestimmt wäre. So mögen Messer, welche allerlei Dinge zu schneiden bestimmt sind, im Ganzen so ziemlich von einerlei Form sein, während ein nur zu einerlei Gebrauch bestimmtes Werkzeug für jeden andern Gebrauch auch eine andre Form haben muß."

Machwerks selbst. Es wird entweder gebildet durch bloß mechanische Zusammensetzung selbstständiger Theilprodukte oder verdankt seine fertige Gestalt einer Reihenfolge zusammenhängender Prozesse und Manipulationen.

Eine Lokomotive z. B. besteht aus mehr als 5000 selbstständigen Theilen. Sie kann jedoch nicht als Beispiel der ersten Art der eigentlichen Manufaktur gelten, weil sie ein Gebilde der großen Industrie ist. Wohl aber die *Uhr*, an welcher auch *William Petty* die manufakturmäßige Theilung der Arbeit veranschaulicht. Aus dem individuellen Werk eines Nürnberger Handwerkers verwandelte sich die Uhr in das gesellschaftliche Produkt einer Unzahl von Theilarbeitern, wie Rohwerkmacher, Uhrfedermacher, Zifferblattmacher, Spiralfedermacher, Steinloch- und Rubinhebelmacher, Zeigermacher, Gehäusemacher, Schraubenmacher, Vergolder, mit vielen *Unterabtheilungen*, wie z. B. Räderfabrikant (Messing- und Stahlräder wieder geschieden), Triebmacher, Zeigerwerkmacher, acheveur de pignon (befestigt die Räder auf den Trieben, polirt die facettes u. s. w.), Zapfenmacher, planteur de finissage (setzt verschiedne Räder und Triebe in das Werk), finisseur de barillet (läßt Zähne einschneiden, macht die Löcher zur richtigen Weite, härtet Stellung und Gesperr), Hemmungmacher, bei der Cylinderhemmung wieder Cylindermacher, Steigradmacher, Unruhemacher, Raquettemacher (das Rückwerk, woran die Uhr regulirt wird), planteur d'échappement (eigentliche Hemmungmacher); dann der repasseur de barillet (macht das Federhaus und Stellung ganz fertig), Stahlpolirer, Räderpolirer, Schraubenpolirer, Zahlenmaler, Blattmacher (schmelzen das Email auf das Kupfer), fabricant de pendants (macht bloß die Bügel des Gehäuses), finisseur de charnière (steckt das Messingstift in die Mitte des Gehäuses u. s. w.), faiseur de secret (macht die Federn im Gehäuse, die den Deckel aufspringen machen), graveur, ciliceur, polisseur de boîte u. s. w., u. s. w., endlich der repasseur, der die ganze Uhr zusammensetzt und sie gehend abliefert. Nur wenige Theile der Uhr laufen durch verschiedne Hände und alle diese membra disjecta sammeln sich erst in der Hand, die sie schließlich in ein | mechanisches Ganzes verbindet. Dieß äußerliche Verhältniß des fertigen Produkts zu seinen verschiedenartigen Elementen läßt hier, wie bei ähnlichem Machwerk, die Kombination der Theilarbeiter in *derselben* Werkstatt zufällig. Die Theilarbeiten können selbst wieder als von einander unabhängige Handwerke betrieben werden, wie im Kanton Waadt und Neufchatel, während in Genf z. B.

große Uhrenmanufakturen bestehn, d. h. unmittelbare Cooperation der Theilarbeiter unter dem Kommando *eines* ¦ Kapitals stattfindet. Auch im letztren Fall werden Zifferblatt, Feder und Gehäuse selten in der Manufaktur selbst verfertigt. Der kombinirte manufakturmäßige Betrieb ist hier nur unter ausnahmsweisen Verhältnissen profitlich, weil die Konkurrenz unter den Arbeitern, die zu Hause arbeiten wollen, am größten ist, die Zersplitterung der Produktion in eine Masse heterogener Prozesse wenig Verwendung gemeinschaftlicher Arbeitsmittel erlaubt, und der Kapitalist bei der zerstreuten Fabrikation die Auslage für Arbeitsgebäude u. s. w. erspart[32]. Indeß ist auch das Verhältniß dieser Detailarbeiter, die zu Hause, aber für einen Kapitalisten (Fabrikant, établisseur) arbeiten, ganz und gar verschieden von dem des selbstständigen Handwerkers, der für seine eignen Kunden arbeitet[33]. |

Die zweite Art der Manufaktur, ihre vollendete Form, producirt Machwerke, die zusammenhängende Entwicklungsphasen, eine Reihenfolge von Stufenprozessen durchlaufen, wie z. B. der Draht in der Nähnadelmanufaktur die Hände von 72 und selbst 92 spezifischen Theilarbeitern durchläuft.

Soweit solche Manufaktur ursprünglich zerstreute Handwerke kombinirt, vermindert sie die *räumliche Trennung* zwischen den besondern

32 Genf hat im Jahr 1854 80 000 Uhren producirt, noch nicht ein Fünftheil der Uhrenproduktion des Kanton Neufchatel. Chaux-de-Fonds, das man als eine einzige Uhrenmanufaktur betrachten kann, liefert allein jährlich doppelt so viel als Genf. Von 1850–61 lieferte Genf 720 000 Uhren. Siehe: „*Report from Geneva on the Watch Trade*" in „*Reports by H. M's. Secretaries of Embassy and Legation on the Manufactures, Commerce* etc. No. 6. 1863." Wenn die Zusammenhangslosigkeit der Prozesse, worin die Produktion nur *zusammengesetzter* Machwerke zerfällt, an und für sich die Verwandlung solcher Manufakturen in den Maschinenbetrieb der großen Industrie sehr erschwert, kommen bei der Uhr noch zwei andre Hindernisse hinzu, die Kleinheit und Delikatesse ihrer Elemente, und ihr Luxuscharakter, daher ihre Varietät, so daß z. B. in den besten Londoner Häusern das ganze Jahr hindurch kaum ein Dutzend Uhren gemacht werden, die sich ähnlich sehn. Die Uhrenfabrik von Vacheron et Constantin, die mit Erfolg Maschinerie anwendet, liefert auch höchstens 3–4 verschiedne Varietäten von Größe und Form.

33 In der Uhrmacherei, diesem klassischen Beispiel der heterogenen Manufaktur, kann man sehr genau die oben erwähnte, aus der Zersetzung der handwerksmäßigen Thätigkeit entspringende *Differenzirung* und *Spezialisirung* der Arbeitsinstrumente studiren.

Produktionsphasen des Machwerks. Die Zeit seines Uebergangs aus einem Stadium in das andre wird verkürzt, ebenso die Arbeit, welche diese Uebergänge vermittelt[34]. Im Vergleich zum *Handwerk* wird so Produktivkraft gewonnen, und zwar entspringt dieser Gewinn aus dem *allgemeinen cooperativen Charakter* der Manufaktur. Andrerseits bedingt ihr eigenthümliches Prinzip der Theilung der Arbeit eine *Isolirung* der verschiednen Produktionsphasen, die als eben so viele handwerksmäßige Theilarbeiten gegen einander verselbstständigt sind. Die Herstellung und Erhaltung des *Zusammenhangs* zwischen den isolirten Funktionen ernöthigt beständigen Transport des ¦ Machwerks aus einer Hand in die andre und aus einem Prozeß in den andern. Vom Standpunkt *der großen Industrie* tritt dieß als eine charakteristische, kostspielige und dem *Prinzip* der Manufaktur *immanente* Beschränktheit hervor[35].

Betrachtet man ein bestimmtes Quantum Rohmaterial, z. B. von Lumpen in der Papiermanufaktur oder von Draht in der Nadelmanufaktur, so durchläuft es in den Händen der verschiednen Theilarbeiter eine zeitliche Stufenfolge von Produktionsphasen bis zu seiner Schlußgestalt. Betrachtet man dagegen die Werkstatt als *einen* Gesammtmechanismus, so befindet sich das Rohmaterial *gleichzeitig* in allen seinen Produktionsphasen auf einmal. Mit einem Theil seiner vielen instrumentbewaffneten Hände zieht der aus den Detailarbeitern kombinirte Gesammtarbeiter | den Draht, während er gleichzeitig mit andern Händen und Werkzeugen ihn streckt, mit andern schneidet, spitzt u. s. w. Aus einem zeitlichen Nacheinander sind die verschiednen Stufenprozesse in ein räumliches Nebeneinander verwandelt. Daher Lieferung von mehr *fertiger* Waare in demselben Zeitraum[36]. Jene Gleichzeitigkeit entspringt zwar aus der allgemeinen cooperativen Form des Gesammt-

34 "In so close a cohabitation of the People, the carriage must needs be less." („*The Advantages of the East India Trade*", p. 106.)

35 "The isolation of the different stages of manufacture consequent upon the employment of manual labour adds immensely to the cost of production, the loss mainly arising from the mere removals from one process to another." („*The Industry of Nations. Lond.* 1855", Part II, p. 200.)

36 "It (the division of labour) produces also an economy of time, by separating the work into its different branches, all of which may be carried on into execution at the same moment … By carrying on all the different processes at once, which an individual must have executed separately, it becomes possible to produce a

prozesses, aber die Manufaktur findet nicht nur die Bedingungen der Cooperation vor, sondern *schafft* sie theilweise erst durch die Zerlegung der handwerksmäßigen Thätigkeit. Andrerseits erreicht sie diese gesellschaftliche Organisation des Arbeitsprozesses nur durch Festschmieden desselben Arbeiters an dasselbe Detail.

Da das Theilprodukt jedes Theilarbeiters zugleich nur eine besondre Entwicklungsstufe *desselben* Machwerks ist, liefert jeder Arbeiter oder jede Arbeitergruppe der andern ihr Rohmaterial. Das Arbeitsresultat des einen bildet den Ausgangspunkt für die Arbeit des andern. Der eine Arbeiter beschäftigt daher hier unmittelbar den andern. Die nothwendige Arbeitszeit zur Erreichung des bezweckten Nutzeffekts in jedem Theilprozeß wird erfahrungsmäßig festgestellt und der *Gesammtmechanismus der Manufaktur* beruht auf der Voraussetzung, daß *in gegebner Arbeitszeit ein gegebnes Resultat* erzielt wird. Nur unter dieser Voraussetzung können die verschiednen, einander ergänzenden Arbeitsprozesse ununterbrochen, gleichzeitig und räumlich neben einander fortgehn. Es ist klar, daß diese *unmittelbare*¦*Abhängigkeit* der Arbeiten und daher der Arbeiter von einander jeden Einzelnen zwingt, nur die nothwendige Zeit zu seiner Funktion zu verwenden, und so eine ganz andere Kontinuität, Gleichförmigkeit, Regelmäßigkeit, Ordnung[37] und namentlich auch *Intensivität der Arbeit* erzeugt wird als im unabhängigen Handwerk oder selbst der einfachen Cooperation. Daß | auf eine Waare nur die zu ihrer Herstellung *gesellschaftlich nothwendige Arbeitszeit* verwandt wird, erscheint bei der Waarenproduktion überhaupt als äußerer Zwang der Konkurrenz, weil, oberflächlich ausgedrückt, jeder einzelne Producent die Waare zu ihrem *Marktpreis* verkaufen muß. Lieferung von gegebnem Produktenquantum in gegebner Arbeitszeit wird dagegen hier in der Manufaktur *technologisches Gesetz des Produktionsprozesses selbst*[38]

multitude of pins for instance completely finished in the same time as a single pin might have been either cut or pointed." (*Dugald Stewart* l. c. p. 319.)

37 "The more variety of artists to every manufacture … the greater the order and regularity of every work, the same must needs be done in less time, the labour must be less." („*The Advantages* etc." p. 68.)

38 Indeß erreicht der manufakturmäßige Betrieb dieß Resultat in vielen Zweigen nur unvollkommen, weil er die allgemeinen chemischen und physischen Bedingungen des Produktionsprozesses nicht mit Sicherheit zu kontroliren weiß.

Verschiedne Operationen bedürfen jedoch *ungleicher Zeitlängen* und liefern daher in gleichen Zeiträumen ungleiche Quanta von Theilprodukten. Soll also derselbe Arbeiter Tag aus Tag ein stets nur dieselbe Operation verrichten, so müssen für verschiedne Operationen *verschiedne Verhältnißzahlen von Arbeitern* verwandt werden, z. B. 4 Gießer und 2 Abbrecher auf einen Frottirer in einer Typenmanufaktur, wo der Gießer stündlich 2000 Typen gießt, der Abbrecher 4000 abbricht und der Frottirer 8000 blank reibt. Hier kehrt das Prinzip der Cooperation in seiner einfachsten Form zurück, gleichzeitige Beschäftigung Vieler, die *Gleichartiges* thun, aber jetzt als Ausdruck eines organischen Verhältnisses. Die manufakturmäßige Theilung der Arbeit vereinfacht und vermannigfacht also nicht nur die *qualitativ* unterschiednen Organe des gesellschaftlichen Gesammtarbeiters, sondern schafft auch ein mathematisch festes Verhältniß für den *quantitativen* Umfang dieser Organe, d. h. für die relative Arbeiteranzahl oder relative Größe der *Arbeitergruppen* in jeder Sonderfunktion. Sie entwickelt mit der *qualitativen Gliederung die quantitative Regel und Proportionalität des gesellschaftlichen Arbeitsprozesses.*

Ist die passendste Verhältnißzahl der verschiednen Gruppen von Theilarbeitern erfahrungsmäßig festgesetzt für eine bestimmte Stufenleiter der Produktion, so kann man diese Stufenleiter nur ausdehnen, indem man ein *Multipel* jeder besondern Arbeitergruppe verwendet[39]. Es | kommt ¦ hinzu, daß dasselbe Individuum gewisse Arbeiten eben so gut auf größerer als kleinerer Staffel ausführt, z. B. die Arbeit der Oberaufsicht, den Transport der Theilprodukte aus einer Produktionsphase in die andre u. s. w. Die Verselbstständigung dieser Funktionen, oder ihre Zuweisung an besondere Arbeiter, wird also erst vortheilhaft mit Vergrößerung der beschäftigten Arbeiterzahl, aber diese Vergrößerung muß sofort alle Gruppen proportionell ergreifen.

39 „Wenn die Erfahrung, je nach der besondren Natur der Produkte jeder Manufaktur, sowohl die vortheilhafteste Art die Fabrikation in Theiloperationen zu spalten, als auch die für sie nöthige Arbeiterzahl kennen gelehrt hat, werden alle Etablissements, die kein exaktes Multiplum dieser Zahl anwenden, mit weniger Oekonomie fabriziren.... Dieß ist eine der Ursachen der kolossalen Ausdehnung industrieller Etablissements." (*Ch. Babbage: „On the Economy of Machinery." 2nd ed. Lond.* 1832, ch. XXI.)

Die einzelne *Gruppe*, als eine Anzahl von Arbeitern, die *dieselbe* Theilfunktion verrichten, besteht aus *homogenen* Elementen und bildet ein einfaches Organ des Gesammtmechanismus. In verschiednen Manufakturen jedoch ist die Gruppe selbst ein *gegliederter Arbeitskörper*, während der Gesammtmechanismus durch die Wiederholung oder Vervielfältigung dieser produktiven Elementarorganismen gebildet wird. Nehmen wir z. B. die Manufaktur von Glasflaschen. Sie zerfällt in drei wesentlich unterschiedne Phasen. Erstens die *vorbereitende Phase*, wie Bereitung der Glaskomposition, Mengung von Sand, Kalk u. s. w. und Schmelzung dieser Komposition zu einer flüssigen Glasmasse[40]. In dieser ersten Phase sind verschiedne Theilarbeiter beschäftigt, ebenso in der *Schlußphase*, der Entfernung der Flaschen aus den Trockenöfen, ihrer Sortirung, Verpackung u. s. w. Zwischen beiden Phasen steht in der Mitte die eigentliche *Glasmacherei* oder Verarbeitung der flüssigen Glasmasse. An demselben Munde eines Glasofens arbeitet eine Gruppe, die in England das „hole" (Loch) heißt, und aus einem bottle maker oder finisher, einem blower, einem gatherer, einem putter up oder whetter off und einem taker in zusammengesetzt ist. Diese fünf Theilarbeiter bilden eben so viele Sonderorgane eines einzigen Arbeitskörpers, der nur als Einheit, also nur durch unmittelbare Cooperation der Fünf wirken kann. Fehlt ein Glied des fünftheiligen Körpers, so ist er paralysirt. Derselbe Glasofen hat aber verschiedne Oeffnungen, in Eng|land z. B. 4–6, deren jede einen irdenen Schmelztiegel mit flüssigem Glas birgt, und wovon jede eine eigne Arbeitergruppe von derselben fünfgliedrigen Form beschäftigt. Die Gliederung jeder einzelnen Gruppe beruht hier unmittelbar auf der Theilung der Arbeit, während das Band zwischen den verschiednen gleichartigen Gruppen einfache Cooperation ist, die eins der Produktionsmittel, hier den Glasofen, durch gemeinsamen Konsum ökonomischer verbraucht. Ein solcher Glasofen mit seinen 4–6 Gruppen bildet eine Glashütte, und eine Glasmanufaktur umfaßt eine Mehrzahl solcher Hütten, zugleich mit den Vorrichtungen und Arbeitern für die einleitenden und abschließenden Produktionsphasen. ¦

Endlich kann die Manufaktur, wie sie theilweis aus der Kombination verschiedner Handwerke entspringt, sich zu einer Kombination verschiedner Manufakturen entwickeln. Die größeren englischen Glas-

40 In England ist der Schmelzofen getrennt vom Glasofen, an dem das Glas verarbeitet wird, in Belgien z. B. dient derselbe Ofen zu beiden Prozessen.

hütten z. B. fabriciren ihre irdenen Schmelztiegel selbst, weil von deren Güte das Gelingen oder Mißlingen des Produkts wesentlich abhängt. Die Manufaktur eines Produktionsmittels wird hier mit der Manufaktur des Produkts verbunden. Umgekehrt kann die Manufaktur des Produkts verbunden werden mit Manufakturen, worin es selbst wieder als Rohmaterial dient, oder mit deren Produkten es später zusammengesetzt wird. So findet man z. B. die Manufaktur von Flintglas kombinirt mit der Glasschleiferei und der Gelbgießerei, letztere für die metallische Einfassung mannigfacher Glasartikel. Die verschiednen kombinirten Manufakturen bilden dann mehr oder minder räumlich getrennte Departemente einer Gesammtmanufaktur, zugleich von einander unabhängige Produktionsprozesse, jeder mit eigner Theilung der Arbeit. Trotz mancher technischer und ökonomischer Vortheile, welche die *kombinirte* Manufaktur bietet, gewinnt sie, auf eigner Grundlage, keine wirklich technologische Einheit. Diese entsteht erst bei ihrer Verwandlung in den maschinenmäßigen Betrieb.

Die Manufakturperiode, welche Verminderung der zur Waarenproduktion nothwendigen Arbeitszeit bald als *bewußtes Prinzip* ausspricht[41], entwickelt sporadisch auch den Gebrauch von *Maschinen*, namentlich für gewisse *einfache erste Prozesse*, die massenhaft | und mit großem Kraftaufwand auszuführen sind. So wird z. B. bald in der Papiermanufaktur das Zermalmen der Lumpen durch *Papiermühlen* und in der Metallfabrik das Zerstoßen der Erze durch sogenannte *Pochmühlen* verrichtet[42]. Die elementarische Form aller Maschinerie hatte das römische Kaiserreich überliefert in der *Wassermühle*[43]. Die Handwerksperiode vermachte die großen Erfindungen des *Kompasses*, des *Pulvers*, der *Buchdruckerei* und der automatischen *Uhr*. Im Großen und

41 Man kann dieß unter andern ersehn aus den Schriften von W. Petty, John Bellers, Andrew Yarranton, „*The Advantages of the East India Trade*“ und J. Vanderlint.

42 Noch gegen Ende des 16. Jahrhunderts bedient sich Frankreich der Mörser und Siebe zum Pochen und Waschen der Erze.

43 Die ganze Entwicklungsgeschichte der Maschinerie läßt sich verfolgen an der Geschichte der Getreidemühlen. Die *Fabrik* heißt im Englischen immer noch *mill*. In deutschen technologischen Schriften aus den ersten Decennien des 19. Jahrhunderts findet man noch den Ausdruck *Mühle* nicht nur für alle mit Naturkräften getriebne Maschinerie, sondern selbst für alle Manufakturen, die maschinenartige Apparate anwenden.

Ganzen jedoch spielt die Maschinerie jene Nebenrolle, die *Adam Smith* ihr *neben der Theilung der Arbeit* anweist[44]. Sehr wichtig wurde die ¦ sporadische Anwendung der Maschinerie im 17. Jahrhundert, weil sie den großen Mathematikern jener Zeit praktische Anhaltspunkte und Reizmittel zur Schöpfung der modernen Mechanik darbot.

Die *spezifische Maschinerie der Manufakturperiode* bleibt der aus vielen Theilarbeitern kombinirte *Gesammtarbeiter* selbst. Die verschiednen Operationen, die der Producent einer Waare abwechselnd verrichtet und die sich im Ganzen seines Arbeitsprozesses verschlingen, nehmen ihn verschiedenartig in Anspruch. In der einen muß er mehr Kraft entwickeln, in der andern mehr Gewandtheit, in der dritten | mehr geistige Aufmerksamkeit u. s. w., und dasselbe Individuum besitzt diese Eigenschaften nicht in gleichem Grad. Nach der Trennung, Verselbstständigung und Isolirung der verschiednen Operationen werden die Arbeiter ihren vorwiegenden Eigenschaften gemäß getheilt, klassificirt und gruppirt. Bilden ihre Naturbesonderheiten die Grundlage, worauf sich die Theilung der Arbeit pfropft, so entwickelt die Manufaktur, einmal eingeführt, Arbeitskräfte, die von Natur nur zu einseitiger Sonderfunktion taugen. Der *Gesammtarbeiter* besitzt jetzt alle produktiven Eigenschaften in gleich hohem Grad der Virtuosität und verausgabt sie zugleich auf's ökonomischste, indem er alle seine Organe, individualisirt in besondern Arbeitern oder Arbeitergruppen, ausschließlich zu ihren spezifischen Funktionen verwendet[45]. Die Einseitigkeit und selbst die Unvollkommenheit des Theilarbeiters werden zu seiner Voll-

211 44 Wie man aus dem Vierten Buch dieser Schrift näher sehn wird, hat A. Smith keinen einzigen neuen Satz über die Theilung der Arbeit aufgestellt. Was ihn aber als den zusammenfassenden politischen Oekonomen der *Manufakturperiode* charakterisirt, ist der *Accent*, den er auf die Theilung der Arbeit legt. Die untergeordnete Rolle, die er der Maschinerie anweist, rief im Beginn der großen Industrie *Lauderdale's*, in einer weiter entwickelten Epoche *Ure's* Polemik hervor. A. Smith verwechselt auch die *Differenzirung der Instrumente*, wobei die Theilarbeiter der Manufaktur selbst sehr thätig waren, mit der *Maschinenerfindung*. Es sind nicht Manufakturarbeiter, sondern Gelehrte, Handwerker, selbst Bauern (Brindley) u. s. w., die hier eine Rolle spielen.

45 „Indem man das Machwerk in mehrere verschiedne Operationen theilt, deren jede verschiedne Grade von Gewandtheit und Kraft erheischt, kann der Manufakturherr sich genau das jeder Operation entsprechende Quantum von Kraft und Gewandtheit verschaffen. Wäre dagegen das ganze Werk von einem Arbeiter zu verrichten, so müßte dasselbe Individuum genug Gewandtheit für

kommenheit als Glied des Gesammtarbeiters[46]. Die Gewohnheit einer einseitigen Funktion verwandelt ihn in ihr naturgemäß sicher wirkendes Organ, während der Zusammenhang des Gesammtmechanismus ihn zwingt, mit der Regelmäßigkeit eines Maschinentheils zu wirken[47]. Da die verschiednen Funktionen des Gesammtarbeiters einfacher oder zusammengesetzter, niedriger oder höher, erheischen seine Organe, die individuellen Arbeitskräfte, sehr verschiedne Grade der Ausbildung und besitzen daher ¦ sehr verschiedne *Werthe*. Die Manufaktur entwickelt also eine *Hierarchie der Arbeitskräfte*, der eine Stufenleiter der Arbeitslöhne entspricht. Wird einerseits der individuelle Arbeiter einer einseitigen Funktion *angeeignet* und lebens|lang *annexirt*, so werden eben so sehr die verschiednen Arbeitsverrichtungen jener Hierarchie der natürlichen und erworbnen Geschicklichkeiten *angepaßt*[48]. Jeder Produktionsprozeß bedingt indeß gewisse einfache Hanthierungen, deren jeder Mensch, wie er geht und steht, fähig ist. Auch sie werden jetzt von ihrem flüssigen Zusammenhang mit den inhaltvolleren Momenten der Thätigkeit losgelöst und zu ausschließlichen Funktionen verknöchert. Die Manufaktur erzeugt daher in jedem Handwerk, das sie ergreift, eine Klasse sogenannter *ungeschickter Arbeiter*, die der Hand-

die delikatesten und genug Kraft für die mühseligsten Operationen besitzen." (*Ch. Babbage* l. c. ch. XIX.)

46 Z. B. einseitige Muskelentwicklung, Knochenverkrümmung u. s. w.

47 Sehr richtig antwortet Herr *Wm. Marshall*, der general manager einer Glasmanufaktur, auf die Frage des Untersuchungskommissärs, wie die Arbeitsamkeit unter den beschäftigten Jungen aufrecht erhalten werde: "They cannot well neglect their work; when they once begin, they *must go on; they are just the same as parts of a machine.*" („*Child. Empl. Comm. Fourth Report*" 1865, p. 247.)

48 *Dr. Ure* in seiner Apotheose der *großen Industrie* fühlt die eigenthümlichen Charaktere der *Manufaktur* schärfer heraus als frühere Oekonomen, die nicht sein polemisches Interesse hatten, und selbst als seine Zeitgenossen, z. B. *Babbage*, der ihm zwar durchaus überlegen ist als gelehrter Mathematiker und Mechaniker, aber dennoch die große Industrie eigentlich nur vom Standpunkt der Manufaktur auffaßt. Ure bemerkt: „*Die Aneignung der Arbeiter* an jede Sonderoperation bildet das Wesen der Vertheilung der Arbeiten." Andrerseits bezeichnet er diese Vertheilung als „*Anpassung der Arbeiten* an die verschiednen individuellen Fähigkeiten" und charakterisirt endlich das ganze Manufaktursystem als „ein System von Gradationen nach dem Rang der Geschicklichkeit", als „eine Theilung der Arbeit nach den verschiednen Graden des Geschicks" u. s. w. *Ure* l. c. t. I, p. 28–35 passim.

werksbetrieb streng ausschloß. Wenn sie die durchaus vereinseitigte Spezialität auf Kosten des ganzen Arbeitsvermögens zur Virtuosität entwickelt, beginnt sie auch schon den Mangel aller Entwicklung zu einer Spezialität zu machen. Neben die hierarchische Abstufung tritt die einfache Scheidung der Arbeiter in *geschickte* und *ungeschickte*. Für letztere fallen die Erlernungskosten ganz weg, für erstere sinken sie, im Vergleich zum Handwerker, in Folge vereinfachter Funktion. In beiden Fällen sinkt der *Werth* der Arbeitskraft[49]. Ausnahme findet statt, soweit die Zersetzung des Arbeitsprozesses neue zusammenfassende Funktionen erzeugt, die im Handwerksbetrieb gar nicht oder nicht in demselben Umfang vorkamen. Die relative *Entwerthung der Arbeitskraft*, die aus dem Wegfall oder der Verminderung der Erlernungskosten entspringt, schließt unmittelbar *höhere Verwerthung des Kapitals* ein, denn alles, was die zur Reproduktion der | Arbeitskraft nothwendige Zeit verkürzt, verlängert die Domaine der Mehrarbeit.

Wir betrachteten erst den Ursprung der Manufaktur aus der Cooperation, dann ihre einfachen Elemente, den Theilarbeiter und sein Werkzeug, endlich ihren Gesammtmechanismus. Wir berühren jetzt kurz das Verhältniß zwischen der *manufakturmäßigen* Theilung der Arbeit und der *gesellschaftlichen* Theilung der Arbeit, welche die allgemeine Grundlage aller Waarenproduktion bildet. ¦

212 Hält man nur *die Arbeit selbst* im Auge, so kann man die Trennung der gesellschaftlichen Produktion in ihre großen Gattungen, wie Agrikultur, Industrie u. s. w., als *Theilung der Arbeit im Allgemeinen*, die Sonderung dieser Produktionsgattungen in Arten und Unterarten als *Theilung der Arbeit im Besondern*, und die Theilung der Arbeit innerhalb einer Werkstatt als *Theilung der Arbeit im Einzelnen* bezeichnen[50].

49 «Un ouvrier, en se perfectionnant par la pratique sur un seul et même point, devient … moins coûteux.» (l. c. p. 28.)

50 „Die Theilung der Arbeit geht von der Trennung der verschiedenartigsten Professionen fort bis zu jener Theilung, wo mehrere Arbeiter sich in die Anfertigung eines und desselben Produkts theilen, wie in der Manufaktur." (*Storch: „Cours d'Écon. Pol."* Pariser Ausgabe, t. I, p. 173.) «Nous rencontrons chez les peuples parvenus à un certain degré de civilisation trois genres de divisions d'industrie: *la première*, que nous nommons *générale*, amène la distinction des producteurs en agriculteurs, manufacturiers et commerçans, elle se rapporte aux trois principales branches d'industrie nationale; *la seconde*, qu'on pourrait appeler *spéciale*, est la division de chaque genre d'industrie en espèces … *la*

Die Theilung der Arbeit *innerhalb der Gesellschaft*, und die entsprechende Beschränkung der Individuen auf besondre Berufssphären, entwickelt sich, wie die Theilung der Arbeit innerhalb der Manufaktur, von entgegengesetzten Ausgangspunkten. Innerhalb einer Familie, 213
weiter entwickelt eines Stammes, entspringt eine naturwüchsige Theilung der Arbeit aus den Geschlechts- und Altersverschiedenheiten, also auf rein *physiologischer Grundlage*, die mit der Ausdehnung des Gemeinwesens, der Zunahme der Bevölkerung, und namentlich dem Konflikt zwischen verschiednen Stämmen und der Unterjochung eines Stamms durch | den andern ihr Material ausweitet. Andrerseits, wie ich früher bemerkt, entspringt der *Produktenaustausch* an den Punkten, wo verschiedne Familien, Stämme, Gemeinwesen in Kontakt kommen, denn nicht Privatpersonen, sondern Familien, Stämme u. s. w. treten sich in den Anfängen der Kultur selbstständig gegenüber. Verschiedne Gemeinwesen finden verschiedne Produktionsmittel und verschiedne Lebensmittel in ihrer *Naturumgebung* vor. Ihre Produktionsweise, Lebensweise und Produkte sind daher verschieden. Es ist diese naturwüchsige Verschiedenheit, die bei dem Kontakt der Gemeinwesen den Austausch der wechselseitigen Produkte und daher die allmälige Verwandlung dieser Produkte in Waaren hervorruft. Der Austausch schafft nicht den Unterschied der Produktionssphären, sondern bezieht die unterschiednen auf einander und verwandelt sie so in mehr oder minder von einander abhängige Zweige einer *gesellschaftlichen* Gesammtproduktion. Hier entsteht die gesellschaftliche Theilung der Arbeit durch den Austausch *ursprünglich verschiedner, aber* gegen einander *selbstständiger* Produktionssphären. Dort, wo die *physiologische Theilung der Arbeit* den Ausgangspunkt bildet, lösen sich die besondern Organe eines unmittelbar zusammengehörigen ¦ Ganzen von einander ab, zersetzen sich, zu welchem Zersetzungsprozeß der Waarenaustausch mit fremden Gemeinwesen den Hauptanstoß giebt, und verselbstständigen sich bis zu dem Punkt, wo der Zusammenhang der verschiednen Arbeiten durch den Austausch der Produkte als *Waaren* vermittelt wird. Es ist in dem einen Fall Verunselbstständigung der

troisième division d'industrie, celle enfin qu'on devrait qualifier de *division de la besogne* ou de travail proprement dit, est celle qui s'établit dans les arts et les métiers séparés … qui s'établit dans la plupart des manufactures et des ateliers.» (*Skarbek* l. c. p. 84, 85.)

früher Selbstständigen, in dem andern Verselbstständigung der früher Unselbstständigen.

Die Grundlage aller entwickelten und durch Waarenaustausch vermittelten Theilung der Arbeit ist *die Scheidung von Stadt und Land*[51]. Man kann sagen, daß die ganze ökonomische Geschichte der Gesellschaft sich in der Bewegung dieses Gegensatzes resümirt, auf den wir jedoch hier nicht weiter eingehn. |

Wie für die Theilung der Arbeit innerhalb der Manufaktur eine gewisse *Anzahl* gleichzeitig angewandter Arbeiter die materielle Voraussetzung bildet, so für die Theilung der Arbeit innerhalb der Gesellschaft *die Größe der Bevölkerung* und ihre *Dichtigkeit*, die hier an die Stelle der Agglomeration in derselben Werkstatt tritt[52]. Indeß ist diese Dichtigkeit etwas relatives. Ein relativ spärlich bevölkertes Land mit entwickelten Kommunikationsmitteln besitzt eine dichtere Bevölkerung als ein mehr bevölkertes Land mit unentwickelten Kommunikationsmitteln, und in dieser Art sind z. B. die nördlichen Staaten der amerikanischen Union dichter bevölkert als Indien[53].

Da Waarenproduktion und Waarencirkulation die allgemeine Voraussetzung der kapitalistischen Produktionsweise, erheischt manufakturmäßige Theilung der Arbeit eine schon bis zu gewissem Entwicklungsgrad gereifte Theilung der Arbeit im Innern der Gesellschaft. Umgekehrt entwickelt und vervielfältigt die manufakturmäßige Theilung der Ar-

51 *Sir James Steuart* hat diesen Punkt am besten behandelt. Wie wenig sein Werk, welches zehn Jahre vor dem „Wealth of Nations" erschien, heut zu Tage bekannt ist, sieht man u. a. daraus, daß die Bewunderer des *Malthus* nicht einmal wissen, daß dieser in der ersten Ausgabe seiner Schrift über die „Population", vom rein deklamatorischen Theil abgesehn, neben den Pfaffen *Wallace* und *Townsend* fast nur den *Steuart abschreibt*.

52 "There is a certain density of population which is convenient, both for social intercourse, and for that combination of powers by which the produce of labour is increased." (*James Mill* l. c. p. 50.) "As the number of labourers increases, the productive power of society augments in the compound ratio of that increase, multiplied by the effects of the division of labour." (*Th. Hodgskin* l. c. p. 120.)

53 In Folge der großen Baumwollnachfrage seit 1861 wurde in einigen, sonst zahlreich bevölkerten Distrikten Ostindiens die Baumwollproduktion auf Kosten der Reisproduktion ausgedehnt. Es entstand daher partielle Hungersnoth, weil wegen mangelnder Kommunikationsmittel und daher mangelnden physischen Zusammenhangs der Reisausfall in einem Distrikt nicht durch Zufuhr aus andern Distrikten ausgeglichen werden konnte.

beit rückwirkend jene gesellschaftliche Theilung der Arbeit. Mit der Differenzirung der Arbeitsinstrumente differenziren sich mehr und mehr die Gewerbe, welche diese ¦ Instrumente produciren[54]. Ergreift der manufakturmäßige Betrieb ein Gewerb, das bisher als Haupt- oder Nebengewerb mit andern zusammenhing und von demselben Producenten ausgeführt wurde, so findet sofort Scheidung und gegenseitige Verselbstständigung statt. Ergreift er eine besondre Produktionsstufe einer *Waare*, so verwandeln sich ihre verschiednen Produktionsstufen in verschiedne unabhängige Ge|werbe. Es ward bereits angedeutet, daß wo das Machwerk ein bloß mechanisch zusammengesetztes Ganze von Theilprodukten, die Theilarbeiten sich selbst wieder zu eignen Handwerken verselbstständigen können. Um die Theilung der Arbeit vollkommner innerhalb einer Manufaktur auszuführen, wird derselbe Produktionszweig, je nach der Verschiedenheit seiner Rohstoffe oder den verschiednen Formen, die derselbe Rohstoff erhalten kann, in verschiedne zum Theil ganz neue Manufakturen gespaltet. So wurden bereits in der ersten Hälfte des 18. Jahrhunderts in Frankreich allein über 100 verschiedenartige Seidenzeuge gewebt, und in Avignon z. B. war es Gesetz, daß „jeder Lehrling sich immer nur einer Fabrikationsart widmen und nicht die Verfertigung mehrerer Zeugarten zugleich lernen durfte". Die *territoriale Theilung der Arbeit*, welche besondre Produktionszweige an besondre Distrikte eines Landes bannt, erhält neuen Anstoß durch den manufakturmäßigen Betrieb, der alle Besonderheiten ausbeutet[55]. Reiches Material zur Theilung der Arbeit innerhalb der Gesellschaft liefert der Manufakturperiode die Erweiterung des Weltmarkts und das Kolonialsystem, die zum Umkreis ihrer allgemeinen Existenzbedingungen gehören. Es ist hier nicht der Ort weiter nachzuweisen, wie sie neben der ökonomischen jede andre Sphäre der Gesellschaft inficirt und überall die Grundlage zu jener Ausbildung des Fachwesens, der Specialitäten, und zu einer Parcellirung des Menschen

54 So bildete die Fabrikation der Weberschiffchen schon während des 17. Jahrhunderts einen besondern Industriezweig in Holland.

55 "Whether the Woollen Manufacture of England is not *divided* into several parts or branches appropriated to particular places, where they are only or principally manufactured; fine clothes in Somersetshire, coarse in Yorkshire, long ells at Exeter, soies at Sandbury, crapes at Norwich, linseys at Kendal, blankets at Whitney, and so forth!" (*Berkeley: „The Querist"* 1750, p. 56, § 520.)

legt, die schon *A. Ferguson*, den Lehrer A. Smiths, in den Ausruf ausbrechen ließ: „Wir sind ganze Nationen von Heloten, und es giebt keine Freien unter uns“[56].

Trotz der zahlreichen Analogien jedoch und der Zusammenhänge zwischen der Theilung der Arbeit im Innern der Gesellschaft und der Theilung innerhalb einer Werkstatt, sind beide nicht nur *graduell*, sondern *wesentlich* unterschieden. Am schlagendsten scheint die Analogie unstreitig, wo ein inneres Band verschiedne Geschäftszweige ver|schlingt. Der Vieh¦züchter z. B. producirt Häute, der Gerber verwandelt die Häute in Leder, der Schuster das Leder in Stiefel. Jeder producirt hier ein Stufenprodukt und die letzte fertige Gestalt ist das kombinirte Produkt ihrer Sonderarbeiten. Es kommen hinzu die mannigfachen Arbeitszweige, die dem Viehzüchter, Gerber, Schuster Produktionsmittel liefern. Man kann sich nun mit *A. Smith* einbilden, diese gesellschaftliche Theilung der Arbeit unterscheide sich von der manufakturmäßigen nur *subjektiv*, nämlich für den Beobachter, der hier die mannigfachen Theilarbeiten auf einen Blick räumlich zusammensieht, während dort ihre Zerstreuung über große Flächen und die große Zahl der in jedem Sonderzweig Beschäftigten den Zusammenhang verdunkeln[57]. Was aber stellt den Zusammenhang her zwischen den unabhängigen Arbeiten von Viehzüchter, Gerber, Schuster? Das Dasein ihrer respektiven Produkte *als Waaren*. Was charakterisirt dagegen die manufakturmäßige Theilung der Arbeit? Daß der Theilarbeiter *keine Waare*

56 *A. Ferguson: „History of Civil Society“*, Part IV, sect. II, p. 285.

57 In den eigentlichen Manufakturen, sagt er, scheint die Theilung der Arbeit größer, weil “those employed in every different branch of the work can often be collected into the same workhouse, and placed at once under the view of the spectator. In those great *manufactures* (!), on the contrary, which are destined to supply the great wants of the great body of the people, every different branch of the work employs so great a number of workmen, that it is impossible to collect them all into the same workhouse … the division is not near so obvious.” (*A. Smith: „Wealth of Nations“*, b. I, ch. I.) Der berühmte Passus in demselben Kapitel, der mit den Worten beginnt: “Observe the accomodation of the most common artificer or day labourer in a civilized and thriving country etc.” und dann weiter ausmalt, wie zahllos mannigfaltige Gewerbe zur Befriedigung der Bedürfnisse eines gewöhnlichen Arbeiters zusammenwirken, ist ziemlich *wörtlich* kopirt aus *B. de Mandeville’s Remarks* zu seiner: *„The Fable of the Bees, or Private Vices, Publick Benefits.“* (Erste Ausgabe ohne Remarks 1705, mit den Remarks 1714.)

producirt[58]. Erst das *gemeinsame Produkt* der Theilarbeiter verwandelt sich in *Waare.* | Die Theilung der Arbeit im Innern der Gesellschaft ist vermittelt durch den Kauf und Verkauf der Produkte verschiedner Arbeitszweige, der Zusammenhang der Theilarbeiten in der Manufaktur durch den Verkauf verschiedner Arbeitskräfte an denselben Kapitalisten, der sie als kombinirte Arbeitskraft verwendet. Die manufakturmäßige Theilung der Arbeit unterstellt *Koncentration* der Produktionsmittel in der Hand *eines* Kapitalisten, die gesellschaftliche Theilung der Arbeit *Zersplitterung* der Produktionsmittel unter viele von einander unabhängige Waarenproducenten. Statt daß in der Manufaktur das eherne Gesetz der Verhältnißzahl oder Proportionalität bestimmte Arbeitermassen unter bestimmte Funktionen subsumirt, treiben Zufall und Willkühr ihr buntes Spiel in der Vertheilung der Waarenproducenten und ihrer Produktionsmittel unter die verschiednen gesellschaftlichen Arbeitszweige. ¦ Zwar suchen sich die verschiednen Produktionssphären beständig ins Gleichgewicht zu setzen, indem einerseits jeder Waarenproducent einen Gebrauchswerth produciren, also ein besondres gesellschaftliches Bedürfniß befriedigen muß, der Umfang dieser Bedürfnisse aber quantitativ verschieden ist und ein innres Band die verschiedenen Bedürfnißmassen zu einem naturwüchsigen System verkettet; indem andrerseits das *Werthgesetz* der Waaren bestimmt, wie viel die Gesellschaft von ihrer ganzen disponiblen Arbeitszeit auf die Produktion jeder besondern Waarenart verausgaben kann. Aber diese beständige Tendenz der verschiednen Produktionssphären sich ins Gleichgewicht zu setzen, bethätigt sich nur als Reaktion gegen die beständige Aufhebung dieses Gleichgewichts. Bei der Theilung der Arbeit im Innern der Werkstatt beherrscht die *Verhältnißzahl* die jeder Sonderfunktion zugewiesne Arbeitermasse *a priori* als bewußte und planmäßig befolgte Regel; bei der Theilung der Arbeit im Innern der Gesellschaft wirkt sie nur *a posteriori* als innere, stumme, im Barometerwechsel der Marktpreise wahrnehmbare, die regellose Willkühr der

[58] "There is no longer anything which we can call the natural reward of individual labour. Each labourer produces only some part of a whole, and each part, having no value or utility of itself, there is nothing on which the labourer can seize, and say: it is my product, this I will keep for myself." („*Labour defended against the claims of Capital. Lond.* 1825", p. 25.) Der Verfasser dieser vorzüglichen Schrift ist der früher citirte *Th. Hodgskin.*

Waarenproducenten überwältigende Naturnothwendigkeit. Die manufakturmäßige Theilung der Arbeit unterstellt die unbedingte *Autorität* des Kapitalisten über Menschen, die bloße Glieder eines ihm gehörigen Gesammtmechanismus bilden; die gesellschaftliche Theilung der Arbeit stellt unabhängige Waarenproducenten einander gegenüber, die keine andere Autorität anerkennen als die der *Konkurrenz*, den Zwang, den der Druck ihrer wechselseitigen Interessen auf sie ausübt, wie auch im Thierreich das bellum omnium contra omnes die | Existenzbedingungen aller Arten mehr oder minder erhält. Dasselbe bürgerliche Bewußtsein, das die manufakturmäßige Theilung der Arbeit, die lebenslängliche Annexation des Arbeiters an eine Detailverrichtung und die unbedingte Unterordnung der Theilarbeiter unter das Kapital, als eine Organisation der Arbeit feiert, welche ihre Produktivkraft steigere, denuncirt daher eben so laut jede bewußte gesellschaftliche Kontrole und Reglung des gesellschaftlichen Produktionsprozesses als einen Eingriff in die unverletzlichen Eigenthumsrechte, Freiheit und sich selbst bestimmende „Genialität" des individuellen Kapitalisten. Es ist sehr charakteristisch, daß die begeisterten Apologeten des Fabriksystems nichts ärgeres gegen jede allgemeine Organisation der gesellschaftlichen Arbeit zu sagen wissen, als daß sie die ganze Gesellschaft in eine Fabrik verwandeln würde.

214 Wenn die Anarchie der *gesellschaftlichen* und die Despotie der *manufakturmäßigen* Arbeitstheilung einander in der Gesellschaft der kapitalistischen Produktionsweise bedingen, bieten dagegen frühere Gesellschaftsformen, worin die Besonderung der Gewerbe sich naturwüchsig entwickelt, dann krystallisirt und endlich *gesetzlich* befestigt, einerseits das Bild einer plan- und *autoritätsmäßigen* Organisation der gesellschaftlichen ¦ Arbeit, während sie anderseits die Theilung der Arbeit innerhalb der Werkstatt ganz ausschließen, oder nur auf einem Zwergmaßstab, oder nur sporadisch und zufällig entwickeln[59].

Jene uralterthümlichen, kleinen indischen Gemeinwesen z. B., die zum Theil noch fortexistiren, beruhn auf gemeinschaftlichem Besitz

59 «On peut … établir en règle générale, que moins l'autorité préside à la division du travail dans l'intérieur de la société, plus la division du travail se développe dans l'intérieur de l'atelier, et plus elle y est soumise à l'autorité d'un seul. Ainsi l'autorité dans l'atelier et celle dans la société, par rapport à la division du travail, sont en *raison inverse* l'une de l'autre.» (*Karl Marx* l. c. p. 130, 131.)

des Grund und Bodens, auf unmittelbarer Verbindung von Agrikultur und Handwerk, und auf einer festen Theilung der Arbeit, die bei Anlage neuer Gemeinwesen als gegebner Plan und Grundriß dient. Sie bilden sich selbst genügende Produktionsganze, deren Produktionsgebiet von 100 bis auf einige 1000 Acres wechselt. Die Hauptmasse der Produkte wird für den unmittelbaren Selbstbedarf der Gemeinde producirt, nicht als *Waare*, und die Produktion selbst ist daher unabhängig von der durch Waaren|austausch vermittelten Theilung der Arbeit im Großen und Ganzen der indischen Gesellschaft. Nur der Ueberschuß der Produkte verwandelt sich in *Waare*, zum Theil selbst wieder erst in der Hand des Staats, dem ein bestimmtes Quantum seit undenklichen Zeiten als Naturalrente zufließt. In verschiedenen Theilen Indiens besitzt dieß Gemeinwesen verschiedne herrschende Formen. In der einfachsten Form bebaut die Gemeinde das Land gemeinschaftlich und vertheilt seine Produkte unter ihre Glieder, während jede Familie Spinnen, Weben u. s. w. als häusliches Nebengewerb treibt. Neben dieser gleichartig beschäftigten Masse finden wir den „*Haupteinwohner*", Richter, Polizei und Steuereinnehmer in einer Person; den *Buchhalter*, der die Rechnung über den Ackerbau führt und alles darauf Bezügliche katastrirt und registrirt; einen dritten Beamten, der Verbrecher verfolgt und fremde Reisende beschützt und von einem Dorf zum andern geleitet; den *Grenzmann*, der die Grenzen der Gemeinde gegen die Nachbargemeinden bewacht; den *Wasseraufseher*, der das Wasser aus den gemeinschaftlichen Wasserbehältern zu Ackerbauzwecken vertheilt; den *Braminen*, der die Funktionen des religiösen Kultus verrichtet; den *Schulmeister*, der die Gemeindekinder im Sand schreiben und lesen lehrt; den *Kalenderbraminen*, der als Astrolog die Zeiten für Saat, Ernte und die guten oder bösen Stunden für alle besondern Ackerbauarbeiten angiebt; einen *Schmidt* und einen *Zimmermann*, welche alle Ackerbauwerkzeuge verfertigen und ausbessern; den *Töpfer*, der alle Gefäße für das Dorf macht; den *Barbier*, den *Wäscher* für die Reinigung der Kleider, den *Silberschmidt*, hier und da den *Poeten*, der in einigen Gemeinden den Silberschmidt, in andern den Schulmeister ersetzt. Dieß ¦ Dutzend Personen wird auf Kosten der ganzen Gemeinde erhalten. Wächst die Bevölkerung, so wird eine neue Gemeinde nach dem Muster der alten auf unbebautem Boden angesiedelt. Den Gesammtmechanismus der Gemeinde betrachtet, findet sich hier planmäßige Theilung der Arbeit, aber ihre manufakturmäßige Theilung ist unmöglich, indem der Markt für Schmidt, Zimmermann u. s. w. unverändert bleibt und höchstens, je nach dem Größenunterschied der Dörfer, statt eines Schmidts, Töpfers u. s. w. ihrer zwei oder drei vorkommen[60]. Das Gesetz, das die Theilung der Gemeinde|arbeit regelt, wirkt hier mit der unverbrüchlichen Autorität eines Naturgesetzes, während jeder besondre Handwerker, wie Schmidt u. s. w., nach überlieferter Art, aber selbstständig, und ohne Anerkennung irgend einer Autorität in seiner Werkstatt, alle zu seinem Fach gehörigen Operationen verrichtet. Der einfache produktive Organismus dieser selbstgenügenden Gemeinwesen, die sich beständig in derselben Form reproduciren, und, wenn zufällig zerstört, an demselben Ort, mit demselben Namen, wieder aufbauen[61], liefert den Schlüssel zum Geheimniß der *Unveränderlichkeit* asiatischer *Gesellschaften*, so auffallend kontrastirt durch die beständige Auflösung und Neubildung asiatischer *Staaten* und rastlosen Dynastenwechsel. Die Struktur der ökonomischen Grundelemente der Gesellschaft bleibt von den Stürmen der politischen Wolkenregion unberührt.

Die Zunftgesetze, wie schon früher bemerkt, verhinderten planmäßig, durch äußerste Beschränkung des Maximums der Gesellenzahl, die ein einzelner Zunftmeister beschäftigen durfte, seine Verwandlung in einen Kapitalisten. Ebenso konnte er Gesellen nur beschäftigen in dem ausschließlichen Handwerk, worin er selbst Meister war. Die Zunft wehrte eifersüchtig jeden Uebergriff des *Kaufmannskapitals* ab, der einzig freien Form des Kapitals, die ihr gegenüberstand. Der Kaufmann konnte alle Waaren kaufen, nur nicht die Arbeit als Waare. Er war nur geduldet als *Verleger* der Handwerksprodukte. Riefen äußere Umstän-

60 *Lieut. Col. Mark Wilks: „Historical Sketches of the South of India. Lond. 1810–17“*, v. I, p. 118–20. Eine gute Zusammenstellung der verschiednen Formen des indischen Gemeinwesens findet man in *George Campbell's: „Modern India. London* 1852.“

61 "Under this simple form … the inhabitants of the country have lived since time immemorial. The boundaries of the villages have been but seldom altered; and though the villages themselves have been sometimes injured, and even desolated by war, famine, and disease, the same name, the same limits, the same interests, and even the same families, have continued for ages. The inhabitants give themselves no trouble about the breaking up and division of kingdoms; while the village remains entire, they care not to what power it is transferred or to what sovereign it devolves; its internal economy remains unchanged." (*Th. Stamford Raffles, late Lieut. Gov. of Java: „The History of Java. Lond. 1817“*, v. I, p. 285.)

de eine fortschreitende Theilung der Arbeit hervor, so zerspalteten sich bestehende Zünfte in Unterarten oder lagerten sich neue Zünfte neben die alten hin, | jedoch ohne Zusammenfassung verschiedner Handwerke in einer Werkstatt. Die Zunftorganisation, ¦ so sehr ihre Besonderung, Isolirung und Ausbildung der Gewerbe zu den materiellen Existenzbedingungen der Manufakturperiode gehören, schloß daher die manufakturmäßige Theilung der Arbeit aus. Im Großen und Ganzen blieben der Arbeiter und seine Produktionsmittel mit einander verbunden, wie die Schnecke mit dem Schneckenhaus, und so fehlte die erste Grundlage der Manufaktur, die Verselbstständigung der Produktionsmittel als *Kapital* gegenüber dem Arbeiter.

Während die Theilung der Arbeit im Ganzen einer Gesellschaft, ob vermittelt oder unvermittelt durch den Waarenaustausch, den verschiedenartigsten ökonomischen Gesellschaftsformationen angehört, ist die *manufakturmäßige* Theilung der Arbeit eine ganz spezifische Schöpfung der *kapitalistischen Produktionsweise.*

Eine größere Arbeiteranzahl unter dem Kommando *desselben Kapitals* bildet den naturwüchsigen Ausgangspunkt, wie der Cooperation überhaupt, so der Manufaktur. Umgekehrt entwickelt die manufakturmäßige Theilung der Arbeit das Wachsthum der angewandten Arbeiterzahl zur *technologischen* Nothwendigkeit. Das Arbeiterminimum, das ein einzelner Kapitalist anwenden muß, ist ihm jetzt durch die vorhandene Theilung der Arbeit vorgeschrieben. Andrerseits sind die Vortheile weiterer Theilung bedingt durch weitere Vermehrung der Arbeiteranzahl, die nur noch in Multiplen ausführbar. Mit dem *variablen* muß aber auch der *constante* Bestandtheil des Kapitals wachsen, neben dem Umfang der gemeinsamen Produktionsbedingungen, wie Baulichkeiten, Oefen u. s. w., namentlich auch und viel rascher als die Arbeiteranzahl, das *Rohmaterial.* Seine Masse, verzehrt in gegebner Zeit durch gegebnes Arbeitsquantum, nimmt in demselben Verhältniß zu wie die Produktivkraft der Arbeit in Folge ihrer Theilung. *Wachsender Minimalumfang von Kapital* in der Hand der einzelnen Kapitalisten, oder *wachsende Verwandlung der gesellschaftlichen Lebensmittel und Produktionsmittel in Kapital* ist also ein aus dem technologischen Charakter der Manufaktur entspringendes Gesetz[62]. |

62 „Es genügt nicht, daß das zur Unterabtheilung der Handwerke nöthige *Kapital* (sollte heißen, die dazu nöthigen Lebens- und Produktionsmittel) sich

Wie in der einfachen *Cooperation* ist in der *Manufaktur* der funktionirende Arbeitskörper eine *Existenzform des Kapitals.* Der aus vielen individuellen Theilarbeitern zusammengesetzte gesellschaftliche Produk¦tionsmechanismus gehört dem Kapitalisten. Die aus der Kombination der Arbeiten entspringende Produktivkraft erscheint daher als *Produktivkraft des Kapitals.* Die eigentliche Manufaktur unterwirft nicht nur den früher selbstständigen Arbeiter dem Kommando und der Disciplin des Kapitals, sondern schafft überdem eine *hierarchische* Gliederung unter den Arbeitern selbst. Während die einfache Cooperation die Arbeitsweise der Einzelnen im Großen und Ganzen unverändert läßt, revolutionirt die Manufaktur sie von Grund aus und ergreift die individuelle Arbeitskraft an ihrer Wurzel. Sie verkrüppelt den Arbeiter in eine Abnormität, indem sie sein Detailgeschick treibhausmäßig fördert durch Unterdrückung einer Welt von produktiven Trieben und Anlagen, wie man in den La Plata Staaten ein ganzes Thier abschlachtet, um sein Fell oder seinen Talg zu erbeuten. Die besondren Theilarbeiten werden nicht nur unter verschiedne Individuen *vertheilt*, sondern das Individuum selbst wird getheilt, in das automatische Triebwerk einer Theilarbeit verwandelt[63] und die abgeschmackte Fabel des Menenius Agrippa verwirklicht, die einen Menschen als bloßes Fragment seines eignen Körpers darstellt[64]. Wenn der Arbeiter ursprünglich seine Arbeitskraft an das Kapital verkauft, weil ihm die *materiellen Produktionsbedin-|gungen* einer Waare fehlen, existirt seine *individuelle Arbeitskraft* jetzt überhaupt nur noch, wann und sofern sie an das Kapital verkauft wird.

in der Gesellschaft vorhanden vorfinde; es ist außerdem nöthig, daß es in den Händen der Unternehmer in hinreichend beträchtlichen Massen accumulirt sei, um sie zur Arbeit auf großer Stufenleiter zu befähigen … Je mehr die Theilung zunimmt, erheischt die beständige Beschäftigung einer selben Zahl von Arbeitern immer beträchtlicheres Kapital in Werkzeugen, Rohstoffen u. s. w." (*Storch: „Cours d'Écon. Polit.*" Pariser Ausg. t. I, p. 250, 251.) «La concentration des instruments de production et la division du travail sont aussi inséparables l'une de l'autre que le sont, dans le régime politique, la concentration des pouvoirs publics et la division des intérêts privés.» (*Karl Marx* l. c. p. 134.)

63 *Dugald Stewart* nennt die Manufakturarbeiter „living automatons … employed in the details of the work." (l. c. p. 318.)

64 Bei den Korallen bildet jedes Individuum in der That den Magen für die ganze Gruppe. Es führt ihr aber Nahrungsstoff zu, statt wie der römische Patricier ihn wegzuführen.

Sie funktionirt nur noch in einem Zusammenhang, der erst *nach* ihrem Verkauf, in der Werkstatt des Kapitalisten, existirt. Seiner natürlichen Beschaffenheit nach verunfähigt, etwas Selbstständiges zu machen, entwickelt der Manufakturarbeiter produktive Thätigkeit nur noch als *Zubehör* zur Werkstatt des Kapitalisten[65]. Wie dem auserwählten Volk auf der Stirn geschrieben stand, daß es das Eigenthum Jehovas, so drückt die Theilung der Arbeit dem Manufakturarbeiter einen Stempel auf, der ihn zum Eigenthum des Kapitals brandmarkt.

Die Kenntnisse, die Einsicht und der Wille, die der selbstständige Bauer oder Handwerker, wenn auch auf kleinem Maßstab entwickelt, wie der Wilde alle Kunst des Kriegs als persönliche List ausübt, sind jetzt nur noch für das Ganze der Werkstatt erheischt. Die geistigen Potenzen der Produktion erweitern ihren Maßstab auf der einen Seite, weil sie auf vielen Seiten verschwinden. Was die Theilarbeiter verlieren, *koncentrirt* sich ihnen ¦ gegenüber im Kapital[66]. Es ist ein Produkt der 215
manufakturmäßigen Theilung der Arbeit ihnen die *geistigen Potenzen* des materiellen Produktionsprozesses als *fremdes Eigenthum* und sie *beherrschende Macht* gegenüberzustellen. Dieser *Scheidungsprozeß* beginnt in der einfachen Cooperation, wo der Kapitalist den einzelnen Arbeitern gegenüber die Einheit und den Willen des gesellschaftlichen Arbeitskörpers vertritt. Er entwickelt sich in der Manufaktur, die den Arbeiter zum Theilarbeiter verstümmelt. Er vollendet sich in der großen Industrie, welche *die Wissenschaft* als selbstständige Produktionspotenz von der Arbeit trennt und in den Dienst des Kapitals preßt[67]. |

65 «L'ouvrier qui porte dans ses bras tout un métier, peut aller partout exercer son industrie et trouver des moyens de subsister: l'autre (der Manufakturarbeiter) n'est qu'un *accessoire* qui, séparé de ses confrères, n'a plus ni capacité, ni indépendance, et qui se trouve forcé d'accepter la loi, qu'on juge à propos de lui imposer.» (*Storch* l. c. *Petersb. édit. 1815*, t. I, p. 204.)

66 *A. Ferguson* l. c. Fzs. Uebers. 1783, t. II, p. 135. 136: «L'un peut avoir gagné ce que l'autre a perdu.»

67 „Der Mann des Wissens und der produktive Arbeiter sind weit von einander getrennt, und die Wissenschaft, statt in der Hand des Arbeiters seine eignen Produktivkräfte für ihn selbst zu vermehren, hat sich fast überall ihm gegenübergestellt.... Kenntniß wird ein Instrument, fähig von der Arbeit getrennt und ihr entgegengesetzt zu werden." (*W. Thompson: „An Inquiry into the Principles of the Distribution of Wealth. Lond. 1824"*, p. 274.)

216 In der Manufaktur ist die Bereicherung des Gesammtarbeiters, und daher des Kapitals, an gesellschaftlicher Produktivkraft bedingt durch die Verarmung des Arbeiters an individuellen Produktivkräften. „Die Unwissenheit ist die Mutter der Industrie wie des Aberglaubens. Nachdenken und Einbildungskraft sind dem Irrthum unterworfen; aber die Gewohnheit den Fuß oder die Hand zu bewegen hängt weder von dem einen, noch von der andern ab. So könnte man sagen, daß mit Bezug auf Manufakturen ihre Vollkommenheit darin besteht, sich des Geistes entschlagen zu können, in der Art, daß die Werkstatt *als eine Maschine betrachtet werden kann, deren Theile Menschen sind*“[68]. In der That wandten einige Manufakturen in der Mitte des 18. Jahrhunderts für gewisse einfache Operationen, welche aber Fabrikgeheimnisse bildeten, mit Vorliebe halbe Idioten an[69].

„Der Geist der großen Mehrzahl der Menschen“, sagt *A. Smith*, „entwickelt sich nothwendig aus und an ihren Alltagsverrichtungen. Ein Mensch, der sein ganzes Leben in der Verrichtung weniger einfacher Operationen verausgabt … hat keine Gelegenheit seinen Verstand zu üben … Er wird im Allgemeinen so stupid und unwissend, wie es für eine menschliche Kreatur möglich ist.“ Nachdem Smith den Stumpfsinn des Theilarbeiters geschildert, fährt er fort: „Die Einförmigkeit seines stationären Lebens verdirbt natürlich auch den *Muth* seines Geistes … Sie zerstört selbst die Energie seines Körpers und verunfähigt ihn, seine Kraft schwunghaft und ausdauernd anzuwenden außer in der Detailbeschäftigung, wozu er herangezogen ist. Sein Geschick in seinem besondern Gewerke scheint so ¦ erworben auf Kosten seiner intellektuellen, socialen und kriegerischen Tugenden. Aber in jeder industriellen und civilisirten Gesellschaft ist dieß der Zustand, worin der arbeitende Arme (the labouring poor), d. h. die große Masse des Volks *nothwendig* verfallen muß“[70]. Um | die aus der Theilung der Arbeit

68 *A. Ferguson* l. c. p. 134, 135.

69 *J. D. Tuckett: „A History of the Past and Present State of the Labouring Population. Lond. 1846“*, v. I, p. 148.

70 *A. Smith: „Wealth of Nations.“ B. V, ch. I, art. II.* Als Schüler A. Ferguson's, der die nachtheiligen Folgen der Theilung der Arbeit entwickelt hatte, war A. Smith über diesen Punkt durchaus klar. Im Eingang seines Werks, wo die Theilung der Arbeit ex professo gefeiert wird, deutet er sie nur vorübergehend als Quelle der gesellschaftlichen Ungleichheiten an. Erst im 5. Buch über das Staatseinkommen reproducirt er Ferguson. Ich habe in *„Misère de la Philosophie“* das Nöthige über

entspringende völlige Verkümmerung der Volksmasse zu verhindern, empfiehlt A. Smith Volksunterricht von Staatswegen, wenn auch in vorsichtig homöopathischen Dosen. Konsequent polemisirt dagegen sein französischer Uebersetzer und Kommentator, *G. Garnier*, der sich unter dem ersten französischen Kaiserthum naturgemäß zum Senator entpuppte. Volksunterricht verstoße wider die ersten Gesetze der Theilung der Arbeit und mit demselben „*proscribire man unser ganzes Gesellschaftssystem*". „Wie alle andern Theilungen der Arbeit", sagt er, „wird die zwischen Handarbeit und Verstandesarbeit[71] ausgesprochner und entschiedner im Maße wie *die Gesellschaft* (er wendet richtig diesen Ausdruck an für das Kapital, das Grundeigenthum und *ihren* Staat) reicher wird. Gleich jeder andern ist diese Theilung der Arbeit eine Wirkung vergangner und eine Ursache künftiger Fortschritte … Darf die Regierung denn dieser Theilung der Arbeit entgegenwirken und sie in ihrem naturgemäßen Gang aufhalten? Darf sie einen Theil der Staatseinnahme zum Versuch verwenden, zwei Klassen von Arbeit, die ihre Theilung und Trennung erstreben, zu verwirren und zu vermischen"?[72]

Eine gewisse geistige und körperliche Verkrüppelung ist unzertrennlich selbst von der Theilung der Arbeit im Ganzen und Großen der Gesellschaft. Da aber die Manufakturperiode diese gesellschaftliche Zerspaltung der Arbeitszweige viel weiter führt, andrerseits erst mit der ihr eigenthümlichen Theilung das Individuum an seiner Lebenswurzel ergreift, | liefert sie auch zuerst das Material und den Anstoß zur *industriellen Pathologie*[73]. ¦

das historische Verhältniß von Ferguson, A. Smith, Lemontey und Say in ihrer Kritik der Theilung der Arbeit gegeben und dort auch zuerst die manufakturmäßige Theilung der Arbeit als *spezifische Form der kapitalistischen Produktionsweise* dargestellt. (l. c. p. 122 sq.)

71 Ferguson sagt bereits: «l'art de penser, dans un période où tout est séparé, peut lui-même former un métier à part.»

72 *G. Garnier*, t. V seiner Uebersetzung, p. 2–5.

73 *Ramazzini*, Professor der praktischen Medizin zu Padua, veröffentlichte 1700 sein Werk: „*De morbis artificum*", 1777 in's Französische übersetzt, wieder abgedruckt 1841 in der „*Encyclopédie des Sciences Médicales. 7me Div. Auteurs Classiques.*" Die Periode der großen Industrie hat seinen Katalog der Arbeiterkrankheiten natürlich sehr vermehrt. Siehe u. a. „*Hygiène physique et morale de l'ouvrier dans les grandes villes en général, et dans la ville de Lyon en particulier.*

„Einen Menschen unterabtheilen, heißt ihn hinrichten, wenn er das Todesurtheil verdient, ihn meuchelmorden, wenn er es nicht verdient. Die Unterabtheilung der Arbeit ist der Meuchelmord eines Volks“[74].

Die auf Theilung der Arbeit beruhende Cooperation oder die Manufaktur ist in ihren Anfängen ein naturwüchsiges Gebild der kapitalistischen Produktion. Sobald sie einige Konsistenz und Breite des Daseins gewonnen, wird sie zur bewußten, planmäßigen und systematischen Form der kapitalistischen Produktionsweise. Die Geschichte der eigentlichen Manufaktur zeigt, wie die ihr eigenthümliche Theilung der Arbeit zunächst erfahrungsmäßig, gleichsam hinter dem Rücken der handelnden Personen, die sachgemäßen Formen gewinnt, dann aber, gleich dem zünftigen Handwerke, die einmal gefundene Form traditionell festzuhalten strebt und in einzelnen Fällen Jahrhundertlang festhält. Aendert sich diese Form, so, außer in Nebendingen, immer nur in Folge einer Revolution der Arbeitsinstrumente. Die *moderne* Manufaktur – ich spreche hier nicht von der auf Maschinerie beruhenden großen Industrie – findet entweder, wie | z. B. die Kleidermanufaktur, in den großen Städten, wo sie entsteht, die disjecta membra poetae bereits fertig vor und hat sie nur aus ihrer Zerstreuung zu sammeln, oder das Prinzip der Theilung liegt auf flacher Hand, indem einfach die verschiednen Verrichtungen der handwerksmäßigen Produktion (z. B. beim Buchbinden) besondern Arbeitern ausschließlich angeeignet werden. Es kostet noch keine Woche Erfahrung in solchen Fällen die Verhältnißzahl zwischen den für jede Funktion nöthigen Händen zu finden[75].

Par le Dr. A. L. Fonteret. Paris 1858“ und „*Die Krankheiten, welche verschiedenen*“ *Ständen, Altern und Geschlechtern eigenthümlich sind. 6 Bände. Ulm* 1840.“ Im Jahr 1854 ernannte die *Society of Arts* eine Untersuchungskommission über industrielle Pathologie. Die Liste der von dieser Kommission gesammelten Dokumente findet man im Katalog des „*Twickenham Economic Museum.*“ Sehr wichtig auch die officiellen Reports des „*Board of Health*“.

[74] “To subdivide a man is to execute him, if he deserves the sentence, to assassinate him if he does not. – The subdivision of labour is the assassination of
217 a people.” (*D. Urquhart: „Familiar Words. London* 1855“, p. 119.) *Hegel* hatte sehr ketzerische Ansichten über die Theilung der Arbeit. „Unter gebildeten Menschen kann man zunächst solche verstehn, die Alles machen können, was Andere thun“, sagt er in seiner Rechtsphilosophie.

[75] Der gemüthliche Glaube an das Erfindungsgenie, das der einzelne Kapitalist in der Theilung der Arbeit a priori ausübe, findet sich nur noch bei

Die manufakturmäßige Theilung der Arbeit schafft durch Analyse der handwerksmäßigen Thätigkeit, Spezificirung der Arbeitsinstrumente, Bildung der Theilarbeiter, ihre Gruppirung und Kombination in einem Gesammtmechanismus, die qualitative Gliederung und die quantitative Proportionalität gesellschaftlicher Produktionsprozesse, also eine bestimmte *Organisation gesellschaftlicher Arbeit* und entwickelt damit zugleich neue, ¦ gesellschaftliche Produktivkraft der Arbeit. Als spezifisch *kapitalistische* Form des gesellschaftlichen Produktionsprozesses – und auf den vorgefundnen Grundlagen konnte sie sich nicht anders als in der *kapitalistischen* Form entwickeln – ist sie nur eine besondre Methode *relativen Mehrwerth* zu erzeugen oder die *Selbstverwerthung des Kapitals* – was man *gesellschaftlichen Reichthum, „Wealth of Nations“* u. s. w. nennt – auf Kosten der Arbeiter zu erhöhn. Sie entwickelt die gesellschaftliche Produktivkraft der Arbeit nicht nur für den Kapitalisten, statt für den Arbeiter, sondern durch die Verkrüpplung des individuellen Arbeiters. Sie producirt neue Bedingungen der Herrschaft des Kapitals über die Arbeit. Wenn sie daher einerseits als historischer Fortschritt und nothwendiges Entwicklungsmoment im ökonomischen Bildungsprozeß der Gesellschaft erscheint, so andrerseits als ein Mittel civilisirter und raffinirter Exploitation. |

Die politische Oekonomie, die als eigne Wissenschaft erst in der Manufakturperiode aufkommt, betrachtet die *gesellschaftliche* Theilung der Arbeit überhaupt nur vom Standpunkt der *manufakturmäßigen* Theilung der Arbeit[76], als Mittel mit demselben Quantum Arbeit mehr Waare zu produciren, daher die Waaren zu verwohlfeilern und die Accumulation des Kapitals zu beschleunigen. Im strengsten Gegensatz zu dieser Accentuirung der *Quantität* und des *Tauschwerths* halten sich die Schriftsteller des klassischen Alterthums ausschließlich an *Qualität* und *Gebrauchswerth*[77]. In Folge der Scheidung der gesell-

deutschen Professoren, wie Herrn Roscher z. B., der dem Kapitalisten, aus dessen Jupiterhaupt die Theilung der Arbeit fertig hervorspringt, zum Dank „diverse Arbeitslöhne“ widmet. Die größere oder geringere Anwendung der Theilung der Arbeit hängt von der Länge der Börse, nicht von der Größe des Genies ab.

76 Die älteren Schriftsteller wie Petty, „Advantages of the East India Trade“ etc., fixiren mehr denn A. Smith die manufakturmäßige Theilung als kapitalistische Form der Produktion.

77 Ausnahme unter den Modernen bilden einige Schriftsteller des 18. Jahrhunderts, die in Bezug auf Theilung der Arbeit fast nur den Alten nachsprechen,

schaftlichen Produktionszweige werden die Waaren besser gemacht, die verschiedenen Triebe und Talente der Menschen wählen sich entsprechende Wirkungssphären[78] und ohne Beschränkung ist nirgendwo Bedeutendes zu leisten[79]. Also Produkt und Producent ¦ werden *verbessert* durch die | Theilung der Arbeit. Wird gelegentlich auch das Wachsthum der Produktenmasse erwähnt, so nur mit Bezug auf die größere Fülle des Gebrauchswerths. Es wird mit keiner Silbe des *Tauschwerths*, der *Verwohlfeilerung* der Waaren gedacht. Dieser Standpunkt des Gebrauchswerths herrscht sowohl bei *Plato*[80], der die Theilung

wie *Beccaria* und *James Harris.* So Beccaria: «Ciascuno prova coll' esperienza, che applicando la mano e l'ingegno sempre allo stesso genere di opere e di prodotti, egli più facili, più abbondanti e migliori ne trova i risultati, di quello che se ciascuno isolatamente le cose tutte a se necessarie soltanto facesse ... Dividendosi in tal maniera per la comune e privata utilità gli uomini in varie classi e condizioni.» (*Cesare Beccaria: „Elementi di Econ. Publica"*, ed. *Custodi, Part. Moderna* t. XI, p. 28.) *James Harris*, später Earl of Malmesbury, berühmt durch die *„Diaries"* über seine Gesandtschaft in Petersburg, sagt selbst in einer Note zu seinem *Dialogue concerning Happiness. Lond.* 1741, später wieder abgedruckt in *„Three Treatises* etc. *3. ed. Lond.* 1772": "The whole argument, to prove society natural (nämlich durch die „division of employments") is taken from the second book of Plato's republic."

78 So in der *Odyssee* XIV, 228: „Ἄλλος γάρ τ' ἄλλοισιν ἀνὴρ ἐπιτέρπεται ἔργοις" und *Archilochus* beim Sextus Empiricus: „ἄλλος ἄλλῳ ἐπ' ἔργῳ καρδίην ἰαίνεται."

79 „Πολλ' ἠπίστατο ἔργα, κακῶς δ' ἠπίστατο πάντα." Indeß, so sehr sich der Athenienser als Waarenproducent dem Spartaner überlegen fühlte, weil dieser im Krieg wohl über *Menschen*, nicht aber über *Geld* verfügen könne, wie Thucydides den Pericles sagen läßt in der Rede, worin er die Athenienser zum peloponnesischen Krieg aufstachelt: „σώμασί τε ἑτοιμότεροι οἱ *αὐτουργοὶ* τῶν ἀνθρώπων ἢ χρήμασι πολεμεῖν" (*Thuc.* l. I. c. 141.), blieb ihnen auch in der materiellen Produktion die *αὐταρκεία*, die der Theilung der Arbeit gegenübersteht, das Ideal, „παρ' ὧν γὰρ τὸ εὖ, παρὰ τούτων καὶ τὸ αὔταρκες." Man muß dabei erwägen, daß es noch zur Zeit des Sturzes der 30 Tyrannen keine 5000 Athener ohne Grundeigenthum gab.

80 Plato entwickelt die Theilung der Arbeit innerhalb des Gemeinwesens aus der Vielseitigkeit der Bedürfnisse und der Einseitigkeit der Anlagen der Individuen. Hauptgesichtspunkt bei ihm, daß der Arbeiter sich nach dem Werk richten müsse, nicht das Werk nach dem Arbeiter, was unvermeidlich, wenn er verschiedne Künste zugleich, also eine oder die andere als *Nebenwerk* treibe. „Οὐ γὰρ οἶμαι ἐθέλει τὸ πραττόμενον τὴν τοῦ πράττοντος σχολὴν περιμένειν, ἀλλ' ἀνάγκη τὸν πράττοντα τῷ πραττομένῳ ἐπακολουθεῖν μὴ ἐν παρέργου μέρει.

der Arbeit als Grundlage der gesellschaftlichen Scheidung der Stände behandelt, als bei *Xenophon*[81], der mit seinem charakteristisch bürgerlichen In|stinkt schon der Theilung der Arbeit innerhalb einer Werkstatt näher rückt. Plato's Republik, soweit in ihr die Theilung der Arbeit als das gestaltende Prinzip des Staats entwickelt wird, ist nur *atheniensische Idealisirung des ägyptischen Kastenwesens*, wie Aegypten als industrielles Musterland auch andern seiner Zeitgenossen gilt, z. B.

Ἀνάγκη. Ἐκ δὴ τούτων πλείω τε ἕκαστα γίγνεται καὶ κάλλιον καὶ ῥᾷον, ὅταν εἷς ἓν κατὰ φύσιν καὶ ἐν καιρῷ, σχολὴν τῶν ἄλλων ἄγων, πράττῃ." (*Rep.* 1. 2. ed. Baiter, Orelli etc.) Aehnlich bei *Thucydides* l. c. c. 142: „Das Seewesen ist eine Kunst so sehr wie irgend etwas anderes und kann nicht bei etwa vorkommenden Fällen als *Nebenwerk* betrieben werden, sondern vielmehr nichts andres neben ihm als Nebenwerk." Muß das Werk, sagt Plato, auf den Arbeiter warten, so wird oft der kritische Zeitpunkt der Produktion verpaßt und das Machwerk verdorben, „ἔργου καιρὸν διόλλυται." Dieselbe platonische Idee findet man wieder im Protest der englischen Bleichereibesitzer gegen die Klausel des Fabrikakts, die eine bestimmte Eßstunde für alle Arbeiter festsetzt. Ihr Geschäft könne sich nicht nach den Arbeitern richten, denn "in the various operations of singeing, washing, bleaching, mangling, calendering, and dyeing, none of them can be stopped at a given moment without risk of damage … to enforce the same dinner hour for all the workpeople might *occasionally* subject valuable goods to the risk of danger for incomplete operations." Le platonisme où va-t-il se nicher!

81 *Xenophon* erzählt, es sei nicht nur ehrenvoll Speisen von der Tafel des Perserkönigs zu erhalten, sondern diese Speisen seien auch viel schmackhafter als andere. „Und dieß ist nichts Wunderbares, denn wie die übrigen Künste in den *großen Städten* besonders vervollkommnet sind, ebenso werden die königlichen Speisen ganz eigens zubereitet. Denn in den *kleinen Städten* macht Derselbe Bettstelle, Thüre, Pflug, Tisch; oft baut er obendrein noch Häuser und ist zufrieden, wenn er selbst so eine für seinen Unterhalt ausreichende Kundschaft findet. Es ist rein unmöglich, daß ein Mensch, der so vielerlei treibt, alles *gut* mache. In den großen Städten aber, wo *jeder Einzelne viele Käufer findet*, genügt auch *ein* Handwerk, um einen Mann zu nähren. Ja oft gehört dazu nicht einmal ein ganzes Handwerk, sondern der eine macht Mannsschuhe, der andere Weiberschuhe. Hier und da lebt einer bloß vom Nähen, der andere vom Zuschneiden der Schuhe; der eine schneidet bloß Kleider zu, der andere setzt die Stücke nur zusammen. Nothwendig ist es nun, daß der Verrichter der *einfachsten* Arbeit sie unbedingt auch am *besten* macht. Ebenso steht's mit der Kochkunst." (*Xen. Cyrop.* l. VIII, c. 2.) Die zu erzielende Güte des Gebrauchswerths wird hier ausschließlich fixirt, obgleich schon Xenophon die Stufenleiter der Arbeitstheilung vom *Umfang des Markts* abhängig weiß.

dem Isokrates[82], und diese ¦ Bedeutung selbst noch für die Griechen der römischen Kaiserzeit behielt[83].

Während der eigentlichen Manufakturperiode, d. h. der Periode, worin die Manufaktur die herrschende Form der kapitalistischen Produktionsweise, stößt die volle Ausführung ihrer eigenen Tendenzen auf vielseitige Hindernisse. Obgleich sie, wie wir sahen, neben der hierarchischen Gliederung der Arbeiter eine einfache Scheidung zwischen geschickten und ungeschickten Arbeitern schafft, bleibt die Zahl der letztern durch den überwiegenden Einfluß der erstern sehr beschränkt. Obgleich sie die Sonderoperationen dem verschiednen Grad von Reife, Kraft und Entwick|lung ihrer lebendigen Arbeitsorgane anpaßt und daher zu produktiver Ausbeutung von Weibern und Kindern drängt, scheitert diese Tendenz im Großen und Ganzen an den Gewohnheiten und dem Widerstand der männlichen Arbeiter. Obgleich die Zersetzung der handwerksmäßigen Thätigkeit die Bildungskosten und daher den Werth der Arbeiter senkt, bleibt für schwierigere Detailarbeit eine längere Erlernungszeit nöthig und wird auch da, wo sie vom Ueberfluß, eifersüchtig von den Arbeitern aufrecht erhalten. Wir finden z. B. in England die laws of apprenticeship mit ihrer siebenjährigen Lernzeit bis zum Ende der Manufakturperiode in Vollkraft und erst von der großen Industrie über Haufen geworfen. Da das *Handwerksgeschick* die Grundlage der Manufaktur bleibt, und der in ihr funktionirende Gesammtmechanismus kein von den Arbeitern selbst unabhängiges *objektives* Skelett besitzt, ringt das Kapital beständig mit der Insubordination der Arbeiter. „Die Schwäche der menschlichen Natur", ruft Freund *Ure* aus, „ist so groß, daß der Arbeiter, je geschickter, desto eigenwilliger und schwieriger zu behandeln wird,

[82] „Er (Busiris) theilte Alle in besondere Kasten … befahl, daß immer die Nämlichen die gleichen Geschäfte treiben sollten, weil er wußte, daß die, welche mit ihren Beschäftigungen wechseln, in keinem Geschäft gründlich werden; die aber, welche beständig bei denselben Beschäftigungen bleiben, jedes aufs vollendetste zu Stande bringen. Wirklich werden wir auch finden, daß sie in Beziehung auf Künste und Gewerbe ihre Rivalen mehr übertroffen haben als sonst der Meister den Stümper und in Beziehung auf die Einrichtung, wodurch sie die Königsherrschaft und übrige Staatsverfassung erhalten, so vortrefflich sind, daß die berühmtesten Philosophen, welche darüber zu sprechen unternehmen, die Staatsverfassung Aegyptens vor andern lobten." (*Isocr. Busiris,* c. 8.)

[83] cf. *Diod. Sic.*

und folglich dem Gesammtmechanismus durch seine rappelköpfigen Capricen schweren Schaden zufügt"[84]. Durch die ganze Manufakturperiode läuft daher die Klage über den Disciplinmangel der Arbeiter[85]. Und hätten wir nicht die Zeugnisse gleichzeitiger Schriftsteller, die einfachen Thatsachen, daß es vom 16. Jahrhundert bis zur Epoche der großen Industrie dem Kapital mißlingt, sich der ganzen disponiblen Arbeitszeit der Manufakturarbeiter zu ¦ bemächtigen, daß die Manufakturen kurzlebig sind und mit der Ein- oder Auswanderung der Arbeiter ihren Sitz in dem einen Land verlassen und in dem andern aufschlagen, würden Bibliotheken sprechen. „*Ordnung* muß auf die eine oder die andre Weise gestiftet werden", ruft 1770 der wiederholt citirte Verfasser des „*Essay on Trade and Commerce*". *Ordnung*, hallt es 66 Jahre später zurück aus dem Mund des Dr. Andrew Ure, „Ordnung" fehlte in der auf „dem scholastischen Dogma der Theilung der Arbeit" beruhenden Manufaktur, und „*Arkwright schuf die Ordnung*".

Zugleich konnte die Manufaktur die gesellschaftliche Produktion weder in ihrem ganzen Umfang ergreifen, noch in ihrer Tiefe umwälzen. Sie | gipfelte als ökonomisches Kunstwerk auf der breiten Grundlage des städtischen Handwerks und der ländlich häuslichen Nebenindustrie. Ihre eigne enge technologische Basis trat auf einem gewissen Entwicklungsgrad mit den von ihr selbst geschaffenen Produktionsbedürfnissen in Widerspruch.

Eins ihrer vollendetsten Gebilde war die Werkstatt zur Produktion der *Arbeitsinstrumente selbst*, und namentlich auch der bereits angewandten komplicirteren *mechanischen Apparate*. „Ein solches Atelier", sagt Ure, „bot dem Auge die Theilung der Arbeit in ihren mannigfachen Abstufungen. Bohrer, Meisel, Drechselbank hatten jede ihre eignen Arbeiter, hierarchisch gegliedert nach dem Grad ihrer Geschicklichkeit." Dieß Produkt der manufakturmäßigen Theilung der Arbeit producirte seinerseits – *Maschinen*. Sie heben die handwerksmäßige Thätigkeit als das regelnde Princip der gesellschaftlichen Produktion auf. So wird einerseits der technologische Grund der lebenslangen Annexation des Arbeiters an eine Theilfunktion weggeräumt. Andrerseits fallen die

84 *Ure* l. c. t. I, p. 30, 31.

85 Das im Text Gesagte gilt viel mehr für England als für Frankreich und mehr für Frankreich als Holland.

Schranken, welche dasselbe Princip der Herrschaft des Kapitals noch auferlegte.

4) Maschinerie und große Industrie.

John Stuart Mill sagt in seinen „*Principien der politischen Oekonomie*“: „Es ist fraglich, ob alle bisher gemachten mechanischen Erfindungen die Tagesmühe irgend eines menschlichen Wesens erleichtert haben“[86]. Solches ist jedoch auch keineswegs der Zweck der kapitalistisch verwandten Maschinerie. Gleich jeder andern Entwicklung der Produktivkraft der Arbeit soll sie ¦ Waaren verwohlfeilern und den Theil des Arbeitstags, den der Arbeiter für sich selbst braucht, *verkürzen,* um den andern Theil seines Arbeitstags, den er dem Kapitalisten umsonst giebt, zu *verlängern.* Sie ist Mittel zur Produktion von *Mehrwerth.*

Die Umwälzung der Produktionsweise geht in der Manufaktur von der *Arbeitskraft* aus, in der großen Industrie vom *Arbeitsmittel.* Es ist also zunächst zu untersuchen, wodurch sich das Arbeitsmittel aus einem Werkzeug in eine Maschine verwandelt, oder wodurch sich die Maschine vom Handwerksinstrument unterscheidet. Es handelt sich hier nur um | große, allgemeine Charakterzüge, denn abstrakt strenge Grenzlinien scheiden ebensowenig die Epochen der Gesellschafts- wie die der Erdgeschichte.

Mathematiker und Mechaniker – und man findet dieß hier und da von englischen Oekonomen wiederholt – erklären das Werkzeug für eine einfache Maschine und die Maschine für ein zusammengesetztes Werkzeug. Nach ihnen findet hier also kein wesentlicher Unterschied statt. In diesem Sinn heißen sogar die einfachen mechanischen Potenzen, wie Hebel, schiefe Ebne, Schraube, Keil u. s. w. Maschinen[87]. Dieß ist richtig vom mathematischen Standpunkt, denn jede Maschine besteht aus jenen einfachen Potenzen, wie immer verkleidet und kombinirt. Vom ökonomischen Standpunkt taugt die Erklärung nichts, denn ihr fehlt das Entscheidende, das *historische* Element. Andrerseits

86 “It is questionable, if all the mechanical inventions yet made have lightened the day’s toil of any human being.” Mill hätte sagen sollen „of any human being not fed by other people’s labour“, denn die Maschinerie hat unstreitig die Zahl der vornehmen Müßiggänger sehr vermehrt.

87 Sieh z. B. „*Hutton’s Course of Mathematics*“.

sucht man den Unterschied zwischen Werkzeug und Maschine darin, daß beim Werkzeug der Mensch die Bewegungskraft, bei der Maschine eine von der menschlichen verschiedne Naturkraft, wie Thier, Wasser, Wind u. s. w.[88] Dann wäre ein mit Ochsen bespannter Pflug, der den verschiedensten Produktionsepochen angehört, eine Maschine, Claussen's Circular Loom, der, von der Hand eines einzigen Arbeiters bewegt, 96 000 Maschen in einer Minute verfertigt, ein bloßes Werkzeug. Ja, derselbe loom wäre Werkzeug, wenn mit der Hand, und Maschine, wenn mit Dampf bewegt. Da die Anwendung von Thierkraft eine der ältesten Erfindungen der Menschheit, ginge in der That die Maschinenproduktion der Handwerksproduktion voraus. Als *John Wyatt* 1735 seine Spinnmaschine und mit ihr die industrielle Revolution des 18. Jahrhunderts ankündigte, erwähnte er mit keinem Wort, daß statt eines Menschen ein Esel ¦ die Maschine treibe, und | dennoch fiel diese Rolle dem Esel zu. Eine Maschine, *„um ohne Finger zu spinnen"*, lautete sein Programm[89].

88 „Von diesem Gesichtspunkt aus läßt sich denn auch eine scharfe Grenze zwischen Werkzeug und Maschine ziehen: Spaten, Hammer, Meisel u. s. w., Hebel- und Schraubenwerke, für welche, mögen sie übrigens noch so künstlich sein, der Mensch die bewegende Kraft ist … dieß alles fällt unter den Begriff des Werkzeugs; während der Pflug mit der ihn bewegenden Thierkraft, Wind- u. s. w. Mühlen zu den Maschinen zu zählen sind." (*Wilhelm Schulz: „Die Bewegung der Produktion. Zürich* 1843", p. 38.) Eine in mancher Hinsicht lobenswerthe Schrift.

89 Schon vor ihm wurden, wenn auch sehr unvollkommene, Maschinen zum Vorspinnen angewandt, wahrscheinlich zuerst in Italien. Eine *kritische Geschichte der Technologie* würde überhaupt nachweisen, wie wenig irgend eine Erfindung des 18. Jahrhunderts einem einzelnen Individuum gehört. Bisher existirt kein solches Werk. *Darwin* hat das Interesse auf die Geschichte der natürlichen Technologie gelenkt, d. h. auf die Bildung der Pflanzen- und Thierorgane als Produktionsinstrumente für das Leben der Pflanzen und Thiere. Verdient die Bildungsgeschichte der produktiven Organe des Gesellschaftsmenschen, der materiellen Basis jeder besondern Gesellschaftsorganisation, nicht gleiche Aufmerksamkeit? Und wäre sie nicht leichter zu liefern, da, wie *Vico* sagt, die Menschengeschichte sich dadurch von der Naturgeschichte unterscheidet, daß wir die eine gemacht und die andere nicht gemacht haben? Die Technologie enthüllt das aktive Verhalten des Menschen zur Natur, den unmittelbaren Produktionsprozeß seines Lebens, damit auch seiner gesellschaftlichen Lebensverhältnisse und der
ihnen entquellenden geistigen Vorstellungen. Selbst alle Religionsgeschichte, 218
die von dieser materiellen Basis abstrahirt, ist – unkritisch. Es ist in der That viel leichter durch Analyse den irdischen Kern der religiösen Nebelbildungen zu

Alle entwickelte Maschinerie besteht aus drei wesentlich verschiedenen Theilen, der *Bewegungsmaschine, dem Transmissionsmechanismus,* endlich *der Werkzeugmaschine* oder *Arbeitsmaschine.* Die Bewegungsmaschine wirkt als Triebkraft des ganzen Mechanismus. Sie erzeugt ihre eigne Bewegungskraft, wie die Dampfmaschine, kalorische Maschine, elektromagnetische Maschine u. s. w., oder sie empfängt den Anstoß von einer Naturkraft außer ihr, wie das Wasserrad vom Wassergefäll, der Windflügel vom Wind u. s. w. Der Transmissionsmechanismus, zusammengesetzt aus Schwungrädern, Treibwellen, Zahnrädern, Kreiselrädern, Schäften, Schnüren, Riemen, Zwischengeschirr und Vorgelege der verschiedensten Art, regelt die Bewegung, verwandelt, wo es nöthig, ihre Form, z. B. aus einer perpendikulären in eine kreisförmige, vertheilt und überträgt sie auf die Werkzeugmaschinerie. Beide | Theile des Mechanismus sind nur vorhanden, um der Werkzeugmaschine die Bewegung mitzutheilen, wodurch sie den Arbeitsgegenstand anpackt und zweckgemäß verändert. Dieser Theil der Maschinerie, die *Werkzeugmaschine* ist es, wovon die industrielle Revolution im 18. Jahrhundert ausgeht. Sie bildet noch jeden Tag von neuem den Ausgangspunkt, so oft Handwerksbetrieb oder Manufakturbetrieb in Maschinenbetrieb übergeht.

Sehn wir uns nun die *Werkzeugmaschine* oder eigentliche *Arbeitsmaschine* näher an, so erscheinen im Großen und Ganzen, wenn auch oft in sehr modificirter Form, die Apparate und Werkzeuge wieder, womit der Handwerker oder Manufakturarbeiter arbeitet, aber statt als Werkzeuge des ¦ Menschen jetzt als Werkzeuge eines Mechanismus oder als mechanische Werkzeuge. Entweder ist die ganze Maschine nur eine mehr oder minder veränderte mechanische Ausgabe des alten Handwerksinstruments, wie bei dem mechanischen Webstuhl[90], oder die am Gerüst der Arbeitsmaschine angebrachten thätigen Organe sind alte Bekannte,

finden, als umgekehrt aus den jedesmaligen wirklichen Lebensverhältnissen ihre verhimmelten Formen zu *entwickeln.* Die letztere ist die einzig materialistische
219 und daher wissenschaftliche Methode. Die Mängel des abstrakt naturwissenschaftlichen Materialismus, der den *geschichtlichen Prozeß* ausschließt, ersieht man schon aus den abstrakten und ideologischen Vorstellungen seiner Wortführer, so bald sie sich über ihre Specialität hinauswagen.

90 Namentlich in der ursprünglichen Form des mechanischen Webstuhls erkennt man den alten Webstuhl auf den ersten Blick wieder. Wesentlich verändert erscheint er in seiner modernen Form.

wie Spindeln bei der Spinnmaschine, Nadeln beim Strumpfwirkerstuhl, Sägeblätter bei der Sägemaschine, Messer bei der Zerhackmaschine u. s. w. Der Unterschied dieser *Werkzeuge* von dem eigentlichen Körper der Arbeitsmaschine erstreckt sich bis auf ihre Geburt. Sie werden nämlich immer noch großentheils handwerksmäßig oder manufakturmäßig producirt und später erst an den maschinenmäßig producirten Körper der Arbeitsmaschine befestigt[91]. Die Werkzeugmaschine ist also ein Mechanismus, der, nach Mittheilung der entsprechenden Bewegung, mit seinen Werkzeugen dieselben Operationen verrichtet, welche früher der Arbeiter mit ähnlichen Werkzeugen verrichtete. Ob die Triebkraft nun vom Menschen ausgeht oder selbst wieder von einer Maschine, ändert am Wesen der Sache nichts. Nach Uebertragung des eigentlichen Werk|zeugs vom Menschen auf einen Mechanismus, tritt eine *Maschine* an die Stelle eines bloßen *Werkzeugs.* Der Unterschied springt sofort ins Auge, auch wenn der Mensch selbst noch der erste Motor bleibt. Die *Anzahl von Arbeitsinstrumenten,* womit er gleichzeitig wirken kann, ist durch die Anzahl seiner natürlichen Produktionsinstrumente, seiner eignen körperlichen Organe, beschränkt. Man versuchte in Deutschland erst einen Spinner zwei Spinnräder treten, ihn also gleichzeitig mit zwei Händen und zwei Füßen arbeiten zu lassen. Dieß war zu anstrengend. Später erfand man ein Tret-Spinnrad mit zwei Spindeln, aber die Spinnvirtuosen, die zwei Fäden gleichzeitig spinnen konnten, waren fast so selten als zweiköpfige Menschen. Die Jenny spinnt dagegen von vorn herein mit 12–18 Spindeln, der Strumpfwirkerstuhl strickt mit viel 1000 Nadeln auf einmal u. s. w. Die *Anzahl* der Werkzeuge, womit dieselbe Werkzeugmaschine gleichzeitig spielt, ist von vorn herein emancipirt von der organischen Schranke, wodurch das Handwerkszeug eines Arbeiters beengt wird.

An vielem Handwerkszeug besitzt der Unterschied zwischen dem Menschen als bloßer Triebkraft und als Arbeiter mit dem eigentlichen Operateur eine sinnlich besonderte Existenz. Z. B. beim Spinnrad wirkt

91 Erst seit ungefähr 15 Jahren wird ein stets wachsender Theil der Werkzeuge der Arbeitsmaschinen maschinenmäßig in England fabricirt, obgleich nicht von denselben Fabrikanten, welche die Maschinen selbst machen. Maschinen zur Fabrikation solcher mechanischen Werkzeuge sind z. B. die automatic bobbin-making engine, card-setting engine, Maschinen zum Machen der Weberlitzen, Maschinen zum Schmieden von mule und throstle Spindeln.

der Fuß nur als ¦ Triebkraft, während die Hand, die an der Spindel arbeitet, zupft und dreht, die eigentliche Spinnoperation verrichtet. Grade diesen letzten Theil des Handwerksinstruments ergreift die industrielle Revolution zuerst und überläßt dem Menschen, neben der neuen Arbeit die Maschine mit seinem Auge zu überwachen und ihre Irrthümer mit seiner Hand zu verbessern, zunächst noch die rein mechanische Rolle der Triebkraft. Werkzeuge dagegen, auf die der Mensch von vorn herein nur als einfache Triebkraft wirkt, wie z. B. beim Drehn der Kurbel einer Mühle[92], bei Pumpen, beim Auf- und Abbewegen der Arme eines Blasbalgs, beim Stoßen eines Mörsers u. s. w., rufen zwar zuerst die Anwendung von Thieren, Wasser, Wind[93] als Bewegungskräften hervor. Sie recken sich, | theilweise innerhalb, sporadisch schon lange vor der Manufakturperiode, zu Maschinen, aber sie revolutioniren die Produktionsweise nicht. Daß sie selbst in ihrer handwerksmäßigen Form bereits Maschinen sind, zeigt sich in der Periode der großen Industrie. Die Pumpen z. B., womit die Holländer 1836–37 den See von Harlem auspumpten, waren nach dem Princip gewöhnlicher Pumpen konstruirt, nur daß cyklopische Dampfmaschinen statt der Menschenhände ihre Kolben trieben. Der gewöhnliche und sehr unvollkommene Blasbalg des Grobschmidts wird noch zuweilen in England durch bloße Verbindung seines Arms mit einer Dampfmaschine in eine mechanische Luftpumpe verwandelt. Die Dampfmaschine selbst, wie sie Ende des 17. Jahrhunderts, während der Manufakturperiode, erfunden ward und bis zum Anfang der 80er Jahre des 18. Jahrhunderts fort-

92 Moses von Aegypten sagt: „Du sollst dem Ochsen, der drischt, nicht das Maul verbinden." Die christlich germanischen Philanthropen legten dagegen dem Leibeignen, den sie als Triebkraft zum Mahlen verwandten, eine große hölzerne Scheibe um den Hals, damit er kein Mehl mit der Hand zum Mund bringen könne.

93 Theils Mangel an lebendigem Wassergefäll, theils Kampf gegen sonstigen Wasserüberfluß zwangen die Holländer zur Anwendung des Winds als Triebkraft. Die Windmühle selbst erhielten sie aus Deutschland, wo diese Erfindung einen artigen Kampf zwischen Adel, Pfaffen und Kaiser hervorrief, wem denn von den drei der Wind „gehöre". Luft macht eigen, hieß es in Deutschland, während der Wind Holland frei machte. Was er hier eigen machte, war nicht der Holländer, sondern der Grund und Boden für den Holländer. Noch 1836 wurden 12 000 Windmühlen von 6000 Pferdekraft in Holland verwandt, um zwei Dritttheile des Lands vor Rückverwandlung in Morast zu schützen.

existirte[94], rief keine industrielle Revolution hervor. Es war vielmehr umgekehrt die Schöpfung der Werkzeugmaschinen, welche die revolutionirte Dampfmaschine nothwendig und darum möglich machte. Sobald der Mensch, statt mit dem Werkzeug auf den Arbeitsgegenstand, nur noch als Triebkraft auf eine Werkzeugmaschine wirkt, wird die Verkleidung der Triebkraft in menschliche Muskel *zufällig* und kann Wind, Wasser, Dampf ¦ u. s. w. an die Stelle treten. Dieß schließt natürlich nicht aus, daß solcher Wechsel oft große technische Aenderungen des ursprünglich für menschliche Triebkraft allein konstruirten Mechanismus bedingt. Heutzutage werden alle Maschinen, die sich erst Bahn brechen müssen, wie Nähmaschinen, Brodbereitungsmaschinen u. s. w., wenn sie den kleinen Maßstab nicht von vorn herein durch ihre Bestimmung ausschließen, für menschliche und rein mechanische Triebkraft zugleich konstruirt. |

Die Maschine, wovon die industrielle Revolution ausgeht, ersetzt den Arbeiter, der ein einzelnes Werkzeug handhabt, durch einen Mechanismus, der mit einer *Masse* derselben oder gleichartiger Werkzeuge auf einmal operirt, und von einer einzigen Triebkraft, welches immer ihre Form, bewegt wird[95]. Hier haben wir *die Maschine*, aber erst als einfaches Element der maschinenmäßigen Produktion.

Die Erweiterung des Umfangs der Arbeitsmaschine und der Zahl ihrer gleichzeitig operirenden Werkzeuge bedingt einen massenhafteren Bewegungsmechanismus, und dieser Mechanismus, zur Ueberwältigung seines eignen Widerstands, eine mächtigere Triebkraft als die menschliche, abgesehn davon, daß der Mensch ein sehr unvollkommenes Produktionsinstrument gleichförmiger und kontinuirlicher Bewegung ist. Vorausgesetzt, daß er nur noch als einfache Triebkraft wirkt, also an die Stelle seines Werkzeugs eine Werkzeugmaschine getreten ist, können Naturkräfte ihn jetzt auch als Triebkraft ersetzen. Von allen aus der Manufakturperiode überlieferten großen Bewegungskräften war die Pferdekraft die schlechteste, theils weil ein Pferd seinen

94 Sie wurde zwar schon sehr verbessert durch *Watt's* erste, sogenannte einfach wirkende Dampfmaschine, blieb aber in dieser Form bloße Hebemaschine für Wasser und Salzsoole. Man kann nicht einmal sagen, daß die Dampfmaschine in dieser ersten Form wissenschaftlich bedeutenden Anstoß gab.

95 „Die Vereinigung aller dieser einfachen Instrumente, durch einen einzigen Motor in Bewegung gesetzt, bildet eine Maschine.“ (*Babbage* l. c.)

eignen Kopf hat, theils wegen seiner Kostspieligkeit und des beschränkten Umfangs, worin es in Fabriken allein anwendbar ist[96]. Dennoch wurde das Pferd häufig während der Kin¦der|zeit der großen Industrie angewandt, wie, außer dem Jammer gleichzeitiger Agronomen, schon der bis heute überlieferte Ausdruck der mechanischen Kraft in Pferdekraft bezeugt. Der Wind war zu unstät und unkontrolirbar, und die Anwendung der Wasserkraft überwog außerdem in England, dem Geburtsland der großen Industrie, schon während der Manufakturperiode. Man hatte bereits im 17. Jahrhundert versucht, zwei Läufer und also auch zwei Mahlgänge mit *einem* Wasserrad in Bewegung zu setzen. Der geschwollne Umfang des Transmissionsmechanismus gerieth aber jetzt in Konflikt mit der nun unzureichenden Wasserkraft und dieß ist einer der Umstände, der zur genaueren Untersuchung der Friktionsgesetze trieb. Ebenso führte das ungleichförmige Wirken der Bewegungskraft bei Mühlen, die durch Stoßen und Ziehen mit Schwengeln in Bewegung gesetzt wurden, auf die Theorie und Anwendung des Schwungrads[97], das später eine so wichtige Rolle in der großen

96 *John C. Morton* verlas Dezember 1859 in der *Society of Arts* einen Aufsatz über „die in der Agrikultur angewandten Kräfte“. Es heißt darin u. a.: „Jede Verbesserung, welche die Gleichförmigkeit des Grund und Bodens fördert, macht die Dampfmaschine zur Erzeugung rein mechanischer Kraft anwendbarer … Pferdekraft wird erheischt, wo krumme Hecken und andere Hindernisse gleichförmige Aktion verhindern. Diese Hindernisse schwinden täglich mehr. In Operationen, die mehr Ausübung des Willens und weniger wirkliche Kraft erfordern, ist die durch den menschlichen Geist von Minute zu Minute gelenkte Kraft, also Menschenkraft, allein anwendbar.“ Herr Morton reducirt dann Dampfkraft, Pferdekraft und Menschenkraft auf die bei Dampfmaschinen gewöhnliche Maßeinheit, nämlich die Kraft 33 000 Pfund in der Minute um einen Fuß zu heben oder zu ziehen, und berechnet die Kost einer Dampfpferdekraft bei der Dampfmaschine auf 3 d., und beim Pferde auf 5½ d. per Stunde. Ferner kann das Pferd, bei voller Erhaltung seiner Gesundheit, nur 8 Stunden täglich angewandt werden. Durch Dampfkraft können mindestens 3 von je 7 Pferden auf bebautem Land während des ganzen Jahrs erspart werden, zu einem Kostenpreis, nicht größer als dem der entlassenen Pferde während der 3 oder 4 Monate, wo sie allein wirklich vernutzt werden. In den Agrikulturoperationen, worin die Dampfkraft angewandt werden kann, verbessert sie endlich, verglichen mit der Pferdekraft, die Qualität des Machwerks. Um das Werk der Dampfmaschine zu verrichten, müßten 66 Arbeiter per Stunde zu 15 sh., und um das der Pferde zu verrichten, 32 Mann zu 8 sh. per Stunde angewandt werden.

97 Faulhaber 1625, De Cous 1688.

Industrie spielt. In dieser Art entwickelte die Manufakturperiode die ersten wissenschaftlichen und technologischen Elemente der großen Industrie. *Arkwright's* Throstlespinnerei wurde von vorn herein mit Wasser getrieben. Indeß war auch der Gebrauch der Wasserkraft als herrschender Triebkraft mit erschwerenden Umständen verbunden. Sie konnte nicht beliebig erhöht und ihrem Mangel nicht abgeholfen werden, sie versagte zuweilen und war vor allem rein lokaler Natur[98]. Erst mit *Watt's* zweiter, s. g. *doppelt wirkender Dampfmaschine* war ein erster Motor gefunden, der seine Bewegungskraft selbst aus der Verspeisung von Kohlen und Wasser erzeugt, dessen Kraftpotenz ganz unter menschlicher Kontrole steht, der mobil und ein Mittel der Lokomotion, städtisch, und nicht gleich dem Wasserrad ländlich, die Koncentration der Produktion in Städten erlaubt, statt sie wie das Wasserrad über das Land zu zer|streuen[99], universell in seiner technologischen Anwendung, in seiner Residenz verhältnißmäßig wenig durch lokale Umstände bedingt. Das große Genie Watt's zeigte sich in der Specifikation des Patents, das er April 1784 nahm, und worin seine Dampfmaschine nicht als eine Erfindung zu besondern Zwecken, ¦ sondern als *allgemeiner Agent der großen Industrie* geschildert wird. Er deutet hier Anwendungen an, wovon manche, wie z. B. der Dampfhammer, mehr als ein halbes Jahrhundert später erst eingeführt wurden. Jedoch bezweifelte er die Anwendbarkeit der Dampfmaschine auf Seeschifffahrt. Seine Nachfolger, Boulton und Watt, stellten 1851 die kolossalste Dampfmaschine für Ocean steamers auf der Londoner Industrieausstellung aus.

98 Die moderne Erfindung der *Turbinen* befreit die industrielle Ausbeutung der Wasserkraft von vielen früheren Schranken.

99 "In the early days of textile manufactures, the locality of the factory depended upon the existence of a stream having a sufficient fall to turn a water wheel; and, although *the establishment of the water-mills was the commencement of the breaking up of the domestic system of manufacture*, yet the mills necessarily situated upon streams, and frequently at considerable distances the one from the other, formed part of *a rural* rather than *an urban system;* and it was not until the introduction of the steam-power as a substitute for the stream, that factories were congregated in towns and localities where the coal and water required for the production of steam were found in sufficient quantities. The steam-engine is the parent of manufacturing towns." (*A. Redgrave* in *„Reports of the Insp. of Fact. 30. April 1860"*, p. 36.)

Nachdem erst die Werkzeuge aus Werkzeugen des menschlichen Organismus in Werkzeuge eines menchanischen Apparats, der Werkzeugmaschine, verwandelt, erhielt nun auch die Bewegungsmaschine eine selbstständige, von den Schranken menschlicher Kraft völlig emancipirte Form. Damit sinkt die einzelne Werkzeugmaschine, die wir bisher betrachtet, zu einem bloßen *Element* der maschinenmäßigen Produktion herab. *Eine* Bewegungsmaschine konnte jetzt *viele* Arbeitsmaschinen gleichzeitig treiben. Mit der Anzahl der gleichzeitig bewegten Arbeitsmaschinen wächst die Bewegungsmaschine und dehnt sich der Transmissionsmechanismus zu einem weitläufigen Apparat aus.

Es ist nun zweierlei zu unterscheiden, *Cooperation vieler gleichartiger Maschinen* und *Maschinensystem.*

In dem einen Fall wird das *ganze Machwerk* von *derselben* Arbeitsmaschine verrichtet. Sie führt alle die verschiedenen Operationen | aus, welche ein Handwerker mit seinem Werkzeug, z. B. der Weber mit seinem Webstuhl verrichtete, oder welche Handwerker mit verschiednen Werkzeugen, sei es selbstständig oder als Glieder einer Manufaktur, der Reihe nach ausführten[100]. Z. B. in der modernen Manufaktur von Enveloppes faltete ein Arbeiter das Papier mit dem Falzbein, ein andrer legte den Gummi auf, ein dritter schlug die Klappe um, auf welche die Devise aufgedrückt wird, ein vierter bossirte die Devise u. s. w. und bei jeder dieser Theiloperationen mußte jede einzelne Enveloppe die Hände wechseln. Eine einzige Enveloppemaschine verrichtet alle diese Operationen auf einen Schlag und macht 3000 und mehr Enveloppen in einer Stunde. Eine auf der Londoner Industrieausstellung von 1862 ausgestellte amerikanische Maschine zur Bereitung von Papiertuten schneidet das Papier, kleistert, faltet und vollendet 300 Stück per Minute. Der innerhalb der Manufaktur getheilte und in einer Reihenfolge

[100] Vom Standpunkt der manufakturmäßigen Theilung war Weben keine einfache, sondern vielmehr eine komplicirte handwerksmäßige Arbeit, und so ist der mechanische Webstuhl eine Maschine, die sehr Mannigfaltiges verrichtet. Es ist überhaupt eine falsche Vorstellung, daß die moderne Maschinerie sich ursprünglich solcher Operationen bemächtigt, welche die manufakturmäßige Theilung der Arbeit vereinfacht hatte. Spinnen und Weben wurden während der Manufakturperiode in neue Arten gesondert und ihre Werkzeuge verbessert und variirt, aber der Arbeitsprozeß selbst, in keiner Weise getheilt, blieb handwerksmäßig. Es ist nicht die Arbeit, sondern das Arbeitsmittel, wovon die Maschine ausgeht.

ausgeführte Gesammtprozeß wird hier von *einer* Arbeits¦maschine vollbracht, die durch Kombination verschiedner Werkzeuge wirkt. Ob nun eine solche Arbeitsmaschine nur mechanische Wiedergeburt *eines* komplicirteren Handwerkszeugs sei, oder Kombination verschiedenartiger manufakturmäßig partikularisirter einfacher Instrumente, *in der Fabrik*, der *neuen* Form der auf Maschinenbetrieb gegründeten *Werkstatt*, erscheint jedesmal die *einfache Cooperation* wieder, zunächst, wir sehn hier vom Arbeiter ab, *als räumliche Konglomeration gleichartiger und gleichzeitig zusammenwirkender Arbeitsmaschinen.* So wird eine Webfabrik durch das Nebeneinander vieler mechanischen Webstühle und eine Nähfabrik durch das Nebeneinander vieler Nähmaschinen in demselben Arbeitsgebäude gebildet. Aber es existirt hier eine *technologische Einheit*, indem die vielen | gleichartigen Arbeitsmaschinen gleichzeitig und gleichmäßig ihren Impuls empfangen vom Herzschlag des gemeinsamen ersten Motors, auf sie übertragen durch den Transmissionsmechanismus, der ihnen auch theilweis gemeinsam ist, indem sich nur besondere Ausläufe davon für jede einzelne Werkzeugmaschine verästeln. Ganz wie viele Werkzeuge die Organe *einer* Arbeitsmaschine, bilden viele Arbeitsmaschinen jetzt nur noch viele *gleichartige* Organe *desselben* Bewegungsmechanismus.

Ein eigentliches *Maschinensystem* tritt aber erst an die Stelle der *einzelnen selbstständigen Maschine*, wo der Arbeitsgegenstand eine zusammenhängende Reihe verschiedner Stufenprozesse, ausgeführt von einer Kette *verschiedenartiger*, aber mit einander kombinirter Werkzeugmaschinen, durchläuft. Hier erscheint die der Manufaktur eigenthümliche Cooperation durch Theilung der Arbeit wieder, aber jetzt als *Kombination von Theilarbeitsmaschinen.* Die specifischen Werkzeuge der verschiednen Theilarbeiter, in der Wollmanufaktur z. B. von Wollschläger, Wollkämmer, Wollscheerer, Wollspinner u. s. w., verwandeln sich jetzt in die Werkzeuge *spezificirter* Arbeitsmaschinen, von denen jede ein besondres Organ für eine besondre Funktion im System des kombinirten Werkzeugmechanismus bildet. Die Manufaktur selbst liefert dem Maschinensystem in den Zweigen, worin es zuerst eingeführt wird, im Großen und Ganzen die *naturwüchsige* Grundlage der Theilung und daher der Organisation des Produktionsprozesses[101]. Indeß

101 Vor der Epoche der großen Industrie war die Wollmanufaktur die herrschende Manufaktur Englands. In ihr wurden daher während der ersten Hälfte

tritt sofort ein wesentlicher Unterschied ein. Bei ¦ der | Manufaktur muß jeder besondre Theilprozeß von Arbeitern, einzeln oder in Gruppen, mit ihrem Handwerkszeug ausführbar sein. Wird der Arbeiter dem Prozeß angeeignet, so ist aber auch vorher der Prozeß dem Arbeiter angepaßt. Dieß *subjektive* Prinzip der Theilung fällt weg für die maschinenartige Produktion. Der Gesammtprozeß wird hier *objektiv*, an und für sich betrachtet, in seine konstituirenden Phasen analysirt, und das Problem jeden Theilprozeß auszuführen und die verschiednen Theilprozesse zu verbinden, durch technische Anwendung der Mechanik, Chemie u. s. w. gelöst[102], wobei natürlich nach wie vor die theoretische Konception durch gehäufte praktische Erfahrung auf großer Stufenleiter vervollkommnet werden muß. Jede Theilmaschine liefert der zunächst folgenden ihr Rohmaterial, und da sie alle gleichzeitig wirken, befindet sich das Produkt eben so fortwährend auf den verschiednen Stufen seines Bildungsprozesses, wie im Uebergang aus einer Produktionsphase in die andre. Wie in der Manufaktur die unmittelbare Cooperation der Theilarbeiter bestimmte *Verhältnißzahlen* zwischen den besondern Arbeitergruppen schafft, so in dem gegliederten Maschinensystem die beständige Beschäftigung der Theilmaschinen durch einander ein bestimmtes *Verhältniß* zwischen ihrer Anzahl, ihrem Umfang und ihrer

des 18. Jahrhunderts die meisten Experimente gemacht. Der Baumwolle, deren mechanische Verarbeitung minder mühvolle Vorbereitungen erfordert als die Schafwolle, kamen die an der letztern gemachten Erfahrungen zu gut, wie später umgekehrt die mechanische Wollindustrie sich auf Grundlage der mechanischen Baumwollspinnerei und -Weberei entwickelt. Einzelne Elemente der Wollmanufaktur sind erst seit den letzten Decennien dem Fabriksystem einverleibt worden, z. B. das Wollkämmen. "The application of power to the process of combing wool … extensively in operation since the introduction of the 'combing machine', especially Lister's … undoubtedly had the effect of throwing a very large number of men out of work. Wool was formerly combed by hand, most frequently in the cottage of the comber. It is now very generally combed in the factory, and handlabour is superseded, except in some particular kinds of work, in which handcombed wool is still preferred. Many of the handcombers found employment in the factories, but the produce of the handcomber bears so small a proportion to that of the machine, that the employment of a very large number of combers has passed away." („*Rep. of Insp. of Fact. for 31st Oct. 1856*", p. 16.)

102 «Le principe du système automatique est donc … de remplacer la division du travail parmi les artisans par l'analyse du procédé dans ses principes constituans.» (*Ure* l. c. t. I, p. 30.)

Geschwindigkeit. Die kombinirte Arbeitsmaschine, jetzt ein gegliedertes System von *verschiedenartigen* einzelnen Arbeitsmaschinen und von *Gruppen* derselben, ist um so vollkommner, je kontinuirlicher ihr Gesammtprozeß, d. h. mit je weniger Unterbrechung das Rohmaterial von seiner ersten Phase zu seiner letzten übergeht, je mehr also der Mechanismus selbst, statt der Menschenhand, es von einer Produktionsphase in die andre fördert. Wenn daher in der *Manufaktur* die *Isolirung* der Sonderprozesse ein durch die Theilung der Arbeit selbst gegebnes Princip ist, so in der entwickelten *Fabrik* die *Kontinuität* der Sonderprozesse. |

Ein System der Maschinerie, beruhe es nun auf bloßer Cooperation *gleichartiger* Arbeitsmaschinen, wie in der Weberei, oder auf einer Kombination *verschiedenartiger*, wie in der Spinnerei, bildet an und für sich *einen* großen *Automaten*, sobald es von einem sich selbst bewegenden ersten Motor getrieben wird. Indeß kann das ganze System z. B. von der Dampfmaschine getrieben werden, obgleich einzelne Werkzeugmaschinen entweder für gewisse Bewegungen noch den Arbeiter brauchen, wie die zum ¦ Einfahren der Mule nöthige Bewegung vor der Einführung der selfacting mule und immer noch bei Feinspinnerei, oder indem bestimmte Theile der Maschine zur Verrichtung ihres Werks gleich einem Werkzeug vom Arbeiter gelenkt werden müssen, wie beim Maschinenbau vor der Verwandlung des *slide rest* (ein Drehapparat) in einen selfactor. Sobald die Arbeitsmaschine alle zur Bearbeitung des Rohstoffs nöthigen Bewegungen ohne menschliche Beihilfe verrichtet und nur noch menschlicher Nachhilfe bedarf, haben wir ein *automatisches* System der Maschinerie, das indeß beständiger Ausarbeitung im Detail fähig ist, wie z. B. ein Apparat, der die Spinnmaschine von selbst still setzt, sobald ein einzelner Faden reißt, und der selfacting stop, der den verbesserten Dampfwebstuhl still setzt, sobald der Spule des Weberschiffs der Einschlagsfaden ausgeht, ganz moderne Erfindungen sind. Als ein Beispiel sowohl der Kontinuität der Produktion als der Durchführung des automatischen Princips kann die moderne Papierfabrik gelten. An der Papierproduktion kann überhaupt der Unterschied verschiedner Produktionsweisen, auf Basis verschiedner Produktionsmittel, wie der Zusammenhang der gesellschaftlichen Produktionsverhältnisse mit dieser Produktionsweise, im Einzelnen vortheilhaft studirt werden, da uns die ältere deutsche Papiermacherei Muster der handwerksmäßigen Produktion, Holland im 17. und Frankreich im 18. Jahrhundert Muster der eigentlichen Manufaktur, und das moderne England Muster der automatischen Fabrikation in diesem Zweig liefern, außerdem in China und Indien noch zwei verschiedne uraltasiatische Formen derselben Industrie existiren.

Als gegliedertes System automatischer Arbeitsmaschinen, die ihre Bewegung durch Transmissionsmaschinerie von einem *centralen Automaten* empfangen, besitzt der Maschinenbetrieb seine entwickeltste Gestalt. An die Stelle der einzelnen Maschine tritt hier ein mechanisches Ungeheuer, dessen Leib ganze Fabrikgebäude füllt, und dessen dämonische Kraft, erst | versteckt durch die fast feierlich gemeßne Bewegung seiner Riesenglieder, im fieberhaft tollen Wirbeltanz seiner zahllosen eigentlichen Arbeitsorgane ausbricht.

Es gab Mules, Dampfmaschinen u. s. w., bevor es Arbeiter gab, deren ausschließliches Geschäft es war, Dampfmaschinen, Mules u. s. w. zu machen, ganz wie der Mensch Kleider trug, bevor es Schneider gab. Die Erfindungen von Vaucanson, Arkwright, Watt u. s. w. waren jedoch nur ausführbar, weil jene Erfinder ein von der Manufakturperiode fertig geliefertes und beträchtliches Quantum geschickter mechanischer Arbeiter vorfanden. Ein Theil dieser Arbeiter bestand aus selbstständigen Handwerkern verschiedner Profession, ein andrer Theil war in Manufakturen vereinigt, worin, wie früher erwähnt, die Theilung der Arbeit mit besondrer Strenge durchgeführt. Mit der Zunahme der Erfindungen und der wachsenden Nachfrage ¦ nach den neu erfundnen Maschinen entwickelte sich mehr und mehr einerseits die Sonderung der Maschinenfabrikation in mannichfaltige selbstständige Zweige, andrerseits die Theilung der Arbeit im Innern der maschinenbauenden Manufakturen. Wir erblicken hier also die *Manufaktur* als unmittelbare technologische Grundlage der *großen Industrie.* Jene producirte die Maschinerie, womit diese, in den Produktionssphären, die sie zunächst ergriff, den handwerks- und manufakturmäßigen Betrieb aufhob. Der Maschinenbetrieb erhob sich also *naturwüchsig* auf einer ihm *unangemeßnen materiellen Grundlage.* Auf einem gewissen Entwicklungsgrad mußte er diese erst fertig vorgefundne und dann in ihrer alten Form weiter ausgearbeitete Grundlage selbst revolutioniren und sich eine seiner eignen Produktionsweise entsprechende neue Basis schaffen. Wie die einzelne Maschine zwergmäßig bleibt, so lange sie nur durch Menschen bewegt wird, wie das Maschinensystem sich nicht frei entwickeln konnte, bevor an die Stelle der vorgefundnen Triebkräfte, Thier, Wind und

selbst Wasser, die Dampfmaschine trat, ebenso war die große Industrie
in ihrer ganzen Entwicklung gelähmt, so lange ihr charakteristisches
Produktionsmittel, die Maschine selbst, seine Existenz persönlicher
Kraft und persönlichem Geschick verdankte, also abhing von der Mus-
kelentwicklung, der Schärfe des Blicks, und der Virtuosität der Hand,
womit der Theilarbeiter in der Manufaktur und der Handwerker au-
ßerhalb derselben ihr Zwerginstrument führten. Abgesehn von der
Vertheurung der Maschinen in Folge ihrer | Ursprungsweise – und dieser
Umstand beherrscht das Kapital als *bewußtes Motiv* – blieb so die Aus- 220
dehnung der bereits maschinenmäßig betriebenen Industrie und das
Eindringen der Maschinerie in neue Produktionszweige rein bedingt
durch das Wachsthum einer Arbeiterkategorie, die wegen der halb-
künstlerischen Natur ihres Geschäfts nur allmälig und nicht sprungweis
vermehrt werden konnte. Aber auf einer gewissen Entwicklungsstufe
gerieth die große Industrie auch *technologisch* in Widerstreit mit ihrer
handwerks- und manufakturmäßigen Unterlage. Die Ausreckung des
Umfangs der Bewegungsmaschinen, des Transmissionsmechanismus
und der Werkzeugmaschinen, die größere Komplikation, Mannichfal-
tigkeit und erforderte Regelmäßigkeit ihrer Bestandtheile, im Maße wie
die Werkzeugmaschine sich von dem handwerksmäßigen Model, das
ihren Bau ursprünglich beherrscht, losriß, und eine freie, nur durch
ihre mechanische Aufgabe bestimmte Gestalt erhielt[103], die Ausbildung
des automatischen ¦ Systems und die stets unvermeidlichere Anwen-
dung von schwer zu bewältigendem Material, z. B. Eisen statt Holz –
die Lösung aller dieser naturwüchsig entspringenden Aufgaben stieß
überall auf die persönlichen Schranken, die auch das in der Manufaktur

103 Der mechanische Webstuhl in seiner ersten Form besteht hauptsächlich aus Holz, der verbesserte, moderne aus Eisen. Wie sehr im Anfang die alte Form des Produktionsmittels seine neue Form beherrscht, zeigt u. a. die oberflächlichste Vergleichung des modernen Dampfwebstuhls mit dem alten, der modernen Blasinstrumente in Eisengießereien mit der ersten unbehilflichen mechanischen Wiedergeburt des gewöhnlichen Blasbalgs, und vielleicht schlagender als alles andre eine vor der Erfindung der jetzigen Lokomotiven versuchte Lokomotive, die in der That zwei Füße hatte, welche sie abwechselnd wie ein Pferd aufhob. Erst nach weiterer Entwicklung der Mechanik und gehäufter praktischer Erfahrung wird die Form gänzlich durch das mechanische Princip bestimmt und daher gänzlich emancipirt von der überlieferten Körperform des Werkzeugs, das sich zur Maschine entpuppt.

kombinirte Arbeiterpersonal nur dem Grad, nicht dem Wesen nach durchbricht. Maschinen z. B. wie die moderne Druckerpresse, der moderne Dampfwebstuhl und die moderne Kardirmaschine konnten nicht von der Manufaktur geliefert werden.

Die Umwälzung der Produktionsweise in einer Sphäre der Industrie bedingt ihre Umwälzung in der andern. Es gilt dieß zunächst für solche Industriezweige, welche, trotz der Isolation durch die *gesellschaftliche* Theilung der Arbeit, so daß jeder derselben eine selbstständige | Waare producirt, sich dennoch als Phasen eines Gesammtprozesses verschlingen. So machte die Maschinenspinnerei Maschinenweberei nöthig und beide zusammen die mechanisch-chemische Revolution der Bleicherei, Druckerei und Färberei, wie andrerseits die Revolution in der Baumwollspinnerei die Erfindung des *gin* zur Trennung der Baumwollfaser vom Samen hervorrief, womit erst die Baumwollproduktion auf dem nun erheischten großen Maßstab möglich ward[104]. Die Revolution in der Produktionsweise der Industrie und Agrikultur ernöthigte namentlich aber auch eine Revolution in den *allgemeinen* Bedingungen des gesellschaftlichen Produktionsprozesses, d. h. den *Kommunikations- und Transportmitteln.* Wie die Kommunikations- und Transportmittel einer Gesellschaft, deren *Pivot,* um mich eines Ausdrucks *Fourier's* zu bedienen, die kleine Agrikultur mit ihrer häuslichen Nebenindustrie und das städtische Handwerk waren, den Produktionsbedürfnissen der Manufakturperiode mit ihrer erweiterten Theilung der gesellschaftlichen Arbeit, ihrer Koncentration von Arbeitsmitteln und Arbeitern, und ihren Kolonialmärkten durchaus nicht genügen konnten, daher auch in der That umgewälzt wurden, so verwandelten sich die von der Manufakturperiode überlieferten Transport- und Kommunikationsmittel bald in unerträgliche Hemmschuhe für die große Industrie mit ihrer fieberhaften Geschwindigkeit der Produktion, ihrer massenhaften Stufenleiter, ihrem beständigen Werfen von Kapital- und Arbeitermassen aus einer Produktionssphäre in die andre, und ihren neugeschaffenen weltmarktlichen Zusammenhängen. Neben einem ganz umgewälzten

104 Des Yankee Eli Whitney *cottongin* war bis zur neusten Zeit im wesentlichen weniger verändert worden, als irgend eine andre Maschine des 18. Jahrhunderts. Erst in den letzten Decennien hat ein andrer Amerikaner, Herr Emery von Albany, New-York, Whitney's Maschine durch eine ebenso einfache als wirksame Verbesserung antiquirt.

Segelschiffbau, wurde das Kommunikations- und ¦ Transportwesen daher allmälig durch ein System von Flußdampfschiffen, Eisenbahnen, oceanischen Dampfschiffen und Telegraphen der Produktionsweise der großen Industrie *angeeignet.* Die furchtbaren Eisenmassen aber, die jetzt zu schmieden, zu schweißen, zu schneiden, zu bohren und zu formen waren, erforderten ihrerseits cyklopische Maschinen, deren Schöpfung der manufakturmäßige Maschinenbau versagte. |

Die große Industrie mußte sich also ihres charakteristischen Produktionsmittels, der Maschine selbst bemächtigen, *um Maschinen durch Maschinen zu produciren.* So erst schuf sie sich eine adäquate technologische Unterlage und stellte sich auf ihre eignen Füße. Mit dem wachsenden Maschinenbetrieb in den ersten Decennien des 19. Jahrhunderts *bemächtigte sich die Maschinerie* in der That allmälig der *Fabrikation der Werkzeugmaschinen,* während erst in den letztverflossenen Decennien ungeheurer Eisenbahnbau und oceanische Dampfschifffahrt die in der *Konstruktion von ersten Motoren angewandten cyklopischen Maschinen* ins Leben riefen.

Die wesentlichste Produktionsbedingung für die Fabrikation von Maschinen durch Maschinen war eine jeder Kraftpotenz fähige und doch zugleich ganz kontrolirbare Bewegungsmaschine. Sie existirte bereits in der Dampfmaschine. Aber es galt zugleich die für die einzelnen Maschinentheile nöthigen streng geometrischen Formen wie Linie, Ebene, Kreis, Cylinder, Kegel und Kugel maschinenmäßig zu produciren. Dieß Problem löste *Henry Maudsley* im ersten Decennium des 19. Jahrhunderts durch die Erfindung des *slide-rest,* der bald automatisch gemacht und in modificirter Form von der Drechselbank, wofür er zuerst bestimmt war, auf andre Konstruktionsmaschinen übertragen wurde. Diese mechanische Vorrichtung ersetzt nicht irgend ein besondres Werkzeug, sondern *die menschliche Hand* selbst, die eine bestimmte Form hervorbringt durch Vorhalten, Anpassen und Richtung der Schärfe von Schneideinstrumenten u. s. w. gegen oder über das Arbeitsmaterial, z. B. Eisen. So gelang es die geometrischen Formen der einzelnen Maschinentheile „mit einem Grad von Leichtigkeit, Genauigkeit und Raschheit zu produciren, den keine gehäufte Erfahrung der Hand des geschicktesten Arbeiters verleihen konnte“[105].

105 „*The Industry of Nations. Lond.* 1855“, Part II, p. 239. Es heißt eben daselbst: “Simple and outwardly unimportant as this appendage to lathes may

Betrachten wir nun in der *zum Maschinenbau angewandten Maschinerie* den Theil derselben, der die eigentliche *Werkzeugmaschine* | bildet, so erscheint das handwerksmäßige Instrument wieder, aber in cyklopischem Umfang. Der Operateur der *Bohrmaschine* z. B. ist ein ungeheurer Bohrer, ¦ der durch eine Dampfmaschine getrieben wird und ohne den umgekehrt die Cylinder großer Dampfmaschinen und hydraulischer Pressen nicht producirt werden könnten. Die mechanische Drechselbank ist die cyklopische Wiedergeburt der gewöhnlichen Fußdrechselbank, die Hobelmaschine ein eiserner Zimmermann, der mit denselben Werkzeugen in Eisen arbeitet, womit der Zimmermann in Holz; das Werkzeug, welches in den Londoner Schiffswerften das Furnirwerk schneidet, ist ein riesenartiges Rasirmesser, das Werkzeug der Scheermaschine, welche Eisen schneidet, wie die Schneiderscheere Tuch, eine Monsterscheere, und der Dampfhammer operirt mit einem gewöhnlichen Hammerkopf, aber von solchem Gewicht, daß Thor selbst ihn nicht schwingen könnte[106]. Einer dieser Dampfhammer z. B., die eine Erfindung von *Nasmyth* sind, wiegt über 6 Tonnen und stürzt mit einem perpendikulären Fall von 7 Fuß auf einen Amboß von 36 Tonnen Gewicht. Er pulverisirt spielend einen Granitblock, und ist nicht minder fähig einen Nagel in weiches Holz mit einer Aufeinanderfolge leiser Schläge einzutreiben[107].

Das Arbeitsmittel erhält in der Maschinerie eine materielle Existenzweise, welche Ersetzung der Menschenkraft durch Naturkräfte und erfahrungsmäßiger Routine durch bewußte Anwendung der Naturwissenschaft bedingt. In der Manufaktur ist die Gliederung des gesellschaftlichen Arbeitsprozesses *rein subjektiv, Kombination* von Theilarbeitern; im Maschinensystem schafft die große Industrie einen ganz *objektiven* Produktionsorganismus, den der Arbeiter als fertige

appear, it is not, we believe, averring too much to state, that its influence in improving and extending the use of machinery has been as great as that produced by Watt's improvements of the steam-engine itself. Its introduction went at once to perfect all machinery, to cheapen it, and to stimulate invention and improvement."

106 Eine dieser Maschinen in London zum Schmieden von paddle-wheel shafts führt den Namen „Thor". Sie schmiedet einen Schaft von 16½ Tonnen Gewicht mit derselben Leichtigkeit, wie der Schmied ein Hufeisen.

107 Die in Holz arbeitenden Maschinen, die auch auf kleinem Maßstab angewandt werden können, sind meist *amerikanische* Erfindung.

materielle Produktionsbedingung *vorfindet.* In der einfachen Cooperation und selbst in der durch Theilung der Arbeit spezificirten erscheint die Verdrängung des *vereinzelten* Arbeiters durch den *vergesellschafteten* immer noch mehr oder minder zufällig. Die Maschinerie, mit einigen später zu er|wähnenden Ausnahmen, funktionirt nur in der Hand unmittelbar vergesellschafteter oder *gemeinsamer* Arbeit. Der *cooperative Charakter* des Arbeitsprozesses wird jetzt also *durch die Natur des Arbeitsmittels selbst* diktirte *technologische Nothwendigkeit.*

Man sah, daß die aus der Cooperation und der Theilung der Arbeit entspringenden Produktivkräfte dem Kapital nichts kosten. Sie sind *Naturkräfte der gesellschaftlichen Arbeit.* Naturkräfte, wie Dampf, Wasser u. s. w., die zu produktiven Prozessen angeeignet werden, kosten ebenfalls nichts. Wie aber der Mensch eine Lunge zum Athmen braucht, braucht er ein „Gebild von Menschenhand", um Naturkräfte produktiv zu konsumiren. Ein Was¦serrad ist nöthig, um die Bewegungskraft des Wassers, eine Dampfmaschine, um die Elasticität des Dampfs auszubeuten. Wie mit den Naturkräften, verhält es sich mit der Wissenschaft. Einmal entdeckt, kostet das Gesetz über die Abweichung der Magnetnadel im Wirkungskreise eines elektrischen Stroms oder über Erzeugung von Magnetismus im Eisen, um das ein elektrischer Strom kreist, keinen Deut.[108] Aber zur Ausbeutung dieser Gesetze für Telegraphie u. s. w. bedarf es eines sehr kostspieligen und weitläufigen Apparats. Durch die Maschine wird, wie wir sahen, *das Werkzeug* nicht verdrängt. Aus einem Zwerg-Werkzeug des menschlichen Organismus reckt es sich in Umfang und Zahl zum Werkzeug eines vom Menschen geschaffenen Mechanismus. Statt mit dem Handwerkszeug, läßt das Kapital den Arbeiter jetzt mit einer Maschine arbeiten, die ihre Werkzeuge selbst führt. Wenn es daher auf den ersten Blick klar ist, daß die große Industrie durch Einverleibung ungeheurer Naturkräfte und der Naturwissenschaft in den Produktionsprozeß die Produktivität der Arbeit außerordentlich

108 Die Wissenschaft kostet dem Kapitalisten überhaupt „Nichts", was ihn durchaus nicht hindert, sie zu exploitiren. Die „fremde" Wissenschaft wird dem Kapital einverleibt, wie die fremde Arbeit. „Kapitalistische" Aneignung und „persönliche" Aneignung, sei es von Wissenschaft, sei es von materiellem Reichthum, sind aber ganz und gar disparate Dinge. Dr. Ure selbst bejammert die grobe Unbekanntschaft seiner lieben, Maschinen exploitirenden Fabrikanten mit der Mechanik und Liebig weiß von der haarsträubenden Unwissenheit der englischen chemischen Fabrikanten in der Chemie zu erzählen.

steigern muß, ist es keineswegs eben so klar, daß diese gesteigerte Produktivkraft nicht durch vermehrte Arbeitsausgabe auf der andern Seite erkauft wird. Gleich jedem | andern Bestandtheil des *constanten Kapitals,* schafft die Maschinerie keinen Werth, giebt aber ihren eignen Werth an das Produkt ab, zu dessen Erzeugung sie dient. Soweit sie Werth hat und daher Werth auf das Produkt überträgt, bildet sie einen Werthbestandtheil desselben. Statt es zu *verwohlfeilern, vertheuert* sie es im Verhältniß zu ihrem eignen Werth. Und es ist handgreiflich, daß Maschine und systematisch entwickelte Maschinerie, das charakteristische *Arbeitsmittel* der großen Industrie, unverhältnißmäßig an Werth schwillt, verglichen mit den Arbeitsmitteln des Handwerks- und Manufakturbetriebs.

Es ist nun zunächst zu bemerken, daß die *Maschinerie* stets ganz in den *Arbeitsprozeß* und immer nur theilweis in den *Verwerthungsprozeß* eingeht. Sie setzt dem Produkt nie mehr Werth zu als sie im Durchschnitt durch ihre tägliche Abnutzung verliert. Es findet also große Differenz statt zwischen dem Maschinenwerth und dem Werththeil der Maschine, der im täglichen Produkt derselben wiedererscheint. Es findet eine große Differenz statt zwischen der Maschine als *werthbildendem* und als *produktbildendem* Element. Je größer die Periode, während welcher dieselbe Maschinerie wiederholt in demselben Arbeitsprozeß dient, desto größer jene Differenz. ¦ Allerdings haben wir gesehn, daß jedes eigentliche *Arbeitsmittel* oder Produktionsinstrument immer ganz in den Arbeitsprozeß und stets nur stückweis, im Verhältniß zu seinem täglichen Durchschnittsverschleiß, in den Verwerthungsprozeß eingeht. Diese *Differenz* jedoch zwischen der Benutzung und der Abnutzung des Arbeitsmittels, zwischen dem Dienst, den es in der Waarenproduktion leistet, und der Vertheurung der Waare, die es durch Uebertragen seines Werths auf dieselbe hervorbringt, ist viel größer bei der Maschinerie als bei dem Werkzeug, weil sie, aus dauerhafterem Material gebaut, eine längere Lebensperiode besitzt, weil ihre Anwendung im Arbeitsprozeß, durch streng wissenschaftliche Gesetze geregelt, größere Oekonomie in der Verausgabung ihrer Bestandtheile und ihrer Konsumtionsmittel ermöglicht, und endlich, weil ihr Produktionsfeld *unverhältnißmäßig* größer ist als das des Werkzeugs. Ziehn wir von beiden, von Maschinerie und Werkzeug, ihre tägliche Durchschnittskost ab, oder den Werthbestandtheil, den sie durch täglichen Durchschnittsverschleiß und den Konsum von Hilfsstoffen, wie Oel, Kohlen u. s. w. dem Produkt zusetzen, so wirken sie *umsonst*, ganz wie ohne Zuthun menschlicher | Arbeit vorhandne Naturkräfte. Um so größer der produktive Wirkungsumfang der Maschinerie als der des Werkzeugs, um so größer ist der Umfang ihres *unentgeltlichen* Dienstes verglichen mit dem des Werkzeugs. Erst in der großen Industrie lernt der Mensch das Produkt seiner vergangnen, bereits vergegenständlichten Arbeit auf großem Maßstab gleich einer Naturkraft *umsonst* wirken zu lassen[109].

Es ergab sich bei Betrachtung der Cooperation und Manufaktur, daß gewisse allgemeine Produktionsbedingungen, wie Baulichkeiten u. s. w., im Vergleich mit den zersplitterten Produktionsbedingungen vereinzelter Arbeiter durch den gemeinsamen Konsum *ökonomisirt* werden, daher das Produkt weniger vertheuern. Bei der Maschinerie wird nicht nur der Körper *einer* Arbeitsmaschine von ihren *vielen* Werkzeugen, sondern dieselbe Bewegungsmaschine nebst einem Theil des Transmissionsmechanismus von *vielen Arbeitsmaschinen gemeinsam* verbraucht.

Gegeben die Differenz zwischen dem Werth der Maschinerie und dem von ihr auf das Tagesprodukt übertragenen Werththeil, hängt der Grad, worin ¦ dieser Werththeil das Produkt vertheuert, zunächst vom *Umfang des Produkts* ab, gleichsam von seiner Oberfläche. Herr *Baynes* aus Blackburn schätzt in einer 1857 veröffentlichten Vorlesung, daß „jede reale mechanische Pferdekraft 450 selfacting Mulespindeln nebst Vorgeschirr treibt oder 200 Throstlespindeln oder 15 Webstühle für 40 inch cloth nebst den Vorrichtungen zum Aufziehn der Kette, Schlichten u. s. w". Es ist im ersten Fall das Tagesprodukt von 450 Mulespindeln, im zweiten von 200 Throstlespindeln, im dritten von 15 mechanischen

109 *Ricardo* faßt diese, übrigens von ihm ebensowenig wie der allgemeine Unterschied zwischen Arbeitsprozeß und Verwerthungsprozeß entwickelte Wirkung der Maschinen manchmal so vorzugsweise ins Auge, daß er gelegentlich den Werthbestandtheil vergißt, den Maschinen an das Produkt abgeben, und sie ganz und gar mit den Naturkräften zusammenwirft. So z. B. "Adam Smith nowhere undervalues the services which the natural agents *and* machinery perform for us, but he very justly distinguishes the nature of the value which they *add* to commodities … as they perform their work *gratuitously*, the assistance which they afford us, *adds nothing* to value in exchange." (*Ric.* l. c. p. 336, 337.) Ricardo's Bemerkung ist natürlich richtig gegen *J. B. Say*, der sich vorfaselt, die Maschinen leisteten den „Dienst" *Werth zu schaffen*, der einen Theil des Profits der Kapitalisten bilde.

Webstühlen, worüber sich die täglichen Kosten einer Dampf|pferdekraft und der Verschleiß der von ihr in Bewegung gesetzten Maschinerie vertheilen, so daß hierdurch auf eine Unze Garn oder eine Elle Geweb nur ein winziger Werththeil übertragen wird. Ebenso im obigen Beispiel mit dem Dampfhammer. Da sich sein täglicher Verschleiß, Kohlenkonsum u. s. w. vertheilen auf die furchtbaren Eisenmassen, die er täglich hämmert, hängt sich jedem Centner Eisen nur ein geringer Werththeil an, der sehr groß wäre, sollte das cyklopische Instrument kleine Nägel eintreiben.

Den Wirkungskreis der Arbeitsmaschine, also die Anzahl ihrer Werkzeuge, oder, wo es sich um Kraft handelt, deren Umfang gegeben, wird die Produktenmasse von der *Geschwindigkeit* abhängen, womit sie operirt, also z. B. von der Geschwindigkeit, womit sich die Spindel dreht, oder der Anzahl Schläge, die der Hammer in einer Minute austheilt. Manche jener kolossalen Hämmer geben 70 Schläge, Ryder's Schmiedepatentmaschine, die Dampfhämmer in kleineren Dimensionen zum Schmieden von Spindeln anwendet, 700 Schläge in einer Minute.

Die Proportion gegeben, worin die Maschinerie Werth auf das Produkt überträgt, hängt die Größe dieses Werththeils von *ihrer eignen Werthgröße* ab[110]. Je weniger Arbeit sie selbst enthält, desto weniger Werth setzt sie dem Produkt zu. Je weniger Werth bildend, desto produktiver ist sie und desto mehr nähert sich ihr Dienst dem der Naturkräfte. Die *Produktion der Maschinerie durch Maschinerie* verringert aber ihren Werth, verhältnißmäßig zu ihrer Ausdehnung und Wirkung.

Eine vergleichende Analyse der Preise handwerks- oder manufakturmäßig producirter Waaren und der Preise derselben Waaren als Maschi|nenprodukt ergiebt im Allgemeinen das Resultat, daß beim Maschinenprodukt ¦ der dem *Arbeitsmittel* geschuldete Werthbestandtheil *relativ wächst*, aber *absolut abnimmt*. Das heißt, seine absolute Größe

110 Der in kapitalistischen Vorstellungen befangene Leser vermißt hier natürlich den „*Zins*", den die Maschine, pro rata ihres Kapitalwerthes, dem Produkt zusetzt. Es ist jedoch leicht einzusehn, daß die Maschine, da sie so wenig als irgend ein andrer Bestandtheil des constanten Kapitals *Neuwerth* erzeugt, keinen solchen unter dem Namen „*Zins*" zusetzen kann. Es ist ferner klar, daß hier, wo es sich um die *Produktion des Mehrwerths* handelt, kein *Theil* desselben unter dem Namen „Zins" a priori vorausgesetzt werden kann. Die kapitalistische *Rechnungsweise*, die prima facie abgeschmackt und den Gesetzen der Werthbildung
221 widersprechend *scheint*, findet im dritten Buch dieser Schrift ihre Erklärung.

nimmt ab, aber seine Größe im Verhältniß zum Gesammtwerth des Produkts, z. B. eines Pfundes Garn, nimmt zu[111].

Es ist klar, daß bloßes Deplacement der Arbeit stattfindet, also die Gesammtsumme der zur Produktion einer Waare erheischten Arbeit nicht vermindert oder die Produktivkraft der Arbeit nicht vermehrt wird, wenn die Produktion einer Maschine so viel Arbeit kostet als ihre Anwendung erspart. Die Differenz jedoch zwischen der Arbeit, die sie kostet, und der Arbeit, die sie erspart, oder der Grad ihrer Produktivität hängt offenbar nicht ab von der Differenz zwischen ihrem eigenen Werth und dem Werth des von ihr ersetzten Werkzeugs. Die Differenz dauert so lange | als die Arbeitskost der Maschine und daher der von ihr dem Produkt zugesetzte Werththeil kleiner bleiben als der Werth, den der Arbeiter mit seinem Werkzeug dem Arbeitsgegenstand zusetzen würde. Die Produktivität der Maschine mißt sich daher an *dem Grad, worin sie menschliche Arbeitskraft ersetzt.* Nach Herrn Baynes

111 Dieser von der Maschine zugesetzte Werthbestandtheil fällt absolut und relativ, wo sie Pferde verdrängt, überhaupt Arbeitsthiere, die nur als Bewegungskraft, nicht als Stoffwechselmaschinen benutzt werden. Nebenbei bemerkt, *Descartes* mit seiner Definition der Thiere als bloßer Maschinen sieht mit den Augen der Manufakturperiode im Unterschied zum Mittelalter, dem das Thier als *Gehilfe* des Menschen galt, wie später wieder dem Herrn v. Haller in seiner „Restauration der Staatswissenschaften". Daß Descartes ebenso wie Baco eine veränderte Gestalt der Produktion und praktische Beherrschung der Natur durch den Menschen als Resultat der veränderten Denkmethode betrachtete, zeigt sein „*Discours de la Méthode*", wo es u. a. heißt: «il est possible (durch die von ihm in die Philosophie eingeführte Methode) de parvenir à des connaissances fort utiles à la vie, et qu'au lieu de cette philosophie spéculative qu'on enseigne dans les écoles, on en peut trouver une pratique, par laquelle, connaissant la force et les actions du feu, de l'eau, de l'air, des astres, et de tous les autres corps qui nous environnent, aussi distinctement que nous connaissons les divers métiers de nos artisans, nous les pourrions employer en même façon à tous les usages auxquels ils sont propres, et ainsi nous rendre comme *maîtres et possesseurs de la nature*», und so «contribuer au *perfectionnement de la vie humaine.*» In der Vorrede zu *Sir Dudley North's „Discourses upon Trade*" (1691) heißt es, die Methode des Descartes, auf die politische Oekonomie angewandt, habe sie von alten Märchen und abergläubigen Vorstellungen über Geld, Handel u. s. w. zu befreien angefangen. Im Durchschnitt schließen sich jedoch die englischen Oekonomen der früheren Zeit an Baco und Hobbes als ihre Philosophen an, während *Locke* später der „Philosoph" der politischen Oekonomie κατ' ἐξοχήν für England, Frankreich und Italien ward.

kommen auf 450 Mulespindeln nebst Vormaschinerie, die von einer Dampfpferdekraft getrieben werden, 2½ Arbeiter[112] und werden mit jeder selfacting mule spindle bei zehnstündigem Arbeitstag 13 Unzen Garn (Durchschnittsnummer), also wöchentlich 365⅝ lbs. Garn von 2½ Arbeitern ¦ gesponnen. Bei ihrer Verwandlung in Garn absorbiren ungefähr 366 Pfund Baumwolle (wir sehn der Vereinfachung halber vom Abfall ab) also nur 150 Arbeitsstunden oder 15 zehnstündige Arbeitstage, während mit dem Spinnrad, wenn der Handspinner 13 Unzen Garn in 60 Stunden liefert, dasselbe Quantum Baumwolle 2700 Arbeitstage von 10 Stunden oder 27 000 Arbeitsstunden absorbiren würde[113]. Wo die alte Methode des blockprinting oder der Handkattundruckerei durch Maschinendruck verdrängt ist, druckt eine einzige Maschine mit dem Beistand eines Mannes oder Jungen so viel vierfarbigen Kattun in einer Stunde als früher 200 Männer[114]. Bevor Eli Whitney 1793 den cottongin erfand, kostete die Trennung eines Pfundes Baumwolle vom Samen einen Durchschnittsarbeitstag. In Folge seiner Erfindung konnten täglich 100 lbs. Baumwolle von einer Negerin gewonnen werden und die Wirksamkeit des gin ward | seit seiner ersten Einführung noch bedeutend erhöht. Die Baumwollfaser, früher zu 50 cents per Pfund producirt, wird später mit größerem Profit, d. h. mit Einschluß von mehr unbezahlter Arbeit, zu 10 cents verkauft. In Indien wird zur Trennung der Faser vom Samen ein halbmaschinenartiges Instrument, die Churka, angewandt, womit ein Mann und eine Frau 28 lbs. täglich reinigen können. Mit der von Dr. Forbes vor einigen Jahren erfundenen Churka

112 Nach einem Jahresbericht der Handelskammer zu Essen (October 1863) produzirte 1862 die Krupp'sche Gußstahlfabrik mittelst 161 Schmelz-, Glüh- und Cementöfen, 32 Dampfmaschinen (im Jahr 1800 war das ungefähr die Gesammtzahl der in *Manchester* angewandten Dampfmaschinen) und 14 Dampfhämmern, welche zusammen 1236 Pferdekraft repräsentiren, 49 Schmiedeessen, 203 Werkzeugmaschinen und circa 2400 Arbeitern 13 Millionen Pfund Gußstahl. Hier noch nicht 2 Arbeiter auf 1 Pferdekraft.

113 *Babbage* berechnet, daß in Java im Spinnprozeß 117 % der Baumwolle auf ihren ursprünglichen Werth zugesetzt wird, ein Werthzusatz, der fast nur aus der Spinnarbeit entspringt. Zur selben Zeit (1832) betrug in England der Gesammtwerth, den Maschinerie und Arbeit der Baumwolle bei der Feinspinnerei zusetzten, ungefähr 33 % auf den Werth des Rohmaterials. („*On the Economy of Machinery*", p. 165, 166.)

114 Beim Maschinendruck außerdem Farbe erspart.

produciren 2 Mann und 1 Junge täglich 250 lbs.; wo Ochsen, Dampf oder Wasser als Triebkräfte gebraucht werden, sind nur wenige Jungen und Mädchen als feeders (Handlanger des Materials für die Maschine) erheischt. Sechszehn dieser Maschinen, mit Ochsen getrieben, verrichten täglich das frühere Durchschnitts-Tagewerk von 750 Leuten[115].

Wie bereits erwähnt, verrichtet die Dampfmaschine, beim Dampfpflug z. B., in einer Stunde zu 3 d. oder ¼ sh. so viel Werk als 66 Menschen zu 15 sh. per Stunde. Ich komme auf dieß Beispiel zurück gegen eine falsche Vorstellung. Die 15 sh. sind nämlich keineswegs der Ausdruck der während einer Stunde von den 66 Menschen zugefügten Arbeit. War das Verhältniß von Mehrarbeit zu nothwendiger Arbeit 100 %, so producirten diese 66 Arbeiter per Stunde einen Werth von 30 sh., obgleich sich nur 33 Stunden in einem Aequivalent für sie selbst, d. h. im Arbeitslohn von 15 sh. darstellen. Gesetzt also, eine Maschine koste eben so viel als z. B. der Jahreslohn von 150 durch sie verdrängten Arbeitern, sage 3000 Pfd. St., so sind 3000 Pfd. St. keineswegs ¦ der Geldausdruck der Gesammtarbeit, welche die 150 Arbeiter lieferten und dem Arbeitsgegenstand zusetzten, sondern nur *des Theils ihrer Jahresarbeit*, der sich in einem Aequivalent für sie selbst, vulgo Arbeitslohn, darstellte. Ist dagegen der *Werth* der Maschine 3000 Pfd. St., so sind diese 3000 Pfd. St. der Geldausdruck *aller* zu ihrer Produktion verausgabten Arbeit, in welchem Verhältniß immer diese Arbeit Arbeitslohn für den Arbeiter und Mehrwerth für den Kapitalisten bilde. Kostet die Maschine also *ebensoviel* als die von ihr ersetzte Arbeitskraft, so ist die | in ihr selbst vergegenständlichte Arbeit stets viel kleiner als die von ihr ersetzte lebendige Arbeit[116].

Ausschließlich als *Mittel zur Verwohlfeilerung des Produkts* betrachtet, ist die *Grenze* für den Gebrauch der Maschinerie darin gegeben, daß ihre eigne Produktion weniger Arbeit kostet als ihre Anwendung Arbeit ersetzt. Für das *Kapital* jedoch drückt sich diese Grenze enger aus. Da es nicht die *angewandte Arbeit* zahlt, sondern den Werth der angewandten Arbeitskraft, wird ihm der Maschinengebrauch begrenzt

115 Vgl. *Paper read by Dr. Watson, Reporter on Products to the Government of India, before the Society of Arts, 19. April 1861.*

116 “The mute agents (die Maschinen) are always the produce of much less labour than that which they displace, even when they are of the same money value.” (*Ricardo* l. c. p. 40.)

durch die *Differenz zwischen dem Maschinenwerth und dem Werth der von ihr ersetzten Arbeitskraft.* Da die Theilung des Arbeitstags in nothwendige Arbeit und Mehrarbeit, oder, populär ausgedrückt, in bezahlte Arbeit und unbezahlte Arbeit, sowohl in verschiedenen Ländern als in demselben Lande zu verschiedenen Perioden oder in verschiedenen Geschäftszweigen während derselben Periode sehr verschieden sein kann, da ferner der wirkliche Lohn des Arbeiters bald unter den Werth seiner Arbeitskraft sinkt, bald über ihn steigt, kann die *Differenz zwischen dem Preise der Maschinerie und dem Preise der von ihr zu ersetzenden Arbeitskraft* sehr *variiren*, wenn auch die *Differenz zwischen dem zur Produktion der Maschine nöthigen Arbeitsquantum und dem Gesammtquantum der von ihr ersetzten Arbeit dieselbe* bleibt. Es ist aber nur die erste Differenz, welche die Kost der Waare *für* den Kapitalisten selbst bestimmt und ihn durch die Zwangsgesetze der Konkurrenz beeinflußt. Es werden daher heute Maschinen in England erfunden, die nur in Nordamerika angewandt werden, wie Deutschland im 16. und 17. Jahrhundert Maschinen erfand, die nur Holland anwandte, und wie manche französische Erfindung des 18. Jahrhunderts nur in England ausgebeutet ward. Die Maschine selbst producirt in älter entwickelten Ländern durch ihre Anwendung auf einige Geschäftszweige in anderen Zweigen solchen Arbeitsüberfluß (*redundancy of labour*, sagt Ricardo), daß hier der Fall des Arbeitslohns unter den Werth der Arbeitskraft den Gebrauch der Maschinerie *verhindert* und ihn vom Standpunkt des Kapitals, dessen Gewinn ohnehin aus der Ver|minderung nicht der *angewandten*, sondern der *bezahlten* Arbeit entspringt, überflüssig, oft unmöglich macht. In einigen Zweigen der englischen *Woll¦manufaktur* ist während der letzten Jahre die Kinderarbeit sehr vermindert, hier und da fast verdrängt worden. Warum? Der Fabrikakt ernöthigte eine doppelte Kinderreihe, von denen je eine 6, die andere 4 Stunden, oder jede nur 5 Stunden arbeitet. Die Aeltern wollten aber die half-times (Halbzeitler) nicht wohlfeiler verkaufen als früher die full-times (Vollzeitler). *Daher* Ersetzung der half-times durch Maschinerie[117]. Vor dem

117 "Employers of labour would not unnecessarily retain two sets of children under thirteen … In fact one class of manufacturers, the spinners of woollen yarn, now rarely employ children under thirteen years of ages, i. e. half-times. They have introduced improved and new machinery of various kinds, which altogether supersedes the employment of children (d. h. unter 13 J.); f. i.: I will mention one

Verbot der Arbeit von Weibern und Kindern (unter 10 Jahren) in Minen, fand das Kapital die Methode, nackte Weiber und Mädchen, oft mit Männern zusammengebunden, in Kohlen- und andern Minen zu vernutzen, so übereinstimmend mit seinem Moralkodex und namentlich auch seinem Hauptbuch, daß erst nach dem Verbot Maschinerie sie für einige Funktionen ersetzte. Die Yankees haben Maschinen zum Steinklopfen erfunden. Die Engländer wenden sie nicht an, weil der „*Elende*" („*wretch*" ist Kunstausdruck der englischen politischen Oekonomie für den Agrikulturarbeiter), der diese Arbeit verrichtet, einen so geringen Theil seiner Arbeit bezahlt erhält, daß Maschinerie die Produktion für den Kapitalisten *vertheuern* würde[118]. In England werden gelegentlich statt der Pferde immer noch *Weiber* zum Ziehn u. s. w. bei den Kanalbauten verwandt[119], weil die zur Produktion von Pferden und Maschinen erheischte Arbeit ein mathematisch ge|gebnes Quantum, die zur Erhaltung von Weibern der Surpluspopulation dagegen unter aller Berechnung steht. Man findet daher nirgendwo schamlosere Verschwendung von Menschenkraft für Lumpereien als grade in England, dem Land der Maschinen.

Den Ausgangspunkt der großen Industrie bildet, wie gezeigt, die Revolution des Arbeitsmittels, und das umgewälzte Arbeitsmittel erhält seine meist entwickelte Gestalt im gegliederten Maschinensystem der Fabrik. Bevor wir zusehn, wie diesem objektiven Organismus Men- 222
schenmaterial einverleibt wird, betrachten wir einige allgemeine Rückwirkungen jener Revolution auf den Arbeiter selbst.

Sofern die Maschinerie Muskelkraft entbehrlich macht, wird sie zum *Mittel Arbeiter ohne Muskelkraft* oder von unreifer Körperentwicklung, ¦ aber größerer Geschmeidigkeit der Glieder anzuwenden. *Weiber- und Kinderarbeit* war daher das erste Wort der *kapitalistischen* Anwendung der Maschinerie! Dieß gewaltige Ersatzmittel von Arbeit und Arbeitern

process as an illustration of this diminution in the number of children, wherein, by the addition of an apparatus, called a piecing machine, to existing machines, the work of six or four half-times, according to the peculiarity of each machine, can be performed by one young person (über 13 J.) … the half-time system" stimulirte "the invention of the piecing machine." (*Reports of Insp. of Fact. for 31. Oct. 1858,* [p. 42, 43.])

118 "Machinery … can frequently not be employed until *labour* (er meint *wages*) rises." (*Ricardo* l. c. p. 479.)

119 Sieh: „*Report of the Social Science Congress at Edinburgh. October* 1863."

verwandelte sich damit sofort in ein Mittel *die Zahl der Lohnarbeiter zu vermehren* durch Einrollirung aller Mitglieder der Arbeiterfamilie, ohne Unterschied von Geschlecht und Alter, unter die unmittelbare Botmäßigkeit des Kapitals. Die Zwangsarbeit für den Kapitalisten usurpirte nicht nur die Stelle des Kinderspiels, sondern auch der freien
223 Arbeit im häuslichen Kreis, innerhalb sittlicher Schranke, *für* die Familie selbst[120].

Der *Werth der Arbeitskraft* war bestimmt nicht nur durch | die zur Erhaltung des individuellen erwachsnen Arbeiters, sondern durch die zur Erhaltung der Arbeitsfamilie nöthige Arbeitszeit. Indem die Maschinerie alle Glieder der Arbeiterfamilie auf den Arbeitsmarkt wirft, vertheilt sie den Werth der Arbeitskraft des Mannes über seine ganze Familie. Sie *entwerthet* daher seine Arbeitskraft. Der Ankauf der in 4 Arbeitskräfte z. B. parcellirten Familie kostet vielleicht mehr als früher der Ankauf der Arbeitskraft des Familienhaupts, aber dafür treten 4 Arbeitstage an die Stelle von Einem, und ihr Preis fällt im Verhältniß zum Ueberschuß der Mehrarbeit der Vier über die Mehrarbeit des Einen. Vier müssen nun nicht nur Arbeit, sondern Mehrarbeit für das Kapital liefern, damit *eine* Familie lebe. So erweitert die Maschinerie von vorn herein mit dem *menschlichen Exploitationsmaterial*, dem eigensten Ausbeutungsfeld des Kapitals[121], zugleich den *Exploitationsgrad.* ¦

120 *Dr. Edward Smith* wurde während der den amerikanischen Bürgerkrieg begleitenden Baumwollkrise von der englischen Regierung nach Lancashire, Cheshire u. s. w. geschickt, zur Berichterstattung über den Gesundheitszustand der Baumwollarbeiter. Er berichtet u. a.: Hygienisch habe die Krise, abgesehn von der Verbannung der Arbeiter aus der Fabrikatmosphäre, vielerlei andre Vortheile. Die Arbeiterfrauen fänden jetzt die nöthige Muße, ihren Kindern die Brust zu reichen, statt sie mit Godfrey's Cordial zu vergiften. Sie hätten die Zeit gewonnen, *kochen* zu lernen. Unglücklicher Weise fiel diese Kochkunst in einen Augenblick, wo sie nichts zu essen hatten. Aber man sieht, wie das Kapital die für die Konsumtion nöthige Familienarbeit usurpirt hat zu seiner Selbstverwerthung. Ebenso wurde die Krise benutzt, um in eignen Schulen die Töchter der Arbeiter *nähen* zu lehren. Eine amerikanische Revolution und eine Weltkrise erheischt, damit die Arbeitermädchen, die für die ganze Welt spinnen, *nähen* lernen!

121 "The numerical increase of labourers has been great, through the growing substitution of female for male, and above all of childish for adult, labour. Three girls of 13, at wages from of 6 sh. to 8 sh. a week, have replaced the one man of mature age, of wages varying from 18 sh. to 45 sh." (*Th. de Quincey: „The Logic of Politic. Econ. Lond.* 1844", Note zu p. 147.) Da gewisse Funktionen der Familie,

Sie revolutionirt eben so von Grund aus die formelle Vermittlung des Kapitalverhältnisses, den *Kontrakt* zwischen Arbeiter und Kapitalist. Auf Grundlage des Waarenaustausches war es erste Voraussetzung, daß sich Kapitalist und Arbeiter *als freie Personen*, als unabhängige Waarenbesitzer, der eine Besitzer von Geld und Produktionsmitteln, der andre Besitzer von Arbeitskraft, gegenübertraten. Aber jetzt kauft das Kapital Unmündige oder Halbmündige. Der Arbeiter verkaufte früher seine eigne | Arbeitskraft, worüber er als formell freie Person verfügte. Er verkauft jetzt Weib und Kind. Er wird *Sklavenhändler*[122]. Die Nachfrage nach Kinderarbeit gleicht oft auch in der Form der Nachfrage nach Negersklaven, wie man sie in amerikanischen Zeitungsinseraten zu lesen gewohnt war. „Meine Aufmerksamkeit", sagt z. B. ein englischer Fabrikinspektor, „wurde gelenkt auf eine Annonce in dem Lokalblatt einer der bedeutendsten Manufakturstädte meines

z. B. Warten und Säugen der Kinder u. s. w., nicht ganz unterdrückt werden können, müssen die vom Kapital konfiscirten Familienmütter mehr oder minder Stellvertreter dingen. Die Arbeiten, welche der Familienkonsum erheischt, wie Nähen, Flicken u. s. w., müssen durch Kauf fertiger Waaren ersetzt werden. Der verminderten Ausgabe von häuslicher Arbeit entspricht also vermehrte Geldausgabe. Die Produktionskosten der Arbeiterfamilie wachsen daher und balanciren die Mehreinnahme. Es kommt hinzu, daß *Oekonomie* und *Zweckmäßigkeit* in Vernutzung und Bereitung der Lebensmittel unmöglich werden. Ueber diese von der officiellen politischen Oekonomie verheimlichten Thatsachen findet man reichliches Material in den „Reports" der Fabrikinspektoren, der *„Children's Employment Commission"* und namentlich auch des *„Board of Health"*.

122 Im Kontrast zur großen Thatsache, daß die Beschränkung der Weiber- und Kinderarbeit in den englischen Fabriken von den erwachsnen männlichen Arbeitern dem Kapital aberobert wurde, findet man noch in den jüngsten Berichten der *„Children's Employment Commission"* wahrhaft empörende und durchaus sklavenhändlerische Züge der Arbeitereltern mit Bezug auf den Kinderschacher. Der kapitalistische Pharisäer aber, wie man aus denselben „Reports" sehn kann, *denuncirt* diese von ihm selbst geschaffene, verewigte und exploitirte Bestialität, die er sonst *„Freiheit der Arbeit"* tauft. "Infant labour has been called into aid … even to work for their own daily bread. Without strength to endure such disproportionate toil, without instruction to guide their future life, they have been thrown into a situation physically and morally polluted … The Jewish historian has remarked upon the overthrow of Jerusalem by Titus, that it was no wonder it should have been destroyed, with such a signal destruction, when an inhuman mother sacrificed her own offspring to satisfy the cravings of absolute hunger." *„Public Economy Concentrated. Carlisle* 1833", p. 66.

Distrikts, wovon Folgendes die Kopie: *Gebraucht 12 bis 20 Jungen, nicht jünger als was für 13 Jahre passiren kann.* Lohn 4 sh. per Woche. Anzufragen etc." [123] Der unterstrichne Passus bezieht sich darauf, daß nach dem Factory Act *Kinder unter 13 Jahren* nur 6 Stunden arbeiten dürfen. Ein amtlich qualificirter Arzt (certifying surgeon) muß das Alter bescheinigen. Der Fabrikant verlangt also Jungen, die so *aussehn*, als ob sie schon dreizehnjährig. Die manchmal sprungweise Abnahme in der Anzahl der von Fabrikanten beschäftigten Kinder unter 13 Jahren, überraschend in der englischen Statistik der letzten 20 Jahre, war, nach Aussage der Fabrikinspektoren selbst, großentheils das Werk von certifying surgeons, welche das Kindesalter der Exploitationslust der Kapitalisten und dem Schacherbedürfniß der Eltern gemäß verschoben. In dem berüchtigten Londoner Distrikt von Bethnal Green wird jeden Montag und Dien|stag Morgen offner Markt gehalten, worin Kinder beiderlei Geschlechts vom ¦ 9. Jahre an sich selbst an die Londoner Seidenmanufakturen vermiethen. „Die gewöhnlichen Bedingungen sind 1 sh. 8 d. die Woche (die den Eltern gehören) und 2 d. für mich selbst nebst Thee." Die Kontrakte gelten nur für die Woche. Die Scenen und die Sprache während der Dauer dieses Markts sind wahrhaft empörend[124]. Es kömmt immer noch in England vor, daß Weiber „Jungen vom Workhouse nehmen und sie jedem beliebigen Käufer für 2 sh. 6 d. wöchentlich vermiethen"[125]. Trotz der Gesetzgebung werden immer noch mindestens 2000 Jungen in Großbritannien als lebendige Schornsteinfegmaschinen (obgleich Maschinen zu ihrem Ersatz existiren) von ihren eigenen Eltern verkauft[126]. Die von der Maschinerie bewirkte Revolution im *Rechtsverhältniß* zwischen Käufer und Verkäufer der Arbeitskraft, so daß die ganze Transaktion selbst den *Schein eines Kontrakts* zwischen freien Personen verliert, bot dem englischen Parlament später den juristischen *Entschuldigungsgrund* für Staatseinmischung in das Fabrikwesen. So oft das Fabrikgesetz die Kinderarbeit in bisher unangefochtenen Industriezweigen auf 6 Stunden beschränkt, ertönt stets neu der Fabrikantenjammer: ein Theil der Eltern entziehe die Kinder nun der gemaßregelten Industrie, um sie in solche zu verkaufen,

123 *A. Redgrave* in *„Reports of Insp. of Fact. for 31. Oct. 1858"*, p. 41.

124 *„Children's Employment Commission. V. Report. London* 1866", p. 81, n. 31.

125 *„Child. Employm. Comm. III. Report. Lond.* 1864", p. 53, n. 15.

126 l. c. *V. Report*, p. XXII, n. 137.

wo noch *„Freiheit der Arbeit"* herrscht, d. h. wo Kinder unter 13 Jahren *gezwungen* werden wie Erwachsene zu arbeiten, also auch theurer loszuschlagen sind. Da aber das Kapital von Natur ein *leveller* ist, d. h. in allen Produktionssphären *Gleichheit* der Exploitationsbedingungen der Arbeit als sein angebornes Menschenrecht verlangt, wird die legale Beschränkung der Kinderarbeit in einem Industriezweig Ursache ihrer Beschränkung in dem andern.

Bereits früher wurde der *physische Verderb* der Kinder und jungen Personen angedeutet, wie der Arbeiterweiber, welche die Maschinerie erst direkt, in den auf ihrer Grundlage aufschießenden Fabriken, | und dann indirekt *in allen übrigen Industriezweigen* der Exploitation des Kapitals unterwirft. Hier verweilen wir daher nur bei einem Punkt, der *ungeheuren Sterblichkeit von Arbeiterkindern in ihren ersten Lebensjahren.* In England giebt es 16 Registrations-Distrikte, wo im jährlichen Durchschnitt auf 100 000 lebende Kinder unter einem Jahr nur 9085 Todesfälle (in einem Distrikt nur 7047) kommen, in 24 Distrikten über 10 000, aber unter 11 000, in 39 Distrikten über 11 000, aber unter 12 000, in 48 Distrikten über 12 000, aber unter 13 000, in 22 Distrikten über 20 000, in 25 Distrikten über 21 000, in 17 über 22 000, in 11 über 23 000, in Hoo, Wolverhampton, Ashton-under-Lyne und Preston über 24 000, in Nottingham, Stockport und Bradford über 25 000, in Wisbeach 26 001, und in Manchester 26 125[127]. Wie eine officielle ärztliche Unter¦suchung im Jahre *1861* nachwies, sind, von Lokalumständen abgesehn, die hohen Sterblichkeitsraten vorzugsweise der *außerhäuslichen Beschäftigung der Mütter* geschuldet und der daher entspringenden Vernachlässigung und Mißhandlung der Kinder, u. a. unpassender Nahrung, Mangel an Nahrung, Fütterung mit Opiaten u. s. w., dazu die unnatürliche Entfremdung der Mütter gegen ihre Kinder, im Gefolge davon absichtliche Aushungerung und Vergiftung[128]. In solchen Agrikulturdistrikten, „wo ein Minimum weiblicher Beschäftigung existirt, ist dagegen die Sterb-

127 *„Sixth Report"* des *„Board of Health. Lond.* 1864", p. 34.

128 "It (the inquiry of 1861) … showed, moreover, that while, with the described cirumstances, infants perish under the neglect and mismanagement which their mothers' occupations imply, the mothers become to a grievous extent denaturalized towards their offspring – commonly not troubling themselves much at the death, and even sometimes … taking direct measures to ensure it." (l. c.)

lichkeitsrate am niedrigsten"[129]. Die Untersuchungskommission von 1861 ergab jedoch das unerwartete Resultat, daß in einigen an der Nordsee gelegnen rein ackerbauenden Distrikten die Sterblichkeitsrate von Kindern unter einem Jahr fast die der verrufensten Fabrikdistrikte erreicht. *Dr. Julian Hunter* wurde daher vom „Board of Health" beauftragt, dieß Phänomen an Ort und Stelle zu erforschen. Sein Bericht ist dem „VI. Report | of the Board of Health" einverleibt[130]. Man hatte bisher vermuthet, Malaria und andre niedrig gelegnen und sumpfigen Landstrichen eigenthümliche Krankheiten decimirten die Kinder. Die Untersuchung ergab das grade Gegentheil, nämlich, „daß *dieselbe Ursache*, welche die Malaria vertrieb, nämlich die Verwandlung des Bodens aus Morast im Winter und dürftiger Weide im Sommer in fruchtbares Kornland, die außerordentliche Todesrate der Säuglinge schuf"[131]. Die 70 ärztlichen Praktiker, die Dr. Hunter in jenen Distrikten verhörte, waren „wunderbar einstimmig" über diesen Punkt. Mit der Revolution der Bodenkultur wurde nämlich *das industrielle System* eingeführt. „Verheirathete Weiber, die in *Banden* mit Mädchen und Jungen zusammenarbeiten, werden dem Pächter von einem Manne, welcher der „*Gangmeister*" heißt und die Banden im Ganzen miethet, für eine bestimmte Summe zur Verfügung gestellt. Diese Banden wandern oft viele Meilen von ihren Dörfern weg, man trifft sie Morgens und Abends auf den Landstraßen, die Weiber bekleidet mit kurzen Unterröcken und entsprechenden Röcken und Stiefeln und manchmal Hosen, sehr kräftig und gesund von Aussehn, aber verdorben durch gewohnheitsmäßige Liederlichkeit und rücksichtslos gegen die unheilvollen Folgen, welche ihre Vorliebe für diese thätige und unabhängige Lebensart auf ihre Sprößlinge wälzt, die zu Haus verkümmern"[132]. Alle ¦ Phänomene der Fabrikdistrikte reproduciren sich hier, in noch höherem Grad versteckter Kindermord und Behandlung der Kinder mit Opiaten[133]. „Meine

129 l. c. p. 454.

130 l. c. p. 454–462. „*Report by Dr. Henry Julian Hunter on the excessive mortality of infants in some rural districts of England.*"

131 l. c. p. 35 u. p. 455, 456.

132 l. c. p. 456.

133 Wie in den englischen Fabrikdistrikten, so dehnt sich auch in den *Agrikulturdistrikten* der *Opiumkonsum* unter den erwachsnen Arbeitern und Arbeiterinnen täglich aus. "To push the sale of opiate … is the great aim of some enterprising wholesale merchants. By druggists it is considered *the leading*

Kenntniß der von ihr erzeugten Uebel", sagt *Dr. Simon*, der ärztliche Beamte des englischen *Privy Council* | und Redacteur en chef der Berichte des „*Board of Health*", „muß den tiefen Abscheu entschuldigen, womit ich *jede* umfassende *industrielle* Beschäftigung erwachsner Weiber betrachte"[134]. „Es wird", ruft Fabrikinspektor *R. Baker* in einem officiellen Bericht aus, „es wird in der That ein Glück für die Manufakturdistrikte Englands sein, wenn jeder verheiratheten Frau, die Familie hat, *verboten* wird in irgend einer Fabrik zu arbeiten"[135].

Die aus der kapitalistischen Exploitation der Weiber- und Kinderarbeit entspringende *moralische Verkümmerung* ist von *F. Engels* in seiner „*Lage der arbeitenden Klassen Englands*" und von andern Schriftstellern so erschöpfend dargestellt worden, daß ich hier nur daran erinnere. Die *intellektuelle Verödung* aber, künstlich producirt durch die Verwandlung unreifer Menschen in bloße Maschinen zum Fabrikat von Mehrwerth, und sehr zu unterscheiden von jener naturwüchsigen Unwissenheit, welche den Geist in Brache legt ohne Verderb seiner *Entwicklungsfähigkeit*, seiner *natürlichen Fruchtbarkeit* selbst, zwang endlich sogar das englische Parlament in allen dem Fabrikgesetz unterworfenen Industrien den Elementarunterricht zur *gesetzlichen Bedingung* für den „produktiven" Verbrauch von Kindern unter 14 Jahren zu machen. Der Geist der kapitalistischen Produktion leuchtet hell aus der liederlichen Redaktion der s. g. *Erziehungsklauseln* der Fabrikakte, aus dem Mangel administrativer Maschinerie, wodurch dieser Zwangsunterricht großentheils wieder illusorisch wird, aus der Fabrikantenopposition selbst gegen *dieß* Unterrichtsgesetz und ihren praktischen Kniffen und Schlichen zu seiner Umgehung. „Die Gesetzgebung allein ist zu tadeln, weil sie ein Truggesetz (delusive law) erlassen hat, das unter dem Schein für die Erziehung der Kinder zu sorgen, keine einzige Bestimmung enthält, wodurch dieser vorgeschützte Zweck gesichert werden kann. Es bestimmt nichts, außer daß die Kinder für eine bestimmte Stundenzahl (3 Stunden) per Tag innerhalb der vier Wände

article." (l. c. p. 459.) Säuglinge, die Opiate empfingen, „verrumpelten in kleine alte Männchen oder verschrumpften zu kleinen Affen." (l. c. p. 460.) Man sieht, wie Indien und China sich an England rächen.

134 l. c. p. 37.

135 „*Reports of Insp. of Fact. for 31st Oct. 1862*", p. 59. Dieser Fabrikinspektor war früher Arzt.

eines Platzes, Schule benamst, eingeschlossen werden sollen, und daß der Anwender des Kindes hierüber wöchentlich ein ¦ Certifikat von einer Person | erhalten muß, die sich als Schullehrer oder Schullehrerin mit ihrem Namen unterzeichnet“[136]. Vor dem Erlaß des amendirten Fabrikakts von 1844 waren Schulbesuchscertifikate nicht selten, die von Schulmeister oder Schulmeisterin mit einem Kreuz unterzeichnet wurden, da letztre selbst nicht schreiben konnten. „Beim Besuch, den ich einer solchen Certifikate ausstellenden Schule abstattete, war ich so betroffen von der Unwissenheit des Schulmeisters, daß ich zu ihm sagte: ‚Bitte, mein Herr, können Sie lesen¿ Seine Antwort war: ‚Ih jeh, Ebbes (summat).‘ Zu seiner Rechtfertigung fügte er hinzu: ‚Jedenfalls stehe ich vor meinen Schülern.‘ Während der Vorbereitung des Akts von 1844 denuncirten die Fabrikinspektoren den schmählichen Zustand der Plätze, Schulen benamst, deren Certifikate sie als zu Gesetz vollgültig zulassen mußten. Alles was sie durchsetzten, war, daß seit 1844 die Zahlen im Schulcertifikat in der Handschrift des Schulmeisters ausgefüllt, ditto sein Vor- und Zuname von ihm selbst unterschrieben sein müssen“[137]. *Sir John Kincaid*, Fabrikinspektor für Schottland, erzählt von ähnlichen amtlichen Erfahrungen. „Die erste Schule, die wir besuchten, wurde von einer Mrs. Ann Killin gehalten. Auf meine Aufforderung, ihren Namen zu buchstabiren, machte sie gleich einen Schnitzer, indem sie mit dem Buchstaben C begann, aber sich sofort korrigirend sagte, ihr Name fange mit K an. Bei Ansicht ihrer Unterschrift in den Schulcertifikatbüchern bemerkte ich jedoch, daß sie ihn verschiedenartig buchstabirte, während die Handschrift keinen Zweifel über ihre Lehrunfähigkeit ließ. Auch gab sie selbst zu, sie könne das Register nicht führen … In einer zweiten Schule fand ich das Schulzimmer 15 Fuß lang und 10 Fuß breit und zählte in diesem Raum 75 Kinder, die etwas unverständliches herquiekten“[138]. „Es sind jedoch nicht nur solche Jammerhöhlen, worin die Kinder Schulcertifikate, aber keinen Unterricht erhalten, denn in vielen Schulen, wo der Lehrer kompetent ist, scheitern seine Bemühungen fast ganz an dem sinnverwirrenden Knäuel | von Kindern aller Alter, aufwärts von Dreijährigen. Sein Auskommen, elend im besten Fall, hängt ganz von der Zahl der Pence ab, empfangen von der größ-

136 *Leonard Horner* in *„Reports of Insp. of Fact. for 30th April 1857“*, p. 17.
137 id. in *„Reports of Insp. of Fact. for 31st Oct. 1855“*, p. 18, 19.
138 *Sir John Kincaid* in *„Reports of Insp. of Fact. for 31st Oct. 1858“*, p. 31, 32.

ten Anzahl Kinder, die es möglich ist in ein Zimmer zu stopfen. Dazu kommt spärliche Schulmöblirung, Mangel an Büchern und andrem Lehrmaterial, und die niederschlagende Wirkung einer benauten und ekelhaften Luft auf die armen Kinder selbst. Ich war in vielen solchen Schulen, wo ich ganze Reihen Kinder sah, die absolut nichts thaten; und dieß wird als Schulbesuch bescheinigt, und solche Kinder figuriren in der officiellen Statistik als erzogen (educated)"[139]. In Schottland suchen die Fabrikanten dem Schulbesuch ¦ unterworfne Kinder möglichst auszuschließen. „Dieß genügt, um *die große Mißgunst der Fabrikanten gegen die Erziehungsklauseln* zu beweisen"[140]. Grotesk-entsetzlich erscheint dieß in den *Kattun-* u. s. w. *Druckereien*, die durch ein eignes Fabrikgesetz geregelt sind. Nach den Bestimmungen des Gesetzes „muß jedes Kind, bevor es in einer solchen Druckerei beschäftigt wird, Schule besucht haben für mindestens 30 Tage und nicht weniger als 150 Stunden während der 6 Monate, die dem ersten Tag seiner Beschäftigung unmittelbar vorhergehn. Während der Fortdauer seiner Beschäftigung in der Druckerei muß es Schule besuchen ebenfalls für eine Periode von 30 Tagen und 150 Stunden während jeder Wechselperiode von 6 Monaten ... Der Schulbesuch muß zwischen 8 Uhr Morgens und 6 Uhr Nachmittags stattfinden. Kein Besuch von weniger als 2½ oder mehr als 5 Stunden an demselben Tag soll als Theil der 150 Stunden gezählt werden. Unter gewöhnlichen Umständen besuchen die Kinder die Schule Vormittags und Nachmittags für 30 Tage, 5 Stunden per Tag, und nach Ablauf der 30 Tage, wenn die statutenmäßige Gesammtsumme von 150 Stunden erreicht ist, wenn sie, in ihrer eignen Sprache zu reden, ihr Buch abgemacht haben, kehren sie zur Druckerei zurück, wo sie wieder 6 Monate bleiben, bis ein andrer Abschlagstermin des Schulbesuchs fällig wird, und dann bleiben sie wieder in der Schule, bis das Buch wieder abgemacht ist .... Sehr viele Jungen, welche die Schule während der vorschriftsmäßigen 150 Stunden besucht, | sind bei ihrer Rückkehr aus dem sechsmonatlichen Aufenthalt in der Druckerei grade so weit wie am Anfang ... Sie haben natürlich alles wieder verloren, was sie durch den früheren Schulbesuch gewonnen hatten. In andern Kattundruckereien wird der Schulbesuch ganz und gar abhängig gemacht von den Geschäftsbedürfnissen der Fabrik. Die erforderliche Stunden-

139 *Leonard Horner* in *„Reports etc. for 30th Apr. 1857"*, p. 17, 18.
140 *„Reports of Insp. of Fact. for 31st Oct. 1856"*, p. 66.

zahl wird vollgemacht während jeder sechsmonatlichen Periode durch Abschlagszahlungen von 3 bis 5 Stunden auf einmal, die vielleicht über 6 Monate zerstreut sind. Z. B. an einem Tage wird die Schule besucht von 8 bis 11 Uhr Morgens, an einem andern Tag von 1 bis 4 Uhr Nachmittags, und nachdem das Kind dann wieder für eine Reihe Tage weggeblieben, kömmt es plötzlich wieder von 3 bis 6 Uhr Nachmittags; dann erscheint es vielleicht für 3 oder 4 Tage hinter einander, oder für eine Woche, verschwindet dann wieder für 3 Wochen oder einen ganzen Monat und kehrt zurück an einigen Abfallstagen für einige Sparstunden, wenn seine Anwender seiner zufällig nicht bedürfen; und so wird das Kind so zu sagen hin und her gepufft (buffeted) von der Schule in die Fabrik, von der Fabrik in die Schule, bis die Summe der 150 Stunden abgezählt ist"[141]. ¦

Durch den überwiegenden Zusatz von Kindern und Weibern zum kombinirten Arbeitspersonal bricht die Maschinerie endlich den Widerstand, den der männliche Arbeiter in der Manufaktur der Despotie des Kapitals noch entgegensetzte[142].

Wenn die Maschinerie das gewaltigste Mittel ist, die Produktivität der | Arbeit zu steigern, d. h. die zur Produktion einer Waare nöthige *Arbeitszeit zu verkürzen*, wird sie *als Träger des Kapitals*, zunächst in den

141 *A. Redgrave* in „*Reports of Insp. of Fact. for 31st Oct. 1857*", p. 41–43. In den englischen Industriezweigen, wo der eigentliche Fabrikakt (nicht der zuletzt im Text angeführte Print Works' Act) seit längerer Zeit herrscht, sind die Hindernisse gegen die Erziehungsklauseln in den *letzten* Jahren einigermaßen überwältigt worden. In den nicht dem Fabrikgesetz unterworfenen Industrien herrschen noch sehr die Ansichten des Glasfabrikanten *J. Geddes*, der den Untersuchungskommissär White dahin belehrt: „So viel ich sehn kann, ist das größere Quantum Erziehung, welches ein Theil der Arbeiterklasse seit den letzten Jahren genoß, vom Uebel. Es ist gefährlich, indem es sie zu unabhängig macht." („*Children's Empl. Commission. IV. Report. London 1865*", p. 253.)

142 „Herr E., ein Fabrikant, unterrichtete mich, daß er ausschließlich Weiber bei seinen mechanischen Webstühlen beschäftigt; er gebe *verheiratheten* Weibern den Vorzug, besonders solchen mit Familie zu Hause, die von ihnen für den Unterhalt abhängen; sie sind viel aufmerksamer und gelehriger als unverheirathete, und zur äußersten Anstrengung ihrer Kräfte gezwungen, um die nothwendigen Lebensmittel beizuschaffen. So werden die Tugenden, die eigenthümlichen Tugenden des weiblichen Charakters zu seinem Schaden verkehrt, – so wird alles Sittliche und Zarte ihrer Natur zum Mittel ihrer Sklaverei und ihres Leidens gemacht." („*Ten Hours' Factory Bill. The Speech of Lord Ashley. Lond.* 1844", p. 20.)

unmittelbar von ihr ergriffenen Industrien, zum gewaltigsten Mittel den *Arbeitstag* über jede naturgemäße Schranke hinaus zu *verlängern.* Sie schafft einerseits *neue Bedingungen,* welche *das Kapital befähigen,* dieser seiner beständigen Tendenz die Zügel frei schießen zu lassen, andrerseits *neue Motive* zur Wetzung seines Heißhungers nach fremder Arbeit.

Zunächst verselbstständigt sich in der Maschinerie die Bewegung und Werkthätigkeit des *Arbeitsmittels* gegenüber dem *Arbeiter.* Es wird an und für sich ein industrielles Perpetuum mobile, das ununterbrochen fortproduciren würde, stieße es nicht auf gewisse Naturschranken in seinen menschlichen Gehilfen, ihre Körperschwäche und ihren Eigenwillen. Als *Kapital,* und als solches besitzt der Automat im Kapita- 224
listen Bewußtsein und Willen, ist es daher mit dem Trieb begeistet, die widerstrebende, aber elastische menschliche Naturschranke auf den Minimalwiderstand einzuzwängen[143]. Dieser ist ohnehin vermindert durch die scheinbare Leichtigkeit der Arbeit an der Maschine und das füg- und biegsamere Weiber- und Kinderelement[144]. ¦

Die Produktivität der Maschinerie steht, wie wir sahen, in umgekehr-|tem Verhältniß zur Größe des von ihr auf das Machwerk übertragenen

143 "Since the general introduction of expensive machinery, human nature has been forced far beyond its average strength." (*Robert Owen: „Observations on the effect of the manufacturing system. 2nd ed. Lond.* 1817." [p. 16.])

144 Die Engländer, die gern die erste empirische Erscheinungsform einer Sache als ihren *Grund* betrachten, geben oft den großen herodischen Kinderraub, den das Kapital in den Anfängen des Fabriksystems an den Armen- und Waisenhäusern verübte und wodurch es sich ein ganz *willenloses* Menschenmaterial einverleibte, als *Grund* der langen Arbeitszeit in den Fabriken an. So z. B. *Fielden,* selbst englischer Fabrikant: "It is evident that the long hours of work were brought about by the circumstance of so great a number of destitute children being supplied from different parts of the country, that the masters were independent of the hands, and that, having once established the custom by means of the miserable materials they had procured in this way, they could impose it on their neighbours with the greater facility." (*J. Fielden: „The Curse of the Factory System. Lond.* 1836.") Mit Bezug auf Weiberarbeit sagt Fabrikinspektor *Saunders* im Fabrikbericht von 1843: „Unter den Arbeiterinnen giebt es Frauen, die hinter einander für viele Wochen, mit Ausfall nur weniger Tage, von 6 Uhr Morgens bis 12 Uhr Nachts beschäftigt werden, mit weniger als 2 Stunden für Mahlzeiten, so daß ihnen für 5 Tage in der Woche von den 24 Tagesstunden nur 6 bleiben, um von und nach Haus zu gehn und im Bett auszuruhn."

Werthbestandtheils. Je länger die Periode, worin sie funktionirt, desto größer die Produktenmasse, worüber sich der von ihr zugesetzte Werth vertheilt, und desto kleiner der Werththeil, den sie der einzelnen Waare zufügt. Die aktive Lebensperiode der Maschinerie ist aber offenbar bestimmt durch die *Länge des Arbeitstags* oder die Dauer des täglichen Arbeitsprozesses, multiplicirt mit der *Anzahl Tage*, worin er sich wiederholt.

Der Maschinenverschleiß entspricht keineswegs exakt mathematisch ihrer Benutzungszeit. Und selbst dieß vorausgesetzt, umfaßt eine Maschine, die während 7½ Jahren täglich 16 Stunden dient, eine ebenso große Produktionsperiode und setzt dem Gesammtprodukt nicht mehr Werth zu als dieselbe Maschine, die während 15 Jahren nur 8 Stunden täglich dient. Im erstern Fall aber wäre der Maschinenwerth doppelt so rasch reproducirt als im letztern und der Kapitalist hätte vermittelst derselben in 7½ Jahren so viel Mehrarbeit eingeschluckt als sonst in 15.

Der materielle Verschleiß der Maschine ist doppelt. Der eine entspringt aus ihrem Gebrauch, wie Geldstücke durch Cirkulation verschleißen, der andre aus ihrem Nichtgebrauch, wie ein unthätig Schwert in der Scheide verrostet. Es ist dieß ihr Verzehr durch die Elemente. Der Verschleiß erster Art steht mehr oder minder in *direktem* Verhältniß, der letztere, zu gewissem Grad, in *umgekehrtem* Verhältniß zu ihrem Gebrauch[145].

Neben dem materiellen unterliegt die Maschine aber auch einem so zu sagen *moralischen Verschleiß*. Sie verliert *Tauschwerth* im | Maße, worin entweder Maschinen derselben Konstruktion wohlfeiler reproducirt werden können oder bessere Maschinen konkurrirend neben sie treten[146]. In beiden Fällen ist ihr Werth, so jung und lebenskräftig sie sonst noch sein mag, nicht mehr bestimmt durch die thatsächlich in ihr selbst vergegen¦ständlichte, sondern durch die zu ihrer eignen Repro-

145 «Le dommage que cause l'inaction des machines à des pièces de métal mobiles et délicates.» (*Ure* l. c. t. II, p. 8.)

146 Der schon früher erwähnte „Manchester Spinner" (*Times*, 26. Nov. 1862) zählt unter den Kosten der Maschinerie auf: "It (nämlich die „allowance for deterioration of machinery") is also intended to cover the loss which is constantly arising from the superseding of machines before they are worn out by others of a new and better construction."

duktion oder zur Reproduktion der besseren Maschine nothwendige Arbeitszeit. Sie ist daher mehr oder minder *entwerthet.* Je kürzer die Periode, worin ihr Gesammtwerth reproducirt wird, desto geringer die Gefahr des moralischen Verschleißes, und je länger der Arbeitstag, um so kürzer jene Periode. Bei der ersten Einführung der Maschinerie in irgend einen Produktionszweig folgen Schlag auf Schlag neue Methoden zu ihrer wohlfeileren Reproduktion[147], und Verbesserungen, die nicht nur einzelne Theile oder Apparate, sondern ihre ganze Konstruktion ergreifen. In ihrer *ersten* Lebensperiode wirkt daher *dieß besondre Motiv* zur Verlängerung des Arbeitstags am akutesten[148].

Unter sonst gleichbleibenden Umständen und bei gegebnem Arbeitstag erheischt Exploitation *verdoppelter Arbeiteranzahl* ebensowohl Verdopplung des in Maschinerie und Baulichkeiten ausgelegten Theils des constanten Kapitals als des in Rohmaterial, Hilfsstoffen u. s. w. ausgelegten. Mit *verlängertem Arbeitstag* dehnt sich die Stufenleiter der Produktion, während der in Maschinerie und Baulichkeiten ausgelegte Kapi|taltheil unverändert bleibt[149]. Nicht nur der Mehrwerth wächst daher, sondern die zur Erbeutung desselben nothwendigen *Auslagen* nehmen ab. Zwar findet dieß auch sonst mehr oder minder bei aller Verlängerung des Arbeitstags statt, fällt aber hier entscheidender ins Gewicht, weil der in Arbeitsmittel verwandelte Kapitaltheil überhaupt

147 „Man schätzt im Großen, daß eine einzige Maschine nach einem neuen Model zu konstruiren *fünfmal* so viel kostet, als die Rekonstruktion derselben Maschine nach demselben Model.“ (*Babbage* l. c. p. 349.)

148 „Seit einigen Jahren sind so bedeutende und zahlreiche Verbesserungen in der Tüllfabrikation gemacht worden, daß eine gut erhaltene Maschine zum ursprünglichen Kostenpreis von 1200 Pfd. St. einige Jahre später zu 60 Pfd. St. verkauft wurde.... Die Verbesserungen folgten sich mit solcher Geschwindigkeit, daß Maschinen unvollendet in der Hand ihrer Bauer blieben, weil sie durch glücklichere Erfindungen bereits veraltet waren.“ In dieser Sturm- und Drangperiode dehnten daher die Tüllfabrikanten bald die ursprüngliche Arbeitszeit von 8 Stunden mit doppelter Mannschaft auf 24 Stunden aus. (l. c. p. 377, 378 u. 279.)

149 “It is self-evident, that, amid the ebbings and flowings of the market, and the alternate expansions and contractions of demand, occasions will constantly recur, in which the manufacturer may employ additional floating capital without employing additional fixed capital ... if additional quantities of raw material can be worked up without incurring an additional expence for buildings and machinery.” (*R. Torrens: „On Wages and Combination. Lond.* 1834“, p. 64.)

mehr ins Gewicht fällt[150]. Die Entwicklung des Maschinenbetriebs bindet nämlich einen stets wachsenden Bestandtheil des Kapitals in eine Form, worin es einerseits fortwährend *verwerthbar* ist, andrerseits Gebrauchswerth und Tauschwerth *verliert*, sobald sein Kontakt mit der lebendigen Arbeit unterbrochen wird. „Wenn", belehrte Herr *Ashworth*, ein englischer Baumwollmagnat, den Professor Nassau W. Senior, „wenn ein Ackersmann seinen Spaten niederlegt, macht er für diese ¦ Periode ein Kapital von 18 d. nutzlos. Wenn einer von unsern Leuten (d. h. den Fabrikarbeitern) die Fabrik verläßt, *macht er ein Kapital nutzlos, das 100 000 Pfd. St.* gekostet hat"[151]. Man denke nur! Ein Kapital, das 100 000 Pfd. St. gekostet hat, auch nur für einen Augenblick „*nutzlos*" zu machen! Es ist in der That himmelschreiend, daß einer *unsrer* Leute überhaupt *jemals* die Fabrik verläßt! Der wachsende Umfang der Maschinerie macht, wie der von Ashworth belehrte Senior einsieht, eine stets wachsende *Verlängerung des Arbeitstags „wünschenswerth"*[152]. |

Die Maschine producirt *relativen Mehrwerth*, nicht nur indem sie die Arbeitskraft direkt *entwerthet* und dieselbe indirekt durch Verwohlfeilerung der in ihre Reproduktion eingehenden Waaren verwohlfeilert, sondern auch, indem sie bei ihrer ersten sporadischen Einführung die vom Maschinenbesitzer verwandte Arbeit in *potenzirte* Arbeit verwandelt, den gesellschaftlichen Werth des Maschinenprodukts über seinen individuellen Werth erhöht und den Kapitalisten so befähigt

150 Der im Text erwähnte Umstand ist nur der Vollständigkeit wegen erwähnt,
225 da ich erst im *dritten Buch* die *Profitrate*, d. h. das Verhältniß des Mehrwerths zum vorgeschossenen Gesammtkapital, behandle.

151 "When a labourer", said Mr. Ashworth, "lays down his spade, he renders useless, for that period, a capital worth 18 d. When one of our people leaves the mill, he renders useless a capital that has cost 100 000 Pd. St." (*Senior: „Letters on the Factory Act. Lond.* 1837", p. 14.)

152 "The great proportion of fixed to circulating capital … makes long hours of work *desirable*." Mit dem wachsenden Umfang der Maschinerie u. s. w. "the *motives* to long hours of work will become greater, as the only means by which a large proportion of fixed capital can be made profitable." (l. c. p. 11, 14.) „Es giebt verschiedne Auslagen bei einer Fabrik, welche constant bleiben, ob die Fabrik mehr oder weniger Zeit arbeite, z. B. Rente für die Baulichkeiten, lokale und allgemeine Steuern, Feuerversicherung, Arbeitslohn für verschiedne permanente Arbeiter, Verschlechterung der Maschinerie nebst verschiednen andren Lasten, deren Proportion zum Profit im selben Verhältniß wächst, wie der Umfang der Produktion abnimmt." („*Reports of the Insp. of Fact. for 31st Oct. 1862*", p. 19.)

mit geringerem Werth*theil* des Tagesprodukts den Tageswerth der Arbeitskraft zu ersetzen. Während dieser *Uebergangsperiode*, worin der Maschinenbetrieb eine Art Monopol bleibt, sind daher die Gewinne außerordentlich und der Kapitalist sucht „diese erste Zeit der jungen Liebe" gründlichst auszubeuten durch möglichste *Verlängerung des Arbeitstags*. Die Größe des Gewinns wetzt den Heißhunger nach mehr Gewinn.

Mit der *Verallgemeinerung* der Maschinerie im selben Produktionszweig sinkt der gesellschaftliche Werth des Maschinenprodukts auf seinen individuellen Werth und macht sich das Gesetz geltend, daß der *Mehrwerth nicht aus den Arbeitskräften entspringt, welche der Kapitalist durch die Maschine ersetzt hat, sondern umgekehrt aus den Arbeitskräften, welche er an ihr beschäftigt*. Der Mehrwerth entspringt nur aus dem *variablen Theil des Kapitals*, und wir sahen, daß die *Masse des Mehrwerths* durch zwei Faktoren bestimmt ist, die *Rate des Mehrwerths* und die *Anzahl der gleichzeitig beschäftigten Arbeiter*. Bei gegebner Länge des Arbeitstags wird die Rate des Mehrwerths bestimmt durch das Verhältniß, worin der Arbeitstag ¦ in nothwendige Arbeit und Mehrarbeit zerfällt. Die Anzahl der gleichzeitig beschäftigten Arbeiter hängt ihrerseits ab von dem Verhältniß des variablen Kapitaltheils zum constanten. Es ist nun klar, daß wie er immer durch Steigerung der Produktivkraft der Arbeit die Mehrarbeit auf Kosten der | nothwendigen Arbeit ausdehne, der Maschinenbetrieb dieß Resultat nur hervorbringt, indem er die *Anzahl* der von einem *gegebnen Kapital* beschäftigten Arbeiter *vermindert*. Er verwandelt einen Theil des Kapitals, der früher *variabel* war, d. h. sich in lebendige Arbeitskraft umsetzte, in Maschinerie, also in constantes Kapital, das keinen Mehrwerth producirt. Es ist unmöglich z. B. aus zwei Arbeitern so viel Mehrwerth auszupressen als aus 24. Wenn jeder der 24 Arbeiter auf 12 Stunden nur eine Stunde Mehrarbeit liefert, liefern sie zusammen *24 Stunden Mehrarbeit*, während die *Gesammtarbeit* der zwei Arbeiter nur 24 Stunden beträgt. Es liegt also in der Anwendung der Maschinerie zur Produktion von Mehrwerth ein *immanenter Widerspruch*, indem sie von den beiden Faktoren des Mehrwerths, den ein *Kapital von gegebner Größe* liefert, den einen Faktor, die Rate des Mehrwerths, nur dadurch *vergrößert*, daß sie den andern Faktor, die Arbeiterzahl, *verkleinert*. Dieser immanente Widerspruch tritt hervor, sobald mit der Verallgemeinerung der Maschinerie in einem Industriezweig der Werth der maschinenmäßig producirten

Waare zum regelnden gesellschaftlichen Werth aller Waaren derselben Art wird, und es ist dieser Widerspruch, der wiederum das Kapital, ohne daß es sich dessen bewußt wäre[153], zur gewaltsamsten *Verlängerung des Arbeitstags* treibt, um die Abnahme in der *verhältnißmäßigen Anzahl* der exploitirten Arbeiter durch Zunahme nicht nur der relativen, sondern auch der *absoluten Mehrarbeit zu kompensiren.*

Wenn also die *kapitalistische Anwendung der Maschinerie* einerseits neue mächtige Motive zur maßlosen Verlängerung des Arbeitstags schafft und die *Arbeitsweise* selbst wie den *Charakter des gesellschaftlichen Arbeitskörpers* in einer Art umwälzt, die den *Widerstand* gegen diese Tendenz bricht, producirt sie andrerseits, theils durch Einrollirung dem Kapital früher unzugänglicher Schichten der Arbeiterklasse, theils durch Freisetzung der von der Maschine verdrängten Arbeiter, eine | *überflüssige Arbeiterpopulation*[154], die sich das Gesetz vom Kapital diktiren lassen muß. Daher das merkwürdige Phänomen in der Geschichte der modernen Industrie, daß die Maschine alle sittlichen und natürlichen Schranken des Arbeitstags über den ¦ Haufen wirft. Daher das ökonomische Paradoxon, daß das gewaltigste *Mittel zur Verkürzung der Arbeitszeit* in das unfehlbarste Mittel umschlägt *alle Lebenszeit* des Arbeiters und seiner Familie in *disponible Arbeitszeit* für die Verwerthung des Kapitals zu verwandeln. „Wenn", träumte *Aristoteles,* der größte Denker des Alterthums, „wenn jedes Werkzeug auf Geheiß, oder auch vorausahnend, das ihm zukommende Werk verrichten könnte, wie des Dädalus Kunstwerke sich von selbst bewegten, oder die Dreifüße des Hephästos aus eignem Antrieb an die heilige Arbeit gingen, *wenn so die Weberschiffe von selbst webten,* so bedürfte es weder für den Werkmeister der Gehilfen, noch für die Herrn der Sklaven"[155]. Und *Antipatros,* ein griechischer Dichter aus der Zeit des Cicero, begrüßte die Erfindung der *Wassermühle* zum Mahlen des Getreides, diese Elementarform aller produktiven Maschinerie, als Befreierin der Sklavinnen und Herstellerin

153 Warum dieser immanente Widerspruch dem einzelnen Kapitalisten und daher auch der in seinen Anschauungen befangenen politischen Oekonomie nicht zum Bewußtsein kommt, wird man aus den ersten Kapiteln des dritten
226 Buchs ersehn.

154 Es ist eins der großen Verdienste *Ricardo's,* die Maschinerie nicht nur als Produktionsmittel von Waaren, sondern auch von „redundant population" begriffen zu haben.

155 *F. Biese: „Die Philosophie des Aristoteles."* Zweiter Band. Berl. 1842, p. 408.

des goldnen Zeitalters![156] „Die Heiden, ja die Heiden!“ Sie begriffen, wie der gescheidte Bastiat entdeckt hat, und schon vor ihm der noch klügere Mac Culloch, nichts | von politischer Oekonomie und Christenthum. Sie begriffen u. a. nicht, daß die Maschine das probateste Mittel zur Verlängerung des Arbeitstags ist. Sie entschuldigten etwa die Sklaverei des Einen als Mittel zur vollen menschlichen Entwicklung des Andern. Aber Sklaverei der Massen predigen, um einige rohe oder halbgebildete Parvenüs zu „eminent spinners“, „extensive sausage makers“ und „influential shoe black dealers“ zu machen, dazu fehlte ihnen das specifisch christliche Organ.

Die *maßlose Verlängerung des Arbeitstags*, welche die Maschinerie in 227
der Hand des Kapitals producirt, führt, wie wir sahen, später eine *Reaktion* der in ihrer Lebenswurzel bedrohten Gesellschaft herbei, und damit einen *gesetzlich beschränkten Normal-Arbeitstag*. Auf Grundlage des letztern entwickelt sich ein Phänomen, das uns schon früher begegnete, zu entscheidender Wichtigkeit – nämlich die *Intensifikation der Arbeit*. Bei der Analyse des absoluten Mehrwerths handelte es sich zunächst um die *extensive Größe* der Arbeit, während der Grad ihrer Intensivität als gegeben ¦ vorausgesetzt war. Wir haben jetzt den *Umschlag* dieser 228
extensiven in eine *intensive* oder *Gradgröße* zu betrachten.

Es ist selbstverständlich, daß mit dem Fortschritt des Maschinenwesens und der gehäuften Erfahrung einer eignen Klasse von Maschinenarbeitern die Geschwindigkeit und damit die Intensivität der Arbeit *naturwüchsig* zunehmen. So geht in England während eines halben Jahrhunderts die *Verlängerung des Arbeitstags* Hand in Hand

156 Ich gebe hier die Stolbergsche Uebersetzung des Gedichts, weil es ganz so wie die früheren Citate über Theilung der Arbeit den Gegensatz der antiken Anschauung zur modernen charakterisirt.

„Schonet der mahlenden Hand, o Müllerinnen, und schlafet
Sanft! es verkünde der Hahn euch den Morgen umsonst!
Däo hat die Arbeit der Mädchen den Nymphen befohlen,
Und itzt hüpfen sie leicht über die Räder dahin,
Daß die erschütterten Achsen mit ihren Speichen sich wälzen,
Und im Kreise die Last drehen des wälzenden Steins.
Laßt uns leben das Leben der Väter, und laßt uns der Gaben
Arbeitslos uns freuen, welche die Göttin uns schenkt.“

(„*Gedichte aus dem Griechischen übersetzt von Christian Graf zu Stolberg. Hamburg* 1782.“ [S. 312.])

mit der wachsenden *Intensivität der Fabrikarbeit.* Indeß begreift man, daß bei einer Arbeit, wo es sich nicht um vorübergehende Paroxysmen handelt, sondern um Tag aus, Tag ein wiederholte, regelmäßige Gleichförmigkeit, ein Knotenpunkt eintreten muß, wo Ausdehnung des Arbeitstags und Intensivität der Arbeit einander ausschließen, so daß die Verlängerung des Arbeitstags nur mit schwächerem Intensivitätsgrad der Arbeit und umgekehrt ein erhöhter Intensivitätsgrad nur mit Verkürzung des Arbeitstags verträglich bleibt. Sobald die allmälig anschwellende Empörung der Arbeiterklasse den Staat zwang, die Arbeitszeit gewaltsam zu verkürzen und zunächst der eigentlichen Fabrik einen Normal-Arbeitstag zu diktiren, von diesem Augenblick also, wo gesteigerte Produktion von Mehrwerth durch *Verlängerung des Arbeitstags* ein für allemal abgeschnitten war, warf sich das Kapital mit aller Macht und vollem Bewußt|sein auf die Produktion von *relativem Mehrwerth* durch beschleunigte Entwicklung des Maschinensystems. Gleichzeitig tritt eine Aenderung in dem Charakter des relativen Mehrwerths ein. Im Allgemeinen besteht die Produktionsmethode des relativen Mehrwerths darin, durch gesteigerte Produktivkraft der Arbeit den Arbeiter zu befähigen *mit derselben Arbeitsausgabe in derselben Zeit* mehr zu produciren. *Dieselbe Arbeitszeit* setzt nach wie vor dem Gesammtprodukt *denselben Werth* zu, obgleich dieser unveränderte Tauschwerth sich jetzt in mehr Gebrauchswerthen darstellt und daher der Werth der einzelnen Waare *sinkt.* Anders jedoch, sobald die gewaltsame *Verkürzung des Arbeitstags* mit dem ungeheuren Anstoß, den sie der *Entwicklung der Produktivkraft* und *der Oekonomisirung der Produktionsbedingungen* giebt, zugleich *vergrößerte Arbeitsausgabe in derselben Zeit,* erhöhte *Anspannung der Arbeitskraft,* dichtere Ausfüllung der Poren der Arbeitszeit, d. h. Kondensation der Arbeit dem Arbeiter zu einem *Grad* aufzwingt, der nur *innerhalb des verkürzten Arbeitstags* erreichbar ist. Diese Zusammenpressung einer größeren Masse Arbeit in eine gegebene Zeitperiode zählt jetzt als was sie ist, als *größeres Arbeitsquantum.* Neben das Maß der Arbeitszeit als „ausgedehnter Größe" tritt jetzt das Maß ihres *Verdichtungsgrads*[157]. Die

157 Es finden natürlich überhaupt Unterschiede in der Intensivität der Arbeiten *verschiedner Produktionszweige* statt. Diese kompensiren sich, wie schon *A. Smith* gezeigt hat, zum Theil durch jeder Arbeitsart eigne Nebenumstände. Einwirkung auf die Arbeitszeit als *Werthmaß* findet aber auch hier nur statt,

intensivere Stunde des ¦ zehnstündigen Arbeitstags enthält jetzt so viel oder mehr Arbeit, d. h. *verausgabte Arbeitskraft* als die porösere Stunde des zwölfstündigen Arbeitstags. Ihr Produkt hat daher so viel oder mehr Werth als das der poröseren 1⅕ Stunden. Abgesehn von der Erhöhung des relativen Mehrwerths durch die gesteigerte Produktivität der Arbeit, liefern jetzt z. B. 3⅓ Stunden Mehrarbeit auf 6⅔ Stunden nothwendiger Arbeit dem Kapitalisten dieselbe *Werthmasse* wie vorher 4 Stunden Mehrarbeit auf 8 Stunden nothwendiger Arbeit. |

Es fragt sich nun, wie wird die Arbeit *intensificirt*?

Die erste Wirkung des *verkürzten Arbeitstags* beruht auf dem selbstverständlichen Gesetz, daß die Wirkungsfähigkeit der Arbeitskraft im umgekehrten Verhältniß zu ihrer Wirkungszeit steht. Es wird daher, innerhalb gewisser Grenzen, am Grad der Kraftäußerung gewonnen, was an ihrer Dauer verloren geht. Daß der Arbeiter aber auch wirklich mehr Arbeitskraft *flüssig macht*, dafür sorgt das Kapital durch die Methode der Zahlung[158]. In *Manufakturen*, der Töpferei z. B., wo die Maschinerie keine oder unbedeutende Rolle spielt, hat die Einführung des Fabrikgesetzes schlagend bewiesen, daß *bloße Verkürzung des Arbeitstags* die Regelmäßigkeit, Gleichförmigkeit, Ordnung, Kontinuität und Energie der Arbeit wundervoll erhöht[159]. Diese Wirkung schien jedoch zweifelhaft in der *eigentlichen Fabrik*, weil die Abhängigkeit des Arbeiters von der kontinuirlichen und gleichförmigen Bewegung der Maschine hier längst die strengste Disciplin geschaffen hatte. Als daher 1844 die Herabsetzung des Arbeitstags unter 12 Stunden verhandelt ward, erklärten die Fabrikanten fast einstimmig, „ihre Aufseher paßten in den verschiednen Arbeitsräumen auf, daß die Hände keine Zeit verlören", „der Grad der Wachsamkeit und Aufmerksamkeit auf Seiten der Arbeiter („the extent of vigilance and attention on the part of the workmen") sei kaum steigerungsfähig", und alle anderen Umstände, wie Gang der Maschinerie u. s. w. als *gleichbleibend* vorausgesetzt, „sei es daher Unsinn in wohlgeführten Fabriken von der gesteigerten Aufmerksamkeit u. s. w. der Arbeiter irgend ein erkleckliches Resultat zu

soweit *intensive und extensive Größe* sich als entgegengesetzte und einander 229
ausschließende Ausdrücke *desselben Arbeitsquantums* darstellen.

158 Namentlich durch den Stücklohn, eine Form, die im nächsten Kapitel entwickelt wird.

159 Sieh *„Reports of Insp. of Fact. for 31st Oct. 1865."*

erwarten"[160]. Diese Behauptung ward durch *Experimente* widerlegt. Herr *R. Gardner* ließ in seinen zwei großen Fabriken zu Preston vom 20. April 1844 an statt 12 nur noch 11 Stunden per Tag arbeiten. Nach ungefähr Jahresfrist ergab sich das Resultat, daß „dasselbe Quantum Produkt zur selben Kost erhalten ward, und sämmtliche Arbeiter in 11 Stunden eben so viel Arbeits¦lohn verdienten, | wie früher in 12"[161]. Ich übergehe hier die Experimente in den Spinn- und Kardirräumen, weil sie mit Zunahme in der Geschwindigkeit der Maschinerie (um 2 %) verbunden waren. In dem Webedepartement dagegen, wo zudem *sehr verschiedene Sorten* leichter, figurenhaltiger Phantasieartikel gewebt wurden, fand durchaus keine Aenderung in den *objektiven* Produktionsbedingungen statt. Das Resultat war: „Vom 6. Januar bis 20. April 1844, mit zwölfstündigem Arbeitstag, wöchentlicher Durchschnittslohn jedes Arbeiters 10 sh. 1½ d., vom 20. April bis 29. Juni 1844, mit elfstündigem Arbeitstag, wöchentlicher Durchschnittslohn 10 sh. 3½ d."[162]. Es wurde hier in 11 Stunden mehr producirt als früher in 12, ausschließlich in Folge größerer gleichmäßiger Ausdauer der Arbeiter und Oekonomie ihrer Zeit. Während sie denselben Lohn empfingen und 1 Stunde freie Zeit gewannen, erhielt der Kapitalist dieselbe Produktenmasse und sparte Verausgabung von Kohle, Gas u. s. w. für eine Stunde. Aehnliche Experimente wurden mit gleichem Erfolg in den Fabriken der Herren Horrocks und Jacson ausgeführt[163].

Sobald die *Verkürzung des Arbeitstags*, welche zunächst die *subjektive* Bedingung der Kondensation der Arbeit schafft, nämlich die Fähigkeit des Arbeiters mehr Kraft in gegebner Zeit flüssig zu machen, *zwangsgesetzlich* wird, wandelt sich die Maschine in der Hand des Kapitals zum *objektiven und systematisch angewandten Mittel* mehr Arbeit in derselben Zeit zu erpressen. Es geschieht dieß in doppelter Weise, durch

160 *„Reports of Insp. of Fact. for 1844 and the quarter ending 30th April 1845"*, p. 20, 21.

161 l. c. p. 19. Da der Stücklohn derselbe blieb, hing die Höhe des Wochenlohns vom Quantum des Produkts ab.

162 l. c. p. 20.

163 l. c. p. 21. Das moralische Element spielte bedeutende Rolle in den oben erwähnten Experimenten. "We", erklärten die Arbeiter dem Fabrikinspektor, "we work with more spirit, we have the reward ever before us of getting away sooner at night, and one active and cheerful spirit pervades the whole mill, from the youngest piecer to the oldest hand, and we can greatly help each other." (l. c.)

die *erhöhte Geschwindigkeit der Maschinen* und *den erweiterten Umfang* der von demselben Arbeiter zu überwachenden Maschinerie oder seines Arbeitsfeldes. Verbesserte Konstruktion der Maschinerie ist theils nothwendig zur Ausübung des größeren Drucks auf den Arbeiter, theils begleitet sie von selbst die Inten|sifikation der Arbeit, weil die Schranke des Arbeitstags den Kapitalisten zu strengstem Haushalt der Produktionskosten zwingt. Die Verbesserung der Dampfmaschine erhöht die Anzahl ihrer Kolbenschläge in einer Minute und erlaubt zugleich, durch größere Oekonomie der Kraft, einen umfangreicheren Mechanismus mit demselben Motor zu treiben, bei gleichbleibendem oder selbst fallendem Kohlenverzehr. Die Verbesserung des Transmissionsmechanismus vermindert die Friktion und, was die moderne Maschinerie so augenfällig vor der älteren auszeichnet, reducirt ¦ Durchmesser und Gewicht der großen und kleinen Wellenbäume auf ein stets fallendes Minimum. Die Verbesserungen der Arbeitsmaschinerie endlich *vermindern* bei erhöhter Geschwindigkeit und ausgedehnterer Wirkung ihren Umfang, wie beim modernen Dampfwebstuhl, oder *vergrößern* mit dem Rumpf Umfang und Zahl der von ihr geführten Werkzeuge, wie bei der Spinnmaschine, oder vermehren die Beweglichkeit dieser Werkzeuge durch unscheinbare Detailveränderung, wie durch solche bei der selfacting mule vor etwa 10 Jahren die Geschwindigkeit der Spindeln um ⅕ gesteigert wurde.

Die Verkürzung des Arbeitstags *auf 12 Stunden* datirt in England von 1832. Schon 1836 erklärte ein englischer Fabrikant: „Verglichen mit früher ist die Arbeit, die in den Fabriken zu verrichten, sehr gewachsen, in Folge der größeren Aufmerksamkeit und Thätigkeit, welche die bedeutend vermehrte Geschwindigkeit der Maschinerie vom Arbeiter erheischt"[164]. Im Jahr 1844 machte Lord *Ashley*, jetzt Graf Shaftesbury, folgende dokumentarisch belegte Aufstellungen im Hause der Gemeinen:

„Die Arbeit der in den Fabrikprozessen Beschäftigten ist jetzt dreimal so groß, als bei der Einführung solcher Operationen. Die Maschinerie hat zweifelsohne ein Werk verrichtet, welches die Sehnen und Muskeln von Millionen Menschen ersetzt, aber sie hat auch erstaunlich (prodigiously) die Arbeit der durch ihre furchtbare Bewegung beherrschten Menschen vermehrt. … Die Arbeit einem Paar Mules während

164 *John Fielden* l. c. p. 32.

12 Stunden auf- und abzufolgen, zum Spinnen von Garn №. 40, bedang im Jahre 1815 die Nothwendigkeit einer Reise von 8 Meilen. Im Jahre 1832 betrug die im Gefolge eines Mulepaars, zum Spinnen derselben Nummer, während 12 Stunden zu durchreisende Distanz 20 Meilen und oft mehr. Im Jahre 1825 hatte der Spinner während 12 Stunden 820 Auszüge an jeder Mule | zu machen, was eine Gesammtsumme von 1640 für 12 Stunden ergab. Im Jahre 1832 hatte der Spinner während seines zwölfstündigen Arbeitstags an jeder Mule 2200 Auszüge zu machen, zusammen 4400, im Jahre 1844 an jeder Mule 2400, zusammen 4800; und in einigen Fällen ist die erheischte Arbeitsmasse (amount of labour) noch größer. … Ich habe hier ein andres Dokument von 1842 in der Hand, worin nachgewiesen wird, daß *die Arbeit progressiv zunimmt*, nicht nur, weil eine größere Entfernung zu durchreisen ist, sondern weil die Quantität der producirten Waaren sich vermehrt, während die Hände proportionell abnehmen; und ferner, weil nun oft eine schlechtere Baumwolle gesponnen wird, die mehr Arbeit erfordert. … Im Kardirraum hat auch große Zunahme der Arbeit stattgefunden. Eine Person thut jetzt die Arbeit, die früher zwischen zwei vertheilt war. In der Weberei, worin eine große Anzahl Personen, meist weiblichen Geschlechts beschäftigt ist, ist die Arbeit während der letzten Jahre um volle 10 % gewachsen, in Folge der vermehrten ¦ Geschwindigkeit der Maschinerie. Im Jahre 1838 war die Zahl der hanks, die wöchentlich gesponnen wurde, 18 000, im Jahre 1843 belief sie sich auf 21 000. Im Jahr 1819 war die Zahl der picks beim Dampfwebstuhl 60 per Minute, im Jahre 1842 betrug sie 140, was einen großen Zuwachs von Arbeit anzeigt“ [165].

Angesichts dieser merkwürdigen Intensivität, welche die Arbeit unter der Herrschaft des Zwölfstundengesetzes bereits 1844 erreicht hatte, schien damals die Erklärung der englischen Fabrikanten berechtigt: jeder weitere Fortschritt in dieser Richtung sei unmöglich, daher jede weitere Abnahme der Arbeitszeit identisch mit Abnahme der Produktion. Die scheinbare Richtigkeit ihres Raisonnements wird am besten bewiesen durch folgende gleichzeitige Aeußerung ihres rastlosen Censors, des Fabrikinspektors *Leonard Horner*:

„Da die producirte Quantität hauptsächlich geregelt wird durch die Geschwindigkeit der Maschinerie, muß es das Interesse des Fabrikanten

165 *Lord Ashley* l. c. p. 6–9 passim.

sein, sie mit dem äußersten Geschwindigkeitsgrad zu treiben, der mit folgenden Bedingungen vereinbar ist: Bewahrung der Maschinerie vor zu raschem Verderb, Erhaltung der Qualität des fabricirten Artikels, und Fähigkeit des Arbeiters der Bewegung zu folgen ohne größere Anstren|gung als er kontinuirlich leisten *kann.* Es ereignet sich oft, daß der Fabrikant in seiner Hast die Bewegung zu sehr beschleunigt. Brüche und schlechtes Machwerk wiegen dann die Geschwindigkeit mehr als auf und er ist gezwungen den Gang der Maschinerie zu mäßigen. Ich schloß daher, da ein aktiver und einsichtsvoller Fabrikant das sichre Maximum ausfindet, daß es unmöglich ist in 11 Stunden so viel zu produciren als in 12. Ich nahm außerdem an, daß der per Stücklohn bezahlte Arbeiter sich auf's äußerste anstrengt, soweit er denselben Arbeitsgrad kontinuirlich aushalten kann"[166]. *Horner* schloß daher, trotz der Experimente von Gardner u. s. w., daß eine *weitere Herabsetzung des Arbeitstags unter 12 Stunden die Quantität des Produkts vermindern müsse*[167]. Er selbst citirt 10 Jahre später sein Bedenken von 1845 zum Beweis, wie wenig er damals noch die *Elasticität* der Maschinerie und der *menschlichen Arbeitskraft,* die beide gleichmäßig durch die *zwangsweise Verkürzung des Arbeitstags* aufs Höchste gespannt werden, begriffen habe.

Kommen wir nun zur *Periode nach 1847,* seit Einführung des *Zehnstundengesetzes* in die englischen Baumwoll-, Woll-, Seiden- und Flachsfabriken.

„Die Geschwindigkeit der Spindeln ist auf Throstles um 500, auf Mules um 1000 Drehungen in einer Minute gewachsen, d. h. die Geschwindigkeit der Throstlespindel, die 1839 4500 Drehungen in einer Minute zählte, ¦ beträgt nun (1862) 5000, und die der Mulespindel, die 5000 zählte, beträgt jetzt 6000 in der Minute; dieß beläuft sich im ersten Fall auf ⅒ und im zweiten auf ⅙ zusätzlicher Geschwindigkeit"[168]. *James Nasmyth,* der berühmte Civilingenieur von Patricroft, bei Manchester, setzte 1852 in einem Brief an Leonard Horner die von 1848–1852 gemachten Verbesserungen in der Dampfmaschine auseinander. Nachdem er bemerkt, daß die Dampfpferdekraft, in der officiellen Fabrikstatistik fortwährend geschätzt nach ihrer Wirkung im

166 *„Reports of Insp. of Fact. for 1845"*, p. 20.
167 l. c. p. 22.
168 *Reports of Insp. of Fact. for 31st Oct. 1862"*, p. 62.

Jahr 1828[169], nur noch | *nominell* ist und nur als Index der wirklichen Kraft dienen kann, sagt er u. a.: „Es unterliegt keinem Zweifel, daß Dampfmaschinerie von demselben Gewicht, oft dieselben identischen Maschinen, an denen nur die modernen Verbesserungen angebracht sind, im Durchschnitt 50 % mehr Werk als früher verrichten, und daß in vielen Fällen dieselben identischen Dampfmaschinen, die in den Tagen der beschränkten Geschwindigkeit von 220 Fuß per Minute 50 Pferdekraft lieferten, heute, mit vermindertem Kohlenkonsum über 100 liefern. … Die moderne Dampfmaschine von derselben nominellen Pferdekraft wird mit viel größerer Gewalt als früher getrieben, in Folge der Verbesserungen in ihrer Konstruktion, vermindertem Umfang und Bau der Dampfkessel u. s. w. … Obgleich daher *dieselbe Händezahl* wie früher im Verhältniß zur nominellen Pferdekraft beschäftigt wird, werden *weniger Hände verwandt im Verhältniß zur Arbeitsmaschinerie*"[170]. Im Jahr 1850 verwandten die Fabriken des Vereinigten Königreichs 134 217 nominelle Pferdekraft zur Bewegung von 25 638 716 Spindeln und 301 445 Webstühlen. Im Jahr 1856 betrug die Zahl der Spindeln und Webstühle respective 33 503 580 und 369 205. Wäre die erheischte Pferdekraft dieselbe geblieben wie 1850, so waren 1856: 175 000 Pferdekraft nöthig. Sie betrug aber nach dem officiellen Ausweis nur 161 435, also über 10 000 Pferdekraft weniger, als wenn man nach der Basis von 1850 rechnet[171]. „Die durch den letzten Return von 1856 (officielle Statistik) festgestellten Thatsachen sind, daß das Fabriksystem reißend rasch um sich greift, *die Zahl der Hände im Verhältniß zur Maschinerie abgenommen hat,* die Dampfmaschine durch Oekonomie der Kraft und andre Methoden ein größeres Maschinengewicht treibt, und ein vermehrtes Quantum Machwerk erzielt wird in Folge verbesserter Arbeitsmaschinen, ¦ veränderter Methoden der Fabrika-

169 Dieß hat sich geändert mit dem „Parliamentary Return" von 1862. Hier tritt die wirkliche Dampfpferdekraft der modernen Dampfmaschinen und Wasserräder an die Stelle der nominellen. Auch sind die Dublirspindeln nicht mehr zusammengeworfen mit den eigentlichen Spinnspindeln (wie in den „Returns" von 1839, 1850 und 1856); ferner ist für die Wollfabriken die Zahl der „gigs" hinzugefügt, Scheidung eingeführt zwischen Jute- und Hanffabriken einerseits, Flachsfabriken andrerseits, endlich zum erstenmal die Strumpfwirkerei in den Bericht aufgenommen.

170 *„Reports of Insp. of Fact. for 31st Oct. 1856"*, p. 14, 20.

171 l. c. p. 14, 15.

tion, erhöhter Geschwindigkeit der Ma|schinerie und vieler andrer Ursachen"[172]. „Die großen in Maschinen jeder Art eingeführten Verbesserungen haben deren Produktivkraft sehr gesteigert. Ohne allen Zweifel gab die *Verkürzung des Arbeitstags* … den Stachel zu diesen Verbesserungen. Letztere und die *intensivere Anstrengung des Arbeiters* bewirkten, daß *wenigstens eben so viel Machwerk in dem* (um zwei Stunden oder ⅙) *verkürzten Arbeitstag als früher während des längeren geliefert wird*"[173].

Wie die Bereicherung der Fabrikanten mit der intensiveren Ausbeutung der Arbeitskraft zunahm, beweist schon der eine Umstand, daß das durchschnittliche Wachsthum der englischen Baumwollen- u. s. w. -Fabriken von 1838 bis 1850 32, von 1850 bis 1856 dagegen 86 jährlich betrug.

So groß in den 8 Jahren 1848 bis 1856, unter der Herrschaft des zehnstündigen Arbeitstags, der Fortschritt der englischen Industrie, wurde er wieder weit überflügelt in der folgenden sechsjährigen Periode von 1856 bis 1862. In der *Seidenfabrik* z. B. 1856: Spindeln 1 093 799, 1862: 1 388 544; 1856: Webstühle 9 260 und 1862: 10 709. Dagegen 1856: Arbeiteranzahl 56 137 und 1862: 52 429. Dieß ergiebt *Zunahme* der Spindelzahl 26,9 % und der Webstühle 15,6 % mit *gleichzeitiger Abnahme der Arbeiteranzahl* um 7 %. Im Jahre *1850* wurden in der *Worsted-Fabrik* angewandt 875 830 Spindeln, *1856*: 1 324 549 (Zunahme von 51,2 %) und *1862*: 1 289 172 (Abnahme von 2,7 %). Zählt man aber die Dublirspindeln ab, die in der Aufzählung für das Jahr 1856 figuriren, aber nicht für 1862, so blieb die Anzahl der Spindeln seit 1856 ziemlich stationär. Dagegen ward seit 1850 in vielen Fällen die Geschwindigkeit der Spindeln und Webstühle *verdoppelt.* Die Zahl der Dampfwebstühle in der Worsted-Fabrik *1850*: 32 617, *1856*: 38 956 und *1862*: 43 048. Es waren dabei beschäftigt *1850*: 79 737 Personen, *1856*: 87 794 und *1862*: 86 063, aber davon *Kinder unter 14 Jahren 1850*: 9 956, *1856*: 11 228 und *1862*: 13 178. Trotz sehr vermehrter Anzahl | der Webstühle, 1862 verglichen mit 1856, nahm also die *Gesammtzahl* der beschäftigten Arbeiter ab, die der exploitirten *Kinder* zu[174].

172 l. c. p. 20.

173 *„Reports etc. for 31st Oct. 1858"*, p. 10. Vgl. *„Reports* etc. *for 30th April 1860"*, p. 30 sqq.

174 *„Reports of Insp. of Fact. for 31st Oct. 1862"*, p. 100, 103, 129 u. 130.

Am *27. April 1863* erklärte das Parlamentsmitglied *Ferrand* im Unterhause: „Arbeiterdelegirte von 16 Distrikten von Lancashire und Cheshire, in deren Auftrag ich spreche, haben mir mitgetheilt, daß die Arbeit in den Fabriken in Folge der Verbesserung in der Maschinerie beständig wachse. Statt daß früher eine Person mit Gehilfen zwei Webstühle bediente, bedient sie jetzt drei ohne Gehilfen und es ist gar nichts ungewöhnliches, daß eine Person ihrer vier bedient u. s. w. *Zwölf Stunden Arbeit,* wie aus den mitgetheilten Thatsachen hervorgeht, werden jetzt *in weniger als 10 Arbeitsstunden ¦ gepreßt.* Es ist daher selbstverständlich, in welchem ungeheuren Umfang die Mühen der Fabrikarbeiter sich seit den letzten Jahren vermehrt haben“[175].

Obgleich daher die Fabrikinspektoren die günstigen Resultate der Fabrikgesetze von 1844 und 1850 unermüdlich und mit vollem Recht lobpreisen, gestehen sie doch, daß die Verkürzung des Arbeitstags bereits eine die Gesundheit der Arbeiter, also *die Arbeitskraft selbst* zerstörende Kondensation der Arbeit hervorgerufen habe. „In den meisten Baumwoll-, Worsted- und Seidenfabriken scheint der erschöpfende Zustand von Aufregung, nöthig für die Arbeit an der Maschinerie, deren Bewegung in den letzten Jahren so außerordentlich beschleunigt worden ist, eine der Ursachen des Ueberschusses der Sterblichkeit an Lungenkrankheiten, den Dr. Greenhow in seinem jüngsten bewundernswerthen Bericht nachgewiesen hat“[176]. Es unterliegt nicht dem geringsten Zweifel, daß die Tendenz des Kapitals, sobald ihm *Verlängerung* des Arbeitstags ein für allemal durch das Gesetz abgeschnitten ist, sich durch systematische Steigerung des *Intensivitätsgrads* der Arbeit gütlich zu thun und jede Verbesserung der Maschinerie in ein *Mittel* zu größerer Aussaugung der | Arbeitskraft zu verkehren, bald wieder zu einem Wendepunkt treiben muß, wo abermalige Abnahme der Arbeitsstunden unvermeidlich wird[177]. Andrerseits überflügelt der Sturmmarsch der englischen Industrie von 1848 bis zur Gegenwart, d. h.

175 Mit dem modernen Dampfwebstuhl fabricirt ein Weber jetzt in 60 Stunden per Woche auf 2 Stühlen 26 Stück einer gewissen Art von bestimmter Länge und Breite, wovon er auf dem alten Dampfwebstuhl nur 4 fabriciren konnte. Die Webkosten eines solchen Stücks waren schon Anfang der 1850er Jahre von 2 sh. 9 d. auf 5⅛ d. gefallen.

176 *„Reports of Insp. of Fact. for 31st Oct. 1861“*, p. 25, 26.

177 Die Achtstundenagitation hat jetzt (1867) in Lancashire unter den Fabrikarbeitern begonnen.

während der *Periode des zehnstündigen Arbeitstags*, noch weit mehr die Zeit von 1833 bis 1847, d. h. die *Periode des zwölfstündigen* Arbeitstags, als letztre das halbe Jahrhundert seit Einführung des Fabriksystems, d. h. die *Periode des unbeschränkten Arbeitstags*[178]. ¦|

178 Folgende wenige Zahlen zeigen den Fortschritt der eigentlichen „Factories" im U. Kingd. seit 1848:

	Export. Quantität. 1848.		Export. Quantität. 1851.		Export. Quantität. 1860.		Export. Quantität. 1865.	
Baumwollfabrik.								
Baumwollgarn	l.	135 831 162	l.	143 966 106	l.	197 343 655	l.	103 751 455
Nähgarn	l.		l.	4 392 176	l.	6 297 554	l.	4 648 611
Baumwollgewebe	y.	1 091 373 930	y.	1 543 161 789	y.	2 776 218 427	y.	2 015 237 851
Flachs- u. Hanffabrik.								
Garn	l.	11 722 182	l.	18 841 326	l.	31 210 612	l.	36 777 334
Gewebe	y.	88 901 519	y.	129 106 753	y.	143 996 773	y.	247 012 329
Seidenfabrik.								
Kettengarn, Zwist, Garn	l.	194 815	l.	462 513	l.	897 402	l.	812 589
Gewebe	y.		l.	1 181 455	l.	1 307 293	y.	2 869 837
Wollfabrik.								
Wollen- u. Worsted-Garn	l.		l.	14 670 880	l.	27 533 968	l.	31 669 267
Gewebe	y.		y.	151 231 153	y.	190 371 537	y.	278 837 418

	Export. Werth. 1848.	Export. Werth. 1851.	Export. Werth. 1860.	Export. Werth. 1865.
Baumwollfabrik.				
	Pfd. St.	Pfd. St.	Pfd. St.	Pfd. St.
Baumwollgarn	5 927 831	6 634 026	9 870 875	10 351 049
Baumwollgewebe	16 753 369	23 454 810	42 141 505	46 903 796
Flachs- u. Hanffabrik.				
Garn	493 449	951 426	1 801 272	2 505 497
Gewebe	2 802 789	4 107 396	4 804 803	9 155 358
Seidenfabrik.				
Kettengarn, Zwist, Garn	77 789	196 380	826 107	768 064
Gewebe		1 130 398	1 587 303	1 409 221
Wollfabrik.				
Wollen- u. Worsted-Garn	776 975	1 484 544	3 843 450	5 424 047
Gewebe	5 733 828	8 377 183	12 156 998	20 102 259

(Sieh die Blaubücher: „*Statistical Abstract for the U. Kingd.*" Nr. 8 und Nr. 13. *Lond.* 1861 und 1866.)

In Lancashire vermehrten sich die Fabriken zwischen 1839 und 1850 nur um 4 %, zwischen 1850 und 1856 um 19 %, zwischen 1856 und 1862 um 33 %, während in beiden elfjährigen Perioden die Zahl der beschäftigten Personen absolut zunahm, relativ fiel. *Cf. Reports of Insp. of Fact. for 31st Oct. 1862*, p. 63. In Lancashire herrscht die Baumwollfabrik vor. Welchen proportionellen Raum sie aber in der Fabrikation von Garn und Gewebe überhaupt einnimmt, sieht man daraus, daß auf sie allein von allen derartigen Fabriken in England, Wales, Schott-

Wir betrachteten im Beginn dieses Kapitels den *Leib* der Fabrik, die Gliederung des Maschinensystems. Wir sahen dann, wie die Maschinerie das menschliche Exploitationsmaterial des Kapitals vermehrt durch Aneignung der Weiber- und Kinderarbeit, wie sie die ganze Lebenszeit des Arbeiters confiscirt durch maßlose Ausdehnung des Arbeitstags, und wie ihr Fortschritt, der ein ungeheuer wachsendes Produkt in stets kürzerer Zeit zu liefern erlaubt, endlich zum *Mittel* umschlägt in *jedem Zeitmoment mehr Arbeit flüssig zu machen* oder *die Arbeitskraft stets intensiver auszubeuten.* Wir wenden uns nun zum *Fabrikganzen,* und zwar in seiner ausgebildetsten Gestalt.

Dr. Ure, der Pindar der automatischen Fabrik, beschreibt sie einerseits als „*Cooperation* verschiedener Klassen von Arbeitern, erwachsnen und nicht erwachsnen, die mit Gewandtheit und Fleiß ein System produktiver Maschinerie überwachen, das ununterbrochen durch eine Centralkraft (den ersten Motor) in Thätigkeit gesetzt wird", andrerseits als „*einen ungeheuren Automaten,* zusammengesetzt aus zahllosen mechanischen und selbstbewußten Organen, die im Einverständniß und ohne Unterbrechung wirken, um einen und denselben Gegenstand zu produciren, so daß alle diese Organe *einer* Bewegungskraft *untergeordnet* sind, die sich von selbst bewegt". Diese beiden Ausdrücke sind keineswegs identisch. In dem einen erscheint der kombinirte Gesammtarbeiter oder gesellschaftliche Arbeitskörper als über¦greifendes
230 Subjekt und der mechanische Automat als Objekt; in dem andern ist der Automat selbst das Subjekt und die Arbeiter sind seinen bewußtlosen Organen nur | als bewußte Organe *beigeordnet* und mit den mechanischen Organen der centralen Bewegungskraft *untergeordnet.* Der erstere Ausdruck gilt von jeder möglichen Anwendung der Maschinerie im Großen, der andre charakterisirt ihre *kapitalistische Anwendung* und daher *das moderne Fabriksystem.* Ure liebt es daher auch die Centralmaschine, von der die Bewegung ausgeht, nicht nur als *Automat,* sondern als *Autokrat* darzustellen. „In diesen großen Werkstätten versammelt die wohlthätige Macht des Dampfes ihre Myriaden *von Unterthanen* um sich"[179].

land und Irland 45,2 % fallen, von allen Spindeln des U. Kingd. 83,3 %, von allen Dampfwebstühlen 81,4 %, von aller sie bewegenden Dampfpferdekraft 72,6 % und von der Gesammtzahl der beschäftigten Personen 58,2 %. (l. c. p. 62, 63.)

179 *Ure* l. c. t. I, p. 19, 20, 26.

Mit dem Arbeitswerkzeug geht auch die Virtuosität in seiner Führung vom Arbeiter auf die Maschine über. Die Leistungsfähigkeit des Werkzeugs ist emancipirt von den persönlichen Schranken menschlicher Arbeitskraft. Damit ist die *technologische Grundlage aufgehoben, worauf die Theilung der Arbeit in der Manufaktur beruht.* An die Stelle der sie charakterisirenden *Hierarchie* der spezialisirten Arbeiter tritt daher in der automatischen Fabrik die *Tendenz der Gleichmachung oder Nivellirung der Arbeiten,* welche die Gehilfen der Maschinerie zu verrichten haben[180], an die Stelle der künstlich erzeugten Unterschiede der Theilarbeiter treten vorwiegend die natürlichen Unterschiede des Alters und Geschlechts.

Soweit in der automatischen Fabrik die *Theilung der Arbeit* wiedererscheint, ist sie zunächst *Vertheilung von Arbeitern unter die spezialisirten Maschinen,* und von Arbeitermassen, die jedoch keine kombinirten Gruppen bilden, unter die verschiedenen Departements der Fabrik, wo sie an neben einander gereihten gleichartigen Werkzeugmaschinen arbeiten, also nur *einfache Cooperation* unter ihnen stattfindet. Die kombinirte Gruppe der Manufaktur ist ersetzt durch den Zusammenhang des Hauptarbeiters mit wenigen Gehilfen. Die wesentliche Scheidung ist die von Arbeitern, die wirklich an den Werkzeugmaschinen beschäftigt sind (es kommen hiezu einige Arbeiter zur Bewachung, resp. Fütterung der Bewegungsmaschine) und von *bloßen Handlangern* (fast ausschließlich Kinder) dieser Maschinenarbeiter. Zu den Handlangern zählen mehr oder minder alle „feeders" (die den Ma|schinen bloß Arbeitsstoff darreichen). Neben diese Hauptklassen tritt ein numerisch unbedeutendes Personal, das mit der Kontrole der gesammten Maschinerie und ihrer beständigen Reparatur beschäftigt ist, wie Ingenieure, Mechaniker, Schreiner u. s. w. Es ist eine höhere, theils wissenschaftlich gebildete, theils handwerksmäßige Arbeiterklasse, außerhalb ¦ des Kreises der Fabrikarbeiter und ihnen nur aggregirt[181]. Diese Theilung der Arbeit ist *rein technologisch.*

180 l. c. p. 31, 32. Vgl. *Karl Marx* l. c. p. 140, 141.

181 Es ist charakteristisch für die Absicht des statistischen Betrugs, die auch sonst noch im Detail nachweisbar wäre, wenn die englische Fabrikgesetzgebung die zuletzt im Text erwähnten Arbeiter ausdrücklich als *Nicht-Fabrikarbeiter* von ihrem Wirkungskreis ausschließt, andrerseits die vom Parlament veröffentlichten „Returns" ebenso ausdrücklich nicht nur Ingenieure, Mechaniker u. s. w., sondern auch Fabrikdirigenten, Commis, Ausläufer, Lageraufseher, Verpacker u. s. w., kurz

Alle Arbeit an der Maschine erfordert frühzeitigen Einbruch des Arbeiters, damit er seine eigne Bewegung der gleichförmig kontinuirlichen Bewegung eines Automaten anpassen lerne. Soweit die Gesammtmaschinerie selbst ein System *verschiedenartiger*, gleichzeitig wirkender und kombinirter Maschinen bildet, erfordert die auf ihr beruhende Cooperation nicht minder *Vertheilung* besondrer Arbeiter unter die besonderten Maschinen. Aber der Maschinenbetrieb hebt die Nothwendigkeit auf diese Vertheilung manufakturmäßig zu *befestigen* durch fortwährende Aneignung derselben Arbeiter an dieselbe Funktion[182]. Da die Gesammtbewegung der Fabrik nicht vom Arbeiter ausgeht, sondern von der Maschine, kann fortwährender Personenwechsel stattfinden ohne Unterbrechung des Arbeitsprozesses. Den schlagendsten Beweis hierzu liefert das während der englischen Fabrikantenrevolte von 1848–50 ins Werk gesetzte Relaissystem. Die Geschwindigkeit endlich, womit die Arbeit an der Maschine im jugendlichen Alter erlernt wird, beseitigt | ebenso die Nothwendigkeit, eine besondre Klasse Arbeiter ausschließlich zu Maschinenarbeitern zu machen[183]. Die Dienste der bloßen Handlanger aber sind in der Fabrik großentheils durch

alle Leute, mit Ausschluß des Fabrikeigenthümers selbst, in die Kategorie der *Fabrikarbeiter* einschließt.

182 Ure giebt dieß zu. Er sagt, daß die Arbeiter „im Nothfall" nach dem Willen des Dirigenten von einer Maschine zur andern versetzt werden können und ruft triumphirend aus: „Dergleichen Wechsel steht im offnen Widerspruch mit der alten Routine, die die Arbeit theilt und dem einen Arbeiter die Aufgabe zuweist, den Kopf einer Stecknadel zu façonniren, dem andern ihre Spitze zu schleifen." Er hätte sich vielmehr fragen sollen, warum diese „alte Routine" in der automatischen Fabrik nur „im Nothfall" verlassen wird?

183 Wenn Noth an Mann ist, wie z. B. während des amerikanischen Bürgerkriegs, wird der Fabrikarbeiter ausnahmsweis vom Bourgeois zu den gröbsten Arbeiten, wie Straßenbau u. s. w. verwandt. Die englischen *„ateliers nationaux"* des Jahres 1862 sq. für die beschäftigungslosen Baumwollarbeiter unterschieden sich dadurch von den französischen von 1848, daß in diesen der Arbeiter auf Kosten des Staats unproduktive Arbeiten, in jenen zum Vortheil des Bourgeois produktive städtische Arbeiten und zwar *wohlfeiler* als die regelmäßigen Arbeiter, mit denen er so in Konkurrenz geworfen ward, zu verrichten hatte. "The physical appearance of the cotton operatives is unquestionably improved. This I attribute … as to the men, to *outdoor* labour on public works." (Es handelt sich hier von den Preston-Fabrikarbeitern, die am „Preston Moor" beschäftigt wurden.) (*„Rep. of Insp. of Fact. Oct. 1863"*, p. 59.)

Maschinen ersetzbar[184], theils erlauben sie andrerseits wegen ihrer völligen ¦ Einfachheit raschen und beständigen Wechsel der mit dieser Plackerei belasteten Personen.

Obgleich nun die Maschinerie das alte System der Theilung der Arbeit technologisch über den Haufen wirft, schleppt es sich zunächst als Tradition der Manufaktur gewohnheitsmäßig in der Fabrik fort, um dann *systematisch* vom Kapital als Exploitationsmittel der Arbeitskraft in noch ekelhafterer Form reproducirt und befestigt zu werden. Aus der lebenslangen Specialität ein Theilwerkzeug zu führen, wird die lebenslange Specialität einer Theilmaschine zu dienen. Die Maschinerie wird *mißbraucht*, um den Arbeiter selbst von Kindesbeinen in den Theil 231
einer Theilmaschine zu verwandeln[185]. Nicht nur werden so die zu seiner eignen Reproduktion nöthigen Kosten bedeutend vermindert, sondern zugleich seine hilflose Abhängigkeit vom Fabrikganzen, also vom Kapitalisten, vollendet. Hier wie überall muß man unterscheiden zwischen der größern Produktivität, die der Entwicklung des gesellschaftlichen Produktions|prozesses, und der größern Produktivität, die seiner kapitalistischen Ausbeutung geschuldet ist.

In Manufaktur und Handwerk bedient sich der Arbeiter des Werkzeugs, in der Fabrik dient er der Maschine. Dort geht von ihm die Bewegung des Arbeitsmittels aus, dessen Bewegung er hier zu folgen hat. In der Manufaktur bilden die Arbeiter Glieder eines lebendigen Mechanismus. In der Fabrik existirt ein todter Mechanismus unabhängig von ihnen und sie werden ihm als lebendige Anhängsel einverleibt. „Der trübselige Schlendrian einer endlosen Arbeitsqual, worin derselbe mechanische Prozeß immer wieder durchgemacht wird, gleicht der Arbeit des Sisyphus; die Last der Arbeit, gleich dem Felsen, fällt immer wieder auf den abgematteten Arbeiter zurück“[186]. Während

184 Beispiel: Die verschiednen mechanischen Apparate, die zum Ersatz von Kinderarbeit seit dem Gesetz von 1844 in der Wollfabrik eingeführt wurden. Sobald die Kinder der Herrn Fabrikanten selbst ihre „Schule“ als Handlanger der Fabrik durchzumachen haben, wird dieß fast noch unangebaute Gebiet der Mechanik bald einen merkwürdigen Aufschwung nehmen.

185 Man würdigt daher den fabelhaften Einfall *Proudhon's*, der die Maschinerie nicht als Synthese von Arbeitsmitteln, sondern als Synthese von Theilarbeiten für die Arbeiter selbst – „konstruirt“.

186 *F. Engels* l. c. p. 217. Selbst ein ganz ordinärer, optimistischer Freihändler, Herr *Molinari*, bemerkt: «Un homme s'use plus vite en surveillant, quinze heures

die Maschinenarbeit das Nervensystem aufs äußerste angreift, unterdrückt sie das vielseitige Spiel der Muskeln und konfiscirt alle freie körperliche und geistige Thätigkeit[187]. Selbst die Erleichterung der Arbeit wird zum Mittel der Tortur, indem die Maschine nicht den Arbeiter von der Arbeit befreit, sondern seine Arbeit vom Inhalt. Aller kapitalistischen Produktion, soweit sie nicht nur *Arbeitsprozeß*, son-
232 dern zugleich *Verwerthungsprozeß* des Kapitals, ist es gemeinsam, daß nicht der Arbeiter die Arbeitsbedingung, sondern umgekehrt die Arbeitsbedingung den Arbeiter anwendet, ¦ aber erst mit der Maschine-
233 rie erhält diese Verkehrung *technologisch handgreifliche* Wirklichkeit. Durch seine Verwandlung in einen Automaten tritt das Arbeitsmittel während des Arbeitsprozesses selbst dem Arbeiter *als Kapital* gegenüber, als todte Arbeit, welche die lebendige Arbeitskraft beherrscht und aussaugt. Die Scheidung der *geistigen Potenzen* des Produktionsprozesses von der Handarbeit und die Verwandlung derselben in *Mächte des Kapitals über die Arbeit* vollendet sich, wie bereits früher angedeutet, in der auf Grundlage der | Maschinerie aufgebauten großen Industrie. Das Detailgeschick des individuellen, entleerten Maschinenarbeiters verschwindet als ein winzig Nebending vor der Wissenschaft, den ungeheuren Naturkräften und der gesellschaftlichen Massenarbeit, die im Maschinensystem verkörpert sind und mit ihm die Macht „*des Meisters*“ bilden. Dieser Meister, in dessen Hirn die Maschinerie und *sein Monopol* an derselben unzertrennlich verwachsen sind, ruft daher in Kollisionsfällen den „Händen“ verächtlich zu: „Die Fabrikarbeiter sollten in heilsamer Erinnerung halten, daß ihre Arbeit in der That eine sehr niedrige Sorte geschickter Arbeit ist; daß keine leichter aneigenbar und in Anbetracht ihrer Qualität besser belohnt ist, daß keine durch kurze Unterweisung des mindest Erfahrnen in so kurzer Zeit und in solchem Ueberfluß zugeführt werden kann. *Des Meisters Maschinerie* spielt in der That eine viel wichtigere Rolle in dem Geschäft der Produktion als die Arbeit und *das Geschick* des *Arbeiters*, die

par jour l'évolution uniforme d'un mécanisme, qu'en exerçant dans le même espace de temps, sa force physique. Ce travail de surveillance, qui servirait peut-être d'utile gymnastique à l'intelligence, s'il n'était pas trop prolongé, détruit à la longue, par son excès, et l'intelligence et le corps même.» (*G. de Molinari: „Études Économiques.“* Paris 1846, [p. 49.])

[187] *F. Engels* l. c. p. 216.

eine Erziehung von 6 Monaten lehren und jeder Bauernknecht lernen kann"[188].

Die technologische Unterordnung des Arbeiters unter den gleichförmigen Gang des Arbeitsmittels und die eigenthümliche Zusammensetzung des Arbeitskörpers aus Individuen beider Geschlechter und aller Altersstufen schaffen eine kasernenmäßige Disciplin, die sich zum vollständigen *Fabrikregime* ausbildet und die schon früher erwähnte *Arbeit der Oberaufsicht,* damit zugleich die *Theilung der Arbeiter* in Handarbeiter und Arbeitsaufseher, gemeine Industriesoldaten und Industrieunterofficiere, völlig entwickelt. „Die Hauptschwierigkeit in der automatischen Fabrik bestand in der nothwendigen Disciplin, um die Menschen | auf ihre unregelmäßigen Gewohnheiten in der Arbeit verzichten zu machen, und sie zu *identificiren* ¦ *mit der unveränderlichen Regelmäßigkeit des großen Automaten.* Aber einen den Bedürfnissen und der Geschwindigkeit des automatischen Systems entsprechenden Disciplinarcodex zu erfinden und mit Erfolg auszuführen, war ein Unternehmen des Herkules würdig, das ist das *edle* Werk *Arkwright's*! Selbst heut zu Tage, wo das System in seiner ganzen Vollendung organisirt ist, ist es *fast unmöglich* unter den Arbeitern, die das Alter der Mannbarkeit zurückgelegt haben, nützliche Gehilfen für das automatische System zu finden"[189]. Der Fabrikcodex, worin das Kapital seine Autokratie über seine Arbeiter, ohne die sonst vom Bürgerthum so beliebte Theilung der Gewalten und das noch beliebtere Repräsentativsystem, privatgesetzlich und eigenherrlich formulirt, ist nur die *kapitalistische Karrikatur*

188 "The factory operatives should keep in wholesome remembrance the fact that theirs is really a low species of skilled labour; and that there is none which is more easily acquired or of its quality more amply remunerated, or which, by a short training of the least expert can be more quickly as well as abundantly acquired.... *The master's machinery really plays a far more important part in the business of production than the labour and the skill of the operative,* which six months' education can teach, and a common labourer can learn." („*The Master Spinners' and Manufacturers' Defence Fund. Report of the Committee. Manchester* 1854", p. 17, 19.) Man wird später sehn, daß der „Master" aus einem andern Loch pfeift, sobald er mit Verlust seiner „*lebendigen*" Automaten bedroht ist.

189 *Ure* l. c. p. 22, 23. Wer Arkwright's Lebensgeschichte kennt, wird das Wort „*edel*" diesem genialen Barbier nie an den Kopf werfen. Von allen großen Erfindern des 18. Jahrhunderts war er unstreitig der größte Dieb fremder Erfindungen und der gemeinste Kerl.

der gesellschaftlichen Reglung des Arbeitsprozesses, welche mit der Cooperation auf großer Stufenleiter und der Anwendung gemeinsamer Arbeitsmittel, wie namentlich der Maschinerie, nöthig wird. An die Stelle der Peitsche des Sklaventreibers tritt das Strafbuch des Aufsehers. Alle Strafen lösen sich natürlich auf in Geldstrafen und Lohnabzüge und der gesetzgeberische Scharfsinn der Fabrik-Lykurge macht ihnen die Verletzung ihrer Gesetze wo möglich noch einbringlicher als deren Befolgung[190]. ¦|

Wir deuten nur hin auf die materiellen Bedingungen, unter denen die Fabrikarbeit verrichtet wird. Alle Sinnesorgane werden gleichmäßig |

190 „Die Sklaverei, in der die Bourgeoisie das Proletariat gefesselt hält, kommt nirgends deutlicher ans Tageslicht, als im Fabriksystem. Hier hört alle Freiheit rechtlich und faktisch auf. Der Arbeiter muß Morgens um halb 6 in der Fabrik sein; kommt er ein paar Minuten zu spät, so wird er gestraft, kommt er 10 Minuten zu spät, so wird er gar nicht hereingelassen, bis das Frühstück vorüber ist, und verliert einen Vierteltag am Lohn. Er muß auf Kommando essen, trinken und schlafen … Die despotische Glocke ruft ihn vom Bette, ruft ihn vom Frühstück und Mittagstisch. Und wie geht es nun gar erst in der Fabrik? Hier ist der Fabrikant absoluter Gesetzgeber. Er erläßt Fabrikregulationen, wie er Lust hat; er ändert und macht Zusätze zu seinem Codex, wie es ihm beliebt; und wenn er das tollste Zeug hineinsetzt, so sagen doch die Gerichte zum Arbeiter: Da ihr unter diesen Kontrakt euch freiwillig begeben habt, jetzt müßt ihr ihn auch befolgen … Diese Arbeiter sind dazu verdammt, vom neunten Jahr bis zu ihrem Tod unter der geistigen und körperlichen Fuchtel zu leben." (*F. Engels* l. c. p. 217 sqq.) Was „die Gerichte sagen", will ich an zwei Beispielen erläutern. Der eine Fall spielt in *Sheffield*, Ende 1866. Dort hatte sich ein Arbeiter für 2 Jahre in eine Metallfabrik verdingt. In Folge eines Zwistes mit dem Fabrikanten verließ er die Fabrik und erklärte unter keinen Umständen mehr für ihn arbeiten zu wollen. Wurde wegen Kontraktsbruch verklagt, zu zwei Monaten Gefängniß verurtheilt. (Bricht der Fabrikant den Kontrakt, so kann er nur civiliter verklagt werden und riskirt nur eine Geldbuße.) Nach Absitzen der zwei Monate stellt derselbe Fabrikant ihm Ladung zu, dem alten Kontrakt gemäß in die Fabrik zurückzukehren. Arbeiter erklärt, Nein. Den Kontraktsbruch habe er bereits abgebüßt. Fabrikant verklagt von neuem, Gericht verurtheilt von neuem, obgleich Einer der Richter, *Mr. Shee*, dieß öffentlich als juristische Ungeheuerlichkeit denuncirt, wonach ein Mann sein ganzes Leben durch periodisch für dasselbe identische Vergehn, resp. Verbrechen, wieder und wieder bestraft werden könne. Dieß Urtheil wurde gefällt nicht von dem „Great Unpaid", provinzialen Dogberries, sondern zu London, von einem der höchsten Gerichtshöfe. – Der zweite Fall spielt in *Wiltshire*, Ende November 1863. Ungefähr 30 Dampfstuhlweberinnen, in der Beschäftigung eines gewissen *Harrupp*, Tuchfabrikant von Leower's Mill, Westbury Leigh, machten

verletzt durch die künstlich gesteigerte Temperatur, die mit Abfällen des Rohmaterials geschwängerte Atmosphäre, den betäubenden Lärm u. s. w., abgesehn von der Lebensgefahr unter dicht gehäufter Maschinerie, die mit der Regelmäßigkeit der Jahreszeiten ihre industriellen Schlachtbülletins producirt. *Die Oekonomisirung der gesellschaftlichen*

einen strike, weil dieser selbe *Harrupp* die angenehme Gewohnheit hatte, ihnen für Verspätung am Morgen Lohnabzug zu machen, und zwar 6 d. für 2 Minuten, 1 sh. für 3 Minuten, und 1 sh. 6 d. für 10 Minuten. Dieß macht, bei 9 sh. per Stunde, 4 Pfd. St. 10 sh. per Tag, während ihr Durchschnittslohn im Jahr nie über 10 bis 12 sh. wöchentlich steigt. Harrupp hat ebenfalls einen Jungen bestallt, um die Fabrikstunde zu blasen, was selber manchmal vor 6 Morgens thut, und wenn die Hände nicht grade da sind, sobald er aufhört, werden die Thore geschlossen und die draußen in Geldbuße genommen; und da keine Uhr im Gebäude, sind die unglücklichen Hände in der Gewalt des von Harrupp inspirirten jugendlichen Zeitwächters. Die im „strike" begriffenen Hände, Familienmütter und Mädchen, erklärten, sie wollten wieder ans Werk gehn, wenn der Zeitwächter durch eine Uhr ersetzt, und ein rationellerer Straftarif eingeführt würde. Harrupp citirte 19 Weiber und Mädchen vor die Magistrate, wegen Kontraktsbruch. Sie wurden verurtheilt zu je 6 d. Strafe und 2 sh. 6 d. Kosten, unter lauter Entrüstung des Auditoriums. Harrupp wurde vom Gericht weg von einer zischenden Volksmasse begleitet. – Eine Lieblingsoperation der Fabrikanten ist, die Arbeiter durch Lohnabzüge für die Fehler des ihnen gelieferten Materials zu züchtigen. Diese Methode rief 1866 allgemeinen strike in den englischen *Töpferdistrikten* hervor. Die Berichte der *„Ch. Employm. Commiss."* (1863–1866) geben Fälle, wo der Arbeiter, statt Lohn zu erhalten, durch seine Arbeit, und vermittelst des Strafreglements, noch obendrein „Schuldner" seines erlauchten „Master" wird. Erbauliche Züge über den Lohnabzugs-Scharfsinn der Fabrikautokraten lieferte auch die jüngste Baumwollkrise. „Ich hatte selbst", sagt Fabrikinspektor *R. Baker*, „vor kurzem gerichtliche Verfolgung wider einen Baumwollfabrikanten einzuleiten, weil er in diesen schweren und qualvollen Zeitläuften 10 d. von einigen der von ihm beschäftigten *„jungen"* (mehr als dreizehnjährigen) Arbeiter abzog für das ärztliche Alterscertifikat, das ihm nur 6 d. kostet, und wofür das Gesetz nur einen Abzug von 3 d., das Herkommen gar keinen erlaubt … Ein andrer Fabrikant, um denselben Zweck ohne Konflikt mit dem Gesetz zu erreichen, belastet jedes der armen Kinder, die für ihn arbeiten, mit einem Shilling als Sportel für Erlernung der Kunst und des Mysteriums zu spinnen, sobald das ärztliche Zeugniß sie reif für diese Beschäftigung erklärt. Es existiren also Unterströmungen, die man kennen muß, um solche außerordentliche Phänomene, wie *strikes* zu Zeiten wie die gegenwärtige (es handelt sich um einen strike in der Fabrik zu Darwen, Juni 1863, unter den Maschinenwebern) zu begreifen." *Reports of Insp. of Fact. for 30th April 1863.* (Die Fabrikberichte gehn immer weiter als ihr officielles Datum.)

Produktionsmittel, erst im Fabriksystem treibhausmäßig gereift, wird in der Hand des Kapitals zugleich zum *systematischen Raub an den Lebensbedingungen des Arbeiters während der Arbeit*, wie an Raum, Luft, Licht und persönlichen Schutzmitteln wider die lebensgefährlichen oder gesundheitswidrigen Umstände des Produktionsprozesses, von Vorrichtungen zur Bequemlichkeit des Arbeiters gar nicht zu sprechen[191]. Nennt *Fourier* mit Unrecht die ¦ Fabriken „gemäs|sigte Bagnos"[192]? – Der Kampf zwischen Kapitalist und Lohnarbeiter beginnt mit dem Kapitalverhältniß selbst. Er tobt fort *während der ganzen Manufakturperiode*[193]. Erst seit der Einführung der *Maschinerie* bekämpft der Arbeiter das Arbeitsmittel selbst, die *materielle Existenzweise des Kapitals*. Er

234 191 Im Ersten Kapitel des Dritten Buchs werde ich berichten über einen jüngster Zeit angehörigen Feldzug der englischen Fabrikanten gegen die Klauseln des Fabrikakts zum Schutz der Gliedmaßen der „Hände" vor lebensgefährlicher Maschinerie. Hier genüge ein Citat aus einem officiellen Bericht des Fabrikinspektor *Leonard Horner*: „Ich habe Fabrikanten mit unentschuldbarer Frivolität von einigen der Unglücksfälle sprechen hören, z. B. der Verlust eines Fingers sei eine Kleinigkeit. Das Leben und die Aussichten eines Arbeiters hängen so sehr von seinen Fingern ab, daß ein solcher Verlust ein äußerst ernstes Ereigniß für ihn ist. Wenn ich solch gedankenlos Geschwätz höre, stelle ich die Frage: Unterstellt, Sie brauchten einen zusätzlichen Arbeiter, und ihrer zwei meldeten sich, beide in jeder andern Hinsicht gleich tüchtig, aber der Eine ohne Daumen oder Vorfinger, welchen würden Sie wählen? Sie zögerten nie einen Augenblick für den Vollfingrigen zu entscheiden.... Diese Herrn Fabrikanten haben falsche Vorurtheile gegen was sie *pseudo-philanthropische Gesetzgebung* nennen." (*„Reports of Insp. of Fact. for 31st Oct. 1855."*) Diese Herrn Fabrikanten sind „gescheidte Leut'" und schwärmten nicht umsonst für die Sklavenhalter-Rebellion!

192 In den Fabriken, die am längsten dem Fabrikakt, mit der Zwangsbeschränkung der Arbeitszeit und seinen sonstigen Regulationen unterworfen sind, sind manche frühere Mißstände verschwunden. Die Verbesserung der Maschinerie selbst erheischt auf einem gewissen Punkt eine *„verbesserte Konstruktion der Fabrikgebäude"*, die den Arbeitern zu gut kommt. (cf. *Reports* etc. *for 31st Oct. 1863*, p. 109.)

193 Sieh u. a.: *John Houghton: „Husbandry and Trade improved. Lond.* 1727", *„The Advantages of the East India Trade 1720", John Bellers* l. c. "The masters and the men are unhappily in a perpetual war with each other. The invariable object of the former is to get their work done as cheap as possibly; and they do not fail to employ every artifice to this purpose, whilst the latter are equally attentive to every occasion of distressing their masters into a compliance with higher demands." *„An Inquiry into the causes of the Present High Price of Provisions."* (Verf. *Rev. Mr. Nathaniel Forster*, ganz auf Seite der Arbeiter.)

revoltirt gegen diese bestimmte Form des *Produktionsmittels* als die materielle Grundlage der *kapitalistischen Produktionsweise.*

Ziemlich ganz Europa erlebte während des 17. Jahrhunderts Arbeiterrevolten gegen die s. g. *Bandmühle* (auch Schnurmühle oder Mühlenstuhl genannt), eine Maschine zum Weben von Bändern und Borten[194]. Ende des ¦ ersten Dritttheils des 17. Jahrhunderts erlag eine | Windsägemühle, von einem Holländer in der Nähe Londons angelegt, vor Pöbelexcessen. Noch Anfang des 18. Jahrhunderts überwanden durch Wasser getriebne Sägemaschinen in England nur mühsam den parlamentarisch unterstützten Volkswiderstand. Als Everet 1758 die erste vom Wasser getriebene Maschine zum Wollscheeren erbaut hatte, wurde sie von 100 000 außer Arbeit gesetzten Menschen in Brand gesteckt. Gegen die scribbling mills und Kardirmaschinen Arkwright's petitionir-

194 Die Bandmühle ward in Deutschland erfunden. Der italienische *Abbé Lancellotti* in einer Schrift, die 1636 zu Venedig erschien, erzählt: „Anton Müller aus Danzig habe vor ungefähr 50 Jahren (L. schrieb 1579) eine sehr künstliche Maschine in Danzig gesehn, die 4–6 Gewebe auf einmal verfertigte; weil der Stadtrath aber besorgt habe, diese Erfindung möchte eine Masse Arbeiter zu Bettlern machen, so habe er die Erfindung unterdrückt und den Erfinder heimlich ersticken oder ersäufen lassen." In Leyden wurde dieselbe Maschine zuerst 1621 angewandt. Die Emeuten der Bortenwirker zwangen den Magistrat erst zu ihrem Verbot; durch verschiedne Verordnungen von 1623, 1639 u. s. w. von Seiten der Generalstaaten sollte ihr Gebrauch beschränkt werden, endlich erlaubt, unter gewissen Bedingungen, durch Verordnung vom 15. December 1661. „In hac urbe", sagt *Boxhorn* („*Inst. Pol.* 1665") von der Einführung der Bandmühle in Leyden, „ante hos viginti circiter annos instrumentum quidam invenerunt textorium, quo *solus quis* plus panni et facilius conficere poterat, *quam plures aequali tempore.* Hinc turbae ortae et querulae textorum, tandemque usus hujus instrumenti a magistratu prohibitus est." Dieselbe Maschine ward 1676 in Köln verboten, während ihre Einführung in England gleichzeitige Arbeiterunruhen hervorrief. Durch kaiserliches Edikt vom 19. Februar 1685 wurde ihr Gebrauch in ganz Deutschland untersagt. In Hamburg wurde sie öffentlich auf Befehl des Magistrats verbrannt. Karl VI. erneuerte 9. Februar 1719 das Edikt von 1685 und Chursachsen erlaubte ihren öffentlichen Gebrauch erst 1765. Diese Maschine, die so viel Lärm in der Welt gemacht hat, war in der That Vorläufer der Spinn- und Webmaschinen, also der industriellen Revolution des 18. Jahrhunderts. Sie befähigte einen in der Weberei ganz unerfahrenen Jungen durch bloßes Ab- und Zustoßen einer Treibstange den ganzen Stuhl mit allen seinen Schützen in Bewegung zu setzen und lieferte, in ihrer verbesserten Form, 40–50 Stück auf einmal.

ten 50 000 Arbeiter, die bisher vom Wollkratzen gelebt, beim Parlament. Die massenhafte Zerstörung von Maschinen in den englischen Manufakturdistrikten während der ersten 15 Jahre des 19. Jahrhunderts, namentlich in Folge der Ausbeutung des Dampfwebstuhls, bot, unter dem Namen der *Ludditenbewegung*, der Antijakobiner-Regierung eines Sidmouth, Castlereagh u. s. w. den Vorwand zu reaktionärsten Gewaltschritten. Es bedarf Zeit und Erfahrung, bevor der Arbeiter die *Maschinerie* von ihrer *kapitalistischen Anwendung* unterscheiden und | daher seine Angriffe vom *materiellen Produktionsmittel selbst* auf des-
235 sen *gesellschaftliche Exploitationsform* übertragen lernt[195].

Die Kämpfe um den Arbeitslohn innerhalb der Manufaktur setzen die Manufaktur voraus und sind keineswegs gegen ihre Existenz gerichtet. So weit die Bildung der Manufakturen bekämpft wird, geschieht es von den Zunftmeistern und privilegirten Städten, nicht von den Lohnarbeitern. Bei Schriftstellern der Manufakturperiode wird die *Theilung der Arbeit* daher vorherrschend als Mittel aufgefaßt *virtuell* Arbeiter zu *ersetzen*, aber nicht wirklich Arbeiter zu *verdrängen*. Dieser Unterschied ist selbstverständlich. Sagt man z. B., es würden 100 Millionen Menschen in England erheischt sein um mit dem alten Spinnrad die Baumwolle zu verspinnen, die jetzt von 500 000 mit der Maschine versponnen wird, so heißt das natürlich nicht, daß die Maschine den Platz dieser Millionen, die nie existirt haben, einnahm. Es heißt nur, daß viele Millionen Arbeiter erheischt wären, *um die Spinnmaschinerie zu ersetzen*. Sagt man dagegen, daß der Dampfwebstuhl in England 800 000 Weber auf das Pflaster warf, so spricht man nicht von existirender Maschinerie, die durch eine bestimmte Arbeiterzahl ersetzt werden müßte, sondern von einer existirenden Arbeiterzahl, die faktisch durch Maschinerie ersetzt oder verdrängt worden ist. Während der Manufakturperiode blieb der handwerksmäßige Betrieb, wenn auch zerlegt, die Grundlage. Die neuen Kolonialmärkte konnten durch die relativ schwache ¦ Anzahl der vom Mittelalter überlieferten städtischen Arbeiter nicht befriedigt werden und die eigentlichen Manufakturen öffneten zugleich dem mit Auflösung der Feudalität von Grund und Boden verjagten Landvolke neue Produktionsgebiete. Damals trat also an der Theilung der Arbeit

195 In altmodischen Manufakturen wiederholt sich noch heut zuweilen die rohe Form der Arbeiterempörung gegen die Maschinerie. So z. B. im file grinding zu Sheffield 1865.

und der Cooperation in den Werkstätten mehr die positive Seite hervor, daß sie *beschäftigte* Arbeiter *produktiver* machen[196]. Cooperation und Kombination der Arbeitsmittel in den Hän|den Weniger rufen, auf die Agrikultur angewandt, zwar große, plötzliche und gewaltsame Revolutionen der Produktionsweise und daher der Lebensbedingungen und Beschäftigungsmittel der Landbevölkerung hervor, die zum Theil der Periode der großen Industrie lang vorhergehn. Aber dieser Kampf spielt ursprünglich mehr zwischen großen und kleinen Landeigenthümern als zwischen Kapital und Lohnarbeit; andrerseits, soweit Arbeiter durch Arbeitsmittel, Schafe, Pferde u. s. w. verdrängt werden, bilden unmittelbare Gewaltakte hier in erster Instanz die Voraussetzung der industriellen Revolution. Erst werden die Arbeiter vom Grund und Boden verjagt, und dann kommen die Schafe. Der Landdiebstahl auf großer Stufenleiter, wie in England, schafft der großen Agrikultur erst ihr Anwendungsfeld. In ihren Anfängen hat diese Umwälzung der Agrikultur daher mehr den Schein einer politischen Revolution.

Als Maschine wird das *Arbeitsmittel* sofort zum *Konkurrenten des Arbeiters selbst*[197]. Die Selbstverwerthung des Kapitals durch die Maschine steht im direkten Verhältniß zur Arbeiterzahl, deren Existenzbedingungen sie vernichtet. Das ganze System der kapitalistischen Produktion beruht darauf, daß der Arbeiter seine Arbeitskraft als Waare verkauft. Die Theilung der Arbeit vereinseitigt diese Arbeitskraft zum ganz partikularisirten Geschick ein Theilwerkzeug zu führen. Sobald die Führung des Werkzeugs der Maschine anheimfällt, erlischt mit dem Gebrauchswerth

196 Sir *James Steuart* faßt auch die Wirkung der Maschinerie noch ganz in diesem Sinn. «Je considère donc les machines comme des moyens d'augmenter (virtuellement) le nombre des gens industrieux qu'on n'est pas obligé de nourrir ... En quoi l'effet d'une machine diffère-t-il de celui de nouveaux habitants?» (*Fzs. Uebers.* t. I, l. I, ch. XIX.) Viel naiver *Petty*, der sagt, daß sie die „*Polygamie*" ersetze. Dieser Gesichtspunkt paßt höchstens für einige Theile der Ver. Staaten. Dagegen: "Machinery can seldom be used with success to abridge the labour of an individual; more time would be lost in its construction than could be saved by its application. It is only really useful when it acts on great masses, when a single machine can assist the work of thousands. It is accordingly in the most populous countries, where there are most idle men, that it is most abundant ... It is not called into use *by a scarcity of men, but by the facility with which they can be brought to work in masses.*" (*Piercy Ravenstone: Thoughts on the Funding System and its Effects. Lond.* 1824, p. 45.)

197 "Machinery and Labour are in constant competition." (*Ricardo* l. c. p. 479.)

der Tauschwerth der Arbeitskraft. Der Arbeiter wird unverkäuflich, wie außer Kurs gesetztes Papiergeld. Der Theil der Arbeiterklasse, den | die Maschinerie so in *überflüssige, d. h. nicht länger zur Selbstverwerthung des Kapitals unmit¦telbar nothwendige Bevölkerung* verwandelt, geht einerseits unter in dem ungleichen Kampf des alten handwerksmäßigen und manufakturmäßigen Betriebs wider den maschinenmäßigen, überfluthet andrerseits alle leichter zugänglichen Industriezweige, überfüllt den Arbeitsmarkt und senkt daher den Preis der Arbeitskraft unter ihren Werth. Ein großer Trost für die pauperisirten Arbeiter soll sein, daß ihre Leiden theils nur „zeitlich" („a temporary inconvenience"), theils daß die Maschinerie sich nur allmälig eines ganzen Produktionsfelds bemächtigt, wodurch Umfang und Intensivität ihrer vernichtenden Wirkung gebrochen werde. Der eine Trost schlägt den andern. Wo die Maschine allmälig ein Produktionsfeld ergreift, producirt sie chronisches Elend in der mit ihr konkurrirenden Arbeiterschichte. Wo der Uebergang rasch, wirkt sie massenhaft und akut. Die Weltgeschichte bietet kein entsetzlicheres Schauspiel als den allmäligen, über Decennien verschleppten, endlich 1838 besiegelten Untergang der englischen Handbaumwollweber. Viele von ihnen starben am Hungertod, viele vegetirten lange mit ihren Familien auf 2½ d. täglich[198]. Akut dagegen

198 Die Konkurrenz zwischen Handgeweb und Maschinengeweb wurde in England, vor der Einführung des Armengesetzes von 1834, dadurch verlängert, daß man die tief unter das Minimum gefallenen Löhne durch Pfarreiunterstützung ergänzte. "The Rev. Mr. Turner was in 1827 rector of Wilmstowe, in Cheshire, a manufacturing district. The questions of the Committee of Emigration, and Mr. Turner's answers show how the competition of human labour is maintained against machinery. *Question:* 'Has not the use of the power-loom superseded the use of the hand-loom?' *Answer:* ‚Undoubtedly; it would have superseded them much more than it has done, if the hand-loom weavers were not enabled to submit to a reduction of wages.' *Question:* 'But in submitting he has accepted wages which are insufficient to support him, and looks to parochial contribution as the remainder of his support?' *Answer:* 'Yes, and in fact the competition between the hand-loom and the power-loom is maintained out of the poor-rates.' Thus degrading pauperism or expatriation, is the benefit which the industrious receive from the introduction of machinery, to be reduced from the respectable and in some degree independent mechanic, to the cringing wretch who lives on the debasing bread of charity. This they call *a temporary inconvenience.*" („*A Prize Essay on the comparative merits of Competition and Cooperation. Lond. 1834*", p. 29.)

wirkte die englische Baumwollmaschinerie auf Ostindien, dessen Generalgouverneur 1834–35 konstatirte: „Das Elend | findet kaum eine Parallele in der Geschichte des Handels. *Die Knochen der Baumwollweber bleichen die Ebenen von Indien.*" Allerdings, sofern diese Weber das Zeitliche segneten, bereitete ihnen die Maschine nur „zeitliche Mißstände". Uebrigens ist die *„zeitliche"* Wirkung der Maschinerie *permanent*, indem sie beständig neue Produktionsgebiete ergreift. Die verselbstständigte und entfremdete Gestalt, welche die kapitalistische 236
Produktionsweise überhaupt den Arbeitsbedingungen und dem Arbeitsprodukt gegenüber dem Arbeiter giebt, entwickelt sich also mit der Maschinerie zum vollständigen *Gegensatz*[199]. Daher mit ¦ ihr zum erstenmal die brutale Revolte des Arbeiters gegen das Arbeitsmittel.

Das Arbeitsmittel erschlägt den Arbeiter. Dieser direkte Gegensatz erscheint allerdings am handgreiflichsten, so oft neu eingeführte Maschinerie konkurrirt mit überliefertem Handwerks- oder Manufakturbetrieb. Aber innerhalb der großen Industrie selbst wirkt fortwährende Verbesserung der Maschinerie und Entwicklung des automatischen Systems analog. „Der beständige Zweck verbesserter Maschinerie ist die Handarbeit zu vermindern oder einen Ring in der Produktionskette der Fabrik durch Substitution eiserner für menschliche Apparate zu vollenden"[200]. „Die Anwendung von Dampf- und Wasserkraft auf Maschinerie, die bisher mit der Hand bewegt wurde, ist das Ereigniß jeden Tages … Die kleineren Verbesserungen in der Maschinerie, welche Oekonomie der Bewegungskraft, Verbesserung des Machwerks, vermehrte Produktion in derselben Zeit oder Verdrängung eines Kindes, eines Frauenzimmers oder eines Mannes bezwecken, sind *constant*, und obgleich scheinbar | nicht von großem Gewicht, haben sie dennoch

199 "*The same cause* which may increase *the revenue of the country* (d. h., wie Ricardo an derselben Stelle erläutert, the *revenues of landlords and capitalists*, deren Wealth, ökonomisch betrachtet, überhaupt = Wealth of the Nation) may at the same time *render the population redundant and deteriorate the condition of the labourer.*" (*Ricardo* l. c. p. 469.) „Der beständige Zweck und die Tendenz jeder Vervollkommnung des Mechanismus ist in der That sich der Arbeit des Menschen ganz zu entschlagen oder ihren *Preis zu vermindern* durch Substitution von Weiber- und Kinderarbeit für die der erwachsnen männlichen Arbeiter, oder roher Arbeiter für geschickte." (*Ure* l. c. t. I, p. 34, 35.)

200 *„Reports of Insp. of Fact. 31. Oct. 1858"*, p. 43.

wichtige Resultate"[201]. „Ueberall, wo eine Operation viel Geschick und eine sichre Hand verlangt, entzieht man sie so schnell als möglich den Armen des *zu geschickten* und oft zu Unregelmäßigkeiten aller Art geneigten Arbeiters, um einen besondern Mechanismus damit zu betrauen, der so gut geregelt ist, daß ein Kind ihn überwachen kann"[202]. „Im automatischen System wird *das Talent des Arbeiters progressiv verdrängt*"[203]. „Die Verbesserung der Maschinerie erfordert nicht nur Verminderung in der Anzahl der beschäftigten erwachsnen Arbeiter zur Erzielung eines bestimmten Resultats, sondern sie substituirt eine Klasse von Individuen einer andern Klasse, eine minder geschickte einer geschickteren, Kinder den Erwachsnen, Frauen den Männern. Alle diese Wechsel verursachen *beständige Fluktuationen in der Rate des Arbeitslohns*"[204]. „Die Maschinerie *wirft unaufhörlich Erwachsne aus der Fabrik heraus*"[205]. Die außerordentliche *Elasticität des Maschinenwesens* in Folge gehäufter praktischer Erfahrung, des schon vorhandnen ¦ Umfangs mechanischer Mittel, und des beständigen Fortschritts der Technologie, zeigte uns sein Sturmmarsch unter dem Druck eines verkürzten Arbeitstags. Aber wer hätte *1860*, im Zenithjahr der englischen Baumwollindustrie, die galoppirenden Verbesserungen der Maschinerie und die entsprechende Deplacirung von Handarbeit geahnt, welche *die drei folgenden Jahre unter dem Stachel des amerikanischen Bürgerkriegs* hervorriefen? Von den offiziellen Anführungen der englischen Fabrikinspektoren über diesen Punkt genügen hier ein paar Beispiele. Ein Manchester Fabrikant erklärt: „Statt 75 Kardirmaschinen brauchen wir jetzt nur 12, welche dieselbe Quantität von ebenso guter, wenn nicht besserer Qualität liefern … Die Ersparung an Arbeitslohn beträgt 10 Pfd. St. wöchentlich, die an Baumwollabfall 10 %." In einer Manchester Feinspinnerei | wurde „vermittelst beschleunigter Bewegung und Einführung verschiedner self-acting Prozesse in einem Departement ¼, in einem über ½ des Arbeiterpersonals beseitigt, wäh-

201 *„Reports etc. 31. Oct. 1856"*, p. 15.

202 *Ure* l. c. t. I, p. 29. „Der große Vortheil der im Ziegelbacken angewandten Maschinerie besteht darin, den Anwender ganz und gar von geschickten Arbeitern unabhängig zu machen." (*„Ch. Empl. Comm. V. Report. Lond.* 1866", p. 130, n. 46.)

203 *Ure* l. c. p. 30.

204 l. c. t. II, p. 67.

205 l. c.

rend die Kämmmaschine an der Stelle der zweiten Kardirmaschine die Zahl der früher im Kardirraum beschäftigten Hände sehr vermindert hat". Eine andre Spinnfabrik schätzt ihre allgemeine Ersparung von „Händen" auf 10 %. Die Herren *Gilmore*, Spinner zu Manchester, erklären: „In unsrem blowing Departement schätzen wir die in Folge neuer Maschinerie gemachte Ersparung an Händen und Arbeitslohn auf ein volles Drittel … in dem jack frame und drawing frame room ungefähr ⅓ weniger in Auslage und Händen; im Spinnraum ungefähr ⅓ weniger in Auslage. Aber das ist nicht alles; wenn unser Garn jetzt zum Weber geht, ist es so sehr verbessert durch die Anwendung der neuen Maschinerie, daß sie mehr und besseres Gewebe als mit dem alten Maschinengarn produciren"[206]. Fabrikinspektor A. Redgrave bemerkt hierzu: „Die Verminderung der Arbeiter bei gesteigerter Produktion schreitet rasch vorwärts; in den Wollfabriken begann kürzlich eine neue Reduktion der Hände, und sie dauert fort; vor wenigen Tagen sagte mir ein Schulmeister, der bei Rochdale wohnt, die große Abnahme in den Mädchenschulen sei nicht nur dem Druck der Krise geschuldet, sondern auch den Aenderungen in der Maschinerie der Wollfabrik, in Folge deren eine Durchschnittsreduktion von 70 Halbzeitlern stattgefunden"[207]. ¦

Die Maschinerie wirkt jedoch nicht nur als übermächtiger Konkurrent, stets auf dem Sprung den Lohnarbeiter *„überflüssig"* zu machen. | Als ihm *feindliche Potenz* wird sie laut und tendenziell vom Kapital proklamirt und gehandhabt. Sie wird das *machtvollste Kriegsmittel* zur Niederschlagung der periodischen Arbeiteraufstände, strikes u. s. w.

206 „*Reports of Insp. of Fact. 31st Oct. 1863*", p. 108 sqq.

207 l. c. p. 109. Die rasche Verbesserung der Maschinerie während der Baumwollkrise erlaubte den englischen Fabrikanten gleich nach Beendigung des amerikanischen Bürgerkriegs im Umsehn den Weltmarkt wieder zu überfüllen. Die Gewebe wurden schon während der letzten 6 Monate von 1866 fast unverkauflich. Damit fing die Konsignation der Waaren nach China und Indien an, was den „glut" natürlich noch intensiver machte. Anfang 1867 nahmen die Fabrikanten zu ihrem gewöhnlichen Ausfluchtsmittel Zuflucht, Herabsetzung des Arbeitslohns um 5 %. Die Arbeiter widersetzten sich und erklärten, theoretisch ganz richtig, das einzige Heilmittel sei, kurze Zeit, 4 Tage per Woche, zu arbeiten. Nach längerem Sträuben mußten die selbsternannten Industriekapitäne sich hierzu entschließen, an einigen Stellen *mit*, an andern *ohne* Lohnherabsetzung um 5 %.

wider die *Autokratie des Kapitals*[208]. Nach *Gaskell* war gleich die Dampfmaschine ein Antagonist der „Menschenkraft", der den Kapitalisten befähigte die steigenden Ansprüche der Arbeiter niederzuschmettern, die das beginnende Fabriksystem zur Krise zu treiben drohten[209]. Man könnte eine ganze Geschichte der Erfindungen seit 1830 schreiben, die bloß als Kriegsmittel des Kapitals wider Arbeiteremeuten ins Leben traten. Wir erinnern vor allem an die selfacting mule, weil sie eine neue Epoche des automatischen Systems eröffnet[210]. *Ure* sagt von einer Maschine zum Farbendruck in den Kattundruckereien: „Endlich suchten sich die Kapitalisten von dieser *unerträglichen Sklaverei* (nämlich den ihnen lästigen Kontraktsbedingungen der Arbeiter) zu befreien, indem sie die Hilfsquellen der Wissenschaft anriefen, und bald waren sie *reintegrirt in ihre legitimen Rechte*, die des Kopfes über die andern Körpertheile." Er sagt von einer Erfindung zum Kettenschlichten, deren unmittelbarer Anlaß ein strike: „Die Horde der Unzufriednen, die sich hinter den alten Linien der Theilung der Arbeit unbesiegbar verschanzt wähnte, sah sich so in die Flanke genommen und ihre Vertheidigungsmittel vernichtet *durch die moderne Taktik der Maschinisten.* Sie mußten sich *auf Gnade und Ungnade* ergeben." Er sagt von der Erfindung der selfacting mule: „Sie war berufen *die Ordnung* unter den industriellen Klassen wieder herzustellen … Diese Erfindung bestätigt die *von uns bereits entwickelte Doktorin, daß das Kapital, indem es die Wissenschaft in seinen Dienst preßt, stets die rebellische Hand der Industrie zum Gehorsam | zwingt*"[211]. Obgleich Ure's Schrift vor 30 Jahren erschien, also zur Zeit eines relativ noch schwach entwickelten Fabriksystems, bleibt sie *der klassische Ausdruck des Fabrikgeists*, nicht nur wegen ihres *offenherzigen Cynismus*, sondern auch wegen der

[208] „Das Verhältniß zwischen Meistern und Händen in den Flint- und Flaschenglas-Blasereien ist ein chronischer strike." Daher der Aufschwung der Manufaktur des gepreßten Glases, wo die Hauptoperationen durch Maschinerie ausgeführt werden. Eine Firma bei Newcastle, die früher jährlich 350 000 Pfund geblasnes Flintglas producirte, producirt jetzt statt dessen 3 000 500 Pfund gepreßtes Glas. („*Ch. Empl. Comm. IV. Rep. 1865*", p. 262, 263.)

[209] *Gaskell: „The Manufacturing Population of England. Lond.*1833", p. 34, 35.

[210] Einige sehr bedeutende Anwendungen von Maschinen zum Maschinenbau erfand Herr Fairbairn in Folge von strikes in seiner eignen Maschinenfabrik.

[211] *Ure* l. c. t. II, p. 141, 142, 138, 140.

Naivetät, womit er die gedankenlosen Widersprüche des Kapitalhirns ausplaudert. Nachdem er z. B. die „Doktorin“ entwickelt, daß das Kapital mit Hilfe der von ihm in Sold genommenen Wissenschaft „stets die rebellische ¦ Hand der Industrie zum Gehorsam zwingt“, entrüstet er sich darüber, „daß man von gewisser Seite die mechanisch-physische Wissenschaft anklagt, sich dem Despotismus reicher Kapitalisten zu leihen und zum Unterdrückungsmittel der armen Klassen herzugeben“. Nachdem er weit und breit gepredigt, wie vortheilhaft *rasche* Entwicklung der Maschinerie den Arbeitern, warnt er sie, daß sie durch ihre Widersetzlichkeit, Strikes u. s. w., die *Entwicklung der Maschinerie beschleunigen.* „Derartige Revolten“, sagt er, „zeigen die menschliche Verblendung in ihrem verächtlichsten Charakter, dem Charakter eines Menschen, *der sich zu seinem eignen Henker macht.*“ Wenige Seiten vorher heißt es umgekehrt: „Ohne die Kollisionen und heftigen Unterbrechungen, verursacht durch die irrigen Ansichten der Arbeiter, *hätte sich das Fabriksystem noch viel rascher entwickelt* und viel nützlicher für alle interessirten Parteien.“ Dann ruft er wieder aus: „Zum Glück für die Bevölkerung der Fabrikstädte Großbritaniens finden die Verbesserungen in der Mechanik nur allmälig statt.“ „Mit Unrecht“, sagt er, „klagt man die Maschinen an, daß sie den Arbeitslohn der Erwachsnen vermindern, indem sie einen Theil derselben deplaciren, wodurch ihre Anzahl das Bedürfniß nach Arbeit übersteigt. Aber es findet vermehrte Anwendung der Kinderarbeit statt und der Gewinn der Erwachsnen ist dadurch um so beträchtlicher.“ Derselbe Trostspender vertheidigt andrerseits die Niedrigkeit der Kinderlöhne damit, daß „sie die Aeltern abhalten ihre Kinder zu früh in die Fabriken zu schicken“. Sein ganzes Buch ist eine Apologie des *unbeschränkten* Arbeitstags und es erinnert seine liberale Seele an die dunkelsten Zeiten des Mittelalters, wenn die Gesetzgebung verbietet Kinder von 13 Jahren mehr als 12 Stunden per Tag abzurackern. Dieß hält ihn nicht ab die Fabrikarbeiter zu einem Dankgebet an die Vorsehung | aufzufordern, die ihnen durch die Maschinerie „die Muße verschafft habe über ihre unsterblichen Interessen nachzudenken“[212].

Eine ganze Reihe bürgerlicher Oekonomen, wie James Mill, Mac Culloch, Torrens, Senior, J. St. Mill u. s. w., behauptet, daß alle Maschinerie, die Arbeiter verdrängt, stets gleichzeitig und nothwendig ein

212 l. c. und p. 10, 143, 5, 6, 68, 67, 143.

adäquates Kapital zur Beschäftigung derselben identischen Arbeiter freisetzt[213].

Man unterstelle, ein Kapitalist wende 100 Arbeiter an z. B. in einer Tapetenmanufaktur, den Mann zu 30 Pfd. St. jährlich. Das von ihm jährlich ausgelegte *variable* Kapital beträgt also 3000 Pfd. St. Er entlasse 50 Arbeiter und beschäftige die übrigbleibenden 50 mit einer Maschinerie, die ihm 1500 Pfd. St. kostet. Der Vereinfachung halber wird von Baulichkeiten, ¦ Kohlen u. s. w. abgesehn. Man nimmt ferner an, das jährlich verzehrte Rohmaterial koste nach wie vor 3000 Pfd. St.[214]. Ist durch diese Metamorphose irgend ein Kapital „freigesetzt"? In der alten Betriebsweise bestand die ausgelegte Gesammtsumme von 6000 Pfd. St. halb aus constantem und halb aus variablem Kapital. Sie besteht jetzt aus 4500 Pfd. St. (3000 Pfd. St. für Rohmaterial und 1500 Pfd. St. für Maschinerie) constantem und 1500 Pfd. St. variablem Kapital. Statt der Hälfte bildet der variable oder in lebendige Arbeitskraft umgesetzte Kapitaltheil nur noch ¼ des Gesammtkapitals. Statt der Freisetzung findet hier *Bindung* von Kapital in einer Form statt, worin es aufhört sich gegen Arbeitskraft auszutauschen, d. h. *Verwandlung* von variablem in constantes Kapital. Das Kapital von 6000 Pfd. St. kann, unter sonst gleichbleibenden Umständen, jetzt niemals mehr als 50 Arbeiter beschäftigen. Mit jeder Verbesserung der Maschinerie beschäftigt es weniger. Kostete die neu eingeführte Maschinerie weniger als die Summe der von ihr verdrängten Arbeitskraft und Arbeitswerkzeuge, also z. B. statt 1500 nur 1000 Pfd. St., so würde ein variables Kapital von 1000 Pfd. St. in constantes verwandelt oder gebunden, während ein Kapital von 500 Pfd. St. freigesetzt würde. Letzteres, denselben Jahreslohn unter|stellt, bildet einen Beschäftigungsfonds für ungefähr 16 Arbeiter, während 50 entlassen sind, ja für viel weniger als 16 Arbeiter, da die 500 Pfd. St. zu ihrer Verwandlung in Kapital wieder zum Theil in constantes Kapital verwandelt werden müssen, also auch nur zum Theil in Arbeitskraft umgesetzt werden können.

213 *Ricardo* theilte ursprünglich diese Ansicht, widerrief sie aber später ausdrücklich mit seiner charakteristischen wissenschaftlichen Unbefangenheit und Wahrheitsliebe. Sieh l. c. ch. XXXI. „*On Machinery*".

214 *Nb.*, ich gebe die Illustration ganz in der Weise der obengenannten Oekonomen.

In der That meinen jene Apologeten auch nicht diese Art Freisetzung von Kapital. Sie meinen *die Lebensmittel der freigesetzten Arbeiter.* Es kann nicht geläugnet werden, daß im obigen Fall z. B. die Maschinerie nicht nur 50 Arbeiter freisetzt und dadurch „disponibel" macht, sondern zugleich ihren *Zusammenhang* mit Lebensmitteln zum Werth von 1500 Pfd. St. *aufhebt* und so diese Lebensmittel „freisetzt". Die einfache und keineswegs neue Thatsache, *daß die Maschinerie den Arbeiter von Lebensmitteln freisetzt,* lautet also *ökonomisch, daß die Maschinerie Lebensmittel für den Arbeiter freisetzt* oder in Kapital zu seiner Anwendung verwandelt. Man sieht, es kommt alles auf die Ausdrucksweise an. Nominibus mollire licet mala.

Die Lebensmittel zum Betrag von 1500 Pfd. St. standen den entlaßnen Arbeitern niemals *als Kapital* gegenüber. Was ihnen als Kapital gegenüberstand, waren die jetzt *in Maschinerie verwandelten* 1500 Pfd. St. Näher betrachtet repräsentirten diese 1500 Pfd. St. nur einen Theil der vermittelst der entlaßnen 50 Arbeiter jährlich producirten Tapeten, die sie in Geldform statt in natura von ihrem Anwender zum Lohn erhielten. Mit den in ¦ 1500 Pfd. St. verwandelten Tapeten kauften sie Lebensmittel zu demselben Betrag. Diese existirten für sie daher *nicht als Kapital,* sondern *als Waaren,* und sie selbst existirten für diese Waaren nicht *als Lohnarbeiter,* sondern als Käufer. Der Umstand, daß die Maschinerie sie von Kaufmitteln „freigesetzt" hat, verwandelt sie aus Käufern in Nicht-Käufer. Daher verminderte Nachfrage für jene Waaren. Voilà tout. Wird diese verminderte Nachfrage nicht durch vermehrte Nachfrage von anderer Seite kompensirt, so sinkt der Marktpreis der Waaren. Dauert dieß länger und in größrem Umfange, so erfolgt ein Deplacement der in der Produktion jener Waaren beschäftigten Arbeiter. Ein Theil des Kapitals, das früher nothwendige Lebensmittel producirte, wird in anderer Form reproducirt. Während des Falls der Marktpreise und des Deplacements von Kapital, werden auch die in der Produktion der nothwendigen Lebensmittel beschäftigten Arbeiter von einem Theil ihres Lohns „freigesetzt". | Statt also zu beweisen, daß die Maschinerie durch die Freisetzung der Arbeiter von Lebensmitteln letztre gleichzeitig in Kapital zur Anwendung der erstern verwandelt, beweist der Herr Apologet mit dem probaten Gesetz von Nachfrage und Zufuhr umgekehrt, daß die Maschinerie nicht nur in dem Produktionszweig, worin sie eingeführt, sondern auch in den Produktionszweigen, worin sie nicht eingeführt wird, Arbeiter aufs Pflaster wirft.

Außer der guten Absicht der Vertuschung liegt jener abgeschmackten Kompensationstheorie zu Grunde, erstens, daß die Maschinerie früher gebundne Arbeitskraft freisetzt, und *falls zuschüssiges Kapital nach Anlage drängt*, ihm mit der disponiblen Arbeitskraft gleichzeitig disponibel gemachte Lebensmittel zur Verfügung stellt. Aber die Maschinerie deplacirt nicht nur die zunächst „überzählig“ gemachten, sondern zugleich den neuen Menschenstrom, der jedem Industriezweig sein Kontingent zum regelmäßigen Ersatz und Wachsthum liefert. Diese Ersatzmannschaft wird neu vertheilt und in andern Arbeitszweigen absorbirt, während die ursprünglichen Opfer großentheils in der *Uebergangsperiode* verkommen und verkümmern. Zudem ist ihre Arbeitskraft durch die Theilung der Arbeit so vereinseitigt, daß sie nur in wenigen und daher beständig überfüllten niedrigen Arbeitszweigen Zugang finden[215]. Zweitens aber wird die unzweifelhafte Thatsache ausgesprochen, daß *die Maschinerie an sich* nicht verantwortlich ist für die „Freisetzung“ der Arbeiter von Lebensmitteln. Sie verwohlfeilert und ver¦mehrt das Produkt in dem Zweig, den sie ergreift, und läßt die in andern Industriezweigen producirte Lebensmittel-Masse zunächst unverändert. Nach wie vor ihrer Einführung besitzt die Gesellschaft also gleichviel oder mehr Lebensmittel für die deplacirten Arbeiter, ganz abgesehen von dem | enormen Theil des jährlichen Produkts, der von Nichtarbeitern vergeudet wird. Und dieß ist die Pointe der ökonomistischen Apologetik! Die von der *kapitalistischen Anwendung der Maschinerie untrennbaren Widersprüche und Antagonismen existiren nicht, weil sie nicht aus der Maschinerie selbst erwachsen, sondern aus*
237 *ihrer kapitalistischen Anwendung!* Da also die Maschinerie *an sich betrachtet* die Arbeitszeit verkürzt, während sie kapitalistisch angewandt den Arbeitstag verlängert, an sich die Arbeit erleichtert, kapitalistisch angewandt ihre Intensivität steigert, an sich ein Sieg des Menschen über die Naturkraft ist, kapitalistisch angewandt den Menschen durch

215 Ein Ricardianer bemerkt hierüber gegen die Fadaisen *J. B. Say's*: „Bei entwickelter Theilung der Arbeit ist das Geschick der Arbeiter nur in dem besondern Zweig anwendbar, worin sie aufgebracht wurden; *sie selbst sind eine Art von Maschinen.* Es hilft daher absolut nichts papageimäßig zu plappern, daß die Dinge eine Tendenz haben, ihr Niveau zu finden. Wir müssen um uns schauen und sehn, daß sie für lange Zeit *ihr Niveau nicht finden können;* daß wenn sie es finden, das Niveau *niedriger* steht als beim Ausgang des Prozesses.“ („*An Inquiry into those Principles respecting the Nature of Demand* etc. *Lond.* 1821“, p. 72.)

die Naturkraft unterjocht, an sich den Reichthum des Producenten vermehrt, kapitalistisch angewandt ihn verpaupert u. s. w., erklärt der bürgerliche Oekonom einfach, das *Ansichbetrachten der Maschinerie* beweise haarscharf, daß alle jene handgreiflichen Widersprüche bloßer *Schein* der gemeinen Wirklichkeit, aber *an sich*, also auch *in der Theorie*, gar nicht vorhanden sind. Er spart sich so alles weitere Kopfbrechen und bürdet seinem Gegner obendrein die Dummheit auf, nicht *die kapitalistische Anwendung der Maschinerie* zu bekämpfen, sondern *die Maschinerie selbst*[216].

Da jedes Maschinenprodukt, z. B. eine Elle Maschinengeweb, wohlfeiler ist als das von ihm verdrängte gleichartige Handprodukt, folgt als absolutes Gesetz: Bleibt das *Gesammtquantum* des maschinenmäßig producirten Artikels *gleich dem Gesammtquantum* des von ihm ersetzten handwerksoder manufakturmäßig producirten Artikels, *so vermindert sich die Gesammtsumme der angewandten Arbeit.* Die etwa zur Produktion der Arbeitsmittel selbst, der Maschinerie, Kohle u. s. w., erheischte *Arbeitszunahme* muß kleiner sein | als die durch Anwendung der Maschinerie bewirkte *Arbeitsabnahme.* Das Maschinenprodukt wäre sonst eben so theuer oder theurer als das Handprodukt. Statt aber gleich zu bleiben, wächst thatsächlich die Gesammtmasse des von *einer verminderten Arbeiteranzahl* producirten Maschinenartikels weit über die Gesammtmasse des verdrängten Handwerksartikels. Gesetzt 400 000 Ellen Maschinengeweb würden von ¦ weniger Arbeitern producirt als 100 000 Ellen Handgeweb. In dem vervierfachten Produkt steckt viermal mehr Rohmaterial. Die Produktion des Rohmaterials muß also vervierfacht werden. Was aber die verzehrten Arbeitsmittel, wie Baulichkeiten, Kohlen, Maschinen u. s. w. betrifft, so ändert sich die *Grenze*, innerhalb deren die zu ihrer Produktion erheischte *zusätzliche Arbeit* wachsen kann, mit der *Differenz* zwischen der Masse des

216 Ein Virtuose in diesem anmaßlichen Cretinismus ist u. a. *Mac Culloch.* „Wenn es vorteilhaft ist", sagt er z. B. mit der affektirten Naivetät eines Kindes von 8 Jahren, „das Geschick des Arbeiters mehr und mehr zu entwickeln, so daß er fähig wird ein stets wachsendes Waarenquantum mit demselben oder geringerem Arbeitsquantum zu produciren, so muß es auch vortheilhaft sein, daß *er sich solcher Maschinerie zu seinem Beistande bediene* als *ihn* am wirksamsten in der Erreichung dieses Resultats *unterstützt.*" (*Mac Culloch: „Princ. of Pol. Econ. Lond.* 1830", p. 166.)

Maschinenprodukts und der Masse des von derselben Arbeiterzahl herstellbaren Handprodukts.

Mit der Ausdehnung des Maschinenbetriebs in einem Industriezweig steigert sich also zunächst die Produktion in den andern Zweigen, die ihm seine Produktionsmittel liefern. Wie weit dadurch die beschäftigte Arbeitermasse wächst, hängt, Länge des Arbeitstags und Intensivität der Arbeit gegeben, von der Zusammensetzung der verwandten Kapitale ab, d. h. vom Verhältniß ihrer constanten und variablen Bestandtheile. Dieß Verhältniß seinerseits variirt sehr mit dem Umfang, worin die Maschinerie jene Gewerbe selbst schon ergriffen hat oder ergreift. Die Anzahl zu Kohlen- und Metallbergwerken verurtheilter Menschen schwoll ungeheuer mit dem Fortschritt des englischen Maschinenwesens, obgleich ihr Anwachs in den letzten Decennien durch Gebrauch neuer Maschinerie für den Bergbau verlangsamt wird[217]. Eine neue Arbeiterart springt mit der Maschine ins Leben, ihr Producent. Wir wissen bereits, daß der Maschinenbetrieb sich dieses Produktionszweigs selbst auf stets massenhafterer Stufenleiter be|mächtigt[218]. Was ferner das Rohmaterial betrifft[219], so unterliegt es z. B. keinem Zweifel, daß der Sturmmarsch der Baumwollspinnerei den Baumwollbau der Vereinigten Staaten und mit ihm nicht nur den afrikanischen Sklavenhandel treibhausmäßig förderte, sondern zugleich die Negerzucht zum Hauptgeschäft der sogenannten Border slaves states machte. Als 1790 der erste Sklavencensus in den Vereinigten Staaten aufgenommen ward, betrug ihre Zahl 697 000, dagegen 1861 ungefähr vier Millionen. Andrerseits ist es

217 Nach dem *Census* von 1861 (*Vol. II. Lond.* 1863) betrug die Zahl der in den Kohlenbergwerken von England und Wales beschäftigten Arbeiter 246 613, wovon 73 546 *unter* und 173 067 *über* 20 Jahre. Zur ersten Rubrik gehören 835 fünf- bis zehnjährige, 30 701 zehn- bis fünfzehnjährige, 42 010 fünfzehn- bis neunzehnjährige. Die Zahl der in Eisen-, Kupfer-, Blei-, Zinn- und allen andern Metallminen Beschäftigten: 319 222.

218 In England und Wales 1861 in der Produktion von Maschinerie beschäftigt: 60 807 Personen, eingezählt die Fabrikanten sammt ihren Commis u. s. w., ditto alle Agenten und Handelsleute in diesem Fach. Ausgeschlossen dagegen die Producenten kleinerer Maschinen, wie Nähmaschinen u. s. w., ebenso die Producenten der Werkzeuge für die Arbeitsmaschinen, wie Spindeln u. s. w. Zahl sämmtlicher Civilingenieure betrug 3329.

219 Da Eisen einer der wichtigsten Rohstoffe, so sei hier bemerkt, daß 1861 in England und Wales 125 771 Eisengießer, wovon 123 430 männlich, 2341 weiblich. Von den erstern 30 810 *unter* und 92 620 *über* 20 Jahre.

nicht minder gewiß, daß das Aufblühen der mechanischen ¦ Wollfabrik mit der progressiven Verwandlung von Ackerland in Schafweide die massenhafte Verjagung und „Ueberzähligmachung" der Landarbeiter hervorrief. Irland untergeht noch in diesem Augenblick den Prozeß, seine seit 20 Jahren beinahe um die Hälfte verkürzte Bevölkerung noch weiter auf das dem Bedürfniß seiner Landlords und der englischen Herrn Wollfabrikanten exakt entsprechende Maß zu reduciren.

Ergreift die Maschinerie eine Vor- oder Zwischenstufe des Gesammtcursus, den ein Arbeitsgegenstand bis zu seiner letzten Form zu durchlaufen hat, so vermehrt sich mit dem Arbeitsmaterial die Arbeitsnachfrage in den noch handwerks- oder manufakturmäßig betriebnen Gewerken, welche das Maschinenfabrikat weiter formen. Die Maschinenspinnerei z. B. lieferte das Garn so wohlfeil und so reichlich, daß die Handweber zunächst, ohne vermehrte Auslage, volle Zeit arbeiten konnten. So stieg ihr Einkommen[220]. Daher Menschenzufluß in die Baumwollweberei, bis | schließlich die von Jenny, Throstle und Mule in England z. B. ins Leben gerufenen 800 000 Baumwollweber wieder vom Dampfwebstuhl erschlagen wurden. So wächst mit dem Ueberfluß der maschinenmäßig producirten Kleidungsstoffe die Zahl der Schneider, Kleidermacherinnen, Nähterinnen u. s. w., bis die Nähmaschine erscheint.

Entsprechend der steigenden Masse von Rohstoffen, Halbfabrikaten, Arbeitsinstrumenten u. s. w., die der Maschinenbetrieb mit relativ geringer Arbeiterzahl liefert, *differenzirt* sich die Bearbeitung dieser Rohstoffe und Halbfabrikate in zahllose Unterarten, also die Mannigfaltigkeit der gesellschaftlichen Produktionszweige. Der Maschinenbetrieb vermehrt die *gesellschaftliche* Theilung der Arbeit weit mehr als die Manufaktur, weil er die Produktivkraft der von ihm ergriffenen Gewerbe ungleich höher spannt.

Das nächste Resultat der Maschinerie ist den *Mehrwerth* und zugleich die Produktenmasse, worin er sich darstellt, also mit der Substanz, wovon die Kapitalistenklasse sammt Anhang zehrt, diese Gesellschafts-

220 „Eine Familie von 4 erwachsnen Personen (Baumwollwebern) mit zwei Kindern als winders gewann Ende des letzten und Anfang des gegenwärtigen Jahrhunderts 4 Pfd. St. per Woche bei 10stündiger Tagesarbeit; war die Arbeit sehr dringend, so konnten sie mehr verdienen … Früher hatten sie immer gelitten von mangelnder Garnzufuhr." (*Gaskell* l. c. p. 24, 26.)

schichten selbst zu vergrößern. Ihr wachsender Reichthum und die relativ beständig fallende Anzahl der zur Produktion der ersten Lebensmittel erheischten Arbeiter, erzeugen mit neuem Luxusbedürfniß zugleich neue Mittel seiner Befriedigung. Ein größerer Theil des gesellschaftlichen Produkts verwandelt sich in Surplusprodukt und ein größerer Theil des Surplusprodukts wird in verfeinerten und vermannigfachten Formen reproducirt und verzehrt. In andern Worten: Die *Luxusproduktion* wächst[221]. Die Verfeinerung und Vermannig¦fachung der Produkte entspringt ebenso aus den neuen weltmarktlichen Beziehungen, welche die große Industrie schafft. Es werden nicht nur mehr ausländische Genußmittel gegen das heimische Produkt ausgetauscht, sondern es geht auch eine größere Masse fremder Rohstoffe, Ingredienzen, Halbfabrikate u. s. w. als Produktionsmittel in die heimische Industrie ein. Mit denselben weltmarktlichen Beziehungen steigt die Arbeitsnachfrage in der Transportindustrie und spaltet sich letztere in zahlreiche neue Unterarten[222]. |

Die Vermehrung von Produktions- und Lebensmitteln durch relativ abnehmende Arbeiterzahl treibt zur Ausdehnung der Arbeit in Industriezweigen, deren Produkte, wie Kanäle, Waarendocks, Tunnels, Brücken u. s. w. nur in fernerer Zukunft Früchte tragen. Es bilden sich, entweder direkt auf der Grundlage der Maschinerie, oder doch der ihr entsprechenden allgemeinen industriellen Umwälzung, ganz neue Produktionszweige und daher neue Arbeitsfelder. Ihr Raumantheil an der Gesammtproduktion ist jedoch selbst in den meist entwickelten Ländern keineswegs bedeutend. Die Anzahl der von ihnen beschäftigten Arbeiter steigt im direkten Verhältniß, worin die Nothwendigkeit rohster Handarbeit reproducirt wird. Als Hauptindustrieen dieser Art kann man gegenwärtig Gaswerke, Telegraphie, Photographie, Dampfschifffahrt und Eisenbahnwesen betrachten. Der Census von 1861 (für England und Wales) ergiebt in der *Gasindustrie* (Gaswerke, Produktion der mechanischen Apparate, Agenten der Gascompagnien u. s. w.) 15 211 Personen, *Telegraphie* 2399, *Photographie* 2366, *Dampfschiff-*

221 *F. Engels* in „*Lage* u. s. w." weist den jämmerlichen Zustand eines großen Theils grade dieser Luxusarbeiter nach. Massenhafte neue Belege hierzu in den Berichten der „*Child. Empl. Comm.*"

222 1861 in England und Wales 94 665 in der Handelsmarine beschäftigte Seeleute.

dienst 3570 und *Eisenbahnen* 70 599, worunter ungefähr 28 000 mehr oder minder permanent beschäftigte „ungeschickte" Erdarbeiter nebst dem ganzen administrativen und kommerciellen Personal. Also Gesammtzahl der Individuen in diesen fünf neuen Industrieen 94 145.

Endlich erlaubt die außerordentlich erhöhte Produktivkraft in den Sphären der großen Industrie, begleitet, wie sie ist, von intensiv und extensiv gesteigerter Ausbeutung der Arbeitskraft in *allen* übrigen Produktionssphären, einen stets größeren Theil der Arbeiterklasse *unproduktiv* zu verwenden und so namentlich die *alten Haussklaven* unter dem Namen der *„dienenden Klasse"*, wie Bediente, Mägde, Lakaien u. s. w., stets massenhafter zu reproduciren. Nach dem Census von 1861 zählte die Gesammtbevölkerung von England und Wales 20 066 224 Personen, wovon 9 770 259 männlich und 10 289 965 weiblich. Zieht man hiervon ab, was zu alt oder zu jung zur Arbeit, alle „unproduktiven" Weiber, jungen Personen und Kinder, dann die „ideologischen" Stände, wie Regierung, Pfaffen, Juristen, Militär u. s. w., ¦ ferner alle, deren ausschließliches Geschäft der Verzehr fremder Arbeit in der Form von Grundrente, Zins u. s. w., endlich Paupers, Vagabunden, Verbrecher u. s. w., so bleiben in rauher Zahl 8 Millionen beiderlei Geschlechts und der verschiedensten Altersstufen, mit Einschluß sämmtlicher irgendwie in der Produktion, dem | Handel, der Finanz u. s. w. funktionirenden Kapitalisten. Von diesen 8 Millionen kommen auf:

Ackerbauarbeiter (mit Einschluß der Hirten und bei Pächtern wohnenden Ackersknechte und Mägde)	1 098 261	Personen.
Alle in Baumwoll-, Woll-, Worsted-, Flachs-, Hanf-, Seide-, Jutefabriken und in der mechanischen Strumpfwirkerei und Spitzenfabrikation Beschäftigten	642 607 [223]	"
Alle in Kohlen- und Metallbergwerken Beschäftigten	565 835	"
In sämmtlichen Metallwerken (Hochöfen, Walzwerke u. s. w.) und Metallmanufakturen aller Art Beschäftigte	396 998 [224]	"
Dienende Klasse	1 208 648 [225]	"

223 Davon nur 177 596 männlichen Geschlechts über 13 Jahre.

224 Davon weiblichen Geschlechts 30 501.

225 Davon männlichen Geschlechts: 137 447. Ausgeschlossen von den 1 208 648 alles Personal, das nicht in Privathäusern dient.

Rechnen wir die in allen textilen Fabriken Beschäftigten zusammen mit dem Personal der Kohlen- und Metallbergwerke, so erhalten wir 1 208 442; rechnen wir sie zusammen mit dem Personal aller Metall-Werke und Manufakturen, so die Gesammtzahl 1 039 605, beidemal kleiner als die Zahl der modernen Haussklaven. Welch erhebendes Resultat der kapitalistisch exploitirten Maschinerie!

Alle zurechnungsfähigen Repräsentanten der politischen Oekonomie geben zu, daß neue Einführung der Maschinerie pestartig wirkt auf die Arbeiter in den überlieferten Handwerken und Manufakturen, womit sie zunächst konkurrirt. Fast alle beächzen die Sklaverei des Fabrikarbeiters. Und was ist der große Trumpf, den alle ausspielen? Daß die Maschinerie, nach der Tortur, wovon ihre Einführung und ihre Entwicklung begleitet sind, die *Arbeitssklaven* in letzter Instanz *vermehrt*, statt sie schließlich zu *vermindern*! Ja, die politische Oekonomie jubelt sich aus in dem abscheulichen Theorem, abscheulich für jeden „Philanthrop", der an die ewige Naturnothwendigkeit der kapitalistischen Produktionsweise glaubt, daß selbst die bereits auf Maschinenbetrieb begründete Fabrik, nach bestimmter Periode des Wachsthums, nach kürzerer oder | längerer „*Uebergangszeit*", mehr Arbeiter abplackt als sie ursprünglich aufs Pflaster warf[226]! ¦

226 *Ganilh* betrachtet dagegen als Schluß-Resultat des Maschinenbetriebs absolut verminderte Anzahl der Arbeitssklaven, auf deren Kosten dann eine vermehrte Anzahl der „gens honnêtes" zehrt und ihre bekannte „perfectibilité perfectible" entwickelt. So wenig er die Bewegung der Produktion versteht, fühlt er wenigstens, daß die Maschinerie, wenn sie nur dazu dient, erstens durch ihre *Einführung* beschäftigte Arbeiter in Paupers zu verwandeln und zweitens durch ihre *Entwicklung* mehr Arbeitssklaven zu reproduciren, als sie erschlagen hat, eine sehr fatale Institution ist. Den Cretinismus seines eignen Standpunkts kann man nur in seinen eignen Worten ausdrücken: «Les classes condamnées *à produire et à consommer* diminuent, et les classes qui dirigent le travail, qui *soulagent, consolent* et *éclairent* toute la population, se multiplient … et *s'approprient tous les bienfaits* qui résultent *de la diminution des frais du travail*, de l'abondance des productions et du bon marché des consommations. Dans cette direction, l'espèce humaine s'élève aux plus hautes conceptions du génie, pénètre dans les profondeurs mystérieuses de la religion, *établit les principes salutaires de la morale* (die darin besteht de „*s'approprier tous les bienfaits* etc."), les lois tutélaires de la liberté (der liberté pour „les classes *condamnées* à produire"?) et du pouvoir, de *l'obéissance* et de la justice, du devoir et de l'humanité.» Dieß Kauderwelsch

Zwar zeigte sich schon an einigen Beispielen, z. B. den englischen Worsted- und Seidenfabriken, daß auf einem gewissen Entwicklungsgrad außerordentliche Ausdehnung von Fabrikzweigen mit nicht nur *relativer*, sondern *absoluter Abnahme der angewandten Arbeiteranzahl* verbunden sein kann. Im Jahr *1860*, als ein Specialcensus aller Fabriken des Vereinigten Königreichs auf Befehl des Parlaments aufgenommen ward, zählte die dem Fabrikinspektor *R. Baker* zugewiesne Abtheilung der Fabrikdistrikte von Lancashire, Cheshire und Yorkshire 652 Fabriken; von diesen enthielten 570: *Dampfwebstühle* 85622, *Spindeln* (mit Ausschluß der Dublirspindeln) 6 819 146, *Pferdekraft* in Dampfmaschinen 27 439, in Wasserrädern 1390, beschäftigte Personen 94 119. Im Jahr *1865* dagegen enthielten *dieselben* Fabriken: *Webstühle* 95 163, *Spindeln* 7 025 031, *Pferdekraft* in Dampfmaschinen 28 925, in Wasserrädern 1 445, beschäftigte Personen 88 913. Von 1860 bis 1865 betrug also die *Zu|nahme* dieser Fabriken an Dampfwebstühlen 11 %, an Spindeln 3 %, an Dampfpferdekraft 5 %, während gleichzeitig die Zahl der beschäftigten Personen um 5,5 % *abnahm*[227]. Zwischen 1856 und 1862 fand beträchtliches Wachsthum der englischen *Wollfabrikation* statt, während die Zahl der angewandten Arbeiter beinahe stationär blieb. „Dieß zeigt, in wie großem Maße neu eingeführte Maschinerie die Arbeit vorhergehender Perioden verdrängt hatte"[228]. In empirisch gegebnen Fällen ist die Zunahme der beschäftigten Fabrikarbeiter oft nur *scheinbar*, d. h. nicht der Ausdehnung der bereits auf Maschinenbetrieb beruhenden Fabrik geschuldet, sondern der allmäligen Annexation von Nebenzweigen. Z. B. „die Zunahme der mechanischen Webstühle und *der durch sie beschäftigten Fabrikarbeiter* von 1838–1858 war in der (britischen) Baumwollfabrik ¦ einfach *der Ausdehnung dieses Geschäftszweigs* geschuldet; in den andern Fabriken dagegen der *Neuanwendung von Dampfkraft* auf den Teppich-, Band-, Leinenwebstuhl u. s. w., die vorher durch menschliche Muskelkraft getrieben wurden"[229]. Die Zu-

in: *„Des Systèmes d'Économie Politique* etc. *Par M. Ch. Ganilh". 2ème éd. Paris* 1821, t. I, p. 224. cf. ib. p. 212.

227 *„Reports of Insp. of Fact. 31st Oct. 1865"*, p. 58 sq. Gleichzeitig war aber auch schon die materielle Grundlage für Beschäftigung einer wachsenden Arbeiterzahl gegeben in 110 *neuen* Fabriken mit 11 625 Dampfwebstühlen, 628 576 Spindeln, 2695 Dampf- und Wasser-Pferdekraft. (l. c.)

228 *„Reports etc. for 31st Oct. 1862"*, p. 79.

229 *„Reports etc. for 31st Oct. 1856"*, p. 16.

nahme dieser Fabrikarbeiter war also nur der Ausdruck einer Abnahme in der Gesammtzahl der beschäftigten Arbeiter. Es wird hier endlich ganz davon abgesehen, daß überall, mit Ausnahme der Metallfabriken, jugendliche Arbeiter (unter 18 Jahren), Weiber und Kinder das weit vorwiegende Element des Fabrikpersonals bilden.

Man begreift jedoch, trotz der vom Maschinenbetrieb faktisch verdrängten und virtuell ersetzten Arbeitermasse, wie *mit seinem eignen Wachsthum,* ausgedrückt in vermehrter Anzahl von Fabriken derselben Art oder den erweiterten Dimensionen vorhandner Fabriken, die Fabrikarbeiter schließlich zahlreicher sein können als die von ihnen verdrängten Manufakturarbeiter oder Handwerker. Das wöchentlich angewandte Kapital von 500 Pfd. St. bestehe z. B. in der alten Betriebsweise aus ⅖ constantem und ⅗ variablem Bestandtheil, d. h. 200 Pfd. St. seien in Produktionsmitteln ausgelegt, 300 Pfd. St. in Arbeitskraft, sage | 1 Pfd. St. per Arbeiter. Mit dem Maschinenbetrieb verwandelt sich die Zusammensetzung des Gesammtkapitals. Es zerfällt jetzt z. B. in ⅘ constanten und ⅕ variablen Bestandtheil, oder es werden nur noch 100 Pfd. St. in Arbeitskraft ausgelegt. Zwei Drittel der früher beschäftigten Arbeiter werden also entlassen. Dehnt sich dieser Fabrikbetrieb aus und wächst, bei sonst gleichbleibenden Produktionsbedingungen, das angewandte Gesammtkapital von 500 auf 1500, so werden jetzt 300 Arbeiter beschäftigt, so viele wie vor der industriellen Revolution. Wächst das angewandte Kapital weiter auf 2000, so werden 400 Arbeiter beschäftigt, also ⅓ mehr als mit der alten Betriebsweise. *Absolut* ist die angewandte Arbeiterzahl um 100 gestiegen, *relativ,* d. h. im Verhältniß zum vorgeschoßnen Gesammtkapital, ist sie um 800 gefallen, denn das Kapital von 2000 Pfd. St. hätte in der alten Betriebsweise 1200 statt 400 Arbeiter beschäftigt. *Relative Abnahme* der beschäftigten Arbeiterzahl verträgt sich also mit ihrer *absoluten Zunahme.* Es wurde oben angenommen, daß mit dem Wachsthum des Gesammtkapitals seine Zusammensetzung constant bleibt, weil die Produktionsbedingungen. Man weiß aber bereits, daß mit jedem Fortschritt des Maschinenwesens der constante, aus Maschinerie, Rohmaterial u. s. w. bestehende Kapitaltheil wächst, während der variable, in Arbeitskraft ausgelegte fällt, und man weiß zugleich, daß in keiner Betriebsweise die Verbesserung so constant, daher die Zusammensetzung des Gesammtkapitals so variabel ist. Dieser beständige Wechsel ist aber ebenso beständig unterbrochen durch Ruhepunkte und bloß *quan-*

tita¦tive Ausdehnung auf gegebner technologischer Grundlage. Damit wächst die Anzahl der beschäftigten Arbeiter. So betrug die Anzahl *aller Arbeiter* in den Baumwoll-, Woll-, Worsted-, Flachs- und Seidenfabriken des Vereinigten Königreichs *1835* nur 354 684, während *1861* allein die Zahl der Dampfweber (beiderlei Geschlechts und der verschiedensten Altersstufen vom 8. Jahr an) 230 564 betrug. Allerdings erscheint dieß Wachsthum minder groß, wenn man erwägt, daß die britischen Handbaumwollweber mit den von ihnen selbst beschäftigten Familien 1838 noch 800 000 zählten[230], ganz abgesehn von den in Asien und auf dem europäischen Kontinent Deplacirten. |

In den wenigen Bemerkungen, die über diesen Punkt noch zu machen, berühren wir zum Theil *rein thatsächlich*, so zu sagen *exoterisch*, Verhältnisse, wozu unsre theoretische Darstellung selbst noch nicht geführt hat.

So lange sich der Maschinenbetrieb in einem Industriezweig auf Kosten des überlieferten Handwerks oder der Manufaktur ausdehnt, sind seine Erfolge so sicher, wie etwa der Erfolg einer mit dem Zündnadelgewehr bewaffneten Armee gegen eine Armee von Bogenschützen wäre. Diese erste Periode, worin die Maschine erst ihren Wirkungskreis erobert, ist entscheidend wichtig wegen der außerordentlichen Profite, die sie produciren hilft. Diese bilden nicht nur an und für sich eine Quelle beschleunigter Akkumulation, sondern ziehn großen Theil des beständig neugebildeten und nach neuer Anlage drängenden gesellschaftlichen Zusatzkapitals in die begünstigte Produktionssphäre. Die besondern Vortheile der ersten Sturm- und Drangperiode wiederholen sich beständig in den Produktionszweigen, worin die Maschinerie neu eingeführt wird. Sobald aber das Fabrikwesen eine gewisse Breite des Daseins und bestimmten Reifegrad gewonnen hat, sobald namentlich seine eigne technologische Grundlage, die Maschinerie, selbst wieder durch Maschinen producirt wird, sobald Kohlen- und Eisengewinnung,

230 „Die Leiden der Handweber (von Baumwolle und mit Baumwolle gemischten Stoffen) waren Gegenstand der Untersuchung durch eine königl. Kommission, aber obgleich ihr Elend anerkannt und bejammert wurde, überließ man die Verbesserung (!) ihrer Lage dem Zufall und dem Wechsel der Zeit, und man darf hoffen, daß diese Leiden *jetzt* (20 Jahre später!) *beinahe* (nearly) verwischt sind, wozu die jetzige große Ausdehnung der Dampfwebstühle aller Wahrscheinlichkeit nach beigetragen hat." (l. c. p. 15.)

wie die Verarbeitung der Metalle und das Transportwesen revolutionirt, überhaupt die der großen Industrie entsprechenden allgemeinen Produktionsbedingungen hergestellt sind, erwirbt diese Betriebsweise eine *Elasticität*, eine *plötzliche sprungweise Ausdehnungsfähigkeit*, die nur an dem Rohmaterial und dem Absatzmarkt Schranken findet. Die Maschinerie bewirkt einerseits direkte Vermehrung des Rohmaterials, wie z. B. der cotton gin die Baumwollproduktion vermehrte[231]. Andrerseits sind Wohlfeilheit des ¦ Maschinenprodukts und das umgewälzte Transport- und Kommunikationswesen Waffen zur Eroberung fremder Märkte. Durch den Ruin ihres handwerks|mäßigen Produkts verwandelt der Maschinenbetrieb sie zwangsweise in Produktionsfelder seines Rohmaterials. So wurde Ostindien zur Produktion von Baumwolle, Wolle, Hanf, Jute, Indigo u. s. w. für Großbritanien gezwungen[232]. Die beständige „Ueberzähligmachung" der Arbeiter in den Ländern der großen Industrie befördert treibhausmäßige Auswanderung und Kolonisation fremder Länder, die sich in Pflanzstätten für das Rohmaterial des Mutterlands verwandeln, wie Australien z. B. in eine Pflanzstätte von Wolle[233]. Es wird eine neue, den Hauptsitzen des Maschinenbetriebs entsprechende internationale Theilung der Arbeit geschaffen, die einen Theil des Erdballs in vorzugsweis agrikoles Produktionsfeld für den andern als vorzugsweis industrielles Produktionsfeld umwandelt. Diese

231 Andre Methoden, wodurch die Maschinerie auf die Produktion des Rohmaterials einwirkt, werden im Dritten Buch erwähnt.

232 *Baumwollausfuhr von Ostindien nach Großbritanien.*

1846	lbs.	34 540 143.
1860	lbs.	204 141 168.
1865	lbs.	445 947 600.

Wollausfuhr von Ostindien nach Großbritanien.

1846	lbs.	4 570 581.
1860	lbs.	20 214 173.
1865	lbs.	20 679 111.

233 *Wollausfuhr vom Kap der guten Hoffnung nach Großbritanien.*

1846	lbs.	2 958 457.
1860	lbs.	16 574 345.
1865	lbs.	29 220 623.

Wollausfuhr von Australien nach Großbritanien.

1846	lbs.	21 789 346.
1860	lbs.	59 166 616.
1865	lbs.	109 734 261.

Revolution hängt zusammen mit Umwälzungen in der Agrikultur, die hier noch nicht weiter zu erörtern sind[234]. ¦ |

Die ungeheure, stoßweise Ausdehnbarkeit des Fabrikwesens und seine Abhängigkeit vom Weltmarkt erzeugen nothwendig fieberhafte Produktion und darauf folgende Ueberfüllung der Märkte, mit deren Kontraktion Lähmung eintritt. Das Leben der Industrie verwandelt sich in eine Reihenfolge von Perioden mittlerer Lebendigkeit, Prosperität, Ueberproduktion, Krise und Stagnation. Die Unsicherheit und Unstätigkeit, denen der Maschinenbetrieb die Beschäftigung und damit die Lebenslage des Arbeiters unterwirft, werden normal mit diesem Periodenwechsel des industriellen Cyklus. Die Zeiten der Prosperität abgerechnet, rast zwischen den Kapitalisten heftigster Kampf um ihren individuellen Raumantheil am Markt. Dieser Antheil steht in direktem Verhältniß zur Wohlfeilheit des Produkts. Außer der hierdurch erzeugten Rivalität im Gebrauch verbesserter, Arbeiter ersetzender Maschinerie und neuer Produktionsmethoden, tritt jedesmal ein Punkt ein, wo Verwohlfeilerung der Waare durch ge|waltsamen Druck des Arbeitslohnes unter den Werth der Arbeitskraft erstrebt wird[235].

234 Die ökonomische Entwicklung der Vereinigten Staaten ist selbst ein Produkt der europäischen, näher englischen großen Industrie. In ihrer jetzigen Gestalt müssen sie stets noch als Kolonialland von Europa betrachtet werden.

Baumwollausfuhr der Vereinigten Staaten nach Großbritanien in lbs.

1846	401 949 393.
1852	765 630 544.
1859	961 707 264.
1860	115 890 608.

Ausfuhr von Korn u. s. w. aus den Vereinigten Staaten nach Großbritanien (1850 und 1862):

Weizen cwts.	*1850*	16 202 312.
	1862	41 033 503.
Gerste cwts.	*1850*	3 669 653.
	1862	6 624 800.
Hafer cwts.	*1850*	3 174 801.
	1862	4 426 994.
Roggen cwts.	*1850*	388 749.
	1862	7 108.

235 In einem Aufruf der von den Schuhfabrikanten zu *Leicester* durch einen „lock out" aufs Pflaster geworfenen Arbeiter an die *„Trade Societies of England"*,

[Ausfuhr von Korn u. s. w. aus den Vereinigten Staaten nach Großbritanien (1850 und 1862):]

Weizenmehl cwts.	*1850*	3 819 440.
	1862	7 207 113.
Buchweizen cwts.	*1850*	1 054.
	1862	19 571.
Mais cwts.	*1850*	5 473 161.
	1862	11 694 818.
Bere oder Bigg (bes. Gerstenart) *cwts.*	*1850*	2 039.
	1862	7 675.
Erbsen cwts.	*1850*	811 620.
	1862	1 024 722.
Bohnen cwts.	*1850*	1 822 972.
	1862	2 037 137.
Gesammteinfuhr cwts.:	*1850*	35 365 801.
	1862	74 083 441. ¦

Juli 1866, heißt es u. a.: „Seit etwa 20 Jahren wurde die Schuhmacherei in Leicester umgewälzt durch Einführung des Nietens statt des Nähens. Gute Löhne konnten damals verdient werden. Bald dehnte sich dieß neue Geschäft sehr aus. Große Konkurrenz zeigte sich unter den verschiednen Firmen, welche den geschmackvollsten Artikel liefern könne. Kurz nachher jedoch entsprang eine schlechtere Art Konkurrenz, nämlich die, einander im Markt zu unterverkaufen (undersell). Die schädlichen Folgen offenbarten sich bald in Lohnherabsetzung, und so reißend schnell war der Fall im Preise der Arbeit, daß viele Firmen jetzt nur noch die Hälfte des ursprünglichen Lohns zahlen. Und dennoch, obgleich die Löhne tiefer und tiefer sinken, scheinen die Profite mit jeder Aenderung des Arbeitstarifs zu wachsen." – Ungünstige Perioden der Industrie werden selbst von den Fabrikanten benutzt, um durch übertriebne Lohnherabsetzung, d. h. direkten Diebstahl an den nothwendigsten Lebensmitteln des Arbeiters, außerordentliche Profite zu machen. Ein Beispiel. Es handelt sich um die Krise in der Seidenweberei zu Coventry: „Aus Nachweisen, die ich sowohl von Fabrikanten als Arbeitern erhielt, folgt zweifelsohne, daß die Löhne in einem größern Umfang verkürzt wurden, als die Konkurrenz ausländischer Producenten oder andre Umstände ernöthigten. Die Majorität der Weber arbeitet zu einer Lohnherabsetzung von 30 bis 40 %. Ein Stück Band, wofür der Weber fünf Jahre früher 6 oder 7 sh. erhielt, bringt ihm jetzt nur 3 sh. 3 d. oder 3 sh. 6 d. ein; andere Arbeit, früher zu 4 sh. und 4 sh. 3 d. bezahlt, erhält jetzt nur 2 sh. oder 2 sh. 3 d. Die Lohnherabsetzung ist größer als zum Stachel der Nachfrage erheischt ist. In der That, *bei vielen Arten von Band war die Lohnherabsetzung nicht einmal begleitet von irgend einer Herabsetzung im Preise des Artikels.*" (*Bericht des Kommissärs F. D. Longe* in „*Ch. Empl. Comm. V. Rep. 1866*", p. 114, n. 1.)

Wachsthum in der Anzahl der Fabrikarbeiter ist also *bedingt* durch *proportionell* viel rascheres Wachsthum des in den Fabriken angelegten Gesammtkapitals. Dieser Prozeß vollzieht sich aber nur innerhalb der Ebb- und Fluthperioden des industriellen Cyklus. Er wird zudem stets unterbrochen durch den technologischen Fortschritt, der Arbeiter bald virtuell ersetzt, bald faktisch verdrängt. Dieser *qualitative Wechsel* im Maschinenbetrieb entfernt beständig Arbeiter aus der Fabrik oder verschließt ihr Thor dem neuen Rekrutenstrom, während die bloß *quantitative Ausdehnung* der Fabriken neben den Herausgeworfenen frische | Kontingente verschlingt. Die Arbeiter werden so fortwährend repellirt und attrahirt, hin- und hergeschleudert, und dieß bei beständigem Wechsel in Geschlecht, Alter und Geschick der Angeworbenen.

Die Schicksale des Fabrikarbeiters werden am besten veranschaulicht durch raschen Ueberblick der *Schicksale der englischen Baumwollindustrie.*

Von *1770 bis 1815* Baumwollindustrie gedrückt oder stagnant 5 Jahre. Während dieser ersten 45jährigen Periode besaßen die englischen Fabrikanten das Monopol der Maschinerie und des Weltmarkts. *1815 bis 1821* gedrückt, *1822 und 1823* prosperirend, *1824* Aufhebung der Kombinationsgesetze, allgemeine große Ausdehnung der Fabriken, *1825* Krise, *1826* großes Elend und Aufstände unter den Baumwollarbeitern, *1827* leise Besserung, *1828* großer Anwachs von Dampfwebstühlen und Ausfuhr, *1829* die Ausfuhr, besonders nach Indien, übergipfelt alle früheren Jahre, *1830* überfüllte Märkte, großer Nothstand, *1831* bis *1833* fortdauernder Druck; der Handel nach Ostasien (Indien und China) wird dem Monopol der ostindischen Kompagnie entzogen. *1834* großes Wachsthum von Fabriken und Maschinerie, Mangel an Händen. Das *neue Armengesetz* befördert die Wanderung der Landarbeiter in die Fabrikdistrikte. Fegung der ländlichen Grafschaften von Kindern. Weißer Sklavenhandel. *1835* große Prosperität. Gleichzeitige Todhungerung der Baumwollhandweber. *1836* große Prosperität. *1837 und 1838* gedrückter Zustand und Krise. *1839* Wiederaufleben. *1840* große Depression, Aufstände, Einschreiten des Militärs. *1841 und 1842* furchtbares Leiden der Fabrikarbeiter. 1842 schließen die Fabrikanten die Hände von den Fabriken aus, um den Widerruf der Korngesetze zu erzwingen. Die Arbeiter strömen zu vielen Tausenden nach Yorkshire, vom Militär zurückgetrieben, ihre Führer vor's Gericht zu Lancaster gestellt. *1843* großes Elend. *1844* Wieder¦aufleben. *1845* große Prosperität.

1846 erst fortdauernder Aufschwung, dann Symptome der Reaktion. *Widerruf der Korngesetze. 1847* Krise. Allgemeine Herabsetzung der Löhne um 10 und mehr Procent zur Feier des „big loaf". *1848* fortdauernder Druck. Manchester unter militärischem Schutz. *1849* Wiederaufleben. *1850* Prosperität. *1851* fallende Waarenpreise, niedrige Löhne, häufige Strikes. *1852* beginnende Verbesserung, Fortdauer der Strikes, Fabri-|kanten drohn mit Import fremder Arbeiter. *1853* steigende Ausfuhr. Achtmonatlicher Strike und großes Elend zu Preston. *1854* Prosperität, Ueberfüllung der Märkte. *1855* Berichte von Bankerotten strömen ein aus den Vereinigten Staaten, Kanada, ostasiatischen Märkten. *1856* große Prosperität. *1857* Krise. *1858* Verbesserung. *1859* große Prosperität, Zunahme der Fabriken. *1860* Zenith der englischen Baumwollindustrie. Indische, australische und andere Märkte so überführt, daß sie noch 1863 kaum den ganzen Quark absorbirt haben. *Französischer Handelsvertrag.* Enormes Wachsthum von Fabriken und Maschinerie. *1861* Aufschwung dauert Zeitlang fort, Reaktion, amerikanischer Bürgerkrieg, Baumwollnoth. *1862 bis 63* vollständiger Zusammenbruch.

Die Geschichte des cotton famine ist zu charakteristisch, um nicht einen Augenblick dabei zu verweilen. Aus den Andeutungen über die Zustände des Weltmarkts 1860 bis 61 ersieht man, daß die Baumwollnoth den Fabrikanten gelegen kam und zum Theil vortheilhaft war, eine Thatsache anerkannt in Berichten der Manchester Handelskammer, im Parlament von Palmerston und Derby proklamirt, durch die Ereignisse bestätigt[236]. Allerdings gab es 1861 unter den 2887 Baumwollfabriken des Vereinigten Königreichs viel kleine. Nach dem Bericht des Fabrikinspektors *A. Redgrave*, dessen Verwaltungsbezirk von jenen 2887 Fabriken 2109 einschließt, wendeten von letztern 392 oder 19 % nur *unter* 10 Dampf-Pferdekraft an, 345 oder 16 % über 10 und unter 20, und 1372 20 und mehr Pferdekraft[237]. Die Mehrzahl der kleinen Fabriken waren Webereien, während der Prosperitätsperiode seit 1858 errichtet, meist durch Spekulanten, wovon der eine das Garn, der andre die Maschinerie, der dritte die Baulichkeit lieferte, unter dem Betrieb ehemaliger *overlookers* oder andrer unbemittelter Leute. Diese kleinen Fabrikanten gingen meist unter. Dasselbe Schicksal hätte ihnen die durch das Baumwollpech verhinderte Handelskrise bereitet. Obgleich

236 Vgl. *„Reports of Insp. of Fact. for 31st Oct. 1862"*, p. 30.
237 l. c. p. 18, 19.

sie ⅓ der Fabrikantenzahl bildeten, absorbirten ihre Fabriken einen ungleich geringeren Theil des in der Baumwollindustrie angelegten Kapitals. Was den Umfang der Lähmung betrifft, so standen nach den authentischen Schätzungen im Oktober 1862 60,3 % der Spindeln und 58 % der Webstühle still. | Dieß bezieht sich auf den ganzen Industriezweig und war natürlich ¦ sehr modificirt in den einzelnen Distrikten. Nur sehr wenige Fabriken arbeiteten volle Zeit (60 Stunden per Woche), die übrigen mit Unterbrechungen. Selbst für die wenigen Arbeiter, die *volle Zeit* und zu dem *gewohnten Stücklohn* beschäftigt, schmälerte sich nothwendig der *Wochenlohn* in Folge der Ersetzung besserer Baumwolle durch schlechtere, der South Sea Island durch ägyptische (in Feinspinnereien), amerikanischer und ägyptischer durch Surat (ostindisch), und reiner Baumwolle durch Mischungen von Baumwollabfall mit Surat. Die kürzere Fiber der Suratbaumwolle, ihre schmutzige Beschaffenheit, die größere Brüchigkeit der Fäden, der Ersatz des Mehls durch alle Art schwerer Ingredienzen beim Schlichten des Kettengarns u. s. w. verminderten die Geschwindigkeit der Maschinerie oder die Zahl der Webstühle, die ein Weber überwachen konnte, vermehrten die Arbeit mit den Irrthümern der Maschine und beschränkten mit der Produktenmasse den Stücklohn. Beim Gebrauch von Surat und mit *voller Beschäftigung* belief sich der Verlust des Arbeiters auf 20, 30 und mehr Procent. Die Mehrzahl der Fabrikanten setzte aber auch die *Rate des Stücklohns* um 5, 7½ und 10 Procent herab. Man begreift daher die Lage der nur 3, 3½, 4 Tage wöchentlich oder nur 6 Stunden per Tag Beschäftigten. Nachdem schon eine relative Verbesserung eingetreten war, *1863*, für Weber, Spinner u. s. w. Wochenlöhne von 3 sh. 4 d., 3 sh. 10 d., 4 sh. 6 d., 5 sh. 1 d. u. s. w.[238]. Selbst unter diesen qualvollen Zuständen stand der *Erfindungsgeist* des Fabrikanten in *Lohnabzügen* nicht still. Diese wurden zum Theil verhängt als Strafe für die seiner schlechten Baumwolle, unpassenden Maschinerie u. s. w. geschuldeten Fehler des Machwerks. Wo der Fabrikant aber Eigenthümer der cottages der Arbeiter, vergütete er sich selbst für Hausrente durch Abzüge vom nominellen Arbeitslohn. Fabrikinspektor *Redgrave* erzählt von *selfacting minders* (sie überwachen ein paar selfacting mules), die *„am Ende vierzehntägiger voller Arbeit* 8 sh. 11 d. verdienten und von dieser Summe wurde die Hausrente abgezogen, wovon der Fabrikant jedoch

238 *„Reports of Insp. of Fact. for 31st Oct. 1863"*, p. 41–45, 51, 52.

die Hälfte *als Geschenk* zurückgab, so daß die minders volle 6 sh. 11 d. nach Hause trugen. Der Wochenlohn der Weber rangirte von 2 sh. 6 d. auf|wärts während der Schlußzeit von 1862"[239]. „Selbst dann wurde die Hausmiethe von den Löhnen häufig abgezogen, wenn die Hände nur kurze Zeit arbeiteten"[240]. Kein Wunder, daß in einigen Theilen Lancashire's eine Art Hungerpest ausbrach! Charakteristischer als alles dieß aber war es, wie die *Revolutionirung des Produktionsprozesses* auf Kosten des Arbeiters vor sich ging. Es waren förmliche experimenta in corpore vili, wie die der Anatomen an Fröschen. „Obgleich ich", sagt Fabrikinspektor ¦ Redgrave, „die wirklichen Einnahmen der Arbeiter in vielen Fabriken gegeben habe, muß man nicht schließen, daß sie denselben Betrag Woche für Woche beziehn. Die Arbeiter erliegen den größten Fluktuationen *wegen des beständigen Experimentirens („experimentalizing")* der Fabrikanten … ihre Löhne steigen und fallen mit der Qualität des Baumwollgemischs; bald nähern sie sich um 15 % ihren früheren Einnahmen, und die nächste oder zweitfolgende Woche fallen sie um 50 bis 60 %"[241]. Diese Experimente wurden nicht nur auf Kosten der Lebensmittel der Arbeiter gemacht. Mit allen ihren fünf Sinnen hatten sie zu büßen. „Die im Oeffnen der Baumwollballen Beschäftigten unterrichten mich, daß der unerträgliche Gestank sie übel macht … Den in den Misch-, Scribbling- und Kardirräumen Angewandten irritirt der freigesetzte Staub und Schmutz alle Kopföffnungen, erregt Husten und Schwierigkeit des Athmens … Wegen der Kürze der Fiber wird dem Garn beim Schlichten eine große Menge Stoff zugesetzt und zwar allerlei Substitute statt des früher gebrauchten Mehls. Daher Uebelkeit und Dyspepsie der Weber. Bronchitis herrscht vor wegen des Staubs, ebenso Halsentzündung, ferner eine Hautkrankheit in Folge der Irritation der Haut durch den im Surat enthaltenen Schmutz." Andrerseits waren die Substitute für Mehl ein Fortunatussäckel für die Herrn Fabrikanten durch Vermehrung des Garngewichts. Sie machten „15 Pfund Rohmaterial, wenn verwebt, 20 Pfund wiegen"[242]. In dem Bericht der Fabrikinspektoren vom *30. April 1864* liest man: „Die Industrie verwerthet diese Hilfsquelle jetzt in wahrhaft unanständigem Maß. Ich weiß | von

239 *„Reports etc. 31st Oct. 1863"*, p. 41, 42.
240 l. c. p. 57.
241 l. c. p. 50, 51.
242 l. c. p. 62, 63.

guter Autorität, daß achtpfündiges Geweb von 5¼ Pfund Baumwolle und 2¾ Pfund Schlichte gemacht wird. Ein andres 5¼pfündiges Geweb enthielt zwei Pfund Schlichte. Dieß waren ordinäre Shirtings für den Export. In andern Arten wurden manchmal 50 % Schlichte zugesetzt, so daß Fabrikanten sich rühmen können und sich auch wirklich rühmen, daß sie reich werden durch den Verkauf von Geweben für weniger Geld als das *nominell* in ihnen enthaltene Garn kostet“[243]. Die Arbeiter aber hatten nicht nur unter den Experimenten der Fabrikanten in den Fabriken, und der Municipalitäten außerhalb der Fabriken, nicht nur von Lohnherabsetzung und Arbeitslosigkeit, von Mangel und Almosen, von den Elogen der Lords und Unterhäusler zu leiden. „Unglückliche Frauenzimmer, beschäftigungslos in Folge der Baumwollnoth, wurden Auswürflinge der Gesellschaft und blieben es … Die Zahl junger Prostituirten hat mehr zugenommen als seit den letzten 25 Jahren“[244]. ¦

Man findet also in den ersten 45 Jahren der britischen Baumwollindustrie, von 1770–1815, nur 5 Jahre der Krise und Stagnation, aber dieß war die Periode ihres Weltmonopols. Die zweite 48jährige Periode von 1815–1863 zählt nur 20 Jahre des Wiederauflebens und der Prosperität auf 28 Jahre des Drucks und der Stagnation. Von 1815–1830 beginnt die Konkurrenz mit dem kontinentalen Europa und den Vereinigten Staaten. Seit 1833 wird Ausdehnung der asiatischen Märkte erzwungen durch „Zerstörung der Menschenrace“. Seit Widerruf der Korngesetze, von 1846–1863, auf 8 Jahre mittlerer Lebendigkeit und Prosperität 9 Jahre Druck und Stagnation. Die Lage der erwachsnen männlichen Baumwoll-Arbeiter, selbst während der Prosperitätszeit, zu beurtheilen aus der beigefügten Note[245].

243 *„Reports etc. 30th April 1864“*, p. 27.

244 Aus Brief des Chief Constable Harris von Bolton in *„Reports of Insp. of Fact. 31st Oct. 1865“*, p. 61.

245 In einem *Aufruf der Baumwollarbeiter, Frühling 1863*, zur Bildung einer Emigrationsgesellschaft heißt es u. a.: „Daß eine große Emigration von Fabrikarbeitern *jetzt* absolut nothwendig ist, werden nur wenige läugnen. Daß aber ein beständiger Emigrationsstrom *zu allen Zeiten* erheischt und es ohne denselben unmöglich ist, unsre Stellung *unter gewöhnlichen Umständen* zu behaupten, zeigen folgende Thatsachen: Im Jahr 1814 betrug der officielle Werth (der nur Index der *Quantität*) der exportirten Baumwollgüter 17 665 378 Pfd. St., ihr wirklicher Marktwerth 20 070 824 Pfd. St. Im Jahr 1858 betrug der officielle Werth der exportirten Baumwollgüter 182 221 681 Pfd. St., ihr wirklicher Marktwerth

Man hat gesehn, wie die Maschinerie die auf dem Handwerk beruhende | *Cooperation* und die auf Theilung der handwerksmäßigen Arbeit beruhende *Manufaktur* aufhebt. Ein Beispiel der ersten Art ist die *Mähmaschine*, sie ersetzt die Cooperation von Mähern. Ein schlagendes Beispiel der zweiten Art ist die Maschine zur Fabrikation von *Nähnadeln.* Nach Adam Smith verfertigten zu seiner Zeit *10 Männer* durch Theilung der Arbeit täglich über 48 000 Nähnadeln. Eine einzige Maschine liefert dagegen 145 000 in einem Arbeitstag von 11 Stunden. *Eine* Frau oder *ein* Mädchen überwacht im Durchschnitt 4 solche Maschinen und producirt daher mit der Maschinerie täglich an 600 000, in der Woche über 3 000 000 Nähnadeln[246]. Sofern eine *einzelne Arbeitsmaschine* an die Stelle der *Cooperation* oder der ¦ *Manufaktur* tritt, kann sie selbst wieder zur Grundlage *handwerksmäßigen Betriebs* werden. Indeß bildet diese auf Maschinerie beruhende Reproduktion des Handwerksbetriebs nur den *Uebergang* zum Fabrikbetrieb, der in der Regel jedesmal eintritt, sobald mechanische Triebkraft, Dampf oder Wasser, die menschlichen Muskeln in der Bewegung der Maschine ersetzt. Sporadisch und eben|falls nur vorübergehend kann kleiner Betrieb sich verbinden mit mechanischer Triebkraft durch Miethe des Dampfs, wie in einigen Manufakturen Birmingham's, durch Gebrauch kleiner

nur 43 001 322 Pfd. St., so daß die Verzehnfachung der Quantität wenig mehr als Verdopplung des Aequivalents bewirkte. Dieß für das Land überhaupt und die Fabrikarbeiter im Besondern so ruinirende Resultat ward durch verschiedne cooperirende Ursachen producirt … Eine der hervorstechendsten ist der beständige Ueberfluß von Arbeit, *unentbehrlich* für diesen Geschäftszweig, der, unter Strafe der Vernichtung, beständiger Expansion des Markts bedarf. Unsre Baumwollfabriken können stillgesetzt werden durch die periodische Stagnation des Handels, welche, unter gegenwärtiger Einrichtung, so unvermeidlich ist, wie der Tod selbst. Aber deßwegen steht der menschliche Erfindungsgeist nicht still. Obgleich, niedrig angeschlagen, 6 Millionen dieß Land während der letzten 25 Jahre verlassen haben, befindet sich dennoch in Folge fortwährender Deplacirung der Arbeit, um das Produkt zu verwohlfeilern, *ein großer Procentsatz der erwachsenen Männer selbst in den Zeiten höchster Prosperität* außer Stand, Beschäftigung irgend einer Art auf irgend welche Bedingungen in den Fabriken zu finden." („*Reports of Insp. of Fact. 30th April 1863*", p. 51, 52.) Man wird in einem späteren Kapitel sehn, wie die Herrn Fabrikanten während der Baumwollkatastrophe die Emigration der Fabrikarbeiter auf alle Art, selbst *von Staatswegen* zu verhindern suchten.

246 „*Ch. Empl. Comm. III. Report. 1864*", p. 108, n. 447.

kalorischer Maschinen, wie in gewissen Zweigen der Weberei u. s. w.[247]. In der Seidenweberei zu Coventry entwickelte sich naturwüchsig das Experiment der „*Cottage-Fabriken*“. In der Mitte von Cottage-Reihen, quadratmäßig gebaut, wurde ein s. g. Engine House errichtet für die Dampfmaschine und diese durch Schäfte mit den Webstühlen in den cottages verbunden. In allen Fällen war der Dampf gemiethet, z. B. zu 2½ sh. per Webstuhl. Diese Dampfrente war wöchentlich zahlbar, die Webstühle mochten laufen oder nicht. Jede cottage enthielt 2–6 Webstühle, den Arbeitern gehörig, oder auf Kredit gekauft, oder gemiethet. Der Kampf zwischen der Cottage-Fabrik und der Fabrik per se währte über 12 Jahre. Er hat geendet mit dem gänzlichen Ruin der 300 cottage factories[248]. Wo die Natur des Prozesses nicht von vorn herein Produktion auf großer Stufenleiter bedang, durchliefen in der Regel die in den letzten Decennien neu aufkommenden Industrieen, wie z. B. Enveloppe-, Stahlfedermachen u. s. w., erst den Handwerksbetrieb und dann den Manufakturbetrieb als kurzlebige Uebergangsphasen zum Fabrikbetrieb. Diese Metamorphose bleibt dort am schwierigsten, wo die *manufakturmäßige Produktion* des Machwerks keine Stufenfolge von Entwicklungsprozessen, sondern eine Vielheit disparater Prozesse einschließt. Dieß bildete z. B. ein großes Hinderniß der Stahlfederfabrik. Jedoch wurde schon vor ungefähr anderthalb Decennien ein Automat erfunden, der 6 disparate Prozesse auf einen Schlag verrichtet. Das *Handwerk* lieferte die ersten 12 Dutzend Stahlfedern 1820 zu 7 Pfd. St. 4 sh., die *Manufaktur* lieferte sie 1830 zu 8 sh., und die *Fabrik* liefert sie heute dem Großhandel zu 2 bis 6 d.[249] ¦|

Mit der Entwicklung des Fabrikwesens und der sie begleitenden Umwälzung der Agrikultur dehnt sich nicht nur die *Produktionsleiter*

247 In den Vereinigten Staaten ist derartige Reproduktion des Handwerks auf technologischer Grundlage der Maschinerie häufig. Die Koncentration, bei dem unvermeidlichen Uebergang in den Fabrikbetrieb, wird eben deßwegen, im Vergleich zu Europa und selbst zu England, mit Siebenmeilenstiefeln marschiren.

248 Vgl. „*Reports of Insp. of Fact. 31st Oct. 1865*“, p. 64.

249 Herr Gillot errichtete zu Birmingham die erste Stahlfedermanufaktur auf großer Stufenleiter. Sie lieferte schon 1851 über 180 Millionen Federn und verzehrte jährlich 120 Tonnen Stahlblech. Birmingham, das diese Industrie im Vereinigten Königreich monopolisirt, producirt jetzt jährlich Milliarden von Stahlfedern. Die Zahl der beschäftigten Personen betrug nach dem Census von 1861: 1428, darunter 1268 Arbeiterinnen, vom 5. Jahr an einrollirt.

in allen andern Industriezweigen aus, sondern *verändert sich auch ihr Charakter*. Das Princip des Maschinenbetriebs, den Produktionsprozeß in seine konstituirenden Phasen zu analysiren und die so gegebnen Probleme durch Anwendung der Mechanik, Chemie u. s. w., kurz der Naturwissenschaften zu lösen, wird überall bestimmend. Maschinerie drängt sich daher bald für diesen, bald für jenen Theilprozeß in die *Manufakturen*. Die feste Krystallisation ihrer Gliederung, der alten Theilung der Arbeit entstammend, löst sich damit auf und macht fortwährendem Wechsel Platz. Abgesehn hiervon wird die Zusammensetzung des Gesammtarbeiters oder des kombinirten Arbeitspersonals von Grund aus umgewälzt. Im *Gegensatz zur Manufakturperiode* gründet sich *der Plan der Arbeitstheilung* jetzt auf Anwendung der Weiberarbeit, der Arbeit von Kindern aller Altersstufen, ungeschickter Arbeiter, wo es immer thubar, kurz der „*cheap labour*", wohlfeilen Arbeit, wie der Engländer sie charakteristisch nennt. Dieß gilt nicht nur für alle *auf großer Stufenleiter kombinirte Produktion*, ob sie Maschinerie anwende oder nicht, sondern auch für die s. g. *Hausindustrie*, ob ausgeübt in den Privatwohnungen der Arbeiter oder in kleinen Werkstätten. Diese s. g. moderne Hausindustrie hat mit der altmodischen, die unabhängiges städtisches Handwerk, selbstständige Bauernwirthschaft und vor allem *ein Haus der Arbeiterfamilie* voraussetzt, nichts gemein als den Namen. Sie ist jetzt verwandelt in das *auswärtige Departement der Fabrik, der Manufaktur oder des Waarenmagazins*. Neben den Fabrikarbeitern, Manufakturarbeitern und Handwerkern, die es in großen Massen räumlich koncentrirt und direkt kommandirt, bewegt das Kapital durch unsichtbare Fäden eine andre Armee in den großen Städten und über das flache Land zerstreuter Hausarbeiter. Beispiel: die Hemdenfabrik der Herrn Tillie zu Londonderry, Irland, die 1000 Fabrikarbeiter und 9000 auf dem Land zerstreute Hausarbeiter beschäftigt[250].

Die Exploitation wohlfeiler und unreifer Arbeitskräfte wird in der | *modernen Manufaktur* schamloser als in der *eigentlichen Fabrik*, weil die hier existirende, technologische Grundlage, Ersatz der Muskelkraft durch Maschinen und Leichtigkeit der Arbeit, dort großentheils wegfällt, zugleich der weibliche oder noch unreife Körper den Einflüssen giftiger Substanzen u. s. w. aufs gewissenloseste preisgegeben wird. Sie

250 „*Ch. Empl. Comm. II. Rep. 1864*", p. LXVIII, n. 415.

wird in der *s. g. Hausarbeit* schamloser als in der *Manufaktur*, weil die Widerstandsfähigkeit der Arbeiter mit ihrer Zersplitterung abnimmt, eine ganze Reihe räuberischer Parasiten sich zwischen den eigentlichen Arbeitgeber und den ¦ Arbeiter drängt, die Hausarbeit überall mit Maschinen- oder wenigstens Manufakturbetrieb in demselben Produktionszweig kämpft, die Armuth den Arbeiter der nöthigsten Arbeitsbedingungen, Raum, Licht, Ventilation u. s. w. beraubt, die Unregelmäßigkeit der Beschäftigung wächst, und endlich in diesen letzten Zufluchtsstätten der durch die große Industrie und Agrikultur „überzählig" Gemachten die Arbeiterkonkurrenz nothwendig ihr Maximum erreicht. Die durch den Maschinenbetrieb erst systematisch ausgebildete *Oekonomisirung der Produktionsmittel*, von vorn herein zugleich rücksichtsloseste *Verschwendung der Arbeitskraft und Raub an den normalen Voraussetzungen der Arbeitsfunktion*, kehrt jetzt diese ihre antagonistische und menschenmörderische Seite um so mehr heraus, je weniger in einem Industriezweig die *gesellschaftliche Produktivkraft der Arbeit* und die *technologische Grundlage kombinirter Arbeitsprozesse* entwickelt sind.

Ich will nun an einigen Beispielen die oben aufgestellten Sätze erläutern. Der Leser kennt in der That schon massenhafte Belege aus dem Abschnitt über den *Arbeitstag*. Die Metallmanufakturen in Birmingham und Umgegend wenden großentheils für sehr schwere Arbeit 30 000 Kinder und junge Personen nebst 10 000 Weibern an. Man findet sie hier in den gesundheitswidrigen Gelbgießereien, Knopffabriken, Glasur-, Galvanisirungs- und Lackirarbeiten[251]. Die Arbeitsexcesse für Erwachsne und Unerwachsne haben verschiedenen Londoner *Zeitungs- und Buchdruckereien* den rühmlichen Namen: „*Das Schlachthaus*" gesichert[251a]. Dieselben Excesse, deren Schlachtopfer hier namentlich Weiber, | Mädchen und Kinder, in der *Buchbinderei*. Schwere Arbeit für Unerwachsne in den Seilereien, Nachtarbeit in Salzwerken, Lichter- und andren chemischen Fabriken; mörderischer Verbrauch von Jungen in Seidenwebereien, die nicht mechanisch betrieben werden, zum Drehen der Webstühle[252]. Eine der infamsten, schmutzigsten und schlecht

251 Und nun gar *Kinder* im *File-grinding zu Sheffield!*

251a „*Ch. Empl. Comm. V. Rep. 1866*", p. 3, n. 24, p. 6, n. 55, 56, p. 7, n. 59, 60.

252 l. c. p. 114, 115, n. 6–7. Der Kommissär bemerkt richtig, daß wenn sonst die Maschine den Menschen, hier der Junge verbatim die Maschine ersetzt.

bezahltesten Arbeiten, wozu mit Vorliebe junge Mädchen und Weiber verwandt werden, ist das *Sortiren der Lumpen*. Man weiß, daß Großbritanien, abgesehn von seinen eignen unzähligen Lumpen, das Emporium für den Lumpenhandel der ganzen Welt bildet. Sie strömen dahin von Japan, den entferntesten Staaten Südamerikas und den kanarischen Inseln. Ihre Hauptzufuhrquellen aber sind Deutschland, Frankreich, Rußland, Italien, Aegypten, Türkei, Belgien und Holland. Sie dienen zur Düngung, Fabrikation von Flocken (für Bettzeug), Shoddy, und als Rohmaterial des Papiers. Die weiblichen Lumpensortirer dienen als Mediums, um Pocken und andre ansteckende Seuchen, deren erste Opfer sie selbst ¦ sind, zu colportiren[253]. Als klassisches Beispiel für Ueberarbeit, schwere und unpassende Arbeit, und daher folgende Brutalisirung der von Kindesbeinen an konsumirten Arbeiter kann, neben der Minen- und Kohlenproduktion, die *Ziegel- oder Backsteinmacherei* gelten, wozu in England nur noch sporadisch die neuerfundne Maschinerie angewandt wird. Zwischen Mai und September dauert die Arbeit von 5 Uhr Morgens bis 8 Uhr Abends, und, wo Trocknung in freier Luft stattfindet, oft von 4 Uhr Morgens bis 9 Uhr Abends. Der Arbeitstag von 5 Uhr Morgens bis 7 Uhr Abends gilt für „*reducirt*", „*mäßig*". Kinder beiderlei Geschlechts werden vom 6. und selbst vom 4. Jahr an verwandt. Sie arbeiten dieselbe Stundenzahl, oft mehr als die Erwachsnen. Die Arbeit ist hart und die Sommerhitze steigert noch die Erschöpfung. In einer Ziegelei zu Mosley z. B. machte ein 24jähriges Mädchen 2000 Ziegel täglich, unterstützt von zwei unerwachsnen Mädchen als Gehilfen, welche den Lehm trugen und die Ziegelsteine aufhäuften. Diese Mädchen schleppten täglich 10 Tonnen die schlüpfrigen Seiten der Ziegelgrube von einer Tiefe von | 30 Fuß herauf und über eine Entfernung von 210 Fuß. „Es ist unmöglich für ein Kind durch das Fegfeuer einer Ziegelei zu passiren ohne große moralische Degradation.… Die nichtswürdige Sprache, die sie vom zartesten Alter an zu hören bekommen, die unfläthigen, unanständigen und schamlosen Gewohnheiten, unter denen sie unwissend und verwildert aufwachsen, machen sie für die spätere Lebenszeit gesetzlos, verworfen, liederlich.… Eine furchtbare Quelle der Demoralisation ist die Art der Wohnlichkeit. Jeder *moulder* (der eigentlich geschickte Arbeiter und Chef einer Arbei-

253 Sieh Bericht über den Lumpenhandel und zahlreiche Belege: „*Public Health. VIII. Report. London* 1866." *Appendix*, p. 196–208.

ter*gruppe*) liefert seiner Bande von 7 Personen Logis und Tisch in seiner Hütte oder cottage. Ob zu seiner Familie gehörig oder nicht, Männer, Jungen, Mädchen schlafen in der Hütte. Diese besteht gewöhnlich aus 2, nur ausnahmsweis aus 3 Zimmern, alle auf dem Erdgeschoß, mit wenig Ventilation. Die Körper sind so erschöpft durch die große Transpiration während des Tags, daß weder Gesundheitsregeln, Reinlichkeit noch Anstand irgendwie beobachtet werden. Viele dieser Hütten sind wahre Modelle von Unordnung, Schmutz und Staub. … Das größte Uebel des Systems, welches junge Mädchen zu dieser Art Arbeit verwendet, besteht darin, daß es sie in der Regel von Kindheit an für ihr ganzes späteres Leben an das verworfenste Gesindel festkettet. Sie werden rohe, bösmäulige Buben („rough, foulmouthed boys"), bevor die Natur sie gelehrt hat, daß sie Weiber sind. Gekleidet in wenige schmutzige Lumpen, die Beine weit über das Knie entblößt, Haar und Gesicht mit Dreck beschmiert, lernen sie alle Gefühle der Bescheidenheit und der Scham mit Verachtung behandeln. Während der Essenszeit liegen sie auf den Feldern ausgestreckt oder gucken den Jungen ¦ zu, die in einem benachbarten Kanal baden. Ist ihr schweres Tagwerk endlich vollbracht, so ziehn sie bessere Kleider an und begleiten die Männer in Bierkneipen." Daß die größte Versoffenheit von Kindesbeinen an in dieser ganzen Klasse herrscht, ist nur naturgemäß. „Das Schlimmste ist, daß die Ziegelmacher an sich selbst verzweifeln. Sie könnten, sagte einer der Besseren zum Kaplan von Southallfields, ebensowohl versuchen den Teufel zu erheben und zu bessern als einen Ziegler, mein Herr!" („You might as well try to raise and improve the devil as a brickie, Sir!")[254] |

Ueber die *kapitalistische Oekonomisirung der Arbeitsbedingungen* in der *modernen Manufaktur* (worunter hier alle Werkstätten auf großer Stufenleiter, außer eigentlichen Fabriken, zu verstehn) findet man officielles und reichlichstes Material in dem IV. (1861) und VI. (1864) „*Public Health Report*". Die Beschreibung der workshops (Arbeitslokale) namentlich der Londoner Drucker und Schneider überbietet die ekelhaftesten Phantasieen unsrer Romanschreiber. Die Wirkung auf den Gesundheitszustand der Arbeiter ist selbstverständlich. *Dr. Simon*, der oberste ärztliche Beamte des Privy Council und officielle Herausgeber

254 „*Child. Empl. Comm. V. Report. 1866*", p. XVI-XVIII, n. 86–97 und p. 130–133, n. 39–71. Vgl. auch ib. *III. Rep.* 1864, p. 48, 56.

der „Public Health Reports“, sagt u. a.: „In meinem vierten Bericht (1861) zeigte ich, wie es für die Arbeiter praktisch unmöglich ist darauf zu bestehen, was ihr erstes *Gesundheitsrecht* ist, das Recht, daß zu welchem Werk immer ihr Anwender sie versammelt, die Arbeit, so weit es von ihm abhängt, von allen vermeidbaren gesundheitswidrigen Umständen befreit sein soll. Ich wies nach, daß während die Arbeiter praktisch unfähig sind, sich selbst diese Gesundheitsjustiz zu verschaffen, sie keinen wirksamen Beistand von den bestallten Administratoren der Gesundheitspolizei erlangen können. … Das Leben von Myriaden von Arbeitern und Arbeiterinnen wird jetzt nutzlos torturirt und verkürzt durch das endlose physische Leiden, welches ihre bloße Beschäftigung erzeugt“[255]. Zur Illustration des Einflusses der Arbeitslokale auf den Gesundheitszustand giebt Dr. Simon folgende Sterblichkeitsliste:

Personenzahl aller Altersstufen, in den resp. Industrieen angewandt.	Industrieen verglichen in Bezug auf Gesundheit.	Sterblichkeitsrate auf 100 000 Männer in den resp. Industrieen zu den angegebenen Altersstufen.		
		25. bis 35. J.	35. bis 45. J.	45. bis 55. J.
958 265	Agrikultur in England und Wales	743	805	1145
22 301 Männer 12 377 Weiber	Lond. Schneider	958	1262	2093
13 803	Lond. Drucker	894	1747	2367[256] ¦|

Ich wende mich jetzt zur s. g. *Hausarbeit*. Um sich eine Vorstellung von dieser auf dem Hintergrund der großen Industrie aufgebauten *Exploitationssphäre des Kapitals* und ihren Ungeheuerlichkeiten zu

255 *„Public Health“. VI. Rep. Lond.* 1864, p. 29, 31.

256 l. c. p. 30. Dr. Simon bemerkt, daß die Sterblichkeit der Londoner Schneider und Drucker vom 25.-35. Jahr in der That viel größer ist, weil ihre Londoner Anwender eine große Zahl junger Leute bis zum 30. Jahr hinauf vom Land als „Lehrlinge“ und „improvers“ (die sich in ihrem Handwerk ausbilden wollen) erhalten. Diese figuriren im Census als Londoner, sie schwellen die Kopfzahl, worauf die Londoner Sterblichkeitsrate berechnet wird, ohne verhältnißmäßig zur Zahl der Londoner Todesfälle beizutragen. Großer Theil von ihnen kehrt nämlich immer, und ganz besonders in schweren Krankheitsfällen, zum Land zurück. (l. c.)

machen, betrachte man z. B. die scheinbar ganz idyllische, in einigen abgelegnen Dörfern Englands betriebne *Nägelmacherei*[257]. Hier genügen einige Beispiele aus den noch gar nicht maschinenmäßig betriebnen oder mit Maschinen- und Manufakturbetrieb konkurrirenden Zweigen der *Spitzenfabrik* und *Strohflechterei*.

Von den 150 000 Personen, die in der englischen Spitzenproduktion beschäftigt, fallen ungefähr 10 000 unter die Botmäßigkeit des Fabrikakts von 1861. Die ungeheure Mehrzahl der übrig bleibenden 140 000 sind Weiber, junge Personen und Kinder beiderlei Geschlechts, obgleich das männliche Geschlecht nur schwach vertreten ist. Der Gesundheitszustand dieses „wohlfeilen" Exploitationsmaterials ergiebt sich aus folgender Aufstellung des *Dr. Trueman*, Arzt beim General Dispensary von Nottingham. Von je 686 Patienten, *Spitzenmacherinnen*, meist zwischen dem 17. und 24. Jahr, waren *schwindsüchtig*:

1852	1 auf 45,	*1855*	1 auf 18,	*1858*	1 auf 15,
1853	1 auf 28,	*1856*	1 auf 15,	*1859*	1 auf 9,
1854	1 auf 17,	*1857*	1 auf 13,	*1860*	1 auf 8,
		1861	1 auf 8[258].		

Dieser Fortschritt in der Rate der Schwindsucht muß dem optimistischsten Fortschrittler und lügenfauchendsten deutschen Freihandelshausirburschen genügen.

Der Fabrikakt von 1861 regelt das eigentliche *Machen der Spitzen*, soweit es durch Maschinerie geschieht, und dieß ist die Regel in England. Die Zweige, die wir hier kurz berücksichtigen, und zwar nicht, | soweit die Arbeiter in Manufakturen, Waarenhäusern u. s. w. koncentrirt, sondern nur sofern sie s. g. *Hausarbeiter* sind, zerfallen 1) in das *finishing* (letztes Zurechtmachen der maschinenmäßig fabricirten Spitzen, eine Kategorie, die wieder zahlreiche Unterabtheilungen einschließt), 2) *Spitzenklöppeln*.

Das *Lace finishing* wird als Hausarbeit betrieben entweder in s. g. „*Mis¦tresses Houses*" oder von Weibern, einzeln oder mit ihren Kindern, in ihren Privatwohnungen. Die Weiber, welche die „Mistresses Houses" halten, sind selbst arm. Das Arbeitslokal bildet Theil ihrer

257 Es handelt sich hier um gehämmerte Nägel im Unterschied von den maschinenmäßig fabricirten geschnittenen Nägeln. Siehe „*Child. Empl. Comm. III. Report*", p. XI, p. XIX, n. 125–130, p. 52, n. 11, p. 113–114, n. 487, p. 137, n. 674.

258 „*Child. Empl. Comm. II. Report*", p. XXII, n. 166.

Privatwohnung. Sie erhalten Aufträge von Fabrikanten, Besitzern von Waarenmagazinen u. s. w. und wenden Weiber, Mädchen und junge Kinder an, je nach dem Umfang ihrer Zimmer und der fluktuirenden Nachfrage des Geschäfts. Die Zahl der beschäftigten Arbeiterinnen wechselt von 20 zu 40 in einigen, von 10 zu 20 in andern dieser Lokale. Das durchschnittliche Minimalalter, worin Kinder beginnen, ist 6 Jahre, manche jedoch *unter* 5 Jahren. Die gewöhnliche Arbeitszeit währt von 8 Uhr Morgens bis 8 Uhr Abends, mit 1½ Stunden für Mahlzeiten, die unregelmäßig und oft in den stinkigen Arbeitslöchern selbst genommen werden. Bei gutem Geschäft währt die Arbeit oft von 8 Uhr (manchmal 6 Uhr) Morgens bis 10, 11 oder 12 Uhr Nachts. In englischen Kasernen beträgt der vorschriftsmäßige Raum für jeden Soldaten 500–600 Kubikfuß, in den Militärlazarethen 1200. In jenen Arbeitslöchern kommen 67–100 Kubikfuß auf jede Person. Gleichzeitig verzehrt Gaslicht den Sauerstoff der Luft. Um die Spitzen rein zu halten, müssen die Kinder oft die Schuhe ausziehn, auch im Winter, obgleich das Estrich aus Pflaster oder Ziegeln besteht. „Es ist nichts ungewöhnliches in Nottingham 15 bis 20 Kinder in einem kleinen Zimmer von vielleicht nicht mehr als 12 Quadratfuß zusammengepökelt zu finden, während 15 Stunden aus 24 beschäftigt an einer Arbeit, an sich selbst erschöpfend durch Ueberdruß und Monotonie, zudem unter allen nur möglichen gesundheitszerstörenden Umständen ausgeübt … Selbst die jüngsten Kinder arbeiten mit einer gespannten Aufmerksamkeit und Geschwindigkeit, die erstaunlich sind, fast niemals ihren Fingern Ruhe oder langsamere Bewegung gönnend. Richtet man Fragen an sie, so erheben sie das Auge nicht von der Arbeit, aus Furcht einen Moment zu verlieren.“ Der „*lange Stock*“ dient den „mistresses“ als Anregungsmittel im Verhältniß, worin die Arbeitszeit ver|längert wird. „Die Kinder ermüden allmälig und werden so rastlos wie Vögel gegen das Ende ihrer langen Gebundenheit an eine Beschäftigung, eintönig, für die Augen angreifend, erschöpfend durch die Uniformität der Körperhaltung. Es ist wahres Sklavenwerk.“ („Their work like slavery“[259].) Wo Frauen mit ihren eigenen Kindern *zu Hause*, d. h. im modernen Sinn, in einem gemietheten Zimmer, häufig in einer Dachstube arbeiten, sind die Zustände wo möglich noch schlimmer. Diese Art Arbeit wird 80 Meilen im Umkreis von Nottingham ausgegeben. Wenn das in den Waarenhäusern beschäftigte Kind sie

259 „*Child. Empl. Comm. II. Report 1864*“, p. XVIII, XIX, XX, XXI.

9 oder 10 Uhr Abends verläßt, giebt man ihm oft noch ein Bündel mit auf den Weg, um es zu Haus fertig zu machen. Der kapitalistische Pharisäer, vertreten ¦ durch einen seiner Lohnknechte, thut das natürlich mit der salbungsvollen Phrase: „das sei für Mutter", weiß aber sehr wohl, daß das arme Kind aufsitzen und helfen muß[260].

Die Industrie des *Spitzenklöppelns* wird hauptsächlich in zwei englischen Agrikulturdistrikten betrieben, dem *Honiton Spitzendistrikt*, 20 bis 30 Meilen längs der Südküste von Devonshire, mit Einschluß weniger Plätze von Nord-Devon, und einem andern Distrikt, der großen Theil der Grafschaften von Buckingham, Bedford, Northampton und die benachbarten Theile von Oxfordshire und Huntingdonshire umfaßt. Die cottages der Ackerbautaglöhner bilden durchschnittlich die Arbeitslokale. Manche Manufakturherrn wenden über 3000 dieser Hausarbeiter an, hauptsächlich Kinder und junge Personen, ausschließlich weiblichen Geschlechts. Die beim Lace finishing beschriebenen Zustände wiederholen sich. Nur treten an die Stelle der „mistresses houses" die s. g. *„lace schools"* (Spitzenschulen), gehalten von armen Weibern in ihren Hütten. Vom 5. Jahr an, manchmal jünger, bis zum 12. oder 15. arbeiten die Kinder in diesen Schulen, während des ersten Jahres die Jüngsten von 4 bis 8 Stunden, später von 6 Uhr Morgens bis 8 und 10 Uhr Abends. „Die Zimmer sind im allgemeinen gewöhnliche Wohnstuben kleiner cottages, der Kamin zugestopft zur Abwehr von Luftzug, die Insassen manchmal auch im Winter nur von ihrer eignen animalischen Wärme geheizt. In andern Fällen sind diese s. g. Schulzimmer kleinen Vorraths|kammern ähnliche Räume, ohne Feuerplatz … Die Ueberfüllung dieser Löcher und die dadurch producirte Luftverpestung sind oft extrem. Dazu kömmt die schädliche Wirkung von Gerinnen, Kloaken, verwesenden Stoffen und anderem Unrath, gewöhnlich in den Zugängen zu kleineren cottages." Mit Bezug auf den Raum: „In einer Spitzenschule 18 Mädchen und Meisterin, 33 Kubikfuß für jede Person; in einer andern, wo unerträglicher Gestank, 18 Personen, per Kopf 24½ Kubikfuß. Man findet in dieser Industrie Kinder von 2 und 2½ Jahren verwandt"[261].

Wo das Spitzenklöppeln in den ländlichen Grafschaften von Buckingham und Bedford aufhört, beginnt die *Strohflechterei*. Sie erstreckt sich

260 l. c. p. XXI, XXII.
261 l. c. p. XXIX, XXX.

über großen Theil von Hertfordshire und die westlichen und nördlichen Theile von Essex. Es waren 1861 beschäftigt im Strohflechten und Strohhutmachen 48 043 Personen, 3 815 davon männlichen Geschlechts aller Altersstufen, die andern weiblichen Geschlechts, und zwar 14 913 *unter* 20 Jahren, davon an 6000 Kinder. An die Stelle der Spitzenschulen treten hier die „*straw plait schools*" (Strohflechtschulen). Die Kinder beginnen hier den Unterricht im Strohflechten gewöhnlich vom 4., manchmal zwischen dem 3. und 4. Jahr. Erziehung erhalten sie natürlich keine. Die Kinder selbst nennen die *Ele¦mentarschulen „natural schools*" (natürliche Schulen) im Unterschied zu diesen Blutaussaugungsanstalten, worin sie einfach an der Arbeit gehalten werden, um das von ihren halbverhungerten Müttern vorgeschriebne Machwerk, meist 30 Yards per Tag, zu verfertigen. Diese Mütter lassen sie dann oft noch zu Haus bis 10, 11, 12 Uhr Nachts arbeiten. Das Stroh schneidet ihnen Finger und Mund, durch den sie es beständig anfeuchten. Nach der von *Dr. Ballard* resümirten Gesammtansicht der medizinischen Beamten Londons bilden 300 Kubikfuß den *Minimalraum* für jede Person in einem Schlaf- oder Arbeitszimmer. In den Strohflechtschulen ist der Raum aber noch spärlicher zugemessen als in den Spitzenschulen, „12⅔, 17, 18½ und unter 22 Kubikfuß für jede Person". Die kleineren dieser Zahlen, sagt Kommissair *White*, „repräsentiren weniger Raum als die Hälfte von dem, den ein Kind einnehmen würde, wenn verpackt in eine Schachtel von 3 Fuß nach allen Dimensionen". Dieß der Lebensgenuß der Kinder bis zum 12. oder 14. Jahr. Die elenden, verkommenen | Eltern sinnen nur darauf aus den Kindern so viel als möglich herauszuschlagen. Aufgewachsen fragen die Kinder natürlich keinen Deut nach den Eltern und verlassen sie. „Es ist kein Wunder, daß Unwissenheit und Laster überströmen in einer so aufgezüchteten Bevölkerung … Ihre Moral steht auf der niedrigsten Stufe … Eine große Anzahl der Weiber hat illegitime Kinder und manche in so unreifem Alter, daß selbst die Vertrauten der Kriminalstatistik darüber erstarren"[262]. Und das Heimathsland dieser Musterfamilien ist, so sagt der sicher im Christenthum kompetente Graf *Montalembert*, Europa's christliches Musterland!

Der Arbeitslohn, in den eben behandelten Industriezweigen überhaupt jämmerlich (der *ausnahmsweise Maximallohn* der Kinder in den Strohflechtschulen 3 sh.), wird noch tief unter seinen Nominalbetrag

262 l. c. p. XL, XLI.

herabgedrückt durch das namentlich in den Spitzendistrikten allgemein vorherrschende *Trucksystem*[263].

Die *Verwohlfeilerung der Arbeitskraft* durch bloßen Mißbrauch weiblicher und unreifer Arbeitskräfte, bloßen Raub aller normalen Arbeits- und Lebensbedingungen, und bloße Brutalität der Ueber- und Nachtarbeit, stößt zuletzt auf gewisse nicht weiter überschreitbare Naturschranken, also auch die auf diesen Grundlagen beruhende Verwohlfeilerung der Waaren und kapitalistische Exploitation überhaupt. Sobald dieser Punkt endlich erreicht ist, und es dauert lange, schlägt die Stunde für Einführung der *Maschinerie* und die nun rasche Verwandlung der zersplitterten Hausarbeit (oder auch Manufaktur) in *Fabrikbetrieb.*

Das kolossalste Beispiel dieser Bewegung liefert die Produktion von ¦ „*Wearing Apparel*" (zum Anzug gehörige Artikel). Nach der Klassifikation der „*Child. Empl. Comm.*" umfaßt diese Industrie Strohhut- und Damenhutmacher, Kappenmacher, Schneider, milliners und dressmakers[264], Hemdenmacher und Nätherinnen, Korsetten-, Handschuh-, Schuhmacher, nebst vielen kleineren Zweigen, wie Fabrikation von Kravatten, Hals|bändern u. s. w. Das in England und Wales in diesen Industrieen beschäftigte *weibliche* Personal betrug 1861: 586 298, wovon mindestens 115 242 *unter* 20, 16 560 *unter* 15 Jahren. Zahl dieser Arbeiterinnen im Vereinigten Königreich (1861): 750 334. Die Zahl der gleichzeitig in Hut-, Schuh-, Handschuhmacherei und Schneiderei beschäftigten *männlichen* Arbeiter in England und Wales: 437 969, wovon 149 64 *unter* 15 Jahren, 89 285 fünfzehnbis zwanzigjährig, 333 117 über 20 Jahren. Es fehlen in dieser Angabe viele hierher gehörige kleinere Zweige. Nehmen wir aber die Zahlen, wie sie stehn, so ergiebt sich für England und Wales allein, nach dem Census von 1861, eine Summe von 1 024 267 Personen, also ungefähr so viel wie Ackerbau und Viehzucht absorbiren. Man fängt an zu verstehn, wozu die Maschinerie so ungeheure Produktenmassen hervorzaubern und so ungeheure Arbeitermassen „*freisetzen*" hilft.

Die Produktion des „Wearing Apparel" wird betrieben durch *Manufakturen,* welche in ihrem Innern nur die Theilung der Arbeit repro-

263 „*Child. Empl. Comm. I. Rep. 1863*", p. 185.

264 *Millinery* bezieht sich eigentlich nur auf den Kopfputz, doch auch Damenmäntel und Mantillen, während *Dressmakers* mit unsern Putzmacherinnen identisch sind.

ducirten, deren membra disjecta sie fertig vorfanden, durch *kleinere Handwerksmeister*, die aber nicht wie früher für individuelle Konsumenten, sondern für Manufakturen und Waarenmagazine arbeiten, so daß oft ganze Städte und Landstriche solche Zweige wie Schusterei u. s. w. als Specialität ausüben, endlich im größten Umfang durch s. g. *Hausarbeiter*, welche das auswärtige Departement der Manufakturen, Waarenmagazine und selbst der kleineren Meister bilden[265]. Die Masse des Arbeitsstoffs, Rohstoffe, Halbfabrikate u. s. w. liefert die große Industrie, die Masse des wohlfeilen Menschenmaterials (taillable à merci et miséricorde) die durch große Industrie und Agrikultur „Freigesetzten". Die *Manufakturen* dieser Sphäre verdankten ihren Ursprung hauptsächlich dem Bedürfniß des Kapitalisten eine jeder Bewegung der Nachfrage entsprechende schlagfertige Armee unter der Hand zu haben[266]. Diese | Manufakturen ließen jedoch neben sich den ¦ zerstreuten handwerksmäßigen und Hausbetrieb als breite Grundlage fortbestehn. Die große Produktion von Mehrwerth in diesen Arbeitszweigen, zugleich mit der progressiven Verwohlfeilerung ihrer Artikel, war und ist hauptsächlich geschuldet dem Minimum des zu kümmerlicher Vegetation nöthigen Arbeitslohns, verbunden mit dem Maximum menschenmöglicher Arbeitszeit. Es war eben die Wohlfeilheit des in Waare verwandelten Menschenschweißes und Menschenbluts, welche den Absatzmarkt beständig erweiterte und täglich erweitert, für England namentlich auch den Kolonialmarkt, wo überdem englische Gewohnheit und Geschmack vorherrschen. Endlich trat ein Knotenpunkt ein. Die Grundlage der alten Methode, bloß brutale Ausbeutung des Arbeitermaterials, mehr oder minder begleitet von systematisch entwickelter Arbeitstheilung, genügte dem wachsenden Markt und der noch rascher wachsenden Konkurrenz der Kapitalisten nicht länger. Die Stunde der Maschinerie schlug. Die entscheidend *revolutionäre Maschine*, welche die sämmtlichen zahllosen Zweige dieser Produktionssphäre, wie Putzmacherei,

265 Die englische millinery und das dressmaking werden meist in den Baulichkeiten der Anwender, theils durch dort wohnhafte und engagirte Arbeiterinnen, theils durch auswärts wohnende Taglöhnerinnen betrieben.

266 Kommissär White besuchte eine Manufaktur für Militärkleider, die 1000 bis 1200 Personen, fast alle weiblichen Geschlechts, beschäftigte, eine Schuhmanufaktur mit 1300 Personen, wovon beinahe die Hälfte Kinder und junge Personen u. s. w. („*Child. Empl. Comm. II. Rep.*", p. XLVII, n. 319.)

Schneiderei, Schusterei, Nätherei, Hutmacherei u. s. w. gleichmäßig ergreift, ist die – *Nähmaschine.*

Ihre unmittelbare Wirkung auf die Arbeiter ist ungefähr die aller Maschinerie, welche in der Periode der großen Industrie neue Geschäftszweige erobert. Kinder im unreifsten Alter werden entfernt. Der Lohn der Maschinenarbeiter steigt verhältnißmäßig zu dem der *Hausarbeiter*, wovon viele zu „den Aermsten der Armen" („the poorest of the poor") gehören. Der Lohn der besser gestellten Handwerker, mit denen die Maschine konkurrirt, sinkt. Die neuen Maschinenarbeiter sind ausschließlich Mädchen und junge Frauen. Mit Hilfe der mechanischen Kraft vernichten sie das Monopol der männlichen Arbeit in schwererem Werk und verjagen aus leichterem Massen alter Weiber und unreifer Kinder. Die übermächtige Konkurrenz erschlägt die schwächsten Handarbeiter. Das gräuliche Wachsthum des *Hungertods (death from starvation)* in London während des letzten Decenniums läuft parallel mit der Ausdehnung der Maschinennäherei[267]. Die neuen Arbeiterinnen | an der Nähmaschine, welche von ihnen mit Hand und Fuß oder mit der Hand allein, sitzend und stehend, je nach Schwere, Größe und Specialität der Maschine, bewegt wird, verausgaben große Arbeitskraft. Ihre Beschäftigung wird gesundheitswidrig durch die Dauer des Prozesses, obgleich er meist kürzer als im alten System. Ueberall, wo die Nähmaschine, wie beim Schuh-, Korsett-, Hutmachen u. s. w., ohnehin enge und überfüllte Werkstätten heimsucht, vermehrt sie die gesundheitswidrigen Einflüsse. ¦ „Die Wirkung", sagt Kommissär *Lord*, „beim Eintritt in niedrig gestochne Arbeitslokale, wo 30 bis 40 Maschinenarbeiter zusammenwirken, ist unerträglich. … Die Hitze, theilweis den Gasöfen zur Wärmung der Bügeleisen geschuldet, ist schrecklich. … Wenn selbst in solchen Lokalen s. g. mäßige Arbeitsstunden, d. h. von 8 Uhr Morgens bis 6 Uhr Abends, vorherrschen, fallen dennoch jeden Tag 3 oder 4 Personen regelmäßig in Ohnmacht"[268].

267 Ein Beispiel. Am 26. Februar 1864 enthält der wöchentliche Sterblichkeitsbericht des *Registrar General* 5 Fälle von Hungertod. Am selben Tag berichtet die *Times* einen neuen Fall von Hungertod. Sechs Opfer des Hungertods in *einer* Woche!

268 *„Child. Empl. Comm." II. Rep.* 1864, p. LXVII, n. 406–409, p. 84, n. 124, p. LXXIII, n. 441, p. 68, n. 6, p. 84, n. 126, p. 78, n. 85, p. 76, n. 69, p. LXXII, n. 438.

Die *Umwälzung der gesellschaftlichen Betriebsweise*, dieß *nothwendige Produkt der Umwandlung des Produktionsmittels*, vollzieht sich in einem bunten Wirrwarr von *Uebergangsformen*. Sie wechseln mit dem Umfang, worin, und der Zeitlänge, während welcher die Nähmaschine den einen oder andern Industriezweig bereits ergriffen hat, mit der vorgefundnen Lage der Arbeiter, dem Uebergewicht des Manufaktur-, Handwerks- oder Hausbetriebs, dem Miethpreis der Arbeitslokale[269] u. s. w. In der Putzmacherei z. B., wo die Arbeit meist schon organisirt war, hauptsächlich durch einfache Cooperation, bildet die Nähmaschine zunächst nur einen neuen Faktor des Manufakturbetriebs. In der Schneiderei, Hemdenmacherei, Schusterei u. s. w. durchkreuzen sich alle Formen. Hier eigentlicher Fabrikbetrieb. Dort erhalten Zwischenanwender das Rohmaterial vom Kapitalisten en chef und gruppiren in „Kammern" oder „Dachstuben" 10 bis 50 und mehr Lohnarbeiter um Nähmaschinen. | Endlich, wie bei aller Maschinerie, die kein gegliedertes System bildet, und im Zwergformat anwendbar ist, benutzen Handwerker oder Hausarbeiter, mit eigner Familie oder Zuziehung weniger fremder Arbeiter, auch ihnen selbst gehörige Nähmaschinen[270]. Thatsächlich überwiegt jetzt in England das System, daß der Kapitalist eine größere Maschinenanzahl in seinen Baulichkeiten koncentrirt und dann das Maschinenprodukt zur weiteren Verarbeitung unter die Armee der Hausarbeiter vertheilt[271]. Die Buntheit der Uebergangsformen versteckt jedoch nicht die Tendenz zur Verwandlung in eigentlichen *Fabrikbetrieb*. Diese Tendenz wird genährt durch den Charakter der Nähmaschine selbst, deren mannigfaltige Anwendbarkeit zur Vereinigung früher getrennter Geschäftszweige in derselben Baulichkeit und unter dem Kommando desselben Kapitals drängt; durch den Umstand, daß vorläufiges Nadelwerk und einige andere Operationen am geeignetsten am Sitz der Maschine verrichtet werden; ¦ endlich durch die unvermeidliche *Expropriation der Handwerker und Hausarbeiter*, die

269 "The rental of premises required for work rooms seems the element which ultimately determines the point, and consequently it is in the metropolis, that the old system of giving work out to small employers and families has been longest retained, and earliest returned to." (l. c. p. 83, n. 123.) Die Schlußphrase bezieht sich ausschließlich auf Schusterei.

270 In der Handschuhmacherei u. s. w., wo die Lage der Arbeiter von der der Paupers kaum unterscheidbar, kömmt dieß nicht vor.

271 l. c. n. 122.

mit eignen Maschinen produciren. Dieß Fatum hat sie zum Theil schon jetzt erreicht. Die stets wachsende Masse des in Nähmaschinen angelegten Kapitals[272] spornt die Produktion und erzeugt Marktstockungen, welche das Signal zum Verkauf der Nähmaschinen durch die Hausarbeiter läuten. Die Ueberproduktion von solchen Maschinen selbst zwingt ihre absatzbedürftigen Producenten sie auf wöchentliche Miethe zu verleihn und schafft damit eine für die kleinen Maschineneigner tödtliche Konkurrenz[273]. Stets noch fortdauernde Konstruktionswechsel und Verwohlfeilerung der Maschinen depreciiren eben so beständig ihre alten Exemplare und lassen sie nur noch massenhaft, zu Spottpreisen gekauft, in der Hand großer Kapitalisten, profitlich anwenden. Endlich giebt die Substitution der *Dampfmaschine* für den Menschen, hier wie in allen ähnlichen Umwälzungsprozessen, den Ausschlag. Die Anwendung der Dampfkraft stößt im Anfang auf rein technische Hindernisse, wie Schütteln der Maschinen, Schwierigkeit in der Beherrschung ihrer Geschwindigkeit, | raschen Verderb der leichteren Maschinen u. s. w., lauter Hindernisse, welche die Erfahrung bald überwinden lehrt[274]. Wenn einerseits die Koncentration vieler Arbeitsmaschinen in größeren Manufakturen zur Anwendung der Dampfkraft treibt, beschleunigt andrerseits die Konkurrenz des Dampfes mit Menschenmuskeln Koncentration von Arbeitern und Arbeitsmaschinen in großen Fabriken. So erlebt England gegenwärtig in der kolossalen Produktionssphäre des „Wearing Apparel", wie den meisten übrigen Gewerken, die Umwälzung der Manufaktur, des Handwerks und der Hausarbeit in *Fabrikbetrieb*, nachdem alle jene Formen, unter dem Einfluß der großen Industrie gänzlich verändert, zersetzt, entstellt, bereits längst alle Ungeheuerlichkeiten des Fabriksystems ohne seine positiven Entwicklungsmomente reproducirt und selbst übertrieben hatten[275].

272 In der für den Großverkauf producirenden Stiefel- und Schuhmacherei von Leicester allein waren 1864 bereits 800 Nähmaschinen im Gebrauch.

273 l. c. p. 84, n. 124.

274 So im Armee-Kleidungsdepot zu Pimlico, London, in der Hemdenfabrik von Tillie und Henderson zu Londonderry, in der Kleiderfabrik der Firma Tait, zu Limerick, die an 1200 „Hände" vernutzt.

275 „*Tendency to factory system.*" (l. c. p. LXVII.) "The whole employment is at this time in a *state of transition*, and is undergoing the same change as that effected in the lace trade, weaving etc." (l. c. n. 405). „A complete Revolution." (l. c. p. XLVI, n. 318.) Zur Zeit der „*Child. Empl. Comm.*" von 1840 war

Diese naturwüchsig vorgehende industrielle Revolution wird künstlich beschleunigt durch die Ausdehnung der *Fabrikgesetze* auf *alle* Industrie¦zweige, worin Weiber, junge Personen und Kinder arbeiten. Die zwangsmäßige Regulation des Arbeitstags nach Länge, Pausen, Anfangs- und Endpunkt, das System der Ablösung für Kinder, der Ausschluß aller Kinder unter einem gewissen Alter u. s. w. ernöthigen einerseits vermehrte Maschinerie[276] und Ersatz von Muskeln durch Dampf als Trieb|kraft[277]. Andrerseits, um im Raum zu gewinnen, was in der Zeit verloren geht, findet Streckung der gemeinschaftlich vernutzten Produktionsmittel statt, der Oefen, Baulichkeiten u. s. w., also in einem Wort größere Koncentration der Produktionsmittel und entsprechende größere Konglomeration von Arbeitern. Der leidenschaftlich wiederholte Haupteinwand jeder mit dem Fabrikgesetz bedrohten Manufaktur ist in der That die Nothwendigkeit größerer Kapitalauslage, um das Geschäft in seinem alten Umfang fortzuführen. Was aber die Zwischenformen zwischen Manufaktur und Hausarbeit und letztre selbst betrifft, so versinkt ihr Boden mit der Schranke des Arbeitstags und der Kinderarbeit. *Schrankenlose* Ausbeutung wohlfeiler Arbeitskräfte bildet die einzige Grundlage ihrer Konkurrenzfähigkeit.

Wesentliche Bedingung des Fabrikbetriebs, namentlich sobald er der Regulation des Arbeitstags unterliegt, ist normale *Sicherheit* des Resultats, d. h. Produktion eines bestimmten Quantums Waare oder eines bezweckten Nutzeffekts in gegebnem Zeitraum. Die gesetzlichen Pausen des regulirten Arbeitstags unterstellen ferner plötzlichen und

die *Strumpfwirkerei* noch Handarbeit. Seit 1846 wurde verschiedenartige Maschinerie eingeführt, jetzt durch Dampf getrieben. Die Gesammtzahl der in der *englischen* Strumpfwirkerei beschäftigten Personen beiderlei Geschlechts und aller Alterstufen vom 3. Jahr an betrug 1862 ungefähr 120 000 Personen. Davon, nach Parliamentary Return vom 11. Februar, 1862 doch nur 4 063 unter der Botmäßigkeit des Fabrikakts.

276 So z. B. in der Töpferei berichtet die Firma Cochrane von der „Britain Pottery, Glasgow“: “To keep up our quantity, we have gone extensively into machines wrought by *unskilled labour*, and every day convinces us that we can produce a greater quantity than by the old method.” („*Reports of Insp. of Fact. 31. Oct. 1865*“, p. 13.) „Die Wirkung des Fabrikakts ist zu weiterer Einführung von Maschinerie zu treiben.“ (l. c. p. 13, 14.)

277 So nach Einführung des Fabrikakts in die Töpferei große Zunahme der power jiggers statt der handmoved jiggers.

periodischen Stillstand der Arbeit ohne Schaden für das im Produktionsprozeß befindliche Machwerk. Diese Sicherheit des Resultats und Unterbrechungsfähigkeit der Arbeit sind natürlich in rein mechanischen Gewerken leichter erzielbar als dort wo chemische und andere physische Prozesse eine Rolle spielen, wie z. B. in Töpferei, Bleicherei, Färberei, Bäckerei, den meisten Metallmanufakturen. Mit dem Schlendrian des unbeschränkten Arbeitstags, der Nachtarbeit, und freier Menschenverwüstung, gilt jedes naturwüchsige Hinderniß bald für eine *ewige „Naturschranke"* der Produktion. Kein Gift vertilgt Ungeziefer sichrer als das Fabrikgesetz solche „Naturschranken". Niemand schrie lauter über „Unmöglichkeiten" als die Herren von der *Töpferei. 1864* wurde ihnen das Fabrikgesetz oktroyirt und alle Unmöglichkeiten waren schon *16 Monate* später verschwunden. „Die" durch das Fabrikgesetz hervorgerufene „verbesserte Methode Schliff durch Druck statt durch Ausdünstung zu machen, die neue Konstruktion der Oefen zum Trocknen der frischen ¦ Waare u. s. w. sind Ereignisse von großer Wichtigkeit in der Kunst der Töpferei und bezeich|nen einen Fortschritt derselben, wie ihn das letzte Jahrhundert nicht aufweisen kann … Die Temperatur der Oefen ist beträchtlich vermindert, bei beträchtlicher Abnahme im Kohlenkonsum und rascherer Wirkung auf die Waare"[278]. Trotz aller Prophezeiung stieg nicht der Kostpreis des Erdenguts, wohl aber die Produktenmasse, so daß die Ausfuhr der 12 Monate von December 1864 bis December 1865 einen Werthüberschuß von 138 628 Pfd. St. über den Durchschnitt der drei vorigen Jahre ergab. In der Fabrikation von *Schwefelhölzern* galt es als Naturgesetz, daß Jungen, selbst während der Herunterwürgung ihres Mittagsmahls, die Hölzer in eine warme Phosphorkomposition tunkten, deren giftiger Dampf ihnen in das Gesicht stieg. Mit der Nothwendigkeit Zeit zu ökonomisiren, erzwang der Fabrikakt (1864) eine *„dipping machine"* (Eintauchungsmaschine), deren Dämpfe den Arbeiter nicht erreichen können[279]. So wird jetzt in den noch nicht dem Fabrikgesetz unterworfenen Zweigen der *Spitzenmanufaktur* behauptet, die Mahlzeiten könnten nicht regelmäßig sein

278 l. c. p. 96 und 127.

279 Die Einführung dieser und andrer Maschinerie in die Schwefelholzfabrik hat in einem Departement derselben 230 junge Personen durch 32 Jungen und Mädchen von 14 bis 17 Jahren ersetzt. Diese Ersparung von Arbeitern wurde 1865 weiter geführt durch Anwendung der Dampfkraft.

„wegen der verschiednen Zeitlängen, die verschiedne Spitzenmaterialien zur Trocknung brauchen, und die von 3 Minuten auf eine Stunde und mehr variiren". Hierauf antworten die Kommissäre der *„Children's Employment Comm."*: „Die Umstände sind genau dieselben wie in der Tapetendruckerei. Einige der Hauptfabrikanten in diesem Zweig machten lebhaft geltend, die Natur der verwandten Materialien und die Verschiedenartigkeit der Prozesse, die sie durchlaufen, erlaubten ohne großen Verlust keine plötzliche Stillsetzung der Arbeit für Mahlzeiten.... Durch die 6. Klausel der 6. Sektion des *Factory Act's Extension Act* (1864) ward ihnen eine achtzehnmonatliche Frist vom Erlassungsdatum des Akts an eingeräumt, nach deren Ablauf sie sich den durch den Fabrikakt specificirten Erfrischungspausen fügen müßten"[280]. Kaum hatte das Gesetz parlamentarische Sanktion erhalten, als die Herren Fabrikanten auch entdeckten: „Die Mißstände, die wir von der Einführung des Fabrikgesetzes erwarteten, sind nicht eingetreten. Wir finden nicht, daß die | Produktion irgendwie gelähmt ist. In der That, wir produciren mehr in derselben Zeit"[281]. Man sieht, das englische Parlament, dem sicher Niemand Genialität vorwerfen wird, ist durch Erfahrung zur Einsicht gelangt, daß ein *Zwangsgesetz* alle s. g. *Naturhindernisse* der Produktion gegen Beschränkung und Reglung des Arbeitstags einfach *weg¦diktiren* kann. Bei Einführung des Fabrikakts in einen Industriezweig wird daher ein Termin von 6 bis 18 Monaten gestellt, innerhalb dessen es Sache der Fabrikanten ist die technischen Hindernisse wegzuräumen. Mirabeau's: „Impossible! Ne me nommez jamais cet imbécile de mot!" gilt namentlich für die moderne Technologie. Wenn aber das Fabrikgesetz so die zur Verwandlung des Manufakturbetriebs in Fabrikbetrieb nothwendigen materiellen Elemente treibhausmäßig reift, beschleunigt es zugleich durch die Nothwendigkeit vergrößerter Kapitalauslage den Untergang der kleineren Meister und die Koncentration des Kapitals[282].

280 *„Child. Empl. Comm. II. Rep. 1864"*, p. IX, n. 50.

281 *„Reports of Insp. of Fact. 31. Oct. 1865"*, p. 22.

282 „Die nöthigen Verbesserungen können in vielen alten Manufakturen nicht eingeführt werden, ohne Kapitalauslage über die Mittel vieler gegenwärtiger Besitzer ... Eine vorübergehende Disorganisation begleitet nothwendig die Einführung der Fabrikakte. Der Umfang dieser Disorganisation steht in direktem Verhältniß zur Größe der zu heilenden Mißstände." (l. c. p. 96, 97.)

Abgesehn von den rein technischen und technisch beseitbaren Hindernissen stößt die Regulation des Arbeitstags auf unregelmäßige Gewohnheiten der Arbeiter selbst, namentlich wo Stücklohn vorherrscht und Verbummlung der Zeit in einem Tages- oder Wochenabschnitt durch nachträgliche Ueberarbeit oder Nachtarbeit aufgemacht werden kann, eine Methode, die den erwachsnen Arbeiter brutalisirt, seine unreifen und weiblichen Genossen ruinirt[283]. Obgleich diese Regellosigkeit in Verausgabung der Ar|beitskraft eine naturwüchsig rohe Reaktion gegen die Langweile monotoner Arbeitsplackerei ist, entspringt sie jedoch in ungleich höherem Grad aus der Anarchie der Produktion selbst, die ihrerseits wieder ungezügelte Exploitation der Arbeitskraft durch das Kapital voraussetzt. Neben die *allgemeinen* periodischen Wechselfälle des industriellen Cyklus und die *besondern* Marktschwankungen in jedem Produktionszweig, treten namentlich die s. g. *Saison*, beruhe sie nun auf Periodicität der Schifffahrt günstiger Jahreszeiten oder auf der Mode, und die Plötzlichkeit großer und in kürzester Frist auszuführender Ordres. Die Gewohnheit der letztern dehnte sich mit Eisenbahnen und Telegraphie aus. „Die Ausdehnung des Eisenbahnsystems", sagt z. B. ein Londoner Fabrikant, „durch das ganze Land hat die Gewohnheit kurzer Ordres sehr gefördert. Käufer kommen jetzt von Glasgow, Manchester und Edinburg einmal in 14 Tagen oder so zu den City-Waarenhäusern für den Großverkauf, denen wir die Waaren liefern. Sie geben Ordres, die ¦ unmittelbar ausgeführt werden müssen, statt vom Lager zu kaufen, wie es Gewohnheit war. In früheren Jahren waren wir stets fähig während der schlaffen Zeit für die Nachfrage der nächsten Saison vorauszuarbeiten, aber jetzt kann Niemand vorhersagen, was dann in Nachfrage sein wird"[284].

283 In den Hochöfen z. B. "work towards the end of the week is generally much increased in duration, in consequence of the habit of the men of idling on Mondays and occasionally during a part or the whole of Tuesdays also.". („*Child. Empl. Comm. III Rep.*", p. VI.) "The little masters generally have very irregular hours. They lose 2 or 3 days, and then work all night to make it up … They always employ their own children, if they have any." (l. c. p. VII.) "The want of regularity in coming to work, encouraged by the possibility and practice of making up for this by working longer hours." (l. c. p. XVIII.) "Enormous loss of time in Birmingham … idling part of the time, slaving the rest." (l. c. p. XI.)

284 „*Child. Empl. Comm. IV. Rep.*", p. XXXII. "The extension of the railway system is said to have contributed greatly to this custom of giving sudden or-

In den noch nicht dem Fabrikgesetz unterworfenen Fabriken und Manufakturen herrscht periodisch die furchtbarste Ueberarbeit während der s. g. Saison, stoßweis in Folge plötzlicher Ordres. Im auswärtigen Departement der Fabrik, der Manufaktur und des Waarenmagazins, in der Sphäre der *Hausarbeit*, ohnehin durchaus unregelmäßig, für ihr Rohmaterial und ihre Ordres ganz abhängig von den Launen des Kapitalisten, den hier keine Rücksicht auf Verwerthung von Baulichkeiten, Maschinen u. s. w. bindet und der hier nichts riskirt als die Haut der Arbeiter selbst, wird so systematisch eine stets disponible, industrielle Reservearmee großgezüchtet, decimirt während eines Theils des Jahrs durch unmenschlichsten Arbeitszwang, während des andern Theils verlumpt durch Arbeitsmangel. „Die Anwender", sagt die „*Child. Empl. Comm.*," „exploitiren | die gewohnheitsmäßige Unregelmäßigkeit der Hausarbeit, um sie in Zeiten, wo Extrawerk nöthig, bis 11, 12, 2 Uhr Nachts, in der That, wie die stehende Phrase lautet, *auf alle Stunden* hinaufzuforciren", und dieß in Lokalen, „wo der Gestank hinreicht, euch niederzuschmettern („the stench is enough to knock you down"). Ihr geht vielleicht bis an die Thüre und öffnet sie, aber schaudert zurück vor weiterem Vorgehn"[285]. „Es sind komische Käuze, unsre Anwender", sagt einer der verhörten Zeugen, ein Schuster, „sie glauben, es thue einem Jungen keinen Harm, wenn er während eines halben Jahrs todtgerackert und während der andern Hälfte fast gezwungen wird herumzuludern"[286].

Wie die technischen Hindernisse, so wurden und werden diese s. g. „*Geschäftsgewohnheiten*" („usages which have grown with the growth of trade") von interessirten Kapitalisten als „*Naturschranken*" der Produktion behauptet, ein Lieblingsschrei dieß der Baumwolllords zur Zeit als das Fabrikgesetz sie zuerst bedrohte. Obgleich ihre Industrie mehr als jede andre auf dem Weltmarkt und daher der Schifffahrt beruht, strafte die Erfahrung sie Lügen. Seitdem wird jedes angebliche „Geschäftshinderniß" von den englischen Fabrikinspektoren als hohle Flause behandelt[287]. Die gründlich ¦ gewissenhaften Untersuchungen

ders, and the consequent hurry, neglect of mealtimes, and late hours of the workpeople." (l. c. p. XXXI.)

285 „*Child. Empl. Comm. IV. Rep.*," p. XXXV, n. 235 und 237.

286 l. c. p. 127, n. 56.

287 "With respect to the *loss of trade* by the non-completion of shipping orders in time, I remember that this was the pet argument of the factory masters

der „*Child. Empl. Comm.*" beweisen in der That, daß in einigen Industrieen die bereits angewandte Arbeitsmasse nur gleichmäßiger über das ganze Jahr vertheilt würde durch die Regulation des Arbeitstags[288], daß letztere der erste rationelle Zügel für die menschenmörderischen, inhaltslosen und an sich dem System der großen Industrie unangemeßnen Flatterlaunen der *Mode*[289], daß die Entwicklung der oceanischen Schifffahrt und der | Kommunikationsmittel überhaupt den eigentlich technischen Grund der Saison-Arbeit aufgehoben hat[290], daß alle andern angeblich unkontrolirbaren Umstände weggeräumt werden durch weitere Baulichkeiten, zusätzliche Maschinerie, vermehrte Anzahl der gleichzeitig beschäftigten Arbeiter[291] und von selbst folgenden Rückschlag auf das System des Großhandels[292]. Jedoch versteht sich

in 1832 and 1833. Nothing that can be advanced now on this subject could have the force that it had then, before steam had halved all distances and established new regulations for transit. It quite failed at that time of proof when put to the test, and again it will certainly fail should it have to be tried." („*Reports of Insp. of Fact. 31st Oct. 1862*", p. 54, 55.)

288 „*Child. Empl. Comm. III. Rep.*", p. XVIII, n. 118.

289 John Bellers bemerkt schon 1699: "The uncertainty of fashions does increase necessitous Poor. It has two great mischiefs in it: 1st) The journeymen are miserable in winter for want of work, the mercers and master-weavers not daring to lay out their stocks to keep the journeymen imployed before the spring comes and they know what the fashion will then be; 2dly) In the spring the journeymen are not sufficient, but the master-weavers must draw in many prentices, that they may supply the trade of the kingdom in a quarter or half a year, which robs the plow of hands, drains the country of labourers, and in a great part stocks the city with beggars, and starves some in winter that are ashamed to beg." („*Essays about the Poor, Manufactures* etc.", p. 9.)

290 „*Child. Empl. Comm. V. Rep.*", p. 171, n. 34.

291 So heißt es z. B. in den Zeugenaussagen von Bradforder Exporthändlern: „Unter diesen Umständen ist es klar, daß Jungen nicht länger als von 8 Uhr Morgens bis 7 oder 7½ Uhr Abends in den Waarenhäusern beschäftigt zu werden brauchen. Es ist nur eine Frage von Extra-Auslage und Extra-Händen. Die Jungen brauchten nicht so spät in die Nacht hineinzuarbeiten, wären einige Anwender nicht so profithungrig; eine Extramaschine kostet nur 16 oder 18 Pfd. St.... Alle Schwierigkeiten entspringen aus ungenügenden Vorrichtungen und Raummangel." (l. c. p. 171, n. 35, 36 und 38.)

292 l. c. Ein Londoner Fabrikant, der übrigens die zwangsweise Regulation des Arbeitstags als Schutzmittel der Arbeiter gegen die Fabrikanten und *der Fabrikanten selbst gegen den Großhandel* betrachtet, sagt aus: „Der Druck in unsrem Geschäft ist verursacht durch die Verschiffer, die z. B. Waare mit einem

das Kapital, wie es wiederholt durch den Mund seiner Repräsentanten erklärt, zu solcher Umwälzung *„nur unter dem Druck eines allgemeinen Parlamentsakts"*[293], der den Arbeitstag zwangsgesetzlich regulirt.

Die *Fabrikgesetzgebung,* diese erste bewußte und plan|mäßige Rück-
238 wirkung der Gesellschaft auf die naturwüchsige Gestalt ihres Produktionsprozesses, ist, wie man gesehn, ebenso sehr ein nothwendiges Produkt der ¦ großen Industrie, als Baumwollgarn, Selfactors und der elektrische Telegraph. Bevor wir zu ihrer bevorstehenden *Verallgemeinerung* in England übergehn, sind noch einige nicht auf die Stundenzahl des Arbeitstags bezügliche Klauseln des englischen Fabrikakts kurz zu erwähnen.

Abgesehn von ihrer Redaktion, welche dem Kapitalisten ihre Umgehung erleichtert, sind die *Gesundheitsklauseln* äußerst mager, in der That beschränkt auf Vorschriften für Weißwaschung und einige sonstige Reinlichkeitsmaßregeln, Ventilation, und Schutz gegen gefährliche Ma-
239 schinerie. Wir kommen im dritten Buch auf den fanatischen Kampf der Fabrikanten gegen die Klausel zurück, die ihnen eine geringe Ausgabe zum Schutz der Gliedmaßen ihrer „Hände" aufoktroyirt. Hier bewährt sich wieder glänzend das Freihandelsdogma, daß in einer Gesellschaft antagonistischer Interessen Jeder das Gemeinwohl durch Verfolgung seines Eigennutzes fördert. Ein Beispiel genügt. Man weiß, daß sich während der letztverflossenen zwanzigjährigen Periode die *Flachsindustrie* und mit ihr die *scutching mills* (Fabriken zum Schlagen und Brechen des Flachses) in *Irland* sehr vermehrt haben. Es gab dort 1864 an 1800 dieser mills. Periodisch im Herbst und Winter werden hauptsächlich junge Personen und Weiber, die Söhne, Töchter und Frauen der benachbarten kleinen Pächter, lauter mit Maschinerie ganz unbekannte Personen, von der Feldarbeit weggeholt, um die Walzwerke der scutching mills mit Flachs zu füttern. Die Unfälle sind nach Umfang und Intensivität gänzlich beispiellos in der Geschichte der Maschinerie. Eine einzige

Segelschiff verschicken wollen, um für eine bestimmte Saison an Ort und Stelle zu sein und zugleich die Frachtdifferenz zwischen Segelschiff und Dampfschiff einzustecken, oder von zwei Dampfschiffen das frühere wählen, um vor ihren Konkurrenten auf dem auswärtigen Markt zu erscheinen." (l. c. p. 81, n. 32.)

293 "This could be obviated", sagt ein Fabrikant, "at the expense of an enlargement of the works *under the Pressure of a General Act of Parliament.*" (l. c. p. X, n. 38.)

scutching mill zu Kildinan (bei Cork) zählte von 1852 bis 1856 sechs
Todesfälle und 60 schwere Verstümmelungen, welchen allen durch die
einfachsten Anstalten, zur Kost von wenigen Schillingen, vorgebeugt
werden konnte. Dr. W. White, der certifying surgeon der Fabriken zu
Downpatrick, erklärt in einem officiellen Bericht vom 16. December
1865: „Die Unfälle in scutching mills sind furchtbarster Art. In vielen
Fällen wird ein Viertheil des Körpers vom Rumpfe gerissen. Tod oder
eine Zukunft elenden Unvermögens und Leidens sind gewöhnliche
Folgen der Wunden. Die Zunahme der Fabriken in diesem Lande wird
natürlich diese schauderhaften Resultate ausdehnen. Ich bin über-
zeugt, daß durch | geeignete *Staatsüberwachung* der scutching mills
große Opfer von Leib und Leben zu vermeiden sind“[294]. Was könnte die
kapitalistische Produktionsweise besser charakterisiren als die Noth- 240
wendigkeit, ihr durch Zwangsgesetz von Staatswegen die einfachsten
Reinlichkeits- und Gesundheitsvorrichtungen aufzuherrschen? „Der
Fabrikakt von 1864 hat in den Töpfereien über 200 Werkstätten geweißt
und gereinigt, nach *zwanzigjähriger oder gänzlicher Enthaltung von je-
der solchen Operation* (dieß ist die „*Abstinenz*“ des Kapitals!), in Plätzen,
wo 27 878 Arbeiter beschäftigt sind, und bisher, während übermäßiger
Tages-, ¦ oft Nacht-Arbeit, eine mephitische Atmosphäre einathme-
ten, welche eine sonst vergleichungsweis harmlose Beschäftigung mit
Krankheit und Tod schwängerte. Der Akt hat die Ventilationsmittel sehr
vermehrt“[295]. Zugleich zeigt dieser Zweig des Fabrikakts schlagend,
wie die kapitalistische Produktionsweise ihrem Wesen nach über einen
gewissen Punkt hinaus jede rationelle Verbesserung ausschließt. Es
ward wiederholt bemerkt, daß die englischen Aerzte aus einem Munde
500 Kubikfuß Luftraum per Person für kaum genügendes Minimum bei
fortgesetzter Arbeit erklären. Nun wohl! Wenn der Fabrikakt indirekt
durch alle seine Zwangsmaßregeln die Verwandlung kleinerer Werkstät-
ten in Fabriken beschleunigt, daher indirekt in das Eigenthumsrecht der
kleineren Kapitalisten eingreift und den großen das Monopol sichert, so
würde die gesetzliche Aufherrschung des nöthigen Luftraums für jeden
Arbeiter in der Werkstätte Tausende von kleinen Kapitalisten mit einem
Schlag direkt expropriiren! Sie würde die Wurzel der kapitalistischen
Produktionsweise angreifen, d. h. die Selbstverwerthung des Kapitals,

294 l. c. p. XV, n. 72 sqq.
295 „*Reports of Insp. of Fact. 31. Oct. 1865*“, p. 127.

ob groß oder klein, durch „freien“ Ankauf und Konsum der Arbeitskraft. Vor diesen 500 Kubikfuß Luft geht daher der Fabrikgesetzgebung der Athem aus. Der „Board of Health“, die industriellen Untersuchungskommissionen, die Fabrikinspektoren wiederholen wieder und wieder die Nothwendigkeit der 500 Kubikfüße und die Unmöglichkeit, sie dem Kapital aufzuoktroyiren. Sie erklären so in der That Schwindsucht und andre Lungenkrankheiten der Arbeit für eine Lebensbedingung des Kapitals[296]. |

Armselig wie die *Erziehungsklauseln* des Fabrikakts im Ganzen erscheinen, proklamirten sie den *Elementarunterricht* als *Zwangsbedingung der Arbeit*[297]. Ihr Erfolg bewies zuerst die Möglichkeit der Verbindung von Unterricht und Gymnastik[298] mit Handarbeit, also auch von Handarbeit mit ¦ Unterricht und Gymnastik. Die Fabrikinspektoren entdeckten bald aus den Zeugenverhören der Schulmeister, daß die Fabrikkinder, obgleich sie nur halb so viel Unterricht genießen als die regelmäßigen Tagesschüler, eben so viel und oft mehr lernen. „Die Sache ist einfach. Diejenigen, die sich nur einen halben Tag in der Schule aufhalten, sind stets frisch und fast immer fähig und willig Unterricht zu

296 Man hat erfahrungsmäßig gefunden, daß ungefähr 25 Kubikzoll Luft bei jeder Athmung mittlerer Intensivität von einem gesunden Durchschnittsindividuum konsumirt werden, und ungefähr 20 Athmungen per Minute vorgehn. Der Luftkonsum eines Individuums in 24 Stunden ergäbe danach ungefähr 720 000 Kubikzoll oder 416 Kubikfüße. Man weiß aber, daß die einmal eingeathmete Luft nicht mehr zu demselben Prozeß dienen kann, bevor sie in der großen Werkstätte der Natur gereinigt wird. Nach den Experimenten von Valentin und Brunner scheint ein gesunder Mann ungefähr 1300 Kubikzoll Kohlensäure per Stunde auszuathmen; dieß ergäbe ungefähr 8 Unzen solider Kohle, von der Lunge in 24 Stunden abgeworfen. „Jeder Mann sollte wenigstens 800 Kubikfuß haben.“ *(Huxley)*

297 Nach dem englischen Fabrikakt können die Eltern Kinder unter 14 Jahren nicht in die „kontrolirten“ Fabriken schicken, ohne ihnen zugleich Elementarunterricht ertheilen zu lassen. Der Fabrikant ist verantwortlich für die Befolgung des Gesetzes. “Factory education is *compulsory*, and it is *a condition of labour*.” (*„Reports of Insp. of Fact. 31. Oct. 1865“*, p. 111.)

298 Ueber die vortheilhaften Erfolge der Verbindung von Gymnastik (für Jungen auch militärischer Exercitien) mit Zwangsunterricht der Fabrikkinder und Armenschüler sieh die Rede von *N. W. Senior* im 7. jährlichen Kongreß der *„National Association for the Promotion of Social Science“* in *„Report of Proceedings* etc. *Lond.* 1863“, p. 63, 64, ebenso den Bericht der Fabrikinspektoren für 31. Oct. 1865, p. 118, 119, 120, 126 sqq.

empfangen. *Das System halber Arbeit und halber Schule* macht jede der beiden Beschäftigungen zur Ausruhung und Erholung von der andern und folglich viel angemeßner für das Kind als die ununterbrochne Fortdauer einer von beiden. Ein Junge, der von Morgens früh in der Schule sitzt, und nun gar bei heißem Wetter, kann unmöglich mit einem andern wetteifern, der munter und aufgeweckt von seiner Arbeit kommt"[299]. Weitere Belege findet man in *Senior's* | Rede auf dem sociologischen Kongress zu Edinburg 1863. Er zeigt hier auch u. a. nach, wie der einseitige, unproduktive und verlängerte Schultag der Kinder der höheren und mittleren Klassen die Arbeit der Lehrer nutzlos vermehrt, „während er Zeit, Gesundheit und Energie der Kinder nicht nur fruchtlos, sondern absolut schädlich verwüstet"[300]. Aus dem *Fabriksystem*, wie man in Detail bei *Robert Owen* verfolgen kann, entsproß der Keim der *Erziehung der Zukunft*, welche für *alle* Kinder über einem gewissen Alter *produktive Arbeit* mit *Unterricht und Gymnastik* verbinden wird, nicht nur als eine Methode zur Steigerung der gesellschaftlichen Produktion, sondern als die einzige Methode zur Produktion vollseitig entwickelter Menschen. 241

Man hat gesehn, daß die große Industrie die manufakturmäßige Theilung der Arbeit mit ihrer lebenslänglichen Annexation eines ganzen

299 „*Reports of Insp. of Fact.*" l. c. p. 118, 119. Ein naiver Seidenfabrikant erklärt den Untersuchungskommissären der „*Child. Empl. Comm.*": „Ich bin durchaus überzeugt, daß das wahre Geheimniß der Produktion tüchtiger Arbeiter gefunden ist in der Vereinigung der Arbeit mit Unterricht von der Periode der Kindheit an. Natürlich muß die Arbeit weder zu anstrengend, noch widerlich und ungesund sein. Ich wünschte, meine eignen Kinder hätten Arbeit und Spiel zur Abwechslung von der Schule." („*Child. Empl. Comm.*" *V. Rep.*, p. 82, n. 36.)

300 *Senior* l. c. p. 65, 66. Wie die große Industrie, auf einem gewissen Höhegrad, durch die Umwälzung der materiellen Produktionsweise und der gesellschaftlichen Produktionsverhältnisse auch die Köpfe umwälzt, zeigt schlagend ein Vergleich zwischen der Rede des N. W. Senior von 1863 und seiner Philippika gegen das Fabrikgesetz von 1833, oder ein Vergleich der Ansichten des erwähnten Kongresses mit der Thatsache, daß es in gewissen ländlichen Theilen Englands armen Eltern immer noch bei *Strafe des Hungertods* verboten ist, ihre Kinder zu erziehen. So z. B. berichtet Herr Snell als gewöhnliche Praxis in Somersetshire, daß wenn eine arme Person Pfarreihilfe anspricht, sie gezwungen wird, ihre Kinder aus der Schule zu nehmen. So erzählt Herr Wollaston, Pfarrer zu Feltham, von Fällen, wo alle Unterstützung gewissen Familien versagt wurde, „*weil sie ihre Jungen zur Schule schickten*"!

Menschen an eine Detailoperation technologisch aufhebt, während zugleich die *kapitalistische Form der großen Industrie* jene Arbeitstheilung noch monströser reproducirt, in der eigentlichen Fabrik durch Verwandlung des Arbeiters in den selbstbewußten Zubehör einer Theilmaschine, überall sonst theils durch ¦ sporadischen Gebrauch der Maschinen und Ma|schinenarbeit[301], theils durch Einführung von Weiber-, Kinder- und ungeschickter Arbeit als neuer Grundlage der Arbeitstheilung. Der Widerspruch zwischen der manufakturmäßigen Theilung der Arbeit und dem Wesen der großen Industrie macht sich gewaltsam geltend. Er erscheint u. a. in der furchtbaren Thatsache, daß ein großer Theil der in den modernen Fabriken und Manufakturen beschäftigten Kinder, vom zartesten Alter festgeschmiedet an die einfachsten Manipulationen, Jahrelang exploitirt wird, ohne Erlernung irgend einer Arbeit, die sie später auch nur in derselben Manufaktur oder Fabrik brauchbar machte. In den englischen Buchdruckereien z. B. fand früher ein dem System der alten Manufaktur und des Handwerks entsprechender Uebergang der Lehrlinge von leichteren zu inhaltsvolleren Arbeiten statt. Sie machten einen Lerngang durch, bis sie fertige Drucker waren. Lesen und schreiben zu können war für alle ein Handwerkserforderniß. Alles das änderte sich mit der Druckmaschine. Sie verwendet zwei Sorten von Arbeitern, einen erwachsnen Arbeiter, den Maschinenaufseher, und Maschinenjungen, meist von 11 bis 17 Jahren, deren Geschäft ausschließlich darin besteht, einen Bogen Papier der Maschine zu unterbreiten oder ihr den gedruckten Bogen zu entziehen. Sie verrichten, in London namentlich, diese Plackerei 14, 15, 16 Stunden ununter-

301 Wo handwerksmäßige Maschinen, durch Menschenkraft getrieben, direkt oder indirekt mit entwickelter und daher mechanische Triebkraft voraussetzender Maschinerie konkurriren, geht eine große Umwandlung vor mit Bezug auf den Arbeiter, der die Maschine treibt. Ursprünglich ersetzte die Dampfmaschine diesen Arbeiter, jetzt soll er die Dampfmaschine ersetzen. Die Spannung und Verausgabung seiner Arbeitskraft wird daher monströs, und nun gar für Unerwachsne, die zu dieser Tortur verurtheilt sind! So fand der Kommissär *Longe* in Coventry und Umgebung Jungen von 10 bis 15 Jahren zum Drehn der Bandstühle verwandt, abgesehn von jüngeren Kindern, die Stühle von kleinerer Dimension zu drehn hatten. „Es ist außerordentlich mühsame Arbeit. *The boy is a mere substitute for steam-power.*" („*Child. Empl. Comm. V. Rep. 1866*", p. 114, n. 6.) Ueber die mörderischen Folgen „*dieses Systems der Sklaverei*", wie der officielle Bericht es nennt, l. c. sq.

brochen während einiger Tage in der Woche und oft 36 Stunden nach einander mit nur zwei Stunden Rast für Mahlzeit und Schlaf[302]! Ein großer Theil von ihnen kann nicht lesen und sie sind in der Regel ganz verwilderte, abnorme Geschöpfe. „Um sie zu ihrem | Werk zu befähigen, ist keine intellektuelle Ziehung irgend einer Art nöthig; sie haben wenig Gelegenheit für Geschick und noch weniger für Urtheil; ihr Lohn, obgleich gewissermaßen hoch für Jungen, wächst nicht verhältnißmäßig, wie sie selbst heranwachsen und die große Mehrzahl hat keine Aussicht auf den einträglicheren und verantwortlicheren Posten des Maschinenaufsehers, weil auf jede Maschine nur ein Aufseher und oft 4 Jungen kommen“[303]. Sobald sie zu alt für ihre kindische Arbeit werden, ¦ also wenigstens im 17. Jahr, entläßt man sie aus der Druckerei. Sie werden zu Rekruten des Verbrechens. Einige Versuche ihnen anderswo Beschäftigung zu verschaffen, scheiterten an ihrer Unwissenheit, Rohheit, körperlichen und geistigen Verkommenheit.

Was von der *manufakturmäßigen Theilung der Arbeit* im Innern der Werkstatt, gilt von der *Theilung der Arbeit im Innern der Gesellschaft.* So lange Handwerk und Manufaktur die allgemeine Grundlage der gesellschaftlichen Produktion bilden, ist die Subsumtion des Producenten unter einen ausschließlichen Produktionszweig, die Zerreißung der ursprünglichen Mannigfaltigkeit seiner Beschäftigungen[304], ein nothwendiges Entwicklungsmoment. Auf jener Grundlage findet jeder besondre Produktionszweig empirisch die ihm entsprechende technologische Gestalt, vervollkommnet sie langsam und krystallisirt sie rasch, sobald ein gewisser Reifegrad erlangt ist. Was hier und da Wechsel hervorruft, ist außer neuem Arbeitsstoff, den der Handel liefert, die

302 l. c. p. 3, n. 24.

303 l. c. p. 7, n. 59, 60.

304 „In einigen Theilen von Hochschottland … erschienen viele Schafhirten und cottars mit Frau und Kind, nach dem *Statistical Account*, in Schuhen, die sie selbst gemacht aus Leder, das sie selbst gegerbt, in Kleidern, die keine Hand außer ihrer eignen angetastet, deren Material sie selbst von den Schafen geschoren oder wofür sie den Flachs selbst gebaut hatten. In die Zubereitung der Kleider ging kaum irgend ein gekaufter Artikel ein, mit Ausnahme von Pfrieme, Nadel, Fingerhut und sehr wenigen Theilen des im Weben angewandten Eisenwerks. Die Farben wurden von den Weibern selbst von Bäumen, Gesträuchen und Kräutern gewonnen u. s. w.“ (*Dugald Stewart* l. c. p. 327, 328.)

allmälige Aenderung des Arbeitsinstruments. Die erfahrungsmäßig entsprechende Form einmal gewonnen, verknöchert auch es, wie sein oft jahrtausendlanger Uebergang aus der Hand einer Generation in die der andern beweist. Es ist charakteristisch, daß bis ins | 18. Jahrhundert hinein die besondern Gewerke *mysteries* (mystères)[305] hießen, in deren Dunkel nur der empirisch und professionell Eingeweihte eindringen konnte. Die große Industrie zerriß den Schleier, der den Menschen ihren eignen gesellschaftlichen Produktionsproceß versteckte und die verschiednen naturwüchsig besonderten Produktionszweige gegen einander und sogar dem in jedem Zweig Eingeweihten zu Räthseln machte. Ihr Princip, jeden Produktionsprozeß an und für sich, und zunächst ohne alle Rücksicht auf die menschliche Hand, in seine constituirenden Elemente aufzulösen, schuf die ganz moderne Wissenschaft der Technologie. Die buntscheckigen, scheinbar zusammenhangslosen und verknöcherten Gestalten des gesellschaftlichen Produktionsprozesses lösten sich auf in bewußt planmäßige und je nach dem bezweckten Nutzeffekt systematisch besonderte Anwendungen der Naturwissenschaft. Die Technologie ent¦deckte ebenso die *wenigen großen Grundformen der Bewegung*, worin alles produktive Thun des menschlichen Körpers, trotz aller Mannigfaltigkeit der angewandten Instrumente, nothwendig vorgeht, ganz so wie die Mechanik durch die größte Komplikation der Maschinerie sich über die beständige Wiederholung der einfachen mechanischen Potenzen nicht täuschen läßt. Die moderne Industrie betrachtet und behandelt die vorhandne Form eines Produktionsprozesses nie als definitiv. Ihre technologische Basis ist daher revolutionär, während die aller früheren Produktionsweisen wesentlich konservativ war[306]. Durch Maschinen, chemische Prozesse und

305 In dem berühmten „*Livre des métiers*" des *Étienne Boileau* wird unter andrem vorgeschrieben, daß ein Geselle bei seiner Aufnahme unter die Meister einen Eid leiste, „seine Brüder brüderlich zu lieben, sie zu stützen, jeder in seinem métier, *d. h. nicht freiwillig die Gewerksgeheimnisse zu verrathen*, und sogar im Interesse der Gesammtheit nicht zur Empfehlung seiner eignen Waare den Käufer auf die Fehler des Machwerks von Andern aufmerksam zu machen."

306 „Die Bourgeoisie kann nicht existiren ohne die Produktionsinstrumente, also die Produktionsverhältnisse, also sämmtliche gesellschaftlichen Verhältnisse fortwährend zu revolutioniren. Unveränderte Beibehaltung der alten Produktionsweise war dagegen die erste Existenzbedingung aller früheren industriellen Klassen. Die fortwährende Umwälzung der Produktion, die ununterbrochene

andre Me|thoden wälzt sie beständig mit der technischen Grundlage der materiellen Produktion die Funktionen der Arbeiter und die gesellschaftlichen Kombinationen des Arbeitsprozesses um. Sie revolutionirt damit ebenso beständig die Theilung der Arbeit im Innern der Gesellschaft und schleudert unaufhörlich Kapitalmassen und Arbeitermassen aus einem Produktionszweig in den andern. Die Natur der großen Industrie bedingt daher *Wechsel der Arbeit*, Fluß der Funktion, allseitige Beweglichkeit des Arbeiters. Andrerseits reproducirt sie *in ihrer kapitalistischen Form* die alte Theilung der Arbeit mit ihren knöchernen Partikularitäten. Man hat gesehn, wie *dieser absolute Widerspruch* alle Ruhe, Festigkeit, Sicherheit der Lebenslage des Arbeiters aufhebt, ihm mit dem Arbeitsmittel beständig das Lebensmittel aus der Hand zu schlagen[307] und mit seiner Theilfunktion ihn selbst überflüssig zu machen droht, wie dieser Widerspruch im ununterbrochnen Opferfest der Arbeiterklasse, maßlosester Vergeudung der Arbeitskräfte und den Verheerungen gesellschaftlicher Anarchie sich austobt. Dieß ist die negative Seite. Wenn aber der Wechsel der Arbeit sich jetzt nur als überwältigendes Naturgesetz und mit der blind zerstörenden Wirkung eines Naturgesetzes durchsetzt, das überall auf Hindernisse stößt[308], macht ¦ die

Erschütterung aller gesellschaftlichen Zustände, die ewige Unsicherheit und Bewegung zeichnen die Bourgeoisepoche vor allen früheren aus. Alle festen, eingerosteten Verhältnisse mit ihrem Gefolge von altehrwürdigen Vorstellungen und Anschauungen werden aufgelöst, alle neugebildeten veralten, ehe sie verknöchern können. Alles Ständische und Stehende verdampft, alles Heilige wird entweiht, und die Menschen sind endlich gezwungen, ihre Lebensstellungen, ihre gegenseitigen Beziehungen mit nüchternen Augen anzusehn.“ (*F. Engels und Karl Marx: „Manifest der Kommunistischen Partei. Lond.* 1848“, p. 5.)

307 “You take my life
When you do take the means whereby I live.” *(Shakespeare.)*

308 Ein französischer Arbeiter schreibt bei seiner Rückkehr von San-Francisco: „Ich hätte nie geglaubt, daß ich fähig wäre alle die Gewerbe auszuüben, die ich in Californien betrieben habe. Ich war fest überzeugt, daß ich außer zur Buchdruckerei zu nichts gut sei.... Einmal in der Mitte dieser Welt von Abenteurern, welche ihr Handwerk leichter wechseln als ihr Hemde, meiner Treu! ich that wie die andern. Da das Geschäft der Minenarbeit sich nicht einträglich genug auswies, verließ ich es und zog in die Stadt, wo ich der Reihe nach Typograph, Dachdecker, Bleigießer u. s. w. wurde. In Folge dieser Erfahrung, zu allen Arbeiten tauglich zu sein, fühle ich mich weniger als Molluske und mehr als Mensch.“ (*A. Corbon: „De l'enseignement professionnel.“ 2ème éd.* p. 50.)

große Industrie durch ihre Katastrophen selbst | es zur Frage von Leben oder Tod, den Wechsel der Arbeiten und daher möglichste Vielseitigkeit des Arbeiters als allgemeines gesellschaftliches Gesetz der Produktion
242 anzuerkennen, und die Verhältnisse seiner normalen Verwirklichung gemäß umzugestalten. Sie macht es zu einer Frage von Leben oder Tod, die Ungeheuerlichkeit einer elenden, für die wechselnden Exploitationsbedürfnisse des Kapitals in Reserve gehaltenen, disponiblen Arbeiterbevölkerung zu ersetzen durch die absolute Disponibilität des Menschen für wechselnde Arbeitserfordernisse; das Theilindividuum, welches bloßer Träger einer gesellschaftlichen Detailfunktion ist, durch
243 das total entwickelte Individuum, für welches die gesellschaftlichen Funktionen eben so viele verschiedne Bethätigungsweisen sind. Ein auf Grundlage der großen Industrie naturwüchsig entwickeltes Moment dieses Umwälzungsprozesses sind polytechnische und agronomische Schulen, ein anderes sind die *„écoles d'enseignement professionnel"*, worin die Kinder der Arbeiter einigen Unterricht in der Technologie und praktischen Handhabe der verschiednen Produktionsinstrumente erhalten. Wenn die Fabrikgesetzgebung als erste, dem Kapital nothdürftig abgerungene Koncession nur Elementarunterricht mit fabrikmäßiger Arbeit verbindet, unterliegt es keinem Zweifel, daß die unvermeidliche Eroberung der politischen Gewalt durch die Arbeiterklasse auch dem technologischen Unterricht, theoretisch und praktisch, seinen Platz in den Arbeiterschulen erobern wird. Es unterliegt ebenso wenig einem Zweifel, daß die *kapitalistische* Form der Produktion und die ihr entsprechenden ökonomischen Arbeiterverhältnisse im diametralsten Widerspruch stehn mit solchen Umwälzungsfermenten und ihrem Ziel, *der Aufhebung der alten Theilung der Arbeit.* Die Entwicklung der Widersprüche einer geschichtlichen Produktionsform ist jedoch der einzig geschichtliche Weg ihrer Auflösung und Neugestaltung. „Ne sutor ultra crepidam!", dieß nec plus ultra handwerksmäßiger Weisheit, wurde zur furchtbaren Narrheit von dem Moment, wo der Uhrmacher Watt die Dampfmaschine, der Barbier Arkwright den Kettenstuhl, der Juwelierarbeiter Fulton das Dampfschiff erfunden hatte[309]. ¦|

309 *John Bellers,* ein wahres Phänomen in der Geschichte der politischen Oekonomie, begriff schon Ende des 17. Jahrhunderts mit vollster Klarheit die nothwendige Aufhebung der jetzigen Erziehung und Arbeitstheilung, welche Hypertrophie und Atrophie auf beiden Extremen der Gesellschaft, wenn auch

Soweit die Fabrikgesetzgebung die Arbeit in Fabriken, Manufakturen u. s. w. regulirt, erscheint dieß zunächst nur als Einmischung in die Exploitationsrechte des Kapitals. Jede Regulation der s. g. *Hausarbeit*[310] stellt sich dagegen sofort als direkter Eingriff in die *patria potestas* dar, d. h. modern interpretirt, in die *elterliche Autorität*, ein Schritt, wovor das zartfühlende englische Parlament lang zurückzubeben affektirte. Die Gewalt der Thatsachen zwang jedoch endlich anzuerkennen, daß die große Industrie mit der ökonomischen Grundlage des alten Familienwesens und der ihr entsprechenden Familienarbeit auch die alten Familienverhältnisse selbst auflöst. *Das Recht der Kinder* mußte proklamirt werden. „Unglücklicher Weise", heißt es im Schlußbericht der „Child. Empl. Comm." von 1866, „leuchtet aus der Gesammtheit der Zeugenaussagen hervor, daß die Kinder beiderlei Geschlechts gegen Niemand so sehr des Schutzes bedürfen als gegen ihre Eltern." Das System der maßlosen Exploitation der Kinderarbeit überhaupt und der Hausarbeit im Besondern wird dadurch „erhalten, daß die Eltern über ihre jungen und zarten Sprößlinge eine willkührliche und heillose Gewalt ohne Zügel oder Kontrole ausüben … Eltern dürfen nicht die absolute Macht besitzen, ihre Kinder zu reinen Maschinen zu machen, um so und so viel wöchentlichen Lohn herauszuschlagen … Kinder und junge Personen haben ein Recht auf den Schutz der Legislatur wider den Mißbrauch der elterlichen Gewalt, der ihre physische Kraft vorzeitig bricht und sie degradirt auf der Staffel moralischer und intellektueller Wesen"[311]. Es ist | jedoch nicht der Mißbrauch der elterlichen Gewalt,

in entgegengesetzter Richtung, erzeugen. Er sagt u. a. schön: "An idle learning being little better than the Learning of Idleness … *Bodily Labour*, it's a primitive institution of God.… Labour being as proper for the bodies health, as eating is for its living; for what pains a man saves by Ease, he will find in Disease … Labour adds oyl to the lamp of life when thinking inflames it … A childish *silly employ* (dieß ahnungsvoll gegen die Basedows und ihre modernen Nachstümper), leaves the children's minds silly." („*Proposals for raising a Colledge of Industry of all useful Trades and Husbandry. Lond.* 1696", p. 12, 14, 16, 18.)

310 Diese geht übrigens großentheils auch in *kleineren Werkstätten* vor, wie wir gesehn bei der Spitzenmanufaktur und Strohflechterei, und wie namentlich auch an den Metallmanufakturen in Sheffield, Birmingham u. s. w. ausführlicher gezeigt werden könnte.

311 „*Child. Empl. Comm. V. Rep.*", p. XXV, n. 162 und *II. Rep.*, p. XXXVIII, n. 285, 289, p. XXV, XXVI, n. 191.

der die direkte oder indirekte Exploitation unreifer Arbeitskräfte durch das Kapital schuf, sondern es ist umgekehrt die kapitalistische Exploitationsweise, welche die elterliche Gewalt, durch Aufhebung der ihr entsprechenden ökonomischen Grundlage, zu einem Mißbrauch gemacht hat. So furchtbar und ekelhaft nun die Auflösung des alten Familienwesens innerhalb des kapitalistischen Systems erscheint, so schafft nichtsdestoweniger die große Industrie mit der entscheidenden Rolle, die sie den Weibern, jungen Personen und Kindern beiderlei Geschlechts in gesellschaftlich organisirten Produktionsprozessen jenseits der Sphäre des Hauswesens zuweist, die neue ¦ ökonomische Grundlage für eine höhere Form der Familie und des Verhältnisses beider Geschlechter. Es ist natürlich ebenso albern die christlich germanische Form der Familie für absolut zu halten als die altrömische Form, oder die altgriechische, oder die orientalische, die übrigens untereinander eine geschichtliche Entwicklungsreihe bilden. Ebenso leuchtet ein, daß die Zusammensetzung des kombinirten Arbeitspersonals aus Individuen beiderlei Geschlechts und der verschiedensten Altersstufen, obgleich in ihrer naturwüchsig brutalen, kapitalistischen Form, wo der Arbeiter für den Produktionsprozeß, nicht der Produktionsprozeß für den Arbeiter da ist, Pestquelle des Verderbs und der Sklaverei, unter entsprechenden Verhältnissen
244 umgekehrt zur Quelle humaner Entwicklung umschlagen muß[312].

Die Nothwendigkeit, das Fabrikgesetz aus einem Ausnahmsgesetz für Spinnereien und Webereien, diese ersten Gebilde des Maschinenbetriebs, in ein Gesetz aller gesellschaftlichen Produktion zu verallgemeinern, entspringt, wie man sah, aus dem geschichtlichen Entwicklungsgang der großen Industrie, auf deren Hintergrund die überlieferte Gestalt von Manufaktur, Handwerk und Hausarbeit gänzlich umgewälzt wird, die Manufaktur beständig in die Fabrik, das Handwerk beständig in die Manufaktur umschlägt, und endlich die Sphären des Handwerks und der Hausarbeit sich in relativ wunderbar kurzer Zeit zu Jammerhöhlen gestalten, wo die tollsten Ungeheuerlichkeiten der kapitalistischen Exploitation ihr freies Spiel treiben. Es sind zwei Umstände, welche zuletzt den Ausschlag geben, erstens die stets neu wiederholte Erfahrung, daß das Kapital, sobald es der | Staatskontrole nur auf einzelnen Punkten der gesellschaftlichen Peripherie anheimfällt, sich um so maß-

312 "Factory labour may be as pure and as excellent as domestic labour, and perhaps more so." („*Reports of Insp. of Fact. 31st Oct. 1865*", p. 129.)

loser auf den andern Punkten entschädigt[313], zweitens der Schrei der Kapitalisten selbst nach *Gleichheit der Konkurrenzbedingungen, d. h. gleichen Schranken der Arbeitsexploitation*[314]. Hören wir hierüber zwei Herzensstöße. Die Herrn W. Cooksley (Nagel-, Ketten- u. s. w. Fabrikanten zu Bristol) führten die Fabrikregulation freiwillig in ihrem Geschäft ein. „Da das alte, unregelmäßige System in den benachbarten Werken fortdauert, sind sie der Unbill ausgesetzt ihre Arbeitsjungen zur Fortsetzung der Arbeit anderswo nach 6 Uhr Abends verlockt (enticed) zu sehn. ‚Dieß', sagen sie natürlich, ‚ist eine Ungerechtigkeit gegen uns und ein Verlust, da *es einen Theil der Kraft der Jungen erschöpft, deren voller Vortheil uns gebührt*'."[315]. Herr J. Simpson (Paper-Box Bag maker, London) erklärt den Kommissären der „*Child. Empl. Comm.*": „Er wolle jede Petition ¦ für Einführung der Fabrikakte unterzeichnen. Wie es sei, *fühle er sich stets rastlos des Nachts* („he always felt restless at night"), nach Schluß seiner Werkstatt, bei dem Gedanken, daß andre länger arbeiten ließen und ihm Aufträge vor der Nase wegschnappten"[316]. „Es wäre ein Unrecht", sagte die *Child. Empl. Comm.* zusammenfassend, „gegen die größeren Arbeitsanwender ihre Fabriken der Regulation zu unterwerfen, während in ihrem eignen Geschäftszweig der Kleinbetrieb keiner gesetzlichen Beschränkung der Arbeitszeit unterliegt. Zur Ungerechtigkeit ungleicher Konkurrenzbedingungen in Bezug auf die Arbeitsstunden bei Ausnahme kleinerer Werkstätten, käme noch der andere Nachtheil für die größeren Fabrikanten hinzu, daß ihre Zufuhr von jugendlicher und weiblicher Arbeit abgelenkt würde nach den vom Gesetz verschonten Werkstätten. Endlich gäbe dieß Anstoß zur Vermehrung der kleineren Werkstätten, die fast ausnahmslos die mindest günstigen für Gesundheit, Komfort, Erziehung und allgemeine Verbesserung des Volks sind"[317]. |

In ihrem Schlußbericht schlägt die „Children's Employment" Kommission vor, über 1 400 000 Kinder, junge Personen und Weiber, wovon

[313] l. c. p. 27, 32.

[314] Massenhafte Belege dazu in den „*Rep. of Insp. of Fact.*"

[315] „*Child. Empl. Comm. V. Rep.*", p. X, n. 35.

[316] l. c. p. IX, n. 28.

[317] l. c. p. XXV, n. 165–167. Vgl. über die Vorzüge des Großbetriebes verglichen mit dem Zwergbetrieb „*Child. Empl. Comm. III. Rep.*", p. 13, n. 144, p. 25, n. 121, p. 26, n. 125, p. 27, n. 140 u. s. w.

ungefähr die Hälfte vom Kleinbetrieb und der Hausarbeit exploitirt wird, dem Fabrikakt zu unterwerfen[318]. „Sollte“, sagt sie, „das Parlament unsern Vorschlag in seinem ganzen Umfang annehmen, so ist es zweifellos, daß solche Gesetzgebung den wohlthätigsten Einfluß ausüben würde, nicht nur auf die Jungen und Schwachen, mit denen sie sich zunächst beschäftigt, sondern auf die noch größere Masse von erwachsnen Arbeitern, die direkt (die Weiber) und indirekt (die Männer) unter ihren Wirkungskreis fallen. Sie würde ihnen regelmäßige und ermäßigte Arbeitsstunden aufzwingen; sie würde einen gesunderen und reinlicheren Zustand der Arbeitslokale herbeiführen; sie würde den Vorrath physischer Kraft, wovon ihr eignes Wohlergehen und das des Landes so sehr abhängt, haushalten und häufen; sie würde die aufsprossende Generation vor der Ueberanstrengung in frühem Alter schützen, welche ihre Konstitution untergräbt und zu vorzei¦tigem Verfall führt; sie würde schließlich, wenigstens bis zum 13. Jahr die Gelegenheit des Elementarunterrichts bieten und damit der unglaublichen Unwissenheit ein Ende machen, die so treu in den Kommissionsberichten geschildert ist und nur mit qualvollster Empfindung und dem tiefen Gefühl nationaler Erniedrigung betrachtet werden kann“[319]. Das Toryministerium kündigte in der Thronrede vom 5. Februar 1867 an, daß es die Vorschläge der industriellen Untersuchungskommission in „Bills“ formulirt habe. Dazu bedurfte es eines neuen zwanzigjährigen Experimentum in corpore vili. | Bereits im Jahr 1840 war eine parlamentarische Kommission zur Untersuchung über Kinderarbeit ernannt worden. Ihr Bericht von 1842 entrollte in den Worten *N. W. Senior's* „das

318 [l. c. p. XXV, n. 168.] Die zu maßregelnden Industriezweige sind: Spitzenmanufaktur, Strumpfwirkerei, Strohflechten, Manufaktur von Wearing Apparel mit ihren zahlreichen Arten, künstliche Blumenmacherei, Schuh-, und Hut- und Handschuhmacherei, Schneiderei, alle Metallfabriken, von den Hochöfen bis zu Nadelfabriken u. s. w., Papierfabrik, Glasmanufaktur, Tabaksmanufaktur, India-Rubber Werke, Litzenfabrikation (für die Weberei), Handteppich-Weberei, Regenschirm- und Parasolmanufaktur, Fabrikation von Spindeln und Spulen, Buchdruckerei, Buchbinderei, Schreibmaterialienhandel (*Stationery*, dazu gehörig Verfertigung von Papierschachteln, Karten, Papierfärben u. s. w.), Seilerei, Manufaktur von Gagatschmuck, Ziegeleien, Hand-Seidenmanufaktur, Conventry-Weberei, Salz-, Talglicht- und Cementirwerke, Zuckerraffinerie, Zwiebackmachen, verschiedne Holz- und andre vermischte Arbeiten.

319 l. c. p. XXV, n. 169.

furchtbarste Gemälde von Habsucht, Selbstsucht und Grausamkeit der Kapitalisten und Eltern, von Elend, Degradation und Zerstörung der Kinder und jungen Personen, das jemals das Auge der Welt schlug … Man wähnt vielleicht, der Bericht beschreibe die Greuel eines vergangenen Zeitalters … Diese Greuel dauern fort, intensiver als jemals … Die 1842 denuncirten Mißbräuche stehn heut zu Tage (Oktober 1863) in voller Blüthe … Der Bericht von 1842 wurde ohne weitere Notiznahme zu den Akten gelegt und da lag er zwanzig volle Jahre, während deren man den physisch, geistig und moralisch niedergetretenen Kindern erlaubte, die Eltern der jetzigen Generation zu werden"[320]. Die jetzige Untersuchungskommission schlägt ebenfalls neue Reglung der *Minenindustrie* vor[321]. Endlich brachte Professor | *Fawcett* im Unterhaus ¦

320 *Senior* l. c. p. 55 sqq.

321 Das letzte Blaubuch über die Minen: „*Report from the Select Committee on Mines together with etc. Evidence. 23. July 1866*", ist ein starker Folioband, enthält aber nur das Zeugenverhör. Der Bericht des vom Unterhaus aus seinem eignen Schoß ernannten Comité's selbst besteht aus 5, sage *fünf Zeilen*, des Inhalts, daß es nichts zu sagen weiß und *noch mehr(!)* Zeugen verhört werden müssen. In der Minenindustrie, wohlbemerkt, gehn die Interessen der Landlords und industriellen Kapitalisten Hand in Hand. Die Art der Zeugenexamination erinnert an die cross examinations vor den englischen Gerichten, wo der Advokat durch unverschämte, sinnverwirrende Kreuz- und Querfragen den Zeugen aus der Fassung zu bringen und ihm die Worte im Munde zu verdrehn sucht. Die Advokaten hier sind die parlamentarischen Examinatoren selbst; darunter *Minen-Eigner und Exploiteurs*, die Zeugen *Minenarbeiter*, meist in Kohlenbergwerken. Die ganze Farce ist zu charakteristisch für den *Geist des Kapitals*, um hier nicht einige Auszüge zu geben. Vorher sei noch bemerkt, daß durch Gesetz von 1842 die Arbeit des weiblichen Geschlechts und aller Kinder *unter* 10 Jahren in den Minen verboten wurde. Ein neuer Akt, „*The Mines Inspecting Act*" von 1860, schreibt außer Mineninspektion u. s. w. vor, daß Jungen zwischen 10 und 12 Jahren nicht beschäftigt werden sollen, wenn sie kein Schulcertifikat haben oder während bestimmter Stundenzahl Schule besuchen. Das ganze Gesetz ist eine Nullität, schon wegen der lächerlich kleinen Anzahl der Inspektoren, der Nichtigkeit ihrer Vollmachten und andrer Umstände, die man im Verlauf sehn wird. Zur leichteren Uebersicht gebe ich die Resultate der Untersuchung u. s. w. in Rubriken. Ich erinnere, daß Frage und obligate Antwort in den englischen Blue Books *numerirt* sind, und daß die Zeugen, deren Aussagen hier citirt werden, *Arbeiter* in Kohlenbergwerken.

1) *Beschäftigung der Jungen vom 10. Jahr an in den Minen.* Die Arbeit, nebst obligatem Gang von und zu den Bergwerken, dauert in der Regel 14 bis 15 Stun-

(1867) ähnliche Resolutionen für die Agrikulturarbeiter ein, das Kabinet übernahm jedoch die Initiative. |

Wenn die Verallgemeinerung der Fabrikgesetzgebung als physisches ¦ und geistiges Schutzmittel der Arbeiterklasse unvermeidlich gewor-

den, ausnahmsweise länger, von 3, 4, 5 Uhr Morgens bis 4 und 5 Uhr Abends. (n. 6, 452, 83.) Die erwachsnen Arbeiter arbeiten in zwei Gängen, jeder 8 Stunden, aber kein solcher Wechsel für die Jungen, um die Kosten zu sparen. (n. 80, 203, 204.) Die jungen Kinder hauptsächlich verwandt zum Oeffnen und Schließen der Zugthüren in den verschiednen Abtheilungen des Bergwerks, die älteren zu schwerer Arbeit, Kohlentransport u. s. w. (n. 122, 739, 740, 1717.) Die langen Arbeitsstunden unter der Erde dauern bis zum 18. oder 22. Jahr, wenn der Uebergang zur eigentlichen Minenarbeit stattfindet. (n. 161.) *Die Kinder und jungen Personen werden heutzutag härter abgeplackt als zu irgend einer früheren Periode.* (n. 1663–1667.) Die Minenarbeiter verlangen fast einstimmig einen Parlamentsakt zum Verbot der Minenarbeit bis zum 14. Jahr. Und nun fragt *Mr. Bruce*: „Hängt dieß Verlangen nicht von der größern oder geringern Armuth der Eltern ab? Wäre es nicht hart, wo der Vater todt, oder verstümmelt u. s. w., der Familie diese Ressource zu entziehn? Und es muß doch eine allgemeine Regel herrschen. Wollt ihr in allen Fällen die Beschäftigung der Kinder bis zum 14. Jahr *unter* der Erde verbieten?" *Antwort:* „In *allen* Fällen." (n. 107–110.) *Vivian Hussey* (selbst Minenexploiteur): „Wenn die Arbeit vor 14 Jahren in den Minen verboten, würden die Eltern die Kinder nicht in Fabriken u. s. w. stecken? – In der Regel, nein." (n. 174.) *Arbeiter:* „Das Auf- und Zuschließen der Thüren sieht leicht aus. Es ist ein sehr qualvolles Geschäft. Vom beständigen Zug abgesehn, ist der Junge gefangen gesetzt, ganz so gut wie in einer dunkeln Kerkerzelle." *Bourgeois Hussey:* „Kann der Junge nicht lesen während der Thürwacht, wenn er ein Licht hat? – Erstens müßte er sich die Kerzen kaufen. Aber außerdem würde es ihm nicht erlaubt werden. Er ist da, um auf sein Geschäft aufzupassen, er hat eine Pflicht zu erfüllen. Ich habe nie einen Jungen in der Grube lesen sehn." (n. 139–160.)

2) *Erziehung.* Die Minenarbeiter verlangen Gesetz für *Zwangsunterricht* der Kinder, wie in den Fabriken. Sie erklären die Klausel des Akts von 1860, wonach Erziehungscertifikat zur Verwendung von 10–12 Jahren erfordert, für rein illusorisch. Das „peinliche" Verhörverfahren der kapitalistischen Instruktionsrichter wird hier wahrhaft drollig. (n. 115.) „Ist der Akt mehr nöthig gegen Anwender oder Eltern? – Gegen Beide." (n. 116.) „Mehr gegen den einen als den andern? – Wie soll ich das beantworten?" (n. 137.) „Zeigen die Anwender irgend ein Verlangen, die Arbeitsstunden dem Schulunterricht anzupassen? – Niemals." (n. 211.) „Verbessern die Minenarbeiter hinterher ihre Erziehung? – Sie verschlechtern sich im Allgemeinen; sie nehmen böse Gewohnheiten an; sie verlegen sich auf Trunk und Spiel und dergleichen, und werden ganz und gar schiffbrüchig." (n. 454.) „Warum nicht die Kinder in Abendschulen schicken? – In den meisten Kohlendistrikten existiren keine. Aber die Hauptsache ist, von der langen Ueberarbeit sind sie

den ist, | verallgemeinert und beschleunigt sie andrerseits, wie bereits angedeutet, die Verwandlung zerstreuter Arbeitsprozesse auf Zwergmaßstab ¦ in kom|binirte Arbeitsprozesse auf großer, gesellschaftlicher Stufenleiter, die Koncentration des Kapitals und das Fabrikregime selbst.

so erschöpft, daß ihnen die Augen vor Müdigkeit zufallen." „Also", schließt der Bourgeois, „Ihr seid gegen Erziehung? – Bei Leibe nicht, aber u. s. w." (n. 441–443.) „Sind die Minenbesitzer u. s. w. nicht durch den Akt von 1860 gezwungen, Schulcertifikate zu verlangen, wenn die Kinder zwischen 10 und 12 Jahren? – Durch das Gesetz, ja, aber die Anwender thun es nicht." (n. 444.) „Nach eurer Ansicht ist diese Gesetzklausel *nicht allgemein* ausgeführt? – Sie wird *gar nicht* ausgeführt." (n. 717.) „Sind die Minenarbeiter sehr interessirt an der Erziehungsfrage? – Die große Mehrzahl." (n. 718.) „Sind sie ängstlich für Erzwingung des Gesetzes? – Die große Mehrzahl." (n. 720.) „Warum denn erzwingen sie das Gesetz nicht? – Mancher Arbeiter wünscht einen Jungen ohne Schulcertifikat zu verweigern, aber er wird ein *gezeichneter Mann* (a marked man)." (n. 721.) „Gezeichnet durch wen? – Durch seinen Anwender." (n. 722.) „Ihr glaubt doch nicht etwa, daß die Anwender einen Mann für Gehorsam gegen das Gesetz verfolgen würden? – Ich glaube, sie würden es thun." (n. 723.) „Warum verweigern die Arbeiter nicht solche Jungen anzuwenden? – Es ist nicht ihrer Wahl überlassen." (n. 1634.) „Ihr verlangt Parlamentsintervention? – Wenn irgend etwas Wirksames für die Erziehung der Kinder der Grubenarbeiter geschehn soll, so muß sie durch Parlamentsakt *zwangsmäßig* gemacht werden." (n. 1636.) „Soll das für die Kinder aller Arbeiter von Großbritanien gelten oder nur für die Grubenarbeiter? – Ich bin hier, um im Namen der Grubenarbeiter zu sprechen." (n. 1638.) „Warum Grubenkinder von andern unterscheiden? – Weil sie eine Ausnahme von der Regel bilden." (n. 1639.) „In welcher Hinsicht? – In physischer." (n. 1640.) „Warum sollte Erziehung für sie werthvoller sein, als für Knaben von andern Klassen? – Ich sage nicht, daß sie werthvoller für sie ist, aber wegen ihrer Ueberarbeitung in den Minen haben sie weniger Chancen für Erziehung in Tags- und Sonntagsschulen." (n. 1644.) „Nicht wahr, es ist unmöglich Fragen dieser Art *absolut* zu behandeln?" (n. 1646.) „Sind genug Schulen in den Distrikten? – Nein." (n. 1647.) „Wenn der Staat verlangte, daß jedes Kind zur Schule geschickt, wo sollen dann die Schulen für alle die Kinder herkommen? – Ich glaube, sobald es die Umstände gebieten, werden die Schulen von selbst entspringen." „Die große Mehrzahl nicht nur der Kinder, sondern der erwachsnen Minenarbeiter kann weder schreiben, noch lesen." (n. 705, 726.)

3) *Weiberarbeit.* Arbeiterinnen werden zwar seit 1842 nicht mehr *unter*, wohl aber *über* der Erde zum Aufladen der Kohlen u. s. w., Schleppen der Kufen zu den Kanälen und Eisenbahnwagen, Sortiren der Kohlen u. s. w. verbraucht. Ihre Anwendung hat sehr zugenommen in den letzten 3 bis 4 Jahren. (n. 1727.) Es sind meist Weiber, Töchter und Witwen von Grubenarbeitern, vom 12. bis zum 50. und 60. Jahre. (n. 647, 1779, 1781.) (n. 648.) „Was denken die Minenarbeiter von weib-

Sie zerstört alle | alterthümlichen und Uebergangsformen, wohinter sich die ¦ Herrschaft des Kapitals noch theilweis versteckt, und ersetzt sie durch seine direkte, un|verhüllte Herrschaft. Sie verallgemeinert damit auch den direkten Kampf gegen diese Herrschaft. Während sie in den

licher Beschäftigung bei Bergwerken? – Sie verdammen sie allgemein." (n. 649.) „Warum? – Sie betrachten es erniedrigend für das Geschlecht ... Sie tragen Art von Mannskleidern. In vielen Fällen wird alle Scham unterdrückt. Manche Weiber rauchen. Die Arbeit ist so schmutzig, wie die in den Gruben selbst. Darunter sind viele verheirathete Frauen, die ihre häuslichen Pflichten nicht erfüllen können." (n. 651 sqq., 701.) (n. 709.) „Können die Witwen ein so einträgliches Geschäft (8–10 sh. wöchentlich) anderswo finden? – Ich kann darüber nichts sagen." (n. 710.) „Und dennoch (Herz von Stein!) seid Ihr entschlossen, ihnen diesen Lebensunterhalt abzuschneiden? – Sicher." (n. 1715, 1717.) „Woher diese Stimmung? – Wir, Minenarbeiter, haben zu viel Respekt für das schöne Geschlecht, um es zur Kohlengrube verdammt zu sehn ... Diese Arbeit ist großentheils sehr schwer. Viele dieser Mädchen heben 10 Tonnen per Tag." (n. 1732.) „Glaubt Ihr, daß die in den Bergwerken beschäftigten Arbeiterinnen unmoralischer sind als die in den Fabriken beschäftigten? – Der Prozentsatz der Schlechten ist größer als unter den Fabrikmädchen." (n. 1733.) „Aber Ihr seid auch mit dem Stand der Moralität in den Fabriken nicht zufrieden? – Nein." (n. 1734.) „Wollt Ihr denn auch die Weiberarbeit in den Fabriken verbieten? – Nein, ich will nicht." (n. 1735.) „Warum nicht? – Sie ist für das weibliche Geschlecht ehrenvoller und passender." (n. 1736.) „Dennoch ist sie schädlich für ihre Moralität, meint Ihr? – Nein, lange nicht so sehr wie die Arbeit in der Grube. Ich spreche übrigens nicht nur aus moralischen, sondern auch aus physischen und socialen Gründen. Die sociale Degradation der Mädchen ist jammervoll und extrem. Wenn diese Mädchen Frauen der Minenarbeiter werden, leiden die Männer tief unter dieser Degradation, und es treibt sie fort von Haus und in den Soff." (n. 1737.) „Aber gälte nicht dasselbe für die in Eisenwerken beschäftigten Weiber? – Ich kann nicht für andre Geschäftszweige sprechen." (n. 1740.) „Aber welcher Unterschied ist denn zwischen den in Eisenwerken und Bergwerken beschäftigten Weibern? – Ich habe mich nicht mit dieser Frage beschäftigt." (n. 1741.) „Könnt Ihr einen Unterschied zwischen der einen und der andern Klasse entdecken? – Ich habe nichts darüber vergewissert, kenne aber durch Visite von Haus zu Haus den schmählichen Zustand der Dinge in unsrem Distrikt." (n. 1750.) „Hättet Ihr nicht große Lust Weiberbeschäftigung überall abzuschaffen, wo sie degradirend ist? – Ja ... die besten Gefühle der Kinder müssen von mütterlicher Zucht herkommen." (n. 1751.) „Aber das paßt ja auch auf agrikole Beschäftigung der Weiber? – Die dauert nur zwei Saisons, bei uns arbeiten sie alle 4 Saisons durch, manchmal Tag und Nacht, naß bis auf die Haut, ihre Konstitution geschwächt, ihre Gesundheit gebrochen." (n. 1753.) „Ihr habt die Frage (nämlich der Weiberbeschäftigung) *nicht allgemein* studirt? – Ich habe um mich her geschaut, und kann so viel sagen,

individuellen Werkstätten Gleichförmigkeit, Regelmäßigkeit, Ordnung und Oekonomie erzwingt, vermehrt sie durch den ungeheuren Sporn, den Schranke und Regel des Arbeitstags der Technik aufdrücken, die Anarchie und Katastrophen der kapitalistischen Produktion im Großen

daß ich nirgendwo etwas der weiblichen Beschäftigung an den Kohlengruben Paralleles gefunden habe." [n. 1793, 1794, 1808.] „Es ist Mannsarbeit und Arbeit für starke Männer." „Die bessere Klasse der Minenarbeiter, die sich zu heben und zu humanisiren sucht, statt irgend Stütze an ihren Weibern zu finden, wird durch sie heruntergezerrt." Nachdem die Bourgeois noch weiter in die Kreuz und Quere gefragt, kömmt endlich das Geheimniß ihres „Mitleidens" für Witwen, arme Familien u. s. w. heraus: „Der Kohleneigenthümer ernennt gewisse Gentlemen zur Oberaufsicht und deren Politik ist es, um Beifall zu ernten, alles auf den möglichst ökonomischen Fuß zu setzen, und die beschäftigten Mädchen erhalten 1 bis 1 sh. 6 d. täglich, wo ein Mann 2 sh. 6 d. erhalten müßte." (n. 1816.)

4) *Todtenschau-Juries.* (n. 360.) „Mit Bezug auf die coroner's inquests in Euren Distrikten, sind die Arbeiter zufrieden mit dem Gerichtsverfahren, wenn Unfälle vorkommen? – Nein, sie sind es nicht." (n. 361–375.) „Warum nicht? – Namentlich weil man Leute zu Juries macht, die absolut nichts von Minen wissen. Arbeiter werden nie zugezogen, außer als Zeugen. Im Ganzen nimmt man Krämer aus der Nachbarschaft, welche unter dem Einfluß der Minenbesitzer, ihrer Kunden, stehn und nicht einmal die technischen Ausdrücke der Zeugen verstehn. Wir verlangen, daß Minenarbeiter einen Theil der Jury bilden. Im Durchschnitt steht der Urtheilsspruch im Widerspruch zu den Zeugenaussagen." (n. 378.) „Sollen Juries nicht unparteiisch sein? – Ja." (n. 379.) „Würden die Arbeiter es sein? – Ich sehe keine Motive, warum sie nicht unparteiisch sein sollten. Sie haben Sachkenntniß." (n. 380.) „Aber würden sie nicht die Tendenz haben, im Interesse der Arbeiter ungerecht harte Urtheile zu fällen? – Nein, ich glaube es nicht."

5) *Falsches Maß und Gewicht u. s. w.* Die Arbeiter verlangen wöchentliche, statt vierzehntägige Zahlung, Maß nach Gewicht, statt nach Kubikraum der Kufen, Schutz gegen die Anwendung falschen Gewichts u. s. w. (n. 1071.) „Wenn die Kufen fraudulent vergrößert werden, so kann ein Mann ja die Mine verlassen nach 14tägiger Notiz? – Aber, wenn er zu einem andern Platz geht, findet er dasselbe." (n. 1072.) „Aber er kann den Platz doch verlassen, wo das Unrecht verübt wird? – Es ist allgemein herrschend." (n. 1073.) „Aber der Mann kann seinen jedesmaligen Platz nach 14tägiger Notiz verlassen? – Ja." Streusand drauf!

6) *Mineninspektion.* Die Arbeiter leiden nicht nur von den Zufällen durch explodirende Gase. (n. 234 sqq.) „Wir haben uns ebenso sehr zu beklagen über die schlechte Ventilation der Kohlengruben, so daß die Leute kaum darin athmen können; sie werden dadurch zu jeder Art Beschäftigung unfähig. So hat z. B. grade jetzt in dem Theil der Mine, wo ich arbeite, die Pestluft viele Leute für Wochen aufs Krankenbett geworfen. Die Hauptgänge sind meist luftig genug, aber grade nicht die Plätze, worin wir arbeiten. Sendet ein Mann Klage über Ventilation an

und Ganzen, die Intensivität der Arbeit und die Konkurrenz der Maschinerie mit dem Arbeiter. Mit den Sphären des Kleinbetriebs und der Hausarbeit vernichtet sie die letzten Zufluchtsstätten der unaufhörlich „überzählig“ gemachten und damit das bisherige Sicherheitsventil des

den Inspektor, so wird er *entlassen* und ist ein *„gezeichneter“* Mann, der auch sonstwo keine Beschäftigung findet. Der „Mining Inspecting Act“ von 1860 ist ein reiner Papierlappen. Der Inspektor, und ihre Zahl ist viel zu klein, macht vielleicht in 7 Jahren einmal eine formelle Visite. Unser Inspektor ist ein ganz unfähiger, siebzigjähriger Mann, der mehr als 130 Kohlenbergwerken vorsteht. Neben mehr Inspektoren brauchen wir Subinspektoren.“ (n. 280.) „Soll dann die Regierung *solch eine Armee von Inspektoren halten*, daß sie alles, was Ihr verlangt, ohne Information der Arbeiter selbst thun können? – Das ist unmöglich, aber sie sollen sich die Information in den Minen selbst holen kommen.“ (n. 285.) „Glaubt Ihr nicht, daß die Wirkung sein würde die *Verantwortlichkeit (!)* für die Ventilation u. s. w. von dem Minenbesitzer auf die Regierungsbeamten zu wälzen? – Keineswegs; es muß ihr Geschäft sein, die Befolgung der bereits bestehenden Gesetze zu erzwingen.“ (n. 294.) „Wenn Ihr von Subinspektoren sprecht, meint Ihr Leute mit weniger Gehalt und von niedrigerem Charakter als die gegenwärtigen Inspektoren? – Ich wünsche sie keineswegs *niedriger*, wenn Ihr sie besser haben könnt.“ (n. 295.) „Wollt Ihr mehr Inspektoren oder eine niedrigere Klasse von Leuten als die Inspektoren? – Wir brauchen Leute, die sich in den Minen selbst umtummeln, Leute, die keine Angst für ihre eigne Haut haben.“ (n. 297.) „Wenn man *Euren Wunsch nach Inspektoren von einer schlechteren Sorte* erfüllte, würde ihr Mangel an Geschick nicht Gefahren erzeugen u. s. w.? – Nein; es ist Sache der Regierung, passende Subjekte anzustellen.“ Diese Art Examination wird endlich selbst dem Präsidenten des Untersuchungscomité's zu toll. [n. 298, 299.] „Ihr wollt“, fährt er dazwischen, „praktische Leute, die sich in den Minen selbst umsehn und an den Inspektor berichten, der dann seine *höhere Wissenschaft* verwenden kann.“ (n. 531.) „Würde die Ventilation aller dieser alten Werke nicht viel Kosten verursachen? – Ja, Unkosten möchten erwachsen, aber Menschenleben würden beschützt.“ (n. 581.) Ein Kohlenarbeiter protestirt gegen die 17. Sektion des Akts von 1860: „Gegenwärtig, wenn der Mineninspektor irgend einen Theil der Mine in nicht bearbeitsfähigem Zustand findet, so muß er es an den Minenbesitzer und den Minister des Innern berichten. Danach hat der Minenbesitzer 20 Tage Bedenkzeit; am Ende der 20 Tage kann er jede Veränderung verweigern. Thut er das aber, so hat er an den Minister des Innern zu schreiben und ihm 5 Bergwerksingenieure vorzuschlagen, worunter der Minister die Schiedsrichter erwählen muß. Wir behaupten, daß in diesem Fall der Minenbesitzer virtuell seinen eignen Richter ernennt.“ (n. 586.) *Der Bourgeoisexaminator*, selbst Minenbesitzer: „Dieß ist ein rein spekulativer Einwand.“ (n. 588.) „Ihr habt also eine sehr geringe Ansicht von der Redlichkeit der Bergwerksingenieure? – Ich sage, es ist sehr unbillig und ungerecht.“ (n. 589.) „Besitzen Bergwerksingenieure

ganzen Gesellschaftsmechanismus. Mit den materiellen Bedingungen 245
und der gesellschaftlichen Kombination des Produktionsprozesses reift sie die Widersprüche und Antagonismen seiner *kapitalistischen Form*, daher gleichzeitig *die Bildungselemente* | *einer neuen und die Umwälzungsmomente der alten Gesellschaft*[322]. ¦

Die Revolution, welche die große Industrie im Ackerbau und den socialen Verhältnissen seiner Produktionsagenten hervorruft, kann erst später dargestellt werden. Hier genügt kurze Andeutung einiger vorweggenommener Resultate. Wenn der Gebrauch der Maschinerie im Ackerbau großentheils frei ist von den physischen Nachtheilen, die sie dem Fabrikarbeiter zufügt[323], wirkt sie hier noch intensiver und ohne

nicht eine Art von öffentlichem Charakter, der ihre Entscheidungen über die von Euch befürchtete Parteilichkeit erhebt? – Ich verweigre Fragen über den persönlichen Charakter dieser Leute zu beantworten. Ich bin überzeugt, daß sie in vielen Fällen sehr parteiisch handeln und daß diese Macht ihnen genommen werden sollte, wo Menschenleben auf dem Spiel stehn.“ Derselbe Bourgeois hat die Unverschämtheit zu fragen: „Glaubt Ihr nicht, daß auch die Minenbesitzer Verluste bei den Explosionen haben?“ – Endlich (n. 1042): „Könnt Ihr Arbeiter Eure eigenen Interessen nicht selbst wahrnehmen, ohne die Hilfe der Regierung anzurufen? – *Nein.*“ – Im Jahr 1865 gab es 3217 Kohlenbergwerke in Großbritanien und – 12 Inspektoren. Ein Minenbesitzer von Yorkshire (*Times*, 26. Januar 1867) berechnet selbst, daß abgesehn von ihren rein bureaukratischen Geschäften, die ihre ganze Zeit absorbiren, jede Mine nur einmal in 10 Jahren besichtigt werden könnte. Kein Wunder, daß die Katastrophen in den letzten Jahren (namentlich auch 1866 und 1867) progressiv in Anzahl und Umfang (manchmal mit einem Opfer von 200–300 Arbeitern) zugenommen haben. Dieß sind die Schönheiten der *„freien“* kapitalistischen Produktion!

322 *Robert Owen*, der Vater der Cooperativfabriken und -Boutiquen, der jedoch, wie früher bemerkt, die Illusionen seiner Nachtreter über die Tragweite dieser isolirten Umwandlungselemente keineswegs theilte, ging nicht nur thatsächlich in seinen Versuchen *vom Fabriksystem* aus, sondern erklärte es auch theoretisch für den Ausgangspunkt der socialen Revolution. Herr *Vissering*, Professor der politischen Oekonomie an der Universität zu Leiden, scheint so etwas zu ahnen, wenn er in seinem *„Handboek van Praktische Staathuishoudkunde*. 1860–62“, welches die Plattheiten der Vulgärökonomie in entsprechendster Form vorträgt, für den Handwerksbetrieb gegen die große Industrie eifert.

323 Ausführliche Darstellung der im englischen Ackerbau angewandten Maschinerie findet man in: *„Die landwirthschaftlichen Geräthe und Maschinen Englands von Dr. W. Hamm*. 2. Aufl. 1856.“ In seiner Skizze über den Entwicklungsgang der englischen Agrikultur folgt Herr Hamm zu kritiklos dem Herrn Leonce de Lavergne.

Gegenstoß auf die „Ueberzähligmachung" der Arbeiter, wie man später im Detail sehn wird. In den Grafschaften von Cambridge und Suffolk z. B. hat sich das Areal des bebauten Landes seit den letzten zwanzig Jahren sehr ausgedehnt, während die Landbevölkerung in derselben Periode nicht nur *relativ*, sondern *absolut* abnahm. In den Vereinigten Staaten von Nordamerika ersetzen Agrikultur-Maschinen einstweilen nur *virtuell* Arbeiter, d. h. sie erlauben dem Producenten Bebauung einer größeren Fläche, verjagen aber nicht wirklich beschäftigte Arbeiter. In England und Wales betrug 1861 die Zahl der in der Fabrikation von *Ackerbau-Maschinen* betheiligten Personen 1034, während die Zahl der an Dampf- und Arbeitsmaschinen *beschäftigten Agrikulturarbeiter* nur 1205 betrug.

In der Sphäre der Agrikultur wirkt die große Industrie in sofern am revolutionärsten, als sie das Bollwerk der alten Gesellschaft vernichtet, | *den „Bauer"*, und ihm *den Lohnarbeiter* unterschiebt. Die socialen Umwälzungsbedürfnisse und Gegensätze des Landes werden so mit denen der Stadt ausgeglichen. An die Stelle des gewohnheitsfaulsten und irrationellsten Betriebs tritt bewußte, technologische Anwendung der Wissenschaft. Die Zerreißung des ursprünglichen Familienbandes von Agrikultur und Manufaktur, welches die kindlich unentwickelte Gestalt beider umschlang, wird durch die kapitalistische Produktionsweise vollendet. Sie schafft aber zugleich die materiellen Voraussetzungen einer neuen, höheren Synthese, des Vereins von Agrikultur und Industrie, auf Grundlage ihrer gegensätzlich ausgearbeiteten Gestalten. Mit dem stets wachsenden Uebergewicht der städtischen Bevölkerung, die sie in großen Centren zusammenhäuft, häuft die kapitalistische Produktion einerseits die geschichtliche Bewegungskraft der Gesellschaft, stört sie andrerseits den Stoffwechsel zwischen Mensch und Erde, d. h. die Rückkehr der vom Menschen in der Form von Nahrungs- und Kleidungsmitteln vernutzten Bodenbestandttheile zum Boden, also die ewige Naturbedingung dauernder Bodenfruchtbarkeit. Sie zerstört damit zugleich die physische Gesundheit der Stadtarbeiter und das geistige Leben der Landarbeiter[324]. Aber sie zwingt ¦ zugleich durch

324 "You divide the people into two hostile camps of clownish boors and emasculated dwarfs. Good heavens! a nation divided into agricultural and commercial interests calling itself sane, nay styling itself enlightened and civilized, not only in spite of, but in consequence of this monstrous and unnatural division." (*David*

die Zerstörung der bloß naturwüchsig entstandenen Umstände jenes Stoffwechsels ihn systematisch als regelndes Gesetz der gesellschaftlichen Produktion und in einer der vollen menschlichen Entwicklung adäquaten Form herzustellen. In der Agrikultur wie in der Manufak- 246
tur erscheint die kapitalistische Umwandlung des Produktionsprozesses zugleich als Martyrologie der Producenten, das Arbeitsmittel als Unterjochungsmittel, Exploitationsmittel und Verarmungsmittel des Arbeiters, die *gesellschaftliche* Kombination der Arbeitsprozesse als organisirte Unterdrückung seiner *individuellen* Lebendigkeit, Freiheit und Selbstständigkeit. Die Zerstreuung der Landarbeiter über größere Flächen bricht zugleich ihre Widerstandskraft, | während Koncentration die der städtischen Arbeiter steigert. Wie in der städtischen Industrie wird in der modernen Agrikultur die gesteigerte Produktivkraft und größere Flüssigmachung der Arbeit erkauft durch Verwüstung und Versiechung der Arbeitskraft selbst. Und jeder Fortschritt der kapitalistischen Agrikultur ist nicht nur ein Fortschritt in der Kunst den *Arbeiter*, sondern zugleich in der Kunst *den Boden zu berauben*, jeder Fortschritt in Steigerung seiner Fruchtbarkeit für eine gegebne Zeitfrist zugleich ein Fortschritt im Ruin der dauernden Quellen dieser Fruchtbarkeit. Je mehr ein Land, wie die Vereinigten Staaten von Nordamerika z. B., von der großen Industrie als dem Hintergrund seiner Entwicklung ausgeht, desto rascher dieser Zerstörungsprozeß[325]. Die kapitalistische

Urquhart l. c. p. 119.) Diese Stelle zeigt zugleich die Stärke und die Schwäche einer Art von Kritik, welche die Gegenwart zu be- und verurtheilen, aber nicht zu begreifen weiß.

325 Vgl. *Liebig: „Die Chemie in ihrer Anwendung auf Agrikultur und Physiologie. 7. Auflage* 1862", namentlich auch im *Ersten Band* die *„Einleitung in die Naturgesetze des Feldbaus.*" Die Entwicklung der negativen Seite der modernen Agrikultur, vom naturwissenschaftlichen Standpunkt, ist eins der unsterblichen Verdienste Liebig's. Auch seine historischen Aperçus über die Geschichte der Agrikultur, obgleich nicht ohne grobe Irrthümer, enthalten mehr Lichtblicke als die Schriften sämmtlicher modernen politischen Oekonomen zusammengenommen. Zu bedauern bleibt, daß er aufs Gerathewohl Aeußerungen wagt, wie folgende: „Durch eine weiter getriebene Pulverisirung und häufigeres Pflügen wird der Luftwechsel im Innern der porösen Erdtheile befördert, und die Oberfläche der Erdtheile, auf welche die Luft einwirken soll, vergrößert und erneuert, aber es ist leicht verständlich, daß die *Mehrerträge des Feldes nicht proportionell der auf das Feld verwandten Arbeit sein können*, sondern daß sie in einem weit kleineren Verhältnisse steigen. *Dieses Gesetz*", fügt Liebig hinzu,

Produk|tion ¦|¦ entwickelt daher nur die Technik und Kombination des gesellschaftlichen Produktionsprozesses, indem sie zugleich die Springquellen allen Reichthums untergräbt: *Die Erde und den Arbeiter.*

„ist von *J. St. Mill zuerst* in seinen *Princ. of Pol. Econ.* v. I, p. 217 in folgender Weise *ausgesprochen*: ‚That the produce of land increases caeteris paribus in a diminishing ratio to *the increase of the labourers employed,* (Herr Mill wiederholt sogar das Ricardo'sche Schulgesetz in falscher Formel, denn da „the *decrease* of the labourers employed" in England beständig war, im Fortschritt der Agrikultur, hätte das für und in England erfundene Gesetz wenigstens in England keine Anwendung) is the universal law of agricultural industry', merkwürdig genug, da ihm dessen Grund unbekannt war." (*Liebig* l. c. Bd. I, p. 143 u. Note.) Abgesehn von irriger Deutung des Wortes *„Arbeit"* worunter Liebig etwas anderes versteht, als die politische Oekonomie, ist es jedenfalls „merk- würdig genug", daß er Herrn *J. St. Mill* zum ersten Verkünder einer Theorie macht, die *James Anderson* zur Zeit A. Smith's zuerst veröffentlichte und in verschiednen Schriften bis in den Anfang des 19. Jahrhunderts hinein wiederholte, die *Malthus,* überhaupt ein Meister des Plagiats (seine ganze Bevölkerungstheorie ist ein schamloses Plagiat), sich 1815 annexirte, die *West* zur selben Zeit und unabhängig von Anderson entwickelte, die *Ricardo* 1817 in Zusammenhang mit der allgemeinen Werththeorie brachte und die von da an unter dem Namen Ricardo's die Runde der Welt gemacht hat, die 1820 von *James Mill* (dem Vater J. St. Mill's) *vulgarisirt,* und endlich u. a. auch von Herrn J. St. Mill als bereits Gemeinplatz gewordnes Schuldogma repetirt wird. Es ist unläugbar, daß J. St. Mill seine jedenfalls „merkwürdige" Autorität fast nur ähnlichen qui pro quo verdankt.

FÜNFTES KAPITEL.

Weitere Untersuchungen über die Produktion des absoluten und relativen Mehrwerths.

1) Absoluter und relativer Mehrwerth.

Der *Arbeitsprozeß* wurde (sieh drittes Kapitel) zunächst abstrakt betrachtet, unabhängig von seinen geschichtlichen Formen, als Prozeß zwischen Mensch und Natur. Soweit der Prozeß rein individuell, vereinigt derselbe Arbeiter alle Funktionen, die sich später trennen. In der individuellen Aneignung von Naturgegenständen zu seinen Lebenszwecken kontrolirt er sich selbst. Später wird er kontrolirt. Der einzelne Mensch kann nicht auf die Natur wirken ohne Bethätigung seiner eignen Muskeln unter Kontrole seines eignen Hirns. Wie im Natursystem Kopf und Hand zusammengehören, vereint der Arbeitsprozeß Kopfarbeit und Handarbeit. Später scheiden sie sich, bis zum feindlichen Gegensatz. Das Produkt verwandelt sich überhaupt aus dem unmittelbaren Produkt des individuellen Producenten in das gemeinsame Produkt eines kombinirten Arbeitspersonals, dessen Glieder der Handhabung des Arbeitsgegenstandes näher oder ferner stehn. Mit dem cooperativen Charakter des | Arbeitsprozesses selbst erweitert sich daher nothwendig *der Begriff der produktiven Arbeit* und ihres Trägers, *des produktiven Arbeiters.* Andrerseits verengt er sich. Die kapitalistische Produktion ist nicht nur *Produktion von Waare,* sie ist wesentlich *Produktion von Mehrwerth.* Der Arbeiter producirt nicht für sich, sondern für das ¦ Kapital. Es genügt daher nicht länger, daß er überhaupt producirt. Er muß Mehrwerth produciren. *Nur der Arbeiter ist produktiv, der Mehrwerth für den Kapitalisten producirt oder zur Selbstverwerthung des Kapitals dient.* Steht es frei ein Beispiel außerhalb der Sphäre der materiellen

Produktion zu wählen, so ist ein Schulmeister produktiver Arbeiter, wenn er nicht nur Kinderköpfe bearbeitet, sondern sich selbst abarbeitet zur Bereicherung des Unternehmers. Daß der sein Kapital in einer Lehrfabrik angelegt hat, statt in einer Wurstfabrik, ändert nichts an dem Verhältniß. Der Begriff des produktiven Arbeiters schließt daher keineswegs bloß ein Verhältniß zwischen Thätigkeit und Nutzeffekt, zwischen Arbeiter und Arbeitsprodukt ein, sondern auch ein spezifisch gesellschaftliches Produktionsverhältniß, welches den Arbeiter zum unmittelbaren Verwerthungsmittel des Kapitals stempelt. Produktiver Arbeiter zu sein, ist daher kein Glück, sondern ein Pech. Im vierten
247 Buch dieser Schrift, welches die Geschichte der Theorie behandelt, wird man näher sehn, daß die klassische politische Oekonomie von jeher *die Produktion von Mehrwerth* zum entscheidenden Charakter des produktiven Arbeiters machte. Mit ihrer Auffassung von der Natur des Mehrwerths wechselt daher ihre Definition des produktiven Arbeiters.

Zunächst erschienen uns die Produktion von absolutem Mehrwerth und die Produktion von relativem Mehrwerth als *zwei verschiedne*, verschiednen Entwicklungsepochen des Kapitals angehörige, *Produktionsarten*. Die *Produktion des absoluten Mehrwerths* bedingt, daß die sachlichen Arbeitsbedingungen in Kapital und die Arbeiter in Lohnarbeiter verwandelt sind, daß die Produkte *als Waaren*, d. h. für den Verkauf producirt werden, daß der Produktionsprozeß zugleich Konsumtionsprozeß der Arbeitskraft durch das Kapital und daher der direkten Kontrole des Kapitalisten unterworfen ist, endlich, daß der Arbeitsprozeß, also der Arbeitstag, über den Punkt hinaus *verlängert* wird, wo der Arbeiter nur ein Aequivalent für den Werth seiner Arbeits|kraft producirt hätte. Die *allgemeinen* Bedingungen aller Produktion von Waaren vorausgesetzt, besteht die Produktion des absoluten Mehrwerths einfach in der *Verlängerung des Arbeitstags* über die Grenze der zum Leben des Arbeiters selbst *nothwendigen Arbeitszeit*, und in der *Aneignung der Mehrarbeit* durch das Kapital. Dieser Prozeß kann vorgehn und geht vor auf Grundlage von Betriebsweisen, die ohne Zuthun des Kapitals historisch überliefert sind. Es findet dann nur eine formelle Metamorphose statt, oder die kapitalistische Ausbeutungsweise unterscheidet sich von den früheren, wie Sklavensystem u. s. w., nur dadurch, daß die Mehrarbeit hier durch *direkten Zwang* abgerungen, dort durch „freiwilligen“ Verkauf der Arbeitskraft vermittelt wird. Die Produktion des absoluten Mehrwerths
248 unterstellt also nur *formelle Subsumtion der Arbeit unter das Kapital.* ¦

Die *Produktion des relativen Mehrwerths* setzt die Produktion des absoluten Mehrwerths voraus, also auch die entsprechende allgemeine Form der kapitalistischen Produktion. Ihr Zweck ist Erhöhung des Mehrwerths durch Verkürzung der nothwendigen Arbeitszeit, unabhängig von den Grenzen des Arbeitstags. Das Ziel wird erreicht durch Entwicklung der Produktivkräfte der Arbeit. Dieß bedingt jedoch eine Revolution des Arbeitsprozesses selbst. Es genügt nicht mehr ihn zu verlängern, er muß neu gestaltet werden. Die Produktion des relativen Mehrwerths unterstellt also eine *specifisch kapitalistische Produktionsweise,* die mit ihren Methoden, Mitteln und Bedingungen selbst erst auf Grundlage der formellen Subsumtion der Arbeit unter das Kapital naturwüchsig entsteht und ausgebildet wird. An die Stelle der formellen tritt *die reelle Subsumtion der Arbeit unter das Kapital.* 249

Es genügt bloßer Hinweis auf *Zwitterformen,* worin die Mehrarbeit weder durch direkten Zwang dem Producenten ausgepumpt wird, noch auch dessen *formelle* Unterordnung unter das Kapital eingetreten ist. Das Kapital hat sich hier noch nicht unmittelbar des Arbeitsprozesses bemächtigt. Neben die *selbstständigen* Producenten, die in überlieferter, urväterlicher Betriebsweise handwerkern oder ackerbauen, tritt der Wucherer oder der Kaufmann, das Wucherkapital oder das Handelskapital, das sie parasitenmäßig aussaugt. Vorherrschaft dieser | Exploitationsform in einer Gesellschaft *schließt die kapitalistische Produktionsweise aus,* zu der sie andrerseits, wie im späteren Mittelalter, den *Uebergang* bilden kann. Endlich, wie das Beispiel der modernen Hausarbeit gezeigt, werden gewisse Zwitterformen auf dem Hintergrund der großen Industrie stellenweis reproducirt, wenn auch mit gänzlich veränderter Physiognomie.

Wenn zur Produktion des absoluten Mehrwerths die bloß formelle Subsumtion der Arbeit unter das Kapital genügt, z. B. daß Handwerker, die früher für sich selbst oder auch als Gesellen eines Zunftmeisters arbeiteten, nun als Lohnarbeiter unter die direkte Kontrole des Kapitalisten treten, zeigte sich andrerseits, wie die Methoden zur Produktion des relativen Mehrwerths zugleich Methoden zur Produktion des absoluten Mehrwerths sind. Ja die maßlose Verlängerung des Arbeitstags stellte sich als eigenstes Produkt der großen Industrie dar. Ueberhaupt hört die *spezifisch kapitalistische Produktionsweise* auf bloßes Mittel zur Produktion des *relativen Mehrwerths* zu sein, sobald sie sich eines ganzen Produktionszweigs und noch mehr, sobald sie sich *aller* entscheidenden Produktionszweige bemächtigt hat. Sie wird jetzt allgemeine, gesellschaftlich herrschende Form des Produktionsprozesses. Als *besondre Methode zur Produktion des relativen Mehrwerths* wirkt sie nur noch, erstens soweit sie dem Kapital bisher nur formell untergeordnete Industrieen ergreift, also in ihrer Propaganda. ¦ Zweitens, soweit in den ihr bereits anheimgefallenen Industrieen *fortwährende* Revolution in der Anwendung der Maschinerie, der Naturkräfte und der Produktionsmethode überhaupt stattfindet.

Von gewissem Gesichtspunkt scheint der Unterschied zwischen absolutem und relativem Mehrwerth überhaupt illusorisch. Der relative Mehrwerth ist *absolut*, denn er bedingt *absolute Verlängerung des Arbeitstags* über die zur Existenz des Arbeiters selbst nothwendige Arbeitszeit. Der absolute Mehrwerth ist *relativ*, denn er bedingt eine Entwicklung der Arbeitsproduktivität, welche erlaubt, die nothwendige Arbeitszeit auf *einen Theil des Arbeitstags* zu beschränken. Faßt man aber die *Bewegung* des Mehrwerths ins Auge, so verschwindet dieser Schein der Einerleiheit. Die Produktivkraft der Arbeit und ihren Normalgrad von Intensivität gegeben, ist die Rate des Mehrwerths nur erhöhbar durch *absolute Verlängerung des Arbeitstags.* | Andrerseits ist die Rate des Mehrwerths nur erhöhbar, bei gegebner Grenze des Arbeitstags, durch *relativen Größenwechsel seiner Bestandtheile*, der nothwendigen Arbeit und der Mehrarbeit, was seinerseits, soll der Lohn nicht unter den Werth der Arbeitskraft sinken, Wechsel in der Produktivität oder Intensivität der Arbeit voraussetzt.

Braucht der Arbeiter alle seine Zeit, um die zur Erhaltung seiner selbst und seiner Race nöthigen Lebensmittel zu produciren, so bleibt ihm keine Zeit, um unentgeltlich für dritte Personen zu arbeiten. Ohne einen gewissen Produktivitätsgrad der Arbeit keine solche disponible Zeit des Arbeiters, ohne solche überschüssige Zeit keine Mehrarbeit und daher keine Kapitalistenklasse. Ein gewisser Höhepunkt der Arbeitsproduktivität ist also überhaupt Existenzbedingung der kapitalistischen Produktion, wie aller früheren Produktionsweisen, worin ein Theil der Gesellschaft nicht nur für sich selbst, sondern auch für den andern arbeitet[1].

[1] "The very existence of the master-capitalists as a distinct class is dependent on the productiveness of industry." (*Ramsay* l. c. p. 206.) "If each man's labour we-

So kann von einer *Naturbasis* des Mehrwerths gesprochen werden, aber nur in dem ganz allgemeinen Sinn, daß kein absolutes Naturhinderniß den einen abhält die zu seiner eignen Existenz nöthige Arbeit von sich selbst abund einem andern aufzuwälzen. Es sind durchaus nicht, wie es hier und da geschehn, mystische Vorstellungen mit dieser *naturwüchsigen Produktivität* der Arbeit zu verbinden. Nur sobald die Menschen sich aus ihren ersten Thierzuständen herausgearbeitet, ihre Arbeit selbst also schon in gewissem Grad vergesellschaftet ist, treten Verhältnisse ein, worin die Mehrarbeit des einen zur Existenzbedingung des andern wird. In den Kulturanfängen sind die erworbnen Produktivkräfte der Arbeit gering, aber so sind die Bedürfnisse, die sich mit und an den Mitteln ihrer Befriedigung entwickeln. Ferner ¦ ist in jenen Anfängen die Proportion der Gesellschaftstheile, die von fremder Arbeit leben, verschwindend klein gegen die Masse der unmittelbaren Producenten. Mit dem Fortschritt der gesellschaftlichen Produktivkraft der Arbeit wächst diese Proportion absolut und relativ[2]. Das *Kapitalverhältniß* | entspringt übrigens auf einem ökonomischen Boden, der das Produkt einer langen Reihe früherer Entwicklungsphasen ist. Die *vorhandne Produktivität der Arbeit*, wovon es *als Grundlage* ausgeht, ist nicht Gabe der Natur, sondern der Geschichte.

Von der mehr oder minder entwickelten Gestalt des gesellschaftlichen Produktionsprozesses abgesehn, bleibt die Produktivität der Arbeit an *Naturbedingungen* gebunden, und wechselt der Grad ihrer Produktivität mit dem Reichthum dieser Naturbedingungen. Sie sind alle rückführbar auf die Natur des Menschen selbst und die ihn umgebende Natur. Der größere oder geringere Reichthum der menschlichen Natur hängt ab von Race, Boden und Klima. Die äußern Naturbedingungen zerfallen ökonomisch in zwei große Klassen, natürlicher Reichthum an *Lebensmitteln*, also Bodenfruchtbarkeit, fischreiche Gewässer u. s. w., und natürlicher Reichthum an *Arbeitsmitteln*, wie lebendige Wassergefälle, schiffbare Flüsse, Holz, Metalle, Kohle u. s. w. In den

re but enough to produce his own food, there could be no property." (*Ravenstone* l. c. p. 14.)

2 "Among the wild Indians in America, almost every thing is the labourer's, 99 parts of an hundred are to be put upon the account of Labour: In England, perhaps the labourer has not ⅔." („*The Advantages of the East India Trade* etc.", p. 72, 73.)

Kulturanfängen giebt die erstere, auf höherer Entwicklungsstufe die zweite Art des natürlichen Reichthums den Ausschlag. Man vergleiche z. B. England mit Indien oder, in der antiken Welt, Athen und Korinth mit den Uferländern des schwarzen Meeres.

Je geringer die Zahl der absolut zu befriedigenden Naturbedürfnisse, und je größer die natürliche Bodenfruchtbarkeit und Gunst des Klimas, desto geringer die zur Erhaltung und Reproduktion des Producenten *nothwendige Arbeitszeit.* Desto größer *kann* also der Ueberschuß seiner Arbeit für Andere über seine Arbeit für sich selbst sein. So bemerkt schon Diodor über die alten Aegypter: „Es ist ganz unglaublich, wie wenig Mühe und Kosten die Erziehung ihrer Kinder ihnen verursacht. Sie kochen ihnen die nächste beste einfache Speise; auch geben sie ihnen von der Papierstaude den unteren Theil zu essen, soweit man ihn im Feuer rösten kann, und die Wurzel und Stengel der Sumpfgewächse, theils roh, theils gesotten und gebraten. Die meisten Kinder gehn ohne Schuhe und unbekleidet, da die Luft so mild ist. Daher kostet ein Kind seinen Aeltern, bis es erwachsen ist, im Ganzen nicht über zwanzig Drachmen. Hieraus ist es hauptsächlich zu erklären, daß in Aegypten die Bevölkerung so zahlreich ist und | darum *so viel große Werke angelegt werden konnten*“[3]. Indeß sind die großen Bauwerke des ¦ alten Aegyptens dem Umfang seiner Bevölkerung weniger geschuldet als der großen Proportion, worin sie disponibel war. Wie der individuelle Arbeiter um so mehr Mehrarbeit liefern kann, je geringer seine nothwendige Arbeitszeit, so, je geringer der zur Produktion der nothwendigen Lebensmittel erheischte Theil der Arbeiterbevölkerung, desto größer der für andres Werk disponible Theil.

Die kapitalistische Produktion einmal vorausgesetzt, wird, unter sonst gleichbleibenden Umständen und bei gegebner Länge des Arbeitstags, die Größe der Mehrarbeit mit den Naturbedingungen der Arbeit, namentlich auch der Bodenfruchtbarkeit, variiren. Es folgt aber keineswegs umgekehrt, daß der fruchtbarste Boden der geeignetste zum Wachsthum der kapitalistischen Produktionsweise. Sie unterstellt Herrschaft des Menschen über die Natur. Eine zu verschwenderische Natur „hält ihn an ihrer Hand wie ein Kind am Gängelband“. Sie macht seine

3 *Diodor* l. c. l. I, c. 80, [S. 126].

eigne Entwicklung nicht zu einer Naturnothwendigkeit[4]. Nicht das tropische Klima mit seiner überwuchernden Vegetation, sondern die gemäßigte Zone ist das Mutterland des Kapitals. Es ist nicht die absolute Fruchtbarkeit des Bodens, sondern seine Differenzirung, die Mannigfaltigkeit seiner natürlichen Produkte, welche die Naturgrundlage der gesellschaftlichen Theilung der Arbeit bildet, und den Menschen durch den Wechsel der Naturumstände, innerhalb deren er haust, zur Vermannigfachung seiner eignen Be|dürfnisse, Fähigkeiten, Arbeitsmittel und Arbeitsweisen spornt. Die *Nothwendigkeit eine Naturkraft gesellschaftlich zu kontroliren*, damit Haus zu halten, sie durch Werke von Menschenhand auf großem Maßstab erst anzueignen oder zu zähmen, spielt die entscheidendste Rolle in der Geschichte der Industrie. So z. B. die Wasserreglung in Aegypten[5], Lombardei, Holland u. s. w. Oder in Indien, Persien u. s. w., wo die Ueberrieselung durch künstliche Kanäle dem Boden ¦ nicht nur das unentbehrliche Wasser, sondern mit dessen Geschlämme zugleich den Mineraldünger von den Bergen zuführt. Das Geheimniß der Industrieblüthe von Spanien und Sicilien unter arabischer Herrschaft war die Kanalisation[6].

4 "The first *(natural wealth)*, as it is most noble and advantageous, so doth it make the people careless, proud, and given to all excesses; whereas the second enforceth vigilancy, literature, arts und policy" („*England's Treasure by Foreign Trade. Or the Balance of our Foreign Trade is the Rule of our Treasure. Written by Thomas Mun, of London, Merchant, and now published for the common good by his son John Mun. Lond.* 1669", p. 181, 182.) "Nor can I conceive a greater course upon a body of people, than to be thrown upon a spot of land, where *the productions for subsistence and food* were, in great measure, *spontaneous*, and the climate required or admitted little care for raiment and covering … there may be an extreme on the other side. A soil incapable of produce by labour is quite as bad as a soil that produces plentifully without any labour." („*An Inquiry into the Present High Price of Provisions. Lond.* 1767", p. 10.)

5 Die Nothwendigkeit, die Perioden der Nilbewegung zu berechnen, schuf die ägyptische Astronomie und mit ihr die Herrschaft der Priesterkaste als Leiterin der Agrikultur. «Le solstice est le moment de l'année où commence la crue du Nil, et celui que les Égyptiens ont dû observer avec le plus d'attention … C'était cette année tropique qu'il leur importait de marquer pour se diriger dans leurs opérations agricoles. Ils durent donc chercher dans le ciel un signe apparent de son retour.» (*Cuvier: „Discours sur les révolutions du globe éd. Hoefer. Paris* 1863", p. 141.)

6 Eine der materiellen Grundlagen der *Staatsmacht* über die zusammenhangslosen kleinen Produktionsorganismen Indiens war Reglung der Wasserzufuhr.

Die Gunst der Naturbedingungen liefert immer nur die *Möglichkeit*, niemals die *Wirklichkeit* der Mehrarbeit, also des Mehrwerths oder des Surplusprodukts. Die verschiednen Naturbedingungen der Arbeit bewirken, daß *dieselbe Quantität Arbeit* in verschiednen Ländern verschiedne Bedürfnißmassen befriedigt[7], daß also, unter sonst analogen | Umständen, die *nothwendige Arbeitszeit* verschieden ist. Auf die Mehrarbeit wirken sie nur als Naturschranke, d. h. durch die Bestimmung des Punkts, wo *die Arbeit für Andre beginnen kann.* In demselben Maß, worin die Industrie vortritt, weicht diese Naturschranke zurück. Mitten in der westeuropäischen Gesellschaft, wo der Arbeiter die Erlaubniß für seine eigne Existenz zu arbeiten nur durch Mehrarbeit erkauft, wird sich leicht eingebildet, es sei eine der menschlichen Arbeit eingeborne Qualität, ein Surplusprodukt zu liefern[8]. Man nehme aber z. B. den Einwohner der östlichen Inseln des asiatischen Archipelagus, wo der Sago wild im Walde wächst. „Wenn die Bewohner, indem sie ein Loch in den Baum bohren, sich davon überzeugt haben, daß das Mark reif ist, so wird der Stamm umgeschlagen und in mehrere Stücke getheilt, das Mark wird herausgekratzt, mit Wasser gemischt und geseiht, es ist dann vollkommen brauchbares Sagomehl. Ein Baum giebt gemeiniglich 300 Pfund und kann 5 bis 600 Pfund geben. Man geht dort also in den Wald und schneidet sich sein Brod, wie man bei uns sein

Die muhamedanischen Herrscher Indiens verstanden dieß besser als ihre englischen Nachfolger. Wir erinnern nur an die Hungersnoth von 1866, die mehr als einer Million Hindus in dem Distrikt von Orissa, Präsidentschaft Bengal, das Leben kostete.

7 "There are no two countries which furnish an equal number of the necessaries of life in equal plenty, and *with the same quantity of labour* men's wants increase or diminish with the severity or temperateness of the climate they live in; consequently the *proportion of trade* which the inhabitants of different countries are obliged to carry on through necessity, cannot be the same, nor is it practicable to ascertain the degree of variation farther than by the Degrees of Heat and Cold; from whence one may make this general conclusion, that quantity of labour required for a certain number of people is greatest in cold climates, and least in hot ones; for in the former, men not only want more clothes, but the earth more cultivating than in the latter." („*An Essay on the Governing Causes of the Natural Rate of Interest. Lond.* 1750", p. 59.) Der Verfasser dieser epochemachenden anonymen Schrift ist *J. Massie.* Hume nahm daraus seine Zinstheorie.

8 «Tout travail *doit* (scheint auch zu den droits und devoirs du citoyen zu gehören) laisser un excédant.» *(Proudhon.)*

Brennholz schlägt"[9]. Gesetzt ein solcher ostasiatischer Brodschneider brauche 12 Arbeitsstunden in der Woche zur Befriedigung aller seiner Bedürfnisse. Was ihm die Gunst ¦ der Natur unmittelbar giebt, ist viel *Mußezeit*. Damit er diese produktiv für sich selbst verwende, ist eine ganze Reihe geschichtlicher Umstände, damit er sie in Mehrarbeit für fremde Personen verausgabe, ist äußerer Zwang erheischt. Würde kapitalistische Produktion eingeführt, so müßte der Brave vielleicht 6 Tage in der Woche arbeiten, um sich selbst das Produkt *eines* Arbeitstags anzueignen. Die Gunst der Natur erklärt nicht, warum er jetzt 6 Tage in der Woche arbeitet oder warum er 5 Tage Mehrarbeit liefert. Sie erklärt nur, warum seine nothwendige Arbeitszeit auf einen Tag in der Woche beschränkt ist. In keinem Fall | aber entspränge sein Mehrprodukt aus einer der menschlichen Arbeit eingebornen, occulten Qualität.

Wie die geschichtlich entwickelten, *gesellschaftlichen*, so erscheinen *die naturbedingten Produktivkräfte der Arbeit* als *Produktivkräfte des Kapitals*, dem sie einverleibt wird.

2) Größenwechsel von Preis der Arbeitskraft und Mehrwerth.

In Kapitel III, 3. Abschnitt, analysirten wir die *Rate des Mehrwerths*, aber nur vom Standpunkt der Produktion des absoluten Mehrwerths. In Kapitel IV fanden wir zusätzliche Bestimmungen. Das Wesentliche ist hier zu späterem Gebrauch kurz zusammenzufassen.

Der Werth der Arbeitskraft ist bestimmt durch den Werth der gewohnheitsmäßig nothwendigen Lebensmittel des Durchschnittsarbeiters. Die *Masse* dieser Lebensmittel, obgleich ihre *Form* wechseln mag, ist in einer bestimmten Epoche einer bestimmten Gesellschaft gegeben, und daher als constante Größe zu behandeln. Was wechselt, ist der *Werth dieser Masse*. Zwei andre Faktoren gehn in die Werthbestimmung der Arbeitskraft ein. Einerseits ihre *Entwicklungskosten*, die sich mit der Produktionsweise ändern, andrerseits ihre *Naturdifferenz*, ob sie männlich oder weiblich, reif oder unreif. Der Verbrauch dieser differenten Arbeitskräfte, wieder bedingt durch die Produktionsweise, macht

9 *F. Schouw: „Die Erde, die Pflanze und der Mensch." 2. Aufl. Leipzig* 1854, p. 148.

großen Unterschied in den Reproduktionskosten der Arbeiterfamilie und dem Werth des erwachsnen männlichen Arbeiters. Beide Faktoren bleiben jedoch bei der folgenden Untersuchung ausgeschlossen.

Wir unterstellen, 1) daß die *Waaren* zu ihrem Werth verkauft werden, 2) daß der *Preis der Arbeitskraft* wohl gelegentlich *über* ihren Werth steigt, aber nie *unter* ihn sinkt.

Dieß einmal unterstellt, fand sich, daß die relativen Größen von Preis der Arbeitskraft und von Mehrwerth durch drei Umstände bedingt sind, *die ¦ Länge des Arbeitstags* oder die extensive Größe der Arbeit, *die normale Intensivität der Arbeit*, oder ihre intensive Größe, so daß bestimmtes Arbeitsquantum in bestimmter Zeit verausgabt wird, endlich *die Produktivkraft der Arbeit*, so daß je nach dem Entwicklungsgrad der Produktionsbedingungen dasselbe Quantum Arbeit in derselben Zeit ein größeres oder kleineres Quantum Produkt liefert. Sehr verschiedne Kombinationen sind offenbar | möglich, je nachdem einer der drei Faktoren constant und zwei variabel, oder zwei Faktoren constant und einer variabel, oder endlich alle drei gleichzeitig variabel sind. Diese Kombinationen werden noch dadurch vermannigfacht, daß bei gleichzeitiger Variation verschiedner Faktoren die Größe und Richtung der Variation verschieden sein können. Im Folgenden sind nur die Hauptkombinationen dargestellt.

A. *Größe des Arbeitstags und Intensivität der Arbeit constant (gegeben), Produktivkraft der Arbeit variabel.*

Unter dieser Voraussetzung sind Werth der Arbeitskraft und Mehrwerth durch drei Gesetze bestimmt:

Erstens: Der Arbeitstag von gegebner Größe stellt sich stets in demselben Werthprodukt dar, wie auch die Produktivität der Arbeit, mit ihr die Produktenmasse und daher der Preis der einzelnen Waare wechsle.

Das *Werthprodukt* eines zwölfstündigen Arbeitstags ist 6 sh. z. B., obgleich die Masse des producirten Gebrauchswerths mit der Produktivkraft der Arbeit wechselt, der Werth von 6 sh. sich also über mehr oder weniger Waaren vertheilt.

Zweitens: Werth der Arbeitskraft und Mehrwerth wechseln in umgekehrter Richtung zu einander und zum Wechsel in der Produktivkraft der Arbeit.

Das Werthprodukt des zwölfstündigen Arbeitstags ist eine constante Größe, z. B. 6 sh. Diese constante Größe ist gleich der *Summe des Mehrwerths plus dem Werth der Arbeitskraft*, den der Arbeiter durch ein Aequivalent ersetzt. Es ist selbstverständlich, daß von zwei Theilen einer constanten Größe keiner zunehmen kann, ohne daß der andre abnimmt und kann nicht von 3 sh. auf 4 steigen, ohne daß der Mehrwerth von 3 sh. auf 2 fällt und der Mehrwerth kann nicht von 3 auf 4 sh. steigen, ohne daß der Werth der Arbeitskraft von 3 sh. auf 2 fällt. Unter diesen Umständen also ist kein Wechsel in der *absoluten Größe*, sei es des Werths der Arbeitskraft, sei es des Mehrwerths, möglich ohne einen Wechsel ihrer *relativen* oder ¦ *verhältnißmäßigen Größen*. Es ist *unmöglich*, daß sie *gleichzeitig fallen oder steigen*. |

Der Werth der Arbeitskraft kann ferner nicht fallen, also der Mehrwerth nicht steigen, ohne daß die *Produktivkraft der Arbeit steigt*, z. B. im obigen Fall kann der Werth der Arbeitskraft nicht von 3 auf 2 sh. sinken, ohne daß erhöhte Produktivkraft der Arbeit erlaubt in 4 Stunden dieselbe Masse Lebensmittel zu produciren, die vorher 6 Stunden zu ihrer Produktion erheischten. Umgekehrt kann der Werth der Arbeitskraft nicht von 3 auf 4 sh. steigen, ohne daß die Produktivkraft der Arbeit fällt, also 8 Stunden zur Produktion derselben Masse von Lebensmitteln erheischt sind, wozu früher 6 Stunden genügten. *Dieselbe* Richtung im Wechsel der Produktivkraft der Arbeit, ihre Zunahme oder Abnahme, wirkt in *entgegengesetzter* Richtung auf den gleichzeitigen Größenwechsel von Werth der Arbeitskraft und Mehrwerth.

Bei Formulirung dieses Gesetzes übersah *Ricardo* einen Umstand: Obgleich der Wechsel in der Größe des Mehrwerths oder der Mehrarbeit einen *umgekehrten* Wechsel in der Größe des Werths der Arbeitskraft oder der nothwendigen Arbeit bedingt, folgt keineswegs, daß sie *in demselben Verhältniß* wechseln. Sie nehmen zu oder ab *um dieselbe Größe*. Das *Verhältniß* aber, worin jeder Theil des Werthprodukts oder des Arbeitstags zu- oder abnimmt, hängt von der *ursprünglichen* Theilung ab, die vor dem Wechsel in der Produktivkraft der Arbeit stattfand. War der Werth der Arbeitskraft z. B. 4 sh. oder die nothwendige Arbeitszeit gleich 8 Stunden, also der Mehrwerth 2 sh. oder die Mehrarbeit gleich 4 Stunden, und fällt, in Folge erhöhter Produktivkraft der Arbeit, der Werth der Arbeitskraft auf 3 sh. oder die nothwendige Arbeit auf 6 Stunden, so steigt der Mehrwerth auf 3 sh. oder die Mehrarbeit auf 6 Stunden. Es ist *dieselbe Größe* von zwei Stunden oder 1 sh., die dort zugefügt, hier weggenommen wird. Aber *das Verhältniß des Größenwechsels* ist auf beiden Seiten *verschieden.* Während der Werth der Arbeitskraft von 4 sh. auf 3, also um ¼ oder 25 % sinkt, steigt der Mehrwerth von 2 sh. auf 3, also um ½ oder 50 %. Es folgt daher, daß die *proportionelle* Zu- oder Abnahme des Mehrwerths, in Folge eines gegebnen Wechsels in der Produktivkraft der Arbeit, um so größer, je kleiner, und um so kleiner, je größer ursprünglich der Theil des Arbeitstags war, der sich in Mehrwerth darstellt.

Drittens: Zu- oder Abnahme des Mehrwerths ist stets | Folge und nie Grund der entsprechenden Ab- oder Zunahme des Werths der Arbeitskraft[10]. ¦

Da der Arbeitstag von constanter Größe ist, sich in einer constanten Werthgröße darstellt, jedem Größenwechsel des Mehrwerths ein umgekehrter Größenwechsel im Werth der Arbeitskraft entspricht und der Werth der Arbeitskraft nur wechseln kann mit einem Wechsel in der Produktivkraft der Arbeit, folgt unter diesen Bedingungen offenbar, daß jeder Größenwechsel des Mehrwerths aus einem Größenwechsel im Werth der Arbeitskraft entspringt. Wenn man daher gesehn, daß kein *absoluter Größenwechsel* im Werth der Arbeitskraft und des Mehrwerths möglich ist ohne einen Wechsel ihrer *relativen Größen,* so folgt jetzt, daß *kein Wechsel ihrer relativen Werthgrößen* möglich ist ohne einen *Wechsel der absoluten Werthgröße der Arbeitskraft.*

Ricardo hat die eben aufgestellten drei Gesetze zuerst streng formulirt. Die Mängel seiner Darstellung sind, 1) daß er die *besondern* Bedingungen, innerhalb deren jene Gesetze gelten, als sich von selbst verstehende *allgemeine* und *ausschließliche* Bedingungen der kapitalistischen Produktion voraussetzt; 2), und dieß verfälscht seine Analyse

10 Zu diesem dritten Gesetz hat *Mac Culloch* u. A. den abgeschmackten Zusatz gemacht, daß der Mehrwerth ohne Fall im Werth der Arbeitskraft steigen kann durch Abschaffung von Steuern, die der Kapitalist früher zu zahlen hatte. Die Abschaffung solcher Steuern ändert absolut nichts an dem Quantum Mehrwerth, das der industrielle Kapitalist in erster Hand dem Arbeiter auspumpt. Sie ändert nur die Proportion, worin er diesen Mehrwerth in seine eigne Tasche steckt oder mit dritten Personen theilen muß. Sie ändert also nichts an dem Verhältniß zwischen Werth der Arbeitskraft und Mehrwerth. Die „Ausnahme" des Mac Culloch beweist also nur sein Mißverständniß der Regel, ein Malheur, das ihm in der Vulgarisation Ricardo's eben so oft passirt als dem J. B. Say in der Vulgarisation A. Smith's.

in viel höherem Grad, daß er überhaupt den *Mehrwerth* nicht *rein* darstellt, d. h. nicht unabhängig von seinen besondern Formen, wie Profit, Grundrente u. s. w. Er wirft daher die *Gesetze über die Rate des Mehrwerths* unmittelbar zusammen mit den *Gesetzen der Profitrate.*
Ich werde später, im 3. Buch dieser Schrift beweisen, daß *dieselbe Rate* 250
des Mehrwerths sich in den verschiedensten Profitraten und *verschiedne Raten des Mehrwerths*, unter | bestimmten Umständen, *sich in derselben Profitrate* ausdrücken können.

Nach dem dritten Gesetz unterstellt der *Größenwechsel des Mehrwerths* eine durch Wechsel in der Produktivkraft der Arbeit verursachte Werthbewegung der Arbeitskraft. Die *Grenze* jenes Wechsels ist durch die *neue Werthgrenze der Arbeitskraft* gegeben. Es können aber, auch wenn die Umstände dem Gesetz zu wirken erlauben, Zwischenbewegungen stattfinden. Fällt z. B. in Folge erhöhter Produktivkraft der Arbeit der *Werth* der Arbeitskraft von 4 sh. auf 3, oder die nothwendige Arbeitszeit von 8 Stunden auf 6, so könnte der *Preis* der Arbeitskraft nur auf 3 sh. 8 d., 3 sh. 6 d., 3 sh. 2 d. u. s. w. fallen, der Mehrwerth daher nur auf 3 sh. 4 d., 3 sh. 6 d., 3 sh. 10 d. u. s. w. steigen. Der Grad des Falls, dessen *Maximalgrenze* 3 sh., hängt von dem relativen Gewicht ab, das der Druck des Kapitals von der einen Seite, der Widerstand der Arbeiter von der andern Seite in die Wagschale wirft.

Der Werth der Arbeitskraft ist bestimmt durch den Werth eines bestimm¦ten Quantums von Lebensmitteln. Was mit der Produktivkraft der Arbeit wechselt, ist der *Werth* dieser Lebensmittel, nicht ihre *Masse*. Die Masse selbst kann, bei steigender Produktivkraft der Arbeit, für Arbeiter und Kapitalist *gleichzeitig und in demselben Verhältniß wachsen*, ohne irgend einen Größenwechsel zwischen *Preis* der Arbeitskraft und Mehrwerth. Ist z. B. der ursprüngliche Werth der Arbeitskraft gleich 3 sh. und beträgt die nothwendige Arbeitszeit 6 Stunden, ist der Mehrwerth ebenfalls gleich 3 sh. oder beträgt die Mehrarbeit auch 6 Stunden, so würde eine Verdopplung in der Produktivkraft der Arbeit, bei gleichbleibender Theilung des Arbeitstags, Preis der Arbeitskraft und Mehrwerth *unverändert* lassen. Nur stellte sich jeder derselben in doppelt so vielen, aber verhältnißmäßig verwohlfeilerten Gebrauchswerthen dar. Obgleich der *Preis* der Arbeitskraft *unverändert*, wäre er über ihren *Werth* gestiegen. Fiele der *Preis* der Arbeitskraft, aber nicht zur Minimalgrenze ihres neuen Werths von 1½ sh., sondern nur auf 2 sh. 10 d., 2 sh. 6 d. u. s. w., so repräsentirte dieser fallende Preis immer noch eine wachsende Masse von Lebensmitteln. Der Preis der Arbeitskraft könnte so bei steigender Produktivkraft der Arbeit beständig fallen mit gleichzeitigem, fortwährendem Wachsthum der Lebensmittelmasse des | Arbeiters. *Relativ* aber, d. h. verglichen mit dem Mehrwerth, sänke der Werth der Arbeitskraft beständig, und erweiterte sich also die Kluft zwischen den Lebenslagen von Arbeiter und Kapitalist[11].

B. Constanter Arbeitstag, constante Produktivkraft der Arbeit, Intensivität der Arbeit variabel.

Wachsende Intensivität der Arbeit unterstellt vermehrte Ausgabe von Arbeit in demselben Zeitraum. Der intensivere Arbeitstag verkörpert sich daher in mehr Produkten als der minder intensive von gleicher Stundenzahl. Mit erhöhter Produktivkraft liefert zwar auch derselbe Arbeitstag mehr Produkte. Aber im letztern Fall sinkt der Werth des einzelnen Produkts, weil es weniger Arbeit als vorher kostet, im ersten Fall bleibt er unverändert, weil das Produkt nach wie vor gleich viel Arbeit kostet. Die Zahl der Produkte steigt hier ohne Fall ihres Preises. Mit ihrer Anzahl wächst ihre Preissumme, während dort dieselbe Werthsumme sich nur in vergrößerter Produkten¦masse darstellt. Bei gleichbleibender Stundenzahl verkörpert sich also der intensivere Arbeitstag in höherem Werthprodukt, also, bei gleichbleibendem Werth des Geldes, in mehr Geld. Sein Werthprodukt variirt mit den Abweichungen seiner Intensivität von dem gesellschaftlichen Normalgrad. Derselbe Arbeitstag stellt sich also nicht wie vorher in einem *constanten*, sondern in einem *variablen Werthprodukt* dar, der intensivere, zwölfstündige Arbeitstag z. B. in 7 sh., 8 sh. u. s. w. statt in 6 sh. wie der zwölfstündige Arbeitstag von gewöhnlicher Intensivität. Es ist klar: *Variirt das Werthprodukt des Arbeitstags*, etwa von 6 auf 8 sh., so können *beide Theile dieses Werthprodukts*, Preis der Arbeitskraft und Mehrwerth, *gleichzeitig* wachsen, sei es in gleichem oder ungleichem

11 "When an alteration takes place in the productiveness of industry, and that either more or less is produced by a given quantity of labour and capital, the proportion of wages may obviously vary, whilst the quantity, which that proportion represents, remains the same, or the quantity may vary, whilst the proportion remains the same." („*Outlines of Political Economy* etc.", p. 67.)

Grad. Preis der Arbeitskraft und Mehrwerth können beide zur selben Zeit von 3 sh. auf 4 wachsen, wenn das Werthprodukt von 6 auf 8 sh. steigt. *Preis*erhöhung der Arbeitskraft schließt hier nicht nothwendig Steigerung ihres Preises über ihren *Werth* ein. Sie kann umgekehrt von einem *Fall* unter ihren Werth begleitet sein. Dieß findet stets statt, wenn die Preiser|höhung der Arbeitskraft ihren beschleunigten Verschleiß nicht kompensirt.

Man weiß, daß mit vorübergehenden, im vorigen Kapitel erklärten Ausnahmen, veränderte Produktivität der Arbeit nur dann einen Größenwechsel im Werth der Arbeitskraft und *daher* in der Größe des Mehrwerths bewirkt, wenn die Produkte der betroffenen Industriezweige in den gewohnheitsmäßigen Konsum des Arbeiters eingehen. Diese Schranke fällt hier fort. Ob die Größe der Arbeit extensiv oder intensiv wechsle, ihrem Größenwechsel entspricht ein Wechsel in der Größe ihres Werthprodukts, unabhängig von der Natur des Artikels, worin sich dieser Werth darstellt.

Steigerte sich die Intensivität der Arbeit in allen Industriezweigen, so würde der neue höhere Intensivitätsgrad nun seinerseits zum gewöhnlichen gesellschaftlichen Normalgrad der Arbeit und hörte damit auf als extensive Größe zu zählen. Indeß blieben selbst dann die durchschnittlichen Intensivitätsgrade der Arbeit bei verschiednen Nationen verschieden und modificirten daher die Anwendung des Werthgesetzes auf unterschiedne Nationalarbeitstage. Der intensivere Arbeitstag der einen Nation stellt sich in höherem Geldausdruck dar als der minder intensive der andern[12]. ¦

12 "All things being equal, the English manufacturer can turn out a considerably larger amount of work in a given time than a foreign manufacturer, so much as to counterbalance the difference of the working days, between 60 hours a week here and 72 or 80 elsewhere." („*Reports of Insp. of Fact. for 31st Oct. 1855*", p. 65.) Größere gesetzliche Verkürzung des Arbeitstags in den kontinentalen Fabriken wäre das unfehlbarste Mittel zur Verminderung dieser Differenz zwischen der kontinentalen und der englischen Arbeitsstunde.

C. Produktivkraft und Intensivität der Arbeit constant, Arbeitstag variabel.

Der Arbeitstag kann nach zwei Richtungen variiren. Er kann *verkürzt* oder *verlängert* werden.

Verkürzung des Arbeitstags unter den gegebnen Bedingungen, d. h. gleichbleibender Produktivkraft und Intensivität der Arbeit, läßt den *Werth der Arbeitskraft* und daher die nothwendige Arbeitszeit unverändert. Sie verkürzt die Mehrarbeit und den Mehrwerth. Mit der absoluten Größe des letztern fällt auch seine relative Größe, d. h. seine Größe im Verhältniß zur gleichbleibenden Werthgröße der Arbeits|kraft. Nur durch Herabdrückung ihres Preises unter ihren Werth könnte der Kapitalist sich schadlos halten.

Alle hergebrachten Redensarten wider die Verkürzung des Arbeitstags unterstellen, daß das Phänomen sich unter den hier vorausgesetzten Umständen ereignet, während in der Wirklichkeit umgekehrt Wechsel in der Produktivität und Intensivität der Arbeit entweder der Verkürzung des Arbeitstags vorhergehn oder ihr unmittelbar nachfolgen[13].

Verlängerung des Arbeitstags. Die nothwendige Arbeitszeit sei gleich 6 Stunden oder der Werth der Arbeitskraft gleich 3 sh., ebenso Mehrarbeit gleich 6 Stunden und Mehrwerth gleich 3 sh. Der Gesammtarbeitstag beträgt dann 12 Stunden und stellt sich in einem Werthprodukt von 6 sh. dar. Wird der Arbeitstag um 2 Stunden verlängert und bleibt der Preis der Arbeitskraft unverändert, so wächst mit der *absoluten* die *relative* Größe des Mehrwerths. Obgleich die Werthgröße der Arbeitskraft absolut unverändert bleibt, fällt sie relativ. Unter den Bedingungen von A) konnte die relative Werthgröße der Arbeitskraft nicht wechseln ohne einen Wechsel ihrer absoluten Größe. Hier, im Gegentheil, ist der relative Größenwechsel im Werth der Arbeitskraft das Resultat eines absoluten Größenwechsels des Mehrwerths.

Da das Werthprodukt, worin sich der Arbeitstag darstellt, mit seiner eignen Verlängerung wächst, können *Preis der Arbeitskraft und Mehrwerth gleichzeitig wachsen,* sei es um gleiches oder ungleiches

13 "There are compensating circumstances … which the working of the Ten Hours' Act has brought to light." („*Reports of Insp. of Fact. for 31st October 1848*", p. 7.)

Increment. Dieß *gleichzeitige* Wachsthum ist also in zwei Fällen möglich, bei absoluter Verlängerung des Arbeitstags, und bei wachsender Intensivität der Arbeit ohne solche Verlängerung.

Mit verlängertem Arbeitstag kann der *Preis* der Arbeitskraft *unter ihren Werth fallen,* obgleich er nominell *unverändert* bleibt oder selbst *steigt.* Der Tageswerth der Arbeitskraft ist nämlich, wie man sich erinnern wird, ge¦schätzt auf ihre normale Durchschnittsdauer oder die normale Lebensperiode des Arbeiters, und auf entsprechenden, normalen, der Menschennatur angemessenen Umsatz von Lebenssubstanz in Bewe|gung[14]. Bis zu einem gewissen Punkt kann der von Verlängerung des Arbeitstags untrennbare größere Verschleiß der Arbeitskraft durch größeren Ersatz kompensirt werden. Ueber diesen Punkt hinaus wächst der Verschleiß in geometrischer Progression und werden zugleich alle normalen Reproduktions- und Bethätigungsbedingungen der Arbeitskraft zerstört. Der Preis der Arbeitskraft und ihr Exploitationsgrad hören auf mit einander kommensurable Größen zu sein.

D. Gleichzeitige Variationen in Länge des Arbeitstags, Produktivkraft und Intensivität der Arbeit.

Es ist hier offenbar eine große Anzahl Kombinationen möglich. Je zwei Faktoren können variiren und einer constant bleiben, oder alle drei können gleichzeitig variiren. Sie können in gleichem oder ungleichem Grad variiren, in derselben oder entgegengesetzter Richtung, ihre Variationen sich daher theilweis oder ganz aufheben. Indeß ist die Analyse aller möglichen Fälle nach den unter A) B) und C) gegebnen Aufschlüssen leicht. Man findet das Resultat jeder möglichen Kombination, indem man der Reihe nach je einen Faktor als variabel und die andern zunächst als constant behandelt. Wir nehmen hier daher nur noch kurze Notiz von zwei wichtigen Fällen.

14 "The amount of labour which a man had undergone in the course of 24 hours might be approximatively arrived at by an examination of the chymical changes which had taken place in his body, changed forms in matter indicating the anterior exercise of dynamic force." (*Grove: „On the Correlation of Physical Forces“*, [p. 308, 309.])

Abnehmende Produktivkraft der Arbeit mit gleichzeitiger Verlängerung des Arbeitstags.

Wenn wir hier von abnehmender Produktivkraft der Arbeit sprechen, so handelt es sich von Arbeitszweigen, deren Produkte den Werth der Arbeitskraft bestimmen, also z. B. von abnehmender Produktivkraft der Arbeit in Folge zunehmender Unfruchtbarkeit des Bodens und entsprechender Vertheurung der Bodenprodukte. Der Arbeitstag sei zwölfstündig, sein Werthprodukt 6 sh., wovon die Hälfte den Werth der Arbeitskraft ersetzt, die andre Hälfte Mehrwerth bildet. Der Arbeitstag zerfällt also in 6 Stunden nothwendiger Arbeit und 6 Stunden Mehrarbeit. In Folge der Vertheurung der Bodenprodukte steige der Werth der Arbeitskraft von 3 auf 4 sh., | also die nothwendige Arbeitszeit von 6 auf 8 Stunden. Bleibt der Arbeitstag unverändert, so fällt die Mehrarbeit von 6 auf 4 Stunden, der ¦ Mehrwerth von 3 auf 2 sh. Wird der Arbeitstag um 2 Stunden verlängert, also von 12 auf 14 Stunden, so bleibt die Mehrarbeit 6 Stunden, der Mehrwerth 3 sh., aber seine Größe im Vergleich zum Werth der Arbeitskraft, gemessen durch die nothwendige Arbeit, fällt. Wird der Arbeitstag um 4 Stunden verlängert, von 12 auf 16 Stunden, so bleiben die *proportionellen* Größen von Mehrwerth und Werth der Arbeitskraft, Mehrarbeit und nothwendiger Arbeit *unverändert,* aber die *absolute Größe* des Mehrwerths wächst von 3 auf 4 sh., die der Mehrarbeit von 6 auf 8 Arbeitsstunden, also um ⅓ oder 33⅓ %. Bei *abnehmender Produktivkraft der Arbeit* und *gleichzeitiger Verlängerung des Arbeitstags* kann also die absolute Größe des Mehrwerths unverändert bleiben, während seine proportionelle Größe fällt; seine proportionelle Größe kann unverändert bleiben, während seine absolute Größe wächst, und, je nach dem Grad der Verlängerung, können beide wachsen. Dieß ist eine der Ursachen, warum in England von 1799–1815, grade als West, Ricardo u. s. w. den nur in ihrer Phantasie durch Vertheurung der Bodenprodukte bewirkten Fall der Rate des Mehrwerths zum Ausgangspunkt wichtiger Analysen machten, der Mehrwerth absolut und relativ stieg, und daher zugleich beschleunigtes Wachsthum des Kapitals und Verpauperung der Arbeiter stattfanden[15]. Es war dieß die

15 "A principal cause of the *increase of capital,* during the war, proceeded from the *greater exertions,* and perhaps the *greater privations of the labouring classes,* the most numerous in every society. More women and children were

Periode, worin die maßlose Verlängerung des Arbeitstags sich Bürgerrecht erwarb[16]. ¦|

Zunehmende Intensivität und Produktivkraft der Arbeit mit gleichzeitiger Verkürzung des Arbeitstags.

Gesteigerte Produktivkraft der Arbeit und ihre wachsende Intensivität wirken nach einer Seite hin gleichförmig. Beide vermehren die Produktenmasse in gegebnem Zeitraum. Beide verkürzen also den Theil des Arbeitstags, den der Arbeiter zur Produktion seiner Lebensmittel oder ihres Aequivalents braucht. Die *absolute Grenze* des Arbeitstags wird überhaupt gebildet durch diesen seinen *nothwendigen*, aber *kontraktilen Bestandtheil.* Schrumpfte darauf der ganze Arbeitstag

compelled, by necessitous circumstances, to enter upon laborious occupations; and former workmen were, from the same cause, obliged *to devote a greater portion of their time to increase production.*" („*Essays on Political Econ. in which are illustrated the Principal Causes of the Present National Distress. London* 1830", p. 248, 249.)

16 Corn and Labour rarely march quite abreast; but there is an obvious limit, beyond which they cannot be separated. With regard to the *unusual exertions* made by the labouring classes in periods of dearness, *which produce the fall of wages noticed in the evidence* (nämlich vor den Parliamentary Committees of Inquiry 1814–15), they are most meritorious in the individuals, and certainly *favour the growth of capital.* But no man of humanity could wish to see them *constant and unremitted.* They are most admirable as a temporary relief; but if they were constantly in action, effects of a similar kind would result from them, as from the population of a country being pushed to the very extreme limits of its food." (*Malthus: „Inquiry into the Nature and Progress of Rent. Lond.* 1815", p. 48, 49 Note.) Es macht Malthus alle Ehre, daß er die auch an andrer Stelle in seinem Pamphlet direkt ausgesprochne *Verlängerung des Arbeitstags* betont, während Ricardo und Andre, im Angesicht der schreiendsten Thatsachen, an ihrer Schulansicht von der *constanten Größe* des Arbeitstags dogmatisch festhielten, und sie in der That allen ihren Untersuchungen zu Grund legten. Aber die konservativen Interessen, deren Knecht Malthus war, hinderten ihn zu sehn, daß die maßlose Verlängerung des Arbeitstags, zugleich mit außerordentlicher Entwicklung der Maschinerie und der Exploitation der Weiber- und Kinderarbeit, einen großen Theil der Arbeiterklasse „überzählig" machen mußten, namentlich sobald die Kriegsnachfrage und das englische Monopol des Weltmarkts aufhörten. Es war natürlich weit bequemer und den Interessen der herrschenden Klassen, die Malthus ächt pfäffisch idolatrisirt, viel entsprechender, diese „Uebervölkerung"
aus den ewigen Gesetzen der Natur, als aus den nur historischen Naturgesetzen 251
der *kapitalistischen* Produktion zu erklären.

zusammen, so verschwände die Mehrarbeit, was unter dem Regime des Kapitals unmöglich. Die Beseitigung der kapitalistischen Produktionsform erlaubt den *Arbeitstag* durch die *nothwendige Arbeit* zu beschränken. Jedoch würde die letztere mit ihrem Begriff, unter sonst gleichbleibenden Umständen, auch ihren Raum ausdehnen. Einerseits weil die Lebensbedingungen des Arbeiters reicher und seine Lebensansprüche größer. Andrerseits würde ein Theil der jetzigen Mehrarbeit zur noth|wendigen Arbeit zählen, nämlich die zur Erzielung eines gesellschaftlichen Reservefonds und Accumulationsfonds nöthige Arbeit.

Je mehr die Produktivkraft der Arbeit wächst, um so mehr kann der Arbeitstag verkürzt werden, und je mehr der Arbeitstag verkürzt wird, desto mehr kann die Intensivität der Arbeit wachsen. Die Produktivkraft der Arbeit wächst, gesellschaftlich betrachtet, auch mit der Oekonomie derselben. Diese schließt nicht nur die Oekonomisirung der Produktionsmittel ein, sondern die Vermeidung aller nutzlosen Arbeit. Während die kapitalistische Produktionsweise in jedem individuellen Geschäft Oekonomie erzwingt, erzeugt ihr anarchisches System der Konkurrenz die maßloseste Verschwendung der gesellschaftlichen Produktionsmittel und Arbeitskräfte, neben einer Unzahl jetzt unentbehrlicher, aber an und für sich überflüssiger Funktionen.

Intensivität und Produktivkraft der Arbeit gegeben, ist der zur *materiellen Produktion nothwendige Theil des gesellschaftlichen Arbeitstags* um so kürzer, der für freie, geistige und gesellschaftliche Bethätigung der Individuen eroberte Zeittheil also um so größer, je *gleichmäßiger* die Arbeit unter alle werkfähigen Glieder der Gesellschaft vertheilt ist, je weniger eine Gesellschaftsschichte die Naturnothwendigkeit der Arbeit von sich selbst ab- und einer andern Schichte zuwälzen kann. Die absolute Grenze für die Verkürzung des Arbeitstags ist nach dieser Seite hin *die Allgemeinheit der Arbeit.* In der kapitalistischen Gesellschaft wird freie Zeit für eine Klasse producirt durch Verwandlung aller Lebenszeit der Massen in Arbeitszeit. ¦

3) Verschiedne Formeln für die Rate des Mehrwerths.

Man hat gesehn, daß *die Rate des Mehrwerths* sich darstellt in den Formeln:

I)

$$\frac{\text{Mehrwerth}}{\text{Variables Kapital}}\left(\frac{\text{m}}{\text{v}}\right)=\frac{\text{Mehrwerth}}{\text{Werth der Arbeitskraft}}=\frac{\text{Mehrarbeit}}{\text{Nothwendige Arbeit.}}$$

Die zwei ersten Formeln stellen als Verhältniß von Werthen dar, was die dritte als Verhältniß der Zeiten, worin diese Werthe producirt werden. Diese einander ersetzenden Formeln sind begrifflich streng. Man findet sie daher wohl der Sache nach, aber nicht bewußt ausgearbeitet in der klassischen politischen Oekonomie. Hier begegnen wir dagegen den folgenden abgeleiteten Formeln. |

II)

$$\frac{\text{Mehrarbeit}}{\text{Arbeitstag}}=\frac{\text{Mehrwerth}}{\text{Werth des Produkts}}=\frac{\text{Mehrprodukt}}{\text{Gesammtprodukt.}}$$

Eine und dieselbe Proportion ist hier abwechselnd ausgedrückt in der Form der Arbeitszeiten, der Werthe, worin sie sich verkörpern, der Produkte, worin diese Werthe existiren. Es wird natürlich unterstellt, daß unter *Werth des Produkts* nur das *Werthprodukt* des Arbeitstags zu verstehn, der constante Theil des Produktenwerths aber ausgeschlossen ist.

In allen diesen Formeln ist *der wirkliche Exploitationsgrad der Arbeit* oder die *Rate des Mehrwerths* falsch ausgedrückt. Der Arbeitstag sei 12 Stunden. Mit den andern Annahmen unsres früheren Beispiels stellt sich in diesem Fall der wirkliche Exploitationsgrad der Arbeit dar in den Proportionen:

$$\frac{\text{6 Stunden Mehrarbeit}}{\text{6 Stunden nothwendige Arbeit}}=\frac{\text{Mehrwerth von 3 sh.}}{\text{Variables Kapital von 3 sh.}}=100\,\%.$$

Nach den Formeln II) erhalten wir dagegen:

$$\frac{\text{6 Stunden Mehrarbeit}}{\text{Arbeitstag von 12 Stunden}}=\frac{\text{Mehrwerth von 3 sh.}}{\text{Werthprodukt von 6 sh.}}=50\,\%.$$

Diese abgeleiteten Formeln drücken in der That die *Proportion* aus, worin der *Arbeitstag* oder sein *Werthprodukt* sich zwischen Kapitalist und Arbeiter theilt. Gelten sie daher als unmittelbare Ausdrücke des Selbstverwerthungsgrades des Kapitals, so gilt das falsche Gesetz: *die Mehrarbeit oder der Mehrwerth kann nie 100 % erreichen*[17]. Da die Mehrarbeit stets nur einen ¦ aliquoten Theil des Arbeitstags oder der

17 So z. B. in: „*Dritter Brief an v. Kirchmann von Rodbertus. Widerlegung der Ricardo'schen Theorie von der Grundrente und Begründung einer neuen Rententheorie. Berlin* 1851“. Ich komme später auf diese Schrift zurück, die trotz ihrer falschen Theorie von der Grundrente das Wesen der kapitalistischen Produktion durchschaut.

Mehrwerth stets nur einen aliquoten Theil des Werthprodukts bilden kann, ist die Mehrarbeit nothwendiger Weise stets kleiner als der Arbeitstag oder der Mehrwerth stets kleiner als das Werthprodukt. Um sich zu verhalten wie $\frac{100}{100}$, müßten sie aber gleich | sein. Damit die Mehrarbeit den ganzen Arbeitstag absorbire (es handelt sich hier um den Durchschnittstag der Arbeitswoche, des Arbeitsjahrs u. s. w.), müßte die nothwendige Arbeit auf Null sinken. Verschwindet aber die nothwendige Arbeit, so verschwindet auch die Mehrarbeit, da letztre nur eine Funktion der erstern. Die Proportion $\frac{\text{Mehrarbeit}}{\text{Arbeitstag}} = \frac{\text{Mehrwerth}}{\text{Werthprodukt}}$ kann also niemals die Grenze $\frac{100}{100}$ erreichen und noch weniger auf $\frac{100+x}{100}$ steigen. Wohl aber die Rate des Mehrwerths oder der wirkliche Exploitationsgrad der Arbeit. Nimm z. B. die Schätzung des Herrn L. de Lavergne, wonach der englische Ackerbauarbeiter nur ¼, der Kapitalist (Pächter) dagegen ¾ des Produkts[18] oder seines Werths erhält, wie die Beute sich immer zwischen Kapitalist und Grundeigenthümer u. s. w. nachträglich weiter vertheile. Die Mehrarbeit des englischen Landarbeiters verhält sich danach zu seiner nothwendigen Arbeit = 3 : 1, ein Prozentsatz der Exploitation von 300 %.

Die Schulmethode, den Arbeitstag als *constante Größe* zu behandeln, wurde durch Anwendung der Formeln II) befestigt, weil man hier die Mehrarbeit stets mit einem Arbeitstag von gegebner Größe vergleicht. Ebenso, wenn die *Theilung des Werthprodukts* ausschließlich in's Auge gefaßt wird. Der Arbeitstag, der sich bereits in einem Werthprodukt vergegenständlicht hat, ist stets ein Arbeitstag von gegebnen Grenzen.

Die Darstellung von Mehrwerth und Werth der Arbeitskraft als Bruchtheilen des Werthprodukts – eine Darstellungsweise, die übrigens aus der kapitalistischen Produktionsweise selbst erwächst und deren Bedeutung sich später erschließen wird – *versteckt* den spezifischen Charakter des Kapitalverhältnisses, nämlich den Austausch des variablen Kapitals mit der lebendigen Arbeitskraft, und den entsprechenden Ausschluß des Arbeiters vom Produkt. An die Stelle tritt der | falsche Schein eines Associationsverhältnisses, worin Arbeiter und Kapitalist

18 Der Theil des Produkts, der nur das ausgelegte constante Kapital ersetzt, ist bei dieser Rechnung selbstverständlich abgezogen. – Herr L. de Lavergne, blinder Bewunderer Englands, giebt eher zu niedriges als zu hohes Verhältniß.

das Produkt nach dem Verhältniß seiner verschiednen Bildungsfaktoren theilen[19]. ¦

Uebrigens sind die Formeln II stets in die Formeln I rückverwandelbar. Haben wir z. B. $\frac{\text{Mehrarbeit von 6 Stunden}}{\text{Arbeitstag von 12 Stunden}}$, so ist die *nothwendige Arbeitszeit = Arbeitstag von zwölf Stunden – Mehrarbeit von sechs Stunden*, und so ergiebt sich:

$$\frac{\text{Mehrarbeit von 6 Stunden}}{\text{Nothwendige Arbeit von 6 Stunden}} = \frac{100}{100}.$$

Eine dritte Formel, die ich gelegentlich schon anticipirt habe, ist:

III)

$$\frac{\text{Mehrwerth}}{\text{Werth der Arbeitskraft}} = \frac{\text{Mehrarbeit}}{\text{Nothwendige Arbeit}} = \frac{\text{Unbezahlte Arbeit}}{\text{Bezahlte Arbeit.}}$$

Das Mißverständniß, wozu die Formel $\frac{\text{Unbezahlte Arbeit}}{\text{Bezahlte Arbeit}}$ verleiten könnte, als zahle der Kapitalist die Arbeit und nicht die Arbeitskraft, fällt nach der früher gegebnen Entwicklung fort. $\frac{\text{Unbezahlte Arbeit}}{\text{Bezahlte Arbeit}}$ ist nur *populärer* Ausdruck für $\frac{\text{Mehrarbeit}}{\text{Nothwendige Arbeit.}}$ Der Kapitalist zahlt den Werth, resp. davon abweichenden Preis der Arbeitskraft, und erhält im Austausch die Verfügung über die lebendige Arbeitskraft selbst. Seine Nutznießung dieser Arbeitskraft zerfällt in zwei Perioden. Während der einen Periode producirt der Arbeiter nur einen Werth = Werth seiner Arbeitskraft, also nur ein Aequivalent. Für den vorgeschoßnen Preis der Arbeitskraft erhält der Kapitalist so ein Produkt vom selben Preis. Es ist als ob er das Produkt fertig auf dem Markt gekauft hätte. In der Periode der Mehrarbeit dagegen bildet die Nutznießung der Arbeitskraft Werth für | den Kapitalisten, ohne ihm einen Werthersatz zu kosten[20]. Er hat diese Flüssigmachung der Arbeitskraft umsonst. In diesem Sinn kann diese Mehrarbeit *unbezahlte Arbeit* heißen.

19 Da alle entwickelten Formen des kapitalistischen Produktionsprozesses Formen der Cooperation sind, ist natürlich nichts leichter, als von ihrem spezifisch antagonistischen Charakter zu abstrahiren und sie so in freie Associationsformen umzufabeln, wie in des Grafen *A. de Laborde „De l'Esprit de l'Association dans tous les intérêts de la Communauté. Paris* 1818". Der Yankee *H. Carey* bringt dieß Kunststück mit demselben Erfolg gelegentlich selbst an den Verhältnissen des *Sklavensystems* fertig.

20 Obgleich die Physiokraten das Geheimniß des Mehrwerths nicht durchschauten, war ihnen doch so viel klar, daß er „une richesse indépendante et disponible, qu'il (der Besitzer davon) *n'a point achetée et qu'il vend.*" (*Turgot: „Réflexions sur la Formation et la Distribution des Richesses"*, p. 11.)

Das Kapital ist also nicht nur *Kommando über Arbeit*, wie A. Smith sagt. Es ist wesentlich *Kommando über unbezahlte Arbeit*. Aller Mehrwerth, in welcher *besondern* Gestalt von Profit, Zins, Rente u. s. w. er sich
252 später krystallisire, ist seiner Substanz nach *Materiatur unbezahlter Arbeitszeit*. Das Geheimniß von der *Selbstverwerthung des Kapitals* löst sich auf in seine *Verfügung über ein bestimmtes Quantum unbezahlter fremder Arbeit*. ¦

4) Werth, resp. Preis der Arbeitskraft in der verwandelten Form des Arbeitslohns.

a) Die Formverwandlung.

Auf der Oberfläche der bürgerlichen Gesellschaft *erscheint* der Lohn des Arbeiters als *Lohn der Arbeit*, ein bestimmtes Quantum Geld, das für ein bestimmtes Quantum Arbeit gezahlt wird. Man spricht hier von einem *Werth der Arbeit* und nennt den Geldausdruck dieses Werths den *nothwendigen* oder *natürlichen Preis der Arbeit*. Man spricht andrerseits von *Marktpreisen der Arbeit*, d. h. über oder unter ihrem nothwendigen Preis oscillirenden Preisen.

Aber was ist der *Werth* einer Waare? Die Vergegenständlichung der zu ihrer Produktion gesellschaftlich nothwendigen Arbeit. Und wodurch messen wir die *Größe* ihres Werths? Durch die *Größe* der in ihr enthaltenen *Arbeitszeit*. Wodurch wäre also der Werth z. B. eines zwölfstündigen Arbeitstags bestimmt? Durch die in einem Arbeitstag von 12 Stunden enthaltenen 12 Arbeitsstunden, was eine abgeschmackte Tautologie ist[21]. |

21 "Mr. Ricardo, ingeniously enough, avoids a difficulty which, on a first view, threatens to encumber his doctrine, that value depends on the quantity of labour employed in production. If this principle is rigidly adhered to, it follows that *the value of labour depends on the quantity of labour employed in producing it* – which is evidently absurd. By a dexterous turn, therefore, Mr. Ricardo makes the value of labour depend on the quantity of labour required to produce wages, or, to give him the benefit of his own language, he maintains, that the value of labour is to be estimated by the quantity of labour required to produce wages; by which he means the quantity of labour required to produce the money or commodities given to the labourer. This is similar to saying, that the value of

Um als Waare auf dem Markt verkauft zu werden, müßte die Arbeit jedenfalls existiren, bevor sie verkauft wird. Könnte der Arbeiter ihr aber eine selbstständige Existenz geben, so würde er Waare verkaufen und nicht Arbeit[22].

Von diesen Widersprüchen abgesehn, würde ein direkter Austausch von Geld, d. h. vergegenständlichter Arbeit, mit lebendiger Arbeit entweder das *Werthgesetz* aufheben, welches sich grade erst auf Grundlage der kapitalistischen Produktion frei entwickelt, oder die *kapitalistische Produktion* ¦ *selbst* aufheben, welche grade auf der *Lohnarbeit* beruht. Der Arbeitstag von 12 Stunden stellt sich z. B. in einem Geldwerth von 6 sh. dar. Werden Aequivalente ausgetauscht, so erhält der Arbeiter für zwölfstündige Arbeit 6 sh. Der Preis seiner Arbeit wäre gleich dem Preis seines Produkts. In diesem Fall producirte er keinen *Mehrwerth* für den Käufer seiner Arbeit, die 6 sh. verwandelten sich nicht in Kapital, die Grundlage der kapitalistischen Produktion verschwände, aber grade auf dieser Grundlage *verkauft* er seine Arbeit und ist seine Arbeit wesentlich Lohnarbeit. Oder er erhält für 12 Stunden Arbeit weniger als 6 sh., d. h. weniger als 12 Stunden Arbeit. Zwölf Stunden Arbeit tauschen sich aus gegen 10, 6 u. s. w. Stunden Arbeit. Diese Gleichsetzung ungleicher Größen hebt nicht nur die *Werthbestimmung* auf. Ein | solcher sich selbst aufhebender Widerspruch kann überhaupt nicht als *Gesetz* auch nur ausgesprochen oder formulirt werden[23].

cloth is estimated, not by the quantity of labour bestowed on its production, but by the quantity of labour bestowed on the production of the silver, for which the cloth is exchanged." („*A Critical Dissertation on the Nature* etc. *of Value*", p. 50, 51.)

22 "If you call labour *a commodity*, it is not like a commodity which is first produced in order to exchange, and then brought to market where it must exchange with other commodities according to the respective quantities of each which there may be at the market in the time; labour is *created* at the moment it is brought to market; nay, it is brought to market *before it is created*." („*Observations on some verbal disputes* etc.", p. 75, 76.)

23 "Treating Labour as a commodity, and Capital, the produce of labour, as another, then, if the values of those two commodities were regulated by equal quantities of labour, a given amount of labour would … exchange for that quantity of capital which had been produced by the same amount of labour; *antecedent labour* would … exchange for the same amount as *present labour*. But the value of labour, in relation to other commodities … is determined *not by*

253 Es nützt nichts den Austausch von mehr Arbeit gegen weniger Arbeit aus dem *Formunterschied* der Arbeit herzuleiten, daß sie nämlich das einemal *vergegenständlicht*, das andremal *lebendig* ist[24]. Dieß ist um so abgeschmackter als der *Werth einer Waare* nicht durch das Quantum wirklich in ihr vergegenständlichter, sondern durch das Quantum der zu ihrer Reproduktion nothwendigen lebendigen Arbeit bestimmt wird. Eine Waare stelle z. B. 6 Arbeitsstunden dar. Werden Erfindungen gemacht, wodurch sie in 3 Stunden producirt werden kann, so sinkt der Werth auch der bereits producirten Waare um die Hälfte. Sie stellt jetzt 3 statt früher 6 Stunden nothwendige gesellschaftliche Arbeit dar. Es ist also das zu ihrer Produktion erheischte *Quantum* Arbeit, nicht deren *gegenständliche Form*, wodurch ihre *Werthgröße* bestimmt wird.

Was dem Geldbesitzer auf dem Waarenmarkt direkt gegenübertritt, ist in der That nicht *die Arbeit*, sondern *der Arbeiter*. Was letztrer verkauft, ist seine *Arbeitskraft*. Sobald seine Arbeit wirklich beginnt, hat sie bereits aufgehört ihm zu gehören, kann also nicht mehr von ihm verkauft werden. Die Arbeit ist die Substanz und das immanente Maß der Werthe, aber sie selbst hat *keinen Werth*[25]. ¦|

Im Ausdruck: *Werth der Arbeit* ist der Werthbegriff nicht nur völlig ausgelöscht, sondern in sein Gegentheil verkehrt. Es ist ein imaginärer Ausdruck wie etwa *Werth der Erde*. Diese imaginären Ausdrücke entspringen jedoch aus den Produktionsverhältnissen selbst. Sie sind Kategorieen für *Erscheinungsformen* wesentlicher *Werthverhältnisse*. Daß in der *Erscheinung* die Dinge sich oft verkehrt darstellen, ist ziemlich in allen Wissenschaften bekannt, außer in der politischen Oekonomie[26].

equal quantities of labour." (*E. G. Wakefield* in s. Edit. von A. Smith's „*Wealth of Nations,*" v. I. *Lond.* 1835, p. 230, 231, Note.)

24 «Il a fallu convenir (auch eine Ausgabe des „contrat social") que toutes les fois qu'il échangerait du *travail fait* contre du *travail à faire*, le dernier (le capitaliste) aurait une valeur supérieure au premier (le travailleur).» (*Simonde (i. e. Sismondi): „De la Richesse Commerciale. Genève* 1803", t. I, p. 37.)

25 "Labour, the exclusive standard of value … the creator of all wealth, *no commodity.*" (*Th. Hodgskin* l. c. p. 186.)

26 Diese Ausdrücke dagegen für bloße licentia poetica zu erklären, zeigt nur die Ohnmacht der Analyse. Ich bemerke daher gegen *Proudhon's* Phrase: «Le travail est dit *valoir*, non pas en tant que marchandise lui-même, mais en vue des valeurs qu'on suppose renfermées puissanciellement en lui. *La valeur du travail est une expression figurée* etc.»: «Dans le travail marchandise, qui est d'une réalité effrayante, il ne voit qu'une ellipse grammaticale. Donc toute la société actuelle,

Die klassische politische Oekonomie entlehnte dem Alltagsleben ohne weitere Kritik die Kategorie *Preis der Arbeit*, um sich dann hinterher zu fragen, wie wird dieser Preis bestimmt? Sie erkannte bald, daß der Wechsel im Verhältniß von Nachfrage und Zufuhr für den Preis der Arbeit, gleich dem jeder andern Waare, nichts erklärt außer dem *Wechsel* des Preises, die Oscillationen der Marktpreise unter oder über eine gewisse Größe. Decken sich Nachfrage und Zufuhr, so hört, unter sonst gleichbleibenden Umständen, die Preisoscillation auf. Aber dann hören auch Nachfrage und Zufuhr auf irgend etwas zu erklären. Der Preis der | Arbeit, wenn Nachfrage und Zufuhr sich decken, ist der vom Verhältniß der Nachfrage und Zufuhr unabhängig bestimmte Preis der Arbeit, ihr natürlicher Preis, der so als der eigentliche Gegenstand der Analyse gefunden ward. Oder man nahm eine längere Periode der Oscillationen des Marktpreises, z. B. ein Jahr, und fand dann, daß sich ihr Auf und Ab ausgleicht zu einer mittlern Durchschnittsgröße, einer *constanten Größe.* Sie mußte natürlich anders bestimmt werden als die sich kompensirenden Abweichungen von ihr selbst. Dieser über die zufälligen Marktpreise der Arbeit übergreifende und sie regulirende Preis, *nothwendige Preis* (Physiokraten) oder *„natürliche Preis der Arbeit“* (Adam Smith) kann, wie bei andern Waaren, nur ihr in Geld ausgedrückter *Werth* sein. In dieser Art glaubte die politische Oekonomie durch die zu¦fälligen Preise der Arbeit zu ihrem *Werth* vorzudringen. Wie bei den andern Waaren wurde dieser Werth dann weiter durch die Produktionskosten bestimmt. Aber was sind die Produktionskosten – *des Arbeiters*, d. h. die Kosten, um *den Arbeiter selbst* zu produciren oder

fondée sur le travail marchandise, est désormais fondée sur une licence poétique, sur une expression figurée. La société veut-elle‹ éliminer tous les inconvénients›, qui la travaillent, eh bien! qu'élle élimine les termes malsonnants, qu'elle change de langage, et pour cela elle n'a qu'à s'adresser à l'Académie pour lui demander une nouvelle édition de son dictionnaire.» (*K. Marx: „Misère de la Philosophie“*, p. 34, 35.) Noch bequemer ist es natürlich, sich unter Werth gar nichts zu denken. Man kann dann ohne Umstände alles unter diese Kategorie subsumiren. So z. B. *J. B. Say.* Was ist *„valeur“*? *Antwort: «C'est ce qu'une chose vaut»*, und was ist *„Prix“*? *Antwort:* «La valeur d'une chose exprimée en monnaie.» Und warum hat *„le travail de la terre …* une *valeur*? Parce qu'on y met *un prix.*“ Also Werth ist was ein Ding werth ist, und die Erde hat einen „Werth“, *weil* man ihren Werth „in Geld ausdrückt“. Dieß ist jedenfalls eine sehr einfache Methode, sich über das why und wherefore der Dinge zu verständigen.

zu reproduciren? Diese Frage schob sich der politischen Oekonomie *bewußtlos* für die ursprüngliche unter, da sie mit *den Produktionskosten der Arbeit als solcher* sich im Kreise drehte und nicht vom Flecke kam. Was sie also *Werth der Arbeit* (value of labour) nennt, ist in der That der *Werth der Arbeitskraft*, die in der Persönlichkeit des Arbeiters existirt, und von ihrer Funktion, der Arbeit, ebenso verschieden ist, wie eine Maschine von ihren Operationen. Beschäftigt mit dem Unterschied zwischen den Marktpreisen der Arbeit und ihrem s. g. Werth, mit dem Verhältniß dieses Werths zur Profitrate, zu den vermittelst der Arbeit producirten Waarenwerthen u. s. w., entdeckte man niemals, daß der Gang der Analyse nicht nur von den Marktpreisen der Arbeit zu ihrem Werth, sondern dahin geführt hatte, diesen *Werth der Arbeit* selbst wieder aufzulösen in den *Werth der Arbeitskraft*. Die Bewußtlosigkeit über dieß Resultat ihrer eignen Analyse, die kritiklose Annahme der Kategorieen *Werth der Arbeit, natürlicher Preis der Arbeit* u. s. w. als letzter adäquater Ausdrücke des behandelten Werthverhältnisses, verwickelte, wie man später sehn wird, die klassische politische Oekonomie in unauflösbare Wirren und Widersprüche, während sie der Vulgärökonomie eine sichre Operationsbasis für ihre principiell nur dem Schein huldigende Flachheit bot. |

Sehn wir nun zunächst, wie Werth und Preise der Arbeitskraft in ihrer *verwandelten Form als Arbeitslohn* sich darstellen.

Man weiß, daß der Tageswerth der Arbeitskraft berechnet ist auf eine gewisse Lebensdauer des Arbeiters, welcher eine gewisse Länge des Arbeitstags entspricht. Nimm an, der gewohnheitsmäßige Arbeitstag betrage 12 Stunden und der Tageswerth der Arbeitskraft 3 sh., der Geldausdruck eines Werths, worin sich 6 Arbeitsstunden darstellen. Erhält der Arbeiter 3 sh., so erhält er den Werth seiner während 12 Stunden funktionirenden Arbeitskraft. Wird nun dieser *Tageswerth der Arbeitskraft* als *Werth der Tagesarbeit* ausgedrückt, so ergiebt sich die Formel: Die zwölfstündige Arbeit hat einen *Werth* von 3 sh. Der Werth der Arbeitskraft bestimmt so den Werth der Arbeit oder, in Geld ausgedrückt, ihren *nothwendigen Preis*. Weicht dagegen der Preis der Arbeitskraft von ihrem Werth ab, so ebenfalls der *Preis der Arbeit* von ihrem s. g. Werth.

Da der Werth der Arbeit nur ein irrationeller Ausdruck für den Werth der Arbeitskraft, ergiebt sich von selbst, daß der *Werth der Arbeit stets kleiner sein muß als ihr Werthprodukt*, denn der Kapitalist läßt die

Arbeitskraft stets länger funktioniren als zur Reproduktion ihres eignen Werths nöthig ist. Im obigen Beispiel ist der Werth der während 12 Stunden funktionirenden ¦ Arbeitskraft 3 sh., ein Werth, zu dessen Reproduktion sie 6 Stunden braucht. Ihr Werthprodukt ist dagegen 6 sh., weil sie in der That während 12 Stunden funktionirt, und ihr Werthprodukt nicht von ihrem eignen Werthe, sondern von der Zeitdauer ihrer Funktion abhängt. Man erhält so das auf den ersten Blick abgeschmackte Resultat, daß Arbeit, die einen Werth von 6 sh. schafft, einen Werth von 3 sh. besitzt[27].

Man sieht ferner, daß der Werth von 3 sh., worin sich der *bezahlte Theil des Arbeitstags, d. h. sechsstündige* Arbeit darstellt, als Werth oder *Preis des Gesammtarbeitstags von 12 Stunden*, darunter *6 unbezahlte* Stunden, er|scheint. *Die Form des Arbeitslohnes löscht also jede Spur der Theilung des Arbeitstags in nothwendige Arbeit und Mehrarbeit, in bezahlte und unbezahlte Arbeit völlig aus.* Alle Arbeit *erscheint* als bezahlte Arbeit. Bei der *Frohnarbeit* unterscheiden sich räumlich und zeitlich, handgreiflich sinnlich, die Arbeit des Fröhners für sich selbst und die Zwangsarbeit für seinen Grundherrn. Bei der *Sklavenarbeit* erscheint selbst der Theil des Arbeitstags, worin der Sklave nur den Werth seiner eignen Lebensmittel ersetzt, den er in der That also für sich selbst arbeitet, als Arbeit für seinen Meister. Alle seine Arbeit erscheint als unbezahlte Arbeit[28]. Bei der *Lohnarbeit* erscheint umgekehrt selbst die Mehrarbeit oder unbezahlte Arbeit als bezahlt. Dort verbirgt das Eigenthumsverhältniß das *Fürsichselbstarbeiten des Sklaven*, hier das Geldverhältniß das *Umsonstarbeiten des Lohnarbeiters.*

Man begreift also, von welcher entscheidenden Wichtigkeit die *Formverwandlung* von Werth und Preis der Arbeitskraft in *Arbeitslohn* oder in

27 Vgl. *„Zur Kritik der politischen Oekonomie“*, p. 40. wo ich ankündige, daß bei Betrachtung des Kapitals das Problem gelöst werden soll: „Wie führt Produktion auf Basis des durch bloße Arbeitszeit bestimmten Tauschwerths zum Resultat, daß der Tauschwerth der Arbeit kleiner ist als der Tauschwerth ihres Produkts?“

28 Der *Morning Star*, ein bis zur silliness naives Londoner Freihandelsorgan, betheuerte während des amerikanischen Bürgerkriegs wieder und wieder mit aller menschenmöglichen moralischen Indignation, daß die Neger in den „Confederate States“ ganz *umsonst* arbeiteten. Es hätte gefälligst die Tageskost eines solchen Negers mit der des freien Arbeiters im East End von London z. B. vergleichen sollen.

254 Werth und Preis der Arbeit selbst. Auf dieser *Erscheinungsform*, die das wirkliche Verhältniß unsichtbar macht und grade sein Gegentheil zeigt, beruhn alle Rechtsvorstellungen des Arbeiters wie des Kapitalisten, alle Mystifikationen der kapitalistischen Produktionsweise, alle ihre Freiheitsillusionen, alle apologetischen Flausen der Vulgärökonomie.

Braucht die Weltgeschichte viele Zeit, um hinter das *Geheimniß des Arbeitslohns* zu kommen, so ist dagegen nichts leichter zu verstehn als die Nothwendigkeit, die raisons d'être dieser *Erscheinungsform.*

Der Austausch zwischen Kapital und Arbeit stellt sich der Wahrnehmung zunächst ganz in derselben Art dar wie der Kauf und Verkauf aller andern ¦ Waaren. Der Käufer giebt eine gewisse Geldsumme, der Verkäu|fer einen von Geld verschiedenen Artikel. Das Rechtsbewußtsein erkennt hier höchstens einen stofflichen Unterschied, der sich in den rechtlich äquivalenten Formeln: Do ut des, do ut facias, facio ut des und facio ut facias, ausdrückt.

Aller Kauf und Verkauf von Waaren ist ferner von der Illusion begleitet, daß das, was gezahlt wird, der *Gebrauchswerth* der Waare ist, obgleich diese Illusion schon über die einfache Thatsache stolpert, daß die verschiedensten Artikel *denselben Preis* und derselbe Artikel, ohne daß sich sein Gebrauchswerth oder das Bedürfniß dafür ändert, *wechselnde Preise* hat. Da aber Tauschwerth und Gebrauchswerth *an*
255 *und für sich inkommensurable Größen* sind, so existirt von diesem Standpunkt keine größere Irrationalität in dem Ausdruck „Werth der Arbeit", „Preis der Arbeit" als in dem Ausdruck „Werth der Baumwolle", „Preis der Baumwolle". Das Mißverständniß ist bei Kauf und Verkauf der Arbeit noch unvermeidlicher als bei andern Waaren. *Erstens,* weil das Geld im Kauf der Arbeit als *Zahlungsmittel* funktionirt. Der Arbeiter wird gezahlt, nachdem er seine Arbeit geliefert hat. Begrifflich aber enthält die Funktion des Geldes als Zahlungsmittel, daß es den *Werth* oder *Preis* des gelieferten Artikels nachträglich *realisirt,* also im gegebnen Fall den Werth oder Preis der gelieferten Arbeit. *Zweitens:* Der *Gebrauchswerth,* den der Arbeiter dem Kapitalisten liefert, ist in der That nicht seine Arbeitskraft, sondern ihre besondre Funktion, Arbeit von besondrem Inhalt, Schneiderarbeit, Schusterarbeit, Spinnarbeit u. s. w. Daß *dieselbe Arbeit* nach einer andern Seite hin allgemeines *werthbildendes Element* ist, eine Eigenschaft, wodurch sie sich von allen andern Waaren unterscheidet, fällt außerhalb des Bereichs des gewöhnlichen Bewußtseins.

Stellen wir uns auf den Standpunkt des Arbeiters, der für zwölfstündige Arbeit z. B. das Werthprodukt sechsstündiger Arbeit erhält, sage 3 sh., so ist *für ihn* in der That *seine zwölfstündige Arbeit das Kaufmittel der 3 sh.* Der Werth seiner Arbeitskraft mag variiren mit dem Werth seiner gewohnheitsmäßigen Lebensmittel von 3 auf 4 sh. oder von 3 auf 2 sh., oder bei gleichbleibendem Werth seiner Arbeitskraft mag ihr Preis, in Folge wechselnden Verhältnisses von Nachfrage und Zufuhr, auf 4 sh. steigen oder auf 2 sh. fallen, *er giebt stets 12 Arbeitsstunden.* Jeder Wechsel in der Größe des Aequivalents, das *er* | erhält, erscheint ihm daher nothwendig als Wechsel im Werth oder Preis dieser 12 Arbeitsstunden. Dieser Umstand verleitete umgekehrt *Adam Smith*, der den Arbeitstag als eine *constante Größe* behandelt[29], zur Behauptung, *der Werth der Arbeit sei constant*, ¦ obgleich der Werth der Lebensmittel wechsle und derselbe Arbeitstag sich daher in mehr oder weniger Geld für den Arbeiter darstelle.

Nehmen wir andrerseits den Kapitalisten, so will er zwar möglichst viel Arbeit für möglichst wenig Geld erhalten. Praktisch interessirt ihn daher nur die *Differenz* zwischen dem Preis der Arbeitskraft und dem Werth, den ihre Funktion schafft. Aber er sucht *alle* Waare möglichst wohlfeil zu kaufen und erklärt sich überall seinen Profit aus der einfachen Prellerei, dem *Verkauf* über dem Werth. Er kommt daher nicht zur Einsicht, daß wenn so ein Ding wie *Werth der Arbeit* wirklich existirte, und er diesen Werth wirklich zahlte, kein Kapital existiren, sein Geld sich nicht in Kapital verwandeln würde.

Es kommt hinzu, daß die *wirkliche Bewegung des Arbeitslohns* Phänomene zeigt, die zu beweisen scheinen, daß nicht der *Werth der Arbeitskraft*, sondern der Werth ihrer Funktion, *der Arbeit selbst*, bezahlt wird. Diese Phänomene können wir auf zwei große Klassen zurückführen. *Erstens:* Wechsel des Arbeitslohns mit wechselnder Länge des Arbeitstags. Man könnte eben so wohl schließen, daß nicht der Werth der Maschine, sondern der ihrer Operation bezahlt wird, weil es mehr kostet eine Maschine für eine Woche als für einen Tag zu dingen. *Zweitens:* Der individuelle Unterschied in den Arbeitslöhnen verschiedner Arbeiter, welche dieselbe Funktion verrichten. Diesen individuellen Unterschied findet man, aber ohne Anlaß zu Illusionen, wieder im System der Skla-

29 A. Smith spielt nur zufällig auf die Variation des Arbeitstags an bei seiner Behandlung des Stücklohns.

verei, wo frank und frei, ohne Schnörkel, *die Arbeitskraft selbst* verkauft wird. Nur fällt der Vortheil einer Arbeitskraft, die über dem Durchschnitt, oder der Nachtheil einer Arbeitskraft, die unter dem Durchschnitt steht, im Sklavensystem dem Sklaveneigner zu, im System der Lohnarbeit dem Arbeiter selbst, weil seine Arbeitskraft in dem einen Fall von ihm selbst, in dem andern von einer dritten Person verkauft wird. |

256 Uebrigens gilt von der *Erscheinungsform*, „Werth und Preis der Arbeit" oder „*Arbeitslohn*", im Unterschied zum *wesentlichen Verhältniß*, welches *erscheint*, dem Werth und Preis der Arbeitskraft, dasselbe, was von *allen Erscheinungsformen* und ihrem verborgnen Hintergrund. Die ersteren reproduciren sich unmittelbar, spontan, als gang
257 und gäbe *Denkformen*, der andere muß durch die Wissenschaft erst *entdeckt* werden. Die klassische politische Oekonomie stößt annähernd auf den wahren Sachverhalt, ohne ihn jemals *bewußt zu formuliren*. Sie kann das nicht, so lange sie in ihrer bürgerlichen Haut steckt. ¦

b) Die beiden Grundformen des Arbeitslohns:
Zeitlohn und Stücklohn.

Der *Arbeitslohn* nimmt selbst wieder *sehr mannigfaltige Formen* an, ein Umstand, nicht erkennbar aus den ökonomischen Kompendien, die in ihrer brutalen Interessirtheit für den Stoff jeden Formunterschied vernachlässigen. Eine Darstellung aller dieser Formen gehört jedoch in die specielle Lehre von der Lohnarbeit, also nicht in dieß Werk. Dagegen sind die zwei herrschenden Grundformen hier kurz zu entwickeln.

Der Verkauf der Arbeitskraft findet, wie man sich erinnert, stets *für bestimmte Zeitperiode* statt. Die verwandelte Form, worin der Tageswerth, Wochenwerth u. s. w. der Arbeitskraft *unmittelbar* erscheint, ist daher die des *Zeitlohns*, also Tageslohn, Wochenlohn u. s. w.

Es ist nun zunächst zu bemerken, daß die im 2. Abschnitt dieses Kapitels dargestellten Gesetze über den Größenwechsel von Preis der Arbeitskraft und Mehrwerth sich durch einfache Formveränderung in *Gesetze des Arbeitslohns* verwandeln. Ebenso erscheint der Unterschied zwischen dem *Tauschwerth* der Arbeitskraft und der *Masse der Lebensmittel*, worin sich dieser Werth umsetzt, jetzt als Unterschied von *nominellem* und *reellem* Arbeitslohn. Es wäre nutzlos in der Erscheinungsform zu wiederholen, was in der wesentlichen Form bereits entwickelt. Wir beschränken uns daher auf wenige, den *Zeitlohn* charakterisirende Punkte.

Die Geldsumme[30], die der Arbeiter für seine Tagesarbeit, Wochenarbeit u. s. w. erhält, bildet den wirklichen *Betrag* seines *nominellen* oder *dem Werth nach geschätzten* Arbeitslohns. Es ist aber klar, daß | je nach der Länge des Arbeitstags, also je nach der täglich von ihm gelieferten *Quantität Arbeit*, derselbe Tageslohn, Wochenlohn u. s. w. einen sehr verschiednen *Preis der Arbeit* d. h. sehr verschiedne Geldsummen *für dasselbe Quantum Arbeit* darstellen kann[31]. Man muß also bei dem Zeitlohn wieder unterscheiden zwischen dem *Gesammtbetrag des Arbeitslohns*, Taglohns, Wochenlohns u. s. w. und dem *Preis der Arbeit*. Wie nun den Preis der Arbeit finden, d. h. den *Geldwerth eines gegebnen Quantums Arbeit?* Der durchschnittliche Preis der Arbeit ergiebt sich, indem man den *durchschnittlichen Tageswerth der Arbeitskraft durch die Stundenzahl des durchschnittlichen Arbeitstags dividirt*. Ist z. B. der Tageswerth der Arbeitskraft 3 sh., das ¦ Werthprodukt von 6 Arbeitsstunden, und ist der Arbeitstag zwölfstündig, so ist der Preis einer Arbeitsstunde = $\frac{3 \text{ sh.}}{12}$ = 3 d. Der so gefundne *Preis der Arbeitsstunde dient als Einheitsmaß für den Preis der Arbeit.*

Es folgt daher, daß der Taglohn, Wochenlohn u. s. w. *derselbe* bleiben kann, obgleich der *Preis der Arbeit fortwährend sinkt*. War z. B. der gewohnheitsmäßige Arbeitstag 10 Stunden und der Tageswerth der Arbeitskraft 3 sh., so betrug der Preis der Arbeitsstunde 3⅗ d.; er sinkt auf 3 d., sobald der Arbeitstag zu 12 Stunden, und auf 2⅖ d., sobald er zu 15 Stunden steigt. Tages- oder Wochenlohn bleiben trotzdem unverändert. Umgekehrt kann der Taglohn oder Wochenlohn *steigen*, obgleich der Preis der Arbeit *constant* bleibt oder selbst *sinkt*. War z. B. der Arbeitstag zehnstündig und ist der Tageswerth der Arbeitskraft 3 sh., so der Preis einer Arbeitsstunde 3⅗ d. Arbeitet der Arbeiter in Folge zunehmender Beschäftigung und bei gleichbleibendem Preise

30 Der *Geldwerth* selbst wird hier immer als constant vorausgesetzt.

31 "The *price of labour* is the *sum paid for a given quantity of labour*." (*Sir Edward West: „Price of Corn and Wages of Labour. Lond.* 1826", p. 67.) Dieser *West* ist der Verfasser der in der Geschichte der politischen Oekonomie epochemachenden anonymen Schrift: *„Essay on the Application of Capital to Land. By a Fellow of Univ. College of Oxford. Lond.* 1815".

der Arbeit 12 Stunden, so steigt sein Tageslohn nun auf 3 sh. 7⅕ d. ohne Variation im Preise der Arbeit. Dasselbe Resultat könnte herauskommen, wenn | statt der extensiven Größe der Arbeit ihre intensive Größe zunähme[32]. Steigen des nominellen Tages- oder Wochenlohns mag daher begleitet sein von gleichbleibendem oder sinkendem Preis der Arbeit. Dasselbe gilt von der Einnahme der Arbeiterfamilie, sobald das vom Familienhaupt gelieferte Arbeitsquantum durch die Arbeit der Familienglieder vermehrt wird. Es giebt also von der Schmälerung des nominellen Tagesoder Wochenlohns *unabhängige* Methoden zur Herabsetzung des Preises der Arbeit[33]. Als allgemeines Gesetz aber folgt: Ist die *Quantität der Tages-, Wochenarbeit* u. s. w. *gegeben, so hängt der Tages- oder Wochenlohn vom Preise der Arbeit ab*, der selbst variirt, entweder mit dem Werth der Arbeitskraft oder den Abweichungen ihres Preises von ihrem Werthe. Ist dagegen ¦ der *Preis der Arbeit gegeben, so hängt der Tages- oder Wochenlohn von der Quantität der Tages- oder Wochenarbeit ab.*

Die Maßeinheit des Zeitlohns, der Preis der Arbeitsstunde, ist der Quotient des Tageswerths der Arbeitskraft, dividirt durch die Stundenzahl des gewohnheitsmäßigen Arbeitstags. Gesetzt letztrer betrage

[32] "The wages of labour depend upon the price of labour and the quantity of labour performed … An increase in the wages of labour does not necessarily imply an enhancement of the price of labour. From fuller employment, and greater exertions, the wages of labour may be considerably increased, while the price of labour may continue the same." (*West* l. c. p. 67, 68 u. 112.) Die Hauptfrage: wie wird der „price of labour“ bestimmt? fertigt West übrigens mit banalen Redensarten ab.

[33] Dieß fühlt der fanatischste Vertreter der industriellen Bourgeoisie des 18. Jahrhunderts, der oft von uns citirte Verfasser des *„Essay on Trade and Commerce“* richtig heraus, obgleich er die Sache konfus darstellt: "It is the quantity of labour and not the price of it (versteht darunter den nominellen Tages- oder Wochenlohn), that is determined by *the price of provisions and other necessaries:* reduce the price of necessaries very low, and of course you reduce the quantity of labour in proportion … Master-manufacturers know, that there are various ways of raising and felling the *price of labour*, besides that of altering *its nominal amount.*" (l. c. p. 48 u. 61.) In seinen *„Three Lectures on the Rate of Wages. Lond. 1830“*, worin *N. W. Senior* West's Schrift benutzt, ohne sie anzuführen, sagt er u. a.: "The labourer is principally interested in the *amount of wages*" (p. 15). Also der Arbeiter ist hauptsächlich interessirt in dem, was er *erhält*, dem nominellen Betrag des Lohns, nicht in dem, was er *giebt*, der Quantität der Arbeit!

12 Stunden, | der Tageswerth der Arbeitskraft 3 sh., das Werthprodukt von 6 Arbeitsstunden. Der Preis der Arbeitsstunde ist unter diesen Umständen 3 d., ihr Werthprodukt 6 d. Wird der Arbeiter nun weniger als 12 Stunden täglich (oder weniger als 6 Tage in der Woche) beschäftigt, z. B. nur 6 oder 8 Stunden, so erhält er, bei *diesem* Preise der Arbeit, nur 2 oder 1½ sh. Taglohn[34]. Da er nach der Voraussetzung im Durchschnitt *6 Stunden täglich* arbeiten muß, um nur einen dem Werth seiner Arbeitskraft entsprechenden Taglohn zu produciren, da er nach derselben Voraussetzung von jeder Stunde nur ½ für sich selbst, ½ aber für den Kapitalisten arbeitet, so ist es klar, daß er das *Werthprodukt von 6 Stunden* nicht herausschlagen kann, wenn er *weniger als 12 Stunden* beschäftigt wird. Sah man früher die zerstörenden Folgen der Ueberarbeit, so entdeckt man hier die Quellen der Leiden, die für den Arbeiter aus seiner *Unterbeschäftigung* entspringen.

Wird der *Stundenlohn* in der Weise fixirt, daß der Kapitalist sich nicht zur Zahlung eines Tages- oder Wochenlohns verpflichtet, sondern nur zur Zahlung der Arbeitsstunden, während deren es ihm beliebt, den Arbeiter zu beschäftigen, so kann er ihn *unter der Zeit* beschäftigen, die der Schätzung des Stundenlohns oder der Maßeinheit für den Preis der Arbeit ursprünglich zu Grunde liegt. Da diese Maßeinheit bestimmt ist durch die Proportion $\frac{\text{Tageswerth der Arbeitskraft}}{\text{Arbeitstag von gegebner Stundenzahl}}$, verliert sie natürlich allen Sinn, sobald der Arbeitstag aufhört, eine bestimmte Stundenzahl zu zählen. Der Zusammenhang zwischen der bezahlten und unbezahlten Arbeitszeit ist aufgehoben. Der Kapitalist kann jetzt ein bestimmtes Quantum Mehrarbeit aus dem Arbeiter herausschlagen, ohne ihm die zu seiner Selbsterhaltung nothwendige Arbeitszeit einzuräumen. Er kann jede Regelmäßigkeit der Beschäftigung vernichten und ganz nach | Bequemlichkeit, Willkühr und augenblicklichem Interesse die ungeheuerste Ueberarbeit mit relativer oder gänzlicher Arbeitslosigkeit abwechseln lassen. Er kann, unter dem Vorwand, den „normalen

34 Die Wirkung solcher *anormalen* Unterbeschäftigung ist durchaus verschieden von der einer *allgemeinen zwangsgesetzlichen* Reduktion des Arbeitstags. Erstere hat mit der *absoluten Länge* des Arbeitstags nichts zu schaffen und kann ebensowohl bei 15stündigem als bei 6stündigem Arbeitstag eintreten. Der normale Preis der Arbeit ist im ersten Fall darauf berechnet, daß der Arbeiter 15 Stunden, im zweiten darauf, daß er 6 Stunden per Tag durchschnittlich arbeitet. Die Wirkung bleibt daher dieselbe, wenn er in dem einen Fall nur 7½, in dem andern nur 3 Stunden beschäftigt wird.

Preis der Arbeit“ zu zahlen, den Arbeitstag, ohne irgend ¦ entsprechende Kompensation für den Arbeiter, anormal verlängern. Daher der durchaus rationelle Aufstand (1860) der im Baufach beschäftigten Londoner Arbeiter gegen den Versuch der Kapitalisten diesen Stundenlohn aufzuherrschen. Die *gesetzliche Beschränkung des Arbeitstags* macht solchem Unfug ein Ende, obgleich natürlich nicht der aus Konkurrenz der Maschinerie, Wechsel in der Qualität der angewandten Arbeiter, partiellen und allgemeinen Krisen entspringenden Unterbeschäftigung.

Bei wachsendem Tages- oder Wochenlohn kann der *Preis der Arbeit* nominell constant bleiben und dennoch unter sein normales Niveau sinken. Dieß findet jedesmal statt, sobald mit constantem Preis der Arbeit, resp. der Arbeitsstunde, der Arbeitstag über seine gewohnheitsmäßige Dauer verlängert wird. Wenn in dem Bruch $\frac{\text{Tageswerth der Arbeitskraft}}{\text{Arbeitstag}}$ der Nenner wächst, wächst der Zähler noch rascher. Der Werth der Arbeitskraft, weil ihr Verschleiß, wächst mit der Dauer ihrer Funktion, und in rascherer Proportion als das Increment ihrer Funktionsdauer. In vielen Industriezweigen, wo *Zeitlohn* vorherrscht, ohne gesetzliche Schranken der Arbeitszeit, hat sich daher naturwüchsig die Gewohnheit herausgebildet, daß der Arbeitstag nur bis zu einem gewissen Punkt, z. B. bis zum Ablauf der zehnten Stunde, als *normal* gilt („normal working day“, „the day's work“, „the regular hours of work“). Jenseits dieser Grenze bildet die Arbeitszeit *Ueberzeit* (overtime) und wird, die Stunde als Maßeinheit genommen, besser bezahlt (extra pay), obgleich oft in lächerlich kleiner Proportion[35]. Der normale Arbeitstag existirt hier als *Bruchtheil* des wirklichen Arbeitstags und der letztere währt oft während des ganzen Jahres | länger als der erstere[36]. Das Wachsthum im Preis der Arbeit mit der Verlängerung des Arbeitstags über eine gewisse Normalgrenze gestaltet sich in verschiedenen britischen

35 „Die Rate der Zahlung für Ueberzeit (in der Spitzenmanufaktur) ist so klein, ½ d. u. s. w. per Stunde, daß sie in peinlichem Kontrast steht zur massenhaften Unbill, die sie der Gesundheit und Lebenskraft der Arbeiter anthut … Der so gewonnene kleine Ueberschuß muß außerdem oft in Extra-Erfrischungsmitteln wieder verausgabt werden.“ (*„Child. Empl. Comm.“ II. Rep.*, p. XVI, n. 117.)

36 Z. B. in der Tapetendruckerei vor der neulichen Einführung des Fabrikakts. „Wir arbeiten ohne Pause für Mahlzeiten, so daß das *Tageswerk von 10½ Stunden* um halb 5 Uhr Nachmittags beendet ist, und alles spätere ist *Ueberzeit*, die selten vor 6 Uhr Abends aufhört, so daß wir in der That *das ganze Jahr durch* Ueberzeit arbeiten.“ (*Mr. Smith's Evidence in „Child. Empl. Comm.“ I. Rep.*, p. 125.)

Industriezweigen so, daß der niedrige Preis der Arbeit während der s. g. Normalzeit dem Arbeiter die besser bezahlte Ueberzeit aufzwingt, will er überhaupt einen genügenden Arbeitslohn herausschlagen[37]. ¦ Gesetzliche Beschränkung des Arbeitstags macht diesem Vergnügen ein Ende[38]. |

Es ist allgemein bekannte Thatsache, daß je länger der Arbeitstag in einem Industriezweig, um so niedriger der Arbeitslohn[39]. Fabrikinspektor A. Redgrave illustrirt dieß durch eine vergleichende Uebersicht der zwanzigjährigen Periode von 1839–1859, wonach der Arbeitslohn in

[37] Z. B. in den schottischen Bleichereien. „In einigen Theilen Schottlands wurde diese Industrie (vor Einführung des Fabrikakts 1862) nach dem System der Ueberzeit betrieben, d. h. 10 Stunden galten als normaler Arbeitstag. Dafür erhielt der Mann 1 sh. 2 d. Hierzu kam aber täglich eine Ueberzeit von 3 oder 4 Stunden, wofür 3 d. per Stunde gezahlt wurde. Folge dieses Systems: Ein Mann, der nur die Normalzeit arbeitete, konnte nur 8 sh. Wochenlohn verdienen. Ohne Ueberzeit reichte der Lohn nicht aus." („*Reports of Insp. of Fact. 30th April 1863*", p. 10.) Die „Extrazahlung für Ueberzeit ist eine *Versuchung*, der die Arbeiter nicht widerstehen können." („*Rep. of Insp. of Fact. 30th April 1848*", p. 5.) Die Buchbinderei in der City von London verwendet sehr viele junge Mädchen vom 14.-15. Jahr an, und zwar unter dem Lehrlingskontrakt, der bestimmte Arbeitsstunden vorschreibt. Nichtsdestoweniger arbeiten sie in der Schlußwoche jeden Monats bis 10, 11, 12 und 1 Uhr Nachts, zusammen mit den älteren Arbeitern, in *sehr gemischter* Gesellschaft. „Die Meister versuchen (tempt) sie durch Extralohn und Geld für ein gutes Nachtessen", das sie in benachbarten Kneipen zu sich nehmen. Die große Liederlichkeit, so unter diesen „young immortals" producirt („*Child. Empl. Comm. V. Rep.*", p. 44, n. 191), findet ihre Kompensation darin, daß von ihnen unter anderm auch viele Bibeln und Erbauungsbücher gebunden werden.

[38] Sieh „*Reports of Insp. of Fact. 30th April 1863*", l. c. Mit ganz richtiger Kritik des Sachverhältnisses erklärten die im Baufach beschäftigten Londoner Arbeiter während des großen strike und lock-out von 1860 den *Stundenlohn* nur annehmen zu wollen unter zwei Bedingungen: 1) daß mit dem Preis der Arbeitsstunde ein Normalarbeitstag von resp. 9 und 10 Stunden festgesetzt werde und der Preis für die Stunde des zehnstündigen Arbeitstags größer sei als für die des neunstündigen; 2) daß jede Stunde über den Normaltag hinaus als Ueberzeit verhältnißmäßig höher bezahlt werde.

[39] "It is a very notable thing, too, that where long hours are the rule, small wages are also so." („*Rep. of Insp. of Fact. 31st Oct. 1863*", p. 9.) "The work which obtains the scanty pittance of food is for the most part excessively prolonged." („*Public Health, Sixth Rep. 1863*", p. 15.)

den dem Zehnstundengesetz unterworfenen Fabriken stieg, während er in den Fabriken, wo 14 bis 15 Stunden täglich gearbeitet wird, fiel[40].

Zunächst folgt aus dem Gesetz: „bei *gegebnem Preis der Arbeit* hängt der Tages- oder Wochenlohn von der *Quantität* der gelieferten Arbeit ab", daß je niedriger der Preis der Arbeit, desto größer das Arbeitsquantum sein muß oder desto länger der Arbeitstag, damit der Arbeiter auch nur einen kümmerlichen Durchschnittslohn sichre. Die Niedrigkeit des Arbeitspreises wirkt hier als Sporn zur Verlängerung der Arbeitszeit[41].

Umgekehrt aber producirt ihrerseits die Verlängerung der Arbeitszeit einen Fall im Arbeitspreise und damit im Tages- oder Wochenlohn.

Die Bestimmung des Arbeitspreises durch ¦

$$\frac{\text{Tageswerth der Arbeitskraft}}{\text{Arbeitstag von gegebner Stundenzahl}}$$

ergiebt, daß bloße Verlängerung des Arbeitstags den Arbeitspreis senkt, wenn keine Kompensation eintritt. Aber dieselben Umstände, welche den Kapitalisten befähigen, den Arbeitstag auf die Dauer zu verlängern, befähigen ihn erst und zwingen ihn schließlich, den Arbeitspreis auch nominell zu senken, bis der Gesammtpreis der vermehrten Stundenzahl sinkt, also der Tages- oder Wochenlohn. Hinweis auf zwei Umstände genügt hier. Verrichtet ein Mann das Werk von 1½ oder 2 Männern, so wächst | die Zufuhr der Arbeit, wenn auch die Zufuhr der auf dem Markt befindlichen Arbeitskräfte constant bleibt. Die so unter den Arbeitern erzeugte Konkurrenz befähigt den Kapitalisten den Preis der Arbeit herabzudrücken, während der fallende Preis der Arbeit ihn umgekehrt befähigt, die Arbeitszeit noch weiter heraufzuschrauben[42]. Bald jedoch wird diese Verfügung über anormale, d. h. das gesellschaft-

40 „*Reports of Insp. of Fact. 30th April 1860*", p. 31, 32.

41 Die Hand-Nägelmacher in England haben z. B. wegen des niedrigen Arbeitspreises 15 Stunden täglich zu arbeiten, um den kümmerlichsten Wochenlohn herauszuschlagen. „Es sind viele, viele Stunden des Tags, und während aller der Zeit muß er hart schanzen um 11 d. oder 1 sh. herauszuschlagen, und davon gehn 2½ bis 3 d. ab für Verschleiß der Werkzeuge, Feuerung, Eisenabfall." („*Child. Empl. Comm. III. Rep.*", p. 136, n. 671.) Die Weiber verdienen bei derselben Arbeitszeit nur einen Wochenlohn von 5 sh. (l. c. p. 137, n. 674.)

42 Wenn ein Fabrikarbeiter z. B. verweigerte, die hergebrachte lange Stundenzahl zu arbeiten, „he would very shortly be replaced by somebody who would work any length of time and thus be thrown out of employment." („*Reports of Insp. of Fact. 31. Oct. 1848.*" *Evidence* p. 39, n. 58.) "If one man performs the work

liche Durchschnittsniveau überfließende *Quanta unbezahlter Arbeit* zum *Konkurrenzmittel unter den Kapitalisten* selbst. Ein *Theil des Waarenpreises* besteht aus dem *Preis der Arbeit.* Der nicht gezahlte Theil des *Arbeitspreises* braucht nicht im Waarenpreis zu rechnen. Er *kann* dem Waarenkäufer geschenkt werden. Dieß ist der erste Schritt, wozu die Konkurrenz treibt. Der zweite Schritt, wozu sie zwingt, ist wenigstens *einen Theil* des durch die Verlängerung des Arbeitstags erzeugten *anormalen Mehrwerths* ebenfalls aus dem *Verkaufspreis der Waare* zu eliminiren. In dieser Weise bildet sich erst sporadisch und fixirt sich nach und nach ein anormal niedriger Verkaufspreis der Waare, der von nun an zur constanten Grundlage kümmerlichen Arbeitslohns bei übermäßiger Arbeitszeit wird, wie er ursprünglich das Produkt dieser Umstände war. Wir deuten diese Bewegung bloß an, da die Analyse der Konkurrenz nicht hierhin gehört. Doch mag für einen Augenblick der Kapitalist selbst sprechen. „In Birmingham ist so große Konkurrenz unter den Meistern, daß mancher von uns gezwungen ist als Arbeitsanwender zu thun, was er sich schämen würde sonst zu thun; und dennoch wird nicht mehr Geld gemacht (and yet no more money is made), sondern das Publikum allein hat den Vortheil davon“[43]. Man erinnert sich der zwei Sorten *Londoner Bäcker,* wovon die eine Brod zum vollen Preise (the „fullpriced“ bakers), die andre es *unter* seinem normalen | Preise verkauft („the underpriced“, „the undersellers“). Die „fullpriced“ denunciren ihre Konkurrenten vor der ¦ parlamentarischen Untersuchungskommission: „Sie existiren nur, indem sie erstens das Publikum betrügen (durch Fälschung der Waare) und zweitens 18 Arbeitsstunden aus ihren Leuten für den Lohn zwölfstündiger Arbeit herausschinden. … *Die unbezahlte Arbeit (the unpaid labour)* der Arbeiter ist das Mittel, wodurch der Konkurrenzkampf geführt wird. … Die Konkurrenz unter den Bäckermeistern ist die Ursache der Schwierigkeit in Beseitigung der Nachtarbeit. Ein Unterverkäufer, der sein Brod unter dem mit dem Mehlpreis wechselnden Kostpreis verkauft, hält sich schadlos, indem er mehr Arbeit aus seinen Leuten herausschlägt. Wenn ich nur 12 Stunden Arbeit aus meinen Leuten herausschlage, mein Nachbar dagegen 18 oder 20, muß er mich im Verkaufspreis schlagen.

of two … the rate of profits will generally be raised … in consequence of the additional supply of labour having diminished its price.“ (*Senior* l. c. p. 15.)

43 *„Child. Empl. Comm.“ III. Rep. Evidence* p. 66, n. 22.

Könnten die Arbeiter auf Zahlung für *Ueberzeit* bestehn, so wäre es mit diesem Manöver bald zu Ende. … Eine große Anzahl der von den Unterverkäufern Beschäftigten sind Fremde, Jungen und Andre, die fast mit jedem Arbeitslohn, den sie kriegen können, vorlieb zu nehmen gezwungen sind“[44].

Diese Jeremiade ist auch deßwegen interessant, weil sie zeigt, wie *nur der Schein der Produktionsverhältnisse* sich im Kapitalistenhirn widerspiegelt. Der Kapitalist weiß nicht, daß auch der *normale Preis der Arbeit* ein bestimmtes Quantum unbezahlter Arbeit einschließt und eben diese unbezahlte Arbeit die *normale* Quelle seines Gewinns ist. Die Kategorie der Mehrarbeitszeit existirt überhaupt nicht für ihn, denn sie ist eingeschlossen im normalen Arbeitstag, den er im Taglohn zu zahlen glaubt. Wohl aber existirt für ihn die *Ueberzeit*, die Verlängerung des Arbeitstags über die dem gewohnten Preis der Arbeit entsprechende Schranke. Seinem *unterverkaufenden* Konkurrenten gegenüber besteht er sogar auf Extrazahlung (extra pay) | für diese Ueberzeit. Er weiß wieder nicht, daß diese Extrazahlung ebensowohl *unbezahlte Arbeit* einschließt, wie der Preis der gewöhnlichen Arbeitsstunde. Z. B. der Preis einer Stunde des zwölfstündigen Arbeitstags ist 3 d., das Werthprodukt von ½ Arbeitsstunde, während der Preis der überzeitigen Arbeitsstunde 4 d., das Werthprodukt von ⅔ Arbeitsstunde. Im ersten Fall eignet sich der Kapitalist von einer Arbeitsstunde die Hälfte, im andern ⅓ ohne Zahlung an.

Der *Stücklohn* ist nichts als *eine verwandelte Form des Zeitlohns*, wie der Zeitlohn die verwandelte Form des Werthes oder Preises der Arbeitskraft.

Beim Stücklohn sieht es auf den ersten Blick aus, als ob der vom Arbeiter verkaufte *Gebrauchswerth* nicht die Funktion seiner Arbeitskraft sei, *le¦bendige Arbeit*, sondern *bereits im Produkt vergegenständlichte Arbeit*, und als ob der Preis dieser Arbeit nicht wie beim Zeitlohn durch die Bruchzahl $\frac{\text{Tageswerth der Arbeitskraft}}{\text{Arbeitstag von gegebner Stundenzahl}}$, sondern durch die *Leistungsfähigkeit des Producenten* bestimmt werde[45].

44 „*Report* etc. *relative to the Grievances complained of by the journeymen bakers. Lond.* 1862“, p. LII und ib. *Evidence*, n. 479, 359, 27. Indeß lassen auch die fullpriced, wie früher erwähnt, und wie ihr Wortführer Bennett selbst zugesteht, ihre Leute „Arbeit beginnen um 11 Uhr Abends oder früher und verlängern sie oft bis 7 Uhr des folgenden Abends.“ (l. c. p. 22.)

45 “The system of piece-work illustrates an epoch in the history of the working man; it is half-way between the position of the mere day-labourer, depending

Zunächst müßte die Zuversicht, die an diesen Schein glaubt, bereits stark erschüttert werden durch die Thatsache, daß beide Formen des Arbeitslohns zur selben Zeit in denselben Geschäftszweigen neben einander bestehen. Z. B. „Die Setzer von London arbeiten in der Regel nach Stücklohn, während Zeitlohn bei ihnen die Ausnahme bildet. Umgekehrt | bei den Setzern in den Provinzen, wo der Zeitlohn die Regel und der Stücklohn die Ausnahme. Die Schiffszimmerleute im Hafen von London werden nach Stücklohn bezahlt, in allen andern englischen Häfen nach Zeitlohn“[46]. In denselben Londoner Sattlerwerkstätten wird oft für dieselbe Arbeit den Franzosen Stücklohn und den Engländern Zeitlohn gezahlt. In den eigentlichen Fabriken, wo Stücklohn allgemein vorherrscht, entziehn sich einzelne Arbeitsfunktionen aus technischen Gründen dieser Messung und werden daher nach Zeitlohn gezahlt[47]. An
und für sich ist es jedoch klar, daß die *Formverschiedenheit in der Aus-* 258
zahlung des Arbeitslohns an seinem *Wesen* nichts ändert, obgleich die eine Form der Entwicklung der kapitalistischen Produktion günstiger sein mag als die andre.

upon the will of the capitalist, and the cooperative artizan, who in the not distant future promises to combine the artizan and the capitalist in his own person. Piece-workers are in fact their own masters, even whilst working upon the capital of the employer.” (*John Watts: „Trade Societies and Strikes, Machinery and Co-operative Societies. Manchester* 1865“, p. 52, 53.) Ich citire dieß Schriftchen, weil es eine wahre Gosse aller längst verfaulten, apologetischen Gemeinplätze. Derselbe Herr Watts machte früher in Owenismus und publicirte 1842 ein andres Schriftchen: *„Facts and Fictions of Political Economy*“, worin er u. a. Property für Robbery erklärt. Es ist schon lange her.

46 *T. J. Dunning: „Trade's Unions and Strikes. Lond.* 1860“, p. 22.

47 Wie das gleichzeitige Nebeneinander dieser zwei Formen des Arbeitslohns Fabrikantenprellereien begünstigt: “A factory employs 400 people, the half of which work by the piece, and have a direct interest in working longer hours. The other 200 are paid by the day, work equally long with the others, and get no more money for their overtime ... The work of these 200 people for half an hour a day is equal to one person's work for 50 hours, or 5/6 of one person's labour in a week, and is a positive gain to the employer.” (*„Reports of Insp. of Fact. 31st October 1860*“, p. 9.) “Overworking, to a very considerable extent, still prevails; and, in most instances, with that security against detection and punishment which the law itself affords. I have in many former reports ... shown ... the injury to all the workpeople who are not employed *on piece-work*, but receive *weekly wages.*” *Leonard Horner* in *„Reports of Insp. of Fact. 30th April 1859*“, p. 8, 9.

Der gewöhnliche Arbeitstag betrage 12 Stunden, wovon 6 bezahlt, 6 unbezahlt. Sein Werthprodukt sei 6 sh., das einer Arbeitsstunde daher 6 d. Es stelle sich erfahrungsmäßig heraus, daß ein Arbeiter, der mit dem Durch¦schnittsgrad von Intensivität und Geschick arbeitet, in der That also nur *die gesellschaftlich nothwendige Arbeitszeit* zur Produktion eines Artikels verwendet, 24 Stücke, ob diskret, oder meßbare Theile eines kontinuirlichen Machwerks, in 12 Stunden liefert. So ist der Werth dieser 24 Stücke, nach Abzug des in ihnen enthaltenen constanten Kapitaltheils, 6 sh. und der Werth des einzelnen Stücks 3 d. Der Arbeiter erhält per Stück 1½ d. und verdient so in | 12 Stunden 3 sh. Wie es beim Zeitlohn gleichgültig ist, ob man annimmt, daß der Arbeiter 6 Stunden für sich und 6 für den Kapitalisten, oder von jeder Stunde die eine Hälfte für sich und die andre für den Kapitalisten arbeitet, so auch hier, ob man sagt, jedes einzelne Stück sei halb bezahlt und halb unbezahlt, oder der Preis von 12 Stücken ersetze nur den Werth der Arbeitskraft, während in den 12 andern sich der Mehrwerth verkörpere.

259 Die Form des Stücklohns ist ebenso *irrationell* als die des Zeitlohns. Während z. B. zwei Stück Waare, nach Abzug des Werths der in ihnen aufgezehrten Produktionsmittel, als Produkt einer Arbeitsstunde 6 d. *werth* sind, erhält der Arbeiter für sie einen *Preis* von 3 d. Der Stücklohn drückt *unmittelbar* in der That *kein Werthverhältniß* aus. Es handelt sich nicht darum den Werth des Stücks durch die in ihm verkörperte Arbeitszeit zu messen, sondern umgekehrt die vom Arbeiter verausgabte Arbeit durch die Zahl der von ihm producirten Stücke. Beim Zeitlohn mißt sich die Arbeit an ihrer unmittelbaren Zeitdauer, beim Stücklohn am Produktenquantum, worin Arbeit während bestimmter Zeitdauer verdichtet[48]. Der Preis der Arbeitszeit selbst ist schließlich bestimmt durch die Gleichung: *Werth der Tagesarbeit = Tageswerth der Arbeitskraft*. Der Stücklohn ist also nur eine modificirte Form des Zeitlohns.

Betrachten wir nun etwas näher die charakteristischen Eigenthümlichkeiten des Stücklohns.

Die *Qualität der Arbeit* ist hier durch das Werk selbst kontrolirt, das die durchschnittliche Güte besitzen muß, soll der Stückpreis voll bezahlt

48 «Le salaire peut se mesurer de deux manières: ou sur la durée du travail, ou sur son produit.» („*Abrégé Élémentaire des principes de l'Écon. Pol. Paris* 1796", p. 32.) Verfasser dieser anonymen Schrift: *G. Garnier.*

werden. Der Stücklohn wird nach dieser Seite hin zu fruchtbarster Quelle von Lohnabzügen und kapitalistischer Prellerei.

Er bietet dem Kapitalisten ein ganz bestimmtes Maß für die *Intensivität der Arbeit.* Nur Arbeitszeit, die sich in einem vorher bestimmten und erfahrungsmäßig festgesetzten Waarenquantum verkörpert, gilt als *gesellschaftlich nothwendige Arbeitszeit* und wird | als solche bezahlt. In den größeren Schneiderwerkstätten Londons heißt daher ein gewisses Stück Arbeit, z. B. eine Weste u. s. w., Stunde, halbe Stunde u. s. w., die Stunde zu ¦ 6 d. Aus der Praxis ist bekannt, wie viel das Durchschnittsprodukt einer Stunde. Bei neuen Moden, Reparaturen u. s. w. entsteht Streit zwischen Anwender und Arbeiter, ob ein bestimmtes Arbeitsstück = einer Stunde u. s. w., bis auch hier die Erfahrung entscheidet. Aehnlich in den Londoner Möbelschreinereien u. s. w. Besitzt der Arbeiter nicht die durchschnittliche Leistungsfähigkeit, kann er daher ein bestimmtes *Minimum von Tagwerk* nicht liefern, so entläßt man ihn[49].

Da Qualität und Intensivität der Arbeit hier durch die Form des Arbeitslohns selbst kontrolirt werden, macht sie großen Theil der *Arbeitsaufsicht* überflüssig. Sie bildet daher sowohl die Grundlage der früher geschilderten *modernen Hausarbeit* als eines hierarchisch gegliederten Systems der Exploitation und Unterdrückung. Das letztere besitzt zwei Grundformen. Der Stücklohn erleichtert einerseits das Zwischenschieben von *Parasiten* zwischen Kapitalist und Lohnarbeiter, *Unterverpachtung der Arbeit* (subletting of labour). Der Gewinn der Zwischenpersonen fließt ausschließlich aus der *Differenz* zwischen dem Arbeitspreis, den der Kapitalist zahlt, und dem *Theil* dieses Preises, den sie dem Arbeiter wirklich zukommen lassen[50]. Dieß System heißt in England charakteristisch das „*Sweating System*" (Ausschweißungs-

49 «Le fileur reçoit un certain poids de coton préparé pour lequel il doit rendre, dans un espace de temps donné, une quantité voulue de fil ou coton filé, et il est payé à raison de tant par livre d'ouvrage rendu. Si le produit pèche en qualité, la faute retombe sur lui; s'il y a moins que la quantité fixée par le minimum, dans un temps donné, on le congédie et on le remplace par un ouvrier plus habile.» (*Ure* l. c. t. II, p. 61.)

50 "It is when work passes through several hands, each of which is to take its share of profits, while only the last does the work, that the pay which reaches the workwoman is miserably disproportioned." („*Child. Empl. Comm.*" *II. Rep.*, p. LXX, n. 424.)

system). Andrerseits erlaubt der Stücklohn dem Kapitalisten mit dem Hauptarbeiter – in der Manufaktur mit dem Chef einer Gruppe, in den Minen mit dem Ausbrecher der Kohle u. s. w., in der Fabrik mit dem eigentlichen Maschinenarbeiter – einen Kontrakt für so viel per Stück zu schließen, | ein Preis, wofür der Hauptarbeiter selbst die Anwerbung und Zahlung seiner Hilfsarbeiter übernimmt. Die Exploitation der Arbeiter durch das Kapital verwirklicht sich hier vermittelst der Exploitation des Arbeiters durch den Arbeiter[51].

Den Stücklohn gegeben, ist es natürlich das persönliche Interesse des Arbeiters, seine Arbeitskraft möglichst intensiv anzuspannen, was dem Kapitalisten eine Erhöhung *des Normalgrads der Intensivität* erleichtert[51a]. ¦ Es ist ebenso das persönliche Interesse des Arbeiters, den *Arbeitstag zu verlängern*, weil damit sein Tages- oder Wochenlohn steigt[52]. Es tritt damit die beim Zeitlohn bereits geschilderte Re|aktion

51 Selbst der apologetische Watts bemerkt: "It would be a great improvement to the system of piece-work, if all the men employed on a job were partners in the contract, each according to his abilities, instead of *one man being interested in overworking his fellows for his own benefit.*" (l. c. p. 53.) Ueber die Gemeinheiten dieses Systems vgl. *„Child. Empl. Comm."* *Rep. III*, p. 66, n. 22, p. 11, n. 124, p. XI, n. 13, 53, 59 u. s. w.

51a Diesem naturwüchsigen Resultat wird oft künstlich unter die Arme gegriffen. Z. B. im Engineering Trade von London gilt es als herkömmlicher trick, „daß der Kapitalist als Chef einer Arbeiteranzahl einen Mann von überlegner physischer Kraft und Geschwindigkeit auswählt. Er zahlt ihm vierteljährlich oder in andern Terminen einen Zuschußlohn unter der Uebereinkunft, alles mögliche aufzubieten, um seine Mitarbeiter, die nur den *gewöhnlichen Lohn* erhalten, zur äußersten Nacheiferung anzustacheln … Ohne weiteren Kommentar erklärt dieß die Kapitalistenklage über ‚Lähmung der Thätigkeit oder überlegener Geschicklichkeit und Arbeitskraft' (‚*stinting* the action, superior skill and working power') durch die Trade's Unions." (*Dunning* l. c. p. 22, 23.) Da der Verfasser selbst Arbeiter und Sekretär einer Trade's Union, könnte dieß für Uebertreibung gelten. Aber man sehe z. B. die „highly respectable" agronomische Cyclopädie von *J. Ch. Morton*, Art. *„Labourer"*, wo diese Methode den Pächtern als probat empfohlen wird.

52 "All those who are paid by piece-work … profit by the transgression of the legal limits of work. This observation as to the willingness to work overtime, is especially applicable to the women employed as weavers and reelers." (*„Rep. of Insp. of Fact. 30th April 1858"*, p. 9.) „Dieß Stücklohnsystem, *so vortheilhaft für den Kapitalisten* … strebt direkt den jungen Töpfer zu großer Ueberarbeit zu ermuntern, während der 4 oder 5 Jahre, worin er per Stück, aber zu niedrigem

ein, abgesehn davon, daß die Verlängerung des Arbeitstags, selbst bei constant bleibendem Stücklohn, an und für sich eine Senkung im *Preise der Arbeit* einschließt.

Beim Zeitlohn herrscht mit wenigen Ausnahmen *gleicher Arbeitslohn* für dieselben Funktionen, während beim Stücklohn der Preis der Arbeitszeit zwar durch ein bestimmtes Produktquantum gemessen ist, der Tages- oder Wochenlohn dagegen wechselt mit der individuellen Verschiedenheit der Arbeiter, wovon der Eine nur das Minimum des Produkts in einer gegebnen Zeit liefert, der Andre den Durchschnitt, der Dritte mehr als den Durchschnitt. In Bezug auf die wirkliche Einnahme treten hier also große Differenzen ein je nach dem verschiednen Geschick, Kraft, Energie, Ausdauer u. s. w. der individuellen Arbeiter[53]. Dieß ändert natürlich nichts an dem allgemeinen Verhältniß zwischen Kapital und Lohnarbeit. Erstens gleichen sich diese individuellen Unterschiede für das Gesammtatelier aus, so daß es in einer bestimmten Arbeitszeit das Durchschnittsprodukt liefert und der gezahlte Gesammtlohn der Durchschnittslohn des Geschäftszweigs sein wird. Zweitens bleibt die Proportion zwischen Arbeitslohn und Mehrwerth unverändert, da dem individuellen Lohn des einzelnen Arbeiters die von ihm
individuell gelieferte Masse von Mehrwerth entspricht. Aber der größere 260
Spielraum, den der Stücklohn der Individualität bietet, strebt einerseits dahin die Individualität und damit Freiheitsgefühl, Selbstständigkeit und Selbstkontrole der Arbeiter zu entwickeln, andrerseits *ihre Konkurrenz unter und ¦ gegen einander*. Er hat daher eine Tendenz mit der Erhebung individueller Arbeitslöhne über das Durchschnittsniveau dieß Niveau selbst zu senken. Wo aber bestimmter Stücklohn sich seit lange traditionell befestigt hatte und seine *Herabsetzung* daher besondre Schwierigkeiten bot, flüchteten die Meister *ausnahmsweis* auch zu seiner gewaltsamen Verwandlung in Zeitlohn. Hiergegen z. B.

Preis, bezahlt wird. Es ist dieß eine der großen Ursachen, denen die physische Degeneration der Töpfer zuzuschreiben ist.“ („*Child. Empl. Comm.*“ *I. Rep.*, p. XIII.)

[53] “Where the work in any trade is paid for by the *piece* at so much per job … *wages* may very materially differ *in amount* … But in *work by the day* there is generally an *uniforme rate* … recognized by both employer and employed as the standard of wages for the general run of workmen in the trade.” (*Dunning* l. c. p. 17.)

1860 großer Strike unter den Bandwebern von | Coventry[54]. Der Stücklohn ist endlich eine Hauptstütze des früher geschilderten Stundensystems[55].

Aus der bisherigen Darstellung ergiebt sich, daß der *Stücklohn* die der kapitalistischen Produktionsweise entsprechendste Form des Arbeitslohns ist. Obgleich keineswegs neu, – er figurirt neben dem Zeitlohn officiell u. a. in den französischen und englischen Arbeiterstatuten des vierzehnten Jahrhunderts – gewinnt er doch erst größeren Spielraum während der eigentlichen Manufakturperiode. In der Sturm- und Drangperiode der großen Industrie, namentlich von 1797 bis 1815, dient er als Hebel zur Verlängerung der Arbeitszeit und Herabsetzung des Arbeitslohns. Sehr wichtiges Material für die Bewegung des Arbeitslohns während jener Periode findet man in den Blaubüchern: „*Report*

54 „Die Arbeit der Handwerksgesellen regelt sich nach dem Tag oder nach dem Stück (à la journée ou à la pièce) … Die Meister wissen ungefähr, wie viel Werk die Arbeiter täglich in jedem métier verrichten können und zahlen sie daher oft im Verhältniß zum Werk, das sie verrichten; so arbeiten diese Gesellen so viel sie können, in ihrem eignen Interesse, ohne weitere Beaufsichtigung." (*Cantillon: „Essai sur la Nature du Commerce en Général." Amst. Éd.* 1756, p. 185 u. 202.) Cantillon, aus dem Quesnay, Sir James Steuart und A. Smith reichlich geschöpft haben, stellt hier also schon den Stücklohn als bloß modificirte Form des Zeitlohns dar. Die französische Ausgabe Cantillon's kündigt sich auf dem Titel als Uebersetzung aus dem Englischen an, aber die englische Ausgabe: „*The Analysis of Trade, Commerce* etc. *by Philip Cantillon, late of the City of London, Merchant*", ist nicht nur späteren Datums (von 1759), sondern erweist sich durch ihren Inhalt als eine spätere Bearbeitung. So z. B. findet sich in der französischen Ausgabe *Hume* noch nicht erwähnt, während umgekehrt in der englischen *Petty* kaum mehr figurirt. Die englische Ausgabe ist theoretisch unbedeutender, enthält aber allerlei spezifisch auf englischen Handel, Bullionhandel u. s. w. Bezügliches, was im französischen Text fehlt. Die Worte im Titel der englischen Ausgabe, wonach die Schrift „Taken chiefly from the Manuscript of a very ingenious Gentleman deceased, and adapted etc.", scheinen daher mehr als bloße, damals sehr übliche, Fiktion.

55 «Combien de fois n'avons-nous pas vu, dans certains ateliers, embaucher beaucoup plus d'ouvriers que ne le demandait le travail à mettre en main? Souvent, dans la prévision d'un travail aléatoire, quelquefois même imaginaire, on admet des ouvriers: comme on les paie *aux pièces*, on se dit qu'on court aucun risque, parce que *toutes les pertes de temps* seront à la charge des inoccupés.» (*H. Gregoir: „Les Typographes devant le Tribunal Correctionnel de Bruxelles." Bruxelles* 1865, p. 9.)

and Evidence from | the select Committee on Petitions respecting the Corn Laws“ (Parlamentssession *1813–14*) und: „*Reports from the Lords' Committee, on the state of Growth, Commerce, and Consumption of Grain, and all Laws relating there-to*“. (Session *1814–15.*) Man findet hier den dokumentarischen Nachweis für die fortwährende Senkung des Arbeitspreises seit dem Beginn des Antijakobiner¦kriegs. In der Weberei z. B. war der Stücklohn so gefallen, daß trotz des sehr verlängerten Arbeitstags der Taglohn jetzt niedriger stand als vorher. „Die reale Einnahme des Webers ist sehr viel weniger als früher: seine Superiorität über den gewöhnlichen Arbeiter, die erst sehr groß war, ist fast ganz verschwunden. In der That, der Unterschied in den Löhnen geschickter und gewöhnlicher Arbeit ist jetzt viel unbedeutender als während irgend einer früheren Periode“[56]. Wie wenig die mit dem Stücklohn gesteigerte Intensivität und Ausdehnung der Arbeit dem ländlichen Proletariat fruchteten, zeige folgende einer *Parteischrift für Landlords und Pächter* entlehnte Stelle: „Bei weitem der größere Theil der Agrikulturoperationen ist durch Leute verrichtet, die für den *Tag* oder auf *Stückwerk* gedungen werden. Ihr Wochenlohn beträgt ungefähr 12 sh.; und obgleich man voraussetzen mag, daß ein Mann bei *Stücklohn*, unter dem größeren Arbeitssporn, 1 sh. oder vielleicht 2 sh. mehr verdient als beim Wochenlohn, so findet man dennoch, bei Schätzung seiner Gesammteinnahme, daß sein Verlust an Beschäftigung im Lauf des Jahrs diesen Zuschuß aufwiegt. … Man wird ferner im Allgemeinen finden, daß die Löhne dieser Männer ein gewisses Verhältniß zum Preis der nothwendigen Lebensmittel haben; so daß *ein Mann mit zwei Kindern fähig ist seine Familie ohne Zuflucht zur Pfarreiunterstützung zu erhalten*“[57]. *Malthus* bemerkte damals mit Bezug auf die vom Parlament veröffentlichten Thatsachen: „Ich gestehe, ich sehe mit Mißvergnügen die *große Ausdehnung der Praxis des Stücklohns.* Wirklich harte | Arbeit während 12 oder 14 Stunden des Tags, für irgend längere Zeitperioden, ist zu viel für ein menschliches Wesen“[58].

56 „*Remarks on the Commercial Policy of Great Britain. London* 1815“, p. 48.
57 *Address … on the importance of the Cornlaws to the National Revenue. Lond.* 1815“, p. 34.
58 *Malthus* l. c.

In den dem Fabrikgesetz unterworfenen Werkstätten wird Stücklohn allgemeine Regel, weil das Kapital dort den Arbeitstag nur noch intensiv ausweiten kann[59].

Mit der wechselnden Produktivität der Arbeit stellt dasselbe Produktenquantum wechselnde Arbeitszeit dar. Also wechselt auch der Stücklohn, da er Preisausdruck einer bestimmten Arbeitszeit. In unsrem obigen Beispiel wurden in 12 Stunden 24 Stück producirt, während das Werthprodukt der 12 Stunden 6 sh. war, der Tageswerth der Arbeitskraft 3 sh., der Preis der Arbeitsstunde 3 d. und der Lohn für ein Stück 1½ d. In einem Stück war ½ Arbeitsstunde eingesaugt. Liefert derselbe Arbeitstag nun etwa in Folge verdoppelter Produktivität der Arbeit 48 Stück statt 24, und bleiben alle andern Umstände unverändert, so sinkt der Stücklohn von 1½ d. auf ¾ d. ¦ oder 3 Farthings, da jedes Stück jetzt nur noch ¼ statt ½ Arbeitsstunde darstellt. 24 × 1½ d. = 3 sh. und ebenso 48 × 3/4 d. = 3 sh. In andern Worten: Der Stücklohn wird in demselben Verhältniß heruntergesetzt, worin die Zahl der während derselben Zeit producirten Stücke wächst[60], also die auf dasselbe Stück | verwandte Arbeitszeit abnimmt. Dieser Wechsel des Stücklohns, soweit *rein nominell*, ruft beständige Kämpfe zwischen Kapitalist und Arbeiter hervor. Entweder, weil der Kapitalist den Vorwand benutzt, um wirklich den Preis der Arbeit herabzusetzen. Oder weil die gesteigerte Produktivkraft der Arbeit von gesteigerter *Intensivität* derselben begleitet ist. Oder,

59 „Die Arbeiter auf Stücklohn bilden wahrscheinlich ⅘ aller Arbeiter in den Fabriken." („*Reports of Insp. of Fact. for 30th April 1858*", p. 9.)

60 «On se rend un compte exact de la force productive de son métier (du fileur), et l'on diminue la rétribution du travail à mesure que la force productive augmente … sans cependant que cette augmentation soit proportionnée à l'augmentation de la force.» (Ure l. c. II, p. 61.) Letztere apologetische Wendung hebt Ure selbst wieder auf. Bei einer Verlängerung der mule jenny z. B. «quelque *surcroît de travail* provient de l'allongement.» (l. c. II, p. 134.) Die Arbeit nimmt also nicht in demselben Maße ab, worin ihre Produktivität wächst. Ferner: «Ce surcroît augmentera la force productive d'un cinquième. Dans ce cas on baissera le prix du fileur; mais comme on ne le réduira pas d'un cinquième le perfectionnement augmentera son gain dans le même nombre d'heures donné», aber «il y a une certaine modification à faire … C'est que le fileur *a des frais additionnels à déduire* sur les 6 d., attendu qu'il faut qu'il augmente le nombre de ses aides non-adultes», begleitet von einem „*déplacement d'une partie des adultes*" (l. c. p. 66, 67), was keineswegs Tendenz zur Steigerung des Arbeitslohns hat.

weil der Arbeiter den *Schein* des Stücklohns, als ob ihm sein Produkt gezahlt werde und nicht seine Arbeitskraft, ernst nimmt und sich daher gegen eine Lohnherabsetzung sträubt, welcher die Herabsetzung im Verkaufspreis der Waare nicht entspricht. „Die Arbeiter überwachen sorgfältig den Preis des Rohmaterials und den Preis der fabricirten Güter und sind so fähig die Profite ihrer Meister genau zu veranschlagen“[61]. Solchen Anspruch fertigt das Kapital mit Recht als groben Irrthum über die Natur der Lohnarbeit ab[62]. Es zetert über diese Anmaßung Steuern auf den Fortschritt der Industrie zu legen und erklärt rundweg, daß die Produktivität der Arbeit den Arbeiter überhaupt nichts angeht[63].

Im zweiten Abschnitt dieses Kapitels beschäftigten uns die mannigfachen ¦ Kombinationen, welche ein Wechsel in der absoluten oder relativen (d. h. mit dem Mehrwerth verglichenen) Werthgröße der Arbeitskraft hervorbringen kann, während andrerseits wieder das Quantum von Lebensmitteln, worin der Preis der Arbeitskraft realisirt wird, von dem | Wechsel dieses Preises unabhängige[64] oder verschiedne Bewegungen durchlaufen konnte. Wie bereits bemerkt, verwandeln sich durch einfache Uebersetzung des *Werths, resp. Preises der Arbeitskraft*

61 *H. Fawcett: „The Economic Position of the British Labourer“. Cambridge and London* 1865, p. 178, 179.

62 Im Londoner *Standard* vom 26. October 1861 findet man Bericht über einen Prozeß der Firma *John Bright et Co.* vor den Rochdale Magistrates “to prosecute for intimidation the agents of the *Carpet Weavers Trades' Union.* Bright's partners had introduced new machinery which would turn out 240 yards of carpet in the time and with the labour (!) previously required to produce 160 yards. The workmen had no claim whatever to share in the profits made by the investment of their employer's capital in mechanical improvements. Accordingly, Messrs. Bright proposed to lower the rate of pay from 1½ d. per yard to 1 d., leaving the earnings of the men exactly the same as before for the same labour. But there was a nominal reduction, of which the operatives, it is asserted, had not fair warning before hand.”

63 „Trades Unions in ihrer Sucht den Arbeitslohn aufrecht zu halten, suchen an dem Profit verbesserter Maschinerie *Theil zu nehmen!* (Quelle horreur!) … sie verlangen höheren Lohn, weil die Arbeit verkürzt ist … in anderen Worten, sie streben eine Steuer auf industrielle Verbesserungen zu legen.“ („*On Combinations of Trades. New Edit. Lond.* 1834“, p. 42.)

64 “It is not accurate to say that wages (handelt sich hier von ihrem Preise) are increased, because they purchase more of a cheaper article.” (*David Buchanan* in seiner Ausgabe von *A. Smith's* „*Wealth* etc.“ 1814, v. I, p. 417 Note.)

in die exoterische Form des *Arbeitslohns* alle jene Gesetze in *Gesetze der Bewegung des Arbeitslohns.* Was innerhalb dieser Bewegung als wechselnde Kombination, kann für verschiedne Länder als *gleichzeitige Verschiedenheit nationaler Arbeitslöhne* erscheinen. Beim Vergleich nationaler Arbeitslöhne sind also alle *den Größenwechsel* des Werths der Arbeitskraft bestimmende Momente zu erwägen, Preis und Umfang der natürlichen und historisch entwickelten ersten Lebensbedürfnisse, Erziehungskosten des Arbeiters, Rolle der Weiber- und Kinderarbeit, Produktivität der Arbeit, ihre extensive und intensive Größe. Selbst die oberflächlichste Vergleichung erheischt, zunächst den Durchschnitts-Taglohn für dieselben Gewerbe in verschiednen Ländern auf gleich große Arbeitstage zu reduciren. Nach solcher Ausgleichung der Taglöhne, muß der Zeitlohn wieder in Stücklohn übersetzt werden, da nur der letztere ein Gradmesser sowohl für die Produktivität als die intensive Größe der Arbeit. Es wird sich dann meist finden, daß der niedrigere Taglohn bei einer Nation einen höheren Arbeitspreis und der höhere Taglohn bei einer andern Nation einen niedrigeren Arbeitspreis ausdrückt, ganz wie die Bewegung des Taglohns überhaupt die Möglichkeit dieser Kombination zeigte[65]. |

Auf dem Weltmarkt zählt nicht nur der *intensivere* nationale Arbeitstag als Arbeitstag von größerer Stundenzahl, als extensiv größerer Arbeitstag, sondern der *produktivere* nationale Arbeitstag zählt als intensiver, so oft die produktivere Nation nicht durch die Konkurrenz gezwungen wird den Verkaufspreis der Waare auf ihren Werth zu senken. Der intensivere und ¦ produktivere nationale Arbeitstag stellt sich

65 *James Anderson* bemerkt in Polemik gegen A. Smith: "It deserves likewise to be remarked, that although the apparent price of labour is usually lower in poor countries, where the produce of the soil, and grain in general, is cheap; yet it is in fact for the most part really higher than in other countries. For it is not the wages that is given to the labourer per day that constitutes the real price of labour, although it is its apparent price. The *real price* is that which a *certain quantity of work performed* actually costs the employer; and considered in this light, labour is in almost all cases *cheaper in rich countries than in those that are poorer,* although the price of grain, and other provisions, is usually much lower in the last than in the first ... *Labour estimated by the day,* is much lower in Scotland than in England ... *Labour by the piece* is generally cheaper in England." (*James Anderson: „Observations on the means of exciting a spirit of National Industry* etc. *Edinb.* 1777", p. 350, 351.)

also im Ganzen auf dem Weltmarkt in höherem *Geldausdruck* dar als der minder intensive oder produktive nationale Arbeitstag. Was von dem Arbeits*tag*, gilt von jedem seiner aliquoten Theile. Der *absolute Geldpreis der Arbeit* kann also bei einer Nation höher stehn als bei der andern, obgleich *der relative Arbeitslohn*, d. h. der Arbeitslohn verglichen mit dem vom Arbeiter producirten Mehrwerth, oder seinem ganzen Werthprodukt, oder dem Preis der Nahrungsmittel, *niedriger* steht[66].

In „Versuch über die Rate des Arbeitslohns“[67], einer seiner frühsten ökonomischen Schriften, sucht *H. Carey* nachzuweisen, daß die verschiednen nationalen Arbeitslöhne sich direkt verhalten wie die Produktivitätsgrade der nationalen Arbeitstage, um aus diesem internationalen Verhältniß den Schluß zu ziehn, daß der Arbeitslohn überhaupt steigt und fällt wie die Produktivität der Arbeit. Unsre ganze Analyse der Produktion des Mehrwerths beweist die Abgeschmacktheit dieser Schlußfolgerung, hätte Carey selbst seine Prämisse *bewiesen*, statt seiner Gewohnheit gemäß unkritisch und oberflächlich zusammengerafftes statistisches Material kunterbunt durch einander zu würfeln. Das Beste ist, daß er nicht behauptet, die Sache verhalte sich wirklich so, wie sie sich der Theorie nach verhalten sollte. Die *Staatseinmischung* hat nämlich *das naturgemäße ökonomische Verhältniß* verfälscht. Man muß | daher die nationalen Arbeitslöhne so berechnen, als ob der Theil derselben, der dem Staat in der Form von Steuern zufällt, dem Arbeiter selbst zufiele. Sollte Herr Carey nicht weiter darüber nachdenken, ob diese „Staatskosten“ nicht auch „naturgemäße“ Früchte der kapitalistischen Entwicklung sind? Das Raisonnement ist ganz des Mannes würdig, der die kapitalistischen Produktionsverhältnisse erst für ewige Natur- und Vernunftgesetze erklärte, deren frei harmonisches Spiel nur *durch die Staatseinmischung* gestört werde, um hinterher zu entdecken, daß Englands diabolischer Einfluß auf den Weltmarkt, ein Einfluß, der,

66 «Mr. Cowell, qui a fait une analyse très soignée de la filature, cherche à prouver, dans un rapport supplémentaire („supplement to the Report on Manufactures“), que les salaires en Angleterre, sont *virtuellement* inférieurs pour le capitaliste, quoique pour l'ouvrier ils soient peut-être plus élevés que sur le continent européen.» (*Ure* l. c. t. II, p. 58.)

67 „*Essay on the Rate of Wages: with an Examination of the Causes of the Differences in the Conditions of the Labouring Population throughout the World. Philadelphia* 1835.“

wie es scheint, nicht den Naturgesetzen der kapitalistischen Produktion entspringt, *die Staatseinmischung* nöthig macht, nämlich den *Schutz* jener Natur- und Vernunftgesetze *durch den Staat*, alias das Protektionssystem. Er entdeckte ferner, daß die Theoreme Ricardo's u. s. w., worin existirende gesellschaftliche Gegensätze und Widersprüche formulirt sind, nicht das ideale Produkt der wirklichen ökonomischen Bewegung, sondern daß umgekehrt die wirklichen Gegensätze der kapitalistischen Produktion in England und anderswo ¦ das Resultat der Ricardo'schen u. s. w. Theorie sind! Er entdeckte schließlich, daß es in letzter Instanz der *Handel* ist, der die eingebornen Schönheiten und Harmonieen der kapitalistischen Produktionsweise vernichtet. Noch einen Schritt weiter, und er entdeckt vielleicht, daß der einzige Mißstand an der kapitalistischen Produktion das Kapital selbst ist. Nur ein Mann von so entsetzlicher Kritiklosigkeit und solcher Gelehrsamkeit de faux aloi verdiente, trotz seiner protektionistischen Ketzerei, die *Geheimquelle* der harmonischen Weisheit eines Bastiat und aller andern freihändlerischen Optimisten der Gegenwart zu werden[68].

|

261 [68] Ich werde im Vierten Buch die Seichtigkeit seiner Wissenschaft näher nachweisen.

SECHSTES KAPITEL.

Der Accumulationsprozeß des Kapitals.

Man hat gesehn, wie das Kapital in der Form der Waare *Mehrwerth producirt.* Nur durch den *Verkauf der Waare* wird der in ihr steckende Mehrwerth zusammen mit dem in ihrer Produktion vorgeschossenen Kapitalwerth *realisirt.* Der *Accumulationsprozeß* des Kapitals unterstellt daher seinen *Cirkulationsprozeß.* Die Betrachtung des letzteren bleibt
aber dem folgenden Buch vorbehalten. Die *realen* Bedingungen der 262
Reproduktion, d. h. der kontinuirlichen Produktion, erscheinen theils erst *innerhalb der Cirkulation,* theils können sie erst *nach* der Analyse des Cirkulationsprozesses behandelt werden.

Das ist jedoch nicht alles. Der Kapitalist, der den Mehrwerth *producirt,* d. h. unbezahlte Arbeit unmittelbar aus den Arbeitern auspumpt und in Waaren fixirt, ist zwar der erste Aneigner, aber keineswegs der letzte Eigenthümer dieses Mehrwerths. Er hat ihn hinterher zu *theilen* mit Kapitalisten, die andre Funktionen im Großen und Ganzen der gesellschaftlichen Produktion vollziehn, mit dem Grundeigenthümer u. s. w. Der Mehrwerth *spaltet sich* daher in verschiedne Theile. Seine Bruchstücke fallen verschiednen Kategorieen von Personen zu und *krystallisiren* zu verschiednen, gegen einander selbstständigen *Formen,* wie Profit, Zins, Handelsgewinn, Grundrente u. s. w. Diese *verwandelten Formen des Mehrwerths* können erst im dritten Buch behandelt
werden. 263

Wir unterstellen hier also einerseits, daß der Kapitalist, der die Waare producirt, sie zu ihrem Werth *verkauft,* ohne bei seiner Rückkehr zum ¦ Waarenmarkt weiter zu verweilen, weder bei den neuen Formen, die dem Kapital anschießen in der Cirkulationssphäre, noch den darin eingehüllten konkreten Bedingungen der Reproduktion. Andrerseits gilt uns der kapitalistische Producent als Eigenthümer des *ganzen* Mehrwerths oder, wenn man will, als Repräsentant aller seiner Theilnehmer an der Beute. Wir betrachten also zunächst die Accumulation *abstrakt*, d. h. als bloßes Moment des unmittelbaren Produktionsprozesses. |

So weit übrigens Accumulation stattfindet, gelingt dem Kapitalisten der Verkauf der producirten Waare und die Rückverwandlung des aus ihr gelösten Geldes in Kapital. Ferner: Der Bruch des Mehrwerths in verschiedne Stücke ändert nichts an seiner Natur, noch an den nothwendigen Bedingungen, worin er zum Element der Accumulation wird. Welche Proportion des Mehrwerths der kapitalistische Producent immer für sich selbst festhalte oder an andere abtrete, er eignet ihn stets in erster Hand an. Was also bei unsrer Darstellung der Accumulation unterstellt wird, ist bei ihrem wirklichen Vorgang unterstellt. Andrerseits verdunkeln die Zerspaltung des Mehrwerths und die vermittelnde Bewegung der Circulation die *einfache Grundform* des Accumulations-
264 prozesses. Seine reine Analyse erheischt daher vorläufiges Wegsehn von allen Phänomenen, welche das innere Spiel seines Mechanismus verstecken. Der Fortgang der Darstellung führt später durch seine eigne Dialektik zu jenen konkreteren Formen.

1) Die kapitalistische Accumulation.

a) Einfache Reproduktion.

Welches immer die gesellschaftliche Form des Produktionsprozesses, er muß kontinuirlich sein oder periodisch stets von neuem dieselben Stadien durchlaufen. So wenig eine Gesellschaft aufhören kann zu konsumiren, so wenig kann sie aufhören zu produciren. In seinem stetigen Zusammenhang und dem beständigen Fluß seiner Erneuerung betrachtet, ist jeder gesellschaftliche Produktionsprozeß daher zugleich *Reproduktionsprozeß*.

Die Bedingungen der Produktion sind zugleich die Bedingungen der Reproduktion. Keine Gesellschaft kann fortwährend produciren, d. h. reproduciren, ohne fortwährend einen Theil ihrer Produkte in Produktionsmittel oder Elemente der Neuproduktion rückzuverwandeln. Unter sonst gleichbleibenden Umständen kann sie ihren Reichthum nur auf derselben Stufenleiter reproduciren oder erhalten, indem sie die während des Jahrs z. B. verbrauchten Produktionsmittel, d. h. Arbeitsmittel, Rohmateriale und ¦ Hilfsstoffe, in natura durch ein gleiches Quantum neuer Exemplare ersetzt, welches von der jährlichen Produktenmasse abgeschieden und von neuem dem Produktionsprozeß anheimgegeben wird. Ein bestimmtes Quantum des jährlichen Produkts gehört also der Produktion. Von Haus aus für | die produktive Konsumtion bestimmt, existirt es großentheils in Naturalformen, die von selbst die individuelle Konsumtion ausschließen.

Hat die Produktion kapitalistische Form, so die Reproduktion. Wie in der kapitalistischen Produktionsweise der Arbeitsprozeß nur als ein Mittel für den Verwerthungsprozeß erscheint, so die Reproduktion nur als ein Mittel den vorgeschoßnen Werth als Kapital zu reproduciren, d. h. als sich erhaltenden und verwerthenden Werth. Die ökonomische Charaktermaske des Kapitalisten hängt nur dadurch an einem Menschen fest, daß sein Geld fortwährend *als Kapital* funktionirt. Hat z. B. die vorgeschoßne Geldsumme von 100 Pfd. St. sich dieses Jahr in Kapital verwandelt und einen Mehrwerth von 20 Pfd. St. producirt, so muß sie das nächste Jahr u. s. f. dieselbe Operation wiederholen. Als *periodisches Increment des Kapitalwerths*, oder periodische Frucht des prozessirenden Kapitals, erhält der Mehrwerth die Form einer *aus dem Kapital entspringenden Revenue*[1].

Dient diese Revenue dem Kapitalisten nur als Konsumtionsfonds oder wird sie ebenso periodisch von ihm verzehrt wie gewonnen, so findet, unter sonst gleichbleibenden Umständen, *einfache Reproduktion* statt. Obgleich letztere nun *bloße Wiederholung des Produktionsprozesses auf derselben Stufenleiter*, drückt die bloße Wiederholung oder 265
Kontinuität dem Prozesse gewisse neue Charaktere auf oder löst vielmehr die Scheincharaktere seines nur vereinzelten Vorgangs auf.

Der Produktionsprozeß wird eingeleitet mit dem Kauf der Arbeitskraft für eine bestimmte Zeit und diese Einleitung erneuert sich beständig, sobald der Verkaufstermin der Arbeit fällig und damit eine

1 „Die Reichen, welche die Produkte der Arbeit Andrer verzehren, erhalten sie nur durch Austauschakte (Waarenkäufe). Sie sind daher einer beständigen Erschöpfung ihrer Fonds ausgesetzt … Aber in der gesellschaftlichen Ordnung hat der Reichthum die Kraft erhalten, *sich durch fremde Arbeit zu reproduciren.* … Der Reichthum, wie die Arbeit, und *durch die Arbeit,* liefert eine jährliche Frucht, welche jedes Jahr vernichtet werden kann, ohne daß der Reiche ärmer wird. Die Frucht ist die *Revenue,* die aus dem Kapital entspringt." (*Sismondi: „Nouv. Princ. d'Écon. Pol."* t. I, p. 81, 82.)

bestimmte Produktionsperiode, Woche, Monat u. s. w. abgelaufen ist. *Gezahlt* wird der Arbeiter aber erst, nachdem seine Arbeitskraft gewirkt und sowohl ihren eignen Werth, als den Mehrwerth, in Waaren realisirt hat. Er hat | also wie den Mehrwerth, den wir einstweilen nur als Konsumtionsfonds des Kapitalisten betrachten, so den Fonds seiner eignen Zahlung, das *variable Kapital*, producirt, bevor es ihm in der Form des Arbeitslohns zurückfließt, und er wird nur so lang beschäftigt als er ihn beständig reproducirt. Daher die im vorigen ¦ Kapitel erwähnte Formel der Oekonomen, die das Salair als Antheil am Produkt selbst darstellt[2]. Es ist ein Theil des vom Arbeiter selbst beständig reproducirten Produkts, das ihm in der Form des Arbeitslohns beständig zurückfließt. Der Kapitalist zahlt ihm den Waarenwerth allerdings in Geld. Dieß Geld ist aber nur die verwandelte Form des Arbeitsprodukts oder vielmehr eines Theils des Arbeitsprodukts. Während der Arbeiter einen Theil der Produktionsmittel in Produkt verwandelt, rückverwandelt sich ein Theil seines früheren Produkts in Geld. Es ist seine Arbeit von voriger Woche oder vom letzten halben Jahr, womit seine Arbeit
266 von heute oder vom nächsten halben Jahr gezahlt wird. Die Illusion, welche die Geldform erzeugt, verschwindet sofort, sobald statt des einzelnen Kapitalisten und des einzelnen Arbeiters Kapitalistenklasse und Arbeiterklasse betrachtet werden. Die Kapitalistenklasse giebt der Arbeiterklasse beständig in Geldform Anweisungen auf einen Theil des von der letztern producirten und von der erstern angeeigneten Produkts. Diese Anweisungen giebt der Arbeiter der Kapitalistenklasse ebenso beständig zurück und entzieht ihr damit den ihm selbst zufallenden Theil seines eignen Produkts. Die Waarenform des Produkts und die Geldform der Waare verkleiden die Transaktion.

Das *variable Kapital* ist also nur eine *besondre historische Erscheinungsform* des Fonds von Lebensmitteln oder des *Arbeitsfonds*, den der Arbeiter zu seiner Selbsterhaltung und Reproduktion bedarf, und den er in *allen* Systemen der gesellschaftlichen Produktion stets selbst produciren und reproduciren muß. Der Arbeitsfonds fließt ihm nur beständig in *Form von Zahlungsmitteln* seiner Arbeit zu, weil sein eignes

2 "Wages as well as profits are to be considered each of them as really a *portion of the finished product.*" (*Ramsay* l. c. p. 142.) „*Der Antheil an dem Produkt*, der dem Arbeiter *unter der Form des Salairs* zukömmt." (*J. Mill:* „*Elements* etc. Uebers. von *Parisot, Paris* 1823", p. 34.)

Produkt sich beständig in der *Form des | Kapitals* von ihm entfernt. Aber diese *Erscheinungsform des Arbeitsfonds* ändert nichts daran, daß dem Arbeiter *seine eigne vergegenständlichte Arbeit* vom Kapitalisten *vorgeschossen* wird[3]. Nehmen wir einen Frohnbauer. Er arbeitet mit seinen eignen Produktionsmitteln auf seinem eignen Acker z. B. 3 Tage in der Woche. Die 3 andern Wochentage verrichtet er Frohnarbeit auf dem herrschaftlichen Gut. Er reproducirt seinen eignen Arbeitsfonds beständig und dieser nimmt ihm gegenüber nie *die Form von einem Dritten für seine Arbeit vorgeschossener Zahlungsmittel an.* Im Ersatz nimmt auch niemals seine *unbezahlte Zwangsarbeit* die *Form freiwilliger und bezahlter Arbeit* an. Wenn morgen der Gutsherr den Acker, das Zugvieh, die Samen, kurz die Produktionsmittel des Frohnbauern sich selbst aneignet, so hat dieser von nun an seine Arbeitskraft an den Frohn¦herrn zu verkaufen. Unter sonst gleichbleibenden Umständen wird er nach wie vor 6 Tage in der Woche arbeiten, 3 Tage für sich selbst, 3 für den Ex-Frohnherrn, der jetzt in einen Lohnherrn verwandelt ist. Er wird nach wie vor die Produktionsmittel als Produktionsmittel vernützen und ihren Werth auf das Produkt übertragen. Nach wie vor wird ein bestimmter Theil des Produkts in die Reproduktion eingehn. Wie aber die *Frohnarbeit* die *Form der Lohnarbeit,* nimmt der vom Frohnbauer nach wie vor producirte und reproducirte *Arbeitsfonds* die *Form eines ihm vom Ex-Frohnherrn vorgeschossenen Kapitals an.* Der bürgerliche Oekonom, dessen beschränktes Hirn die Erscheinungsform von dem was darin erscheint nicht trennen kann, schließt die Augen vor der Thatsache, daß selbst noch heutzutag der Arbeitsfonds nur ausnahmsweis auf dem Erdrund *in der Form von Kapital erscheint*[4]. |

Allerdings verliert *das variable Kapital* nur den Sinn eines aus dem *eignen* Fonds des Kapitalisten vorgeschossenen Werthes, sobald wir den kapitalistischen Produktionsprozeß im beständigen Fluß seiner Erneuerung betrachten. Aber er muß doch irgendwo und irgendwann anfangen. Von unsrem bisherigen Standpunkt ist es daher *wahrschein-*

3 "When capital is employed in *advancing* to the workman his wages, *it adds nothing* to the funds for the maintenance of labour." (*Cazenove* in Note zu seiner ed. von *Malthus's: „Definitions in Polit. Econ. London* 1853", p. 22.)

4 „Die Subsistenzmittel der Arbeiter werden noch nicht auf einem Viertel der Erde den Arbeitern durch Kapitalisten vorgeschossen." (*Richard Jones: „Textbook of Lectures on the Polit. Economy of Nations." Hertford* 1852, p. 36.)

lich, daß der Kapitalist irgend einmal durch irgend eine, von unbezahlter fremder Arbeit unabhängige, *ursprüngliche Accumulation* Geldbesitzer ward, und daher den Markt als Käufer von Arbeitskraft beschreiten konnte. Indeß bewirkt die bloße Kontinuität des kapitalistischen Produktionsprozesses, oder die einfache Reproduktion, noch andre sonderbare Wechsel, die nicht nur den variablen Kapitaltheil, sondern das *Gesammtkapital* ergreifen.

Beträgt der mit einem Kapital von 1000 Pfd. St. periodisch, z. B. jährlich, erzeugte Mehrwerth 200 Pfd. St. und wird dieser Mehrwerth jährlich verzehrt, so ist klar, daß nach fünfjähriger Wiederholung desselben Prozesses die Summe des verzehrten Mehrwerths = 5 × 200 ist oder gleich dem *ursprünglich vorgeschossenen Kapitalwerth von 1000 Pfd. St.* Würde der jährliche Mehrwerth nur theilweis verzehrt, z. B. nur zur Hälfte, so ergäbe sich dasselbe Resultat nach zehnjähriger Wiederholung des Produktionsprozesses, denn 10 × 100 = 1000. Allgemein: *Der vorgeschossene Kapitalwerth, dividirt durch den jährlich verzehrten Mehrwerth,* ergiebt die *Jahresanzahl,* oder die Anzahl von Reproduktionsperioden, nach deren Ablauf der *ursprünglich vorgeschossene Kapitalwerth* vom Kapitalisten *aufgezehrt* und daher *verschwunden* ist. Die Vorstellung des Kapitalisten, daß er das Produkt der fremden unbezahlten Arbeit, den Mehrwerth, verzehrt und den ursprünglichen Kapitalwerth erhält, ändert absolut nichts an der Thatsache, ¦ daß nach Abfluß einer gewissen Jahreszahl der von ihm geeignete Kapitalwerth gleich der Summe des während derselben Jahreszahl ohne Aequivalent angeeigneten Mehrwerths, und die von ihm verzehrte Werthsumme gleich dem ursprünglichen Kapitalwerth ist. *Kein Werthatom seines alten Kapitals existirt fort.* Ganz abgesehn von aller Accumulation *verwandelt* also die bloße Kontinuität des Produktionsprozesses, oder die einfache Reproduktion, nach kürzerer oder längerer Periode, *jedes Kapital* nothwendig in *accumulirtes Kapital* oder | *kapitalisirten Mehrwerth.* War es selbst bei seinem Eintritt in den Produktionsprozeß persönlich erarbeitetes Eigenthum seines Anwenders, früher oder später wird es *ohne Aequivalent angeeigneter Werth* oder *Materiatur,* ob in Geldform oder anders, *unbezahlter fremder Arbeit.*

Die ursprüngliche Voraussetzung für die Verwandlung von Geld in Kapital waren nicht nur Waarenproduktion und Waarencirkulation. Auf dem Waarenmarkt mußten Besitzer von Werth oder Geld und Besitzer der werthschaffenden Substanz, Besitzer von Produktions- und

Lebensmitteln und Besitzer der Arbeitskraft, einander als Käufer und Verkäufer gegenübertreten. *Scheidung* zwischen dem Arbeitsprodukt und der Arbeit selbst, zwischen den objektiven Arbeitsbedingungen und der subjektiven Arbeitskraft, war also *die thatsächlich gegebne Grundlage des kapitalistischen Produktionsprozesses.* Seine bloße Kontinuität, oder die einfache Reproduktion, *reproducirt und verewigt* diesen seinen *Ausgangspunkt* als sein *eignes Resultat.* Der Produktionsprozeß verwandelt fortwährend das Geld in Kapital, die Produktionsmittel in Verwerthungsmittel. Andrerseits kommt der Arbeiter beständig aus dem Prozeß heraus, wie er in ihn eintritt. Da seine eigne Arbeit ihm selbst 267
entfremdet, dem Kapitalisten angeeignet und dem Kapital einverleibt ist, bevor er in den Prozeß eintritt, *vergegenständlicht* sie sich während des Prozesses beständig in *fremdem Produkt.* Da der Produktionsprozeß zugleich der konsumtionsprozeß der Arbeitskraft durch den Kapitalisten, *verwandelt* sich das Produkt des Arbeiters nicht nur fortwährend in *Waare,* sondern in *Kapital,* Werth, der die werthschöpfende Kraft aussaugt, Lebensmittel, die Personen kaufen, Produktionsmittel, die den Producenten anwenden[5]. Der Arbeiter selbst producirt daher beständig 268
den *objektiven Reichthum als Kapital,* ihm fremde, ihn beherrschende und ausbeutende Macht, und der Kapitalist producirt ebenso beständig *die Arbeitskraft als subjektive,* von ihren eignen Vergegenständlichungs- und Verwirklichungsmitteln getrennte, abstrakte, in der bloßen Leiblichkeit des ¦ Arbeiters existirende *Reichthumsquelle,* | kurz den Arbeiter *als Lohnarbeiter*[6]. Diese *beständige Reproduktion oder Verewigung des Arbeiters als Lohnarbeiter* ist das *sine qua non* der kapitalistischen Produktion.

Man weiß, die Transaktion zwischen Kapitalist und Arbeiter ist folgende: Einen Theil seines Kapitals, das variable Kapital, tauscht der

5 „Das ist eine besonders merkwürdige Eigenschaft der produktiven Konsumtion. Was produktiv konsumirt wird *ist Kapital* und *es wird Kapital* durch die Konsumtion." (*James Mill* l. c. p. 242.) J. Mill ist jedoch dieser „besonders merkwürdigen Eigenschaft" nicht auf die Spur gekommen.

6 "It is true indeed that the first introducing a manufacture *emploies many poor, but they cease not to be so,* and the continuance of it *makes many.*" („*Reasons for a limited Exportation of Wool. Lond.* 1677", p. 19.) "The farmer now absurdly asserts, that he keeps the poor. *They are indeed kept in misery.*" („*Reasons for the late Increase of the Poor Rates: or a comparative view of the prices of labour and provisions. Lond.* 1777", p. 31.)

Kapitalist aus gegen Arbeitskraft, die er als lebendige Verwerthungskraft seinen *todten Produktionsmitteln* einverleibt. Eben dadurch wird der Arbeitsprozeß zugleich kapitalistischer Verwerthungsprozeß. Andrerseits verausgabt der Arbeiter das für seine Arbeitskraft eingetauschte Geld in *Lebensmitteln*, durch die er sich *erhält* und *reproducirt*. Es ist dieß seine *individuelle Konsumtion*. Der Arbeitsprozeß, worin er die Produktionsmittel konsumirt und dadurch in Produkte verwandelt, bildet seine *produktive Konsumtion* und zugleich *Konsumtion seiner Arbeitskraft* durch den Kapitalisten. Beide Konsumtionen sind wesentlich verschieden. In der einen gehört der Arbeiter als Arbeitskraft dem Kapital an und ist dem Produktionsprozeß einverleibt; in der andern gehört er sich selbst und verrichtet individuelle Lebensakte außerhalb des Produktionsprozesses.

Bei Betrachtung des „Arbeitstags" u. s. w. zeigte sich gelegentlich, daß der Arbeiter oft gezwungen ist, seine individuelle Konsumtion zu einem bloßen Incident des Produktionsprozesses zu machen. In diesem Fall setzt er sich Lebensmittel zu, um seine Arbeitskraft im Gang zu halten, wie der Dampfmaschine Kohle und Wasser, dem Rad Oel zugesetzt wird. Seine Konsumtionsmittel sind dann bloß Konsumtionsmittel eines Produktionsmittels, seine individuelle Konsumtion direkt produktive Konsumtion. Dieß erscheint jedoch als ein dem kapitalistischen Produktionsprozeß unwesentlicher *Mißbrauch*[7]. |

Betrachtet man aber nicht den vereinzelten Produktionsprozeß der Waare, sondern den kapitalistischen Produktionsprozeß in seinem zusammenhängenden Fluß und in seinem gesellschaftlichen Umfang, so bleibt *auch die individuelle Konsumtion des Arbeiters* ein Moment der Produktion und Reproduktion des Kapitals, ob sie innerhalb oder außerhalb der Werkstatt, Fabrik u. s. w., innerhalb oder außerhalb des Arbeitsprozesses vorgeht, ganz wie die Reinigung der Maschine, ob sie während des Arbeitsprozesses oder bestimmter Pausen desselben geschieht. Es thut nichts zur Sache, daß der Arbeiter diese Konsumtion sich selbst und nicht dem Kapitalisten zu lieb ¦ vollzieht. So bleibt der Konsum des Lastviehs nicht minder ein nothwendiges Moment des Produktionsprozesses, weil das Vieh selbst genießt, was es frißt. Die beständige Erhaltung und Reproduktion der Arbeiterklasse bleibt bestän-

7 *Rossi* würde nicht so emphatisch diesen Punkt verdeklamiren, wäre er wirklich in das Geheimniß der „productive consumption" eingedrungen.

dige Bedingung für die Reproduktion des Kapitals. Der Kapitalist kann ihre Erfüllung getrost dem Selbsterhaltungs- und Fortpflanzungstrieb der Arbeiter überlassen. Er sorgt nur dafür ihre individuelle Konsumtion so viel als möglich auf das Nothwendige einzuschränken und ist himmelweit entfernt von jener südamerikanischen Rohheit, die den Arbeiter zwingt substantiellere statt weniger substantielle Nahrungsmittel einzunehmen[8].

Durch den Umsatz eines Kapitaltheils in Arbeitskraft schlägt der Kapitalist zwei Fliegen mit einer Klappe. Er verwandelt dadurch einen Theil seines Kapitals in variables Kapital und verwerthet so sein Gesammtkapital. Er einverleibt die Arbeitskraft seinen Produktionsmitteln. Er verzehrt die Arbeitskraft produktiv, indem er den Arbeiter die Produktionsmittel durch seine Arbeit produktiv verzehren läßt. Andrerseits verwandeln sich die Lebensmittel oder der an den Arbeiter veräußerte Theil des Kapitals in Muskel, Nerven, Knochen, Hirn u. s. w. von Arbeitern. *Innerhalb ihrer nothwendigen Grenzen* ist daher die individuelle Konsumtion der | Arbeiterklasse Rückverwandlung der vom Kapital gegen Arbeitskraft veräußerten Lebensmittel in die vom Kapital neu exploitirbare Arbeitskraft, *Produktion und Reproduktion seines nothwendigsten Produktionsmittels, des Arbeiters selbst.* Die *individuelle* Konsumtion des Arbeiters bildet daher ein Moment des *Reproduktionsprozesses des Kapitals* im Großen und Ganzen.

Daher betrachtet auch der Kapitalist und sein Ideolog, der politische Oekonom, nur den Theil der individuellen Konsumtion des Arbeiters als *produktiv*, der zur Verewigung der Arbeiterklasse erheischt ist, also in der That verzehrt werden muß, damit das Kapital die Arbeitskraft verzehre; was der Arbeiter außerdem zu seinem Vergnügen verzehren mag, ist *unproduktive Konsumtion*[9]. Würde die Accumulation des Kapitals eine Erhöhung des Arbeitslohns und daher Vermehrung der

8 „Die Arbeiter in den Bergwerken Südamerika's, deren tägliches Geschäft (das schwerste vielleicht in der Welt) darin besteht, eine Last Erz, im Gewicht von 180–200 Pfund, aus einer Tiefe von 450 Fuß, auf ihren Schultern zu Tage zu fördern, leben nur von Brod und Bohnen, sie würden das Brod allein zur Nahrung vorziehn, allein ihre Herrn, welche gefunden haben, daß sie *mit Brod nicht so stark arbeiten können*, behandeln sie wie Pferde, und zwingen sie die Bohnen zu essen; die Bohnen sind aber verhältnißmäßig an Knochenerde weit reicher als das Brod." (*Liebig* l. c. 1. Theil, p. 194, Note.)

9 *James Mill* l. c. p. 238 sqq.

Konsumtionsmittel des Arbeiters verursachen ohne Konsum von mehr Arbeitskraft durch das Kapital, so wäre das zuschüssige Kapital *unproduktiv konsumirt*[10]. In der That: die in¦dividuelle Konsumtion des Arbeiters ist *für ihn selbst unproduktiv*, denn sie reproducirt nur das *bedürftige Individuum*: sie ist *produktiv für den Kapitalisten und den Staat*, denn sie ist Produktion der *den fremden Reichthum producirenden Kraft*[11].

Von gesellschaftlichem Standpunkt ist also die Arbeiterklasse, auch außerhalb des unmittelbaren Arbeitsprozesses, ebenso sehr *Zubehör* des Kapitals als die todten Arbeitsinstrumente. Ihre individuelle Konsumtion selbst ist innerhalb gewisser Grenzen nur ein Moment des Reproduktionsprozesses des Kapitals. Der Prozeß aber sorgt dafür, daß diese selbst|bewußten Produktionsinstrumente nicht weglaufen, indem er beständig ihr Produkt von ihrem Pol zum Gegenpol des Kapitals entfernt. Die individuelle Konsumtion sorgt für ihre eigne Erhaltung und Reproduktion, andrerseits, durch Vernichtung der Lebensmittel, für ihr beständiges Wiedererscheinen auf dem Arbeitsmarkt. Der römische Sklave war durch Ketten, der Lohnarbeiter ist durch unsichtbare Fäden an seinen Eigenthümer gebunden. Der Schein seiner Unabhängigkeit wird durch den beständigen Wechsel der individuellen Lohnherrn und die fictio juris des Kontrakts aufrecht erhalten.

Früher machte das Kapital, wo es ihm nöthig schien, sein *Eigenthumsrecht auf den freien Arbeiter* durch Zwangsgesetz geltend. So war z. B. die Emigration der Maschinenarbeiter in England bis 1815 bei schwerer Strafe verboten.

Die Reproduktion der Arbeiterklasse schließt zugleich die Ueberlieferung und Häufung des Geschicks von einer Generation zur andern ein[12]. Wie sehr der Kapitalist das Dasein einer solchen geschickten

10 „Stiege der Preis der Arbeit so hoch, daß trotz des Zuwachses von Kapital *nicht mehr Arbeit* angewandt werden könnte, so würde ich sagen, daß solcher Zuwachs von Kapital unproduktiv konsumirt wird." (*Ricardo* l. c. p. 163.)

11 „Die einzig produktive Konsumtion im eigentlichen Sinn ist die Konsumtion oder Zerstörung von Reichthum (er meint den Verbrauch der Produktionsmittel) durch Kapitalisten zum Zwecke der Reproduktion … Der Arbeiter ist ein produktiver Konsument für die Person, die ihn anwendet, und für den Staat, aber, genau gesprochen, nicht für sich selbst." (*Malthus: „Definitions* etc.", p. 30.)

12 „Das einzige Ding, wovon man sagen kann, daß es aufgespeichert und vorher präparirt ist, ist das Geschick des Arbeiters … Die Accumulation und

Arbeiterklasse unter *die ihm angehörigen Produktionsbedingungen zählt,* sie in der That als die reale Existenz seines variablen Kapitals ansieht, zeigt sich, sobald eine Krise deren Verlust androht. In Folge des amerikanischen Bürgerkriegs und der ihn begleitenden Baumwollnoth wurde bekanntlich die Mehrzahl der Baumwollarbeiter in Lancashire u. s. w. aufs Pflaster geworfen. Aus dem Schoß der Arbeiterklasse selbst, wie andrer Gesellschaftsschichten, schrie man nach Staatsunterstützung oder freiwilliger Nationalkollekte, um die Emi¦gration der „Ueberflüssigen" in englische Kolonien oder die Vereinigten Staaten zu ermöglichen. Damals veröffentlichte die *Times* (24. März 1863) einen Brief von *Edmund Potter,* früher Präsident der Manchester Handelskammer. Sein Brief ward mit Recht im Unterhaus als *„das Manifest der Fabrikanten"* bezeichnet[13]. Wir geben hier einige charakteristische Stellen, | worin der *Eigenthumstitel des Kapitals auf die Arbeitskraft* unverblümt ausgesprochen wird.

„Den Baumwollarbeitern mag gesagt werden, daß ihre Zufuhr zu groß ist. … sie müsse vielleicht um ein Drittheil reducirt werden, und dann würde eine gesunde Nachfrage für die übrigen zwei Drittheile eintreten. … Die öffentliche Meinung dringt auf *Emigration. … Der Meister* (d. h. der Baumwollfabrikant) kann nicht willig *seine Arbeitszufuhr entfernt sehn;* er mag denken, daß das ebenso ungerecht als unrichtig ist. … Wenn die Emigration aus öffentlichen Fonds unterstützt wird, hat er ein Recht Gehör zu verlangen und vielleicht *zu protestiren."* Selbiger Potter setzt dann weiter aus einander, wie nützlich die Baumwollindustrie, wie „sie unzweifelhaft die Uebervölkerung aus Irland und den englischen Agrikulturdistrikten wegdrainirt hat", wie ungeheuer ihr Umfang, wie sie im Jahr 1860 5/13 des ganzen englischen Exporthandels lieferte, wie sie nach wenigen Jahren sich wieder ausdehnen werde durch Erweiterung des Markts, besonders Indiens, und durch Erzwingung hinreichender „Baumwollzufuhr, zu 6 d. das Pfund". Er fährt dann fort: „Zeit – eins, zwei, drei Jahre vielleicht – wird die nöthige Quantität produciren. … Ich möchte dann die Frage stellen, ist diese

Aufspeicherung geschickter Arbeit, diese wichtigste Operation wird, was die große Masse der Arbeiter betrifft, ohne irgend welches Kapital vollbracht." (*Hodgskin: „Labour Defended* etc.", p. 12, 13.)

13 "That letter might be looked upon as the manifesto of the manufacturers." (*Ferrand:* Motion über den cotton famine, Sitzung des H.ò. C. vom 27. April 1863.)

Industrie werth sie festzuhalten, *ist es der Mühe werth die Maschinerie* (nämlich die *lebendigen* Arbeitsmaschinen) *in Ordnung zu halten, und ist es nicht die größte Narrheit, daran zu denken, sie aufzugeben!* Ich glaube so. Ich will zugeben, daß *die Arbeiter nicht Eigenthum sind* („I allow that the workers are not a property"), *nicht das Eigenthum Lancashire's und der Meister;* aber sie sind die Stärke beider; sie sind die geistige und geschulte Kraft, die in einer Generation nicht ersetzt werden kann; die andere Maschinerie dagegen, woran sie arbeiten („the mere machinery which they work"), könnte zum großen Theil *mit Vortheil ersetzt und verbessert werden in zwölf Monaten*[14]. ¦ *Ermuntert oder erlaubt (!) die Emi|gration der Arbeitskraft und was wird aus dem Kapitalisten?* („Encourage or *allow* the working power to emigrate, and what of the capitalist?" Dieser Herzensstoß erinnert an Hofmarschall Kalb.) … Nimm den Rahm der Arbeiter weg, und das fixe Kapital wird in hohem Grad entwerthet und das cirkulirende Kapital wird sich nicht dem Kampf mit schmaler Zufuhr einer niedrigen Sorte von Arbeit aussetzen. … Man sagt uns, *die Arbeiter selbst wünschen die Emigration.* Es ist sehr natürlich, daß *sie* das thun. … Reducire, komprimire das Baumwollgeschäft durch *Wegnahme seiner Arbeitskraft* (by taking away its working power), durch Verminderung ihrer Lohnverausgabung sage um ⅓ oder 5 Millionen, und was wird dann aus der nächsten Klasse über ihnen, den Kleinkrämern? Was aus den Grundrenten, was aus der Miethe der cottages? … was aus dem kleinen Pächter, dem besseren Hausbesitzer und dem Grundeigenthümer? Und sagt nun, ob irgend ein Plan für alle Klassen des Landes selbstmörderischer sein kann als dieser, die Nation zu schwächen *durch den Export ihrer besten Fabrik-*

14 Man erinnert sich, daß dasselbe Kapital aus einem andern Loch pfeift unter gewöhnlichen Umständen, wenn es gilt, den Arbeitslohn herabzusetzen. Dann erklären „die Meister" aus einem Munde (sieh *Viertes Kapitel*, Note 188): „Fabrikarbeiter sollten in heilsamer Erinnerung halten, daß ihre Arbeit in der That eine sehr niedrige Sorte geschickter Arbeit ist; daß keine leichter aneigenbar und in Anbetracht ihrer Qualität besser belohnt ist, daß keine durch kurze Unterweisung des mindest Erfahrenen *in so kurzer Zeit* und in solchem Ueberfluß zugeführt werden kann. *Des Meisters Maschinerie* (die, wie wir jetzt hören, in 12 Monaten mit Vortheil und verbessert ersetzt werden kann) spielt in der That eine *viel wichtigere Rolle* in dem Geschäft der Produktion als *die Arbeit und das Geschick des Arbeiters* (die jetzt in 30 Jahren nicht ersetzbar sind), die *eine Erziehung von 6 Monaten* lehren und jeder Bauernknecht lernen kann."

arbeiter und die Entwerthung eines Theils ihres produktivsten Kapitals und Reichthums?" „Ich rathe zu einer Anleihe von 5 bis 6 Millionen, über 2 oder 3 Jahre vertheilt, administrirt durch Spezialkommissäre, beigeordnet den Armenverwaltungen in den Baumwolldistrikten, unter speziellen gesetzlichen Regulationen, mit gewisser *Zwangsarbeit*, um die moralische Valuta der Almosenempfänger aufrecht zu erhalten. … *Kann es irgend etwas Schlimmeres geben für Grundeigenthümer oder Meister* („can anything be worse for landowners or masters") als ihre besten Arbeiter aufzugeben und die *übrigbleibenden zu demoralisiren und zu verstimmen* durch eine ausgedehnte entleerende Emigration und Entleerung von Werth und Kapital in einer ganzen Provinz?" |

Potter, das auserwählte Organ der Baumwollfabrikanten, unterscheidet doppelte „*Maschinerie*", deren jede dem Kapitalisten gehört, und wovon die eine in seiner Fabrik steht, die andre des Nachts und Sonntags auswärtig in cottages haust. Die eine ist todt, die andre lebendig. Die todte Maschinerie verschlechtert und entwerthet sich nicht nur jeden Tag, sondern von ihrer existirenden Masse ist ein großer Theil durch den beständigen technologischen Fortschritt beständig so sehr antiquirt, daß sie vortheilhaft und in wenigen Monaten durch neuere Maschinerie ersetzbar. Die lebendige Maschinerie verbessert sich umgekehrt, je länger sie währt, je mehr sie das Geschick von Generationen in sich aufhäuft. Die *Times* antwortete dem Fabrikmagnaten u. a.:

„Herr E. Potter ist so impressionirt von der außerordentlichen und absoluten Wichtigkeit der *Baumwollmeister*, daß er, um diese Klasse zu er¦halten und ihr Metier zu verewigen, eine halbe Million der Arbeiterklasse wider ihren Willen in ein großes moralisches *Workhouse* einsperren will. Ist diese Industrie werth sie festzuhalten? fragt Herr Potter. Sicher, durch alle ehrbaren Mittel! antworten wir. Ist es der Mühe werth die Maschinerie in Ordnung zu halten? fragt wieder Herr Potter. Hier stutzen wir. Unter der *Maschinerie* versteht Herr Potter die *menschliche Maschinerie*, denn er betheuert, daß *er sie nicht als absolutes Eigenthum zu behandeln vorhat*. Wir müssen gestehn, wir halten es nicht ‚der Mühe werth' oder selbst für möglich, die menschliche Maschinerie in Ordnung zu halten, d. h. einzusperren und einzuölen bis ihrer bedurft wird. Menschliche Maschinerie hat die Eigenschaft während der Unthätigkeit zu verrosten, ihr mögt noch soviel dran ölen oder reiben. Zudem ist menschliche Maschinerie, wie der Augenschein uns eben lehrt, im Stand von eignen Stücken den Dampf anzulassen und zu platzen oder einen Veitstanz in unsren großen Städten zu tollen. Es mag, wie Herr Potter sagt, *längere Zeit zur Reproduktion der Arbeiter erheischt sein,* aber mit Maschinisten und Geld zur Hand werden wir stets betriebsame, harte, industrielle Männer finden, um daraus *mehr Fabrikmeister zu fabriciren als wir je verbrauchen können.* … Herr Potter plaudert von einer Wiederbelebung der Industrie in 1, 2, 3 Jahren und verlangt von uns die *Emigration der Arbeitskraft* nicht zu ermuntern oder nicht zu *erlauben*! Er sagt, es sei natürlich, daß die Arbeiter zu emigriren wün|schen, aber er meint, daß die Nation diese halbe Million Arbeiter mit den 700 000, die an ihnen hängen, *ihrem Verlangen zum Trotz* in die Baumwolldistrikte einsperren und, eine nothwendige Konsequenz, ihr Mißvergnügen durch Gewalt niederschlagen und sie selbst durch Almosen fristen muß, alles das auf die Chance hin, daß die *Baumwollmeister* ihrer an einem beliebigen Tag wieder bedürfen mögen. … Die Zeit ist gekommen, wo die große öffentliche Meinung dieser Eilande etwas thun muß, um ‚*diese Arbeitskraft*' vor denen zu retten, die sie behandeln wollen, wie sie Kohle, Eisen und Baumwolle behandeln." („to save this ‚working power' from those who would deal with it as they deal with iron, coal and cotton.")[15]

Der *Times*-Artikel war nur ein jeu d'esprit. Die „große öffentliche Meinung" war in der That der Meinung des Herrn Potter, daß die Fabrikarbeiter *Mobiliarzubehör der Fabriken.* Ihre Emigration wurde verhindert[16]. Man ¦ sperrte sie in das „moralische Workhouse" der Baumwolldistrikte, und sie blieben nach wie vor „die Stärke (the strength) der Baumwollmeister von Lancashire".

Der kapitalistische Produktionsprozeß reproducirt also durch seinen eignen Vorgang *die Scheidung* zwischen Arbeitskraft und Arbeitsbedin-

15 *Times, 24. March 1863.*

16 Das Parlament votirte keinen Farthing für Emigration, sondern nur Gesetze, welche die Municipalitäten befähigten, die Arbeiter zwischen Leben und Sterben zu halten oder sie zu exploitiren, ohne Zahlung von Normallöhnen. Als dagegen drei Jahre später die Rinderseuche ausbrach, durchbrach das Parlament wild sogar alle parlamentarische Etiquette und votirte im Umsehn Millionen zur Schadloshaltung der Millionäre von Landlords, deren Pächter sich ohnehin durch Steigerung der Fleischpreise schadlos hielten. Das bestiale Gebrüll der Grundeigenthümer bei Eröffnung des Parlaments von 1866 bewies, daß man nicht Hindu zu sein braucht, um die Kuh Sabala anzubeten, noch Jupiter, um sich in einen Ochsen zu verwandeln.

gungen. Er reproducirt und verewigt damit die Exploitationsbedingungen des Arbeiters. Er zwingt beständig den Arbeiter zum Verkauf seiner Arbeitskraft, um zu leben, und befähigt beständig den Kapitalisten zu ihrem Kauf, um sich zu bereichern[17]. Es ist nicht mehr der Zufall, welcher Kapitalist und Arbeiter als Käufer und Verkäufer auf dem Waaren|markt gegenüberstellt. Es ist die Zwickmühle des Prozesses selbst, die den Einen stets als Verkäufer seiner Arbeitskraft auf den Waarenmarkt zurückschleudert und sein eignes Produkt stets in das Kaufmittel des Andern verwandelt. In der That gehört der Arbeiter dem Kapital, bevor er sich dem Kapitalisten verkauft. Seine ökonomische Hörigkeit[18] ist zugleich vermittelt und zugleich versteckt durch die periodische Erneurung seines Selbstverkaufs, den Wechsel seiner individuellen Lohnherrn und die Oscillation im Marktpreise der Arbeit[19].

Der kapitalistische Produktionsprozeß, im Zusammenhang betrachtet, oder als Reproduktionsprozeß, producirt also nicht nur Waare, nicht nur Mehrwerth, er producirt und reproducirt das *Kapitalverhältniß* selbst, auf der einen Seite *den Kapitalisten*, auf der andern *den Lohnarbeiter*[20]. ¦ |

17 «L'ouvrier demandait de la subsistance pour vivre, le chef demandait du travail pour gagner.» (*Sismondi* l. c. p. 91.)

18 Eine bäuerlich plumpe Form dieser Hörigkeit existirt in der Grafschaft *Durham*. Es ist dieß eine der wenigen Grafschaften, worin die *Verhältnisse* dem Pächter nicht unbestrittenen Eigenthumstitel auf die Ackerbautaglöhner sichern. Die Bergwerksindustrie erlaubt letzteren eine Wahl. Der Pächter, im Gegensatz zur Regel, übernimmt hier daher nur Pacht von Ländereien, worauf sich cottages für die Arbeiter befinden. Der Miethpreis der cottage bildet Theil des Arbeitslohns. Diese cottages heißen „hind's houses". Sie werden den Arbeitern unter gewissen Feudalverpflichtungen vermiethet, unter einem Vertrag, der „bondage" (Hörigkeit) heißt und den Arbeiter z. B. bindet, für die Zeit, während deren er anderswo beschäftigt ist, seine Tochter u. s. w. zu stellen. Der Arbeiter selbst heißt *bondsman*, Höriger. Dieß Verhältniß zeigt auch die *individuelle Konsumtion* des Arbeiters als *Konsumtion für das Kapital* oder *produktive Konsumtion* von einer ganz neuen Seite. „Es ist merkwürdig zu beobachten, wie selbst der Koth dieses bondsman zu den Sporteln an seinen kalkulirenden Gebieter zählt.... Der Pächter erlaubt in der ganzen Nachbarschaft keinen Abtritt außer seinem eignen und duldet in dieser Beziehung keinen Abschlag von seinen Suzerainrechten." („*Public Health. VII. Rep.* 1864", p. 188.)

19 Man erinnert sich, daß bei der Arbeit der Kinder u. s. w. selbst die Formalität des Selbstverkaufs verschwindet.

20 „Das Kapital setzt die Lohnarbeit, die Lohnarbeit setzt das Kapital voraus. Sie bedingen sich wechselseitig, sie bringen sich wechselseitig hervor. Ein Arbeiter in

b) Verwandlung von Mehrwerth in Kapital.

Früher hatten wir zu betrachten, wie der Mehrwerth aus dem Kapital, jetzt wie das Kapital aus dem Mehrwerth entspringt. *Anwendung von Mehrwerth als Kapital* oder *Rückverwandlung von Mehrwerth in Kapital* heißt *Accumulation des Kapitals*[21].

Ein Kapital betrage 10 000 Pfd. St., sein variabler Bestandtheil 2000 Pfd. St. Bei einer Rate des Mehrwerths von 100 % producirt es in einer gewissen Periode, jährlich z. B., einen Mehrwerth von 2000 Pfd. St. Werden diese 2000 Pfd. St. wieder als Kapital vorgeschossen, so wächst das ursprüngliche Kapital von 10 000 auf 12 000 Pfd. St. oder es hat *accumulirt.* Es ist zunächst gleichgültig, ob das Zuschußkapital zum alten geschlagen oder selbstständig verwerthet wird.

Eine Werthsumme von 2000 Pfd. St. ist eine Werthsumme von 2000 Pfd. St. Man riecht und sieht diesem Geld nicht an, daß es *Mehrwerth* ist. Der Charakter eines Werths als Mehrwerth zeigt, *wie* er zu seinem Eigner kam, ändert aber nichts an der Natur des Werths oder des Geldes. Die Verwandlung der zuschüssigen 2000 Pfd. St. in Kapital geht also *in derselben Weise* vor, wie die Verwandlung der ursprünglichen 10 000 Pfd. St. Die Bedingungen der Metamorphose bleiben dieselben. Ein Theil der 2000 Pfd. St. muß in constantes, der andre in variables Kapital verwandelt werden, der eine in die objektiven Faktoren des Arbeitsprozesses, Arbeitsmaterial und Arbeitsmittel, der andre in seinen subjektiven Faktor, Arbeitskraft. Der Kapitalist muß also diese Elemente auf dem Waarenmarkt vorfinden. So stellt sich der Vorgang dar vom Standpunkt des *individuellen* Kapitalisten, der die Geldsumme von 10 000 Pfd. St. in einen Waarenwerth von 12 000 Pfd. St. verwandelt, diesen Waarenwerth in Geld zum Belauf von 12 000 Pfd. St. rückverwandelt, und nun neben

einer Baumwollfabrik, producirt er nur Baumwollstoffe? Nein, *er producirt Kapital.* Er producirt Werthe, die von neuem dazu dienen, seine Arbeit zu kommandiren, und vermittelst derselben neue Werthe zu schaffen." (*Karl Marx: „Lohnarbeit und Kapital"* in N. Rh. Z. Nr. 266, *7. April 1849.*) Die unter diesem Titel in der N. Rh. Z. veröffentlichten Artikel sind Bruchstücke der Vorlesungen, die ich über jenes Thema 1847 im deutschen Arbeiterverein zu Brüssel hielt und deren Druck durch die Februarrevolution unterbrochen wurde.

21 "*Accumulation of Capital:* the employment of a portion of revenue as capital." (*Malthus: „Definitions etc." ed. Cazenove* p. 11.) „*Conversion* of revenue into Capital." (*Malthus: „Princ. of Pol. Econ. 2nd ed. Lond.* 1836", p. 320.)

dem ursprünglichen Werth von 10 000 Pfd. St. | auch den zuschüssigen Werth von 2000 Pfd. St. als *sein Kapital* funktioniren läßt. Betrachten wir aber die 10 000 Pfd. St. als das *gesellschaftliche Kapital* oder als *das Gesammtkapital der Kapitalistenklasse*, und die 2000 Pfd. St. als ihren während des Jahrs z. B. producirten Mehrwerth! Der Mehrwerth ist *verkörpert* in einem zuschüssigen Produkt ¦ oder *Mehrprodukt*. Ein Theil dieses Mehrprodukts geht in den *Konsumtionsfonds* der Kapitalisten ein oder wird von ihnen als Revenue verzehrt. Abgesehn von diesem Theil, ebenso vom internationalen Handel, der inländische durch ausländische Waarensorten ersetzt, besteht das *Mehrprodukt*, in seiner *Naturalform*, nur aus *Produktionsmitteln*, Rohstoffen, Hilfsstoffen, Arbeitsmitteln, und aus *nothwendigen Lebensmitteln*, also aus den *stofflichen Elementen* des constanten und variablen Kapitals. Diese finden sich also nicht zufällig auf dem Markt vor, sondern sind bereits vorhandne Existenzweisen des producirten Mehrwerths selbst. Was aber die erheischte zuschüssige Arbeit angeht, so können bis zu einem gewissen Grad die bereits funktionirenden Arbeitskräfte voller beschäftigt, extensiv oder intensiv höher angespannt werden. Andrerseits hat der kapitalistische Produktionsprozeß mit den sachlichen Elementen des zuschüssigen Kapitals auch bereits zuschüssige Arbeitskräfte geliefert. Da nämlich die Arbeiterklasse aus dem Prozeß herauskömmt, wie sie in ihn eintrat, müssen verschiedne Altersklassen ihrer Kinder, deren Existenz der Durchschnittslohn sichert, beständig neben sie auf den Arbeitsmarkt treten. Konkret betrachtet ist die Accumulation also *kapitalistischer Reproduktionsprozeß auf erweiterter Stufenleiter*.

Den in Zuschußkapital verwandelten Mehrwerth von 2000 Pfd. St. wollen wir *Surpluskapital* Nr. I nennen. Der Vereinfachung wegen vorausgesetzt, seine Theilung in constanten und variablen Bestandtheil bleibe dieselbe wie beim ursprünglichen Kapital, ebenso die Rate des Mehrwerths von 100 %, und wir kennen die Methode, worin dieß Kapital von 2000 Pfd. St. einen Mehrwerth von 400 Pfd. St. producirt. Dieser Mehrwerth werde wieder in Kapital verwandelt. So erhalten wir *Surpluskapital* Nr. II von 400 Pfd. St. u. s. w.

Was hat sich nun geändert? Die 10 000 Pfd. St., die sich ursprünglich in Kapital verwandelten, waren das Eigenthum ihres Besitzers. Er warf sie auf den Waaren- und Arbeitsmarkt. Wo hat er sie her? Wir | wissen es nicht. Das Gesetz des Waarenaustausches, wonach sich im Durchschnitt Aequivalente austauschen und jeder nur mit Waare Waare kauft, 269 begünstigt die Annahme, daß die 10 000 Pfd. St. nur die Geldform seiner eignen Produkte und daher seiner eignen Arbeit sind, oder der Arbeit von Personen, als deren rechtmäßiger Stellvertreter er funktionirt.

Den Entstehungsprozeß des Surpluskapitals Nr. I kennen wir dagegen ganz genau. Es ist nur die *verwandelte Form von Mehrwerth*, also von *Mehrarbeit*, unbezahlter fremder Arbeit. Es ist *kein Werthatom darin*, wofür sein Besitzer *ein Aequivalent* gezahlt hätte. Allerdings kauft der Kapitalist, wie vorher mit einem Theil des ursprünglichen, so jetzt mit einem Theil des Surplus-Kapitals von neuem Arbeitskraft, woraus er von neuem Mehrarbeit ¦ pumpt und daher von neuem Mehrwerth producirt. Aber er kauft den Arbeiter jetzt mit *dessen eignem, ihm vorher ohne Aequivalent weggenommenen Produkt oder Produktenwerth*, ganz wie er ihn mit *Produktionsmitteln* beschäftigt, die in natura oder deren Werth *ohne Aequivalent weggenommenes Produkt des Arbeiters* sind. Es ändert durchaus nichts an der Sache, ob dieselben individuellen Arbeiter, die das Surpluskapital producirt haben, auch damit beschäftigt werden, oder ob mit der in Geld verwandelten unbezahlten Arbeit des Arbeiters A der Arbeiter B geworben wird. Dieß ändert nur die *Erscheinung*, ohne sie zu verschönern. Da das Verhältniß des individuellen Kapitalisten und des individuellen Arbeiters das von einander unabhängiger Waarenbesitzer ist, von denen der eine Arbeitskraft kauft, der andre verkauft, ist *ihr Zusammenhang zufällig*. Der Kapitalist verwandelt vielleicht das Surpluskapital in eine Maschine, die den Producenten des Surpluskapitals aufs Pflaster wirft und durch ein paar Kinder ersetzt.

In dem Surpluskapital Nr. I sind alle Bestandtheile Produkt unbezahlter fremder Arbeit, *kapitalisirter Mehrwerth*. Es verschwindet der Schein der ersten Darstellung des Produktionsprozesses oder des ersten Akts der Kapitalbildung, als ob der Kapitalist irgend welche Werthe aus seinem eignen Fonds in die Cirkulation würfe. Erst entführt die unsichtbare Magie des Prozesses das Mehrprodukt des Arbeiters von *seinem* Pol zum Gegenpol des *Kapitalisten*. Dann verwandelt der Kapitalist diesen Reichthum, der für ihn eine Schöpfung aus Nichts ist, in Kapital, in ein Mittel | zur Anwendung, Beherrschung und Exploitation zuschüssiger Arbeitskraft[22].

22 „Die Arbeit schafft das Kapital, bevor das Kapital die Arbeit anwendet." („Labour creates capital, before capital employs labour.") *E. G. Wakefield: „England and America. Lond.* 1833", v. II, p. 110.

Im *kapitalistischen Produktionsprozeß* wird ursprünglich nur eine dem Geldbesitzer, wir wissen nicht auf welche Titel hin, gehörige *Werthsumme* in *Kapital* und daher Quelle von Mehrwerth verwandelt. Es geht eine Veränderung mit dieser Werthsumme vor, aber *sie selbst* ist nicht das *Resultat* des Prozesses, sondern vielmehr seine von ihm unabhängige *Voraussetzung.* Im *einfachen Reproduktionsprozeß,* oder dem kontinuirlichen Produktionsprozeß, ist es ein Theil vom Produkt des Arbeiters, der ihm stets von neuem als variables Kapital gegenübertritt, aber sein Produkt nimmt stets von neuem diese Form an, weil er *ursprünglich* seine Arbeitskraft für *das Geld des Kapitalisten* verkaufte. Endlich verwandelt sich im Verlauf der Reproduktion aller vom Kapitalisten vorgeschossene Kapitalwerth in *kapitalisirten Mehrwerth,* aber diese Verwandlung selbst unterstellt, daß der Fonds *ursprünglich* aus seinen eignen Mitteln herstammt. Anders im *Accumulationsprozeß* oder dem Reproduktionsprozeß auf erweiterter Stufenleiter. Das Geld, oder stofflich ausgedrückt, die Produktions- und ¦ Lebensmittel, die *Substanz* des neuen Kapitals, ist selbst das Produkt des Prozesses, der fremde unbezahlte Arbeit auspumpt. *Das Kapital hat Kapital producirt.*

Eine dem Kapitalisten gehörige Werthsumme von 10 000 Pfd. St. war die *Voraussetzung für Bildung des Surpluskapitals* Nr. I von 2000 Pfd. St. Die *Voraussetzung des Surpluskapitals* Nr. II von 400 Pfd. St. ist nichts anders *als die Existenz des Surpluskapitals* Nr. I. Eigenthum an *vergangner* unbezahlter Arbeit erscheint jetzt als die einzige Bedingung für *gegenwärtige* Aneignung unbezahlter lebendiger Arbeit in stets wachsendem Umfang.

Insofern der Mehrwerth, woraus Surpluskapital Nr. I besteht, das Resultat des Ankaufs der Arbeitskraft durch einen Theil des Originalkapitals war, ein Kauf, der den Gesetzen des Waarenaustausches entsprach, und, juristisch betrachtet, nichts voraussetzt als freie Verfügung, auf Seiten des Arbeiters über seine eignen Fähigkeiten, auf Seiten des Geld- oder Waaren|besitzers über ihm gehörige Werthe; sofern Surpluskapital Nr. II u. s. w. bloß Resultat von Surpluskapital Nr. I, also Konsequenz jenes ersten Verhältnisses; sofern jede einzelne Transaktion fortwährend dem Gesetz des Waarenaustausches entspricht, der Kapitalist stets die Arbeitskraft kauft, der Arbeiter sie stets verkauft, und wir wollen annehmen selbst zu ihrem wirklichen Werth, schlägt offenbar *das auf* 270
Waarenproduktion und Waarencirkulation beruhende Gesetz der Aneignung oder *Gesetz des Privateigenthums* durch *seine eigne, innere,*

unvermeidliche Dialektik in sein direktes Gegentheil um[23]. Der Austausch von Aequivalenten, der als die ursprüngliche Operation erschien, hat sich so gedreht, daß *nur zum Schein* ausgetauscht wird, indem erstens der gegen Arbeitskraft ausgetauschte Kapitaltheil selbst nur ein Theil des *ohne Aequivalent angeeigneten fremden Arbeitsproduktes ist*, und zweitens von seinem Producenten, dem Arbeiter, nicht nur ersetzt, sondern mit *neuem* Surplus ersetzt werden muß. *Das Verhältniß des Austausches zwischen Kapitalist und Arbeiter* wird also *nur*
271 *dem Cirkulationsprozeß angehöriger Schein, bloße Form*, die dem Inhalt selbst fremd ist und ihn nur mystificirt. Der beständige Kauf und Verkauf der Arbeitskraft ist die Form. Der Inhalt ist, daß der Kapitalist einen Theil der bereits vergegenständlichten fremden Arbeit, die er sich unaufhörlich ohne Aequivalent aneignet, stets wieder gegen größeres Quantum lebendiger fremder Arbeit umsetzt. Ursprünglich erschien uns das Eigenthumsrecht ¦ gegründet auf eigne Arbeit. Wenigstens mußte diese Annahme gelten, da sich nur gleichberechtigte Waarenbesitzer gegenüberstehn, das Mittel zur Aneignung fremder Waare aber nur die Veräußerung der eignen Waare, und letztere nur durch Arbeit herstellbar ist. Eigenthum erscheint jetzt, auf Seite des Kapitalisten, als *das Recht fremde unbezahlte | Arbeit* oder ihr Produkt, auf Seite des Arbeiters, als Unmöglichkeit, sich sein eignes Produkt anzueignen. Die *Scheidung zwischen Eigenthum und Arbeit* wird zur nothwendigen Konsequenz eines Gesetzes, das scheinbar von ihrer *Identität* ausging[24]. Man sah, daß selbst bei einfacher Reproduktion alles vorgeschossene Kapital, wie immer ursprünglich erworben, sich

23 Ganz so nothwendig, wie die *Waarenproduktion* auf einem gewissen Entwicklungsgrad *kapitalistische Waarenproduktion wird* – ja nur auf der Grundlage der kapitalistischen Produktionsweise wird die *Waare* zur allgemeinen, herrschenden Form des *Produkts*, – ganz so nothwendig schlagen die *Eigenthumsgesetze der Waarenproduktion* in *Gesetze der kapitalistischen Aneignung* um. Man bewundere daher die Pfiffigkeit *Proudhon's*, der das kapitalistische Eigenthum abschaffen will, indem er – die ewigen Eigenthumsgesetze der Waarenproduktion geltend macht!

24 Das Eigenthum des Kapitalisten an dem fremden Arbeitsprodukt „ist strenge Konsequenz des Gesetzes der Aneignung, dessen *Fundamentalprincip umgekehrt* der ausschließliche Eigenthumstitel jeden Arbeiters am Produkt seiner eignen Arbeit war." (*Cherbuliez: „Riche ou Pauvre. Paris* 1841", p. 58, wo jedoch dieser dialektische Umschlag nicht richtig entwickelt wird.)

in accumulirtes Kapital oder kapitalisirten Mehrwerth verwandelt. Aber
im Strom der Produktion wird überhaupt alles ursprünglich vorgeschos-
sene Kapital eine verschwindende Größe (magnitudo evanescens im
mathematischen Sinn) verglichen mit dem direkt accumulirten Kapital,
d. h. in Kapital rückverwandelten Mehrwerth oder Mehrprodukt, ob
nun funktionirend in der Hand, die accumulirt hat, oder in fremder
Hand. Die politische Oekonomie stellt das Kapital daher überhaupt
als „*accumulirten Reichthum* (verwandelten Mehrwerth oder Revenue)
dar, der von neuem zur Produktion von Mehrwerth verwandt wird“[25],
oder auch den Kapitalisten als „Besitzer des Mehrprodukts“[26]. Dieselbe
Anschauungsweise besitzt nur andre Form in dem Ausdruck, daß alles
vorhandne Kapital accumulirter oder kapitalisirter *Zins* sei, denn der
Zins ist ein bloßes Bruchstück des Mehrwerths[27].

Bevor wir nun auf einige nähere Bestimmungen der *Accumulation*
oder der Rückverwandlung von Mehrwerth in Kapital eingehn, ist |
eine von der klassischen Oekonomie ausgeheckte Zweideutigkeit zu
beseitigen.

So wenig die Waaren, die der Kapitalist mit einem Theil des Mehr-
werths für seine eigne Konsumtion kauft, ihm als Produktions- und
Verwerthungsmittel dienen, so wenig ist die Arbeit, die er zur Befrie-
digung seiner natürlichen und socialen Bedürfnisse kauft, *produktive
Arbeit.* Statt durch den Kauf jener Waaren und Arbeit den Mehrwerth in
Kapital zu verwandeln, ¦ verzehrt oder *verausgabt* er ihn umgekehrt als
Revenue. Gegenüber der altadlichen Gesinnung, die, wie Hegel richtig
sagt, „im Verzehren des Vorhandenen besteht“ und namentlich auch 272
im Luxus persönlicher Dienste sich breit macht, war es entscheidend
wichtig für die bürgerliche Oekonomie hervorzuheben, daß das Evan-
gelium der neuen Gesellschaft, nämlich Accumulation von Kapital, die
Auslage von Mehrwerth im Ankauf *produktiver Arbeiter* als conditio sine
qua non predigt. Andrerseits hatte man gegen das Volksvorurtheil zu

25 “*Capital* viz: accumulated wealth employed with a view to profit.” *Malthus.* l. c. “Capital … consists of *wealth saved from revenue,* and used with a view to profit.” (*R. Jones: „Text-book etc., Hertford 1852“*, p. 16.)

26 „The possessors of surplusproduce or capital.“ („*The Source and Remedy of the National Difficulties. A Letter to Lord John Russell. Lond.* 1821.“ [p. 4.])

27 “Capital, with compound interest on every portion of capital saved, is so all engrossing, that all the wealth in the world from which income is derived, has long ago become the interest on capital.” *(London Economist, 19. July, 1851.)*

polemisiren, welches die kapitalistische Produktion mit der Schatzbildung verwechselt[28] und daher wähnt, accumulirter Reichthum sei dem Verbrauch, also der Zerstörung in seiner vorhandnen Naturalform, entzogner oder auch vor der Cirkulation geretteter Reichthum. Verschluß des Geldes gegen die Cirkulation wäre grade das Gegentheil seiner Verwerthung als Kapital, und Waarenaccumulation im schatzbildnerischen Sinn reine Narrheit. Accumulation von Waaren in großen Massen ist Resultat einer Cirkulationsstockung oder der Ueberproduktion[29]. Allerdings läuft in der Volksvorstellung das Bild der im *Konsumtionsfonds* der Reichen gehäuften, langsam sich verzehrenden Güter unter. Andrerseits die *Vorrathbildung*, ein Phänomen, das allen Produktionsweisen angehört und wobei wir einen Augenblick in der Analyse des Cirkulationsprozesses verweilen werden. | Soweit also ist die klassische Oekonomie im Recht, wenn sie den Verzehr von Surplusprodukt durch *produktive Arbeiter* statt durch *unproduktive* als charakteristisches *Phänomen des Accumulationsprozesses* betont. Aber hier beginnt auch ihr Irrthum. *A. Smith* hat es zur Mode gemacht, die *Accumulation als Konsumtion des Mehrprodukts durch produktive Arbeiter* oder die *Kapitalisirung des Mehrwerths als dessen bloßen Umsatz in Arbeitskraft* darzustellen. Hören wir z. B. *Ricardo*: „Man muß verstehn, daß alle Produkte eines Landes konsumirt werden; aber es macht den größten Unterschied, den man denken kann, ob sie konsumirt werden durch solche, die einen andern Werth reproduciren oder durch solche, die ihn nicht reproduciren. Wenn wir sagen, daß Revenue erspart und zum Kapital geschlagen wird, so meinen wir, daß *der Theil der Revenue, von dem es heißt, er sei zum Kapital geschlagen, durch produktive statt durch unproduktive Arbeiter verzehrt wird*“[30]. Es giebt keinen größeren Irrthum als der dem A. Smith von Ricardo und allen Späteren nachgeplauderte, daß „*der Theil der Revenue*, von dem es heißt, er sei zum Kapital geschlagen, *von ¦ produktiven Arbeitern verzehrt wird*“. Nach

28 “No political economist of the present day can by saving mean mere hoarding: and beyond this contracted and insufficient proceeding, no use of the term in reference to the national wealth can well be imagined, but that which must arise from a different application of what is saved, founded upon a real distinction between the different kinds of labour maintained by it.” (*Malthus* l. c. p. 38, 39.)

29 „*Accumulation of stocks* ... non-exchange ... overproduction.“ (*Th. Corbet* l. c. p. 104.)

30 *Ricardo* l. c. p. 163 Note.

dieser Vorstellung würde *aller Mehrwerth*, der in Kapital verwandelt wird, zu *variablem Kapital*. Er theilt sich vielmehr, wie der ursprünglich vorgeschossene Werth, in *constantes Kapital und variables Kapital*, in Produktionsmittel und Arbeitskraft. Arbeitskraft ist die Form, worin das variable Kapital *innerhalb* des Produktionsprozesses existirt. In diesem Prozeß wird sie selbst vom Kapitalisten verzehrt. Sie verzehrt durch ihre Funktion – *die Arbeit* – Produktionsmittel. Zugleich verwandelt sich das im *Ankauf der Arbeitskraft* gezahlte Geld in Lebensmittel, die nicht von der „*produktiven Arbeit*", sondern vom „*produktiven Arbeiter*" verzehrt werden. *A. Smith* gelangt durch eine grundverkehrte Analyse zu dem abgeschmackten Resultat, daß wenn auch *jedes individuelle Kapital* sich in constanten und variablen Bestandtheil theilt, *das gesellschaftliche Kapital* sich in nur variables Kapital auflöst oder nur in Zahlung von Arbeitslohn verausgabt wird. Z. B. ein Tuchfabrikant verwandle 2000 Pfd. St. in Kapital. Er legt | einen Theil des Geldes im Ankauf von Webern aus, den andern Theil in Wollengarn, Wollenmaschinerie u. s. w. Aber die Leute, von denen er das Garn und die Maschinerie kauft, zahlen wieder mit einem Theil davon Arbeit u. s. w., bis die ganzen 2000 Pfd. St. in Zahlung von Arbeitslohn verausgabt sind, oder das ganze durch die 2000 Pfd. St. repräsentirte Produkt durch produktive Arbeiter verzehrt ist. Man sieht: die ganze Wucht dieses Arguments liegt in dem Wort „u. s. w.", das uns von Pontius zu Pilatus schickt. In der That, A. Smith bricht die Untersuchung grade da ab, wo ihre Schwierigkeit beginnt[31]. Im dritten Kapitel des zweiten Buchs werde ich die Analyse 273
des wirklichen Zusammenhangs geben. Es wird sich dort zeigen, daß A. Smith's auf alle seine Nachfolger vererbtes Dogma die politische Oekonomie verhindert hat auch nur den Elementarmechanismus des gesellschaftlichen Reproduktionsprozesses zu begreifen[32]. ¦

[31] Trotz seiner „Logik" kommt Herr *J. St. Mill nirgendwo* auch nur solcher fehlerhaften Analyse seiner Vorgänger auf die Sprünge, welche selbst innerhalb des bürgerlichen Horizonts, vom reinen Fachstandpunkt aus, nach Berichtigung schreit. Ueberall registrirt er mit schülermäßigem Dogmatismus die Gedankenwirren seiner Meister. Auch hier: "*The capital itself* in the long run becomes *entirely wages*, and when replaced by the sale of produce *becomes wages again*."

[32] A. Smith hat in der Darstellung des Reproduktionsprozesses, daher auch der Accumulation, nach mancher Seite hin nicht nur keine Fortschritte, sondern entschiedene Rückschritte gemacht im Vergleich zu seinen Vorgängern, namentlich den Physiokraten. Mit seiner im Text erwähnten Illusion hängt das

Im ersten Abschnitt dieses Kapitels betrachteten wir den ganzen Mehrwerth, resp. das Mehrprodukt, nur als individuellen *Konsumtionsfonds des Kapitalisten*, in diesem Abschnitt bisher nur als seinen *Accumulationsfonds*. Er ist aber weder nur das eine, noch das | andre, sondern beides zugleich. Ein Theil des Mehrwerths wird vom Kapitalisten *als Revenue* verzehrt[33], ein andrer Theil *als Kapital angewandt* oder *accumulirt*.

Die Masse des Mehrwerths gegeben, hängt die Größe der Accumulation offenbar ab von der *Theilung des Mehrwerths in Accumulationsfonds und Konsumtionsfonds, in Kapital und Revenue*. Je größer der eine Theil, desto kleiner der andre. Die Masse des Mehrwerths oder des Mehrprodukts, daher des disponiblen Reichthums eines Landes, die in Kapital verwandelt werden *kann*, ist daher *stets größer als der wirklich in Kapital verwandelte Theil des Mehrwerths*. Je entwickelter die kapitalistische Produktion in einem Lande, je rascher und massenhafter die Accumulation, je reicher das Land, je kolossaler daher Luxus und Verschwendung, desto größer *diese Differenz*. Vom jährlichen Zuwachs des Reichthums abgesehn, besitzt der im Konsumtionsfonds der Kapitalisten befindliche, nur allmälig zerstörbare Reichthum zum Theil Naturalformen, worin er unmittelbar als Kapital *funktioniren könnte*. Zu den vorhandnen Elementen des Reichthums, die im Produktionsprozeß *funktioniren könnten*, zählen alle Arbeitskräfte, die gar nicht oder zu rein konventionell persönlichen, oft infamen, Dienstleistungen verbraucht werden. Die *Proportion*, worin *der Mehr-*

ebenfalls von ihm der politischen Oekonomie vererbte, wahrhaft fabelhafte Dogma zusammen, daß der *Preis der Waaren* aus Arbeitslohn, Profit (Zins) und Grundrente, also bloß aus *Arbeitslohn und Mehrwerth* zusammengesetzt ist. Von dieser Basis ausgehend, gesteht wenigstens *Storch* naiv: «Il est *impossible* de résoudre le prix nécessaire dans ses éléments les plus simples.» (*Storch* l. c. Petersb. Edit. 1815, t. II, p. 141, Note.) Eine schöne ökonomische Wissenschaft, die es für *unmöglich* erklärt, den Preis der Waaren auf seine einfachsten Elemente zu
274 analysiren! Das Nähere hierüber wird man erörtert finden im 7. Kap. des dritten Buchs.

33 Der Leser wird bemerken, daß das Wort *Revenue* doppelt gebraucht wird, erstens um den Mehrwerth als periodisch aus dem Kapital entspringende Frucht, zweitens um den Theil dieser Frucht zu bezeichnen, der vom Kapitalisten periodisch verzehrt oder zu seinem Konsumtionsfonds geschlagen wird. Ich behalte diesen Doppelsinn bei, weil er mit dem Sprachgebrauch der englischen und französischen Oekonomen harmonirt.

werth in Kapital und Revenue *getheilt* wird, wechselt unaufhörlich und ist durch Umstände beherrscht, die hier nicht weiter zu entwikkeln sind. Das *in einem Land angewandte Kapital ist daher keine fixe, sondern eine fluktuirende Größe,* ein *stets variabler und elastischer Bruchtheil des vorhandnen Reichthums, der als Kapital funktioniren kann.*

Da die beständige Aneignung des vom Arbeiter producirten Mehrwerths oder Mehrprodukts für den Kapitalisten als periodische Fruchttragung *seines* Kapitals erscheint, oder das fremde Arbeitsprodukt, welches er ohne Aequivalent irgend einer Art usurpirt, einen periodischen Zuwachs seines Privat|vermögens bildet, ist natürlich auch die *Theilung* dieses Mehrwerths oder Mehrprodukts in Zuschußkapital und Konsumtionsfonds durch einen Willensakt seinerseits vermittelt.

Nur soweit der Kapitalist *personificirtes Kapital* ist, hat er einen 275
historischen Werth und jenes historische Existenzrecht, das, wie der geistreiche ¦ Lichnowski sagt, keinen Datum nicht hat. Nur soweit steckt seine eigne transitorische Nothwendigkeit in der *transitorischen Noth-* 276
wendigkeit der kapitalistischen Produktionsweise. Aber soweit sind auch nicht Gebrauchswerth und Genuß, sondern Tauschwerth und dessen Vermehrung sein treibendes Motiv. Als Fanatiker der Verwerthung des 277
Werths *zwingt* er rücksichtslos die Menschheit zur *Produktion um der Produktion willen,* daher zu einer Entwicklung der *gesellschaftlichen Produktivkräfte* und zur Schöpfung von *materiellen Produktionsbedingungen,* welche allein die *reale Basis* einer höheren Gesellschaftsform bilden können, deren Grundprincip die volle und freie Entwicklung jedes Individuums ist. Nur als Personifikation des Kapitals ist der Kapitalist respektabel. Als solche theilt er mit dem Schatzbildner den absoluten Bereicherungstrieb. Außerdem zwingen ihn die immanenten Gesetze der kapitalistischen Produktionsweise, welche die Konkurrenz jedem individuellen Kapitalisten als äußere *Zwangsgesetze* oktroyirt, sein Kapital fortwährend auszudehnen, um es zu erhalten. Soweit daher sein Thun und Lassen nur Funktion des in ihm mit Willen und Bewußtsein begabten Kapitals, gilt ihm sein eigner Privatkonsum als ein Raub an der Accumulation seines Kapitals, wie in der italienischen Buchhaltung Privatausgaben auf der Debetseite des Kapitalisten gegen das Kapital figuriren. Die Accumulation ist Eroberung der Welt des gesellschaftlichen Reichthums. Sie dehnt mit der Masse des exploitirten

Menschenmaterials zugleich die direkte und indirekte *Herrschaft des Kapitalisten* aus[34]. ¦ |

Aber die Erbsünde wirkt überall. Mit der Entwicklung der kapitalistischen Produktionsweise, der Accumulation, und des Reichthums, hört der Kapitalist auf, bloße Inkarnation des Kapitals zu sein. Er fühlt ein „menschliches Rühren" für seinen eignen Adam und wird so gebildet,

34 In der altmodischen, wenn auch sporadisch fortexistirenden, Form des Kapitalisten, im *Wucherer* veranschaulicht *Luther* sehr gut die Herrschsucht als Element des Bereicherungstriebs. „Die Heiden haben können aus der Vernunfft rechnen, das ein Wucherer sey ein vierfaltiger Dieb und Mörder. Wir Christen aber halten sie in solchen ehren, das wir sie schier anbeten umb ihres Geldes willen ... Wer einem andern seine Narung aussauget, raubet und stilet, der thut eben so großen Mord (so viel an jm ligt) als der einen Hungers sterbet und zu Grunde verterbet. Solches thut aber ein Wucherer, und sitzet die weil auf seinem Stuel sicher, so er billicher hangen solt am Galgen, und von soviel Raben gefressen werden, als er gülden gestolen hatte, wo anders so viel fleisches an jm were, das so viel Raben sich drein stücken und teilen kündten. Dieweil hanget man die kleinen Diebe ... [S. 32.] Kleine Diebe ligen in Stöcken gefangen, große Diebe gehn in gold und seiden prangen ... [S. 33.] Also ist auch kein größer Menschenfeind auff Erden (nach dem Teuffel) denn ein Geitzhals und Wucherer, denn *er will über alle menschen Gott sein.* Türcken, Krieger, Tyrannen sind auch böse Menschen, doch müssen sie lassen die Leute leben und bekennen, daß sie Böse und Feinde sind, Und können, ja müssen wol zu weilen sich über etliche erbarmen. Aber ein Wucherer und Geitzwanst, der wilt das alle Welt im müßte in Hunger und Durst, Trauer und Not verderben, so viel an jm ist, auff das ers alles allein möcht haben, und jedermann von *jm, als von einem Gott* empfahen und ewiglich *sein Leibeigener sein.* Schauben, güldne Kette, Ringe tragen, das maul wischen, sich für einen theuren, frommen Mann lassen ansehen und rhümen ... [S. 67.] Wucher ist ein gros und ungeheuer monstrum, wie ein Beerwolff, der alles wüstet, mehr den kein Cacus, Gerion oder Antus. Und schmückt sich doch und wil fromm sein, das man nicht sehen sol, wo *die Ochsen, die er rücklings in sein Loch zieht,* hinkommen. Aber Hercules sol der Ochsen und der Gefangenen Geschrey hören und den Cacum suchen auch in Klippen und Felsen, die Ochsen wider lösen, von dem Bösewicht. Denn Cacus heißt ein Bösewicht, der ein frommer Wucherer ist, stilet, raubet, frißt alles. Und wils doch nicht gethan haben, und sol ja nimand finden, *weil die Ochsen rücklings in sein Loch gezogen, schein und fußstapffen geben, als seien sie herausgelassen.* Also wil der Wucherer auch die Welt effen, als nütze er *und gebe der welt ochsen, so er sie doch zu sich allein reißt* und frißt ... Und so man die Straßenreuber, Mörder und Beuheder, redert und köpffet, wie viel mehr solt man alle Wucherer redern und edern ... verjagen, verfluchen und köpffen." (*Martin Luther* l. c.)

577|578 477¦478

die Schwärmerei für Ascese als Vorurtheil des altmodischen Schatzbildners zu belächeln. Während der klassische Kapitalist den individuellen Konsum als Sünde gegen seine Funktion und „Enthaltung" von der Accumulation brandmarkt, ist der modernisirte Kapitalist im Stande, die Accumulation als „Entsagung" seines Genußtriebs aufzufassen. „Zwei Seelen wohnen Ach! in seiner Brust, die eine will sich von der andern trennen!" |

In den historischen Anfängen der kapitalistischen Produktionsweise – und jeder kapitalistische Parvenü macht dieß historische Stadium individuell durch – herrschen Bereicherungstrieb und Geiz als absolute Leidenschaften vor. Aber der Fortschritt der kapitalistischen Produktion schafft nicht nur eine Welt von Genüssen. Er öffnet mit der Spekulation und dem Kreditwesen tausend Quellen plötzlicher Bereicherung. Auf einer gewissen Entwicklungshöhe wird ein konventioneller Grad von Verschwendung, die zugleich Schaustellung des Reichthums und daher Kreditmittel ist, sogar zu einer Geschäftsnothwendigkeit des „unglücklichen" Kapitalisten. Der Luxus geht in die Repräsentationskosten des Kapitals ein. Ohnehin bereichert sich der Kapitalist nicht, gleich dem Schatzbildner, im Verhältniß seiner persönlichen Arbeit und seines persönlichen Nichtkonsums, sondern im Maß, worin er fremde Arbeitskraft aussaugt und dem Arbeiter Entsagung aller Lebensgenüsse aufzwingt. Obgleich daher die Verschwendung des Kapitalisten nie den bona fide Charakter der Verschwendung des flotten Feudalherrn besitzt, in ihrem Hintergrund vielmehr stets schmutzigster Geiz und ängstlichste Berechnung lauern, wächst dennoch seine Verschwendung mit seiner Accumulation, ohne daß die eine die andre zu beabbruchen braucht. Damit entwickelt sich gleichzeitig in der Hochbrust des Kapitalindividuums ein faustischer Konflikt zwischen Accumulations- und Genußtrieb.

„Die Industrie von Manchester", heißt es in einer Schrift, die *Dr. Aikin* 1795 veröffentlichte, „kann in vier Perioden getheilt werden. In der ersten waren die Fabrikanten gezwungen, hart für ihren Lebensunterhalt zu arbeiten." Sie bereicherten sich besonders durch Bestehlung der Eltern, die ihnen Jungen als apprentices (Lehrlinge) zuwiesen und dafür schwer blechen ¦ mußten, während die Lehrlinge ausgehungert wurden. Andrerseits waren die Durchschnittsprofite niedrig und die Accumulation verlangte große Sparsamkeit. Sie lebten wie Schatzbildner und verzehrten bei weitem nicht einmal die Zinsen ihres Kapitals. „In der zweiten Periode hatten sie begonnen, kleine Vermögen zu erwerben, arbeiteten aber ebenso hart als zuvor", denn die unmittelbare Exploitation der Arbeit kostet Arbeit, wie jeder Sklaventreiber weiß, „und lebten nach wie vor in demselben frugalen Styl. … In der dritten Periode begann der Luxus und das Geschäft wurde ausgedehnt durch Aussendung von Reitern (berittenen Commis Voyageurs) für Ordres in jeder Marktstadt des König|reichs. Es ist wahrscheinlich, daß wenige oder keine Kapitalien von 3000 bis 4000 Pfd. St., in der Industrie erworben, vor 1690 existirten. Um diese Zeit jedoch oder etwas später hatten die Industriellen schon Geld accumulirt und begannen steinerne Häuser statt der von Holz und Mörtel aufzuführen. … Noch in den ersten Decennien des 18. Jahrhunderts setzte sich ein Manchester Fabrikant, der eine Pint fremden Weins seinen Gästen vorsetzte, den Glossen und dem Kopfschütteln aller seiner Nachbarn aus." Vor dem Aufkommen der Maschinerie betrug der abendliche Konsum der Fabrikanten in den Kneipen, wo sie zusammenkamen, nie mehr als 6 d. für ein Glas Punsch und 1 d. für eine Rolle Taback. Erst 1758, und dieß macht Epoche, sah man „*eine* im Geschäft wirklich engagirte Person mit eigner Equipage"! „Die vierte Periode", das letzte Drittheil des 18. Jahrhunderts, „ist die von großem Luxus und Verschwendung, unterstützt durch die Ausdehnung des Geschäfts"[35]. Was würde der gute Dr. Aikin sagen, wenn er heutzutag in Manchester auferstände!

Accumulirt, accumulirt! Das ist Moses und die Propheten! „Die Industrie liefert das Material, welches die Sparsamkeit accumulirt"[36]. Also spart, spart, d. h. rückverwandelt möglichst großen Theil des Mehrwerths oder Mehrprodukts in Kapital! Accumulation um der Accumulation, Produktion um der Produktion willen, in dieser Formel sprach die klassische Oekonomie den historischen Beruf der Bourgeoisperiode aus. Sie täuschte sich keinen Augenblick über die Geburtswehn des Reichthums[37], aber was nützt der Jammer über historische Nothwendigkeit?

35 *Dr. Aikin: „Description of the Country from 30 to 40 miles round Manchester. Lond.* 1795", p. 181, 182, 188.

36 *A. Smith* l. c. b. II, ch. III.

37 Selbst *J. B. Say* sagt: «Les épargnes des riches se font aux dépens des pauvres.» „Der *römische Proletarier* lebte fast ganz auf Kosten der Gesellschaft. … Man könnte fast sagen, daß die moderne Gesellschaft auf Kosten der Proletarier lebt, von dem Theil, den sie auf Belohnung der Arbeit ihnen entzieht." (*Sismondi: „Études* etc." t. I, p. 24.)

Wenn der klassischen Oekonomie der Proletarier nur als Maschine zur Produktion von Mehrwerth, gilt ihr aber auch der Kapitalist nur als Maschine zur Verwandlung dieses Mehrwerths in Mehrkapital. Sie nimmt seine historische Funktion in bitterm Ernst. Um ¦ seinen Busen vor dem unheilvollen Konflikt zwischen Genußtrieb und Bereicherungstrieb zu feien, | vertheidigte *Malthus*, im Anfang der zwanziger Jahre dieses Jahrhunderts, eine Theilung der Arbeit, welche dem wirklich in der Produktion begriffenen Kapitalisten das Geschäft der Accumulation, den andern Theilnehmern am Mehrwerth, der Landaristokratie, Staats-, Kirchenpfründnern u. s. w. das Geschäft der Verschwendung zuweist. Es ist von der höchsten Wichtigkeit, sagt er, „die Leidenschaft für Ausgabe und die Leidenschaft für Accumulation („the passion for expenditure and the passion for accumulation") getrennt zu halten"[38]. Die Herrn Kapitalisten, seit lange in Lebe- und Weltmänner verwandelt, schrieen auf. Was, rief einer ihrer Wortführer, ein Ricardianer, Herr Malthus predigt hohe Grundrenten, hohe Steuern u. s. w., um dem Industriellen einen fortwährenden Stachel durch unproduktive Konsumenten aufzudrücken! Allerdings Produktion, Produktion auf stets erweiterter Stufenleiter, lautet das Schiboleth, aber „Produktion wird durch einen solchen Prozeß weit mehr gehemmt als gefördert. *Auch ist es nicht ganz billig* (nor is it quite fair), eine Anzahl Personen so im Müßiggang zu erhalten, nur um andre zu kneipen, aus deren Charakter man schließen darf („who are likely, from their characters"), daß wenn ihr sie zu funktioniren zwingen könnt, sie mit Erfolg funktioniren"[39]. So unbillig er es findet den industriellen Kapitalisten zur Accumulation zu stacheln, indem man ihm das Fett von der Suppe wegschöpft, so nothwendig dünkt ihm den Arbeiter möglichst auf den Minimallohn zu beschränken, „um ihn arbeitsam zu erhalten". Auch verheimlicht er keinen Augenblick, daß Aneignung unbezahlter Arbeit das Geheimniß der Plusmacherei ist. „Vermehrte Nachfrage von Seite der Arbeiter meint durchaus nichts als ihre Geneigtheit *weniger von ihrem eignen Produkt für sich selbst zu nehmen und einen größren Theil davon ihren Anwendern zu überlassen;* und wenn man sagt, daß dieß, durch Verminderung der Konsumtion (auf Seiten der Arbeiter) *glut* (Marktüberfüllung, Ueberproduktion)

38 *Malthus* l. c. p. 325, 326.

39 „*An Inquiry into those principles respecting the Nature of Demand* etc.", p. 67.

erzeugt, so kann ich nur antworten, daß *glut synonym mit hohem Profit* ist“[40].

Der gelehrte Zank, wie die dem Arbeiter ausgepumpte Beute för-| derlichst für die Accumulation zu vertheilen sei zwischen industriellem Kapitalist und müßigem Grundeigenthümer u. s. w., verstummte vor der Julirevolution. Kurz nachher läutete das städtische Proletariat die Sturmglocke zu Lyon und ließ das Landproletariat den rothen Hahn in England fliegen. Diesseits des Kanals grassirte der Owenismus, jenseits St. Simonismus und Fourierismus. *Die Stunde der Vulgärökonomie* hatte geschlagen. Grade ein Jahr, bevor *Nassau W. Senior* zu Manchester ausfand, daß der *Profit* (incl. ¦ Zins) des Kapitals das Produkt der *unbezahlten „letzten zwölften Arbeitsstunde“* ist, hatte er der Welt eine andere Entdeckung angekündigt. „Ich“, sagte er feierlich, „ich *ersetze das Wort Kapital*, als Produktionsinstrument betrachtet, *durch das Wort Abstinenz* (Enthaltung)“[41]. Ein unübertroffenes Muster dieß von den „Entdeckungen“ der Vulgärökonomie! Sie ersetzt eine ökonomische Kategorie durch eine sykophantische Phrase. Voilà tout. „Wenn der Wilde“, docirt Senior, „Bogen fabricirt, so *übt er eine Industrie aus*, aber *er practicirt nicht die Abstinenz.*“ Dieß erklärt uns, wie und warum in früheren Gesellschaftszuständen „ohne die Abstinenz“ des Kapitalisten *Arbeitsmittel* fabricirt wurden. „Je mehr die Gesellschaft fortschreitet, um so mehr Abstinenz erfordert sie“[42], nämlich von denen, welche die Industrie ausüben, sich die fremde Industrie und ihr Produkt anzueignen. *Alle Bedingungen des Arbeitsprozesses verwandeln sich von nun in ebenso viele Abstinenzpraktiken des Kapitalisten.* Daß Korn nicht nur gegessen, sondern auch *ausgesät* wird, Abstinenz des Kapitalisten! Daß

40 l. c. p. 59.

41 *Senior: „Principes fondamentaux de l'Écon. Pol.“ trad. Arrivabene. Paris* 1836, p. 309. Dieß war den Anhängern der alten klassischen Schule doch etwas zu toll. „Herr Senior schiebt dem Ausdruck Arbeit und Kapital den Ausdruck Arbeit und Abstinenz unter … Abstinenz ist eine bloße Negation. Es ist nicht die Abstinenz, sondern der *Gebrauch* des produktiv verwandten Kapitals, welcher die Quelle des Profits bildet.“ (*John Cazenove* l. c. p. 130 Note.) Herr *John St. Mill* excerpirt dagegen auf der einen Seite Ricardo's Profittheorie und annexirt auf der andern Senior's „remuneration of abstinence.“ So fremd ihm der Hegel'sche
278 „Widerspruch“, die Springquelle aller Dialektik, so heimisch ist er in platten Widersprüchen.

42 *Senior* l. c. p. 342, 343.

der Wein die Zeit erhält auszu|gähren, Abstinenz des Kapitalisten![43] Der Kapitalist beraubt seinen eignen Adam, wenn er die „Produktionsinstrumente dem Arbeiter *leiht*" (!), alias sie durch Einverleibung der Arbeitskraft als Kapital verwerthet, statt Dampfmaschinen, Baumwolle, Eisenbahnen, Dünger, Zugpferde u. s. f. *aufzuessen* oder, wie der Vulgärökonom sich das kindlich vorstellt, *„ihren Werth"* in Luxus- und andren Konsumtionsmitteln zu verprassen[44]. *Wie* die *Kapitalistenklasse* das anstellen soll, ist ein von der Vulgärökonomie bisher hartnäckig bewahrtes Geheimniß. Genug, die Welt lebt nur noch von der Selbstkasteiung dieses modernen Büßers des Wischnu, des Kapitalisten. Nicht nur die Accumulation, die einfache „Erhaltung eines Kapitals erheischt beständige Kraftanstrengung, um der Versuchung zu ¦ widerstehn, es aufzuessen"[45]. Die einfache Humanität gebeut also offenbar den Kapitalisten von Martyrthum und Versuchung zu erlösen, in derselben Weise wir der georgische Sklavenhalter jüngst durch Abschaffung der Sklaverei von dem schmerzlichen Dilemma erlöst ward, ob das dem Negersklaven ausgepeitschte Mehrprodukt ganz in Champagner zu verjubeln oder auch theilweis in mehr Neger und mehr Land rückzuverwandeln.

In den verschiedensten ökonomischen Gesellschaftsformationen findet nicht nur einfache Reproduktion, sondern, obgleich auf verschiednem Maßstab, *Reproduktion auf erweiterter Stufenleiter* statt. Es wird progressiv mehr producirt und mehr konsumirt, also auch mehr Produkt in Produktionsmittel verwandelt. Dieser Prozeß erscheint aber | nicht als *Accumulation von Kapital* und daher auch nicht als *Funktion*

[43] "No one ... will sow his wheat, f. i., and allow it to remain a twelvemonth in the ground, or leave his wine in a cellar for years, instead of consuming these things or their equivalent at *once* – – unless he expects to acquire *additional value* etc." (*Scrope: „Polit. Econ."* edit. von *A. Potter, New-York* 1841, p. 133.)

[44] «La *privation que s'impose le capitaliste*, en *prêtant* (dieser Euphemismus gebraucht, um nach probater vulgärökonomischer Manier den vom Industriellen Kapitalisten exploitirten *Lohnarbeiter* mit *dem industriellen Kapitalisten selbst zu identificiren*, welcher vom Geld verleihenden Kapitalisten pumpt!) ses instruments de production *au travailleur* au lieu d'en consacrer *la valeur* à son propre usage, *en la transformant* en objets d'utilité ou d'agrément.» (*G. de Molinari* l. c. p. 36.)

[45] «La conservation d'un capital exige ... un effort constant pour *résister à la tentation de le consommer.*» (*Courcelle-Seneuil*, l. c. p. 20.)

des Kapitalisten, so lange dem Arbeiter seine Produktionsmittel, daher auch sein Produkt und seine Lebensmittel, noch nicht *in der Form von Kapital gegenüberstehn*[46]. Der vor einigen Jahren verstorbene *Richard Jones,* Nachfolger von Malthus auf dem Lehrstuhl der politischen Oekonomie zu Haileybury, erörtert dieß gut an zwei großen Thatsachen. Da der zahlreichste Theil des indischen Volks selbstwirthschaftende Bauern, existirt ihr Produkt, ihre Arbeits- und Lebensmittel, auch nie „*in der Form* („in the shape") *eines Fonds, der aus fremder Revenue erspart* wird („*saved* from revenue") und daher einen *vorläufigen Prozeß der Accumulation* („a previous process of accumulation") durchlaufen hat"[47]. Andrerseits werden die nicht-agrikolen Arbeiter in den Provinzen, wo die englische Herrschaft das alte System am wenigsten aufgelöst hat, direkt von den Großen beschäftigt, denen eine Portion des ländlichen Mehrprodukts als Tribut oder Grundrente zufließt. Ein Theil dieses Produkts wird in Naturalform von den Großen verzehrt, ein andrer Theil für sie von den Arbeitern in Luxus- und sonstige Konsumtionsmittel verwandelt, während der Rest den Lohn der Arbeiter bildet, die Eigenthümer ihrer Arbeitsinstrumente sind. Produktion und Reproduktion auf erweiterter Stufenleiter gehn hier ihren Gang ohne alle Dazwischenkunft jenes wunderlichen Heiligen, jenes Ritters von der traurigen Gestalt, *des „entsagenden" Kapitalisten.*

Wir betrachteten bisher die *Masse des Mehrwerths als gegebne Größe.* In diesem Fall bestimmte seine *proportionelle Theilung in Revenue und Sur¦pluskapital* den Umfang der Accumulation. Aber letztere wechselt unabhängig von jener Theilung mit dem *Wechsel in der Größe des Mehrwerths selbst.* | Die Umstände, welche die Größe des Mehrwerths regeln, sind in den Kapiteln über seine Produktion ausführlich entwickelt worden. Sie reguliren, unter sonst gleichbleibenden Verhältnissen, die Bewegung der Accumulation. Wir kehren hier nur so weit zu ihnen

46 "The particular classes of income which yield the most abundantly to the progress of national capital, change at different stages of their progress, and are therefore entirely different in nations occupying different positions in that progress ... Profit ... unimportant source of accumulation, compared with wages and rents, in the earlier stages of society ... When a considerable advance in the powers of national industry has actually taken place, profits rise into comparative importance as a source of accumulation." (*Richard Jones: „Textbook* etc.", p. 16, 20, 21.)

47 l. c. p. 36 sq.

zurück, als sie mit Bezug auf die Accumulation neue Gesichtspunkte bieten.

Man erinnert sich, welche Rolle der *Exploitationsgrad der Arbeit* in der Produktion des Mehrwerths spielt. Die politische Oekonomie würdigt diese Rolle so sehr, daß sie gelegentlich die Beschleunigung der Accumulation durch *erhöhte Produktivkraft der Arbeit* mit ihrer Beschleunigung durch *erhöhte Exploitation des Arbeiters* identificirt[48]. In den Abschnitten über die Produktion des Mehrwerths ward beständig unterstellt, daß der Arbeitslohn wenigstens gleich dem *Werth der Arbeitskraft* ist. Es ward ferner gezeigt, daß der Arbeitslohn, sei es seinem Werth nach, sei es nach der Masse von Lebensmitteln, die er repräsentirt, *bei wachsendem Exploitationsgrad* des Arbeiters *wachsen* kann. In der praktischen Bewegung des Kapitals jedoch wird auch Mehrwerth producirt durch gewaltsame *Herabsetzung des Arbeitslohns unter den Werth der Arbeitskraft.* Faktisch wird *so ein Theil des nothwendigen Konsumtionsfonds des Arbeiters in einen Accumulationsfonds von Kapital verwandelt.*

„Arbeitslöhne", sagt J. St. Mill, „haben keine Produktivkraft; sie sind der Preis einer Produktivkraft. Arbeitslöhne tragen nicht, neben der Arbeit selbst, zur Waarenproduktion bei, sowenig als der Preis der Maschinerie neben der Maschinerie selbst. *Könnte Arbeit ohne Kauf* | *gehabt werden,* so wären Arbeitslöhne überflüssig"[49]. Wenn aber die Arbeiter von der Luft leben könnten, so wären sie auch *um keinen Preis* zu kaufen. Ihr *Nichtskosten* ist also eine *Grenze* im mathematischen Sinn, stets unerreichbar, obgleich stets annäherbar. Es ist die beständige 279

[48] „Ricardo sagt: ‚In verschiednen Stadien der Gesellschaft ist die Accumulation des Kapitals oder der Mittel Arbeit anzuwenden (sc. zu exploitiren) mehr oder weniger rasch und muß in allen Fällen von den Produktivkräften der Arbeit abhängen. Die Produktivkräfte der Arbeit sind im Allgemeinen am größten, wo Ueberfluß von fruchtbarem Boden existirt.' *Bedeuten* in dieser Sentenz *die Produktivkräfte der Arbeit die Kleinheit des aliquoten Theils jeden Produkts, der denen zufällt, deren Handarbeit es producirt,* so ist der Satz tautologisch, weil *der übrig bleibende Theil der Fonds ist,* woraus, wenn es seinem Eigner beliebt („if the owner pleases"), Kapital accumulirt werden kann. Aber dieß ist meistens nicht der Fall, wo das Land am fruchtbarsten ist." („*Observations on certain verbal disputes* etc.", p. 74.)

[49] *J. St. Mill: „Essays on some unsettled Questions of Polit. Economy. Lond.* 1844", p. 90, 91.

Tendenz des Kapitals sie auf diesen *nihilistischen* Standpunkt herabzudrücken. Ein oft von mir citirter Schriftsteller des 18. Jahrhunderts, der Verfasser des *„Essay on Trade and Commerce“*, verräth nur das innerste Seelengeheimniß des englischen Kapitals, wenn er es für die *historische Lebensaufgabe Englands* erklärt, den ¦ englischen Arbeitslohn auf das französische und holländische Niveau herabzudrücken[50]. Er sagt u. a. naiv: „Wenn aber unsre Armen (Kunstausdruck für Arbeiter) luxuriös leben wollen … muß ihre Arbeit *natürlich theuer* sein. … Man betrachte nur *die haarsträubende Masse von Ueberflüssigkeiten* („heap of superfluities“), die unsre Manufakturarbeiter verzehren, als da sind Branntwein, Gin, Thee, Zucker, fremde Früchte, starkes Bier, gedruckte Leinwand, Schnupf- und Rauchtabak u. s. w.“[51]. Er citirt die Schrift eines Fabrikanten von Northamptonshire, der mit himmelwärts schielendem Blick jammert: *„Arbeit ist ein ganzes Drittheil wohlfeiler* in Frankreich als in England: denn die französischen Armen arbeiten hart und fahren hart an Nahrung und Kleidung und ihr Hauptkonsum sind Brod, Früchte, Kräuter, Wurzeln und getrockneter Fisch; denn sie essen sehr selten Fleisch, und wenn der Weizen theuer ist, sehr wenig Brod“[52]. „Wozu“, fährt der *Essay man* fort, | „wozu noch kömmt, daß ihr Getränk aus Wasser besteht oder *ähnlichen schwachen Likören*, so daß sie in der That erstaunlich wenig Geld ausgeben. … Ein derartiger Zustand der Dinge ist sicherlich schwer herbeizuführen, aber er ist nicht unerreichbar, wie seine Existenz sowohl in Frankreich als Holland schlagend beweist“[53]. Zwei Jahrzehnte später verfolgte ein amerika-

50 *„An Essay on Trade and Commerce. Lond. 1770“*, p. 43, 44. Aehnlich brachte die *Times* vom December 1866 und Januar 1867 Herzensergießungen englischer Minenbesitzer, worin der glückliche Zustand der *belgischen* Minenarbeiter geschildert ward, die nicht mehr verlangten und nicht mehr erhielten, als strikt nöthig, um für ihre „masters“ zu leben. Die belgischen Arbeiter dulden viel, aber als Musterarbeiter in der *Times* zu figuriren! Anfang Februar 1867 antwortete der mit Pulver und Blei unterdrückte Strike der belgischen Minenarbeiter (bei Marchienne).

51 l. c. p. 44, 46.

52 Der Fabrikant von Northamptonshire begeht eine im Herzensdrang entschuldbare pia fraus. Er vergleicht angeblich das Leben englischer und französischer *Manufakturarbeiter*, schildert aber, wie er später in seiner Verdadderung selbst gesteht, mit den eben citirten Worten französische *Agrikulturarbeiter*!

53 l. c. p. 70, 71.

nischer Humbug, der baronisirte Yankee *Benjamin Thompson* (alias Graf Rumford), dieselbe Philanthropielinie mit großem Wohlgefallen vor Gott und den Menschen. Seine „*Essays*“ sind ein Kochbuch mit Recepten aller Art um Surrogate an die Stelle der theuren Normalspeisen des Arbeiters zu setzen. Ein besonders gelungenes Recept dieses wunderlichen „Philosophen“ ist folgendes: „Fünf Pfund Gerste, fünf Pfund Mais, für 3 d. Häringe, 1 d. Salz, 1 d. Essig, 2 d. Pfeffer und Kräuter – Summa von 20¾ d. giebt eine Suppe für 64 Menschen, ja mit den Durchschnittspreisen von Korn kann die Kost auf ¼ d. per Kopf (noch nicht 3 Pfennige) herabgedrückt werden“[54]. Mit dem Fortschritt der kapitalistischen Pro¦duktion hat die *Waarenfälschung* Thompson's Ideale überflüssig gemacht[55]. | Ende des 18. und während der ersten Decennien des 19. Jahrhunderts erzwangen die englischen Pächter und Landlords das absolute Minimalsalair, indem sie den Ackerbautaglöhnern weniger als das Minimum in der Form des Arbeitslohns, den Rest aber in der Form von Pfarreiunterstützung auszahlten. Ein Beispiel der Possenreißerei, womit die englischen Dogberries in ihrer „legalen“ Festsetzung des Lohntarifs verfuhren: „Als die Squires die Arbeitslöhne für Speenhamland 1795 festsetzten, hatten sie zu Mittag

54 *Benjamin Thompson: „Essays, political, economical, and philosophical* etc. 3 vol. *Lond.* 1796–1802.“ In seinem „*The State of the Poor, or an History of the Labouring Classes in England* etc.“ empfiehlt Sir *M. F. Eden* die Rumford'sche Bettelsuppe bestens den Vorstehern von Workhouses und mahnt die englischen Arbeiter vorwurfsvoll, daß „es bei den Schotten viele Familien giebt, die, statt von Weizen, Roggen und Fleisch, Monate lang von Hafergrütze und Gerstenmehl, nur mit Salz und Wasser gemischt, leben und das obendrein noch sehr komfortabel“ („and that very comfortably too“). (l. c. v. I, b. I, ch. II.) Aehnliche „Fingerzeige“ im 19. Jahrhundert. „Die englischen Ackerbauarbeiter“, heißt es z. B., „wollen keine Mischungen niederer Kornarten essen. In Schottland, *wo die Erziehung besser ist*, ist dieß Vorurtheil wahrscheinlich unbekannt.“ (*Charles H. Parry M. D.: „The Question of the Necessity of the existing Cornlaws considered. Lond.* 1816“, p. 68, 69.) Derselbe Parry klagt jedoch, daß der englische Arbeiter jetzt (1815) sehr heruntergekommen sei, verglichen mit Eden's Zeit (1797).

55 Aus den Berichten der letzten parlamentarischen Untersuchungskommission über Fälschung von Lebensmitteln sieht man, daß selbst die Fälschung der Arzneistoffe in England nicht Ausnahme, sondern Regel bildet. Z. B. die Examination von 34 Proben von Opium, gekauft in eben so viel verschiednen Londoner Apotheken, ergab, daß 31 verfälscht waren mit Mohnkapsel, Weizenmehl, Gummischleim, Thon, Sand u. s. w. Viele enthielten kein Atom Morphin.

gespeist, dachten aber offenbar, daß die Arbeiter nicht desgleichen nöthig hätten. … Sie entschieden, der Wochenlohn solle 3 sh. per Mann sein, wenn das Laib Brod von 8 Pfund 11 Unzen auf 1 sh. stünde, und er solle regelmäßig wachsen, bis das Laib 1 sh. 5 d. koste. Sobald es über diesen Preis stiege, sollte der Lohn proportionell abnehmen, bis der Preis des Laibes 2 sh. erreicht hätte; und dann sollte die Nahrung des Mannes ⅕ weniger als vorher sein“[56]. Vor dem Untersuchungscomité des *House of Lords*, 1814, wird ein gewisser *A. Bennett*, großer Pächter, Magistrat, Armenhausverwalter und Lohnregulator, gefragt: „Wird irgend eine Proportion zwischen dem Werth der Tagesarbeit und der Pfarreiunterstützung der Arbeiter beobachtet?“ *Antwort:* „Ja. Das wöchentliche Einkommen jeder Familie wird über ihren Nominallohn hinaus vollgemacht bis zum Gallonlaib Brod (8 Pfd. 11 Unzen) und 3 d. per Kopf. … Wir unterstellen das Gallonlaib hinreichend für die Erhaltung jeder Person in der Familie während der Woche; und die 3 d. sind für Kleider; und wenn es der Pfarrei beliebt, die Kleider selbst zu stellen, werden die 3 d. abgezogen. Diese Praxis herrscht nicht nur im ganzen Westen von Wiltshire, sondern, wie ich glaube, im ganzen Land“[57]. So, ruft ein Bourgeoisschriftsteller jener Zeit, „haben die Pächter Jahre lang eine respektable Klasse ihrer Landsleute degradirt, indem ¦ sie dieselben *zwangen* zum Workhouse ihre Zu|flucht zu nehmen … Der Pächter hat *seine eignen Gewinne vermehrt*, indem er *selbst die Accumulation des unentbehrlichsten Konsumtionsfonds auf Seite der Arbeiter verhinderte*“[58]. Welche Rolle heutzutag der direkte Raub am nothwendigen Konsumtionsfonds des Arbeiters in der Bildung des Mehrwerths und daher des *Accumulationsfonds des Kapitals* spielt, hat beispielweis die s. g. Hausarbeit gezeigt. Weitere Thatsachen im Verlauf dieses Kapitels.

56 *G. L. Newnham* (barrister at law): „*A Review of the Evidence before the Committees of the two Houses of Parliament on the Cornlaws. Lond.* 1815“, p. 20 Note.

57 l. c. [p. 19, 20.]

58 *Ch. H. Parry* l. c. p. 77, 69. Die Herrn Landlords ihrerseits „indemnificirten“ sich nicht nur für den Antijakobinerkrieg, den sie im Namen Englands führten, sondern bereicherten sich enorm. „Ihre Renten verdoppelten, verdreifachten, vervierfachten und, in Ausnahmsfällen, versechsfachten sich in 18 Jahren.“ (l. c. p. 100, 101.)

Die Elasticität der Arbeitskraft oder ihre Fähigkeit größerer intensiver oder extensiver Spannung bildet, innerhalb gewisser Grenzen, eine vom gegebnen Umfang der bereits funktionirenden und producirten Produktionsmittel, oder der *stofflichen Elemente des constanten Kapitals*, unabhängige Quelle der Schöpfung zusätzlichen Reichthums und daher des *Accumulationsfonds*. In der extraktiven Industrie, der Minenindustrie z. B., ist der Arbeitsgegenstand *von Natur* vorhanden. Die nothwendigen Arbeitsmittel selbst also gegeben, – und die extraktive Industrie liefert großentheils selbst wieder das Rohmaterial dieser Arbeitsinstrumente, Metalle, Holz u. s. w., und die Hilfsmittel, wie Kohle, – ist *das Produkt keineswegs durch den Umfang dieser Arbeitsmittel beschränkt*. Sie werden durch die größere Verausgabung der Arbeitskraft nur rascher vernutzt, also nur ihre Reproduktionsperiode abgekürzt. Die *Produktenmasse* selbst, wie Kohle, Eisen, wächst dagegen, unter sonst gleichbleibenden Umständen, im Verhältniß zu der auf den Naturgegenstand verausgabten Arbeit. Wie am ersten Tag der Produktion gehn hier die ursprünglichen Produktbildner, daher auch die Bildner der stofflichen Elemente des Kapitals, Mensch und Natur, zusammen. In der eigentlichen Agrikultur spielen zwar Samen und Dünger dieselbe Rolle, wie das Rohmaterial in der Manufaktur, und man kann nicht mehr Land besäen, ohne vorher mehr Samen zu haben. Aber dieß Rohmaterial und die Arbeitsinstrumente gegeben, ist bekannt, welche wunderthätige Wirkung selbst die rein mechanische Bearbeitung | des Bodens, deren Intensivität von der Spannung der Arbeitskraft abhängt, auf die Massenhaftigkeit des Produkts ausübt. Es ist wieder direkte Wirkung des Menschen auf den Naturgegenstand, welche zur unmittelbaren Quelle des Reichthums wird. Extraktive Industrie und Agrikultur liefern andrerseits der Manufaktur das Rohmaterial und die Hilfsstoffe, also die stofflichen Elemente, welche hier jeder größeren Arbeitsausgabe vorausgesetzt sind, während die eigentlichen Arbeitsmittel auch in dieser Sphäre durch extensivere oder intensivere Spannung der Arbeitskraft nur ihre Reproduktionsperiode verkürzen. Indem ¦ das Kapital sich also die beiden Urbildner des Reichthums, Arbeitskraft und Erde, einverleibt, erwirbt es in ihnen *von seinem eignen stofflichen Umfang unabhängige und dehnbare Faktoren* der Reproduktion auf erweiterter Stufenleiter und daher der *Accumulation*.

Abgesehn vom *Exploitationsgrad der Arbeit* wird die Produktion des Mehrwerths, also die *Accumulation des Kapitals*, deren Bildungselement der Mehrwerth, wesentlich bestimmt durch die *Produktivkraft der Arbeit.*

Mit der Produktivkraft der Arbeit wächst die *Produktenmasse*, worin sich ein bestimmter Werth, also auch Mehrwerth von gegebner Größe darstellt. Bei gleichbleibender und selbst bei fallender Rate des Mehrwerths, sofern sie nur langsamer fällt als die Produktivkraft der Arbeit steigt, wächst die Masse des Mehrprodukts. Bei gleichbleibender Theilung desselben in Revenue und Surpluskapital kann daher die Konsumtion des Kapitalisten wachsen ohne Abnahme des Accumulationsfonds. Die proportionelle Größe des Accumulationsfonds kann selbst auf Kosten des Konsumtionsfonds wachsen, während die Verwohlfeilerung der Waaren dem Kapitalisten eben so viele oder mehr Genußmittel als vorher zur Verfügung stellt. Aber mit der wachsenden Produktivität der Arbeit geht, wie man gesehn, die Verwohlfeilerung des Arbeiters, also wachsende Rate des Mehrwerths, Hand in Hand, selbst wenn der reelle Arbeitslohn steigt. Er steigt nie verhältnißmäßig mit der Produktivität der Arbeit. Derselbe *variable Kapitalwerth* setzt also mehr Arbeitskraft und daher mehr Arbeit in Bewegung. Derselbe *constante Kapitalwerth* stellt sich in mehr Produktionsmitteln, d. h. mehr Arbeitsmitteln, Arbeitsmaterial und Hilfsstoffen dar, liefert also sowohl mehr Produktbildner als Werthbildner, oder Arbeitseinsauger. Bei gleichbleibendem und selbst abnehmendem | *Werth* des Surpluskapitals findet daher beschleunigte Accumulation statt. Nicht nur erweitert sich die Stufenleiter der Reproduktion stofflich, sondern die Produktion des Mehrwerths wächst schneller als der Werth des Surpluskapitals.

Die Entwicklung der Produktivkraft der Arbeit *reagirt auch auf das Originalkapital* oder *das bereits im Produktionsprozeß befindliche Kapital.* Ein Theil des funktionirenden constanten Kapitals besteht aus Arbeitsmitteln, wie Maschinerie u. s. w., die nur in längeren Perioden konsumirt und daher reproducirt oder durch neue Exemplare derselben Art ersetzt werden. Aber ein Theil dieser Arbeitsmittel stirbt jedes Jahr ab, oder erreicht das Endziel seiner produktiven Funktion. Er befindet sich daher jedes Jahr im Stadium seiner periodischen Reproduktion oder seines Ersatzes durch neue Exemplare derselben Art. Hat die Produktivkraft der Arbeit sich in der *Geburtsstätte* dieser Arbeitsmittel erweitert, und sie entwickelt sich fortwährend mit dem ununterbrochenen Fluß der Wissenschaft und der Technologie, so tritt wirkungsvollere und, ihren Leistungsumfang betrachtet, ¦ wohlfeilere Maschine, Werkzeug,

Apparat u. s. w. an die Stelle der alten. *Das alte Kapital wird in einer produktiveren Form reproducirt,* abgesehn von der fortwährenden Detailveränderung an den vorhandnen Arbeitsmitteln. Der andere Theil des constanten Kapitals, Rohmaterial und Hilfsstoffe, wird fortwährend innerhalb des Jahrs, der der Agrikultur entstammende meist jährlich reproducirt. Jede Einführung beßrer Methoden u. s. w. wirkt hier also fast *gleichzeitig* auf Zuschußkapital und bereits in Funktion begriffenes Kapital. Jeder Fortschritt der Chemie vermannigfacht nicht nur die Nutzanwendungen desselben Materials und dehnt daher mit dem Wachsthum des Kapitals seine Anlagesphären aus. Er lehrt zugleich die *Excremente* des Produktions- und Konsumtionsprozesses in den Kreislauf des Reproduktionsprozesses zurückschleudern, schafft also ohne vorherige Kapitalauslage neuen Kapitalstoff. Gleich vermehrter Ausbeutung des *Naturreichthums* durch bloß höhere Spannung der Arbeitskraft, bildet *die Wissenschaft* eine von der *gegebnen Größe* des funktionirenden Kapitals *unabhängige Potenz seiner Expansion.* Sie reagirt zugleich auf den in sein Erneurungsstadium eingetretenen Theil des Originalkapitals. In seine neue Form einverleibt es gratis den hinter dem Rücken seiner alten Form vollzogenen gesellschaftlichen Fortschritt. Allerdings ist diese | Entwicklung der Produktivkraft zugleich begleitet von theilweiser *Depreciation* funktionirender Kapitale. Soweit diese Depreciation sich durch die Konkurrenz akut fühlbar macht, fällt die Hauptwucht auf den Arbeiter, in dessen gesteigerter Exploitation der Kapitalist Schadenersatz sucht.

Es zeigte sich bei Analyse des relativen Mehrwerths, wie die Entwicklung der gesellschaftlichen Produktivkraft der Arbeit eine stets wachsende Masse des von derselben Arbeitskraft in Bewegung gesetzten constanten Kapitals bedingt. Mit dem Reichthum oder der Fülle und Wirksamkeit der in Maschinerie u. s. w. vergegenständlichten Arbeit, wovon der Arbeiter als bereits producirter Bedingung des Produktionsprozesses ausgeht, wächst die *Masse des alten Kapitalwerths,* der durch bloßen Zusatz neuer Arbeit, also neue Werthproduktion, *erhalten* und in diesem Sinn *reproducirt* wird. Man vergleiche z. B. einen englischen Spinner mit einem indischen. Man unterstelle der Vereinfachung halber gleiche Extension und Intensivität des englischen und indischen Arbeitstags. Der englische Spinner verwandelt in einem Tag viel hundertmal größere Massen von Baumwolle, Spinninstrumenten u. s. w. in Garn. Er *erhält* also vielhundertmal größeren Kapitalwerth

in seinem Produkt. Wäre selbst das *Werthprodukt* seiner Tagesarbeit, d. h. der durch dieselbe den Produktionsmitteln *neu zugesetzte Werth*, nur gleich dem des Indiers, dennoch resultirt seine Tagesarbeit nicht nur in größerem *Produktenquantum*, sondern in unendlich größerem *Produktenwerth*, altem Werth, den er auf das neue Produkt überträgt, und der von neuem als Kapital ¦ funktioniren kann. „1782“, belehrt uns *F. Engels*, „lag die ganze Wollerndte der vorhergehenden drei Jahre (in England) aus Mangel an Arbeitern noch unverarbeitet da, und hätte liegen bleiben müssen, wenn nicht die neu erfundne Maschinerie zu Hilfe gekommen wäre und sie versponnen hätte“[59]. Die in der Form von Maschinerie vergegenständlichte Arbeit stampfte natürlich unmittelbar keinen Menschen aus dem Boden, aber sie erlaubte einer geringen Arbeiteranzahl durch Zusatz von relativ wenig lebendiger Arbeit nicht nur die Wolle produktiv zu konsumiren, und ihr Neuwerth zuzusetzen, sondern in der Form von Garn u. s. w. ihren *alten Werth zu erhalten*. Sie lieferte damit zugleich Mittel und Sporn | zur erweiterten Repro-
280 duktion von Wolle. Es ist die Naturgabe der lebendigen Arbeit alten Werth zu erhalten, während sie Neuwerth schafft. Mit dem Wachsthum von Wirksamkeit, Umfang und Werth ihrer Produktionsmittel, also mit der die Entwicklung ihrer Produktivkraft begleitenden *Accumulation* erhält und verewigt die Arbeit daher in stets neuer Form einen stets
281 schwellenden Kapitalwerth[60]. Diese Naturkraft der | Arbeit erscheint

59 *F. Engels: „Lage der arbeitenden Klasse in England“*, p. 20.

60 Die klassische Oekonomie hat wegen mangelhafter Analyse des Arbeits- und Verwerthungsprozesses dieß wichtige Moment der Reproduktion nie ordentlich begriffen, wie man z. B. bei Ricardo sehn kann. Er sagt z. B.: Welches immer der Wechsel der Produktivkraft, „Eine Million Menschen *producirt* in den Fabriken stets denselben *Werth*.“ Dieß richtig, wenn Extension und Intensivgrad ihrer Arbeit gegeben. Es verhindert aber nicht, und Ricardo übersieht dieß in gewissen Schlußfolgerungen, daß eine Million Menschen sehr verschiedne Massen von Produktionsmitteln, bei verschiedner Produktivkraft ihrer Arbeit, in Produkt verwandelt, daher sehr verschiedne *Werthmassen* in ihrem Produkt erhält, die von ihr gelieferten *Produktenwerthe* also sehr verschieden sind. Ricardo hat, nebenbei bemerkt, an jenem Beispiel umsonst versucht, dem *J. B. Say* den Unterschied zwischen Gebrauchswerth (den er hier wealth nennt, stofflichen Reichthum) und Tauschwerth klar zu machen. Say antwortet: «Quant à la difficulté qu'élève Mr. Ricardo en disant que, par des procédés mieux extendus, un million de personnes peuvent produire deux fois, trois fois autant de richesses, sans produire plus de valeurs, cette *difficulté n'est pas une* lorsque l'on considère,

als *Selbst¦erhaltungskraft des Kapitals,* dem sie einverleibt ist, ganz wie *ihre gesellschaftlichen* Produktivkräfte als *seine* Eigenschaften und wie die beständige Aneignung der Mehrarbeit durch den Kapitalisten als beständige *Selbstverwerthung des Kapitals.* Alle Kräfte der Arbeit

ainsi qu'on le doit, *la production comme un échange* dans lequel on donne les services productifs de son travail, de sa terre, et de ses capitaux, pour obtenir des *produits.* C'est par le moyen de ces services productifs que nous acquérons tous les produits qui sont au monde. Or … nous sommes d'autant plus riches, nos services productifs ont d'autant plus de valeur, qu'ils obtiennent dans *l'échange appelé production,* une plus grande *quantité* de choses utiles.» (*J. B. Say: „Lettres à M. Malthus. Paris 1820",* p. 168, 169.) Die „difficulté" – sie existirt für ihn, nicht für Ricardo – die Say erklären soll, ist die: Warum vermehrt sich nicht der Werth der Gebrauchswerthe, wenn ihre Quantität in Folge gesteigerter Produktivkraft der Arbeit wächst? *Antwort:* Die Schwierigkeit wird dadurch gelöst, daß man den *Gebrauchswerth* gefälligst *Tauschwerth nennt.* Tauschwerth ist ein Ding, das one way or another mit *Austausch* zusammenhängt. Man nenne also die *Produktion* einen *„Austausch"* von Arbeit und Produktionsmitteln gegen das Produkt, und es ist klar wie Wasser, daß man um so mehr Tauschwerth erhält, je mehr Gebrauchswerth einem die Produktion liefert. In andern Worten: Je mehr Gebrauchswerthe, z. B. Strümpfe, ein Arbeitstag dem Strumpffabrikanten liefert, desto *reicher* ist er *an Strümpfen.* Plötzlich fällt Say jedoch ein, daß „mit der größern Quantität" der Strümpfe ihr „Preis" (der natürlich nichts mit dem Tauschwerth zu thun hat) *fällt,* «parce que *la concurrence les (les producteurs) oblige à donner les produits pour ce qu'ils leur coûtent.*» Aber wo denn kommt der Profit her, wenn der Kapitalist die Waaren *zu dem Preis verkauft,* den sie *ihm* kosten? Doch never mind. Say erklärt, daß in Folge der gesteigerten Produktivität jeder im Ersatz für *dasselbe* Aequivalent jetzt zwei statt früher ein paar Strümpfe u. s. w. erhält. Das Resultat, wobei er anlangt, ist grade der Satz Ricardo's, den er widerlegen wollte. Nach dieser gewaltigen Denkanstrengung apostrophirt er Malthus triumphirend mit den Worten: «Telle est, monsieur, *la doctrine bien liée* sans laquelle il est impossible, *je le déclare,* d'expliquer les plus grandes difficultés de l'économie politique et *notamment,* comment il se peut qu'une nation soit plus riche lorsque ses produits diminuent de valeur, quoique la richesse soit de la valeur.» (l. c. p. 170.) Ein englischer Oekonom bemerkt über ähnliche Kunststücke in Say's „Lettres": „Diese affektirten Manieren zu schwatzen („these affected ways of talking") bilden im Ganzen das, was Herr Say *seine Doktrin* zu nennen beliebt und die er dem Malthus ans Herz legt zu Hertford zu lehren, wie das schon ‚dans plusieurs parties de l'Europe' geschehe. Er sagt: «Si vous trouvez une physionomie *de paradoxe* à toutes ces propositions, voyez les *choses* qu'elles expriment, et j'ose croire qu'elles vous paraîtront fort simples et fort raisonnables.» Zweifelsohne, und zugleich werden sie in Folge desselben Prozesses alles andre, nur nicht

projektiren sich als Kräfte des Kapitals, wie alle Werthformen der Waare als Formen des Geldes.

Unter sonst gleichbleibenden Umständen ist die Größe des producirten Mehrwerths und daher die Accumulation endlich bestimmt durch *die Größe des vorgeschossenen Kapitals.* Mit dem Gesammtkapital wächst auch sein variabler Bestandtheil, wenn auch nicht in demselben Verhältniß. Auf je größerer Stufenleiter der individuelle Kapitalist producirt, desto größer die Arbeiteranzahl, die er gleichzeitig exploitirt, oder die Masse der unbezahlten Arbeit, die er aneignet[61]. Je mehr | also das individuelle Kapital wächst, desto *größer der Fonds,* der sich in Konsumtionsfonds und Accumulationsfonds spaltet. Der Kapitalist kann daher flotter leben und zugleich mehr „entsagen".

Mit dem Wachsthum des Kapitals *wächst die Differenz zwischen angewandtem und konsumirtem Kapital.* In andern Worten: Es wächst die Werth- und Stoffmasse der Arbeitsmittel, wie Baulichkeiten, Maschinerie, Drainirungsröhren, Arbeitsvieh, Apparate jeder Art, die stets ihrem ganzen Umfang nach, während längerer oder kürzerer Periode, in beständig wiederholten Produktionsprozessen, funktioniren, oder zur Erzielung bestimmter Nutzeffekte dienen, während sie nur allmälig verschleißen, daher ihren Werth nur stückweis verlieren, also auch nur stückweis auf das Produkt übertragen. Im Verhältniß, worin diese Arbeitsmittel als Produktbildner dienen, ohne dem Produkt Werth zuzusetzen, also ganz angewandt, aber nur ¦ theilweis konsumirt werden, leisten sie, wie früher erwähnt, denselben *Gratisdienst* wie Naturkräfte, Wasser, Dampf, Luft, Elektricität u. s. w. Dieser *Gratisdienst* der vergangnen Arbeit, wenn ergriffen und beseelt von der lebendigen Arbeit, *accumulirt* mit der wachsenden Stufenleiter der Accumulation.

Da die vergangne Arbeit sich stets in *Kapital* verkleidet, d. h. das Passivum der Arbeit von A, B, C u. s. w. im Aktivum des Nichtarbeiters X

original oder wichtig erscheinen." („*An Inquiry into those Principles respecting the Nature of Demand* etc.", p. 110.)

282 61 Man wird im Dritten Buch sehn, daß die *durchschnittliche Profitrate* verschiedner Produktionssphären nicht afficirt wird von der jeder derselben eigenthümlichen Theilung des Kapitals in constantes und variables Element, und zugleich daß dieß Phänomen nur *scheinbar* den über die Natur und Produktion des Mehrwerths entwickelten Gesetzen widerspricht.

figurirt, sind Bürger und politische Oekonomen voll des Lobes für die *Verdienste der vergangnen Arbeit*, welche nach dem schottischen Genie Mac Culloch sogar einen eignen Sold beziehn muß[62]. Das stets wachsende Gewicht der unter der Form von Produktionsmitteln im lebendigen Arbeitsprozeß mitwirkenden vergangnen Arbeit wird also ihrer dem Arbeiter selbst, dessen vergangne und unbezahlte Arbeit sie ist, *entfremdeten Gestalt*, ihrer *Kapitalgestalt* vindicirt. Die praktischen Agenten der kapitalistischen Produktion und ihre ideologischen Zungendrescher sind ebenso unfähig das *Produktionsmittel* von seiner antagonistischen gesellschaftlichen Charaktermaske, die ihm heutzutag an|klebt, getrennt zu denken, als ein Sklavenhalter den *Arbeiter selbst* von seinem Charakter als Sklave.

Man hat im Verlauf dieses Abschnitts gesehn, daß das Kapital keine fixe Größe ist, sondern ein elastischer und mit der Theilung des Mehrwerths in Revenue und Surpluskapital beständig fluktuirender Theil des gesellschaftlichen Reichthums. Man hat ferner gesehn, daß selbst die Größe des funktionirenden Kapitals gegeben, die ihm einverleibte Arbeitskraft, Wissenschaft und Erde (worunter ökonomisch alle ohne Zuthat des Menschen von Natur vorhandnen *Arbeitsgegenstände* zu verstehn sind) elastische Potenzen desselben bilden, die ihm innerhalb gewisser Grenzen einen *von seiner eignen Größe unabhängigen Spielraum* gestatten. Es wurde dabei von allen Verhältnissen des *Cirkulationsprozesses* abgesehn, die sehr verschiedne Wirkungsgrade *derselben* Kapitalmasse verursachen. Es wurde, da wir die Schranken der kapitalistischen Produktion voraussetzen, also eine rein naturwüchsige Gestalt des gesellschaftlichen Produktionsprozesses, abgesehn von jeder mit den vorhandnen Produktionsmitteln und Arbeitskräften unmittelbar und planmäßig bewirkbaren rationelleren Kombination. Die klassische Oekonomie liebte es von jeher das gesellschaftliche Kapital als *eine fixe Größe* von fixem Wirkungsgrad aufzufassen. Aber das Vorurtheil ward erst zum Dogma befestigt durch den Urphilister *Jeremias Bentham*, dieß nüchtern pedantische, schwatzlederne Orakel des gemeinen Bürgerverstandes des 19. Jahrhunderts[63]. Bentham ist

62 Mac Culloch löste das Patent auf *„wages of past labour"*, lange bevor Senior das Patent auf die *„wages of abstinence"*.

63 Vgl. u. a.: *J. Bentham: „Théorie des Peines et des Récompenses*, trad. *Ét. Dumont. 3ème éd."* *Paris* 1826, t. II, l. IV, ch. II.

unter den Philosophen, was ¦ Martin Tupper unter den Dichtern. Beide waren nur in England fabricirbar[64]. | Mit seinem Dogma werden die gewöhnlichsten Erscheinungen des Produktionsprozesses, wie z. B. dessen plötzliche Expansionen und Kontraktionen, ja die Accumulation, völlig unbegreifbar[65]. Das Dogma wurde sowohl von Bentham selbst als von Malthus, James Mill, Mac Culloch u. s. w. zu apologetischen Zwecken vernutzt, namentlich um *einen Theil des Kapitals, das variable oder in Arbeitskraft umsetzbare Kapital* als eine *fixe Größe* darzustellen. Die stoffliche Existenz des variablen Kapitals, d. h. die Masse der Lebens-

64 *Jeremias Bentham* ist ein rein englisches Phänomen. Selbst unsern Philosophen *Christian Wolf* nicht ausgenommen, hat zu keiner Zeit und in keinem Land der hausbackenste Gemeinplatz sich jemals so selbstgefällig breit gemacht. Das *Nützlichkeitsprincip* war keine Erfindung Bentham's. Er reproducirte nur geistlos, was Helvetius und andre Franzosen des 18. Jahrhunderts geistreich gesagt hatten. Wenn man z. B. wissen will, was ist einem Hunde nützlich?, so muß man die Hundenatur ergründen. Diese Natur selbst ist nicht aus dem „Nützlichkeitsprincip"
283 zu konstruiren. Auf den Menschen angewandt, wenn man alle menschliche That, Bewegung, Verhältnisse u. s. w. nach dem Nützlichkeitsprincip beurtheilen will, handelt es sich erst um die menschliche Natur im Allgemeinen und dann um die in jeder Epoche historisch modificirte Menschennatur. Bentham macht kein Federlesens. Mit der naivsten Trockenheit unterstellt er den modernen Spießbürger, speciell den *englischen Spießbürger*, als den *Normalmenschen*. Was diesem Kauz von Normalmensch und seiner Welt nützlich, ist an und für sich nützlich. An diesem Maßstab beurtheilt er dann Vergangenheit, Gegenwart und Zukunft. Z. B. die christliche Religion ist „nützlich", weil sie dieselben Missethaten religiös verpönt, die der Strafcodex juristisch verdammt. Kunstkritik ist „schädlich", weil sie ehrbare Leute in ihrem Genuß an Martin Tupper stört u. s. w. Mit solchem Schund hat der brave Mann, dessen Devise: „nulla dies sine linea", Berge von Büchern gefüllt. Wenn ich die Courage meines Freundes H. Heine hätte, würde ich Herrn Jeremias ein Genie in der bürgerlichen Dummheit nennen.

65 „Politische Oekonomen sind zu geneigt, eine bestimmte Quantität von Kapital und eine bestimmte Anzahl Arbeiter als Produktionsinstrumente von gleichförmiger Kraft und als mit einer gewissen gleichförmigen Intensivität wirkend zu behandeln.... Diejenigen, die behaupten, daß *Waaren* die einzigen Agenten der Produktion sind, beweisen, daß die Produktion überhaupt nicht erweitert werden kann, denn zu einer solchen Erweiterung müßten Lebensmittel, Rohmaterialien und Werkzeuge vorher vermehrt werden, was in der That darauf hinaus kömmt, daß kein Wachsthum der Produktion ohne ihr vorheriges Wachsthum stattfinden kann, oder, in andern Worten, daß jedes Wachsthum unmöglich ist." (*S. Bailey: „Money and its Vicissitudes"*, p. 58 u. 70.) Bailey kritisirt das Dogma hauptsächlich vom Standpunkt des *Cirkulationsprozesses*.

mittel, die es für den Arbeiter repräsentirt, oder der s. g. *Arbeitsfonds*, wurde in einen durch Naturketten abgeringten und unüberschreitbaren *Sondertheil* des gesellschaftlichen Reichthums verfabelt. Um den Theil des gesellschaftlichen Reichthums, der als *constantes* Kapital oder, stofflich ausgedrückt, als Produktionsmittel funktioniren soll, in Bewegung zu setzen, ist eine *bestimmte Masse lebendiger Arbeit* erheischt. Diese ist | technologisch gegeben. Aber weder ist die Anzahl der Arbeiter gegeben, erheischt um diese Arbeitsmasse flüssig zu machen, denn das wechselt mit dem Exploitationsgrad der individuellen Arbeitskraft, noch der Preis dieser Arbeitskraft, sondern nur seine zudem sehr elastische Minimalschranke. Die Thatsachen, die dem Dogma zu Grund liegen, sind die. ¦ Einerseits hat der Arbeiter *nicht mitzusprechen* bei der Theilung des gesellschaftlichen Reichthums in Genußmittel der Nichtarbeiter und in Produktionsmittel. Andrerseits kann er nur in günstigen Ausnahmsfällen den s. g. „*Arbeitsfonds*" auf Kosten der „*Revenue*" des Reichen erweitern[66]. Zu welch abgeschmackter Tautologie es führt, *die kapitalistische Schranke des Arbeitsfonds* in seine *gesellschaftliche Naturschranke* umzudichten, zeige u. a. Professor *Fawcett*: „Das *cirkulirende Kapital*[67] eines Landes", sagt er, „ist sein Arbeitsfonds. Um daher den durchschnittlichen Geldlohn, den jeder Arbeiter erhält, zu berechnen, haben wir nur einfach dieß Kapital durch die Anzahl der Arbeiterbevölkerung zu dividiren"[68]. D. h. also, erst rechnen wir die wirklich gezahlten individuellen Arbeitslöhne in eine Summe zu-

66 *J. St. Mill* sagt in seinen „*Principles of Polit. Economy*": „Das Produkt der Arbeit wird heutzutag vertheilt *im umgekehrten Verhältniß zur Arbeit* – der größte Theil an die, die niemals arbeiten, der nächst größte an die, deren Arbeit fast nur nominell ist, und so, auf absteigender Skala, schrumpft die Belohnung zusammen, im Maße wie die Arbeit härter und unangenehmer wird, bis die ermüdendste und erschöpfendste körperliche Arbeit nicht mit Sicherheit auch nur auf Gewinnung der Lebensnothwendigkeiten rechnen kann." Zur Vermeidung von Mißverständniß bemerke ich, daß, wenn Männer wie J. St. Mill, Fawcett u. s. w. wegen des Widerspruchs ihrer altökonomischen Dogmen und ihrer modernen Tendenzen zu rügen sind, es durchaus unrecht wäre, sie mit dem Troß der vulgärökonomischen Apologeten zusammenzuwerfen.

67 *H. Fawcett, Prof. of Polit. Econ. at Cambridge: „The Economic Position of the British Labourer. Lond.* 1865", p. 120.

68 Ich erinnere hier den Leser, daß die Kategorieen: *variables* und *constantes Kapital* von mir zuerst gebraucht werden. Die politische Oekonomie seit A. Smith wirft die darin enthaltenen Bestimmungen mit den aus dem *Cirkulationspro-*

sammen, dann behaupten wir, daß diese Addition die Werthsumme des von Gott und Natur oktroyirten „Arbeitsfonds" bildet. End|lich dividiren wir die so erhaltne Summe durch die Kopfzahl der Arbeiter, um hinwiederum zu entdecken, wie viel jedem Arbeiter individuell im Durchschnitt zufallen kann. Eine ungemein pfiffige Procedur dieß. Sie verhindert Herrn Fawcett nicht im selben Athemzug zu sagen: „Der in England jährlich accumulirte Gesammtreichthum wird in zwei Theile getheilt. Ein Theil wird in England zur Erhaltung unsrer eignen Industrie verwandt. Ein andrer Theil wird in andere Länder exportirt ... Der in unsrer Industrie angewandte Theil *bildet keine bedeutende Portion des jährlich in diesem Land accumulirten Reichthums*"[69]. Der größere Theil des jährlich zuwachsenden Mehrprodukts, dem englischen Arbeiter ohne Aequivalent entwandt, wird also nicht in England, sondern in fremden Ländern verkapitalisirt. Aber mit dem so exportirten Surpluskapital wird ja auch ein Theil des von Gott und Bentham erfundnen „Arbeitsfonds" exportirt[70]. ¦

c) Das allgemeine Gesetz der kapitalistischen Accumulation.

Wachsthum des Kapitals schließt Wachsthum seines variablen oder in Arbeitskraft umgesetzten Bestandtheils ein. Ein Theil des in Surpluskapital verwandelten Mehrwerths muß stets rückverwandelt werden in variables Kapital oder zuschüssigen Arbeitsfonds. Unterstellen wir, daß, nebst sonst gleichbleibenden Umständen, die technologische Zusammensetzung des Kapitals unverändert bleibt, d. h. eine bestimmte Masse von Produktionsmitteln oder constantem Kapital stets von gleich viel lebendiger Arbeit in Bewegung gesetzt wird, so wächst die Nachfrage nach Arbeit und der Subsistenzfonds der Arbeiter verhältnißmäßig mit

zeß entspringenden Formunterschieden von *fixem* und *cirkulirendem* Kapital
284 kunterbunt zusammen. Das Nähere darüber im Zweiten Buch, zweites Kapitel.

69 *Fawcett* l. c. p. 123, 122.

70 Man könnte sagen, daß nicht nur Kapital, sondern auch Arbeiter, in Form der Emigration, jährlich aus England exportirt werden. Im Text ist jedoch gar nicht die Rede vom Peculium der Auswanderer, die zum großen Theil keine Arbeiter sind. Die Pächterssöhne liefern große Portion. Das jährlich zur Verzinsung ins Ausland versandte englische Surpluskapital steht in ungleich größerem Verhältniß zur jährlichen Accumulation als die jährliche Auswanderung zum jährlichen Zuwachs der Bevölkerung.

dem Kapital und um so rascher, je rascher das Kapital wächst. Da der Mehrwerth ein jährliches Produkt des Kapitals ist, da er dem Originalkapital jährlich ein Increment zusetzt, da dieß Increment selbst jährlich wächst mit dem jährlich zuneh|menden Umfang des bereits in Funktion begriffenen Kapitals, und da endlich, unter besonderem Sporn des Bereicherungstriebs, wie z. B. Oeffnung neuer Märkte, neuer Sphären der Kapitalanlage in Folge neu entwickelter gesellschaftlicher Bedürfnisse u. s. w., die *Stufenleiter* der *Accumulation* plötzlich ausdehnbar ist durch *bloß veränderte Theilung des Mehrwerths oder Mehrprodukts in Kapital und Revenue*, so treten hier Knotenpunkte ein, wo das Wachsthum der Arbeitskraft oder der Arbeiteranzahl überflügelt wird von den Accumulationsbedürfnissen des Kapitals, und daher der Preis der Arbeit steigt. Klage hierüber ertönt in England während der ganzen ersten Hälfte des achtzehnten Jahrhunderts. Die mehr oder minder günstigen Umstände, worunter sich die Lohnarbeiter reproduciren und vermehren, ändern jedoch nichts an dem Verhältniß selbst. Wie die *einfache Reproduktion* fortwährend *das Kapitalverhältniß selbst reproducirt*, Kapitalisten auf der einen Seite, Lohnarbeiter auf der andern, so reproducirt die *Reproduktion auf erweiterter Stufenleiter oder die Accumulation* das *Kapitalverhältniß auf erweiterter Stufenleiter*, mehr Kapitalisten oder größere Kapitalisten auf diesem Pol, mehr Lohnarbeiter auf jenem. Man sah früher bereits: Die Reproduktion der Arbeitskraft, die sich dem Kapital unaufhörlich als Verwerthungsmittel einverleiben muß, nicht von ihm loskommen kann, und deren Hörigkeit zum Kapital nur ver¦steckt wird durch den Wechsel der individuellen Kapitalisten, woran sie sich verkauft, bildet in der That ein Moment der Reproduktion des Kapitals selbst. *Accumulation des Kapitals ist also Vermehrung des Proletariats*[71]. |

71 *Karl Marx* l. c. «A égalité d'oppression des masses, plus un pays a de prolétaires et plus il est riche.» (*Colins: „L'Économie Politique. Source des Révolutions et des Utopies prétendues Socialistes. Paris* 1857", t. III, p. 331.) Unter „Proletarier" ist ökonomisch nichts zu verstehn als der Lohnarbeiter, der „*Kapital*" producirt und verwerthet und aufs Pflaster geworfen wird, sobald er für die Verwerthungsbedürfnisse des „*Monsieur Capital*", wie *Dr. Pecqueur* diese Person nennt, überflüssig ist. „*Der kränkliche Proletarier des Urwalds*" ist ein schönes Roscher'sches Phantom. Der Urwäldler ist Eigenthümer des Urwalds, und behandelt den Urwald, ganz so ungenirt wie der Orang Utang, als sein Eigenthum. Er ist also nicht Proletarier. Dieß wäre nur der Fall, wenn der Urwald ihn, statt er den Urwald exploitirte. Was

Die klassische Oekonomie begriff diesen Satz so wohl, daß A. Smith, Ricardo u. s. w., wie früher erwähnt, die Accumulation sogar fälschlich identificiren mit Konsum des *ganzen* kapitalisirten Theils des Mehrprodukts durch produktive Arbeiter, oder mit seiner Verwandlung in zuschüssige Lohnarbeiter. Schon 1696 sagt *John Bellers:* „Wenn Jemand 100 000 Acres hätte und eben so viele Pfunde Geld und eben so viel Vieh, was wäre der *reiche Mann* ohne den Arbeiter *außer selbst ein Arbeiter?* Und wie die Arbeiter Leute reich machen, so *desto mehr Arbeiter, desto mehr Reiche* … Die Arbeit des Armen ist die Mine des Reichen"[72]. So *Bernard de Mandeville* im Anfang des 18. Jahrhunderts: „Wo das Eigenthum hinreichend geschützt ist, wäre es leichter *ohne Geld* zu leben als *ohne Arme*, denn wer würde die Arbeit thun? … Wie die Arbeiter vor Aushungerung zu bewahren sind, so sollten sie nichts erhalten, was der Ersparung werth ist. Wenn hier und da Einer aus der untersten Klasse durch ungewöhnlichen Fleiß und Bauchkneipen sich über die Lage erhebt, worin er aufgezogen war, so muß ihn keiner daran hindern: ja es ist unläugbar der weiseste Plan für jede Privatperson, für jede Privatfamilie in der Gesellschaft frugal zu sein, aber es ist *das Interesse aller reichen Nationen*, daß der größte Theil der Armen nie unthätig sei und sie dennoch stets verausgaben, was sie einnehmen … Diejenigen, die ihr Leben durch ihre tägliche Arbeit gewinnen, haben nichts, was sie anstachelt dienstlich zu sein außer ihren Bedürfnissen, welche es Klugheit ist zu lindern, aber Narrheit wäre zu kuriren. Das einzige Ding, das den arbeitenden Mann fleißig machen kann, ist ein mäßiger Arbeitslohn. Ein zu geringer macht ihn je nach seinem Temperament kleinmüthig oder verzweifelt, ein zu großer insolent und faul … Aus dem bisher Entwickelten folgt, daß in einer *freien Nation, wo Sklaven* nicht erlaubt sind, *der sicherste Reichthum aus einer Menge arbeitsamer Armen besteht.* Au|ßerdem daß ¦ sie die nie versagende Zufuhrquelle für Flotte und Armee, gäbe es ohne sie keinen Genuß und wäre das Produkt

seinen Gesundheitszustand betrifft, steht der wohl den Vergleich aus nicht nur mit dem des modernen Proletariers, sondern auch dem der syphilitischen und skrophulösen „Ehrbarkeit". Doch versteht Herr Wilhelm Roscher unter Urwald wahrscheinlich die stammverwandte Lüneburger Heide.

72 "As the Labourers make men rich, so the more Labourers, there will be the more rich men … the Labour of the Poor being the Mines of the Rich." (*John Bellers* l. c. p. 2.)

keines Landes verwerthbar. Um *die Gesellschaft* (die natürlich aus den Nichtarbeitern besteht) *glücklich* und das Volk selbst in kümmerlichen Zuständen zufrieden zu machen, *ist es nöthig, daß die große Majorität sowohl unwissend als arm bleibt.* Kenntniß erweitert und vervielfacht unsere Wünsche, und je weniger ein Mann wünscht, desto leichter können seine Nothwendigkeiten befriedigt werden"[73]. Was Mandeville, ein ehrlicher Mann und heller Kopf, noch nicht begreift, ist, daß der Mechanismus des Accumulationsprozesses selbst mit dem Kapital die Masse der *„arbeitsamen Armen"* vermehrt, d. h. der Lohnarbeiter, die ihre Arbeitskraft in wachsende Verwerthungskraft des wachsenden Kapitals verwandeln und eben dadurch ihr *Abhängigkeitsverhältniß* von ihrem eignen, im Kapitalisten personificirten *Produkt* verewigen müssen. Mit Bezug auf dieß Abhängigkeitsverhältniß bemerkt *Sir F. M. Eden* in seiner „Lage der Armen, oder Geschichte der arbeitenden Klasse Englands": „Unsere Zone erfordert *Arbeit* zur Befriedigung der Bedürfnisse, und *deßhalb* muß wenigstens *ein Theil der Gesellschaft unermüdet arbeiten* … Einige, die nicht arbeiten, haben dennoch die Produkte des Fleißes zu ihrer Verfügung. Das verdanken diese Eigenthümer aber nur *der Civilisation und Ordnung*, sie sind *reine Kreaturen der Civilinstitutionen*[74]. Denn diese haben es anerkannt, daß *man die Früchte der Arbeit auch anders als durch Arbeit sich aneignen kann.* Die Leute von | unabhängigem Vermögen verdanken ihr Vermögen *fast ganz der Arbeit Andrer*, nicht ihrer eignen Fähigkeit, die durchaus nicht besser ist als die der Andern; *es ist nicht der Besitz von Land und Geld*, sondern das *Kommando über Arbeit* („the command of labour"), das die Reichen von den Armen unterscheidet … Was dem Armen zusagt, ist nicht

73 *B. de Mandeville: „The Fable of the Bees. 5th ed. Lond.* 1728*", Remarks*, p. 212, 213, 328.) „Mäßiges Leben und beständige Arbeit sind für den *Armen* der Weg zum materiellen Glücke (worunter er möglichst langen Arbeitstag und möglichst wenig Lebensmittel versteht) und zum *Reichthum für den Staat* (nämlich Grundeigenthümer, Kapitalisten und ihre politischen Würdeträger und Agenten)." (*„An Essay on Trade and Commerce. Lond.* 1770", p. 54.)

74 Eden hätte fragen sollen, wessen Kreatur sind denn „die Civilinstitutionen"? Vom Standpunkt der *juristischen* Illusion betrachtet er nicht das Gesetz 285
als Produkt der materiellen Produktionsverhältnisse, sondern umgekehrt die Produktionsverhältnisse als Produkt des Gesetzes. *Linguet* warf *Montesquieu's* illusorischen *„Esprit des Lois"* mit dem einen Wort über den Haufen: «L'esprit des lois, c'est la propriété.»

eine verworfene oder servile Lage, sondern ein *bequemes und liberales Abhängigkeitsverhältniß* („a state of easy and liberal dependance"), und für die Leute von Eigenthum hinreichender Einfluß und Autorität *über die*, die *für* sie arbeiten … Ein solches Abhängigkeitsverhältniß ist, wie jeder Kenner der menschlichen Natur weiß, *nothwendig für den Komfort der Arbeiter selbst*"[75]. *Sir F. M. Eden*, beiläufig bemerkt, *ist der einzige Schüler Adam ¦ Smith's*, der während des achtzehnten Jahrhunderts etwas Bedeutendes geleistet hat[76]. |

75 *Eden* l. c. v. I, l. I, ch. I, p. 1, 2 und *Preface*, p. XX.

76 Sollte der Leser an *Malthus* erinnern, dessen *„Essay on Population"* 1798 erschien, so erinnere ich, daß diese Schrift in ihrer ersten Form (und die späteren Ausgaben stopften nur Material in das alte Schema und fügten *neues*, aber *nicht* von Malthus entdecktes, sondern nur annexirtes zu) nichts als ein schülerhaft oberflächliches und pfäffisch verdeklamirtes *Plagiat* aus Sir James Steuart, Townsend, Franklin, Wallace u. s. w. ist und *nicht einen einzigen selbstgedachten Satz* enthält. Nebenbei bemerkt. Obgleich Malthus Pfaffe der englischen Hochkirche, hatte er das Mönchsgelübde des Cölibats abgelegt. Dieß ist nämlich eine der Bedingungen der fellowship der *protestantischen* Universität zu Cambridge. „Socios collegiorum *maritos esse non permittimus*, sed *statim postquam quis uxorem duxerit, socius collegii desinat esse*." (*„Reports of Cambridge University Commission"*, p. 172.) Dieser Umstand unterscheidet Malthus vortheilhaft von den andern protestantischen Pfaffen, die das katholische Gebot des Priestercölibats von sich selbst abgeschüttelt und das „Seid fruchtbar und mehret euch" in solchem Maß als ihre specifisch biblische Mission vindicirt haben, daß sie überall in wahrhaft unanständigem Grad zur Vermehrung der Bevölkerung beitragen, während sie gleichzeitig den Arbeitern das „Populationsprincip" predigen. Es ist charakteristisch, daß der ökonomisch travestirte *Sündenfall*, der Adamsapfel, der „urgent appetite", „the checks which tend to blunt the shafts of Cupid", wie Pfaff Townsend munter sagt, daß dieser kitzliche Punkt von den Herrn von der *protestantischen* Theologie oder vielmehr Kirche monopolisirt ward und wird. Mit Ausnahme des venetianischen Mönches *Ortes*, eines originellen und geistreichen Schriftstellers, sind die meisten Populationslehrer *protestantische Pfaffen*. So *Bruckner*: *„Théorie du Système animal. Leyde* 1767, worin die ganze moderne Bevölkerungstheorie erschöpft ist und wozu der vorübergehende Zank zwischen *Quesnay* und seinem Schüler, *Mirabeau père*, über dasselbe Thema Ideen lieferte, dann Pfaffe *Wallace*, Pfaffe *Townsend*, Pfaffe *Malthus* und sein Schüler, der Erzpfaff *Th. Chalmers*, von kleineren pfäffischen Skribenten in this line gar nicht zu reden. Ursprünglich ward die politische Oekonomie betrieben von Philosophen, wie Hobbes, Locke, Hume, Geschäfts- und Staatsleuten, wie Thomas Morus, Temple, Sully, de Witt, North, Law, Vanderlint, Cantillon, Franklin, und theoretisch namentlich, und mit dem größten Erfolg, von *Medizinern* wie

Unter den bisher unterstellten, den Arbeitern günstigsten Accumulationsbedingungen kleidet sich ihr *Abhängigkeitsverhältniß* vom | Kapital in erträgliche oder, wie Eden sagt, „bequeme und liberale Formen". Statt intensiver zu werden mit dem Wachsthum des Kapitals, wird es nur extensiver, d. h. die Exploitations- und Herrschaftssphäre

Petty, Barbon, Mandeville, Quesnay. Noch Mitte des 18. Jahrhunderts entschuldigt sich *Rev. Mr. Tucker*, ein bedeutender Oekonom für seine Zeit, daß er sich mit dem Mammon beschäftigt. Später, und zwar mit dem „Bevölkerungsprincip" schlug die Stunde der protestantischen Pfaffen. Als ob er diese Geschäftsverpfuschung geahnt, sagt *Petty*, der die Population als Basis des Reichthums behandelt, und, gleich *Adam Smith*, abgesagter Pfaffenfeind: „Die Religion blüht am besten, wenn die Priester am meisten kasteit werden, wie das Gesetz am besten, wo die Advokaten verhungern." Er räth daher den protestantischen Pfaffen, wenn sie einmal dem Apostel Paulus nicht folgen und sich nicht durch das Cölibat „mortificiren" wollen, „doch ja nicht mehr Pfaffen zu hecken („not to breed more Churchmen") als die vorhandenen Pfründen (benefices) absorbiren können; d. h. wenn es nur 12 000 Pfründen in England und Wales giebt, ist es unweis 24 000 Pfaffen zu hecken („it will not be safe to breed 24 000 ministers"), denn die 12 000 Unversorgten werden stets einen Lebensunterhalt zu gewinnen suchen, und wie könnten sie das leichter thun, als indem sie unter das Volk gehn und es überreden, die 12 000 Pfründner vergifteten die Seelen, und hungerten selbige Seelen aus, und zeigten ihnen den Holzweg zum Himmel?" (*Petty: „A Treatise on Taxes and Contributions. Lond. 1667"*, p. 57.) *Adam Smith's* Stellung zum protestantischen Pfaffenthum seiner Zeit ist durch folgendes charakterisirt. In: *„A Letter to A. Smith, L. L. D. On the Life, Death and Philosophy of his Friend David Hume. By One of the People called Christians. 4th ed. Oxford 1784"*, kanzelt *Dr. Horne*, hochkirchlicher Bischof von Norwich, den A. Smith ab, weil er in einem öffentlichen Sendschreiben an Herrn Strahan, seinen „Freund David (sc. Hume) einbalsamire", weil er dem Publikum erzählte, wie „Hume auf seinem Sterbebett sich mit Lucian und Whist amüsirte", und sogar die Frechheit hatte zu schreiben: „Ich habe Hume stets, sowohl während seines Lebens wie nach seinem Tode so nahe dem Ideal eines vollkommen weisen und tugendhaften Mannes betrachtet, als die Schwäche der menschlichen Natur erlaubt." Der Bischof ruft entrüstet: „Ist es recht von Ihnen, mein Herr, uns als vollkommen weis und tugendhaft den Charakter und Lebenswandel eines Menschen zu schildern, der von einer unheilbaren Antipathie besessen war wider alles, was *Religion* heißt, und der jeden Nerv anspannte, um so viel an ihm selbst ihren *Namen* aus dem Gedächtniß der Menschen zu löschen?" (l. c. p. 8.) „Aber laßt euch nicht entmuthigen. Liebhaber der Wahrheit, der Atheismus ist kurzlebig." (p. 17.) Adam Smith „hat die gräßliche Ruchlosigkeit („the atrocious wickedness") den Atheismus durch das Land zu propagandiren (nämlich durch seine „Theory of moral sentiments") ... Wir kennen Eure Schliche, Herr Doktor! Ihr meint's gut, rechnet aber dießmal ohne den

des Kapitals dehnt sich nur aus mit seiner eignen Dimension und der Anzahl *seiner Lohnarbeiter*. Von ihrem eignen anschwellenden und schwellend in Surpluskapital verwandelten Mehrprodukt strömt ihnen ein reichlicherer Theil in der Form von Zahlungsmitteln zurück, so daß sie den Kreis ihrer Genüsse erweitern, ihren Konsumtionsfonds von Kleidern, Möbeln u. s. w. besser ausstatten und kleine Reservefonds von Geld bilden können. So wenig aber bessere Kleidung, Nahrung, Behandlung und ein größeres Peculium das Abhängigkeits¦verhältniß und die Exploitation des Sklaven aufheben, so wenig die des Lohnarbeiters. Steigender Preis der Arbeit in Folge der Accumulation des Kapitals besagt in der That nur, daß der Umfang und die Wucht der goldnen Kette, die der Lohnarbeiter sich selbst bereits geschmiedet hat, ihre losere Spannung erlauben. In den Kontroversen über diesen Gegenstand hat man meist die Hauptsache übersehn, nämlich die differentia | specifica der kapitalistischen Produktion. Arbeitskraft wird hier gekauft, nicht um durch ihren Dienst oder ihr Produkt die *persönlichen Bedürfnisse des Käufers* zu befriedigen. Sein Zweck ist Verwerthung seines Kapitals, Produktion von Waaren, die mehr Arbeit enthalten als er zahlt, also einen *Werththeil* enthalten, der *ihm nichts kostet* und dennoch *durch den Waarenverkauf realisirt wird*. Produktion von Mehrwerth oder Plusmacherei ist das absolute Gesetz dieser Produktionsweise. Nur soweit sie die Produktionsmittel als Kapital erhält, ihren eignen Werth als Kapital reproducirt und in unbezahlter Arbeit ¦ eine Quelle von Surpluskapital liefert, ist die Arbeitskraft verkaufbar. Die Bedingungen ihres Verkaufs, ob mehr oder minder günstig für den Arbeiter, schließen also die Nothwendigkeit

Wirth. Ihr wollt uns durch das Beispiel von *David Hume, Esq.*, weismachen, daß Atheismus der einzige Schnaps („cordial") für ein niedergeschlagnes Gemüth und das einzige Gegengift wider Todesfurcht ist … Lacht nur über Babylon in Ruinen und beglückwünscht nur den verhärteten Bösewicht Pharao!" (l. c. p. 20, 21, 22.) Ein orthodoxer Kopf unter A. Smith's Kollegienbesuchern schreibt nach dessen Tod: „Smith's Freundschaft für Hume verhinderte ihn ein Christ zu sein … Er glaubte Hume alles aufs Wort. Wenn Hume ihm gesagt, der Mond sei ein grüner Käs, er hätt's geglaubt. Er glaubte ihm daher auch, daß es keinen Gott und keine Mirakel gebe … In seinen politischen Principien streifte er an Republikanismus." („*The Bee.*" *By James Anderson. 18 vls. Edinb.* 1791–93.) Pfaff *Th. Chalmers* hat A. Smith in Verdacht, daß er aus reiner Malice die Kategorie der „unproduktiven Arbeiter" eigens für die protestantischen Pfaffen erfand, trotz ihrer gesegneten Arbeit im Weinberg des Herrn.

ihres steten Wiederverkaufs und die stets erweiterte *Reproduktion des Reichthums als Kapital* ein. Der Arbeitslohn, wie man gesehn, bedingt seiner Natur nach, stets Lieferung eines bestimmten Quantums unbezahlter Arbeit auf Seiten des Arbeiters. Ganz abgesehn vom *Steigen des Arbeitslohns* mit *sinkendem Preis der Arbeit* u. s. w., besagt *seine Zunahme* im besten Fall *nur quantitative Abnahme der unbezahlten Arbeit*, die der Arbeiter leisten muß. Diese Abnahme kann nie bis zu einem Punkt fortgehn, wo sie den kapitalistischen Charakter des Produktionsprozesses ernsthaft gefährden würde und *die Reproduktion seiner eignen Bedingungen*, auf der einen Seite der Produktions- und Lebensmittel als Kapital, auf der andern der Arbeitskraft als Waare, auf dem einen Pol des Kapitalisten, auf dem andern des Lohnarbeiters. Abgesehn von gewaltsamen Konflikten über die Rate des Arbeitslohns, und *Adam Smith* hat bereits gezeigt, daß im Großen und Ganzen in solchem Konflikt der Meister stets Meister bleibt, unterstellt ein aus Accumulation des Kapitals entspringendes Steigen des Arbeitspreises folgende Alternative. Entweder der steigende oder gestiegne Preis der Arbeit ist begleitet von gleich großem oder größerem absoluten Wachsthum der Accumulation. Man weiß, daß selbst unter sonst gleichbleibenden Umständen, wie Produktivgrad der Arbeit u. s. w., mit der wachsenden *Größe des vorgeschossenen Kapitals* sein *absoluter Zuwachs* gleichförmig bleiben oder selbst beschleunigt werden kann, obgleich die *Rate der Accumulation* abnimmt, wie man Kapitel III, Abschnitt 5 sah, daß die *Masse des Mehrwerths* trotz dessen abnehmender Rate mit Vermehrung der gleichzeitig exploitirten Arbeiterzahl gleichbleiben und | selbst wachsen kann. In diesem Fall ist es bloße Tautologie zu sagen, daß der verminderte Exploitationsgrad der Arbeitskraft die Ausdehnung der Kapitalherrschaft nicht beeinträchtigt. *Oder*, das ist die andre Seite der Alternative, die Accumulation erschlafft in Folge des steigenden Arbeitspreises, weil der Stachel großen Gewinns abstumpft. Die Accumulation nimmt ab. Aber mit ihrer Abnahme verschwindet die Ursache ihrer Abnahme, nämlich die Disproportion zwischen Kapital und exploitabler Arbeitskraft. Der Arbeitspreis sinkt also wieder zu einem *den Verwerthungsbedürfnissen des Kapitals* entsprechenden Niveau. Es folgt daher keineswegs, daß der Arbeitslohn auf sein Minimalniveau fällt, oder auch nur auf das Niveau, worauf er vor der Preiserhöhung der Arbeit stand. Der Mechanismus des kapitalistischen Produktionsprozesses beseitigt selbst die Hindernisse, die er vorübergehend schafft. Man sieht: Im ersten Fall ist es keine Abnahme im absoluten oder proportionellen Wachsthum der Arbeitskraft oder Arbeitsbevölkerung, welche das Kapital überschüssig, sondern umgekehrt die Zunahme des ¦ Kapitals, welche die exploitable Arbeitskraft unzureichend macht. Im zweiten Fall ist es keine Zunahme im absoluten oder proportionellen Wachsthum der Arbeitskraft oder der Arbeiterbevölkerung, welche das Kapital unzureichend, sondern umgekehrt die Abnahme des Kapitals, welche die exploitable Arbeitskraft, oder vielmehr ihren Preis, überschüssig macht. Es sind *diese absoluten Bewegungen in der Accumulation des Kapitals*, welche sich *als relative Bewegungen in der Masse der exploitablen Arbeitskraft* widerspiegeln und daher *der eignen Bewegung der letztern geschuldet scheinen.* So drückt sich in der Krisenphase des industriellen Cyklus der allgemeine Fall der Waarenpreise als *Steigen des relativen Geldwerths*, und in der Prosperitätsphase das allgemeine Steigen der Waarenpreise als *Fall des relativen Geldwerths* aus. Die s. g. *Currency-Schule* schließt daher, daß das einemal zu wenig, das andremal zu viel Geld cirkulirt. Ihre Ignoranz und völlige Verkennung der Thatsachen[77] finden würdige Parallele in den Oekonomen, welche jene Phänomene der Accumulation dahin deuten, daß das einemal zu wenig und das andremal zu viel Lohn|arbeiter existiren. Das so in ein Naturgesetz mystificirte Gesetz der kapitalistischen Accumulation drückt in der That nur aus, daß *ihre Natur* jede solche Abnahme im Exploitationsgrad der Arbeit oder jede solche Steigerung des Arbeitspreises ausschließt, welche die stetige Reproduktion des Kapitalverhältnisses und seine Reproduktion auf stets erweiterter Stufenleiter ernsthaft gefährden könnte. Es kann nicht anders sein in einer Produktionsweise, worin der Arbeiter für die Verwerthungsbedürfnisse vorhandner Werthe, statt umgekehrt der gegenständliche Reichthum für die Entwicklungsbedürfnisse des Arbeiters da ist. Wie der Mensch in der Religion vom Machwerk seines eignen Kopfes, so wird er in der kapitalistischen Produktion vom Machwerk seiner eignen Hand beherrscht.

Das bisher Entwickelte gilt unter der Voraussetzung, daß im Fortgang der Accumulation *das Verhältniß zwischen der Masse der Produktionsmittel und der Masse der sie bewegenden Arbeitskraft gleichbleibt*, also *die Nachfrage nach Arbeit mit dem Wachsthum des Kapitals verhältnißmäßig wächst.* Diese Voraussetzung figurirt in *Adam Smith's* Analyse

[77] Vgl. *Karl Marx: „Zur Kritik der politischen Oekonomie"*, p. 165 sqq.

der Accumulation als selbstverständliches Axiom. In gewissem Grad bleibt sie immer richtig, denn wie auch die technologischen Bedingungen des Produktionsprozesses umgewälzt werden mögen, *während kürzerer oder längerer Zeitfrist* findet bald in dieser, bald in jener Produktionssphäre Accumulation des Kapitals oder Erweiterung der Produktionsleiter *auf der einmal gegebnen* technologischen Basis statt. *Innerhalb* dieser Schranken wächst also die Nachfrage nach Arbeit mit der Accumulation. Aber die vorhandne Basis wird selbst fort¦während umgewälzt. Im Fortgang der Accumulation geht eine große Revolution vor im *Verhältniß* von Masse der Produktionsmittel und Masse der sie bewegenden Arbeitskraft. Diese Revolution spiegelt sich wieder in *der wechselnden Zusammensetzung des Kapitalwerths aus constantem und variablem Bestandtheil*, oder im wechselnden Verhältniß seiner in Produktionsmittel und Arbeitskraft umgesetzten *Werththeile*. Ich nenne diese Zusammensetzung die *organische Zusammensetzung des Kapitals.*

Abgesehn vom Produktivgrad der Arbeit, soweit er ausschließlich durch den Naturreichthum, wie Fruchtbarkeit des Bodens u. s. w., bedingt | ist, oder durch das Geschick unabhängiger und isolirt arbeitender Producenten, das sich jedoch mehr qualitativ in der Güte des Machwerks als quantitativ in seiner Masse bewährt, drückt sich der *gesellschaftliche Produktivgrad der Arbeit* aus *im relativen Großenumfang der Produktionsmittel*, welche ein Arbeiter, während gegebner Zeit, mit derselben Anspannung von Arbeitskraft, in Produkt verwandelt. Die Masse der Produktionsmittel, womit er funktionirt, wächst mit der Produktivität seiner Arbeit. Diese Produktionsmittel spielen dabei eine doppelte Rolle. Das Wachsthum der einen ist *Folge*, das der andern *Bedingung* der wachsenden Produktivität der Arbeit. Z. B. mit der manufakturmäßigen Theilung der Arbeit und der Anwendung von Maschinerie wird in derselben Zeit mehr Rohmaterial verarbeitet, tritt also größere Masse von Rohmaterial und Hilfsstoffen in den Arbeitsprozeß ein. Das ist *Folge* der wachsenden Produktivität der Arbeit. Andrerseits ist die Masse der angewandten Maschinerie, Arbeitsviehs, mineralischen Düngers, Drainirungsröhren u. s. w. *Bedingung* der wachsenden Produktivität der Arbeit. Ebenso die Masse der in Baulichkeiten, Riesenöfen, Transportmitteln u. s. w. koncentrirten Produktionsmittel, welche trotz erweitertem Umfang in Folge ihres gemeinsamen Verbrauchs weniger Werth an jeden aliquoten Theil des Gesammtprodukts abgeben oder ökonomischere Verwendung erlauben als die in Diminutivformat zersplitterten Arbeitsmittel derselben Art. Ob aber *Bedingung* oder *Folge*, der wachsende Größenumfang der Produktionsmittel im Vergleich zu der ihnen einverleibten Arbeitskraft drückt die *wachsende Produktivität der Arbeit* aus. Die *Zunahme* der letzteren erscheint also in der *Abnahme der Arbeitsmasse verhältnißmäßig zu der von ihr bewegten Masse von Produktionsmitteln*, oder in der Größenabnahme des subjektiven Faktors des Arbeitsprozesses verglichen mit seinen objektiven Faktoren.

Das Wachsthum in der Masse der Produktionsmittel, verglichen mit der Masse der sie belebenden Arbeitskraft, spiegelt sich wieder in der *Zunahme des constanten Bestandtheils des Kapitalwerths auf Kosten seines variablen Bestandtheils.* Es werden z. B. von einem Kapital, prozentweis berechnet ursprünglich je 50 % in Produktionsmitteln und je 50 % in Arbeitskraft, ¦ später, mit der Entwicklung des Produktivgrads der Arbeit, je 80 % in Produktionsmitteln und je 20 % in Arbeitskraft ausgelegt u. s. w. Wir | sagen „spiegelt sich wieder", weil die Abnahme des variablen Kapitaltheils gegenüber dem constanten, oder *die veränderte Zusammensetzung des Kapitalwerths*, nur annähernd *den Wechsel in der Zusammensetzung seiner stofflichen Bestandtheile anzeigt.* Wenn z. B. heute der in der Spinnerei angelegte Kapitalwerth zu ⅞ constant und ⅛ variabel ist, während er Anfang des 18. Jahrhunderts ½ constant und ½ variabel war, so ist dagegen die Masse von Rohstoff, Arbeitsmitteln u. s. w., die ein bestimmtes Quantum Spinnarbeit heute produktiv konsumirt, viel hundertmal größer als im Anfang des 18. Jahrhunderts. Der Grund ist einfach der, daß mit der wachsenden Produktivität der Arbeit nicht nur der Umfang der von ihr vernutzten Produktionsmittel steigt, sondern deren *Werth*, verglichen mit ihrem Umfang, fällt. Ihr Werth steigt also absolut, aber nicht proportionell mit ihrem Umfang. Das *Wachsthum der Differenz zwischen constantem und variablem Kapitaltheil* ist daher viel kleiner als das der Differenz zwischen der Masse der Produktionsmittel, worin das constante, und der Masse Arbeitskraft, worin das variable Kapital umgesetzt wird. Die erstere Differenz nimmt zu mit der letzteren, aber in viel geringerem Grad. Es giebt andre Umstände, welche das *Verhältniß zwischen Werth* der Produktionsmittel *und Werth* der sie bewegenden Arbeitskraft von dem *technologischen Verhältniß ihrer Massen* abweichen machen. Diese
286 modificirenden Umstände können wir erst im Dritten Buch betrachten.

Die Rücksichtnahme darauf ist hier aber auch überflüssig, da die Abnahme des variablen Kapitaltheils gegen den constanten im Großen und Ganzen, wenn auch nur andeutungsweise, die Zunahme der von derselben Masse Arbeitskraft in Bewegung gesetzten oder produktiv konsumirten Masse von Produktionsmitteln ausdrückt.

Im vierten Kapitel wurde gezeigt, wie die Entwicklung der gesellschaftlichen Produktivkraft der Arbeit Cooperation auf großer Stufenleiter voraussetzt, wie nur unter dieser Voraussetzung Theilung und Kombination der Arbeit organisirt, Produktionsmittel durch massenhafte Koncentration ökonomisirt, schon stofflich nur gemeinsam anwendbare Arbeitsmittel, z. B. System der Maschinerie u. s. w., ins Leben gerufen, ungeheure Naturkräfte in den Dienst der Produktion gepreßt und die Verwandlung des Produktionsprozesses in technologische Anwendung der Wissenschaft vollzogen werden können. *Auf Grundlage der Waarenproduktion,* wo die Produktionsmittel Eigenthum von Privatpersonen | sind, wo der Handarbeiter daher entweder isolirt und selbstständig Waaren producirt oder seine Arbeitskraft als Waare verkauft, weil ihm die Mittel zum Selbstbetrieb fehlen, realisirt sich jene Voraussetzung nur durch das *Wachsthum der individuellen Kapitale,* ¦ oder *im Maße, worin die gesellschaftlichen Produktions- und Lebensmittel in das Privateigenthum individueller Kapitalisten verwandelt werden.* Der Boden der Waarenproduktion kann die Produktion auf großer Stufenleiter *nur in kapitalistischer Form* tragen. Eine gewisse *Accumulation von Kapital* in den Händen individueller Waarenproducenten bildet die *Voraussetzung der specifisch kapitalistischen Produktionsweise.* Wir mußten sie daher *unterstellen* bei dem Uebergang aus dem Handwerk in den kapitalistischen Betrieb. Sie mag *die ursprüngliche Accumulation* heißen, weil sie statt historisches Resultat historische Grundlage der specifisch kapitalistischen Produktion. Wie sie selbst entspringt, brauchen wir hier nicht zu untersuchen. Genug, sie bildet den Ausgangspunkt. Aber alle Methoden zur Steigerung der gesellschaftlichen Produktivkraft der Arbeit, die auf dieser Grundlage erwachsen, sind zugleich Methoden zur Produktion des Mehrwerths oder Mehrprodukts, welches seinerseits das Bildungselement der Accumulation. Sie sind also zugleich Methoden der Produktion von Kapital durch Kapital oder Methoden seiner beschleunigten Accumulation. Die kontinuirliche Rückverwandlung von Mehrwerth in Kapital stellt sich dar *als wachsende Größe des in den Produktionsprozeß eingehenden*

Kapitals. Diese wird ihrerseits Grundlage *einer erweiterten Stufenleiter der Produktion,* der sie begleitenden Methoden zur Steigerung der Produktivkraft der Arbeit, und beschleunigter Produktion von Mehrwerth. Wenn also ein gewisser Grad der Kapitalaccumulation als Bedingung der specifisch kapitalistischen Produktionsweise erscheint, verursacht die letztere rückschlagend eine beschleunigte Accumulation des Kapitals. *Mit der Accumulation des Kapitals entwickelt sich daher die specifisch kapitalistische Produktionsweise und mit der specifisch kapitalistischen Produktionsweise die Accumulation des Kapitals.*

Jedes individuelle Kapital ist eine größere oder kleinere *Koncentration von Produktionsmitteln* mit entsprechendem Kommando über eine größere oder kleinere Arbeiterarmee. Jede Accumulation wird das | Mittel neuer Accumulation. Sie erweitert mit der *vermehrten Masse* des als Kapital funktionirenden Reichthums seine *Koncentration* in den Händen individueller Kapitalisten, daher die *Grundlage* der Produktion auf großer Stufenleiter und der specifisch kapitalistischen Produktionsmethoden. Das Wachsthum des gesellschaftlichen Kapitals vollzieht sich im Wachsthum vieler individuellen Kapitale. Alle andern Umstände als gleichbleibend vorausgesetzt, wächst jedes dieser individuellen Kapitale, und die in ihm gegebne Koncentration der Produktionsmittel, im Verhältniß worin es einen aliquoten Theil des gesellschaftlichen Gesammtkapitals bildet. Zugleich reißen sich Ableger von den Originalkapitalen los und funktioniren als neue selbstständige Kapitale. Eine große Rolle spielt dabei nothwendig die ¦ Theilung des Vermögens in Kapitalistenfamilien. Mit der Accumulation des Kapitals wächst daher auch mehr oder minder die Anzahl der Kapitalisten. Zwei Punkte charakterisiren diese Art *Koncentration,* welche unmittelbar auf der *Accumulation* beruht oder vielmehr mit ihr *identisch* ist. *Erstens:* Die wachsende Koncentration der gesellschaftlichen Produktionsmittel in den Händen individueller Kapitalisten ist, unter sonst gleichbleibenden Umständen, *beschränkt durch den Wachsthumsgrad des gesellschaftlichen Reichthums. Zweitens:* Der *in jeder besondern Produktionssphäre ansässige Theil des gesellschaftlichen Kapitals ist vertheilt unter viele Kapitalisten,* welche einander als unabhängige und mit einander konkurrirende *Waarenproducenten* gegenüberstehn. Die Accumulation und die sie begleitende Koncentration sind also nicht nur auf viele Punkte zersplittert, sondern das Wachsthum der funktionirenden Kapitale ist durchkreuzt durch die Bildung neuer und die Spaltung alter

Kapitale. Stellt sich die Accumulation daher einerseits dar als wachsende Koncentration der Produktionsmittel und des Kommando's über Arbeit, so andrerseits als *Repulsion vieler individueller Kapitale von einander.*

Dieser Zersplitterung des gesellschaftlichen Gesammtkapitals in viele individuelle Kapitale oder der Repulsion seiner Bruchtheile von einander wirkt entgegen ihre *Attraktion.* Es ist dieß nicht mehr einfache, mit der Accumulation identische Koncentration von Produktionsmitteln und Kommando über Arbeit. Es ist *Koncentration bereits gebildeter Kapitale,* Aufhebung ihrer individuellen Selbstständigkeit, Expropriation von Kapitalist durch Kapitalist, Verwandlung vieler kleinerer | in weniger größere Kapitale. Dieser Prozeß unterscheidet sich von dem ersten dadurch, daß er *nur veränderte Vertheilung der bereits vorhandnen und funktionirenden Kapitale voraussetzt,* sein Spielraum also durch *das absolute Wachsthum des gesellschaftlichen Reichthums oder die absoluten Grenzen der Accumulation nicht beschränkt ist.* Das Kapital schwillt hier in einer Hand zu großen Massen, weil es dort in vielen Händen verloren geht. Es ist die *eigentliche Koncentration* im Unterschied zur *Accumulation.*

Die Gesetze dieser Koncentration der Kapitale oder der Attraktion von Kapital durch Kapital können hier nicht entwickelt werden. Kurze thatsächliche Andeutung genügt. Der Konkurrenzkampf wird durch Verwohlfeilerung der Waaren geführt. Die Wohlfeilheit der Waaren hängt, caeteris paribus, von der Produktivität der Arbeit, diese aber von der Stufenleiter der Produktion ab. Die größeren Kapitale schlagen daher die kleineren. Man erinnert sich ferner, daß mit der Entwicklung der kapitalistischen Produktionsweise *der Minimalumfang des individuellen Kapitals wächst,* der er heischt ist, um ein Geschäft unter seinen normalen Bedingungen zu betreiben. Die kleineren Kapitale drängen sich daher in Produktionssphären, ¦ deren sich die große Industrie nur noch sporadisch oder unvollkommen bemächtigt hat. Die Konkurrenz rast hier im direkten Verhältniß zur Anzahl und im umgekehrten Verhältniß zur Größe der rivalisirenden Kapitale. Sie endet stets mit Untergang vieler kleiner Kapitalisten und Uebergang ihrer Kapitale in die Hand des Siegers. Abgesehn hiervon bildet sich mit der kapitalistischen Produktion eine ganz neue Macht, das *Kreditwesen.* Es wird nicht nur selbst zu einer neuen gewaltigen Waffe im Konkurrenzkampfe. Durch unsichtbare Fäden zieht es die über die Oberfläche der Gesellschaft in größeren oder kleineren Massen zersplitterten Geldmittel in die Hände individueller Kapitalisten. Es ist die specifische Maschine zur Koncentration der Kapitale.

Die Koncentration der Kapitale, oder der Prozeß ihrer Attraktion, wird intensiver im Verhältniß, worin sich mit der Accumulation die specifisch kapitalistische Produktionsweise entwickelt. Ihrerseits wird die *Koncentration* einer der großen Hebel jener Entwicklung. *Sie verkürzt und beschleunigt die Verwandlung zersplitterter Produktionsprozesse in gesellschaftlich kombinirte und auf großer Stufenleiter ausgeführte.* |

Der wachsende Umfang der individuellen Kapitalmassen wird zur materiellen Basis einer *beständigen Umwälzung der Produktionsweise* selbst. Fortwährend erobert die kapitalistische Produktionsweise ihr noch gar nicht, oder nur sporadisch, oder nur formell unterworfene Arbeitszweige. Daneben erwachsen auf ihrem Boden neue, ihr von vorn herein angehörige Arbeitszweige. Endlich wird in den bereits kapitalistisch betriebenen Arbeitszweigen die Produktivkraft der Arbeit treibhausmäßig gereift. In allen diesen Fällen sinkt die Arbeiterzahl verhältnißmäßig zur Masse der von ihr verarbeiteten Produktionsmittel. Ein stets größerer Theil des Kapitals wird in Produktionsmittel umgesetzt, ein stets kleinerer in Arbeitskraft. Mit dem Umfang, der Koncentration und der technischen Wirksamkeit der *Produktionsmittel* vermindert sich progressiv der Grad, worin sie *Beschäftigungsmittel der Arbeiter* sind. Ein Dampfpflug ist ein ungleich wirksameres *Produktionsmittel* als der gewöhnliche Pflug, aber der in ihm ausgelegte *Kapitalwerth* ist ein ungleich geringeres *Beschäftigungsmittel,* als wenn er in gewöhnlichen Pflügen realisirt wäre. Zunächst ist es grade die Zufügung von neuem *Kapital* zum alten, welche die gegenständlichen Bedingungen des Produktionsprozesses auszuweiten und technologisch umzuwälzen erlaubt. Bald aber ergreift die veränderte Zusammensetzung und technologische Umgestaltung mehr oder minder alles *alte Kapital,* das *seinen Reproduktionstermin erreicht hat* und daher *neu ersetzt* wird. *Diese Metamorphose des alten Kapitals* ist vom *absoluten Wachsthum* des gesellschaftlichen Kapitals zu gewissem Grad unabhängig, wie es die Koncentration ist. Letztre aber, welche vorhandnes gesellschaftliches Kapital nur anders vertheilt und ¦ viele alte Kapitale in eins verschmilzt, wirkt wieder als mächtiges Agens in dieser *Metamorphose des alten Kapitals.*

Einerseits attrahirt also das im Fortgang der Accumulation gebildete Zuschußkapital, verhältnißmäßig zu seiner Größe, weniger und weniger Arbeiter. Andrerseits repellirt das in neuer Zusammensetzung reproducirte alte Kapital mehr und mehr früher von ihm beschäftigte Arbeiter.

Die Accumulation des Kapitals, welche ursprünglich nur als seine *quantitative* Erweiterung erscheint, vollzieht sich also in fortwährendem *qualitativen Wechsel seiner Zusammensetzung*, in beständiger Zunahme seines constanten auf Kosten seines variablen Bestandtheils.

Die specifisch kapitalistische Produktionsweise, die ihr entsprechende | Entwicklung der Produktivkraft der Arbeit, der dadurch verursachte Wechsel in der organischen Zusammensetzung des Kapitals halten nicht nur Schritt mit dem Fortschritt der Accumulation oder dem Wachsthum des gesellschaftlichen Reichthums. *Sie schreiten ungleich schneller*, weil die einfache Accumulation oder die absolute Ausdehnung des Gesammtkapitals von der Koncentration seiner individuellen Elemente, und die technologische Umwälzung des Surpluskapitals von technologischer Umwälzung des Originalkapitals begleitet sind. Mit dem Fortgang der Accumulation wandelt sich also das Verhältniß von constantem zu variablem Kapitaltheil, wenn ursprünglich 1 : 1, in 2 : 1, 3 : 1, 4 : 1, 5 : 1, 7 : 1 u. s. w., so daß, wie das Kapital wächst, statt ½ seines Gesammtwerths progressiv nur ⅓, ¼, ⅕, ⅙, ⅛ u. s. w. in Arbeitskraft, dagegen ⅔, ¾, ⅘, ⅚, ⅞ u. s. w. in Produktionsmittel umgesetzt wird. Da die *Nachfrage nach Arbeit* nicht durch den Umfang des Gesammtkapitals, sondern durch den seines variablen Bestandtheils bestimmt ist, *fällt sie also progressiv mit dem Wachsthum des Gesammtkapitals*, statt, wie vorhin unterstellt, verhältnißmäßig mit ihm zu wachsen. Sie fällt relativ zur Größe des Gesammtkapitals und in beschleunigter Progression mit dem Wachsthum dieser Größe. Mit dem Wachsthum des Gesammtkapitals wächst zwar auch sein variabler Bestandtheil, oder die ihm einverleibte Arbeitskraft, aber in beständig *abnehmender Proportion*. Die Zwischenpausen, worin die Accumulation als bloße *Erweiterung* der Produktion auf gegebner technologischer Grundlage wirkt, verkürzen sich. Nicht nur wird eine in wachsender Progression *beschleunigte Accumulation des Gesammtkapitals* erheischt, um eine additionelle Arbeiterzahl von gegebner Größe zu absorbiren oder selbst, wegen der beständigen Metamorphose des alten Kapitals, die bereits funktionirende zu beschäftigen. Ihrerseits schlägt *diese wachsende Accumulation und Koncentration selbst* wieder um in eine Quelle neuer Wechsel der Zusammensetzung des Kapitals oder abermalig beschleunigter Abnahme seines variablen gegen seinen constanten Bestandtheil. Diese mit dem Wachsthum des Gesammtkapitals ¦ beschleunigte und rascher denn sein eignes Wachsthum beschleunigte relative Abnahme seines variablen Bestandtheils *scheint* auf der andern Seite umgekehrt *stets rascheres absolutes Wachsthum der Arbeiterbevölkerung als das des variablen Kapitals oder ihrer Beschäftigungsmittel.* Die *kapitalistische Accu|mulation* producirt vielmehr, und zwar im Verhältniß zu ihrer Energie und ihrem Umfang, beständig eine *relative,* d. h. für die *mittleren Verwerthungsbedürfnisse des Kapitals überschüssige,* daher *überflüssige* oder *Surplus-Arbeiterbevölkerung.*

Das gesellschaftliche Gesammtkapital betrachtet, ruft die *Bewegung seiner Accumulation* bald *periodischen* Wechsel hervor, bald vertheilen sich ihre Momente *gleichzeitig* über die *verschiednen* Produktionssphären. In einigen Sphären findet Wechsel in der Zusammensetzung des Kapitals statt ohne Wachsthum seiner absoluten Größe, in Folge bloßer Koncentration; in andern ist das absolute Wachsthum des Kapitals mit *absoluter* Abnahme seines variablen Bestandtheils oder der von ihm absorbirten Arbeitskraft verbunden; in andern wächst das Kapital bald auf seiner gegebnen technischen Grundlage fort, und attrahirt zuschüssige Arbeitskraft im Verhältniß seines Wachsthums, bald tritt organischer Wechsel ein und kontrahirt sich sein variabler Bestandtheil; in allen Sphären ist das Wachsthum des variablen Kapitaltheils und daher der beschäftigten Arbeiterzahl stets verbunden mit heftigen Fluktuationen und vorübergehender Produktion von Surpluspopulation, ob diese nun die auffallendere Form von Repulsion bereits beschäftigter Arbeiter annimmt oder die mehr unscheinbare, aber nicht minder wirksame, erschwerter Absorption der zuschüssigen Arbeiterbevölkerung in ihre gewohnten Abzugskanäle[78]. Mit | der Größe des bereits

[78] Der *Census für England und Wales* zeigt u. a.: *Alle in der Agrikultur beschäftigte Personen* (Eigenthümer, Pächter, Gärtner, Hirten u. s. w. eingeschlossen): 1851: 2 011 447, 1861: 1 924 110, *Abnahme:* 87 337. *Worsted Manufaktur:* 1851: 102 714 Personen, 1861: 79 242; *Seidenfabrik:* 1851: 111 940, 1861: 101 678; *Kattundrucker:* 1851: 12 098, 1861: 12 556, welche geringe Zunahme trotz des enorm ausgedehnten Geschäfts große *proportionelle Abnahme* in der Zahl der beschäftigten Arbeiter bedingt. *Hutmacher:* 1851: 15 957, 1861: 13 814; *Strohhut- und Bonnetmacher:* 1851: 20 393, 1861: 18 176; *Malzer:* 1851: 10 566, 1861: 10 677;

funktionirenden Gesellschaftskapitals und dem Grad seines Wachsthums, mit der Ausdehnung der Produktionsleiter und der Masse der in Bewegung gesetzten Arbeiter, mit der Entwicklung der Produktivkraft ihrer Arbeit, mit dem breiteren und volleren Strom aller Springquellen des ¦ Reichthums *dehnt sich auch die Stufenleiter*, worin größere Attraktion der Arbeiter durch das Kapital mit größerer Repulsion derselben verbunden ist, nimmt die Raschheit der Wechsel in der organischen Zusammensetzung des Kapitals und seiner technischen Form zu, und schwillt der Umkreis der Produktionssphären, die bald gleichzeitig, bald abwechselnd davon ergriffen werden. Mit der von ihnen producirten Accumulation des Kapitals producirt die Arbeiterbevölkerung also in wachsendem Umfang *die Mittel ihrer eignen relativen Ueberzähligmachung*[79]. Es ist dieß ein der *kapitalistischen Produktionsweise*

Lichtgießer: 1851: 4 949, 1861: 4 686. Diese Abnahme ist u. a. der Zunahme der Gasbeleuchtung geschuldet. *Kammmacher:* 1851: 2 038, 1861: 1 478; *Holzsäger:* 1851: 30 552, 1861: 31 647, geringe Zunahme in Folge des Aufschwungs von Sägemaschinen; *Nagelmacher:* 1851: 26 940, 1861: 26 130, Abnahme in Folge der Maschinenkonkurrenz; *Arbeiter in Zinn- und Kupferbergwerken:* 1851: 31 360, 1861: 32 041. Dagegen: *Baumwollspinnereien und Webereien:* 1851: 371 777, 1861: 456 646; *Kohlenbergwerke:* 1851: 183 389, 1861: 246 613. „Die Zunahme von Arbeitern ist im Allgemeinen am größten seit 1851 in solchen Zweigen, worin die Maschinerie bisher noch nicht mit Erfolg angewandt worden." („*Census of England and Wales for* 1861", vol. III. *Lond.* 1863, p. 35–39.)

79 "The demand for labour depends on the increase of circulating and not of fixed capital. Were it true that the *proportion* between these two sorts of capital is the same at all times, and in all circumstances, then, indeed, it follows that the number of labourers employed is in proportion to the wealth of the state. But such a proposition has not the semblance of probability. As arts are cultivated, and civilization is extended, fixed capital bears a larger and larger proportion to circulating capital. The amount of fixed capital employed in the production of a piece of British muslin is at least a hundred, probably a thousand times greater than that employed in a similar piece of Indian muslin. And the proportion of circulating capital is a hundred or thousand times less … the whole of the annual savings, added to the fixed capital, would have no effect in increasing the demand for labour." (*John Barton: „Observations on the circumstances which influence the Condition of the Labouring Classes of Society." Lond.* 1817, p. 16, 17.) "The same cause which may increase the net revenue of the country may at the same time *render the population redundant*, and *deteriorate the condition of the labourer.*" (*Ricardo* l. c. p. 469.) Mit der Zunahme des Kapitals „the demand (for labour) will be in a *diminishing ratio.*" (l. c. p. 480, Note.) "The amount of capital

eigenthümliches *Populationsgesetz,* wie in der That | jede besondre historische Produktionsweise ihre besondern, historisch gültigen Po-
287 pulationsgesetze hat. Ein abstraktes Populationsgesetz existirt nur für Pflanze und Thier.

Wenn aber eine Surplusarbeiterpopulation nothwendiges Produkt der Accumulation oder der Entwicklung des Reichthums auf kapitalistischer Grundlage ist, wird diese Surpluspopulation umgekehrt zum Hebel der kapitalistischen Accumulation, ja zu *einer Existenzbedingung der kapitalistischen Produktionsweise.* Sie bildet eine *disponible industrielle Reservearmee,* die dem Kapital ganz so absolut gehört, als ob es sie auf seine eignen Kosten großgezüchtet hätte. Sie schafft für seine wechselnden Verwerthungsbedürfnisse das stets bereite exploitable Menschenmaterial, unabhängig von den Schranken der wirklichen Bevölkerungszunahme. Mit der Accumulation und der sie begleitenden Entwicklung der Produktivkraft der Arbeit wächst die plötzliche *Expansionskraft des Kapitals,* nicht nur, weil die Elasticität des funktionirenden Kapitals wächst, und der *absolute* ¦ *Reichthum,* wovon *das Kapital* nur einen elastischen *Theil* bildet, nicht nur, weil der Kredit, unter jedem besondern Reiz, im Umsehn ungewöhnlichen Theil dieses Reichthums der Produktion als Surpluskapital zur Verfügung stellt. Der technologische Charakter des Produktionsprozesses selbst, Maschinerie, Transportmittel u. s. w. ermöglichen die rascheste Verwandlung von Surplusprodukt auf größter Stufenleiter in zuschüssige Produktionsmittel. Die mit dem Fortschritt der Accumulation überschwellende und in Surpluskapital verwandelbare Masse des gesellschaftlichen Reichthums drängt sich mit Frenesie in alte Produktionszweige, deren Markt sich plötzlich erweitert, oder in neu eröffnete, wie Eisenbahnen u. s. w., deren Bedürfniß aus der Entwicklung der alten entspringt. In allen solchen Fällen müssen große Menschenmassen plötzlich und ohne Abbruch der Produktionsleiter in andern Sphären auf die entschei-

devoted to the maintenance of labour may vary, independently of any changes in the whole amount of capital … *Great fluctuations in the amount of employment, and great suffering may become more frequent as capital itself becomes more plentiful.*" (*Richard Jones: „An Introductory Lecture on Pol. Econ. Lond.* 1833", p. 52.) "Demand (for labour) will rise … *not in proportion to the accumulation of the general capital* … Every augmentation, therefore, in the national stock destined for reproduction, *comes, in the progress of society, to have less and less influence upon the condition of the labourer.*" (*Ramsay* l. c. p. 90, 91.)

denden Punkte werfbar sein. Die Surpluspopulation liefert sie. Der charakteristische Lebenslauf der | modernen Industrie, die Form eines durch kleinere Schwankungen unterbrochnen zehnjährigen Cyklus von Perioden mittlerer Lebendigkeit, Produktion unter Hochdruck, Krise und Stagnation, beruht auf der beständigen Bildung, größeren oder geringeren Absorption, und Wiederbildung der industriellen Reservearmee oder Surpluspopulation. Ihrerseits rekrutiren die Wechselfälle des industriellen Cyklus die Surpluspopulation und werden zu einem ihrer energischsten Reproduktionsagentien. Dieser eigenthümliche Lebenslauf der modernen Industrie, der uns in keinem früheren Zeitalter der Menschheit begegnet, war auch in der Kindheitsperiode der kapitalistischen Produktion unmöglich. Die Zusammensetzung des Kapitals veränderte sich nur sehr allmälig. Seiner Accumulation entsprach also im Ganzen verhältnißmäßiges Wachsthum der Arbeitsnachfrage. Langsam wie der Fortschritt seiner Accumulation, verglichen mit der modernen Epoche, stieß er auf Naturschranken der exploitablen Arbeiterbevölkerung, welche nur durch später zu erwähnende Gewaltmittel wegräumbar waren. Die plötzliche und ruckweise Expansion der Produktionsleiter ist die Voraussetzung ihrer plötzlichen Kontraktion; letztere ruft wieder die erstere hervor, aber die erstere ist unmöglich ohne disponibles Menschenmaterial, ohne eine vom absoluten Wachsthum der Bevölkerung unabhängige *Vermehrung von Arbeitern.* Sie wird geschaffen durch den einfachen Prozeß, der einen Theil der Arbeiter beständig „freisetzt“, durch Methoden, welche die Anzahl der beschäftigten Arbeiter im Verhältniß zur vermehrten Produktion vermindern. Die ganze Bewegungsform der modernen Industrie erwächst also aus der beständigen Verwandlung eines Theils der Arbeiterbevölkerung in unbeschäftigte oder halbbeschäftigte Hände. Die Oberflächlichkeit der politischen Oekonomie zeigt sich u. a. darin, daß sie die Expansion und Kontraktion des Kredits, das bloße Symptom der Wechselperioden des indu¦striellen Cyklus, zu deren Ursache macht. Ganz wie die Himmelskörper, sobald sie durch ersten Stoß in eine bestimmte Bewegung geschleudert sind, dieselbe Bewegung stets reproduciren, so die gesellschaftliche Produktion, sobald sie einmal in jene Bewegung wechselnder Expansion und Kontraktion geworfen ist. Wirkungen werden ihrerseits zu Ursachen und die Wechselfälle des ganzen Prozesses, der seine eignen Bedingungen stets reproducirt, nehmen die Form der *Periodicität* an. Ist letztere einmal konsolidirt, so begreift selbst die politische Oekonomie die Produktion einer relativen, d. h. für | das mittlere Verwerthungsbedürfniß des Kapitals relativen Surpluspopulation, als *Lebensbedingung der modernen Industrie.*

„Gesetzt“, sagt *H. Merivale*, früher Professor der politischen Oekonomie zu Oxford, später Beamter des englischen Kolonialministeriums, „gesetzt, bei Gelegenheit einer Krise raffe die Nation sich zu einer Kraftanstrengung auf, um durch Emigration einige 100 000 überflüssige Arme los zu werden, was würde die Folge sein? Daß bei der ersten Wiederkehr der Arbeitsnachfrage ein Mangel vorhanden wäre. Wie rasch immer die Reproduktion von Menschen sein mag, sie braucht jedenfalls den Zwischenraum einer Generation zum Ersatz erwachsner Arbeiter. Nun hängen die Profite unsrer Fabrikanten hauptsächlich von der Macht ab, den günstigen Moment lebhafter Nachfrage zu exploitiren und sich so für die Periode der Erlahmung schadlos zu halten. *Diese Macht ist ihnen nur gesichert durch Kommando über Maschinerie und Handarbeit.* Sie *müssen disponible Hände vorfinden;* sie müssen fähig sein die Aktivität ihrer Operationen, wenn nöthig, höher zu spannen oder abzuspannen, je nach dem Stand des Markts, oder sie können platterdings nicht in der Hetzjagd der Konkurrenz das Uebergewicht behaupten, worauf der *Reichthum dieses Landes* gegründet ist“[80]. Selbst *Malthus* erkennt in der Surpluspopulation, die er, nach seiner bornirten Weise, aus absolutem Ueberwachs der Arbeiterbevölkerung, nicht aus ihrer relativen Ueberzähligmachung deutet, eine *Nothwendigkeit der modernen Industrie.* Er sagt: „Weise Gewohnheiten in Bezug auf die Ehe, wenn zu einer gewissen Höhe getrieben unter der Arbeiterklasse eines Landes, das hauptsächlich von Manufaktur und Handel abhängt, würden ihm schädlich sein ... Der Natur der Bevölkerung gemäß, kann ein Zuwachs von Arbeitern nicht zu Markt geliefert werden, in Folge besondrer Nachfrage, bis nach Verlauf von 16 oder 18 Jahren, und die Verwandlung von Revenue in Kapital durch Ersparung kann sehr viel rascher platzgreifen; ein Land ist stets dem *ausgesetzt*, daß sein Arbeitsfonds rascher wächst als die Bevölkerung“[81]. ¦ Nachdem die politische | Oekonomie so *die be-*

80 *H. Merivale: „Lectures on Colonization and Colonies.“ Lond.* 1841 and 1842, v. I, p. 146.

81 “Prudential habits with regard to marriage carried to a considerable extent among the labouring class of a country mainly depending upon manufactures and commerce might injure it ... From the nature of a population, an increase

ständige Produktion einer relativen Surpluspopulation von Arbeitern für *eine Nothwendigkeit der kapitalistischen Accumulation* erklärt hat, legt sie, und zwar adäquat in der Figur einer alten Jungfer, dem „beau idéal“ ihres Kapitalisten folgende Worte an die durch ihre eigne Schöpfung von Surpluskapital aufs Pflaster geworfenen „Ueberzähligen“ in den Mund: „Wir Fabrikanten thun was wir können für *euch*, indem *wir das Kapital vermehren*, von dem ihr subsistiren müßt; und *ihr* müßt das übrige thun, indem ihr eure Zahlen den Subsistenzmitteln proportionirt“[82].

Die kapitalistische Produktion schließt die Schranken disponibler Arbeitskraft durch bloß natürlichen Zuwachs der Bevölkerung aus. Sie bedarf zu ihrem freien Spiel einer *von dieser Schranke unabhängigen* industriellen Reservearmee.

Bisher wurde unterstellt, daß *der Zu- oder Abnahme des variablen Kapitals* genau *die Zu- oder Abnahme der beschäftigten Arbeiterzahl entspricht.* Die Abweichungen des Größenwechsels des variablen Kapitals vom Größenwechsel der Arbeiterzahl, worin es sich umsetzt, werden im Dritten Buch weiter erörtert. Hier interessiren sie uns nur, soweit sie 288
das allgemeine Gesetz der Accumulation betreffen.

Bei gleichbleibender oder selbst verminderter Zahl der von ihm kommandirten Arbeiter wächst das variable Kapital, wenn der individuelle Arbeiter *mehr Arbeit* liefert und daher sein *Arbeitslohn* wächst, obgleich der *Arbeitspreis* gleich bleibt, oder selbst sinkt, nur langsamer als die Arbeitsmasse steigt. Der Zuwachs des variablen Kapitals wird dann Index von mehr Arbeit, aber nicht von mehr beschäftigten Arbeitern. Jeder | Kapitalist hat das absolute Interesse, ein bestimmtes Arbeitsquantum aus kleinerer, statt eben so wohlfeil *oder selbst wohlfeiler* aus größerer Arbeiterzahl auszupressen. In dem letzten Fall wächst die Auslage von constantem Kapital verhältnißmäßig zur Masse der in Fluß

of labourers cannot be brought into market, in consequence of a particular demand, till after the lapse of 16 or 18 years, and the conversion of revenue into capital by saving, may take place much more rapidly; a country is always liable to an increase in the quantity of the funds for the maintenance of labour faster than the increase of population.“ (*Malthus: „Princ. of Pol. Econ.“*, p. 215, 319, 320.) In diesem Werk entdeckt Malthus endlich, vermittelst *Sismondi's*, die schöne Dreieinigkeit der kapitalistischen Produktion: *Ueberproduktion – Ueberpopulation – Ueberkonsumtion*, three very delicate monsters, indeed! Vgl. *F. Engels: „Umrisse zu einer Kritik der Nationalökonomie“* l. c. p. 107 sqq.

82 *Harriet Martineau: „The Manchester Strike. 1832“*, p. 101.

gesetzten Arbeit, im ersten Fall viel langsamer. Je größer die Stufenleiter der Produktion, desto entscheidender dieß Motiv. Seine Wucht wächst mit der Accumulation des Kapitals.

Man hat gesehn, daß die Entwicklung der kapitalistischen Produktionsweise und Produktivkraft der Arbeit – zugleich Ursache und Wirkung der Accumulation – den Kapitalisten befähigt, mit *derselben Auslage* von va¦riablem Kapital *mehr Arbeit* durch größere extensive oder intensive Exploitation der individuellen Arbeitskräfte flüssig zu machen. Man hat ferner gesehn, daß er mit *demselben Kapitalwerth mehr Arbeitskräfte* kauft, indem er progressiv geschicktere Arbeiter durch ungeschicktere, reife durch unreife, männliche durch weibliche, erwachsne Arbeitskraft durch jugendliche oder kindliche verdrängt.

Einerseits macht also, im Fortgang der Accumulation, *größeres* variables Kapital mehr Arbeit flüssig, ohne mehr Arbeiter zu werben, andrerseits macht variables Kapital *von derselben Größe* mehr Arbeit mit derselben Masse Arbeitskraft flüssig und endlich mehr niedere Arbeitskräfte durch Verdrängung höherer.

Die *Produktion einer relativen Surpluspopulation* oder die *Freisetzung von Arbeitern* geht daher noch rascher voran als die ohnehin *mit dem Fortschritt der Accumulation beschleunigte* technologische Umwälzung des Produktionsprozesses und die entsprechende proportionelle Abnahme des variablen Kapitaltheils gegen den constanten. Wenn die *Produktionsmittel,* wie sie an Umfang und Wirkungskraft zunehmen, in geringerem Grad *Beschäftigungsmittel der Arbeiter* werden, wird dieß Verhältniß selbst wieder dadurch modificirt, daß im Maß wie die Produktivkraft der Arbeit wächst, das Kapital *seine Zufuhr von Arbeit* rascher steigert als *seine Nachfrage nach Arbeitern.* Die Ueberarbeit des beschäftigten Theils der Arbeiterklasse schwellt die Reihen ihrer Reserve, während umgekehrt der vermehrte Druck, den die letztere durch ihre Konkurrenz auf die erstere ausübt, diese zur Ueberarbeit und Unterwerfung unter die Diktate des Kapitals zwingt. Die Verdammung eines Theils der Arbeiterklasse zu erzwungnem Müßiggang durch Ueberarbeit des andern | Theils, und vice versa, wird Bereicherungsmittel des einzelnen Kapitalisten[83] und *beschleunigt zugleich die Produktion der*

83 Selbst während der Baumwollnoth von 1863 findet man in einem Pamphlet der Baumwollspinner von Blackburn heftige Denunciation gegen die Ueberarbeit, die kraft des Fabrikgesetzes natürlich nur erwachsne männliche Arbeiter traf.

in¦dustriellen Reservearmee auf einem dem Fortschritt der gesellschaftlichen Accumulation entsprechenden Maßstab. Wie wichtig dieß Moment in der Bildung der relativen Surpluspopulation, beweist z. B. England. Seine technischen Mittel zur „Ersparung" von Arbeit sind kolossal. Dennoch, würde morgen *allgemein* die Arbeit auf ein rationelles Maß beschränkt, und für die verschiednen Schichten der Arbeiterklasse wieder entsprechend nach Alter und Geschlecht abgestuft, so wäre die vorhandne Arbeiterpopulation absolut unzureichend zur Fortführung der nationalen Produktion auf ihrer jetzigen Stufenleiter. Die große Mehrheit der jetzt „unproduktiven" Arbeiter müßte in „produktive" verwandelt werden. |

Im Großen und Ganzen sind die *allgemeinen* Bewegungen des Arbeitslohns ausschließlich regulirt durch die *Expansion und Kontraktion der industriellen Reservearmee, welche dem Periodenwechsel des industriellen Cyklus entsprechen.* Sie sind also nicht bestimmt *durch die*

"The adult operatives at this mill have been asked to work from 12 to 13 hours per day, while there are hundreds who are compelled to be idle who would willingly work partial time, in order to maintain their families and save their brethren from a premature grave through being overworked." „Wir", heißt es weiter, „möchten fragen, ob diese Praxis Ueberzeit zu arbeiten irgend wie erträgliche Verhältnisse zwischen Meistern und ‚Dienern' möglich macht? Die Opfer der Ueberarbeit fühlen die Unbill eben so sehr als die dadurch *zu erzwungnem Müßiggang Verdammten* (condemned to forced idleness). In diesem Distrikt reicht das zu verrichtende Werk hin, um alle theilweis zu beschäftigen, würde die Arbeit billig vertheilt. Wir verlangen nur ein Recht, indem wir die Meister auffordern, allgemein nur kurze Zeit zu arbeiten, wenigstens so lange der jetzige Stand der Dinge währt, statt einen Theil zu überarbeiten, während der andre durch Arbeitsmangel gezwungen wird, von der Wohlthätigkeit seine Existenz zu fristen." („*Reports of Insp. of Fact. 31. Oct. 1863*", p. 8.) – Die Wirkung einer relativen Surpluspopulation auf die beschäftigten Arbeiter begreift der Verfasser des „*Essay on Trade and Commerce*" mit seinem gewohnten unfehlbaren Bourgeoisinstinkt. „Eine andre Ursache der Faulenzerei (idleness) in diesem Königreich ist der *Mangel einer hinreichenden Anzahl arbeitender Hände.* So oft durch irgend eine ungewöhnliche Nachfrage für Fabrikate die Arbeitsmasse ungenügend wird, fühlen die Arbeiter ihre eigne Wichtigkeit und wollen sie ihren Meistern ebenfalls fühlbar machen; es ist erstaunlich; aber so depravirt ist die Gesinnung dieser Kerle, daß in solchen Fällen Gruppen von Arbeitern sich kombinirt haben, um ihre Meister dadurch in Verlegenheit zu setzen, daß sie einen ganzen Tag durch faulenzten." („*Essay* etc.", p. 27, 28.) Die Kerle verlangten nämlich Lohnerhöhung.

Bewegung der absoluten Anzahl der Arbeiterbevölkerung, sondern *durch das wechselnde Verhältniß*, worin die Arbeiterklasse in aktive Armee und Reservearmee zerfällt, durch die Zunahme und Abnahme des relativen Umfangs der Surpluspopulation, durch den Grad, worin sie bald absorbirt, bald wieder freigesetzt wird. Für die moderne Industrie mit ihrem zehnjährigen Cyklus und seinem regelmäßigen Periodenwechsel, der außerdem im Fortgang der Accumulation durch stets rascher auf einander folgende unregelmäßige Oscillationen durchkreuzt wird, wäre es in der That ein schönes Gesetz, welches die Nachfrage und Zufuhr von Arbeit nicht durch die *Expansion und Kontraktion des Kapitals*, also *nach seinen jedesmaligen Verwerthungsbedürfnissen* regelte, so daß der Arbeitsmarkt bald relativ untervoll erscheint, weil das Kapital sich expandirt, bald wieder übervoll, weil es sich kontrahirt, sondern umgekehrt die Bewegung des Kapitals von *der absoluten Bewegung der Populationsmenge* abhängig machte. Dieß jedoch ist das ökonomische Dogma. Nach demselben steigt in Folge der Kapitalaccumulation der Arbeitslohn. Der erhöhte Arbeitslohn spornt zur rascheren Vermehrung der Arbeiterbevölkerung und diese dauert fort, bis der Arbeitsmarkt überfüllt, also das Kapital relativ zur Arbeiterzufuhr unzureichend geworden ist. Der Arbeitslohn sinkt, und nun die Kehrseite der Medaille. Durch den fallenden Arbeitslohn wird die Arbeiterbevölkerung nach und nach decimirt, so daß ihr gegenüber das Kapital wieder überschüssig wird, oder auch, wie Andre es erklären, der fallende Arbeitslohn und die entspre¦chende erhöhte Exploitation des Arbeiters beschleunigt wieder die Accumulation, während gleichzeitig der niedere Lohn das Wachsthum der Arbeiterklasse in Schach hält. So tritt wieder das Verhältniß ein, worin die Arbeitszufuhr niedriger als die Arbeitsnachfrage, der Lohn steigt u. s. w. Eine schöne Bewegungsmethode dieß für die entwickelte kapitalistische Produktion! Bevor in Folge der Lohnerhöhung irgend ein positives Wachsthum der wirklich arbeitsfähigen Bevölkerung eintreten *könnte*, wäre die Frist aber und abermal abgelaufen, worin der industrielle Feldzug geführt, die Schlacht geschlagen und entschieden sein muß. |

Zwischen 1849 und 1859 trat, zugleich mit fallenden Getreidepreisen, eine praktisch betrachtet nur nominelle Lohnerhöhung in den englischen Agrikulturdistrikten ein, z. B. in Wiltshire stieg der Wochenlohn von 7 auf 8 sh., in Dorsetshire von 7 oder 8 auf 9 sh. u. s. w. Es war dieß Folge des *übergewöhnlichen* Abflusses der agrikolen Surpluspopulation, verursacht durch Kriegsnachfrage, massenhafte Ausdehnung der Eisenbahnbauten, Fabriken, Bergwerke u. s. w. Je niedriger der Arbeitslohn, desto höher drückt sich jedes noch so unbedeutende Steigen desselben *in Procentzahlen* aus. Ist der Wochenlohn z. B. 20 sh. und steigt er auf 22, so um 10 %; ist er dagegen nur 7 sh. und steigt auf 9, so um $28\frac{4}{7}$ %, was sehr erklecklich klingt. Jedenfalls heulten die Pächter und schwatzte sogar der „*London Economist*" ganz ernsthaft von „a general and substantial advance"[84] mit Bezug auf diese Hungerlöhne. Was thaten nun die Pächter? Warteten sie, bis die Landarbeiter sich in Folge dieser brillanten Zahlung so vermehrt hatten, daß ihr Lohn wieder fallen mußte, wie die Sache sich im dogmatisch ökonomischen Hirn zuträgt? Sie führten mehr Maschinerie ein, und im Umsehn waren die Arbeiter wieder „überzählig" in einem selbst den Pächtern genügenden Verhältniß. Es war jetzt „mehr Kapital" in der Agrikultur angelegt als vorher und in einer produktiveren Form. Damit fiel die Nachfrage nach Arbeit nicht nur relativ, sondern absolut.

Jene ökonomische Fiktion verwechselt die Gesetze, welche die *allgemeine Bewegung des Arbeitslohns* oder das Verhältniß zwischen Arbeiterklasse und gesellschaftlichem Gesammtkapital regeln, mit den Gesetzen, welche *die Arbeiterbevölkerung unter die besondern Produktionssphären vertheilen.* Wenn z. B. in Folge günstiger Konjunktur die Accumulation in einer bestimmten Produktionssphäre besonders lebhaft, die Profite hier größer als die Durchschnittsprofite, Zuschußkapital dahin drängt, so steigt natürlich Arbeitsnachfrage und Arbeitslohn. Der höhere Arbeitslohn zieht einen größeren Theil der Arbeiterbevölkerung in die begünstigte Sphäre, bis sie mit Arbeitskraft gesättigt ist, und der Lohn auf die Dauer wieder auf sein früheres Durchschnittsniveau oder unter dasselbe fällt, falls der Zudrang zu ¦ groß war. Hier sieht der politische Oekonom „wo und wie", mit Zunahme des Lohns eine absolute Zunahme | von Arbeitern, und mit der absoluten Zunahme der Arbeiter eine Abnahme des Lohns, aber er sieht in der That nur *die lokale Oscillation des Arbeitsmarkts* einer besondern Produktionssphäre, er sieht nur *Phänomene der Vertheilung der Arbeiterbevölkerung* in die verschiednen Anlagesphären des Kapitals, je nach seinen wechselnden Bedürfnissen.

84 *Economist,* Jan. 21, 1860.

Die industrielle Reservearmee oder relative Surpluspopulation drückt während der Perioden der Stagnation und mittleren Prosperität auf die aktive Arbeiterarmee und hält ihre Ansprüche während der Periode der Ueberproduktion und des Paroxysmus im Zaum. *Die relative Surpluspopulation ist also der Hintergrund, worauf das Gesetz der Nachfrage und Zufuhr von Arbeit sich bewegt. Sie zwängt den Spielraum dieses Gesetzes in die der Exploitationsgier und Herrschsucht des Kapitals absolut zusagenden Schranken ein.* Es ist hier der Ort auf eine der Großthaten der ökonomischen Apologetik zurückzukommen. Man erinnert sich, daß wenn durch Einführung neuer oder Ausdehnung alter Maschinerie ein Stück variables Kapital in constantes verwandelt wird, der ökonomische Apologet diese Operation, welche Kapital „bindet" und eben dadurch Arbeiter „freisetzt", umgekehrt so deutet, daß sie Kapital *für den Arbeiter* freisetzt. Erst jetzt kann man die Unverschämtheit des Apologeten vollständig würdigen. Was freigesetzt wird, sind nicht nur die unmittelbar durch die Maschine verdrängten Arbeiter, sondern ebenso ihre Ersatzmannschaft und das, bei gewohnter Ausdehnung des Geschäfts auf seiner alten Basis, regelmäßig absorbirte Zuschußkontingent. Es ist nicht altes Kapital für Arbeiter freigesetzt, aber es sind Arbeiter für etwa *„zuschüssiges"* Kapital freigesetzt. D. h. also, der Mechanismus der kapitalistischen Produktion sorgt dafür, *daß der absolute Zuwachs von Kapital von keiner entsprechenden Steigerung der allgemeinen Arbeitsnachfrage begleitet ist.* Und dieß nennt der Apologet eine Kompensation für das Elend, die Leiden und den möglichen Untergang der deplacirten Arbeiter während der Uebergangsperiode, welche sie in die industrielle Reservearmee bannt! Die Nachfrage nach Arbeit ist nicht identisch mit Wachsthum des Kapitals, die Zufuhr der Arbeiter nicht mit dem Wachsthum der Arbeiterklasse, so daß zwei von einander unabhängige Potenzen auf einander einwirken. *Les dés sont pipés.* Das Kapital agirt auf beiden Seiten zugleich. Wenn seine Accumulation einerseits die Nachfrage nach Arbeit | vermehrt, vermehrt sie andrerseits die Zufuhr von Arbeitern durch deren „Freisetzung", während zugleich der Druck der Unbeschäftigten die Beschäftigten zur Flüssigmachung von mehr Arbeit zwingt, also in gewissem Grad *die Arbeitszufuhr von der Zufuhr von Arbeitern unabhängig macht. Die Bewegung des Gesetzes der Nachfrage und Zufuhr ¦ von Arbeit auf dieser Basis vollendet die Despotie des Kapitals.* Sobald daher die Arbeiter hinter das Geheimniß kommen, wie es zugeht, daß im selben Maß, wie sie mehr arbeiten, mehr fremden Reichthum produciren, und die Produktivkraft ihrer Arbeit wächst, sogar ihre Funktion als Verwerthungsmittel des Kapitals immer prekärer für sie wird; sobald sie entdecken, daß der Intensitätsgrad der Konkurrenz unter ihnen selbst ganz und gar von dem Druck der relativen Surpluspopulation abhängt; sobald sie daher durch Trade's Unions u. s. w. eine planmäßige Zusammenwirkung zwischen den Beschäftigten und Unbeschäftigten zu organisiren suchen, um die ruinirenden Folgen jenes *Naturgesetzes der kapitalistischen Produktion* auf ihre Klasse zu brechen oder zu schwächen, zetert das Kapital, und sein Sykophant, der politische Oekonom, über Verletzung des „ewigen" und so zu sagen „heiligen" Gesetzes der Nachfrage und Zufuhr. Jeder Zusammenhalt zwischen den Beschäftigten und Unbeschäftigten stört nämlich das „reine" Spiel jenes Gesetzes. Sobald andrerseits, in den *Kolonieen* z. B., widrige Umstände *die Schöpfung der industriellen Reservearmee*, und mit ihr *die absolute Abhängigkeit* der Arbeiterklasse von der Kapitalistenklasse, *verhindern*, rebellirt das Kapital, sammt seinem gemeinplätzlichen Sancho Pansa, gegen das „heilige" Gesetz der Nachfrage und Zufuhr, und *sucht ihm durch Zwangsmittel unter die Arme zu greifen.*

Die relative Surpluspopulation existirt in allen möglichen Schattirungen. Jeder Arbeiter gehört dazu während der Zeit, wo er halb oder gar nicht beschäftigt ist. Ohne hier auf Details einzugehn, genügen einige allgemeine Andeutungen. Abgesehn von den *periodischen* Formverschiedenheiten der Surpluspopulation in dem *Phasenwechsel des industriellen Cyklus*, wo sie *bald* akut in den Krisen erscheint, *bald* chronisch in der Periode der Stagnation, besitzt sie fortwährend drei Formen, die *flüssige*, die *latente* und die *stagnante.*

Man hat gesehn, wie die *Fabrikarbeiter* bald repellirt, bald in größerem Umfang wieder attrahirt werden, so daß im Großen und Ganzen die Zahl der beschäftigten Arbeiter zunimmt, wenn auch in stets abnehmendem | Verhältniß zur Produktionsleiter. Die Surpluspopulation existirt hier in *fließender* Form. Wir machen nur auf zwei Umstände aufmerksam. Sowohl in den eigentlichen Fabriken, wie in allen großen Werkstätten, worin die Maschinerie als Faktor eingeht oder auch nur die moderne Theilung der Arbeit durchgeführt ist, werden männliche Arbeiter bis zur Zurücklegung des Jugendalters in Massen verbraucht, wovon später nur sehr geringe Proportion in demselben Zweig verwendbar bleibt, daher beständig große Anzahl herausgeworfen wird.

Sie bilden ein Element der fließenden Surpluspopulation, das mit dem Umfang der Industrie wächst. Ein Theil davon emigrirt und reist in der That nur dem emigrirenden Kapital nach. Eine der ¦ Folgen ist, daß die weibliche Bevölkerung rascher wächst als die männliche, teste England. Der Widerspruch, daß der natürliche Zuwachs der Arbeiterbevölkerung den Accumulationsbedürfnissen des Kapitals *nicht genügt*, und andrerseits *zu groß* für seine Absorption ist, ist ein Widerspruch seiner Bewegung selbst. Es braucht größere Massen davon im früheren Alter, weniger im männlichen. Der Widerspruch ist nicht größer als der andre, daß während Arbeiter zu vielen Tausenden auf dem Pflaster liegen, weil die Theilung der Arbeit sie an einen bestimmten Geschäftszweig kettet, gleichzeitig über *Mangel an Händen* geklagt wird[85]. Bei dem raschen Konsum der Arbeitskraft durch das Kapital ist der Arbeiter von mittlerem Alter meist schon überlebt. Er fällt in die Reihen der Surpluspopulation oder rückt von einer höhern Staffel auf eine niedrigere, während das Kapital seinen Platz durch frischere Arbeitskraft ersetzt. *Das absolute Wachsthum der Arbeiterklasse* erheischt so eine Form, welche ihre Zahl schwellt, obgleich ihre Elemente sich rasch abnutzen. Es ist daher *rasche Ablösung der Arbeitergenerationen* nöthig. (Dasselbe Gesetz gilt nicht für die übrigen Klassen der Bevölkerung.) Dieß wird erreicht durch frühe Ehen, nothwendige Folge der Verhältnisse, worin die Arbeiter der großen Industrie leben, und durch die Prämie, welche die Exploitation der Arbeiterkinder auf ihre Produktion setzt. |

Sobald sich die kapitalistische Produktion der *Agrikultur* oder im Grad, worin sie sich derselben bemächtigt hat, nimmt *mit der Accumulation des hier funktionirenden Kapitals die Nachfrage für die ländliche Arbeiterbevölkerung absolut ab*, ohne daß ihre Repulsion, wie in der nicht agrikolen Industrie, durch größere Attraktion ergänzt wäre. Ein Theil der Landbevölkerung befindet sich daher fortwährend *im Uebergang zur Metamorphose in städtische oder Manufakturbevölke-*

85 Während im letzten Halbjahr von 1866 80–90 000 Arbeiter in London außer Arbeit geworfen wurden, heißt es im Fabrikbericht über dasselbe Halbjahr: "It does not appear absolutely true to say that demand will always produce supply just at the moment when it is needed. It has not done it with labour, for much machinery has been idle last year for want of hands." („*Reports of Insp. of Fact. for 31. Oct. 1866*", *Lond.* 1867, p. 81.)

rung. (Manufaktur hier im Sinn aller nicht-agrikolen Industrie[86].) Diese Quelle der relativen Surpluspopulation *fließt also beständig.* Aber ihr beständiger Fluß setzt *auf dem Lande selbst* eine fortwährend *latente* Surpluspopulation voraus, deren ¦ Umfang nur sichtbar wird, sobald sich die Abzugskanäle ausnahmsweise weit öffnen. Der Landarbeiter wird daher auf das Minimum des Salairs herabgedrückt und steht mit einem Fuß stets im Sumpf des Pauperismus.

Die *stagnante* Surpluspopulation bildet einen Theil der *aktiven* Arbeiterarmee, aber mit durchaus unregelmäßiger Beschäftigung, so daß das Kapital hier stets eine außerordentliche Masse latenter Arbeitskraft zur Verfügung hat. Ihre Lebenslage sinkt unter das durchschnittliche Normalniveau der arbeitenden Klasse und grade dieß macht sie zur breiten Grundlage eigner Exploitationszweige des Kapitals. Maximum der Arbeitszeit und Minimum des Salairs charakterisiren sie. Wir haben unter der Rubrik der Hausarbeit ihre Hauptgestalt bereits kennen gelernt. Sie rekrutirt sich fortwährend aus den Ueberzähligen der großen Industrie und Agrikultur, und namentlich auch in untergehenden Industriezweigen, wo der Handwerksbetrieb dem Manufakturbetrieb, letztrer dem Maschinenbetrieb erliegt. Ihr Umfang dehnt sich, wie mit Umfang und Energie der Accu|mulation die „Ueberzähligmachung" fortschreitet. Aber sie bildet zugleich ein sich selbst reproducirendes und verewigendes Element der Arbeiterklasse, das verhältnißmäßig größeren Antheil am Gesammtwachsthum derselben nimmt als die übrigen Elemente. *In der That steht nicht nur die Masse der Geburten und Todesfälle, sondern die absolute Größe der Familien in umgekehrtem Verhältniß zur Höhe des Arbeitslohns, also zur Masse der Lebensmittel, worüber die verschiednen Arbeiterkategorieen verfügen.* Dieß *Gesetz der kapitalistischen Gesellschaft* klänge unsinnig unter Wilden, oder selbst

86 „781 Städte sind aufgezählt im Census von 1861 für England und Wales, mit 10 960 998 Einwohnern, während die Dörfer und Landkirchspiele nur 9 105 226 zählen … Im Jahr 1851 figurirten 580 Städte im Census, deren Bevölkerung ungefähr gleich der Bevölkerung der sie umgebenden Landdistrikte war. Während aber in den letzteren die Bevölkerung während der folgenden 10 Jahre nur um eine halbe Million wuchs, wuchs sie in den 580 Städten um 1 554 067. Der Bevölkerungszuwachs in den Landkirchspielen ist 6,5 %, in den Städten 17,3 %. Der Unterschied in der Rate des Wachsthums ist der *Wanderung vom Land in die Stadt* geschuldet. Drei Viertel des Gesammtwachsthums der Bevölkerung gehört den Städten." („Census etc.", v. III, p. 11, 12.)

civilisirten Kolonisten. Es erinnert an die massenhafte Reproduktion individuell schwacher und vielgehetzter Thierarten[87].

Der tiefste Niederschlag der relativen Surpluspopulation endlich bildet die Sphäre des *Pauperismus*. Sie besteht – wir sehn hier ab von Vagabunden, Verbrechern, Prostituirten, kurz dem eigentlichen *Lumpenproletariat* – aus drei Kategorieen: *erstens, Arbeitsfähige*. Man braucht die Statistik des englischen Pauperismus nur oberflächlich anzusehn und man findet, daß seine Masse mit jeder Krise schwillt und mit jeder Wiederbelebung des Geschäfts abnimmt. *Zweitens:* Waisen- und Pauperkinder. Sie sind Kandidaten der industriellen Reservearmee und werden in Zeiten großer Prosperität, wie 1860 z. B., rasch und massenhaft in die aktive Arbeiterarmee ein¦rollirt. *Drittens:* Verkommene, Verlumpte, Arbeitsunfähige. Es sind namentlich Arbeiter, die an ihrer durch die Theilung der Arbeit verursachten Unbeweglichkeit untergehn, solche, die über das Normalalter eines Arbeiters hinausleben, endlich die Opfer der Industrie, deren Zahl mit gefährlicher Maschinerie, Bergwerksbau, chemischen Fabriken u. s. w. wächst, Verstümmelte, Verkrankte, Wittwen u. s. w. Der Pauperismus bildet das Invalidenhaus der aktiven | Arbeiterarmee und das todte Gewicht der industriellen Reservearmee. Seine Produktion ist eingeschlossen in der Produktion der Surpluspopulation, seine Nothwendigkeit in ihrer Nothwendigkeit, mit ihr bildet er eine Existenzbedingung der kapitalistischen Produktion und Entwicklung des Reichthums. Er gehört zu den faux frais der kapitalistischen Produktion, die das Kapital jedoch großentheils von sich selbst ab auf die Schultern der Arbeiterklasse und der kleinen Mittelklasse zu wälzen weiß.

Je größer der gesellschaftliche Reichthum, das funktionirende Kapital, Umfang und Energie seines Wachsthums, *also auch die absolute Größe der Arbeiterbevölkerung und die Produktivkraft ihrer Arbeit*, desto

[87] "Poverty seems favourable to generation." *(A. Smith.)* Dieß ist sogar eine besonders weise Einrichtung Gottes nach dem galanten und geistreichen Abbé *Galiani:* «Iddio fa che gli uomini che esercitano mestieri di prima utilità nascono abbondantemente.» (*Galiani* l. c. p. 78.) "*Misery*, up to the extreme point of famine and pestilence, *instead of checking, tends to increase population*." (*S. Laing: „National Distress.* 1844", p. 69.) Nachdem Laing dieß statistisch illustrirt, fährt er fort: „Befände sich alle Welt in bequemen Umständen, so wäre die Welt bald entvölkert." ("If the people were all in easy circumstances, the world would soon be depopulated.")

größer die relative Surpluspopulation oder industrielle Reservearmee. Die *disponible Arbeitskraft* wird *durch dieselben Ursachen* entwickelt, wie die *Expansivkraft des Kapitals.* Die verhältnißmäßige Größe der industriellen Reservearmee wächst also mit den Potenzen des Reichthums. Je größer aber diese Reservearmee im Verhältniß zur aktiven Arbeiterarmee, desto massenhafter *die konsolidirte* Surpluspopulation oder die Arbeiterschichten, deren Elend im umgekehrten Verhältniß zu ihrer Arbeitsqual steht. Je größer endlich die Lazarusschichte der Arbeiterklasse und die industrielle Reservearmee, desto größer der officielle Pauperismus. Dieß ist *das absolute, allgemeine Gesetz der kapitalistischen Accumulation.* Es wird gleich allen allgemeinen Gesetzen in seiner Verwirklichung durch mannigfache Umstände modificirt, deren Analyse nicht hierher gehört.

Man begreift die Narrheit der ökonomischen Weisheit, die den Arbeitern predigt, *ihre Zahl den Verwerthungsbedürfnissen des Kapitals anzupassen.* Der Mechanismus der kapitalistischen Produktion und Accumulation paßt sie beständig diesen Verwerthungsbedürfnissen an. Erstes Wort dieser Anpassung ist die Schöpfung einer relativen Surpluspopulation oder industriellen Reservearmee, letztes Wort das Elend stets wachsender Schichten der aktiven Arbeiterarmee und das todte Gewicht des Pauperismus.

Das Gesetz, daß die Entwicklung der gesellschaftlichen Produktivkraft der Arbeit die Masse der zu verausgabenden Arbeitskraft im Verhältniß zur Wirkung und Masse ihrer Produktionsmittel progressiv senkt, drückt sich auf *kapitalistischer* Grundlage, wo nicht der Arbeiter die Arbeitsmittel, sondern die Arbeitsmittel den Arbeiter anwenden, darin aus, daß *je höher ¦ die Produktivkraft der Arbeit, desto grö | ßer der Druck der Arbeiter auf ihre Beschäftigungsmittel* und desto prekärer die Existenzbedingung des Lohnarbeiters, *Verkauf seiner Arbeitskraft* zur Vermehrung des fremden Reichthums oder Selbstverwerthung des Kapitals. *Rascheres Wachsthum der Produktionsmittel und der Produktivkraft der Arbeit als der produktiven Bevölkerung drückt sich kapitalistisch* umgekehrt darin aus, *daß die Arbeiterbevölkerung stets rascher wächst als das Verwerthungsbedürfniß des Kapitals.*

Es zeigte sich im vierten Kapitel bei Analyse der Produktion des relativen Mehrwerths, daß alle Methoden zur Steigerung der gesellschaftlichen Produktivkraft der Arbeit *in der kapitalistischen Form* sich auf Kosten des individuellen Arbeiters entwickeln, daß alle Mittel zur Bereicherung der Produktion in Beherrschungs- und Exploitationsmittel des Producenten umschlagen, daß sie den Arbeiter in einen Theilmenschen verstümmeln, ihn zum Anhängsel der Maschine entwürdigen, mit der Qual der Arbeit ihren Inhalt vernichten, ihm die geistigen Potenzen des Arbeitsprozesses entfremden, im selben Maße, worin derselbe sich die Wissenschaft als selbstständige Potenz einverleibt, die Bedingungen, innerhalb deren er arbeitet, beständig anormaler machen, ihn während des Arbeitsprozesses der kleinlichst gehässigen Despotie unterwerfen, seine Lebenszeit in Arbeitszeit verwandeln, sein Weib und Kind unter das Juggernautrad des Kapitals schleudern. Aber alle Methoden zur Produktion des Mehrwerths sind zugleich Methoden der Accumulation und jede Ausdehnung der Accumulation wird umgekehrt Mittel zur Entwicklung jener Methoden. Es folgt daher, daß im Maße wie Kapital accumulirt, die Lage des Arbeiters, *welches immer seine Zahlung*, sich verschlechtert. Das Gesetz endlich, welches die *relative Surpluspopulation* oder *industrielle Reservearmee stets mit Umfang und Energie der Accumulation in Gleichgewicht hält*, schmiedet den Arbeiter fester an das Kapital als den Prometheus die Keile des Hephästos an den Felsen. Es bedingt eine der *Accumulation von Kapital* entsprechende *Accumulation von Elend*. Die Accumulation von Reichthum auf dem einen Pol ist also zugleich Accumulation von Elend, Arbeitsqual, Sklaverei, Unwissenheit, Brutalisirung und moralischer Degradation auf dem Gegenpol, d. h. auf Seite der Klasse, die *ihr eignes Produkt als Kapital producirt.* |

Dieser *antagonistische Charakter der kapitalistischen Accumulation*[88] ist in verschiedenen Formen von politischen Oekonomen ausgesprochen, obgleich sie zum Theil zwar analoge, aber dennoch wesentlich ver¦schiedene Erscheinungen *vorkapitalistischer* Produktionsweisen damit zusammenwerfen.

[88] «De jour en jour il devient donc plus clair que les rapports de production dans lesquels se meut la bourgeoisie n'ont pas un caractère un, un caractère simple, mais un caractère de duplicité; que dans les mêmes rapports dans lesquels se produit la richesse, la misère se produit aussi; que dans les mêmes rapports dans lesquels il y a développement des forces productives, il y a une force productive de répression; que ces rapports ne produisent la *richesse bourgeoise*, c'est à dire la richesse de la classe bourgeoise, qu'en anéantissant continuellement la richesse des membres intégrants de cette classe et en produisant un prolétariat toujours croissant.» (*Karl Marx: „Misère de la Philosophie“*, p. 116.)

Der venetianische Mönch *Ortes*, einer der großen ökonomischen Schriftsteller des 18. Jahrhunderts, faßt den *Antagonismus der kapitalistischen Produktion* als *allgemeines Naturgesetz des gesellschaftlichen Reichthums*. „Das ökonomisch Gute und ökonomisch Böse halten sich in einer Nation stets das Gleichgewicht („il bene ed il male economico in una nazione sempre all' istessa misura"), die Fülle der Güter für Einige ist immer gleich dem Mangel derselben für Andre („la copia dei beni in alcuni sempre eguale alla mancanza di essi in altri"). Großer Reichthum in Einigen ist stets begleitet von absoluter Beraubung des Nothwendigen in viel mehr andern"[89]. Der Reichthum einer Nation entspricht ihrer Bevölkerung und ihr Elend entspricht ihrem Reichthum. Die Arbeitsamkeit in Einigen erzwingt den Müßiggang in Andern. Die Armen und Müßigen sind eine nothwendige Frucht der Reichen und Thätigen u. s. w. In ganz grober Weise verherrlichte ungefähr 10 Jahre *nach* Ortes der hochkirchliche protestantische Pfaffe *Townsend* die Armuth als nothwendige Bedingung des Reichthums. „*Gesetzlicher Zwang zur Arbeit* ist verbunden mit zu viel Mühe, Gewaltsamkeit und Geräusch, während der *Hunger* nicht nur ein friedlicher, schweigsamer, unaufhörlicher Druck, sondern als natürlich|stes Motiv zur Industrie und Arbeit die machtvollste Anstrengung hervorruft." Alles kömmt also darauf an, den Hunger unter der Arbeiterklasse permanent zu machen, und dafür sorgt, nach Townsend, das Bevölkerungsprincip, das besonders unter den Armen thätig ist. „Es scheint *ein Naturgesetz*, daß die Armen zu einem gewissen Grad leichtsinnig (improvident) sind (nämlich so leichtsinnig auf die Welt zu kommen ohne goldne Löffel im Mund), so daß stets *welche da sind* („that there always may be some") zur Erfüllung der servilsten, schmutzigsten und gemeinsten Funktionen des Gemeinwesens. Der Fonds von menschlichem Glück („the fonds of human happiness") wird dadurch sehr vermehrt, die Delikateren („the more delicate") sind von der Plackerei befreit und können höherem Beruf u. s. w. ungestört nachgehn … Das Armengesetz hat die Tendenz, die Harmonie und Schönheit, die Symmetrie und Ordnung *dieses Systems*, welches *Gott und die Natur* in der Welt errichtet haben,

89 *G. Ortes: „Della Economia Nazionale, libri sei* 1774", bei *Custodi, Parte Moderna.* t. XXI, p. 9, 24, 25. Ortes sagt l. c. p. 32: «In luogo di progettar sistemi inutili per la felicità de' popoli, mi limiterò a investigare la ragione della loro infelicità.»

zu zerstören"[90]. „*Der Fortschritt des gesellschaftlichen Reichthums*", sagt *Storch*, ¦ „erzeugt *jene nützliche Klasse der Gesellschaft* … welche die langweiligsten, gemeinsten und ekelhaftesten Beschäftigungen ausübt, in einem Wort *alles*, was das Leben unangenehmes und knechtendes hat, auf ihre Schultern nimmt und eben dadurch *den andern Klassen* die Zeit, die Heiterkeit des Geistes und die *konventionelle* (c'est bon!) *Charakterwürde* verschafft etc."[91]. Storch fragt sich, welches denn eigentlich der Vorzug | dieser kapitalistischen Civilisation mit ihrem Elend und ihrer Degradation der Massen vor der Barbarei? Er findet nur eine Antwort – *die Sicherheit!* „Durch den Fortschritt der Industrie und Wissenschaft", sagt *Sismondi*, „kann jeder Arbeiter jeden Tag viel mehr produciren als er zu seinem Konsum braucht. Aber zu gleicher Zeit, während seine Arbeit den Reichthum producirt, würde der Reichthum, wäre er berufen ihn selbst zu konsumiren, ihn wenig geeignet zur Arbeit machen"[92]. „Die armen Nationen", sagt *Destutt de Tracy*, „sind die, wo das Volk gut dran ist, und die reichen Nationen sind die, wo es gewöhnlich arm ist"[93].

Keine Periode der modernen Gesellschaft ist so günstig für das Studium der kapitalistischen Accumulation als die Periode der letztverflossenen 20 Jahre. Es ist als ob sie den Fortunatussäckel gefunden hätte. Von allen Ländern aber bietet England wieder das klassische Beispiel, weil es den ersten Rang auf dem Weltmarkt behauptet, die kapitalistische Produktionsweise hier allein völlig entwickelt ist, und

90 „*A Dissertation on the Poor Laws. By a Wellwisher of Mankind. (The Rev. Mr. J. Townsend.)* 1786", republished *Lond.* 1817, p. 15, 39, 41. Dieser „delikate" Pfaffe, dessen eben angeführte Schrift, nebst seiner Reise durch Spanien, Malthus oft Seiten lang abschreibt, entlehnte den größten Theil seiner Doktrin aus *Sir J. Steuart*, den er jedoch verdreht. Z. B. wenn Steuart sagt: „Hier, in der Sklaverei, existirte eine *gewaltsame Methode* die Menschheit arbeitsam (für die Nichtarbeiter) zu machen … Die Menschen wurden damals zur Arbeit (d. h. zur Gratisarbeit für Andere) gezwungen, weil sie *Sklaven von andern* waren; die Menschen sind jetzt zur Arbeit (d. h. zur Gratisarbeit für Nichtarbeiter) gezwungen, weil sie *die Sklaven ihrer eignen Bedürfnisse sind*", so schließt er deßwegen nicht, wie der fette Pfründner, daß – die Lohnarbeiter stets am Hungertuch nagen sollen. Er will umgekehrt ihre Bedürfnisse vermehren und die wachsende Zahl ihrer Bedürfnisse zugleich zum Sporn ihrer Arbeit für „die Delikateren" machen.

91 *Storch* l. c. t. III, p. 223.

92 *Sismondi* l. c. t. I, p. 85.

93 *Destutt de Tracy* l. c. p. 231: «Les nations pauvres, c'est là où le peuple est à son aise; et les nations riches, c'est là où il est ordinairement pauvre.»

endlich die Einführung des tausendjährigen Reichs des Freihandels seit 1846 der Vulgärökonomie den letzten Schlupfwinkel abgeschnitten hat. Der titanische Fortschritt der Produktion, so daß die letzte Hälfte der zwanzigjährigen Periode die erste wieder weit überflügelt, ward bereits im vierten Kapitel hinreichend angedeutet.

Obgleich das absolute Wachsthum der englischen Bevölkerung im letzten halben Jahrhundert sehr groß war, *fiel das verhältnißmäßige Wachsthum oder die Rate des Zuwachses fortwährend*, wie folgende dem officiellen Census entlehnte Tabelle zeigt: ¦

Jährlicher procentmäßiger Zuwachs der Bevölkerung von England und Wales in Decimalzahlen.

1811–1821	1,533
1821–1831	1,446
1831–1841	1,326
1841–1851	1,216
1851–1861	1,141. |

Betrachten wir nun andrerseits *das Wachsthum des Reichthums*. Den sichersten Anhaltspunkt bietet hier die Bewegung der der Einkommensteuer unterworfenen Profite, Grundrenten u. s. w. Der Zuwachs der steuerpflichtigen *Profite* (Pächter und einige andre Rubriken *nicht* eingeschlossen) betrug für Großbritannien von 1853–1864 50,47 % (oder 4,58 % im jährlichen Durchschnitt)[94], der der *Bevölkerung während derselben Periode* ungefähr 12 %. Die Zunahme der besteuerbaren Renten von Land (Häuser, Eisenbahnen, Minen, Fischereien u. s. w. eingeschlossen) betrug von 1853–1864 38 %, oder 3 5/12 % jährlich, woran folgende Rubriken den stärksten Antheil nahmen:

		Ueberschuß des jährlichen Einkommens von 1864 über 1853.	*Zunahme per Jahr.*
Von	Häusern:	38,60 %	3,50 %
"	Steinbrüchen:	84,76 %	7,70 %
"	Minen:	68,85 %	6,26 %
"	Eisenhütten:	39,92 %	3,63 %
"	Fischereien:	57,37 %	5,21 %
"	Gaswerken:	126,02 %	11,45 %
"	Eisenbahnen:	83,29 %	7,57 %[95].

94 „*Tenth Report of the Commissioners of H. M.'s Inland Revenue. Lond.* 1866", p. 38.

95 l. c.

Vergleicht man je vier Jahre der Periode von 1853–1864, so wächst der *Zunahmegrad* der Einkommen fortwährend. Er ist z. B. für die *aus Profit* stammenden von 1853–1857 jährlich 1,73 %, 1857–1861 jährlich 2,74 % und 9,30 % jährlich für 1861–1864. Die Gesammtsumme der der Einkommensteuer unterworfenen Einkommen des Vereinigten Königreichs betrug 1856: 307 068 898 Pfd. St., 1859: 328 127 416 Pfd. St., 1862: 351 745 241 Pfd. St., 1863: 359 142 897 Pfd. St., 1864: 362 462 279 Pfd. St., 1865: 385 530 020 Pfd. St.[96]. ¦ |

Die *Accumulation des Kapitals* war zugleich von seiner *Koncentration* begleitet. Obgleich keine officielle Agrikulturstatistik für England (wohl aber für Irland) existirt, wurde sie von 10 Grafschaften freiwillig geliefert. Sie ergab hier das Resultat, daß von 1851 bis 1861 die Pachten unter 100 Acres von 31 583 auf 26 567 vermindert, also 5016 mit größeren Pachten zusammengeschlagen waren[97]. Von 1815 bis 1825 fiel kein Mobiliarvermögen *über 1 Million Pfd. St.* unter die Erbschaftssteuer, von 1825 bis 1855 dagegen 8, von 1855 bis Juni 1859, d. h. in 4½ Jahren, 4[98]. Die Koncentration wird man jedoch am besten ersehn aus einer kurzen Analyse der Einkommensteuer für Rubrik D (*Profite* mit Ausschluß von Pächtern u. s. w.) in den Jahren 1864 und 1865. Ich bemerke vorher, daß Einkommen aus dieser Quelle bis zu 60 Pfd. St. hinab Income Tax zahlen. Diese steuerpflichtigen Einkommen betrugen in England, Wales und Schottland 1864: 95 844 222 Pfd. St. und 1865: 105 435 787 Pfd. St.[99], die Zahl der Besteuerten 1864: 308 416 Personen auf eine Gesammtbevölkerung von 23 891 009, 1865: 332 431 Personen auf Gesammtbevölkerung

96 Diese Zahlen sind hinreichend für die Vergleichung, aber, absolut betrachtet, falsch, da vielleicht 100 Millionen Pfd. St. Einkommen jährlich „verschwiegen" werden. Die Klage der Commissioners of the Inland Revenue über systematischen Betrug, namentlich von kommercieller und industrieller Seite, wiederholt sich in jedem ihrer Berichte. So heißt es z. B.: „Eine Aktiengesellschaft gab ihre besteuerbaren Profite auf 6000 Pfd. St. an, der Taxator veranschlagte sie zu 88 000 Pfd. St., und für diese Summe ward schließlich die Steuer gezahlt. Eine andre Kompagnie gab 190 000 Pfd. St. an, sie ward gezwungen zu gestehn, daß der wirkliche Betrag 250 000 Pfd. St." (l. c. p. 42.)

97 *Census* etc. l. c. p. 29. Bright's Behauptung, daß 150 Landlords die Hälfte des englischen und 12 die Hälfte des schottischen Bodens eignen, ist nicht widerlegt worden.

98 „*Fourth Report* etc. *of Inland Revenue. Lond.* 1860", p. 17.

99 Es sind dieß die Reineinkommen, also nach gewissen gesetzlich gültigen Abzügen.

von 24 127 003. Ueber die Vertheilung dieser Einkommen in beiden Jahren folgende Tabelle:

	Jahr endend 5. April 1864.			Jahr endend 5. April 1865.		
	Einkommen von Profit		Personen	Einkommen von Profit		Personen
Gesammt-einkommen:	Pfd. St.	95 844 222	308 416	Pfd. St.	105 435 738	332 431
Davon:	Pfd. St.	57 028 290	23 334	Pfd. St.	64 554 297	24 075
Davon:	Pfd. St.	36 415 225	3 619	Pfd. St.	42 535 576	4 021
Davon:	Pfd. St.	22 809 781	822	Pfd. St.	27 555 313	973
Davon:	Pfd. St.	8 744 762	91	Pfd. St.	11 077 238	107 |

Es wurden im Vereinigten Königreich *1855* producirt 61 453 079 Tonnen *Kohlen* zum Werth von 16 113 267 Pfd. St., *1864*: 92 787 873 Tonnen zum Werth von 23 197 968 Pfd. St., *1855*: 3 218 154 Tonnen Roheisen zum Werth von 8 045 385 Pfd. St., *1864*: 4 767 951 Tonnen zum Werth von 11 919 877 Pfd. St. *1854* betrug die Länge der im Vereinigten Königreich eröffneten Eisenbahnen 8054 Meilen, mit aufgezahltem Kapital von 286 068 794 Pfd. St., *1864* die Meilenlänge 12 789 mit aufgezahltem Kapital von 425 719 613 Pfd. St. *1854* betrug Gesammtexport und Import des Vereinigten Königreichs 268 210 145 Pfd. St., *1865*: 489 923 285. Folgende Tabelle zeigt die Bewegung des Exports: ¦

1846		58 842 377	Pfd.	St.
1849		63 596 052	"	"
1856		115 826 948	"	"
1860		135 842 817	"	"
1865		165 862 402	"	"
1866	ungefähr	190 000 000	"	" [100].

Man begreift, nach diesen wenigen Angaben, den Triumphschrei des *Generalregistrators* des brit. Volks: *„Rasch wie die Bevölkerung anwuchs, hat sie nicht Schritt gehalten mit dem Fortschritt der Industrie und des Reichthums"* [101] Wenden wir uns jetzt zu den unmittelbaren Agenten dieser Industrie oder den Producenten dieses Reichthums, zur

[100] In diesem Augenblick, März 1867, ist der indisch-chinesische Markt durch die Konsignationen der britischen Baumwollfabrikanten schon wieder völlig überführt. Lohnherabsetzung um 5 % begann unter den Baumwollarbeitern 1866, jetzt in Folge ähnlicher Operation Strike von 20 000 Mann in Preston.

[101] *Census* etc. l. c. p. 11.

Arbeiterklasse. „Es ist einer der melancholischsten Charakterzüge im socialen Zustand des Landes", sagt *Gladstone,* „daß mit einer Abnahme in der Konsumtionsmacht des Volks und einer Zunahme in den Entbehrungen und dem Elend der arbeitenden Klasse, gleichzeitig eine beständige Accumulation von Reichthum in den höheren Klassen und ein beständiger Anwachs von Kapital stattfinden"[102]. Der berühmte Mini|ster erklärte dieß dem Hause der Gemeinen am 13. Februar 1843. Am 16. April 1863, zwanzig Jahre später, in der Rede, worin er sein Budget vorlegt: „Von 1842 bis 1852 wuchs das besteuerbare Einkommen dieses Landes um 6 % … In den 8 Jahren von 1853 bis 1861 wuchs es, wenn wir von der Basis von 1853 ausgehn, um 20 %. Die Thatsache ist so erstaunlich, daß sie beinahe unglaublich ist … Diese *berauschende Vermehrung von Reichthum und Macht* ist ganz und gar auf die *Klassen des Eigenthums beschränkt,* aber … aber, sie muß von *indirektem Vortheil* für die Arbeiterbevölkerung sein, weil sie die Artikel der allgemeinen Konsumtion *verwohlfeilert* – während die Reichen reicher, sind die Armen jedenfalls weniger arm geworden. *Daß die Extreme der Armuth sich vermindert haben,* wage ich nicht zu sagen"[103]. Welch lahmer Anti¦klimax. Wenn die Arbeiterklasse „arm" geblieben ist, nur „weniger arm" im Verhältniß, worin sie eine „berauschende Vermehrung von Reichthum und Macht" für die Klasse des Eigenthums producirte, so ist sie relativ gleich arm geblieben. Wenn die *Extreme der Armuth* sich nicht vermindert haben, haben sie sich vermehrt, weil die Extreme des Reichthums. Was die *Verwohlfeilerung* der Lebensmittel

102 *Gladstone* im Hause der Gemeinen, 13. Febr. 1843: "It is one of the most melancholy features in the social state of the country, that while there was a decrease in the consuming power of the people, and an increase in the privations and distress of the labouring class and operatives, there was at the same time a constant accumulation of wealth in the upper classes and a constant increase of capital."

103 "From 1842 to 1852 the taxable income of the country increased by 6 per cent … In the 8 years from 1853 to 1861, it had increased from the basis taken in 1853, 20 per cent! The fact is so astonishing as to be almost incredible … This intoxicating augmentation of wealth and power is entirely confined to classes of property, but must be of indirect benefit it to the labouring population, because it cheapens the commodities of general consumption – while the rich have been growing richer the poor have been growing less poor! at any rate, whether the extremes of poverty are less, I do not presume to say." *Gladstone* im *H. o. C. 16. April 1863.*

betrifft, so zeigt die officielle Statistik, z. B. die Angaben des *London Orphan Asylum*, eine *Vertheurung von 20 %* für den Durchschnitt der drei Jahre von 1860–1862, verglichen mit 1851–1853. In den folgenden 3 Jahren 1863–1865 progressive Vertheurung von Fleisch, Butter, Milch, Zucker, | Salz, Kohlen und einer Masse andrer nothwendiger Lebensmittel[104]. Gladstone's folgende Budgetrede, vom 7. April 1864, ist ein pindarischer Dithyrambus auf den Fortschritt der Plusmacherei und das durch „Armuth" gemäßigte Glück des Volks. Er spricht von Massen „am Rand des Pauperismus", von den Geschäftszweigen, „worin der Lohn *nicht* gestiegen", und faßt schließlich das Glück der Arbeiterklasse zusammen in den Worten: „das menschliche Leben ist in neun Fällen von 10 ein bloßer Kampf um die Existenz"[105]. Professor *Fawcett*, nicht wie Gladstone durch officielle Rücksicht gebunden, erklärt rund heraus: „Ich läugne natürlich nicht, daß der Geldlohn mit dieser Vermehrung des Kapitals (in den letzten Decennien) gestiegen ist, aber dieser scheinbare Vortheil geht in großem Umfang wieder verloren, weil viele Lebensnothwendigkeiten beständig theurer werden (er glaubt, wegen Werthfall der edlen Metalle) … Die Reichen werden rasch reicher („the rich grow rapidly richer"), während keine Zunahme im Komfort der arbeitenden Klassen wahrnehmbar ist … Die Arbeiter werden fast Sklaven der Krämer, deren Schuldner sie sind"[106].

104 Sieh die officiellen Angaben in dem Blaubuch: „*Miscellaneous Statistics of the Un. Kingdom. Part VI. Lond.* 1866", p. 260–273 passim.

105 "Think of those who are on the border of that region (pauperism)", "wages … in others not increased … human life is but, in nine cases out of ten, a struggle for existence." *(Gladstone, H. o. C. 7. April 1864.)* Die fortlaufenden, schreienden Widersprüche in Gladstone's Budgetreden von 1863 und 1864 charakterisirt ein englischer Schriftsteller durch folgendes Citat aus Boileau:

«Voilà l'homme en effet. Il va du blanc au noir.
Il condamne au matin ses sentimens du soir.
Importun à tout autre, à soi même incommode,
Il change à tous momens d'esprit comme de mode.»
(„*The Theory of Exchanges etc. Lond.* 1864", p. 135.)

106 *H. Fawcett* l. c. p. 67, 82. Was die wachsende Abhängigkeit der Arbeiter von dem Krämer betrifft, so ist sie Folge der zunehmenden Schwankungen und Unterbrechungen ihrer Beschäftigung.

Der Leser hat in den Abschnitten über den „Arbeitstag" und die „Maschinerie" die Bedingungen kennen gelernt, unter welchen die britische Arbeiterklasse während der letzten Decennien die „berauschende Ver¦mehrung von Reichthum und Macht" für die Klassen des Eigenthums pro|ducirt hat. Jedoch beschäftigte uns damals vorzugsweise der Arbeiter *innerhalb* des Produktionsprozesses selbst. Zur gründlichen Einsicht in das Gesetz der kapitalistischen Accumulation ist es nöthig einen Augenblick bei der Lage des Arbeiters *außerhalb* jenes Prozesses, bei seinen Nahrungs- und Wohnungszuständen zu verweilen. Die Grenze dieses Buchs gebietet mir hier namentlich den schlechtbezahlten Theil der industriellen Arbeiter und den Agrikulturarbeiter ins Auge zu fassen, welche zusammen die Majorität der Arbeiterklasse bilden[107].

Vorher noch ein Wort über den *officiellen Pauperismus*, d. h. den Theil der Arbeiterklasse, der seine Existenzbedingung, Verkauf der Arbeitskraft, eingebüßt hat und von öffentlichem Almosen vegetirt. Die officielle Pauperliste zählte in England[108] *1855*: 851 369 Personen, *1856*: 877 767, *1865*: 971 433. In Folge der Baumwollnoth schwoll sie in den Jahren *1863* und *1864* zu 1 079 382 und 1 014 978. Die Krise von 1866, die London am schwersten traf, schuf in diesem Sitz des Weltmarkts, einwohnerreicher als das Königreich Schottland, für *1866* einen Pauperzuwachs um 19,5 %, verglichen mit *1865*, und um 24,4 %, verglichen mit *1864*, einen noch größern Zuwachs für die ersten Monate von *1867*, verglichen mit 1866. Bei Analyse der Pauperstatistik sind zwei Punkte hervorzuheben. Einerseits spiegelt die Bewegung im Ab und Zu der Paupermasse die Periodenwechsel des industriellen Cyklus wieder. Andrerseits wird die *officielle* Pauperstatistik ein mehr und mehr trüglicher Index des *wirklichen* Pauperismus im Grad, worin mit der Accumulation des Kapitals der *Klassenkampf* und daher das Selbstgefühl der Arbeiter sich entwickeln. Z. B. die Barbarei in der Behandlung der Paupers, worüber die englische Presse *(Times, Pall Mall Gazette u. s. w.) während der letzten zwei Jahre* so laut schrie, ist alten Datums. *F. Engels* konstatirt

[107] Es steht zu hoffen, daß *F. Engels* bald sein Werk über die Lage der englischen Arbeiterklasse mit der Periode seit 1844 bereichern, oder auch die Darstellung der letztern Periode in einem besondern zweiten Band herausgeben wird.

[108] In *England* ist immer Wales eingeschlossen, in *Großbritanien* England, Wales und Schottland, im *Vereinigten Königreich* jene drei Länder und Irland.

1844 ganz dieselben Greuel und ganz dasselbe vorübergehende, zur „Sen|sationliteratur“ gehörige Geschrei. Aber die furchtbare Zunahme des Hungertods („deaths by starvation“) in London, während des letzten Decenniums, beweist unbedingt den zunehmenden Abscheu der Arbeiter vor der Sklaverei des *Workhouse*, dieser Strafanstalt des Elends.

Wenden wir uns jetzt zu den schlechtbezahlten Schichten der *industriellen* Arbeiterklasse. Während der Baumwollnoth, 1862, wurde *Dr. Smith* vom *Privy Council* mit einer Untersuchung über den Nahrungsstand der verkümmernden Baumwollarbeiter in Lancashire und Cheshire beauftragt. ¦ Langjährige frühere Beobachtung hatte ihn zum Resultat geführt, daß „um *Hungerkrankheiten* („starvation diseases“) *zu vermeiden*“, die tägliche Nahrung eines Durchschnitts-Frauenzimmers mindestens 3900 Gran Kohlenstoff mit 180 Gran Stickstoff enthalten müsse, die tägliche Nahrung eines Durchschnitts-Mannes mindestens 4300 Gran Kohlenstoff mit 200 Gran Stickstoff, für die Frauenzimmer ungefähr so viel Nahrungsstoff als in zwei Pfund gutem Weizenbrod enthalten ist, für Männer 1/9 mehr, für den Wochendurchschnitt von weiblichen und männlichen Erwachsnen, mindestens 28 600 Gran Kohlenstoff und 1330 Gran Stickstoff. Seine Berechnung ward in überraschender Weise praktisch dadurch bestätigt, daß sie im Ganzen übereinstimmte mit der kümmerlichen Nahrungsmenge, worauf der Nothstand die Konsumtion der Baumwollarbeiter herabgedrückt hatte. Sie erhielten im December 1862: 29 211 Gran Kohlenstoff und 1295 Gran Stickstoff wöchentlich.

Im Jahre *1863* verordnete der *Privy Council* eine Untersuchung über den Nothstand des schlechtgenährtesten Theils der englischen Arbeiterklasse. *Dr. Simon*, der ärztliche Beamte des Privy Council, erkieste zu dieser Arbeit den obenerwähnten *Dr. Smith*. Seine Untersuchung erstreckt sich auf die Agrikulturarbeiter einerseits, andrerseits auf Seidenweber, Nätherinnen, Lederhandschuhmacher, Strumpfwirker, Handschuhweber und Schuster. Die letzteren Kategorieen sind, mit Ausnahme der Strumpfwirker, ausschließlich städtisch. Es wurde zur Regel der Untersuchung gemacht, die gesundesten und relativ bestgestellten Familien in jeder Kategorie auszuwählen.

Als allgemeines Resultat ergab sich, daß „nur in *einer* der untersuchten Klassen der städtischen Arbeiter die Zufuhr von Stickstoff das absolute *Minimalmaß*, unter welchem Hungerkrankheiten eintreten, | ein wenig überschritt, daß in *zwei* Klassen Mangel, und zwar in der einen *sehr großer* Mangel, sowohl an der Zufuhr von stickstoff- als kohlenstoffhaltiger Nahrung stattfand, daß von den untersuchten Akkerbaufamilien mehr als ein Fünftheil weniger als die unentbehrliche Zufuhr von kohlenstoffhaltiger Nahrung erhielt, mehr als ⅓ weniger als die unentbehrliche Zufuhr stickstoffhaltiger Nahrung, und daß in drei Grafschaften (Berkshire, Oxfordshire und Somersetshire) Mangel an dem Minimum der stickstoffhaltigen Nahrung durchschnittlich herrschte“[109]. Unter den Agrikulturarbeitern waren die von England, dem reichsten Theile des Vereinigten Königreichs, die schlechtest genährten[110]. Die Unternahrung fiel unter den Landarbeitern überhaupt hauptsächlich auf Frau und Kinder, denn „der Mann muß essen, um sein Werk zu verrichten“. Noch größerer Mangel wüthete ¦ unter den untersuchten städtischen Arbeiterkategorieen. „Sie sind so schlecht genährt, daß viele Fälle grausamer und gesundheitsruinirender Entbehrung („*Entsagung*“ des Kapitalisten alles dieß! nämlich *Entsagung auf Zahlung* der zur bloßen Vegetation seiner Hände unentbehrlichen Lebensmittel!) vorkommen müssen“[111].

Folgende Tabelle zeigt das Verhältniß des Nahrungsstandes der oben erwähnten rein städtischen Arbeiterkategorieen zu dem von Dr. Smith angenommenen Minimalmaß und zum Nahrungsmaß der Baumwollarbeiter während der Zeit ihrer größten Noth:

Beide Geschlechter	Wochendurchschnitt an Kohlenstoff	Wochendurchschnitt an Stickstoff
Fünf städtische Geschäftszweige	28 876 Gran	1192 Gran
Arbeitslose Lancashire Fabrikarbeiter	29 211 Gran	1295 Gran
Minimalquantum, vorgeschlagen für die Lancashire Arbeiter auf gleiche Zahl männlicher und weiblicher	28 600 Gran	1330 Gran[112].

Eine Hälfte, 60/125, der untersuchten industriellen Arbeiterkategorieen | erhielt absolut kein Bier, 28 % keine Milch. Der *Wochendurchschnitt* der flüssigen Nahrungsmittel in den Familien schwankte von 7 Unzen bei den Nätherinnen auf 24¾ Unzen bei den Strumpfwirkern. Die Mehrzahl derer, die keine Milch erhielten, bestand aus den Nätherinnen von London. Die Quantität der wöchentlich konsumirten Brodstof-

109 „*Public Health. Sixth Report* etc. *for* 1863.“ *Lond.* 1864, p. 13.
110 l. c. p. 17.
111 l. c. p. 13.
112 l. c. *Appendix*, p. 232.

fe wechselte von 7¾ Pfund bei den Nätherinnen zu 11¼ Pfund bei den Schustern und ergab einen Totaldurchschnitt von 9,9 Pfund wöchentlich auf den Erwachsenen. Zucker (Syrup u. s. w.) wechselte von 4 Unzen wöchentlich für die Lederhandschuhmacher auf 11 Unzen für Strumpfwirker; der Totaldurchschnitt per Woche für alle Kategorieen, per Erwachsenen, 8 Unzen. Gesammter Wochendurchschnitt von Butter (Fett u. s. w.) 5 Unzen per Erwachsenen. Der Wochendurchschnitt von Fleisch (Speck u. s. w.) schwankte, per Erwachsenen, von 7¼ Unzen bei den Seidenwebern auf 18¼ Unzen bei den Lederhandschuhmachern; Gesammtdurchschnitt für die verschiedenen Kategorieen 13,6 Unzen. Die *wöchentliche Kost für Nahrung per Erwachsenen* ergab folgende allgemeine Durchschnittszahlen: *Seidenweber* 2 sh. 2½d., *Nätherinnen* 2 sh. 7 d., *Lederhandschuhmacher* 2 sh. 9½d., *Schuster* 2 sh. 7¾ d., *Strumpfwirker* 2 sh. 6¼ d. Für die Seidenweber von Macclesfield betrug der Wochendurchschnitt nur 1 sh. 8½ d. Die schlecht genährtesten Kategorieen waren die Nätherinnen, die Seidenweber und die Lederhandschuhmacher[113]. ¦

Dr. Simon sagt in seinem allgemeinen Gesundheitsbericht über diesen Nahrungszustand: „Daß die Fälle zahllos sind, worin Nahrungsmangel Krankheiten erzeugt oder erschwert, wird Jeder bestätigen, der mit medizinischer Armenpraxis oder mit den Patienten der Spitäler, seien sie Insassen oder außerhalb wohnend, vertraut ist … Jedoch kommen hier vom sanitären Standpunkt noch andre, sehr entscheidende Umstände hinzu … Man muß sich erinnern, daß Beraubung an Nahrungsmitteln nur sehr widerstrebsam ertragen wird, und daß in der Regel große Dürftigkeit der Diät nur im Gefolge andrer, vorhergegangner Entbehrungen nachhinkt. Lange bevor der Nahrungsmangel hygienisch ins Gewicht fällt, lange bevor der Physiolog daran denkt, die Grane Stickstoff und Kohlenstoff zu zählen, zwischen denen Leben und Hungertod | schwebt, wird der Haushalt von allem materiellen Komfort ganz und gar entblößt sein. Kleidung und Heizung werden noch dürftiger gewesen sein als die Speise. Kein hinreichender Schutz wider die Härte des Wetters; Abknappung des Wohnraums zu einem Grad, der Krankheiten erzeugt oder erschwert; kaum eine Spur von Hausgeräth oder Möbeln; die Reinlichkeit selbst wird kostspielig oder schwierig geworden sein. Werden noch aus Selbstachtung Versuche

113 l. c. p. 232, 233.

gemacht, sie aufrecht zu erhalten, so repräsentirt jeder solcher Versuch zuschüssige Hungerpein. Die Häuslichkeit wird dort sein, wo Obdach am wohlfeilsten kaufbar; in Quartieren, wo die Gesundheitspolizei die geringste Frucht trägt, das jämmerlichste Gerinne, wenigster Verkehr, der meiste öffentliche Unrath, kümmerlichste oder schlechteste Wasserzufuhr, und, in Städten, größter Mangel an Licht und Luft. Dieß sind die Gesundheitsgefahren, denen die Armuth unvermeidlich ausgesetzt ist, wenn diese Armuth Nahrungsmangel einschließt. Wenn die Summe dieser Uebel von furchtbarer Größe für das Leben ist, so ist der bloße Nahrungsmangel an sich selbst entsetzlich … Dieß sind qualvolle Gedanken, namentlich wenn man sich erinnert, daß die Armuth, wovon es sich handelt, nicht die selbstverschuldete Armuth des Müßiggangs ist. Es ist die Armuth von Arbeitern. Ja, mit Bezug auf die städtischen Arbeiter, ist die Arbeit, wodurch der knappe Bissen Nahrung erkauft wird, meist über alles Maß verlängert. Und dennoch kann man nur in sehr bedingtem Sinn sagen, daß diese Arbeit selbsterhaltend ist. … Auf sehr großem Maßstab kann der nominelle Selbsterhalt nur ein kürzerer oder längerer Umweg zum Pauperismus sein"[114].

Das innere Band zwischen Hungerpein der fleißigsten Arbeiterschichten und kapitalistischer Accumulation, nebst dem sie begleitenden groben oder raffinirten Ueberkonsum der Reichen, dieß Band, sage ich, sieht nur der Kenner der ökonomischen Gesetze. Anders mit dem *Wohnungszustand.* Jeder unbefangne Beobachter sieht, daß je massenhafter die Koncentration ¦ der Produktionsmittel, desto größer die entsprechende Agglomeration von Arbeitern *auf geringem Raum,* daß daher je rascher die kapitalistische Accumulation, desto elender der Wohnungszustand der Arbeiter. Jeder sieht, daß die das Wachsthum des Reichthums begleitenden *Verbesserungen* der Städte (improve|ments) durch Niederreißung der schlechtgebauten Viertel, Errichtung von Palästen für Banken, Waarenhäuser u. s. w., Dehnung der Straßen für Geschäftsverkehr und Luxuskarossen, Einführung städtischer Eisenbahnen u. s. w. mit Verjagung der Armen in stets schlechtere und dichter gefüllte Schlupfwinkel verknüpft sind. Andrerseits weiß jeder, daß die Theuerkeit der Wohnungen im umgekehrten Verhältniß zu ihrer Güte steht und daß die Minen des Elends von Spekulanten mit mehr Profit und weniger Kosten ausgebeutet werden als jemals die Minen von Po-

114 l. c. p. 14, 15.

tosi. Der antagonistische Charakter der kapitalistischen Accumulation und daher der *kapitalistischen Eigenthumsverhältnisse* überhaupt[115] wird hier so handgreifbar, daß selbst die officiellen englischen Berichte über diesen Gegenstand voll heterodoxer Ausfälle auf das „Eigenthum und seine Rechte sind". Das Uebel hielt solchen Schritt mit der Entwicklung der Industrie, der Accumulation des Kapitals, dem Wachsthum und der „Verschönerung" der Städte, daß die bloße Furcht vor ansteckenden Krankheiten, welche auch der „Ehrbarkeit" nicht schonen, von 1847 bis 1864 nicht weniger als 10 gesundheitspolizeiliche Parlamentsakte ins Leben rief, und daß die erschreckte Bürgerschaft in einigen Städten wie Liverpool, Glasgow u. s. w. durch ihre Municipalitäten eingriff. Dennoch, ruft *Dr. Simon* in seinem Bericht von 1865: „Allgemein zu sprechen, sind die Uebelstände in England unkontrolirt." Auf Befehl des Privy Council fand *1864* Untersuchung über die Wohnungsverhältnisse der Landarbeiter, *1865* über die der ärmeren Klassen in den Städten statt. Die meisterhaften Arbeiten des *Dr. Julian Hunter* findet man im *siebenten* (1865) und *achten* (1866) Bericht über „Public Health". Auf die Landarbeiter komme ich später. Ueber den städtischen Wohnungszustand schicke ich eine allgemeine Bemerkung des *Dr. Simon* voraus: „Obgleich mein officieller Gesichtspunkt", sagt er, „ausschließlich physisch ist, erlaubt die gewöhnlichste Humanität nicht die andre Seite dieses Uebels zu ignoriren. In seinem höheren Grad bedingt es fast noth|wendig eine solche Negation aller Delikatesse, so schmutzige Konfusion von Körpern und körperlichen Verrichtungen, solche Bloßstellung geschlechtlicher Nacktheit, die bestial, nicht menschlich sind. Diesen Einflüssen unterworfen zu sein ist eine Degradation, die sich vertieft, je ¦ länger sie fortwirkt. Für die Kinder, die unter diesem *Fluch* geboren sind, ist er *Taufe in Infamie („baptism into infamy").* Und über alles Maß hoffnungslos ist der Wunsch, daß unter solche Umstände gestellte Personen in andern Rücksichten nach jener Atmosphäre der Civilisation aufstreben sollten, die ihr Wesen in physischer und moralischer Reinheit besitzt"[116].

115 „Nirgendwo sind so offen und so schamlos die Rechte der Person dem Recht des Eigenthums geopfert worden, als in den Wohnungsverhältnissen der arbeitenden Klasse. Jede große Stadt ist eine Stätte des Menschenopfers, ein Altar, worauf Tausende jährlich dem Moloch der Habsucht geschlachtet werden." (*S. Laing* l. c. p. 150.)

116 „*Public Health. Eight Report. Lond.* 1866", p. 14, Note.

Den ersten Rang in überfüllten oder auch für menschliche Behausung absolut unmöglichen Wohnlichkeiten nimmt *London* ein. „Zwei Punkte", sagt *Dr. Hunter*, „sind sicher; erstens, daß es ungefähr 20 große Kolonieen in London giebt, jede ungefähr 10000 Personen stark, deren elende Lage alles übersteigt, was jemals anderswo in England gesehn worden ist, und sie ist fast ganz das Resultat ihrer schlechten Hausaccommodation; und zweitens, daß der überfüllte und verfallene Zustand der Häuser dieser Kolonieen *viel schlechter ist als 20 Jahre zuvor*"[117]. „Es ist nicht zu viel zu sagen, daß das Leben in vielen Theilen von London und Newcastle *infernal* ist"[118].

Auch *der besser gestellte Theil der Arbeiterklasse*, zusammt Kleinkrämern und andern Elementen der *kleinen Mittelklasse*, fällt in London mehr und mehr unter den Fluch dieser nichtswürdigen Behausungsverhältnisse, im Maße, wie die „Verbesserungen" und mit ihnen die Niederreißung alter Straßen und Häuser fortschreiten, wie Fabriken und Menschenzustrom in der Metropole wachsen, endlich die Hausmiethen mit der städtischen Grundrente steigen. „Die Hausmiethen sind so übermäßig geworden, daß | wenige Arbeiter mehr als ein Zimmer zahlen können"[119]. Es giebt fast kein Londoner Hauseigenthum, das nicht mit einer Unzahl von „middlemen" belastet wäre. Der Preis des Bodens in London steht nämlich stets sehr hoch im Vergleich zu seinen jährlichen Einkünften, indem jeder Käufer darauf spekulirt früher oder später zu einem Jury Price (durch Geschworne festgesetzte Taxe bei Expropriationen) wieder loszuschlagen oder durch Nähe irgend eines großen Unternehmens außerordentliche Wertherhöhung zu erschwindeln. Folge davon ist ein regelmäßiger Handel im Ankauf von Miethkontrakten, die ihrem Verfall nahen. „Von den Gentlemen in diesem Geschäft kann man erwarten, daß sie handeln, wie sie handeln, so viel wie möglich aus den Hausbewohnern herausschlagen, und das Haus selbst in so

117 l. c. p. 89. Mit Bezug auf die Kinder in diesen Kolonieen sagt Dr. Hunter: „Wir wissen nicht, wie Kinder vor diesem Zeitalter dichter Agglomeration der Armen aufgebracht wurden, und er wäre ein kühner Prophet, der vorhersagen wollte, welches Betragen zu erwarten von Kindern, die unter Zuständen ohne Parallele in diesem Land jetzt ihre Erziehung für künftige Praxis als *gefährliche Klassen* durchmachen, indem sie die halbe Nacht aufsitzen mit Personen jeden Alters, trunken, obscön und zanksüchtig." (l. c. p. 56.)

118 l. c. p. 62.

119 „*Report of the Officer of Health of St. Martin's in the Fields.* 1865."

schlechtem Zustand wie möglich ihren Nachfolgern ¦ überlassen"[120]. Die Miethen sind wöchentlich und die Herren laufen kein Risico. In Folge der Eisenbahnbauten innerhalb der Stadt „sah man kürzlich im Osten Londons eine Anzahl aus ihren alten Wohnungen verjagter Familien umherwandern eines Samstags Abends mit ihren wenigen weltlichen Habseligkeiten auf dem Rücken, ohne irgend einen Haltplatz außer dem Workhouse"[121]. Die Workhouses sind bereits überfüllt und die vom Parlament bereits bewilligten „improvements" sind erst im Beginn ihrer Ausführung. Werden die Arbeiter verjagt durch Zerstörung ihrer alten Häuser, so verlassen sie nicht ihr Kirchspiel, oder siedeln sich höchstens an seiner Grenze, im nächsten fest. „Sie suchen natürlich möglichst in der Nähe ihrer Arbeitslokale zu hausen. Folge, daß an die Stelle von zwei Zimmern, eins die Familie aufnehmen muß. *Selbst zu erhöhter Miethe* wird die Wohnlichkeit schlechter als die schlechte, woraus man sie verjagt. Die Hälfte der Arbeiter im Strand braucht bereits zwei Meilen Reise zum Arbeitslokal." Dieser Strand, dessen Hauptstraße auf den Fremden einen imposanten Eindruck vom Reichthum Londons macht, kann als Beispiel der Londoner Menschenverpackung dienen. In einer Pfarrei desselben zählte der Gesundheitsbeamte 581 Personen auf den Acre, obgleich die Hälfte der Themse mit eingemessen war. Es versteht sich von selbst, | daß jede gesundheitspolizeiliche Maßregel, die, wie das bisher in London der Fall, durch Niederschleifen untauglicher Häuser die Arbeiter aus einem Viertel verjagt, nur dazu dient sie in ein andres desto dichter zusammen zu drängen. „Entweder", sagt *Dr. Hunter*, „muß die ganze Procedur als eine Abgeschmacktheit nothwendig zum Stillstand kommen, oder die öffentliche Sympathie (!) muß erwachen für das, was man jetzt ohne Uebertreibung *eine nationale Pflicht* nennen kann, nämlich Obdach für Leute zu verschaffen, welche *aus Mangel an Kapital* sich selbst keins verschaffen können, obgleich sie durch periodische Zahlung die Vermiether belohnen können"[122]. Man bewundre die kapitalistische Justiz! Der Grundeigenthümer, Hauseigner, Geschäftsmann, wenn expropriirt durch „improvements", wie Eisenbahnen, Neubau der Straßen u. s. w., erhält nicht nur *volle Entschädigung*. Er muß für seine erzwungne „Entsagung" von Gott und Rechtswegen obendrein noch durch einen erklecklichen *Profit*

120 „*Public Health. Eight Report. Lond.* 1866", p. 91.
121 l. c. p. 88.
122 l. c. p. 88, 89.

getröstet werden. Der Arbeiter wird mit Frau und Kind und Habe aufs Pflaster geworfen und – wenn er zu massenhaft nach Stadtvierteln drängt, wo die Municipalität auf Anstand hält, *gesundheitspolizeilich verfolgt!*

Außer London gab es Anfang des 19. Jahrhunderts keine einzige Stadt in England, die 100 000 Einwohner zählte. Nur 5 zählten mehr als 50 000. Jetzt ¦ existiren 28 Städte mit mehr als 50 000 Einwohnern. „Das Resultat dieses Wechsels war nicht nur enormer Zuwachs der städtischen Bevölkerung, sondern die alten dichtgepackten kleinen Städte sind nun Centra, die von allen Seiten umbaut sind, nirgendwo mit freiem Luftzutritt. Da sie für die Reichen nicht länger angenehm sind, werden sie von ihnen für die amüsanteren Vorstädte verlassen. Die Nachfolger dieser Reichen beziehn die größeren Häuser, eine Familie, oft noch mit Untermiethern, *für jedes Zimmer.* So ward eine Bevölkerung gedrängt in Häuser, nicht für sie bestimmt, und wofür sie durchaus unpassend, mit einer Umgebung, die wahrhaft erniedrigend für die Erwachsnen und ruinirend für die Kinder ist“[123]. Je rascher das Kapital in einer industriellen oder commerciellen Stadt accumulirt, um so rascher der Zustrom des exploitablen Menschenmaterials, um so elender die improvisirten Wohnlichkeiten der | Arbeiter. *Newcastle-upon-Tyne,* als Centrum eines fortwährend ergiebigeren Kohlen- und Bergwerksbaudistrikts, behauptet daher *nach London* die zweite Stelle in dem Wohnungs*inferno.* Nicht minder als 34 000 Menschen hausen dort in Einzelkammern. In Folge absoluter Gemeinschädlichkeit sind kürzlich in Newcastle und Gateshead Häuser in bedeutender Anzahl von Polizei wegen zerstört worden. Der Bau der neuen Häuser geht sehr langsam voran, das Geschäft sehr rasch. Die Stadt war daher 1865 überfüllter als je zuvor. Kaum eine einzelne Kammer war zu vermiethen. *Dr. Embleton* vom Newcastle Fieberhospital sagt: „Ohne allen Zweifel liegt die Ursache der Fortdauer und Verbreitung des Typhus in der Ueberhäufung menschlicher Wesen und der Unreinlichkeit ihrer Wohnungen. Die Häuser, worin die Arbeiter häufig leben, liegen in abgeschloßnen Winkelgassen und -Höfen. Sie sind mit Bezug auf Licht, Luft, Raum und Reinlichkeit wahre Muster von Mangelhaftigkeit und Ungesundheit, eine Schmach für jedes civilisirte Land. Dort liegen Männer, Weiber und Kinder des Nachts zusammengehudelt. Was die Männer angeht, folgt die Nachtreihe der Tagesreihe in ununterbrochenem Strom, so daß die Betten kaum Zeit zur Abkühlung finden. Die Häuser sind

123 l. c. p. 56.

schlecht mit Wasser versehn und schlechter mit Abtritten, unfläthig, unventilirt, pestilenzialisch"[124]. Der Wochenpreis solcher Löcher steigt von 8 d. zu 3 sh. „Newcastle-upon-Tyne", sagt Dr. Hunter, „bietet das Beispiel eines der schönsten Stämme unsrer Landsleute, der durch die äußern Umstände von Behausung und Straße oft in eine beinah wilde Degradation versunken ist"[125].

In Folge des Hin- und Herwogens von Kapital und Arbeit mag der Wohnungszustand einer industriellen Stadt heute erträglich sein, morgen ist ¦ er abominabel. Oder die städtische Aedilität mag endlich sich aufgerafft haben zur Beseitigung der ärgsten Mißstände. Morgen wandert ein Heuschreckenschwarm von verlumpten Irländern oder verkommenen englischen Agrikulturarbeitern ein. Man steckt sie weg in Keller und Speicher oder verwandelt das früher respektable Arbeiterhaus in ein Logis, worin das Personal so rasch wechselt wie die Einquartirung während des dreißigjährigen Kriegs. Beispiel: *Bradford.* Dort war der Municipal|philister eben mit Stadtreform beschäftigt. Zudem gab es daselbst 1861 noch 1751 unbewohnte Häuser. Aber nun das gute Geschäft, worüber der sanft liberale Herr Forster, der Negerfreund, jüngst so artig gekräht hat. Mit dem guten Geschäft natürlich Ueberfluthung von den Wellen der stets wogenden „Reservearmee" oder „relativen Surpluspopulation". Die scheußlichen Kellerwohnungen und Kammern, in der Note beschrieben[126] durch eine dem Dr. Hunter vom Agenten einer Assekuranzgesellschaft ausgefertigte Liste, waren

[124] l. c. p. 149.
[125] l. c. p. 50.
[126] Liste des Agenten einer Arbeiter-Assekuranzgesellschaft zu Bradford.

Vulcanstreet. Nr. 122	1 Zimmer	16 Personen
Lumleystreet. Nr. 13	1 Zimmer	11 Personen
Bowerstreet. Nr. 41	1 Zimmer	11 Personen
Portlandstreet. Nr. 112	1 Zimmer	10 Personen
Hardystreet. Nr. 17	1 Zimmer	10 Personen
Northstreet. Nr. 18	1 Zimmer	16 Personen
ditto Nr. 17	1 Zimmer	13 Personen
Wymerstreet. Nr. 19	1 Zimmer	8 Erwachsne
Jowettstreet. Nr. 56	1 Zimmer	12 Personen
Georgestreet. Nr. 150	1 Zimmer	3 Familien
Rifle-Court. Marygate. Nr. 11	1 Zimmer	11 Personen
Marshallstreet. Nr. 28	1 Zimmer	10 Personen
ditto Nr. 49	3 Zimmer	3 Familien
Georgestreet. Nr. 128	1 Zimmer	18 Personen
ditto Nr. 130	1 Zimmer	16 Personen
Edwardstreet. Nr. 4	1 Zimmer	17 Personen
Yorkstreet. Nr. 34	1 Zimmer	2 Familien
Salt Piestreet.	2 Zimmer	26 Personen

meist von gutbezahlten Arbeitern bewohnt. Sie erklärten, sie würden gern bessere Wohnungen *zahlen*, wenn sie zu haben wären. Unterdeß verlumpen und verkranken sie mit Mann und Maus, während der sanftliberale Forster, M. P., Thränen vergießt über die Segnungen des Freihandels und die Profite der eminenten Bradforder Köpfe, die in Worsted machen. Im Bericht vom *5. September 1865* erklärt *Dr. Bell*, einer der Armenärzte von Bradford, die furchtbare | Sterblichkeit der Fieberkranken seines Bezirks aus ihren Wohnungsverhältnissen: „In einem Keller von 1500 Kubikfuß ¦ wohnen 10 Personen … Die Vincentstraße, Green Air Place und the Leys bergen 223 Häuser mit 1450 Einwohnern, 435 Betten und 36 Abtritten… Die Betten, und darunter verstehe ich jede Rolle von schmutzigen Lumpen oder Handvoll von Hobelspänen, halten jedes per Durchschnitt 3,3 Personen, manches 4 und 6 Personen. Viele schlafen ohne Bett auf nacktem Boden in ihren Kleidern, junge Männer und Weiber, verheirathet und unverheirathet, alles kunterbunt durch einander. Ist es nöthig hinzuzufügen, daß diese Hausungen meist dunkle, feuchte, schmutzige Stinkhöhlen sind, ganz und gar unpassend für *menschliche* Wohnung? Es sind die Centra, wovon Krankheit und Tod ausgehn und ihre Opfer *auch unter den Gutgestellten* („of good circumstances") packen, welche diesen Pestbeulen erlaubt haben in unsrer Mitte zu eitern"[127].

Bristol behauptet den dritten Rang nach London im Wohnungselend. „Hier, in einer der reichsten Städte Europa's, größter Ueberfluß an baarster Armuth („blank poverty") und häuslicher Misère"[128].

Wir wenden uns nun zu einer *Wanderbevölkerung*, deren Quelle ländlich, deren Beschäftigung großentheils industriell ist. Es ist die *leichte Infanterie des Kapitals*, je nach seinem Bedürfniß bald auf diesen Punkt geworfen, bald auf jenen. Wenn nicht auf dem Marsch, „campirt" sie. Die Wanderarbeit wird verbraucht für verschiedne Bau- und Drainirungsoperationen, Backsteinmachen, Kalkbrennen, Eisenbahnen u. s. w. Eine wandelnde Säule der Pestilenz; importirt sie in die Orte, in

	Keller.	
Regent Square.	1 Keller	8 Personen
Acrestreet.	1 Keller	7 Personen
Robert's Court. Nr. 33	1 Keller	7 Personen
Back Prattstreet, vernutzt als Kupferschmiedewerkstatt	1 Keller	7 Personen
Ebenezerstreet. Nr. 27	1 Keller	6 Personen (l. c. p. 111).

127 l. c. p. 114.
128 l. c. p. 50.

deren Nachbarschaft sie ihr Lager aufschlägt, Pocken, Typhus, Cholera, Scharlachfieber u. s. w.[129]. In Unternehmen von bedeutender Kapitalauslage, wie Eisenbahnbau u. s. w., liefert meist der Unternehmer selbst seiner Armee Holzhütten oder dgl., improvisirte Dörfer ohne alle Gesundheitsvorkehrung, jenseits der Kontrole der Lokalbehörden, sehr profitlich für den Herrn Contractor, der die Arbeiter doppelt ausbeutet, als Industriesoldaten und als Miether. Je nachdem die Holzhütte 1, 2 oder 3 Löcher enthält, hat ihr Insasse, Erdarbeiter u. s. w., 2, 3, 4 sh. wöchentlich zu | zahlen[130]. Ein Beispiel genüge. Im *September 1864*, berichtet *Dr. Simon*, ging dem Minister des Innern, Sir George Grey, folgende Denunciation Seitens des Vorstehers des *Nuisance Removal Committee* der Pfarrei von Sevenoaks zu: „Pocken waren dieser Pfarrei fast ganz unbekannt bis etwa vor 12 Monaten. Kurz vor dieser Zeit wurden Arbeiten für eine Eisenbahn von Lewisham nach Tunbridge eröffnet. Außerdem daß die Hauptarbeiten in der unmittelbaren Nachbarschaft dieser Stadt ausgeführt wurden, ward hier auch das Hauptdepot des ganzen Werks errichtet. ¦ Große Personenzahl daher hier beschäftigt. Da es unmöglich war sie alle in Cottages unterzubringen, ließ der Contractor, Herr *Jay*, längst der Linie der Bahn auf verschiednen Punkten Hütten aufschlagen zur Behausung der Arbeiter. Diese Hütten besaßen weder Ventilation noch Abzugsgerinne und waren außerdem nothwendig überfüllt, weil jeder Miether andre Logirer aufnehmen mußte, wie zahlreich immer seine eigne Familie, und obgleich jede Hütte nur zweizimmerig. Nach dem ärztlichen Bericht, den wir erhielten, war die Folge, daß diese armen Leute zur Nachtzeit alle Qualen der Erstickung zu erdulden hatten, zur Vermeidung der pestilenzialischen Dünste von dem schmutzigen stehenden Wasser und den Abtritten dicht unter den Fenstern. Endlich wurden unsrem Comité Klagen eingehändigt von einem Arzte, der Gelegenheit hatte diese Hütten zu besuchen. Er sprach über den Zustand dieser s. g. Wohnlichkeiten in den bittersten Ausdrücken und befürchtete sehr ernsthafte Folgen, falls nicht einige Gesundheitsvorkehrungen getroffen würden. Ungefähr vor einem Jahr verpflichtete sich *p. p. Jay* ein Haus einzurichten, wohin die von ihm beschäftigten Personen, beim Ausbruch ansteckender Krankheiten, sofort entfernt werden sollten. Er wiederholte dieß Versprechen Ende

129 *„Public Health. Seventh Report. Lond.* 1865“, p. 18.
130 l. c. p. 165.

letzten Juli's, that aber nie den geringsten Schritt zur Ausführung, obgleich seit diesem Datum verschiedne Fälle von Pocken und in Folge davon zwei Todesfälle vorkamen. Am 9. September berichtete mir Surgeon Kelson weitere Pockenfälle in denselben Hütten und beschrieb ihren Zustand als entsetzlich. Zu Ihrer (des Ministers) Information muß ich hinzufügen, daß unsre Pfarrei ein isolirtes Haus besitzt, das s. g. Pesthaus, wo die Pfarreigenossen, die von ansteckenden Krankheiten leiden, verpflegt werden. Dieß Haus ist jetzt seit Monaten fort|während mit Patienten überfüllt. In einer Familie starben fünf Kinder an Pocken und Fieber. Vom 1. April bis 1. September dieses Jahres kamen nicht weniger als 10 Todesfälle an Pocken vor, 4 in den besagten Hütten, den Pestquellen. Es ist unmöglich die Zahl der Krankheitsfälle anzugeben, da die heimgesuchten Familien sie so geheim als möglich halten"[131].

Kohlen- und andre Bergwerksarbeiter gehören zu den bestbezahlten Kategorieen der britischen Arbeiterklasse. Zu welchem Preis sie ihren Lohn erkaufen, wurde an einer früheren Stelle gezeigt[132]. Ich werfe hier einen ¦ raschen Blick auf ihre Wohnlichkeitsverhältnisse. In der Regel errichtet der Exploiteur des Bergwerks, ob Eigenthümer oder Miether desselben, eine Anzahl Cottages für seine Hände. Sie erhalten Cottages und Kohlen zur Feurung „umsonst", d. h. letztre bilden einen *in natura* gelieferten *Theil des Lohns*. Die nicht in dieser Art Unterbringbaren erhalten zum Ersatz 4 Pfd. St. per Jahr. Die Bergwerksdistrikte ziehn rasch eine große Bevölkerung an, zusammengesetzt aus der Minenbevölkerung selbst und den Handwerkern, Krämern u. s. w., die sich um sie gruppiren. Wie überall, wo die Bevölkerung dicht, ist die Bodenrente hier hoch. Der Bergbauunternehmer sucht daher auf möglichst engem Bauplatz am Mund der Minen so viel Cottages

131 l. c. p. 18, Note. Der Armenpfleger der Chapel-en-le-Frith-Union berichtet an den Registrar General: „Zu Doveholes hat man eine Anzahl kleiner Aushöhlungen in einem großen Hügel von Kalkasche gemacht. Diese Höhlen dienen den Erd- und andern am Eisenbahnbau beschäftigten Arbeitern zur Wohnung. Die Höhlen sind eng, feucht, ohne Abzug für Unreinigkeiten und ohne Abtritte. Sie entbehren aller Ventilationsmittel, mit Ausnahme eines Lochs durch die Wölbung, das zugleich als Schornstein dient. Die Pocken wüthen und haben schon verschiedne Todesfälle (unter den Troglodyten) verursacht." (l. c. n. 2.)

132 Die Ende des 4. Kapitels gegebne Note bezieht sich namentlich auf Arbeiter in Kohlenbergwerken. Ueber den noch schlechteren Zustand in den Metallminen vgl. den gewissenhaften Bericht der „Royal Commission" von 1864.

aufzuwerfen als grade nöthig sind um seine Hände und ihre Familien zusammenzupacken. Werden neue Minen in der Nähe eröffnet oder alte wieder in Angriff genommen, so wächst das Gedränge. Bei der Konstruktion der Cottages waltet nur ein Gesichtspunkt, „*Entsagung*" des Kapitalisten auf alle nicht absolut unvermeidliche *Ausgaben von Baarem*. „Die Wohnungen der Gruben- und andrer Arbeiter, die mit den Bergwerken von Northumberland und | Durham verknüpft sind", sagt *Dr. Julian Hunter*, „sind vielleicht im Durchschnitt das Schlechteste und Theuerste, was England auf großer Stufenleiter in dieser Art bietet, mit Ausnahme jedoch ähnlicher Distrikte in Monmouthshire. Die extreme Schlechtigkeit liegt in der hohen Menschenzahl, die ein Zimmer füllen, in der Enge des Bauplatzes, worauf eine große Häusermasse geworfen wird, im Wassermangel und Abwesenheit von Abtritten, in der häufig angewandten Methode ein Haus über ein andres zu stellen oder sie in *flats* (so daß die verschiednen Cottages horizontal über einander liegende Stockwerke bilden) zu vertheilen … Der Unternehmer behandelt die ganze Kolonie, als ob sie nur campire, nicht residire"[133]. „In Ausführung meiner Instruktionen", sagt *Dr. Stevens*, „habe ich die meisten großen Bergwerksdörfer der Durham Union besucht … Mit sehr wenigen Ausnahmen gilt von *allen*, daß *jedes Mittel* zur Sicherung der Gesundheit der Einwohner vernachlässigt wird … Alle Grubenarbeiter sind an den Pächter („lessee") oder Eigenthümer des Bergwerks für 12 Monate gebunden („bound", Ausdruck, der wie bondage aus der *Zeit der Leibeigenschaft* stammt). Wenn sie ihrer Unzufriedenheit Luft machen oder in irgend einer Art den Aufseher („viewer") belästigen, so setzt er eine Marke oder ein Memorandum hinter ihre Namen in seinem Aufsichtsbuch, und entläßt sie bei der jährlichen Neu-Bindung … Es scheint mir, daß kein Theil des *Trucksystems* schlechter sein kann als das in diesen dichtbevölkerten Distrikten herrschende. Der Arbeiter ist gezwungen als Theil seines Lohns ein mit pestilenzialischen Einflüssen umgebnes Haus zu empfangen. Er kann sich nicht selbst helfen. *Er ist in jeder Rücksicht ein Leibeigner („he is to ¦ all intents and purposes a serf")*. Es scheint fraglich, ob jemand sonst ihm helfen kann außer seinem Eigenthümer und dieser Eigenthümer zieht vor allem *sein Bilanzkonto* zu Rath, und das Resultat ist ziemlich unfehlbar. Der Arbeiter erhält von dem Eigenthümer auch seine Zufuhr an Wasser. Es sei gut oder

133 l. c. p. 180, 182.

schlecht, es werde geliefert oder zurückgehalten, er muß dafür zahlen oder sich vielmehr einen *Lohnabzug* gefallen lassen"[134].

Im Konflikt mit der „öffentlichen Meinung" oder auch der Gesundheitspolizei genirt sich *das Kapital* durchaus nicht, die theils gefährlichen, | theils entwürdigenden Bedingungen, worin es Funktion und Häuslichkeit des Arbeiters bannt, damit zu „rechtfertigen", *das sei nöthig, um ihn profitlicher auszubeuten.* So, wenn es *entsagt* auf Vorrichtungen zum Schutz gegen gefährliche Maschinerie in der Fabrik, auf Ventilations- und Sicherheitsmittel in den Minen u. s. w. So hier mit der Behausung der Minenarbeiter. „Als Entschuldigung", sagt *Dr. Simon,* der ärztliche Beamte des Privy Council, in seinem *officiellen* Bericht, „als Entschuldigung für die *nichtswürdige* Hauseinrichtung wird angeführt, daß Minen gewöhnlich pachtweise exploitirt werden, daß die Dauer des Pachtkontrakts (in Kohlenwerken *meist 21 Jahre*) *zu kurz* ist, damit der Minenpächter es der Mühe werth halte, gute Hausaccommodation für das Arbeitsvolk und die Gewerbsleute u. s. w. zu liefern, welche die Unternehmung anzieht; *hätte er selbst die Absicht,* nach dieser Seite hin liberal zu verfahren, so würde sie vereitelt werden durch den Grundeigenthümer. Der habe nämlich die Tendenz, sofort exorbitante Zuschußrente zu verlangen für das Privilegium, ein anständiges und komfortables Dorf auf der Grundoberfläche zu errichten zur Behausung der Bearbeiter des unterirdischen Eigenthums. Dieser prohibitorische Preis, wenn nicht direkte Prohibition, schrecke ebenfalls andre ab, welche sonst wohl bauen möchten … ich will den Werth dieser Apologie nicht weiter untersuchen, auch nicht, auf wen denn in letzter Hand die zuschüssige Ausgabe für anständige Wohnlichkeit fallen würde, auf den Grundherrn, den Minenpächter, die Arbeiter oder das Publikum … Aber Angesichts solcher schmählichen Thatsachen, wie die beigefügten Berichte (des Dr. Hunter, Stevens u. s. w.) sie enthüllen, muß ein Heilmittel angewandt werden … *Grundeigenthumstitel* werden so gebraucht um ein großes öffentliches Unrecht zu begehn. In seiner Eigenschaft als *Mineneigner* ladet der Grundherr eine industrielle Kolonie zur Arbeit auf seiner Domaine ein, und macht dann, in seiner Eigenschaft als *Eigenthümer der Grundoberfläche,* den von ihm versammelten Arbeitern *unmöglich* die zu ihrem Leben unentbehrliche, geeignete Wohnlichkeit zu finden. Der Minenpächter (der kapitalistische Exploiteur) hat *kein*

[134] l. c. p. 515, 517.

Geldinteresse dieser Theilung des Handels zu widerstehn, da er wohl weiß, daß wenn die letztern Ansprüche exorbitant ¦ sind, die Folgen *nicht auf ihn fallen,* und daß die Arbeiter, auf die sie fallen, zu unerzogen sind, um *ihre Gesundheits|rechte* zu kennen, daß weder obscönste Wohnlichkeit noch faulstes Trinkwasser besondre Anlässe zu einem Strike liefern“[135].

Bevor ich zu den eigentlichen *Agrikulturarbeitern* übergehe, soll an einem Beispiel noch gezeigt werden, wie die Krisen selbst auf den bestbezahlten Theil der Arbeiterklasse, auf ihre Aristokratie, wirken. Man erinnert sich: das Jahr *1857* brachte eine der großen Krisen, womit der industrielle Cyklus jedesmal abschließt. Der nächste Termin wurde *1866* fällig. Bereits diskontirt in den eigentlichen Fabrikdistrikten durch die Baumwollnoth, welche viel Kapital aus der gewohnten Anlagesphäre zu den großen Centralsitzen des Geldmarkts jagte, nahm die Krise dießmal einen vorwiegend finanziellen Charakter an. Ihr Ausbruch im Mai 1866 wurde signalisirt durch den Fall einer Londoner Riesenbank, dem der Zusammensturz zahlloser finanzieller Schwindelgesellschaften auf dem Fuß nachfolgte. Einer der großen Londoner Geschäftszweige, welche die Katastrophe traf, war der eiserne Schiffsbau. Die Magnaten dieses Fachs hatten während der Schwindelzeit nicht nur maßlos überproducirt, sondern zudem enorme Lieferungskontrakte übernommen, auf die Spekulation hin, daß die Kreditquelle gleich reichlich fort fließen werde. Jetzt trat eine furchtbare Reaktion ein, die auch in andern Londoner Industrien[136] bis zur Stunde, Ende März 1867, fortdauert. Zur Charak-

135 l. c. p. 16.

136 „Massenhafte Verhungerung der Londoner Armen! („Wholesale starvation of the London Poor!“) … Während der letzten Tage waren die Wälle Londons überklebt mit großen Plakaten, die folgende merkwürdige Anzeige bringen: ‚Fette Ochsen, verhungernde Menschen! Die fetten Ochsen haben ihre Glaspaläste verlassen, um die Reichen in ihren Luxusgemächern zu mästen, während die verhungernden Menschen in ihren Jammerhöhlen verderben und sterben.‘ Die Plakate mit dieser unheilkündenden Inschrift werden beständig erneuert. Kaum ist eine Partie ausgemerzt und überklebt, wenn sofort eine neue Partie an demselben oder einem gleich öffentlichen Platz wiedererscheint … Das erinnert an die omina, die das französische Volk auf die Ereignisse von 1789 vorbereiteten … In diesem Augenblick, während englische Arbeiter mit Weib und Kind an Kälte und Hunger sterben, werden Millionen von englischem Geld, dem Produkt englischer Arbeit, in russischen, spanischen, italienischen und andern fremden Anleihen angelegt.“ *(„Reynold's Newspaper“, 20. Jan. 1867.)*

teristik der Lage der Arbeiter folgende Stelle aus dem ausführlichen Bericht eines | Korrespondenten des *Morning Star*, welcher Anfang *Januar 1867* die Hauptsitze des Leidens besuchte. „Im Osten von London, den Distrikten von Poplar, Millwall, Greenwich, Deptford, Limehouse und Canning Town befinden sich mindestens 15 000 Arbeiter sammt Familien in einem Zustand äußerster Noth, darunter über 3000 geschickte Mechaniker. Ihre Reservefonds sind erschöpft in Folge sechs- oder achtmonatlicher Arbeitslosigkeit … Ich hatte große Mühe zum Thor des Workhouse (von Poplar) vorzudringen, denn es war belagert von einem ausgehungerten ¦ Haufen. Er wartete auf Brodbillets, aber die Zeit zur Vertheilung war noch nicht gekommen. Der Hof bildet ein großes Quadrat mit einem Pultdach, das rings um seine Mauern läuft. Dichte Schneehaufen bedeckten die Pflastersteine in der Mitte des Hofes. Hier waren gewisse kleine Plätze mit Weidengeflecht abgeschlossen, gleich Schafhürden, worin die Männer bei besserem Wetter arbeiten. Am Tage meines Besuchs waren die Hürden so verschneit, daß Niemand in ihnen sitzen konnte. Die Männer waren jedoch unter dem Schutz der Dachvorsprünge mit Macadamisirung von Pflastersteinen beschäftigt. Jeder hatte einen dicken Pflasterstein zum Sitz und klopfte mit schwerem Hammer auf den frostbedeckten Granit, bis er 5 Bushel davon abgehauen hatte. Dann war sein Tagewerk verrichtet und erhielt er 3 d.“ (2 Silbergroschen, 6 Pfennige) „und ein Billet für Brod. In einem andern Theil des Hofes stand ein rhachitisches kleines Holzhaus. Beim Oeffnen der Thüre fanden wir es gefüllt mit Männern, Schulter an Schulter gedrängt, um einander warm zu halten. Sie zupften Schiffstau und stritten mit einander, wer von ihnen mit einem Minimum von Nahrung am längsten arbeiten könne, denn Ausdauer war der point d'honneur. In diesem einen Workhouse allein erhielten 7000 Unterstützung, darunter viele Hunderte, die 6 oder 8 Monate zuvor die höchsten Löhne geschickter Arbeit in diesem Land verdienten. Ihre Zahl wäre doppelt so groß gewesen, gäbe es nicht so viele, welche nach Erschöpfung ihrer ganzen Geldreserve dennoch vor Zuflucht zur Pfarrei zurückbeben, so lange sie noch irgend etwas zu versetzen haben … Das Workhouse verlassend, machte ich einen Gang durch die Straßen von meist einstökkigen Häusern, die in Poplar so zahlreich. Mein Führer war Mitglied des Comités für die Arbeitslosen. Das erste Haus, worin wir eintraten, war das eines Eisenarbeiters, seit 27 Wochen außer Beschäftigung. Ich fand den Mann mit | seiner ganzen Familie in einem Hinterzimmer sitzend.

Das Zimmer war noch nicht ganz von Möbeln entblößt und es war Feuer darin. Dieß war nöthig, um die nackten Füße der jungen Kinder vor Frost zu schützen, denn es war ein grimmig kalter Tag. Auf einem Teller gegenüber dem Feuer lag ein Quantum Werg, welches Frau und Kinder zupften in Erstattung des Brods vom Workhouse. Der Mann arbeitete in einem der oben beschriebenen Höfe für ein Brodbillet und 3 d. per Tag. Er kam jetzt nach Haus zum Mittagessen, sehr hungrig, wie er uns mit einem bittern Lächeln sagte, und sein Mittagessen bestand aus einigen Brodschnitten mit Schmalz und einer Tasse milchlosen Thees … Die nächste Thüre, an der wir anklopften, wurde geöffnet durch ein Frauenzimmer mittleren Alters, die, ohne ein Wort zu sagen, uns in ein kleines Hinterzimmer führte, wo ihre ganze Familie saß, schweigend, die Augen auf ein rasch ersterbendes Feuer geheftet. Solche Verödung, solche Hoffnungslosigkeit hing um diese Leute und ihr kleines Zimmer, daß ich nicht wünsche je eine ähnliche Scene wieder zu ¦ sehn. ‚Nichts haben sie verdient, mein Herr‘, sagte die Frau, auf ihre Jungen zeigend, ‚nichts für 26 Wochen, und all unser Geld ist hingegangen, alles Geld, das ich und der Vater in den bessern Zeiten zurücklegten, in dem Wahn eine Reserve während schlechten Geschäfts zu sichern. Sehn sie es‘, schrie sie fast wild, indem sie ein Bankbuch hervorholte mit allen seinen regelmäßigen Nachweisen über eingezahltes und rückerhaltnes Geld, so daß wir sehn konnten, wie das kleine Vermögen begonnen hatte mit dem ersten Deposit von 5 Shilling, wie es nach und nach zu 20 Pfd. St. aufwuchs, und dann wieder zusammenschmolz, von Pfunden zu Shillingen, bis der letzte Eintrag das Buch so werthlos machte, wie ein blankes Stück Papier. Diese Familie erhielt *ein* nothdürftiges Mahl täglich vom Workhouse … Unsre folgende Visite war zur Frau eines Irländers, der an den Schiffswerften gearbeitet hatte. Wir fanden sie krank von Nahrungsmangel, in ihren Kleidern auf eine Matratze gestreckt, knapp bedeckt mit einem Stück Teppich, denn alles Bettzeug war im Pfandhaus. Die elenden Kinder warteten sie und sahen aus als bedürften sie umgekehrt der mütterlichen Pflege. Neunzehn Wochen erzwungnen Müßiggangs hatten sie so weit heruntergebracht, und während sie die Geschichte der bitteren Vergangenheit erzählte, stöhnte sie als ob alle Hoffnung auf eine bessere Zukunft verloren wäre … Beim Austritt aus dem Hause rannte ein junger Mann auf uns zu und | bat uns in sein Haus zu gehn und zu sehn, ob irgend etwas für ihn geschehn könne. Ein junges Weib, zwei hübsche Kinder, ein Kluster von

Pfandzetteln und ein ganz kahles Zimmer war alles, was er zu zeigen hatte"[137]. ¦ |

Der *antagonistische* Charakter der kapitalistischen Produktion und Accumulation bewährt sich nirgendwo *brutaler* als in dem *Fortschritt des englischen Landbaus* (Viehzucht eingeschlossen) und dem *Rückschritt des englischen Landarbeiters.* Bevor ich zu seiner *gegenwärtigen*

137 Da es grade jetzt Mode unter den englischen Kapitalisten ist, *Belgien* als das Paradies des Arbeiters zu schildern, weil *„die Freiheit der Arbeit"* dort weder durch den Despotismus der Trade's Unions, noch durch Fabrikgesetze verkümmert sei, hier ein paar Worte über das „Glück" des nur durch Klerisei, Grundaristokratie, liberale Bourgeois und Bureaukraten, aber bei Leibe nicht durch Trade's Unions und Fabrikgesetze gehänselten „freien" belgischen Arbeiters. Herr *Ducpetiaux*, eine gute Autorität, früher, ich weiß nicht ob noch, Generalinspektor der belgischen Gefängnisse, sagt in seinen: *„Budgets économiques des classes ouvrières en Belgique"*: „Im Durchschnitt zählt eine Arbeiterfamilie 4 Kinder, also mit Vater und Mutter 6 Personen. Von diesen 6 Personen können 4 nützlich beschäftigt werden, wenn Krankheit u. dgl. nicht dazwischen kömmt. Unter diesen Umständen sind folgendes die Hilfsquellen der Familie auf ihrem *Maximalgrad*:

Der Vater	300 Tage	zu	1 fc. 56 c.	per Jahr	468 fcs.
Die Mutter	„	„	0 fc. 89 c.	„	267 fcs.
Der älteste Junge	„	„	0 fc. 56 c.	„	168 fcs.
Die älteste Tochter	„	„	0 fc. 55 c.	„	165 fcs.
					1068 fcs.

Die *Jahresausgabe* der Familie und ihr *Deficit* würden sich erheben, falls der Arbeiter die Nahrung hätte:

Des Seesoldaten,	auf	1828 fcs.	*Deficit:*	760 fcs.
Des Soldaten,	„	1473 fcs.	„	405 fcs.
Des Gefangnen,	„	1112 fcs.	„	44 fcs.

In jener *Musterfamilie* haben wir alle möglichen Hilfsquellen vereinigt. Aber indem wir der Familienmutter ein Salair gaben, entzogen wir dem Haushalt ihre Leitung. Wer wird dem Inneren vorstehn, das Essen bereiten, Wäsche, Flickereien u. s. w. besorgen? Wie bringt es die große Mehrzahl der Arbeiter, welche die Waaren weder im Großen kauft, noch im Halbgroßen, gleich der Gefängnißverwaltung, wie bringt sie es fertig zu leben? Indem sie zu Nothbehelfen flüchtet, wovon der Arbeiter allein das Geheimniß hat, indem sie an ihrer täglichen Ration abknappt, wenig oder gar kein Fleisch ißt, ebenso mit Butter und Gewürzen, indem sie die Familie in eine oder zwei Kammern packt, wo Mädchen und Jungen zusammenschlafen, oft auf demselben Strohsack, indem sie an der Kleidung ökonomisirt, an Wäsche und Reinigungsmitteln, den Sonntagsvergnügungen entsagt u. s. w. Einmal bei dieser letzten Grenze angelangt, wirft die geringste

Lage übergehe, ein rascher Rückblick. Die moderne Agrikultur datirt in England von der Mitte des 18. Jahrhunderts, obgleich die Umwälzung der Grundeigenthumsverhältnisse, wovon die veränderte Produktionsweise als Grundlage ausgeht, viel früheren Datums.

Nehmen wir die Angaben *Arthur Young's*, eines genauen Beobachters, obgleich elenden Denkers, über den Landarbeiter von *1771*, so spielt letztrer eine sehr elende Rolle, verglichen mit seinem Vorgänger *Ende des 14. Jahrhunderts*, „wo er in Fülle leben und *Reichthum accumuliren* konnte“[138], gar nicht zu sprechen vom *15. Jahrhundert*, „dem goldnen Zeitalter der englischen Arbeiter in Stadt und Land“. Wir brauchen jedoch nicht so weit zurückzugehn. In einer sehr gehaltreichen Schrift von *1777* liest man: „Der große Pächter hat sich beinahe erhoben zum Niveau des Gentleman, während der arme Landarbeiter fast zu Boden gedrückt ist... Seine unglückliche Lage zeigt sich klar durch eine vergleichende Uebersicht seiner Verhältnisse von heute und von 40 Jahr früher... Grundeigenthümer und Pächter wirken Hand in Hand zur Unterdrückung des Arbeiters“[139]. Es wird dann im | Detail nachgewiesen, daß der reelle Arbeitslohn auf dem Lande von 1737 bis 1777 ¦ um beinahe ¼ oder 25 % gefallen ist. „Die moderne Politik“, sagt *Dr. Richard Price* zur selben Zeit, „begünstigt die höheren Volksklassen; die Folge wird

Erhöhung der Preise der Lebensmittel u. s. w. sie auf die Armenliste.“ In der That ist in diesem „Paradies der Kapitalisten“ *die geringste Variation der Getreidepreise begleitet von einer Variation in Todesfällen und Verbrechen!* (Sieh „*Manifest der Maatschappij: De Vlamingen Vooruit! Brussel* 1860“, p. 13, 14.) Ganz Belgien zählt 930 000 Familien, davon, nach *officieller* Statistik: 90 000 Reiche (Wähler), 450 000 Personen; 390 000 Familien der kleinen Mittelklasse, in Stadt und Dorf, großer Theil davon stets in's Proletariat fallend, 1 950 000 Personen. Endlich 450 000 Arbeiterfamilien mit 2 250 000 Personen, von welchen die *Musterfamilien* das durch Ducpetiaux geschilderte Glück genießen. Unter den 450 000 Arbeiterfamilien *über 200 000 auf der Armenliste!*

138 *James E. Th. Rogers (Prof. of Polit. Econ. in the University of Oxford)*: „*A History of Agriculture and Prices in England. Oxford* 1866“, v. I, p. 690. Dieß fleißig gearbeitete Werk umfaßt in den bisher erschienenen zwei ersten Bänden nur noch die Periode von 1259–1400. Der zweite Band enthält bloß statistisches Material. Es ist die erste authentische „History of Prices“, die wir für jene Zeit besitzen.

139 „*Reasons for the late Increase of the Poorrates; or, a comparative view of the price of labour and provisions. Lond.* 1777“, p. 5, 11.

sein, daß früher oder später das ganze Königreich nur aus Gentlemen und Bettlern, aus Grandees und Sklaven besteht"[140].

Dennoch ist die Lage des englischen Landarbeiters von 1770–1780, sowohl was seine Nahrungs- und Wohnlichkeitszustände, als sein Selbstgefühl, Belustigungen u. s. w. betrifft, ein später nie wieder erreichtes *Ideal.* In Pints Weizen ausgedrückt betrug sein Durchschnittslohn 1761–1770 90 Pints, zu *Eden's* Zeit (1797) nur noch 65, 1808 aber 60[141].

Der Zustand der Landarbeiter Ende des *Antijakobinerkriegs,* während dessen sich Grundaristokratie, Pächter, Fabrikanten, Kaufleute, Banquiers, Börsenritter, Armeelieferanten u. s. w. so außerordentlich bereichert hatten, ist bereits früher angedeutet worden. Der *nominelle* Arbeitslohn stieg natürlich in Folge theils der Depreciation des Geldes theils eines von dieser Depreciation unabhängigen Steigens im Preis der nothwendigsten Lebensmittel. Die wirkliche Bewegung des Arbeitslohns ist aber auf sehr einfache Art zu konstatiren, ohne Zuflucht zu hier unzulässigen Details. Das Armengesetz und seine Administration waren 1795 und 1814 dieselben. Man erinnert sich: dieß Gesetz wurde auf dem Land in der Art gehandhabt, daß die *Differenz* zwischen dem dem Arbeiter gezahlten *Arbeitslohn* und der *Minimalsumme,* die zu seiner bloßen Vegetation erheischt ist, von der Pfarrei in der Form der Armenunterstützung ergänzt wurde. Das Verhältniß zwischen dem vom | Pächter *gezahlten Arbeitslohn* und dem von der Pfarrei gutgemachten *Deficit dieses Arbeitslohns* zeigt uns zweierlei, erstens die Senkung des Arbeitslohns *unter* sein Minimum, zweitens den Grad, worin der Landarbeiter aus Lohnarbeiter und Pauper zusammengesetzt war, oder den Grad, worin er in einen Leibeignen seiner Pfarrei verwandelt ward. Wir nehmen eine Grafschaft, die das Durchschnittsverhältniß in allen andern Grafschaften repräsentirt. *1795* betrug der durchschnittliche Wochenlohn in Northampton 7 sh. 6 d., die jährliche

140 *Dr. Richard Price: „Observations on Reversionary Payments."* 6. ed. *By W. Morgan. Lond.* 1803, v. II, p. 158. Price bemerkt p. 159: "The *nominal* price of day labour is at present no more than about four times, or at most five times higher than it was in the year 1514. But the price of corn is seven times, and of flesh-meat and raiment about fifteen times higher. So far, therefore, has the price of labour been even from advancing in proportion to the increase in the expences of living, that it does not appear that it bears now *half* the proportion to those expences that it did bear."

141 *Barton* l. c. p. 26. Für Ende des 18. Jahrhunderts vgl. *Eden* l. c.

Totalausgabe einer Familie von 6 Personen 36 Pfd. St. 12 sh. 5 d., ihre *Totaleinnahme* 29 Pfd. St. 18 sh., das von der Pfarrei gutgemachte *Deficit*: 6 Pfd. St. 14 sh. 5 d. In derselben Grafschaft betrug *1814* der Wochenlohn 12 sh. 2 d., die jährliche *Totalausgabe* einer Familie von 5 Personen 54 Pfd. St. 18 sh. 4 d., ihre *Totaleinnahme* ¦ 36 Pfd. St. 2 sh., das von der Pfarrei gutgemachte *Deficit*: 18 Pfd. St. 6 sh. 4 d.[142]. *1795* betrug das Deficit weniger als ¼ des Arbeitslohns, 1814 mehr als die Hälfte. Daß unter diesen Umständen die geringen Komforts, die bei *Eden* noch in der Cottage des Landarbeiters figuriren, 1814 verschwunden waren, versteht sich von selbst[143]. Unter allen Thieren, die der Pächter hält, blieb von nun an der Arbeiter, das instrumentum vocale, das meist geplackte, schlechtest gefütterte und am brutalsten behandelte.

Derselbe Zustand der Dinge dauerte ruhig fort, bis „die swing Aufstände 1830 uns (d. h. den herrschenden Klassen) beim Lichtflammen der Kornschober enthüllten, daß Elend und dunkle aufrührerische Unzufriedenheit ebenso wild unter der Oberfläche des agrikolen als des industriellen Englands lodre“[144]. *Sadler* taufte damals im Unterhaus die Landarbeiter „weiße Sklaven“ („white slaves“), ein Bischof hallte das Epithet im Oberhaus wieder. Der bedeutendste politische Oekonom jener Periode, *E. G. Wakefield*, sagt: „der Landarbeiter Südenglands ist kein Sklave, er ist kein freier Mann, er ist ein Pauper“[145]. |

Die Zeit *unmittelbar vor der Aufhebung der Korngesetze* warf neues Licht auf die Lage der Landarbeiter. Einerseits lag es natürlich im Interesse der bürgerlichen Anticornlawagitatoren nachzuweisen, wie wenig jene Schutzgesetze den *wirklichen* Kornproducenten beschützten. Andrerseits schäumte die industrielle Bourgeoisie auf von Ingrimm über die Denunciation der Fabrikzustände seitens der Grundaristokraten, über die affektirte Sympathie dieser grundverdorbnen, herzlosen und vornehmen Müßiggänger mit den Leiden des Fabrikarbeiters, und ihren „diplomatischen“ Eifer für Fabrikgesetzgebung. Es ist ein altes englisches Sprichwort, daß wenn zwei Diebe sich in die Haare fallen, immer etwas Nützliches geschieht. Und in der That, der geräuschvolle, leidenschaftliche Zank zwischen den zwei Fraktionen der herrschenden

142 *Parry* l. c. p. 80.
143 id. p. 213.
144 *S. Laing* l. c. p. 62.
145 *England and America. Lond.* 1833, v. I, p. 47.

664| 545¦

a) Kinder	b) Zahl der Familien-glieder	c) Wöchentlicher Arbeitslohn der Männer	d) Wöchentlicher Kinderlohn	e) Wochen-einnahme der Gesammtfamilie	f) Wöchentliche Hausmiethe	g) Gesammt-wochenlohn nach Abzug der Hausmiethe	h) Wochenlohn per Kopf
				Erstes Dorf			
2	4	8 sh.		8 sh.	2 sh.	6 sh.	1 sh. 6 d.
3	5	8 sh.		8 sh.	1 sh. 6 d.	6 sh. 6 d.	1 sh. 3½ d.
2	4	8 sh.		8 sh.	1 sh.	7 sh.	1 sh. 9 d.
2	4	8 sh.		8 sh.	1 sh.	7 sh.	1 sh. 9 d.
6	8	7 sh.	1 sh. 6	10 sh. 6 d.	2 sh.	8 sh. 6 d.	1 sh. 0¾ d.
3	5	7 sh.	1 sh. 2	7 sh.	1 sh. 4 d.	5 sh. 8 d.	1 sh. 1½ d.
				Zweites Dorf			
6	8	7 sh.	1 sh. 6	10 sh.	1 sh. 6 d.	8 sh. 6 d.	1 sh. 0¾ d.
6	8	7 sh.	1 sh. 6	7 sh.	1 sh. 3½ d.	5 sh. 8½ d.	0 sh. 8½ d.
8	10	7 sh.		7 sh.	1 sh. 3½ d.	5 sh. 8½ d.	0 sh. 7 d.
4	6	7 sh.		7 sh.	1 sh. 6½ d.	5 sh. 5½ d.	0 sh. 11 d.
3	5	7 sh.		7 sh.	1 sh. 6½ d.	5 sh. 5½ d.	1 sh. 1 d.
				Drittes Dorf			
4	6	7 sh.		7 sh.	1 sh.	6 sh.	1 sh.
3	5	7 sh.	1 sh. 2	11 sh. 6 d.	0 sh. 10 d.	10 sh. 8 d.	2 sh. 1½ d.
0	2	5 sh.	1 sh. 6	5 sh.	1 sh.	4 sh.	2 sh. [146]

146 *London „Economist"*. Jahrgang 1845, p. 290

Klasse, welche von beiden den Arbeiter am schamlosesten ausbeute und *das meiste Produkt fremder Arbeit* als *Privateigenthum des Nichtarbeiters* usurpire, dieser Zank wurde rechts und links Geburtshelfer der Wahrheit. Graf *Shaftesbury*, alias Lord *Ashley*, war Vorkämpfer im aristokratischen Antifabrikphilanthropiefeldzug. Er bildet daher 1844–1845 ein Lieblingsthema in den Enthüllungen des *Morning Chronicle* über die Zustände der *Agrikulturarbeiter*. Jenes Blatt, damals das bedeutendste liberale Organ, entsandte eigne Kommissäre in die Agrikulturdistrikte, welche sich keineswegs mit allgemeiner Schilderung und Statistik begnügten, sondern die *Namen* sowohl der untersuchten Arbeiterfamilien ¦ ¦ als ihrer Landlords veröffentlichten. Die folgende Liste giebt Löhne, gezahlt auf drei Dörfern, in der Nachbarschaft von Blandford, Wimbourne und Poole. Die Dörfer sind Eigenthum des Mr. G. Bankes und des *Grafen von Shaftesbury*. Man wird bemerken, daß dieser Pabst der „low church", dieß Haupt der englischen Pietisten, und p. p. Bankes von den Hundelöhnen ihrer Arbeiter wieder einen bedeutenden Theil unter dem Vorwand von Hausrente einstecken.

(Siehe nebenstehende Tabelle.)

Der Widerruf der Korngesetze gab dem englischen Landbau einen ungeheuren Ruck. Drainirung auf der größten Stufenleiter[147], neues System der Stallfütterung und des Anbaus der künstlichen Futterkräuter, Einführung mechanischer Düngapparate, neue Behandlung der Thonerde, gesteigerter Gebrauch mineralischer Düngmittel, Anwendung der Dampfmaschine und aller Art neuer Maschinerie u. s. w., intensivere Kultur | überhaupt charakterisiren diese Epoche. Der Präsident der königlichen Gesellschaft für Agrikultur, Herr Pusey, behauptet, daß die (relativen) Wirthschaftskosten durch die neu eingeführte Maschinerie beinahe um die Hälfte verringert worden sind. Andrerseits ward der positive Bodenertrag rasch erhöht. Größere Kapitalauslage per Acre war Grundbedingung der neuen Methode, also auch beschleunigte Koncentration der Pachten[148]. Zugleich dehnte sich das Areal der Be-

147 Die Grundaristokratie schoß sich selbst zu diesem Zweck *Fonds*, natürlich per Parlament, *aus der Staatskasse* vor, zu sehr niedrigem Zins, welchen die Pächter ihr doppelt zu erstatten haben.

148 Die Abnahme der mittleren Pächter ersieht man namentlich aus den Rubriken des Census: „Pächters Sohn, Enkel, Bruder, Neffe, Tochter, Enkelin, Schwester, Nichte", kurz der vom Pächter beschäftigten Glieder seiner eignen Familie. Diese Rubriken zählten 1851: 216 851 Personen, 1861 nur 176 151.

bauung von 1846 bis 1856 um 464 119 Acres aus, nicht zu sprechen von den großen Flächen | der östlichen Grafschaften, welche aus Kaninchengeheg und armer Viehweide in üppige Kornfelder umgezaubert wurden. Man weiß bereits, daß gleichzeitig die *Gesammtzahl* der in der Agrikultur betheiligten Personen *abnahm*. Was die *eigentlichen Ackerbauer*, beiderlei Geschlechts und aller Altersstufen, betrifft, so sank ihre Zahl von 1 241 269 im Jahr 1851 auf 1 163 217 im Jahr 1861[149]. Wenn der englische Generalregistrator daher mit Recht bemerkt: „Der Zuwachs von Pächtern und Landarbeitern seit 1801 steht in gar keinem Verhältniß zum Zuwachs des agrikolen Produkts“[150], so gilt dieß Mißverhältniß noch viel mehr von der letzten Periode, wo *positive Abnahme der ländlichen Arbeiterbevölkerung* Hand in Hand ging mit Ausdehnung des bebauten Areals, intensiverer Kultur, unerhörter Accumulation des dem Boden ein¦verleibten und des seiner Bearbeitung gewidmeten Kapitals, Steigerung des Bodenprodukts ohne Parallele in der Geschichte der englischen Agronomie, strotzenden Rentrollen der Grundeigenthümer und schwellendem Reichthum der kapitalistischen Pächter. Nimmt man dieß zusammen mit der ununterbrochen raschen Erweiterung des städtischen Absatzmarkts und der Herrschaft des Freihandels, so war der Landarbeiter post tot discrimina rerum endlich in Verhältnisse gestellt, die ihn, *secundum artem*, glückstoll machen mußten.

Professor *Rogers* gelangt dagegen zum Resultat, daß der englische Landarbeiter heutigen Tags, gar nicht zu sprechen von seinem Vorgänger in der letzten Hälfte des 14. Jahrhunderts und im 15. Jahrhundert, sondern nur verglichen mit seinem Vorgänger aus der Periode 1770–1780, seine Lage außerordentlich verschlechtert hat, daß „er wieder ein Leibeigner geworden ist“ und zwar schlecht gefütterter und behauster Leibeigner[151]. *Dr. Julian Hunter*, in seinem epochemachenden *Bericht über die Wohnlichkeit der Landarbeiter*, sagt: „Die Existenzkost des hind (der Zeit der Leibeigenschaft angehöriger Name für den Landarbeiter) ist fixirt zu dem möglichst niedrigen Betrag, womit er leben kann …

149 Die Zahl der Schafhirten wuchs von 12517 auf 25 559.

150 *Census* etc. l. c. p. 36.

151 *Rogers* l. c. p. 693. "The peasant has again become a serf." l. c. p. 10. Herr Rogers gehört zur liberalen Schule, ist persönlicher Freund von Cobden und Bright, also kein laudator temporis acti.

seine Zufuhr | von Lohn und Obdach ist nicht berechnet auf den aus ihm herauszuschlagenden Profit. Er ist der Nullpunkt in den Berechnungen des Pächters"[152]. „Seine Subsistenzmittel werden stets als eine fixe Quantität behandelt"[153]. „Was irgend eine weitere Reduktion seines Einkommens angeht, so kann er sagen: nihil habeo, nihil curo. Er hat keine Furcht für die Zukunft, weil er über nichts verfügt außer dem, was zu seiner Existenz absolut unentbehrlich ist. Er hat den Gefrierpunkt erreicht, von dem die Berechnungen des Pächters als Datum ausgehn. Komme was wolle, er hat keinen Antheil an Glück oder Unglück"[154].

Im Jahr 1863 fand eine officielle Untersuchung über die Verpflegungs- und Beschäftigungszustände der zu Transportation und öffentlicher Zwangsarbeit verurtheilten Verbrecher statt. Die Resultate sind in zwei dickleibigen Blaubüchern niedergelegt. „Eine sorgfältige Vergleichung", heißt es unter anderem, „zwischen der Diät der Verbrecher in den Gefängnissen von England und der der Paupers in Workhouses und der freien Landarbeiter ¦ desselben Landes zeigt unstreitig, daß die erstern viel besser genährt sind als irgend eine der beiden andern Klassen"[155], während „die Arbeitsmasse, die von einem zu öffentlicher Zwangsarbeit Verurtheilten verlangt wird, ungefähr die Hälfte der vom gewöhnlichen Landarbeiter verrichteten beträgt"[156]. Einige wenige charakteristische Zeugenaussagen: John Smith, Direktor des Gefängnisses von Edinburg, verhört. Nr. 5056: „Die Diät in den englischen Gefängnissen ist viel besser als die der gewöhnlichen Landarbeiter." Nr. 5057: „Es ist Thatsache, daß die gewöhnlichen Agrikulturarbeiter Schottlands sehr selten irgend welches Fleisch erhal|ten." Nr. 3047: „Kennen Sie irgend einen Grund für die Nothwendigkeit, die Verbrecher

152 *„Public Health. Seventh Report. Lond.* 1865", p. 242. "The cost of the hind is fixed at the lowest possible amount on which he can live … the supplies of wages or shelter are not calculated on the profit to be derived from him. He is a zero in farming calculations." Es ist daher nichts ungewöhnliches, daß entweder der Hausvermiether die Miethe für einen Arbeiter erhöht, sobald er hört, daß er etwas mehr verdient, oder daß der Pächter den Lohn des Arbeiters heruntersetzt, „weil seine Frau eine Beschäftigung gefunden hat." (l. c.)

153 l. c. p. 135.

154 l. c. p. 134.

155 *„Report of the Commissioners … relating to Transportation and Penal Servitude. Lond.* 1863", v. I, n. 50.

156 l. c. p. 77. *„Memorandum by the Lord Chief Justice."*

viel besser (much better) zu nähren als gewöhnliche Landarbeiter? – Sicher nicht." Nr. 3048: „Halten Sie es für angemessen weitere Experimente zu machen, um die Diät zu öffentlichen Zwangsarbeiten verurtheilter Gefangenen der Diät freier Landarbeiter nahe zu bringen?"[157] „Der Landarbeiter", heißt es, „könnte sagen: Ich arbeite hart und habe nicht genug zu essen. Als ich im Gefängniß war, arbeitete ich nicht so hart und hatte Essen in Fülle, und darum ist es besser für mich im Gefängniß als im Freien zu sein"[158]. Aus den dem ersten Band des Berichts angehängten Tabellen ist folgende vergleichende Uebersicht zusammengestellt:

Wöchentlicher Nahrungsbetrag

	Stickstoffhaltige Bestandtheile	Von Stickstoff freie Bestandtheile	Mineralische Bestandtheile	Gesammtsumme
	Unzen	Unzen	Unzen	Unzen
Verbrecher im Gefängniß von Portland	28,95	150,06	4,68	183,69
Matrose in der königl. Marine	29,63	152,91	4,52	187,06
Soldat	25,55	114,49	3,94	143,98
Kutschenmacher (Arbeiter)	24,53	162,06	4,23	190,82
Setzer	21,24	100,83	3,12	125,19
Landarbeiter	17,73	118,06	3,29	139,08

Das allgemeine Resultat der ärztlichen Untersuchungskommission von 1863 über den Nahrungszustand der schlechter genährten Volksklassen ist dem Leser bereits bekannt. Er erinnert sich, daß die Diät eines großen Theils der Landarbeiterfamilien unter dem *Minimalmaß* „zur Abwehr von Hun¦gerkrankheiten" steht. Es ist dieß namentlich der Fall in allen rein agrikolen Distrikten von Cornwall, Devon, Somerset, Dorset, Wilts, Stafford, Oxford, Berks und Herts. „Die Nahrung, die der Landarbeiter erhält", sagt *Dr. Simon*, „ist größer als das Durchschnittsquantum anzeigt, da er selbst einen viel größeren, für seine Arbeit unentbehr|lichen, Theil der Lebensmittel erhält als seine übrigen Familienglieder, in den ärmeren Distrikten fast alles Fleisch oder Speck. Das Quantum Nahrung, das der Frau zufällt, und ebenso den Kindern

157 l. c. v. II. *Evidence.*
158 l. c. v. I. *Appendix* p. 280.

in ihrer Periode raschen Wachsthums, ist in vielen Fällen, und zwar in fast *allen Grafschaften*, mangelhaft, hauptsächlich an Stickstoff"[159]. Die bei den Pächtern selbst wohnenden Knechte und Mägde werden reichlich genährt. Ihre Zahl fiel von 288 277 im Jahr 1851 auf 204 962 im Jahr 1861. „Die Arbeit der Weiber auf freiem Feld", sagt Dr. Smith, „von welchen sonstigen Nachtheilen auch immer begleitet, ist unter gegenwärtigen Umständen von großem Vortheil für die Familie, denn sie liefert derselben Mittel für Beschuhung, Kleidung, Zahlung der Hausrente, und befähigt sie so besser zu essen"[160]. Eins der merkwürdigsten Resultate dieser Untersuchung war, daß der Landarbeiter in England bei weitem schlechter genährt ist als in den andern Theilen des Vereinigten Königreichs („is considerably the worst fed"), wie die folgende Tabelle zeigt:

Wöchentlicher Konsum von Kohle und Stickstoff
durch den ländlichen Durchschnittsarbeiter

	Kohle	Stickstoff
England	40 673 Gran	1 594 Gran
Wales	48 354 Gran	2 031 Gran
Schottland	48 980 Gran	2 348 Gran
Irland	43 366 Gran	2 434 Gran.[161] ¦|

159 „*Public Health. Sixth Report.* 1863". *Lond.* 1864, p. 238, 249, 261, 262.

160 l. c. p. 262.

161 l. c. p. 17. Der englische Landarbeiter erhält nur ¼ so viel Milch und nur ½ so viel Brodstoff als der irische. Den besseren Nahrungsstand der letzteren bemerkte schon *A. Young*, in seiner „*Tour through Ireland*" Anfang dieses Jahrhunderts. Der Grund ist einfach der, daß der arme irische Pächter ungleich humaner ist als der reiche englische. Mit Bezug auf *Wales* gilt die Textangabe *nicht* für seinen Südwesten. „Alle dortigen Aerzte stimmen überein, daß die Zunahme der Sterblichkeitsrate von Tuberkulose, Skropheln u. s. w. an Intensivität wächst mit der Verschlechterung des physischen Zustandes der Bevölkerung, und alle schreiben diese Verschlechterung der Armuth zu. Der tägliche Unterhalt des Landarbeiters wird dort auf 5 d. veranschlagt, in vielen Distrikten zahlt der Pächter (selbst elend) weniger. Ein Bissen gesalznes Fleisch, getrocknet zur Härte von Mahagoni und kaum werth des schwierigen Prozesses der Verdauung, oder Speck dient zur Würze einer großen Quantität von Brühe, von Mehl und Lauch, oder Haferschleim, und Tag nach Tag ist dieß das Mittagsmahl des Landarbeiters … Der Fortschritt der Industrie hatte die Folge für ihn, in diesem harten und dumpfen Klima, das solide hausgesponnene Tuch durch wohlfeile Baumwollzeuge zu verdrängen und stärkere Getränke durch ‚nominellen' Thee … Nach langstündiger Aussetzung an Wind und Regen, kehrt der Ackerbauer zurück zu seiner Cottage,

„Jede Seite von Dr. Hunters Bericht“, sagt Dr. Simon in seinem officiellen Gesundheitsbericht, „giebt Zeugniß von der unzureichenden | Quantität und miserablen Qualität der *Wohnlichkeit unsres Landarbeiters.* Und *progressiv* seit vielen Jahren hat sich sein Zustand in dieser Hinsicht verschlechtert. Es ist jetzt viel schwerer für ihn, Hausraum zu finden, und, wenn gefunden, ist er seinen Bedürfnissen viel weniger entsprechend, als vielleicht *seit Jahrhunderten* der Fall war. *Beson-*

um niederzusitzen bei einem Feuer von Torf oder aus Lehm und Kohlenabfall zusammengesetzten Ballen, welche Wolken von Kohlen- und Schwefelsäure ausqualmen. Die Wände der Hütte bestehn aus Lehm und Steinen, das Estrich aus der nackten Erde, welche da war vor Erbauung der Hütte, das Dach ist eine Masse losen und aufgedunsenen Strohs. Jeder Spalt ist verstopft zur Erhaltung der Wärme, und in einer Atmosphäre von diabolischem Gestank, einen Schlammboden unter sich, oft mit seinen einzigen Kleidern trocknend auf seinem Leibe, nimmt er sein Abendbrod mit Weib und Kindern. Geburtshelfer, gezwungen einen Theil der Nacht in diesen Hütten zuzubringen, haben beschrieben, wie ihre Füße im Schlamm des Fußbodens versanken, und wie sie gezwungen waren, leichte Arbeit!, ein Loch durch die Wand zu bohren, um sich eine kleine Privatrespiration zu verschaffen. Zahlreiche Zeugen von verschiednem Rang bezeugen, daß der *untergenährte* (underfed) Bauer diesen und andren gesundheitswidrigen Einflüssen nächtlich ausgesetzt ist, und für das Resultat, ein geschwächtes und skrophulöses Volk, fehlt es wahrhaftig nicht an Beweisen ... Die Mittheilungen der Pfarreibeamten von Carmarthenshire und Cardiganshire zeigen schlagend denselben Zustand der Dinge. Es kömmt hinzu eine noch größere Pest, das Umsichgreifen des Idiotismus. Nun noch die klimatischen Verhältnisse. Heftige Südwestwinde durchblasen das ganze Land während 8 bis 9 Monaten im Jahr, in ihrem Gefolg Regen-Sturzbäche, die sich hauptsächlich auf die westlichen Abhänge der Hügel entladen. Bäume sind selten, außer in gedeckten Plätzen; wo unbeschützt, werden sie außer alle Form zerblasen. Die Hütten kriechen unter irgend eine Bergterrasse, oft auch in eine Schlucht oder einen Steinbruch, und nur die winzigsten Schafe und einheimisches Hornvieh können auf den Weiden leben ... Die jungen Leute wandern nach dem östlichen Minendistrikte von Glamorgan und Monmouth ... Carmarthenshire ist die Pflanzschule der Minenbevölkerung und ihr Invalidenhaus ... Die Bevölkerung erhält ihre Zahl nur mühsam. So in *Cardiganshire:*

	1851	*1861*
Männlichen Geschlechts:	45 155	44 446
Weiblichen Geschlechts:	*52 459*	*52 955*
	97 614	97 401.“

(*Dr. Hunter's Report* in „*Public Health. Seventh Report.* 1864“, *Lond.* 1865, p. 498–502 passim.)

ders innerhalb der letzten 30 oder 20 Jahre ist das Uebel in raschem Wachsthum begriffen, und die Wohnlichkeitsverhältnisse des Landmanns *sind jetzt im höchsten Grad kläglich.* Außer soweit diejenigen, *die seine Arbeit bereichert,* es der Mühe werth halten ihn mit einer Art von mitleidiger Nachsicht zu behandeln, ist er ganz hilflos in der Sache. Ob er Behausung findet auf dem Land, welches er bebaut, ob sie menschlich oder schweinisch ist, ob mit kleinem Garten, der den Druck der Armuth so sehr erleichtert, alles das hängt nicht von seiner Bereitheit oder Fähigkeit zur Zahlung einer angemeßnen Miethe ab, sondern von dem Gebrauch, den Andre von ‚dem Recht mit ihrem Eigenthum zu thun was sie wollen' zu machen belieben. Eine Pacht mag noch so groß sein, es existirt kein Gesetz, daß auf ihr eine bestimmte Anzahl von Arbeiterwohnungen, und nun gar anständigen, stehen muß; noch behält das Gesetz dem Arbeiter auch nur das kleinste Recht auf den Boden vor, für ¦ welchen seine Arbeit so nothwendig ist wie Regen und Sonnenschein ... Ein notorischer Umstand wirft noch ein schweres Gewicht in die Wagschale gegen ihn ..., der Einfluß des Armengesetzes mit seinen Bestimmungen über Niederlassung und Belastung zur Armentaxe[162]. Unter seinem Einfluß hat jede Pfarrei ein Geldinteresse die Zahl ihrer *residirenden Landarbeiter auf ein Minimum zu beschränken*; denn, unglücklicher Weise, *die Landarbeit,* statt sichre und permanente Unabhängigkeit des hartschanzenden Arbeiters und seiner Familie zu verbürgen, involvirt meist *nur einen längern oder kürzern Umweg zu eventuellem Pauperismus,* ein Pauperismus, der während des ganzen Wegs so nahe ist, daß jede Krankheit oder irgend ein vorübergehender Mangel an Beschäftigung unmittelbar die Zuflucht zur Pfarreihilfe ernöthigt; und *daher* ist *alle Residenz einer Ackerbaubevölkerung* in einer Pfarrei augenschein|lich *ein Zuschuß zu ihrer Armensteuer* ... Große Grundeigenthümer[163] haben nur zu beschließen, daß keine Arbeiterwohnungen auf ihren Gütern stehn

[162] 1865 ist dieß Gesetz etwas verbessert worden. Man wird bald durch die Erfahrung lernen, daß dergleichen Pfuscherei nichts hilft.

[163] Zum Verständniß des folgenden: *Close Villages* (geschlossene Dörfer) heißen die, deren Grundeigenthümer ein oder ein paar große Landlords; *Open Villages* (offene Dörfer) die, deren Boden vielen kleineren Eigenthümern gehört. Es sind die letzteren Orte, wo Bauspekulanten Cottages und Logirhäuser errichten können.

sollen, und sie befreien sich sofort von der Hälfte ihrer Verantwortlichkeit für die Armen. Wie weit die englische Konstitution und das Gesetz diese Art unbedingtes Grundeigenthum beabsichtigten, welches einen Landlord, der ‚mit seinem Eignen thut was er will', befähigt, die Bebauer des Bodens wie Fremde zu behandeln und sie von seinem Territorium zu verjagen, ist eine Frage, deren Diskussion nicht in meinen Bereich fällt … Diese Macht der Eviktion ist keine bloße Theorie. Sie wird praktisch auf der größten Stufenleiter geltend gemacht. Sie ist einer der Umstände, welche die Wohnlichkeitsverhältnisse des Landarbeiters beherrschen … Den Umfang des Uebels mag man aus dem letzten Census beurtheilen, wonach die *Zerstörung von Häusern, trotz vermehrter lokaler Nachfrage für dieselben,* während der letzten 10 Jahre, in 821 verschiednen Distrikten von England fortschritt, so daß, abgesehn von den Personen, die gezwungen wurden *Nichtresidirende* (nämlich in dem Kirchspiel, worin sie arbeiten) zu werden, 1861 verglichen mit 1851 eine um 5⅓ % größere Bevölkerung in einen um 4½ % kleineren Hausraum gedrängt wurde … Sobald der Entvölkerungsprozeß sein Ziel erreicht hat, ist das Resultat, sagt Dr. Hunter, ein *Schaudorf* (show-village), wo die Cottages auf wenige reducirt sind und wo niemand leben darf außer Schafhirten, Gärtnern und Wildhütern, reguläre Bediente, welche die ihrer Klasse gewohnte gute Behandlung von der gnädigen Herrschaft erhalten[164]. Aber | das Land¦bedarf der Bebauung, und man wird finden, daß die darauf beschäftigten Arbeiter keine Haussassen des Grundeigenthümers sind, sondern von einem *offnen Dorf* herkommen, vielleicht 3 Meilen weit entfernt, wo eine zahlreiche kleine Hauseigenthümerschaft sie aufnahm, nach Zerstörung ihrer Cottages in den geschloßnen Dörfern. Wo die Dinge diesem Resultat zustreben, bezeugen die Cottages meist durch ihr elendes Aussehn das Schicksal, zu dem sie verdammt sind. Man findet sie auf den verschiednen Stufen natürlichen Verfalls. So lange das Obdach zusammenhält, wird dem

164 Ein solches Schaudorf sieht sehr nett aus, aber es ist so unreal, wie die Dörfer, welche Catharina II. auf der Reise nach der Krim sah. In der letzteren Zeit wird auch der Schafhirt häufig aus diesen show-villages verbannt. Z. B. bei Market Harborough ist eine Schäferei von ungefähr 500 Acres, die nur die Arbeit *eines* Mannes erheischt. Zur Verminderung der langen Märsche über diese weiten Flächen, die schönen Weiden von Leicester und Northampton, pflegte der Hirt eine Cottage auf der Meierei zu erhalten. Jetzt giebt man ihm einen dreizehnten Shilling für Logis, das er weitab in dem offenen Dorf suchen muß.

Arbeiter erlaubt, Rente dafür zu zahlen, und er ist oft sehr froh dieß thun zu dürfen, selbst wenn er den *Preis* einer guten Wohnung zu zahlen hat. Aber keine Reparatur, keine Ausbesserung, außer die der pfenniglose Inhaber leisten kann. Wird es endlich zuletzt ganz unbewohnbar, so ist es nur eine zerstörte Cottage mehr und so viel künftige Armensteuer weniger. Während die großen Eigenthümer die Armentaxe so von sich abwälzen durch Entvölkerung des von ihnen kontrolirten Grund und Bodens, nimmt das nächste Landstädtchen oder offne Ortschaft die hinausgeworfnen Arbeiter auf; die nächste, sage ich; aber dieß „nächste" mag 3 oder 4 Meilen vom Pachthof entfernt sein, wo der Arbeiter sich täglich abzuplacken hat. *So wird seinem Tageswerk, als ob es gar nichts sei, die Nothwendigkeit eines täglichen Marsches von 6 oder 8 Meilen* zur Verdienung seines täglichen Brodes hinzugefügt. Alle von seiner Frau und seinen Kindern verrichtete Landarbeit geht jetzt unter denselben erschwerenden Umständen vor. Und dieß ist nicht das ganze Uebel, welches ihm die Entfernung verursacht. In der offnen Ortschaft kaufen Bauspekulanten Bodenfetzen, welche sie so dicht wie möglich mit den wohlfeilsten aller möglichen Spelunken besäen. Und in diesen elenden Wohnlichkeiten, die sogar, wenn sie auf das offne Land münden, die *ungeheuerlichsten Charakterzüge der schlechtesten Stadtwohnungen* theilen, hocken die Agrikulturarbeiter Englands[165] … Andrerseits muß

165 „Die Häuser der Arbeiter (in den offenen Ortschaften, die natürlich stets überfüllt sind) sind gewöhnlich in Reihen gebaut, mit dem Rücken auf der äußersten Kante des Bodenfetzens, den der Bauspekulant sein nennt. Sie sind daher ohne Zutritt von Licht und Luft, außer von der Frontseite." (*Dr. Hunter's Report* l. c. p. 135.) Sehr oft ist der Bierwirth oder Krämer des Dorfs zugleich Hausvermiether. In diesem Fall findet der Landarbeiter in ihm einen zweiten Meister neben dem Pächter. Er muß zugleich sein Miether und Kunde sein. „Mit 10 sh. per Woche, minus einer jährlichen Rente von 4 Pfd. St., ist er verpflichtet, sein modicum von Thee, Zucker, Mehl, Seife, Kerzen und Bier zu den dem Krämer beliebten Preisen zu kaufen." (l. c. p. 132.) Diese offenen Dorfschaften bilden in der That die *„Strafkolonieen" des englischen Ackerbauproletariats.* Viele der Cottages sind reine Logirhäuser, wo alles vagabundirende Gesindel der Umgegend durchpassirt. Der Landmann und seine Familie, die oft wahrhaft wunderbar in den schmutzigsten Verhältnissen Tüchtigkeit und Reinheit des Charakters bewahrt hatten, gehn hier platterdings zum Teufel. Es ist natürlich Mode unter den vornehmen Shylocks über die Bauspekulanten und die kleinen Eigenthümer und die offenen Orte pharisäisch die Achsel zu zucken. Sie wissen sehr wohl, daß ihre „geschlossenen Dörfer" und „Schaudörfer" die Geburtsstätten der „offenen Orte"

man ¦ | sich nur nicht einbilden, daß selbst der auf dem Grund und Boden, den er bebaut, behauste Arbeiter eine Wohnlichkeit findet, wie sie sein Leben produktiver Industrie verdient. Selbst auf den fürstlichsten Gütern ist seine Cottage oft von der allerjämmerlichsten Art. Es giebt Landlords, die einen Stall gut genug für ihre Arbeiter und deren Familien glauben, und die es dennoch nicht verschmähn aus ihrer Miethe so viel Baares als möglich herauszuschlagen[166]. Es mag nur eine verfallende Hütte mit | *einer* Schlafstube sein, ohne Feuerherd, ohne Abtritt, ohne öffenbare Fenster, ohne Wasserzufuhr außer dem Graben, ohne Garten, der Arbeiter ist hilflos gegen die Unbill. Und unsere gesundheitspolizeilichen Gesetze („The Nuisances Removal Acts") sind ein todter Buchstabe. Ihre Ausführung ist ja grade den Eigenthümern anvertraut, welche solche Löcher vermiethen … Man muß sich durch ausnahmsweise lichtvollere Scenen nicht blenden lassen über das erdrückende Uebergewicht der Thatsachen, die ein Schandfleck der englischen Civilisation sind. Schauderhaft muß in der That die Lage der Dinge sein, wenn, trotz der augenfälligen Ungeheuerlichkeit der gegenwärtigen Behausung, kompetente Beobachter einstimmig zu dem Schlußresultat gelangen, daß selbst die allgemeine Nichtswürdigkeit

sind und ohne dieselben nicht existiren könnten. „Ohne die kleinen Eigenthümer der offenen Orte müßte der größte Theil der Landarbeiter unter den Bäumen der Güter schlafen, worauf sie arbeiten." (l. c. p. 135.) Das System der „offenen" und „geschlossenen" Dörfer herrscht in allen Midlands und im ganzen Osten Englands.

166 „Der Hausvermiether (der Pächter oder Landlord) bereichert sich direkt oder indirekt durch die Arbeit eines Mannes, dem er 10 sh. per Woche zahlt, und zwackt dann wieder von diesem armen Teufel 4 oder 5 Pfd. St. *jährliche Miethe* für Häuser ab, die keine 20 Pfd. St. auf offenem Markt *werth sind*, aber auf ihrem künstlichen Preis erhalten werden durch die Macht des Eigenthümers zu sagen: ‚Nimm mein Haus, oder pack' Dich und suche anderswo ein Unterkommen, ohne Charaktercertifikat von mir' … Wünscht ein Mann sich zu verbessern und als Schienenleger zu einer Eisenbahn zu gehn oder einem Steinbruch, wieder ist dieselbe Macht bereit mit einem: ‚Arbeite für mich zu diesem niedrigen Arbeitslohn, oder pack' Dich auf eine Woche Kündigung; nimm Dein Schwein mit Dir, wenn Du eins hast, und schau' zu, was Du aus den Kartoffeln herausschlägst, die in Deinem Garten wachsen.' Steht jedoch das Interesse nach der andern Seite, so zieht in solchen Fällen der Eigenthümer [resp. Pächter] manchmal eine *erhöhte Hausmiethe* vor als Strafe für die Desertion aus seinem Dienst." (*Dr. Hunter* l. c. p. 132.)

der Wohnungen noch ein unendlich minder drückendes Uebel ist als ihr bloß numerischer Mangel. Seit Jahren war die Ueberstopfung der Wohnungen der Landarbeiter ein Gegenstand tiefen Kummers nicht nur für Personen, die auf Gesundheit, sondern für alle, die auf anständiges und moralisches Leben halten. Denn, wieder und wieder, in Phrasen so gleichförmig, daß sie stereotypirt zu sein scheinen, denunciren die Berichterstatter über die ¦ Verbreitung epidemischer Krankheiten in den Ruraldistrikten Haus-Ueberfüllung als einen Einfluß, der jeden Versuch, den Fortschritt einer einmal eingeführten Epidemie aufzuhalten, durchaus vereitelt. Und wieder und wieder ward nachgewiesen, daß den vielen gesundheitlichen Einflüssen des Landlebens zum Trotz die Agglomeration, welche das Umsichgreifen ansteckender Krankheiten so sehr beschleunigt, auch die Entstehung nicht ansteckender Krankheiten fördert. Und die Personen, welche diesen Zustand denuncirt haben, verschwiegen weiteres Unheil nicht. Selbst wo ihr ursprüngliches Thema nur die Gesundheitspflege betraf, waren sie beinahe gezwungen auf die andern Seiten des Gegenstandes einzugehn. Indem sie nachwiesen, wie häufig es sich ereignet, daß erwachsne Personen beiderlei Geschlechts, verheirathet und unverheirathet, zusammengehudelt („huddled") werden in engen Schlafstuben, mußten ihre Berichte die Ueberzeugung hervorrufen, daß unter den beschriebenen Umständen Scham- und Anstandsgefühl aufs gröbste verletzt und alle *Moralität fast nothwendig ruinirt wird*[167]. | … Z. B. im Appendix meines letzten Berichts erwähnt Dr. Ord, in seinem Bericht über den Fieberausbruch zu Wing in Buckinghamshire, wie ein junger Mann von Wingrave mit Fieber dorthin kam. In den ersten Tagen seiner Krankheit schlief er mit 9 andern Personen

167 „Jung verheirathete Paare sind kein erbauliches Studium für erwachsne Brüder und Schwestern in derselben Schlafstube, und obgleich Beispiele nicht registrirt werden dürfen, liegen hinreichende Data vor, um die Bemerkung zu rechtfertigen, daß großes Leid und oft der Tod das Loos der weiblichen Theilnehmer am Verbrechen der Blutschande ist." (*Dr. Hunter* l. c. p. 137.) Ein ländlicher Polizeibeamter, der viele Jahre durch als Detectiv in den schlechtesten Vierteln von London funktionirte, sagt von den Mädchen seines Dorfs aus: „Ihre grobe Immoralität im frühen Alter, ihre Frechheit und Schamlosigkeit habe ich niemals während meines Polizeilebens in den schlechtesten Theilen von London erreicht gesehn … Sie leben wie Schweine, große Jungen und Mädchen, Mütter und Väter, alles schläft zusammen in derselben Stube." („*Child. Empl. Comm. Sixth Report. Lond.* 1867", *Appendix*, p. 77, n. 155.)

in einem Gemach zusammen. In zwei Wochen wurden verschiedne dieser Personen angegriffen, im Verlauf weniger Wochen verfielen 5 von den 9 Personen dem Fieber und eine starb! Gleichzeitig berichtete mir Dr. Harvey vom St. George's Spital, der Wing während der Epidemiezeit in Angelegenheiten seiner Privatpraxis besuchte, in demselben Sinne: ‚Ein junges, fieberkrankes Frauenzimmer schlief Nachts in derselben Stube mit Vater, Mutter, ihrem Bastardkind, zwei jungen Männern, ihren Brüdern, und ihren zwei Schwestern, jede mit einem Bastard, in allem 10 Personen. Wenige Wochen vorher schliefen 13 Kinder in demselben Raume'"[168].

Dr. Hunter untersuchte 5375 Landarbeiter-Cottages, nicht nur in den reinen Agrikulturdistrikten, sondern in allen Grafschaften Englands. Unter diesen 5375 hatten 2195 nur eine Schlafstube (oft zugleich Wohnstube), 2930 nur 2 und 250 mehr als 2. Ich will für ein Dutzend Grafschaften eine kurze Blüthenlese geben. ¦

1) Bedfordshire.

Wrestlingworth: Schlafzimmer ungefähr 15 Fuß lang und 11 breit, obgleich viele kleiner sind. Die kleine einstöckige Hütte wird oft durch Bretter in zwei Schlafstuben getheilt, oft ein Bett in einer Küche 5 Fuß 6 Zoll hoch. Miethe 3 Pfd. St. Die Miether haben ihre eignen Abtritte zu bauen, der Hauseigenthümer liefert nur ein Loch. So oft einer | einen Abtritt baut, wird letzterer von der ganzen Nachbarschaft benutzt. Ein Haus Namens Richardson von unerreichbarer Schöne. Seine Mörtelwände bauschten aus wie ein Damenkleid beim Knix. Ein Giebelende war konvex, das andre konkav, und auf dem letztern stand unglücklicher Weise der Schornstein, ein krummes Rohr von Lehm und Holz gleich einem Elephantenrüssel. Ein langer Stock diente als Stütze, um den Fall des Schornsteins zu verhindern, Thüre und Fenster rautenförmig. Von 17 besuchten Häusern nur 4 mit mehr als 1 Schlafzimmer und diese 4 überstopft. Die einschläfrigen Cots bargen 3 Erwachsne mit 3 Kindern, ein verheirathetes Paar mit 6 Kindern u. s. w.

Dunton: Hohe Haus-Renten, von 4 bis 5 Pfd. St., Wochenlohn der Männer 10 sh. Sie hoffen durch Strohflechten der Familie die Miethe herauszuschlagen. Je höher die Hausmiethe, desto größer die Zahl, die sich zusammenthun muß, um sie zu zahlen. Sechs Erwachsne, die mit 4 Kindern in einer Schlafstube, zahlen dafür 3 Pfd. St. 10 sh. Das

168 *Public Health. Seventh Report. Lond.* 1865, p. 9–14 passim.

wohlfeilste Haus in Dunton, von der Außenseite 15 Fuß lang, 10 breit, vermiethet für 3 Pfd. St. Nur eins von den 14 untersuchten Häusern hatte zwei Schlafstuben. Etwas vor dem Dorf ein Haus, von den Insassen bekothet vor seinen Außenwänden, die untern 9 Zoll der Thüre verschwunden durch reinen Verfaulungsprozeß, einige Ziegelsteine von innen sinnreich des Abends beim Zuschließen vorgeschoben und mit etwas Matte verhangen. Ein halbes Fenster, sammt Glas und Rahmen, war ganz den Weg allen Fleisches gegangen. Hier, ohne Möbel, hudelten 3 Erwachsne und 5 Kinder zusammen. Dunton ist nicht schlimmer als der Rest der Biggleswade Union.

2) Berkshire.

Beenham: Juni 1864 lebte ein Mann, Frau, 4 Kinder in einem Cot (einstöckigen Cottage). Eine Tochter kam heim aus dem Dienst mit Scharlachfieber. Sie starb. Ein Kind erkrankte und starb. Die Mutter und ein Kind litten an Typhus, als Dr. Hunter gerufen wurde. Der Vater und ein Kind schliefen auswärts, aber die Schwierigkeit Isolirung zu sichern, zeigte sich hier, denn im vollgepfropften Markt des elenden Dorfs lag das Leinen des fiebergeschlagnen Hauses, auf Wäsche wartend. – Die Miethe von H.'s Haus 1 sh. wöchentlich; das eine Schlafzimmer für 1 Paar und 6 Kinder. Ein Haus vermiethet zu 8 d. (wöchentlich) 14 Fuß 6 Zoll lang, 7 Fuß breit, Küche 6 Fuß hoch; das Schlafzimmer | ohne Fenster, Feuerplatz, Thüre, noch Oeffnung, außer nach dem Gang zu, kein Garten. Ein Mann lebte hier vor kurzem ¦ mit zwei erwachsnen Töchtern und einem aufwachsenden Sohn; Vater und Sohn schliefen auf dem Bett, die Mädchen auf dem Hausgang. Jede hatte ein Kind, so lange die Familie hier lebte, aber eine ging zum Workhouse für ihre Entbindung und kehrte dann heim.

3) Buckinghamshire.

30 Cottages – auf 1000 Acres Land – enthalten hier ungefähr 130–140 Personen. Die Pfarrei von Bradenham umfaßt 1000 Acres; sie hatte 1851 36 Häuser und eine Bevölkerung von 84 Manns- und 54 Weibspersonen. Diese geschlechtliche Ungleichheit geheilt 1861, wo sie 98 männlichen und 87 weiblichen Geschlechts zählte, Zuwachs in 10 Jahren von 14 Männern und 33 Weibern. Unterdeß hatte die Häuserzahl um 1 abgenommen.

Winslow: Großer Theil davon neu gebaut in gutem Styl; Nachfrage nach Häusern scheint bedeutend, weil sehr armselige Cots vermiethet zu 1 sh. und 1 sh. 3 d. per Woche.

Water Eaton: Hier haben die Eigenthümer im Angesicht wachsender Bevölkerung ungefähr 20 % der existirenden Häuser zerstört. Ein armer Arbeiter, der ungefähr 4 Meilen zu seinem Werk zu gehn hatte, antwortete auf die Frage, ob er kein Cot näher finden könnte: „Nein, sie werden sich verdammt hüten, einen Mann mit meiner großen Familie aufzunehmen."

Tinker's End, bei Winslow: Eine Schlafstube, worin 4 Erwachsne und 5 Kinder, 11 Fuß lang, 9 Fuß breit, 6 Fuß 5 Zoll hoch am höchsten Punkt; ein andres 11 Fuß 7 Zoll lang, 9 Fuß breit, 5 Fuß 10 Zoll hoch, beherbergte 6 Personen. Jede dieser Familien hatte weniger Raum als nöthig für einen Galeerensträfling. Kein Haus hatte mehr als ein Schlafzimmer, keins eine Hinterthür, Wasser sehr selten, Wochenmiethe von 1 sh. 4 d. zu 2 sh. In 16 untersuchten Häusern nur ein einziger Mann, der 10 sh. wöchentlich verdiente. Das Luftreservoir, jeder Person in dem erwähnten Falle gegönnt, entspricht dem, das ihr zu gut käme, wenn des Nachts eingeschlossen in eine Schachtel von 4 Fuß im Kubus. Allerdings bieten die alten Hütten eine Masse naturwüchsiger Ventilation.

4) Cambridgeshire.

Gamblingay gehört verschiednen Eigenthümern. Es enthält die | lumpigsten Cots, die man irgendwo finden kann. Viel Strohflechterei. Eine tödtliche Mattheit, eine hoffnungslose Ergebung in Schmutz beherrscht Gamblingay. Die Vernachlässigung in seinem Centrum wird zur Tortur an den Extremitäten, Nord und Süd, wo die Häuser stückweis abfaulen. Die abwesenden Landlords lassen dem armen Nest frei zur Ader. Die Miethen sind sehr hoch, 8 bis 9 Personen gepackt in ein einschläfriges Zimmer, in zwei Fällen 6 Erwachsne mit je 1 und 2 Kindern in einer kleinen Schlafstube.

5) Essex: In dieser Grafschaft gehn in vielen Pfarreien Abnahme von Personen und Cottages Hand in Hand. In nicht weniger als 22 Pfarreien hat ¦ jedoch die Häuserzerstörung den Bevölkerungsanwachs nicht aufgehalten, oder nicht die Expulsion bewirkt, welche unter dem Namen: „*Wanderung nach den Städten*" überall vorgeht. In *Fingringhoe*, einer Pfarrei von 3443 Acres, standen 1851 145 Häuser, 1861 nur noch 110, aber das Volk wollte nicht fort und brachte es fertig selbst unter dieser Behandlung zuzunehmen. Zu *Ramsden Crays* bewohnten 1851 252 Personen 61 Häuser, aber 1861 waren 262 Personen in 49 Häuser gequetscht. In Basildon lebten 1851 auf 1827 Acres 157 Personen in 35 Häusern, am Ende des Decenniums 180 Personen in 27 Häusern.

In den Pfarreien von Fingringhoe, South Fambridge, Widford, Basildon und Ramsden Crays lebten 1851 auf 8449 Acres 1392 Personen in 316 Häusern, 1861 auf demselben Areal 1473 Personen in 249 Häusern.

6) Herefordshire: Diese kleine Grafschaft hat mehr gelitten vom „Evictionsgeist" als irgend eine andre in England. Zu *Madley* gehören die überstopften Cottages, meist mit 2 Schlafzimmern, großentheils den Pächtern. Sie vermiethen selbe leicht zu 3 oder 4 Pfd. St. per Jahr und zahlen Wochenlohn von 9 sh.!

7) Huntingdonshire.

Hartford hatte 1851 87 Häuser, kurz nachher 19 Cottages zerstört in dieser kleinen Pfarrei von 1720 Acres; *Einwohnerschaft* 1831: 452 Personen, *1851*: 382 und *1861*: 341. Vierzehn einschläfrige Cots untersucht. In einem 1 verheirathetes Paar, 3 erwachsne Söhne, 1 erwachsnes Mädchen, 4 Kinder, zusammen 10; in einem andern 3 Erwachsne, 6 Kinder. Eine dieser Stuben, worin 8 Personen schliefen, maß 12 Fuß, 10 Zoll in der Länge, 12 Fuß, 2 Zoll breit, 6 Fuß, 9 Zoll hoch; Durchschnittsmaß, ohne Abzug der Vorsprünge, ergab ungefähr 130 Kubikfuß per Kopf. In den 14 Schlafstuben 34 Erwachsne | und 33 Kinder. Diese Cottages selten mit Gärtchen versehn, aber viele der Insassen konnten kleine Fetzen Land, 10 oder 12 sh. per rood (etwa ¼ Acre) pachten. Diese allotments sind entfernt von den abtrittlosen Häusern. Die Familie muß entweder zu ihrer Parcelle gehn, um ihre Exkremente abzulagern, oder, wie es, mit Respekt zu melden, hier geschieht, die Schublade eines Schranks damit füllen. Sobald er voll, wird er ausgezogen und dort entleert, wo sein Inhalt nöthig ist. In Japan geht der Cirkellauf der Lebensbedingungen reinlicher von statten.

8) Lincolnshire. Langtoft: Ein Mann wohnt hier in Wright's Haus mit seiner Frau, ihrer Mutter, und 5 Kindern; das Haus hat Vorderküche, Spülkammer, Schlafzimmer über der Vorderküche; Vorderküche und Schlafstube 12 Fuß 2 Zoll lang, 9 Fuß 5 Zoll breit, die ganze Grundfläche 21 Fuß 3 Zoll lang, 9 Fuß 5 Zoll breit. Die Schlafstube ist ein Dachraum, die Wände laufen zuckerhutig an der Decke zusammen, und ein Kappfenster öffnet sich in der Front. Warum ¦ lebte er hier? Garten? Außerordentlich winzig. Miethe? Hoch, 1 sh. 3 d. per Woche. Nah seiner Arbeit? Nein, 6 Meilen entfernt, so daß er täglich 12 Meilen hin und her vermarschirt. Er lebte da, weil es ein vermiethbares Cot war und weil er ein Cot für sich allein haben wollte, irgendwo, zu irgend einem Preis, in irgend einem Zustand. Folgendes ist die Statistik von 12 Häusern in Langtoft mit 12 Schlafstuben, 38 Erwachsnen und 36 Kindern:

12 Häuser in Langtoft

Häuser	Schlaf-stuben	Erwachsne	Kinder	Personen-zahl
1	1	3	5	8
1	1	4	3	7
1	1	4	4	8
1	1	5	4	9
1	1	2	2	4
1	1	5	3	8
1	1	3	3	6
1	1	3	2	5
1	1	2	0	2
1	1	2	3	5
1	1	3	3	6
1	1	2	4	6

9) Kent.

Kennington, höchst traurig überfüllt 1859, als die Diphtherie erschien und der Surgeon des Kirchspiels eine amtliche Untersuchung über | die Lage der ärmeren Volksklasse veranstaltete. Er fand, daß in dieser Ortschaft, wo viel Arbeit nöthig, verschiedne Cots zerstört und keine neuen erbaut worden waren. In einem Bezirk standen 4 Häuser, *birdcages (Vogelkäfige)* benamst; jedes hatte 4 Zimmer mit den folgenden Dimensionen in Fuß und Zoll:

Küche	9,5	×	8,11	×	6,6
Spülkammer	8,6	×	4,6	×	6,6
Schlafzimmer	8,5	×	5,10	×	6,3
Schlafzimmer	8,3	×	8,4	×	6,3.

10) Northamptonshire.

Brixworth, Pitsford und Floore: In diesen Dörfern lungern im Winter 20–30 Mann aus Arbeitsmangel auf den Straßen herum. Die Pächter bestellen nicht immer hinreichend das Korn- und Wurzelland, und der Landlord hat es passend gefunden alle seine Pachten in 2 oder 3 zusammenzuwerfen. Daher Mangel an Beschäftigung. Während von der einen Seite des Grabens das Feld nach Arbeit schreit, werfen die geprellten Arbeiter von der anderen Seite sehnsüchtige Blicke danach. Fieberhaft überarbeitet im Sommer und ¦ halbverhungert im Winter, ist es kein Wunder, wenn sie in ihrem eignen Patois sagen, daß „the parson and gentlefolks seem frit to death at them".

Zu Floore Beispiele von Paaren mit 4, 5, 6 Kindern in einer Schlafstube kleinster Ausgabe, ditto 3 Erwachsne mit 5 Kindern, ditto ein Paar mit Großvater und 6 scharlachkranken Kindern u. s. w.; in 2 Häusern mit 2 Schlafstuben 2 Familien von je 8 und 9 Erwachsnen:

11) Wiltshire.

Stratton: 31 Häuser besucht, 8 mit nur einer Schlafstube; *Penhill* in derselben Pfarrei. Ein Cot vermiethet zu 1 sh. 3 d. wöchentlich an 4 Erwachsne und 4 Kinder, hatte außer guten Wänden nichts Gutes an sich, vom Estrich aus rauhgehaunen Steinen bis zum faulen Strohdach.

12) Worcestershire. Hauszerstörung hier nicht ganz so arg; doch von 1851–1861 vermehrte sich das Personal per Haus von 4,2 zu 4,6 Individuen.

Badsey. Viele Cots und Gärtchen hier. Einige Pächter erklären die Cots „a great nuisance here, because they bring the poor". (Die Cots großer Mißstand, weil sie die Armen herbringen.) Auf die Aeuße|rung eines Gentleman: „Die Armen sind deßwegen um nichts besser dran, wenn man 500 Cots baut, gehn sie wie die Wecken ab, in der That je mehr man davon baut, desto mehr sind nöthig" – die Häuser bringen nach ihm die Einwohner hervor, die naturgesetzlich auf „die Mittel der Behausung" drücken –, bemerkt Dr. Hunter: „Nun diese Armen müssen irgendwoher kommen, und da keine besondre Attraktion, wie milde Gaben, in Badsey existirt, muß Repulsion von einem noch unbequemeren Platz existiren, der sie hierhin treibt. Könnte jeder ein Cot und ein Stückchen Land in der Nähe seines Arbeitsplatzes finden, so würde er solche sicher Badsey vorziehn, wo er für seine Handvoll Boden zweimal soviel zahlt als der Pächter für den seinen.".

Die *beständige Emigration nach den Städten*, die *beständige „Ueberzähligmachung" auf dem Land* durch *Koncentration, Verwandlung von Acker in Weide,* Maschinerie u. s. w., und die *beständige Eviktion der Landbevölkerung durch Zerstörung der Cottages* gehn Hand in Hand. Je menschenleerer der Distrikt, desto größer seine „relative Uebervölkerung", desto größer ihr Druck auf die Beschäftigungsmittel, desto größer der absolute Ueberschuß des Landvolks über seine Behausungsmittel, desto größer also in den Dörfern die *lokale Ueberpopulation* und die pestilenzialischste Menschenzusammenpackung. Die Verdichtung des Menschenknäuels in zerstreuten kleinen Dörfern und Marktflecken entspricht der gewaltsamen Menschenentleerung auf der Oberfläche des Landes. Die ununterbrochene „Ueberzähligmachung" der Landarbeiter trotz ihrer abnehmenden Anzahl und mit der wachsenden Masse ihres Produkts, ist die Wiege ihres Pauperismus. Ihr eventueller Pauperismus ist ein Motiv ihrer Eviktion und die Hauptquelle ihrer Wohnlichkeitsmisère, welche die letzte Widerstands¦fähigkeit bricht und sie zu reinen Sklaven der Landlords[169] | und Pächter macht, so daß das Minimum des Arbeitslohns sich zum Naturgesetz für sie befestigt. Andrerseits ist das Land trotz seiner beständigen „relativen Uebervölkerung" zugleich *untervölkert.* Dieß zeigt sich nicht nur lokal auf solchen Punkten, wo der Menschenabfluß nach den Städten, Minen, Eisenbahnbauten u. s. w. zu rasch vorgeht, es zeigt sich überall sowohl zur Herbstzeit als im Frühling und Sommer während der zahlreichen Momente, wo die sehr sorgfältige und intensive englische Agrikultur Extrahände braucht. Es sind der Landarbeiter stets zu viel für die mittleren und stets zu wenig für die ausnahmsweisen oder temporären Bedürfnisse des Landbaus[170]. Daher findet man in den officiellen Doku-

[169] "The heaven-born employment of the hind gives dignity even to this position. *He is not a slave, but a soldier of peace,* and deserves his place in married man's quarters, to be provided by the landlord, *who has claimed a power of enforced labour* similar to that the country demands of a military soldier. He no more receives market-price for his work than does a soldier. Like the soldier he is caught young, ignorant, knowing only his own trade and his own locality. Early marriage and the operation of the various laws of settlement affect the one as enlistment and the Mutiny Act affect the other." (*Dr. Hunter* l. c. p. 132.) Manchmal erweicht sich irgend ein ausnahmsweis schwachherziger Landlord über die von ihm geschaffene Einöde. „Es ist ein melancholisch Ding allein in seinem Land zu sein", sagte der Graf von Leicester, als man ihm zum Fertigbau von Holkham gratulirte; „ich schaue um mich und sehe kein Haus außer meinem eignen. Ich bin der Riese vom Riesenthurm und habe alle meine Nachbarn aufgegessen."

[170] Aehnliche Bewegung seit den letzten Decennien in *Frankreich,* im Maß wie sich dort die kapitalistische Produktion der Agrikultur bemächtigt und die „überzählige" Landbevölkerung nach den Städten treibt. Ebenso hier verschlechterte Wohnlichkeits- und sonstige Verhältnisse an der Quelle der „Ueberzähligen". Ueber das eigenthümliche „Prolétariat foncier", welches das Parzellensystem ausgebrütet hat, sieh u. a. die früher citirte Schrift von *Colins* und: *Karl Marx: „Der Achtzehnte Brumaire des Louis Bonaparte. New-York* 1852", p. 56 sqq.) 1846 betrug die städtische Bevölkerung in Frankreich 24,42, die ländliche 75,58 %, 1861 die städtische 28,86, die ländliche 71,14 %. In den letzten 5 Jahren ist die

menten die widerspruchsvolle Klage derselben Orte über gleichzeitigen Arbeitsmangel und Arbeitsüberfluß registrirt. Der temporäre oder lokale Arbeitsmangel bewirkt keine Erhöhung des Arbeitslohns, sondern Pressung von Weibern und Kindern in den Feldbau und Herabsteigen zu stets niedrigeren Altersstufen. Sobald die Weiber- und Kinderausbeutung größeren Spielraum gewinnt, wird sie ihrerseits ein neues Mittel zur Ueberzähligmachung des männlichen Landarbeiters und | Niederhaltung seines Lohns. Im Osten Englands blüht eine schöne Frucht dieses cercle vicieux – das s. g. *Gangsystem* (Gang- oder Bandensystem), worauf ich hier kurz zurückkomme[171]. ¦

Das Gangsystem haust fast ausschließlich in Lincolnshire, Huntingdonshire, Cambridgeshire, Norfolk, Suffolk und Nottinghamshire, sporadisch in den benachbarten Grafschaften von Northampton, Bedford und Rutland. Als Beispiel diene hier *Lincolnshire.* Ein großer Theil dieser Grafschaft ist neu, früheres Moor oder auch, wie in andern der genannten östlichen Grafschaften, der See erst abgewonnenes Land. Die Dampfmaschine hat für die Entwässerung Wunder gewirkt. Früherer Morast und Sandboden trägt jetzt ein üppiges Kornmeer und die höchsten Grundrenten. Dasselbe gilt von dem künstlich gewonnenen Alluvialland, wie in der Insel von Axholme und den andren Pfarreien am Ufer des Trent. Im Maß wie die neuen Pachten entstanden, wurden nicht nur keine neuen Cottages gebaut, sondern alte niedergerissen, die Arbeitszufuhr aber verschafft aus den meilenweit entfernten offnen Dörfern längs den Landstraßen, die an Hügelrücken vorbeischlängeln. Dort hatte die Bevölkerung früher allein Schutz vor den langanhaltenden Winterüberschwemmungen gefunden. Auf den Pachten von 400 bis 1000 Acres ansässige Arbeiter (sie heißen hier „confined labourers") dienen ausschließlich zur permanenten schweren

Abnahme der ländlichen Procenttheile der Bevölkerung noch größer. Schon 1846 sang *Pierre Dupont* in seinen „*Ouvriers*":

«Mal vêtus, logés dans des trous,
Sous les combles, dans les décombres,
Nous vivons avec les hiboux,
Et les larrons, amis des ombres …»

171 Der „Sechste" und schließliche „Report" der „*Child. Empl. Comm.*", publicirt Ende März 1867, behandelt nur das agrikole Gangsystem.

und mit Pferden verrichteten Landarbeit. Auf je 100 Acres (1 Acre = 1,584 preußische Morgen) kommt im Durchschnitt kaum eine Cottage. Ein Fenlandpächter z. B. sagt aus vor der Untersuchungskommission: „Meine Pacht erstreckt sich über 320 Acres, alles Kornland. Sie hat keine Cottage. Ein Arbeiter wohnt jetzt bei mir. Ich habe vier Pferdemänner in der Umgegend logirend. Das leichte Werk, wozu zahlreiche Hände nöthig, wird durch *Gänge* vollbracht“[172]. Der Boden erheischt viel leichtes Feldwerk wie Ausjäten des Unkrauts, Behackung, gewisse Düngeroperationen, Auflesen der Steine u. s. w. Es wird verrichtet durch die Gänge oder organisirten Banden, deren Wohnsitz in den offenen Ortschaften.

Der Gang besteht aus 10 bis 40 oder 50 Personen, nämlich Wei-|bern, jungen Personen beiderlei Geschlechts (13–18 Jahr), obgleich Jungen meist mit dem 13. Jahr ausscheiden, endlich Kindern beiderlei Geschlechts (6–13. Jahr). An der Spitze steht der *Gangmaster* (Gangmeister), immer ein gewöhnlicher Landarbeiter, meist ein s. g. schlechter Kerl, Liederjahn, unstät, versoffen, aber mit einem gewissen Unternehmungsgeist und savoir faire. Er wirbt den Gang, der unter ihm arbeitet, nicht unter dem Pächter. Mit letztrem akkordirt er meist auf Stückwerk, und sein Einkommen, das im Durchschnitt nicht sehr hoch über das eines gewöhnlichen Landarbeiters steigt[173], hängt fast ganz ab vom Geschick, womit er in kürzester Zeit möglichst viel Arbeit aus seiner Bande flüssig zu machen weiß. Die Pächter ¦ haben entdeckt, daß Frauenzimmer nur unter männlicher Diktatur ordentlich arbeiten, daß aber Frauenzimmer und Kinder, wenn einmal im Zug, mit wahrem Ungestüm, was schon Fourier wußte, ihre Lebenskraft verausgaben, während der erwachsne männliche Arbeiter so heimtückisch ist damit, soviel er kann, hauszuhalten. Der Gangmeister zieht von einem Gut zum andern und beschäftigt so seine Bande 6–8 Monate im Jahr. Er ist daher ein viel einträglicherer und sicherer Kunde für die Arbeiterfamilien als der einzelne Pächter, welcher die Kinder nur gelegentlich beschäftigt. Dieser Umstand befestigt seinen Einfluß so sehr in den offnen Ortschaften, daß in vielen die Kinder nur durch seine Dazwischenkunft habbar sind. Das individuelle Verpumpen

172 *„Child. Empl. Comm. VI. Report.“ Evidence*, p. 37, n. 173.

173 Einzelne Gangmeister jedoch haben sich zu Pächtern von 500 Acres oder Besitzern ganzer Häuserreihen heraufgearbeitet.

derselben, außerhalb des Gangs, an die Pächter, bildet sein Nebengeschäft.

Die „Schattenseiten" des Systems sind die Ueberarbeit der Kinder und jungen Personen, die ungeheuren Märsche, die sie täglich zu und von den 5, 6 und manchmal 7 Meilen entfernten Gütern zu machen haben, endlich die Demoralisation des „Gangs". Obgleich der Gangmeister, der in einigen Gegenden „the driver" (Treiber) heißt, mit einem langen Stabe ausgerüstet ist, wendet er solchen jedoch nur selten an, und Klage über brutale Behandlung ist Ausnahme. Er ist *ein demokratischer Kaiser* oder eine Art Rattenfänger von Hameln. Er bedarf also der Popularität unter seinen Unterthanen und fesselt sie an sich durch das unter seinen Auspicien blühende Zigeunerthum. Rohe Ungebundenheit, lustige Ausge|lassenheit und obscönste Frechheit leihen dem Gang Flügel. Meist zahlt der Gangmeister in einer Kneipe aus und kehrt dann wohl wankend, rechts und links gestützt auf ein stämmiges Frauenmensch, an der Spitze des Zugs heim, die Kinder und jungen Personen hinterher tollend, Spott- und Zotenlieder singend. Auf dem Rückweg ist das, was Fourier „Phanerogamie" nennt, an der Tagesordnung. Die Schwängerung dreizehn- und vierzehnjähriger Mädchen durch ihre männlichen Altersgenossen ist häufig. Die offenen Dörfer, welche das Kontingent des Gangs stellen, werden Sodoms und Gomorrhas[174] und liefern doppelt so viel unehliche Geburten als der Rest des Königreichs. Was in dieser Schule gezüchtete Mädchen als verheirathete Frauen in der Moralität leisten, ward schon früher angedeutet. Ihre Kinder, soweit sie selbe nicht durch Opium u. s. w. beseitigen, sind geborne Rekruten des Gangs.

Der Gang in seiner eben beschriebenen klassischen Form heißt öffentlicher, gemeiner oder Wandergang (public, common or tramping gang). Es giebt nämlich auch *Privatgänge* (private gangs). Sie sind zusammengesetzt wie der Gemeingang, zählen aber weniger Köpfe und arbeiten, statt unter dem Gangmeister, unter einem alten Bauernknecht, den der Pächter nicht ¦ besser zu verwenden weiß. Der Zigeunerhumor verschwindet hier, aber nach allen Zeugenaussagen verschlechtern sich Zahlung und Behandlung der Kinder.

174 „Die Hälfte der Mädchen von Ludford ist ruinirt worden durch den Gang." l. c. *Appendix*, p. 6, n. 32.

Das Gangsystem, das sich seit den letzten Jahren beständig ausdehnt[175], existirt offenbar nicht dem Gangmeister zu lieb. Es existirt zur Bereicherung der großen Pächter[176], resp. Landlords[177]. Für den Päch-| ter giebt's keine sinnreichere Methode, sein Arbeiterpersonal tief unter dem normalen Niveau zu halten und dennoch für alles Extrawerk stets die Extrahand bereit zu haben, mit möglichst wenig Geld möglichst viel Arbeit herauszuschlagen[178] und den erwachsnen männlichen Arbeiter „überzählig" zu machen. Nach der frühern Auseinandersetzung versteht man, wenn einerseits die größere oder geringere Beschäftigungslosigkeit des Landmanns zugestanden, andrerseits zugleich das Gangsystem wegen Mangels an männlicher Arbeit und ihrer Wanderung nach den Städten für „*nothwendig*" erklärt wird[179]. Das unkrautreine Feld und

175 „Das System hat sehr zugenommen in den letzten Jahren. In einigen Plätzen ist es erst seit kurzem eingeführt, in andern, wo es älter, werden mehr und jüngere Kinder in den Gang einrollirt." (l. c. p. 79, n. 174.)

176 „Kleine Pächter wenden die Gangarbeit nicht an." „Sie wird nicht angewandt auf armem Land, sondern auf Land, was 2 Pfd. St. bis 2 Pfd. St. 10 sh. Rente per Acre bringt." (l. c. p. 17 u. 14.)

177 Einem dieser Herrn schmecken seine Renten so gut, daß er der Untersuchungskommission entrüstet erklärt, der ganze Schrei sei nur dem Namen des Systems geschuldet. Wenn man es statt „Gang" dahingegen „jugendliche industriell-agrikol-cooperative Selbsterhaltungsassociation" taufe, so wäre alles all right.

178 „Gangarbeit ist wohlfeiler als andre Arbeit, das ist die Ursache, warum sie angewandt wird", sagt ein ehemaliger Gangmeister. (l. c. p. 17, n. 14.) „Das Gangsystem ist entschieden das wohlfeilste für den Pächter und eben so entschieden das verderblichste für die Kinder", sagt ein Pächter. (l. c. p. 16, n. 3.)

179 „Zweifelsohne vieles jetzt von den Kindern in Gängen verrichtete Werk wurde früher von Männern und Weibern verrichtet. Wo Weiber und Kinder angewandt werden, sind jetzt mehr Männer arbeitslos („more men are out of work") als früher." (l. c. p. 43, n. 202.) Dagegen u. a.: „Die *Arbeitsfrage* (labour question) in vielen Agrikulturdistrikten, besonders den kornproducirenden, wird so ernsthaft in Folge der Auswanderung und der Leichtigkeit, welche die Eisenbahnen zur Entfernung nach den großen Städten bieten, daß ich (das „Ich" ist das des Landagenten eines großen Herrn) die Kinderdienste für absolut unentbehrlich halte." (l. c. p. 80, n. 180.) *The Labour Question* (die Arbeitsfrage) bedeutet nämlich in den englischen Agrikulturdistrikten, im Unterschied von der übrigen civilisirten Welt, *the landlords' and farmers' Question* (Landlords- und Pächterfrage), wie, trotz stets vermehrtem Abzug der Landleute, eine genügende „relative Ueber-

das Menschenunkraut von Lincolnshire u. s. w. sind Pol und Gegenpol der kapitalistischen Produktion[180]. ¦ |

Zum Schluß dieses Abschnitts müssen wir noch einen Augenblick nach *Irland* wandern. Zunächst die *Thatsachen*, worauf es hier ankommt.

Irlands Bevölkerung war *1841* auf 8 222 664 Personen angewachsen, *1851* auf 6 623 985 zusammengeschmolzen, *1861* auf 5 850 309, *1866* auf 5½ Mill., ungefähr auf ihr Niveau von *1801*. Die Abnahme begann

völkerung" auf dem Land und dadurch das „Minimum des Arbeitslohns" für den Landarbeiter zu verewigen sei?

180 Der früher von mir citirte „Public Health Report", worin bei Gelegenheit der Kindersterblichkeit vorübergehend vom Gangsystem gehandelt wird, blieb der Presse und daher dem englischen Publikum unbekannt. Dagegen bot der neuliche Bericht der „*Child. Empl. Comm.*" willkommenes „sensational" Preßfutter. Während die liberale Presse frug, wie doch die feinen Gentlemen und Ladies und Staatskirchpfründner, womit Lincolnshire schwärmt, ein solches System auf ihren Gütern, unter ihren Augen aufwachsen lassen konnten, Personagen, die eigne „Missionen zur Sittenverbesserung der Südseewilden" nach den Antipoden entsenden, stellte die feinere Presse ausschließlich Betrachtungen über die rohe *Verdorbenheit der Landleute* an, die fähig sind, ihre Kinder in solche Sklaverei zu verkaufen! Unter den fluchwürdigen Umständen, worin „die Delikatern" den Landmann gebannt, wäre es erklärlich, wenn er seine eigenen Kinder aufäße. Was wirklich wunderbar, ist die Charaktertüchtigkeit, die er großentheils bewahrt hat. Die officiellen Berichterstatter beweisen, daß die Eltern selbst in den Gangdistrikten das Gangsystem verabscheuen. „Man findet reichlichen Beweis in den von uns gesammelten Zeugenaussagen, daß die Eltern in vielen Fällen dankbar sein würden für ein *Zwangsgesetz*, welches sie befähigen würde, den Versuchungen und dem Druck zu widerstehn, denen sie oft unterworfen sind. Bald treibt sie der Pfarreibeamte, bald der Anwender unter Androhung ihrer eignen Entlassung, die Kinder auf den Verdienst, statt in die Schule zu schikken … Alle verwüstete Zeit und Kraft, alles Leid, welches außerordentliche und nutzlose Ermüdung für den Landmann und seine Familie producirt, jeder Fall, worin die Eltern den moralischen Ruin ihres Kindes auf die Ueberfüllung der Cottages oder die besudelnden Einflüsse des Gangsystems zurückleiten, stacheln in der Brust der arbeitenden Armen Gefühle auf, die man wohl verstehn wird, und die es unnöthig ist zu detailliren. Sie haben ein Bewußtsein darüber, daß ihnen viel körperliche und geistige Qual angethan wird durch die Umstände, wofür sie in keiner Weise verantwortlich sind, welchen sie, hätte es in ihrer Macht gestanden, niemals ihre Zustimmung gegeben hätten, und wider welche anzukämpfen sie ohnmächtig sind." (l. c. p. XX, n. 82 und XXIII, n. 96.)

mit dem Hungerjahr *1846*, so daß Irland in weniger als 20 Jahren mehr als 5/16 seiner Volksmenge verlor[181]. Seine Gesammtemigration von Mai 1851 bis Juli 1865 zählte 1 591 487 Personen, die Emigration während der letzten 5 Jahre 1861–1865 mehr als eine halbe Million. Die Zahl der bewohnten Häuser verminderte sich von 1851–1861 um 52 990. Von 1851–1861 wuchs die Zahl der Pachthöfe von 15–30 Acres um 61 000, die der Pachthöfe über 30 Acres um 109 000, während die *Gesammtzahl aller Pachten* um 120 000 abnahm, eine Abnahme, die also ausschließlich der Vernichtung von *Pachten unter 15 Acres*, alias *ihrer Koncentration* geschuldet ist. |

Die Abnahme der Volksmenge war natürlich im Großen und Ganzen von einer Abnahme der Produktenmasse begleitet. Für unsren Zweck genügt es, die 5 Jahre 1861–1865 zu betrachten, während deren über ½ Million emigrirte und die *absolute Volkszahl* um mehr als ⅓ Million sank. ¦

Tabelle A
Viehstand

Jahr	Pferde Gesammtzahl	Pferde Abnahme	Hornvieh Gesammtzahl	Hornvieh Abnahme	Hornvieh Zunahme
1860	619 811		3 606 374		
1861	614 232	5 579	3 471 688	134 686	
1862	602 894	11 338	3 254 890	216 798	
1863	579 978	22 916	3 144 231	110 659	
1864	562 158	17 820	3 262 294		118 063
1865	547 867	14 291	3 493 414		231 120

Jahr	Schafe Gesammtzahl	Schafe Abnahme	Schafe Zunahme	Schweine Gesammtzahl	Schweine Abnahme	Schweine Zunahme
1860	3 542 080			1 271 072		
1861	3 556 050		13 970	1 102 042	169 030	
1862	3 456 132	99 918		1 154 324		52 282
1863	3 308 204	147 928		1 067 458	86 866	
1864	3 366 941		58 737	1 058 480	8 978	
1865	3 688 742		321 801	1 299 893		241 413

181 *Bevölkerung von Irland:* 1801: 5 319 867 Personen, 1811: 6 084 996, 1821: 6 869 544, 1831: 7 828 347, 1841: 8 222 664.

Aus der vorhergehenden Tabelle ergiebt sich:

Pferde	Hornvieh	Schafe	Schweine
Absolute Abnahme	Absolute Abnahme	Absolute Zunahme	Absolute Zunahme
71 944	112 960	146 662	28 821[182].

Wenden wir uns jetzt zum Ackerbau, der die Lebensmittel für Vieh und Mensch liefert. In der folgenden Tabelle ist Ab- oder Zunahme für das Jahr 1861 auf das Jahr 1860 berechnet, kurz für jedes einzelne Jahr | mit Bezug auf das unmittelbar vorhergehende. Die *Kornfrucht* umfaßt Weizen, Hafer, Gerste, Bere, Roggen, Bohnen und Erbsen, die *Grünfrucht* Kartoffeln, Turnips, Mangold- und Runkelrübe, Kohl, gelbe Rüben, Parsnips, Wicke u. s. w.

Tabelle B

Zu- oder Abnahme des zum Fruchtbau und als Wiese (resp. Weide) benutzten Bodenareals in Acres

	Kornfrucht	Grünfrucht		Grasland und Klee		Flachs		Alles zu Ackerbau und Viehzucht dienende Land	
Jahr	Abnahme	Abnahme	Zunahme	Abnahme	Zunahme	Abnahme	Zunahme	Abnahme	Zunahme
1861	15 701	36 974		17 060			10 271	81 373	
1862	72 734	74 785			6 623		2 055	138 841	
1863	144 719	19 358			7 724		63 922	92 431	
1864	122 437	2 317			47 486		87 761		10 493
1865	72 450		25 421		68 970	50 159		28 218	
1861–1865	428 041 Acres	108 013 Acres			82 834		122 850	330 370 Acres	¦

Im Jahr 1865 kamen unter der Rubrik „Grasland" 127 470 Acres hinzu, hauptsächlich weil das Areal unter der Rubrik „*unbenutztes* wüstes Land und Bog (Sumpfland)" um 101 543 Acres abnahm. Vergleichen wir 1865 mit 1864, so *Abnahme in Kornfrucht* 246 667 Qrs., wovon 48 999 Weizen, 166 605 Hafer, 29 892 Gerste u. s. w., *Abnahme von Kartoffelertrag*, obgleich *das Areal ihrer Bebauung 1865 wuchs*, 446 398 Tonnen u. s. w. ||

[Hier folgt die Tabelle S. 666]

182 Das Ergebniß würde sich ungünstiger stellen, wenn wir weiter zurückgingen. So *Schafe* 1865: 3 688 742, aber 1856: 3 694 294; *Schweine* 1865: 1 299 893, aber 1858: 1 409 883.

691| 566¦568

Tabelle C

Zu- oder Abnahme in dem Areal des bebauten Bodens, dem Produkt per Acre, und dem Gesammtprodukt, 1865 verglichen mit 1864

	Acres bebautes Land				Produkt per Acre					Totalprodukt				
Produkt	1864	1865	Zu- oder Abnahme 1865			1864	1865	Zunahme und Abnahme 1865		1864	1865	Zunahme der Abnahme 1865		
Weizen	276 483	26 989		9 494	Weizen	Ctr. 13,3	13,0		0,3	875 782 qrs.	826 783		48 999 q.	
Hafer	1 814 886	1 745 228	.	69 658	Hafer	C. 12,1	12,3	0,2		7 826 332 q.	7 659 727		166 605 q.	
Gerste	172 700	177 102	4 402		Gerste	C. 15,9	14,9		1,0	761 909 q.	732 017		29 892 q.	
Bere }	8 894	10 091	1 197		Bere	C. 16,4	14,8		1,6	15 160 q.	13 989		1 171 q.	
Roggen }					Roggen	C. 8,5	10,4	1,9		12 680 q.	18 364	5 684 q.		
Kartoffeln	1 039 724	1 066 260	26 536		Kartoffeln Tonnen	4,1	3,6		0,5	4 312 388 T.	3 865 990		446 398 T.	
Turnips	337 355	334 212		3 143	Turnips	T. 10,3	9,9		0,4	3 467 659 „	3 301 683		165 976 T.	
Mangold-wurzel	14 073	14 389	316		Mangold-wurzel	T. 10,5	13,3	2,8		147 284 „	191 937	44 653 T.		
Kohl	31 821	33 622	1 801		Kohl	T. 9,3	10,4	1,1		297 375 „	350 252	52 877 „		
Flachs	301 693	251 433		50 260	Flachs (Stones v. 14 *l.*)	34,2	25,2		9,0	64 506 „	39 561		24 945 T.	
Heu	1 609 569	1 678 493	68 924		Heu Tonn.	1,6	1,8	0,2		2 607 153 „	3 068 707	461 554 T.		183¦

183 Die Angaben des Textes sind zusammengestellt aus dem Material der: „*Agricultural Statistics, Ireland. General Abstracts Dublin*“ für die Jahre 1860 sqq., und „*Agricultural Statistics, Ireland. Tables showing the Estimated Average Produce etc. Dublin* 1866“. Man weiß, daß diese Statistik officiell ist und dem Parlament jährlich vorgelegt wird.

Von der Bewegung der Bevölkerung und Bodenproduktion Irlands gehn wir über zur *Bewegung in der Börse* seiner Landlords, größeren Pächter und industriellen Kapitalisten. Sie reflektirt sich im Ab und Zu der der *Einkommensteuer* unterworfenen jährlichen Einkommen. Zum Verständniß der folgenden Tabelle bemerken wir, daß *Rubrik D (Profite* mit Ausnahme der Pächterprofite) auch s. g. „professionelle“ Profite einbegreift, d. h. die Einkommen von Advokaten, Aerzten u. s. w., die nicht besonders aufgezählten Rubriken C und E aber die Einnahmen von Beamten, Officieren, Staatssynekuristen, Staatsgläubigern u. s. w.

Tabelle D

Der Einkommensteuer unterliegende Einkommen in Pfd. St.

	1860	1861	1862	1863	1864	1865
Rubrik A. Grundrente.	12 893 829	13 003 554	13 398 938	13 494 091	13 470 700	13 801 616
Rubrik B. Pächterprofite.	2 765 387	2 773 644	2 937 899	2 938 823	2 930 874	2 946 072
Rubrik D. Industrielle u. s. w. Profite.	4 891 652	4 836 203	4 858 800	4 846 497	4 546 147	4 850 199
Sämmtliche Rubriken A bis E.	22 962 885	22 998 394	23 597 574	23 658 631	23 236 298	23 930 340[184].

Unter Rubrik D betrug die Zunahme des Einkommens im Jahresdurchschnitt von 1853–1864 nur 0,93, während sie in derselben Periode in Großbritannien 4,58 betrug. Die folgende Tabelle zeigt die *Vertheilung der Profite* (mit *Ausschluß der Pächter*profite) für die Jahre *1864* und *1865*:

Siehe nebenstehende Tabelle E.

England, ein Land entwickelter kapitalistischer Produktion und vorzugsweis industriell, wäre verblutet an einem Volksaderlaß, gleich dem irischen. Aber Irland ist gegenwärtig nur ein durch einen breiten Wassergraben abgezäunter Agrikulturdistrikt Englands, dem es Korn, Wolle, Vieh, industrielle und militärische Rekruten liefert. ¦¦

184 „*Tenth Report of the Commissioners of Inland Revenue. Lond.* 1866.“

Tabelle E

Rubrik D	Einkommen aus *Profiten* (über 60 Pfd. St.) in Irland			
	1864		1865	
	Pfd. St.		Pfd. St.	
Jährliche Gesammteinnahme von:	4 368 610 vertheilt unter 17 467 Pers.		4 669 979 vertheilt unter 18 081 Pers.	
Jährliche Einkommen über 60 und unter 100 Pfd. St.	238 726"	5 015"	222 575"	4 703"
Von der jährlichen Gesammteinnahme:	1 979 066"	11 321"	2 028 471"	12 184"
Rest der jährlichen Gesammteinnahme von:	2 150 818"	1 131"	2 418 933"	1 194"
Davon:	1 083 906"	910"	1 097 937"	1 044"
	1 066 912"	121"	1 320 996"	186"
	430 535"	105"	584 458"	122"
	646 377"	26"	736 448"	28"
	262 610"	3"	274 528"	3" [185]

Die Entvölkerung hat viel Land außer Bebauung geworfen, das | Bodenprodukt sehr vermindert[186], und selbst, trotz des erweiterten Areals der Viehzucht, in einigen ihrer Zweige absolute Abnahme erzeugt, in andern kaum nennenswerthen und durch beständige Rückschritte unterbrochnen Fortschritt. Dennoch stiegen Grundrenten und Pachtprofite, obgleich letztere nicht so constant wie die erstern, fortwährend mit dem Fall der Volksmasse. Der Grund ist leicht verständlich. Einerseits verwandelte sich mit der Zusammenwerfung der Pachten und der Verwandlung von Ackerland in Viehweide ein größerer Theil des *Gesammtprodukts* in *Mehrprodukt.* Die absolute Masse des Mehrprodukts wuchs, obgleich das Gesammtprodukt, wovon sie einen Bruchtheil bildet, absolut abnahm. Andrerseits stieg der Geldwerth dieses Mehrprodukts noch rascher als seine Masse, in Folge der seit den letzten

185 Das jährliche Gesammteinkommen unter Rubrik D weicht hier von der vorigen Tabelle ab, wegen gewisser gesetzlich zulässiger Abzüge.

186 Wenn das Produkt *auch verhältnißmäßig per Acre* abnimmt, vergesse man nicht, daß England seit 1½ Jahrhunderten den *Boden von Irland exportirt hat,* ohne seinen Bebauern auch nur die Mittel zum Ersatz der Bodenbestandtheile zu gönnen.

20 und ganz besonders seit den letzten 10 Jahren steigenden englischen Marktpreise für Fleisch, Wolle u. s. w. ¦

Zersplitterte Produktionsmittel, die den Producenten selbst als Beschäftigungs- und Subsistenzmittel dienen, ohne sich durch Einverleibung | fremder Arbeit zu verwerthen, sind eben so wenig *Kapital* als das von seinem eignen Producenten verzehrte Produkt *Waare* ist. Wenn also auch mit der Volksmasse die Masse der in der Agrikultur angewandten *Produktionsmittel* sich verminderte, vermehrte sich die Masse des in ihr angewandten *Kapitals*, weil ein Theil jener vorher zersplitterten Produktionsmittel in Kapital verwandelt ward.

Das außerhalb der Agrikultur, in Industrie und Handel angelegte Gesammtkapital Irlands accumulirte langsam während der letzten zwei Decennien und unter beständiger großer Fluktuation. Andrerseits entwickelte sich um so rascher die Koncentration seiner individuellen Bestandtheile. Endlich, wie langsam immerhin das Kapital *absolut* wuchs, *relativ*, im Verhältniß zur zusammengeschmolzenen Volkszahl, war es außerordentlich angeschwollen.

Hier entrollt sich also, unter unsern Augen, auf großer Stufenleiter, ein Prozeß wie die orthodoxe Oekonomie ihn nicht schöner wünschen konnte zur Bewähr ihres Dogma's, welches das Elend aus absoluter Uebervölkerung erklärt und das Gleichgewicht durch Entvölkerung wieder herstellt. Es ist dieß ein ganz anders wichtiges Experiment als die von den Malthusianern so sehr verherrlichte Pest in der Mitte des vierzehnten Jahrhunderts. Nebenbei bemerkt. War es an sich schulmeisterlich naiv, den Produktions- und entsprechenden Bevölkerungsverhältnissen des 19. Jahrhunderts den Maßstab des 14. Jahrhunderts anzulegen, so übersah diese Naivetät noch obendrein, daß wenn jener Pest und der sie begleitenden Decimation, diesseits des Kanals, in England, Befreiung und Bereicherung des Landvolks, ihr jenseits, in Frankreich, größere Knechtung und erhöhtes Elend auf dem Fuß nachfolgten.

Die Hungersnoth erschlug 1846 in Irland über eine Menschenmillion, aber nur arme Teufel, ohne den geringsten Abbruch am Reichthum des Landes. Der nachfolgende zwanzigjährige und stets noch anschwellende Exodus decimirte nicht, wie etwa der dreißigjährige Krieg, mit den Menschen zugleich ihre Produktionsmittel. Das irische Genie erfand eine ganz neue Methode, ein armes Volk Tausende von Meilen vom Schauplatz seines Elends wegzuhexen. Die in die Vereinigten Staaten übergesiedelten Auswanderer schicken jährlich Geldsummen nach

Haus, die Reisemittel der Zurückgebliebenen. Jeder Trupp, der dieses Jahr auswandert, zieht nächstes Jahr einen andern Trupp nach. Statt Irland zu kosten, bildet | die Auswanderung so einen der einträglichsten Zweige seines Exportgeschäfts. Endlich ist dieß ein systematischer Prozeß, der nicht etwa ein vorübergehendes Loch in die Volksmasse bohrt, sondern jährlich mehr Menschen ¦ aus ihr auspumpt als der Nachwuchs ersetzt, so daß das absolute Bevölkerungsniveau von Jahr zu Jahr sinkt.

Welches waren die Folgen für die zurückbleibende, von der „Surpluspopulation" befreite Arbeiterbevölkerung Irlands? Daß die *relative* Uebervölkerung heute so groß ist wie vor 1846, daß der Arbeitslohn eben so niedrig steht und die Arbeitsplackerei zugenommen hat, daß die Misère auf dem Land wieder zu einer neuen Krise drängt. Die Ursachen sind einfach. Die Revolution in der Agrikultur hielt Schritt mit der Emigration. Die Produktion der *relativen Uebervölkerung* hielt mehr als Schritt mit der *absoluten Entvölkerung*. Ein Blick auf Tabelle B zeigt, wie die Verwandlung von Ackerbau in Viehweide in Irland noch akuter wirken muß als in England. Hier wächst mit der Viehzucht der Bau von Grünfrucht, dort nimmt er ab. Während große Massen früher bestellter Aecker brachgelegt oder in permanentes Grasland verwandelt werden, wird ein großer Theil des früher unbenutzten wüsten Landes und Bog's zur Ausdehnung der Viehzucht benutzt. Die kleineren und mittleren Pächter – ich rechne dazu alle, die nicht über 100 Acres bebauen – haben immer noch ungefähr 8/10 des irischen Bodens inne. Sie werden progressiv in ganz anderem Grad als zuvor von der Konkurrenz des kapitalistisch betriebenen Ackerbaus erdrückt und liefern daher der eigentlichen Arbeiterklasse beständig neue Rekruten. Die einzige große Industrie Irlands, die Leinenfabrikation, braucht verhältnißmäßig wenig erwachsne männliche Arbeiter und beschäftigt überhaupt, trotz ihrer Expansion seit der Vertheuerung der Baumwolle, nur einen verhältnißmäßig unbedeutenden Theil der Arbeitermasse. Gleich jeder andern großen Industrie producirt sie durch die beständigen Schwankungen in ihrer eignen Sphäre beständig eine relative Uebervölkerung, selbst bei absolutem Wachsthum der von ihr absorbirten Arbeiterzahl. Die Misère des Landvolks bildet das Piedestal riesenhafter Hemdenfabriken u. s. w., deren Arbeiterarmee zum größten Theil über das flache Land zerstreut ist. Wir finden hier das früher geschilderte System der Hausarbeit wieder, welches in Unterzahlung und Ueberarbeit seine methodischen Mittel der „Ueberzähligmachung" besitzt. Endlich, obschon die Entvölkerung nicht so zer|störende Folgen hat, wie in einem Land entwickelter kapitalistischer Produktion, vollzieht sie sich nicht ohne beständigen Rückschlag. Die Emigration läßt nicht nur leere Häuser zurück, sondern auch ruinirte Hausvermiether. Klein wie der Konsum jedes ihrer individuellen Bestandtheile, producirt ihr Gesammtausfall eine beständige Lücke im innern Markt, der namentlich Kleinkrämer, Handwerker und kleine Gewerbsleute überhaupt trifft. Jeder neue Exodus schleudert einen Theil der kleinen Mittelklasse ins Proletariat. Sieh Tabelle E die Abnahme der Einkommen *unter* 100 Pfd. St.

Der Wochenlohn des Ackerbauers in der Umgegend von Dublin – der ¦ Maximallohn des irischen Ackerbauers – steht in diesem Augenblick, bei hohem Preis der ersten Lebensmittel, auf 7 sh. Man kann daraus auf seinen Stand in den rein agrikolen und entlegenen Distrikten zurückschließen. Zur Schilderung der Lage selbst des *geschickten* irischen industriellen Arbeiters genügt ein Beispiel.

„Bei meiner neulichen Inspektion des Nordens von Irland", sagt der englische Fabrikinspektor *Robert Baker*, „frappirte mich die Bemühung eines geschickten irischen Arbeiters aus den allerdürftigsten Mitteln seinen Kindern Erziehung zu verschaffen. Ich gebe seine Aussage verbatim, wie ich sie aus seinem Mund erhielt. Daß er eine *geschickte* Fabrikhand, weiß man, wenn ich sage, daß man ihn zu Artikeln für den Manchester Markt verwandte. *Johnson*: Ich bin ein beetler, und arbeite von 6 Uhr Morgens bis 11 in die Nacht, von Montag bis Freitag; Samstags endigen wir um 6 Uhr Abends und haben 3 Stunden für Mahlzeit und Erholung. Ich habe 5 Kinder. Für diese Arbeit erhalte ich 10 sh. 6 d. wöchentlich; meine Frau arbeitet auch und verdient 5 sh. die Woche. Das älteste Mädchen, zwölfjährig, wartet das Haus. Sie ist unser Koch und einziger Gehülfe. Sie macht die jüngeren zur Schule fertig. Meine Frau steht mit mir auf und geht mit mir fort. Ein Mädchen, die unser Haus entlang geht, weckt mich um halb 6 Uhr Morgens. Wir essen nichts, bevor wir zur Arbeit gehn. Das zwölfjährige Kind sorgt für die Kleineren des Tags über. Wir frühstücken um 8 und gehn dazu nach Hause. Wir haben Thee einmal die Woche; sonst haben wir einen Brei (stirabout), manchmal von Hafermehl, manchmal von indischem Mehl, je nachdem wir fähig sind es zu verschaffen. Im Winter haben wir ein wenig Zucker und Wasser zu unserm indischen Mehl. Im Sommer erndten wir einige Kartoffeln, womit wir selbst ein Bodenfetzchen bepflanzen, und wenn sie zu Ende sind, kehren wir zum Brei zu|rück. So geht's Tag aus Tag ein, Sonntag und Werkeltag, das ganze Jahr durch. Ich bin stets sehr müde des Abends nach vollbrachtem Tagwerk. Einen Bissen Fleisch sehn wir ausnahmsweis, aber sehr selten. Drei unsrer Kinder besuchen Schule, wofür wir 1 d. per Kopf wöchentlich zahlen. Unsere Hausmiethe ist 9 d. die Woche, Torf für Feuerung kostet mindestens 1 sh. 6 d. vierzehntägig“[187]. Das sind irische Löhne, das ist irisches Leben!

In der That, das Elend Irlands ist wieder Tagesthema in England. Ende 1866 und Anfang 1867 machte sich in der *Times* einer der irischen Landmagnaten, *Lord Dufferin*, an die Lösung. „Wie menschlich von solch’ großem Herrn!“

Aus Tabelle E sah man, daß während *1864* von 4 368 610 Pfd. St. Gesammtprofit 3 Plusmacher nur 262 610, dieselben 3 Virtuosen der „Ent-¦sagung“ *1865* von 4 669 979 Pfd. St. Gesammtprofit dagegen 274 528 Pfd. St. einsteckten, *1864*: 26 Plusmacher 646 377 Pfd. St., *1865*: 28 Plusmacher 736 448 Pfd. St., *1864*: 121 Plusmacher 1 066 912 Pfd. St., *1865*: 186 Plusmacher 1 320 996 Pfd. St., *1864*: 1131 Plusmacher 2 150 818 Pfd. St., beinahe die Hälfte des jährlichen Gesammtprofits, *1865*: 1194 Plusmacher 2 418 933 Pfd. St., mehr als die Hälfte des jährlichen Gesammtprofits. Der Löwenantheil aber, welchen eine verschwindend kleine Anzahl Landmagnaten in England, Schottland und Irland vom jährlichen Nationalrental verschlingt, ist so monströs, daß die englische Staatsweisheit es angemessen findet, für die Vertheilung der *Grundrente* nicht dasselbe statistische Material zu liefern wie für die Vertheilung des *Profits*. *Lord Dufferin* ist einer dieser Landmagnaten. Daß Rentrollen und Profite jemals *„überzählig“* sein können, oder daß ihre Plethora mit der Plethora des Volkselends irgendwie zusammenhängt, ist natürlich eine ebenso „irrespektable“ als „ungesunde“ (unsound) Vorstellung. *Er* hält sich an Thatsachen. Die Thatsache ist, daß wie die irische Volkszahl abnimmt, die irischen Rentrollen schwellen, daß die Entvölkerung dem Grundeigenthümer „wohlthut“, also auch dem Grund, also auch dem Volk, das nur ein Accessorium des Bodens ist. Er erklärt also, Irland sei immer noch *übervölkert* und der Strom der Emigration fließe | stets noch zu träg. Um vollständig glücklich zu sein, müsse Irland wenigstens noch ⅓ Million Arbeitsmenschen ablassen. Man wähne nicht, dieser obendrein noch poetische Lord sei ein Arzt aus der Schule Sangrado’s, der, so oft er seinen Kranken nicht besser fand, Aderlaß verordnete,

187 *„Reports of Insp. of Fact. for 31. Oct. 1866.“ Lond.* 1867, p. 96.

neuen Aderlaß, bis der Patient mit seinem Blut auch seine Krankheit verlor. Lord Dufferin verlangt einen neuen Aderlaß von nur ⅓ Million, statt von ungefähr 2 Millionen, ohne deren Ablaß in der That das Millennium in Erin nicht herstellbar ist. Der Beweis ist leicht geliefert.

Anzahl und Umfang der Pachten in Irland 1864

1. Pachten nicht über 1 Acre		2. Pachten über 1, nicht über 5 Acres		3. Pachten über 5, nicht über 15 Acres		4. Pachten über 15, nicht über 30 Acres	
Anzahl	Areal	Anzahl	Areal	Anzahl	Areal	Anzahl	Areal
48 653	25 394	82 037	288 916	176 368	1 836 310	136 578	3 051 343
5. Pachten über 30, nicht über 50 Acres		**6. Pachten über 50, nicht über 100 Acres**		**7. Pachten über 100 Acres**		**8. Gesammtareal**	
Anzahl	Areal	Anzahl	Areal	Anzahl	Areal		
71 961	2 906 274	54 247	3 983 880	31 927	8 227 807	20 319 924 Acres [188].	

Die Koncentration hat von 1851 bis 1861 hauptsächlich Pachten der ersten 3 Kategorieen, unter 1 und nicht über 15 Acres, vernichtet. Sie müssen ¦ vor allem verschwinden. Dieß giebt 307 058 „überzählige" Pächter, und die Familie zum niedrigen Durchschnitt von 4 Köpfen gerechnet, 1 228 232 Personen. Unter der extravaganten Unterstellung, daß ¼ davon nach vollbrachter agrikoler Revolution wieder absorbirbar, bleiben auszuwandern: 921 174 Personen. Die Kategorieen 4, 5, 6, von über 15 und nicht über 100 Acres, sind, wie man längst in England weiß, für den kapitalistischen Kornbau zu klein, für Schafzucht aber fast verschwindende Größen. Unter denselben Unterstellungen wie vorher sind also fernere 788 358 Personen auszuwandern, *Summe*: 1 709 532. Und, comme l'appétit vient en mangeant, werden die Augen der Rentrolle bald entdecken, daß Irland mit 3½ Millionen immer noch elend, und elend, *weil übervölkert* ist, also seine Entvölkerung noch viel weiter gehen muß, damit es seinen wahren Beruf erfülle, den einer englischen Schaftrift und Viehweide. |

Diese einbringliche Methode hat wie alles Gute in dieser Welt ihren Mißstand. Mit der Accumulation der Grundrente in Irland hält Schritt die Accumulation der Irländer in Amerika. Der durch Schaf und Ochs beseitigte Ire ersteht auf der andern Seite des Oceans als Fenian. Und

188 Das Gesammtareal schließt auch „Bog und wüstes Land" ein.

gegenüber der alten Seekönigin erhebt sich drohend und drohender die junge Riesenrepublik.

Acerba fata Romanos agunt
Scelusque fraternae necis.

2) Die s. g. Ursprüngliche Accumulation.

Man hat gesehn, wie Geld in Kapital verwandelt, mit dem Kapital Mehrwerth und aus dem Mehrwerth mehr Kapital gemacht wird. Indeß setzt die Accumulation des Kapitals den Mehrwerth, der Mehrwerth die kapitalistische Produktion, diese aber das Vorhandensein größerer Kapitalmassen in den Händen von Waarenproducenten voraus. Der ganze Prozeß scheint also eine der *kapitalistischen Accumulation* vorausgehende „*ursprüngliche*" Accumulation („*previous accumulation*" bei *Adam Smith*) zu unterstellen, eine Accumulation, welche nicht das *Resultat* der kapitalistischen Produktionsweise ist, sondern ihr *Ausgangspunkt.*

Diese *ursprüngliche Accumulation* spielt in der politischen Oekonomie ungefähr dieselbe Rolle wie der *Sündenfall* in der Theologie. Adam biß in den Apfel und damit kam über das Menschengeschlecht die Sünde. Ihr Ursprung wird erklärt, indem er als Anekdote der Vergangenheit erzählt wird. In einer längst verflossenen Zeit gab es auf der einen Seite eine fleißige Elite und auf der andern faulenzende Lumpen. So kam es, daß die ersten ¦ *Reichthum accumulirten* und die letzteren schließlich nichts zu verkaufen hatten als ihre eigne Haut. Und von diesem Sündenfall datirt *die Armuth der großen Masse,* die immer noch, aller Arbeit zum Trotz, nichts zu verkaufen hat als sich selbst, und *der Reichthum der Wenigen,* der fortwährend wächst, obgleich sie längst aufgehört haben zu arbeiten. Solche fade Kinderei kaut Herr *Thiers* z. B. noch mit staatsfeierlichem Ernst, zur Vertheidigung der *propriété,* den einst so geistreichen Franzosen vor. Aber sobald die Eigenthumsfrage ins Spiel kommt, wird es heilige Pflicht, den Standpunkt der Kinderfibel als den allen Altersklassen und Entwicklungsstufen allein gerechten festzuhalten. In der wirklichen Geschichte spielen bekanntlich Erobe-| rung, Unterjochung, Raubmord, kurz Gewalt die große Rolle. In der sanften politischen Oekonomie herrschte von jeher die Idylle. Recht und

„Arbeit" waren von jeher die einzigen Bereicherungsmittel, natürlich mit jedesmaliger Ausnahme von *„diesem Jahr"*. In der That sind die Methoden der ursprünglichen Accumulation alles andre, nur nicht idyllisch.

Geld und Waare sind nicht von vornherein Kapital, so wenig wie Produktions- und Lebensmittel. Sie bedürfen der *Verwandlung in Kapital.* Dieser Verwandlungsprozeß selbst kann aber nur unter bestimmten Umständen vorgehn. Sie spitzen sich dahin zusammen: Zweierlei sehr verschiedne Sorten von Waarenbesitzern müssen sich gegenüber und in Kontakt treten, einerseits *Eigner von Geld, Produktions- und Lebensmitteln,* welche die von ihnen geeignete Werthsumme *verwerthen* wollen durch Ankauf fremder Arbeitskraft; andrerseits *freie Arbeiter,* Verkäufer der eignen Arbeitskraft und daher Verkäufer von Arbeit. *Freie Arbeiter* in dem Doppelsinn, daß sie weder selbst unmittelbar zu den Produktionsbedingungen gehören, wie Sklaven, Leibeigne u. s. w., noch auch die Produktionsbedingungen ihnen gehören, wie beim selbstwirthschaftenden Bauer u. s. w., sie davon vielmehr frei, los und ledig sind. Mit dieser *Polarisation des Waarenmarkts* sind die Grundbedingungen der kapitalistischen Produktion gegeben. Das Kapitalverhältniß setzt die *Scheidung zwischen den Arbeitern* und *dem Eigenthum an den Verwirklichungsbedingungen der Arbeit* voraus. Sobald die kapitalistische Produktion einmal auf eignen Füßen steht erhält sie nicht nur jene Scheidung, sondern *reproducirt sie auf stets wachsender Stufenleiter.* Der Prozeß, der das Kapitalverhältniß *schafft,* kann also nichts anders sein als der *Scheidungsprozeß des Arbeiters von den Arbeitsbedingungen,* ein Prozeß, der einerseits die gesellschaftlichen Lebens- und Produktionsmittel in *Kapital verwandelt,* andrerseits die unmittelbaren Producenten in *Lohnarbeiter.* Die s. g. *ursprüngliche Accumulation* ist also nichts als der *historische Scheidungsprozeß von Producent und Produktionsmittel.* Er erscheint als *„ursprünglich"*, weil er die *Vorgeschichte des Kapitals* und der ihm entsprechenden Produktionsweise bildet. ¦

Man sieht auf den ersten Blick, daß dieser Scheidungsprozeß eine | ganze Reihe historischer Prozesse einschließt, und eine doppelseitige Reihe, einerseits Auflösung der Verhältnisse, die den Arbeiter selbst zum Eigenthum dritter Personen machten und zu einem selbst angeeigneten Produktionsmittel, andrerseits Auflösung des Eigenthums der unmittelbaren Producenten an ihren Produktionsmitteln. Der Scheidungsprozeß umfaßt also in der That die ganze Entwicklungsgeschichte der modernen bürgerlichen Gesellschaft, eine Geschichte, welche gar keine Schwierigkeiten böte, hätten die bürgerlichen Geschichtsschreiber die Auflösung der feudalen Produktionsweise nicht ausschließlich unter dem clair obscur der Emancipation des Arbeiters dargestellt, statt zugleich als *Verwandlung der feudalen in die kapitalistische Exploitationsweise.* Der Ausgangspunkt der Entwicklung war die *Knechtschaft des Arbeiters.* Ihr Fortgang bestand in einem *Formwechsel dieser Knechtung.* Jedoch erheischt unser Zweck keineswegs Analyse der mittelaltrigen Bewegung. Obgleich die kapitalistische Produktion schon im 14. und 15. Jahrhundert sporadisch ihren Sitz in den Ländern am Mittelmeer aufschlug, datirt die *kapitalistische Aera* erst vom *16. Jahrhundert.* Dort, wo sie aufblüht, ist die Aufhebung der Leibeigenschaft längst vollbracht und das mittelaltrige Städtewesen bereits in das Stadium seines Verfalls getreten.

Historisch epochemachend in der Geschichte des Scheidungsprozesses sind die Momente, worin große Menschenmassen plötzlich und gewaltsam von ihren Subsistenz- und Produktionsmitteln geschieden und als vogelfreie Proletarier auf den Arbeitsmarkt geschleudert werden. *Die Expropriation der Arbeiter von Grund und Boden* bildet die Grundlage des ganzen Prozesses. Wir haben sie also zuerst zu betrachten. Ihre Geschichte nimmt in verschiednen Ländern verschiedne Färbung an und durchläuft die verschiedenen Phasen in verschiedner Reihenfolge. Nur in England, das wir daher als Beispiel nehmen, besitzt sie klassische Form[189]. |

In England war die Leibeigenschaft im letzten Theil des 14. Jahrhunderts faktisch verschwunden. Die ungeheure Mehrzahl der Bevölkerung[190] bestand damals und noch mehr im 15. Jahrhundert aus freien, selbstwirthschaftenden Bauern, durch welch feudales Aushän-

189 In Italien, wo die kapitalistische Produktion sich am frühsten entwickelt, findet auch die Auflösung der Leibeigenschaftsverhältnisse am frühsten statt. Der Leibeigene wird hier emancipirt, bevor er irgend ein Recht der Verjährung an Grund und Boden gesichert hat. Seine Emancipation verwandelt ihn also sofort in einen vogelfreien Proletarier, der überdem in den meist schon aus der Römerzeit überlieferten Städten die neuen Herren fertig vorfindet.

190 Noch Ende des 17. Jahrhunderts waren mehr als 4/5 der englischen Gesammtbevölkerung agrikol. (*Macaulay: „The History of England." Lond.* 1854, v. I, p. 413.) Ich citire Macaulay, weil er als systematischer Geschichtsfälscher derartige Thatsachen möglichst „beschneidet".

geschild ihr Eigenthum immer versteckt sein mochte. Auf den größeren herrschaftlichen Gü¦tern war der früher selbst leibeigne bailiff (Vogt) durch den freien Pächter verdrängt. Die Lohnarbeiter der Agrikultur bestanden theils aus Bauern, die ihre Mußezeit durch Arbeit bei großen Grundeigenthümern verwertheten, theils aus einer selbstständigen, relativ und absolut wenig zahlreichen Klasse eigentlicher Lohnarbeiter. Auch letztre waren faktisch zugleich selbstwirthschaftende Bauern, indem sie außer ihrem Lohn Ackerland zum Belauf von 4 und mehr Acres nebst Cottages angewiesen erhielten. Sie genossen zudem mit den eigentlichen Bauern die Nutznießung des *Gemeindelandes*, worauf ihr Vieh weidete und das ihnen zugleich die Mittel der Feuerung, Holz, Torf u. s. w. bot[191]. In allen Ländern Europa's ist die feudale Produktion durch Theilung des Bodens unter möglichst viele Untersassen charakterisirt. Die Macht des Feudalherrn, wie die jeden Souverains, beruhte nicht auf der Länge seiner Rentrolle, sondern auf der Zahl seiner Unterthanen, und letztere hing von der Zahl selbstwirthschaftender Bauern ab[192]. Obgleich der englische Boden daher nach der normännischen Eroberung in riesenhafte Baronien vertheilt | ward, wovon eine einzige oft 900 alte angelsächsische Lordschaften einschloß, war er besät von kleinen Bauernwirthschaften, nur hier und da durchbrochen von größeren herrschaftlichen Gütern. Solche Verhältnisse, bei gleichzeitiger Blüthe des Städtewesens, wie sie das 15. Jahrhundert auszeichnet, erlaubten jenen *Volksreichthum*, den der Staatskanzler *Fortescue* so beredt in seinen „*Laudibus Legum Angliae*" schildert, aber sie schlossen den *Kapitalreichthum* aus.

191 Man muß nie vergessen, daß selbst der Leibeigene nicht nur *Eigenthümer*, wenn auch tributpflichtiger Eigenthümer, der zu seinem Haus gehörigen Bodenparcellen war, sondern auch *Miteigenthümer des Gemeindelandes*. «Le paysan y (en Silésie) est serf.» Nichtsdestoweniger besitzen diese serfs *Gemeindegüter*. «On n'a pas pu encore engager les Silésiens au partage des communes, tandis que dans la nouvelle Marche, il n'y a guère de village où ce partage ne soit exécuté avec le plus grand succès.» (*Mirabeau: „De la Monarchie Prussienne. Londres* 1788", t. II, p. 125, 126.)

192 *Japan*, mit seiner rein feudalen Organisation des Grundeigenthums und seiner entwickelten Kleinbauernwirtschaft, liefert ein viel treueres Bild des europäischen Mittelalters als unsre sämmtlichen, meist von bürgerlichen Vorurtheilen diktirten Geschichtsbücher. Es ist gar zu bequem, „liberal" auf Kosten des Mittelalters zu sein.

Das Vorspiel der Umwälzung, welche die Grundlage der kapitalistischen Produktionsweise schuf, ereignet sich im letzten Drittel des 15. und den ersten Decennien des 16. Jahrhunderts. Eine *Masse vogelfreier Proletarier* ward auf den *Arbeitsmarkt* geschleudert durch die *Auflösung der feudalen Gefolgschaften*, die, wie Sir James Steuart richtig bemerkt, „überall nutzlos Haus und Hof füllten". Obgleich die königliche Macht, selbst ein Produkt der bürgerlichen Entwicklung, in ihrem Streben nach absoluter Souverainität die Auflösung dieser Gefolgschaften gewaltsam beschleunigte, war sie keineswegs deren einzige Ursache. Vielmehr im trotzigsten Gegensatz zu Königthum und Parlament, schuf der große Feudalherr *ein ungleich größeres* ¦ *Proletariat* durch gewaltsame Verjagung der Bauernschaft von dem Grund und Boden, worauf sie denselben feudalen Rechtstitel besaß wie er selbst, und durch Usurpation ihres Gemeindelandes. Den unmittelbaren Anstoß dazu gab in England namentlich das Aufblühn der flandrischen Wollmanufaktur, und das entsprechende Steigen der Wollpreise. Den alten Feudaladel hatten die großen Feudalkriege verschlungen, der neue war ein Kind seiner Zeit, für welche Geld die Macht aller Mächte. Verwandlung von Ackerland in Schafweide ward also sein Losungswort. *Harrison*, in seiner *„Description of England. Prefixed to Holinshed's Chronicles"*, beschreibt, wie die Expropriation der kleinen Bauern das Land ruinirt. „What care our great incroachers!" (Was fragen unsre großen Usurpatoren danach?) Die Wohnungen der Bauern und die Cottages der Arbeiter wurden gewaltsam niedergerissen oder dem Verfall geweiht. „Wenn man", sagt Harrison, „die älteren Inventarien jeden Ritterguts vergleichen will, so wird man finden, daß unzählige Häuser und kleine Bauernwirthschaften verschwunden sind, daß das Land viel weniger Leute nährt, daß viele Städte verfallen sind, obgleich einige neue aufblühn … Von Städten und Dörfern, die man für Schaftriften zerstört hat, und worin nur noch | die Herrschaftshäuser stehn, könnte ich etwas erzählen." Die Klagen jener alten Chroniken sind immer übertrieben, aber sie zeichnen genau den Eindruck der Revolution in den Produktionsverhältnissen auf die Zeitgenossen selbst. Ein Vergleich zwischen den Schriften der Schatzkanzler *Fortescue* und *Thomas Morus* veranschaulicht die Kluft zwischen dem 15. und 16. Jahrhundert. Aus ihrem goldnen Zeitalter, wie *Thornton* richtig sagt, stürzte die englische Arbeiterklasse ohne alle Zwischenübergänge in das eiserne.

Die Gesetzgebung erschrak vor dieser Umwälzung. Sie stand noch nicht auf der Civilisationshöhe, wo „*Wealth of the Nation*", d. h. Kapitalbildung und rücksichtslose Exploitation und Verarmung der Volksmasse als ultima Thule aller Staatsweisheit gelten. In seiner „*Geschichte Heinrich's VII.*" sagt *Baco*: „Um diese Zeit (1489) mehrten sich die Klagen über Verwandlung von Ackerland in Weide (zur Schaftrift u. s. w.), leicht zu versehn durch wenige Hände. Dieß brachte einen Verfall des Volks hervor … König und Parlament ergriffen Maßregeln wider diese entvölkernde Usurpation der Gemeindeländereien (depopulating inclosures) und die ihr auf dem Fuß folgende entvölkernde Weidewirthschaft (depopulating pasture)." Ein Akt Heinrich des VII., 1489, c. 19, verbot die Zerstörung aller Bauernhäuser, wozu wenigstens 20 Acres Land gehörten. In einem Akt 25, Heinrich VIII., wird dasselbe Gesetz erneuert. Es heißt darin u. a., daß „viele Pachten und große Viehmassen, besonders Schafe, sich in wenigen Händen aufhäufen, wodurch die Grundrenten sehr gewachsen und der Ackerbau (tillage) sehr verfallen, Kirchen und Häuser niedergerissen, wunderbare Volksmassen ¦ verunfähigt seien, sich selbst und Familien zu erhalten". Das Gesetz verordnet daher den Wiederbau der verfallnen Pachthäuser, bestimmt den Kornbau im Verhältniß zur Schafweide u. s. w. Ein Akt von 1533 klagt, daß manche Eigenthümer 24 000 Schafe besitzen und beschränkt deren Zahl auf 2000. Die Volksklage[193] und die seit Heinrich dem VII. an 150 Jahre fortdauernde Gesetzgebung wider die Expropriation der kleinen Pächter und Bauern waren gleich fruchtlos. Das Geheimniß ihrer | Erfolglosigkeit verräth uns *Baco* wider Wissen. „Der Akt Heinrich's VII.", sagt er in seinen „*Essays, civil and moral*" Sect. 20, „war tief und bewunderungswürdig, indem er Landwirthschaften und Ackerbauhäuser von bestimmtem Normalmaß schuf, d. h. eine Proportion von Land für sie erhielt, die sie befähigte Unterthanen von genügendem Reichthum und ohne servile Lage auf die Welt zu setzen und *den Pflug in der Hand von Eigenthümern, nicht von Miethlingen zu halten*" („to keep the plough in the hand of the owners and not hirelings"). Was die *kapitalistische Produktion* erheischte, war umgekehrt servile Lage der Volksmasse, ihre eigne Verwandlung in Miethlinge, und Verwandlung ihrer Arbeitsmittel in Kapital. Jene ältere Gesetzgebung sucht auch die 4 Acres Land bei der Cottage des *ländlichen*

193 Sieh u. a.: „*Examination of certayne complaints. London* 1581."

Lohnarbeiters zu erhalten, wie sie ihm die Aufnahme von Miethsleuten in seine Cottage verbot. Noch 1627, unter Karl I., wurde Roger Crocker von Fontmill verurtheilt wegen Bau's einer Cottage im Manor von Fontmill ohne 4 Acres Land als beständiges Annex an dieselbe; noch 1638, unter Karl I., wurde eine königliche Kommission ernannt, um die alten Gesetze, namentlich auch über die 4 Acres Land, zu erzwingen; noch Cromwell verbot Erbauung eines Hauses in 4 Meilen weitem Umkreis von London ohne Ausstattung desselben mit 4 Acres Land. Noch in der ersten Hälfte des 18. Jahrhunderts wird geklagt, wenn die Cottage des Landarbeiters kein Zubehör von 1 bis 2 Acres hat. Heutzutag ist er glücklich, wenn sie mit einem Gärtchen ausgestattet ist, oder wenn er weitab von ihr ein Paar Ruthen Land miethen kann. „Landlords und Pächter", sagt Dr. Hunter, „handeln hier Hand in Hand. Wenige Acres zur Cottage würden den Arbeiter *zu unabhängig machen*"[194].

Einen neuen furchtbaren Anstoß erhielt *der gewaltsame Expropriationsprozeß der Volksmasse* im 16. Jahrh. durch die *Reformation* und, in ihrem Gefolge, den kolossalen *Diebstahl der Kirchengüter.* Die katholische Kirche war zur Zeit der Reformation Feudal|eigenthümer eines großen Theils des englischen Grund und Bodens. Die Unterdrückung der Klöster u. s. w. ¦ schleuderte deren Einwohner ins Proletariat. Die Kirchengüter selbst wurden großentheils an raubsüchtige königliche Günstlinge verschenkt oder zu einem Spottpreis an spekulirende Pächter und Stadtbürger verkauft, welche die alten erblichen Untersassen massenhaft verjagten und ihre Wirthschaften zusammenwarfen. Das gesetzlich garantirte Eigenthum verarmter Landleute an einem Theil der Kirchenzehnten ward stillschweigend konfiscirt[195]. „Pauper ubique jacet", rief Königin Elisabeth nach einer Rundreise durch England. Im 43. Jahre ihrer Regierung war man endlich gezwungen, den *Pauperismus* officiell anzuerkennen durch Einführung der *Armensteuer.* „Die Urheber dieses Gesetzes schämten sich seine *Gründe* auszusprechen und

194 *Dr. Hunter* l. c. p. 134: "The quantity of land assigned (in den alten Gesetzen) would now be judged too great for labourers, and rather as likely to convert them into small farmers." (*George Roberts: „The Social History of the People of the Southern Counties of England in past centuries. Lond.* 1856", p. 184.)

195 "The right of the poor to share in the tithe, is established by the tenure of ancient statutes." (*Tuckett* l. c. v. II, p. 804, 805.)

schickten es daher, wider alles Herkommen, *ohne irgend ein preamble* (Eingangsworte) in die Welt"[196]. Durch 16. Carolus I., 4 wurde es perpetuell erklärt und erhielt in der That erst 1834 eine neue härtere Form[197]. Diese ¦ unmittelbaren Wirkungen der Reformation | waren nicht ihre

196 *William Cobbett: „A History of the Protestant Reformation"*, §. 471.

197 Den protestantischen „Geist" ersieht man u. a. aus folgendem. Im Süden Englands steckten verschiedne Grundeigenthümer und wohlhabende Pächter die Köpfe zusammen, und setzten über die richtige Interpretation des Armengesetzes der Elisabeth 10 Fragen auf, welche sie einem berühmten Juristen jener Zeit, Sergeant Snigge (später Richter unter Jakob I.), zum Gutachten vorlegten. „*Neunte Frage:* Einige der reichen Pächter der Pfarrei haben einen klugen Plan ausgeheckt, wodurch alle Wirre in Ausübung des Akts beseitigt werden kann. Sie schlagen den Bau eines *Gefängnisses* in der Pfarrei vor. Jedem Armen, der sich nicht in vorbesagtes Gefängniß einsperren lassen will, soll die Unterstützung versagt werden. Es soll dann der Nachbarschaft Notiz gegeben werden, daß wenn irgend eine Person geneigt, die Armen dieser Pfarrei zu *pachten*, sie versiegelte Vorschläge eingeben soll, an einem bestimmten Tag, zum niedrigsten Preis, wozu sie selbe uns abnehmen will. Die Urheber dieses Plans unterstellen, daß es in den Nachbargrafschaften Personen giebt, die unwillig sind zu arbeiten, und ohne Vermögen oder Kredit, um eine Pacht oder ein Schiff zu erwerben, so daß sie ohne Arbeit leben könnten („so as to live without labour"). Solche dürften geneigt sein, der Pfarrei sehr vortheilhafte Vorschläge zu machen. *Sollten hier und da Arme unter des Kontraktors Obhut kaput gehn, so wird die Sünde an seiner Thüre liegen*, da die Pfarrei ihre Pflichten gegen selbige Arme erfüllt hätte. Wir fürchten jedoch, daß der gegenwärtige Akt keine Klugheitsmaßregel („prudential measure") dieser Art erlaubt; aber Sie müssen wissen, daß der Rest der freeholders dieser Grafschaft und der anliegenden sich uns anschließen wird, um ihre Unterhausmitglieder zur Vorlage eines Gesetzes anzutreiben, welches Einsperrung und Zwangsarbeit der Armen gestattet, so daß jede Person, welche sich der Einsperrung widersetzt, zu keiner Unterstützung berechtigt sein soll. Dieß, so hoffen wir, wird Personen im Elend abhalten, Unterstützung zu *bedürfen*" („will prevent persons in distress from wanting relief"). (*R. Blakey: „The History of Political Literature from the earliest times. Lond.* 1855", v. II, p. 84, 85.) – In *Schottland* fand die Abschaffung der *Leibeigenschaft* Jahrhunderte später statt als in England. Noch 1698 erklärte *Fletcher von Saltoun* im schottischen Parlament. „Die Zahl der Bettler ist in Schottland auf nicht weniger als 200 000 geschätzt. Das einzige Hilfsmittel, welches ich, ein Republikaner von Prinzip, vorschlagen kann, ist *den alten Zustand der Leibeigenschaft zu restauriren* und aus allen denen *Sklaven zu machen*, die unfähig sind für ihre eigne Subsistenz zu sorgen." So *Eden* l. c. b. I, ch. I: „*Von der Freiheit der Ackerbauer* datirt der Pauperismus … Manufakturen und Handel sind die wahren Aeltern unsrer nationalen Armen." Eden, wie jener schottische Republikaner von Prinzip, irrt nur darin, daß nicht

nachhaltigsten. *Das Kircheneigenthum bildete das religiöse Bollwerk der alterthümlichen Grundeigenthumsverhältnisse.* Mit seinem Fall waren sie nicht länger vertheidigbar[198].

Noch in den letzten Decennien des 17. Jahrhunderts war die Yeomanry, eine unabhängige Bauernschaft, zahlreicher als die Klasse der Pächter. Sie hatte die Hauptstärke Cromwell's gebildet und stand, selbst nach Macaulay's Geständniß, in vortheilhaftem Gegensatz zu den versoffenen Mistjunkern und ihren Bedienten, den Landpfaffen, welche die herrschaftliche „Lieblingsmagd" unter die Haube bringen mußten. Noch waren selbst die ländlichen Lohnarbeiter Miteigenthümer am Gemeindeeigenthum. | 1750 ungefähr war die Yeomanry verschwunden[199], und in den letzten Decennien des 18. Jahrhunderts die letzte Spur vom Gemeindeeigenthum der Ackerbauer. Wir sehn hier ab von den *rein ökonomischen Agentien der Agrikulturrevolution.* Wir fragen nach ihren *gewaltsamen Hebeln.*

Unter der *Restauration der Stuarts* setzten *die Grundeigenthümer* eine Usurpation gesetzlich durch, die sich überall auf dem Kontinent auch ohne gesetzliche Weitläufigkeit vollzog. Sie hoben die Feudalverfassung des Bodens auf, d. h. sie schüttelten *seine Leistungspflichten an den Staat* ab, „entschädigten" den Staat durch Steuern auf die Bauernschaft und übrige Volksmasse, vindicirten modernes Privateigenthum an Gütern, worauf sie nur Feudaltitel besaßen, und oktroyirten

die Aufhebung der Leibeigenschaft, sondern die Aufhebung des Eigenthums des Ackerbauers an Grund und Boden ihn zum Proletarier, resp. Pauper machte. – Englands Armengesetzen entspricht in Frankreich, wo sich die Expropriation in anderer Weise vollzog, die Ordonnanz von Moulins, 1566, und das Edikt von 1656.

198 Herr *Rogers,* obgleich Professor der politischen Oekonomie an der Universität zu Oxford, dem Stammsitz protestantischer Orthodoxie, betont in seiner Vorrede zur *„History of Agriculture"* die Pauperisirung der Volksmasse durch die Reformation.

199 *„A Letter to Sir T. C. Bunbury, Brt.: On the High Price of Provisions. By a Suffolk Gentleman." Ipswich.* 1795, p. 4. Selbst der fanatische Vertheidiger des großen Pachtwesens, der Verfasser der *„Inquiry into the Connection of large farms* etc. *Lond.* 1773", p. 139, sagt: "I most lament the loss of our yeomanry, that set of men, who really kept up the independence of this nation; and sorry I am, to see their lands now *in the hands of monopolizing lords,* tenanted out to small farmers, who hold their leases on such conditions as to be little better than vassals ready to attend a summons on every mischievous occasion."

schließlich jene *Niederlassungsgesetze* (laws of settlement), die, mutatis mutandis, auf die englischen Ackerbauer wirkten, wie des Tartaren Boris Godunof Edikt auf die russische Bauernschaft.

Die *„glorious Revolution"* (glorreiche Revolution) brachte mit dem Oranier Wilhelm III.[200] die grundeigenthümlichen und kapitalistischen Plus¦macher zur Herrschaft. Sie weihten die neue Aera ein, indem sie den bisher nur bescheiden betriebenen *Diebstahl an den | Staatsdomänen* auf kolossaler Stufenleiter ausübten. Diese Ländereien wurden verschenkt, zu Spottpreisen verkauft, oder auch durch direkte Usurpation an Privatgüter annexirt[201]. Alles das geschah ohne die geringste Beobachtung gesetzlicher Etiquette. Das so fraudulent angeeignete Staatsgut sammt dem Kirchenplunder, so weit er während der republikanischen Revolution nicht abhanden kam, bildet die Grundlage der heutigen fürstlichen Domänen der englischen Oligarchie[202]. Die bürgerlichen Kapitalisten begünstigten die Operation, u. a. um den Grund und Boden in einen reinen Handelsartikel zu verwandeln, um ihre Zufuhr vogelfreier Proletarier vom Land zu vermehren u. s. w. Sie handelten für ihr Interesse ganz so richtig als die *schwedischen* Stadtbürger, deren ökonomisches Bollwerk die Bauernschaft war, weßhalb sie Hand in Hand mit derselben die Könige in der gewaltsamen Resumption der Kronländereien von der Oligarchie (seit 1604, später unter Karl X. und Karl XI.) unterstutzten.

Gemeindeeigenthum war eine altgermanische Einrichtung, die unter der Decke der Feudalität fortlebte. Man hat gesehn, wie die gewaltsame

200 Ueber die Privatmoral dieses bürgerlichen Helden u. a.: "The large grant of lands in Ireland to Lady Orkney, in 1695, is a public instance of the king's affection, and the lady's influence … Lady Orkney's endearing offices, are supposed to have been — foeda labiorum ministeria." (In der *Sloane Manuscript Collection*, auf dem britischen Museum, Nr. 4224. Das Manuskript ist betitelt: *„The character and behaviour of King William, Sunderland* etc. *as represented in Original Letters to the Duke of Shrewsbury from Somers, Halifax, Oxford, Secretary Vernon* etc." Es ist voller Kuriosa.)

201 „Die *illegale* Veräußerung der Krongüter, theils durch Verkauf und theils durch Schenkung, bildet ein skandalöses Kapitel in der englischen Geschichte … eine gigantische Prellerei der Nation (gigantic fraud on the nation)." (*F. W. Newman: „Lectures on Political Econ. Lond.* 1851", p. 129, 130.)

202 Man lese z. B. *E. Burke's* Pamphlet über das herzogliche Haus von Bedford, dessen Sprosse *Lord John Russell*, „the tomtit of liberalism".

Usurpation desselben, meist begleitet von Verwandlung des Ackerlands in Viehweide, Ende des 15. Jahrhunderts beginnt und im 16. Jahrhundert fortdauert. Aber damals vollzog sich der Prozeß als *individuelle Gewaltthat*, wogegen die Gesetzgebung 150 Jahre durch vergeblich ankämpft. Der Fortschritt des 18. Jahrh. offenbart sich darin, daß das *Gesetz selbst* jetzt zum *Vehikel des Raubs am Volksland* wird, obgleich die großen Pächter nebenbei auch ihre kleinen unabhängigen Privatmethoden anwenden[203]. Die parlamentarische Form | des Raubs ist die der *„Bills for Inclosures of Commons“* (Bills für Einschluß der Gemeindeländereien), in andern Worten Dekrete, wodurch die Landlords Volkseigenthum sich selbst als Privateigenthum schenken, Dekrete der Volksexpropriation. *Sir F. M. Eden* widerlegt sein pfiffiges Advokatenplaidoyer, worin er das Gemeindeeigenthum als Privateigenthum ¦ der an die Stelle der Feudalen getretenen Landlords darzustellen sucht, indem er selbst einen *„allgemeinen Parlamentsakt* für die inclosure der Gemeindeländerei“ verlangt, also zugiebt, daß *ein parlamentarischer Staatsstreich* zu ihrer *Verwandlung in Privateigenthum* nöthig ist, andrerseits aber von der Legislatur *„Schadenersatz“* für die expropriirten Armen fordert[204].

Während an die Stelle der unabhängigen Yeomen *tenants-at-will* traten, kleinere Pächter auf einjährige Kündigung, eine servile und von der Willkühr der Landlords abhängige Rotte, half, neben dem Raub der Staatsdomänen, namentlich der systematisch betriebne Diebstahl des Gemeindeeigenthums jene großen Pachten anschwellen, die man im 18. Jahrhundert *Kapital-Pachten*[205] oder *Kaufmanns-Pachten*[206] nannte, und das Landvolk als Proletariat für die Industrie „freisetzen“.

203 „Die Pächter verbieten den Cottagers (Häuslern) irgend eine lebendige Kreatur außer sich selbst zu erhalten, unter dem Vorwand, daß wenn sie Vieh oder Geflügel hielten, sie von den Scheunen Futter stehlen würden. Sie sagen auch, haltet die Cottagers arm, und ihr haltet sie fleißig. Die wirkliche Thatsache aber ist, daß die *Pächter so das ganze Recht an den Gemeindeländereien usurpiren.*“ (*„A Political Inquiry into the Consequences of enclosing Waste Lands. Lond.* 1785“, p. 75.)

204 *Eden* l. c. *Preface.*

205 „Capital-farms.“ (*„Two Letters on the Flour Trade and the Dearness of Corn. By a Person in Business. Lond.* 1767“, p. 19, 20.)

206 „Merchant-farms.“ (*An Inquiry into the Present High Prices of Provisions. Lond.* 1767, p. 111, Note. Diese gute Schrift, die anonym erschien, verfaßt von dem *Rev. Nathaniel Forster.*)

Das 18. Jahrh. begriff jedoch noch nicht in demselben Maß wie das 19. die *Identität zwischen Nationalreichthum und Volksarmuth.* Daher heftigste Polemik in der ökonomischen Literatur jener Zeit über die „*inclosure of commons*". Ich gebe aus dem massenhaften Material, das mir vorliegt, einige wenige Stellen, weil dadurch lebhaft die Zustände veranschaulicht werden.

„In vielen Pfarreien von Hertfordshire", schreibt eine entrüstete Feder, „sind 24 Pachten von 50 bis 150 Acres auf 3 zusammenge|schmolzen"[207]. „In Northamptonshire und Leicestershire hat der Einschluß der Gemeindeländereien sehr vorgeherrscht und die meisten aus den enclosures entsprungenen neuen Lordschaften sind in Weideland verwandelt; in Folge davon haben viele Lordschaften jetzt nicht 50 Acres unter dem Pflug, wo früher 1500 gepflügt wurden … Ruinen früherer Wohnhäuser, Scheunen, Ställe u. s. w. sind die einzigen Spuren der früheren Einwohner. Hunderte von Häusern und Familien sind an manchen Plätzen zusammengeschrumpft auf 8 oder 10. Der Grundeigenthümer in den meisten Pfarreien, wo der Einschluß erst seit 15 oder 20 Jahren vorging, sind sehr wenige in Vergleich zu den Zahlen, von denen das Land im offnen Feldzustand bebaut wurde. Es ist nichts Ungewöhnliches, 4 oder 5 reiche Viehmäster große, jüngst eingeschlossene Lordschaften usurpiren zu sehn, die sich früher in der Hand von 20–30 Pächtern und vielen kleineren Eigenthümern und Insassen befanden. *Alle diese sind mit ihren Familien aus ihrem Besitzthum heraus¦geworfen worden,* nebst vielen andren Familien, die durch sie beschäftigt und erhalten wurden"[208]. Es war nicht nur *brachliegendes*, sondern oft, unter bestimmter Zahlung an die Gemeinde, oder gemeinschaftlich *bebautes* Land, das unter dem Vorwand der „enclosure" vom angränzenden Landlord annexirt wurde. „Ich spreche hier vom Einschluß offner Felder und Ländereien, die bereits bebaut sind. Selbst die Schriftsteller, welche die Inclosures vertheidigen, geben zu, daß sie in diesem Fall den Feldbau vermindern, die Preise der Lebensmittel erhöhen und Entvölkerung produciren … und selbst die inclosure wüster Ländereien, wie jetzt betrieben, *raubt* dem *Armen einen Theil seiner Subsistenzmittel* und

207 *Thomas Wright: „A short address to the Public on the Monopoly of small farms.* 1795", p. 2, 3.

208 *Rev. Mr. Addington: „Inquiry into the Reasons for or against enclosing open fields. Lond.* 1772", p. 37–43 passim.

schwellt Pachten auf, die bereits zu groß sind"[209]. „Wenn", sagt *Dr. Price*, „das Land in die Hände einiger weniger großen Pächter geräth, werden | die kleinen Pächter (früher von ihm bezeichnet als „eine Menge kleiner Eigenthümer und Pächter, die sich selbst und Familien erhalten durch das Produkt des von ihnen bestellten Landes, durch Schafe, Geflügel, Schweine u. s. w., die sie auf das Gemeindeland schicken, so daß sie wenig Gelegenheit zum Kauf von Subsistenzmitteln haben") *verwandelt* in Leute, die ihre Subsistenz durch *Arbeit für Andre* gewinnen müssen und gezwungen sind, für alles, was sie brauchen, *zu Markt zu gehn* … Es wird vielleicht *mehr Arbeit* verrichtet, weil *mehr Zwang* dazu herrscht … Städte und Manufakturen werden wachsen, weil *mehr Leute zu ihnen verjagt werden*, welche Beschäftigung suchen. Dieß ist der Weg, worin die Koncentration der Pachten naturgemäß wirkt und worin sie, seit vielen Jahren, in diesem Königreich thatsächlich gewirkt hat"[210]. Er faßt die Gesammtwirkung der inclosures so zusammen: „Im Ganzen hat sich die Lage der niederen Volksklassen fast in jeder Hinsicht verschlechtert, die kleineren Grundbesitzer und Pächter sind herabgedrückt auf den Stand von Taglöhnern und Miethlingen; und zur selben Zeit ist der *Lebensgewinn in diesem Zustand* schwieriger geworden"[211]. In ¦ der That wirkten

209 *Dr. R. Price* l. c. v. II, p. 155, 156. Man lese Forster, Addington, Kent, Price und James Anderson, und vergleiche das elende Sykophantengeschwätz Mac Culloch's in seinem Katalog: „*The Literature of Political Economy. Lond.* 1845."

210 l. c. p. 147, 148.

211 l. c. p. 159, 160. Man erinnert sich an das alte Rom. „Die Reichen hatten sich des größten Theils der ungetheilten Ländereien bemächtigt. Sie vertrauten den Zeitumständen, daß sie ihnen nicht mehr abgenommen würden, und kauften daher die in ihrer Nähe gelegenen Stücke der Armen, zum Theil mit deren Willen, zum Theil nahmen sie sie ihnen mit Gewalt, so daß sie nur nur mehr weit ausgedehnte Domänen statt einzelner Felder bebauten. Sie gebrauchten dabei Sklaven zum Landbau und zur Viehzucht, weil ihnen freie Leute weg von der Arbeit zum Kriegsdienst genommen worden wären. Der Besitz von Sklaven brachte ihnen auch insofern großen Gewinn, als sich diese wegen ihrer Befreiung vom Kriegsdienst ungefährdet vermehren konnten und eine Menge Kinder bekamen. So zogen die Mächtigen durchaus allen Reichthum an sich und die ganze Gegend wimmelte von Sklaven. Der Italer dagegen wurden immer weniger, aufgerieben wie sie waren durch Armuth, Abgaben und Kriegsdienst. Traten aber auch Zeiten des Friedens ein, so waren sie zu vollkommener Unthätigkeit verdammt, weil die Reichen im Besitze des Bodens waren, und statt freier Leute Sklaven zum Ackerbau gebrauchten." (*Appian: „Römische Geschichten"* I, 7.) Diese Stelle be-

Usurpation des Gemeindelands und die | sie begleitende Revolution der Agrikultur so akut auf die *Ackerbauarbeiter*, daß, nach *Eden* selbst, zwischen 1765 und 1780 ihr Lohn anfing *unter das Minimum* zu fallen und durch officielle Armenunterstützung ergänzt zu werden. Ihr Arbeitslohn, sagt er, „genügte nicht mehr für die absoluten Lebensbedürfnisse".

Hören wir noch einen Augenblick einen Vertheidiger der enclosures und Gegner des Dr. Price. „Es ist ein durchaus falscher Schluß, daß *Entvölkerung* vorhanden, weil man Leute nicht länger ihre Arbeit im offnen Feld *verwüsten* sieht. Sind ihrer jetzt weniger auf dem Land, so sind ihrer desto mehr in den Städten ... Wenn nach Verwandlung kleiner Bauern in Leute, die *für andere arbeiten müssen, mehr Arbeit flüssig gemacht wird*, so ist das ja ein Vortheil, den *die Nation* (wozu die Verwandelten natürlich nicht gehören) wünschen muß ... Das Produkt wird größer sein, wenn ihre *kombinirte* Arbeit auf einer Pacht angewandt wird: so wird Surplusprodukt für die Manufakturen gebildet, und dadurch werden Manufakturen, eine der Minen dieser Nation, im Verhältniß zum producirten Kornquantum vermehrt"[212].

Die stoische Seelenruhe, womit der politische Oekonom frechste Schändung des „heiligen Rechts des Eigenthums" und gröbste Gewaltthat wider Personen betrachtet, soweit sie erheischt sind, *um die Grundlage der kapitalistischen Produktionsweise herzustellen*, zeigt uns u. a. der überdem noch torystisch gefärbte und „philanthropische" *Sir F. M. Eden*. Die ganze Reihe von Raubthaten, Greueln und Volkselend, welche die gewaltsame Volksexpropriation vom letzten Drittel des 15. bis zum Ende des 18. Jahrh. begleiten, treibt ihn nur zur „comfortablen" Schlußreflexion: „*Die richtige (due) Proportion zwischen Acker- und Viehland mußte hergestellt* werden. Noch im ganzen 14. und größten Theil des 15. Jahrh. kam 1 Acre Viehweide auf 2, 3, und selbst 4 Acres Ackerland. In der | Mitte des 16. Jahrhunderts verwandelte sich die Proportion in 3 Acres Viehland

zieht sich auf die Zeit vor den licinischen Gesetzen. Der Kriegsdienst, der den Ruin der römischen Plebejer so sehr beschleunigte, war auch ein Hauptmittel, wodurch Karl der Große die Verwandlung freier deutscher Bauern in Leibeigne treibhausmäßig förderte.

212 „*An Inquiry into the Connection between the present Prices of Provision* etc.", p. 124, 125, 128, 129. Aehnlich, aber mit entgegengesetzter Tendenz: "Working men are driven from their cottages, and forced into the towns to seek for employment; – but then *a larger surplus* is obtained, and thus *Capital* is augmented." (*The Perils of the Nation. 2nd ed. Lond.* 1843, p. XVI.)

auf 2, später von 2 Acres Viehweide auf 1 Acre Ackerland, bis endlich *die richtige Proportion von 3 Acres Viehland auf 1 Acre Ackerland herauskam.*"

Im 19. Jahrhundert verlor sich natürlich selbst die Erinnerung des Zusammenhangs zwischen Ackerbauer und Gemeindeeigenthum. Von späterer Zeit ¦ gar nicht zu reden, welchen Farthing Ersatz erhielt das Landvolk jemals für die 3 511 770 Acres Gemeinland, die ihm zwischen *1801* und *1831* geraubt und parlamentarisch den Landlords von den Landlords geschenkt wurden?

Der letzte große *Expropriationsprozeß der Ackerbauer* von Grund und Boden endlich ist das s. g. „*Clearing of Estates*" (*Lichten der Güter*, in der That Wegfegung der Menschen von denselben). Alle bisher betrachteten *englischen* Methoden kulminirten im „Lichten". Wie man bei der Schilderung des modernen Zustands im vorigen Abschnitt sah, geht es jetzt, wo unabhängige Bauern nicht mehr wegzufegen sind, bis zum „Lichten" der Cottages fort, so daß die Ackerbauarbeiter auf dem Boden, den sie bestellen, selbst nicht mehr den nöthigen Raum zur eignen Behausung finden. Indeß unterscheidet sich das eigentliche „*Clearing of Estates*" durch den mehr systematischen Charakter, die Größe der Stufenleiter, worauf die Operation auf einmal ausgeführt wird (in Schottland auf Arealen so groß, wie deutsche Fürstenthümer), und durch die eigenthümliche Form des Grundeigenthums, welches so gewaltsam in modernes Privateigenthum verwandelt wird. Dieß Eigenthum war *Eigenthum des Clans*, der Chef oder „große Mann" nur *Titulareigenthümer* als Repräsentant des Clans, wie die Königin von England Titulareigenthümerin des englischen Grund und Bodens ist[213]. Diese Revolution, welche in Schottland nach der letzten Schilderhebung des Prätendenten begann, kann man in ihren ersten Phasen verfolgen bei Sir James Steuart[214] und | James Anderson[215]. Im 18. Jahrh.

213 "A king of England might as well claim to drive his subjects into the sea." (*F. W. Newman* l. c. p. 132.)

214 *Steuart* sagt: „Die Rente dieser Länder (er überträgt irrthümlich diese ökonomische Kategorie auf den Tribut der taskmen an den Clanchef) ist durchaus unbedeutend im Vergleich zu ihrem Umfang, aber, was die Personenzahl betrifft, welche eine Pacht erhält, wird man vielleicht finden, daß ein Stück Boden in den Hochlanden von Schottland zehnmal mehr Leute ernährt, als Land von derselben Größe in den reichsten Provinzen." (l. c. v. I, ch. XVI.)

215 *James Anderson: „Observations on the means of exciting a spirit of National Industry* etc." *Edinburgh* 1777.

wurde zugleich den vom Land verjagten Gaelen die Auswanderung verboten, um sie gewaltsam nach Glasgow und anderen Fabrikstädten zu treiben[216]. Als Beispiel der im 19. Jahrh. herrschenden Methode[217] genügen hier die *„Lichtungen"* der *Gräfin von Sutherland.* Diese ökonomisch geschulte Person beschloß gleich ¦ bei ihrem Regierungsantritt eine ökonomische Radikalkur vorzunehmen und die ganze Grafschaft, deren Einwohnerschaft durch frühere, ähnliche Prozesse bereits auf 15 000 zusammengeschmolzen war, in Schaftriften zu verwandeln. Von 1811 bis 1820 wurden diese 15 000 Einwohner, ungefähr 3000 Familien, systematisch verjagt und ausgerottet. Alle ihre Dörfer wurden zerstört und niedergebrannt, alle ihre Felder in Weide ver|wandelt. Britische Soldaten wurden zur Execution kommandirt und kamen zu Schlägen mit den Eingebornen. Eine alte Frau verbrannte in den Flammen der Hütte, die sie zu verlassen sich weigerte. So eignete sich diese Madame *794 000 Acres Land an,* das seit undenklicher Zeit dem Clan gehörte. Den vertriebenen Eingebornen wies sie am Seegestad ungefähr 6000 Acres

216 1860 wurden gewaltsam Expropriirte nach Kanada exportirt unter falschen Versprechungen. Einige flohen in die Berge und benachbarten Eilande. Sie wurden von Polizisten verfolgt, kamen zum Handgemenge mit ihnen, und entkamen.

217 „In den Hochlanden", sagt *Buchanan,* der Kommentator A. Smith's, 1814, „wird der *alte Eigenthumszustand* täglich gewaltsam umgewälzt … Der Landlord, ohne Rücksicht auf die Erbpächter (auch dieß ist hier irrig angewandte Kategorie), bietet das Land dem höchsten Bieter an, und wenn dieser ein Verbesserer (improver) ist, führt er unmittelbar ein neues Kultursystem ein. Der Boden, früher übersät mit kleinen Bauern, war im Verhältniß zu seinem Produkt bevölkert; unter dem neuen System verbesserter Kultur und vermehrter Renten, wird größtmöglichstes Produkt zu möglichst geringen Kosten erhalten und zu diesem Behuf werden die nun nutzlos gewordenen Hände entfernt. Die Auswürflinge des Heimlands suchen Subsistenz in den Fabrikstädten u. s. w." (*David Buchanan:„Observations on* etc. *A. Smith's Wealth of Nations. Edinb.* 1814.") „Die schottischen Großen haben Familien expropriirt, wie sie Unkraut ausroden würden, sie haben Dorfschaften und ihre Bevölkerung behandelt, wie die Indier in ihrer Rache die Höhlen wilder Bestien … Der Mensch wird verschachert für ein Schafvließ oder eine Hammelkeule, ja für weniger … Bei dem Einfall in die Nordprovinzen China's schlug man im Mongolenrath vor, die Einwohner auszurotten und ihr Land in Weide zu verwandeln. Diesen Vorschlag haben viele hochschottische Landlords in ihrem eignen Land gegen ihre eignen Landsleute ausgeführt." (*George Ensor: „An Inquiry concerning the Population of Nations. Lond.* 1818", p. 215, 216.)

zu, 2 Acres per Familie. Die 6000 Acres hatten bisher wüst gelegen und den Eigenthümern kein Einkommen abgeworfen. Die Gräfin ging in ihrem Nobelgefühl so weit den Acre zu 2 sh. 6 d. Rente im Durchschnitt den Clanleuten zu verpachten, die seit Jahrhunderten ihr Blut für die Familie vergossen hatten. Das ganze geraubte Clanland theilte sie in 29 große Schafpachten, jede bewohnt von einer einzigen Familie, meist englische Pachtknechte. Im Jahr 1825 waren die 15 000 Gaelen bereits ersetzt durch 131 000 Schafe. Der an das Seegestad geworfne Theil der Aborigines suchte vom Fischfang zu leben. Sie wurden Amphibien, und lebten, wie ein englischer Schriftsteller sagt, halb auf dem Land und halb auf dem Wasser und lebten mit alledem nur halb von beiden[218].

Aber die braven Gaelen sollten noch schwerer ihre bergromantische Idolatrie für die „großen Männer" des Clans abbüßen. Der Fischgeruch stieg den großen Männern in die Nase. Sie witterten etwas Profitliches dahinter und verpachteten das Seegestade den großen Fischhändlern von London. Die Gaelen wurden zum zweitenmal verjagt[219]. ¦

Endlich aber wird ein Theil der Schaftriften rückverwandelt in *Jagdrevier.* Man weiß, daß es keine ernsthaften Wälder in England giebt. Das Wild in den Parks der Großen ist konstitutionelles Haus|vieh, fett wie Londoner Aldermen. Schottland ist daher das letzte Asyl der „noblen Passion". „In den Hochlanden," sagt *Somers, 1848,* „sind die Waldungen sehr ausgedehnt worden. Hier auf der einen Seite von Gaick habt ihr den neuen Wald von Glenfeshie, und dort, auf der andern Seite, den neuen Wald von Ardverikie. In derselben Linie habt ihr den Black Mount, eine ungeheure Wüste, neulich errichtet. Von Ost zu West, von der Nachbarschaft von Aberdeen bis zu den Klippen von Oban, habt ihr jetzt eine fortlaufende Waldlinie, während sich in andern Theilen der Hochlande

218 Als die jetzige Gräfin Sutherland die Mrs. Beecher-Stowe, Verfasserin von „*Uncle Tom's Cabin*", mit großem Prunk in London empfing, um ihre Sympathie für die Negersklaven der amerikanischen Republik auszustellen – was sie, nebst ihren Mitaristokratinnen, wohlweise während des Bürgerkriegs unterließ, wo jedes „noble" englische Herz für die Sklavenhalter schlug – stellte ich in der „*New-York Tribune*" die Verhältnisse der Sutherlandschen Sklaven dar. (Stellenweis ausgezogen von *Carey* in „*The Slave Trade. Philadelphia* 1853", p. 202, 203.) Mein
289 Artikel ward in einem schottischen Blatt abgedruckt und rief eine artige Polemik zwischen letzterem und den Sykophanten der Sutherlands hervor.

219 Interessantes über diesen Fischhandel findet man in Herrn *David Urquhart's „Portfolio. New Series."*

die neuen Wälder von Loch Archaig, Glengarry, Glenmoriston u. s. w. befinden … Die Verwandlung ihres Landes in Schafweide trieb die Gaelen auf unfruchtbareren Boden. Jetzt fängt Rothwild an das Schaf zu ersetzen und treibt jene in noch zermalmenderes Elend … Die Wildwaldungen und das Volk können nicht neben einander existiren. Eines oder das andre muß jedenfalls den Platz räumen. Laßt die Jagden in Zahl und Umfang im nächsten Vierteljahrhundert wachsen wie im vergangenen, und ihr werdet keinen Gaelen mehr auf seiner heimischen Erde finden. Diese Bewegung unter den Hochlands-Eigenthümern ist theils der Mode geschuldet, aristokratischem Kitzel, Jagdliebhaberei u. s. w., theils aber betreiben sie den Wildhandel *ausschließlich mit einem Auge auf den Profit.* Denn es ist Thatsache, daß ein Stück Bergland, in Jagdung angelegt, in vielen Fällen ungleich profitabler ist denn als Schaftrift … Der Liebhaber, der ein Jagdrevier sucht, beschränkt sein Angebot nur durch die Weite seiner Börse … Leiden sind über die Hochlande verhängt worden nicht minder grausam als die Politik normännischer Könige sie über England verhing. Rothwild hat freieren Spielraum erhalten, während die Menschen in engen und engeren Zirkel gehetzt wurden … Eine Freiheit des Volks nach der andern ward ihm geraubt … Und die Unterdrückung wächst noch täglich. Die Lichtung und Vertreibung des Volks werden von den Eigenthümern als festes Princip verfolgt, als eine agrikole Nothwendigkeit, ganz wie Bäume und Gesträuch in den Wildnissen Amerika's und Australiens weggefegt werden, und die Operation geht ihren ruhigen, geschäftsmäßigen Gang"[220]. ¦ |

220 *Robert Somers: „Letters from the Highlands; or, the Famine of 1847. Lond.* 1848", p. 12–28 passim. Diese Briefe erschienen ursprünglich in der „*Times*". Der Oekonom erklärte natürlich die Hungersnoth der Gaelen von 1847 aus ihrer – *Uebervölkerung.* Jedenfalls „drückten" sie auf ihre Nahrungsmittel. – Das „Clearing of Estates", oder, wie es in Deutschland hieß, „*Bauernlegen*", machte sich hier besonders geltend nach dem dreißigjährigen Krieg und rief noch 1790 in Kursachsen Bauernaufstände hervor. Es herrschte namentlich in Ostdeutschland. In den meisten Provinzen Preußens sicherte erst Friedrich II. den Bauern Eigenthumsrecht. Nach der Eroberung Schlesiens zwang er die Grundherrn zur Wiederherstellung der Hütten, Scheunen u. s. w., zur Ausstattung der Bauerngüter mit Vieh und Geräth. Er brauchte Soldaten für seine Armee und Steuerpflichtige für seinen Staatsschatz. Welches angenehme Leben übrigens der Bauer unter Friedrich's Finanzunwesen und Regierungsmischmasch von Despotismus, Bureaukratie und Feudalismus führte, mag man aus folgender Stelle seines Bewunderers *Mirabeau* ersehn: «Le lin fait donc une des grandes

Der Raub der Kirchengüter, die fraudulente Veräußerung der Staatsdomänen, der Diebstahl des Gemeindeeigenthums, die usurpatorische und mit rücksichtslosem Terrorismus vollzogne Verwandlung von feudalem und Claneigenthum in modernes Privateigenthum, es waren ebenso viele idyllische *Methoden der ursprünglichen Accumulation.* Durch sie ward das Feld für die kapitalistische Agrikultur erobert, der Grund | und Boden dem Kapital einverleibt, der städtischen Industrie die nöthige Zufuhr von vogelfreiem Proletariat geschaffen.

Die durch Auflösung der feudalen Gefolgschaften und durch stoßweise, gewaltsame Expropriation von Grund und Boden Verjagten, dieß vogelfreie Proletariat konnte unmöglich eben so rasch von der aufkommenden Manufaktur absorbirt werden als es auf die Welt gesetzt ward. Andrerseits konnten die plötzlich aus ihrer gewohnten Lebensbahn Herausgeschleuderten sich nicht eben so plötzlich in die Disciplin des neuen Zustandes finden. Sie verwandelten sich massenhaft in Bettler, Räuber, Vagabunden, zum Theil aus Neigung, in den meisten Fällen durch den Zwang der Umstände. Ende des 15. und während des ganzen 16. Jahrh. daher *in ganz Westeuropa eine Blutgesetzgebung* wider *Vagabundage.* Die Väter der jetzigen Arbeiterklasse wurden zunächst

richesses du cultivateur dans le Nord de l'Allemagne. Malheureusement pour l'espèce humaine, ce n'est qu'une ressource contre la misère, et non un moyen de bien-être. Les impôts directs, les corvées, les servitudes de tout genre, écrasent le cultivateur allemand, qui paie encore des impôts indirects dans tout ce qu'il achète … et pour comble de ruine, il n'ose pas vendre ses productions où et comme il le veut; il n'ose pas acheter ce dont il a besoin aux marchands qui pourraient le lui livrer au meilleur prix. Toutes ces causes le ruinent insensiblement, et il se trouverait hors d'état de payer les impôts directs à l'échéance sans la filerie; elle lui offre une ressource, en occupant utilement sa femme, ses enfants, ses servants, ses valets, et lui-même: mais quelle pénible vie même aidée de ce secours. En été, il travaille comme un forçat au labourage et à la récolte; il se couche à 9 heures et se lève à deux, pour suffire aux travaux; en hiver il devrait réparer ses forces par un plus grand repos; mais il manquera de grains pour le pain et les semailles, s'il se défait des denrées qu'il faudrait vendre pour payer les *impôts.* Il faut donc filer pour suppléer à ce vide … il faut y apporter la plus grande assiduité. Aussi le paysan se couche-t-il en hiver à minuit, une heure, et se lève à cinq ou six; ou bien il se couche à neuf, et se lève à deux, et cela tous les jours de sa vie, si ce n'est le dimanche. Ces excès de veille et de travail usent la nature humaine, et de là vient qu' hommes et femmes vieillissent beaucoup plutôt dans les campagnes que dans les villes.» (*Mirabeau* l. c. t. III, p. 212 sqq.)

für die ihnen angethane Verwandlung in Vagabunden und Paupers gezüchtigt. Die Gesetzgebung behandelte sie als *„freiwillige“ Verbrecher* und unterstellte, daß es von *ihrem guten Willen* abhänge, *in den nicht mehr existirenden alten Verhältnissen fortzuarbeiten.*

In England begann jene Gesetzgebung unter *Heinrich VII.*

Heinrich VIII., 1530: Alte und arbeitsunfähige Bettler erhalten eine ¦ Bettellicenz. Dagegen Auspeitschung und Einsperrung für handfeste Vagabunden. Sie sollen an einen Karren hinten angebunden und gegeißelt werden, bis das Blut von ihrem Körper strömt, dann einen Eid schwören, zu ihrem Geburtsplatz, oder dorthin, wo sie die letzten drei Jahre gewohnt, zurückzukehren und „sich an die Arbeit zu setzen“ (to put himself to labour). Welche grausame Ironie! 27 *Heinrich VIII.* wird das vorige Statut wiederholt, aber durch neue Zusätze verschärft. Bei zweiter Ertappung auf Vagabundage soll die Auspeitschung wiederholt und das halbe Ohr abgeschnitten, bei dritter Recidive aber der Betroffene als schwerer Verbrecher und Feind des Gemeinwesens hingerichtet werden.

Edward VI.: Ein Statut aus seinem ersten Regierungsjahr, 1547, verordnet, daß wenn Jemand zu arbeiten weigert, soll er als Sklave der Person zugeurtheilt werden, die ihn als Müßiggänger denuncirt hat. Der Meister soll seinen Sklaven mit Brod und Wasser nähren, schwachem Getrank und solchen Fleischabfällen, die er passend dünkt. Er hat das Recht, ihn zu jeder auch noch so eklen Arbeit durch Auspeitschung und | Ankettung zu treiben. Wenn sich der Sklave für 14 Tage entfernt, ist er zur Sklaverei auf Lebenszeit verurtheilt und soll auf Stirn oder Backen mit dem Buchstaben S gebrandmarkt, wenn er zum drittenmal fortläuft, als Staatsverräther hingerichtet werden. Der Meister kann ihn verkaufen, vermachen, als Sklaven ausdingen, ganz wie anderes bewegliches Gut und Vieh. Unternehmen die Sklaven etwas gegen die Herrschaft, so sollen sie ebenfalls hingerichtet werden. Friedensrichter sollen auf Information den Kerls nachspüren. Findet sich, daß ein Herumstreicher drei Tage gelungert hat, so soll er nach seinem Geburtsort gebracht, mit rothglühendem Eisen auf die Brust mit dem Zeichen V gebrandmarkt, und dort in Ketten auf der Straße oder zu sonstigen Diensten verwandt werden. Giebt der Vagabund einen falschen Geburtsort an, so soll er zur Strafe der lebenslängliche Sklave dieses Orts, der Einwohner oder Korporation sein und mit S gebrandmarkt werden. Alle Personen haben das Recht, den Vagabunden ihre Kinder wegzunehmen und als Lehrlinge, Jungen bis zum 24. Jahr, Mädchen bis zum 20. Jahr, zu halten. Laufen sie weg, so sollen sie bis zu diesem Alter die Sklaven der Lehrmeister sein, die sie in Ketten legen, geißeln u. s. w. können, wie sie wollen. Jeder Meister darf einen eisernen Ring um Hals, Arme oder Beine seines Sklaven legen, damit er ihn besser kennt und seiner sichrer ist[221]. Der letzte Theil dieses Statuts sieht vor, daß gewisse Arme von dem Ort oder den Individuen beschäftigt werden sollen, die ihnen zu essen und zu trinken geben und Arbeit ¦ für sie finden wollen. Diese Sorte Pfarreisklaven hat sich bis tief ins 19. Jahrhundert in England erhalten unter dem Namen *roundsmen* (Umgeher).

Elisabeth, 1572: Bettler ohne Licenz und über 14 Jahre alt sollen hart gepeitscht und am linken Ohrlappen gebrandmarkt werden, *falls sie keiner für zwei Jahre in Dienst nehmen will;* im Wiederholungsfall, wenn über 18 Jahre alt, sollen sie – hingerichtet werden, *falls sie Niemand für zwei Jahre in Dienst nehmen* | *will,* bei dritter Recidive aber ohne Gnade als Staatsverräther hingerichtet werden. Aehnliche Statute: 18 Elisabeth c. 13 und 1597.

Jakob I.: Eine herumwandernde und bettelnde Person wird für einen Landstreicher und Vagabunden erklärt. Die Friedensrichter in den Petty Sessions sind bevollmächtigt, sie öffentlich auspeitschen zu lassen und bei erster Ertappung 6 Monate, bei zweiter 2 Jahre ins Gefängniß zu sperren. Während des Gefängnisses soll sie so oft und so viel gepeitscht werden, als die Friedensrichter für gut halten … Die unverbesserlichen und gefährlichen Landstreicher sollen auf der linken Schulter mit R gebrandmarkt und zur Zwangsarbeit gesetzt, und wenn man sie wieder auf dem Bettel ertappt, ohne Gnade und ohne geistlichen Beistand hingerichtet werden. Diese Anordnungen, gesetzgültig bis in die erste Zeit des 18. Jahrhunderts, wurden erst aufgehoben durch 12 Anna 23.

Aehnliche Gesetze in Frankreich, wo sich Mitte des 17. Jahrhunderts ein Vagabundenkönigreich (truands) zu Paris etablirt hatte. Noch in der ersten Zeit Ludwig's XVI. (Ordonnanz vom 13. Juli 1777) sollte jeder gesund gebaute Mensch vom 16. bis 60. Jahr, wenn ohne Existenzmittel

221 Der Verfasser des „*Essay on Trade* etc. 1770“ bemerkt: „Unter der Regierung Edward's VI. scheinen sich die Engländer in der That mit vollem Ernst auf Encouragirung der Manufakturen und Beschäftigung der Armen verlegt zu haben. Dieß ersehn wir aus einem merkwürdigen Statut, worin es heißt, daß alle Vagabunden gebrandmarkt werden sollen u. s. w.“ (l. c. p. 5.)

und Ausübung einer Profession, auf die Galeeren geschickt werden. Aehnlich das Statut Karl's V. für die Niederlande vom Oktober 1531, das erste Edikt der Staaten und Städte von Holland vom 19. März 1614, das Plakat der Vereinigten Provinzen vom 25. Juni 1649 u. s. w.

So wurde das von Grund und Boden gewaltsam expropriirte, verjagte und zum großen Vagabunden gemachte Landvolk durch *grotesk-terroristische Gesetze* in eine dem System der Lohnarbeit nothwendige Disciplin hineingepeitscht, gebrandmarkt, gefoltert.

Es ist nicht genug, daß die Arbeitsbedingungen auf den einen Pol als Kapital treten und auf den andern Pol Menschen, welche nichts zu verkaufen haben als ihre Arbeitskraft. Es genügt auch nicht sie zu zwingen, sich freiwillig zu verkaufen. Im Fortgang der kapitalistischen Produktion entwickelt sich eine Arbeiterklasse, die aus Erziehung, Tradition, Gewohnheit die Anforderungen jener Produktionsweise als selbstverständliche Naturgesetze anerkennt. Die Organisation des ausgebildeten kapitalistischen Produktionsprozesses bricht jeden Widerstand, die beständige Erzeugung ¦ einer relativen Uebervölkerung hält das Gesetz der Zufuhr von und Nachfrage nach Arbeit, und daher den Arbeitslohn, in einem den Verwerthungsbedürfnissen des Kapitals entsprechenden Gleise, der stumme Zwang | der ökonomischen Verhältnisse besiegelt die Herrschaft des Kapitalisten über den Arbeiter. Außerökonomische, unmittelbare Gewalt wird daher nur ausnahmsweise angewandt. Für den gewöhnlichen Gang der Dinge kann der Arbeiter den *„Naturgesetzen der Produktion"* überlassen werden, d. h. seiner aus den Produktionsbedingungen selbst entspringenden, durch sie garantirten und verewigten Abhängigkeit vom Kapital. Anders während der historischen Genesis der kapitalistischen Produktion. Die aufkommende Bourgeoisie braucht und verwendet die *Staatsgewalt*, um den *Arbeitslohn zu „reguliren"*, d. h. innerhalb der Plusmacherei zusagender Schranken zu zwängen, um den *Arbeitstag* zu verlängern, und den Arbeiter selbst im normalen *Abhängigkeitsgrad* zu erhalten. Es ist dieß ein wesentliches Moment der s. g. *ursprünglichen Accumulation.*

Die Klasse der Lohnarbeiter, die in der letzten Hälfte des 14. Jahrh. entstand, bildete damals und im folgenden Jahrhundert nur einen sehr geringen Volksbestandtheil, der in seiner Stellung stark beschützt war durch die selbstständige Bauernwirthschaft auf dem Land und die Zunftorganisation der städtischen Industrie. In Land und Stadt standen sich Meister und Arbeier social nahe. Die Subsumtion der Arbeit unter das Kapital war nur *formell*, d. h. die Produktionsweise selbst besaß noch keinen specifisch kapitalistischen Charakter. Das variable Element des Kapitals wog sehr vor über sein constantes. Die Nachfrage nach Lohnarbeit wuchs daher rasch mit jeder Accumulation des Kapitals, während die Zufuhr von Lohnarbeit nur langsam nachfolgte. Ein großer Theil des nationalen Produkts, später in *Accumulationsfonds des Kapitals verwandelt*, ging damals noch in den *Konsumtionsfonds des Arbeiters* ein.

Die Gesetzgebung über die Lohnarbeit, von Haus aus auf Exploitation des Arbeiters gemünzt und ihm in ihrem Fortgang stets gleich feindlich[222], wird in England eröffnet durch das *Statute of Labourers Edward's III.*, 1349. Ihm entspricht in Frankreich die Ordonnanz von 1350, erlassen im Namen des Königs *Jean*. Die englische und die französische Gesetzgebung laufen parallel und sind dem Inhalt nach iden|tisch. Soweit die Arbeitsstatuten *Verlängerung des Arbeitstags* zu erzwingen suchen, komme ich nicht auf sie zurück, da dieser Punkt früher (III. Kapitel, 4. Abschnitt) erörtert.

Das *Statute of Labourers* wurde erlassen auf dringende Klage des Hauses der Gemeinen. „Früher", sagt naiv ein Tory, „verlangten die Armen so hohen ¦ Arbeitslohn, daß sie Industrie und Reichthum bedrohten. Jetzt ist ihr Lohn so niedrig, daß er ebenfalls Industrie und Reichthum bedroht und vielleicht gefährlicher als damals"[223]. Ein gesetzlicher Lohntarif ward festgesetzt für Stadt und Land, für Stückwerk und Tagwerk. Die ländlichen Arbeiter sollen sich aufs Jahr, die städtischen „auf offnem Markt" verdingen. Es wird bei Gefängnisstrafe untersagt, höheren als den statutarischen Lohn zu zahlen, aber der Empfang höheren Lohns wird stärker bestraft als seine Zahlung. So wird auch noch in Sect. 18 und 19 des Lehrlingsstatuts von Elisabeth zehntägige Gefängnisstrafe über den verhängt, der höheren Lohn zahlt, dagegen einundzwanzigtägige Gefängnisstrafe über den, der ihn nimmt. Das Statut von 1360 verschärft die Strafen und ermächtigt den Meister sogar,

222 "Whenever the legislature attempts to regulate the differences between masters and their workmen, its counsellors are always the masters", sagt *A. Smith*. «L'esprit des lois, c'est la propriété», sagt *Linguet*.

223 „*Sophisms of Free Trade. By a Barrister. Lond.* 1850", p. 206. Er setzt malitiös hinzu: „Die Gesetzgebung war stets bei der Hand für den Anwender einzuschreiten. Ist sie ohnmächtig für den Angewandten?"

durch körperlichen Zwang Arbeit zum gesetzlichen Lohntarif zu erpressen. Alle Kombination, Verträge, Eide u. s. w., wodurch sich Maurer und Zimmerleute wechselseitig banden, werden für null und nichtig erklärt. *Arbeiterkoalition* wird als schweres Verbrechen behandelt vom 14. Jahrhundert bis 1825, dem Jahr der Abschaffung der Antikoalitionsgesetze. Der Geist des Arbeiterstatuts von 1349 und seiner Nachgeburten leuchtet hell daraus hervor, daß zwar ein *Maximum des Arbeitslohns* von Staatswegen diktirt wird, aber bei Leibe kein *Minimum.*

Im 16. Jahrhundert hatte sich, wie man weiß, die Lage der Arbeiter sehr verschlechtert. Der Geldlohn stieg, aber nicht im Verhältniß zur Depreciation des Geldes und dem entsprechenden Steigen der Waarenpreise. Der Lohn fiel also in der That. Dennoch dauerten die Gesetze zum Behuf seiner Herabdrückung fort zugleich mit dem Ohrenabschneiden und Brandmarken derjenigen, *„die Niemand in Dienst nehmen wollte"*. Durch das Lehrlingsstatut *5 Elisabeth 4* wurden die Friedensrichter | ermächtigt, gewisse Löhne festzusetzen und nach Jahreszeiten und Waarenpreisen zu modificiren. *Jakob I.* dehnte diese Arbeitsregulation auch auf Weber, Spinner und alle möglichen Arbeiterkategorieen aus[224], *Georg II.* die Gesetze gegen ¦ Arbeiterkoalition

[224] Aus einer Klausel des Statuts 2, Jakob I., c. 6 ersieht man, daß gewisse Tuchmacher sich herausnahmen, *als Friedensrichter* die Löhne in ihren eigenen Werkstätten zu octroyiren. – In Deutschland waren namentlich nach dem dreißigjährigen Krieg Statuten zur Niederhaltung des Arbeitslohns häufig. „Sehr lästig war den Gutsherrn in dem menschenleeren Boden der Mangel an Dienstboten und Arbeitern. Allen Dorfinsassen wurde verboten, Kammern an ledige Männer und Frauen zu vermiethen, alle solche Inlieger sollten der Obrigkeit angezeigt und ins Gefängniß gesteckt werden, falls sie *nicht Dienstboten* werden wollten, auch wenn sie sich von andrer Thätigkeit erhielten, den Bauern um Taglohn säeten oder gar mit Geld und Getreide handelten. (*Kaiserliche Privilegien und Sanctiones für Schlesien* I, 125.) Durch ein ganzes Jahrhundert wird in den Verordnungen der Landesherrn immer wieder bittere Klage geführt über *das boshafte und muthwillige Gesindel, das sich in die harten Bedingungen* nicht fügen, mit dem *gesetzlichen Lohn* nicht zufrieden sein will; dem einzelnen Gutsherrn wird *verboten*, mehr zu geben als die Landschaft in einer Taxe festgesetzt hat. Und doch sind die Bedingungen des Dienstes nach dem Krieg zuweilen *noch besser*, als sie *100 Jahre später* waren; noch erhielt das Gesinde 1652 in Schlesien zweimal in der Woche Fleisch, noch in unsrem Jahrhundert hat es eben dort Kreise gegeben, wo sie es nur dreimal im Jahr erhielten. Auch der *Tagelohn* war nach dem Kriege höher als in den folgenden Jahrhunderten." *(G. Freytag.)*

auf alle Manufakturen. In der eigentlichen Manufakturperiode war die kapitalistische Produktionsweise hinreichend erstarkt, um alle gesetzliche Regulation des Arbeitslohns eben so unausführbar als überflüssig zu machen, aber man liebte für den Nothfall das alte Arsenal offen zu halten. Noch *8 George II.* verbot für Schneidergesellen in London und Umgegend mehr als 2 sh. 7½ d. Taglohn, außer in Fällen allgemeiner Trauer, noch *13 George III.* c. 68 überwies die Reglung des Arbeitslohns der Seidenwirker den Friedensrichtern, noch 1796 bedurfte es zweier Urtheile der höheren Gerichtshöfe zur Entscheidung, ob friedensrichterliche Befehle über Arbeitslohn *auch für Nicht-Agrikulturarbeiter* gültig seien, noch 1799 bestätigte ein Parlamentsakt, daß der Lohn der Grubenarbeiter von Schottland durch ein Statut der Elisabeth und zwei schottische Akte von 1661 und 1671 regulirt sei. Wie sehr unterdeß die Verhältnisse revolutionirt waren, bewies ein im | englischen Unterhaus unerhörter Vorfall. Hier, wo man seit mehr als 400 Jahren *ausschließlich* Gesetze fabricirt hatte über das *Maximum*, welches der Arbeitslohn platterdings nicht übersteigen dürfe, schlug *Whitbread* 1796 ein gesetzliches *Lohnminimum für Agrikulturarbeiter* vor … Obgleich *Pitt* sich widersetzte, gab er zu, daß die „Lage der Armen grausam (cruel) sei". Endlich, 1813, wurden die *Gesetze über Lohnregulation* abgeschafft. Sie waren eine lächerliche Anomalie, seitdem der Kapitalist durch seine *Privatgesetzgebung* die Fabrik regulirte und durch *die Armensteuer* den Lohn des Landarbeiters zum unentbehrlichen Minimum *ergänzen* ließ. Die Bestimmungen der Arbeiterstatute über Kontrakte zwischen Meister und Lohnarbeiter, über Terminkündigung u. dergl., welche nur eine Civilklage gegen den kontraktbrüchigen Meister, aber Kriminalklage gegen den kontraktbrüchigen Arbeiter erlauben, stehn bis zur Stunde in voller Blüthe. Die grausamen Gesetze gegen Koalition fielen 1825 vor der drohenden Haltung des Proletariats. Das Parlament gab sie nur widerwillig auf[225], dasselbe Parlament, welches Jahrhunderte durch mit der cynischsten Unverschämtheit als *permanente Koalition der Kapitalisten* gegen die Arbeiter funktionirt hatte.

Gleich im Beginn des Revolutionssturms wagte die französische Bourgeoisie das eben erst eroberte Associationsrecht den Arbeitern wieder zu entziehn. Durch Dekret vom 14. Juni 1791 erklärte sie alle Arbeiter*koalition* für ein *„Attentat auf die Freiheit und die Erklärung der*

225 Die letzten Reste des Koalitionsgesetzes wurden erst 1859 beseitigt.

Menschenrechte", strafbar mit 500 Livres nebst einjähriger Entziehung der aktiven Bürger¦rechte[226]. Dieß Gesetz, | welches den Konkurrenzkampf zwischen Kapital und Arbeit staatspolizeilich innerhalb der dem Kapital bequemen Schranken einzwängt, überlebte Revolutionen und Dynastiewechsel. Selbst die Schreckensregierung ließ es unangetastet. Es ward erst ganz neulich aus dem Code Pénal gestrichen. Nichts charakteristischer als der Vorwand dieses bürgerlichen Staatsstreichs. „Obgleich", sagt *Chapelier*, der Berichterstatter, „es wünschenswerth, daß der Arbeitslohn höher steige als er jetzt steht, damit der, der ihn empfängt, außerhalb *der absoluten Abhängigkeit* sei, welche die Entbehrung der nothwendigen Lebensmittel producirt, und welche *fast die Abhängigkeit der Sklaverei* ist", dürfen dennoch die Arbeiter sich nicht über ihre Interessen verständigen, gemeinsam handeln und dadurch ihre „absolute Abhängigkeit, welche fast Sklaverei ist", mäßigen, weil sie eben dadurch *„die Freiheit* ihrer *ci-devant maîtres*, der jetzigen Unternehmer", verletzen (die Freiheit, die Arbeiter in der Sklaverei zu erhalten!), und weil eine *Koalition gegen die Despotie der ehemaligen Meister der Corporationen* – man rathe! – eine *Herstellung* der durch die französische Konstitution *abgeschafften Corporationen ist!*[227]

Nachdem wir die gewaltsame Schöpfung vogelfreier Proletarier betrachtet, die blutige Disciplin, welche sie in Lohnarbeiter verwandelt, die schmutzige Haupt- und Staatsaktion, die mit dem Exploitationsgrad der Arbeit die Accumulation des Kapitals polizeilich steigert, fragt sich, wo kommen die *Kapitalisten* ursprünglich her? Denn die Expropriation des Landvolks schafft *unmittelbar* nur große *Grundeigenthümer*. Was die Genesis des *Pächters* betrifft, so können wir sie so zu sagen mit der

226 Artikel I dieses Gesetzes lautet: «L'anéantissement de toutes espèces de *corporations* du même état et profession étant l'une des bases fondamentales de la constitution française, il est défendu de les rétablir de fait sous quelque *prétexte* et sous quelque forme que ce soit.» *Artikel IV* erklärt, daß wenn «des citoyens attachés aux mêmes professions, arts et métiers prenaient des délibérations, faisaient entre eux des conventions tendantes à refuser de concert ou à n'accorder qu'à un prix déterminé le secours de leur industrie ou de leurs travaux, les dites délibérations et conventions … seront déclarées *inconstitutionnelles*, attentatoires à la liberté et à la déclaration des droits de l'homme etc.», also Staatsverbrechen, ganz wie in den alten Arbeiterstatuten. („*Révolutions de Paris. Paris* 1791", t. III, p. 523.)

227 *Buchez et Roux: „Histoire Parlementaire"*, t. X, p. 195.

Hand betappen, weil sie ein langsamer, über viele Jahrhunderte sich fortwälzender Prozeß ist. Die Leibeignen selbst, woneben auch freie kleine Landeigner, befanden sich in sehr verschiednen Besitzverhältnissen und wurden daher auch unter sehr verschiednen ökonomischen Bedingungen emancipirt. In England ist die erste Form des Pächters der selbst leibeigne *Bailiff.* Seine Stellung ist ähnlich der des altrömischen Villicus, nur in engerer Wirkungssphäre. Während der zweiten Hälfte des 14. Jahrhunderts wird er ersetzt durch einen freien Pächter, den der Landlord mit Samen, Vieh und Ackerwerkzeug versieht. Seine Lage ist nicht sehr verschieden von | der des Bauern. Nur beutet ¦ er mehr Lohnarbeit aus. Er wird bald Metair, Halbpächter. Er stellt einen Theil des Ackerbaukapitals, der Landlord den andern. Beide theilen das Gesammtprodukt in kontraktlich bestimmter Proportion. Diese Form verschwindet in England rasch, um der des eigentlichen Pächters Platz zu machen, welcher sein eignes Kapital durch Anwendung von Lohnarbeitern verwerthet und einen Theil des Surplusprodukts, in Geld oder in natura, dem Landlord als Grundrente zahlt. So lange, während des 15. Jahrhunderts, der unabhängige Bauer und der neben dem Lohndienst zugleich selbstwirthschaftende Ackerknecht sich selbst durch ihre Arbeit bereichern, bleiben die Umstände des Pächters und sein Produktionsfeld gleich mittelmäßig. Die Agrikulturrevolution im letzten Drittheil des 15. Jahrhunderts, die fast während des ganzen 16. Jahrhunderts (jedoch mit Ausnahme seiner letzten Decennien) fortwährt, bereichert ihn eben so rasch als sie das Landvolk verarmt[228]. Die Usurpation von Gemeindeweiden u. s. w. erlaubt ihm große Vermehrung seines Viehstands fast ohne Kosten, während ihm das Vieh reichlichere Düngungsmittel zur Bestellung des Bodens liefert. Im 16. Jahrh. kommt ein entscheidend wichtiges Moment hinzu. Damals waren die Pachtkontrakte lang, oft für 99 Jahre laufend. Die kontinuirliche Depreciation der edlen Metalle und daher des Geldes trug dem Pächter goldne Früchte. Von allen andren, früher erörterten Umständen abgesehn, senkte sie den *Arbeitslohn. Ein Bruchstück desselben wurde dem Pachtprofit annexirt.* Das fortwährende Steigen der

228 „Pächter", sagt *Harrison* in seiner *„Description of England"*, „denen es früher schwer ward 4 Pfd. St. Rente zu zahlen, zahlen jetzt 40, 50, 100 Pfd. St. und glauben doch ein schlechtes Geschäft gemacht zu haben, wenn sie nach Ablauf ihres Pachtkontrakts nicht 6–7 Jahre Rente zurücklegen."

Preise von Korn, Wolle, Fleisch, kurz sämmtlicher Agrikulturprodukte, schwellte das Geldkapital des Pächters ohne sein Zuthun, während die *Grundrente*, die er zu zahlen hatte, *im veralteten Geldwerth kontrahirt war*. So bereicherte er sich gleichzeitig auf Kosten seiner Lohnarbeiter und seines Landlords. Kein Wunder also, wenn England Ende des 16. Jahrhunderts eine Klasse für die damaligen Verhältnisse reicher „Kapitalpächter" besaß[229]. ¦ |

Die stoßweise und stets erneuerte Expropriation und Verjagung des Landvolks lieferte, wie man sah, der städtischen Industrie wieder und wieder Massen ganz außerhalb der Zunftverhältnisse stehender Proletarier, ein weiser Umstand, der den alten Anderson (nicht zu verwechseln mit James Anderson) in seiner Handelsgeschichte an direkte Intervention der Vorsehung glauben läßt. Wir müssen noch einen Augenblick bei diesem Element der *ursprünglichen Accumulation* verweilen. Der Verdünnung des unabhängigen, selbstwirthschaftenden Landvolks entsprach nicht nur die Verdichtung des industriellen Proletariats, wie Geoffroy Saint-Hilaire die Verdichtung der Weltmaterie hier durch ihre Verdünnung dort erklärt[230]. Trotz der verminderten Zahl seiner Bebauer

229 In Frankreich wird der *Régisseur*, der Verwalter und Eintreiber der Leistungen an den Feudalherrn während des früheren Mittelalters, bald ein *homme d'affaires*, der sich durch Erpressung, Prellerei u. s. w. zum Kapitalisten hinaufschwindelt. Diese Régisseurs waren manchmal selbst vornehme Herrn. Z. B.: «C'est li compte que messire Jacques de Thoraisse, chevalier chastelain sor Besançon rent es seigneur tenant les comptes à Dijon pour monseigneur le duc et comte de Bourgoigne, des rentes appartenant à la dite chastellenie, depuis XXVe jour de décembre MCCCLIX jusqu'au XXVIIIe jour de décembre MCCCLX.» (*Alexis Monteil: „Histoire des Matériaux manuscrits* etc.", p. 234, 235.) Wie in England, so waren in Frankreich die großen Feudalterritorien in unendlich viele kleine Wirthschaften getheilt, aber unter ungleich ungünstigeren Bedingungen für das Landvolk. Während des 14. Jahrhunderts kamen die Pachten, *fermes* oder *terriers* auf. Ihre Zahl wuchs beständig, weit über 100 000. Sie zahlten eine vom 12. bis zum 5. Theil des Produkts wechselnde Grundrente in Geld oder in natura. Die terriers waren Lehn, Hinterlehn u. s. w. (fiefs, arrière-fiefs), je nach Werth und Umfang der Domänen, wovon manche nur wenige arpents zählten. Alle diese terriers besaßen Gerichtsbarkeit in irgend einem Grad, es gab vier Grade, über die Bodeninsassen. Man begreift den Druck des Landvolks unter allen diesen kleinen Tyrannen. Monteil sagt, daß es damals 160 000 Gerichte in Frankreich gab, wo heute 4000 Tribunale (Friedensgerichte eingeschlossen) genügen.

230 In seinen „*Notions de Philosophie Naturelle. Paris* 1838."

trug der Boden nach wie vor gleich viel oder mehr Produkt, weil die Revolution in den Grundeigenthumsverhältnissen von verbesserten Methoden der Kultur, größerer Cooperation, Koncentration der Produktionsmittel u. s. w. begleitet war, und weil die ländlichen Lohnarbeiter nicht nur intensiver angespannt wurden[231], sondern auch das Produktionsfeld, worauf sie für sich | selbst arbeiteten, mehr und mehr zusammenschmolz. Mit dem freigesetzten Theil des Landvolks werden also auch seine früheren *Nahrungsmittel freigesetzt.* Sie verwandeln sich jetzt in stoffliches Element des *variablen Kapitals.* Der an die Luft gesetzte Bauer muß ihren Werth von seinem neuen Herrn, dem industriellen Kapitalisten, in der Form des Arbeitslohns erkaufen. Wie mit den Lebensmitteln, verhielt es sich mit dem heimischen *agrikolen Rohmaterial* der Industrie. Es verwandelte sich in ein Element des *constanten Kapitals.* Man unterstelle z. B. einen Theil der westphälischen Bauern, die zu Friedrich's II. Zeit alle Flachs, wenn auch keine Seide spannen, gewaltsam expropriirt und von Grund und Boden verjagt, den andern zurückbleibenden Theil aber in Taglöhner großer Pächter verwandelt. Gleichzeitig erheben sich große Flachsspinnereien und Webereien, worin die „Freigesetzten" nun lohnarbeiten. Der Flachs sieht grad aus wie vorher. Keine Fiber an ihm ist verändert, aber eine neue sociale Seele ist ihm in den Leib gefahren. Er bildet jetzt einen Theil des *constanten Kapitals* der Manufakturherrn. Früher vertheilt unter eine Unmasse kleiner Producenten, die ihn selbst bauten und in kleinen Portionen mit ihren Familien verspannen, ist er jetzt koncentrirt in der Hand eines Kapitalisten, der andre für sich spinnen und weben läßt. Die in der Flachsspinnerei verausgabte Extraarbeit realisirte sich früher in ¦ Extraeinkommen zahlloser Bauernfamilien oder auch, zu Friedrich's II. Zeit, in Steuern pour le roi de Prusse. Sie realisirt sich jetzt im *Profit* weniger Kapitalisten. Die Spindeln und Webstühle, früher vertheilt über das flache Land, sind jetzt in wenigen großen Arbeitskasernen zusammengerückt, wie die Arbeiter, wie das Rohmaterial. Und Spindeln und Webstühle und Rohmaterial sind aus *Mitteln unabhängiger Existenz* für Spinner und Weber selbst verwandelt in *Mittel sie zu kommandiren*[232]

231 Ein Punkt, den Sir James Steuart betont.

232 «Je permettrai», sagt der Kapitalist, «que vous ayez l'honneur de me servir, à condition que vous me donnez le peu qui vous reste pour la peine que je prends de vous commander.» *(J. J. Rousseau: „Discours sur l'Économie Politique.")*

und ihnen unbezahlte Arbeit auszusaugen. Den großen Manufakturen sieht man es nicht an, wie den großen Pachten, daß sie aus vielen kleinen Produktionsstätten *zusammengeschlagen* und durch die *Expropriation* vieler kleiner unabhängiger | Producenten gebildet sind. Jedoch läßt sich die unbefangne Anschauung nicht beirren. Zur Zeit Mirabeau's, des Revolutionslöwen, hießen die großen Manufakturen noch *manufactures réunies*, zusammengeschlagene Werkstätten, wie wir von zusammengeschlagenen Aeckern sprechen. „Man sieht nur", sagt *Mirabeau*, „die großen Manufakturen, wo Hunderte von Menschen *unter einem Direktor* arbeiten, und die man gewöhnlich *vereinigte Manufakturen* (manufactures réunies) nennt. Diejenigen dagegen, wo eine sehr große Anzahl Arbeiter zersplittert und jeder für seine eigne Rechnung arbeitet, werden kaum eines Blicks gewürdigt. Man stellt sie ganz in den Hintergrund. Dieß ist ein sehr großer Irrthum, denn sie allein bilden einen wirklich wichtigen Bestandtheil des Volksreichthums ... Die vereinigte Fabrik (fabrique réunie) wird einen oder zwei Unternehmer wunderbar bereichern, aber die Arbeiter sind nur besser oder schlechter bezahlte Taglöhner und nehmen in Nichts am Wohlsein des Unternehmers theil. In der *getrennten Fabrik* (fabrique séparée) dagegen wird Niemand reich, aber eine Menge Arbeiter befindet sich im Wohlstand ... Die Zahl der fleißigen und wirthschaftlichen Arbeiter wird wachsen, weil sie in weiser Lebensart, in Thätigkeit ein Mittel erblicken, ihre Lage wesentlich zu verbessern, statt eine kleine Lohnerhöhung zu gewinnen, die niemals ein wichtiger Gegenstand für die Zukunft sein kann, sondern die Leute höchstens befähigt etwas besser von der Hand in den Mund zu leben. Die *getrennten individuellen* Manufakturen, meist mit kleiner Landwirthschaft verbunden, sind die *freien*"[233]. Die Expropriation und Verjagung eines Theils des Landvolks setzt *mit den Arbeitern* nicht nur ihre *Lebensmittel* und ihr *Arbeitsmaterial für das industrielle Kapital frei*, sie schafft den ¦ *inneren Markt*[234]. Der Pächter verkauft

233 *Mirabeau* l. c. t. III, p. 20–109 passim. Wenn Mirabeau die zersplitterten Werkstätten auch für ökonomischer und produktiver hält, als die „vereinigten", und in letzteren bloß künstliche Treibhauspflanzen unter der Pflege der Staatsregierungen sieht, erklärt sich das aus dem damaligen Zustand eines großen Theils der kontinentalen Manufakturen.

234 "Twenty pounds of wool converted unobtrusively into the yearly clothing of a labourer's family by its own industry in the intervals of other work – this makes no show; but bring it to market, send it to the factory, thence to the

nun als *Waare* und massenhaft Lebens|mittel und Rohmaterial, die früher großentheils von ihren ländlichen Producenten und Verarbeitern als *unmittelbare Subsistenzmittel* verzehrt wurden. *Die Manufakturen* liefern ihm den Markt. Andrerseits koncentriren sich nicht nur die vielen zerstreuten Kunden, die von den vielen kleinen Producenten ihre lokale Detailzufuhr bezogen, in *einen großen Markt für das industrielle Kapital;* ein großer Theil der früher auf dem Land selbst producirten Artikel wird in *Manufakturartikel verwandelt*, und *das Land selbst in einen Markt für ihren Verkauf.* Hand in Hand mit der Expropriation und Losscheidung früher selbstwirthschaftender Bauern von ihren Produktionsmitteln geht so die *Vernichtung der ländlichen Nebenindustrie, der Scheidungsproceß von Manufaktur und Agrikultur.* Jedoch bringt es die eigentliche Manufakturperiode zu keiner radikalen Umgestaltung. Man erinnert sich, daß sie sich der nationalen Produktion nur sehr stückweis bemächtigt und immer auf städtischem Handwerk und *häuslich-ländlicher Nebenindustrie* als breitem Hintergrund ruht. Wenn sie letztere unter einer Form, in besondern Geschäftszweigen, auf gewissen Punkten vernichtet, ruft sie dieselbe auf andern wieder hervor, weil sie derselben zur Bearbeitung des Rohmaterials bis zu einem bestimmten Grad bedarf. Sie producirt daher eine *neue Klasse kleiner Landleute*, welche die Bodenbestellung als Nebenzweig und die industrielle Arbeit zum Verkauf des Produkts an die Manufaktur, direkt, oder auf dem Umweg des Kaufmanns, als Hauptgeschäft treiben. Dieß ist *ein* Grund, wenn auch nicht der Hauptgrund, eines Phänomens, welches den Forscher der englischen Geschichte zunächst verwirrt. Vom letzten Drittheil des 15. Jahrhunderts an findet er fortlaufende, nur in gewissen Intervallen unterbrochne Klage über die zunehmende Kapitalwirthschaft auf dem Land und die progressive Vernichtung der *Bauernschaft.* Andrerseits findet er sie stets wieder von neuem vor, wenn auch in verminderter Zahl und unter stets verschlechterter | Form[235]. Der Hauptgrund ist:

broker, thence to the dealer, and you will have great commercial operations, and nominal capital engaged to the amount of twenty times its value … The working class is thus amerced to support a wretched factory population, a parasitical shopkeeping class, and a fictitious commercial, monetary and financial system." (*David Urquhart* l. c. p. 120.)

235 Ausnahme bildet hier Cromwell's Zeit. So lange die Republik währte, erhob sich die englische Volksmasse in allen Schichten aus der Degradation, wozu sie unter den Tudors gesunken war.

England ist vorzugsweise bald Kornbauer, bald Viehzüchter, in Wechselperioden, und mit diesen Schwankungen, die bald nach mehr als halben Jahrhunderten zählen, bald nach wenigen Decennien, schwankt der Umfang des bäuerlichen Betriebs. *Erst die große Industrie ¦ liefert der kapitalistischen Agrikultur mit der Maschinerie die constante Grundlage, expropriirt radikal die ungeheure Mehrzahl des Landvolks und vollendet die Scheidung des Ackerbaus von der häuslich-ländlichen Industrie, deren Wurzel sie ausreißt – Spinnerei und Weberei*[236]. Sie erobert daher auch erst dem industriellen Kapital *den ganzen inneren Markt*[237]. |

Die Genesis des *industriellen*[238] *Kapitalisten* ging nicht in derselben allmählichen Weise vor wie die des Pächters. Zweifelsohne verwandelten sich manche kleine Zunftmeister und noch mehr selbstständige kleine Handwerker oder auch Lohnarbeiter in kleine Kapitalisten und durch allmählich ausgedehntere Exploitation von Lohnarbeit und

236 „Aus den eigentlichen Manufakturen und der *Zerstörung der ländlichen oder häuslichen Manufaktur* geht, mit Einführung der Maschinerie, die *große Wollindustrie* hervor." (*Tuckett* l. c. v. I, p. 142, 143.) „Der Pflug, das Joch waren die Erfindung von Göttern und die Beschäftigung von Heroen; sind Webstuhl, Spindel und Spinnrad minder edler Abkunft? Ihr trennt das Spinnrad und den Pflug, die Spindel und das Joch, und erhaltet Fabriken und Armenhäuser, Kredit und Paniks, zwei feindliche Nationen, agrikole und kommercielle." (*David Urquhart* l. c. p. 122.) Nun kömmt aber *Carey*, und klagt, sicher nicht mit Unrecht, England an, daß es jedes andre Land in ein bloßes Agrikulturvolk zu verwandeln strebt, dessen Fabrikant England. Er behauptet, in dieser Art sei die *Türkei* ruinirt worden, weil „den Eignern und Bebauern des Bodens niemals gestattet war (von England) sich selbst zu kräftigen durch die natürliche Allianz zwischen dem Pflug und dem Webstuhl, dem Hammer und der Egge." („*The Slave Trade*", p. 125.) Nach ihm ist *Urquhart* selbst einer der Hauptagenten des Ruins der Türkei, wo er im englischen Interesse Freihandelspropaganda gemacht habe. Das Beste ist, daß Carey, nebenbei großer Russenknecht, durch das Protektionssystem jenen Scheidungsprozeß, den es beschleunigt, verhindern will.

237 Die philanthropischen englischen Oekonomen wie Mill, Rogers, Goldwin Smith, Fawcett u. s. w., und liberale Fabrikanten, wie John Bright und Kons., fragen, wie Gott den Kain nach seinem Bruder Abel, so den englischen Grundaristokraten, wo sind unsre Tausende von Freeholders hingekommen? Aber wo seid ihr denn hergekommen? Aus der Vernichtung jener Freeholders. Warum fragt ihr nicht weiter, wo sind die unabhängigen Weber, Spinner, Handwerker hingekommen?

238 *Industriell* hier im Gegensatz zu agrikol. Im „kategorischen" Sinn ist der Pächter ein *industrieller Kapitalist* so gut wie der Fabrikant.

entsprechende Accumulation in Kapitalisten sans phrase. In der Kindheitsperiode der kapitalistischen Produktion ging's vielfach zu wie in der Kindheitsperiode des mittelaltrigen Städtewesens, wo die Frage, wer von den entlaufenen Leibeigenen soll Meister sein und wer Diener, großentheils durch das frühere oder spätere Datum ihrer Flucht entschieden wurde. Indeß entsprach der Schneckengang dieser Methode in keiner Weise den Handelsbedürfnissen des neuen Weltmarkts, welchen die großen Entdeckungen Ende des 15. Jahrh. geschaffen hatten. Aber *das Mittelalter* hatte *zwei verschiedne Formen des Kapitals überliefert*, die in den verschiedensten ökonomischen Gesellschaftsformationen reifen und, vor der Aera der kapitalistischen Produktionsweise, als *Kapital quand même* gelten – das *Wucherkapital*[239] ¦ und das *Kaufmannskapital.* Das durch Wucher und Handel gebildete *Geldkapital* wurde durch die Feudalverfassung auf dem Land, durch die Zunftverfassung in den Städten an | *seiner Verwandlung in industrielles Kapital* behindert[240]. Diese Schranken fielen mit der Auflösung der feudalen Gefolgschaften, mit der Expropriation und theilweisen Verjagung des Landvolks. Die neue Manufaktur ward in See-Exporthäfen errichtet oder auf Punkten des flachen Landes, außerhalb der Kontrole des alten Städtewesens und seiner Zunftverfassung. In England daher erbitterter Kampf der *corporate towns* gegen diese neuen industriellen Pflanzschulen.

239 „Gegenwärtig geht aller Reichthum der Gesellschaft erst in die Hand des Kapitalisten … er zahlt dem Grundeigenthümer die Rente, dem Arbeiter den Lohn, dem Steuer- und Zehntenkollektor ihre Ansprüche, und behält einen großen, in der That den größten und täglich an- wachsenden Theil des jährlichen Produkts der Arbeit für sich selbst. Der Kapitalist kann jetzt als der Eigner des ganzen gesellschaftlichen Reichthums *in erster Hand* betrachtet werden, obgleich kein Gesetz ihm das Recht auf dieß Eigenthum übertragen hat … Dieser Wechsel im Eigenthum wurde durch *den Prozeß des Wuchers* bewirkt: und es ist nicht wenig merkwürdig, daß die Gesetzgeber von ganz Europa dieß durch Gesetze wider den Wucher präveniren wollten … Die Macht des Kapitalisten über allen Reichthum des Landes ist *eine vollständige Revolution im Eigenthumsrecht*, und durch welches Gesetz, oder welche Reihe von Gesetzen wurde sie bewirkt?" („*The Natural and Artificial Rights of Property Contrasted. Lond.* 1832", p. 98, 99. Verfasser der anonymen Schrift: *Th. Hodgskin.*)

240 Sogar noch 1794 schickten die kleinen Tuchmacher von Leeds eine Deputation an das Parlament, zur Petition um ein Gesetz, das jedem *Kaufmann* verbieten sollte, *Fabrikant* zu werden. (*Dr. Aikin* l. c.)

Die Entdeckung der Gold- und Silberländer in Amerika, die Ausrottung, Versklavung, und Vergrabung der eingebornen Bevölkerung in die Bergwerke, die Eroberung und Ausplünderung von Ostindien, die Verwandlung von Afrika in ein Geheg zur Handelsjagd auf Schwarzhäute, bezeichnen die Morgenröthe der kapitalistischen Produktionsära. Diese idyllischen Prozesse sind *Hauptmomente* der *ursprünglichen Accumulation.* Auf dem Fuß folgt der *Handelskrieg* der europäischen Nationen, mit dem Erdrund als Schauplatz. Er beginnt mit dem Abfall der Niederlande von Spanien, nimmt Riesendimensionen an in Englands Antijakobinerkrieg, spielt noch fort in den Opiumkriegen gegen China u. s. w.

Diese Methoden der *ursprünglichen Accumulation* vertheilen sich mehr oder minder, in zeitlicher Reihenfolge, namentlich auf Spanien, Portugal, Holland, Frankreich und England. In England werden sie Ende des 17. Jahrh. systematisch zusammengefaßt im *Kolonialsystem, Staatsschuldensystem, modernen Steuersystem* und *Protektionssystem.* Diese Methoden beruhn zum Theil auf brutalster Gewalt, wie das Kolonialsystem. Alle aber benutzen *die Staatsmacht,* die koncentrirte und organisirte Gewalt der Gesellschaft, um den Verwandlungsprozeß der feudalen in die kapitalistische Produktionsweise treibhausmäßig zu beschleunigen und die Uebergänge abzukürzen. *Die Gewalt ist der Geburtshelfer jeder alten Gesellschaft, die mit einer neuen schwanger geht. Sie ist selbst eine ökonomische Potenz.*

Von dem christlichen *Kolonialsystem* sagt ein Mann, der aus dem Chri¦stenthum eine Specialität macht, *W. Howitt*: „Die Barbareien und ruchlosen Greuelthaten der s. g. christlichen Racen, in jeder Region der | Welt und gegen jedes Volk, das sie unterjochen konnten, finden keine Parallele in irgend einer Aera der Weltgeschichte, bei irgend einer Race, ob noch so wild, ungebildet, mitleidslos und schamlos“[241]. Die Geschichte der holländischen Kolonialwirthschaft – und Holland war die kapitalistische Musternation des 17. Jahrhunderts –

241 *William Howitt: „Colonization and Christianity. A Popular History of the Treatment of the Natives by the Europeans in all their colonies. Lond.* 1838“, p. 9. Ueber die Behandlung der Sklaven gute Compilation bei *Charles Comte: „Traité de la Législation.“ 3me éd. Bruxelles* 1837. Man muß dieß Zeug im Detail studiren, um zu sehn, wozu der Bourgeois sich selbst und den Arbeiter macht, wo er die Welt ungenirt nach seinem Bilde modeln kann.

„entrollt ein unübertreffbares Gemälde von Verrath, Bestechung, Meuchelmord und Niedertracht“[242]. Nichts charakteristischer als ihr System des Menschendiebstahls in Celebes, um Sklaven für Java zu erhalten. Die Menschenstehler wurden zu diesem Zweck abgerichtet. Der Dieb, der Dolmetscher und der Verkäufer waren die Hauptagenten in diesem Handel, eingeborne Prinzen die Hauptverkäufer. Die weggestohlne Jugend wurde in den Geheimgefängnissen von Celebes versteckt, bis reif zur Verschickung auf die Sklavenschiffe. Ein officieller Bericht sagt: „Diese eine Stadt von Makassar z. B. ist voll von geheimen Gefängnissen, eins schauderhafter als das andre, gepfropft mit Elenden, Opfern der Habsucht und Tyrannei, in Ketten gefesselt, ihren Familien gewaltsam entrissen.“ Um sich Malacca's zu bemächtigen, bestachen die Holländer den portugiesischen Gouverneur. Er ließ sie 1641 in die Stadt ein. Sie eilten sofort zu seinem Hause und meuchelmordeten ihn, um auf die Zahlung der Bestechungssumme von 21 875 Pfd. St. zu „*entsagen*“. Wo sie die Füße hinsetzten, folgte Verödung und Entvölkerung. Die Population einer Provinz von Java, Baniyuwángy, zählte 1750 über 80 000 Einwohner, 1811 nur noch 8000. Das ist der *doux commerce!*

Die *englisch-ostindische Kompagnie* erhielt bekanntlich, außer der politischen Herrschaft in Ostindien, das exklusive Monopol des Theehandels, wie des chinesischen Handels überhaupt und des Gütertransports von und zu Europa. Aber die Küstenschifffahrt von Indien und zwischen | den Inseln, wie der Handel im Innern Indiens wurden Monopol der höhern Beamten der Kompagnie. Die Monopole von Salz, Opium, Betel und andern Waaren waren unerschöpfliche Minen des Reichthums. Die Beamten selbst setzten die Preise fest und schindeten nach Belieben den unglücklichen Hindu. Der Generalgouverneur nahm Theil an diesem Privathandel. Seine Günstlinge erhielten Kontrakte unter Bedingungen, wodurch sie, klüger als die Alchymisten, aus Nichts Gold machten. Große *Vermögen* sprangen wie ¦ die Pilze an *einem* Tage auf, die *ursprüngliche Accumulation* ging von Statten ohne Vorschuß eines Schillings. Die gerichtliche Verfolgung des Warren Hastings wimmelt von solchen Beispielen. Hier ein Fall. Ein Opiumkontrakt wird einem gewissen Sullivan zugetheilt, obgleich er in öffentlichem Auftrag zu einem von den Opiumdistrikten ganz entlegenen Theil Indiens reiste.

242 *Thomas Stamford Raffles, late Lieut. Gov. of that island (Java) and its dependencies. Lond.* 1817.

Sullivan verkauft seinen Kontrakt für 40 000 Pfd. St. an einen gewissen Binn, Binn verkauft ihn seinerseits denselben Tag für 60 000 Pfd. St., und der schließliche Käufer und Ausführer des Kontrakts erklärt, daß er hinterher noch einen ungeheuren Gewinn herausschlug. Nach einer dem Parlament vorgelegten Liste ließen sich die Kompagnie und ihre Beamten von 1757–1766 von den Indiern 6 Millionen Pfd. St. *schenken*! Zwischen 1769 und 1770 fabricirten die Engländer eine Hungersnoth durch den Aufkauf von allem Reis und durch Weigerung des Wiederverkaufs außer zu fabelhaften Preisen[243].

Die Behandlung der Eingeborenen war natürlich am tollsten in den nur zum Exporthandel bestimmten Pflanzungen, wie Westindien, und in den dem Raubmord preisgegebnen reichen und dichtbevölkerten Ländern, wie Mexico und Ostindien. Jedoch auch in den eigentlichen Kolonien verläugnete sich der christliche Charakter der *ursprünglichen Accumulation* nicht. Jene nüchternen Virtuosen des Protestantismus, die Puritaner, setzten durch Beschlüsse ihrer *Assembly* 1703 eine Prämie von 40 Pfd. St. auf jedes indianische Scalp und jede gefangne Rothhaut, 1720 Prämie von 100 Pfd. St. auf jedes Scalp, 1744, nachdem Massachussets-Bay einen gewissen Tribus zum Rebellen erklärt hatte, folgende Preise | für männliches Scalp, 12 Jahre und drüber, 100 Pfd. St. neuer Währung, für männliche Gefangene 105 Pfd. St., für gefangene Weiber und Kinder 55 Pfd. St., *für Scalps von Weibern und Kindern 50 Pfd. St.!* Einige Decennien später rächte sich das Kolonialsystem an der unterdeß aufrührisch gewordenen Nachkommenschaft der frommen pilgrim fathers. Unter englischem Antrieb und Sold wurden sie *tomahawked*. Das britische Parlament erklärte Bluthunde und Scalpiren für „Mittel, welche Gott und die Natur in seine Hand gegeben".

Das Kolonialsystem reifte treibhausmäßig Handel und Schifffahrt. Die „Gesellschaften Monopolia" (Luther) waren gewaltige Hebel der Kapital-Koncentration. Den aufschießenden Manufakturen sicherte die Kolonie Absatzmarkt und eine durch das Marktmonopol potenzirte Accumulation. Der außerhalb Europa direkt erplünderte, herausgesklavte und herausgemordete Schatz floß ins Mutterland zurück und

243 Im Jahr 1866 starben in der einzigen Provinz Orissa *mehr als eine Million Hindus am Hungertod.* Die Hungersnoth währt bis zu diesem Augenblick. Nichtsdestoweniger suchte man die indische Staatskasse zu bereichern durch die Preise, wozu man den Verhungernden Lebensmittel abließ.

verwandelte sich hier ¦ in *Kapital*. Holland, welches das Kolonialsystem zuerst völlig entwickelte, stand schon 1648 im Brennpunkt seiner Handelsgröße. Es war „in fast ausschließlichem Besitz des ostindischen Handels und des Verkehrs zwischen dem europäischen Südwesten und Nordosten. Seine Fischereien, Seewesen, Manufakturen übertrafen die eines jeden anderen Landes. Die Kapitalien der Republik waren vielleicht bedeutender als die des übrigen Europa insgesammt." *Gülich* vergißt hinzuzusetzen: Hollands Volksmasse war schon 1648 mehr überarbeitet, verarmter und brutaler unterdrückt als die des übrigen Europa's insgesammt. Das Kolonialsystem warf mit einem Schub und Bautz alle alten Götzen über Haufen. Es proklamirte die Plusmacherei als letzten und einzigen Zweck der Menschheit. Es war die Geburtsstätte des modernen *Staatsschulden- und Kreditsystems.*

Die auffallende Rolle des *Staatsschulden- und modernen Steuersystems* bei der *Verwandlung des gesellschaftlichen Reichthums in Kapital*, der Expropriation selbstständiger Arbeiter, und der Herunterdrückung der Lohnarbeiter, hat manche Schriftsteller, wie W. Cobbett, Doubleday u. s. w. verleitet dort den Grund alles modernen Volkselends zu suchen. Mit den Staatsschulden entsprang zugleich ein internationales Kreditwesens, welches oft die Quelle der *ursprünglichen Accumulation* in einem bestimmten Land versteckt. Die Gemeinheiten des venetianischen Raubsystems z. B. bilden eine verborgne Grundlage des Kapitalreichthums | von Holland, dem das verfallende Venedig große Geldsummen lieh. Ebenso verhält es sich zwischen Holland und England. Schon im Anfang des 18. Jahrhunderts sind die Manufakturen Hollands weit überflügelt und hat es aufgehört, herrschende Industrie- und Handelsnation zu sein. Eins seiner Hauptgeschäfte von 1701–1776 wird daher das Ausleihn ungeheurer Kapitalien, speziell an seinen übermächtigen Konkurrenten England. Aehnliches gilt jetzt von England und den Vereinigten Staaten. Manch Kapital, das heute in den Vereinigten Staaten ohne Geburtsschein auftritt, ist erst gestern in England kapitalisirtes Kinderblut.

Das *Protektionssystem* war ein *Kunstmittel Fabrikanten zu fabriciren, unabhängige Arbeiter zu expropriiren, die nationalen Produktions- und Lebensmittel zu kapitalisiren, den Uebergang aus der alterthümlichen in die moderne Produktionsweise gewaltsam abzukürzen.* Die europäischen Staaten rissen sich um das Patent dieser Erfindung, und einmal in den Dienst der Plusmacher eingetreten, brandschatzten sie zu jenem

Behuf nicht nur das eigne Volk, indirekt durch Schutzzölle, direkt durch Exportprämien u. s. w. In den abhängigen Nebenlanden wurde alle Industrie gewaltsam ausgerodet, wie z. B. die irische Wollmanufaktur von England. Auf dem europäischen Kontinent ward nach Colbert's Vorgang der Prozeß noch sehr vereinfacht. Das *ursprüngliche Kapital des Industriellen* fließt hier zum Theil *direkt aus ¦ dem Staatsschatz.* „Warum", ruft Mirabeau, „so weit die Ursache des Manufakturglanzes Sachsens vor dem siebenjährigen Krieg suchen gehn? 180 Millionen Staatsschulden"[244]!

Kolonialsystem, Staatsschulden, Steuerwucht, Protektion, Handelskriege u. s. w., diese Sprößlinge der eigentlichen Manufakturperiode, schwellen riesenhaft während der Kinderperiode der *großen Industrie.* Die Geburt der letzteren wird gefeiert durch den großen herodischen *Kinderraub.* So blasirt *Sir F. M. Eden* ist über die Greuel der Expropriation des Landvolks von Grund und Boden seit dem letzten Drittel des 15. Jahrhunderts bis zu seiner Zeit, dem Ende des 18. Jahrhunderts; so selbstgefällig er gratulirt zu diesem Prozeß, „nothwendig", um die kapi|talistische Agrikultur und „das wahre Verhältniß von Ackerland und Viehweide herzustellen", beweist er dagegen nicht dieselbe ökonomische Einsicht in die *Nothwendigkeit des Kinderraubs und der Kindersklaverei* für die Verwandlung des Manufakturbetriebs in den Fabrikbetrieb und *die Herstellung des wahren Verhältnisses von Kapital und Arbeitskraft.* Er sagt: „Es mag vielleicht der Erwägung des Publikums werth sein, ob irgend eine Manufaktur, die zu ihrer erfolgreichen Ausführung Cottages und Workhouses von armen Kindern ausplündern muß, damit sie, truppweis sich ablösend, den größten Theil der Nacht durch abgerackert und der Ruhe beraubt werden, eine Manufaktur, die außerdem Haufen beiderlei Geschlechts, von verschiednen Altersstufen und Neigungen, so zusammenhudelt, daß die Ansteckung des Beispiels zu Verworfenheit und Liederlichkeit führen muß, ob solch eine Manufaktur die Summe des nationalen und individuellen Glücks vermehren kann"[245]? „In Derbyshire, Nottinghamshire und besonders Lancashire", sagt *Fielden,* „wurde die jüngst erfundne Maschinerie

244 «Pourquoi aller chercher si loin la cause de l'éclat manufacturier de la Saxe avant la guerre? Cent quatre-vingt millions de dettes faites par les souverains!» *Mirabeau* l. c. t. VI, p. 101.

245 *Eden* l. c. b. II, ch. İ, p. 420–422.

angewandt in großen Fabriken, dicht bei Strömen fähig das Wasserrad zu drehn. Tausende von Händen waren plötzlich erheischt an diesen Plätzen, fern von den Städten; und Lancashire namentlich, bis zu jener Zeit vergleichungsweis dünn bevölkert und unfruchtbar, bedurfte jetzt vor allem einer Population. Die kleinen und flinken Finger waren vor allen in Requisition. Sofort sprang die *Gewohnheit auf, Lehrlinge (!)* aus den verschiedenen Pfarrei-Workhouses von London, Birmingham und sonstwo zu beziehn. Tausende dieser kleinen hilflosen Kreaturen wurden so nach dem Norden spedirt, vom 7.-13. oder 14. Jahr. Es war die Gewohnheit für den Meister (d. h. den Kinderdieb), seine Lehrlinge zu kleiden, nähren und logiren in einem Lehrlingshaus nah bei der Fabrik. *Aufseher* wurden bestellt um ihre Arbeit zu überwachen. Es war das Interesse dieser Sklaventreiber die Kinder aufs Aeußerste abzuarbeiten, ¦ denn ihre Zahlung stand im Verhältniß zur Quantität Produkt, die aus dem Kind erpreßt werden konnte. Grausamkeit war natürliche Folge … In vielen Fabrikdistrikten, besonders Lancashire's wurden die herzzerreißendsten Torturen prakticirt an diesen harmlosen und freundlosen Kreaturen, die den Fabrikherrn consignirt waren. Sie wurden zu Tod gehetzt durch Arbeitsexcesse; sie wurden gepeitscht, gekettet und gefoltert mit | dem ausgesuchtesten Raffinement von Grausamkeit; sie wurden in vielen Fällen bis zu den Knochen ausgehungert, während die Peitsche sie an der Arbeit hielt. Ja in einigen Fällen wurden sie zum Selbstmord getrieben! … Die schönen und romantischen Thäler von Derbyshire, Nottinghamshire und Lancashire, abgeschlossen vom öffentlichen Auge, wurden grause Einöden von Tortur und – oft von Mord! … Die Profite der Fabrikanten waren enorm. Das wetzte nur ihren Wehrwolfsheißhunger. Sie begannen die Praxis der Nachtarbeit, d. h. nachdem sie eine Gruppe Hände durch das Tagwerk gelähmt, hatten sie eine andre Gruppe für das Nachtwerk zur Hand; die Tagesgruppe wanderte in die Betten, welche die Nachtgruppe grade verlassen hatte und vice versa. Es ist Volksüberlieferung in Lancashire, daß die Betten nie abkühlten“[246].

246 *John Fielden* l. c. p. 5, 6. Ueber die ursprünglichen Infamien des Fabrikwesens vgl. *Dr. Aikin* (1795) l. c. p. 219 und *Gisborne: „Enquiry into the duties of men.* 1795“, v. II. – Da die Dampfmaschine die Fabriken von den ländlichen Wasserfällen weg in die Mitte von Städten verpflanzte, fand der „entsagungslustige“ Plusmacher das Kindermaterial nun zur Hand, ohne gewaltsame Sklavenzufuhr aus den Workhouses. – Als *Sir R. Peel* (Vater des „Ministers der Plausibilität“) seine Bill zum Schutz der Kinder 1815 einbrachte, erklärte *F. Horner* (lumen des

Mit der Entwicklung der kapitalistischen Produktion während der Manufakturperiode hatte die öffentliche Meinung von Europa den letzten Rest von Schamgefühl und Gewissen eingebüßt. Die Nationen renommirten cynisch mit jeder Infamie, die *Mittel zu Kapitalaccumulation.* Man lese z. B. die naiven Handelsannalen des Biedermanns *Anderson.* Hier wird es als Triumph englischer Staatsweisheit ausposaunt, daß Eng|land im Frieden von Utrecht den Spaniern durch den Asientovertrag das Privilegium abzwang, den Negerhandel, den es bisher nur zwischen Afrika und dem englischen Westindien betrieb, nun auch zwischen Afrika und dem spanischen Amerika betreiben zu dürfen. England erhielt das Recht, das spa¦nische Amerika bis 1743 jährlich mit 4800 Negern zu versorgen. Dieß gewährte zugleich einen officiellen Deckmantel für den britischen Schmuggel. Liverpool wuchs groß auf der Basis des Sklavenhandels. Er bildet *seine* Methode *der ursprünglichen Accumulation.* Und bis heutzutag blieb die Liverpooler „Ehrbarkeit" Pindar des Sklavenhandels, welcher – vgl. die citirte Schrift des *Dr. Aikin* von 1795 – „den commerciellen Unternehmungsgeist bis zur Leidenschaft steigere, famose Seeleute bilde, und enormes Geld einbringe". Liverpool beschäftigte *1730* im Sklavenhandel 15 Schiffe, *1751*: 53, *1760*: 74, *1770*: 96 und *1792*: 132.

Während sie die Kindersklaverei in England einführte, gab die Baumwollindustrie zugleich den Anstoß zur Verwandlung der früher mehr oder minder patriarchalischen Sklavenwirthschaft der Vereinigten Staaten in ein commercielles Exploitationssystem. Ueberhaupt bedurfte

Bullion-Comités und intimer Freund Ricardo's) im Unterhaus: „Es ist notorisch, daß mit den Effekten eines Banqueroutier's eine Bande, wenn er solchen terminus brauchen dürfe, von Fabrikkindern zur Auktion öffentlich, als Theil des Eigenthums, annoncirt und losgeschlagen wurde. Vor zwei Jahren (1813) kam ein abscheulicher Fall vor die King's Bench. Es handelte sich um eine Anzahl Knaben. Eine Pfarrei von London hatte sie einem Fabrikanten übermacht, der übertrug sie wieder auf einen andern. Sie wurden schließlich von einigen Menschenfreunden in einem Zustand *absoluter Hungersnoth* (absolute famine) entdeckt. Ein andrer, noch schrecklicherer Fall sei zu seiner Kenntniß als Mitglied des parlamentarischen Untersuchungscomités gebracht worden. Vor nicht vielen Jahren schlossen eine Londoner Pfarrei und ein Fabrikant von Lancashire einen Vertrag, wodurch stipulirt wurde, daß er auf je 20 gesunde Kinder einen Idioten mit in den Kauf nehme."

die verhüllte Sklaverei der Lohnarbeiter in Europa zum Piedestal die Sklaverei sans phrase in der neuen Welt[247].

Tantae molis erat, die *„ewigen Naturgesetze*“ der kapitalistischen Produktionsweise zu entbinden, den Scheidungsprozeß zwischen Arbeitern und Arbeitsbedingungen zu vollziehn, auf dem einen Pol die gesellschaftlichen Produktions- und Lebensmittel in *Kapital* zu verwandeln, auf dem Gegenpol die Volksmasse in *Lohnarbeiter*, in freie *„arbeitende Arme*“, dieß *Kunstprodukt der modernen Geschichte*[248]. Wenn | das *Geld*, nach *Augier*, „mit natürlichen Blutflecken auf einer Backe zur Welt kömmt“[249], so *das Kapital* von Kopf bis Zeh, aus allen Poren, blut- und schmutztriefend[250]. ¦

247 1790 kamen im englischen Westindien 10 Sklaven auf 1 Freien, im französischen 14 auf 1, im holländischen 23 auf 1. (*Henry Brougham: „An Inquiry into the Colonial Policy of the European Powers. Edinb.* 1803“, v. II, p. 74.)

248 Der Ausdruck *„labouring poor*“ findet sich in den englischen Gesetzen vom Augenblick, wo die Klasse der Lohnarbeiter bemerkenswerth wird. Der „labouring poor“ steht im Gegensatz, einerseits zum „idle poor“, Bettler u. s. w., andrerseits zum Arbeiter, der noch kein gepflücktes Huhn, sondern Eigenthümer seiner Arbeitsmittel ist. Aus dem Gesetz ging der Ausdruck „labouring poor“ in die politische Oekonomie über, von Culpeper, J. Child u. s. w. bis A. Smith und Eden. Danach beurtheile man die bonne foi des „execrable political cantmonger“ *Edmund Burke*, wenn er den Ausdruck „labouring poor“ für „execrable political cant“ erklärt. Dieser Sykophant, der im Sold der englischen Oligarchie den Romantiker gegenüber der französischen Revolution spielte, ganz wie er beim Beginn der amerikanischen Wirren im Sold der nordamerikanischen Kolonien gegenüber der englischen Oligarchie den Liberalen gespielt hatte, war durch und durch ordinärer Bourgeois: „Die Gesetze des Handels sind die Gesetze der Natur und folglich die Gesetze Gottes.“ (*E. Burke* l. c. p. 31, 32.) Kein Wunder, daß er, den Gesetzen Gottes und der Natur getreu, stets sich selbst auf dem besten Markt verkauft hat! Man findet in des *Rev. Mr. Tucker's* Schriften – Tucker war Pfaff und Tory, im übrigen aber anständiger Mann und tüchtiger politischer Oekonom – sehr gute Charakteristik dieses Edmund Burke während seiner liberalen Zeit. Bei der infamen Charakterlosigkeit, die heutzutag herrscht und devotest an „die Gesetze des Handels“ glaubt, ist es Pflicht wieder und wieder die Burkes zu brandmarken, die sich von ihren Nachfolgern nur durch eins unterscheiden – Talent!

249 *Marie Augier: „Du Crédit Public.*“

250 „Kapital, sagt der *Quarterly Reviewer*, flieht Tumult und Streit und ist ängstlicher Natur. Das ist sehr wahr, aber doch nicht die ganze Wahrheit. Das Kapital hat einen horror vor Abwesenheit von Profit, oder sehr kleinem Profit, wie die Natur vor der Leere. Mit entsprechendem Profit wird Kapital kühn. Zehn

Worauf kömmt die *ursprüngliche Accumulation des Kapitals*, d. h.
seine historische Genesis, hinaus? Soweit sie nicht unmittelbare Ver- 290
wandlung von Sklaven und Leibeigenen in Lohnarbeiter, also *bloßer
Formwechsel* ist, bedeutet sie nur *die Expropriation der unmittelba-
ren Producenten, d. h. die Auflösung des auf eigner Arbeit beruhenden
Privateigenthums.* Das Privateigenthum des Arbeiters an seinen Pro-
duktionsmitteln ist die Grundlage des Kleinbetriebs, der Kleinbetrieb
eine nothwendige Bedingung für die Entwicklung der gesellschaftlichen
Produktion und der freien Individualität des Arbeiters selbst. Allerdings
existirt diese Produktionsweise auch | innerhalb der Sklaverei, Leibei-
genschaft und anderer Abhängigkeitsverhältnisse. Aber sie blüht nur,
schnellt nur ihre ganze Energie, erobert nur die adäquate klassische
Form, wo der Arbeiter *freier Privateigenthümer seiner von ihm selbst
gehandhabten Arbeitsbedingungen ist*, der Bauer des Ackers, den er
bestellt, der Handwerker des Instruments, womit er als Virtuose spielt.
Diese Produktionsweise unterstellt *Zersplitterung* des Bodens und der
übrigen Produktionsmittel. Mit der *Koncentration* der letztern schließt
sie die Cooperation, Theilung der Arbeit innerhalb derselben Produkti-
onsprozesse, gesellschaftliche Beherrschung und Reglung der Natur,
Entwicklung *gesellschaftlicher* Produktivkraft aus. Sie ist nur verträglich
mit engen naturwüchsigen Schranken der Produktion und der Gesell-
schaft. Auf einem gewissen Höhegrad bringt sie die materiellen Mittel
ihrer eignen Vernichtung zur Welt. Von diesem Augenblick regen sich
Kräfte und Leidenschaften im Gesellschaftsschoose, welche sich von
ihr gefesselt fühlen. Sie muß vernichtet werden, sie wird vernichtet. 291
Ihre Vernichtung, die *Verwandlung der individuellen und zersplitterten
Produktionsmittel in gesellschaftlich concentrirte*, daher des zwerghaf-
ten Eigenthums Vieler in das massenhafte Eigenthum Weniger, daher
die *Expropriation der großen Volksmasse von Grund und Boden und Le-
bensmitteln und Arbeitsinstrumenten*, diese furchtbare und schwierige
Expropriation der Volksmasse bildet die Vorgeschichte des Kapitals. Sie

Procent sicher, und man kann es überall anwenden; 20 Procent, es wird lebhaft; 50 Procent, positiv waghalsig; für 100 Procent stampft es alle menschlichen Gesetze unter seinen Fuß; 300 Procent, und es existirt kein Verbrechen, das es nicht riskirt, selbst auf Gefahr des Galgens. Wenn Tumult und Streit Profit tragen, wird es sie beide encouragiren. Beweis: Schmuggel und Sklavenhandel.“ (*T. J. Dunning* l. c. p. 35, 36.)

umfaßt eine Reihe gewaltsamer Methoden, wovon wir nur die epochemachenden als *Methoden der ursprünglichen Accumulation des Kapitals* Revue passiren ließen. Die Expropriation der unmittelbaren Producenten wird mit schonungslosestem Vandalismus und unter dem Trieb der infamsten, schmutzigsten, kleinlichst gehässigsten Leidenschaften vollbracht. Das *selbst erarbeitete*, sozusagen auf Verwachsung des isolirten, ¦ unabhängigen *Arbeitsindividuums mit seinen Arbeitsbedingungen beruhende Privateigenthum* wird verdrängt durch *das kapitalistische Privateigenthum*, welches auf Exploitation fremder, aber formell freier Arbeit beruht[251]. Sobald dieser *Umwand|lungsprozeß* nach Tiefe und Umfang die alte Gesellschaft hinreichend zersetzt hat, sobald die Arbeiter in Proletarier, ihre *Arbeitsbedingungen* in *Kapital* verwandelt sind, sobald die kapitalistische Produktionsweise auf eignen Füßen steht, gewinnt die weitere Vergesellschaftung der Arbeit und weitere Verwandlung der Erde und andrer Produktionsmittel in gesellschaftlich ausgebeutete, also *gemeinschaftliche Produktionsmittel*, daher die weitere *Expropriation der Privateigenthümer, eine neue Form.* Was jetzt zu expropriiren ist, ist nicht länger der selbstwirthschaftende Arbeiter, sondern der viele Arbeiter exploitirende Kapitalist. Diese *Expropriation* vollzieht sich durch das Spiel der immanenten Gesetze der *kapitalistischen Produktion selbst*, durch *die Koncentration der Kapitalien.* Je ein Kapitalist schlägt viele todt. Hand in Hand mit dieser Koncentration oder der *Expropriation vieler Kapitalisten durch Wenige* entwickelt sich die cooperative Form des Arbeitsprozesses auf stets wachsender Stufenleiter, die bewußte technologische Anwendung der Wissenschaft, die planmäßig gemeinsame Ausbeutung der Erde, die Verwandlung der Arbeitsmittel in nur gemeinsam verwendbare Arbeitsmittel, und die Oekonomisirung aller Produktionsmittel durch ihren Gebrauch als gemeinsame Produktionsmittel kombinirter, gesellschaftlicher Arbeit. Mit der beständig abnehmenden Zahl der Kapitalmagnaten, welche alle Vortheile dieses Umwandlungsprozesses usurpiren und monopolisiren, wächst die Masse des Elends, des Drucks, der Knechtung, der Degradation, der Ausbeutung, aber auch die Empörung der stets anschwellenden und durch den Mechanismus des kapitalistischen

251 «Nous sommes dans une condition tout-à-fait nouvelle de la société … nous tendons à séparer toute espèce de propriété d'avec toute espèce de travail.» (*Sismondi: „Nouveaux Principes de l'Écon. Polit.“* t. II, p. 434.)

Produktionsprozesses selbst geschulten, vereinten und organisirten Arbeiterklasse. Das *Kapitalmonopol wird zur Fessel der Produktionsweise,* die mit und unter ihm aufgeblüht ist. Die Koncentration der Produktionsmittel und die Vergesellschaftung der Arbeit erreichen einen Punkt, wo sie unverträglich werden mit ihrer *kapitalistischen* Hülle. Sie wird gesprengt. Die *Stunde des kapitalistischen Privateigenthums schlägt. Die Expropriateurs werden expropriirt.*

Die kapitalistische Produktions- und Aneignungsweise, daher das *kapitalistische Privateigenthum,* ist die *erste Negation des individuellen,* 292
auf eigne Arbeit gegründeten Privateigenthums. Die Negation der kapitalistischen Produktion wird durch | sie selbst, mit der Nothwendigkeit eines Naturprozesses, producirt. Es ist *Negation der Negation.* Diese stellt das *in¦dividuelle Eigenthum wieder her,* aber auf Grundlage der Errungenschaft der kapitalistischen Aera, der *Cooperation freier Arbeiter und ihrem Gemeineigenthum an der Erde und den durch die Arbeit selbst producirten Produktionsmitteln.*

Die Verwandlung des zersplitterten, auf eigner Arbeit der Individuen beruhenden Privateigenthums in *kapitalistisches* ist natürlich ein ungleich mehr langwieriger, harter und schwieriger Prozeß als die Verwandlung des faktisch bereits auf gesellschaftlicher Exploitation der Produktionsmittel beruhenden kapitalistischen Privateigenthums in *gesellschaftliches Eigenthum.* Dort handelte es sich um die Expropriation der Volksmasse durch wenige Usurpatoren, hier handelt es sich um die Expropriation weniger Usurpatoren durch die Volksmasse[252].

[252] „Der Fortschritt der Industrie, dessen willenloser und widerstandloser Träger die Bourgeoisie ist, setzt an die Stelle der Isolirung der Arbeiter durch die Konkurrenz ihre revolutionäre Vereinigung durch die Association. Mit der Entwicklung der großen Industrie wird also unter den Füßen der Bourgeoisie die Grundlage selbst weggezogen, worauf sie producirt und die Produkte sich aneignet. Sie producirt also vor allem ihre eignen Todtengräber. Ihr Untergang und der Sieg des Proletariats sind gleich unvermeidlich … Von allen Klassen, welche heutzutage der Bourgeoisie gegenüberstehn, ist nur das Proletariat eine wirklich revolutionäre Klasse. Die übrigen Klassen verkommen und gehn unter mit der großen Industrie, das Proletariat ist ihr eigenstes Produkt … Die Mittelstände, der kleine Industrielle, der kleine Kaufmann, der Handwerker, der Bauer, sie alle bekämpfen die Bourgeoisie, um ihre Existenz als Mittelstände vor dem Untergang zu sichern … sie sind reaktionär, denn sie suchen das Rad der Geschichte zurückzudrehn." (*F. Engels* und *Karl Marx: „Manifest der kommunistischen Partei. London* 1848", p. 11, 9.)

3) Die moderne Kolonisationstheorie[253].

Die politische Oekonomie sucht principiell die angenehmste Verwechslung aufrecht zu erhalten zwischen *dem auf eigner Arbeit beruhenden Privateigenthum* und dem diametral entgegengesetzten, auf Vernichtung dieser Art Eigenthums beruhenden *kapita|listischen Privateigenthum*. Im Westen von Europa, dem Heimathsland der politischen Oekonomie, ist der Prozeß der ursprünglichen Accumulation vollbracht. Die kapitalistische Produktionsweise hat hier entweder die ganze nationale Produktion direkt unterworfen, oder, wo die Verhältnisse minder entwickelt sind, kontrolirt sie indirekt die noch neben ihr fortexistirenden, verkommenden, der veralteten Produktionsweise angehörigen Gesellschaftsschichten. Auf diese fertige ¦ Welt des Kapitals wendet der politische Oekonom mit desto ängstlicherem Eifer und desto größerer Salbung die Rechts- und Eigenthumsvorstellungen der vorkapitalistischen Welt an, je lauter die Thatsachen seiner Ideologie ins Gesicht schreien. Anders in den *Kolonien*. Die kapitalistische Produktions- und Aneignungsweise stößt hier überall auf das *Hinderniß* des selbsterarbeiteten Eigenthums, des Producenten, der als Privateigenthümer seiner eignen Arbeitsbedingungen durch seine Arbeit sich selbst statt den Kapitalisten bereichert. *Der Widerspruch dieser zwei diametral entgegengesetzten Produktions- und Aneignungsweisen existirt hier praktisch.* Wo der Kapitalist die Macht des Mutterlandes im Rücken hat, sucht er *die auf eigner Arbeit beruhende Produktions- und Aneignungsweise* gewaltsam aus dem Weg zu räumen. Dasselbe Interesse, welches den Sykophanten des Kapitals, den politischen Oekonomen, im Mutterland bestimmt, die *kapitalistische Produktionsweise* theoretisch für ihr eignes Gegentheil zu erklären, dasselbe Interesse treibt ihn hier „to make a clear breast of it" und den *Gegensatz beider Produktionsweisen* zu proklamiren. Zu diesem Behuf weist er nach, wie die Entwicklung der gesellschaftlichen Produktivkraft der Arbeit, Cooperation, Arbeitstheilung, Anwendung der Maschinerie im Großen u. s. w. unmöglich sind

253 Es handelt sich hier von *wirklichen Kolonien*, jungfräulichem Boden, der durch freie Einwanderer kolonisirt wird. Die Vereinigten Staaten sind, ökonomisch gesprochen, immer noch Kolonialland Europa's. Uebrigens gehören auch die alten Pflanzungen hierher, wo die Aufhebung der Sklaverei die Verhältnisse gänzlich umgewälzt hat.

ohne die Expropriation der Arbeiter und entsprechende *Verwandlung ihrer Produktionsmittel in Kapital.* Im Interesse des s. g. *Nationalreichthums* sucht er nach Kunstmitteln zur Herstellung der *Volksarmuth.* Sein apologetischer Panzer zerbröckelt hier Stück für Stück wie mürber Zunder. Es ist das große Verdienst *E. G. Wakefield's,* nicht irgend etwas neues über die Kolonien[254], aber in den | Kolonien die Wahrheit über die kapitalistischen Verhältnisse des Mutterlands entdeckt zu haben. Wie das Protektionssystem in seinen Ursprüngen[255] *die Fabrikation von Kapitalisten im Mutterland,* so erstrebt Wakefield's Kolonisationstheorie, welche England eine Zeit lang *gesetzlich* ins Werk zu setzen suchte, die *Fabrikation von Lohnarbeitern in den Kolonien.* Das nennt er *„systematic colonization"* (systematische Kolonisation).

Zunächst entdeckte *Wakefield* in den Kolonien, daß das Eigenthum an Geld, Lebensmitteln, Maschinen und andern Produktionsmitteln einen Menschen noch nicht zum Kapitalisten stempelt, wenn die Ergänzung fehlt, der Lohnarbeiter, der andre Mensch, der sich selbst freiwillig zu verkaufen gezwungen ist. Er entdeckte, daß das Kapital nicht eine *Sache* ist, sondern ein durch Sachen vermitteltes *gesellschaftliches Verhältniß* zwischen Per¦sonen[256]. Herr Peel, jammert er uns vor, nahm Lebensmittel und Produktionsmittel zum Belauf von 50 000 Pfd. St. aus England nach dem Swan River, Neuholland, mit. Herr Peel war so vorsichtig, außerdem 3000 Personen der arbeitenden Klasse, Männer, Weiber und Kinder mitzubringen. Einmal am Bestimmungsplatz angelangt, „blieb Herr Peel ohne einen Diener sein Bett zu machen oder ihm Wasser aus dem Fluß zu schöpfen"[257]. Unglücklicher Herr Peel, der alles

254 Die wenigen Lichtblicke Wakefield's über das Wesen der Kolonien selbst sind vollständig anticipirt durch *Mirabeau* père, den Physiokraten, und noch viel früher durch englische Oekonomen.

255 Es wird später eine temporäre Nothwendigkeit im internationalen Konkurrenzkampf. Welches aber immer sein Motiv, die Folgen bleiben dieselben.

256 „Ein Neger ist ein Neger. In bestimmten Verhältnissen wird er erst zum *Sklaven.* Eine Baumwollmaschine ist eine Maschine zum Baumwollspinnen. Nur in bestimmten Verhältnissen wird sie zu *Kapital.* Aus diesen Verhältnissen herausgerissen, ist sie so wenig Kapital, wie *Gold* an und für sich *Geld* oder der Zucker der Zucker*preis* ist ... Das *Kapital* ist ein *gesellschaftliches Produktionsverhältniß.* Es ist ein *historisches Produktionsverhältniß."* (*Karl Marx: „Lohnarbeit und Kapital." N. Rh. Z. Nr. 266 vom 7. April 1849.*)

257 *E. G. Wakefield: „England and America"*, v. II, p. 33.

vorsah, nur nicht den Export der englischen Produktionsverhältnisse nach dem Swan River!

Zum Verständniß der folgenden Entdeckungen Wakefield's zwei Vorbemerkungen. Man weiß: *Produktions- und Lebensmittel* als Eigenthum des unmittelbaren Producenten, des Arbeiters selbst, sind kein | Kapital. Sie werden *Kapital* nur unter Bedingungen, worin sie zugleich als *Exploitations- und Beherrschungsmittel des Arbeiters dienen.* Diese ihre kapitalistische Seele ist aber im Kopfe des politischen Oekonomen so innig mit ihrer stofflichen Substanz vermählt, daß er sie unter allen Umständen *Kapital* tauft, auch wo sie das grade Gegentheil sind. So bei *Wakefield.* Ferner: die Zersplitterung der Produktionsmittel als individuelles Eigenthum vieler von einander unabhängiger, selbstwirthschaftender Arbeiter nennt er *gleiche Theilung des Kapitals.* Es geht dem politischen Oekonomen, wie dem feudalen Juristen. Letzterer klebte auch auf reine Geldverhältnisse seine feudalen Rechtsetiquetten.

„Wäre", sagt Wakefield, „das Kapital unter alle Mitglieder der Gesellschaft in gleiche Portionen getheilt, *so hätte kein Mensch ein Interesse mehr Kapital zu accumuliren als er mit seinen eignen Händen anwenden kann.* Dieß ist in gewissem Grad der Fall in neuen amerikanischen Kolonien, wo die Leidenschaft für Grundeigenthum *die Existenz einer Klasse von Lohnarbeitern verhindert*"[258]. So lange also der Arbeiter für sich selbst accumuliren kann, und das kann er, so lange er Eigenthümer seiner Produktionsmittel bleibt, ist die *kapitalistische Accumulation* und die *kapitalistische Produktionsweise* unmöglich. Die dazu unentbehrliche *Klasse der Lohnarbeiter* fehlt. Wie wurde nun im alten Europa die *Expropriation des Arbeiters von seinen Arbeitsbedingungen,* daher Kapital und Lohnarbeit, hergestellt? Durch einen contrat social ganz origineller Art. „Die Menschheit adoptirte eine einfache Methode zur Förderung der *Accumulation des Kapitals*", die ihr natürlich seit Adams Zeiten als letzter und einziger Zweck ¦ ihres Daseins vorschwebte; *„sie theilte sich in Eigner von Kapital und Eigner von Arbeit … diese Theilung war das Resultat freiwilliger Verständigung und Kombination*"[259]. Mit einem Wort: die Masse der Menschheit *expropriirte sich selbst* zu Ehren der „Accumulation *des* Kapitals". Nun sollte man glauben, der Instinkt dieses selbstsagen-

[258] l. c. v. I, p. 17.
[259] l. c. p. 18.

den | Fanatismus müsse sich namentlich in Kolonien den Zügel frei schießen lassen, wo allein Menschen und Umstände existiren, welche einen contrat social aus dem Traumreich in das der Wirklichkeit übersetzen könnten. Aber wozu dann überhaupt die „*systematische Kolonisation*" im Gegensatz zur *naturwüchsigen Kolonisation?* Aber, aber „in den nördlichen Staaten der amerikanischen Union ist es zweifelhaft, ob ein Zehntel der Bevölkerung der Kategorie der Lohnarbeiter angehört… In England besteht die große Volksmasse aus Lohnarbeitern"[260]. Ja der Selbstexpropriationstrieb der arbeitenden Menschheit zu Ehren *des* Kapitals existirt so wenig, daß nach Wakefield selbst *Sklaverei* die einzige *naturwüchsige* Grundlage des Kolonialreichthums ist. Seine *systematische* Kolonisation ist ein bloßes pis aller, da er nun einmal mit Freien, statt mit Sklaven zu operiren hat. „*Ohne Sklaverei* wäre *das Kapital* in den spanischen Niederlassungen kaput gegangen oder wenigstens auf die kleinen Massen zusammengeschrumpft, worin jedes Individuum es mit seinen eignen Händen anwenden kann. Dieß fand wirklich statt in der letzten von den Engländern gegründeten Kolonie, wo ein großes Kapital in Samen, Vieh und Instrumenten unterging am Mangel von Lohnarbeitern und wo kein Ansiedler viel mehr Kapital besitzt als er mit seinen eignen Händen anwenden kann"[261].

Man sah: die *Expropriation der Volksmasse von Grund und Boden bildet die Grundlage der kapitalistischen Produktionsweise.* Das Wesen einer freien *Kolonie* besteht umgekehrt darin, daß die Masse des Bodens noch Volkseigenthum ist und jeder Ansiedler daher einen Theil davon in sein Privateigenthum und individuelles Produktionsmittel verwandeln kann, ohne den spätern Ansiedler an derselben Operation zu verhindern[262]. Dieß ist das Geheimniß, sowohl der Blüthe der Kolonien, als ihres Krebswurms – ihres Widerstands wider die *Ansiedlung des Kapitals.* „Wo Land *sehr wohlfeil* ist und *alle Menschen frei sind,* wo jeder nach Wunsch ein Stück Land für sich selbst erhalten kann, ist Arbeit nicht nur sehr theuer, | was den Antheil des Arbeiters an seinem Produkt

260 l. c. p. 42, 43, 44.

261 l. c. v. II, p. 5.

262 „Land, um Element der Kolonisation zu werden, muß nicht nur unangebaut sein, sondern öffentliches Eigenthum, welches in Privateigenthum verwandelt werden kann." (l. c. v. II, p. 125.)

angeht, *sondern die Schwierigkeit ist, kombinirte Arbeit zu irgend einem Preis zu erhalten*"[263]. ¦

Da in den Kolonien die Scheidung des Arbeiters von den Arbeitsbedingungen und ihrer Wurzel, dem Grund und Boden, noch nicht existirt, oder nur sporadisch, oder auf zu beschränktem Spielraum, existirt auch noch nicht *die Losscheidung der Agrikultur von der Industrie*, noch nicht *die Vernichtung der ländlich häuslichen Industrie*, und wo soll da *der innere Markt* für das Kapital herkommen? „Kein Theil der Bevölkerung Amerikas ist *ausschließlich agrikol*, mit Ausnahme der Sklaven und ihrer Anwender, die Kapital und Arbeit für große Werke kombiniren. Freie Amerikaner, die den Boden selbst bauen, treiben zugleich viele andre Beschäftigungen. Ein Theil der von ihnen gebrauchten Möbel und Werkzeuge wird gewöhnlich von ihnen selbst gemacht. Sie bauen häufig ihre eignen Häuser und bringen das Produkt ihrer eignen Industrie zu noch so fernem Markt. Sie sind Spinner und Weber, sie fabriciren Seife und Kerzen, Schuhe und Kleider für ihren eignen Gebrauch. In Amerika bildet der Landbau oft das Nebengeschäft eines Grobschmidts, Müllers oder Krämers"[264]. Wo bleibt unter solchen Käuzen das „Entsagungsfeld" für den Kapitalisten?

Die große Schönheit der kapitalistischen Produktion besteht darin, daß sie den Lohnarbeiter nicht nur *als Lohnarbeiter beständig reproducirt*, sondern *im Verhältniß zur Accumulation des Kapitals stets eine relative Uebervölkerung von Lohnarbeitern producirt*. So wird das *Gesetz von Arbeitsnachfrage und Zufuhr* im richtigen Gleis gehalten, die Lohnschwankung innerhalb der kapitalistischen Exploitation konvenabler Schranken gebannt, und endlich die so unentbehrliche *sociale Abhängigkeit des Arbeiters vom Kapitalisten* garantirt, ein *absolutes Abhängigkeitsverhältniß*, das der politische Oekonom zu Haus, im Mutterland, breimäulig in ein *freies Kontraktverhältniß von Käufer und Verkäufer*, von *gleich unabhängigen Waarenbesitzern*, Besitzern der Waare Kapital und der Waare Arbeit, nach Belieben umlügen kann. Aber in den Kolonien reißt der schöne Wahn entzwei. | Die absolute Arbeiterbevölkerung wächst hier viel rascher als im Mutterland, indem viele Arbeiter erwachsen auf die Welt kommen, und dennoch ist der Arbeitsmarkt stets *untervoll*. Das Gesetz der Arbeitsnachfrage

263 l. c. v. I, p. 247.
264 l. c. p. 21, 22.

und Zufuhr geräth in die Brüche, wie Taylor's Formel in einem Fall des Differentialkalkuls. Einerseits wirft die alte Welt fortwährend exploitationslustiges, entsagungsbedürftiges Kapital ein; andrerseits stößt die *regelmäßige Reproduktion des Lohnarbeiters als Lohnarbeiter* und daher noch mehr *die Produktion einer Surplus-Arbeiterbevölkerung* im Verhältniß zur Accumulation des Kapitals auf die unartigsten und theilweis unüberwindlichen Hindernisse. Der Lohnarbeiter von heute wird morgen unabhängiger, selbst wirthschaftender Bauer oder Handwerker. Er verschwindet vom Arbeitsmarkt, aber nicht ins – Workhouse. Diese *beständige* ¦ *Verwandlung der Lohnarbeiter in unabhängige Producenten,* die statt für *das Kapital,* für sich selbst arbeiten, und statt den Herrn Kapitalisten sich selbst bereichern, wirkt ihrerseits durchaus schadhaft auf die Zustände des *Lohnarbeitsmarkts* zurück. Nicht nur bleibt der Exploitationsgrad des Lohnarbeiters unanständig niedrig. Der letztre verliert mit dem Abhängigkeitsverhältniß auch das Abhängigkeitsgefühl vom entsagenden Kapitalisten. Daher alle die Mißstände, die unser E. G. Wakefield so brav, so beredt und so rührend schildert.

Die Zufuhr des Lohnarbeitsmarkts, klagt er, ist weder beständig, noch regelmäßig, noch genügend. „Sie ist stets nicht nur zu klein, sondern unsicher“[265]. „Obgleich das zwischen Arbeiter und Kapitalist zu theilende Produkt groß ist, *nimmt der Arbeiter einen so großen Theil, daß er rasch ein Kapitalist wird* … Dagegen können Wenige, selbst wenn sie ungewöhnlich lang leben, große Reichthummassen accumuliren“[266]. Die Arbeiter erlauben dem Kapitalisten platterdings nicht auf Zahlung des größten Theils ihrer Arbeit zu *entsagen.* Es hilft ihm nichts, wenn er so schlau ist, mit seinem eignen Kapital auch seine eignen Lohnarbeiter aus Europa zu importiren. „Sie hören bald auf Lohnarbeiter zu sein, sie verwandeln sich bald in unabhängige Bauern oder gar in Konkurrenten ihrer alten Meister auf dem | Lohnarbeitsmarkt selbst“[267]. Man begreife den Greuel! Der brave Kapitalist hat seine eignen leibhaftigen Konkurrenten selbst aus Europa für sein eignes gutes Geld importirt! Da hört denn doch alles auf! Kein Wunder, wenn Wakefield klagt über *mangelndes Abhängigkeitsverhältniß und -Gefühl der Lohnarbeiter* in den Kolonien. „Wegen der hohen Löhne“, sagt sein Schüler *Merivale,*

265 l. c. v. II, p. 116.
266 l. c. v. I, p. 131.
267 l. c. v. II, p. 5.

„existirt in den Kolonien der leidenschaftliche Drang nach *wohlfeilerer und unterwürfigerer Arbeit*, nach *einer Klasse, welcher der Kapitalist die Bedingungen diktiren kann, statt sie von ihr diktirt zu erhalten* … In altcivilisirten Ländern ist *der Arbeiter, obgleich frei, naturgesetzlich abhängig vom Kapitalisten, in Kolonien muß diese Abhängigkeit durch künstliche Mittel geschaffen werden*“[268]. ¦

Was ist nun das Resultat des in den Kolonien herrschenden *Systems des auf eigner Arbeit, statt auf der Exploita|tion fremder Arbeit beruhenden Privateigenthums?* Ein „*barbarisirendes System* der Zerstreuung der Producenten und des Nationalvermögens“[269]. Die Zerstreuung der Produktionsmittel unter unzählige, sie eignende und mit ihnen selbst arbeitende Producenten vernichtet *mit der kapitalistischen Koncentration* die *kapitalistische Grundlage aller kombinirten Arbeit*. Alle langathmigen Kapitalunternehmungen, die sich über Jahre ausdehnen und Anlage von viel fixem Kapital erheischen, werden problematisch. In Europa zögert das Kapital keinen Augenblick, denn die Arbeiterklasse bildet seinen stets überfließenden, disponiblen, lebendigen Zubehör. Aber in

268 *Merivale* l. c. v. II, p. 235–314 passim. Selbst der sanfte, freihändlerische Vulgärökonom *Molinari* sagt: «Dans les colonies où l'esclavage a été aboli sans que le *travail forcé* se trouvait remplacé *par une quantité équivalente de travail libre*, on a vu s'opérer *la contre-partie* du *fait qui se réalise tous les jours sous nos yeux*. On a vu les *simples* travailleurs *exploiter à leur tour* les entrepreneurs d'industrie, exiger d'eux des salaires hors de toute proportion avec *la part légitime* qui leur revenait dans le produit. Les planteurs, ne pouvant obtenir de leurs sucres un prix suffisant pour couvrir la hausse de salaire, ont été obligés de fournir l'excédant, d'abord *sur leurs profits*, ensuite sur leurs capitaux mêmes. Une foule de planteurs ont été ruinés de la sorte, d'autres ont fermé leurs ateliers pour échapper à une ruine imminente … Sans doute, il vaut mieux voir périr des accumulations des capitaux, que des générations d'hommes (wie generös von dem Herrn Molinari!); mais ne vaudrait-il pas mieux que ni les uns ni les autres périssent?» (*Molinari* l. c. p. 51, 52.) Herr Molinari, Herr Molinari! Was wird denn aus den zehn Geboten, aus Moses und den Propheten, aus dem *Gesetz der Nachfrage und Zufuhr*, wenn in Europa der „entrepreneur“ dem Arbeiter, und in Westindien der Arbeiter dem entrepreneur seine part légitime verkürzen kann? Und was ist gefälligst diese „part légitime“, die nach Ihrem Geständniß der Kapitalist in Europa täglich *nicht* zahlt? Den Herrn Molinari juckt es gewaltig, dort drüben, in den Kolonien, wo die Arbeiter so „einfach“ sind, den Kapitalisten zu „exploitiren“, das sonst automatisch wirkende Gesetz der Nachfrage und Zufuhr polizeilich in den richtigen Gang zu setzen.

269 *Wakefield* l. c. v. II, p. 52.

den Kolonialländern! Wakefield erzählt eine äußerst schmerzensreiche Anekdote. Er unterhielt sich mit einigen Kapitalisten von Kanada und dem Staat New-York, wo zudem die Einwanderungswogen oft stagniren und einen Bodensatz „überzähliger" Arbeiter niederschlagen. „Unser Kapital", seufzt eine der Personen des Melodramas, „unser Kapital lag bereit für viele Operationen, die eine beträchtliche Zeitperiode zu ihrer Vollendung brauchen; aber konnten wir solche Operationen beginnen mit einer Arbeit, welche, wir wußten es, uns bald den Rücken wenden würde? Wären wir sicher gewesen die Arbeit solcher Einwandrer *festhalten* zu können, wir hätten sie mit Freude sofort engagirt und zu hohem Preis. Trotz der Sicherheit ihres Verlustes würden wir sie dennoch engagirt haben, *wären wir einer frischen Zufuhr je nach unsrem Bedürfniß sicher gewesen*"[270].

Nachdem Wakefield die englische kapitalistische Agrikultur und ihre „kombinirte" Arbeit prunkvoll kontrastirt hat mit der zerstreuten amerikanischen Bauernwirthschaft, entschlüpft ihm auch die Kehrseite der Medaille. Er schildert die amerikanische Volksmasse als wohlhabend, unabhängig, unternehmend, und relativ gebildet, während „der englische Agrikulturarbeiter ein elender Lump (a miserable wretch) ist, ein Pauper ... In welchem Land außer Nordamerika und einigen neuen Kolonien übersteigen die Löhne der auf dem Land angewandten freien Arbeit nennenswerth die unentbehrlichsten Subsistenzmittel des Arbeiters? ... Zweifelsohne, Ackerpferde in England, da sie ein werthvolles Eigenthum sind, werden viel besser genährt ¦ als der englische Landbebauer"[271]. Aber, | never mind, *Nationalreichthum* ist nun einmal von Natur identisch mit *Volkselend*.

Wie nun den antikapitalistischen Krebsschaden der Kolonien kuriren? Wollte man allen Grund und Boden mit einem Schlag aus Volkseigenthum in Privateigenthum verwandeln, so zerstörte man zwar die Wurzel des Uebels, aber auch – *die Kolonie*. Die Kunst ist zwei Fliegen mit einer Klappe zu schlagen. Man gebe von Regierungswegen der jungfräulichen Erde einen *vom Gesetz der Nachfrage und Zufuhr unabhängigen*, einen *künstlichen Preis*, welcher den Einwanderer zwingt längere Zeit zu lohnarbeiten, bevor er genug Geld verdient hat, um

270 l. c. p. 191, 192.
271 l. c. v. I, p. 47, 246.

Grund und Boden zu kaufen[272] und sich in einen unabhängigen Bauern zu verwandeln. Den *Fonds,* der aus diesem Verkauf der Ländereien zu einem für den Lohnarbeiter relativ *prohibitorischen* Preis fließt, also diesen aus dem *Arbeitslohn* durch Verletzung des heiligen Gesetzes von Nachfrage und Zufuhr erpreßten *Geldfonds* verwende die Regierung andrerseits, um im selben Maß, wie er wächst, Habenichtse aus Europa in die Kolonien zu importiren und so dem Herrn Kapitalisten *seinen Lohnarbeitsmarkt* vollzuhalten. Unter diesen Umständen „tout sera pour le mieux dans le meilleur des mondes possibles". Dieß ist das große Geheimniß der *„systematischen Kolonisation"*. „Nach diesem Plan", ruft Wakefield triumphirend aus, „muß *die Zufuhr von Arbeit constant und regelmäßig sein;* denn erstens, da kein Arbeiter fähig ist sich Land zu verschaffen, bevor er für Geld gearbeitet hat, würden alle einwandernden Arbeiter dadurch, daß sie für Lohn kombinirt arbeiten, *ihrem Anwender Kapital zur Anwendung von mehr Arbeit produciren;* zweitens jeder, der die Lohnarbeit an den Nagel hinge und Grundeigner würde, würde grade *durch den Ankauf des Landes einen Fonds zur Herüber|bringung frischer Arbeit nach den Kolonien sichern"*[273]. Der von Staatswegen oktroyirte *Bodenpreis* muß natürlich *„genügend" (sufficient price)* sein, d. h. so hoch, „daß er die Arbeiter verhindert, unabhängige Bauern zu werden, bis andre da sind, um ihren Platz auf dem Lohnarbeitsmarkt einzunehmen"[274]. Dieser genügende *„Bodenpreis"* ist nichts als eine euphemistische Umschreibung des *Lösegelds,* welches der Arbeiter dem Kapitalisten zahlt für die Erlaubniß, sich vom Lohnarbeitsmarkt auf's Land zurückzuziehn. Erst muß er dem ¦ Herrn Kapitalisten *„Kapital"* produciren, damit der *mehr Arbeiter* exploitiren könne, und dann auf dem Arbeitsmarkt einen *„Ersatzmann"* stellen, den die Regierung auf seine Kosten seinem ehemaligen Herrn Kapitalisten über die See spedirt.

272 «C'est, ajoutez-vous, grâce à l'appropriation du sol et des capitaux que *l'homme, qui n'a que ses bras,* trouve de l'occupation, et se fait un revenu ... c'est, au contraire, *grâce à l'appropriation individuelle du sol qu'il se trouve des hommes n'ayant que leurs bras ...* Quand vous mettez un homme dans le vide, vous vous emparez de l'atmosphère. Ainsi faites-vous, quand vous vous emparez du sol ... C'est le mettre dans le vide de richesses, pour ne le laisser vivre qu'à votre volonté.» (*Colins* l. c. t. III, p. 267–271 passim.)

273 *Wakefield* l. c. v. II, p. 192.

274 l. c. p. 45.

Es ist höchst charakteristisch, daß die englische Regierung diese von Herrn Wakefield eigens zum Gebrauch in Kolonialländern verschriebene Methode der *„ursprünglichen Accumulation"* Jahre lang ausgeführt hat. Das Fiasko war natürlich ebenso schmählich als das des Peelschen Bankakts. Der Emigrationsstrom wurde nur von den englischen Kolonien nach den Vereinigten Staaten abgelenkt. Unterdeß hat der Fortschritt der kapitalistischen Produktion in Europa zusammen mit dem wachsenden *Regierungsdruck* Wakefield's Recept überflüssig gemacht. Der ungeheure und continuirliche Menschenstrom, Jahr aus Jahr ein nach Amerika getrieben, läßt theils stagnirende Niederschläge im Osten der Vereinigten Staaten zurück, theils wirft die Emigrationswelle von Europa die Menschen rascher auf den Arbeitsmarkt als die Emigrationswelle nach dem far West sie abspülen kann. Die kapitalistische Produktion gedeiht daher in den Oststaaten, obgleich Lohntiefe und Abhängigkeit des Lohnarbeiters noch lange nicht auf das europäische Normalniveau gefallen sind. Die von Wakefield selbst so laut denuncirte, schamlose Verschleuderung des unbebauten Kolonialbodens an Aristokraten und Kapitalisten Seitens der englischen Regierung hat namentlich in *Australien*[275], zusammen mit | dem Menschenstrom, den die Diggings hinziehn, und der Konkurrenz, welche der Import englischer Waaren selbst dem kleinsten Handwerker macht, eine hinreichende „relative Arbeiterübervölkerung" erzeugt, so daß fast jedes Postdampfschiff die Hiobspost eines „glut of the Australian labour-market" bringt, und die Prostitution dort stellenweis so üppig gedeiht wie auf dem Haymarket von London.

Jedoch beschäftigt uns hier nicht der Zustand der Kolonien. Was uns allein interessirt, ist das in der neuen Welt von der politischen Oekonomie der alten Welt entdeckte und laut proklamirte Geheimniß, daß die *kapitalistische Produktions- und Accumulationsweise,* also auch *das kapitalistische Privateigenthum die Vernichtung des auf eigner Ar-*

275 Sobald Australien sein eigner Gesetzgeber wurde, erließ es natürlich den Ansiedlern günstige Gesetze, aber die englische einmal vollzogene Bodenverschleuderung steht im Wege. "The first and main object at which the new (Landact of 1862) law aims, is to give increased facilities for the settlement of the people." („*The Land Law of Victoria by the Hon. G. Duffy (Minister of Public Lands). Lond.* 1862.")

beit beruhenden Privateigenthums, d. h. die Expropriation des Arbeiters voraussetzt.

———————— ¦

Zum Schluß müssen wir noch einen Augenblick den Faden wieder da aufnehmen, wo wir ihn beim Uebergang zur Betrachtung der Accumulation fallen ließen. Gesetzt der Kapitalist habe 5000 Pfd. St. vorgeschossen und im Produktionsprozeß aufgezehrt, 4000 Pfd. St. in Produktionsmitteln, 1000 Pfd. St. in Arbeitskraft, mit einem Exploitationsgrad der Arbeit von 100 %. So beträgt der Werth des Produkts, von x Tonnen Eisen z. B. 6000 Pfd. St. Verkauft der Kapitalist das Eisen *zu seinem Werth*, so realisirt er *einen Mehrwerth von 1000 Pfd. St.*, d. h. die im Eisenwerth materialisirte unbezahlte Arbeit. Aber das Eisen muß *verkauft* werden. Das unmittelbare Resultat der kapitalistischen Produktion ist *Waare*, wenn auch mit Mehrwerth geschwängerte Waare. Wir sind also zu unserm Ausgangspunkt, der Waare, zurückgeschleudert und mit ihr zur
293 Sphäre der Cirkulation. Was wir jedoch im folgenden Buch zu betrachten haben, ist nicht mehr die *einfache Waarencirkulation*, sondern *der Cirkulationsprozeß des Kapitals.* ¦ |

Nachtrag zu den Noten des ersten Buchs. 294

I) *ad Kapitel III, n. 86.* In einem der unterdrücktesten Agrikulturdistrikte Englands, in *Buckinghamshire* haben die Lohnarbeiter, März 1867, einen großen *Strike* zur Erhöhung des Wochenlohns von 9–10 auf 12 sh. gemacht.

II) *ad Kapitel III, n. 87.* Durch einen *Strike* erzwangen die Heizer, Lokomotivenführer u. s. w. der Brighton Eisenbahn, Ende März 1867, die Beschränkung des Normalarbeitstags auf 10 Stunden, nebst anderen Koncessionen. Dieselbe Bewegung hat in diesem Augenblicke (6. April 1867) fast alle anderen englischen Eisenbahnen ergriffen.

III) *ad Kapitel IV, n. 175.* Die Gesetze zum Schutz gegen gefährliche Maschinerie haben wohlthätig gewirkt. „Aber … es existiren jetzt neue Quellen von Unglücksfällen, die vor 20 Jahren nicht existirt haben, namentlich die vermehrte Geschwindigkeit der Maschinerie. Räder, Walzen, Spindeln und Webstühle werden jetzt mit vermehrter und stets noch wachsender Gewalt getrieben; die Finger müssen rascher und kühner den gebrochnen Faden anpacken, denn, wenn mit Zaudern oder Unvorsicht angelegt, sind sie geopfert … Eine große Anzahl Unglücksfälle wird verursacht durch den Eifer der Arbeiter ihr Werk rasch auszuführen. Man muß sich erinnern, daß es für die Fabrikanten von der höchsten Wichtigkeit ist ihre Maschinerie ununterbrochen in Bewegung zu halten, d. h. Garn und Geweb zu produciren. Jeder Stillstand von einer Minute ist nicht nur ein Verlust an Triebkraft, sondern an Produktion. Die Arbeiter werden daher durch Arbeitsaufseher, interessirt in der Quantität des Machwerks, dazu gehetzt, die Maschinerie in Bewegung zu halten; und es ist dieß nicht minder wichtig für Arbeiter, die nach Gewicht oder Stück gezahlt werden. Obgleich es daher in den meisten Fabriken formell verboten ist, Maschinerie während ihrer Bewegung ¦ zu reinigen, ist diese Praxis allgemein. Diese Ursache allein hat während der letzten 6 Monate 906 Unglücksfälle producirt… Obgleich das Reinigungsgeschäft Tag aus Tag ein vorgeht, ist der Sonnabend jedoch meist der für gründliche | Reinigung der Maschinerie festgesetzte Tag, und sie wird großentheils verrichtet während der Bewegung der Maschinerie… Es ist eine *unbezahlte Operation*, und die Arbeiter suchen daher so rasch als möglich damit fertig zu werden. Daher ist die *Anzahl der Unglücksfälle* Freitags und ganz besonders Samstags viel größer als an den übrigen Wochentagen. Freitags beträgt der Ueberschuß über die Durchschnittszahl der ersten 4 Wochentage ungefähr 12 %, Sonnabends der Ueberschuß von Unglücksfällen über den Durchschnitt der vorhergehenden 5 Tage 25 %, oder, wenn man in Rechnung zieht, daß der Fabriktag Samstags nur 7½ Stunden, an den übrigen Wochentagen 10½ Stunden zählt – schwillt der Ueberschuß über 65 %." („*Reports of Insp. of Factories for etc. 31st October 1866. London 1867*", p. 9, 15, 16, 17.)

IV) *ad Kapitel IV, n. 184.* „Die self-acting mules sind vielleicht eine so gefährliche Maschinerie als irgend eine andere. Die meisten Unglücksfälle begegnen kleinen Kindern und zwar in Folge ihres Kriechens unter den Mules, um den Boden zu fegen, während die Mules in Bewegung sind. Verschiedne „minders" (Arbeiter an der Mule) wurden (von den Fabrikinspektoren) gerichtlich verfolgt und zu Geldstrafen verurtheilt wegen dieses Vergehns, aber ohne irgend welchen allgemeinen Vortheil. Wenn Maschinenmacher nur einen Selbstfeger erfinden wollten, durch dessen Gebrauch die Nothwendigkeit für diese kleinen Kinder unter die Maschinerie zu kriechen, wegfiele, so wäre das ein glücklicher Beitrag zu unseren Protektionsmaßregeln." („*Reports of Insp. of Factories for 31st October 1866*", p. 63.)

V) *ad Kapitel IV, n. 234.* Auf Antrieb des Herrn *Gladstone* verordnete das Haus der Gemeinen am *18. Februar 1867* eine Statistik über alle von 1831–1866 in das Vereinigte Königreich eingeführte und ausgeführte Kornfrucht, Getreide und Mehl aller Art. Ich gebe nachstehend das zusammenfassende Resultat. Das Mehl ist auf Quarters Korn reducirt. |

[Hier folgt die Tabelle S.731]

VI) *ad Kapitel IV, n. 319.* Der *Factory Acts Extension Act* ging durch *12. August 1867.* Er regulirt alle *Metall*gießereien, -Schmieden und -Manufakturen, mit Einschluß der Maschinenfabriken, ferner Glas-,

Fünfjährige Perioden und Jahr 1866

		1831–1835	1836-1840	1841–1845	1846–1850	1851–1855	1856–1860	1861–1865	1866
Jährlicher Durchschnitt									
Import	Qrs.	1 096 373	2 389 729	2 843 865	8 776 552	8 345 237	10 913 612	15 009 871	16 457 340
Jahresdurchschnitt									
Export	Qrs.	225 263	251 770	139 056	155 461	307 491	341 150	302 754	216 218
Ueberschuß von Import über Export der Durchschnittsjahre		871 110	2 137 959	2 704 809	8 621 091	8 037 746	10 572 462	14 707 117	16 241 122
Population									
Jährliche Durchschnittszahl in jeder Periode		24 621 107	25 929 507	27 262 559	27 797 598	27 572 923	28 391 544	29 381 760	29 935 404
Durchschnittsquantum von Korn etc. in Qrs., jährlich verzehrt per Individuum, bei gleicher Theilung unter die Bevölkerung, im Ueberschuß über die heimische Produktion		0,036	0,082	0,099	0,310	0,291	0,372	0,501	0,543 ¦ |

Minimum bezahlten s. g. „*Hausarbeit*“ ist. „Ein entsetzliches Schauspiel entrollte sich gestern in einem Theil der Metropole. Obgleich die arbeitslosen Tausende des Ostendes mit schwarzen Trauerflaggen nicht in Masse paradirten, war der Menschenstrom imposant genug. Erinnern wir uns, was diese Bevölkerung leidet. Sie stirbt vor Hunger. Das ist die einfache und furchtbare Thatsache. Es sind ihrer 40 000 … In unserer Gegenwart, in einem Viertel dieser wundervollen Metropole, dicht neben der enormsten Accumulation von Reichthum, welche die Welt je sah, dicht dabei 40 000 hilflos verhungernd! Diese Tausende brechen jetzt ein in die andern Viertel; sie, in allen Zeiten halbverhungert, schreien uns ihr Weh ins Ohr, sie schreien es zum Himmel, sie erzählen uns von ihren elendgeschlagenen Wohnungen, daß es unmöglich für sie ist Arbeit zu finden und nutzlos zu betteln. Die lokalen Armensteuerpflichtigen sind durch die Forderungen der Pfarreien selbst an den Rand des Pauperismus getrieben.“ *Standard, 5. April, 1867.* ¦

IX) *Schlußnote zum ersten Abschnitt des VI. Kapitels.* Die englischen Malthusianer zeigen auf Frankreich als das „glückliche“ Land, wo die Bevölkerung sich principiell „untervoll“ halte. Sie sind natürlich eben so unwissend über französische Zustände, wie die in Deutschland fauchenden Freihandelshausirburschen über englische Zustände. Aus der letzten officiellen *enquête agricole* kann man sehn, woran das französische „*Prolétariat foncier*“, und aus dem letzten Werk des Herrn *Pierre Vincard,* woran das französische *Industrieproletariat* ist. In den Zustand der französischen Volksmasse überhaupt gewährt der Bericht des Generals *Allard* über die beabsichtigte Armeereform eigne Lichtblicke. Von den jungen Franzosen, die das Alter zum Looseziehn bei der Konskription erreicht haben, sind nur 198 000 fähig im 21. Jahr zu heirathen. Diese 198 000 Franzosen, denen es von Polizei wegen erlaubt ist eine Familie zu gründen, bestehn aus folgenden Elementen: 12 000 Dispensirte, 20 000 Entlastete oder | Remplacirte, und 166 000 Ausgenommene. Von den letztern sind mehr als 100 000 ausgenommen wegen mangelnder Größe und andern Schwächen, die sie mit keiner sonderlichen Specialität für die Ehe ausrüsten. Mehr als die Hälfte dieser jungen Leute zählt zur Kategorie der Verkrüppelten und Rhachitischen, welche die Lacedämonier vom Taygetus gestürzt hätten. Die andre Hälfte besteht zu einem guten Viertel aus älteren Söhnen von Wittwen, welchen ihre Familienverhältnisse die Ehe beinahe untersagen, zu einem andern Viertel aus Entlasteten, d. h. Mitgliedern der reichen Klassen. Ueber diese Kategorie heißt es in der „*Liberté*“, dem Organ Émile Girardin's, vom 18. März, 1867: „Die reiche Klasse ist die schlechteste mit Bezug auf die Reproduktion der Race. In der That, die Statistik beweist, daß die Aristokratien von selbst erlöschen, und daß nach Verlauf weniger Jahrhunderte die königlichen Racen selbst oft beim Kretinismus und erblicher Narrheit anlangen.“ Wenn auf dem Kontinent von Europa der Einfluß der kapitalistischen Produktion, welche die Menschenrace unterwühlt durch Ueberarbeit, Theilung der Arbeit, Unterjochung unter die Maschine, Verkrüpplung des unreifen und weiblichen Körpers, schlechtes Leben u. s. w., sich, wie bisher, Hand in Hand entwickelt mit der Konkurrenz in Größe der nationalen Soldateska, Staatsschulden, Steuern, eleganter Kriegsführung u. s. w., möchte die vom Halbrussen und ganzen Moskowiter *Herzen* (dieser Belletrist hat nebenbei bemerkt seine Entdeckungen über den „russischen“ Kommunismus nicht in Rußland gemacht, sondern in dem Werke des preußischen Regierungsraths *Haxthausen*) so ernst prophezeite Verjüngung Europa's durch die Knute und obligate Infusion von Kalmückenblut schließlich doch unvermeidlich werden.

Anhang zu Kapitel I, 1.

Die Werthform.

Die Analyse der *Waare* hat gezeigt, daß sie ein *Doppeltes* ist, Gebrauchswerth *und* Werth. Damit ein Ding daher *Waarenform* besitze, muß es *Doppelform* besitzen, die Form eines Gebrauchswerths *und* die Form des Werths. Die *Form des Gebrauchswerths* ist die Form des Waaren*körpers* selbst, Eisen, Leinwand u. s. w., seine handgreiflich sinnliche Daseinsform. Es ist dieß die *Naturalform* der Waare. Die *Werthform* der Waare ist dagegen ihre *gesellschaftliche Form.*

Wie wird der *Werth* einer Waare nun *ausgedrückt*? Wie gewinnt er also
eigne Erscheinungsform? Durch das *Verhältniß verschiedner Waaren.* 295
Um die in solchem Verhältniß enthaltene *Form* richtig zu analysiren, müssen wir von ihrer *einfachsten,* unentwickeltsten Gestalt ausgehn. Das *einfachste* Verhältniß einer Waare ist offenbar *ihr Verhältniß zu einer einzigen, andren Waare,* gleichgültig *welcher. Das Verhältniß zweier Waaren* liefert daher *den einfachsten Werthausdruck für eine Waare.*

I. Einfache Werthform.

20 Ellen Leinwand = 1 Rock oder: 20 Ellen Leinwand sind 1 Rock werth.

Das Geheimniß *aller* Werthform muß in dieser *einfachen Werthform* 296
stecken. Ihre Analyse bietet daher die eigentliche Schwierigkeit. ¦

§. 1. Die beiden Pole des Werthausdrucks: Relative Werthform und Aequivalentform.

In dem einfachen Werthausdruck spielen die zwei Waarenarten Lein-
297 wand und Rock offenbar *zwei verschiedne Rollen.* Die Leinwand ist die Waare, *welche ihren Werth in einem von ihr verschiedenartigen Waarenkörper,* dem Rock, *ausdrückt.* Andrerseits dient die Waarenart Rock *als das Material, worin Werth ausgedrückt wird.* Die eine Waare spielt eine aktive, die andre eine passive Rolle. Von der Waare nun, *welche ihren* | *Werth in einer andren Waare ausdrückt,* sagen wir: *Ihr Werth* ist *als relativer Werth* dargestellt, oder sie befindet sich in *relativer Werthform.* Von der andern Waare dagegen, hier dem Rock, die *zum Material des Werthausdrucks dient,* sagen wir: Sie funktionirt *als Aequivalent* der ersten Waare, oder befindet sich *in der Aequivalentform.*

Ohne nun noch tiefer zu analysiren, sind von vorn herein folgende Punkte klar:

Die Unzertrennlichkeit der beiden Formen.

Relative Werthform und Aequivalentform sind zu einander gehörige,
298 sich wechselseitig bedingende, unzertrennliche Momente *desselben Werthausdrucks.*

Die Polarität der beiden Formen.

Andrerseits sind diese beiden Formen *einander ausschließende* oder
299 *entgegengesetzte Extreme,* d. h. *Pole,* desselben Werthausdrucks. Sie *vertheilen* sich stets auf die *verschiedenen* Waaren, die der Werthausdruck auf einander bezieht. Ich kann z. B. den Werth der Leinwand nicht in Leinwand ausdrücken. *20 Ellen Leinwand = 20 Ellen Leinwand* ist kein Werthausdruck, sondern drückt nur ein bestimmtes Quantum des *Gebrauchsgegenstands* Leinwand aus. Der *Werth* der Leinwand kann also nur *in andrer Waare,* d. h. nur *relativ* ausgedrückt werden. Die *relative Werthform* der Leinwand unterstellt also, daß *irgend eine andre Waare* sich ihr gegenüber *in der Aequivalentform* befindet. Andrerseits, *diese andre Waare,* hier der Rock, die *als Aequivalent* der Leinwand figurirt, sich also *in Aequivalentform* befindet, kann sich *nicht gleichzeitig in relativer Werthform* befinden. Nicht *sie drückt ihren Werth aus.* Sie liefert nur *dem Werthausdruck andrer Waare das Material.* ¦

Allerdings schließt der Ausdruck: *20 Ellen Leinwand = 1 Rock* oder: *20 Ellen Leinwand sind 1 Rock werth,* auch die Rückbeziehung ein: *1 Rock = 20 Ellen Leinwand* oder: *1 Rock ist 20 Ellen Leinwand werth.* Aber so muß ich doch die Gleichung *umkehren,* um den Werth des Rocks *relativ auszudrücken,* und sobald ich das thue, wird die Leinwand *Aequivalent* statt des Rockes. *Dieselbe* Waare kann also *in demselben Werthausdruck nicht gleichzeitig in beiden Formen auftreten.* Diese schließen sich vielmehr *polarisch* aus.

Denken wir uns Tauschhandel zwischen Leinwandproducent A und Rockproducent B. Bevor sie Handels einig werden, sagt A: *20 Ellen Leinwand sind 2 Röcke werth (20 Ellen Leinwand = 2 Röcke),* B dagegen: *1 Rock ist 22 Ellen Leinwand werth (1 Rock = 22 Ellen Leinwand).* Endlich, nachdem sie lang gemarktet, stimmen sie überein. A sagt: *20 Ellen Leinwand sind 1 Rock werth,* und B sagt: *1 Rock ist 20 Ellen Leinwand werth.* Hier befinden sich *beide,* Leinwand und Rock, *gleichzeitig* in relativer Werthform und in Aequivalentform. Aber, notabene, *für zwei* 300
verschiedene Personen und *in zwei verschiedenen Werthaus|drücken,* welche nur *gleichzeitig* ins Leben treten. Für A befindet sich *seine Leinwand,* – denn für ihn geht die Initiative *von seiner Waare* aus – in relativer Werthform, *die Waare des Andren,* der Rock dagegen, in Aequivalentform. *Umgekehrt* vom Standpunkt des B. *Dieselbe* Waare besitzt also *niemals,* auch nicht in diesem Fall, *die beiden Formen gleichzeitig in demselben Werthausdruck.*

Relativer Werth und Aequivalent sind nur Formen des Werths.

Relativer Werth und Aequivalent sind beide nur *Formen* des Waaren*werths.* Ob eine Waare sich nun in der einen Form befindet oder in der polarisch entgegengesetzten, hängt ausschließlich von *ihrer Stelle im Werthausdruck* ab. Dieß tritt schlagend hervor in der von uns hier zunächst betrachteten *einfachen Werthform.* Dem *Inhalt nach* sind die *beiden* Ausdrücke:

1) *20 Ellen Leinwand = 1 Rock* oder: *20 Ellen Leinwand sind 1 Rock werth,*

2) *1 Rock = 20 Ellen Leinwand* oder: *1 Rock ist 20 Ellen Leinwand werth,* durchaus *nicht verschieden.* Der *Form nach* sind sie nicht nur *verschieden,* sondern *entgegengesetzt.* In dem Ausdruck 1) wird der Werth der Leinwand *relativ ausgedrückt.* Sie befindet sich daher *in*

der relativen Werthform, während gleichzeitig der Werth des Rocks *als Aequivalent* ausgedrückt ist. Er befindet sich daher in der Aequivalentform. Drehe ich nun den Ausdruck 1) um, so erhalte ich den Ausdruck 2). Die Waaren ¦ *wechseln die Stellen*, und sofort befindet sich der Rock in *relativer Werthform*, die Leinwand dagegen *in Aequivalentform*. Weil sie *die respektiven Stellen in demselben Werthausdruck gewechselt*, haben sie *die Werthform gewechselt*.

§. 2. Die relative Werthform.

Gleichheitsverhältniß.

Da es die Leinwand ist, *welche ihren Werth ausdrücken soll*, geht von
ihr die Initiative aus. Sie *tritt in ein Verhältniß* zum Rock, d. h. *zu irgend*
einer andren, von ihr selbst *verschiedenartigen* Waare. Dieß Verhält-
niß ist *Verhältniß der Gleichsetzung*. Die *Basis* des Ausdrucks: *20 Ellen*
Leinwand = 1 Rock ist in der That: *Leinwand = Rock*, was in Worten
ausgedrückt nur heißt: *die Waarenart Rock ist gleicher Natur, gleicher*
301 *Substanz mit der von ihr verschiedenen Waarenart Leinwand*. Man
übersieht das meist, weil die Aufmerksamkeit durch *das quantitative*
Verhältniß absorbirt wird, d. h. durch die *bestimmte Proportion*, worin
die eine Waarenart der andern gleichgesetzt ist. Man vergißt, daß *die*
Größen verschiedner Dinge erst *quantitativ vergleichbar* sind *nach ihrer*
302 *Reduktion auf dieselbe Einheit*. Nur *als Ausdrücke derselben Einheit* sind
sie *gleichnamige*, daher *kommensurable Größen*. In obigem Ausdruck
verhält sich also die | Leinwand zum Rock *als Ihresgleichen*, oder der
Rock wird auf die Leinwand *bezogen als Ding von derselben Substanz*,
Wesensgleiches. Er wird ihr also *qualitativ gleichgesetzt*.

Werthverhältniß.

Der Rock ist nur *dasselbe* wie die Leinwand, soweit beide *Werthe* sind.
Daß also die Leinwand sich zum Rock *als ihresgleichen verhält*, oder daß
der Rock *als Ding von derselben Substanz* der Leinwand *gleichgesetzt*
303 wird, drückt aus, daß *der Rock in diesem Verhältniß als Werth gilt*. Er wird
der Leinwand *gleichgesetzt*, sofern sie ebenfalls *Werth ist*. Das *Gleich-*
heitsverhältniß ist also *Werthverhältniß*, das Werthverhältniß aber vor
allem *Ausdruck des Werths* oder *des Werthseins* der Waare, *welche ihren*

Werth ausdrückt. Als *Gebrauchswerth* oder Waarenkörper *unterscheidet sich* die Leinwand vom Rock. *Ihr Werthsein* kommt dagegen *zum Vorschein, drückt sich aus* in einem *Verhältniß,* worin eine *andre* Waarenart, der Rock, *ihr gleichgesetzt* wird oder als *ihr Wesensgleiches gilt.* ¦

Qualitativer Gehalt der im Werthverhältniß enthaltenen relativen Werthform.

Werth ist der Rock nur, so weit er *dinglicher Ausdruck der in seiner*
Produktion verausgabten menschlichen Arbeitskraft ist, also *Gallerte* 304
abstrakter menschlicher Arbeit – abstrakter Arbeit, weil von dem bestimmten, nützlichen, konkreten Charakter der in ihm enthaltenen Arbeit *abstrahirt* wird, *menschlicher Arbeit,* weil die Arbeit hier nur *als Verausgabung menschlicher Arbeitskraft überhaupt* zählt. Die Leinwand kann sich also nicht zum Rock *als einem Werthding verhalten* oder *nicht auf den Rock als Werth bezogen werden,* ohne auf ihn als einen Körper bezogen zu werden, *dessen einziger Stoff aus menschlicher Arbeit besteht.* Aber *als Werth* ist die Leinwand *Gallerte derselben menschli-*
chen Arbeit. Innerhalb dieses Verhältnisses *repräsentirt* also der Körper 305
Rock die der Leinwand *mit ihm gemeinschaftliche Werthsubstanz,* d. h. *menschliche Arbeit. Innerhalb dieses Verhältnisses* gilt also der Rock *nur als Gestalt von Werth,* daher auch als *Werthgestalt* der Leinwand, *als sinnliche Erscheinungsform des Leinwandwerths.* So wird, *vermittelst des Werthverhältnisses,* der *Werth* einer Waare *im Gebrauchswerth*
einer andern Waare ausgedrückt, d. h. in einem andern, *von ihm selbst* 306
verschiedenartigen Waarenkörper.

Quantitative Bestimmtheit der im Werthverhältniß enthaltenen relativen Werthform.

Die *20 Ellen Leinwand* sind jedoch nicht nur *Werth überhaupt,* d. h. Gallerte menschlicher Arbeit, sondern sie sind *Werth von bestimmter Größe,* d. h. in ihnen *ist ein bestimmtes Quantum menschlicher Arbeit vergegenständlicht.* Im Werthverhältniß der Leinwand zum Rock | wird daher die Waarenart Rock nicht nur *als Werthkörper* überhaupt, d. h. als Verkörperung menschlicher Arbeit, der Leinwand *qualitativ gleichgesetzt,* sondern *ein bestimmtes Quantum dieses Werthkörpers,* 1 Rock, nicht *1 Dutzend* u. s. w., soweit in 1 Rock grade so viel Werthsubstanz oder menschliche Arbeit steckt als in *20 Ellen Leinwand.*

Das Ganze der relativen Werthform.

Durch den *relativen Werthausdruck* erhält also erstens der *Werth* der Waare *eine von ihrem eignen Gebrauchswerth unterschiedne Form.* Die Gebrauchsform dieser Waare ist z. B. *Leinwand. Ihre Werthform* besitzt sie dagegen ¦ *in ihrem Gleichheitsverhältniß zum Rock.* Durch dieß Verhältniß der Gleichheit wird ein andrer sinnlich von ihr unterschiedner Waarenkörper zum Spiegel ihres eignen Werthseins, zu ihrer eignen Werthgestalt. So gewinnt sie *eine von ihrer Naturalform unterschiedene, unabhängige und selbstständige Werthform.* Zweitens aber, als *Werth von bestimmter Größe,* als bestimmte Werthgröße, ist sie *quantitativ gemessen* durch das quantitativ bestimmte Verhältniß oder *die Proportion,* worin ihr der andre Waarenkörper *gleichgesetzt* ist.

§. 3. Die Aequivalentform.

Die Form der unmittelbaren Austauschbarkeit.

Als Werthe sind alle Waaren *gleichgeltende, durch einander ersetzbare* oder *vertauschbare Ausdrücke derselben Einheit,* der menschlichen Arbeit. Eine Waare ist daher überhaupt mit andrer Waare *austauschbar,* sofern sie eine *Form* besitzt, worin sie *als Werth erscheint.* Ein Waarenkörper ist *unmittelbar austauschbar* mit andrer Waare, soweit *seine unmittelbare Form,* d. h. seine eigne *Körper-* oder *Naturalform* andrer Waare gegenüber *Werth vorstellt* oder *als Werthgestalt gilt.* Diese Eigenschaft besitzt der Rock im *Werthverhältniß* der Leinwand zu ihm. Der *Werth* der Leinwand wäre sonst *nicht ausdrückbar in dem Ding Rock.* Daß eine Waare also überhaupt *Aequivalentform* hat, heißt nur: durch ihren Platz im Werthausdruck *gilt ihre eigne Naturalform als Werthform für andre Waare* oder besitzt sie die *Form unmittelbarer Austauschbarkeit mit andrer Waare.* Sie braucht also nicht erst *eine von ihrer unmittelbaren Naturalform unterschiedne Form anzunehmen,* um andrer Waare *als Werth zu erscheinen, als Werth zu gelten* und *auf sie als Werth zu wirken.*

Quantitative Bestimmtheit ist nicht enthalten in der Aequivalentform.

Daß ein Ding, welches *die Form Rock* hat, *unmittelbar austauschbar* mit Leinwand, oder ein Ding, welches die *Form Gold* hat, *unmittelbar austauschbar* mit allen andren Waaren ist, – *diese Aequivalentform eines Dings* enthält durchaus *keine quantitative Bestimmtheit.* Die entgegengesetzte irrige Ansicht entspringt aus folgenden Ursachen:

Erstens: Die Waare Rock z. B., welche zum Material für den Werthaus-| druck der Leinwand dient, ist innerhalb eines solchen Ausdrucks ¦ auch *stets quantitativ bestimmt,* wie 1 Rock, nicht 12 Röcke u. s. w. Aber warum? Weil die *20 Ellen Leinwand* in ihrem relativen Werthausdruck nicht nur *als Werth überhaupt* ausgedrückt, sondern zugleich als *bestimmtes Werthquantum gemessen sind.* Daß aber 1 Rock, nicht 12 Röcke, so viel Arbeit enthält als 20 Ellen Leinwand, daher den 20 Ellen Leinwand gleichgesetzt wird, hat durchaus nichts zu schaffen mit der *charakteristischen Eigenschaft* der Waarenart Rock *unmittelbar austauschbar* mit der Waarenart Leinwand zu sein.

Zweitens: Wenn *20 Ellen Leinwand* als Werth von bestimmter Größe in 1 Rock ausgedrückt sind, ist *rückbezüglich* auch die *Werthgröße von 1 Rock in 20 Ellen Leinwand* ausgedrückt, also ebenfalls *quantitativ gemessen,* aber nur indirekt, durch *Umkehrung des Ausdrucks,* nicht soweit der Rock die Rolle des *Aequivalents* spielt, sondern vielmehr seinen eignen Werth *relativ* in der Leinwand darstellt.

Drittens: Wir können die Formel: *20 Ellen Leinwand = 1 Rock* oder: *20 Ellen Leinwand sind 1 Rock werth* auch so ausdrücken: 20 Ellen Leinwand *und* 1 Rock *sind Aequivalente* oder *beide sind gleichgroße Werthe.* Hier drücken wir nicht *den Werth* irgend einer der beiden Waaren *in dem Gebrauchswerth der andern aus. Keine* der beiden Waaren wird daher in *Aequivalentform* gesetzt. *Aequivalent* bedeutet hier nur *Größengleiches,* nachdem beide Dinge vorher in unsrem Kopf stillschweigend auf die 307
Abstraktion *Werth* reducirt worden sind.

Die Eigenthümlichkeiten der Aequivalentform.

Erste Eigenthümlichkeit der Aequivalentform: Gebrauchswerth wird zur Erscheinungsform seines Gegentheils, des Werths.

Die *Naturalform* der Waare wird zur *Werthform.* Aber, notabene, dieß *quid pro quo* ereignet sich für eine Waare B (Rock oder Weizen oder Eisen u. s. w.) *nur innerhalb des Werthverhältnisses,* worin eine beliebige *andre* Waare A (Leinwand etc.) zu ihr tritt, *nur innerhalb dieser Beziehung.* Für sich, isolirt betrachtet, ist z. B. der Rock nur nützliches Ding, Gebrauchswerth, ganz wie die Leinwand, seine Rockform daher nur Form von Gebrauchswerth oder *Naturalform* einer bestimmten Waarenart. Da aber keine Waare *sich auf sich selbst als Aequivalent beziehn,* also *auch nicht ihre eigne Naturalhaut zum Ausdruck ihres eignen Werths machen kann,* muß *sie sich auf andre Waare* als *Aequivalent beziehn* oder die Naturalhaut eines *andren* Waarenkörpers *zu ihrer eignen Werthform machen.*

Dieß veranschauliche uns das Beispiel eines *Maßes,* welches den ¦ Waarenkörpern als Waarenkörpern zukommt, d. h. *als Gebrauchswerthen.* Ein *Zuckerhut,* weil Körper, ist *schwer,* und hat daher *Gewicht,* aber man kann keinem Zuckerhut seine Schwere ansehn oder anfühlen. Wir nehmen nun verschiedne | *Stücke Eisen,* deren Gewicht vorher bestimmt ist. Die *Körperform* des Eisens, für sich betrachtet, ist eben so wenig *Erscheinungsform der Schwere* als die des Zuckerhuts. Dennoch, um den Zuckerhut *als Schwere* oder *Gewicht auszudrücken,* setzen wir ihn *in ein Gewichtsverhältniß* zum Eisen. In diesem Verhältniß gilt das Eisen als ein Körper, der *nichts darstellt außer Schwere oder Gewicht.* Eisenquanta dienen daher zum Gewichtmaß des Zuckers und *repräsentiren* dem Zuckerkörper gegenüber *bloße Schweregestalt, Erscheinungsform von Schwere.* Diese Rolle spielt das Eisen nur innerhalb des Verhältnisses, worin der Zucker, oder irgend ein andrer Körper, dessen Gewicht gefunden werden soll, zu ihm tritt. Wären beide Dinge *nicht schwer,* so könnten sie nicht *in dieß Verhältniß* treten und *das Eine daher nicht zum Ausdruck der Schwere des Andren dienen.* Werfen wir beide auf die Wagschale, so sehn wir in der That, daß sie *als Schwere dasselbe* und daher *in bestimmter Proportion* auch von *demselben Gewicht* sind. Wie hier der *Eisenkörper* dem Zuckerhut gegenüber *nur Schwere,* so vertritt in unsrem Werthausdruck *der Rockkörper* der Leinwand gegenüber *nur Werth.*

Zweite Eigenthümlichkeit der Aequivalentform: Konkrete Arbeit wird zur Erscheinungsform ihres Gegentheils, abstrakt menschlicher Arbeit.

Der Rock gilt im Werthausdruck der Leinwand *als Werthkörper*, seine *Körper-* oder *Naturalform* daher als *Werthform*, d. h. also als *Verkörperung unterschiedsloser menschlicher Arbeit*, menschlicher Arbeit schlechthin. Die Arbeit aber, wodurch das nützliche Ding Rock gemacht wird und seine bestimmte Form erhält, ist nicht *abstrakt menschliche Arbeit*, menschliche Arbeit schlechthin, sondern eine *bestimmte, nützliche, konkrete Arbeitsart – Schneiderarbeit.* Die einfache relative Werthform erheischt, daß der Werth einer Waare, der Leinwand z. B., nur *in einer einzigen andern Waarenart* ausgedrückt werde. *Welches* die *andre* Waarenart ist, ist aber für die einfache Werthform durchaus gleichgültig. Statt in der Waarenart *Rock*, hätte der Leinwand*werth* in der Waarenart *Weizen*, oder statt in der Waarenart Weizen, in der Waarenart *Eisen* u. s. w. ausgedrückt werden können. Ob aber Rock, Weizen oder Eisen, stets gälte das *Aequivalent* der Leinwand ihr *als Werthkörper*, daher *als Verkörperung menschlicher Arbeit schlechthin.* Und stets bliebe *die bestimmte Körperform des Aequivalents*, ob Rock oder Weizen oder Eisen, *nicht* Verkörperung *abstrakt menschlicher Arbeit*, ¦ sondern *einer bestimmten, konkreten, nützlichen Arbeitsart*, sei es der Schneiderarbeit oder der Bauernarbeit oder der Minenarbeit. Die *bestimmte, konkrete, nützliche Arbeit*, die den Waaren*körper* des *Aequivalents* producirt, muß also im *Werthausdruck* stets nothwendig als *bestimmte Verwirklichungsform* oder *Erscheinungsform menschlicher Arbeit schlechthin*, d. h. *abstrakt menschlicher Arbeit gelten.* Der Rock z. B. kann nur | als *Werthkörper*, daher *als Verkörperung menschlicher Arbeit schlechthin gelten*, soweit Schneiderarbeit *als bestimmte Form gilt*, worin menschliche Arbeitskraft verausgabt wird oder worin abstrakt menschliche Arbeit sich verwirklicht.

Innerhalb des Werthverhältnisses und des darin einbegriffenen Werthausdrucks gilt das abstrakt Allgemeine nicht als Eigenschaft des Konkreten, Sinnlich-Wirklichen, sondern umgekehrt das Sinnlich-Konkrete als bloße Erscheinungs- oder bestimmte Verwirklichungsform des Abstrakt-Allgemeinen. *Die Schneiderarbeit*, die z. B. in dem *Aequivalent* Rock steckt, besitzt, innerhalb des Werthausdrucks der Leinwand, nicht *die allgemeine Eigenschaft*, auch menschliche Arbeit zu sein. Umgekehrt.

Menschliche Arbeit zu sein gilt als *ihr Wesen*, Schneiderarbeit zu sein nur als *Erscheinungsform* oder *bestimmte Verwirklichungsform dieses ihres Wesens*. Dieß *quid pro quo* ist unvermeidlich, weil die in dem Arbeitsprodukte dargestellte Arbeit nur *werthbildend* ist, soweit sie unterschiedslose menschliche Arbeit ist, so daß die in dem Werth eines Produkts vergegenständlichte Arbeit sich *durchaus nicht unterscheidet* von der im Werth eines verschiedenartigen Produkts vergegenständlichten Arbeit.

308 Diese *Verkehrung*, wodurch das Sinnlich-Konkrete nur als Erscheinungsform des Abstrakt-Allgemeinen, nicht das Abstrakt-Allgemeine umgekehrt als Eigenschaft des Konkreten gilt, charakterisirt den Werthausdruck. Sie macht zugleich sein Verständniß schwierig. Sage ich: Römisches Recht und deutsches Recht sind beide Rechte, so ist das selbstverständlich. Sage ich dagegen: *Das* Recht, dieses Abstraktum, *verwirklicht sich* im römischen Recht und im deutschen Recht, diesen konkreten Rechten, so wird der Zusammenhang mystisch.

Dritte Eigenthümlichkeit der Aequivalentform: Privatarbeit wird zur Form ihres Gegentheils, zu Arbeit in unmittelbar gesellschaftlicher Form.

Arbeitsprodukte würden nicht *zu Waaren*, wären sie nicht Produkte unabhängig von einander betriebener, selbstständiger *Privatarbeiten*. Der *gesellschaftliche Zusammenhang* dieser Privatarbeiten existirt *stofflich*, soweit sie *Glieder einer naturwüchsigen, gesellschaftlichen Theilung der Arbeit* ¦ *sind*, und daher durch ihre Produkte die *verschiedenartigen* Bedürfnisse befriedigen, aus deren *Gesammtheit* das ebenfalls *naturwüchsige System der gesellschaftlichen Bedürfnisse* besteht. Dieser *stoffliche* gesellschaftliche Zusammenhang der von einander unabhängig betriebenen *Privatarbeiten* wird aber nur *vermittelt*, verwirklicht sich daher nur durch den *Austausch* ihrer Produkte. Das Produkt der Privatarbeit hat daher *nur gesellschaftliche Form*, soweit es *Werthform* und daher *die Form der Austauschbarkeit* mit andren Arbeitsprodukten hat. *Unmittelbar gesellschaftliche Form* hat es, soweit seine eigne Körper- oder Naturalform *zugleich* die Form seiner Austauschbarkeit mit andrer Waare | ist, oder *andrer Waare als Werthform gilt*. Dieß findet jedoch, wie wir gesehn, nur dann für ein Arbeitsprodukt statt, wenn es, durch das

Werthverhältniß andrer Waare zu ihm, sich in *Aequivalentform* befindet oder andrer Waare gegenüber *die Rolle des Aequivalents* spielt.

Das *Aequivalent* hat *unmittelbar gesellschaftliche Form*, sofern es *die Form unmittelbarer Austauschbarkeit mit andrer Waare* hat, und es hat diese Form unmittelbarer Austauschbarkeit, sofern es für andre Waare *als Werthkörper gilt*, daher *als Gleiches*. Also gilt auch die in ihm enthaltene bestimmte nützliche Arbeit *als Arbeit in unmittelbar gesellschaftlicher Form*, d. h. als Arbeit, welche die *Form der Gleichheit* mit der in *andrer* Waare enthaltenen Arbeit besitzt. Eine bestimmte, konkrete Arbeit, wie *Schneiderarbeit*, kann nur *die Form der Gleichheit* mit der in verschiedenartiger Waare, z. B. der Leinwand, enthaltenen *verschiedenartigen* Arbeit besitzen, soweit ihre *bestimmte Form* als *Ausdruck von Etwas gilt*, was wirklich *die Gleichheit* der verschiedenartigen Arbeiten oder *das Gleiche in denselben* bildet. *Gleich* sind sie aber nur, soweit sie *menschliche Arbeit überhaupt*, abstrakt menschliche Arbeit sind, d. h. *Verausgabung menschlicher Arbeitskraft*. Weil also, wie bereits gezeigt, die *im Aequivalent* enthaltene *bestimmte konkrete Arbeit* als *bestimmte Verwirklichungsform* oder *Erscheinungsform abstrakt menschlicher Arbeit gilt*, besitzt sie *die Form der Gleichheit* mit *andrer* Arbeit, und ist daher, *obgleich Privatarbeit*, wie alle andre, Waaren producirende Arbeit, dennoch *Arbeit in unmittelbar gesellschaftlicher Form*. Eben deßhalb stellt sie sich dar in einem Produkt, das *unmittelbar austauschbar* mit andrer Waare ist.

Die beiden zuletzt entwickelten Eigenthümlichkeiten der *Aequivalentform* werden noch faßbarer, wenn wir zu dem großen Forscher zurückgehn, der die *Werthform*, wie so viele Denkformen, Gesellschaftsformen und Naturformen zuerst analysirt hat, und meist glücklicher als seine modernen Nachfolger. Es ist dieß *Aristoteles*.

Zunächst spricht *Aristoteles* klar aus, daß die *Geldform* der Waare nur *die weiter entwickelte Gestalt der einfachen Werthform* ist, d. h. des Ausdrucks ¦ des Werths einer Waare in irgend einer beliebigen *andern* Waare, denn er sagt:

> „*5 Polster = 1 Haus*" („Κλίναι πέντε ἀντὶ οἰκίας")

„unterscheidet sich nicht" von:

> „*5 Polster = so und so viel Geld*"
> („Κλίναι πέντε ἀντὶ ... ὅσου αἱ πέντε κλίναι").

Er sieht ferner ein, daß das *Werthverhältniß*, worin dieser *Werthausdruck* steckt, seinerseits bedingt, daß das Haus dem Polster *qualitativ gleichgesetzt* wird, und daß diese sinnlich verschiednen Dinge *ohne solche Wesensgleichheit nicht als kommensurable Größen* auf einander | beziehbar wären. „Der Austausch“, sagt er, „kann nicht sein *ohne die Gleichheit*, die Gleichheit aber *nicht ohne die Kommensurabilität*“ („οὔτ’ ἰσότης μὴ οὔσης συμμετρίας“). Hier aber stutzt er und giebt die weitere Analyse der Werthform auf. „Es ist aber *in Wahrheit unmöglich* („τῇ μὲν οὖν ἀληθείᾳ ἀδύνατον“), daß so verschiedenartige Dinge kommensurabel“, d. h. *qualitativ gleich* seien. Diese Gleichsetzung kann nur etwas der wahren Natur der Dinge Fremdes sein, also nur „Nothbehelf für das praktische Bedürfniß.“

Aristoteles sagt uns also selbst, woran seine weitere Analyse scheitert, nämlich am Mangel des *Werthbegriffs*. Was ist *das Gleiche*, d. h. die gemeinschaftliche Substanz, die das Haus für den Polster im Werthausdruck des Polsters *vorstellt*? So etwas kann „*in Wahrheit nicht existiren*“, sagt Aristoteles. Warum? Das Haus stellt dem Polster gegenüber *ein Gleiches vor*, soweit es das in Beiden, dem Polster und dem Haus, wirklich *Gleiche* vorstellt. Und das ist – *menschliche Arbeit*.

Daß aber in der Form der Waaren*werthe* alle Arbeiten als *gleiche menschliche Arbeit* und daher *als gleichgeltend* ausgedrückt sind, konnte Aristoteles nicht aus der Werthform der Waaren *herauslesen*, weil die *griechische* Gesellschaft auf der *Sklavenarbeit* beruhte, daher *die Ungleichheit der Menschen und ihrer Arbeiten* zur *Naturbasis* hatte. Das Geheimniß des Werthausdrucks, die *Gleichheit* und *gleiche Gültigkeit aller Arbeiten*, weil und insofern sie *menschliche Arbeit überhaupt* sind, kann nur entziffert werden, sobald *der Begriff der menschlichen Gleichheit* bereits die Festigkeit eines Volksvorurtheils besitzt. Das ist aber erst möglich in einer Gesellschaft, worin *die Waarenform* die allgemeine Form des Arbeitsprodukts ist, also auch das Verhältniß der Menschen zu einander *als Waarenbesitzer* das herrschende gesellschaftliche Verhältniß ist. Das Genie des Aristoteles glänzt grade darin, daß er *im Werthausdruck* der Waaren ein *Gleichheitsverhältniß entdeckt*. Nur die historische Schranke der Gesellschaft, worin er lebte, verhindert ihn herauszufinden, worin denn „in Wahrheit“ dieß *Gleichheitsverhältniß* besteht. ¦

Vierte Eigenthümlichkeit der Aequivalentform: Der Fetischismus der Waarenform ist frappanter in der Aequivalentform als in der 309
relativen Werthform.

Daß Arbeitsprodukte, solche nützlichen Dinge wie Rock, Leinwand, Weizen, Eisen u. s. w., *Werthe, bestimmte Werthgrößen* und überhaupt *Waaren* sind, sind Eigenschaften, die ihnen natürlich nur *in unsrem Verkehr* zukommen, nicht von Natur, wie etwa die Eigenschaft schwer zu sein oder warm zu halten oder zu nähren. Aber *innerhalb unsres Verkehrs* verhalten sich diese Dinge *als Waaren* zu einander. Sie *sind Werthe*, sie *sind meßbar als Werthgrößen* und ihre gemeinsame *Wertheigenschaft* setzt sie in ein *Werthverhältniß* zu einander. Daß nun z. B. *20 Ellen Leinwand = 1 Rock* oder *20 Ellen Leinwand 1 Rock werth sind*, drückt nur aus, | daß 1) die *verschiedenartigen* zur Produktion dieser Dinge nöthigen Arbeiten *als menschliche Arbeit gleichgelten;* 2) daß das in ihrer Produktion verausgabte *Quantum* Arbeit nach bestimmten gesellschaftlichen Gesetzen *gemessen* wird, und 3) daß Schneider und Weber in ein bestimmtes *gesellschaftliches Produktionsverhältniß* treten. Es ist eine *bestimmte gesellschaftliche Beziehung der Producenten*, worin sie ihre verschiedenen nützlichen Arbeitsarten *als menschliche Arbeit gleichsetzen.* Es ist nicht minder *eine bestimmte gesellschaftliche Beziehung der Producenten*, worin sie die Größe ihrer Arbeiten durch die *Zeitdauer der Verausgabung menschlicher Arbeitskraft messen.* Aber *innerhalb* 310
unsres Verkehrs erscheinen ihnen *diese gesellschaftlichen Charaktere* ihrer eignen Arbeiten *als gesellschaftliche Natureigenschaften*, als *gegenständliche* Bestimmungen *der Arbeitsprodukte selbst*, die Gleichheit der menschlichen Arbeiten *als Wertheigenschaft* der Arbeitsprodukte, das *Maß* der Arbeit durch die gesellschaftlich nothwendige Arbeitszeit *als Werthgröße* der Arbeitsprodukte, endlich die gesellschaftliche Beziehung der Producenten durch ihre Arbeiten als *Werthverhältniß* oder *gesellschaftliches Verhältniß dieser Dinge*, der Arbeitsprodukte. Eben deßhalb *erscheinen* ihnen die Arbeitsprodukte *als Waaren*, sinnlich übersinnliche oder *gesellschaftliche Dinge.* So stellt sich der Lichteindruck eines Dings auf den Sehnerv nicht als subjektiver Reiz des Sehnervs selbst, sondern als *gegenständliche Form* eines Dings außerhalb des Auges dar. Aber beim Sehn wird wirklich Licht von einem Ding, dem äußeren Gegenstand, auf ein andres Ding, das Auge, geworfen. Es ist ein physisches Verhältniß zwischen physischen Dingen. Dagegen hat

die *Waarenform* und das *Werthverhältniß* der Arbeitsprodukte mit ihrer physischen Natur und den daraus entspringenden dinglichen Beziehungen absolut nichts zu schaffen. Es ist nur das bestimmte *gesellschaftliche*
311 *Verhältniß der Menschen* selbst, welches hier für sie die phantasmagorische Form eines *Ver¦hältnisses von Dingen* annimmt. Um daher eine Analogie zu finden, müssen wir in die Nebelregion der *religiösen Welt* flüchten. Hier *erscheinen die Produkte des menschlichen Kopfes* als mit eignem Leben begabte, unter einander und mit den Menschen in Verhältniß stehende *selbstständige Gestalten.* So in der *Waarenwelt* die
312 *Produkte der menschlichen Hand.* Dieß nenne ich den *Fetischismus,* der sich an die Arbeitsprodukte anklebt, sobald sie *als Waaren* producirt werden, der also von der *Waarenproduktion* unzertrennlich ist.

Dieser Fetischcharakter nun tritt schlagender an der *Aequivalentform* als an der *relativen Werthform* hervor. Die *relative Werthform* einer Waare ist *vermittelt,* nämlich *durch ihr Verhältniß zu andrer* Waare. Durch diese Werthform ist der *Werth* der Waare als etwas von ihrem eignen sinnlichen Dasein *durchaus Unterschiednes ausgedrückt.* Es liegt darin zugleich, daß das *Werthsein* eine dem Ding selbst *fremde Be|ziehung,* sein *Werthverhältniß* zu einem andern Ding daher nur die *Erscheinungsform* eines dahinter versteckten *gesellschaftlichen Verhältnisses* sein kann. Umgekehrt mit der *Aequivalentform.* Sie besteht grade darin, daß die *Körper-* oder *Naturalform* einer Waare *unmittelbar als gesellschaftliche Form gilt,* als *Werthform* für andre Waare. *Innerhalb unseres Verkehrs* erscheint es also als *gesellschaftliche Natureigenschaft* eines Dings, als eine ihm *von Natur* zukommende Eigenschaft, *Aequivalentform zu besitzen,* daher so wie es sinnlich da ist, *unmittelbar austauschbar* mit andern Dingen zu sein. Weil aber *innerhalb des Werthausdrucks der Waare A* die Aequivalentform von Natur der *Waare B* zukommt, scheint sie letztrer auch *außerhalb dieses Verhältnisses* von Natur anzugehören. Daher z. B. das Räthselhafte des *Goldes,* das neben seinen andren Natureigenschaften, seiner Lichtfarbe, seinem specifischen Gewicht, seiner Nicht-Oxydirbarkeit an der Luft u. s. w., auch die Aequivalentform von Natur zu besitzen scheint oder die gesellschaftliche Qualität mit allen andern Waaren *unmittelbar austauschbar* zu sein.

§. 4. Sobald der Werth selbstständig erscheint, hat er die Form von Tauschwerth.

Der Werthausdruck hat zwei Pole, *relative Werthform* und *Aequivalent-form.* Was zunächst die als *Aequivalent* funktionirende Waare betrifft, so gilt sie für andre Waare als *Werthgestalt,* Körper *in unmittelbar austauschbarer* Form – *Tauschwerth.* Die Waare aber, deren Werth *relativ* ausgedrückt ist, besitzt die Form von *Tauschwerth,* indem 1) ihr *Werthsein* durch die *Austauschbarkeit* eines andern Waarenkörpers mit ihr offenbart wird, 2) ihre ¦ *Werthgröße* ausgedrückt wird durch die *Proportion,* worin die andre Waare mit ihr austauschbar ist. – Der
Tauschwerth ist daher überhaupt *die selbstständige Erscheinungsform* 313
des Waarenwerths.

§. 5. Die einfache Werthform der Waare ist die einfache Erscheinungsform der in ihr enthaltenen Gegensätze von Gebrauchswerth und Tauschwerth.

In dem *Werthverhältniß* der Leinwand zum Rock gilt die Naturalform der Leinwand nur *als Gestalt von Gebrauchswerth,* die Naturalform des Rocks nur *als Werthform* oder *Gestalt von Tauschwerth.* Der in der Waare enthaltene *innere Gegensatz* von Gebrauchswerth und Werth
wird also *dargestellt* durch einen *äußern Gegensatz, d. h. das Verhältniß* 314
zweier Waaren, wovon die eine unmittelbar nur als Gebrauchswerth, die andere unmittelbar nur als Tauschwerth gilt, oder worin die beiden gegensätzlichen Bestimmungen von Gebrauchswerth und Tauschwerth *polarisch* unter die Waaren vertheilt sind. – Wenn ich sage: *Als Waare* ist die Leinwand Gebrauchswerth *und* Tauschwerth, so ist das mein durch Analyse gewonnenes Urtheil über *die Natur* der Waare. Dagegen im Ausdruck: *20 Ellen Leinwand = 1 Rock* oder: *20 Ellen Leinwand sind 1 Rock werth,* sagt die | Leinwand selbst, daß sie 1) *Gebrauchswerth* (Leinwand), 2) davon unterschiedner *Tauschwerth* (Rock-Gleiches) und 3) *Einheit dieser beiden Unterschiede,* also *Waare* ist.

§. 6. *Die einfache Werthform der Waare ist die einfache Waarenform des Arbeitsprodukts.*

Die *Form eines Gebrauchswerths* bringt das Arbeitsprodukt in seiner Naturalform mit auf die Welt. Es bedarf also nur noch der *Werthform,* damit es die *Waarenform* besitze, d. h. damit es *erscheine als Einheit der Gegensätze Gebrauchswerth und Tauschwerth.* Die Entwicklung der Werthform ist daher identisch mit der Entwicklung der Waarenform.

§. 7. *Verhältniß von Waarenform und Geldform.*

Setzt man an die Stelle von:

20 Ellen Leinwand = 1 Rock oder *20 Ellen Leinwand sind 1 Rock werth,* die Form: ¦

20 Ellen Leinwand = 2 Pfd. St. oder *20 Ellen Leinwand sind 2 Pfd. St. werth,* so zeigt der erste Blick, daß die *Geldform* durchaus nichts ist als *die weiter entwickelte Gestalt der einfachen Werthform der Waare,* also *der einfachen Waarenform des Arbeitsprodukts.* Weil die Geldform nur *die entwickelte Waarenform,* entspringt sie offenbar aus der *einfachen Waarenform.* Sobald letztre daher begriffen ist, bleibt nur noch *die Reihe der Metamorphosen* zu betrachten, welche die einfache Waarenform: *20 Ellen Leinwand = 1 Rock* durchlaufen muß, um die Gestalt: *20 Ellen Leinwand = 2 Pfd. St.* anzunehmen.

§. 8. *Einfache relative Werthform und Einzelne Aequivalentform.*

Der Werthausdruck im Rock giebt der Leinwand eine *Werthform,* wodurch sie nur *als Werth* von sich selbst *als Gebrauchswerth unterschieden* wird. Diese Form setzt sie auch nur *in Verhältniß* zum Rock, d. h. zu irgend einer *einzelnen,* von ihr selbst verschiedenen Waarenart. Aber *als Werth* ist sie *dasselbe* wie alle andren Waaren. Ihre *Werthform* muß daher auch eine Form sein, welche sie in ein Verhältniß *qualitativer Gleichheit* und *quantitativer Proportionalität* zu allen andren Waaren setzt. – Der *einfachen relativen Werthform* einer Waare entspricht *die einzelne Aequivalentform* einer *andren* Waare. Oder die Waare, worin

Werth ausgedrückt wird, funktionirt hier nur *als einzelnes Aequivalent.* So besitzt der Rock, im relativen Werthausdruck der Leinwand, nur *Aequivalentform* oder *Form unmittelbarer Austauschbarkeit* mit Bezug auf diese *einzelne* Waarenart Leinwand.

§. 9. Uebergang aus der einfachen Werthform in die entfaltete Werthform.

Die einfache Werthform bedingt, daß der Werth einer Waare in *nur einer*, aber gleichgültig welcher, Waare von *andrer* Art ausgedrückt werde. Es ist also ebensowohl *einfacher relativer Werthausdruck* der Leinwand, | wenn ihr Werth in Eisen oder in Weizen u. s. w., als wenn er in der Waarenart Rock ausgedrückt wird. Je nachdem sie also mit dieser oder jener andern Waarenart in ein *Werthverhältniß* tritt, entstehn *verschiedne einfache relative Werthausdrücke* der Leinwand. Der *Möglichkeit* nach hat sie *eben so viele verschiedne einfache Werthausdrücke* als von ihr verschiedenartige Waaren existiren. In der That besteht also ihr *vollständiger* ¦ *relativer Werthausdruck* nicht in einem *vereinzelten* einfachen relativen Werthausdruck, sondern *in der Summe* ihrer einfachen relativen Werthausdrücke. So erhalten wir:

II. Totale oder entfaltete Werthform.

20 Ellen Leinwand = 1 Rock oder = 10 Pfd. Thee oder = 40 Pfd. Kaffee oder = 1 Quarter Weizen oder = 2 Unzen Gold oder =½ Tonne Eisen oder = u. s. w.

§. 1. Endlosigkeit der Reihe.

Diese *Reihe einfacher relativer Werthausdrücke* ist ihrer Natur nach stets verlängerbar oder schließt nie ab. Denn es treten stets neue Waarenarten auf, und jede neue Waarenart bildet das Material eines neuen Werthausdrucks.

§. 2. Die entfaltete relative Werthform.

Der Werth einer Waare, der Leinwand z. B., ist jetzt dargestellt in allen andren Elementen der Waarenwelt. Jeder andre Waarenkörper wird zum Spiegel des Leinwand*werths.* So *erscheint* dieser Werth selbst erst
315 wahrhaft *als Gallerte unterschiedsloser menschlicher Arbeit.* Denn die den Leinwand- *werth* bildende Arbeit ist nun *ausdrücklich* als Arbeit dargestellt, der *jede andre menschliche Arbeit,* welche Naturalform sie immer besitze, und ob sie sich daher in Rock oder Weizen oder Eisen oder Gold u. s. w. vergegenständliche, *gleichgilt.* Durch ihre *Werthform* steht die Leinwand daher jetzt auch *in gesellschaftlichem Verhältniß* nicht mehr zu nur einer *einzelnen* andren Waarenart, sondern zur *Waarenwelt.* Als Waare ist sie Bürger dieser Welt. Zugleich liegt in der endlosen Reihe seiner Ausdrücke, daß der Waaren*werth* gleichgültig ist gegen jede *besondre Form des Gebrauchswerths,* worin er *erscheint.*

§. 3. Die besondre Aequivalentform.

Jede Waare, Rock, Thee, Weizen, Eisen u. s. w. gilt im Werthausdruck der Leinwand *als Aequivalent* und daher *als Werthkörper. Die bestimmte Naturalform* jeder dieser Waaren ist jetzt eine *besondre Aequivalent-form* neben ¦ vielen andern. Ebenso gelten die *mannigfaltigen* in den verschiedenen Waarenkörpern enthaltenen *bestimmten, konkreten, nützlichen Arbeitsarten* jetzt als eben so viele *besondre* Verwirklichungs- oder Erscheinungsformen *menschlicher Arbeit schlechthin.* |

316

§. 4. Mängel der entfalteten oder totalen Werthform.

Erstens ist der *relative* Werthausdruck der Leinwand *unfertig,* weil seine Darstellungsreihe nie abschließt. Zweitens besteht er aus einer bunten Mosaik auseinanderfallender und verschiedenartiger Werthausdrücke. Wird endlich, wie dieß geschehn muß, *der relative Werth jeder Waare* in dieser entfalteten Form ausgedrückt, so ist die relative Werthform jeder Waare eine von der relativen Werthform jeder andren Waaren *verschiedne* endlose Reihe von Werthausdrücken. – Die Mängel der *ent-falteten relativen* Werthform reflektiren sich in der ihr entsprechenden

Aequivalentform. Da die Naturalform jeder einzelnen Waarenart hier eine *besondre* Aequivalentform neben unzähligen andren *besondren* Aequivalentformen ist, existiren überhaupt *nur beschränkte Aequivalentformen,* von denen jede die andre *ausschließt.* Ebenso ist die in jedem besondern Waarenäquivalent enthaltene *bestimmte, konkrete, nützliche Arbeitsart* nur *besondre,* also nicht *erschöpfende Erscheinungsform der menschlichen Arbeit.* Diese besitzt ihre vollständige oder totale Erscheinungsform zwar in dem *Gesammtumkreis* jener *besondren* Erscheinungsformen. Aber so besitzt sie keine *einheitliche* Erscheinungsform.

§. 5. *Uebergang aus der totalen Werthform in die allgemeine Werthform.*

Die *totale oder entfaltete relative Werthform* besteht jedoch nur aus einer *Summe* einfacher relativer Werthausdrücke oder *Gleichungen der ersten Form,* wie:

20 Ellen Leinwand = 1 Rock
20 Ellen Leinwand = 10 Pfd. Thee u. s. w.

Jede dieser Gleichungen enthält aber rückbezüglich auch die identische Gleichung:

1 Rock = 20 Ellen Leinwand
10 Pfd. Thee = 20 Ellen Leinwand u. s. w.

In der That: Tauscht der Besitzer der Leinwand seine Waare mit vielen andren Waaren aus und *drückt daher den Werth seiner Waare* in einer Reihe ¦ von andren Waaren aus, so müssen nothwendig auch die vielen andren Waarenbesitzer ihre Waaren mit Leinwand austauschen und daher *die Werthe* ihrer verschiedenen Waaren *in derselben dritten Waare,* der Leinwand, ausdrücken. – Kehren wir also die Reihe: *20 Ellen Leinwand = 1 Rock oder = 10 Pfd. Thee oder = u. s. w.* um, d. h. drücken wir die *an sich,* implicite, schon in der Reihe enthaltene Rückbeziehung aus, so erhalten wir: |

III. Allgemeine Werthform.

$$\left.\begin{array}{ll}\text{1 Rock} & = \\ \text{10 Pfd. Thee} & = \\ \text{40 Pfd. Kaffee} & = \\ \text{1 Qrtr. Weizen} & = \\ \text{2 Unzen Gold} & = \\ \text{½ Tonne Eisen} & = \\ \text{x Waare A} & = \\ \text{u. s. w. Waare} & = \end{array}\right\} \textit{20 Ellen Leinwand}$$

§. 1. Veränderte Gestalt der relativen Werthform.

Die relative Werthform besitzt jetzt eine ganz veränderte Gestalt. Alle Waaren drücken ihren Werth 1) *einfach* aus, nämlich *in einem einzigen andren Waarenkörper,* 2) *einheitlich, d. h. in demselben andren* Waarenkörper. Ihre Werthform ist einfach und gemeinschaftlich, d. h. *allgemein.* Allen verschiedenartigen Waarenkörpern gilt jetzt die Leinwand als ihre gemeinschaftliche und allgemeine Werthgestalt. Die Werthform einer Waare, d. h. der Ausdruck ihres Werths in Leinwand, *unterscheidet* sie jetzt nicht nur *als Werth von ihrem eignen Dasein als Gebrauchsgegenstand, d. h. von ihrer eignen Naturalform,* sondern *bezieht* sie zugleich *als Werth auf alle andren Waaren,* auf *alle* Waaren *als Ihresgleichen.* Sie besitzt daher in dieser Werthform *allgemein gesellschaftliche Form.*

317 Erst durch ihren *allgemeinen* Charakter entspricht die *Werthform* dem *Werthbegriff.* Die Werthform mußte eine Form sein, worin die Waaren als *bloße Gallerte unterschiedsloser, gleichartiger, menschlicher Arbeit,* d. h. als *dingliche Ausdrücke derselben Arbeitssubstanz* für einan-
318 der *erscheinen.* Dieß ist jetzt erreicht. Denn sie alle sind ausgedrückt *als Materiatur derselben Arbeit,* der in der Leinwand enthaltenen Arbeit, oder *als dieselbe Materiatur der Arbeit,* nämlich als Leinwand. So sind sie *qualitativ gleichgesetzt.* ¦

Zugleich sind sie *quantitativ verglichen* oder *als bestimmte Werthgrößen für einander dargestellt. Z. B. 10 Pfd. Thee = 20 Ellen Leinwand,* und *40 Pfd. Kaffee = 20 Ellen Leinwand.* Also: *10 Pfd. Thee = 40 Pfd. Kaffee.* Oder in 1 Pfd. Kaffee steckt nur ¼ so viel Werthsubstanz, Arbeit, als in 1 Pfd. Thee.

§. 2. Veränderte Gestalt der Aequivalentform.

Die *besondere Aequivalentform* ist jetzt fortentwickelt zur *allgemeinen Aequivalentform.* Oder die in Aequivalentform befindliche Waare ist jetzt – *allgemeines Aequivalent.* – Indem die *Naturalform* des Waarenkörpers Leinwand *als Werthgestalt* aller andren Waaren gilt, ist sie *die Form ihrer Gleichgültigkeit oder unmittelbaren Austausch|barkeit mit allen Elementen der Waarenwelt.* Ihre *Naturalform* ist also zugleich *ihre allgemeine gesellschaftliche Form.*

Für alle andren Waaren, obgleich sie die Produkte der verschiedenartigsten Arbeiten sind, gilt die Leinwand *als Erscheinungsform* der in *ihnen selbst enthaltenen Arbeiten,* daher *als Verkörperung gleichartiger, unterschiedsloser, menschlicher Arbeit.* Die Weberei, diese *besondre konkrete Arbeitsart,* gilt also jetzt, durch das Werthverhältniß der Waarenwelt zur Leinwand, *als allgemeine und unmittelbar erschöpfende Verwirklichungsform abstrakt menschlicher Arbeit,* d. h. der Verausgabung menschlicher Arbeitskraft überhaupt.

Die in der Leinwand enthaltene *Privatarbeit* gilt eben deßhalb auch *als Arbeit,* welche sich *unmittelbar in allgemein gesellschaftlicher Form* oder der *Form der Gleichheit* mit allen andren Arbeiten befindet.

Wenn eine Waare also die *allgemeine Aequivalentform* besitzt oder *als allgemeines Aequivalent* funktionirt, gilt *ihre Natural- oder Körperform als die sichtbare Inkarnation, die allgemeine gesellschaftliche Verpuppung aller menschlichen Arbeit.*

§. 3. Gleichmäßiges Entwicklungsverhältniß von relativer Werthform und Aequivalentform.

Dem Entwicklungsgrad der relativen Werthform entspricht der Entwicklungsgrad der Aequivalentform. Aber, und dieß ist wohl zu merken, *die Entwicklung der Aequivalentform ist nur Ausdruck und Resultat* der Entwicklung der *relativen Werthform.* Von der letzteren geht *die Initiative* aus. ¦

Die *einfache relative Werthform* drückt den Werth einer Waare nur *in einer einzigen andren Waarenart aus,* gleichgültig *in welcher.* Die Waare erhält so nur *Werthform* im *Unterschied* zu *ihrer eignen Gebrauchswerthsoder Naturalform.* Ihr Aequivalent erhält auch nur die *einzelne*

Aequivalentform. Die *entfaltete relative Werthform* drückt den Werth einer Waare in allen andren Waaren aus. Letztre erhalten daher die Form vieler *besondren Aequivalente* oder *besondre Aequivalentform.* Endlich giebt sich *die Waarenwelt* eine *einheitliche, allgemeine, relative Werthform,* indem sie *eine einzige Waarenart* von sich *ausschließt,* worin *alle* andren Waaren ihren Werth *gemeinschaftlich* ausdrücken. Dadurch wird die *ausgeschlossene* Waare *allgemeines Aequivalent* oder wird die Aequivalentform zur *allgemeinen Aequivalentform.*

§. 4. Entwicklung der Polarität von relativer Werthform und
319 *Aequivalentform.*

Der *polarische Gegensatz,* oder die unzertrennliche Zusammengehörigkeit und ebenso beständige Ausschließung von relativer Werthform und Aequivalentform, so daß 1) eine Waare sich nicht in der einen Form befinden kann, ohne daß *andre* Waare sich in der *entgegengesetzten* Form befindet, und | 2) daß sobald eine Waare sich in der einen Form befindet, sie sich nicht gleichzeitig innerhalb desselben Werthausdrucks in der andren Form befinden kann, – dieser *polarische Gegensatz* beider Momente des Werthausdrucks *entwickelt* und *verhärtet* sich *in demselben Maße,* worin sich die Werthform überhaupt entwickelt oder ausgebildet wird.

In der *Form I* schließen sich schon die beiden Formen aus, aber *nur formell.* Je nachdem dieselbe Gleichung vorwärts oder rückwärts gelesen wird, befindet sich jedes der beiden Waarenextreme, wie Leinwand und Rock, gleichmäßig bald in der relativen Werthform, bald in der Aequivalentform. Es kostet hier noch Mühe, den polarischen Gegensatz festzuhalten.

In der *Form II* kann immer nur *je eine Waarenart ihren relativen Werth total entfalten* oder besitzt sie selbst nur *entfaltete relative Werthform,* weil und sofern *alle andren Waaren* sich ihr gegenüber *in der Aequivalentform* befinden.

In der *Form III* endlich besitzt die *Waarenwelt* nur *allgemein-gesellschaftliche relative Werthform,* weil und sofern alle ihr angehörigen Waaren von der *Aequivalentform* oder *der Form unmittelbarer Austauschbarkeit ausgeschlossen sind.* Umgekehrt ist die Waare, die sich *in der allgemeinen Aequivalentform* befindet oder *als allgemeines Aequi-*

valent figurirt, von der *einheitlichen* und daher *allgemeinen relativen Werthform der Waaren¦welt ausgeschlossen.* Sollte die Leinwand, d. h. irgend eine in allgemeiner Aequivalentform befindliche Waare, auch zugleich an der *allgemeinen relativen Werthform* theilnehmen, so müßte sie *auf sich selbst als Aequivalent bezogen werden.* Wir erhalten dann: *20 Ellen Leinwand = 20 Ellen Leinwand,* eine Tautologie, worin weder Werth, noch Werthgröße ausgedrückt ist. Um *den relativen Werth des allgemeinen Aequivalents auszudrücken,* müssen wir die *Form III* umkehren. Es besitzt keine mit den andren Waaren gemeinschaftliche relative Werthform, sondern *sein Werth* drückt sich *relativ* aus *in der endlosen Reihe aller andren Waarenkörper.* So erscheint jetzt die *entfaltete relative Werthform* oder Form II als *die specifische relative Werthform* der Waare, welche die Rolle des *allgemeinen Aequivalents* spielt.

§. 5. *Uebergang aus der allgemeinen Werthform zur Geldform.*

Die *allgemeine Aequivalentform* ist eine *Form des Werths* überhaupt. Sie kann also *jeder* Waare zukommen, aber stets nur im Ausschluß von allen andren Waaren.

Indeß zeigt schon der *bloße Formunterschied* zwischen Form II und Form III etwas *Eigenthümliches,* was die Formen I und II nicht unterscheidet. Nämlich in der *entfalteten Werthform* (Form II) *schließt eine* Waare *alle andren* aus, um in ihnen den eignen Werth auszudrücken. Diese *Ausschließung* kann ein *rein subjektiver Prozeß* sein, z. B. ein | Prozeß des Leinwandbesitzers, der den Werth seiner eignen Waare in vielen andren Waaren schätzt. Dagegen befindet sich eine Waare nur in allgemeiner Aequivalentform (Form III), weil und sofern sie selbst *durch alle andren Waaren als Aequivalent ausgeschlossen wird.* Die *Ausschließung* ist hier ein von der ausgeschlossenen Waare unabhängiger, *objektiver Prozeß.* In der historischen Entwicklung der Waarenform mag daher die allgemeine Aequivalentform bald dieser, bald jener Waare abwechselnd zukommen. Aber eine Waare funktionirt nie *wirklich* als allgemeines Aequivalent, außer sofern ihre Ausschließung und daher ihre Aequivalentform das Resultat eines *objektiven gesellschaftlichen Prozesses ist.*

Die *allgemeine Werthform* ist die entwickelte Werthform und daher *die entwickelte Waarenform.* Die stofflich ganz verschiedenen Arbeits-

§. 3. Die einfache Waarenform ist das Geheimniß der Geldform.

Man sieht, die eigentliche Geldform bietet an sich gar keine Schwierigkeit. Sobald einmal die *allgemeine Aequivalentform* durchschaut ist, macht es nicht das geringste Kopfbrechen zu begreifen, daß sich diese Aequivalentform an eine *specifische* Waarenart wie Gold *festhaftet*, um so weniger als die allgemeine Aequivalentform von Natur *die gesellschaftliche Ausschließung einer bestimmten Waarenart durch alle andren Waaren* bedingt. Es handelt sich nur noch darum, daß diese Ausschließung *objektiv gesellschaftliche Konsistenz* und *allgemeine Gültigkeit* gewinnt, daher weder *abwechselnd* verschiedne Waaren trifft, noch *eine bloß lokale Tragweite* in nur besondern Kreisen der Waarenwelt besitzt. Die Schwierigkeit im Begriff der Geldform beschränkt sich auf das Begreifen der allgemeinen Aequivalentform, | also der *allgemeinen Werthform* überhaupt, der Form III. Form III löst sich aber rückbezüglich auf in Form II, und das *konstituirende Element* der Form II ist Form I: *20 Ellen Leinwand = 1 Rock* oder x *Waare A* = y *Waare B.* Weiß man nun, was Gebrauchswerth und Tauschwerth sind, so findet man, daß diese Form I die einfachste, unentwickeltste Manier ist, ein beliebiges Arbeitsprodukt, wie die Leinwand z. B., ¦ *als Waare* darzustellen, d. h. *als Einheit der Gegensätze Gebrauchswerth und Tauschwerth.* Man findet dann zugleich leicht die *Metamorphosenreihe*, welche die *einfache Waarenform: 20 Ellen Leinwand = 1 Rock durchlaufen muß*, um ihre fertige Gestalt: *20 Ellen Leinwand = 2 Pfd. St.*, d. h. die *Geldform* zu gewinnen.

(Fortzufahren p. 35 im Text des Buchs.)

ANHANG.

Erstes Kapitel der zweiten Auflage 1872.

ERSTES BUCH.

Der Productionsprozeß des Kapitals.

ERSTER ABSCHNITT.

Waare und Geld.

ERSTES KAPITEL.

Die Waare.

1) Die zwei Faktoren der Waare: Gebrauchswerth und Werth (Werthsubstanz, Werthgröße). 320

Der Reichthum der Gesellschaften, in welchen kapitalistische Produktionsweise herrscht, erscheint als eine „ungeheure Waarensammlung“[1], 321
die einzelne Waare als seine Elementarform. Unsere Untersuchung beginnt daher mit der Analyse der Waare.

Die Waare ist zunächst ein äußerer Gegenstand, ein Ding, das durch seine Eigenschaften menschliche Bedürfnisse irgend einer Art befriedigt. Die Natur dieser Bedürfnisse, ob sie z. B. dem Magen oder der Phantasie entspringen, ändert nichts an der Sache[2]. Es handelt sich hier auch ¦ | nicht darum, wie die Sache das menschliche Bedürfniß

[1] *Karl Marx:* „Zur Kritik der Politischen Oekonomie. Berlin 1859“, pag. 3.

[2] "Desire implies want; it is the appetite of the mind, and as natural as hunger to the body ... the greatest number (of things) have their value from supplying the wants of the mind." *Nicholas Barbon:* „A Discourse on coining the new money lighter, in answer to Mr. *Locke's* Considerations etc. London 1696“, p. 2, 3.

befriedigt, ob unmittelbar als Lebensmittel, d. h. als Gegenstand des Genusses, oder auf einem Umweg, als Produktionsmittel.

Jedes nützliche Ding, wie Eisen, Papier u. s. w., ist unter doppeltem
322 Gesichtspunkt zu betrachten, nach Qualität und Quantität. Jedes solches Ding ist ein Ganzes vieler Eigenschaften und kann daher nach verschiedenen Seiten nützlich sein. Diese verschiedenen Seiten und daher die mannigfachen Gebrauchsweisen der Dinge zu entdecken, ist geschichtliche That[3]. So ist die Findung gesellschaftlicher Maße für die Quantität der nützlichen Dinge. Die Verschiedenheit der Waarenmaße entspringt theils aus der verschiedenen Natur der zu messenden Gegenstände, theils aus Konvention.

Die Nützlichkeit eines Dings macht es zum Gebrauchswerth[4]. Aber diese Nützlichkeit schwebt nicht in der Luft. Durch die Eigenschaften des Waarenkörpers bedingt, existirt sie nicht ohne denselben. Der Waarenkörper selbst, wie Eisen, Weizen, Diamant u. s. w. ist daher ein
323 Gebrauchswerth oder Gut. Dieser sein Charakter hängt nicht davon ab, ob die Aneignung seiner Gebrauchseigenschaften dem Menschen viel oder wenig Arbeit kostet. Bei Betrachtung der Gebrauchswerthe wird stets ihre quantitative Bestimmtheit vorausgesetzt, wie Dutzend Uhren, Elle Leinwand, Tonne Eisen u. s. w. Die Gebrauchswerthe der Waaren liefern das Material einer eignen Disciplin, der Waarenkunde[5]. Der Gebrauchswerth verwirklicht sich nur im Gebrauch oder der Konsumtion. | Gebrauchswerthe bilden den stofflichen Inhalt des Reichthums,
324 welches immer seine gesellschaftliche Form sei. In der von uns zu

3 "Things have an intrinsick vertue (dieß bei Barbon die specifische Bezeichnung für Gebrauchswerth), which in all places have the same vertue; as the loadstone to attract iron" (l. c. p. 6). Die Eigenschaft des Magnets, Eisen anzuziehn, wurde erst nützlich, sobald man vermittelst derselben die magnetische Polarität entdeckt hatte.

4 "The natural worth of anything consists in its fitness to supply the necessities, or serve the conveniences of human life." (*John Locke:* „Some Considerations of the Consequences of the Lowering of Interest. 1691“ in „Works edit. Lond. 1777“. V. II. p. 28). Im 17. Jahrhundert finden wir noch häufig bei englischen Schriftstellern „Worth“ für Gebrauchswerth und „Value“ für Tauschwerth, ganz im Geist einer Sprache, die es liebt, die unmittelbare Sache germanisch und die reflektirte Sache romanisch auszudrücken.

5 In der bürgerlichen Gesellschaft herrscht die fictio juris, daß jeder Mensch als Waarenkäufer eine encyklopädische Waarenkenntniß besitzt.

10|11 70¦

betrachtenden Gesellschaftsform bilden sie zugleich die stofflichen Träger des – Tauschwerths.

Der Tauschwerth erscheint zunächst als das quantitative Verhältniß, die Proportion, worin sich Gebrauchswerthe einer Art gegen Gebrauchswerthe anderer Art austauschen[6], ein Verhältniß, das beständig mit Zeit und Ort ¦ wechselt. Der Tauschwerth scheint daher etwas Zufälliges und rein Relatives, ein der Waare innerlicher, immanenter Tauschwerth (valeur intrinsèque) also eine contradictio in adjecto[7]. Betrachten wir die Sache näher.

Eine einzelne Waare, ein Quarter Weizen z. B. tauscht sich in den verschiedensten Proportionen mit andern Artikeln aus. Dennoch bleibt sein Tauschwerth unverändert, ob in x Stiefelwichse, y Seide, z Gold
u. s. w. ausgedrückt. Er muß also einen von diesen verschiedenen Aus- 325
drucksweisen unterscheidbaren Gehalt haben.

Nehmen wir ferner zwei Waaren, z. B. Weizen und Eisen. Welches immer ihr Austauschverhältniß, es ist stets darstellbar in einer Gleichung, worin ein gegebenes Quantum Weizen irgend einem Quantum Eisen gleichgesetzt wird, z. B. 1 Quarter Weizen = a Ctr. Eisen. Was besagt diese Gleichung? Daß ein Gemeinsames von derselben Grösse
in zwei verschiednen Dingen existirt, in 1 Quarter Weizen und ebenfalls 326
in a Ctr. Eisen. Beide sind also gleich einem Dritten, das an und für 327
sich weder das eine, noch das andere ist. Jedes der beiden, soweit es
Tauschwerth, muß also auf dieß Dritte reducirbar sein. 328

Ein einfaches geometrisches Beispiel veranschauliche dieß. Um den Flächeninhalt aller gradlinigen Figuren zu bestimmen und zu vergleichen, löst man sie in Dreiecke auf. Das Dreieck selbst reducirt man auf einen | von seiner sichtbaren Figur ganz verschiednen Ausdruck – das halbe Produkt seiner Grundlinie mit seiner Höhe. Ebenso sind die

6 «La valeur consiste dans le rapport d'échange qui se trouve entre telle chose et telle autre, entre telle mesure d'une production et telle mesure d'une autre.» (Le Trosne: „De L'Intérêt Social". Physiocrates, éd. Daire. Paris 1846. p. 889.)

7 "Nothing can have an intrinsick value" (*N. Barbon* l. c. p. 6), oder wie *Butler* sagt:

> "The value of a thing
> Is just as much as it will bring."

Tauschwerthe der Waaren zu reduciren auf ein Gemeinsames, wovon sie ein Mehr oder Minder darstellen.

Dieß Gemeinsame kann nicht eine geometrische, physische, chemische oder sonstige natürliche Eigenschaft der Waaren sein. Ihre körperlichen Eigenschaften kommen überhaupt nur in Betracht, soweit selbe sie nutzbar machen, also zu Gebrauchswerthen. Andrerseits ist aber das Austauschverhältniß der Waaren augenscheinlich charakterisirt durch die Abstraktion von ihren Gebrauchswerthen. Innerhalb desselben gilt ein Gebrauchswerth grade so viel wie jeder andre, wenn er nur in gehöriger Proportion vorhanden ist. Oder, wie der alte *Barbon* sagt: „Die eine Waarensorte ist so gut wie die andre, wenn ihr Tauschwerth gleich groß ist. Da existirt keine Verschiedenheit oder Unterscheidbarkeit zwischen Dingen von gleich großem Tauschwerth“[8]. Als Gebrauchswerthe sind die Waaren vor allem ver¦schiedner Qualität, als Tauschwerthe können sie nur verschiedner Quantität sein, enthalten also kein Atom Gebrauchswerth.

Sieht man nun vom Gebrauchswerth der Waarenkörper ab, so bleibt ihnen nur noch eine Eigenschaft, die von Arbeitsprodukten. Jedoch ist uns auch das Arbeitsprodukt bereits in der Hand verwandelt. Abstrahiren wir von seinem Gebrauchswerth, so abstrahiren wir auch von den körperlichen Bestandtheilen und Formen, die es zum Gebrauchswerth machen. Es ist nicht länger Tisch oder Haus oder Garn oder sonst ein nützlich Ding. Alle seine sinnlichen Beschaffenheiten sind ausgelöscht. Es ist auch nicht länger das Produkt der Tischlerarbeit oder der Bauarbeit oder der Spinnarbeit oder sonst einer bestimmten produktiven Arbeit. Mit dem nützlichen Charakter der Arbeitsprodukte verschwindet der nützliche Charakter der in ihnen dargestellten Arbeiten, es verschwinden also auch die verschiednen konkreten Formen dieser Arbeiten, sie unterscheiden sich nicht länger, sondern sind allzusammt
329 reducirt auf gleiche menschliche Arbeit, abstrakt menschliche Arbeit. |

Betrachten wir nun das Residuum der Arbeitsprodukte. Es ist nichts
330 von ihnen übrig geblieben als dieselbe gespenstige Gegenständlich-
331 keit, eine bloße Gallerte unterschiedsloser menschlicher Arbeit, d. h.

[8] “One sort of wares are as good as another, if the value be equal. There is no difference or distinction in things of equal value ... One hundred pounds worth of lead or iron, is of as great a value as one hundred pounds worth of silver and gold.” (*N. Barbon* l. c. p. 53 u. 7.)

der Verausgabung menschlicher Arbeitskraft ohne Rücksicht auf die
Form ihrer Verausgabung. Diese Dinge stellen nur noch dar, daß in
ihrer Produktion menschliche Arbeitskraft verausgabt, menschliche
Arbeit aufgehäuft ist. Als Krystalle dieser ihnen gemeinschaftlichen 332
gesellschaftlichen Substanz sind sie – Werthe.

Im Austauschverhältniß der Waaren selbst erschien uns ihr Tausch-
werth als etwas von ihren Gebrauchswerthen durchaus Unabhängiges.
Abstrahirt man nun wirklich vom Gebrauchswerth der Arbeitsprodukte,
so erhält man ihren Werth wie er eben bestimmt ward. Das Gemein-
same was sich im Austauschverhältniß oder Tauschwerth der Waaren
darstellt, ist also ihr Werth. Der Fortgang der Untersuchung wird uns 333
zurückführen zum Tauschwerth als der nothwendigen Ausdrucksweise
oder Erscheinungsform des Werths, welcher zunächst jedoch unabhän- 334
gig von dieser Form zu betrachten ist. 335

Ein Gebrauchswerth oder Gut hat also nur einen Werth, weil abstrakt 336
menschliche Arbeit in ihm vergegenständlicht oder materialisirt ist.
Wie nun die Größe seines Werths messen? Durch das Quantum der in
ihm enthaltenen „werthbildenden Substanz", der Arbeit. Die Quanti-
tät der Arbeit selbst mißt sich an ihrer Zeitdauer und die Arbeitszeit 337
besitzt wieder ihren Maßstab an bestimmten Zeittheilen, wie Stunde,
Tag u. s. w.

Es könnte scheinen, daß, wenn der Werth einer Waare durch das
während ihrer Produktion verausgabte Arbeitsquantum bestimmt ist,
je fauler ¦ oder ungeschickter ein Mann, desto werthvoller seine Waare,
weil er desto mehr Zeit zu ihrer Verfertigung braucht. Die Arbeit jedoch,
welche die Substanz der Werthe bildet, ist gleiche menschliche Arbeit,
Verausgabung derselben menschlichen Arbeitskraft. Die gesammte 338
Arbeitskraft der Gesellschaft, die sich in den Werthen der Waarenwelt
darstellt, gilt hier als eine und dieselbe menschliche Arbeitskraft, ob-
gleich sie aus zahllosen individuellen Arbeitskräften besteht. Jede dieser
individuellen Arbeitskräfte ist dieselbe menschliche Arbeitskraft wie
die andere, soweit sie den Charakter einer gesellschaftlichen Durch
schnitts-Arbeitskraft besitzt und als solche gesellschaftliche Durch-
schnitts-Arbeitskraft wirkt, also in der Produktion einer Waare auch
nur die im Durchschnitt nothwendige oder ge|sellschaftlich nothwen-
dige Arbeitszeit braucht. Gesellschaftlich nothwendige Arbeitszeit ist
Arbeitszeit, erheischt um irgend einen Gebrauchswerth mit den vorhan-
denen gesellschaftlich-normalen Produktionsbedingungen und dem

gesellschaftlichen Durchschnittsgrad von Geschick und Intensivität der Arbeit darzustellen. Nach der Einführung des Dampfwebstuhls in England z. B. genügte vielleicht halb so viel Arbeit als vorher, um ein gegebenes Quantum Garn in Gewebe zu verwandeln. Der englische Handweber brauchte zu dieser Verwandlung in der That nach wie vor dieselbe Arbeitszeit, aber das Produkt seiner individuellen Arbeitsstunde stellte jetzt nur noch eine halbe gesellschaftliche Arbeitsstunde dar und fiel daher auf die Hälfte seines früheren Werths.

Es ist also nur das Quantum gesellschaftlich nothwendiger Arbeit oder die zur Herstellung eines Gebrauchswerths gesellschaftlich noth-
339 wendige Arbeitszeit, welche seine Werthgröße bestimmt[9]. Die einzelne Waare gilt hier überhaupt als Durchschnittsexemplar ihrer Art[10]. Waaren, worin gleich große Arbeitsquanta enthalten sind, oder die in derselben Arbeitszeit hergestellt werden können, haben daher dieselbe Werthgröße. Der Werth einer Waare verhält sich zum Werth jeder andren Waare, wie die zur Produktion der einen nothwendige Arbeitszeit zu der
340 für die Produktion der andren nothwendigen Arbeitszeit. „Als Werthe sind alle Waaren nur bestimmte Maße festgeronnener Arbeitszeit“[11]. ¦

Die Werthgröße einer Waare bliebe daher konstant, wäre die zu ihrer Produktion erheischte Arbeitszeit konstant. Letztere wechselt aber | mit jedem Wechsel in der Produktivkraft der Arbeit. Die Produktivkraft der Arbeit ist durch mannigfache Umstände bestimmt, unter andren durch den Durchschnittsgrad des Geschickes der Arbeiter, die Entwicklungsstufe der Wissenschaft und ihrer technologischen Anwendbarkeit, die

9 Note zur 2. Ausg. "The value of them (the necessaries of life) when they are exchanged the one for another, is regulated by the quantity of labour necessarily required, and commonly taken in producing them." „Der Werth von Gebrauchsgegenständen, sobald sie gegen einander ausgetauscht werden, ist bestimmt durch das Quantum der zu ihrer Produktion nothwendig erheischten und gewöhnlich angewandten Arbeit.“ („Some Thoughts on the Interest of Money in general, and particularly in the Public Funds etc.“ London, p. 36, 37.) Diese merkwürdige anonyme Schrift des vorigen Jahrhunderts trägt kein Datum. Es geht jedoch aus ihrem Inhalt hervor, daß sie unter Georg II., etwa 1739 oder 1740, erschienen ist.

10 «Toutes les productions d'un même genre ne forment proprement qu'une masse, dont le prix se détermine en général et sans égard aux circonstances particulières.» (Le Trosne l. c. p. 893.)

11 K. Marx l. c. p. 6.

gesellschaftliche Kombination des Produktionsprocesses, den Umfang und die Wirkungsfähigkeit der Produktionsmittel, und durch Naturverhältnisse. Dasselbe Quantum Arbeit stellt sich z. B. mit günstiger Jahreszeit in 8 Bushel Weizen dar, mit ungünstiger in nur 4. Dasselbe Quantum Arbeit liefert mehr Metalle in reichhaltigen, als in armen Minen u. s. w. Diamanten kommen selten in der Erdrinde vor und ihre Findung kostet daher im Durchschnitt viel Arbeitszeit. Folglich stellen sie in wenig Volumen viel Arbeit dar. Jacob bezweifelt, daß Gold jemals seinen vollen Werth bezahlt hat. Noch mehr gilt dieß vom Diamant. Nach Eschwege hatte 1823 die achtzigjährige Gesammtausbeute der brasilischen Diamantgruben noch nicht den Preis des 1½jährigen Durchschnittsprodukts der brasilischen Zucker- oder Kaffeepflanzungen erreicht, obgleich sie viel mehr Arbeit darstellte, also mehr Werth. Mit reichhaltigeren Gruben würde dasselbe Arbeitsquantum sich in mehr Diamanten darstellen und ihr Werth sinken. Gelingt es mit wenig Arbeit Kohle in Diamant zu verwandeln, so kann sein Werth unter den von Ziegelsteinen fallen. Allgemein: Je größer die Produktivkraft der Arbeit, desto kleiner die zur Herstellung eines Artikels erheischte Arbeitszeit, desto kleiner die in ihm krystallisirte Arbeitsmasse, desto kleiner sein Werth. Umgekehrt, je kleiner die Produktivkraft der Arbeit, 341
desto größer die zur Herstellung eines Artikels nothwendige Arbeitszeit, desto größer sein Werth. Die Werthgröße einer Waare wechselt also direkt wie das Quantum und umgekehrt wie die Produktivkraft der sich in ihr verwirklichenden Arbeit.

Ein Ding kann Gebrauchswerth sein, ohne Werth zu sein. Es ist dieß 342
der Fall, wenn sein Nutzen für den Menschen nicht durch Arbeit vermittelt ist. So Luft, jungfräulicher Boden, natürliche Wiesen, wildwachsendes Holz u. s. w. Ein Ding kann nützlich und Produkt menschlicher Arbeit sein, ohne Waare zu sein. Wer durch sein Produkt sein eignes Bedürfniß befriedigt, schafft zwar Gebrauchswerth, aber nicht Waare. Um Waare zu produciren, muß er nicht nur Gebrauchswerth produciren, sondern Gebrauchswerth für andre, gesellschaftlichen Gebrauchswerth. Endlich kann kein Ding Werth sein, ohne Gebrauchsgegenstand zu sein. Ist es | nutzlos, so ist auch die in ihm enthaltene Arbeit nutzlos, zählt nicht als Arbeit und bildet daher keinen Werth. ¦

343 *2) Doppelcharakter der in den Waaren dargestellten Arbeit.*

344 Ursprünglich erschien uns die Waare als ein Zwieschlächtiges, Gebrauchswerth und Tauschwerth. Später zeigte sich, daß auch die Arbeit, soweit sie im Werth ausgedrückt ist, nicht mehr dieselben Merkmale besitzt, die ihr als Erzeugerin von Gebrauchswerthen zukommen. Diese zwieschlächtige Natur der in der Waare enthaltenen Arbeit ist zuerst von mir kritisch nachgewiesen worden.[12] Da dieser Punkt der Springpunkt ist, um den sich das Verständniß der politischen Oekonomie dreht, soll er hier näher beleuchtet werden.

Der Rock ist ein Gebrauchswerth, der ein besonderes Bedürfniß befriedigt. Um ihn hervorzubringen, bedarf es einer bestimmten Art produktiver Thätigkeit. Sie ist bestimmt durch ihren Zweck, Operationsweise, Gegenstand, Mittel und Resultat. Die Arbeit, deren Nützlichkeit sich so im Gebrauchswerth ihres Produkts oder darin darstellt, daß ihr Produkt ein Gebrauchswerth ist, nennen wir kurzweg nützliche Arbeit. Unter diesem Gesichtspunkt wird sie stets betrachtet mit Bezug auf ihren Nutzeffekt.

Wie Rock und Leinwand qualitativ verschiedne Gebrauchswerthe, so sind die ihr Dasein vermittelnden Arbeiten qualitativ verschieden – Schneiderei und Weberei. Wären jene Dinge nicht qualitativ verschiedne Gebrauchswerthe und daher Produkte qualitativ verschiedner nützlicher Arbeiten, so könnten sie sich überhaupt nicht als Waaren gegenübertreten. Rock tauscht sich nicht aus gegen Rock, derselbe Gebrauchswerth nicht gegen denselben Gebrauchswerth.

In der Gesammtheit der verschiedenartigen Gebrauchswerthe oder
345 Waarenkörper erscheint eine Gesammtheit eben so mannigfaltiger, nach Gattung, Art, Familie, Unterart, Varietät verschiedner nützlicher Arbeiten – eine gesellschaftliche Theilung der Arbeit. Sie ist Existenzbedingung | der Waarenproduktion, obgleich Waarenproduktion nicht umgekehrt die Existenzbedingung gesellschaftlicher Arbeitstheilung. In der altindischen Gemeinde ist die Arbeit gesellschaftlich getheilt, ohne daß die Produkte zu Waaren werden. Oder, ein näher liegendes Beispiel, in jeder Fabrik ist die Arbeit systematisch getheilt, aber diese Theilung nicht dadurch vermittelt, daß die Arbeiter ihre individuellen

[12] l. c. p. 12, 13 und passim.

16|17 75¦

Produkte austauschen. Nur Produkte selbstständiger und von einander 346
unabhängiger Privatarbeiten treten einander als Waaren gegenüber. ¦

Man hat also gesehn: In dem Gebrauchswerth jeder Waare steckt 347
eine bestimmte zweckmäßig produktive Thätigkeit oder nützliche Arbeit. Gebrauchswerthe können sich nicht als Waaren gegenübertreten, wenn nicht qualitativ verschiedne nützliche Arbeiten in ihnen stecken. In einer Gesellschaft, deren Produkte allgemein die Form der Waare annehmen, d. h. in einer Gesellschaft von Waarenproducenten, entwickelt sich dieser qualitative Unterschied der nützlichen Arbeiten, welche unabhängig von einander als Privatgeschäfte selbstständiger Producenten betrieben werden, zu einem vielgliedrigen System, zu einer gesellschaftlichen Theilung der Arbeit.

Dem Rock ist es übrigens gleichgültig, ob er vom Schneider oder vom Kunden des Schneiders getragen wird. In beiden Fällen wirkt er als Gebrauchswerth. Ebensowenig ist das Verhältniß zwischen dem Rock und der ihn producirenden Arbeit an und für sich dadurch verändert, daß die Schneiderei besondre Profession wird, selbstständiges Glied der gesellschaftlichen Theilung der Arbeit. Wo ihn das Kleidungsbedürfniß zwang, hat der Mensch Jahrtausende lang geschneidert, bevor aus einem Menschen ein Schneider ward. Aber das Dasein von Rock, Leinwand, jedem nicht von Natur vorhandnen Element des stofflichen Reichthums, mußte immer vermittelt sein durch eine specielle, zweckmäßig produktive Thätigkeit, die besondere Naturstoffe besondren menschlichen Bedürf-
nissen assimilirt. Als Bildnerin von Gebrauchswerthen, als nützliche 348
Arbeit, ist die Arbeit daher eine von allen Gesellschaftsformen unabhängige Existenzbedingung des Menschen, ewige Naturnothwendigkeit, um den Stoffwechsel zwischen Mensch und Natur, also das menschliche Leben zu vermitteln.

Die Gebrauchswerthe Rock, Leinwand u. s. w., kurz die Waarenkörper, sind Verbindungen von zwei Elementen, Naturstoff und Arbeit. Zieht man die Gesammtsumme aller verschiedenen nützlichen Arbeiten ab,
die in | Rock, Leinwand u. s. w. stecken, so bleibt stets ein materielles 349
Substrat zurück, das ohne Zuthun des Menschen von Natur vorhanden ist. Der Mensch kann in seiner Produktion nur verfahren, wie die Natur selbst, d. h. nur die Formen der Stoffe ändern.[13] Noch mehr. In dieser

13 «Tutti i fenomeni dell' universo, sieno essi prodotti dalla mano dell' uomo, ovvero dalle universali leggi della fisica, non ci danno idea di attuale creazione,

Arbeit der Formung selbst wird er beständig unterstützt von Naturkräften. Arbeit ist also ¦ nicht die einzige Quelle der von ihr producirten
350 Gebrauchswerthe, des stofflichen Reichthums. Die Arbeit ist sein Vater, wie William Petty sagt, und die Erde seine Mutter.

Gehn wir nun von der Waare, so weit sie Gebrauchsgegenstand, über zum Waaren-Werth.

Nach unsrer Unterstellung hat der Rock den doppelten Werth der Leinwand. Dieß ist aber nur ein quantitativer Unterschied, der uns zunächst noch nicht interessirt. Wir erinnern daher, daß wenn der Werth eines Rokkes doppelt so groß als der von 10 Ellen Leinwand, 20 Ellen Leinwand dieselbe Werthgröße haben wie ein Rock. Als Wert-
351 he sind Rock und Leinwand Dinge von gleicher Substanz, objektive Ausdrücke gleichartiger Arbeit. Aber Schneiderei und Weberei sind qualitativ verschiedne Arbeiten. Es giebt jedoch Gesellschaftszustände, worin derselbe Mensch abwechselnd schneidert und webt, diese beiden verschiednen Arbeitsweisen daher nur Modifikationen der Arbeit desselben Individuums und noch nicht besondre feste Funktionen verschiedner Individuen sind, ganz wie der Rock, den unser Schneider heute, und die Hosen, die er morgen macht, nur Variationen derselben individuellen Arbeit voraussetzen. Der Augenschein lehrt ferner, daß in unsrer kapitalistischen Gesellschaft, je nach der wechselnden Richtung der Arbeitsnachfrage, eine gegebene Portion menschlicher Arbeit abwechselnd in der Form von Schnei|derei oder in der Form von Weberei zugeführt wird. Dieser Formwechsel der Arbeit mag nicht ohne Friktion abgehn, aber er muß gehn. Sieht man ab von der Bestimmtheit der produktiven Thätigkeit und daher vom nützlichen Charakter der Arbeit, so bleibt das an ihr, daß sie eine Verausgabung menschlicher Arbeitskraft ist. Schneiderei und Weberei, obgleich qualitativ verschiedne produktive Thätigkeiten, sind beide produktive Veraus-

ma unicamente di una modificazione della materia. Accostare e separare sono gli unici elementi che l'ingegno umano ritrova analizzando l'idea della riproduzione; e tanto è riproduzione di valore (Gebrauchswerth, obgleich Verri hier in seiner Polemik gegen die Physiokraten selbst nicht recht weiß, von welcher Sorte Werth er spricht) e di ricchezza se la terra, l'aria e l'acqua ne'campi si trasmutino in grano, come se colla mano dell' uomo il glutine di un insetto si trasmuti in velluto ovvero alcuni pezzetti di metallo si organizzino a formare una ripetizione.» (Pietro Verri: „Meditazioni sulla Economia Politica" (zuerst gedruckt 1771) in der Ausgabe der italienischen Oekonomen von Custodi, Parte Moderna, t. XV, p. 21, 22.)

gabung von menschlichem Hirn, Muskel, Nerv, Hand u. s. w., und in
diesem Sinn beide menschliche Arbeit. Es sind nur zwei verschiedne
Formen, menschliche Arbeitskraft zu verausgaben. Allerdings muß
die menschliche Arbeitskraft selbst mehr oder minder entwickelt sein,
um in dieser oder jener Form verausgabt zu werden. Der Werth der
Waare aber stellt menschliche Arbeit schlechthin dar, Verausgabung
menschlicher Arbeit überhaupt. Wie nun in der bürgerlichen Gesell-
schaft ein General oder Banquier eine große, der Mensch schlechthin
dagegen eine sehr schäbige Rolle spielt[14], so steht es hier auch mit der
menschlichen Arbeit. Sie ist Verausgabung einfacher Arbeitskraft, die im 352
Durchschnitt jeder gewöhnliche Mensch, ohne besondere Entwicklung,
in seinem leiblichen Organismus besitzt. Die *einfache Durchschnittsar-
beit* selbst wechselt zwar in verschiednen Ländern ¦ und Kulturepochen
ihren Character, ist aber in einer vorhandnen Gesellschaft gegeben.
Komplicirtere Arbeit gilt nur als *potenzirte* oder vielmehr *multiplicirte*
einfache Arbeit, so daß ein kleineres Quantum komplicirter Arbeit
gleich einem größeren Quantum einfacher Arbeit. Daß diese Reduktion
beständig vorgeht, zeigt die Erfahrung. Eine Waare mag das Produkt der
komplicirtesten Arbeit sein, ihr *Werth* setzt sie dem Produkt einfacher
Arbeit gleich und stellt daher selbst nur ein bestimmtes Quantum einfa-
cher Arbeit day[15]. Die verschiednen Proportionen, worin verschiedne
Arbeitsarten auf einfache Arbeit als ihre Maßeinheit reducirt sind, wer-
den durch einen gesellschaftlichen Proceß hinter dem Rücken der
Producenten festgesetzt und scheinen ihnen daher durch das Herkom-
men gegeben. Der Vereinfachung halber gilt uns im | Folgenden jede 354
Art Arbeitskraft unmittelbar für einfache Arbeitskraft, wodurch nur die
Mühe der Reduktion erspart wird.

Wie also in den Werthen Rock und Leinwand von dem Unterschied
ihrer Gebrauchswerthe abstrahirt ist, so in den Arbeiten, die sich in 355
diesen Werthen darstellen, von dem Unterschied ihrer nützlichen For-
men, der Schneiderei und Weberei. Wie die Gebrauchswerthe Rock
und Leinwand Verbindungen zweckbestimmter, produktiver Thätigkei 356

[14] Vgl. Hegel, „Philosophie des Rechts. Berlin 1840", p. 250, § 190.

[15] Der Leser muß aufmerken, daß hier nicht vom Lohn oder Werth die Rede
ist, den der Arbeiter etwa für einen Arbeitstag erhält, sondern vom Waarenwerth,
worin sich sein Arbeitstag vergegenständlicht. Die Kategorie des Arbeitslohns 353
existirt überhaupt noch nicht auf dieser Stufe unsrer Darstellung.

ten mit Tuch und Garn sind, die Werthe Rock und Leinwand dagegen
357 bloße gleichartige Arbeitsgallerten, so gelten auch die in diesen Werthen enthaltenen Arbeiten nicht durch ihr produktives Verhalten zu Tuch und Garn, sondern nur als Verausgabungen menschlicher Arbeitskraft. Bildungselemente der Gebrauchswerthe Rock und Leinwand sind Schneiderei und Weberei eben durch ihre verschiednen Qualitäten;
358 Substanz des Rockwerths und Leinwandwerths sind sie nur, soweit von ihrer besondren Qualität abstrahirt wird und beide gleiche Qualität besitzen, die Qualität menschlicher Arbeit.

Rock und Leinwand sind aber nicht nur Werthe überhaupt, sondern Werthe von bestimmter Größe und nach unsrer Unterstellung ist der Rock doppelt so viel werth, als 10 Ellen Leinwand. Woher diese Verschiedenheit ihrer Werthgrößen? Daher daß die Leinwand nur halb so viel Arbeit enthält, als der Rock, so daß zur Produktion des letztern die Arbeitskraft während doppelt soviel Zeit verausgabt werden muß als zur Produktion der erstern.

Wenn also mit Bezug auf den Gebrauchswerth die in der Waare enthaltene Arbeit nur qualitativ gilt, gilt sie mit Bezug auf die Werthgröße nur quantitativ, nachdem sie bereits auf menschliche Arbeit ohne weitere Qua¦lität reducirt ist. Dort handelt es sich um das Wie und Was der Arbeit, hier um ihr Wie Viel, ihre Zeitdauer. Da die Werthgröße einer Waare nur das Quantum der in ihr enthaltenen Arbeit darstellt, müssen Waaren in gewisser Proportion stets gleich große Werthe sein.

Bleibt die Produktivkraft, sage aller zur Produktion eines Rocks erheischten nützlichen Arbeiten unverändert, so steigt die Werthgröße der Röcke mit ihrer eignen Quantität. Wenn 1 Rock x, stellen 2 Röcke 2x Arbeitstage dar u. s. w. Nimm aber an, die zur Produktion eines Rocks nothwendige Arbeit steige auf das Doppelte oder falle um die Hälfte. Im ersten Fall hat ein Rock so viel Werth, als vorher zwei Röcke, im letztren Fall haben zwei Röcke nur so viel Werth, als vorher einer, obgleich in | beiden Fällen ein Rock nach wie vor dieselben Dienste leistet und die in ihm enthaltne nützliche Arbeit nach wie vor von derselben Güte bleibt. Aber das in seiner Produktion verausgabte Arbeitsquantum hat sich verändert.

Ein größres Quantum Gebrauchswerth bildet an und für sich größren stofflichen Reichthum, zwei Röcke mehr als einer. Mit zwei Röcken kann man zwei Menschen kleiden, mit einem Rock nur einen Menschen u. s. w. Dennoch kann der steigenden Masse des stofflichen

Reichthums ein gleichzeitiger Fall seiner Werthgröße entsprechen. Diese gegensätzliche Bewegung entspringt aus dem zwieschlächtigen Charakter der Arbeit. Produktivkraft ist natürlich stets Produktivkraft nützlicher, konkreter Arbeit, und bestimmt in der That nur den Wirkungsgrad zweckmäßiger produktiver Thätigkeit in gegebnem Zeitraum. Die nützliche Arbeit wird daher reichere oder dürftigere Produktenquelle im direkten Verhältniß zum Steigen oder Fallen ihrer Produktivkraft. Dagegen trifft ein Wechsel der Produktivkraft die im Werth dargestellte Arbeit an und für sich gar nicht. Da die Produktivkraft der konkreten nützlichen Form der Arbeit angehört, kann sie natürlich die Arbeit nicht mehr berühren, sobald von ihrer konkreten nützlichen Form abstrahirt wird. Dieselbe Arbeit ergiebt daher in denselben Zeiträumen stets dieselbe Werthgröße, wie immer die Produktivkraft wechsle. Aber sie liefert in demselben Zeitraum verschiedene Quanta Gebrauchswerthe, mehr wenn die Produktivkraft steigt, weniger, wenn sie sinkt. Derselbe Wechsel der Produktivkraft, der die Fruchtbarkeit der Arbeit und daher die Masse der von ihr gelieferten Gebrauchswerthe vermehrt, vermindert also die Werthgröße dieser vermehrten Gesammtmasse wenn er die Summe der zu ihrer Produktion nothwendigen Arbeitszeit abkürzt. Ebenso umgekehrt.

Alle Arbeit ist einerseits Verausgabung menschlicher Arbeitskraft im 359
physiologischen Sinn und in dieser Eigenschaft gleicher menschlicher
oder abstrakt menschlicher Arbeit bildet sie den Waaren-Werth. Alle 360
Arbeit ist ¦ andrerseits Verausgabung menschlicher Arbeitskraft in besondrer zweckbestimmter Form und in dieser Eigenschaft konkreter
nützlicher Arbeit producirt sie Gebrauchswerthe[16]. | 361

[16] Note zur 2. Ausg. Um zu beweisen, „daß die Arbeit allein das endgültige und reale Maß ist, woran der Werth aller Waaren zu allen Zeiten geschätzt und verglichen werden kann", sagt *A. Smith:* „Gleiche Quantitäten Arbeit müssen zu allen Zeiten und an allen Orten für den Arbeiter selbst denselben Werth haben. In seinem normalen Zustand von Gesundheit, Kraft und Thätigkeit, und mit dem Durchschnittsgrad von Geschicklichkeit, die er besitzen mag, muß er immer die nämliche Portion seiner Ruhe, seiner Freiheit und seines Glücks hingeben." (Wealth of Nations, b. I. ch. V.) Einerseits verwechselt A. Smith hier (nicht überall) die Bestimmung des Werths durch das in der Produktion der Waare verausgabte Arbeitsquantum mit der Bestimmung der Waarenwerthe durch den Werth der Arbeit und sucht daher nachzuweisen, daß gleiche Quantitäten Arbeit stets denselben Werth haben. Andrerseits ahnt er, daß die Arbeit, soweit sie sich im

362 *3) Die Werthform oder der Tauschwerth.*

Waaren kommen zur Welt in der Form von Gebrauchswerthen oder Waarenkörpern, als Eisen, Leinwand, Weizen u. s. w. Es ist dieß ihre hausbackene Naturalform. Sie sind jedoch nur Waaren, weil Doppeltes, Gebrauchsgegenstände und zugleich Werthträger. Sie erscheinen daher nur als Waaren oder besitzen nur die Form von Waaren, sofern sie
363 Doppelform besitzen, Naturalform und Werthform.

Die Werthgegenständlichkeit der Waaren unterscheidet sich dadurch von der Wittib Hurtig, daß man nicht weiß wo sie zu haben ist. Im graden Gegentheil zur sinnlich groben Gegenständlichkeit der Waarenkörper geht kein Atom Naturstoff in ihre Werthgegenständlichkeit ein. Man mag daher eine einzelne Waare drehen und wenden wie man will, sie bleibt unfaßbar als Werthding. Erinnern wir uns jedoch, daß die Waaren nur Werthgegenständlichkeit besitzen, sofern sie Ausdrücke derselben gesellschaftlichen Einheit, menschlicher Arbeit, sind, daß ihre Werthgegenständlichkeit also rein gesellschaftlich ist, so versteht sich auch
364 von selbst, daß sie nur im gesellschaftlichen Verhältniß von Waare zu Waare erschei|nen kann. Wir gingen in der That vom Tauschwerth oder Austauschverhältniß der Waaren aus, um ihrem darin versteckten Werth auf die Spur zu kommen. Wir müssen jetzt zu dieser Erscheinungsform des Werthes zurückkehren.

Jedermann weiß, wenn er auch sonst nichts weiß, daß die Waaren eine ¦ mit den bunten Naturalformen ihrer Gebrauchswerthe höchst frappant kontrastirende, gemeinsame Werthform besitzen – die Geld-
365 form. Hier gilt es jedoch zu leisten was von der bürgerlichen Oekonomie nicht einmal versucht ward, nämlich die Genesis dieser Geldform nachzuweisen, also die Entwicklung des im Werthverhältniß der Waaren

Werth der Waaren darstellt, nur als Verausgabung von Arbeitskraft gilt, faßt diese Verausgabung aber wieder bloß als Opfer von Ruhe, Freiheit und Glück, nicht auch als normale Lebensbethätigung. Allerdings hat er den modernen Lohnarbeiter vor Augen. – Viel treffender sagt der Note 9 citirte anonyme Vorgänger von A. Smith: “One man has employed himself a week in providing this necessary of life ... and he that gives him some other in exchange, cannot make a better estimate of what is a proper equivalent, than by computing what cost him just as much labour and time: which in effect is no more than exchanging one man's labour in one thing for a time certain for another man's labour in another thing for the same time.” (l. c. p. 39.)

enthaltenen Werthausdrucks von seiner einfachsten unscheinbarsten Gestalt bis zur blendenden Geldform zu verfolgen. Damit verschwindet zugleich das Geldräthsel.

Das einfachste Werthverhältniß ist offenbar das Werthverhältniß 366
einer Waare zu einer einzigen verschiedenartigen Waare, gleichgültig welcher. Das Werthverhältniß zweier Waaren liefert daher den einfachsten Werthausdruck für eine Waare.

A. Einfache oder einzelne Werthform

x Waare A = y Waare B oder: x Waare A ist y Waare B werth. (20 Ellen Leinwand = 1 Rock oder: 20 Ellen Leinwand sind 1 Rock werth)

1) Die beiden Pole des Werthausdrucks: Relative Werthform und Aequivalentform 367

Das Geheimniß aller Werthform steckt in dieser einfachen Werthform. 368
Ihre Analyse bietet daher die eigentliche Schwierigkeit.

Es spielen hier zwei verschiedenartige Waaren A und B, in unsrem Beispiel Leinwand und Rock, offenbar zwei verschiedene Rollen. Die Leinwand drückt ihren Werth aus im Rock, der Rock dient zum Material dieses Werthausdrucks. Die erste Waare spielt eine aktive, die zweite eine passive Rolle. Der Werth der ersten Waare ist als relativer Werth dar- 369
gestellt oder sie befindet sich in relativer Werthform. Die zweite Waare funktionirt als Aequivalent oder befindet sich in Aequivalentform.

Relative Werthform und Aequivalentform sind zu einander gehö- 370
rige, sich wechselseitig bedingende, unzertrennliche Momente, aber zugleich einander ausschließende oder entgegengesetzte Extreme, d. h. Pole desselben | Werthausdrucks; sie vertheilen sich stets auf die verschiedenen Waaren, die der Werthausdruck auf einander bezieht. Ich kann z. B. den Werth der Leinwand nicht in Leinwand ausdrücken. 20 Ellen Leinwand = 20 Ellen Leinwand ist kein Werthausdruck. Diese Gleichung sagt vielmehr umgekehrt: 20 Ellen Leinwand sind nichts andres als 20 Ellen Leinwand, ein bestimmtes Quantum des Gebrauchsgegenstandes Leinwand. Der Werth der Leinwand kann also nur relativ ausgedrückt werden, d. h. in andrer Waare. Die relative Werthform der

Leinwand unterstellt da¦her, daß irgend eine andre Waare sich ihr gegenüber in der Aequivalentform befindet. Andrerseits, diese andre Waare, die als Aequivalent figurirt, kann sich nicht gleichzeitig in relativer Werthform befinden. Nicht sie drückt ihren Werth aus. Sie liefert nur dem Werthausdruck andrer Waare das Material.

Allerdings schließt der Ausdruck: 20 Ellen Leinwand = 1 Rock oder 20 Ellen Leinwand sind 1 Rock werth, auch die Rückbeziehung ein: 1 Rock = 20 Ellen Leinwand oder 1 Rock ist 20 Ellen Leinwand werth. Aber so muß ich doch die Gleichung umkehren, um den Werth des Rocks relativ auszudrücken, und sobald ich das thue, wird die Leinwand Aequivalent statt des Rockes. Dieselbe Waare kann also in demselben Werthausdruck nicht gleichzeitig in beiden Formen auftreten. Diese
371 schließen sich vielmehr polarisch aus.

Ob eine Waare sich nun in relativer Werthform befindet oder in der entgegengesetzten Aequivalentform, hängt ausschließlich ab von ihrer jedesmaligen Stelle im Werthausdruck, d. h. davon, ob sie die Waare ist, deren Werth, oder aber die Waare worin Werth ausgedrückt wird.

2) *Die relative Werthform.*

372 a) Gehalt der relativen Werthform.

Um herauszufinden, wie der einfache Werthausdruck einer Waare im Werthverhältniß zweier Waaren steckt, muß man letzteres zunächst ganz unabhängig von seiner quantitativen Seite betrachten. Man verfährt meist grade umgekehrt und sieht im Werthverhältniß nur die Proportion, worin bestimmte Quanta zweier Waarensorten einander gleichgelten. Man übersieht, daß die Größen verschiedner Dinge erst
373 quantitativ vergleich|bar werden nach ihrer Reduktion auf dieselbe
374 Einheit. Nur als Ausdrücke derselben Einheit sind sie gleichnamige, daher kommensurable Größen[17].

[17] Die wenigen Oekonomen, die sich, wie S. Bailey, mit der Analyse der Werthform beschäftigt haben, konnten zu keinem Resultat kommen, einmal, weil sie Werthform und Werth verwechseln, zweitens, weil sie, unter dem rohen Einfluß des praktischen Bürgers, von vorn herein ausschließlich die quantitative Bestimmtheit ins Auge fassen. "The command of quantity .... constitutes value." („Money and its Vicissitudes". Lond. 1837, p. 11.) Verfasser S. Bailey.

Ob 20 Ellen Leinwand = 1 Rock oder = 20 oder = x Röcke, d. h., ob ein gegebnes Quantum Leinwand viele oder wenige Röcke werth ist, jede solche Proportion schließt stets ein, daß Leinwand und Röcke als Werthgrößen Ausdrücke derselben Einheit, Dinge von derselben Natur sind. Leinwand = Rock ist die Grundlage der Gleichung.

Aber die zwei qualitativ gleichgesetzten Waaren spielen nicht dieselbe ¦ Rolle. Nur der Werth der Leinwand wird ausgedrückt. Und wie? Durch ihre Beziehung auf den Rock als ihr „Aequivalent“ oder mit ihr „Austauschbares“. In diesem Verhältniß gilt der Rock als Existenzform von Werth, als Werthding, denn nur als solches ist er dasselbe wie die Leinwand. Andrerseits kommt das eigne Werthsein der Leinwand zum Vorschein oder erhält einen selbstständigen Ausdruck, denn nur als Werth ist sie auf den Rock als Gleichwerthiges oder mit ihr Austauschbares bezüglich. So ist die Buttersäure ein vom Propylformat verschiedner Körper. Beide bestehn jedoch aus denselben chemischen Substanzen – Kohlenstoff (C), Wasserstoff (H) und Sauerstoff (O) und zwar in gleicher procentiger Zusammensetzung, nämlich $C_4 H_8 O_2$. Würde nun der Buttersäure das Propylformat gleichgesetzt, so gälte in diesem Verhältniß erstens das Propylformat bloß als Existenzform von C_4, H_8, O_2 und zweitens wäre gesagt, daß auch die Buttersäure aus $C_4 H_8 O_2$ besteht. Durch die Gleichsetzung des Propylformats mit der Buttersäure wäre also ihre chemische Substanz im Unterschied von ihrer Körperform ausgedrückt.

Sagen wir: Als Werthe sind die Waaren bloße Gallerten menschlicher 375
Arbeit, so reducirt unsre Analyse dieselben auf die Werthabstraktion,
giebt ihnen aber keine von ihren Naturalformen verschiedne Werthform.
Anders im Werthverhältniß einer Waare zur andern. Ihr Werthcharakter 376
tritt hier hervor durch ihre eigne Beziehung zu der andern Waare.

Indem z. B. der Rock als Werthding der Leinwand gleichgesetzt wird, |
wird die in ihm steckende Arbeit der in ihr steckenden Arbeit gleich-
gesetzt. Nun ist zwar die Schneiderei, die den Rock macht, eine von
der Weberei, die die Leinwand macht, verschiedenartige konkrete Ar-
beit. Aber die Gleichsetzung mit der Weberei reducirt die Schneiderei
thatsächlich auf das in beiden Arbeiten wirklich Gleiche, auf ihren ge- 377
meinsamen Charakter menschlicher Arbeit. Auf diesem Umweg ist dann
gesagt, daß auch die Weberei, sofern sie Werth webt, keine Unterschei-
dungsmerkmale von der Schneiderei besitzt, also abstrakt menschliche
Arbeit ist. Nur der Aequivalenzausdruck verschiedenartiger Waaren

bringt den specifischen Charakter der werthbildenden Arbeit zum Vor-
schein, indem er die in den verschiedenartigen Waaren steckenden
378 verschiedenartigen Arbeiten thatsächlich auf ihr Gemeinsames reducirt,
379 auf menschliche Arbeit überhaupt[17a].

Es genügt indeß nicht, den specifischen Charakter der Arbeit aus-
zudrüc¦ken, woraus der Werth der Leinwand besteht. Menschliche
Arbeitskraft im flüssigen Zustand oder menschliche Arbeit bildet Werth,
aber ist nicht Werth. Sie wird Werth in geronnenem Zustand, in gegen-
380 ständlicher Form. Um den Leinwandwerth als Gallerte menschlicher
Arbeit auszudrücken, muß er als eine „Gegenständlichkeit" ausgedrückt
werden, welche von der Leinwand selbst dinglich verschieden und
ihr zugleich mit andrer Waare gemeinsam ist. Die Aufgabe ist bereits
gelöst.

Im Werthverhältniß der Leinwand gilt der Rock als ihr qualitativ
Gleiches, als Ding von derselben Natur, weil er ein Werth ist. Er gilt
381 hier daher als ein Ding worin Werth erscheint oder welches in seiner
handgreiflichen Naturalform Werth darstellt. Nun ist zwar der Rock,
der Körper der Rockwaare, ein bloßer Gebrauchswerth. Ein Rock drückt
eben so wenig Werth aus als das erste beste Stück Leinwand. Dieß be-
weist nur, daß er innerhalb des Werthverhältnisses der Leinwand mehr
382 bedeutet als | außerhalb desselben, wie so mancher Mensch innerhalb
eines galonirten Rockes mehr bedeutet als außerhalb desselben.

In der Produktion des Rockes ist thatsächlich, unter der Form der Schneiderei, menschliche Arbeitskraft verausgabt worden. Es ist also menschliche Arbeit in ihm aufgehäuft. Nach dieser Seite hin ist der Rock „Träger von Werth", obgleich diese seine Eigenschaft selbst durch seine größte Fadenscheinigkeit nicht durchblickt. Und im Werthverhältniß der Leinwand gilt er nur nach dieser Seite, daher als verkörperter

[17a] Note zur 2. Ausgabe. Einer der ersten Oekonomen, der nach William Petty die Natur des Werths durchschaut hat, der berühmte Franklin, sagt: „Da der Handel überhaupt nichts ist als der Austausch einer Arbeit gegen andre Arbeit, wird der Werth aller Dinge am richtigsten geschätzt in Arbeit." („The Works of B. Franklin etc.", edited by Sparks, Boston 1836, v. II, p. 267.) Franklin ist sich nicht bewußt, daß, indem er den Werth aller Dinge „in Arbeit" schätzt, er von der Verschiedenheit der ausgetauschten Arbeiten abstrahirt – und sie so auf gleiche menschliche Arbeit reducirt. Was er nicht weiß, sagt er jedoch. Er spricht erst von „der ¦ einen Arbeit", dann „von der andren Arbeit", schließlich von „Arbeit" ohne weitere Bezeichnung als Substanz des Werths aller Dinge.

Werth, als Werthkörper. Trotz seiner zugeknöpften Erscheinung hat die
Leinwand in ihm die stammverwandte schöne Werthseele erkannt. Der 383
Rock kann ihr gegenüber jedoch nicht Werth darstellen, ohne daß für
sie gleichzeitig der Werth die Form eines Rockes annimmt. So kann sich 384
das Individuum A nicht zum Individuum B als einer Majestät verhalten, ohne daß für A die Majestät zugleich die Leibesgestalt von B annimmt und daher Gesichtszüge, Haare und manches andre noch mit dem jedesmaligen Landesvater wechselt.

Im Werthverhältniß, worin der Rock das Aequivalent der Leinwand bildet, gilt also die Rockform als Werthform. Der Werth der Waare Leinwand wird daher ausgedrückt im Körper der Waare Rock, der Werth einer Waare im Gebrauchswerth der andren. Als Gebrauchswerth ist die Leinwand ein vom Rock sinnlich verschiedenes Ding, als Werth ist sie „Rockgleiches" und sieht daher aus wie ein Rock. So erhält sie eine von ihrer Naturalform verschiedene Werthform. Ihr Werthsein erscheint in ihrer Gleichheit mit dem Rock, wie die Schaafsnatur des Christen in seiner Gleichheit mit dem Lamm Gottes. ¦

Man sieht, alles was uns die Analyse des Waarenwerths vorher sagte, 385
sagt die Leinwand selbst, sobald sie in Umgang mit andrer Waare, dem
Rock, tritt. Nur verräth sie ihre Gedanken in der ihr allein geläufigen
Sprache, der Waarensprache. Um zu sagen, daß die Arbeit in der ab- 386
strakten Eigenschaft menschlicher Arbeit ihren eignen Werth bildet, sagt sie, daß der Rock, so weit er ihr gleichgilt, also Werth ist, aus derselben Arbeit besteht wie die Leinwand. Um zu sagen, daß ihre sublime Werthgegenständlichkeit von ihrem steifleinenen Körper verschieden ist, sagt sie, daß Werth aussieht wie ein Rock und daher sie selbst als Werthding dem Rock gleicht wie ein Ei dem andern. Nebenbei bemerkt hat auch die Waarensprache, außer dem Hebräischen, noch viele andre mehr oder minder | korrekte Mundarten. Das deutsche „Werthsein" drückt z. B. minder schlagend aus als das romanische Zeitwort valere, valer, valoir, daß die Gleichsetzung der Waare B mit der Waare A, der eigne Werthausdruck der Waare A ist. Paris vaut bien une messe!

Vermittelst des Werthverhältnisses wird also die Naturalform der Waare B zur Werthform der Waare A oder der Körper der Waare B zum Werthspiegel der Waare A[18]. Indem sich die Waare A auf die Waare B

[18] In gewisser Art geht's dem Menschen wie der Waare. Da er weder mit 387
einem Spiegel auf die Welt kommt, noch als Fichtescher Philosoph: Ich bin ich,

als Werthkörper bezieht, als Materiatur menschlicher Arbeit, macht sie den Gebrauchswerth B zum Material ihres eignen Werthausdrucks. Der Werth der Waare A, so ausgedrückt im Gebrauchswerth der Waare B, besitzt die Form des relativen Werths.

388 b) Quantitative Bestimmtheit der relativen Werthform.

Jede Waare, deren Werth ausgedrückt werden soll, ist ein Gebrauchsgegenstand von gegebenem Quantum, 15 Scheffel Weizen, 100 Pfd. Kaffee u. s. w. Dieses gegebene Waarenquantum enthält ein bestimmtes Quantum menschlicher Arbeit. Die Werthform hat also nicht nur Werth überhaupt, sondern quantitativ bestimmten Werth oder Werthgröße auszudrücken. Im Werthverhältniß der Waare A zur Waare B, der Leinwand zum Rocke, wird daher die Waarenart Rock nicht nur als Werthkörper überhaupt der Leinwand qualitativ gleichgesetzt, sondern einem bestimmten Leinwandquantum, z. B. 20 Ellen Leinwand, ein bestimmtes Quantum des Werthkörpers oder Aequivalents, z. B. 1 Rock. ¦

Die Gleichung: „20 Ellen Leinwand = 1 Rock oder: 20 Ellen Leinwand sind 1 Rock werth“ setzt voraus, daß in 1 Rock gerade so viel Werth-
389 substanz steckt als in 20 Ellen Leinwand, daß beide Waarenquanta also gleich viel Arbeit kosten oder gleich große Arbeitszeit. Die zur Produktion von 20 Ellen Leinwand oder 1 Rock nothwendige Arbeitszeit wechselt aber mit jedem Wechsel in der Produktivkraft der Weberei oder der Schneiderei. Der Einfluß solcher Wechsel auf den relativen Ausdruck der Werthgröße soll nun näher untersucht werden. |

I. Der Werth der Leinwand wechsle[19], während der Rockwerth konstant bleibt. Verdoppelt sich die zur Produktion der Leinwand nothwendige Arbeitszeit, etwa in Folge zunehmender Unfruchtbarkeit des flachstragenden Bodens, so verdoppelt sich ihr Werth. Statt 20 Ellen Leinwand = 1 Rock, hätten wir 20 Ellen Leinwand = 2 Röcke, da 1 Rock jetzt nur halb so viel Arbeitszeit enthält als 20 Ellen Leinwand. Nimmt

bespiegelt sich der Mensch zuerst nur in einem andren Menschen. Erst durch die Beziehung auf den Menschen Paul als seinesgleichen, bezieht sich der Mensch Peter auf sich selbst als Mensch. Damit gilt ihm aber auch der Paul mit Haut und Haaren, in seiner paulinischen Leiblichkeit, als Erscheinungsform des genus Mensch.

390 [19] Der Ausdruck „Werth“ wird hier, wie beiläufig schon früher stellenweis geschah, für quantitativ bestimmten Werth, also für Werthgröße gebraucht.

dagegen die zur Produktion der Leinwand nothwendige Arbeitszeit um die Hälfte ab, etwa in Folge verbesserter Webstühle, so sinkt der Leinwandwerth um die Hälfte. Demgemäß jetzt: 20 Ellen Leinwand = ½ Rock. Der relative Werth der Waare A, d. h. ihr Werth ausgedrückt in der Waare B, steigt und fällt also direkt wie der Werth der Waare A, bei gleichbleibendem Werth der Waare B.

II. Der Werth der Leinwand bleibe konstant, während der Rockwerth wechsle. Verdoppelt sich unter diesen Umständen die zur Produktion des Rockes nothwendige Arbeitszeit, etwa in Folge ungünstiger Wollschur, so haben wir statt 20 Ellen Leinwand = 1 Rock jetzt: 20 Ellen Leinwand = ½ Rock. Fällt dagegen der Werth des Rocks um die Hälfte, so 20 Ellen Leinwand = 2 Röcke. Bei gleichbleibendem Werth der Waare A, fällt oder steigt daher ihr relativer, in der Waare B ausgedrückter Werth im umgekehrten Verhältniß zum Werthwechsel von B.

Vergleicht man die verschiednen Fälle sub I und II, so ergiebt sich, daß derselbe Größenwechsel des relativen Werths aus ganz entgegengesetzten Ursachen entspringen kann. So wird aus 20 Ellen Leinwand = 1 Rock 1) die Gleichung 20 Ellen Leinwand = 2 Röcke, entweder, weil der Werth der Leinwand sich verdoppelt oder der Werth der Röcke um die Hälfte fällt, und 2) die Gleichung 20 Ellen Leinwand = ½ Rock, entweder weil der Werth der Leinwand um die Hälfte sinkt oder der Werth des Rockes auf das Doppelte steigt.

III. Die zur Produktion von Leinwand und Rock nothwendigen Arbeitsquanta mögen gleichzeitig, in derselben Richtung und derselben Proportion wechseln. In diesem Falle nach wie vor 20 Ellen Leinwand = 1 Rock, ¦ wie immer ihre Werthe verändert seien. Man entdeckt ihren Werthwechsel, sobald man sie mit einer dritten Waare vergleicht, deren Werth konstant blieb. Stiegen oder fielen die Werthe aller Waaren gleichzeitig und in | derselben Proportion, so würden ihre relativen Werthe unverändert bleiben. Ihren wirklichen Werthwechsel ersähe man daraus, daß in derselben Arbeitszeit nun allgemein ein größeres oder kleineres Waarenquantum als vorher geliefert würde.

IV. Die zur Produktion von Leinwand und Rock resp. nothwendigen Arbeitszeiten, und daher ihre Werthe, mögen gleichzeitig in derselben Richtung wechseln, aber in ungleichem Grad, oder in entgegengesetzter Richtung u. s. w. Der Einfluß aller möglichen derartigen Kombinationen auf den relativen Werth einer Waare ergiebt sich einfach durch Anwendung der Fälle I., II. und III.

86¦87 29|30

391 Wirkliche Wechsel der Werthgröße spiegeln sich also weder unzweideutig noch erschöpfend wieder in ihrem relativen Ausdruck oder in der Größe des relativen Werths. Der relative Werth einer Waare kann wechseln, obgleich ihr Werth konstant bleibt. Ihr relativer Werth kann konstant bleiben, obgleich ihr Werth wechselt, und endlich brauchen gleichzeitige Wechsel in ihrer Werthgröße und im relativen Ausdruck dieser Werthgröße sich keineswegs zu decken[20]. |

392 *3) Die Aequivalentform.*

Man hat gesehn: Indem eine Waare A (die Leinwand) ihren Werth im Gebrauchswerth einer verschiedenartigen Waare B (dem Rock) ausdrückt, drückt sie letzterer selbst eine eigenthümliche Werthform auf, die des ¦ Aequivalents. Die Leinwandwaare bringt ihr eignes Werthsein dadurch zum Vorschein, daß ihr der Rock, ohne Annahme einer von seiner Körperform verschiedenen Werthform, gleichgilt. Die Leinwand drückt also in der That ihr eignes Werthsein dadurch aus, daß der Rock

20 Note zur 2. Ausg. Diese Inkongruenz zwischen der Werthgröße und ihrem relativen Ausdruck ist von der Vulgärökonomie mit gewohntem Scharfsinn ausgebeutet worden. Z. B.: „Gebt einmal zu, daß A fällt, weil B, womit es ausgetauscht wird, steigt, obgleich unterdessen nicht weniger Arbeit auf A verausgabt wird, und euer allgemeines Werthprincip fällt zu Boden. – Wenn zugegeben wird, daß, weil der Werth von A relativ zu B steigt, der Werth von B relativ zu A fällt, ist der Grund unter den Füßen weggeschnitten, worauf Ricardo seinen großen Satz aufstellt, daß der Werth einer Waare stets bestimmt ist durch das Quantum der ihr einverleibten Arbeit; denn wenn ein Wechsel in den Kosten von A nicht nur seinen eignen Werth im Verhältniß zu B, womit es ausgetauscht wird, verändert, sondern auch den Werth von B relativ zu dem von A, obgleich kein Wechsel stattgefunden hat in dem zur Produktion von B erheischten Arbeitsquantum, dann fällt nicht nur die Doktrin zu Boden. die versichert, daß die auf einen Artikel verausgabte Quantität Arbeit seinen Werth regulirt, sondern auch die Doktrin, daß die Produktionskost eines Artikels seinen Werth regulirt.“ (J. Broadhurst: „Political Economy, London 1842“, p. 11 u. 14.)

Herr Broadhurst konnte eben so gut sagen: man sehe sich einmal die Zahlenverhältnisse $\frac{10}{20}$, $\frac{10}{50}$, $\frac{10}{100}$ u. s. w. an. Die Zahl 10 bleibt unverändert und dennoch nimmt ihre proportionelle Größe, ihre Größe relativ zu den Nennern 20, 50, 100, beständig ab. Also fällt das große Princip zu Boden, daß die Größe einer ganzen Zahl wie 10 z. B. durch die Anzahl der in ihr enthaltenen Einer „regulirt“ ist.

30|31 87¦88

unmittelbar mit ihr austauschbar ist. Die Aequivalentform einer Waare 393
ist folglich die Form ihrer unmittelbaren Austauschbarkeit mit anderer
Waare. 394

Wenn eine Waarenart, wie Röcke, einer andren Waarenart, wie Leinwand, zum Aequivalent dient, Röcke daher die charakteristische Eigenschaft erhalten, sich in unmittelbar austauschbarer Form mit Leinwand zu befinden, so ist damit in keiner Weise die Proportion gegeben, worin Röcke und Leinwand austauschbar sind. Sie hängt, da die Werthgröße der Leinwand gegeben ist, von der Werthgröße der Röcke ab. Ob der Rock als Aequivalent und die Leinwand als relativer Werth, oder umgekehrt die Leinwand als Aequivalent und der Rock als relativer Werth ausgedrückt sei, seine Werthgröße bleibt nach wie vor durch die zu seiner Produktion nothwendige Arbeitszeit, also unabhängig von seiner Werthform bestimmt. Aber sobald die Waarenart Rock im Werthausdruck die Stelle des Aequivalents einnimmt, erhält ihre Werthgröße keinen Ausdruck als Werthgröße. Sie figurirt in der Werthgleichung
vielmehr nur als bestimmtes Quantum einer Sache. 395

Z. B.: 40 Ellen Leinwand sind „werth" – was? 2 Röcke. Weil die Waarenart Rock hier die Rolle des Aequivalents spielt, der Gebrauchswerth Rock der Leinwand gegenüber als Werthkörper gilt, genügt auch ein bestimmtes Quantum Röcke, um ein bestimmtes Werthquantum Leinwand auszudrücken. Zwei Röcke können daher die Werthgröße von 40 Ellen Leinwand, aber sie können nie ihre eigne Werthgröße, die Werthgröße von Röcken, ausdrücken. Die oberflächliche Auffassung dieser Thatsache, daß das Aequivalent in der Werthgleichung stets nur die Form eines einfachen Quantums einer Sache, eines Gebrauchswerthes, besitzt, hat Bailey, wie viele seiner Vorgänger | und Nachfolger, verleitet, im Werthausdruck ein nur quantitatives Verhältniß zu sehen. Die Aequivalentform einer Waare enthält vielmehr keine quantitative
Werthbestimmung. 396

Die erste Eigenthümlichkeit, die bei Betrachtung der Aequivalent- 397
form auffällt, ist diese: Gebrauchswerth wird zur Erscheinungsform seines Gegentheils, des Werths.

Die Naturalform der Waare wird zur Werthform. Aber, notabene, dieß quid pro quo ereignet sich für eine Waare B (Rock oder Weizen oder Eisen u. s. w.) nur innerhalb des Werthverhältnisses, worin eine
beliebige andre Waare A (Leinwand etc.) zu ihr tritt, nur innerhalb 398
dieser Beziehung. Da keine Waare sich auf sich selbst als Aequivalent

beziehn, also auch nicht ihre eigne Naturalhaut zum Ausdruck ihres eignen Werths machen kann, ¦ muß sie sich auf andre Waare als Aequivalent beziehn oder die Naturalhaut einer andren Waare zu ihrer eignen Werthform machen.

Dieß veranschauliche uns das Beispiel eines Maßes, welches den Waarenkörpern als Waarenkörpern zukommt, d. h. als Gebrauchswerthen. Ein Zuckerhut, weil Körper, ist schwer, und hat daher Gewicht, aber man kann keinem Zuckerhut sein Gewicht ansehn oder anfühlen. Wir nehmen nun verschiedne Stücke Eisen, deren Gewicht vorher bestimmt ist. Die Körperform des Eisens, für sich betrachtet, ist eben so wenig Erscheinungsform der Schwere als die des Zuckerhuts. Dennoch, um den Zuckerhut als Schwere auszudrücken, setzen wir ihn in ein Gewichtsverhältniß zum Eisen. In diesem Verhältniß gilt das Eisen als ein
399 Körper, der nichts darstellt außer Schwere. Eisenquanta dienen daher zum Gewichtsmaß des Zuckers und repräsentiren dem Zuckerkörper gegenüber bloße Schwergestalt, Erscheinungsform von Schwere. Diese Rolle spielt das Eisen nur innerhalb dieses Verhältnisses, worin der Zucker, oder irgend ein andrer Körper, dessen Gewicht gefunden werden soll, zu ihm tritt. Wären beide Dinge nicht schwer, so könnten sie nicht in dieß Verhältniß treten und das Eine daher nicht zum Ausdruck der Schwere des Andren dienen. Werfen wir beide auf die Wagschale, so sehn wir in der That, daß sie als Schwere dasselbe und daher in bestimmter Proportion auch von demselben Gewicht sind. Wie der Eisenkörper als Gewichtsmaß dem Zuckerhut gegenüber nur | Schwere, so vertritt in unsrem Werthausdruck der Rockkörper der Leinwand gegenüber nur Werth.

Hier hört jedoch die Analogie auf. Das Eisen vertritt im Gewichtsausdruck des Zuckerhuts eine beiden Körpern gemeinsame Natureigenschaft, ihre Schwere –, während der Rock im Werthausdruck der Leinwand eine übernatürliche Eigenschaft beider Dinge vertritt, ihren Werth, etwas rein Gesellschaftliches.

Indem die relative Werthform einer Waare, z. B. der Leinwand, ihr Werthsein als etwas von ihrem Körper und seinen Eigenschaften durchaus Unterschiedenes ausdrückt, z. B. als Rockgleiches, deutet dieser Ausdruck selbst an, daß er ein gesellschaftliches Verhältniß verbirgt. Umgekehrt mit der Aequivalentform. Sie besteht ja gerade darin, daß ein Waarenkörper, wie der Rock, dieß Ding wie es geht und steht, Werth ausdrückt, also von Natur Werthform besitzt. Zwar gilt dieß nur innerhalb des Werthverhältnisses, worin die Leinwandwaare auf die Rockwaare als Aequivalent bezogen ist[21]. Da aber Eigenschaften eines Dings nicht aus seinem Verhältniß zu andern Dingen entspringen, sich vielmehr in solchem Verhältniß nur ¦ bethätigen, scheint auch der Rock seine Aequivalentform, seine Eigenschaft unmittelbarer Austauschbarkeit, ebenso sehr von Natur zu besitzen als seine Eigenschaft schwer zu sein oder warm zu halten. Daher das Räthselhafte der Aequivalentform, das den bürgerlich rohen Blick des politischen Oekonomen erst schlägt, sobald diese Form ihm fertig gegenübertritt im Geld. Dann sucht er den mystischen Charakter von Gold und Silber wegzuklären, indem er ihnen minder blendende Waaren unterschiebt und mit stets erneutem Vergnügen den Katalog all des Waarenpöbels ableiert, der seiner Zeit die Rolle des Waarenaequivalents gespielt hat. Er ahnt nicht, daß schon der einfachste Werthausdruck, wie 20 Ellen Leinwand = 1 Rock, das Räthsel der Aequivalentform zu lösen giebt.

Der Körper der Waare, die zum Aequivalent dient, gilt stets als Ver- 401
körperung abstrakt menschlicher Arbeit und ist stets das Produkt einer 402
bestimmten nützlichen, konkreten Arbeit. Diese konkrete Arbeit wird |
also zum Ausdruck abstrakt menschlicher Arbeit. Gilt der Rock z. B. 403
als bloße Verwirklichung, so die Schneiderei, die sich thatsächlich in ihm verwirklicht, als bloße Verwirklichungsform abstrakt menschlicher Arbeit. Im Werthausdruck der Leinwand besteht die Nützlichkeit der Schneiderei nicht darin, daß sie Kleider, also auch Leute, sondern daß sie einen Körper macht, dem man es ansieht, daß er Werth ist, also Gallerte von Arbeit, die sich durchaus nicht unterscheidet von der im Leinwandwerth vergegenständlichten Arbeit. Um solch einen Werthspiegel zu machen, muß die Schneiderei selbst nichts wiederspiegeln außer ihrer abstrakten Eigenschaft, menschliche Arbeit zu sein.

In der Form der Schneiderei wie in der Form der Weberei wird menschliche Arbeitskraft verausgabt. Beide besitzen daher die allgemeine Eigenschaft menschlicher Arbeit und mögen daher in bestimmten Fällen, z. B. bei der Werthproduktion, nur unter diesem Gesichtspunkt in
Betracht kommen. All das ist nicht mysteriös. Aber im Werthausdruck 404
der Waare wird die Sache verdreht. Um z. B. auszudrücken, daß das

[21] Es ist mit solchen Reflexionsbestimmungen überhaupt ein eignes Ding. 400
Dieser Mensch ist z. B. nur König, weil sich andre Menschen als Unterthanen zu ihm verhalten. Sie glauben umgekehrt Unterthanen zu sein, weil er König ist.

Weben nicht in seiner konkreten Form als Weben, sondern in seiner allgemeinen Eigenschaft als menschliche Arbeit den Leinwandwerth bildet, wird ihm die Schneiderei, die konkrete Arbeit, die das Leinwand-
405 Aequivalent producirt, gegenübergestellt als die handgreifliche Verwirklichungsform abstrakt menschlicher Arbeit.

406 Es ist also eine zweite Eigenthümlichkeit der Aequivalentform, daß
407 konkrete Arbeit zur Erscheinungsform ihres Gegentheils, abstrakt menschlicher Arbeit wird.

Indem aber diese konkrete Arbeit, die Schneiderei, als bloßer Ausdruck unterschiedsloser menschlicher Arbeit gilt, besitzt sie die Form der Gleichheit mit andrer Arbeit, der in der Leinwand steckenden Arbeit,
408 und ist da¦her, obgleich Privatarbeit, wie alle andre, Waaren producirende Arbeit, dennoch Arbeit in unmittelbar gesellschaftlicher Form. Eben deßhalb stellt sie sich dar in einem Produkt, das unmittelbar austausch-
409 bar mit andrer Waare ist. Es ist also eine dritte Eigenthümlichkeit der Aequivalentform, daß Privatarbeit zur Form ihres Gegentheils wird, zu Arbeit in unmittelbar gesellschaftlicher Form.

Die beiden zuletzt entwickelten Eigenthümlichkeiten der Aequivalentform werden noch faßbarer, wenn wir zu dem großen Forscher | zurüccgehn, der die Werthform, wie so viele Denkformen, Gesellschaftsformen und Naturformen zuerst analysirt hat. Es ist dieß Aristoteles.

Zunächst spricht Aristoteles klar aus, daß die Geldform der Waare nur die weiter entwickelte Gestalt der einfachen Werthform ist, d. h. des Ausdrucks des Werths einer Waare in irgend einer beliebigen andren Waare, denn er sagt:

„5 Polster = 1 Haus" *(„Κλῖναι πέντε ἀντὶ οἰκίας")*

„unterscheidet sich nicht" von:

„5 Polster = so und so viel Geld"
(„Κλῖναι πέντε ἀντὶ … ὅσου αἱ πέντε κλῖναι").

Er sieht ferner ein, daß das Werthverhältniß, worin dieser Werthausdruck steckt, seinerseits bedingt, daß das Haus dem Polster qualitativ gleichgesetzt wird, und daß diese sinnlich verschiednen Dinge ohne solche Wesensgleichheit nicht als kommensurable Größen auf einander beziehbar wären. „Der Austausch", sagt er, „kann nicht sein ohne die Gleichheit, die Gleichheit aber nicht ohne die Kommensurabilität"

(„οὔτ᾽ ἰσότης μὴ οὔσης συμμετρίας"). Hier aber stutzt er und giebt die weitere Analyse der Werthform auf. „Es ist aber in Wahrheit unmöglich („τῇ μὲν οὖν ἀληθείᾳ ἀδύνατον"), daß so verschiedenartige Dinge kommensurabel", d. h. qualitativ gleich seien. Diese Gleichsetzung kann nur etwas der wahren Natur der Dinge Fremdes sein, also nur „Nothbehelf für das praktische Bedürfniß".

Aristoteles sagt uns also selbst, woran seine weitere Analyse scheitert, nämlich am Mangel des Werthbegriffs. Was ist das Gleiche, d. h. die gemeinschaftliche Substanz, die das Haus für den Polster im Werthausdruck des Polsters vorstellt? So etwas kann „in Wahrheit nicht existiren", sagt Aristoteles. Warum? Das Haus stellt dem Polster gegenüber ein Gleiches vor, soweit es das in Beiden, dem Polster und dem Haus, wirklich Gleiche vorstellt. Und das ist – menschliche Arbeit.

Daß aber in der Form der Waarenwerthe alle Arbeiten als gleiche menschliche Arbeit und daher als gleichgeltend ausgedrückt sind, konnte Aristoteles nicht aus der Werthform selbst herauslesen, weil die griechische Gesellschaft auf der Sklavenarbeit beruhte, daher die Ungleichheit ¦ der Menschen und ihrer Arbeitskräfte zur Naturbasis hatte. Das Geheimniß des Werthausdrucks, die Gleichheit und gleiche | Gültigkeit aller Arbeiten, weil und insofern sie menschliche Arbeit überhaupt sind, kann nur entziffert werden, sobald der Begriff der menschlichen Gleichheit bereits die Festigkeit eines Volksvorurtheils besitzt. Das ist aber erst möglich in einer Gesellschaft, worin die Waarenform die allgemeine Form des Arbeitsprodukts, also auch das Verhältniß der Menschen zu einander als Waarenbesitzer das herrschende gesellschaftliche Verhältniß ist. Das Genie des Aristoteles glänzt grade darin, daß er im Werthausdruck der Waaren ein Gleichheitsverhältniß entdeckt. Nur die historische Schranke der Gesellschaft, worin er lebte, verhindert ihn 410
herauszufinden, worin denn „in Wahrheit" dieß Gleichheitsverhältniß besteht.

4) Das Ganze der einfachen Werthform. 411

Die einfache Werthform einer Waare ist enthalten in ihrem Werthverhältniß zu einer verschiedenartigen Waare oder im Austauschverhältniß mit derselben. Der Werth der Waare A wird qualitativ ausgedrückt durch die unmittelbare Austauschbarkeit der Waare B mit der Waare A. Er wird quantitativ ausgedrückt durch die Austauschbarkeit eines bestimmten

Quantums der Waare B mit dem gegebenen Quantum der Waare A. In andren Worten: Der Werth einer Waare ist selbstständig ausgedrückt durch seine Darstellung als „Tauschwerth". Wenn es im Eingang dieses Kapitels in der gang und gäben Manier hieß: Die Waare ist Gebrauchswerth und Tauschwerth, so war dieß, genau gesprochen, falsch. Die Waare ist Gebrauchswerth oder Gebrauchsgegenstand und „Werth". Sie stellt sich dar als dieß Doppelte was sie ist, sobald ihr Werth eine eigne, von ihrer Naturalform verschiedene Erscheinungsform besitzt, die des Tauschwerths, und sie besitzt diese Form niemals isolirt betrachtet, sondern stets nur im Werth- oder Austauschverhältniß zu einer zweiten, verschiedenartigen Waare. Weiß man das jedoch einmal, so thut jene Sprechweise keinen Harm, sondern dient zur Abkürzung.

Unsere Analyse bewies, daß die Werthform oder der Werthausdruck der Waare aus der Natur des Waarenwerths entspringt, nicht umgekehrt Werth und Werthgröße aus ihrer Ausdrucksweise als Tauschwerth. Dieß ist jedoch der Wahn sowohl der Merkantilisten und ihrer modernen | Aufwärmer wie Ferrier, Ganilh u. s. w.[22], als auch ihrer Antipoden, der modernen Freihandel's-Commis Voyageurs, wie Bastiat und Konsorten. Die Merkantili ¦ sten legen das Hauptgewicht auf die qualitative Seite des Werthausdrucks, daher auf die Aequivalentform der Waare, die im Geld ihre fertige Gestalt besitzt, – die modernen Freihandelshausirer dagegen, die ihre Waare um jeden Preis losschlagen müssen, auf die quantitative Seite der relativen Werthform. Für sie existirt folglich weder Werth noch Werthgröße der Waare außer in dem Ausdruck durch das Austauschverhältniß, daher nur im Zettel des täglichen Preiskurants. Der Schotte Mac Leod, in seiner Funktion die kreuzverwirrten Vorstellungen von Lombardstreet möglichst gelehrt heraus zu putzen, bildet die gelungene Synthese zwischen den abergläubigen Merkantilisten und den aufgeklärten Freihandelshausirern.

Die nähere Betrachtung des im Werthverhältniß zur Waare B enthaltenen Werthausdrucks der Waare A hat gezeigt, daß innerhalb desselben die Naturalform der Waare A nur als Gestalt von Gebrauchswerth, die Naturalform der Waare B nur als Werthform oder Werthgestalt gilt.
412 Der in der Waare eingehüllte innere Gegensatz von Gebrauchswerth

22 Note zur 2. Ausg. F. L. A. Ferrier (sous-inspecteur des douanes): „Du Gouvernement considéré dans ses rapports avec le commerce. Paris 1805" und Charles Ganilh: „Des Systèmes de l'Economie Politique. 2ème éd. Paris 1821".

und Werth wird also dargestellt durch einen äußeren Gegensatz, d. h. durch das Verhältniß zweier Waaren, worin die eine Waare, deren Werth ausgedrückt werden soll, unmittelbar nur als Gebrauchswerth, die andre Waare hingegen, worin Werth ausgedrückt wird, unmittelbar nur als Tauschwerth gilt. Die einfache Werthform einer Waare ist also die einfache Erscheinungsform des in ihr enthaltenen Gegensatzes von Gebrauchswerth und Werth.

Das Arbeitsprodukt ist in allen gesellschaftlichen Zuständen Ge- 413
brauchsgegenstand, aber nur eine historisch bestimmte Entwicklungsepoche, welche die in der Produktion eines Gebrauchsdings verausgabte Arbeit als seine „gegenständliche“ Eigenschaft darstellt, d. h. als seinen Werth, verwandelt das Arbeitsprodukt in Waare. Es folgt daher, daß die einfache Werthform der Waare zugleich die einfache | Waarenform des Arbeitsprodukts ist, daß also auch die Entwicklung der Waarenform mit der Entwicklung der Werthform zusammenfällt.

Der erste Blick zeigt das Unzulängliche der einfachen Werthform,
dieser Keimform, die erst durch eine Reihe von Metamorphosen zur 414
Preisform heranreift.

Der Ausdruck in irgend welcher Waare B unterscheidet den Werth der Waare A nur von ihrem eignen Gebrauchswerth und setzt sie daher auch nur in ein Austauschverhältniß zu irgend einer einzelnen von ihr selbst verschiednen Waarenart, statt ihre qualitative Gleichheit und quantitative Proportionalität mit allen andren Waaren darzustellen. Der einfachen relativen Werthform einer Waare entspricht die einzelne Aequivalentform einer andren Waare. So besitzt der Rock, im relativen Werthausdruck der Leinwand, nur Aequivalentform oder Form unmittelbarer Austauschbarkeit mit Bezug auf diese einzelne Waarenart Leinwand. ¦

Indeß geht die einzelne Werthform von selbst in eine vollständigere 415
Form über. Vermittelst derselben wird der Werth einer Waare A zwar in nur einer Waare von andrer Art ausgedrückt. Welcher Art aber diese zweite Waare, ob Rock, ob Eisen, ob Weizen u. s. w., ist durchaus gleichgültig. Je nachdem sie also zu dieser oder jener andren Waarenart in ein Werthverhältniß tritt, entstehn verschiedne einfache Werthausdrücke einer und derselben Waare[22a]. Die Anzahl ihrer möglichen Werthausdrücke

[22a] Note zur 2. Ausg. Z. B. bei Homer wird der Werth eines Dings in einer Reihe verschiedner Dinge ausgedrückt.

ist nur beschränkt durch die Anzahl von ihr verschiedner Waarenarten. Ihr vereinzelter Werthausdruck verwandelt sich daher in die stets verlängerbare Reihe ihrer verschiednen einfachen Werthausdrücke.

B. Totale oder entfaltete Werthform.

z Waare A = u Waare B oder = v Waare C oder = w Waare D oder = x Waare E oder = etc.

(20 Ellen Leinwand = 1 Rock oder = 10 Pfd. Thee oder = 40 Pfd. Kaffee oder = 1 Quarter Weizen oder = 2 Unzen Gold oder = ½ Tonne Eisen oder = etc.)

1. Die entfaltete relative Werthform.

Der Werth einer Waare, der Leinwand z. B., ist jetzt ausgedrückt | in zahllosen andren Elementen der Waarenwelt. Jeder andre Waarenkör-
416 per wird zum Spiegel des Leinwandwerths[23]. So erscheint dieser Werth selbst erst wahrhaft als Gallerte unterschiedsloser menschlicher Arbeit.
417 Denn die ihn bildende Arbeit ist nun ausdrücklich als Arbeit dargestellt, der jede andre menschliche Arbeit gleichgilt, welche Naturalform sie immer be¦sitze, und ob sie sich daher in Rock oder Weizen oder Eisen

23 Man spricht deßhalb vom Rockwerth der Leinwand, wenn man ihren Werth in Röcken, von ihrem Kornwerth, wenn man ihn in Korn darstellt u. s. w. Jeder solche Ausdruck besagt, daß es ihr Werth ist, der in den Gebrauchswerthen Rock, Korn u. s. w. erscheint. "The value of any commodity denoting its relation in exchange, we may speak of it as … cornvalue, clothvalue according to the commodity with which it is compared; and then there are a thousand different kinds of value, as many kinds of value as there are commodities in existence, and all are equally real and equally nominal." („A Critical Dissertation on the Nature, Measures and Causes of Value: chiefly in reference to the writings of Mr. Ricardo and his followers. By the Author of Essays on the Formation etc. of Opinions. London 1825", p. 39.) S. Bailey, der Verfasser dieser anonymen Schrift, die ihrer Zeit viel Lärm in England machte, wähnt durch diesen Hinweis auf die kunterbunten relativen Ausdrücke desselben Waaren-Werths alle Begriffsbestimmung des Werths vernichtet zu haben. Daß er übrigens, trotz eigner Bornirtheit, wunde Flecken der Ricardoschen Theorie sondirt hatte, bewies die Gereiztheit, womit die Ricardo'sche Schule ihn angriff, z. B. in der Westminster Review.

38|39 94¦95

oder Gold u. s. w. vergegenständliche. Durch ihre Werthform steht die
Leinwand daher jetzt auch in gesellschaftlichem Verhältniß nicht mehr
zu nur einer einzelnen andren Waarenart, sondern zur Waarenwelt.
Als Waare ist sie Bürger dieser Welt. Zugleich liegt in der endlosen
Reihe seiner Ausdrücke, daß der Waarenwerth gleichgültig ist gegen die 418
besondre Form des Gebrauchswerths, worin er erscheint.

In der ersten Form: 20 Ellen Leinwand = 1 Rock kann es zufällige Thatsache sein, daß diese zwei Waaren in einem bestimmten quantitativen Verhältnisse austauschbar sind. In der zweiten Form leuchtet dagegen sofort ein von der zufälligen Erscheinung wesentlich unterschiedner und sie bestimmender Hintergrund durch. Der Werth der Leinwand bleibt gleich groß, ob in Rock oder Kaffee oder Eisen u. s. w. dargestellt, in zahllos verschiednen Waaren, den verschiedensten Besitzern angehörig. Das zufällige Verhältniß zweier individueller | Waarenbesitzer fällt fort. Es wird offenbar, daß nicht der Austausch die Werthgröße der Waare, sondern umgekehrt die Werthgröße der Waare ihre Austauschverhältnisse regulirt.

2. *Die besondre Aequivalentform.*

Jede Waare, Rock, Thee, Weizen, Eisen u. s. w. gilt im Werthausdruck der
Leinwand als Aequivalent und daher als Werthkörper. Die bestimmte
Naturalform jeder dieser Waaren ist jetzt eine besondre Aequivalent-
form neben vielen andren. Ebenso gelten die mannigfaltigen in den
verschiedenen Waarenkörpern enthaltenen bestimmten, konkreten,
nützlichen Arbeitsarten jetzt als eben so viele besondre Verwirklichungs-
oder Erscheinungsformen menschlicher Arbeit schlechthin. 419

3. *Mängel der totalen oder entfalteten Werthform.* 420

Erstens ist der relative Werthausdruck der Waare unfertig, weil seine Dar-
stellungsreihe nie abschließt. Die Kette, worin eine Werthgleichung sich
zur andren fügt, bleibt fortwährend verlängerbar durch jede neu auf-
tretende Waarenart, welche das Material eines neuen Werthausdrucks
liefert. Zweitens bildet sie eine bunte Mosaik auseinanderfallender
und verschiedenartiger Werthausdrücke. Wird endlich, wie dieß ge- 421

schehn muß, der relative Werth jeder Waare in dieser entfalteten Form ausgedrückt, so ist die relative Werthform jeder Waare eine von der relativen Werthform jeder andren Waaren verschiedne endlose Reihe von Werthausdrücken. – Die Mängel der entfalteten relativen Werthform spiegeln sich wieder in der ihr entsprechenden Aequivalentform. Da die Naturalform jeder einzelnen ¦ Waarenart hier eine besondre Aequivalentform neben unzähligen andren besondren Aequivalentformen ist, existiren überhaupt nur beschränkte Aequivalentformen, von denen jede die andre ausschließt. Ebenso ist die in jedem besonderen Waarenäquivalent enthaltene bestimmte, konkrete, nützliche Arbeitsart nur besondre, also nicht erschöpfende Erscheinungsform der menschlichen
422 Arbeit. Diese besitzt ihre vollständige oder totale Erscheinungsform zwar in dem Gesammtumkreis jener besondren Erscheinungsformen. Aber so besitzt sie keine einheitliche Erscheinungsform. |

Die entfaltete relative Werthform besteht jedoch nur aus einer Summe einfacher relativer Werthausdrücke oder Gleichungen der ersten Form, wie:

20 Ellen Leinwand = 1 Rock
20 Ellen Leinwand = 10 Pfd. Thee u. s. w.

Jede dieser Gleichungen enthält aber rückbezüglich auch die identische Gleichung:

1 Rock = 20 Ellen Leinwand
10 Pfd. Thee = 20 Ellen Leinwand u. s. w.

In der That: Wenn ein Mann seine Leinwand mit vielen andren Waaren austauscht und daher ihren Werth in einer Reihe von andren Waaren ausdrückt, so müssen nothwendig auch die vielen andren Waarenbesitzer ihre Waaren mit Leinwand austauschen und daher die Werthe ihrer verschiedenen Waaren in derselben dritten Waare ausdrücken, in Leinwand. – Kehren wir also die Reihe: 20 Ellen Leinwand = 1 Rock oder = 10 Pfd. Thee oder = u. s. w. um, d. h. drücken wir die der Sache nach schon in der Reihe enthaltene Rückbeziehung aus, so erhalten wir:

C. Allgemeine Werthform.

$$\left.\begin{array}{ll} \text{1 Rock} & = \\ \text{10 Pfd. Thee} & = \\ \text{40 Pfd. Kaffee} & = \\ \text{1 Qrtr. Weizen} & = \\ \text{2 Unzen Gold} & = \\ \text{½ Tonne Eisen} & = \\ \text{x Waare A} & = \\ \text{u. s. w. Waare} & = \end{array}\right\} \text{20 Ellen Leinwand.} ¦$$

1. Veränderter Charakter der Werthform.

Die Waaren stellen ihre Werthe jetzt 1) einfach dar, weil in einer einzigen Waare und 2) einheitlich, weil in derselben Waare. Ihre Werthform ist einfach und gemeinschaftlich, daher allgemein. 423

Die Formen I und II kamen beide nur dazu, den Werth einer Waare als etwas von ihrem eignen Gebrauchswerth oder ihrem Waarenkörper Unterschiedenes auszudrücken. |

Die erste Form ergab Werthgleichungen wie: 1 Rock = 20 Ellen Leinwand, 10 Pfd. Thee = ½ Tonne Eisen u. s. w. Der Rockwerth wird als Leinwandgleiches, der Theewerth als Eisengleiches u. s. w. ausgedrückt, aber Leinwandgleiches und Eisengleiches, diese Werthausdrücke von Rock und Thee, sind ebenso verschieden wie Leinwand und Eisen. Diese Form kommt offenbar praktisch nur vor in den ersten Anfängen, wo Arbeitsprodukte durch zufälligen und gelegentlichen Austausch in 424
Waaren verwandelt werden.

Die zweite Form unterscheidet vollständiger als die erste den Werth einer Waare von ihrem eignen Gebrauchswerth, denn der Werth des Rocks z. B. tritt jetzt seiner Naturalform in allen möglichen Formen gegenüber, als Leinwandgleiches, Eisengleiches, Theegleiches u. s. w., alles andre, nur nicht Rockgleiches. Andrerseits ist hier jeder gemeinsame Werthausdruck der Waaren direkt ausgeschlossen, denn im Werthausdruck je einer Waare erscheinen jetzt alle andren Waaren nur in der Form von Aequivalenten. Die entfaltete Werthform kommt zuerst thatsächlich vor, sobald ein Arbeitsprodukt, Vieh z. B., nicht mehr ausnahmsweise, sondern schon gewohnheitsmäßig mit verschiednen andren Waaren ausgetauscht wird.

Die neu gewonnene Form drückt die Werthe der Waarenwelt in einer und derselben von ihr abgesonderten Waarenart aus, z. B. in Leinwand, und stellt so die Werthe aller Waaren dar durch ihre Gleichheit mit Leinwand. Als Leinwandgleiches ist der Werth jeder Waare jetzt nicht nur von ihrem eignen Gebrauchswerth unterschieden, sondern von allem Gebrauchswerth, und eben dadurch als das ihr mit allen Waaren Gemeinsame ausgedrückt. Erst diese Form bezieht daher wirklich die Waaren auf einander als Werthe oder läßt sie einander als Tauschwerthe erscheinen.

Die beiden früheren Formen drücken den Werth je einer Waare, sei es in einer einzigen verschiedenartigen Waare, sei es in einer Reihe vieler von ihr verschiednen Waaren aus. Beidemal ist es so zu sagen das Privatgeschäft der einzelnen Waare sich eine Werthform zu geben, und sie vollbringt es ohne Zuthun der andren Waaren. Diese spielen ihr gegenüber die bloß passive Rolle des Aequivalents. Die allgemeine Werthform entsteht dagegen nur als gemeinsames Werk der Waarenwelt. Eine Waare gewinnt ¦ nur allgemeinen Werthausdruck, weil gleich|zeitig alle andren Waaren ihren Werth in demselben Aequivalent ausdrücken und jede neu auftretende Waarenart muß das nachmachen.
425 Es kommt damit zum Vorschein, daß die Werthgegenständlichkeit der Waaren, weil sie das bloß „gesellschaftliche Dasein" dieser Dinge, auch nur durch ihre allseitige gesellschaftliche Beziehung ausgedrückt werden kann, ihre Werthform daher gesellschaftlich gültige Form sein muß.

In der Form von Leinwandgleichen erscheinen jetzt alle Waaren nicht nur als qualitativ Gleiche, Werthe überhaupt, sondern zugleich als quantitativ vergleichbare Werthgrößen. Weil sie ihre Werthgrößen in einem und demselben Material, in Leinwand bespiegeln, spiegeln sich diese Werthgrößen wechselseitig wieder. Z. B. 10 Pfd. Thee = 20 Ellen Leinwand, und 40 Pfd. Kaffee = 20 Ellen Leinwand. Also 10 Pfd. Thee = 40 Pfd. Kaffee. Oder in 1 Pfd. Kaffee steckt nur ¼ so viel Werthsubstanz, Arbeit, als in 1 Pfd. Thee.

426 Die allgemeine relative Werthform der Waarenwelt drückt der von ihr ausgeschlossenen Aequivalentwaare, der Leinwand, den Charakter des allgemeinen Aequivalents auf. Ihre eigne Naturalform ist die gemeinsame Werthgestalt dieser Welt, die Leinwand daher mit allen

andren Waaren unmittelbar austauschbar. Ihre Körperform gilt als
die sichtbare Inkarnation, die allgemeine gesellschaftliche Verpup-
pung aller menschlichen Arbeit. Die Weberei, die Privatarbeit, welche 427
Leinwand producirt, befindet sich zugleich in allgemein gesellschaftlicher Form, der Form der Gleichheit mit allen andren Arbeiten. Die zahllosen Gleichungen, woraus die allgemeine Werthform besteht, setzen der Reihe nach die in der Leinwand verwirclichte Arbeit jeder in andrer Waare enthaltenen Arbeit gleich und machen dadurch die Weberei zur allgemeinen Erscheinungsform menschlicher Arbeit überhaupt. So ist die im Waarenwerth vergegenständlichte Arbeit nicht nur negativ dargestellt als Arbeit, worin von allen konkreten Formen und nützlichen Eigenschaften der wirklichen Arbeiten abstrahirt wird. Ihre eigne positive Natur tritt ausdrücklich hervor. Sie ist die Reduktion aller wirklichen Arbeiten auf den ihnen gemeinsamen Charakter menschlicher Arbeit, auf die Verausgabung menschlicher Arbeitskraft.

Die allgemeine Werthform, welche die Arbeitsprodukte als bloße Gallerten unterschiedsloser menschlicher Arbeit darstellt, zeigt durch ihr eignes Gerüste, daß sie der gesellschaftliche Ausdruck der Waarenwelt | ist. So offenbart sie, daß innerhalb dieser Welt der allgemein menschliche Charakter der Arbeit ihren specifisch gesellschaftlichen Charakter bildet. ¦

2. *Entwicklungsverhältniß von relativer Werthform und Aequivalentform.*

Dem Entwicklungsgrad der relativen Werthform entspricht der Entwic-
clungsgrad der Aequivalentform. Aber, und dieß ist wohl zu merken,
die Entwicklung der Aequivalentform ist nur Ausdruck und Resultat 428
der Entwicklung der relativen Werthform.

Die einfache oder vereinzelte relative Werthform einer Waare macht 429
eine andre Waare zum einzelnen Aequivalent. Die entfaltete Form des
relativen Werthes, dieser Ausdruck des Werthes einer Waare in allen
andren Waaren, prägt ihnen die Form verschiedenartiger besonderer
Aequivalente auf. Endlich erhält eine besondere Waarenart die allge-
meine Aequivalentform, weil alle andren Waaren sie zum Material ihrer 430
einheitlichen, allgemeinen Werthform machen.

In demselben Grad aber, worin sich die Werthform überhaupt ent-
431 wickelt, entwickelt sich auch der Gegensatz zwischen ihren beiden Polen, der relativen Werthform und Aequivalentform.

Schon die erste Form – 20 Ellen Leinwand = 1 Rock – enthält die-
432 sen Gegensatz, fixirt ihn aber nicht. Je nachdem dieselbe Gleichung vorwärts oder rückwärts gelesen wird, befindet sich jedes der beiden Waarenextreme, wie Leinwand und Rock, gleichmäßig bald in der relativen Werthform, bald in der Aequivalentform. Es kostet hier noch
433 Mühe, den polarischen Gegensatz festzuhalten.

In der Form II kann immer nur je eine Waarenart ihren relativen Werth total entfalten oder besitzt sie selbst nur entfaltete relative Werthform, weil und sofern alle andren Waaren sich ihr gegenüber in der Aequivalentform befinden. Hier kann man nicht mehr die zwei Seiten der Werthgleichung – wie 20 Ellen Leinwand = 1 Rock oder = 10 Pfd. Thee oder = 1 Qrtr. Weizen etc. – umsetzen, ohne ihren Gesammtcharakter zu verändern und sie aus der totalen in die allgemeine Werthform zu verwandeln.

Die letztere Form, Form III, endlich giebt der Waarenwelt all|gemein-gesellschaftliche relative Werthform, weil und sofern, mit einer einzigen Ausnahme, alle ihr angehörigen Waaren von der allgemeinen Aequivalentform ausgeschlossen sind. Eine Waare, die Leinwand, befindet sich daher in der Form unmittelbarer Austauschbarkeit mit allen andren Waaren oder in unmittelbar gesellschaftlicher Form, weil und sofern alle andren Waaren sich nicht darin befinden[24]. ¦

434 [24] Man sieht es der Form allgemeiner unmittelbarer Austauschbarkeit in der That keineswegs an, daß sie eine gegensätzliche Waarenform ist, von der Form nicht unmittelbarer Austauschbarkeit ebenso unzertrennlich wie die Positivität eines Magnetpols von der Negativität des andren. Man mag sich daher einbilden, man könne allen Waaren zugleich den Stempel ¦ unmittelbarer Austauschbarkeit aufdrücken, wie man sich einbilden mag, man könne alle Katholiken zu Päbsten machen. Für den Kleinbürger, der in der Waarenproduktion das nec plus ultra menschlicher Freiheit und individueller Unabhängigkeit erblickt, wäre es natürlich sehr wünschenswerth, der mit dieser Form verbundneu Mißstände überhoben zu sein, namentlich auch der nicht unmittelbaren Austauschbarkeit der Waaren. Die Ausmalung dieser Philisterutopie bildet Proudhon's Socialismus, der, wie ich anderswo gezeigt, nicht einmal das Verdienst der Originalität besitzt, vielmehr lange vor ihm von Gray, Bray und Andern, weit besser entwickelt wurde. Dieß verhindert solche Weisheit nicht, heutzutage, in gewissen Kreisen,

Umgekehrt ist die Waare, die als allgemeines Aequivalent figurirt, von der einheitlichen und daher allgemeinen relativen Werthform der Waarenwelt ausgeschlossen. Sollte die Leinwand, d. h. irgend eine in allgemeiner Aequivalentform befindliche Waare, auch zugleich an der allgemeinen relativen Werthform theilnehmen, so müßte sie sich selbst zum Aequivalent dienen. Wir erhielten dann: 20 Ellen Leinwand = 20 Ellen Leinwand, eine Tautologie, worin weder Werth, noch Werthgröße ausgedrückt ist. Um den relativen Werth des allgemeinen Aequivalents auszudrücken, müssen wir vielmehr die Form III umkehren. Es besitzt keine mit den andren Waaren gemeinschaftliche relative Werthform, sondern sein Werth drückt sich relativ aus in der endlosen Reihe aller andren Waarenkörper. So erscheint jetzt die entfaltete relative Werthform oder Form II als die specifische relative Werthform der Aequivalentwaare. |

3. *Uebergang aus der allgemeinen Werthform zur Geldform.*

Die allgemeine Aequivalentform ist eine Form des Werths überhaupt. 435
Sie kann also jeder Waare zukommen. Andrerseits befindet sich eine Waare nur in allgemeiner Aequivalentform (Form III), weil und sofern sie durch alle andren Waaren als Aequivalent ausgeschlossen wird. Und erst vom Augenblick, wo diese Ausschließung sich endgültig auf eine specifische Waarenart beschränkt, hat die einheitliche relative Werthform der Waarenwelt objective Festigkeit und allgemein gesellschaftliche Gültigkeit gewonnen.

Die specifische Waarenart nun, mit deren Naturalform die Aequi-
valentform gesellschaftlich verwächst, wird zur Geldwaare oder funk- 436
tionirt als Geld. Es wird ihre specifisch gesellschaftliche Funktion, und daher ihr gesellschaftliches Monopol innerhalb der Waarenwelt die Rolle des allgemeinen Aequivalents zu spielen. Diesen bevorzugten Platz hat unter den Waaren, welche in Form II als besondre Aequivalente der

unter dem Namen der „science" zu grassiren. Nie hat eine Schule mehr als die Proudhon'sche mit dem Wort „science" um sich geworfen, denn

„wo Begriffe fehlen,
Da stellt zur rechten Zeit ein Wort sich ein".

Leinwand figuriren, und in Form III ihren relativen Werth gemeinsam in Leinwand ausdrüc¦ken, eine bestimmte Waare historisch erobert, das Gold. Setzen wir daher in Form III die Waare Gold an die Stelle der Waare Leinwand, so erhalten wir:

437 D. Geldform.

20 Ellen Leinwand	=	
1 Rock	=	
10 Pfd. Thee	=	
40 Pfd. Kaffee	=	2 Unzen Gold.
1 Qrtr. Weizen	=	
½ Tonne Eisen	=	
x Waare A	=	

Es finden wesentliche Veränderungen statt beim Uebergang von Form I zu Form II, von Form II zu Form III. Dagegen unterscheidet Form IV sich durch nichts von Form III, außer daß jetzt statt Leinwand Gold die allgemeine Aequivalentform besitzt. Gold bleibt in Form IV, was die Lein-
438 wand in Form III war allgemeines Aequivalent. Der Fortschritt besteht nur darin, daß die Form unmittelbarer | allgemeiner Austauschbarkeit oder die allgemeine Aequivalentform jetzt durch gesellschaftliche Gewohnheit endgültig mit der specifischen Naturalform der Waare Gold verwachsen ist.

Gold tritt den andren Waaren nur als Geld gegenüber, weil es ihnen bereits zuvor als Waare gegenüberstand. Gleich allen andren Waaren funktionirte es auch als Aequivalent, sei es als einzelnes Aequivalent in vereinzelten Austauschakten, sei es als besondres Aequivalent neben andren Waarenäquivalenten. Nach und nach funktionirte es in engeren oder weiteren Kreisen als allgemeines Aequivalent. Sobald es das Monopol dieser Stelle im Werthausdruck der Waarenwelt erobert hat, wird es Geldwaare, und erst von dem Augenblick, wo es bereits Geldwaare geworden ist, unterscheidet sich Form IV von Form III, oder ist die allgemeine Werthform verwandelt in die Geldform.

Der einfache relative Werthausdruck einer Waare z. B. der Leinwand, in der bereits als Geldwaare funktionirenden Waare, z. B. dem Gold, ist Preisform. Die „Preisform" der Leinwand daher:

20 Ellen Leinwand = 2 Unzen Gold,

oder, wenn 2 Pfd. St. der Münzname von 2 Unzen Gold,

20 Ellen Leinwand = 2 Pfd. St.

Die Schwierigkeit im Begriff der Geldform beschränkt sich auf das Begreifen der allgemeinen Aequivalentform, also der allgemeinen Werthform ¦ überhaupt, der Form III. Form III löst sich rückbezüglich auf in Form II, die entfaltete Werthform, und ihr konstituirendes Element ist Form I: 20 Ellen Leinwand = 1 Rock oder x Waare A = y Waare B. Die einfache Waarenform ist daher der Keim der Geldform.

4. Der Fetischcharakter der Waare und sein Geheimniß. 439

Eine Waare scheint auf den ersten Blick ein selbstverständliches, trivia- 440
les Ding. Ihre Analyse ergiebt, daß sie ein sehr vertracktes Ding ist, voll metaphysischer Spitzfindigkeit und theologischer Mucken. Soweit sie Gebrauchswerth, ist nichts Mysteriöses an ihr, ob ich sie nun unter dem Gesichtspunkt betrachte, daß sie durch ihre Eigenschaften menschliche Bedürfnisse befriedigt oder diese Eigenschaften erst als Produkt menschlicher Arbeit erhält. Es ist sinnenklar, daß der Mensch durch seine Thätigkeit die Formen der Naturstoffe in einer ihm nütz|lichen Weise verändert. Die Form des Holzes z. B. wird verändert, wenn man aus ihm einen Tisch macht. Nichtsdestoweniger bleibt der Tisch Holz, ein ordinäres sinnliches Ding. Aber sobald er als Waare auftritt, verwandelt er sich in ein sinnlich übersinnliches Ding. Er steht nicht nur mit seinen Füßen auf dem Boden, sondern er stellt sich allen andren Waaren gegenüber auf den Kopf, und entwickelt aus seinem Holzkopf Grillen, viel wunderlicher, als wenn er aus freien Stücken zu tanzen begänne[25].

Der mystische Charakter der Waare entspringt also nicht aus ihrem Gebrauchswerth. Er entspringt ebensowenig aus dem Inhalt der Werthbestimmungen. Denn erstens, wie verschieden die nützlichen Arbeiten oder produktiven Thätigkeiten sein mögen, es ist eine physiologische

25 Man erinnert sich, daß China und die Tische zu tanzen anfingen, als alle übrige Welt still zu stehn schien – pour encourager les autres.

Wahrheit, daß sie Funktionen des menschlichen Organismus sind, und daß jede solche Funktion, welches immer ihr Inhalt und ihre Form, wesentlich Verausgabung von menschlichem Hirn, Nerv, Muskel, Sinnesorgan u. s. w. ist. Was zweitens der Bestimmung der Werthgröße zu Grunde liegt, die Zeitdauer jener Verausgabung, oder die Quantität der Arbeit, so ist die Quantität sogar sinnfällig von der Qualität der Arbeit unterscheidbar. In allen Zuständen mußte die Arbeitszeit, welche die Produktion der Lebensmittel kostet, den Menschen interessiren, obgleich nicht gleichmäßig auf verschiednen Entwicklungsstufen[26]. Endlich, sobald die Menschen in irgend ¦ einer Weise für einander arbeiten, erhält ihre Arbeit auch eine gesellschaftliche Form.

441 Woher entspringt also der räthselhafte Charakter des Arbeitsprodukts, sobald es Waarenform annimmt? Offenbar aus dieser Form selbst. Die Gleichheit der menschlichen Arbeiten erhält die sachliche Form der
442 gleichen Werthgegenständlichkeit der Arbeitsprodukte, das Maß der Verausgabung menschlicher Arbeitskraft durch ihre Zeitdauer erhält die Form der Werthgröße der Arbeitsprodukte, endlich die Ver|hältnisse der Producenten, worin jene gesellschaftlichen Bestimmungen ihrer Arbeiten bethätigt werden, erhalten die Form eines gesellschaftlichen Verhältnisses der Arbeitsprodukte.

Das Geheimnißvolle der Waarenform besteht also einfach darin,
443 daß sie den Menschen die gesellschaftlichen Charaktere ihrer eignen Arbeit als gegenständliche Charaktere der Arbeitsprodukte selbst, als gesellschaftliche Natureigenschaften dieser Dinge zurückspiegelt, daher auch das gesellschaftliche Verhältniß der Producenten zur Gesammtarbeit als ein außer ihnen existirendes gesellschaftliches Verhältniß von Gegenständen. Durch dieß quid pro quo werden die Arbeitsprodukte Waaren, sinnlich übersinnliche oder gesellschaftliche Dinge. So stellt sich der Lichteindruck eines Dings auf den Sehnerv nicht als subjektiver Reiz des Sehnervs selbst, sondern als gegenständliche Form eines Dings außerhalb des Auges dar. Aber beim Sehen wird wirklich Licht

[26] Note zur 2. Ausg. Bei den alten Germanen wurde die Größe eines Morgens Land nach der Arbeit eines Tages berechnet und daher der Morgen Tagwerk (auch Tagwanne) (jurnale oder jurnalis, terra jurnalis, jornalis oder diurnalis), Mannwerk, Mannskraft, Mannsmaad, Mannshauet u. s. f. benannt. Sieh Georg Ludwig von Maurer: „Einleitung zur Geschichte der Mark-Hof u. s. w. Verfassung." München 1854, p. 129 sq.

von einem Ding, dem äußeren Gegenstand, auf ein andres Ding, das
Auge, geworfen. Es ist ein physisches Verhältniß zwischen physischen
Dingen. Dagegen hat die Waarenform und das Werthverhältniß der
Arbeitsprodukte, worin sie sich darstellt, mit ihrer physischen Natur
und den daraus entspringenden dinglichen Beziehungen absolut nichts
zu schaffen. Es ist nur das bestimmte gesellschaftliche Verhältniß der 444
Menschen selbst, welches hier für sie die phantasmagorische Form
eines Verhältnisses von Dingen annimmt. Um daher eine Analogie
zu finden, müssen wir in die Nebelregion der religiösen Welt flüch-
ten. Hier scheinen die Produkte des menschlichen Kopfes mit eignem
Leben begabte, unter einander und mit den Menschen in Verhältniß
stehende selbstständige Gestalten. So in der Waarenwelt die Produkte
der menschlichen Hand. Dies nenne ich den Fetischismus, der den 445
Arbeitsprodukten anklebt, sobald sie als Waaren producirt werden, und
daher von der Waarenproduktion unzertrennlich ist.

Dieser Fetischcharakter der Waarenwelt entspringt, wie die vor- 446
hergehende Analyse bereits gezeigt hat, aus dem eigenthümlichen
gesellschaftlichen Charakter der Arbeit, welche Waaren producirt.

Gebrauchsgegenstände werden überhaupt nur Waaren, weil sie Pro- 447
dukte von einander unabhängig betriebner Privatarbeiten sind. Der
Komplex die¦ser Privatarbeiten bildet die gesellschaftliche Gesammtar-
beit. | Da die Producenten erst in gesellschaftlichen Kontakt treten durch
den Austausch ihrer Arbeitsprodukte, erscheinen auch die specifisch 448
gesellschaftlichen Charaktere ihrer Privatarbeiten erst innerhalb dieses 449
Austausches. Oder die Privatarbeiten bethätigen sich in der That erst als
Glieder der gesellschaftlichen Gesammtarbeit durch die Beziehungen,
worin der Austausch die Arbeitsprodukte und vermittelst derselben
die Producenten versetzt. Den letzteren erscheinen daher die gesell-
schaftlichen Beziehungen ihrer Privatarbeiten als das was sie sind, d. h.
nicht als unmittelbar gesellschaftliche Verhältnisse der Personen in
ihren Arbeiten selbst, sondern vielmehr als sachliche Verhältnisse der
Personen und gesellschaftliche Verhältnisse der Sachen. 450

Erst innerhalb ihres Austauschs erhalten die Arbeitsprodukte eine 451
von ihrer sinnlich verschiednen Gebrauchsgegenständlichkeit getrenn-
te, gesellschaftlich gleiche Werthgegenständlichkeit. Diese Spaltung
des Arbeitsprodukts in nützliches Ding und Werthding bethätigt sich
nur praktisch, sobald der Austausch bereits hinreichende Ausdehnung
und Wichtigkeit gewonnen hat, damit nützliche Dinge für den Aus-

tausch producirt werden, der Werthcharakter der Sachen also schon
bei ihrer Produktion selbst in Betracht kommt. Von diesem Augenblick
erhalten die Privatarbeiten der Producenten thatsächlich einen doppel-
452 ten gesellschaftlichen Charakter. Sie müssen einerseits als bestimmte
nützliche Arbeiten ein bestimmtes gesellschaftliches Bedürfniß befrie-
digen und sich so als Glieder der Gesammtarbeit, des naturwüchsigen
Systems der gesellschaftlichen Theilung der Arbeit, bewähren. Sie be-
friedigen andrerseits nur die mannigfachen Bedürfnisse ihrer eignen
Producenten, sofern jede besondre nützliche Privatarbeit mit jeder
andren nützlichen Art Privatarbeit austauschbar ist, also ihr gleichgilt.
Die Gleichheit toto coelo verschiedner Arbeiten kann nur in einer Ab-
453 straktion von ihrer wirklichen Ungleichheit bestehn, in der Reduktion
auf den gemeinsamen Charakter, den sie als Verausgabung menschli-
cher Arbeitskraft, abstrakt menschliche Arbeit, besitzen. Das Gehirn
454 der Privatproducenten spiegelt diesen doppelten gesellschaftlichen
455 Charakter ihrer Privatarbeiten nur wieder in den Formen, welche im
praktischen Verkehr, im Produktenaustausch erscheinen – den gesell-
schaftlich nützlichen Charakter ihrer Privatarbeiten also in der Form,
daß das Arbeitsprodukt nützlich sein muß, und zwar für andre – den
gesellschaftlichen Charakter der Gleichheit | der verschiedenartigen Ar-
beiten in der Form des gemeinsamen Werthcharakters dieser materiell
verschiednen Dinge, der Arbeitsprodukte.

Die Menschen beziehen also ihre Arbeitsprodukte nicht auf ein-
ander als Werthe, weil diese Sachen ihnen als bloß sachliche Hüllen
456 gleichartig ¦ menschlicher Arbeit gelten. Umgekehrt. Indem sie ihre
verschiedenartigen Produkte einander im Austausch als Werthe gleich-
setzen, setzen sie ihre verschiednen Arbeiten einander als menschliche
457 Arbeit gleich. Sie wissen das nicht, aber sie thun es[27]. Es steht daher
dem Werthe nicht auf der Stirn geschrieben, was er ist. Der Werth
verwandelt vielmehr jedes Arbeitsprodukt in eine gesellschaftliche
Hieroglyphe. Später suchen die Menschen den Sinn der Hieroglyphe
zu entziffern, hinter das Geheimniß ihres eignen gesellschaftlichen

[27] Note zur 2. Ausg. Wenn daher Galiani sagt: Der Werth ist ein Verhältniß zwischen Personen – „La Ricchezza è una ragione tra due persone" –, so hätte er hinzusetzen müssen: unter dinglicher Hülle verstecktes Verhältniß. (Galiani: Della Moneta, p. 221, v. III von Custodi's Sammlung der „Scrittori Classici Italiani di Economia Politica." Parte Moderna. Milano 1803.)

Produkts zu kommen, denn die Bestimmung der Gebrauchsgegenstän-
de als Werthe ist ihr gesellschaftliches Produkt so gut wie die Sprache.
Die späte wissenschaftliche Entdeckung, daß die Arbeitsprodukte, so 458
weit sie Werthe, bloß sachliche Ausdrücke der in ihrer Produktion
verausgabten menschlichen Arbeit sind, macht Epoche in der Entwick-
lungsgeschichte der Menschheit, aber verscheucht keineswegs den
gegenständlichen Schein der gesellschaftlichen Charaktere der Arbeit.
Was nur für diese besondere Produktionsform, die Waarenprodukti-
on, gültig ist, daß nämlich der specifisch gesellschaftliche Charakter
der von einander unabhängigen Privatarbeiten in ihrer Gleichheit als
menschliche Arbeit besteht und die Form des Werthcharakters der
Arbeitsprodukte annimmt, erscheint, vor wie nach jener Entdeckung, 459
den in den Verhältnissen der Waarenproduktion Befangenen ebenso
endgültig als daß die wissenschaftliche Zersetzung der Luft in ihre
Elemente die Luftform als eine physische Körperform fortbestehn
läßt.

Was die Produktenaustauscher zunächst praktisch interessirt, ist
die Frage, wie viel fremde Produkte sie für das eigne Produkt erhalten,
in welchen Proportionen sich also die Produkte austauschen. Sobald
diese Proportionen zu einer gewissen gewohnheitsmäßigen Fes|tigkeit
herangereift sind, scheinen sie aus der Natur der Arbeitsprodukte zu
entspringen, so daß z. B. eine Tonne Eisen und 2 Unzen Gold gleichwert-
hig, wie ein Pfund Gold und ein Pfund Eisen trotz ihrer verschiednen
physischen und chemischen Eigenschaften gleich schwer sind. In der
That befestigt sich der Werthcharakter der Arbeitsprodukte erst durch
ihre Bethätigung als Werthgrößen. Die letzteren wechseln beständig, 460
unabhängig vom Willen, Vorwissen und Thun der Austauschenden.
Ihre eigne gesellschaftliche Bewegung besitzt für sie die Form einer
Bewegung von Sachen, unter deren Kontrole sie stehen, statt sie zu kon-
troliren. Es bedarf vollständig entwickelter Waarenproduktion, bevor
aus der Erfahrung selbst die wissenschaftliche Einsicht herauswächst,
daß die unabhängig von einander ¦ betriebenen, aber als naturwüch
sige Glieder der gesellschaftlichen Theilung der Arbeit allseitig von 461
einander abhängigen Privatarbeiten fortwährend auf ihr gesellschaft-
lich proportionelles Maß reducirt werden, weil sich in den zufälligen
und stets schwankenden Austauschverhältnissen ihrer Produkte die
zu deren Produktion gesellschaftlich nothwendige Arbeitszeit als re-
gelndes Naturgesetz gewaltsam durchsetzt, wie etwa das Gesetz der

Schwere, wenn einem das Haus über dem Kopf zusammenpurzelt[28].
Die Bestimmung der Werthgröße durch die Arbeitszeit ist daher ein
unter den erscheinenden Bewegungen der relativen Waarenwerthe
462 verstecktes Geheimniß. Seine Entdeckung hebt den Schein der bloß
zufälligen Bestimmung der Werthgrößen der Arbeitsprodukte auf, aber
keineswegs ihre sachliche Form.

Das Nachdenken über die Formen des menschlichen Lebens, also
auch ihre wissenschaftliche Analyse, schlägt überhaupt einen der wirk-
463 lichen Entwicklung entgegengesetzten Weg ein. Es beginnt post festum
und daher mit den fertigen Resultaten des Entwicklungsprocesses. Die
Formen, welche Arbeitsprodukte zu Waaren stempeln und daher der
Waarencirkulation vorausgesetzt sind, besitzen bereits die Festigkeit
von Naturformen des gesellschaftlichen Lebens, bevor die Menschen
464 sich | Rechenschaft zu geben suchen, nicht über den historischen Cha-
rakter dieser Formen, die ihnen vielmehr bereits als unwandelbar gelten,
sondern über deren Gehalt. So war es nur die Analyse der Waarenpreise,
die zur Bestimmung der Werthgröße, nur der gemeinschaftliche Geld-
ausdruck der Waaren, der zur Fixirung ihres Werthcharacters führte.
Es ist aber eben diese fertige Form – die Geldform – der Waarenwelt,
welche den gesellschaftlichen Charakter der Privatarbeiten und daher
die gesellschaftlichen Verhältnisse der Privatarbeiter, sachlich verschlei-
465 ert, statt sie zu offenbaren. Wenn ich sage, Rock, Stiefel u. s. w. beziehn
sich auf Leinwand als die allgemeine Verkörperung abstrakter mensch-
licher Arbeit, so springt die Verrücktheit dieses Ausdrucks in's Auge.
Aber wenn die Producenten von Rock, Stiefel u. s. w. diese Waaren auf
Leinwand – oder auf Gold und Silber, was nichts an der Sache ändert –
als allgemeines Aequivalent beziehn, erscheint ihnen die Beziehung
ihrer Privatarbeiten zu der gesellschaftlichen Gesammtarbeit genau in
dieser verrückten Form.

Derartige Formen bilden eben die Kategorien der bürgerlichen Oeko-
466 nomie. Es sind gesellschaftlich gültige, also objective Gedankenformen
für die Produktionsverhältnisse dieser historisch bestimmten gesell-

28 „Was soll man von einem Gesetze denken, das sich nur durch periodische Revolutionen durchsetzen kann? Es ist eben ein Naturgesetz, das auf der Bewußtlosigkeit der Betheiligten beruht." (Friedrich Engels: „Umrisse zu einer Kritik der Nationalökonomie" in Deutsch-französische Jahrbücher, herausg. von Arnold Ruge und Karl Marx. Paris 1844.)

schaftli¦chen Produktionsweise, der Waarenproduktion. Aller Mysticismus der Waarenwelt, all der Zauber und Spuk, welcher Arbeitsprodukte auf Grundlage der Waarenproduktion umnebelt, verschwindet daher 467
sofort, sobald wir zu andren Produktionsformen flüchten.

Da die politische Oekonomie Robinsonaden liebt[29], erscheine zuerst Robinson auf seiner Insel. Bescheiden, wie er von Haus aus ist, hat er doch verschiedenartige Bedürfnisse zu befriedigen und muß daher nützliche Arbeiten verschiedner Art verrichten, Werkzeuge machen, Möbel fabriciren, Lama zähmen, fischen, jagen u. s. w. Vom Beten | u. dgl. sprechen wir hier nicht, da unser Robinson daran sein Vergnügen findet und derartige Thätigkeit als Erholung betrachtet. Trotz der Verschiedenheit seiner produktiven Funktionen weiß er, daß sie nur verschiedne Bethätigungsformen desselben Robinson, also nur verschiedne Weisen menschlicher Arbeit sind. Die Noth selbst zwingt ihn, seine Zeit genau zwischen seinen verschiednen Funktionen zu vertheilen. Ob die eine mehr, die andre weniger Raum in seiner Gesammtthätigkeit einnimmt, hängt ab von der größren oder geringeren Schwierigkeit, die zur Erzielung des bezweckten Nutzeffects zu überwinden ist. Die Erfahrung lehrt ihm das und unser Robinson, der Uhr, Hauptbuch, Tinte und Feder aus dem Schiffbruch gerettet, beginnt als guter Engländer bald Buch über sich selbst zu führen. Sein Inventarium enthält ein Verzeichniß der Gebrauchsgegenstände, die er besitzt, der verschiednen Verrichtungen, die zu ihrer Produktion erheischt sind, endlich der Arbeitszeit, die ihm bestimmte Quanta dieser verschiednen Produkte im Durchschnitt kosten. Alle Beziehungen zwischen Robinson und den Dingen, die seinen selbstgeschaffnen Reichthum bilden, sind hier so einfach und durchsichtig, daß selbst Herr M. Wirth sie ohne besondre Geistesanstrengung verstehn dürfte. Und dennoch sind darin alle wesentlichen Bestimmungen des Werths enthalten.

29 Note zur 2. Ausgabe. Auch Ricardo ist nicht ohne seine Robinsonade. „Den Urfischer und den Urjäger läßt er sofort als Waarenbesitzer Fisch und Wild austauschen, im Verhältniß der in diesen Tauschwerthen vergegenständlichten Arbeitszeit. Bei dieser Gelegenheit fällt er in den Anachronismus, daß Urfischer und Urjäger zur Berechnung ihrer Arbeitsinstrumente die 1817 auf der Londoner Börse gangbaren Annuitätentabellen zu Rathe ziehn. Die ‚Parallelogramme des Herrn Owen' scheinen die einzige Gesellschaftsform, die er außer der bürgerlichen kannte." (Karl Marx: Zur Kritik etc. p. 38, 39).

Versetzen wir uns nun von Robinson's lichter Insel in das finstre europäische Mittelalter. Statt des unabhängigen Mannes finden wir hier Jedermann abhängig – Leibeigne und Grundherrn, Vasallen und Lehnsgeber, Laien und Pfaffen. Persönliche Abhängigkeit charakterisirt ebensosehr die gesellschaftlichen Verhältnisse der materiellen Produktion als die auf ihr aufgebauten Lebenssphären. Aber eben weil persönliche Abhängigkeitsverhältnisse die gegebene gesellschaftliche Grundlage bilden, brauchen Arbei¦ten und Produkte nicht eine von ihrer Realität verschiedne phantastische Gestalt anzunehmen. Sie gehn als Naturaldienste und Naturalleistungen in das gesellschaftliche Getriebe ein. Die Naturalform der Arbeit, ihre Besonderheit und nicht, wie auf Grundlage der Waarenproduktion, ihre Allgemeinheit, ist hier ihre unmittelbar gesellschaftliche Form. Die Frohnarbeit ist ebenso gut durch die Zeit gemessen wie die Waaren producirende Arbeit, aber jeder Leibeigne weiß, daß es ein bestimmtes Quantum seiner persönlichen Arbeitskraft ist, die er im Dienst seines Herrn verausgabt. Der | dem Pfaffen zu leistende Zehnten ist klarer als der Segen des Pfaffen. Wie
468 man daher immer die Charaktermasken beurtheilen mag, worin sich die Menschen hier gegenübertreten, die gesellschaftlichen Verhältnisse der Personen in ihren Arbeiten erscheinen jedenfalls als ihre eignen persönlichen Verhältnisse, und sind nicht verkleidet in gesellschaftliche Verhältnisse der Sachen, der Arbeitsprodukte.

Für die Betrachtung gemeinsamer, d. h. unmittelbar vergesellschafteter Arbeit brauchen wir nicht zurückzugehn zu der naturwüchsigen Form derselben, welche uns an der Geschichtsschwelle aller Kulturvölker begegnet[30]. Ein näher liegendes Beispiel bildet die ländlich

[30] Note zur 2. Ausgabe. „Es ist ein lächerliches Vorurtheil in neuester Zeit verbreitet, daß die Form des naturwüchsigen Gemeineigenthums specifisch slavische, sogar ausschließlich russische Form sei. Sie ist die Urform, die wir bei Römern, Germanen, Celten nachweisen können, von der aber eine ganze Musterkarte mit mannigfaltigen Proben sich noch immer, wenn auch zum Theil ruinenweise, bei den Indiern vorfinden. Ein genaueres Studium der asiatischen, speciell der indischen Gemeineigenthumsformen würde nachweisen, wie aus den verschiednen Formen des naturwüchsigen Gemeineigenthums sich verschiedne Formen seiner Auflösung ergeben. So lassen sich z. B. die verschiednen Originaltypen von römischem und germanischem Privateigenthum aus verschiednen Formen des indischen Gemeineigenthums ableiten." (Karl Marx: Zur Kritik etc. p. 10).

patriarchalische Industrie einer Bauernfamilie, die für den eignen Bedarf Korn, Vieh, Garn, Leinwand, Kleidungsstücke u. s. w. producirt. Diese verschiednen Dinge treten der Familie als verschiedne Produkte ihrer Familienarbeit gegenüber, aber nicht sich selbst wechselseitig als Waaren. Die verschiednen Arbeiten, welche diese Produkte erzeugen,
Ackerbau, Viehzucht, Spinnen, Weben, Schneiderei u. s. w. sind in ihrer 469
Naturalform gesellschaftliche Funktionen, weil Funktionen der Familie,
die ihre eigne, naturwüchsige Theilung der Arbeit besitzt, so gut wie 470
die Waarenproduktion. Geschlechts- und Altersunterschiede, wie die mit dem Wechsel der Jahreszeit wechselnden Naturbedingungen der Arbeit, regeln ihre Vertheilung unter die Familie und die Arbeitszeit der einzelnen Familienglieder. Die durch die Zeitdauer gemeßne Verausgabung der individuellen Arbeitskräfte erscheint hier aber von Haus aus als gesellschaftliche Bestimmung der Arbeiten selbst, weil die individuellen Arbeitskräfte von Haus aus nur als Organe der gemeinsamen Arbeitskraft der Familie wirken. ¦|

Stellen wir uns endlich, zur Abwechslung, einen Verein freier Men-
schen vor, die mit gemeinschaftlichen Produktionsmitteln arbeiten 471
und ihre vielen individuellen Arbeitskräfte selbstbewußt als eine gesellschaftliche Arbeitskraft verausgaben. Alle Bestimmungen von Robinson's Arbeit wiederholen sich hier, nur gesellschaftlich, statt individuell. Alle Produkte Robinson's waren sein ausschließlich persönliches Produkt und daher unmittelbar Gebrauchsgegenstände für ihn. Das Gesammtprodukt des Vereins ist ein gesellschaftliches Produkt. Ein Theil dieses Produkts dient wieder als Produktionsmittel. Er bleibt gesellschaftlich. Aber ein anderer Theil wird als Lebensmittel von den Vereinsgliedern verzehrt. Er muß daher unter sie vertheilt werden. Die Art dieser Vertheilung wird wechseln mit der besondren Art des gesellschaftlichen Produktionsorganismus selbst und der entsprechenden
geschichtlichen Entwicklungshöhe der Producenten. Nur zur Parallele 472
mit der Waarenproduktion setzen wir voraus, der Antheil jedes Producenten an den Lebensmitteln sei bestimmt durch seine Arbeitszeit. Die Arbeitszeit würde also eine doppelte Rolle spielen. Ihre gesellschaftlich
planmäßige Vertheilung regelt die richtige Proportion der verschied- 473
nen Arbeitsfunktionen zu den verschiednen Bedürfnissen. Andrerseits dient die Arbeitszeit zugleich als Maß des individuellen Antheils des Producenten an der Gemeinarbeit und daher auch an dem individuell verzehrbaren Theil des Gemeinprodukts. Die gesellschaftlichen Bezie-

hungen der Menschen zu ihren Arbeiten und ihren Arbeitsprodukten
bleiben hier durchsichtig einfach in der Produktion sowohl als in der
474 Distribution.

Für eine Gesellschaft von Waarenproducenten, deren allgemein
gesellschaftliches Produktionsverhältniß darin besteht, sich zu ihren
475 Produkten als Waaren, also als Werthen zu verhalten, und in dieser
sachlichen Form ihre Privatarbeiten auf einander zu beziehn als glei-
che menschliche Arbeit, ist das Christenthum, mit seinem Kultus des
abstrakten Menschen, namentlich in seiner bürgerlichen Entwicklung,
dem Protestantismus, Deismus u. s. w., die entsprechendste Religions-
form. In den altasiatischen, antiken u. s. w. Produktionsweisen spielt
die Verwandlung des Produkts in Waare, und daher das Dasein der Men-
schen als Waarenproducenten, eine untergeordnete Rolle, die jedoch
um so bedeutender wird, je mehr die Gemeinwesen in das Sta|dium
ihres Untergangs treten. Eigentliche Handelsvölker existiren nur in den
Intermundien der alten Welt, wie Epikurs Götter, oder wie Juden in
den Poren der polnischen Gesellschaft. Jene alten gesellschaftlichen
Produktionsorganismen sind außerordentlich viel einfacher und durch-
sichtiger als der bürgerliche, aber sie beruhen entweder auf der Unreife
des individuellen Menschen, der sich von der Nabelschnur des natürli-
chen Gattungszusammenhangs mit Andren noch nicht losgerissen hat,
oder auf unmittelbaren Herrschafts- und Knechtschaftsver¦hältnissen.
Sie sind bedingt durch eine niedrige Entwicklungsstufe der Produktiv-
kräfte der Arbeit und entsprechend befangene Verhältnisse der Men-
schen innerhalb ihres materiellen Lebenserzeugungsprocesses, daher
zu einander und zur Natur. Diese wirkliche Befangenheit spiegelt sich
ideell wieder in den alten Natur- und Volksreligionen. Der religiöse
Wiederschein der wirklichen Welt kann überhaupt nur verschwinden,
476 sobald die Verhältnisse des praktischen Werkeltagslebens den Men-
schen tagtäglich durchsichtig vernünftige Beziehungen zu einander
und zur Natur darstellen. Die Gestalt des gesellschaftlichen Lebens-
processes, d. h. des materiellen Produktionsprocesses, streift nur ihren
mystischen Nebelschleier ab, sobald sie als Produkt frei vergesellschafte-
477 ter Menschen unter deren bewußter planmäßiger Kontrole steht. Dazu
ist jedoch eine materielle Grundlage der Gesellschaft erheischt oder
eine Reihe materieller Existenzbedingungen, welche selbst wieder das
naturwüchsige Produkt einer langen und qualvollen Entwicklungsge-
478 schichte sind.

Die politische Oekonomie hat nun zwar, wenn auch unvollkom-
men[31], Werth und Werthgröße analysirt und den in diesen Formen | 480
versteckten Inhalt entdeckt. Sie hat niemals auch nur die Frage gestellt,
warum dieser Inhalt jene Form annimmt, warum sich also die Arbeit im
Werth und das Maß der Arbeit durch ihre Zeitdauer in der Werthgröße
des Ar¦beitsprodukts darstellt[32]? Formeln, denen es | auf der Stirn ge-

31 Das Unzulängliche in Ricardo's Analyse der Werthgröße – und es ist die
beste – wird man aus dem dritten und vierten Buch dieser Schrift ersehn. Was 479
aber den Werth überhaupt betrifft, so unterscheidet die klassische politische
Oekonomie nirgendwo ausdrücklich und mit klarem Bewußtsein die Arbeit, wie
sie sich im Werth, von derselben Arbeit, soweit sie sich im Gebrauchswerth ihres
Produkts darstellt. Sie macht natürlich den Unterschied thatsächlich, da sie die
Arbeit das einemal quantitativ, das andremal qualitativ betrachtet. Aber es fällt ihr
nicht ein, daß bloß quantitativer Unterschied der Arbeiten ihre qualitative Einheit
oder Gleichheit voraussetzt, also ihre Reduktion auf abstrakt menschliche Arbeit.
Ricardo z. B. erklärt sich einverstanden mit Destutt de Tracy, wenn dieser sagt: "As
it is certain that our physical and moral faculties are alone our original riches, the
employment of those faculties, labour of some kind, is our original treasure, and
that it is always from this employment – that all those things are created which
we call riches ... It is certain too, that all those things only represent the labour
which has created them, and if they have a value, or even two distinct values,
they can only derive them from that (the value) of the labour from which they
emanate." (Ricardo: „The Principles of Pol. Econ. 3. ed. Lond. 1821", p. 334). Wir
deuten nur an, daß Ricardo dem Destutt seinen eignen tieferen Sinn unterschiebt.
Destutt sagt in der That zwar einerseits, daß alle Dinge, die den Reichthum bilden,
„die Arbeit repräsentiren, die sie geschaffen hat", aber andrerseits, daß sie ihre
„zwei verschiedenen Werthe" (Gebrauchswerth und Tauschwerth) vom „Werth
der Arbeit" erhalten. Er fällt damit in die Flachheit der Vulgärökonomie, die
den Werth einer Waare (hier der Arbeit) voraussetzt, um dadurch hinterher den
Werth der andren Waaren zu bestimmen. Ricardo liest ihn so, daß sowohl im
Gebrauchswerth als Tauschwerth sich Arbeit (nicht Werth der Arbeit) darstellt.
Er selbst aber scheidet so wenig den zwieschlächtigen Charakter der Arbeit,
die doppelt dargestellt ist, daß er in dem ganzen Kapitel: „Value and Riches,
Their Distinctive Properties" sich mühselig mit den Trivialitäten eines J. B. Say
herumschlagen muß. Am Ende ist er daher auch ganz erstaunt, daß Destutt zwar
mit ihm selbst über Arbeit als Werthquelle und dennoch andrerseits mit Say über
den Werthbegriff harmonire.

32 Es ist einer der Grundmängel der klassischen politischen Oekonomie, daß 481
es ihr nie gelang, aus der Analyse der Waare und specieller des Waarenwerths
die Form des Werths, die ihn eben zum Tauschwerth macht, herauszufinden.
Grade in ihren besten Repräsentanten, wie A. Smith und Ricardo, behandelt sie

schrieben steht, daß sie einer Gesellschaftsformation angehören, worin der Productionsproceß die Menschen, der Mensch noch nicht den Produktionsproceß bemeistert, gelten ihrem bürgerlichen Bewußtsein für eben so selbstverständliche Naturnothwendigkeit als die produktive Arbeit selbst. Vorbürgerliche Formen des gesellschaftlichen Produktionsorganismus werden daher von ihr behandelt, wie etwa von den Kirchenvätern vorchristliche Religionen[33]. ¦ |

die Werthform als etwas ganz Gleichgültiges oder der Natur der Waare selbst Aeußerliches. Der Grund ist nicht allein, daß die Analyse der Werthgröße ihre Aufmerksamkeit ganz absorbirt. Er liegt tiefer. Die Werthform des Arbeitsprodukts ist die abstrakteste, aber auch allgemeinste Form der bürgerlichen Produktionsweise die hierdurch als eine besondere Art gesellschaftlicher Produktion und damit zugleich historisch charakterisirt wird. Versieht man sie daher für die ewige Naturform gesellschaftlicher Produktion, so übersieht man nothwendig auch das Specifische der Werthform, also der Waarenform, weiter entwickelt der Geldform, Kapitalform u. s. w. Man findet daher bei Oekonomen, welche über das Maß der Werthgröße durch Arbeitszeit durchaus übereinstimmen, die kunterbuntesten und widersprechendsten Vorstellungen von Geld, d. h. der fertigen Gestalt des allgemeinen Aequivalents. Dieß tritt schlagend hervor z. B. bei der Behandlung des Bankwesens, wo mit den gemeinplätzlichen Definitionen des Geldes nicht mehr ausgereicht wird. Im Gegensatz entsprang daher ein restaurirtes Merkantilsystem (Ganilh u. s. w.), welches im Werth nur die gesellschaftliche Form sieht oder vielmehr nur ihren substanzlosen Schein. – Um es ein für allemal zu bemerken, verstehe ich unter klassischer politischer Oekonomie alle Oekonomie seit W. Petty, die den innern Zusammenhang der bürgerlichen Produktionsverhältnisse erforscht, im Gegensatz zur Vulgärökonomie, die sich nur innerhalb des scheinbaren Zusammenhangs herumtreibt, für eine plausible Verständlichmachung der so zu sagen gröbsten Phänomene und den bürgerlichen Hausbedarf das von der wissenschaftlichen Oekonomie längst gelieferte Material stets von neuem wiederkäut, im Uebrigen aber sich darauf beschränkt, die banalen und selbstgefälligen Vorstellungen der bürgerlichen Produktionsagenten von ihrer eignen besten Welt zu systematisiren, pedantisiren und als ewige Wahrheiten zu proklamiren.

33 «Les économistes ont une singulière manière de procéder. Il n'y a pour eux que deux sortes d'institution, celles de l'art et celles de la nature. Les institutions de la féodalité sont des institutions artificielles, celles de la bourgeoisie sont des institutions naturelles. Ils ressemblent en ceci aux théologiens, qui eux aussi établissent deux sortes de religion. Toute religion qui n'est pas la leur est une invention des hommes, tandis que leur propre religion est une émanation de dieu ... Ainsi il y a eu de l'histoire, mais il n'y en a plus.» (Karl Marx: „Misère de la Philosophie. Réponse à la Philosophie de la Misère de M. Proudhon. 1847",

Wie sehr ein Theil der Oekonomen von dem der Waarenwelt anklebenden Fetischismus oder dem gegenständlichen Schein der gesellschaftlichen Arbeitsbestimmungen getäuscht wird, beweist u. a. der langweilig abgeschmackte Zank über die Rolle der Natur in der Bildung des Tauschwerths. Da Tauschwerth eine bestimmte gesellschaftliche Manier ist, die auf ein Ding verwandte Arbeit auszudrücken, kann er nicht mehr Naturstoff enthalten als etwa der Wechselkurs.

Da die Waarenform die allgemeinste und unentwickeltste Form der bürgerlichen Produktion ist, weßwegen sie früh auftritt, obgleich nicht

p. 113.) Wahrhaft drollig ist Herr Bastiat, der sich einbildet, die alten Griechen und Römer hätten nur von Raub gelebt. Wenn man aber viele Jahrhunderte durch von Raub lebt, muß doch beständig etwas zu rauben da sein oder der Gegenstand des Raubes sich fortwährend reproduciren. Es scheint daher, daß auch Griechen und Römer einen Produktionsproceß hatten, also eine Oekonomie, welche ganz so die materielle Grundlage ihrer Welt bildete, wie die bürgerliche Oekonomie die der heutigen Welt. Oder meint Bastiat etwa, daß eine Produktionsweise, die auf der Sklavenarbeit beruht, auf einem Raubsystem ruht? Er stellt sich dann auf gefährlichen Boden. Wenn ein Denkriese wie Aristoteles in seiner Würdigung der Sklavenarbeit irrte, warum sollte ein Zwergökonom, wie Bastiat, in seiner Würdigung der Lohnarbeit richtig gehn? – Ich ergreife diese Gelegenheit, um einen Einwand, der mir beim Erscheinen meiner ¦ Schrift „Zur Kritik der Pol. Oekonomie. 1859" von einem deutsch-amerikanischen Blatte gemacht wurde, kurz abzuweisen. Es sagte, meine Ansicht, daß die bestimmte Produktionsweise und die ihr jedesmal entsprechenden Produktionsverhältnisse, kurz „die ökonomische Struktur der Gesellschaft die reale Basis sei, worauf sich ein juristischer und politischer Ueberbau erhebe, und welcher bestimmte gesellschaftliche Bewußtseinsformen entsprächen", daß „die Produktionsweise des materiellen Lebens den socialen, politischen und geistigen Lebensproceß überhaupt bedinge", – alles dieß sei zwar richtig für die heutige Welt, wo die materiellen Interessen, aber weder für das Mittelalter, wo der Katholicismus, noch für Athen und Rom, wo die Politik herrschte. Zunächst ist es befremdlich, daß Jemand vorauszusetzen beliebt, diese weltbekannten Redensarten über Mittelalter und antike Welt seien irgend Jemand unbekannt geblieben. So viel ist klar, daß das Mittelalter nicht vom Katholicismus und die antike Welt nicht von der Politik leben konnten. Die Art und Weise, wie sie ihr Leben gewannen, erklärt umgekehrt, warum dort die Politik, hier der Katholicismus die Hauptrolle spielte. Es gehört übrigens wenig 482
Bekanntschaft z. B. mit der Geschichte der römischen Republik dazu, um zu wissen, daß die Geschichte des Grundeigenthums ihre Geheimgeschichte bildet. Andrerseits hat schon Don Quixote den Irrthum gebüßt, daß er die fahrende Ritterschaft mit allen ökonomischen Formen der Gesellschaft gleich verträglich wähnte. 483

112¦ 60|

in derselben herrschenden, also charakteristischen Weise wie heut zu Tag, scheint ihr Fetischcharakter noch relativ leicht zu durchschauen. Bei konkreteren Formen verschwindet selbst dieser Schein der Einfachheit. Woher die Illusionen des Monetarsystems? Es sah dem Gold und Silber nicht an, daß sie als Geld ein gesellschaftliches Produktionsverhältniß darstellen, aber in der Form von Naturdingen mit sonderbar gesellschaftlichen Eigenschaften. Und die moderne Oekonomie, die vornehm auf das Monetarsystem herabgrinst, wird ihr Fetischismus nicht handgreiflich, sobald sie das Kapital behandelt? Seit wie lange | ist die physiokratische Illusion verschwunden, daß die Grundrente aus der Erde wächst, nicht aus der Gesellschaft?

Um jedoch nicht vorzugreifen, genüge hier noch ein Beispiel bezüglich der Waarenform selbst. Könnten die Waaren sprechen, so würden sie sagen, unser Gebrauchswerth mag den Menschen interessiren. Er kömmt uns nicht als Dingen zu. Was uns aber dinglich zukömmt, ist unser Werth. Unser eigner Verkehr als Waarendinge beweist das. Wir beziehn uns nur als Tauschwerthe auf einander. Man höre nun, wie der Oekonom aus der Waarenseele heraus spricht: „Werth (Tauschwerth) ist Eigenschaft der Dinge, ¦ Reichthum (Gebrauchswerth) des Menschen. Werth in diesem Sinn schließt nothwendig Austausch ein, Reichthum nicht[34].“ „Reichthum (Gebrauchswerth) ist ein Attribut des Menschen, Werth ein Attribut der Waaren. Ein Mensch oder ein Gemeinwesen ist reich; eine Perle oder Diamant ist werthvoll ...“ Eine Perle oder Diamant hat Werth als Perle oder Diamant[35]. Bisher hat noch kein Chemiker Tauschwerth in Perle oder Diamant entdeckt. Die ökonomischen Entdecker dieser chemischen Substanz, die besondren Anspruch auf kritische Tiefe machen, finden aber, daß der Gebrauchswerth der Sachen unabhängig von ihren sachlichen Eigenschaften, dagegen ihr Werth ihnen als Sachen zukömmt. Was sie hierin bestätigt, ist der sonderbare Umstand, daß der Gebrauchswerth der Dinge sich für den Menschen ohne Austausch realisirt, also im unmittelbaren Verhältniß

34 "Value is a property of things, riches of man. Value, in this sense, necessarily implies exchanges, riches do not." „Observations on some verbal disputes in Pol. Econ., particularly relating to value and to offer and demand. Lond. 1821“, p. 16.

35 "Riches are the attribute of man, value is the attribute of commodities. A man or a community is rich, a pearl or a diamond is valuable ..." A pearl or a diamond is valuable as a pearl or diamond. S. Bailey l. c. p. 165.

zwischen Ding und Mensch, ihr Werth umgekehrt nur im Austausch, d. h. in einem gesellschaftlichen Proceß. Wer erinnert sich hier nicht des guten Dogberry, der den Nachtwächter Seacoal belehrt: „Ein gut aussehender Mann zu sein, ist eine Gabe der Umstände, aber Lesen und Schreiben zu können, kömmt von Natur[36].“

36 Der Verfasser der „Observations“ und S. Bailey beschuldigen Ricardo, er habe den Tauschwerth aus einem nur Relativen in etwas Absolutes verwandelt. Umgekehrt. Er hat die Scheinrelativität, die diese Dinge, Diamant und Perlen z. B., als Tauschwerthe besitzen, auf das hinter dem Schein verborgene wahre Verhältniß reducirt, auf ihre Relativität als bloße Ausdrücke menschlicher Arbeit. Wenn die Ricardianer dem Bailey grob, aber nicht schlagend antworteten, so nur weil sie bei Ricardo selbst keinen Aufschluß über den innern Zusammenhang zwischen Werth und Werthform oder Tauschwerth fanden.

Nachwort.

Den Lesern der ersten Ausgabe habe ich zunächst Ausweis zu geben über die in der zweiten Ausgabe gemachten Veränderungen. Die übersichtlichere Eintheilung des Buchs springt ins Auge. Zusätzliche Noten sind überall als Noten zur zweiten Ausgabe bezeichnet. Mit Bezug auf
484 den Text selbst ist das Wichtigste:

Kapitel I,1 ist die Ableitung des Werths durch Analyse der Gleichungen, worin sich jeder Tauschwerth ausdrückt, wissenschaftlich strenger durchgeführt, ebenso der in der ersten Ausgabe nur angedeutete Zusammenhang zwischen der Werthsubstanz und der Bestimmung der Werthgröße durch gesellschaftlichnothwendige Arbeitszeit ausdrücklich hervorgehoben. Kapitel I,3 (die Werthform) ist gänzlich umgearbeitet, was schon die doppelte Darstellung der ersten Ausgabe gebot. – Im Vorbeigehn bemerke ich, daß jene doppelte Darstellung durch meinen
485 Freund, Dr. L. Kugelmann in Hannover, veranlaßt ward. Ich befand mich bei ihm zum Besuch im Frühling 1867, als die ersten Probebogen von Hamburg ankamen, und er überzeugte mich, daß für die meisten
486 Leser eine nachträgliche, mehr didaktische Auseinandersetzung der Werthform nöthig sei. – Der letzte Abschnitt des ersten Kapitels „Der Fetischcharakter der Waare etc.“ ist großentheils verändert. Kapitel III,1 (Maß der Werthe) ist sorgfältig revidirt, weil dieser Abschnitt in der ersten Ausgabe, mit Hinweis auf die „Zur Kritik der Polit. Oek. Berlin 1859“ bereits gegebne Auseinandersetzung, nachlässig behandelt war. Kapitel VII, besonders Theil 2, ist bedeutend umgearbeitet.

Es wäre nutzlos, auf die stellenweisen Textänderungen, oft nur stylistisch, im Einzelnen einzugehn. Sie erstrecken sich über das ganze
487 Buch. Dennoch finde ich jetzt bei Revision der zu Paris er|scheinenden französischen Uebersetzung, daß manche Theile des deutschen Originals hier mehr durchgreifende Umarbeitung, dort größere stylistische Korrektur oder auch sorgfältigere Beseitigung gelegentlicher Versehn erheischt hätten. ¦ Es fehlte dazu die Zeit, indem ich erst im Herbst 1871, mitten unter andren dringenden Arbeiten, die Nachricht erhielt, daß das Buch vergriffen sei, der Druck der zweiten Ausgabe aber bereits im Januar 1872 beginnen sollte.

Das Verständniß, welches „Das Kapital“ rasch in weiten Kreisen der deutschen Arbeiterklasse fand, ist der beste Lohn meiner Arbeit. Ein Mann, ökonomisch auf dem Bourgeoisstandpunkt, Herr Mayer, Wiener Fabrikant, that in einer während des deutschfranzösischen Kriegs veröffentlichten Broschüre treffend dar, daß der große theoretische Sinn, der als deutsches Erbgut galt, den sog. gebildeten Klassen Deutschlands durchaus abhanden gekommen ist, dagegen in seiner Arbeiterklasse neu auflebt.

Die politische Oekonomie blieb in Deutschland bis zu dieser Stunde eine ausländische Wissenschaft. Gustav von Gülich hat in „Geschichtliche Darstellung des Handels, der Gewerbe u. s. w.“, namentlich in den 1830 herausgegebnen zwei ersten Bänden seines Werkes, großentheils schon die historischen Umstände erörtert, welche die Entwicklung der kapitalistischen Produktionsweise bei uns hemmten, daher auch den Aufbau der modernen bürgerlichen Gesellschaft. Es fehlte also der lebendige Boden der politischen Oekonomie. Sie ward als fertige Waare importirt aus England und Frankreich; ihre deutschen Professoren blieben Schüler. Der theoretische Ausdruck einer fremden Wirklichkeit verwandelte sich unter ihrer Hand in eine Dogmensammlung, von ihnen gedeutet im Sinn der sie umgebenden kleinbürgerlichen Welt, also mißdeutet. Das nicht ganz unterdrückbare Gefühl wissenschaftlicher Ohnmacht und das unheimliche Gewissen, auf einem in der That fremdartigen Gebiet schulmeistern zu müssen, suchte man zu verstecken unter dem Prunk literarhistorischer Gelehrsamkeit oder durch Beimischung fremden Stoffes, entlehnt den sog. Kameralwissenschaften, einem Mischmasch von Kenntnissen, deren Fegfeuer der hoffnungsvolle Kandidat deutscher Bureaukratie zu bestehn hat.

Seit 1848 hat sich die kapitalistische Produktion rasch in Deutschland entwickelt und treibt heutzutage bereits ihre Schwindel|blüthe. Aber unsren Fachleuten blieb das Geschick gleich abhold. So lange sie politische Oekonomie unbefangen treiben konnten, fehlten die modernen ökonomischen Verhältnisse in der deutschen Wirklichkeit. Sobald diese Verhältnisse ins Leben traten, geschah es unter Umständen, welche ihr unbefangenes Studium innerhalb des bürgerlichen Gesichtskreises nicht länger zulassen. So weit sie bürgerlich ist, d. h. die kapitalistische Ordnung statt als geschichtlich vorübergehende Entwicklungsstufe, umgekehrt als absolute und letzte Gestalt der gesellschaftlichen Produktion auffaßt, kann die politische Oekonomie nur Wissenschaft bleiben, so lange der Klassenkampf latent bleibt oder sich in nur vereinzelten Erscheinungen offenbart. ¦

Nehmen wir England. Seine klassische politische Oekonomie fällt in die Periode des unentwickelten Klassenkampfes. Ihr letzter großer Repräsentant, Ricardo, macht endlich bewußt den Gegensatz der Klasseninteressen, des Arbeitslohns und des Profits, des Profits und der Grundrente, zum Springpunkt seiner Forschungen, indem er diesen Gegensatz naiv als gesellschaftliches Naturgesetz auffaßt. Damit war aber auch die bürgerliche Wissenschaft der Oekonomie bei ihrer unüberschreitbaren Schranke angelangt. Noch bei Lebzeiten Ricardo's und im Gegensatz zu ihm trat ihr in der Person Sismondi's die Kritik gegenüber[1].

Die nachfolgende Zeit von 1820–30 zeichnet sich in England aus durch wissenschaftliche Lebendigkeit auf dem Gebiet der politischen Oekonomie. Es war die Periode wie der Vulgarisirung und Ausbreitung der Ricardo'schen Theorie, so ihres Kampfes mit der alten Schule. Es wurden glänzende Turniere gefeiert. Was damals geleistet worden, ist dem europäischen Kontinent wenig bekannt, da die Polemik großentheils in Revueartikeln, Gelegenheitsschriften und Pamphlets zerstreut ist. Der unbefangne Charakter dieser Polemik – obgleich die Ricardo'sche Theorie ausnahmsweise auch schon als Angriffswaffe wider die bürgerliche Wirthschaft dient – erklärt sich aus den Zeitumständen. Einerseits trat die große Industrie selbst nur aus ihrem Kindheitsalter heraus, wie schon dadurch bewiesen ist, daß sie erst mit der Krise von 1825 den periodischen Kreislauf ihres | modernen Lebens eröffnet. Andrerseits blieb der Klassenkampf zwischen Kapital und Arbeit in den Hintergrund gedrängt, politisch durch den Zwist zwischen den um die heilige Allianz geschaarten Regierungen und Feudalen und der von der Bourgeoisie geführten Volksmasse, ökonomisch durch den Hader des industriellen Kapitals mit dem aristokratischen Grundeigenthum, der sich in Frankreich hinter dem Gegensatz von Parcelleneigenthum und großem Grundbesitz verbarg, in England seit den Korngesetzen offen ausbrach.

Die Literatur der politischen Oekonomie in England erinnert während dieser Periode an die ökonomische Sturm- und Drangperiode in Frankreich nach Dr. Quesnay's Tod, aber nur wie ein Altweibersommer

1 Sie meine Schrift: „Zur Kritik etc." p. 39.

an den Frühling erinnert. Mit dem Jahr 1830 trat die ein für allemal entscheidende Krise ein.

Die Bourgeoisie hatte in Frankreich und England politische Macht erobert. Von da an gewann der Klassenkampf, praktisch und theoretisch, mehr und mehr ausgesprochne und drohende Formen. Er läutete die Todtenglocke der wissenschaftlichen bürgerlichen Oekonomie. Es handelte sich jetzt nicht mehr darum, ob dies oder jenes Theorem wahr sei, sondern ob es dem Kapital nützlich oder schädlich, bequem oder unbequem, ob polizeiwidrig oder nicht. An die Stelle uneigennütziger Forschung trat be¦zahlte Klopffechterei, an die Stelle unbefangner wissenschaftlicher Untersuchung, das böse Gewissen und die schlechte Absicht der Apologetik. Indeß selbst die zudringlichen Traktätchen, welche die Anti-Cornlawleague, mit den Fabrikanten Cobden und Bright an der Spitze, in die Welt schleuderte, boten, wenn kein wissenschaftliches, doch ein historisches Interesse durch ihre Polemik gegen die grundeigenthümliche Aristokratie. Auch diesen letzten Stachel zog die Freihandelsgesetzgebung seit Sir Robert Peel der Vulgärökonomie aus.

Die kontinentale Revolution von 1848–49 schlug auch auf England zurück. Männer, die noch wissenschaftliche Bedeutung beanspruchten, und mehr sein wollten als blosse Sophisten und Sykophanten der herrschenden Klassen, suchten die politische Oekonomie des Kapitals in Einklang zu setzen mit den jetzt nicht länger zu ignorirenden Ansprüchen des Proletariats. Daher ein geistloser Synkretismus, wie ihn John Stuart Mill am besten repräsentirt. Es ist | eine Bankerotterklärung der „bürgerlichen" Oekonomie, welche der große russische Gelehrte und Kritiker N. Tschernischewsky in seinem Werk „Umrisse der politischen Oekonomie nach Mill" bereits meisterhaft beleuchtet hat.

In Deutschland kam also die kapitalistische Produktionsweise zur Reife, nachdem ihr antagonistischer Charakter sich in Frankreich und England schon durch geschichtliche Kämpfe geräuschvoll offenbart hatte, während das deutsche Proletariat bereits ein viel entschiedneres theoretisches Klassenbewußtsein besaß als die deutsche Bourgeoisie. Sobald eine bürgerliche Wissenschaft der politischen Oekonomie hier möglich zu werden schien, war sie daher wieder unmöglich geworden.

Unter diesen Umständen theilten sich ihre Wortführer in zwei Reihen. Die einen, kluge, erwerbslustige, praktische Leute, schaarten sich um die Fahne Bastiat's, des flachsten und daher gelungensten Vertreters vulgärökonomischer Apologetik; die andren, stolz auf die Professoralwürde ihrer Wissenschaft, folgten J. St. Mill in dem Versuch Unversöhnbares zu versöhnen. Wie zur klassischen Zeit der bürgerlichen Oekonomie blieben die Deutschen auch zur Zeit ihres Verfalls bloße Schüler, Nachbeter und Nachtreter, Kleinhausirer des ausländischen Großgeschäfts.

Die eigenthümliche historische Entwicklung der deutschen Gesell-
schaft schloß hier also jede originelle Fortbildung der „bürgerlichen“
488 Oekonomie aus, aber nicht deren – Kritik. Soweit solche Kritik über-
haupt eine Klasse vertritt, kann sie nur die Klasse vertreten, deren
geschichtlicher Beruf die Umwälzung der kapitalistischen Produktions-
weise und die schließliche Abschaffung der Klassen ist – das Proletari-
at.

Die gelehrten und ungelehrten Wortführer der deutschen Bourgeoi-
sie haben „Das Kapital“ zunächst todtzuschweigen versucht, wie ihnen
das ¦ mit meinen frühern Schriften gelungen war. Sobald diese Taktik
nicht länger den Zeitverhältnissen entsprach, schrieben sie, unter dem
Vorwand, mein Buch zu kritisiren, Anweise „Zur Beruhigung des bür-
489 gerlichen Bewußtseins“, fanden aber in der Arbeiterpresse – sieh z. B.
Joseph Dietzgen's Aufsätze im Volks|staat – überlegne Kämpen, denen
sie die Antwort bis heute schuldig.[1]

Eine treffliche russische Uebersetzung des „Kapital“ erschien im Frühling 1872 zu Petersburg. Die Auflage von 3000 Exemplaren ist jetzt schon beinahe vergriffen. Bereits 1871 hatte Herr N. Sieber (Зиберъ), Professor der politischen Oekonomie an der Universität zu Kiew, in sei-

[1] Die breimäuligen Faselhänse der deutschen Vulgärökonomie schelten Styl und Darstellung meiner Schrift. Niemand kann die literarischen Mängel des „Kapital“ strenger beurtheilen als ich selbst. Dennoch will ich, zu Nutz und Freud dieser Herren und ihres Publikums, hier ein englisches und ein russisches Urtheil citiren. Die meinen Ansichten durchaus feindliche Saturday Review sagte in ihrer Anzeige der ersten deutschen Ausgabe: Die Darstellung „verleiht auch den trockensten ökonomischen Fragen einen eignen Reiz (charm.)“ Die С.-П.-Вѣдомости (St. Petersburger Zeitung) bemerkt in ihrer Nummer vom 20. April 1872 u. a.: „Die Darstellung mit Ausnahme weniger zu specieller Theile zeichnet sich aus durch Allgemeinverständlichkeit, Klarheit und trotz der wissenschaftlichen Höhe des Gegenstands, ungewöhnliche Lebendigkeit. In dieser Hinsicht gleicht der Verfasser … auch nicht von fern der Mehrzahl deutscher Gelehrten, die … ihre Bücher in so verfinsterter und trockner Sprache schreiben, daß gewöhnlichen Sterblichen der Kopf davon kracht.“ Den Lesern der zeitläufigen deutsch-national-liberalen Professoralliteratur kracht jedoch etwas ganz andres als der Kopf.

ner Schrift: „Теорія Цѣнности и капитала Д. Рикардо“ („D. Ricardo's Theorie des Werths und des Kapitals etc.“) meine Theorie des Werths, des Geldes und des Kapitals in ihren Grundzügen als nothwendige Fortbildung der Smith-Ricardo'schen Lehre nachgewiesen. Was den 490
Westeuropäer beim Lesen seines gediegnen Buchs überrascht, ist das konsequente Festhalten des rein theoretischen Standpunkts.

Die im „Kapital“ angewandte Methode ist wenig verstanden worden, wie schon die einander widersprechenden Auffassungen derselben beweisen.

So wirft mir die Pariser Revue Positive vor, einerseits, ich behandle die Oekonomie metaphysisch, andrerseits – man rathe! –, ich beschränke mich auf bloß kritische Zergliederung des Gegebnen, statt Recepte (comtistische?) für die Garküche der Zukunft zu verschreiben. Gegen den Vorwurf der Metaphysik bemerkt Prof. Sieber: „So weit es sich um die eigentliche Theorie handelt, ist die Methode von Marx die deduktive Methode der ganzen englischen Schule, deren Mängel und Vorzüge den besten theoretischen Oekonomisten gemein | sind.“ Herr M. Block – „Les Théoriciens du Socialisme en Allemagne. Extrait du Journal des Economistes, juillet et août 1872“ – entdeckt, daß meine Methode analytisch ist und ¦ sagt u. a.: «Par cet ouvrage M. Marx se classe parmi les esprits analytiques les plus éminents.» Die deutschen Recensenten schreien natürlich über Hegel'sche Sophistik. Der Petersburger вѣстникъ европы (europäischer Bote), in einem Artikel, der ausschließlich die Methode des „Kapital“ behandelt (Mainummer 1872, p. 427–36), findet meine Forschungsmethode streng realistisch, die Darstellungsmethode aber unglücklicher Weise deutsch-dialektisch. Er sagt: „Auf den ersten Blick, wenn man nach der äußern Form der Darstellung urtheilt, ist Marx der größte Idealphilosoph und zwar im deutschen, d. h. schlechten Sinn des Wortes. In der That aber ist er unendlich mehr Realist als alle seine Vorgänger im Geschäft der ökonomischen Kritik … Man kann ihn in keiner Weise einen Idealisten nennen.“ Ich kann dem Herrn Verfasser nicht besser antworten, als durch einige Auszüge aus seiner eignen Kritik, die zudem manchen meiner Leser, dem das russische Original unzugänglich ist, interessiren mögen.

Nach einem Citat aus meiner Vorrede zur „Kritik der Pol. Oek.“ Berlin 1859, p. IV–VII, wo ich die materialistische Grundlage meiner Methode erörtert habe, fährt der Herr Verfasser fort:

„Für Marx ist nur eins wichtig: das Gesetz der Phänomene zu finden, mit deren Untersuchung er sich beschäftigt. Und ihm ist nicht nur das Gesetz wichtig, das sie beherrscht, so weit sie eine fertige Form haben und in einem Zusammenhang stehn, wie er in einer gegebnen Zeitperiode beobachtet wird. Für ihn ist noch vor allem wichtig das Gesetz ihrer Veränderung, ihrer Entwicklung, d. h. der Uebergang aus einer Form in die andre, aus einer Ordnung des Zusammenhangs in eine andre. Sobald er einmal dieß Gesetz entdeckt hat, untersucht er im Detail die Folgen, worin es sich im gesellschaftlichen Leben kundgiebt. … Demzufolge bemüht sich Marx nur um eins: durch genaue wissenschaftliche Untersuchung die Nothwendigkeit bestimmter Ordnungen der gesellschaftlichen Verhältnisse nachzuweisen und soviel als möglich untadelhaft die Thatsachen zu konstatiren, die ihm zu Ausgangs- und Stützpunkten dienen. | Hierzu ist vollständig hinreichend, wenn er mit der Nothwendigkeit der gegenwärtigen Ordnung zugleich die Nothwendigkeit einer andren Ordnung nachweist, worin die erste unvermeidlich übergehn muß, ganz gleichgültig, ob die Menschen das glauben oder nicht glauben, ob sie sich dessen bewußt oder nicht bewußt sind. Marx betrachtet die gesellschaftliche Bewegung als einen naturgeschichtlichen Proceß, den Gesetze lenken, die nicht nur von dem Willen, dem Bewußtsein und der Absicht der Menschen unabhängig sind, sondern vielmehr umgekehrt deren Wollen, Bewußtsein und Absichten bestimmen. … Wenn das bewußte Element in der Kulturgeschichte eine so untergeordnete Rolle spielt, dann versteht es sich von selbst, daß die Kritik, de ¦ ren Gegenstand die Kultur selbst ist, weniger als irgend etwas andres, irgend eine Form oder irgend ein Resultat des Bewußtseins
491 zur Grundlage haben kann. Das heißt, nicht die Idee, sondern nur die äußere Erscheinung kann ihr als Ausgangspunkt dienen. Die Kritik wird sich beschränken auf die Vergleichung und Konfrontirung einer Thatsache, nicht mit der Idee, sondern mit der andren Thatsache. Für sie ist es nur wichtig, daß beide Thatsachen möglichst genau untersucht werden und wirklich die eine gegenüber der andren verschiedne Entwicklungsmomente bilden, vor allem aber wichtig, daß nicht minder genau die Serie der Ordnungen erforscht wird, die Aufeinanderfolge
492 und Verbindung, worin die Entwicklungsstufen erscheinen. Aber, wird man sagen, die allgemeinen Gesetze des ökonomischen Lebens sind ein und dieselben, ganz gleichgültig, ob man sie auf Gegenwart oder Vergangenheit anwendet. Grade das läugnet Marx. Nach ihm existiren

solche abstrakte Gesetze nicht … Nach seiner Meinung besitzt im Gegentheil jede historische Periode ihre eignen Gesetze … Sobald das Leben eine gegebene Entwicklungsperiode überlebt hat, aus einem gegebnen Stadium in ein andres übertritt, beginnt es auch durch andre Gesetze gelenkt zu werden. Mit einem Wort das ökonomische Leben bietet uns eine der Entwicklungsgeschichte auf andren Gebieten der Biologie analoge Erscheinung … Die alten Oekonomen verkannten die Natur ökonomischer Gesetze als sie dieselben mit den Gesetzen der Physik und Chemie verglichen … Eine tiefere Analyse der Erscheinungen bewies, daß sociale Organismen sich von einander ebenso gründlich | unterscheiden als Pflanzen- und Thierorganismen … Ja, eine und dieselbe Erscheinung unterliegt ganz und gar verschiednen Gesetzen in Folge des verschiednen Gesammtbaus jener Organismen, der Abweichung ihrer einzelnen Organe, des Unterschieds der Bedingungen worin sie
funktioniren u. s. w. Marx läugnet z. B. daß das Bevölkerungsgesetz das- 493
selbe ist zu allen Zeiten und an allen Orten. Er versichert im Gegentheil, daß jede Entwicklungsstufe ihr eignes Bevölkerungsgesetz hat … Mit der verschiednen Entwicklung der Produktivkraft ändern sich die Verhältnisse und die sie regelnden Gesetze. Indem sich Marx das Ziel stellt von diesem Gesichtspunkt aus die kapitalistische Wirthschaftsordnung zu erforschen und zu erklären, formulirt er nur streng wissenschaftlich
das Ziel, welches jede genaue Untersuchung des ökonomischen Lebens 494
haben muß … Der wissenschaftliche Werth solcher Forschung liegt in der Aufklärung der besondren Gesetze welche Entstehung, Existenz, Entwicklung, Tod eines gegebenen gesellschaftlichen Organismus und seinen Ersatz durch einen andren, höheren regeln. Und diesen Werth hat in der That das Buch von Marx.“

Indem der Herr Verfasser das, was er meine wirkliche Methode nennt, so treffend, und soweit meine persönliche Anwendung derselben in Betracht ¦ kommt, so wohlwollend schildert, was andres hat er geschildert als die dialektische Methode?

Allerdings muß sich die Darstellungsweise formell von der Forschungsweise unterscheiden. Die Forschung hat den Stoff sich im Detail anzueignen, seine verschiednen Entwicklungsformen zu analysiren und deren inneres Band aufzuspüren. Erst nachdem diese Arbeit vollbracht, kann die wirkliche Bewegung entsprechend dargestellt werden. Gelingt dieß und spiegelt sich nun das Leben des Stoffs ideell wieder, so mag es aussehn, als habe man es mit einer Konstruktion a priori zu thun.

Meine dialektische Methode ist der Grundlage nach von der Hegelschen nicht nur verschieden, sondern ihr direktes Gegentheil. Für Hegel ist der Denkproceß, den er sogar unter dem Namen Idee in ein selbstständiges Subjekt verwandelt, der Demiurg des Wirklichen, das nur seine äußere Erscheinung bildet. Bei mir ist umgekehrt | das Ideelle nichts andres als das im Menschenkopf umgesetzte und übersetzte Materielle.

Die mystificirende Seite der Hegel'schen Dialektik habe ich vor beinah 30 Jahren, zu einer Zeit kritisirt, wo sie noch Tagesmode war. Aber grade als ich den ersten Band des „Kapital" ausarbeitete, gefiel sich das verdrießliche, anmaßliche und mittelmäßige Epigonenthum, welches jetzt im gebildeten Deutschland das große Wort führt, darin, Hegel zu behandeln, wie der brave Moses Mendelssohn zu Lessing's Zeit den Spinoza behandelt hat, nämlich als „todten Hund". Ich bekannte mich daher offen als Schüler jenes großen Denkers, und kokettirte sogar hier und da im Kapitel über die Werththeorie mit der ihm eigenthümlichen Ausdrucksweise. Die Mystifikation, welche die Dialektik in Hegel's Händen untergeht, verhindert in keiner Weise, daß er ihre allgemeinen Bewegungsformen zuerst in umfassender und bewußter Weise dargestellt hat. Sie steht bei ihm auf dem Kopf. Man muß sie umstülpen, um den rationellen Kern in der mystischen Hülle zu entdecken.

In ihrer mystificirten Form ward die Dialektik deutsche Mode, weil sie das Bestehende zu verklären schien. In ihrer rationellen Gestalt ist sie dem Bürgerthum und seinen doktrinären Wortführern ein Aergerniß und ein Greuel, weil sie in dem positiven Verständniß des Bestehenden zugleich auch das Verständniß seiner Negation, seines nothwendigen Untergangs einschließt, jede gewordne Form im Flusse der Bewegung, also auch nach ihrer vergänglichen Seite auffaßt, sich durch nichts imponiren läßt, ihrem Wesen nach kritisch und revolutionär ist.

495 Die widerspruchsvolle Bewegung der kapitalistischen Gesellschaft macht sich dem praktischen Bourgeois am schlagendsten fühlbar in den Wechselfällen des periodischen Cyklus, den die moderne Industrie durchläuft, und deren Gipfelpunkt – die allgemeine Krise. Sie ist wieder im Anmarsch, ob ¦ gleich noch begriffen in den Vorstadien, und wird durch die Allseitigkeit ihres Schauplatzes, wie die Intensivität ihrer Wir-

kung, selbst den Glückspilzen des neuen heiligen, preußisch-deutschen Reichs Dialektik einpauken.

London, 24. Januar 1873.

Karl Marx. |

710¦ 822|

Anmerkungen

1 *S. 3* Dieser Text findet sich in MEGA[2] II.2, S. 95–245; im gleichen Band (S. 17–94) findet sich auch eine *Urtext* genannte Vorgängerversion dieses Buches; vgl. zu diesen beiden Texten von Marx die Einleitung und die editorischen Hinweise (S. 9*–31*).

2 *S. 3* In einem Brief an Louis Kugelmann vom 13.10.1866 erläutert Marx, dass er es aufgrund der aus seiner Sicht unzulänglichen Rezeption von *Zur Kritik der politischen Oekonomie* für notwendig erachtet habe, im *Kapital* wieder vorne zu beginnen (vgl. seinen Hinweis auf Ferdinand Lassalle in seiner ersten Anmerkung). Der Inhalt der früheren Schrift sei im ersten Kapitel des *Kapital* zusammengefasst. Seine Auffassung, die »Darstellung« sei gegenüber dem früheren Werk »verbessert«, stieß bei Kugelmann nur auf halbe Zustimmung. Er überzeugte Marx davon, dass die Analyse der Wertform in einer einfacheren, didaktisch klarer strukturierten Form dargestellt werden müsse, um eine breitere Leserschaft zu erreichen. Diese Anregung nahm Marx, nachdem auch Friedrich Engels Kritik in die gleiche Richtung geäußert hatte, bei der Korrektur der ersten Druckbögen (im April bis Juli 1867) auf und schrieb die als »Anhang zu Kapitel I, 1. Die Werthform« in der ersten Auflage des *Kapital* enthaltene zweite Version der Wertformanalyse (vgl. hier S. 626–649 sowie meine Erläuterungen zu 294. In seinem Brief vom 13.7.1867 teilt Marx Kugelmann mit, er habe diesen Anhang an die Leipziger Druckerei gesandt, und bedankt sich bei Kugelmann für dessen Vorschlag).

3 *S. 3* Hiermit sind die Abschnitte »Historisches zur Analyse der Waare« und »Theorieen über Cirkulationsmittel und Geld« (MEGA[2] II.2, S. 130–139 und 217–245) von *Zur Kritik der politischen Oekonomie* gemeint. Marx hatte seine Absicht, jedem systematischen Kapitel seiner Kritik der politischen Ökonomie ein theoriegeschichtliches Kapitel zur Seite zu stellen, zum Zeitpunkt der Abfassung des *Kapital* aufgegeben. Ein zu diesem Zweck von ihm erarbeitetes Manuskript, gelegentlich auch als vierter Band des *Kapital* bezeichnet, wurde erstmals von Karl Kautsky unter dem Titel »Theorien über den Mehrwert« in vier Bänden in den Jahren 1905 bis 1910 herausgegeben. Mittlerweile liegen diese Manuskripte in kritischer Edition in MEGA[2] II.3.2 bis 3.4 in drei Bänden vor.

4 *S. 3* Siehe meine Erläuterung zu 2.

5 *S. 3* An dieser Stelle meint Marx die in seinen Augen »popularisierte« und gegenüber der Darstellung in *Zur Kritik der politischen Oekonomie* verbesserte Version

im ersten Kapitel des *Kapital*. Nicht gemeint ist damit die Analyse der Wertform, deren vereinfachte Darstellung sich dann im Anhang des *Kapital* findet.

6 *S. 4* An dieser Stelle weist Marx den Leser auf die vereinfachte Darstellung hin, die er auf Anregungen von Kugelmann und Engels in letzter Minute als Anhang hinzugefügt hat; vgl. meine Erläuterung zu 2 und zu 294.

7 *S. 5* Die Redeweise von »Naturgesetzen« in Bezug auf den Bereich des Sozialen ist problematisch. Marx unterlegt beiden Bereichen offensichtlich einen strukturgleichen Gesetzesbegriff. Wichtig ist dabei zum einen, dass er sich mit »eherner Nothwendigkeit« und »Tendenzen« nicht auf die Struktur der Gesetze selbst, sondern auf die als »Antagonismen« charakterisierten Phänomene bezieht. Zum anderen ist zu beachten, dass zwischen der deterministischen Konzeption auf der einen und der Rede von Tendenzen auf der anderen Seite eine von Marx theoretisch nie aufgelöste Spannung besteht. Außerdem muss man seine Rede von Naturgesetz oder naturgesetzlich unterscheiden von der von ihm vielfach verwendeten Charakterisierung »naturwüchsig«; an den meisten Stellen ist mit diesem Begriffsfeld das Merkmal der Ungeplantheit eines Resultats von Handlungen und Interaktionen gemeint.

8 *S. 6* Hiermit benennt Marx die Analyseebene seiner Kritik der politischen Ökonomie: Es geht um strukturelle Zusammenhänge und die sich aus ihnen ergebenden Rollen und funktionalen Intentionen der Akteure, nicht um die individuellen Agenten und deren individuelle Motive.

9 *S. 6* Hier stellt Marx klar, dass seine Kritik aufgrund der Analyseebene nicht als ethische Kritik an den einzelnen Agenten missverstanden werden darf. Diese Aussage impliziert allerdings nicht, dass seine Kritik keine ethische Dimension hat; in den folgenden Erläuterungen werde ich herausarbeiten, dass sich diese ethische Dimension seiner Kritik als systematisch tragender Bestandteil im *Kapital* nachweisen lässt.

10 *S. 7* Marx kündigt hier den zum damaligen Zeitpunkt von ihm verfolgten Gesamtpublikationsplan an, den er aber im Laufe der Jahre weder realisieren konnte noch unverändert weiterverfolgt hat. Man muss daher zu dem Ergebnis kommen, dass es zu keinem Zeitpunkt seines Schaffens die eine, sich dann konstant durchhaltende Gesamtkonzeption seines Programms einer Kritik der politischen Ökonomie gegeben hat. Vielmehr spricht alles dafür, dass sich dieses Forschungsprogramm einschließlich fundamentaler konzeptioneller Grundlagen in einer permanenten Entwicklung befunden hat. Darüber hinaus ist die zeitliche Entstehung der Manuskripte, die sowohl dem von Marx selbst veröffentlichten ersten Band des *Kapital* (in seinen beiden ersten Auflagen) als vor allem auch den von Engels herausgegebenen zweiten und dritten Bänden sowie dem von Kautsky dann in vier Bänden herausgegebenen »Buch IV« des *Kapital* zugrunde liegen (vgl. meine Anmerkung 3), höchst verwickelt. Teile dieser nicht mehr von Marx selbst fertiggestellten Bände beruhen auf Manuskripten, die Marx vor der Veröffentlichung der ersten Auflage des *Kapital* verfasst hat, andere Teile sind in den Jahren 1867 bis 1872 bis zum Erscheinen der zweiten Auflage des

Kapital entstanden, wiederum andere hat Marx erst danach, teilweise noch bis in das Jahr 1881 hinein erarbeitet. Dies führt unter anderem dazu, dass in die späteren Bände Manuskripte eingegangen sind, deren Aussagen Marx selbst zum Zeitpunkt der Veröffentlichung des *Kapital* in erster oder zweiter Auflage explizit verworfen hatte. Darüber hinaus gibt es Theorieteile, die mit den zeitlich später entwickelten Konzeptionen nicht kompatibel sind. Mit anderen Worten: Wenn man das Forschungsprogramm einer Kritik der politischen Ökonomie von Karl Marx insgesamt verstehen möchte, ist man darauf angewiesen, die zweite Abteilung der MEGA², insbesondere die Bände II.4.1 bis 4.3, II.11, II.12, II.13 und II.14 zu studieren. Hierbei sind auch die Einführungen und Erläuterungen der jeweiligen Editionsteams dieser Bände von unschätzbarem Wert. Die anderen, in der Forschung bisher verwendeten Ausgaben, die nicht auf der MEGA² beruhen, sind dagegen editionsphilologisch unbrauchbar und deshalb in der Sache häufig irreführend.

11 *S. 11* Dieser Auftaktsatz des *Kapital* ist aus drei Gründen trotz seiner oberflächlichen Schlichtheit von weitreichender Relevanz: Erstens stellt Marx klar, dass es in seinem Buch um die Analyse und Kritik einer historisch spezifischen Gesellschaftsform geht (»kapitalistische Produktionsweise«). Zweitens verwendet er die von Hegel übernommene wesenslogische Relation der Erscheinung (»Der Reichtum … erscheint als … Waarensammlung«). Und drittens weist er mit dem Terminus »Elementarform« auf den von ihm gewählten Aufbau hin: Die Komplexität des Kapitalismus als eines sich differenzierenden Gesamtsystems muss von der »Elementarform« als der kleinsten, alle Differenzen im Keim enthaltenden Einheit aus entfaltet werden. Damit folgt er dem Aufbau der hegelschen Logik und bringt die »einzelne Waare« an die Position des »Seins« in Hegels *Wissenschaft der Logik*. Die mit der Relation der Erscheinung eingesetzte Komplexität wird sich im Laufe der kategorialen Entfaltung, die Marx im *Kapital* vollzieht, noch vielfach zeigen.

12 *S. 11* Marx folgt dem Aufbau der hegelschen Logik, indem er den Aspekt der Qualität vor dem der Quantität abhandelt.

13 *S. 12* Der Gebrauchswert »verwirklicht« sich ausschließlich im Prozess des Gebrauchs oder der »Consumtion«, ist unabhängig davon also als Disposition eines materiellen Gegenstandes zu verstehen. Die materiellen Eigenschaften des Gegenstandes, in denen diese Disposition, Gebrauchswert zu sein, realisiert ist, bezeichnet Marx als »stofflichen Inhalt« des Reichtums. Diesem stofflichen Reichtum stellt er, das hegelsche Paar von Reflexionsbestimmungen »Form-und-Inhalt« verwendend, die »gesellschaftliche Form« gegenüber. Das Subjekt dieser reflexionslogischen Unterscheidung ist (durch den Bezug des »seine« in dem Satz) der »Reichthum«; an diesem werden Inhalt und Form unterschieden, wobei diese Unterscheidung in Bezug auf den Wertaspekt der Ware von Marx zugleich mit einem weiteren Gegensatzpaar (»stofflich« vs. »gesellschaftlich«) qualifiziert wird. Sofern eine Ware Bestandteil des Reichtums einer Gesellschaft ist, bildet ihr Inhalt einen für den Gebrauch der Ware einschlägigen stofflichen Aspekt,

dessen Verwirklichung in einer immer gesellschaftlich spezifischen Weise ihren Formaspekt darstellt.

14 *S. 12* Marx führt nun aus, worin die spezifische Konstellation des Verhältnisses »stofflicher Inhalt/gesellschaftliche Form« in der kapitalistischen »Gesellschaftsform« besteht: Waren als Gebrauchswerte sind hier »die stofflichen Träger« der gesellschaftlichen Form, die von Marx als »Tauschwerth« bestimmt wird. Damit hat Marx drei für die gesamte Kategorienentwicklung seiner Kritik wichtige Punkte benannt: Erstens geht es von Beginn an um die Analyse einer historisch spezifischen Gesellschaftsform; zweitens nimmt in dieser spezifischen Gesellschaftsform (der kapitalistischen Produktionsweise) die gesellschaftliche Form des Reichtums die Gestalt des Tauschwerts an; und drittens besteht zwischen dem stofflichen Inhalt des Reichtums und seiner gesellschaftlichen Form die ontologische Relation des »Träger-Seins«.

15 *S. 12* Marx beginnt nun mit der kategorialen Analyse des Tauschwerts. Wie schon zu Beginn des *Kapital* greift er dazu auf die wesenslogische Relation der Erscheinung zurück (diese wird im nächsten Satz dem »Schein« als einer inadäquaten Realisierung der Gesamtkonstellation gegenübergestellt): Diese Relation der Erscheinung unterliegt, hier folgt Marx wieder der hegelschen Logik, selbst einer konzeptionellen Weiterentwicklung, liegt aber, und damit deutet Marx die im Folgenden zu vollziehende logische Entwicklung an, »zunächst« in der Form des »quantitativen Verhältni[sses]« vor.

16 *S. 13* Marx folgt an dieser für seine gesamte Konzeption zentralen Stelle der hegelschen Analyse von Urteilen: Zum einen wird die Prädikation (X ist *f*) so gedeutet, dass die Universale (die Eigenschaft) *f* in dem Substrat X instanziiert ist. Zum anderen wird die Relation »=« als Identitätsaussage »X = Y« interpretiert. Damit diese wahr sein kann, muss es, so der Gedankengang, etwas geben, hinsichtlich dessen die in dieser Relation miteinander identisch gesetzten Relata X und Y (in Marx' Beispiel Weizen und Eisen) wirklich identisch sind. Der zu findende Kandidat hierfür ist eine in X und Y gleichermaßen instanziierte Universale *f* (Marx spricht an dieser Stelle mit Bezug auf dieses von »einem Dritten«). Wichtig ist, auch hier folgt Marx der hegelschen Explikation von Urteils- und Identitätsaussagen, dass die Relata X und Y in dieser Identitätsaussage in einem intensionalen Kontext stehen. Das bedeutet, dass der Wahrheitsgehalt dieser Aussage nicht nur von der Extension (also X und Y) abhängt, sondern davon, in welcher Hinsicht X und Y in dieser Identitätsaussage betrachtet (oder: auf welche Weise sie in ihr beschrieben) werden. Diese Hinsicht ist der marxschen Analyse zufolge das Tauschwertsein; ich blende an dieser Stelle den Aspekt der Quantität, also die Tatsache, dass es immer bestimmte Mengen von X und Y sind, die in dieser Identitätsaussage stehen, aus. Damit ist die Identitätsaussage zu lesen als »X qua Tauschwert = Y qua Tauschwert« (weitere aus der hegelschen Analyse übernommene Merkmale werden gleich noch relevant; vgl. meine nächsten Erläuterungen). Nun wird die erste Prämisse der gesamten Konzeption entscheidend: Weil die Identitätsaussage voraussetzt, dass es ein *f* gibt, welches in beiden Relata instanziiert ist, muss

sich diese Gesamtkonstellation an jedem der beiden Relata unabhängig von der Gesamtrelation ausweisen lassen. Mit anderen Worten: Die Aussage, dass X *f* ist, muss sich unabhängig davon ausweisen lassen, dass die Identitätsaussage »X = Y« getroffen wird. Die marxsche Rede davon, dass X damit auf *f* »reducierbar sein« muss, lässt sich dann so verstehen: In dem durch die Tauschhandlung (oder in unserer Darstellung: der Identitätsaussage »X = Y«) vorausgesetzten Analysezusammenhang wird X auf sein *f-sein* in dem Sinne reduziert, dass von allen anderen Eigenschaften, die in X auch noch instanziiert sind, abgesehen wird. Es handelt sich also um eine durch die Tauschhandlung vollzogene Abstraktion: X und Y stehen in dieser Identitätsrelation als zu tauschende Waren, ihre anderen Eigenschaften sind in der Grammatik dieser Relation ausgeblendet.

17 *S. 13* An dieser Stelle bestimmt Marx konsequenterweise die in der Identitätsaussage (dem »Austauschverhältniß«) sich vollziehende Reduktion der Relata X und Y auf ein von ihnen »durchaus Verschiednes und Unabhängiges« (die Universale *f* hat damit einen eigenständigen ontologischen Status) als »Abstraktion«. Als zu tauschende betrachtet werden die Gebrauchswerte von X und Y, hinsichtlich derer sie gerade nicht identisch sein dürfen, damit der Tausch Sinn macht, ausgeblendet. Marx stellt damit das Tauschwertsein als Abstraktion vom Gebrauchswertsein von X (und Y) dar, die sich in und durch die Austauschhandlung vollzieht.

18 *S. 14* Aus den Voraussetzungen seiner Konzeption folgt (»daher«), dass vor der Formanalyse zunächst die Relata X und Y isoliert (»schlechthin«) zu analysieren sind. Die durch den Gesamtkontext der Analyse vorausgesetzte Hinsicht ist die, dass X (und Y) »Werthe« sind. Zur terminologischen und systematischen Problematik vgl. meine Erläuterung zu 19.

19 *S. 14* Die in dieser Anmerkung getroffene terminologische Festlegung hat Marx selbst nicht an allen Stellen durchgehalten. Der sachliche Grund hierfür ist, dass Wert in der Gestalt des Tauschwerts im *Kapital* in der Gestalt analysiert wird, die für die kapitalistische Produktionsweise charakteristisch ist. Damit bleibt zum einen offen, welche Gestalt der Wert annimmt, wenn eine nicht-kapitalistische Tauschgesellschaft analysiert wird. Eine Option wäre, dass alle über den Tausch organisierten Produktionsweisen die gleiche Gestalt des Wertes hervorbringen. Dann aber wäre der Tauschwert keine typisch kapitalistische Erscheinungsform des Werts. Alternativ dazu ließen sich möglicherweise nicht-kapitalistische Gestalten entwickeln, sodass man die verschiedenen Produktionsweisen von Tauschgesellschaften terminologisch abbilden könnte. Darüber hinaus stellt sich die systematische Frage, ob nicht jede komplexe Produktionsweise, die arbeitsteilig organisiert ist, auch spezifische Gestalten des Werts erzeugt: Obwohl dort kein Tausch stattfindet, müssen ja die unterschiedlichen Produkte, z. B. in der Planung, aufeinander bezogen werden, wenn es darum geht, knappe Ressourcen sinnvoll zu nutzen (also Verteilungsentscheidungen zu treffen).

20 *S. 14* Dass die gesuchte Einheit aus der »Gesellschaft« entspringt, ist zuerst einmal unproblematisch, da die Tauschhandlung, die der Identitätsaussage »X = Y«

zugrunde liegt, mindestens zwei Akteure und einen institutionellen Rahmen voraussetzt. Dass der einzige für das gesuchte »Dritte« plausible Kandidat »die Arbeit« ist, ergibt sich jedoch nicht zwingend aus den konzeptionellen Voraussetzungen. Diese für die marxsche Gesamtkonzeption grundlegende Annahme ist am besten als Forschungshypothese zu verstehen, die sich in der Analyse des Kapitalismus bewähren muss.

21 *S. 14* Mit der Metapher »krystallisirt« bezieht Marx sich auf seine von Hegel übernommene Konzeption des Handelns bzw. der Arbeit. Darin gilt das Handlungsresultat als Vergegenständlichung des in der Handlung beabsichtigten und durch die Handlung hervorgebrachten Zwecks. Das Produkt einer Handlung (z. B. eines hergestellten Gegenstands) ist damit der zum Gegenstand gewordene Inhalt der den Prozess leitenden Zwecksetzung.

22 *S. 14* Marx verwendet auch in seiner Analyse im *Kapital* das handlungstheoretische Modell, welches er in Anlehnung an Hegel in seinen 1844 entstandenen *Ökonomisch-philosophischen Manuskripten* entwickelt hat. Damit ist eine Kontinuität auf der Ebene der philosophischen Grundbegriffe gegeben.

23 *S. 15* Marx verwendet hier sein handlungstheoretisches Modell der Vergegenständlichung nicht nur für den konkreten physischen Prozess (die Verausgabung von Energie durch Körperbewegungen beispielsweise), sondern auch für die durch Durchschnittsbildung hergestellte Ebene, also für abstrakte Gegenstände; vgl. auch meine Erläuterungen zu 27. Die damit verbundenen handlungstheoretischen Fragestellungen hat er jedoch nicht erörtert. Ein mit diesem Fragenkomplex verbundenes Problem ist die genauere ontologische Bestimmung der involvierten Entitäten und die Frage, was Vergegenständlichung hier meinen kann. Weder das intuitiv einleuchtende Modell, dass sich die Absicht des Kuchenbackens am Ende in einem Kuchen vergegenständlicht, noch das von Marx häufig zur Illustration herangezogene Metaphernfeld (wie Gallerte oder Kristallisation) passen für diesen Kontext.

24 *S. 16* Mit der Formanalyse beginnt Marx auf S. 27, Z. 7.

25 *S. 16* Marx formuliert hier zum einen zwei notwendige Bedingungen dafür, dass ein Produkt Ware sein kann: Es muss einen Gebrauchswert haben und als Gebrauchswert für andere hergestellt worden sein (weitere notwendige Bedingungen finden sich an 29). Zum anderen definiert er an dieser Stelle »gesellschaftlich« implizit als »für andere« und damit in einem maximal unspezifischen Sinne, den man am besten mit »sozial« wiedergeben kann.

26 *S. 16* Das veraltete Wort »zwieschlächtig« umfasst zwei Bedeutungsaspekte: X ist zwieschlächtig, wenn es eine Einheit aus zwei Gattungen (biologisch im Sinne von Bastard) ist und wenn diese beiden Bestimmungen gegensätzlich oder widersprüchlich sind. Letzteres bedeutet, dass die Explikation der Bestimmung X Elemente enthält, die ihrerseits die Negation von Y implizieren (oder die Bestimmung Y Elemente enthält, die ihrerseits die Negation von X enthalten). Damit zielt Marx unterminologisch auf die hegelsche Konzeption der Reflexionsbestimmungen ab und verbindet diese begriffliche Struktur zugleich

mit der Phänomenologie des Widernatürlichen und des Antagonistischen. Gebrauchswert und Wert (einschließlich seiner kapitalistischen Erscheinungsform als Tauschwert) sind diese beiden zwieschlächtigen Bestimmungen der Ware.

27 *S. 16* Mit dieser Aussage greift Marx auf die zweite Dimension seiner Entfremdungskonzeption zurück, die das Primat des Prozesses (oder der Handlung) vor dem Produkt (des Handlungsresultats) zum Ausdruck bringt: Alle Merkmale des Produkts müssen sich als Merkmale des Hervorbringungsprozesses ausweisen lassen. Wenn also die Ware zwieschlächtig ist, dann muss auch die Arbeit als ihr Hervorbringungsprozess zwieschlächtig sein. Marx identifiziert diese Zwieschlächtigkeit damit, dass sich in einer gesellschaftlich organisierten und auf die Bedürfnisbefriedung anderer ausgerichteten Produktion für den Tausch Arbeit zugleich als konkrete, physische Tätigkeit und als davon unterscheidbarer abstrakter Prozess vergegenständlicht. In der weiteren Analyse zeigt sich, dass Marx diesen Gegensatz zum einen in der Abstraktionsleistung der Intention des Handelnden und des Theoretikers verortet. Zum anderen gibt er der abstrakten Seite des Gegensatzes unterschiedliche Füllungen; u. a. die eines mathematischen Durchschnitts (vgl. 23) oder auch die einer unspezifischeren Beschreibung einer bestimmten Tätigkeit gegenüber einer spezifischeren Beschreibung derselben (also etwa der Beschreibung einer konkreten Handlung als Tischbauen einerseits oder als Arbeiten andererseits).

28 *S. 17* Die Warenarten sind Vergegenständlichungen der gesellschaftlichen Organisation der Arbeit in arbeitsteiligen Prozessen; Marx verbindet hier Aspekte seiner philosophischen Anthropologie (das Gattungswesen des Menschen) mit seiner Analyse der ökonomischen Strukturen des Kapitalismus.

29 *S. 17* Hier formuliert Marx zwei weitere notwendige Bedingungen dafür, dass ein Produkt Ware sein kann: die Produzenten müssen »selbständig« sein und mittels »von einander unabhängiger Privatarbeiten« produzieren; vgl. für zwei weitere notwendige Bedingungen 25.

30 *S. 18* Marx benennt hier zwei fundamentale anthropologische Bestimmungen des Menschen, die in jeder gesellschaftlichen Organisationsform in je spezifischer Form zu finden sind: Arbeit als Erzeugung von Gebrauchswerten einerseits und das Vorhandensein von Natur als Stoff dieser Arbeit andererseits. Wichtig ist, dass die erste Bedingung nicht impliziert, dass Waren produziert werden; selbst wenn gesellschaftliche Gebrauchswerte (vgl. 25) Bestandteil dieser anthropologischen Grundbestimmungen wären, handelte sich nur um eine für die Existenz von Waren notwendige Bedingung.

31 *S. 18* Hier zeigt sich zum einen die materialistische Position von Marx, der die Existenz eines »materiellen Substrats« behauptet, welches »ohne Zuthun des Menschen von Natur vorhanden« ist; die Rede von »Substrat« ist mit Bedacht gewählt und meint einen materiellen Träger von Eigenschaften (oder von »Form«). Zum anderen ist auch erkennbar, dass diese Materie nur durch eine theoretische Abstraktionsbewegung zu erkennen bzw. zu postulieren ist.

32 *S. 19* Diese Aussage ist philosophisch in mehrfacher Hinsicht aufschlussreich:

Zum einen findet sich hier die Abstraktion zweier Handlungsweisen (Rock- und Leinwandherstellen) auf eine allgemeine Beschreibungsweise (als gleichartige Arbeit). Gleichartig sind diese unterschiedlichen Handlungsweisen dadurch, dass sie im Tausch der entsprechenden, qualitativ verschiedenen Produkte gleichgesetzt werden. Diese Gleichsetzung setzt voraus, dass es auf beiden Seiten der Äquivalentformel ein Identisches gibt. Da es sich hierbei um das Resultat einer Abstraktion handelt, kann dies Identische nicht ein stoffliches Substrat sein; Marx spricht deshalb von »gleicher Substanz« und sieht in dieser Äquivalentform »objektive« Ausdrücke. Damit ist zum einen gemeint, dass diese Abstraktion keine rein individuelle, sondern eine gesellschaftliche Leistung darstellt (objektiv im Sinne von intersubjektiv). Zugleich ist damit gemeint, dass es sich bei dieser Abstraktion nicht nur um eine epistemische Operation handelt, sondern um eine soziale Tatsache. Anders gesagt: Diese Abstraktion stellt nicht nur eine theoriegeleitete Abstraktion des Sozialphilosophen Marx dar, sondern ist zugleich eine Tatsache unserer Gesellschaftsform, die wir in unseren Interaktionen realisieren.

33 *S. 19* Hier betont Marx die physische, für die Lebensform des Menschen wesentliche Beschaffenheit des Tätigseins. Dies kann als weitere Akzentuierung seiner anti-idealistischen, in diesem Sinne materialistischen Grundorientierung verstanden werden. Dass damit kein naturalistischer Reduktionismus einhergeht, wird durch die folgende Bemerkung deutlich, in der Marx darauf hinweist, dass diese physische Konstante selbst durch historische und individuelle Bildung verändert ist. Dieser Aspekt wird in der den Wert (bzw. Tauschwert) konstituierenden Abstraktion jedoch ausgeblendet.

34 *S. 19* Die Ausblendung der anthropologischen Dimension, die in dieser Abstraktion von individueller produktiver Tätigkeit zugunsten ihrer objektiven, sozialen Geltung vollzogen wird, stellt Marx hier in den Kontext seiner Entfremdungskonzeption, die er in seiner philosophischen Anthropologie entwickelt und unter anderem in seiner Kritik an Hegels Rechtsphilosophie entfaltet hat.

35 *S. 19* Marx zufolge wird die individuelle und kulturelle Formung der menschlichen Arbeitskraft in der und durch Konstitution des Tauschwerts ausgeblendet, womit eine Abwertung der je spezifischen konkreten Arbeit (und damit eine Entfremdung des je individuellen Akteurs) vollzogen wird. Die Grundfigur seiner Entfremdungstheorie wird an diesen Stellen in die basalsten Analyseschritte seiner Kritik der politischen Ökonomie eingebaut.

36 *S. 20* Die Wendung »hinter dem Rücken«, die Marx mehrfach verwendet, verweist auf ein systematisch und auch für seine eigene Sozialphilosophie komplexes Problem: Wie lassen sich die von den einzelnen Akteuren nicht intendierten Folgen ihrer Kooperation als Zweckrealisierungen begreifen, ohne ein überindividuelles Mega-Subjekt zu postulieren, dessen Absichten sich auf diese Weise vergegenständlichen? Einerseits hat Marx in seiner Hegelkritik schon 1843 die Position bezogen, dass eine solche Zweckverwirklichung auf der überindividuellen Ebene als idealistische (und theologische) Ideologie abzulehnen sei. Anderer-

seits verwendet Marx selbst diese Darstellungsform (z. B. in der Metapher vom Kapital als automatischem Subjekt), wenngleich auch in kritischer Absicht zur Sichtbarmachung von Entfremdungsprozessen (dass diese Effekte den Akteuren natürliche zu sein scheinen, ist ein solches Entfremdungsphänomen, in dem der Mensch sein genuin soziales Gattungswesen, hier in Form sozialer Kooperation, nicht als solches erkennt).

37 *S. 20* Wichtig ist, dass dieses »gilt« nicht nur die Funktion in der theoretischen Explikation von Marx meint, sondern auf die soziale Tatsache hinweist, dass es um Geltung für und innerhalb der sozialen Interaktion selbst geht. Sie wird nicht durch theoretische Abstraktion erzeugt, sondern durch die Form der sozialen Interaktion selbst.

38 *S. 20* Hier weist Marx nochmals explizit darauf hin, dass es sich beim Zusammenhang von Arbeit und Wert um ein durch Abstraktion konstituiertes Geltungsphänomen handelt. Die Metapher der »Arbeitsgallerten« – Gallerte ist ein geleeartiges Produkt biologischer Prozesse und damit ein naturalistisches Beispiel für die Vergegenständlichung eines Prozesses – wird von Marx hier sowohl auf die Ebene der physischen Aktivität als auch auf die Abstraktionsebene angewendet.

39 *S. 21* Hier interpretiert Marx die »Zwieschlächtigkeit« der Bestimmungen (Rollen) der Arbeit in der kapitalistischen Gesellschaftsform als Ursache einer gegensätzlichen Entwicklung.

40 *S. 22* Diese Formulierung darf nicht so verstanden werden, dass die Annahme sich aus den vorherigen Analyseschritten als Konklusion ableiten lässt. Marx folgt hier vielmehr der hermeneutischen Figur, dass sich das Faktum der »verschieden und selbst entgegengesetzt« bestimmten Arbeit als Erklärungsansatz bewährt hat. Analog zu den Reflexionsbestimmungen der hegelschen Logik werden diese Gegensätze von Marx zum einen durch die Unterscheidung von Hinsichten (»je nachdem sie … bezogen wird«) organisiert, zum anderen aber auch als für die Ware und die Arbeit in kapitalistischer Gesellschaftsform konstitutive Bestimmungen interpretiert.

41 *S. 22* Beginn der Analyse der Wertform.

42 *S. 22* Es handelt sich hierbei um nicht direkt beobachtbare, sondern theoriekonstituierte Zusammenhänge. Die von Marx konstatierte gegensätzliche Bewegung ist eine Erscheinungsform der Zwieschlächtigkeit von Ware und Arbeit.

43 *S. 24* An dieser Stelle organisiert Marx seine Analyse des relativen Werts in zwei Schritten, wobei die Analyse der einfachen Form, die bis S. 32 geht, von ihm nicht weiter untergliedert wird. Bereits in dem der ersten Auflage hinzugefügten Anhang legt Marx dagegen die dialektische Organisation der kategorialen Entwicklung durch eine kleinteilige Binnengliederung offen; vgl. dazu S. 737 bis 753. Damit versucht er den Kritikpunkt der Schwerverständlichkeit zu entkräften, legt jedoch auch zwei nicht vollkommen äquivalente Konzeptionen vor. In der zweiten Auflage entwickelt Marx seine Kategorienanalyse dann nochmals weiter. Er behebt damit zwar einerseits die doppelte Darstellung aus der ersten Auflage

(erstes Kapitel und Anhang), entwickelt damit aber andererseits auch eine dritte Version des für sein Programm einer Kritik der politischen Ökonomie fundamentalen Kategorienapparats. Erschwerend kommt hinzu, dass die zeitgleich mit der zweiten deutschen Auflage des *Kapital* entstehende französische Ausgabe eine von diesen drei deutschsprachigen Versionen nochmals abweichende Variante enthält; vgl. dazu meinen Stellenkommentar zum ersten Kapitel der zweiten Auflage in diesem Band. Insgesamt liegen damit sowohl zwei Varianten in Erstauflage als auch zwei Versionen vor, die man als Varianten letzter Hand kennzeichnen kann.

44 *S. 24* Die »zweite oder entfaltete Form« analysiert Marx ab S. 32; die kategoriale Entwicklung ist als teleologische Entfaltung (Explikation) der zu Beginn einfachen (impliziten) Strukturen organisiert. Marx folgt darin dem Vorgehen in Hegels Logik.

45 *S. 24* Marx bezieht sich hier auf Hegels Analyse der Qualität, vermutlich in der von ihm mehrfach verwendeten *Encyklopädie der philosophischen Wissenschaften im Grundrisse. Erster Theil. Die Logik* (Band 6 der Werke) in der 1840 erschienenen ersten Auflage; der Kommentar in der MEGA² verweist dagegen auf den ersten Band von Hegels *Wissenschaft der Logik*. Dies ist jedoch auch deswegen unwahrscheinlich, weil in Marx' Bibliothek diese dreibändige Ausgabe aus dem Jahr 1833 nicht vorhanden war (mit der Ausnahme einzelner Seiten).

46 *S. 24* »Gerades Gegentheil« meint hier, dass die eine Größe (Naturalform) als einfache Negation ihres Gegenteils (Wertform) konstituiert ist: Wertform ist Nicht-Naturalform.

47 *S. 24* Marx wählt hier die Darstellungsform, dass die Waren selbst als Akteure auftreten und die Relationen selbst herstellen. Damit kann er zwei für seine Konzeption zentrale Aspekte gleichermaßen zum Ausdruck bringen: Dass die sozialen Strukturen als Handlungen verstanden werden müssen und dass diese Handlungen mit Blick auf die eigentlichen Akteure, d. h. die Warenbesitzer, unter entfremdeten Bedingungen ablaufen; die Akteure werden zu Anhängseln der dinglichen Verhältnisse und ihre genuinen Zwecke zu Instrumenten der funktionalen Zwecke der Waren- bzw. Kapitalverhältnisse selbst.

48 *S. 25* Marx wendet hier ein zentrales Moment der hegelschen Anerkennungskonzeption an: Das Selbstverhältnis einer Ware, die dadurch zum funktionalen Subjekt ihrer Handlungen wird, konstituiert sich durch ihren Bezug auf eine andere Ware. Der in diesem Selbstbezug enthaltene Aspekt der Selbstnegation (als Wert negiert die einzelne Ware ihr Gebrauchswertsein) ist damit vermittelt über die gleiche Negation in Bezug auf die andere Ware (deren Gebrauchswertsein in der Gleichsetzung ebenfalls negiert wird). Die Selbstdistanzierung von sich als natürlichem Ding vollzieht sich also in der Negation des natürlich-dinglichen Charakters eines anderen Gebrauchswerts.

49 *S. 25* Die über den Fremdbezug vermittelte Selbstnegation ist, hier folgt Marx wiederum Hegels reflexionslogischer Konzeption, die Ausdifferenzierung von Dasein und Form. Dieses lässt sich als selbst hervorgebrachte Unterscheidung

(»ein sich selbst Differenziertes«) explizieren, die Marx als Tätigkeit analysiert, die im sozialen Bezug dargestellt wird (im Vollzug einer funktionalen Rolle). Darin allein gewinnt die Rolle eines natürlichen Dings, Ware zu sein, ontologische Stabilität – sie wird »wirklich«. Damit ruft Marx Hegels wesenslogische Konzeption der Wirklichkeit als eine über einen Außenbezug stabilisierte, in sich vermittelte Selbstnegation ab.

50 *S. 25* Die spezifische Struktur, welche die Einfachheit dieser Form des relativen Werts ausmacht, besteht darin, dass eine einzelne konkrete Ware in ihrer dinglichen Gestalt als Wert und damit als ein sozial-relationales Gebilde gilt. Dieser soziale Gehalt (des Tauschwertseins) kommt in dieser Form in der Bestimmung der Unmittelbarkeit vor. Damit ist von Marx zweierlei angelegt: Zum einen haben wir die erste Gestalt der Verdinglichung, d. h. der Attribution einer sozialen Relation als natürliche Eigenschaft eines Dings, vor uns. Zum anderen enthält diese Konstellation, auch damit folgt Marx der spekulativ-logischen Methode Hegels, den Motor der weiteren Entwicklung: Der Charakter der sozialen Vermitteltheit wird in dem jetzt erreichten Resultat nicht angemessen zum Ausdruck gebracht, weil die eine Ware »unmittelbar als *Tauschwerth* für die andre Ware da ist«. Diese Unmittelbarkeit wird in der entfalteten Form dann aufgehoben, sodass die dann erreichte Konstellation eine angemessenere Darstellungsform der internen begrifflichen Struktur sein wird. Marx folgt damit dem Maßstab der Entsprechung von Wesen und Erscheinung, die ihm als Grundfigur einer immanenten Kritik gilt (weil das Wesen einer Sache kein ihm von außen auferlegter Maßstab, sondern sein internes Ziel ist).

51 *S. 25* Diese Aussage enthält in verdichteter Form mehrere Aussagen: Zuerst einmal ist mit »nur« gesagt, dass Wert als sozialer Status einer Ware vollständig und ausschließlich durch die vergegenständlichte durchschnittliche abstrakte Arbeit (vgl. hierzu meine Erläuterungen zu 52) konstituiert wird. Das handlungstheoretische Modell der Vergegenständlichung bringt Marx durch die zugleich seine materialistische Ausrichtung artikulierende Anspielung auf Kristallisationsprozesse zum Ausdruck. Durch das Gegensatzpaar »durchsichtig/trüb«, welches er hier abruft, bringt er nicht nur auf den Punkt, dass in der theoretischen Ableitung die Wertkonstitution rational verstehbar ist. In der empirischen Komplexität wird dieser Zusammenhang jedoch durch verschiedene Faktoren undurchsichtig, bedarf also einer kritischen Analyse der Phänomene, die nicht an der Oberfläche des Beobachtbaren stehenbleibt.

52 *S. 25* Dies ist ein klarer Beleg dafür, dass Marx seine Vergegenständlichungskonzeption des Handelns auf der Ebene der konkreten Arbeit und der durch Abstraktion erzeugten Ebene der abstrakten Arbeit anwendet. Erkennbar wird hier außerdem, dass die Abstraktion nicht nur eine Leistung des Theoretikers ist, sondern in den Tauschakten selbst vollzogen wird. Deshalb wird auch dieser Aspekt im Resultat vergegenständlicht und das konkrete Produkt so zu einem »Gedankending« (in doppelter Hinsicht: als Resultat absichtlicher Produktion und

ontologisch als eine real existierende Abstraktion) – zu einem, hiermit ist auch die Analogie zur Religion implizit schon im Deutungsraum, »Hirngespinst«.

53 *S. 25* »Sache« ist die hegelsche Kategorie für diese sich im kategorialen Entwicklungsprozess selbst konstituierende Abstraktion; auch die methodisch-ontologische Annahme, dass ein X sein Wesen »zeigen«, das Wesen eines X also erscheinen muss, folgt einer wesenslogischen Annahme Hegels. Dies gilt, wie man der Aussage von Marx entnehmen kann, auch in Bezug auf das Merkmal, »Sache« zu sein. Die Wendung »sachlich sein« wird dabei als Grundmodell der Verdinglichung eingeführt: Die eigentlich sozial konstituierte Sachlichkeit zeigt eine Ware »in ihren eigenen sachlichen Beziehungen«. Und soweit Lohnarbeiter und Kapitalisten als soziale Rollen gelten, geraten ihre zwischenmenschlichen Beziehungen auch zu »sachlichen«.

54 *S. 26* Marx greift hier wiederum auf die hegelsche Analyse von Anerkennungsrelationen zurück; vgl. meine Erläuterungen zu 48.

55 *S. 26* Diese Anmerkung stellt den Zusammenhang zur Anerkennung, hier in Form der Anspielung auf Fichtes Anerkennungskonzeption, explizit her. Sachlich hätte sie dem vorherigen Satz zugeordnet werden müssen, was Marx wegen der dort schon zu findenden Anmerkung nicht realisieren konnte.

56 *S. 27* Mit dieser Aussage stellt Marx für den Leser zweierlei zugleich klar: Auf der einen Seite ist seine gesamte begriffliche Explikation an der Dialektik der hegelschen Logik, auf die er in der entsprechenden Fußnote verweist, ausgerichtet. Auf der anderen Seite übernimmt Marx den Idealismus der hegelschen Dialektik nicht, indem er darauf besteht, dass diese kategoriale Entwicklung sich als Formentwicklung an einem ihr zugrundeliegenden Stoff vollzieht.

57 *S. 27* In einem Brief, den Marx um den 16.1.1858 an Engels schrieb, weist er darauf hin, dass ihm Hegels »Logik« bei der Festlegung der Methode seiner eigenen Konzeption große Dienste erwiesen habe. Dabei berichtet er, dass ihm von Freiligrath einige Bände der Hegelausgabe, die zuvor Bakunin gehört hatten, zugeschickt worden sind. Das Exemplar der hegelschen Logik in der marxschen Bibliothek trägt den Namenszug Bakunins.

58 *S. 27* Hiermit drückt Marx den seiner Meinung nach entscheidenden Differenzpunkt seiner materialistischen Konzeption aus. Bei dem in der Anmerkung von ihm angeführten Zitat handelt es sich allerdings nicht um ein direktes Hegelzitat, sondern um eine Stelle aus den Zusätzen.

59 *S. 27* Diese Unmittelbarkeit des Bezugs ist die Anlage der Verdinglichung, d. h. der fälschlichen Identifikation einer konkreten mit einer abstrakten Eigenschaft.

60 *S. 28* Mit »eigener« Gegenteil ist gemeint, dass dieses Gegenteil durch einfache Negation konstituiert wird (non-f als eigener Gegenteil von f; also z. B. »nicht verheiratet« als eigener Gegenteil von »verheiratet«).

61 *S. 28* Dies entspricht dem Aufbau der hegelschen Logik: Während in der Seinslogik die zu einer Struktur gehörenden Bestimmungen auseinanderfallen (und in ihrer Bedeutung keinen internen Bezug aufweisen), bilden sie in der Wesenslogik ein intern, d. h. qua Bedeutung aufeinander verweisendes Geflecht von

Negationen (d. h. »gegensätzlichen Bestimmungen«): sie »reflektiren sich (…) in einander« und stabilisieren sich so gegenseitig.

62 *S. 28* »Nothwendig« ist hier im Sinne eines dialektischen kategorialen Entwicklungszusammenhangs zu verstehen.

63 *S. 28* Die Grundform, mittels derer sich ein Gegensatz (darunter auch Widersprüche) in Hegels Logik Stabilität verleiht, besteht in der Verdopplung der Form, d. h. in der Relation zweier gleichartiger, gegensätzlicher Entitäten: hier zweier zwieschlächtiger Waren. Die Ontologie des Widerspruchs ist, hierin folgt Marx Hegel, die Bewegung, in der sich diese Gegensätze in Interaktion organisieren. Das Grundmodell, welches Marx für seine kritische Sozialontologie verwendet, ist dabei Hegels Konzeption von Anerkennungsbeziehungen.

64 *S. 28* Hier beschreibt Marx die Stabilisierung des geraden, unmittelbaren Gegensatzes durch Verdopplung der Form und Vermittlung in einem anderen.

65 *S. 29* Marx bezieht sich hier auf Hegels Begriffslogik, vermutlich in der von ihm mehrfach verwendeten *Encyklopädie der philosophischen Wissenschaften im Grundrisse. Erster Theil. Die Logik* (Band 6 der Werke) in der 1840 erschienenen ersten Auflage; der Kommentar in der MEGA^2 verweist dagegen wiederum auf den ersten Band von Hegels *Wissenschaft der Logik*.

66 *S. 29* Die sich in relativer Wertform befindliche Ware drückt sich in einer anderen Ware aus, welche sich dadurch in der Position der Äquivalentform befindet. Marx stellt diese Relation aus der Sicht der einen Ware aus, die dabei als Handelnde fungiert; da es sich um eine symmetrische Relation handelt, nimmt auch die andere Ware (aus ihrer Perspektive) die Akteursrolle ein. Deshalb sind beide Rollen (relative Wertform und Äquivalentform) »Momente« im hegelschen Sinne, d. h. ontologisch unselbständige (»wechselseitig durcheinander bedingte«) Bestimmungen.

67 *S. 29* »Polarisch« wird hier von Marx terminologisch im Sinne der hegelschen Logik verwendet: Es handelt sich bei der relativen Wertform und der Äquivalentform um zwei durch einfache Negation konstituierte Bestimmungen, die als zu Negierende sich wechselseitig voraussetzen (man kann X nur als non-Y definieren, wenn man dabei Y schon voraussetzt) und, da es sich um eine Negation handelt, zugleich wechselseitig ausschließen (vgl. dazu auch S. 38, wo Marx diese Struktur erläutert). X und Y schließen sich auf der Ebene einer einfachen Prädikation aus, weil keine Entität beide Bestimmungen zugleich als Eigenschaften aufweisen kann. Im Rahmen einer reflexionslogischen Konstellation polarischer Art aber lassen sie sich als Momente eines komplexen Ganzen verstehen.

68 *S. 30* Mit »relativ« ist hier gemeint, dass sie relationale Bestimmungen sind, die in ihrer Bedeutung auf eine andere Entität verweisen. Die Asymmetrie dieser Relativität ist der Akteursperspektive geschuldet: Für die sich als Akteur begreifende Ware hat die andere Ware eine rein passive Rolle. In der Gesamtanalyse wird dieser intern konstituierte Schein aufgelöst, nicht aber für die jeweiligen Rolleninhaber selbst. Dieser Schein ist also kein epistemischer Fehler der beteiligten Akteure, sondern ein durch die Gesamtstruktur notwendig erzeugtes defizitäres Verständ-

nis der Gesamtkonstellation. Mit dieser Begriffsverwendung von »Schein« folgt Marx der von Hegel in seiner Wesenslogik vorgelegten Analyse.

69 *S. 30* An dieser Stelle wird die der anderen Rolle inhärente Passivität als zweite Seite der scheinbaren Asymmetrie benannt.

70 *S. 30* Marx weist hier selbst auf den sachlichen Bezug zu Hegels Reflexionslogik hin.

71 *S. 30* Hier formuliert Marx den Kerngedanken seiner Konzeption von Verdinglichung: eine soziale Relation wird aus strukturellen Gründen als dingliche Eigenschaft wahrgenommen.

72 *S. 31* Marx illustriert seine reflexionslogische Analyse des Verhältnisses von relativer Wertform und Äquivalentform mithilfe der sozialen Anerkennungsrelation des »Königseins« und des »Unterthanenseins«. Diese Relation hat einen begrifflich-konstitutiven und einen kausal-genetischen Sinn, den Marx im Haupttext mit der Wendung »weil und sofern« (vgl. S. 30 f.) eingefangen hat. Die gleiche Doppelrolle findet sich auch, eingefangen durch die Wendung »indem und dadurch dass«, in Hegels Explikation seiner Konzeption der reinen Anerkennung in der *Phänomenologie des Geistes*.

73 *S. 31* Damit stellt Marx klar, dass die von ihm zur Explikation des Scheins in Anspruch genommene Asymmetrie sich der Akteursperspektive innerhalb einer insgesamt symmetrischen und reziproken Gesamtkonstellation verdankt. Aus diesem Grunde laufen die Entwicklungen auf beiden Seiten »gleichmäßig« (d. h. symmetrisch) und »in entgegengesetzter Richtung« ab.

74 *S. 31* »Giebt« ist hier im Sinne von »ergibt« zu verstehen; die Formulierung »die Mosaik« scheint dagegen idiosynkratrisch zu sein.

75 *S. 32* Es geht hier um eine begriffliche, nicht um eine zeitliche Weiterentwicklung, die dem Maßstab unterliegt, dass ein X sich eine seinem Begriff gemäße Form gibt.

76 *S. 32* Hier zeigt sich die holistische Ausrichtung der marxschen Explikation: Die begriffliche Weiterentwicklung wird nur durch die Einordnung einer Gestalt in den Gesamtzusammenhang erkennbar.

77 *S. 32* »Zufällig« ist hier im doppelten Sinne gemeint: nicht geplantes Zusammentreffen zweier individueller Warenbesitzer und individuelle Entscheidung zu tauschen. Als Gesamtzusammenhang dargestellt erkennt man dagegen die systemische Struktur, die ein »von der zufälligen Erscheinung wesentlich unterschiedner und sie bestimmender Hintergrund« (vgl. S. 32 f.) ist.

78 *S. 33* Hier wird das marxsche Verfahren erkennbar: die strukturelle Entwicklung besteht darin, dass zuerst implizite (»unmittelbare«) Momente explizit (»ausdrücklich«) hervortreten.

79 *S. 34* Damit ist die asymmetrische Beschränktheit der Rollenperspektiven aufgebrochen und alle Waren erscheinen »für einander als Werthe«. Erst in diesem Moment hat der Wert die für den Kapitalismus spezifische Erscheinungsform des »Tauschwerth[s]« erlangt.

80 *S. 34* Hier führt Marx, in der Gliederung kaum hervorgehoben, die dritte Form des

relativen Werts ein, die in der zweiten impliziert (»in ihr eingeschlossen«) ist: die sich allen anderen Waren gegenüberstellende handelnde Ware (in der Position der relativen Wertform) fungiert gegenüber allen anderen als »Gattungsform«. Damit ist der paradigmatische Fall der Realabstraktion, d. h. der konkret existierenden Gattungsnatur als einzelner Gegenstand-qua-spezifische-Rolle erreicht. Diesen illustriert Marx an der Analogie der abstrakten Kategorie »Thier« im Verhältnis zum konkreten Tierreich mit seinen verschiedenen Tieren.

81 *S. 34* Mit der Wendung »ein solches Einzelne, das in sich selbst alle wirklich vorhandenen Arten derselben Sache einbegreift«, stellt Marx eine implizite Verbindung zu Hegels Konzeption des konkret Allgemeinen her. Damit ist ein begriffliches Prinzip gemeint, das in sich alle konkreten Unterbestimmungen als Momente enthält und in einer dialektischen Entwicklung als vernünftiges System dieser Momente konkret existiert.

82 *S. 34* Durch die Erwähnung von »Gott« als weiteres Beispiel für ein solches »Allgemeines« erhält die marxsche Rede vom »Werthleib« eine Konnotation zum Leib Christi; diese Verbindung von religionsphilosophischem Kontext und Kritik der politischen Ökonomie zieht sich durch die gesamte marxsche Analyse. So wie Gott in Jesus Mensch geworden ist, wird die »allgemeine Verwirklichungsform der menschlichen Arbeit« in dieser Konstellation in der ausgezeichneten, alleingestellten Ware als »in ihr materialisierte besondre Arbeit« konkret.

83 *S. 35* Hier fasst Marx noch einmal den Grundgedanken seiner Konzeption (der in als sachlich verfassten sozialen Relationen sich vollziehenden Vergegenständlichung der abstrakten Arbeit) zusammen.

84 *S. 35* Die »gesellschaftliche Substanz« besteht damit nicht in einem materiellen Substrat (dafür steht bei Marx der Terminus des Substrats), sondern in einem Geltungsverhältnis.

85 *S. 35* Hier bringt Marx seine Vergegenständlichungskonzeption (»Gallerte« als Materialisierung eines Prozesses) mit seiner Analyse des Werts als vergegenständlichtem Geltungsverhältnis zusammen.

86 *S. 37* Mit diesem Bild der wechselseitigen Wiederspiegelung greift Marx Hegels Rede von der doppelten Galerie der Bilder aus seiner Anerkennungskonzeption auf; vgl. dazu die Schlussabschnitte des Abschnitts »Die Beobachtung des Selbstbewusstseyns in seiner Reinheit und seiner Beziehung auf äußre Wirklichkeit; Logische und Psychologische Gesetze« in Hegels *Phänomenologie des Geistes.*

87 *S. 37* Das Spezifische dieser Konstellation, welches nach Marx zugleich ihr prinzipielles Defizit ist, besteht darin, dass die gesellschaftliche Verfasstheit nur mittelbar, nur über eine sachliche Vermittlung realisiert wird. Weil sich in dieser sozialen Bestimmtheit der Ware als Wert das soziale Wesen des Menschen qua Gattungswesen vergegenständlicht, liegt hiermit eine Vergegenständlichung des Gattungswesens Mensch in entfremdeter Form vor.

88 *S. 37* »Müssen« ist hier im Sinne einer begrifflich notwendigen Entwicklung gemeint.

89 *S. 38* Vgl. hierzu meine Erläuterungen zu 67.

90 *S. 38* Marx bezieht sich hier auf seine 1847 in französischer Sprache erschienene Abhandlung *Das Elend der Philosophie* (die von Karl Kautsky und Eduard Bernstein übersetzte Ausgabe erschien 1885 mit einigen von Friedrich Engels vorgenommenen Änderungen erstmals in deutscher Sprache).

91 *S. 39* Diese Aussage belegt, dass es Marx zufolge Formen der unmittelbaren Vergegenständlichung der Gattungsnatur des Menschen geben kann, die nicht qua Waren die Form des Tauschwerts annehmen müssen. Aufgrund der nicht immer klaren Unterscheidung von Wert qua soziale Gattungsnatur der Arbeit und Tauschwert als gesellschaftlich spezifische Form dieser sozialen Gattungsnatur ist nicht zu entscheiden, ob Marx für diesen »unmittelbaren gesellschaftlichen Charakter eines Gemeinprodukts« die Kennzeichnung »Wert« (als Oberbegriff) verwendet hätte. Außerdem hat er die spezifische Ausgestaltung einer Arbeitsteilung, die »unmittelbar gesellschaftliche, d. h. gemeinsame Arbeit« darstellt, nicht entfaltet.

92 *S. 40* Der »Schein« (die im Sinne einer bestimmten Akteursperspektive inhärente Fehldeutung der Gesamtkonstellation) wird durch die Ausdifferenzierung eines sozialen Systems zu einer robusten, die Grammatik der Gesellschaftsform prägenden Größe »befestigt«.

93 *S. 41* Die gegensätzlichen Rollen bilden auf der Ebene der Gesamtkonstellation eine Einheit, schließen sich aber mit Bezug auf die jeweils konkreten Vorkommnisse aus.

94 *S. 41* Für Marx ist also die Explikation des dialektisch verfassten begrifflichen Zusammenhangs der Grundkategorien die entscheidende Leistung seiner Theorie. Damit ist klar, dass sein Forschungsprogramm einer Kritik der politischen Ökonomie keinem einzelwissenschaftlichen Methoden- bzw. Theorieideal zugeordnet werden kann, sondern vielmehr dem Grundgedanken des hegelschen Systemdenkens verpflichtet ist.

95 *S. 42* Marx stellt hier die in seiner Analyse entfaltete reflexionslogische Konstellation von Gebrauchs- und Tauschwert, konkreter und abstrakter Arbeit sowie stofflicher und sozialer Dimension der Ware in Beziehung zur Religionskritik.

96 *S. 43* Die im Folgenden von Marx vorgestellten Modelle dienen also dem Zweck der Analyse, konkreter gesagt, herauszufinden, woher der »mystische Charakter der Waare entspringt« S, 42. Da dies auch für den von Marx in diesem Zusammenhang kurz skizzierten »Verein freier Menschen« S. 44 gilt, darf diese Skizze nicht als Kurzdarstellung der Zielvorstellung von Marx verstanden werden.

97 *S. 43* Diese Stelle ist instruktiv, weil Marx hier die Dimension des Wertes auch auf intrapersonale Rationalitätsverhältnisse (Robinson macht sich aufgrund von Knappheit selbst Optimierungspläne) ausdehnt.

98 *S. 44* Marx umgeht hier die Frage nach der sozialen Organisation kollektiv agierender Akteure, indem er diese Akteure als einen kollektiven Akteur modelliert. Das Verhältnis von individueller Handlung und kollektiver Interaktion wird mit seiner Rede von »selbstbewußt als *eine* gesellschaftliche Arbeitskraft« zwar angesprochen, nicht aber handlungstheoretisch differenzierter aufgeschlüsselt.

99 *S. 44* Hier zeigt sich noch einmal die Funktion dieser Darstellung: Die Parallele dient nur dem Analyseziel und stellt keineswegs eine von Marx behauptete Tatsache oder eine von ihm erhobene normative Forderung dar.

100 *S. 44* Marx legt durch seine Versuchsanordnung offen, dass er die Transparenz der sozialen Produktionsverhältnisse (»durchsichtig einfach, in der Produktion sowohl als in der Distribution«) als hinreichend dafür anerkennt, den mystischen Charakter zu vermeiden (oder zu beseitigen).

101 *S. 44* Hier ist mit Wert offensichtlich die spezifische Form des Tauschwerts gemeint, in dem sich die Verdinglichung, in der die »persönliche Beziehung [...] versteckt durch die *sachliche* Form« ist, vollzieht. »Persönlich« steht dabei, dies legt der nächste Satz nahe, für »sozial«.

102 *S. 45* »Nothwendig« ist hier wiederum im Sinne einer dialektisch strukturierten Kategorienentwicklung gemeint, nicht im Sinne einer kausalen Abfolge.

103 *S. 45* Mit diesem Primat der Praxis stellt Marx sich in die Tradition des Deutschen Idealismus und fundiert seine Kritik in einer handlungstheoretischen Gesamtkonzeption. Zugleich ist für den Menschen als selbstbewussten Akteur die Grundstruktur selbst auch thematisch. Mit Hegel gesprochen, nicht nur an sich vorhanden, sondern auch für die Subjekte selbst gegeben.

104 *S. 45* Die Art und Weise, in der den Beteiligten ihre sozialen Verhältnisse bewusst werden, wird durch die von ihnen ausgefüllten sozialen Positionen und Rollen bestimmt. Die wissenschaftliche Kritik zielt darauf ab, diesen konstitutiven Schein zu durchschauen. Diese Kritik allein, hier liegt die Differenz, die Karl Marx seit 1845 gegenüber den Linkshegelianern betont hat, reicht aber nicht aus, den Schein (und die mit ihm einhergehende Entfremdung) zu beheben. Dazu bedarf es vielmehr zusätzlich einer entsprechenden Veränderung der sozialen Verhältnisse selbst.

105 *S. 45* Die Wertform, d. h. die sie konstituierenden sozialen Praxen, sind die objektiven Bedingungen für die Verdinglichung und die Mystifizierung der sozialen Verhältnisse.

106 *S. 46* Die Widersprüchlichkeit der Gesamtkonstellation ergibt sich aus der Konstellation von Privatarbeit und Tausch, nicht erst durch die spezifischen Institutionen des Marktes oder des Kapitalismus. Die marxsche Entfremdungs- und Verdinglichungskritik betrifft damit fundamentalere Formen der sozialen Interaktion und kann somit auf dieser Analyseebene auch auf nicht-kapitalistisch oder nicht-marktförmig verfasste soziale Systeme, in denen getauscht wird, ausgedehnt werden.

107 *S. 46* Die in entfremdeter Form realisierten sozialen Interaktionen treten den Akteuren als Eigenschaften von Sachen und sachliche Konstellationen fremd gegenüber. Das entspricht damit der entfremdeten Vergegenständlichung des Gattungswesens des Menschen, die Marx in seiner Entfremdungskonzeption in den *Ökonomisch-philosophischen Manuskripten* 1844 ausgearbeitet, aber zu seinen Lebzeiten nicht publiziert hat.

108 *S. 46* Mit dieser Behauptung greift Marx auf seine in Auseinandersetzung mit

Bruno Bauer und Max Stirner bereits 1845 formulierte These zurück, dass der Ursprung und die Struktur der religiösen Entfremdung in der Struktur der ökonomischen Entfremdung aufzuspüren sind.

109 *S. 47* Die Wurzel der Religion ist die ökonomische Struktur, und die Aufhebung der ökonomischen Entfremdung wird dazu führen, dass die Religion verschwindet, weil ihre kompensatorische Notwendigkeit (»als Opium des Volkes«) entfällt.

110 *S. 47* Marx führt als Merkmale des Designs der sozialen Institutionen, die diese Aufhebung der ökonomischen Entfremdung ermöglichen, nur das Kriterium »bewußter planmäßiger Controle« an. Dies passt zu seiner Darstellung der Organisation kollektiver Interaktion als Aktion eines Kollektivakteurs (und auch seiner Verwendung von »Wert« für die intrasubjektiven Planungen Robinsons), löst aber das Problem der Verfahren, in denen diese Planung erfolgt und mittels derer sie kontrolliert werden kann, nicht. Hier zeigt sich das Fehlen einer politischen Theorie im marxschen Programm einer Kritik der politischen Ökonomie in aller Deutlichkeit.

111 *S. 50* »Inneren« meint hier den in einer dialektischen Begriffsentwicklung zu entfaltenden Zusammenhang. An dieser Stelle unterscheidet Marx auch explizit zwischen »Werth und Tauschwerth«, also zwischen der allgemeinen sozialen und der gesellschaftlich spezifischen Form, in welcher der Mensch sein Gattungswesen vergegenständlicht.

112 *S. 51* Marx schließt sich hier Hegels Konzeption des Widerspruchs in mehrfacher Hinsicht unmittelbar an: Erstens wird der Widerspruch ontologisch interpretiert: Die Ware ist ein unmittelbarer Widerspruch. Zweitens lässt sich dieser Widerspruch epistemisch auflösen, sofern man die entgegengesetzten Bestimmungen, Gebrauchswert und Tauschwert zu sein, durch Hinsichten (»Gesichtspunkte«) voneinander ablöst. Drittens kann die analytische Unterscheidung aber nicht die Gesamtstruktur in ihrer inneren Einheit erfassen und damit auch nicht explizieren, was geschieht, wenn die Ware als ein »Ganzes« (also in sich Widersprüchliches) sich auf eine andere Ware als ein ebenso beschaffenes Ganzes bezieht. Da dies viertens in der sozialen Realität geschieht (und nicht nur eine begriffliche Abstraktion darstellt), muss man die Formen analysieren, in denen der Widerspruch sich Wirklichkeit verschafft. Dies geschieht, so die fünfte Annahme, in den Strukturen von Prozessen; vgl. dazu auch 119. Im Fall der Ware also, so die Schlussfolgerung von Marx, im Austauschprozess. Da Marx Widersprüche ontologisch auffasst, lässt sich das dialektische Arrangement seiner Begriffsentwicklung nicht als bloße Darstellungsform von der dargestellten Sache ablösen. Auch wenn damit die Frage nicht beantwortet ist, auf welche Weise Marx die hegelsche Dialektik transformiert, kann hier festgehalten werden, dass diese Dialektik auch bei Marx beide Ebenen, Darstellung und Dargestelltes, gleichermaßen umfasst. Ohne diese Voraussetzung wäre auch der von ihm unterlegte Maßstab der Entwicklung, demzufolge eine Sache ihrem Wesen (Begriff) entsprechen muss, nicht verständlich.

113 *S. 51* Marx folgt hier Hegels Analyse des Tausches und des Begriffs der Person, wie er in dessen Rechtsphilosophie entfaltet worden ist. Wichtig ist, dass die Tauschenden sich nicht als Individuen, sondern nur in ihrer sozialen Rolle als »Privateigenthümer anerkennen« S. 51.

114 *S. 51* Der normative Gehalt der rechtlichen Kategorien (Person, Privateigentum, Vertrag etc.) wird also durch die Grammatik der ökonomischen Organisation festgelegt. Einen über diesen funktionalen Zusammenhang hinausgehenden normativen Geltungsüberschuss erkennt Marx in diesen normativen Prinzipien nicht.

115 *S. 52* Mit der Rede von »Charaktermasken« weist Marx zum einen auf die Analyseebene seiner Kritik der politischen Ökonomie hin: Es geht um soziale Rollen und die Explikation der mit diesen einhergehenden funktionalen Intentionen der Akteure, nicht um ihre individuellen Motive oder ihren jeweiligen individuellen Charakter. Zum anderen weist Marx mit dieser Aussage auch darauf hin, dass er soziale Phänomene handlungstheoretisch als in sozialen Rollen vollzogene Interaktionen begreift. Schließlich bringt seine Rede von »Personifikationen« auch zum Ausdruck, dass die realen Akteure in diesen Strukturen zu bloßen Erfüllungsgehilfen der systemisch bedingten funktionalen Intentionen reduziert werden. Mittels dieser Darstellungsform, die das gesamte *Kapital* organisiert, zeigt Marx die Entfremdung auf, ohne die Kategorie der Entfremdung zur Entschlüsselung verwenden zu müssen. Hierin, und nicht in der Preisgabe seiner 1844 entwickelten Konzeption der Entfremdung, liegt die Weiterentwicklung seiner Gesamtkonzeption.

116 *S. 52* Es ist der Austausch, der diese Beziehung herstellt, also eine sich in der Interaktion vollziehende Vergegenständlichung, die nicht direkt aus den individuellen Absichten der einzelnen Akteure ableitbar ist. Anders gesagt: Die funktionalen Absichten ergeben sich durch die Form der sozialen Interaktion.

117 *S. 53* Damit ist eine weitere Bedeutung des Primats der Praxis benannt: Das Handeln schafft die sozialen Formen mit den ihnen eigenen Grammatiken. Erst in einem zweiten Schritt kommen die theoretischen Explikationen einerseits und die für die Individuen selbst zugänglichen Interpretationen dieser Formen hinzu. Auf beiden Seiten kann es bei dieser Explikation auch zu systematisch bedingten Verzerrungen (»Schein«) kommen.

118 *S. 54* »Nothwendig« ist hier wieder im Sinne einer begrifflichen Entwicklung gemeint.

119 *S. 54* Vgl. hierzu meine Erläuterungen zu 112.

120 *S. 54* Die Austauschrelation ist also konstitutiv dafür, dass ein X eine Ware ist.

121 *S. 54* »Stillschweigend« meint, dass diese Konvention implizit als Präsupposition ihres Handelns vorausgesetzt ist, nicht aber zwingend als vereinbarte Norm explizit gemacht worden sein muss.

122 *S. 54* Mit »Fremdheit« ist die durch die rechtlichen Rollen geformte soziale Interaktion gemeint; Marx unterstellt, dass in dieser Selbst- und Fremdinterpre-

wendet, nicht im Sinne einer materialistisch zu interpretierenden Opposition zu Geist oder Kultur.

142 *S. 77* Vgl. hierzu meine Erläuterungen zu 67.

143 *S. 78* Diese wesenslogische Figur ist ein zentraler Motor der Kategorienentwicklung im *Kapital* und entspricht den reflexionslogischen Analysen der hegelschen Logik.

144 *S. 78* Hierin besteht die Grundform der Verkehrung und Verdinglichung, mittels derer sich die Entfremdung der kapitalistischen Lebensform vollzieht und stabilisiert. Die »Personificirung der Sache« ist dabei genauso ein realer sozialer Prozess (der in der Ausbildung des Kapitals zu einem automatischen Subjekt kulminiert), wie die »Versachlichung der Personen«, die sich in rechtlichen Kategorien, aber auch in entfremdeten sozialen Interaktionen vollzieht.

145 *S. 78* Es ist also eine zum Teil nur empirisch beantwortbare Frage, unter welchen Umständen aus dieser in der begrifflichen Struktur angelegten Möglichkeit eine reale Krise wird.

146 *S. 80* Das Geld wird somit von Marx als ein sich selbst realisierendes Subjekt dieses Prozesses dargestellt.

147 *S. 93* Marx deutet hier den Prozess der Entmaterialisierung des Geldes zugunsten seiner sozialen Rolle (»funktionelles Dasein«) an, der daraus entspringt, dass es sich in seiner durch Abstraktion erzeugten Funktion selbstreferenziell auf sich als diese Funktion bezieht. Damit gewinnt die soziale Dimension eine von der materiellen Basis abgelöste Selbständigkeit und kann dann durch rein konventionelle Zeichen repräsentiert bzw. »ersetzt« werden.

148 *S. 95* Eine von Marx in seiner Entfremdungskonzeption identifizierte Form von Entfremdung besteht in der Zweck-Mittel-Verkehrung; hier geschieht diese dadurch, dass eine instrumentelle Funktion zum »Selbstzweck« des Handelns wird; vgl. dazu auch S. 101.

149 *S. 98* Da das Wesen des Geldes reine Quantität ist, diese aber unendlich gesteigert werden kann, hat seine Qualität, d. h. seine wesentliche Bestimmung, keine immanente Schranke, keinen internen Grenzwert. Das Geld ist deshalb durch eine qualitative »Schrankenlosigkeit« charakterisiert, die ein Streben nach Wachstum um des Wachstums willen erzeugt.

150 *S. 99* »Repräsentant« im Sinne der Einnahme einer sozialen Rolle.

151 *S. 101* »Nothwendig« hier wieder im Sinne einer durch die immanente Dialektik der Kategorien erzeugte Entwicklung.

152 *S. 102* Der Prozess ist also konstitutiv für die sozialen Rollen und nicht nur das Medium, in denen diese »nur ausgedrückt« werden (und eigentlich Eigenschaften der Individuen darstellen, die ihnen vor der Interaktion bereits zukommen). Marx denkt Relationen als Akte des Sich-Beziehens und die Eigenschaften der Relata als durch diese Handlungen konstituierte Bestimmungen. Damit folgt er der reflexionslogischen Analyse Hegels.

153 *S. 102* Auch hier begreift Marx einen Widerspruch realistisch als ontologische Struktur.

154 *S. 102* Mit der Redewendung »individuelle Incarnation« stellt Marx einen Zusammenhang zur Menschwerdung Gottes her. Dieser aus der Religionskritik der 1840er Jahre bekannte Topos ist nicht nur ein rhetorisches Beiwerk, sondern bringt die marxsche These zum Ausdruck, dass die widersprüchlichen Strukturen der kapitalistischen Gesellschaftsform Ursache von und strukturanalog mit den religiösen Entfremdungsformen sind.

155 *S. 107* Marx benennt hier zum einen den Maßstab und das Ziel der Kategorienentwicklung seiner Kritik der politischen Ökonomie (Entsprechung von Daseinsweise und Begriff). Zum anderen zeigt sich, dass und warum das Geld die Vergegenständlichung des universalen Gattungswesens des Menschen, allerdings in entfremdeter Form (»in abstracto«), ist.

156 *S. 111* Das Geld, einerseits Zirkulationsmittel, hat schon die Tendenz, sich zum Selbstzweck und zum Subjekt seiner eigenen Verwirklichung zu entwickeln. Deshalb ist es die erste »Erscheinungsform« des Kapitals.

157 *S. 115* In dieser einfachen Grundform zeigen sich sowohl die Zweck-Mittel-Verkehrung als auch der Selbstzweckcharakter des Kapitals.

158 *S. 117* Vgl. dazu meine Erläuterungen zu 149.

159 *S. 118* Der Geldbesitzer, der die Verwertung des Werts zu seinem subjektiven Zweck, d. h. zur Absicht seines ökonomischen Handelns macht, fungiert damit in der Rolle des Kapitalisten. Marx dreht die Perspektive sogleich um und stellt den einzelnen Kapitalisten als »personificirtes, mit Willen und Bewußtsein begabtes Kapital« dar. Durch das konkrete Individuum hindurch realisiert sich die funktional konstituierte objektive Zwecksetzung des Systems.

160 *S. 119* Der nächste Aspekt der ›Subjektwerdung‹ des Werts qua Kapital besteht darin, dass der Wert sich als Identisches durch seine beiden »Existenzweisen« durchhält.

161 *S. 119* Die marxsche Rede vom Kapital als »automatisches, in sich selbst prozessirendes Subjekt« ist wörtlich zu nehmen: Das Kapital stellt die entfremdete Vergegenständlichung des Subjektcharakters des Gattungswesens Mensch dar. Ihm fehlen, da es aus der Negation der Gebrauchswertdimension und durch die Abstraktion von den konkreten Bedürfnissen der einzelnen Menschen, die von ihnen in ihren Rollen als Privateigentümer vollzogen wird, die Qualitäten des Lebendigen und des inneren Maßes. Dies drückt Marx durch die Anspielung auf den Topos des Automaten aus. Diese automatische Subjektivität findet ihr Ziel einzig in einer rastlosen und prinzipiell nicht zu stillenden quantitativen Vermehrung von Tauschwert.

162 *S. 120* »Sich selbst setzen« ist in den idealistischen Subjektivitätstheorien Fichtes und Hegels die Grundform des Selbstbewusstseins als sich autonom bestimmendes Handlungssubjekt. Im Kapital ist diese Wesenseigenschaft des Menschen als solchen in entfremdeter Form an einen Systemzusammenhang entäußert.

163 *S. 131* An dieser Stelle wird ersichtlich, dass Marx die historische von der kategorial bestimmten Entwicklung klar unterscheidet. Seine Kritik der politischen Ökonomie stellt eine Theorie der kategorialen Entfaltung dar, innerhalb derer

auch erklärt werden muss, weshalb die historische Entwicklung sich nicht mit der begrifflichen deckt. Eine solche Erklärung muss sowohl auf der allgemeinen Ebene erfolgen, aber die Überlegungen von Marx zu dieser Frage sind rar gesäht. An dieser Stelle wäre zu klären, wie die materialistische Transformation der hegelschen Dialektik prinzipiell funktioniert. Aber auch auf der konkreten Ebene muss die Konzeption von Marx mit seinem eigenen Theorieprogramm kompatible Erklärungen liefern, weshalb dieses Auseinanderfallen im jeweiligen Einzelfall zustande gekommen ist.

164 *S. 131* Diese Anmerkung ist in mehrfacher Hinsicht problematisch. Zum einen ist nicht ganz klar, ob diese terminologische Festlegung ab diesem Zeitpunkt, nicht aber für die bisher schon durchgeführte Explikation, gelten soll. Zum anderen hält Marx diese terminologische Regelung selbst auch im Folgenden nicht immer konsequent durch. An der Unterscheidung von Wert und Tauschwert hängt die Frage, welche Aspekte seiner Analyse für die kapitalistische Gesellschaftsformation spezifisch und welche Aspekte möglicherweise auch in anderen Gesellschaftsformationen aufzufinden sind. Da sich die menschliche Lebensform dadurch auszeichnet, Natur (Leiblichkeit, Bedürfnisse) und Sozialität zu vereinen, wird der Aspekt des Wertes, der für die Sozialität des Menschen steht, nicht nur in der Erscheinungsform des Tauschwerts auftreten, sondern auch in anderen gesellschaftlichen Organisationsformen eine Erscheinungsform entfalten müssen.

165 *S. 132* Die Kapitalbildung kann damit im marxschen Theorierahmen nicht auf das Problem einer ungerechten Verteilung des erzielten Mehrwerts reduziert werden, sondern muss in einer tieferen Struktur aufgespürt werden. Dies ist letztlich der entscheidende Grund, weshalb man die Kapitalismuskritik von Marx nicht auf eine Gerechtigkeitstheorie und die im Kapitalismus zu konstatierenden Entfremdungsprobleme nicht auf Umverteilungsfragen reduzieren darf.

166 *S. 133* Die Bedingungen der Tauschgerechtigkeit (kommutative Gerechtigkeit) werden im Kapitalismus also nicht strukturell verletzt.

167 *S. 133* Damit ist also eine anthropologische Größe gemeint, die individueller, biografischer, kultureller und historischer Entwicklung (sowie Abweichung) unterliegt.

168 *S. 133* Die wechselseitige Anerkennung als Rechtssubjekte und Privateigentümer ist also eine notwendige Voraussetzung für den Kapitalismus, eine andere ist, dass er Menschen vorfinden muss, deren Privateigentum sich auf ihre Arbeitskraft beschränkt.

169 *S. 134* Das aus dem Haupttext des § 67 stammende Zitat findet sich in der von Marx verwendeten Ausgabe auf S. 104.

170 *S. 135* Die Startbedingungen des Kapitalismus sind relativ zu den systemischen Binnenstrukturen extern (historisch kontingent und nicht von den systeminternen Entwicklungsprozessen geschaffen). Sofern man nach einer Theorie sucht, welche den Kapitalismus als eine notwendige historische Phase ausweisen kann, muss eine solche Geschichtsphilosophie andere (oder zumindest zusätzliche)

philosophische Voraussetzungen in Anspruch nehmen, weil diese über die interne Systementwicklung des Kapitalismus übergreifen müssen. Im *Kapital* finden sich an einigen Stellen Spuren einer solchen geschichtsphilosophischen Konzeption, die Marx im Rahmen seiner Entfremdungskonzeption in den Jahren 1844–1847 entwickelt hat. Für ein genaues Verständnis der marxschen Konzeption ist es entscheidend, die Ebene der Entfaltung des kapitalistischen Systems und die Ebene des Kapitalismus als ein bestimmtes Stadium der Entwicklung des Menschen zu unterscheiden.

171 *S. 137* Es gibt damit keinen naturalistisch definierbaren Bewertungsmaßstab, der frei von sozialen (historischen, kulturellen) Faktoren wäre.

172 *S. 137* Mit »moralisch« meint Marx hier sowohl die Tatsache, dass evaluative Aspekte zu den rein deskriptiven Aspekten hinzukommen, als auch den Umstand, dass die Bestimmung des Werts der Arbeitskraft Resultat moralischer Erwägungen (z. B. Vorstellungen von Gerechtigkeit, Freiheit oder Teilhabe am kulturellen Leben einer Gesellschaft) und durch sie angetriebener sozialer Konflikte ist.

173 *S. 138* Bildung wird damit in ihrer Funktion als Ressource der Warenproduktion und der Kapitalvermehrung gesehen. Es liegt auf der Hand, dass sich der marxsche Bildungsbegriff nicht in dieser spezifischen Funktion erschöpft.

174 *S. 142* Diese Stelle bringt die von Marx bereits implizit formulierte These der strukturellen Entsprechung von ökonomischen Funktionen und subjektiven Zwecksetzungen, von kapitalistischen System- und moralischen Imperativen noch einmal explizit zum Ausdruck. Zugleich ist damit gesagt, dass die zentralen Werte des Bürgertums und die utilitaristische Ethik Benthams sich im Rahmen der kapitalistischen Gesellschaftsordnung bewegen, diese sogar durch ihre Komplementarität stabilisieren und deshalb gerade nicht hinreichend für eine umfassende Kritik dieser Gesellschaftsform sein können.

175 *S. 146* Die marxsche Analyse der Arbeit beruht auf einer philosophischen Konzeption des absichtlichen Handelns. Der von Marx hier benannte Aspekt der anthropologischen Differenz hat für seine weitere Theoriebildung keine direkte Relevanz, da seine Entfremdungskonzeption nicht von ihr abhängt. Das mit diesen Sätzen abgerufene Vergegenständlichungsmodell des Handelns, welches Marx primär von Hegel und über diesen Weg auch von Aristoteles übernimmt, stellt dagegen eine der entscheidenden begrifflichen Ressourcen seiner Kritik der politischen Ökonomie dar.

176 *S. 147* Nachdem Marx mit dem Beispiel des Baumeisters indirekt auf Aristoteles verwiesen hat, stellt er nun den Bezug zu Hegels Handlungstheorie direkt her.

177 *S. 147* Marx zitiert nicht den Haupttext des § 209, sondern einen nicht direkt von Hegel selbst stammenden Zusatz, den der Herausgeber aus Vorlesungsmitschriften entnommen hat.

178 *S. 148* Auch hier verbindet Marx die Benennung fundamentaler anthropologischer Bestimmungen des Menschen mit der davon zu unterscheidenden Frage nach der anthropologischen Differenz zwischen Mensch und Tier.

179 *S. 148* Dies stellt in einem Satz das Vergegenständlichungsmodell des Handelns

dar, welches Marx in identischer, wenngleich auch etwas elaborierterer Form bereits in den *Ökonomisch-philosophischen Manuskripten* aus dem Jahr 1844 entwickelt hat. Auf dieser Ebene lässt sich eine grundlegende Kontinuität seiner grundlegenden philosophischen Konzeptionen feststellen.

180 *S. 151* Zum einen findet sich hier wieder das Vergegenständlichungsmodell des Handelns; zu fragen wäre aber, ob Marx mit »ausgelöscht« nur darauf hinweisen möchte, dass im Moment der abschließenden Vergegenständlichung im Produkt die Tätigkeit erlischt, oder ob er mit dieser negativen Charakterisierung etwas darüber sagen möchte, dass bestimmte Aspekte des Prozesses im Resultat nicht bewahrt werden, sondern verloren gehen.

181 *S. 151* Marx spielt mit dieser Darstellung zum einen auf Pfingsten an und stellt damit erneut eine Analogie zwischen seiner Analyse ökonomischer Prozesse und religiösen, insbesondere christlichen Vorstellungen her. Zum anderen ruft er hier mit dem Gegensatz von »lebendig« und »tot« ein weiteres Metaphernfeld auf, mittels dessen er die Dimension der Entfremdung, die sich im Kapitalismus vollzieht, zum Ausdruck bringt.

182 *S. 153* »Subjektiver Faktor« meint hier die lebendige Arbeitskraft des Lohnarbeiters.

183 *S. 153* Im weiteren Verlauf stellt Marx dar, wie das kapitalistische System sich intern immer weiter ausdifferenziert und die für es notwendigen Bedingungen und Voraussetzungen verändert. Diese Transformation stellt einen zwiespältigen Prozess dar: Auf der einen Seite wird die lebendige Arbeit immer mehr den Systemerfordernissen angepasst; auf der anderen Seite entwickelt sich durch diese Veränderung das Gattungswesen des Menschen weiter, auch wenn es sich zuerst einmal in entfremdeter Form vergegenständlicht. In der marxschen Konzeption des gegenständlichen Gattungswesens ist es notwendig, dass sich die Wesensverwirklichung des Menschen durch entfremdete Vergegenständlichung und die Wiederaneignung dieser Vergegenständlichung hindurch vollzieht.

184 *S. 153* Diese Kontrolle stellt die zweite Dimension in der Entfremdungskonzeption (Entfremdung des Arbeiters vom Arbeitsprozess) in Form des Verlusts der Selbstbestimmung dar.

185 *S. 157* Dieser Perspektivwechsel zielt auf die wertbildende Funktion und damit auf die Dimension der Arbeit als abstrakte Arbeit.

186 *S. 162* Die für die Mehrwertproduktion notwendige Verwendung der Arbeitskraft über ihren Tauschwert hinaus ist also Marx zufolge kein Unrecht innerhalb der rechtlichen und moralischen Vorstellungen von Gerechtigkeitskonzeptionen.

187 *S. 188* Die Redeweise »verleiblicht« als Ausdruck für die Vergegenständlichung findet sich bei Marx nur selten.

188 *S. 192* Hier zeigt sich, dass Marx keineswegs dagegen war, die Lebensbedingungen der Arbeiter durch politische Auseinandersetzungen auch innerhalb des Kapitalismus zu verbessern. Wichtig ist nur, dies nicht mit seiner radikalen Konzeption einer Überwindung des Kapitalismus als solchem zu verwechseln;

vgl. zu den politischen und moralischen Auseinandersetzungen innerhalb des Kapitalismus auch S. 199.

189 *S. 200* Hier aktiviert Marx das Metaphernfeld des Vampirs in Verbindung mit der Opposition von »lebend/tot«. Das Aussaugen des lebendigen Arbeiters ist eine der verschiedenen Weisen, in denen Marx die Entfremdungsdimension des Kapitalismus aufzeigt.

190 *S. 232* Marx zitiert nicht den Haupttext des § 121, sondern einen nicht direkt von Hegel selbst stammenden Zusatz, den der Herausgeber aus Vorlesungsmitschriften entnommen hat.

191 *S. 235* Aufgrund der quantitativ maßlosen Tendenz zur Wertvermehrung kennt der Kapitalismus keine systeminternen Grenzen für die Aussaugung der Arbeitskraft (die politischen und moralischen Schranken, die Marx ausführlich beschreibt, sind systemexterne Faktoren). Deshalb muss er sich auf die menschliche Arbeitskraft zerstörend auswirken, wenn er nicht durch ihm äußerliche Gegenkräfte eingedämmt wird.

192 *S. 240* Hier beschreibt Marx diesen Konflikt von innerer Tendenz und äußerer Eindämmung.

193 *S. 240* Seinem eigenen Anspruch gemäß wendet Marx die zerstörerischen Tendenzen des Kapitalismus nicht in eine moralische Kritik gegenüber einzelnen Kapitalisten oder der Klasse der Kapitalisten als sozialer Gruppe, sondern stellt sie als systembedingte Strukturen dar. Solange die Konkurrenz »frei« (im Sinne von unreguliert) ist, verschwinden die Spiel- und Gestaltungsspielräume für eine humane Version des Kapitalismus. Da sich diese Strukturen auch gegenüber den Kapitalisten als Zwang äußern, sind auch sie einem Entfremdungsprozess unterworfen. Marx hat in seiner Entfremdungskonzeption die individuelle Leiderfahrung als einen wesentlichen, nicht aber als einen notwendigen Bestandteil dafür, dass ein Individuum entfremdet ist, angesehen. Daher ist es miteinander verträglich, dass sich einzelne Individuen oder auch ganze soziale Gruppen innerhalb einer insgesamt entfremdeten Gesamtkonstellation wohlfühlen.

194 *S. 274* Diese Gesamtkonstellation ist ethisch unangemessen, obwohl sie den internen rechtlichen Kategorien (Vertrag, Eigentum, Person) und den Bedingungen der kommutativen Gerechtigkeit entspricht. Die ethischen Standards, welche der marxschen Kritik der politischen Ökonomie eingeschrieben sind, entnimmt er seiner philosophischen Anthropologie (mit den zentralen Kategorien des Gattungswesens, der Entfremdung und der Wiederaneignung des eigenen Wesens).

195 *S. 279* Dieses sogenannte »vierte Buch« des *Kapital*, unter dem Titel *Theorien über den Mehrwert* in den Jahren 1905 (erster und zweiter Band, in drei Büchern) bis 1910 (dritter Band) von Karl Kautsky erstmals in vier Bänden im Verlag von J. H. W. Dietz Nachf. herausgegeben, war in der MEW als Bände 26.1 bis 26.3 wieder zugänglich. Diese Manuskripte finden sich heute in den Bänden 3.2 bis 3.4 der II. Abteilung der MEGA² und stammen aus dem Zeitraum 1861–63. Für einen

213 *S. 327* Die Arbeitsteilung hat also in der biologischen Beschaffenheit der Menschen einen naturalistischen Ausgangspunkt. Diesen Gedanken haben Marx und Engels bereits in ihren Manuskripten zur »Deutschen Ideologie« als Antwort auf die Kritik von Max Stirner, ihre philosophische Anthropologie sei eine Form des Idealismus, entwickelt.

214 *S. 332* Die Spannung zwischen anarchischer Ungeplantheit auf der einen und despotischer Organisation der Arbeitsabläufe auf der anderen Seite ist für Marx Ausdruck des immanenten Widerspruchs der kapitalistischen Entwicklungsstufe. In vorkapitalistischen Gesellschaftsformen kehrt sich das Verhältnis von Geplantheit und Despotie genau um.

215 *S. 337* Im *Kapital* taucht der Begriff der Entfremdung nur noch sporadisch auf, sodass auf den ersten Blick die für seine philosophische Anthropologie zentrale Konzeption der Entfremdung keine Rolle mehr zu spielen scheint. Die Ausführungen zur Teilung der Arbeit in diesen Abschnitten sind aber entlang der vier Dimensionen der Entfremdung konzipiert, die Marx in seinen *Ökonomisch-philosophischen Manuskripten* identifiziert hat; vgl. MEGA², I Band 2, S. 235 ff.; korrekt ist zwar, dass Marx die Entfremdung des Menschen innerhalb der kapitalistischen Gesellschaftsformation nicht mehr mit dem Begriff der Entfremdung benennt. Daraus folgt aber nicht, dass Marx diese Entfremdung im *Kapital* nicht mehr anhand seiner Konzeption der Entfremdung, die er 1844 entwickelt hat, organisiert. Man kann seine Kritik der politischen Ökonomie sachlich angemessener als Umsetzung des marxschen Programms charakterisieren, die philosophischen Kategorien seiner philosophischen Anthropologie empirisch mit sozial identifizierbaren Strukturen inhaltlich zu bestimmen.

216 *S. 338* Diese Figur entspricht der entfremdeten Vergegenständlichung des Gattungswesens und damit der dritten Dimension der marxschen Entfremdungskonzeption; zugleich ist sie der Hebel, diese Entäußerung der Gattungseigenschaften der menschlichen Individuen an ein von ihnen verschiedenes Gattungssubjekt, dessen entfremdete Objektivierung Marx hier »Gesammtarbeiter« nennt, durch Anwendung der Feuerbach'schen Religionskritik als zu kritisierenden und aufzuhebenden Zustand zu bestimmen. Die implizite Normativität der marxschen Kritik der politischen Ökonomie beruht damit auf seiner philosophischen Anthropologie, auch wenn deren zentrale Begriffe in diesem Kritikprogramm selbst keine unmittelbare Rolle an der Oberfläche der Argumentation spielen.

217 *S. 340* Marx zitiert nicht den Haupttext des § 187, sondern einen nicht direkt von Hegel selbst stammenden Zusatz, den der Herausgeber aus Vorlesungsmitschriften entnommen hat; vgl. dort S. 247.

218 *S. 347* Dies ist eine kritische Spitze gegen die Religionskritik u. a. von Ludwig Feuerbach oder Bruno Bauer. Marx übernimmt wesentliche konzeptionelle Merkmale dieser Kritik, beansprucht aber, sie auf die der Entfremdungsform Religion zugrundeliegende Entfremdungsgestalt der kapitalistischen Lebensform rückbezogen und damit einer ›materialistischen‹ Explikation zugeführt zu haben.

219 *S. 348* Der Kommentar der kritischen Ausgabe ordnet diese Kritik den naturwissenschaftlichen Materialisten Karl Vogt, Jakob Moleschott und Ludwig Büchner zu. Dies ist sicher korrekt, sollte aber nicht vergessen lassen, dass Marx eine strukturanaloge Kritik bereits 1845 gegen den Materialismus Ludwig Feuerbachs entwickelt hatte.

220 *S. 359* »Bewußtes Motiv« steht hier im Gegensatz zu den funktional bedingten Absichten, welche die Akteure qua ihrer sozialen Rollen erfüllen.

221 *S. 366* Vgl. hierzu meine Erläuterungen zu 10.

222 *S. 371* Mit der Redeweise vom »objektiven Organismus« stellt Marx wiederum einen Bezug zu seiner Konzeption des Gattungswesens her, welches in der kapitalistischen Lebensform in entfremdeter Gestalt vergegenständlicht wird und sich die menschlichen Individuen als »Menschenmaterial einverleibt«. Die Rede von »objektiv« betont dabei, dass es sich hier nicht um eine religiöse oder philosophische Konstruktion handelt, sondern um eine objektiv darstellbare soziale Struktur. Die Metaphern »Menschenmaterial« und »einverleiben« sind Bestandteil der Kritikdimension: So ruft »Material« den Standard der Instrumentalisierung ab, welcher für die marxsche Konzeption der Entfremdung wesentlich ist. Und die Rede vom »einverleiben« verbindet die Auflösung der Individualität des Menschen in den Gesamtorganismus mit dem biologischen Bedeutungsfeld der materiellen Einverleibung durch Nahrungsaufnahme. Die physische Zerstörung des Arbeiters wird damit als Prozess der Aussaugung und Elimination seiner biologischen Individualität, der damit sich erhaltende »objektive Organismus« als entfremdete Vergegenständlichung des menschlichen Gattungswesens charakterisiert.

223 *S. 372* »Schranke« ist eine Kategorie der hegelschen Logik, welche die Bestimmung eines spezifischen Daseins darstellt. Während in der *Wissenschaft der Logik* ein Unterschied zwischen den Kategorien der Grenze und der Schranke herausgearbeitet wird, entfaltet Hegel dies in der von Marx verwendeten *Logik*, d. h. dem ersten Teil der *Enzyklopädie*, nicht weiter (vgl. dort § 92). Die von Marx verwendete nähere Bestimmung der Schranke als »sittlich« stellt den Bezug zu Hegels *Rechtsphilosophie* her, in dem die Familie den ersten Abschnitt des dritten Teils »Sittlichkeit« bildet. Marx legt durch seine Darstellung die hegelkritische Annahme nahe, dass die Usurpation der Kinder eine unsittliche Auflösung der Familie darstellt und damit das Scheitern des von Hegel behaupteten sittlichen Übergangs der Familie in die bürgerliche Gesellschaft aufzeigt.

224 *S. 381* Die Metapher des Automaten taucht hier erneut auf, um das Kapital als entfremdet entfremdende Realisierung des menschlichen Gattungswesens zu charakterisieren. Dieser ›Untote‹ benötigt die physischen und psychischen Eigenschaften und Fähigkeiten der menschlichen Individuen, um sich durch deren Handlungen hindurch zu realisieren. Marx lässt hier zwei Zielsetzungen seiner Kritik der politischen Ökonomie ineinanderlaufen: Die Explikation des Verhältnisses von individuellem Handeln und sozialen Interaktionsprozessen

einerseits sowie die Charakterisierung der Entfremdungsstruktur, welche dieses Verhältnis in der kapitalistischen Lebensform annimmt, andererseits.

225 *S. 384* Vgl. hierzu meine Erläuterungen zu 10.

226 *S. 386* Vgl. hierzu meine Erläuterungen zu 10.

227 *S. 387* Mit »maßlos« ruft Marx eine Kategorie der hegelschen Seinslogik ab: Weil das Kapital ein automatisches Subjekt ist, hat es keine inhärente Teleologie und damit auch keine interne Grenze. Seine Wachstumsprozesse sind rein quantitativ ausgerichtet und daher im Prinzip auf unendliches Wachstum (in diesem Fall auf absolute Verlängerung des Arbeitstages) angelegt. Weil es im Kapitalismus qua ökonomisches System keine inhärente Begrenzung dieser Ausdehnung gibt, lässt sie sich nur durch systemexterne Faktoren begründen und erreichen; vgl. dazu auch meine Erläuterungen zu 240. Diese benennt Marx hier mit der Wendung »*gesetzlich beschränkter Normal-Arbeitstag*«. Es wäre ein Missverständnis, aus Marx' Kritik, dass der Kapitalismus keine inhärente ethische Norm aufweist, darauf zu schließen, dass er gegen solche gesetzlichen, politischen oder sozialen Begrenzungen der Maßlosigkeit des Kapitalismus argumentieren müsste oder dies faktisch getan hätte.

228 *S. 387* Marx bezieht sich hier auf Hegels Analyse von extensivem und intensivem Quantum in dessen Seinslogik.

229 *S. 389* In dieser Formulierung übernimmt Marx zusätzlich die Kernthese der hegelschen Logik, dass Widersprüche ontologisch zu deuten sind.

230 *S. 398* An dieser Stelle legt Marx seine kritische Annahme offen, dass die kapitalistische Organisation des Verhältnisses von menschlichem Gattungswesen und menschlichem Individuum eine entfremdet-entfremdende Verkehrung darstellt.

231 *S. 401* Den Standard, an dem diese Struktur als »Mißbrauch« gemessen wird, legt Marx hier auch evaluativ als sich zunehmend steigernde Instrumentalisierung des Menschen durch die technologisch organisierte Arbeitsteilung offen. Zugleich weist er darauf hin, dass man zwischen der Steigerung der Produktivität durch die Weiterentwicklung des »gesellschaftlichen Produktionsprozesses« (S. 401 f.), also der Selbstrealisierung des Gattungswesens, auf der einen Seite, und der »größern Produktivität, die seiner kapitalistischen Ausbeutung geschuldet ist« (ebd.), auf der anderen Seite klar unterscheiden muss. Damit kann Marx zum einen sicherstellen, dass seine Kritik der politischen Ökonomie weder technischen Fortschritt noch Arbeitsteilung generell ablehnen muss. Zum anderen steht er aber auch vor der – im *Kapital* nicht gelösten – Aufgabe, zu zeigen, welche Aspekte dieser Produktivitätssteigerung durch die kapitalistische Ausbeutung verursacht sind und welche nicht. Darüber hinaus muss Marx seine Konzeption der Entfremdung als Grundlage seiner Kritik weiterentwickeln und zeigen, welche Formen des Technikeinsatzes und welche Organisationsform der Arbeitsteilung ohne die Nebenwirkung der Entfremdung möglich sind. Diese Frage, die Marx in den Manuskripten zur *Deutschen Ideologie* oder auch in den *Grundrissen* in

Ansätzen bearbeitet hat, wird im *Kapital* ebenfalls nicht gelöst; vgl. auch meine Erläuterungen zu 242.

232 *S. 402* Hiermit ruft Marx die zweite Dimension seiner Entfremdungskonzeption ab.

233 *S. 402* Dies stellt die empirische Verifizierung der entfremdungstheoretischen Verkehrungsbewegung dar.

234 *S. 406* Vgl. hierzu meine Anmerkungen zu 10; diese Stelle belegt eindrücklich, dass die im dritten Band des *Kapital* enthaltenen Texte teilweise schon vor der Abfassung des ersten Bandes des *Kapital* entstanden sind. Es wäre eine der Editionsgeschichte geschuldete Fehlinterpretation, davon auszugehen, dass der zweite oder der dritte Band des *Kapital* einen ›reiferen‹ (im Sinne von ›späteren‹) Entwicklungsstand der Theoriebildung von Karl Marx darstellen müssen.

235 *S. 408* Im Kontext der Entfremdungskonzeption entspricht dieser Erkenntnisprozess dem Schritt der Entschlüsselung des Fetischismus, in dem die göttlichen Attribute vom Objekt auf die sozialen Umgangsformen mit dem Objekt rückgeführt werden.

236 *S. 411* An dieser Stelle verwendet Marx den Begriff der Entfremdung selbst, um die zuvor beschriebenen empirischen Entwicklungen zu benennen. Zugleich charakterisiert er den damit beschriebenen historischen Entwicklungsstand unter Rückgriff auf Hegels wesenslogische Analyse des Gegensatzes.

237 *S. 418* Die entfremdungstheoretische Figur der Verkehrung ist an dieser Stelle klar erkennbar.

238 *S. 458* Mit den Kriterien »bewußte und planmäßige Rückwirkung« nennt Marx zwei Merkmale, die für seine Konzeption der Aufhebung der kapitalistischen Produktionsform zentral sind.

239 *S. 458* Vgl. hierzu meine Erläuterungen zu 10.

240 *S. 459* Diese Äußerung ist zum einen einer von vielen Belegen für die moralische Bewertung, die sich durch die marxsche Darstellung der empirischen Verhältnisse hindurch ziehen. Zum anderen ist sie aus zwei Gründen systematisch interessant: Erstens sagt Marx hier explizit, dass eine rechtliche oder ethische Regulierung gegenüber der immanenten Dynamik der kapitalistischen Produktionsweise notwendigerweise äußerlich bleibt. Zweitens wird durch diese Aussage deutlich, dass die ethischen Wertungen, die Marx in seiner Darstellung vornimmt, nicht als immanente Kritik der Selbstentfaltung des Kapitalismus zu verstehen sind, sondern vielmehr als Ausdruck der von Marx als externe Prämisse vorausgesetzten Fundamentalprämisse, dass der Kapitalismus als solcher eine ethisch inadäquate Manifestation der menschlichen Lebensform darstellt.

241 *S. 461* Dies ist eine der wenigen Stellen, an denen Marx explizit auf seine anthropologisch-ethischen Voraussetzungen hinweist, indem er das Bildungsideal des »vollseitig entwickelten Menschen« abruft.

242 *S. 466* Marx nimmt hier die »normale Verwirklichung« des Menschen, zu lesen als eine seinem anthropologischen Wesen adäquate Realisierung, als Standard für

284 *S. 578* Vgl. hierzu meine Erläuterungen zu 10 sowie zu den editionsphilologisch ermittelbaren zeitlichen Daten der einzelnen Bücher (bzw. von deren Teilen) die entsprechenden Apparate der MEGA²-Bände.

285 *S. 581* Hier spricht Marx die Frage nach dem Verhältnis von Produktionsverhältnissen und ›Civilinstitutionen‹, insbesondere der Institution des Rechts, an. Interessant ist, dass er dabei nicht die Terminologie von Basis und Überbau verwendet. Seine Redeweise von »Produkt« ist, auch wenn Marx die Abhängigkeitsbeziehung an dieser Stelle eindeutig bestimmt, unklar, weil es sich um eine kausale, eine funktionale oder auch eine begriffliche Abhängigkeitsbeziehung handeln kann.

286 *S. 588* Vgl. hierzu meine Erläuterungen zu 10.

287 *S. 596* »Abstrakt« ist hier im Sinne »nicht für sie« zu lesen: Anders als Menschen haben Pflanzen und Tiere prinzipiell keinen epistemischen Zugang zu diesen Gesetzen. Menschen dagegen können, sobald sie die Gesetzmäßigkeiten (egal ob die der Natur oder des Sozialen) erkannt haben, sich bewusst zu ihnen verhalten.

288 *S. 599* Vgl. hierzu meine Erläuterungen zu 10.

289 *S. 690* Nach Auskunft der MEGA² konnte diese Quelle bislang nicht ermittelt werden.

290 *S. 715* Nachdem Marx die begrifflich-dialektische Entwicklung entfaltet hat, geht es nun um die »historische Genesis«; mit dem Stichwort »ursprüngliche Accumulation« wird also Gegenstand und Zugriff verändert. Dies bedeutet auch, dass die Rolle der empirischen Daten, die im Rahmen einer begrifflich-dialektischen Entfaltung als empirische Entsprechung oder Realisierung fungieren, sich nun ändert. Sie sind jetzt die vorausgesetzten Daten der Theoriekonstruktion.

291 *S. 715* In diesen Passagen kann »muß« nicht die der internen Begriffsentwicklung geschuldete Bedeutung haben; im Kontext sachlich naheliegend ist es, dass »muß« hier im Sinne eines praktischen Imperativs (»Wenn Du A erreichen willst, musst Du B tun«) zu lesen ist. Während die vorhergehenden Sätze keine modale Aussage enthalten, sondern über faktische Ereignisse retrospektiv berichten, kommt an dieser Stelle ein neuer Geltungsanspruch ins Spiel. Es wird zumeist eine kausale Notwendigkeit unterstellt, die Marx seiner deterministischen Geschichtsphilosophie zugrunde gelegt habe. Zwingend ist diese systematisch voraussetzungs- und folgenreiche Lesart aber nicht.

292 *S. 717* An dieser Stelle nimmt Marx mit »Negation« und »Negation der Negation« zentrale Denkfiguren der hegelschen Logik, vor allem aber der hegelschen *Phänomenologie des Geistes* in Anspruch, um sein geschichtsphilosophisches Modell zu charakterisieren. Diese Denkfigur liegt auch der geschichtsphilosophischen Dimension seiner philosophischen Anthropologie zugrunde, sodass diese Aussagen, die eine entscheidende Scharnierstelle von Marx' Argumentation darstellen, in strikter Kontinuität zu seiner 1844 entwickelten Philosophie des gegenständlichen Gattungswesens stehen. Die damit unterstellte dialektische Bewegung ist teleologisch konzipiert und daher nicht auf bloße kausalgesetzliche Zusammenhänge reduzierbar. Wenn Marx an dieser Stelle von »der Nothwen-

digkeit eines Naturprozesses« spricht, ist es hilfreich zu bedenken, dass er mit Letzterem im *Kapital* zumeist ungeplante und nicht durch unser Handeln gesteuerte Prozesse meint. Die Modalität jedenfalls lässt sich aus den Prämissen seiner philosophischen Anthropologie als Notwendigkeit der Wesensverwirklichung verstehen.

293 *S. 728* Vergleiche hierzu meine Erläuterungen zu 10.

294 *S. 729* Zur Entstehungsgeschichte und Funktion dieses Anhangs vgl. meine Erläuterungen zu 2 und 6 sowie die Erläuterungen der Herausgeber von MEGA^2, II Band 5, S. 699 f. (zum Textabschnitt S. 26/39 bis S. 44/43 des *Kapital*).

295 *S. 737* Die selbständige Existenz des Werts einer Ware ist die Erscheinungsform eines Verhältnisses. Die marxsche Ontologie des Wertes ist eine der Relationen, nicht der Dinge und Eigenschaften.

296 *S. 737* Dieses »muß« ist wiederum die Modalität der begrifflich-dialektischen Entwicklung.

297 *S. 738* Die Rede von »Rollen« erlaubt es Marx, drei Aspekte gleichermaßen zum Ausdruck zu bringen: Erstens geht es um funktional bestimmbare Größen, die im Rahmen der Wertanalyse zweitens auf intensionale Gehalte der Rolleninhaber bezogen und damit drittens intensional zu explizierende Kontexte erzeugen. Aufgrund dieser intensionalen Dimension kann Marx die extensional streng symmetrische Identitätsrelation durch eine intensional asymmetrische Konzeption ablösen. Dies ist für seine begrifflich-dialektische Entwicklung der im Tausch vollzogenen Gleichsetzung (x Ware A = y Ware B) entscheidend.

298 *S. 738* »Momente« ist ein hegelscher Begriff und bezeichnet Aspekte eines Ganzen, die nur in Bezug auf dieses Ganze, als dessen Momente, analysierbar sind. Isoliert man sie aus diesem vorausgesetzten Ganzen, lösen sie sich auf. Damit kommt der methodologische Holismus der marxschen Analyse zum Ausdruck.

299 *S. 738* Auch in dieser vereinfachten Darstellung der begrifflich-dialektischen Entwicklung hält Marx daran fest, Widersprüche *de re* zu konzipieren. Dieser Befund ist mit der These, die an Hegel orientierte Dialektik sei ein reines Instrument der Darstellung, also bloß *de dicto* zu verstehen, nicht vereinbar.

300 *S. 739* Dieses »gleichzeitig« stellt die relationale Verfasstheit der Gesamtstruktur heraus.

301 *S. 740* Die »Substanz« ist also auch in dieser vereinfachten Variante der Analyse die Substanz, die auf beiden Seiten des Äquivalenzausdrucks numerisch identisch realisiert ist.

302 *S. 740* Dies ist die fundamentale Einsicht von Hegels Diktum, dass der Gesichtspunkt der Quantität begrifflich den der Qualität (im Sinne der zugrundeliegenden Einheit) voraussetzt.

303 *S. 740* Hier ist der Geltungsaspekt (»als Werth gilt«) mit der deskriptiven Präsupposition (»Werth ist«) als symmetrisches, d. h. wechselseitig unterstelltes Verhältnis der Äquivalenz benannt.

304 *S. 741* Marx nimmt hier sein Vergegenständlichungsmodell des Handelns in Anspruch und weist darauf hin, dass die Dinghaftigkeit des Werts qua Ware

sich dieser Vergegenständlichung der Arbeit verdankt (und durch diese auch philosophisch expliziert werden kann).

305 *S. 741* »Repräsentiert« bringt zum Ausdruck, dass diesen Relationen immer auch Geltungsaspekte inhärieren.

306 *S. 741* Die Geltungsdimension erfasst Marx als »sich-in-einem-Anderen-ausdrücken«, also als expressives relationales Beziehungsgeflecht.

307 *S. 743* »Stillschweigend« meint an dieser Stelle eine implizit bleibende Präsupposition unseres Handelns.

308 *S. 746* Mit »Verkehrung« ruft Marx an dieser Stelle ein zentrales Theorem seiner Entfremdungskonzeption ab.

309 *S. 749* Diesen Abschnitt hat Karl Marx, der den der ersten Auflage hinzugefügten Anhang zur Grundlage der Wertformanalyse in der zweiten Auflage gemacht hat, in letzterer in größerem Ausmaß verändert.

310 *S. 749* Dies ist die Grundfigur der Verdinglichung; Resultate unserer sozialen Interaktionen erscheinen als natürliche Eigenschaften der Dinge.

311 *S. 750* Vgl. meine Anmerkung zu 310.

312 *S. 750* Mit »Fetischismus« ist also die entfremdete Vergegenständlichung (objektive Dimension) und undurchschaute Zuschreibung (subjektive Dimension) von Gattungseigenschaften an Dinge und ökonomische Strukturen gemeint.

313 *S. 751* Beim Tauschwert handelt sich sich also um eine Realabstraktion in dem Sinne, dass eine Erscheinungsform, die konstitutiv relational verfasst ist (Erscheinung von etwas), als ontologisch selbständig auftritt.

314 *S. 751* Mit dieser Bewegung, einen internen Gegensatz durch Externalisierung zu stabilisieren, folgt Marx Hegels Analyse der Reflexionsverhältnisse in der Wesenslogik.

315 *S. 754* »Wahrhaft« meint hier, dass die Realisationsform dem zu realisierenden Inhalt angemessen ist.

316 *S. 754* Die »Mängel«, die Marx in diesem Abschnitt identifiziert, ergeben sich aus dem (hegelschen) Kriterium, dass die Form dem Begriff nicht entspricht (vgl. 317).

317 *S. 756* Die Allgemeinheit besteht also darin, dass der Wertbegriff die ihm adäquate Wertform entwickelt (vgl. dazu auch 316).

318 *S. 756* Mit »Werthbegriff« meint Marx, in Anlehnung an Hegels Verwendung von »der Begriff«, die der begrifflich-dialektischen Entwicklung als Ziel zugrunde gelegte Konzeption des Werts, die nicht nur diese Entwicklung als interne in Gang hält, sondern zugleich auch als Maßstab von Mängeln und wahrhafter Realisierung dient.

319 *S. 758* Der in der Polarität konstitutiv enthaltene Gegensatz der Bestimmungen ist der Grund der weiteren Entwicklung; wie Hegel macht auch Marx den dialektisch interpretierten Widerspruch (*de re*) zum ›Motor‹ der Bewegung.

320 *S. 765* Die französische Übersetzung lautet hier »et valeur d'echange ou valeur proprement dite«; damit zeigt sich die in den verschiedenen Ausgaben beobacht-

bare terminologische Unklarheit hinsichtlich der Unterscheidung von »Wert« und »Tauschwert«.

321 *S. 765* Die Inanspruchnahme der hegelschen Konzeption von Wesen und Erscheinung bleibt auch in der mit der zweiten deutschen Auflage des *Kapital* dritten von Marx selbst vorgelegten Version der kategorialen Entwicklung erhalten.

322 *S. 766* Marx hält weiterhin an der hegelschen Konzeption fest, die Bestimmung der Qualität vorgängig gegenüber der Bestimmung der Quantität zu behandeln.

323 *S. 766* Hier liegt der französischen Übersetzung der Text der ersten Auflage zugrunde, nicht die überarbeitete zweite Auflage des *Kapital.*

324 *S. 766* Damit ist der Gegenstandsbereich der marxschen Analyse noch nicht zwangsläufig auf die kapitalistische Gesellschaftsform beschränkt (dass ein Merkmal *f* auf eine bestimmte Gesellschaftsformation *K* zutrifft, impliziert nicht, dass *f* ausschließlich auf *K* zutrifft). Es bleibt also im Prinzip möglich, dass der von Marx herausgestellte Zusammenhang von Gebrauchswert und Tauschwert nicht nur in der kapitalistischen Gesellschaftsform besteht. Die Aussage, dass Gebrauchswerte den »stofflichen Inhalt des Reichthums bilden, welches immer seine gesellschaftliche Form sei«, mit der Marx seine Erläuterung beginnt, impliziert dagegen, dass dieser Zusammenhang (Gebrauchswerte als stofflicher Inhalt des Reichtums) für alle Gesellschaftsformen gleichermaßen gilt.

325 *S. 767* »Schranke« ist eine Kategorie der hegelschen Logik; sie ist die spezifische Form der Bestimmung eines Etwas, die dieses Etwas zugleich konstituiert (als eine Entität einer bestimmten Art) und besagt, dass dieses Etwas seine Bestimmung niemals vollständig realisieren kann. Im § 92 der von Marx verwendeten enzyklopädischen Logik arbeitet Hegel den in seiner *Wissenschaft der Logik* entfalteten Unterschied zwischen »Grenze« und »Schranke« allerdings nicht heraus.

326 *S. 767* Marx vermeidet in der französischen Übersetzung das auf Hegels Konzeption der Kopula verweisende »in« (Hegel deutet die Zuschreibung eines Prädikats ontologisch als Instanziierung einer Eigenschaft in einem Substrat; d. h. beispielsweise, dass die Eigenschaft der Universale »blau« in einem Buchumschlag instanziiert ist).

327 *S. 767* Auch hier folgt Marx der Sache nach Hegels Konzeption, die numerische Identität einer zugrundeliegenden Substanz als Präsupposition einer Äquivalenzaussage anzusetzen.

328 *S. 767* Hier liegt der französischen Übersetzung der Text der ersten Auflage zugrunde, nicht die überarbeitete zweite Auflage des *Kapital.*

329 *S. 768* An dieser Stelle verbindet Marx zwei Analyseschritte. Zum einen wird die im Äquivalententausch durch die Gleichsetzung faktisch vollzogene Abstraktion als Reduktion der Ware auf ihren Tauschwert begriffen. Zum anderen wird dieser Zusammenhang von Abstraktion und Reduktion dann auch auf das Verhältnis der in den Waren vergegenständlichten konkreten Arbeit auf abstrakte Arbeit transferiert; vgl. dazu auch meine Erläuterung zu 344.

330 *S. 768* Marx übernimmt diese Passage aus seiner Auflistung von Ergänzungen

und Veränderungen, die er für die Erstellung der zweiten deutschen Auflage angefertigt hat. Diese Passage weicht aber vom Wortlaut der Textstelle in der zweiten Auflage ab.

331 *S. 768* Marx eliminiert in der französischen Übersetzung den Bezug auf sein Vergegenständlichungsmodell des Handelns und spricht stattdessen von »métamorphosés en sublimés identiques«. Dies ist vermutlich seiner Annahme geschuldet, dass den französischen Lesern der hegelsche Hintergrund der marxschen Konzeption des Handelns nicht gegenwärtig ist.

332 *S. 769* Mit dieser Redewendung ruft Marx sein Vergegenständlichungsmodell des Handelns als Prämisse seiner Analyse ab.

333 *S. 769* Durch diese Dimension des Sich-Darstellens wird die evaluative und expressive Dimension der Vorgänge, also ihre Geltungsdimension, benannt.

334 *S. 769* Marx eliminiert in der französischen Übersetzung den Bezug auf die hegelsche Terminologie (»Tauschwerth als der nothwendigen Ausdrucksweise oder Erscheinungsform des Werths«).

335 *S. 769* Marx folgt hier wiederum Hegel, der in der Seinslogik die relationale Verfasstheit aller Kategorien voraussetzt, methodisch diese Kategorien dann aber dennoch zuerst in einer durch Abstraktion erzeugten Isolation analysiert. Damit gelingt es Hegel, und Marx in seiner Nachfolge, die so durch Abstraktion erzeugte Kategorie als an sich widersprüchlich auszuweisen. Zugleich ist damit der Grund der Selbstbewegung der kategorialen Entwicklung als einer immanenten Auflösung des Widerspruchs angelegt.

336 *S. 769* Zum einen ist festzuhalten, dass Marx sein Vergegenständlichungsmodell des Handelns auch auf den Zusammenhang von abstrakter Arbeit und Wert (bzw. Tauschwert) anwendet. Damit ist aber der sachliche Gehalt der Analogie zu Gallerte oder Kristallisation problematisch, die nun zu reinen Metaphern zu werden drohen, wodurch der Sinn von »vergegenständlichen« erläuterungsbedürftig wird. Zum anderen ist auffällig, dass Marx hier von Wert und nicht von Tauschwert als einer gesellschaftlich spezifischen Form des Werts spricht. Da er seine terminologische Festlegung, in der Analyse Wert immer im Sinne von Tauschwert zu verwenden, nicht streng durchgehalten hat, lässt diese Formulierung Spielraum für die Annahme, dass der Zusammenhang von abstrakter Arbeit und Wert (qua Negation des Gebrauchswerts) nicht auf bestimmte Gesellschaftsformationen beschränkt ist. Wenn man in diesem Zusammenhang die Dialektik von natürlichem Individuum und sozialem Gattungswesen verortet, gehört er zur allgemeinen *conditio humana* und muss in jeder Gesellschaftsform organisiert werden.

337 *S. 769* Dies ist der Übergang von der Qualität auf die Frage der Quantität.

338 *S. 769* »Menschliche Arbeitskraft« fungiert hier als eine in jedem Menschen instanziierte Universale.

339 *S. 770* Damit kommen bei der Bestimmung der Quantität irreduzibel soziale, somit evaluative Aspekte in die Analyse hinein. Eine Reduktion im Sinne eines szientistischen Naturalismus ist mit diesem Vorgehen von Marx nicht vereinbar.

340 *S. 770* »Gilt« verweist hier sowohl auf epistemische Leistungen als auch auf evaluative Aspekte dieses Zusammenhangs.

341 *S. 771* Diese indirekt proportionalen Zusammenhänge sind durch theoretische Vorgaben erschließbar, nicht aber unmittelbar beobachtbare Phänomene. Dies ist eine Weise, hinter den an der Oberfläche beobachtbaren Vorgängen die in diesen erscheinenden Strukturen zu erfassen.

342 *S. 771* Hier liegt der französischen Übersetzung der Text der ersten Auflage zugrunde, nicht die überarbeitete zweite Auflage des *Kapital*.

343 *S. 772* Auch die auf einen Widerspruch *de re* hinweisende Redeweise von der Ware als »ein Zwieschlächtiges« ist erhalten geblieben.

344 *S. 772* Hier vollzieht Marx wiederum den Transfer vom Produkt der Arbeit auf die Arbeit im Prozesssinn. Damit übernimmt er ein wesentliches Merkmal seiner Vergegenständlichungs- bzw. Entfremdungskonzeption und folgt auch im *Kapital* der Kernthese des Deutschen Idealismus, dass der Tätigkeit ein Primat vor dem Sein zukommt.

345 *S. 772* Auch die wesenslogische Explikation der Arbeitsteilung ist erhalten geblieben.

346 *S. 773* Es handelt sich also um eine notwendige Bedingung, nicht um eine hinreichende.

347 *S. 773* »Steckt« ist eine Verbildlichung der abstrakten Relation der Vergegenständlichung, die allerdings den Sinngehalt Letzterer nicht vollständig wiedergibt.

348 *S. 773* Hiermit führt Marx eine philosophisch-anthropologische Konstante ein, die sich nicht auf spezifische Gesellschaftsformationen beschränken lässt.

349 *S. 773* »Materialistische« Prämisse in doppeltem Sinne: (i) Es gibt eine subjektunabhängige Größe, die (ii) als »materielles Substrat« durch Abstraktion identifiziert werden kann.

350 *S. 774* Die sogenannte Einfaktorentheorie des Werts gilt also klarerweise nicht für die marxsche Konzeption des Gebrauchswerts.

351 *S. 774* »Objektiv« bedeutet dazu zum einen, dass sie sich nicht auf rein individuelle Wertschätzung reduzieren lassen; zum anderen ist auch die Dimension der Vergegenständlichung mitgemeint.

352 *S. 775* Damit ist die einfache Arbeitskraft keine reine Naturtatsache, sondern muss durch epistemische Leistungen ermittelt werden; inwieweit Marx hier von rein biologischen Standards ausgeht oder auch historische und soziale Größen mit einbeziehen will, ist nicht klar. Solange man seine Vorstellung von »materialistisch« nicht auf einen positivistischen Szientismus verkürzt, ist diese Unklarheit systematisch nicht von dramatischer Bedeutung (im anderen Fall wird die gesamte marxsche Konzeption an dieser Stelle inkonsistent).

353 *S. 775* Marx weist hier auf den Abstraktionsgrad seiner reinen kategorialen Entwicklung hin.

354 *S. 775* Die undurchschaute Vergegenständlichung nicht-intendierter Folgen von Handlungen und Interaktionen wird als Grund der Mystifikationen angeführt.

355 *S. 775* Diese Abstraktion muss keine explizite gedankliche Operation sein, sondern kann auch als Präsupposition analysiert werden, die sich im Tun der Akteure faktisch vollzieht.

356 *S. 775* Die Rede von »Verbindungen« ist systematisch aufklärungsbedürftig.

357 *S. 776* Marx stellt klar, dass Geltung immer relational konstituiert ist.

358 *S. 776* Diese Substanz existiert also nur als Resultat einer Abstraktion, nicht als ihre materiale Voraussetzung.

359 *S. 777* Hier liegt der französischen Übersetzung der Text der ersten Auflage zugrunde, nicht die überarbeitete zweite Auflage des *Kapital*.

360 *S. 777* Der mit dieser Beschreibung zum Ausdruck gebrachte Doppelcharakter der Arbeit ist eine logisch schwächere Bestimmung als die der Zwieschlächtigkeit, da Letztere einen internen Widerspruch impliziert, Erstere dagegen die Auflösung desselben durch eine Hinsichtenunterscheidung erlaubt.

361 *S. 777* Hier liegt der französischen Übersetzung im Kern der Text der ersten Auflage zugrunde, nicht die überarbeitete zweite Auflage des *Kapital*.

362 *S. 778* Marx übernimmt die Überschrift aus seiner Auflistung von Ergänzungen und Veränderungen, die er für die Erstellung der zweiten deutschen Auflage angefertigt hat. Diese Passage weicht aber vom Wortlaut der Textstelle in der zweiten Auflage ab.

363 *S. 778* Diese Textanordnung folgt einem Hinweis der Auflistung von Ergänzungen und Veränderungen, ist in der zweiten Auflage des *Kapital* aber nicht umgesetzt.

364 *S. 778* Es handelt sich hier um eine Modalität der begrifflich-dialektischen Bestimmungsverhältnisse, nicht um ein kausales Bedingungsgeflecht.

365 *S. 778* An dieser Stelle formuliert Marx den Anspruch seiner Theorie, die begrifflich-dialektische Genese der Geldform zu leisten. Dadurch geht er über die Theorieansprüche empirischer Einzelwissenschaften hinaus und bringt zum Ausdruck, dass die Darstellung der Entwicklungsprozesse in diesem Teil seiner Kritik der politischen Ökonomie als Struktur- und nicht als historische Analyse zu verstehen ist.

366 *S. 779* Marx übernimmt diese Passage aus seiner Auflistung von Ergänzungen und Veränderungen, die er für die Erstellung der zweiten deutschen Auflage angefertigt hat. Diese Passage weicht aber vom Wortlaut der Textstelle in der zweiten Auflage ab.

367 *S. 779* Marx erläutert sein Verständnis von Pol und Polarität weiter unten im Text; vgl. 370.

368 *S. 779* Hier liegt der französischen Übersetzung der Text der ersten Auflage zugrunde, nicht die überarbeitete zweite Auflage des *Kapital*.

369 *S. 779* Durch die funktionale Bestimmung der Relata (aktive vs. passive Rolle) kann Marx eine für die weitere Begriffsentwicklung unverzichtbare intensionale Asymmetrie der Identitätsbeziehung herausarbeiten; er folgt damit Hegels Explikation von Identitätsaussagen in der *Wissenschaft der Logik*.

370 *S. 779* Marx referiert hier die hegelsche Konzeption von Polarität, die er seiner eigenen Konzeption zugrunde legt.

371 *S. 780* Das »polarische[] sich-ausschließen« besteht darin, dass in dem negativ-ausschließenden Bezug der konstitutive Bezug auf das jeweils ausgeschlossene Andere präsupponiert wird. In der Gesamtstruktur liegt damit ein auf die beiden Pole und ihre polaren Relationen verteilter Widerspruch vor.

372 *S. 780* Marx beginnt mit dem Aspekt der Qualität seine Analyse der relativen Wertform.

373 *S. 780* Hier schließt er sich Hegels Einsicht vom logischen Vorrang der Qualität vor der Quantität an.

374 *S. 780* Die Textanordnung in der französischen Übersetzung folgt einem Hinweis der Auflistung von Ergänzungen und Veränderungen, ist in der zweiten Auflage des *Kapital* aber nicht umgesetzt.

375 *S. 781* Der französische Text folgt hier eher den Ergänzungen und Veränderungen, die Marx in einem Manuskript notiert hatte, als der zweiten Auflage des *Kapital*.

376 *S. 781* Dies stellt den ersten Entwicklungsschritt des Gegensatzes dar.

377 *S. 781* Die Relationsangabe »in« bezieht sich auf Hegels Analyse der Kopula im Urteil »X ist *f*.« Damit wird, so dessen Analyse, ausgesagt, dass ein Universale in einem Ding instanziiert ist.

378 *S. 782* Mit »thatsächlich« meint Marx hier »durch die Tat geschaffen«.

379 *S. 782* In der französischen Übersetzung verschiebt Marx die Anmerkung 17a ans Ende des ersten Kapitels (dort dann als Fußnote 31); vgl. meine Anmerkung zu 478.

380 *S. 782* Das Vergegenständlichungsmodell des Handelns wendet Marx auch auf abstrakte Arbeit an.

381 *S. 782* Marx bringt hier die Relationen »erscheinen« und »darstellen« zusammen; systematisch hat Letztere eine spezifischere Bedeutung als Erstere.

382 *S. 782* Dieses »mehr bedeutet« erklärt sich durch die relationalen Strukturen, die quantitativ hinzukommen. Zugleich legt der Vergleich nahe, dass Marx auch ein Mehr an Geltung zum Ausdruck bringen und dabei auf Anerkennungsverhältnisse verweisen will.

383 *S. 783* Das ist eine Anspielung auf die »schöne Seele« aus Hegels *Phänomenologie des Geistes*. Die Parallele liegt darin, dass der Wert als Negation des Gebrauchswertes sich von den empirischen und auf Nützlichkeit bezogenen Aspekten der Ware genauso distanziert wie die schöne Seele mit ihrer reinen moralischen Gesinnung sich in Hegels Konzeption von den realen Verhältnissen strikt abwendet.

384 *S. 783* Dies zeigt die Grenze der relativen Wertform: Der Wert braucht, obwohl ein rein soziales Geltungsverhältnis, ein konkretes Einzelding, um sich darin darzustellen. Wie die Parallele zur Rolle der Majestät und deren Realisierung in einem konkreten Individuum zeigt, geht es Marx hier darum, dass sich soziale Relationen in empirischen Konstellationen manifestieren müssen. Damit ist immer die Gefahr der Verdinglichung gegeben, die darin besteht, ein soziales Verhältnis als eine natürliche Eigenschaft misszuverstehen.

385 *S. 783* Die marxsche Methode besteht also darin, die im Abstraktions- bzw. Isolierungsvorgang analytisch ermittelbaren Bestimmungen im zweiten Schritt als explizite Relationen auszuweisen.

386 *S. 783* Die Rede von »Waarensprache« ist bei Marx nicht metaphorisch gemeint, sondern weist auf seine Methode hin. Indem er die Waren als Agenten darstellt, die sich aufeinander beziehen, kann er den sozialen Charakter ihrer Relationen dadurch zum Ausdruck bringen, dass er sie als Redehandlungen der Waren darstellt. Zugleich erlaubt ihm diese Darstellungsweise auch, von den Warenbesitzern als den realen Akteuren zu abstrahieren, die in seinem Modell dann nur noch als Inhaber spezifischer Rollen vorkommen. Systematisch lässt sich diese Methode als handlungstheoretischer Askriptivismus rekonstruieren, wobei Marx selbst dieses philosophische Instrumentarium noch nicht als ausgearbeitete Konzeption zur Verfügung stand.

387 *S. 783* Diese Anmerkung belegt, dass Marx die Anerkennungstheorien von Fichte und Hegel als Modelle seiner Explikation vor Augen gehabt hat. Versteht man seine Methode als handlungstheoretischen Askriptivismus, dann ist dies nicht nur eine Illustration, sondern Ausdruck einer strukturellen Verwandtschaft beider Konzeptionen.

388 *S. 784* Marx geht nach der Behandlung der Qualität nun zur Analyse der quantitativen Dimension der relativen Wertform über.

389 *S. 784* Marx übernimmt diese Passage aus seiner Auflistung von Ergänzungen und Veränderungen, die er für die Erstellung der zweiten deutschen Auflage angefertigt hat. Diese Passage weicht aber vom Wortlaut der Textstelle in der zweiten Auflage ab.

390 *S. 784* Diese Anmerkung sorgt für weitere Verwirrungen in der marxschen Terminologie: Neben der nicht systematisch durchgehaltenen Gleichsetzung von »Wert« und »Tauschwert« kommt nun die Gleichsetzung von »Wert« und »Wertgröße« hinzu.

391 *S. 786* »Wirkliche« Wechsel sind damit als nicht direkt beobachtbare Entitäten konzipiert; Marx nimmt dabei Hegels Konzeption der Wirklichkeit, die von Realität und bloßer Existenz unterschieden wird, in Anspruch. Diese Wirklichkeit ist von interner begrifflicher Komplexität und damit kein theorie- oder deutungsunabhängiges Datum.

392 *S. 786* Die Überschrift findet sich in diesem Wortlaut nur in der französischen Ausgabe.

393 *S. 787* »Unmittelbar« ist eine Kategorie der hegelschen Logik und meint, dass diese Relation nicht über ein Drittes, z. B. repräsentative oder institutionelle Mediatoren, vermittelt ist.

394 *S. 787* Hier folgt Marx dem Anhang der ersten Auflage des *Kapital*.

395 *S. 787* Marx übernimmt diese Passage aus seiner Auflistung von Ergänzungen und Veränderungen, die er für die Erstellung der zweiten deutschen Auflage angefertigt hat. Diese Passage weicht aber vom Wortlaut der Textstelle in der zweiten Auflage ab.

396 *S. 787* Marx übernimmt die Ergänzung in dieser Passage aus seiner Auflistung von Ergänzungen und Veränderungen, die er für die Erstellung der zweiten deutschen Auflage angefertigt hat. Diese Passage weicht aber vom Wortlaut der Textstelle in der zweiten Auflage ab.

397 *S. 787* Vgl. zu dieser Zählung den Anhang zur ersten Auflage des *Kapital*.

398 *S. 787* Marx übernimmt die Ergänzung in dieser Passage aus seiner Auflistung von Ergänzungen und Veränderungen, die er für die Erstellung der zweiten deutschen Auflage angefertigt hat. Diese Passage weicht aber vom Wortlaut der Textstelle in der zweiten Auflage ab.

399 *S. 788* Das Verhältnis erzeugt eine Geltungsdimension und stellt damit einen intensionalen Kontext her.

400 *S. 789* Diese Anmerkung belegt, dass Marx bei seiner Analyse sowohl Hegels Reflexionsbestimmungen als auch dessen Modell der Anerkennung als Bezugsgrößen vor Augen hat.

401 *S. 789* Marx übernimmt die Ergänzung in dieser Passage aus seiner Auflistung von Ergänzungen und Veränderungen, die er für die Erstellung der zweiten deutschen Auflage angefertigt hat. Diese Passage weicht aber vom Wortlaut der Textstelle in der zweiten Auflage ab.

402 *S. 789* Die Verbindung von »ist« und »gilt« bleibt auch in der zweiten Auflage des *Kapital* erhalten.

403 *S. 789* Marx übernimmt die Ergänzung in dieser Passage aus seiner Auflistung von Ergänzungen und Veränderungen, die er für die Erstellung der zweiten deutschen Auflage angefertigt hat. Diese Passage weicht aber vom Wortlaut der Textstelle in der zweiten Auflage ab.

404 *S. 789* Mit »allgemeine Eigenschaft« meint Marx, wie seine vorherige Aussage (vgl. S. 789) verdeutlicht, »abstrakte Eigenschaft«. Damit folgt seine Verwendung von »allgemein« der Terminologie Hegels.

405 *S. 790* Marx übernimmt die Ergänzung in dieser Passage aus seiner Auflistung von Ergänzungen und Veränderungen, die er für die Erstellung der zweiten deutschen Auflage angefertigt hat. Diese Passage weicht aber vom Wortlaut der Textstelle in der zweiten Auflage ab.

406 *S. 790* Die Textanordnung dieser Passage entspricht der ersten Auflage des *Kapital*.

407 *S. 790* Hier zeigt sich die prinzipielle Grenze der relativen Wertform erneut: etwas Konkretes wird zur Erscheinungsform von etwas Abstraktem (so wie eine konkrete Menge von Gegenständen zur Erscheinungsform einer abstrakten Größe wird, die wir mit einem Zahlsymbol benennen). Damit ist die Gefahr, das Abstrakte für ein Konkretes zu halten, gegeben.

408 *S. 790* Es ist eine Besonderheit der kapitalistischen Gesellschaftsformation, dass eine soziale Größe unmittelbar durch etwas Privates realisiert wird.

409 *S. 790* Die Zählung folgt dem Anhang der ersten Auflage des *Kapital*.

410 *S. 791* Marx charakterisiert diese Schranke als »historisch« und grenzt seine

terminologische Verwendung von »Schranke« damit von der Bedeutung von »Schranke« als hegelscher Kategorie ab, die er an anderen Stellen verwendet.

411 *S. 791* Mit »das Ganze« verweist Marx auf den seiner Explikation zugrundeliegenden Maßstab einer Ganzheit, von denen die beschriebenen Formen Momente sind. Dieser methodologische Holismus folgt dem Verfahren der hegelschen Logik.

412 *S. 792* Die von Marx hier verwendete Metaphorik von »innen« versus »außen« und seine Rede vom »eingehüllten« Gegensatz passt zu dem von ihm im Nachwort zur zweiten Auflage des *Kapital* gewählten Bild vom Umstülpen sowie insgesamt zu seiner Übernahme der hegelschen Konzeption von Wesen und Erscheinung, die ja die gesamte Analyse von Marx durchzieht. Im Nachwort verwendet Marx auch das Bild vom »Auf-dem-Kopf-Stehen«, um das Verhältnis zwischen der Dialektik Hegels und seiner eigenen Methode zu charakterisieren. Dieses Bild ist aber zum einen mit dem Bild vom Umstülpen nicht identisch und zum anderen ungeeignet, die Relation von Wesen und Erscheinung bzw. von Innen und Außen zu erfassen. Wenn man etwas auf den Kopf stellt, bleibt das Innere innen und das Äußere außen; dies ist beim Umstülpen anders.

413 *S. 793* Marx übernimmt die Ergänzung in dieser Passage aus seiner Auflistung von Ergänzungen und Veränderungen, die er für die Erstellung der zweiten deutschen Auflage angefertigt hat. Diese Passage weicht aber vom Wortlaut der Textstelle in der zweiten Auflage ab.

414 *S. 793* »Metamorphose« belegt als teleologischer Begriff, dass Marx eine zielgerichtete Entwicklung darstellen möchte.

415 *S. 793* Mit »von selbst« kommt das marxsche Konzept einer Kritik durch Darstellung zum Ausdruck. Diese Kritik trägt keine externen Maßstäbe an den zu kritisierenden Gegenstand heran, sondern stellt die von der immanenten begrifflichen Struktur getriebene Entwicklung des Gegenstands dar. Mit dieser Methode folgt Marx dem Anspruch der hegelschen *Wissenschaft der Logik*, der Selbstbewegung des Begriffs ohne eigenes Zutun zuzuschauen.

416 *S. 794* Auch dieser Verweis auf Hegels *Phänomenologie des Geistes* ist in dieser dritten Version der Wertformanalyse erhalten geblieben.

417 *S. 794* Mit der Redewendung »individuelle Incarnation« stellt Marx einen Zusammenhang zur Menschwerdung Gottes her. Dieser aus der Religionskritik der 1840er Jahre bekannte Topos ist nicht nur ein rhetorisches Beiwerk, sondern bringt die marxsche These zum Ausdruck, dass die widersprüchlichen Strukturen der kapitalistischen Gesellschaftsform Ursache von und strukturanalog mit den religiösen Entfremdungsformen sind.

418 *S. 795* Diese Gleichgültigkeit, an Hegel angelehnt, zeigt sich daran, dass die Reihe nicht abschließbar ist und kein inneres Maß hat (bei Hegel ergibt sich aus einer solchen Konstellation die »schlechte Unendlichkeit« des infiniten Regresses).

419 *S. 795* Damit ist die Umkehrung erreicht, dass jedes Konkrete als Erscheinungsform eines bestimmten Abstrakten gilt.

420 *S. 795* Mit der Rede von »Mängel[n]« verweist Marx auf die seiner Explikation zugrunde gelegten Adäquatheitsbedingungen für die Entwicklung.

421 *S. 795* Hierbei handelt es sich nicht um kausale Notwendigkeit, sondern um Notwendigkeit im Sinne modaler Bedingungsverhältnisse.

422 *S. 796* Auch hier ist wieder die von Marx vorausgesetzte Totalität der Phänomene erkennbar; im Anschluss an Hegel ist damit eine sich selbst intern strukturierende, sinnhafte, vollständige und abgeschlossene Struktur gemeint. Die kapitalistische Gesellschaftsform ist aufgrund ihrer internen Widersprüchlichkeit prinzipiell nicht in der Lage, eine solche Totalität zu erreichen. Damit ist die von Marx vorausgesetzte Konzeption der Totalität, die von ihm zugleich als immanentes Telos der kategorialen Bestimmungen selbst vorausgesetzt wird, der entscheidende und alles durchdringende Maßstab seiner Kritik der politischen Ökonomie; vgl. auch meine Erläuterung zu 434.

423 *S. 797* Auch diese Begriffsverwendung von »allgemein« folgt der Konzeption Hegels.

424 *S. 797* Marx folgt in den nächsten Absätzen den Ergänzungen und Veränderungen, die er für die Erstellung der zweiten deutschen Auflage angefertigt hat. Diese Passage weicht aber vom Wortlaut der Textstelle in der zweiten Auflage ab.

425 *S. 798* Die Rede vom »Vorschein« ist bei Marx selten und an dieser Stelle vermutlich nicht als Bestandteil seines Kategorienapparats zu lesen (also eher im Sinne von »wird ersichtlich«).

426 *S. 798* Auch diese Passage folgt am ehesten den Ergänzungen und Veränderungen, die Marx sich notiert hatte.

427 *S. 799* Marx folgt hier den Ergänzungen und Veränderungen, die er für die Erstellung der zweiten deutschen Auflage angefertigt hat. Diese Passage weicht aber vom Wortlaut der Textstelle in der zweiten Auflage ab.

428 *S. 799* Es ist, so Marx, also an dieser Stelle nichts Neues entwickelt worden.

429 *S. 799* Hier folgt Marx dem Anhang der ersten Auflage des *Kapital*.

430 *S. 799* Marx folgt in den nächsten Absätzen den Ergänzungen und Veränderungen, die er für die Erstellung der zweiten deutschen Auflage angefertigt hat. Diese Passage weicht aber vom Wortlaut der Textstelle in der zweiten Auflage ab.

431 *S. 800* Marx skizziert hier die dialektische Figur, mittels derer die folgenden Abschnitte organisiert sind.

432 *S. 800* »Fixiert« meint, dass dieser Gegensatz nicht stabil gestellt werden kann und deshalb in dieser Form auch nicht explizit wird.

433 *S. 800* Auch diese hegelsche Figur ist in der dritten Version der marxschen Wertformanalyse unverändert erhalten geblieben.

434 *S. 800* Marx wendet hier die strukturell fehlende Möglichkeit der Totalisierung als Maßstab an; vgl. dazu auch meine Erläuterungen zu 422.

435 *S. 801* Sie bringt Wert in vollständiger Abstraktion von allen konkreten Bestimmungen zum Ausdruck, weshalb sie auch von jeder konkreten Ware realisiert wird.

436 *S. 801* Mit »gesellschaftlich verwächst« drückt Marx den Vorgang aus, dass

in einer Gesellschaft ein Konkretes gewohnheits- und standardmäßig für ein Abstraktes genommen wird, sodass die Akteure die Differenz nicht mehr wahrnehmen und in der Konsequenz beides miteinander gleichsetzen.

437 *S. 802* In der französischen Ausgabe fügt Marx der Überschrift eine Anmerkung zur Erläuterung von »Geldform« hinzu, die in den deutschen Ausgaben keine Entsprechung hat.

438 *S. 802* Es handelt sich hier um den logischen »Fortschritt« der begrifflichen Differenzierung, nicht um einen zeitlichen oder historischen Prozess.

439 *S. 803* An dieser Stelle kommt die von Marx verwendete Gliederungsstruktur durcheinander.

440 *S. 803* Marx verwendet im *Kapital* immer wieder religiöse Phänomene und religionskritische Argumentationsfiguren, um die spezifischen Punkte seiner kritischen Analyse ökonomischer Phänomene zu erläutern. Dies geschieht nicht zufällig, sondern hat einen doppelgesichtigen systematischen Punkt: Auf der einen Seite beansprucht Marx, dass die im Kontext der Religionskritik (vornehmlich von Ludwig Feuerbach und Bruno Bauer) entdeckten Zusammenhänge ihren Ursprung in den strukturgleichen ökonomischen Zusammenhängen (von Entfremdung und Verdinglichung, von Instrumentalisierung und Verkehrung) haben. Auf der anderen Seite kann Marx sein Programm einer Kritik der politischen Ökonomie ohne diese religionsphilosophischen Konzeptionen nicht durchführen; vgl. dazu auch meine Erläuterungen zu 475. Darüber hinaus ist zu bedenken, dass beide – die linkshegelianische Religionskritik und die marxsche Kritik der politischen Ökonomie – sich methodisch innerhalb des durch Hegel definierten Rahmens einer idealistischen Systemphilosophie bewegen. Diese konstitutive Abhängigkeit bleibt, trotz aller Kritik an Hegel, erhalten, weshalb Marx sich selbst auch weiterhin als Schüler Hegels gesehen hat.

441 *S. 804* Es handelt sich also nicht um epistemische Fehlleistungen einzelner Subjekte (oder gar um Betrug), sondern um widersprüchliche Phänomene der Sache selbst.

442 *S. 804* In der französischen Ausgabe folgt Marx eher seinen Ergänzungen und Veränderungen; dabei wird der Bezug auf das Vergegenständlichungsmodell des Handelns eliminiert. Die Stelle weicht von der zweiten Auflage des *Kapital* ab.

443 *S. 804* Die Eigentümlichkeit, soziale Relationen als natürliche Eigenschaften von Dingen erscheinen zu lassen, wird hier von Marx als Quelle der objektiven Rätselhaftigkeit entschlüsselt.

444 *S. 805* An dieser Stelle überträgt Marx die entscheidende Kritikfigur der Religions- und Theologiekritik Feuerbachs und Bauers auf seine ökonomische Analyse.

445 *S. 805* »Fetischismus« ist also die fehlerhafte Gleichsetzung einer sozialen mit einer natürlichen Eigenschaft.

446 *S. 805* Mit »entspringt« wird ein kausales und teleologisches Bild gleichermaßen aktiviert.

447 *S. 805* Diese Aussage ist (wegen der Verwendung von »weil«) unpräzise formuliert: Die Frage ist, ob es sich um eine notwendige oder um eine hinreichende Bedingung handeln soll.

448 *S. 805* Durch »da« legt dieser Satz eine kausale Lesart nahe, obwohl es sich der Logik der marxschen Analyse nach um ein begriffliches Abhängigkeitsverhältnis handelt (die Verwendung von »indem« wäre günstiger gewesen).

449 *S. 805* Dieser Satz drückt, obwohl »erst« auch einen temporalen Sinn hat, den begrifflichen Zusammenhang aus.

450 *S. 805* Dies ist eine besonders prägnante Formulierung für den verdinglichtverdinglichenden Charakter, den soziale Relationen in der kapitalistischen Gesellschaftsform annehmen.

451 *S. 805* In der französischen Ausgabe folgt Marx eher seinen Ergänzungen und Veränderungen; dabei wird der Bezug auf das Vergegenständlichungsmodell des Handelns eliminiert. Die Stelle weicht von der zweiten Auflage des *Kapital* ab.

452 *S. 806* Dies ist eine schwächere Charakterisierung als die von Marx auch verwendete Kategorie »zwieschlächtig«.

453 *S. 806* Hier versteht Marx Reduktion als Abstraktion (im Sinne der Reduktion von Merkmalen, nicht im Sinne der Zurückführung einer Eigenschaft auf basalere Eigenschaften).

454 *S. 806* Marx setzt in den nächsten Absätzen die Ergänzungen und Veränderungen, die er für die Erstellung der zweiten deutschen Auflage angefertigt hat, um. Die Passagen weichen deshalb im Detail vielfach von der zweiten Auflage des *Kapital* ab.

455 *S. 806* Für die Akteure ist die Struktur der Erscheinungen nicht zu durchdringen, sodass die kritische Analyse dieser Phänomene und die Interpretation der beteiligten Akteure auseinanderfallen; vgl. dazu auch meine Erläuterung zu 458.

456 *S. 806* Hier findet sich wieder die Figur der Verkehrung, durch welche sich der kapitalistische Entfremdungszusammenhang auszeichnet.

457 *S. 806* Dies ist eine Anspielung auf die Kreuzigung Jesu.

458 *S. 807* Da sich die Erscheinungsform für die involvierten Subjekte durch die theoretische Kritik nicht beseitigen lässt, sondern ungebrochen fortbesteht, sind zur Beseitigung der Fehlinterpretation Veränderungen an den sozialen Arrangements notwendig. Marx wendet hier seine im Kontext der linkshegelianischen Debatte gewonnene Einsicht an, dass die Kritik nicht nur bei der Interpretation stehen bleiben kann, sondern die soziale Realität verändern muss, um die Entfremdung zu beseitigen.

459 *S. 807* Die Befangenheit ergibt sich aus der durch die entfremdende Erscheinung strukturell hervorgebrachte mystifizierende Interpretation der (eigenen) sozialen Wirklichkeit.

460 *S. 807* Marx ruft hier die Standards der Durchsichtigkeit und Planbarkeit *ex negativo* als notwendige Bedingungen für eine nicht entfremdete soziale Gesellschaftsformation ab.

461 *S. 807* »Naturwüchsig« ist hier im Sinne von »ungeplant« zu lesen.

462 *S. 808* Vgl. hierzu meine Erläuterungen zu 458.

463 *S. 808* Die philosophische Erkenntnis kommt also nach der realen Entwicklung; damit folgt Marx an dieser Stelle der hermeneutisch-rekonstruktiven Methode der hegelschen Philosophie.

464 *S. 808* Marx unterscheidet hier deutlich zwischen der Frage nach der historischen Entstehung auf der einen und der Frage nach der Geltung auf der anderen Seite.

465 *S. 808* Die Redeweise »sachlich verschleiert« bringt zum einen zum Ausdruck, dass die Verschleierung in Form der Verdinglichung geschieht. Zum anderen ruft Marx damit *ex negativo* wiederum den Standard der Transparenz ab.

466 *S. 808* Die Kategorien der bürgerlichen Ökonomie sind adäquat dafür, die Struktur der Erscheinungsformen zu erfassen, bedenken aber die historische Gebundenheit nicht mit. Im Gegensatz zur an wissenschaftlicher Objektivität interessierten bürgerlichen Ökonomie haben die von Marx als Vulgärökonomie bezeichneten Autoren das Anliegen, spezifische Interessengruppen zu vertreten und deren Interessen zu legitimieren; vgl. dazu MEGA^2 II Band 6, S. 111 (Anmerkung 32).

467 *S. 809* Im Folgenden setzt Marx durch die Skizze von vier alternativen Modellen seinen Plan um, die historische Gebundenheit der Kategorien und Theorien der bürgerlichen Ökonomie sichtbar zu machen. Es ist wichtig, sich zu vergegenwärtigen, dass diese vier Modelle diesem Zweck dienen und nicht etwa dazu, einen von Marx als utopischen Gegenentwurf gedachten Gesellschaftszustand zu beschreiben.

468 *S. 810* Mit »Charaktermasken« sind die sozialen Rollen gemeint.

469 *S. 811* An dieser Stelle weicht die französische Übersetzung vom Wortlaut der zweiten Auflage des *Kapital* ab.

470 *S. 811* »Naturwüchsig« ist hier wieder im Sinne der Ungeplantheit zu verstehen.

471 *S. 811* Dieser »Verein freier Menschen« enthält zwar einige Adäquatheitsbedingungen, denen Marx zufolge eine nicht-entfremdete Gesellschaftsformation genügen muss. Doch stellt diese Skizze, mit der Marx Überlegungen des französischen Utopisten Dezamy aufgreift, nicht das Grundmodell einer solchen nicht mehr entfremdeten Gesellschaft dar, sondern dient dem Zweck, die historische Kontextualität der Modelle der bürgerlichen Ökonomie vor Augen zu führen.

472 *S. 811* Die Bemerkung »nur zur Parallele« belegt, dass Marx hier nur den Zweck der Kritik der bürgerlichen Ökonomie verfolgt.

473 *S. 811* Dies ist eine der Adäquatheitsbedingungen, die Marx formuliert.

474 *S. 812* Dies ist eine zweite solche Adäquatheitsbedingung, die Marx formuliert.

475 *S. 812* An dieser Stelle formuliert Marx die für sein Programm einer Kritik der politischen Ökonomie zentrale These, dass es zwischen dem Christentum und der Struktur der kapitalistischen Gesellschaftsform eine systematisch erfassbare Strukturentsprechung gibt; vgl. dazu auch meine Erläuterung zu 440.

476 *S. 812* Hinreichende Bedingung einer erfolgreichen Religionskritik ist also nicht die kritische Interpretation, sondern die Veränderung der sozialen Ordnung.

477 *S. 812* Hier ruft Marx wiederum seine beiden Adäquatheitsbedingungen für eine nicht-entfremdete Gesellschaftsformation ab.

478 *S. 812* In der französischen Übersetzung hat Marx die Anmerkung 17a als 31 an diese Stelle verschoben; vgl. Stellenkommentar 379.

479 *S. 813* Vgl. hierzu meine Erläuterungen zu 10 von MEGA² II.5.

480 *S. 813* Marx bezieht sich hier auf Hegels Reflexions- und Begriffslogik, die seiner Ansicht nach einzige Logik, welche die materialen Gehalte der logischen Form von Urteil und Schluss expliziert hat.

481 *S. 813* Diese Anmerkung findet sich mit der Nummer 25 in der französischen Ausgabe am Ende der Analyse der Geldform.

482 *S. 815* Die ökonomische Struktur einer Gesellschaft bestimmt also, welche religiöse Selbstdeutung zu ihr passt.

483 *S. 815* Marx bringt hiermit zum Ausdruck, dass es eine strukturelle Abhängigkeitsbeziehung zwischen ökonomischen Strukturen und sozialen Institutionen gibt, Letztere also nicht frei mit allen ökonomischen Arrangements kombinierbar sind.

484 *S. 818* Vgl. hierzu meine Erläuterungen zu 2 in MEGA² II.5.

485 *S. 818* Vgl. hierzu meine Erläuterungen zu 2 in MEGA² II.5.

486 *S. 818* Marx betont hier, dass seine Überarbeitung lediglich didaktischer Art sei und die dialektische Struktur seiner Explikation dadurch nicht verändert worden ist.

487 *S. 818* Siehe hierzu die Hinweise in meiner Einleitung zu dieser Studienausgabe.

488 *S. 822* Hiermit nimmt Marx Überlegungen aus dem *Kommunistischen Manifest* wieder auf, denen zufolge die Kommunisten keine Parteiinteressen (im Sinne von Partikularinteressen) vertreten.

489 *S. 822* Diese Rezension von Joseph Dietzgen ist 1868 im *Demokratischen Wochenblatt* in den Nummern 31 (1.8.1868), 34 (22.8.1868), 35 (29.8.1868) und 36 (5.9.1868) erschienen; Angaben nach den Erläuterungen der Herausgeber des Bandes MEGA² II.6 zu S. 822.

490 *S. 823* Marx sah sich aufgrund der Rezeption der ersten Auflage, aber auch aufgrund der kritischen Rückmeldungen aus seinem engeren Umfeld, dazu veranlasst, seine Methode dadurch zu erläutern, dass er im Folgenden sein Verhältnis zur Dialektik Hegels bestimmt. Dies zeigt, wie zentral Letztere für Erstere nach Marx' Selbstverständnis gewesen ist.

491 *S. 824* Mit dieser Unterscheidung stellt Marx die Vereinbarkeit einer empirisch-historischen und einer philosophisch-begrifflichen Methode her; vgl. auch meine Erläuterungen zu 495.

492 *S. 824* Mit diesem Satz antwortet Marx implizit auf eine Nachfrage, die Eugen Dühring in seiner Rezension des *Kapital* formuliert hatte; vgl. dazu auch die Erläuterung der Herausgeber des Bandes II.6 der MEGA² zu dieser Stelle.

493 *S. 825* Vgl. zu diesen von Marx verwendeten Metaphern meine Erläuterungen zu 412.

494 *S. 825* An dieser Stelle setzt Marx die begrifflich-logische und die kausale Notwendigkeit des Untergangs einer in sich widersprüchlichen Gesellschaftsformation gleich – ein von ihm in politischen Texten oder programmatischen Vor- und Nachworten häufig zu beobachtendes Verfahren.

495 *S. 826* Krisenphänomene sind Marx zufolge also Ausdruck der begrifflich erfassbaren Widersprüche der ökonomischen Gesellschaftsformation und nicht etwa deren Ursachen. Die mit der Unterscheidung von empirischer (historischer) und begrifflicher Methode eröffnete Vereinbarkeit von Forschungs- und Darstellungsmethode lässt mit Blick auf Kausalerklärungen eine Lücke: Welche konkreten Ereignisse kausale Ursachen für die Krisen sind, die aus begrifflichen Gründen zur Struktur einer Gesellschaftsformation gehören, lässt sich aus der begrifflichen Analyse heraus nicht beantworten. Sie ist damit kein Gegenstand der marxschen Kritik der politischen Ökonomie.

SYNOPSE DER ÜBERSCHRIFTEN DES ERSTEN KAPITELS VON *DAS KAPITAL* IN DEN VERSCHIEDENEN AUFLAGEN

Erste Auflage (1867)	Anhang zur Ersten Auflage	Zweite Auflage (1872)	Französische Ausgabe (1872)	MEW 23 – 4. Auflage (1890)
Erstes Kapitel		**Erstes Kapitel**	**CHAPITRE PREMIER**	**Erstes Kapitel**
Waare und Geld		**Die Waare**	**La marchandise**	**Die Ware**
1) Die Waare.		1) Die zwei Faktoren der Waare: Gebrauchswerth und Werth (Werthsubstanz, Werthgröße)	I Les deux facteurs de la marchandise: Valeur d'usage et valeur d'échange ou valeur proprement dite (Substance de la valeur – Grandeur de la valeur)	1. Die zwei Faktoren der Ware: Gebrauchswert und Wert (Wertsubstanz, Wertgröße)
		2) Doppelcharakter der in den Waaren dargestellten Arbeit	II Double caractère du travail présenté par la marchandise	2. Doppelcharakter der in den Waren dargestellten Arbeit
	Die Werthform.	3) Die Werthform oder der Tauschwerth	III Forme de la valeur	3. Die Wertform oder der Tauschwert
	I. Einfache Werthform.	A. Einfache oder einzelne Werthform	A. Forme simple ou accidentelle de la valeur	A) Einfache, einzelne oder zufällige Wertform

Erste Auflage (1867)	Anhang zur Ersten Auflage	Zweite Auflage (1872)	Französische Ausgabe (1872)	MEW 23 – 4. Auflage (1890)
	a) Die Unzertrennlichkeit der beiden Formen. b) Die Polarität der beiden Formen. c) Relativer Werth und Aequivalent sind nur Formen des Werths.	1) Die beiden Pole des Werthausdrucks: Relative Werthform und Aequivalentform	a) Les deux pôles de l'expression de la valeur: sa forme relative et sa forme équivalente	1. Die beiden Pole
	§.2. Die relative Werthform.	2) Die relative Werthform.	b) La forme relative de la valeur	2. Die relative Wertform
	a) Gleichheitsverhältnis. b) Werthverhältniß.			
	c) Qualitativer Gehalt der im Werthverhältniß enthaltenen relativen Werthform.	a) Gehalt der relativen Werthform.	1) Contenu de cette forme	a) Gehalt der relativen Wertform
	d) Quantitative Bestimmtheit der im Werthverhältniß enthaltenen relativen Werthform.	b) Quantitative Bestimmtheit der relativen Werthform.	2) Détermination quantitative de la valeur relative	b) Quantitative Bestimmtheit der relativen Wertform

Erste Auflage (1867)	Anhang zur Ersten Auflage	Zweite Auflage (1872)	Französische Ausgabe (1872)	MEW 23 – 4. Auflage (1890)
	e) Das Ganze der relativen Werthform.			
	§.3. Die Aequivalentform.	3) Die Aequivalentform.	c) La forme d'équivalent et ses particularités	3. Die Äquivalentform
	a) Die Form der unmittelbaren Austauschbarkeit.			
	b) Quantitative Bestimmtheit ist nicht enthalten in der Aequivalentform.			
	c) Die Eigenthümlichkeit der Aequivalentform.			

Erste Auflage (1867)	Anhang zur Ersten Auflage	Zweite Auflage (1872)	Französische Ausgabe (1872)	MEW 23 – 4. Auflage (1890)
	α) Erste Eigenthümlichkeit der Aequivalentform: Gebrauchswerth wird zur Erscheinungsform seines Gegentheils, des Werths.			
	β) Zweite Eigenthümlichkeit der Aequivalentform: Konkrete Arbeit wird zur Erscheinungsform ihres Gegentheils, abstrakt menschlicher Arbeit.			

Erste Auflage (1867)	Anhang zur Ersten Auflage	Zweite Auflage (1872)	Französische Ausgabe (1872)	MEW 23 – 4. Auflage (1890)
	§.7. Verhältniß von Waarenform und Geldform. §.8. Einfache relative Werthform und Einzelne Aequivalentform. §.9. Uebergang aus der einfachen Werthform in die entfaltete Werthform.			
		4) Das Ganze der einfachen Werthform.	d) Ensemble de la forme valeur simple	4. Das Ganze der einfachen Wertform
		B. Totale oder entfaltete Werthform.	B. Forme valeur totale ou développée	B) Totale oder entfaltete Wertform
		1. Die entfaltete relative Werthform.	a) La forme développée de la valeur relative	1. Die entfaltete relative Wertform
		2. Die besondere Aequivalentform.	b) La forme équivalent particulière	2. Die besondere Äquivalentform

Erste Auflage (1867)	Anhang zur Ersten Auflage	Zweite Auflage (1872)	Französische Ausgabe (1872)	MEW 23 – 4. Auflage (1890)
		3. Mängel der totalen oder entfalteten Werthform	c) Défauts de la forme valeur totale ou développée	3. Mängel der totalen oder entfalteten Wertform
		C. Allgemeine Werthform.	C. Forme valeur générale	C) Allgemeine Wertform
		1. Veränderter Charakter der Werthform.	a) Changement de caractère de la forme valeur	1. Veränderter Charakter der Wertform
		2. Entwicklungsverhältniß von relativer Werthform und Aequivalentform	b) Rapport de développement de la forme valeur relative et de la forme équivalent	2. Entwicklungsverhältnis von relativer Wertform und Äquivalentform
		3. Uebergang aus der allgemeinen Werthform zur Geldform.	c) Transition de la forme valeur générale à la forme argent	3. Übergang aus der allgemeinen Wertform zur Geldform
		D. Geldform.	D. Forme monnaie ou argent	D) Geldform

Erste Auflage (1867)	Anhang zur Ersten Auflage	Zweite Auflage (1872)	Französische Ausgabe (1872)	MEW 23 – 4. Auflage (1890)
		4. Der Fetischcharakter der Waare und sein Geheimniß.	IV La caractère fétiche de la marchandise et son secret	4. Der Fetischcharakter der Ware und sein Geheimnis
[2) Der Austauschprozess der Waaren		[Zweites Kapitel. Der Austauschproceß]	[CHAPITRE II Des éschanges]	[Zweites Kapitel. Der Austauschprozeß]
3) Das Geld und die Waarencirculation				
A. Mass der Werthe				
B. Cirkulationsmittel				
a) Die Metamorphose der Waaren				
b) Der Umlauf des Geldes				
c) Die Münze. Das Werthzeichen				
C. Geld				
a) Schatzbildung				
b) Zahlungsmittel				
c) Weltgeld]				

Pirmin Stekeler-Wei

Hegel
Ein di

Hegels Wissenschaft der Logik (
1816) zählt zu den einflussreich
philosophischen Schriften der N
aber auch zweihundert Jahre nac
seinem Erscheinen liegen bloß p
Interpretationsansätze vor, die s
obendrein in wesentlichen Punkt
notorisch widersprechen.

Mit seinem umfassenden dialo
Gesamtkommentar, dessen erste
Bände jetzt vorliegen, versucht Pi
Stekeler dieser Lage abzuhelfen.
Verfolgung von Hegels Denkweg,
diesen textnah rekonstruiert und
als Gegenwartsdiskurs erscheine
macht deutlich, dass es die Unkla
im vor- und nachkantischen Empi
selbst sind, die zu den Widersprü

Band 1
Die objek
Qualitati
PhB 690.

Band 2
Die objekt
PhB 691.

Band 3
Die subjek
PhB 692. F